韓國古典文學思想名著大系 29

西遊見聞

서 유 견 문

兪吉濬 著
蔡 壎 譯註

明文堂

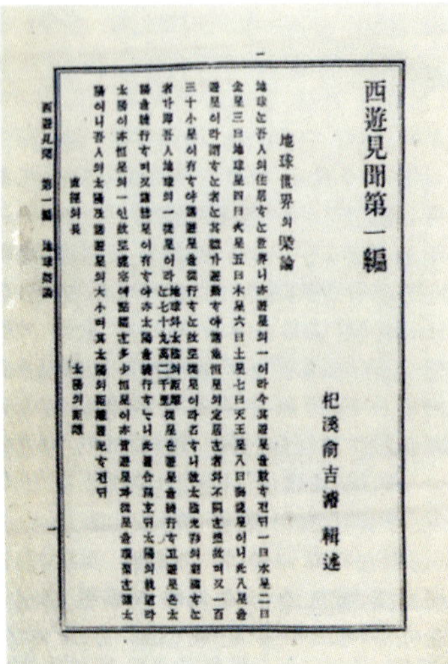

西遊見聞第一編

杞溪 俞吉濬 輯述

地球世界의槪論

▲**서유견문** 제1편, 첫 쪽.
서울대학교 도서관 소장

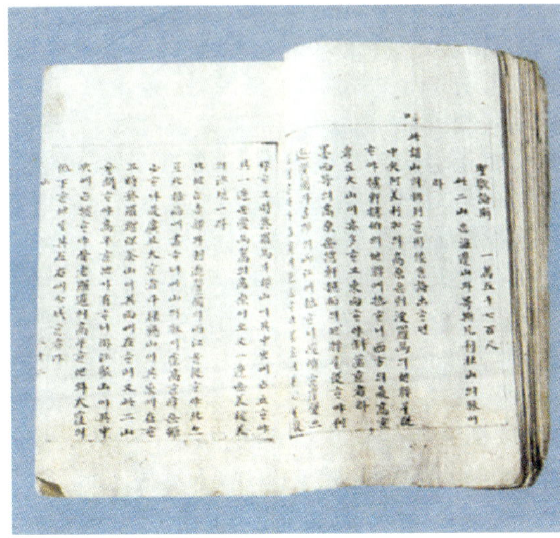

▲**서유견문** 원본.
고려대학교 중앙도서관 소장

▼**한미수교통상조약의 일원이었던 유길준**
뒷줄 왼쪽으로부터 세 번째가 유길준이며 앞줄 두 번째가 부사(副使) 홍영식(洪英植), 세 번째가 정사(正使) 민영익(閔泳翊)이다.

▲미국 유학시절의 유길준

1883년 32세였던 유길준은 주미전권대사(駐美全權大使) 민영익(閔泳翊)을 수행하여 도미(渡美), 보스턴 대학을 다녔다.

▲만년의 유길준

▼유길준의 필적

김옥균(金玉均)의 사망에 관하여 읊은 시이다.

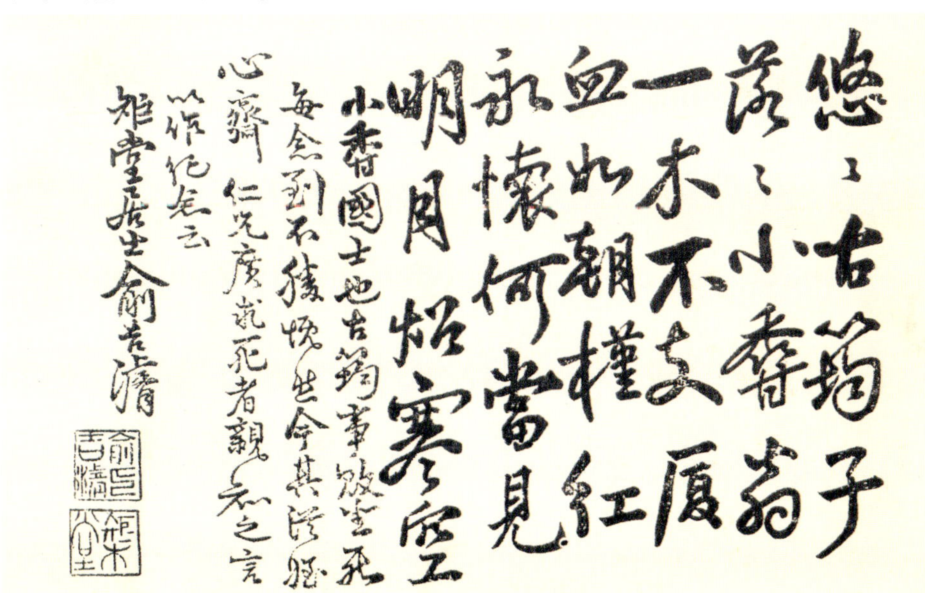

▶ **보스턴 대학교**

미국 매사추세츠주(州) 보스턴 시에 있는 종합대학으로 1839년에 창립되었다. 유길준은 1883년에 이 대학을 다닌 적이 있다.

▼ **샌프란시스코**

공중에서 본 샌프란시스코의 중심항(中心港). 유길준이 이곳을 찾았을 때는 이처럼 번화한 항구가 아니었다.

발 간 사

이 지구상에서 단일민족으로 5천 년의 역사와 전통을 줄기차게 이어오며 국가를 형성해온 민족은 흔치 아니하다. 그것도 빈번한 외침(外侵)과 내란(內亂) 등 고난의 역정(歷程)을 극복하면서, 화려한 문화를 꽃피우고, 그 문화를 면면히 계승 발전시킨 민족은 우리 민족 말고는 없을 것이다.

때로는 민족존망(民族存亡)의 위기 속에서도 꿋꿋한 신념과 부동의 사상으로 그 난국을 극복해내면서 겨레와 나라를 지켜냈던 우리 선인(先人)들이다. 그처럼 굳은 사상과 신념의 선인들이 있었기에 오늘날 우리는 세계 속에 우뚝 선 민족으로 각광을 받고 있는 것이다.

이 자랑스런 선인들의 사상과 철학, 역사와 문학들을 한데 모아《한국고전문학사상명저대계(韓國古典文學思想名著大系)》를 엮어낸다. 우리 것을 되찾고 우리 것을 계승 발전시켜 나가자는 목소리가 높아지고 있는 이 시점에서 우리의 역사를 바로 살피고, 선인들이 지녔던 사상과 가치관을 올바로 인식한다는 것은 큰 의의가 있는 일일 것이다.

선인들의 패기충천(覇氣沖天)하는 자주적 기상과 탁월한 형안(炯眼)으로 밝혀 주었던 민족적 여명(黎明)들을 모아놓은 것이 이《한국고전문학사상명저대계》이다. 따라서 오늘을 살아가고 있는 우리에게 새로운 비전을 제시해 줄 것을 믿어 의심치 않으며, 앞으로 우리의 이 훌륭한 민족적 유산을 후세에도 전승시키는 교량(橋梁) 역할도 해줄 것이라 사료되는 바이다.

이 책의 저본은 주로 대양서적(大洋書籍)의《한국사상대전집》에 의거했으며, 생존하신 저자분들의 재증보(再增補), 또는 수차례의 교정과, 타계하신 저자분들은 그 유족들의 헌신적인 협조에 의하여 탄생된 것임을 밝히며, 그 노고에 거듭 감사의 말씀을 드리는 바이다. 또 한편으로 명문당이 사활을 걸고 출판했다는 데 역사는 인식하고 증명해줄 것이다.

끝으로 독자 제현(諸賢)의 뜨거운 충고와 많은 협조를 바라마지 않는 바이다.

2002년 가을

金東求 識

차 례

발간사 — 5
서유견문(西遊見聞) 해제(解題) —13
범례(凡例) —18

서유견문 서(序) —19
서유견문 비고(備考) —26

제 1 편
지구세계(地球世界)의 개론(槪論) —31
육대주(六大洲)의 구역(區域) —42
방국(邦國)의 구별(區別) —44
세계의 산 —48

제 2 편
세계의 해(海) — 63
세계의 강하(江河) —70
세계의 호(湖) —76
세계의 인종(人種) —81
세계의 물산(物產) —84

제 3 편
방국(邦國)의 권리 —96
국민의 교육 —111

제4편 국민의 권리 — 120
인세(人世)의 경려(競勵) — 141

제5편 정부(政府)의 시초(始初) — 147
정부의 종류 — 154
정부의 치제(治制) — 163

제6편 정부의 직분(職分) — 165

제7편 수세(收稅)하는 법규(法規) — 187
국민의 납세(納稅)하는 분의(分義) — 198

제8편 정부의 민세 비용(民稅費用)하는 사무 — 206
정부의 국채 모용(國債募用)하는 연유 — 224

제9편 교육하는 제도 — 230
양병(養兵)하는 제도 — 237

제10편 화폐(貨幣)의 대본(大本) — 249
법률(法律)의 공도(公道) — 254
순찰(巡察)의 규제 — 263

제11편 편당(偏黨)하는 기습(氣習) — 268
생애(生涯)를 구하는 방법 — 273
양생(養生)하는 규칙 — 283

제12편 애국(愛國)하는 충성(忠誠) — 289
해영무육(孩嬰撫育)하는 규모 — 299

제13편 서양 학술(西洋學術)의 내력 — 311
서양 군제(西洋軍制)의 내력 — 315
서양 종교(西洋宗敎)의 내력 — 319
학업(學業)하는 조목 — 327

제14편 상고(商賈)의 대도(大道) — 338
개화(開化)의 등급 — 351

제15편 혼례(婚禮)의 시말(始末) — 360
장사(葬事)의 예절 — 368
붕우상교(朋友相交)하는 도리 — 372
여자 대접하는 예모(禮貌) — 376

제16편 의복 · 음식 및 궁실(宮室)의 제도 — 381

농작(農作) 및 목축의 경황(景況) —391
유락(遊樂)하는 경상(景像) —395

제17편
빈원(貧院) —406
병원(病院) —408
치아원(痴兒院) —410
광인원(狂人院) —412
맹인원(盲人院) —413
아인원(啞人院) —414
교도원(教導員) —415
박람회(博覽會) —416
박물관(博物館) 및 박물원(博物園) —417
서적고(書籍庫) —419
연설회(演說會) —420
신문지(新聞紙) —422

제18편
증기기관(蒸氣機關) —427
와트의 약전(略傳) —429
증기차(蒸氣車) —433
증기선(蒸氣船) —437
전신기(電信機) —439
원어기(遠語機) —442

상고(商賈)의 회사(會社) —444
성시(城市)의 배포(排鋪) —446

제19편 각국 대도회(大都會)의 경상(景像) —449
미국의 제대도회(諸大都會) —450
영국의 제대도회(諸大都會) —466

제20편 프랑스의 제대도회(諸大都會) —482
독일의 제대도회(諸大都會) —492
네덜란드의 제대도회(諸大都會) —499
포르투갈의 제대도회(諸大都會) —503
스페인의 제대도회(諸大都會) —504
벨기에의 제대도회(諸大都會) —508

유길준 연보(年譜) —511
원문(原文) —517

서유견문(西遊見聞) 해제(解題)

구당(矩堂) 유길준(兪吉濬)에 의해 씌어진 《서유견문(西遊見聞)》이 간행된 것은 1895년이다. 그러나 이 책의 집필이 구상된 것은 1881년, 그가 신사유람단(紳士遊覽團)의 수행원으로 일본에 건너가면서부터였다(《서유견문》 서문 참조). 그 무렵 일본은 우리나라보다 한 발 앞서서 개화했을 뿐더러 서양 여러 나라들과 통상 관계를 맺고 있었기 때문에 이미 상당한 신문화를 누리고 있었다. 많은 사람과 접촉해 보고 또 실제로 목도한 바를 종합해 본 결과 십중팔구는 그들이 서양 문명을 모방했기 때문이라는 사실을 알았다. 신사유람단원으로서의 여정은 3개월만에 끝났지만 그는 계속 일본에 남아서 공부하고 싶다는 뜻을 밝혔다.

마침 그의 소청이 허락되자, 그는 일행과 헤어진 다음 복택유길(福澤諭吉, 1834~1901, 경응의숙을 설립하여 많은 교육가, 실업가들을 양성해 냈을 뿐 아니라 독립자존을 표방하는 시대정신을 지도하여 계몽과 교화에 힘쓴 사람으로서 저서에는 《서양사정(西洋事情)》 등 계몽적인 것이 많아 그가 유길준에게 끼친 영향은 적지 않은 듯하다)의 집에 기거하면서 많은 책을 읽는 한편 나날이 개화되어가는 일본의 현황을 소상히 바라볼 수 있었다. 이에 느낀 바 있어, 그도 이번 여행에서 보고 들은 바를 기록해 두었다가 우리 국민들에게 읽힐 날이 있기를 기약하였다.

그러나 그가 일본에 머무른 지 1년이 지난 1882년 7월에 우리나라에선 임오군란(壬午軍亂)이 일어났다. 군란이 진압된 뒤 정부에서는 박영효(朴泳孝)를 정사로 일본에 수신사(修信使)를 파견하였다. 일본의 새

문물제도를 시찰하고 귀국할 때 박영효는 국민들에게 개화사상을 널리 보급시키기 위해서는 신문을 간행해야 되겠다는 것을 절실히 느꼈다. 귀국 후 한성판윤(漢城判尹)으로 취임한 박영효는 한성부 안에 신문국(新聞局)을 두어 유길준에게 신문발간에 관계되는 일을 맡겼었다. 그러나 그 뒤 얼마 안되어 박영효가 광주유수(廣州留守)로 좌천되어 나가자, 신문발간은 중단되고 말았다. 지나친 기대에 부풀어 있었던 그는 실의의 나날을 보내게 되었다.

그러던 중 한미수호통상조약(韓美修好通商條約)이 체결되었고, 그 다음해인 1883년에 푸트(Lucius Harwood Foote, 1826~1913) 공사가 내한하게 되자, 정부에서도 미국에 보빙사(報聘使)라는 이름의 친선 사절을 보내게 되었다. 민영익(閔泳翊)을 전권대신으로 보내는 이 사절단에 유길준은 수행원으로 선발되었다. 40여 일에 걸친 일정이 끝나고 귀국하게 되었을 때 그는 또 민영익의 알선으로 미국에 남아 계속 공부할 수 있게 되었다. 이리하여 그는 최초의 유학생이 된 셈이었다. 그는 매사추세츠(Massachusetts)주 세일럼(Salem)시의 피바디(Peabody) 박물관장으로 있는 모스(Edward S. Morse, 1838~1925) 박사에게서 영어와 과학에 대한 개인교수를 받기도 했다. 그뒤 그는 모스 박사의 소개로 세일럼 시 근처에 있는 덤머 아카데미(Dummer Academy) 학원에 입학했었다. 그러나 유학생활은 몇 개월만에 끝났다. 본국에서 갑신정변(甲申政變)이 일어났기 때문이었다. 그의 미국 체류기간은 2년 남짓한 것이었으나 귀국할 때에는 유럽을 경유하여 갖가지 견문을 넓히려고 노력하였다.

그는 공부하는 사이사이에 견문한 바를 적고 또 고금의 책에서 읽은 것을 적어서 한 권의 책이 될 만한 분량을 만들었으나 여가를 얻지 못하여 그냥 가지고 귀국하였다.

1885년 12월에 그가 서울로 돌아오자 당시의 보수정권은 그를 체포하고 말았다. 그가 비록 개화파의 한 사람이기는 했지만 갑신정변에 직접

참가하지 않았고 또 자의로 귀국했으므로 의금부에 구금해 둘 수는 없었다. 그리하여 처음에는 포도대장인 한규설(韓圭卨)의 집에, 나중에는 삼청공원 안에 있는 백록동(白鹿洞) 취운정(翠雲亭)에서 연금생활을 하게 되었다.

그가 자유로운 몸이 된 것은 1892년 11월이었던 만큼 7년간의 연금생활이었다. 이 기간이야말로 그 개인으로서는 지극히 불행한 시기였지만 그는 이 사이에 《서유견문》을 정리할 수 있었다. 메모를 해두기도 하고, 여기저기 적어 두었던 초고 중 그 태반이 없어졌기 때문에 그는 울분을 달래가며 새로 보충할 수밖에 없었다. 그가 연금당하지 않고 바쁜 나날을 보냈더라면 우리들이 오늘날 볼 수 있는 것과 같은 《서유견문》은 아마 발행되지 못했을지도 모른다. 그런 뜻에서 본다면 7년 동안이라는 연금생활은 《서유견문》이라는 책을 발행할 수 있게 해준 천부의 기회였다고 할 수밖에 없을 것 같다. 이리하여 1881년에 구상되기 시작한 《서유견문》은 우여곡절을 겪은 끝에 1895년 4월 25일 일본 동경에 있는 교순사(交詢社)에서 556면이라는 방대한 책으로 발행되기에 이르렀다.

우리나라 최초의 국한문 혼용체로 씌어진 이 《서유견문》은 언문일치(言文一致) 운동의 효시라고 이야기될 뿐만 아니라 여러 가지 면에서 주목의 대상이 되어 오고 있다. 즉 이 책에는 이름이 말하고 있듯이 견문 위주의 여행기에만 그쳐 있지 않고 외국 문물에 대한 일반적인 소개와 아울러 개화사상을 집대성해 놓은 한편, 애국(愛國)하고 우국(憂國)하는 충정으로 가득 채워져 있음을 볼 수 있다.

20편으로 엮어진 책의 내용을 위에서 열거한 것과 같은 특색별로 살펴보면 다음과 같다.

① 여행기로서의 《서유견문》

이 책 속에 정작 견문 위주의 여행기라고 할 만한 것이 기록되어 있는 부분은 제19편과 제20편이다. 세계 각 도회의 경상(景像)이라는 표제하에 각국의 유수한 도시에 대한 견문을 써놓고 있다. 《서유견문》이라는 책 제목에 비하여 그 분량이 지나치게 적은 셈이지만 유길준의 관찰과 묘사는 일품이라고 하기에 족하다.

② 지구 및 외국 문물에 대한 소개서로서의 《서유견문》

제1편과 제2편에서는 지구에 대한 일반적인 해설과 함께 지구에 있는 산·바다·강·호수·인종·물산 등에 대해 해설해 놓고 있다. 제3편 이후 제18편에 이르는 방대한 부분에 걸쳐 외국문물에 대한 소개를 하고 있는데 국가의 권리·국민의 교육·국민의 권리·사회적인 경쟁·정부의 시초와 종류 및 치제(治制)·정부의 직분 등을 위시하여 세금·교육·군대·화폐·법률…… 서양 학문·군제(軍制)·종교의 내력과 여러 가지 학문에 대한 풀이와 상업·혼례·장례·친구와 여자에 대한 사교법·의복·음식·주택·농작·목축에 관한 문제라든가 각종 오락회와 갖가지 사회적인 사업기관 및 여러 가지 문명의 이기 등에 대해 해설해 놓고 있음을 본다. 개화된 사회의 경상(景像) 중 후진된 나라에 소개하고 싶은 일들로서 사실 이곳에 망라되지 않은 것은 없을 정도다.

이곳에 소개하거나 해설해 놓은 여러 가지 사항들은 유길준 스스로가 간간이 언급하고 있는 것처럼 그 무렵 그의 손에 미칠 수 있는 범위 안의 모든 문헌을 다 동원했음이 분명하다. 그의 해설 가운데 어느 것은 오늘날의 우리들이 보더라도 경탄할 만한 것이 있을 정도이다.

③ 개화사상과 《서유견문》

제3편부터 제16편에 이르는 방대한 부분이 갖가지 소개와 해설로 가득 채워져 있는 반면 그 밑바닥에는 유길준의 개화에 대한 억누를 길 없는 소망이 맥맥이 흐르고 있음을 본다. 일례로 방국의 권리 및 국민의 교육에 대해 이야기하는 대목(제3편)이라든가, 상업의 대도를 역설한 대목(제14편)이라든가, 연설회와 신문의 역할에 대해 설명하는 대목(제17편) 같은 곳을 보면 그의 개화에 대한 희구가 어떤 것인가를 엿보게 해주고 있다.

④ 애국(愛國) 충정(衷情)과 《서유견문》

유길준의 개화사상이 《서유견문》 전편을 관류하고 있다고 함은 전술한 바와 같지만 우리들이 간과해서는 안될 다른 한 가지는 그의 남다른 애국 충정이다. 그의 개화에 대한 소망이나 희구가 강렬하면 강렬할수록 조국에 대한 애국충정이 더욱 솟아났던 것이 아닌가 생각된다. 일례를 들면 아무리 약소국의 군주라도 강대국의 군주와 동등한 예를 주고받는 처지인데 강대국에서 온 사신이 약소국의 군주와 맞먹는 행동을 한다면 이는 무엄하기 그지없는 일이라고 비분강개하는 대목(제3편)이라든가, 우리나라의 모든 상권(商權)이 다른 나라 사람에게로 넘어간 것을 안타까워하는 대목(제18편) 등등은 그의 남다른 애국충정의 발로라고 해야 할 것이다. 사실 정도의 차이는 있을망정 그의 이러한 애족하고 우국하는 충정은 《서유견문》의 밑바닥에 깔려 있는 또 한 갈래의 흐름이라고 하겠다.

지금까지 이야기한 바를 간추려 본다면 이 《서유견문》이야말로 개화를 위한 교과서적인 입장에서 씌어진 책임이 분명하다. 견문 위주의 기행담은 극히 적은 부분을 차지하는 데 그치고 대부분을 개화를 전제로 한 외국문물에 대한 소개와 해설로 시종하고 있다는 데서 우리는 《서유견문》의 참다운 본령을 발견해야 할 것 같다. 실제에 있어서 《서유견문》은 그 무렵의 모든 분야에 걸쳐 예상 이상의 영향을 끼쳤으며 그러한 공적에 대한 찬양은 날이 갈수록 더해지리라 믿는다. 이 책의 현대어판이 갈망되어 온 소이도 바로 이러한 것에 있지 않았나 생각된다.

범례(凡例)

1. 우리나라 최초의 국·한 혼용문이라는 점 때문에 여러 가지로 세심한 배려를 하지 않을 수 없었다. 즉 원문을 적당한 길이로 자르는 일, 가장 알맞은 현대식 표현으로 고치는 일, 유려한 문장이 되도록 하는 일 등등에 힘써야만 했었다.
1. 서양 문물 중 고유명사인 경우, 가능한 한 원어를 기입토록 노력했으나 끝내 찾지 못한 것도 적지 않다.
1. 도량형(度量衡)의 단위는 원문대로 두었다.
1. 되도록 원문에 충실한 현대어 역을 시도했으나 그것이 도리어 장애가 된 듯한 경우가 없지 않았다.

서유견문 서(序)

고종(高宗)께서 즉위하신 지 18년째 되는 신사년(1881년) 봄에, 나는 신사유람단(紳士遊覽團)의 일원으로 일본(日本)의 새로운 문물을 시찰하러 갔었다. 그곳 사람들의 부지런한 풍습과 여러 가지 물건의 풍성한 모양을 보자, 나는 일찍이 나 혼자 추측하던 바와 같지 않음을 깨달았다. 일본 사람 가운데서 견문이 넓고 박학한 사람과 이야기를 주고받을 때에 그들의 의견을 듣고, 또 새로 나온 책을 보며 되풀이하여 생각하는 동안, 그러한 사물의 진상을 파헤쳐 본즉 그 제도나 법규가 서양의 그것을 모방한 것이 십중팔구나 된다는 사실을 알게 되었다. 무릇 일본이 유럽의 네덜란드와 거래를 튼 지는 2백여 년이 지났으나, 그들을 오랑캐로 멸시하여 제대로의 대접을 하지 않았었다. 그 뒤 일본은 서양 여러 나라와 조약을 맺고는 국교가 친밀해짐에 따라 시대적인 변화를 예측하고 그들의 장점을 취하며 여러 제도를 답습함으로써, 30년 동안에 이와 같은 부강을 이룩할 수 있었던 것이다. 그런 점으로 미루어 볼 때, 붉은 모발과 푸른 눈을 가진 서양 사람 가운데는 재주나 격식에 뛰어난 자가 있는 모양이어서 내가 옛날에 생각했던 바와 같이 순전한 야만족에만 머무르지 않는 자들임이 분명하다.

나는 나의 이번 여행에 한 편의 기록물이 없을 수 없다 하여 보고 들은 바를 써 모으기도 하고, 혹 읽은 책 가장자리에 고증을 하기도 하여 하나의 여행기를 작성했는데, 그때가 바로 임오년(1882년)의 여름이었다. 그때 마침 우리나라가 또한 서양 여러 나라와 조약을 맺기로 했다는 소식이 동경(東京)에까지 들려왔던 만큼, 나는 이 기록물을 작성하는 데에 온 정력을 기울였었다. 왜냐하면 내가 서양 여러 나라에 가보지 않은 채, 남의 이야기의 찌꺼기만을 주워 모아 이 기록물에 옮겨 쓴다는 것은 마치 꿈속에 남의 꿈이야기를 하는 것과 다를 바가 없기 때문이었다. 그쪽 나라와 국교를 체결함에 있어서 그들을 알지 못함이 온당치 않은 바, 그들의 제반 사실과 풍속을 기록하여 우리나라 사람들에게 읽도록 함으로써 약간의 도움이 없지 않을지 모르나, 직접 목격한 진상을 기록치 못했음을 안타깝게 여기고 있었다. 그러던 중 우리나라에 갑작스런 변(임오군란)이 일어났다는 풍문이 들려왔다. 사건의 내용을 소상히 알 수는 없었으나 이국의 산천을 헤매느라 임금님과 어버이를 그리워하는 생각이 더욱 간절한 때에 운미(芸楣) 민공(閔公)[1]께서 오셔서 변란을 평정시킨 전후사를 이야기하고는 나의 어리석음을 멀리하지 않으셔, 그 해 겨울 귀국할 적에 데려와 주시니, 여러 해 동안 객지에 머물러 있던 마음이 어찌 깊이 감동치 않으며, 기쁜 마음으로 뒤따르지 않을까 보냐.

다음해인 계미년(1883년)에 외무낭관(外務郎官)으로 발탁되자, 윤허하신 임금님의 성은을 보답코자 하는 뜻은 간절했으나, 나이의 어림과 학식의 부족이라는 사유로 그 자리를 사양하였다. 그리고는 일본에서 견문한 바를 기록하는 일에만 종사하고 있었으나, 그 원고를 도둑맞아 잃어버리자 원망스럽고 한심스러움을 이길 수 없었다.

그 무렵 한미수호통상조약이 체결되어 미국 공사가 내한하게 되자, 우리나라에서도 보빙(報聘)하는 예를 갖추자는 논의가 나와서 문무재덕(文武才德)을 아울러 구비한 인재를 구하게 되었다. 때마침 민공이 보빙사(報聘使)로 발탁되었고 나는 운미(芸楣) 민공의 수행원으로서 수만 리나

---

1) 민공(閔公, 1860~1914) : 자는 우홍(遇鴻), 호는 운미(芸楣), 이름은 영익(泳翊). 구한말의 문신. 1882년에 일어난 임오군란이 진압된 뒤 정부가 일본에 수신사(修信使)를 파견했을 때, 그 일원으로 도일했다가 유길준을 데리고 귀국했었다. 그후 1883년 보빙사(報聘使)로 미국에 갈 때 유길준을 수행원으로 데리고 갔었다.

되는 먼 여행길에 오르게 되니, 이 또한 유람을 주목적으로 한 것이었다.

미국 수도에 이르러 보빙사로서의 임무를 완수한 뒤, 복명차 귀국할 때 민공께서는 나를 그대로 그곳에 머무르게 하여 공부를 하고 오라는 새로운 임무를 주셨다. 그리고 그곳 외무부에 부탁하여 여러 가지 혜택과 잘 돌봐 줄 것을 요구하자 외무부 또한 허락하게 되어, 나는 새삼 민공의 깊고 먼 의취에 감복하고 친근한 정의를 느끼지 않을 수 없었다.

나는 다만 보잘것없는 한 서생으로서 학식은 나라를 빛내기에 부족하며 재능은 사람들과 어울리기에 미급한 자인 것이다. 그런데도 감히 사신으로서의 명령을 받은 위에 외국에 유학하는 명예까지를 얻었으니, 나 자신의 영광스러움은 더없이 크다 하겠으나 만약 사소한 성과라도 올리지 못한다면, 첫째로는 나라에 수치를 끼치게 될 것이고 둘째로는 민공의 정중한 부탁을 욕되게 할 것임이 분명하다. 이와 같은 지경에 이를 것을 두려워하고 경계한 나머지 나는 말과 행동을 스스로 삼갔고, 의지를 굳건히 하여 공부하는 데에만 마음을 집중시켰으며, 정진의 성과가 있기만을 기약하기로 했다. 한 나라의 사물을 알려고 할 경우, 그 나라의 문자를 알지 못하고는 가능치 않을 것이며 문자를 알려고 함에는, 그 나라의 언어를 배우지 않으면 안된다는 사실은 말할 여지조차 없는 일이다. 이는 여러 해 동안의 학습이 있은 뒤라야 어느 정도의 성과를 얻을 수 있으며, 단시일 동안의 노력으로는 효과를 보기 어렵다는 사례에 해당되는 터라 매사추세츠(磨沙州, Masschusetts)주에 있는 석학 모스(Morse) 씨[2]에게로 가서 그의 가르침을 받기로 했다.

무릇 매사추세츠는 미국 문물의 중심지라고 일컫는 고장으로 많은 위대한 인물을 배출한 곳인 것이다. 이 고장의 학술과 공예는 미국에서도 으뜸이며, 또 모스는 뛰어난 재주와 박식으로 학문에 관한 한 미국 전체를 통하여 그 우두머리되는 자리를 차지하고 있는 분으로, 그의 명성은

2) 모스(Edward S. Morse, 1838~1925) 씨 : 미국의 생물학자.

이미 온 세계에 자자한 바 있다.

그는 나에게 공부하는 차례를 일러주고는 학교를 출입하는 데 있어서 필요한 제반 규정을 손수 판별하여 지시해 주기도 했다. 그리고 그는 나를 그의 집에 머무르게 하였으며 학문에 대한 훈계가 지극히 간곡하고, 친구를 사귀는 데 있어서도 문인이나 학자와 교제할 것을 권한 까닭에 나의 안목을 넓히고 자질을 풍부히 하는 데에 적지 않게 도움이 되었다. 그리하여 나의 보는 바가 차라리 편벽되었을지언정 허황하다는 비난은 듣지 않게 되고, 듣는 바가 차라리 자세하지 않을지언정 거칠다는 폐는 면하게 되어, 차츰 미국말을 이해하게 되고 그곳 풍습에 익숙하게 되었다. 술잔을 나누는 연회에 초대를 받기도 하고, 가무를 즐기는 모임에 참관자가 되기도 하여 그곳 사람들의 멋있고도 애환이 깃든 풍속을 알게 되었다. 나아가 혼인과 장례의 절차를 관찰하여 길흉에 관계되는 법도와 예절을 알게 되었으며, 학교의 제도를 연구하여 교육하는 깊은 뜻을 엿보고, 또 농업·공업·상업에 관한 일을 살펴서 풍성한 경황과 편리한 규모를 탐색하였으며, 군비·학문·법률·부세(賦稅) 등의 법규를 살펴서 미국 정치의 대강을 이해한 연후에야 비로소 감탄과 송구스러운 마음이 교차하는 가운데서 민공이 나의 재주 없음을 업신여기지 않고, 이곳에 유학케 했음은 그 의도가 까닭이 있는 것이었다는 사실을 알게 되었다.

그리하여 나는 나의 게으른 습성대로 세월을 허송해서는 안되겠다는 것을 깨닫고 보고 들은 것을 기록하는 한편, 고금의 서적에서 참고가 되는 것을 옮겨 써서 한 권의 기록물을 만들었으나, 학습에 종사하느라 여가를 얻지 못하는 까닭에 잡다한 내용을 취사선택하지 못하고, 차례를 정하지 않은 채 고리짝 속에 묶어 넣어 두어 귀국한 뒤에야 완성하리라고 스스로 다짐하고 있었다.

그러던 중 갑신년(1884년) 겨울, 강의실에서 질의 응답에 열중하고 있을 때에 학생 한 사람이 신문을 들고 와서 말하기를 그대 나라에 변란(갑신정변)이 일어났다 하기에 놀란 나머지 얼굴빛을 잃은 채 숙소로 돌아왔다. 때마침 내리기 시작한 눈은 정원수 위에 쌓였고 음산한 바람은 유리창을 두드리니 밤새껏 이리 뒤척 저리 뒤척하며 잠을 이루지 못하는 동안, 고국 생각이 수만 리를 사이에 두고 오락가락할 뿐이었다. 변란소식을 듣자마자 달려가야 하는 도리를 다하지 못하고, 또한 소식이 막연하니 가슴속으로부터 끓어오르는 비분강개가 밤낮으로 용솟음쳤으나 능히 새처럼 날아가지 못하는 것이 한스러웠다.

이듬해인 을유년(1885년) 가을에 미국을 출발하여 대서양의 거친 파도와 홍해의 무더운 더위를 무릅쓰고 지구를 돌아 그 해 겨울에 인천에 도착했다.

그후부터 강석(江石) 한공(韓公)[3]댁에 머물러 있게 되었다. 한공은 뜻있는 군자인지라 나의 저술에 편의를 제공하기 위하여, 정해년(1887년) 가을에 한적한 정자로 거처를 옮길 수 있도록 허락해 주었다. 그리하여 묶은 원고를 펼쳐 보니 그 대부분은 없어져 버려 수년 동안의 노력이 수포로 돌아가고 만 셈이었다. 하는 수 없이 남은 원고를 주워 모으며, 없어진 부분은 증보하여 20편으로 된 책을 꾸몄다. 한글과 한자를 섞어 쓰고, 문장의 체제는 꾸미지 않고, 일상적인 말을 되도록 많이 써서 말하고자 하는 의사가 잘 소통되도록 노력했다.

원래 여러 해 동안 듣고 본 사실과 힘들여 배운 성과를 얼버무려서 꾸며놓은 것인즉, 엉성하다는 비난을 면키 어려우며 더러 잘못된 실수가 있을지 모른다. 그러나 한 가지 비유를 들어 보자. 산을 그리는 데 있어서도 그림의 잘 되고 잘 못되고 한 것은 손놀림과 의장(意匠)의 운영방법에 있다고도 할 수 있는 바, 7푼 정도의 참다운 경지에는 가까이 가지 못했다 하더라도 높고 높은 모양의 것은 봉우리요, 흩어져 깔려 있는 것은 돌이며, 여러 가지 빛깔로 우거져 있는 것은 초목이기 마련이니, 때에

3) 한공(韓公, 1848~1930) : 자는 순우(舜佑), 호는 강석(江石), 이름은 규설(圭卨). 구한말의 무신. 유길준은 당시 포도대장인 그의 집에 연금되어 있었다.

따라 달라지는 삼라만상의 천변만화하는 모양을 잘 그리는 것이 화공의 기술이라고 할 수 있는 것이다.

이제 이 책이 비록 서투르나 역시 앞에서 예로 든 바와 같은 경우라고 할 수 있을 듯하다. 산의 그림을 가리키면서 산이라고 말하더라도 헛된 영상을 가리킨 것이 되겠지만, 그로 말미암아 온 근본은 그대로 존재하는 것인즉, 이 책을 대하는 사람이 또한 그와 같은 관찰을 한다면 옳으리라 믿는다.

책이 완성된 며칠 뒤에 친구에게 보이고 그 비평을 구했더니, 말하기를 그대의 고생하며 노력한 자취는 가상하나 한글과 한자를 섞어 썼다는 사실이 문장가의 궤도를 벗어난 일이기 때문에 식견이 있는 사람들의 비방과 웃음을 면키 어려우리라하는 것이었다. 그러나 나는 대답하기를 이는 까닭이 있는 일이니 첫째, 말하고자 하는 의도의 평이함을 위주로 한 것이어서 글자를 대강 이해하는 사람이라도 쉽게 알 수 있도록 하기 위해서요, 둘째 나 자신이 책을 많이 읽지 못하여 작문하는 법에 미숙한 까닭으로 기록의 편이한 방법을 택하기 위함이요 셋째, 우리나라에 이미 있어 온《칠서언해(七書諺解)》의 기사법을 대강 본받아서 자세하고 명백한 기록이 되도록 하기 위해서였다고 말했다. 또 세계의 모든 나라를 둘러보건대 각 나라의 언어가 다른 까닭에 문자 또한 같지 않으니, 무릇 언어란 사람의 생각이 음성으로 나타난 것이요, 문자란 사람의 생각이 일정한 형상(形象)으로 나타난 것인 까닭에 언어 문자는 나누면 둘이요, 합하면 하나가 되는 것이라고 할 수 있는 물건이다.

우리 한글은 우리 선조들이 창조하신 문자요, 한자는 중국과 두루 쓰이는 문자인 바, 나는 오히려 순 한글만을 사용치 못했음을 불만스럽게 생각하는 처지인 것이다. 더구나 외국과의 국교를 이미 맺은 오늘날, 나라 안의 모든 사람들 ―상하 귀천이나 여자, 어린이를 가릴 것 없이 저쪽 사람들의 형편을 알지 못하고는 안되는 터인즉, 서투르고도 난잡한 한자로 혼돈된 이야기를 늘어놓음으로써 참다운 정경이나 사실을 기록하는 데에 어긋남이 있기보다는 유창하고도, 친근한 한글에 의지하여 사실 그대로의 상황을 충실히 나타내도록 하는 것이 옳은 일이라고 생각했기 때문이다. 우리나라 사람들의 연구와 관찰에 이바지하기 위하여 민공께서 나를 유학케 하고, 또 기록을 하도록 명령하신즉, 나는 이 책을 완성함으로써 민공의 당부하신 바를 저버리지 않게 되어 몹시 다행스럽게 생각하는 터이라고 말을 이었었다. 친구가 말하기를 정말로 그대의 이야기가 옳은 듯하나, 다른 사람들이 어떻다고 말할지, 차후에 있을 정평 있는 논의를 기다림이 옳을 듯하다고 했다.

498년 기축(1889년) 늦은 봄에, 유길준은 스스로 서문을 적는다.

서유견문 비고(備考)

1. 이 책은 한글과 한자를 섞어서 썼다. 그 연유에 대해서는 이미 서문에서 밝힌 바 있다.
1. 이 책에서 서기 연월을 쓴 것은 외국 사람의 일을 이야기하는 데 있어서, 그 나라의 연호를 썼을 뿐이다. 우리나라의 498년이 서기 1889년에 해당되는 것이지만, 이 책은 우리나라의 493년에 쓰기 시작했기 때문에, 서기로는 1884년에 기고(起稿)한 셈이 되는 것이다.
1. 지명과 인명의 번역은 중국과 일본식 표기법이 이미 존재하여 내가 얻어볼 수 있는 범위 내의 것은, 비록 우리나라 성음에 맞지 않아도 그대로 사용했으니 그레이트 브리튼〔英吉利〕 및 오스트리아〔墺地利〕 따위가 그것이다. 그리고 내가 얻어보지 못한 것은 한자로 되도록 우리 성음에 가깝도록 번역했으니, 희시오(喜時遨) 및 추시이(秋時伊) 따위가 그것이다.
1. 각 지방의 이수(里數)는 우리나라의 이법(里法)에 따라 계산했다.
1. 몇 척(尺)이라고 쓴 것은 영국의 척법(尺法)에 따랐다. 영국의 1척은 우리나라 포백척(布帛尺)의 5촌 5푼에 해당된다.
1. 몇 근(斤)이라고 쓴 것은 영국의 근법(斤法)에 따랐다. 영국의 1근은 우리나라 것의 12냥쭝(兩重)에 해당된다.
1. 톤(噸)이라 함은 영국 근법에 의한 2천 근 무게에 해당되는 것이다.
1. 이 책 속에 혹 불척(佛尺)이라고 쓴 것이 있는데, 그 아래에는 영척(英尺)으로 주석을 달아놓았다.

1. 방리(方里)라 함은 4방 1리(里)를 말하는 것이다. 예를 들자면 길이가 5리요, 넓이가 6리라면 30방리를 이루게 되는 것이다. 방척(方尺)이라 함도 역시 이러한 이치로 미루어서 이루어진 것이다.
1. 각리(角里)라 함은 길이·넓이·높이가 각각 1리인 것을 말하는 것이다. 예를 들자면 길이가 5리며, 넓이가 6리요, 높이가 7리라면 120각리를 이루게 되는 것이다. 각척(角尺)이라 함도 역시 이러한 이치로 미루어서 이루어진 것이다.
1. 이 책 속에 쓴 물건의 숫자는 억(億)으로 끝 숫자를 삼았다. 그 이상은 10억·백억·천억 따위로 10배씩 더해 나아가는 차례로 정했다. 따라서 억이라 함은 만만(萬萬)을 가리키는 것이 된다.
1. 외국의 돈을 기록하는 데 있어서 우리나라의 전법(錢法)에 따라 냥(兩)이라고 한 것은 독자들의 편의를 도모하기 위해서다. 대개의 경우 외국 은전(銀錢) 1원(元)을 우리나라의 당오전(當五錢) 14냥(즉 280매)으로 처리하여 셈하면 되는 바, 은전 가치의 높고 낮음에 따라 자연히 차이가 있게 마련이다.
1. 서양 여러 나라에서 통용하는 책력은 태양력(太陽曆)이라고 하는 것이다. 평년(平年)은 365일이요, 윤년(閏年)은 366일로 되어 있다. 그리고, 한 달의 날짜수는 항구적으로 정해져 있다.

1월 31일	2월 28일(윤년은 29일)
3월 31일	4월 30일
5월 31일	6월 30일
7월 31일	8월 31일
9월 30일	10월 31일
11월 30일	12월 31일

1주야를 24시로 나누며, 오전·오후가 각각 12시로 되어 있다. 그러한 까닭으로 서양의 1시가 우리나라의 반시(半時)에 해당되는 것이다. 1시를 60으로 나누어 그 1분을 1분시(分時)라고 말한다. 또 1분시

를 60으로 나누어 그 하나를 1초시(秒時)라고 말한다.

1. 이 책의 저술 방법은 나 자신의 듣고 본 바에 따라, 이야기를 이끌어 나아간 것도 있고 혹 타인의 서적을 참고로 하여 번역해 낸 것도 있다. 무릇 번역에는 문역(文譯)과 의역(意譯)의 구별이 있다.

   문역이란 다만 외국 글자에 상당하는 우리나라 글자만을 취하게 되는 까닭에, 가끔 어의(語義) 전달에 착오가 생기기도 한다. 그러나 의역은 피차의 글자는 혹 틀리더라도 그 어의만을 번역하는 것이니만큼, 가령 외국말에 '남의 눈에 먼지 던지기'라고 하는 뜻을, 우리말로 '사람 속이기'라고 번역하는 것과 같은 유인 것이다. 이 책은 의역에 보다 많이 의존했다.

1. 이 책에는 주로 나 자신의 유학했을 당시에 견문한 것을 기록하는 데 힘썼으나, 혹 우리나라의 현존하는 사실을 이야기하기도 하고, 보충하기도 한 것은 외국의 그것과 우리나라의 그것과를 서로 비교해 보도록 하기 위해서였다. 또《경사자집(經史子集)》속에 있는 어구를 인용한 것도 피차 서로 부합되는 뜻을 취하고자 하는 의도에서였다.

1. 이 책에서 밝힌, 여러 나라의 정치·상업·군비·부세(賦稅) 등에 관계되는 기록이나 번역은 10여 년 전 혹은 5, 6년 전의 참고문헌에 의존한 것인 까닭에 앞과 뒤에 따라 같기도 하고 틀리기도 하는 대목이 없지 않을 것이다. 그러나 정치로써 국체(國體)의 득실을 밝히고, 상업으로써 국민들의 게으름이나 부지런함을 나타내고, 군비로써 국세(國勢)의 강약을 알고, 부세로써 정부의 빈부를 표시하는 데에는 부족함이 없을 것이다.

1. 이 책 속에 쓴 산천이나 물산(物産)에 관한 내용은 전적으로 타인의 기록물에 의지했다. 산천의 이름을 번역해 내는 데 있어서는 한자의 음만을 취한 까닭에 오히려 어긋나는 것이 없으나, 물산에 이르러서는 실물의 품질을 보지 못하고, 다만 글자나 어휘의 번역만을 일삼은 까닭에 착오 없기를 기하기가 심히 어려울 듯하다.

1. 이 책은 내가 유학 가 있을 때에 공부하는 여가를 틈타서 듣고 본 것을 써 모으거나, 귀국한 뒤 서적에 의거하여 저술한 것인 만큼, 어떠한 사실을 전하여 듣는 과정에서 범한 오류라든가 사건 등을 빠뜨린 것이 적지 않을 것이다. 그러나 나는 이 책이 영원히 전해지기를 도모하여 쓴 것이 아니요, 일시적인 — 신문의 대용품으로 이바지하고자 한 것이기 때문에, 독자 여러분들은 이러한 의도를 깊이 헤아려서 문자의 교졸(巧拙) 여부에 얽매이지 말고 근본되는 취지의 큰 줄거리를 잃어버리지 않도록 해주었으면 매우 다행스러운 일이라 하겠다.

기타 여러 가지로 미급한 것은 뒤이어 올 박학한 사람에 의해 바로잡아지기를 바라고 기다릴 따름이다.

제 1 편

지구세계(地球世界)의 개론(槪論)

1. 지구는 우리 인간들이 사는 세계인 바, 역시 유성(遊星)의 하나다. 이제 여러 유성들을 보면 첫째 수성(水星)이요, 둘째 금성(金星)이요, 셋째 지구(地球)요, 넷째 화성(火星)이요, 다섯째 목성(木星)이요, 여섯째 토성(土星)이요, 일곱째 천왕성(天王星)이요, 여덟째 해룡성(海龍星) 등이 그것이다. 이 여덟 개의 별을 유성이라고 하는 것은, 그 자체가 떠돌아다녀서 일정한 자리에 머물러 있는 항성(恒星)과 같지 않은 까닭에서다.

또 여러 유성을 따라다니는 130개의 작은 별이 있는데, 이들을 종성(從星)이라고 부른다. 저 빛나는 광채로 이지러졌다 찼다 하는 달이 우리 지구의 한 종성인 것이다(지구와 달의 거리는 79만 2천 리). 따라서 종성은 유성을 돌며, 유성은 태양을 돌고 있는 셈이다.

또 하늘에는 여러 혜성이 있어서 태양을 돌고 있는데 이들을 합쳐서 태양의 궤도라고 일컫기도 한다. 태양 또한 항성의 하나이기 때문에, 허공에 점철되어 있는 여러 항성이 다같이 유성과 종성을 고리처럼 거느린 여러 태양이라고 할 수 있음은 물론이다.

우리들의 태양과 여러 유성의 크고 작기라든가, 태양과의 거리를 적어 보면 다음과 같다.

	〔직경의 길이〕	〔태양과의 거리〕
태 양	2백70만 4천9백 리	
수 성	9천9백 리	1억 1천5백50만 리
금 성	2만 4천7백50리	2억 1천7백80만 리
지 구	2만 6천70리	3억 3백60만 리
화 성	1만 3천2백 리	4억 6천2백만 리
목 성	28만 5백 리	15억 7천80만 리
토 성	23만 7천6백 리	28억 7천7백60만 리
천왕성	10만 8천9백 리	57억 8천4백90만 리
해룡성	11만 8천8백 리	90억 6천1백80만 리

2. 태양은 지구에 비하여 120만 배나 크다. 그러나 지구 물질의 점밀(粘密)한 정도가 태양에 견주어 4배나 도리어 많은 까닭에 태양의 물질은 지구의 30만 배를 더할 정도의 것인 셈이다. 이제 지구의 전체 표면을 계산해 보면, 대략 21억 4천5백33만 방리(方里)나 된다. 또 전체의 중량을 흙과 물의 비중을 셈하는 방법에 따라 추측해 보면 12억 억 억 근(斤)이 된다. 이는 우리들이 날마다 사용하는 숫자 관념을 초월한 것이어서 상상하기조차 어렵다 하겠으나, 태양의 무게에 비하면 30만분의 1밖에 안되는 것이다.

3. 지구가 태양을 돌아 일주를 하면 1년이 된다. 그 선회한 궤도의 길이는 19억 7천3백40만 리에 해당된다. 그러한 까닭에 지구가 태양을 선회하는 속도는 하루에 5백40만 6천5백75리 하고도 73분리(分里)의 25며, 또 태양을 도는 사이에 자전(自轉)을 하여 주야를 이루는 바 자전이란 자기 스스로의 회전을 가리키는 말이다.

1년 동안에 365와 4분의 1회를 도는 까닭에 음력에서는 3년마다 윤달 하나씩을 두어 절후를 조절하지만, 양력에서는 4년마다 하루씩의 윤일(閏日)을 두어 매년 남는 4분의 1을 합리적으로 처리하고 있다.

4. 하늘은 형체도 없고 끝도 없는 것이거니와, 지구는 끝없이 아득한 허공에 떠 있는 하나의 땅덩이에 불과하다. 옛날 사람은 지구의 모양을 둥글고 긴 형상의 것이라고 말하기도 했다. 지형이 만약 모진 것이라면 네 귀퉁이를 가릴 수 없다고 하여 또 계란과 같다고도 했는데, 이는 사리에 통달한 견해로서 후세 사람의 의문점을 깨친 것이었지만 혹 고집을 부리는 사람은 옛날 사람들의 지방설(地方說)에 의지하여 지구는 모난 것이라고 주장하는 것이었다. 그러나 지구가 모난 것이라고 말한 것은 땅을 사용하는 데 있어서의 편리함만을 가리킨 것이라 하겠는데, 옛날 사람들의 주장을 절충해 보면 지구가 둥글거나 모나다고 한 것은 경우에 따라서는 그렇게 나누어 이야기한 것일 뿐이었는데 후세 사람들은 그 근본과 작용의 각각 다른 면을 분별하지 못하고 변통성 없고도 편벽된 의심만을 스스로 조장하고 있는 것이다.

이제 지구가 둥글다는 이유를 증명해 보기로 하자. 해변에 서서 멀리서부터 오는 배를 바라볼 때, 돛대 끝을 제일 먼저 볼 수 있고, 차츰 선체를 볼 수 있게 되는데, 지구의 형상이 만약 평평하다고 한다면 어찌하여 선체처럼 큰 것을 먼저 보지 못하고, 돛대 끝처럼 작은 것을 먼저 볼 수 있겠는가. 이와 같은 현상은 지구의 둥근 형상으로 말미암아 선체가 가리워진 까닭이라 하겠는데, 이것이 그 첫째 번 증명인 셈이다.

또 끝없는 평야 한가운데 서서 시력을 다하여 바라보든지, 높은 산의 정상에 올라 하계의 광경을 내려다보든지 하면, 하늘 끝의 둘레는 고리를 두른 것과 같다고 할 수 있는데, 이러한 형상은 오직 원형의 물체만이 이룰 수 있는 것인즉, 이것이 그 둘째 번 증명인 셈이다.

또 월식(月蝕)하는 검은 그림자를 관찰해 보면, 그 형상이 둥근 원 모양으로 이동해 가는 것을 볼 수 있는데, 이러한 원모양은 원형을 가진 물체에 의해 만들어지는 것인 바 월식이라 하는 것은 태양과 달이 서로 마주 바라보는 위치에 있을 때, 지구가 그 중간에 끼어들어 달이 받을 햇빛을 가로막아서 그 그림자가 달면을 뒤덮는 까닭에 생기는 것이므로, 그 셋째 번 증명인 셈이다.

5. 지구에 위도(緯度)를 그어서 적도(赤道)와 황도(黃道)와 흑도(黑道)의 구분을 마련해 놓고 있다. 북극으로부터 남쪽으로 90도를, 남극으로부터 북쪽으로 90도를 각각 이동하여 지구의 한가운데에 이르는 식으로 도합 180도가 되도록 구분되어 있다.

또 북적도(北赤道)의 북쪽 24도 2분도(分度)의 1과 남적도(南赤道)의 남쪽 24도 2분도의 1을 합하여 47도의 열대(熱帶)를 설정해 놓고 있다. 열대는 네 계절의 기후가 언제나 더운 고장을 가리킨다.

또 북극으로부터의 24도 2분도의 1은 북적도 북쪽의 67도 2분도의 1에 해당되는 곳이어서 북흑도(北黑道)의 한대(寒帶)이며, 남극으로부터의 24도 2분도의 1은 남적도 남쪽의 67도 2분도의 1에 해당되는 곳이어서 남흑도(南黑道)의 한대인 바, 이 남북 한대가 합하여 47도를 이루고 있다. 한대는 네 계절의 기후가 언제나 추운 고장을 가리킨다.

한편 북적도 북쪽의 24도 2분도의 1에서부터 시작하여 67도 2분도의 1에 이르는 사이가 43도인 바, 여기가 북황도(北黃道)의 온대(溫帶)이며, 남적도 남쪽의 24도 2분도의 1에서부터 시작하여 67도 2분도의 1에 이르는 사이가 역시 43도인 바, 여기가 남황도(南黃道)의 온대이자 이 남북온대가 합하여 86도를 이루며, 온대는 네 계절의 기후가 평균되게 쾌적하여 춘하추동의 조화가 잘 이루어지는 곳을 가리킨다.

적도 북쪽의 하지(夏至)는 적도 남쪽의 동지(冬至)이며, 적도 남쪽의 춘분(春分)은 적도 북쪽의 추분(秋分)에 해당되는 것이다. 그러한 까닭에 적도 남북의 기후가 서로 엇바뀌어져 있으며, 기후의 춥고 더움이 태양의 멀고 가까움에 말미암은 것이 아니라 태양광선이 직사

할 때는 따스하거나 덥고, 비스듬히 비칠 때는 춥거나 서늘하게끔 되어 있는 것이다. 그리하여 지구와 태양과의 거리를 기후로써 추산해 보면, 11월이 6월에 견주어 990만 리나 더 가까워져 있음을 볼 수 있다.

6. 지구에는 또 경도(經度)를 그어놓고 있다. 이는 지방의 위치를 정하는 데 있어서의 편의를 도모하기 위해서며, 기후를 정하는 일과 관계깊은 위도의 경우와는 전연 다른 것이다. 그러한 까닭에 영국의 그리니치(瞿仁利聚, Greenwich)의 천문대로부터 경도의 기점을 정하여 어느 곳은 그리니치 동경(東經) 몇 도라고 하며, 또 어느 곳은 그 서경(西經) 몇 도라고 하기도 한다.

그러나 근자에 이르러 이야기하기 좋아하는 사람이 말하기를 영국을 경도의 주인이라고 일컫는 것은 옳지 못한 일이라고 하여, 만국 공통의 경도 기점을 마련하기 위해서 세계 어느 나라에도 관계가 없는 바닷속의 섬을 물색중이라 하나 아직 결정을 보지 못하고 있다.

무릇 경도는 360도로 이루어져 있다. 지구는 자신의 자전축(自轉軸)에 의거하여 밤낮을 형성하고 있는 까닭에 180도가 태양을 향하여 낮이 되어 있는 동안, 다른 180도는 태양을 등지고 밤이 되어 있는 것이다. 그리고 지구의 회전은 거의 비슷하기 때문에 360도가 각각 12시간씩 주야로 바뀌는 일정한 순서를 가지고 있는 것이다.

또 지구의 회전은 서쪽으로부터 동쪽으로 향하기 때문에 해·달·별들이 다 서쪽으로만 가고 있는 듯이 보인다. 이 이치를 증명해 보면 강 위에 배를 띄우고, 내려가든지, 올라가든지 간에, 그 근방에 있는 산천과 초목이 전부 뒤쪽으로만 가고 있는 듯이 보이는 원리와 같다고 하겠다. 이는 산천과 초목이 움직이고 있는 것이 아니라 기실은 배를 탄 사람 자신의 움직임이, 마치 다른 물건도 움직이고 있는 듯이 느껴지는 연유와 비슷하다 하겠다.

7. 지구의 모양이 둥글고 남·북극이 비스듬하게 기울어 서로 등지고

있는 까닭에, 빛나는 태양의 광채도 남·북극 가운데의 23도 2분도의 1만을 비치는 데 그치고 있다. 북황도의 낮이 긴 때는 북흑도의 낮 또한 더욱 길어지고, 밤이 긴 때는 역시 같은 이치로 밤 또한 더욱 길어지며, 남황도와 남흑도의 경우 또한 이와 똑같다. 그 연유는 남북극이 비슷하게 기울어져 있는 까닭에 북극이 태양의 광채를 받고 있을 때에는 남극이 받지 못하고, 남극이 받고 있을 때에는 북극이 받지 못하고 있는 때인 것이다.

이제 위도가 적도와 어느 정도의 원근관계를 가지고 있느냐 하는 것으로 밤낮의 길고 짧음을 추측해 보면 다음과 같다.

〔적도와의 멀기〕	〔해의 가장 긴 길이〕
적도 한가운데	6시(時)
8도 및 60분도의 24	6시 및 4분시의 1
41도 및 60분도의 24	7시 및 2분시의 1
58도 및 60분도의 28	8시
63도 및 60분도의 23	10시
66도 및 60분도의 32	12시
67도 및 60분도의 19	30일(日)
73도 및 60분도의 1	90일
90도	180일

8. 적도 북쪽의 해의 길이가 이와 같을 때는 적도 남쪽의 밤의 길이 또한 이와 똑같다. 또 적도 남쪽의 해의 길이가 이와 같을 때는 적도 북쪽의 밤의 길이 또한 이와 똑같다고 할 수 있는데, 이는 영원히 변하지 않는 법칙인 것이다.

9. 무릇 지구를 둘러싸고 있는 것은 공기다. 공기의 퍼져 있는 높이를 혹 165리라고 하기도 하고, 혹 1천6백50리라고도 하지만 확실한 증거를 세우기는 어렵다. 공기의 본질은 산소·질소(窒素) 및 탄산가스

등이 혼합된 것이다.

이 세 가지 요소의 많고 적은 비율을 추측해 보면 다음과 같다.

산 소 : 1백분(分)의 20 및 1백분1의 61(20.61%)

질 소 : 1백분의 77 및 1백분1의 95(77.95%)

탄산가스 : 1백분의 4(0.04%)

습기 및 기타 : 1백분의 1 및 1백분1의 14(1.14%)

10. 동물(사람과 금수)은 공기 속의 산소를 마시며 그 삶을 유지해 나가고 식물(초목)은 공기 속의 탄산가스를 마시며 그 성장을 이룩해 나간다. 즉 동물이 토해 내는 탄산가스는 식물이 받으며, 식물이 토해 내는 산소는 동물이 취하여 서로서로 교역하는 방법을 유지하는 까닭에, 공기 속에 일정하게 배분되어 있는 세 가지 요소의 근원은 그대로 보존되어 나아가는 셈이다. 이는 정확히 동물과 식물이 서로 상대방의 것을 바꾸어 내놓는다는 것이 아니라, 그 토해 내놓거나 마시거나 하는 원소가 어떻게 다르고 어떻게 같나 하는 점만을 지적해 보인데 지나지 않는다.

이러한 공기는 천지가 개벽한 이후부터 오늘에 이르기까지 불어나거나 줄어든 바가 없고 또 오늘부터 그 어느 때가 되더라도 그 증감(增減)이 없을 것이며, 그 질과 양 또한 변함없고도 한결같을 것으로 믿어진다.

지구가 신회하는 원리에 의거하여 상상해 본다면, 지금 우리들이 토해내거나 마시거나 하는 공기를 조금 뒤에는 서양에 사는 사람들이 호흡할 수도 있을 것이며, 예나 지금이나 한결같다는 이치에 의거하여 말해 볼 것 같으면 백년 혹은 천년 전의 성현이나 호걸이 토해 내거나 마시거나 하던 공기를 오늘날 이곳에 앉아 있는 우리들이 호흡하지나 않는지 그 누가 알 수 있단 말인가.

또 공기는 무게가 있어서 지면에 가까운 것이 공중에 있는 것보다 더 조밀하고 무겁고 탁한 바, 그 까닭은 아래쪽에 있는 공기는 위에 있는 것의 내리누르는 압력을 받기 때문인 것이다. 그러한 까닭에 성인의 몸 전체를 15방척(方尺)의 넓이를 가진 것으로 간주한다면 그 사람은 3만 2천4백 근 무게의 공기 압력을 지탱하고 있는 셈이다.

11. 지구는 태양의 볕을 쬠으로 말미암아 표면에 열을 머금게 된다. 그 열기는 반사하여 공기를 따뜻하게 하는데 따뜻해진 공기는 희박하게 되며, 희박해지면 가벼워지고, 가벼워지면 위로 상승하게 된다.

상승중인 따스한 공기가 공중에 있는 차가운 공기와 가까워지면 비가 된다. 그리고 우박이나 눈은 비의 언 것으로, 이는 비·우박·눈 등이 어떻게 하여 생성되나 하는 연유를 밝혀 본 이야기가 되는 셈이다.

또 공기가 희박해져서 상승하는 데 따라, 그 곁으로는 차가운 공기가 흘러 들어가게 되는데, 이 흘러 들어가는 것이 바람이나 회오리바람의 원인이 되는 것이다. 그리고 습기를 머금은 공기가 떠돌아다니다가 공중의 차가운 공기와 가까워지면 구름이 되며 아래로 내려오면 안개나 노을이 되는 것인데, 이는 구름·안개·노을이 어떻게 하여 생성되나 하는 이유를 밝혀 본 이야기가 되는 셈이다.

또 따스한 열기를 머금은 공기가 찬 물질에 붙으면 이슬이 되는데, 더운 날 차가운 물을 그릇에 담아 가만히 놓아두면 열기를 머금은 공기가 찬 기운을 가진 그릇 거죽에 와 닿아 물방울을 형성하는 이치와 똑같으며, 이는 또한 이슬이나 물방울이 형성되는 연유를 밝혀 본 이야기가 되는 셈이다. 또 서리는 이슬이 언 것이라 할 수 있은즉, 이는 서리나 이슬이 형성되는 연유를 밝혀 본 이야기인 셈이다. 그러한 까닭에 서리나 이슬은 공중으로부터 내려오는 것이 아니다.

천둥이나 번개의 묘한 이치를 추측해 보자. 전기라고 하는 것은 공기 속에 자유로이 떠돌아다니는 것으로서, 그 성질이 습기와 쉽게 화합하기 때문에 구름 사이의 여러 곳에 모여 있다. 그렇게 하여 모인 덩이가 점점 커지면 이쪽의 전기가 저쪽의 전기와 서로 작용하여 끄는 힘이 생기게 되며, 서로 끄는 사이에 번쩍하는 섬광과 함께 내달리는 힘이 공기를 꿰뚫기 때문에 공기가 흩어지고, 전기가 지나간 뒤에 다시 합하는 공기의 마주치는 힘으로 뇌성벽력의 요란하고도 은은한 소리가 일어나게 되는 것이다. 그러한 까닭으로 번개의 섬광이 번쩍한 뒤에야 비로소 뇌성(雷聲)이 들리게 되는 것이다.

12. 지구의 중심부분은 용해된 토석으로 형성되어 있으며 이따금 용해된 열기가 지구의 딱딱한 외면으로 올라와 화산과 지진의 원인을 이루기도 한다.

13. 화산이라고 하는 것은 산꼭대기에 있는 분화구로부터 연기나 화염, 재 및 용해된 토석을 뿜어 내고 있는 산을 가리킨다. 그리고 분화구의 크고 작기는 화산에 따라 각각 다르다. 이탈리아의 베수비오(比秀比亞, Vesuvio) 화산의 분화구는 깊이가 3천9백48척이며 그 넓이는 3천 척이나 된다. 또 하와이 킬라우에아(吉魯利亞, Kilauea) 화산의 분화구는 깊이가 6천 척인 데다가 길이가 10리를 넘으며, 그 넓이는 3리에 걸쳐 있다. 그리고 화산은 온 세계 도처에 수없이 흩어져 있지만, 어디에서나 해변과 섬 가운데 있으며 대륙의 중앙에는 거의 존재치 않는다.

화산이 폭발하는 광경을 잠시 적어 보기로 하자. 연기와 화염이 먼저 솟아나오며 심상찮은 기운이 점점 증가하는 것과 함께 화산 인근에 시진이 일어난다. 화산의 분화구는 바닥에서는 은은히 사나운 불에다 물을 들어붓는 듯한 소리가 일어나 먼 곳에서 울리는 대포소리를 방불케 하다가, 느닷없이 폭발하는 굉음이 진동하면서 사나운 불길이 공중으로 솟아오르고 용해된 토석이 분화구 입구에 가득히 쌓인다.

갑자기 용암을 내뿜으며 폭발하는 기세야말로 태양을 어둡게 가린다 하겠고 그 뜨거운 열기는 주변의 공기를 건조시켜 상승 기류를 만들어 마침내는 큰 비를 내리게 하는데, 화산의 재해라는 것도 또한 크다는 사실을 알 수 있는 터라 하겠다. 폭발할 때에 분출되어 나온 재가 인근의 촌락을 묻어 버리며 풀과 나무를 자취도 없이 만들기도 하는데, 큰 화산 폭발의 경우에는 천여 리나 되는 먼 곳에까지 그 재가 날아갔다고 한다.

즉 서인도(西印度)의 수후뢰(秀厚賴) 화산이 폭발했을 때는 1천6백50리 밖에 떠 있던 배 위에까지 그 화산의 재가 덮였으며, 중앙 아메리카의 코우시기나(高濟貴那, Coseguina) 화산이 폭발했을 때는 직경 1천1백55리나 되는 지면에 걸쳐 태양을 어둡게 가릴 정도였었고, 자바(藉排, Java)의 크라카타우(葛郞剛, Krakatau) 화산이 내뿜는 재와 흙은 144개의 마을과 전답을 파묻었으며, 베수비오(Vesuvio) 화산의 재는 폼페이(布巖蔽阿伊, Pompeii)와 허규례니암(許赳禮尼巖)의 두 도시를 백 척 가까운 깊이로 묻어 버렸고, 킬라우에아(Kilauea) 화산이 분출한 토석과 재는 270억 각척(角尺)이나 되는 엄청난 숫자에 이르렀었다. 또 이따금 바닷속에 있는 화산이 폭발하여, 섬 모양을 이루기도 하나 재가 바닷물에 씻김으로 말미암아 섬의 모습이 사라지기도 하는 수가 있다. 이는 육지에서 많이 떨어져 있는 섬 근처에서 자주 볼 수 있는 현상인 것이다.

14. 지진이라고 하는 것은 지구의 중심부분에 있는 용해된 물질이 물결이 일듯이 출렁이는 힘을 발동시켜 딱딱한 겉부분을 뒤흔드는 현상이다. 지구상의 어느 곳이든 — 바다 밑으로부터 산 꼭대기에 이르기까지 지진이 없는 곳은 없다. 한편 지진은 해변 화산의 줄기를 따라 많이 일어나기 때문에 마침내는 화산의 폭발을 가져오는 경우가 허다하다.

이 방면의 학자 단아(丹峨)는 지진을 두 종류의 것 — 즉 첫째는 앞으로 나아가는 흔들림이며, 둘째는 위로 치솟는 흔들림이라고 구분했었다. 앞으로 나아가는 흔들림은 그 세력이 순하여 지면을 흔들 따름이어서 사람에게 별로 재해를 끼치지 않으나, 위로 치솟는 흔들림은 그 작용하는 기운이 사나워서 혹은 위로 치솟았다가 혹은 아래로 내려 앉았다가 하는 사이에, 가운데로 흩어지는 힘이 사방으로 전해지는 바람에 사람들에게 커다란 재난을 끼치기 일쑤다. 지진이 일어난 모양을 간단히 열거해 보기로 하자.

첫 번째 경우는 지면이 조각조각으로 부숴지는 현상인데, 요방배(裊房排)의 지진 때에 무수한 사람과 말이 가라앉은 땅의 틈 속에 빠져들어갔다.

두 번째 경우는 지면이 올라갔다 내려갔다 하는 현상으로서 동인도(東印度) 가취(佳聚)의 지진 때엔 광대한 지면이 한편으로는 솟아오르고, 또 한편으로는 내려앉게 되자 조금 전까지 번창하던 마을이 순식간에 깊은 호수로 일변했다.

세 번째 경우는 해일(海溢)로서, 남아메리카주 페루(秘魯, Peru)의 지진 때 바닷물이 밀려갔다가 다시 몰려오는 높이가 80척에 이르러 칼라오(葛那澳, Callao) 시를 가라앉게 하고 그곳에 사는 사람들을 익사케 하고 그 항구에 정박하고 있던 배를 수십 리나 되는 내륙에까지 밀어 올렸고, 유럽주 포르투갈(葡萄牙, Portugal) 리스본(利秀繁, Lisbon)의 지진 때 배비도(排比道)의 바닷물이 20척 높이의 해일을 일으킨 일 등이 있는데, 이는 세계 여러 곳에서 가끔 일어나는 현상이다.

네 번째 경우는 사람의 살상으로서, 이탈리아 칼라브리아(葛羅富利亞, Calabria)의 지진 때에는 2백여 개의 촌락이 파괴되어 10만이나 되는 사람이 압사했으며, 그 고장의 지면마저 전연 달라져 토지에 관한 소송이 일어날 정도였다고 하며, 포르투갈 리스본의 지진 때에는 6만 명이나 되는 사람이 압사했으며, 지진의 여세는 유럽주와 아프리카주의 큰 산들을 흔들어 움직였고, 또 수만 리나 되는 바다를 건너 아메리카주의 각 지방에까지 이르렀다고 한다. 대부분의 경우, 지진은 타원형의 궤도를 따라 번져나가고 있음을 볼 수 있다.

15. 땅속의 열기가 밖으로 나타나게 되는 현상은 화산과 지진 외에도 또 있다. 그 중 하나는 평지에서 불을 내뿜는 현상인데, 아펜니노(阿片仁, Appennino) 산의 북방과 카스피(哥秀比安, Caspian) 해의 서쪽에 그 실물을 볼 수 있으며, 또 하나는 뜨거운 물이 솟아나는 현상인 것이다. 즉 북극 근방의 아이슬란드(Iceland)에는 7, 8리나 계속되는 지면에 백여 개나 되는 뜨거운 물을 내뿜는 샘이 있어서, 그 중의 큰 것은 그 솟아오르는 물줄기가 2백여 척의 높이에까지 이르는 것이 있으며, 미국 캘리포니아(California)주 부라돈(富羅敦) 골짜기에도 뜨거운 물이 2백여 척의 높이로 솟아오르는 곳이 있다고 한다.

그러나 온천은 앞에서 말한 것과 달라서, 그 흘러내리는 수맥(水脈)이 땅속에 쌓인 유황을 뚫고 지나는 동안 그 열기를 빌어 나오는 물건인 것이다.

육대주(六大洲)의 구역(區域)

1. 지구를 가운데로 나누어 2반구(半球)라고 할 경우, 동쪽의 것을 동반구(東半球)라고 하며 서쪽의 것을 서반구(西半球)라고 한다.

동반구에는 아시아주, 유럽주, 아프리카주 및 오세아니아주(이는 남해 가운데에 있는 큰 섬이기 때문에 혹 대주(大洲)라고 일컫지 않기도 한다)의 네 대주로 이루어져 있으며, 서반구에는 북아메리카주와 남아메리카주라는 두 대주로 이루어져 있다. 이제 둘로 나누어 말한 반구라고 하는 것은 원래 지형이 두 조각으로 되어 있는 것이 아니라 구역의 구분을 편리하게 하기 위하여 인위적으로 나눈 것에 지나지 않는다.

2. 동반구의 길고 넓음을, 오세아니아주는 제외하고 아시아・유럽・아프리카의 3대주만을 대상으로 하여 살피기로 하자. 동과 서는 207경

도(經度)로서 아프리카주의 서쪽 끝으로부터 아시아주의 극동에까지 이르고, 남과 북은 110위도(緯度)로서 아시아주의 북쪽 끝으로부터 아프리카주의 남쪽 끝에까지 이르고 있다. 이 3대주의 지형이 서로 연결되어 있었으나, 아프리카주만은 근자 수에즈(蘇西, Suez) 운하의 개통으로 말미암아 분리되어 나간 셈이다.

3. 오세아니아주의 길고 넓은 범위는 동과 서가 40경도며 남과 북은 30위도에 차지 않으니, 이는 6대주 가운데서 가장 작은 대주라 하겠다.

4. 서반구의 길고 넓은 범위는 동과 서가 130경도를 넘는데, 동으로는 베링(排仍, Bering) 해에 임하고, 서로는 천록(茜鹿)에 다다르며, 북으로는 배로(裵魯, Barrow) 곶에서 남으로는 마젤란(馬質蘭, Magellan) 해협에까지 이르고 있다.

남북아메리카주의 지형이 꼭 장군〔缶〕의 모양과 비슷하여 남북이 넓고 중간의 파나마(波羅馬, Panama)에 이르러 남쪽과 북쪽이 서로 이어졌으니 그곳의 넓이는 90리 미만인 것이다.

5. 이 6대주 외에 별과 바둑돌처럼 많은 섬이 혹은 크고 혹은 작게 흩어져 있으나, 따로 대주라는 칭호를 내세우는 바가 없고, 각각 그곳에서 가까운 대주의 이름을 따라, 아시아주 부근에 있는 것은 아시아주의 무슨 섬이라고 하며 아프리카주와 유럽주 부근에 있는 것은, 역시 그 두 대주의 이름을 따라 부르며, 또 남·북 아메리카주 부근에 있는 것도 또한 이와 같이 하는 바, 이는 구별하기 쉽게 편의만을 위한 조치라 하겠다.

6대주의 크고 작기를 방리(方里)로 표시해 보면 다음 같다.

〔**한역**(漢譯)〕	〔**영음**(英音)〕	〔**방 리**〕
亞細亞洲(아세아주)	아시아	1억 8천2백64만 2천1백30방리
歐羅巴洲(구라파주)	유럽	3천3백33만 3천6백80방리

阿弗利加洲(아불리가주)	아프리카	1억 2천2백67만 9천4백88방리
大洋洲(대양주)	오세아니아	1천57만 3천46방리
北阿美利加洲(북아미리가주)	노스아메리카	9천2백40만 방리
南阿美利加洲(남아미리가주)	사우스아메리카	8천9백10만 방리

6. 무릇 6대주의 각 지면이 차지하는 방리는 바닷물로 채워진 곳은 계산하지 않았으므로, 이러한 이치로 생각해 본다면, 아시아주가 가장 큰 대주라 하겠다.

방국(邦國)의 구별(區別)

1. 이제 이 6대주 가운데 할거하고 있는 여러 나라를 각각 그 나라가 속하고 있는 대주에 따라 구별해 보면 다음과 같다.

● 아시아주

〔**한역**(漢譯)〕	〔**영음**(英音)〕
朝鮮(조선)	코리아(Korea)
淸國(혹 支那)(청국 혹 지나)	차이나(China)
日本(일본)	재팬(Japan)
安南(안남)	안남(Annam)
暹羅(섬라)	시암(Siam)
緬甸(면전)	버마(Burma)
牙富汗(아부한)	아프가니스탄(Afghanistan)
印度(인도)	인디아(India)
醴八(예팔)	네팔(Nepal)
西藏(서장)	티베트(Tibet)
波斯(파사)	페르시아(Persia)

이밖에도 벨루치스탄(鱉累穉斯坦)과 코친차이나(古親支那)와 투르키스탄(土基斯坦)과 싱가포르(新嘉坡) 외 여러 섬과 캄보디아(甘保杜亞)와 갈남비아(葛南菲野)와 다른 여러 섬들이 많아서 그 수를 다 들 수가 없을 정도다.

혹 그 가운데에는 겨우 자주독립한 나라도 있고 다른 나라에 소속된 나라도 있다. 인도가 영국의 속국이지만 다른 나라와 나란히 언급한 것은 영국에 소속된 인도 외에도 중립국으로 남아 있는 나라들이 있는 까닭에 가려서 말하기 어렵기 때문이었다.

또 터키(土耳基)에 부속된 지방으로는 소아세아(小亞細亞), 시리아(世累野), 거마사탄(巨馬斯坦), 팔레스타인(巴禮斯坦), 메소포타미아(美昭布太糜亞), 아라비아(亞羅比亞), 아르메니아(阿美尼亞), 태단(台丹) 등이 있고, 러시아에 부속된 지방으로는 코카시아(鉅蓋時亞), 시베리아(沙耳比利亞), 중앙아세아(中央亞細亞) 전체가 있다.

● **유럽주**

〔한 역〕	〔영 음〕
大不列顚(혹 英吉利) (대부열전 혹 영길리)	그레이트 브리튼(Great Britain)
佛蘭西(불란서)	프랑스(France)
日耳曼(일이만)	저매니(Germany)
墺地利(오지리)	오스트리아(Austria)
匈牙利(흉아리)	헝가리(Hungary)
伊太利(이태리)	이탈리아(Italy)
荷蘭(하란)	홀란드(네덜란드, Netherlands)
白耳義(백이의)	벨기에(Belgium)
山馬利路(산마리로)	산마리노(San Marino)
丁抹(정말)	덴마크(Denmark)
安道羅(안도라)	안도라(Andorra)

葡萄牙(포도아)	포르투갈(Portugal)
瑞典(서전)	스웨덴(Sweden)
諾威(낙위)	노르웨이(Norway)
西班牙(서반아)	스페인(Spain)
土耳基(토이기)	터키(Turkey)
希臘(희랍)	그리스(Greece)
瑞西(서서)	스위스(Switzerland)
樓爾尼亞(누니니아)	루마니아(Rumania)
俄羅斯(아라사)	러시아(Russia)
西比亞(서비아)	세르비아(Serbia)

● **아프리카주**

〔한 역〕	〔영 음〕
埃及(애급)	이집트(Egypt)
摩洛哥(마락가)	모로코(Morocco)
杜尼斯(두니사)	튀니지(Tunisia)
阿排時尼亞(아배시니아)	아비시니아(Abyssinia)
杜立八利(두립팔리)	트리폴리(Tripoli)
羅伊比賴亞(나이비뢰아)	라이베리아(Liberia)
土蘭斯拔(토란사발)	트란스발(Transvaal)
馬哥塞(마가새)	마다가스카르(Madagascar)
烏滿(오만)	오만(Oman)
孱支排(잔지배)	잔지바르(Zanzibar)
蘇丹(소단)	수단(Sudan)

이밖에도 알제리(謁支累亞, Algerie)는 프랑스에 속하고 구락과(瞿樂果) 등은 영국의 판도에 들어갔으며 모잠비크(模潛伯, Mozambique)는 포르투갈에 귀속되는 등 수없이 많은 지방을 다 기록할 수 없는 형편이다.

● 남 · 북아메리카주

〔한 역〕	〔영 음〕
合衆國(합중국)	유나이티드 스테이트(U.S.A.)
墨西哥(혹 麥時古) (묵서가 혹 맥시고)	멕시코(Mexico)
瓜多磨羅(과다마라)	과테말라(Guatemala)
混斗羅斯(혼두라사)	온두라스(Honduras)
聖撒排多(성살배다)	산살바도르(San Salvador)
尼可羅果(니가라과)	니카라과(Nicaragua)
巴西(파서)	브라질(Brazil)
哥倫比(가륜비)	콜롬비아(Colombia)
彬崖朱越那(빈애주월나)	베네수엘라(Venezuela)
高斯太樓哥(고사태루가)	코스타리카(Costa Rica)
厄瓜多(액과다)	에콰도르(Ecuador)
秘魯(비로)	페루(Peru)
拔利比亞(발리비아)	볼리비아(Bolivia)
智利(지리)	칠레(Chile)
亞然丁(아연정)	아르헨티나(Argentina)
猶羅貴(유라귀)	우루과이(Uruguay)
許太伊(허태이)	아이티(Haiti)
山道明澳(산도명오)	산토도밍고(Santo Domingo)
把羅貴(파라귀)	파라과이(Paraguay)

이밖에도 북아메리카주의 캐나다(佳那多, Canada)라고 하는 지방은 다 영국에 속하고 알래스카(謁那斯哥, Alaska)라는 지방은 미국에 속해 있으며, 남아메리카주의 가이아나(貴崖那, Guyana)라고 하는 지방은 프랑스와 네덜란드와 스페인에 속해 있다. 이들말고도 허다한 작은 지방을 다 열거하기는 어려울 지경이다.

● **대양주**

대양주에는 독립한 나라가 없고, 이 지방 전체가 영국에 소속되어 있다. 그 주(洲)나 군(郡)의 명칭은 기록하기 번잡하여 그만둔다. 또 그 인근에는 크고 작은 섬이 수없이 많으나, 그 가운데서 국가 형태를 가지고 있는 것을 들면 다음과 같다.

〔한 역〕	〔영 음〕
布哇(포와)	하와이(Hawaii)

2. 오늘날 세계 각처에 위치한 나라는 대강 앞에서 열거한 바와 같다.

세계의 산

1. 이제 세계 각처에 있는 산 이름을 기록코자 하는 바, 그 산들이 자리잡고 있는 대주별로 표시하는 것이 좋을 듯하다.

● **아시아주**

〔일등산(一等山)〕
히말라야(喜馬拉(崑崙山), Himalaya)
카라코람(哥羅高覽, Karakoram)
쿤룬(赳越蘭, Kunlun)
탱글라(陽屈仍, Tangla)

이 네 산맥을 티베트(Tibet)의 고원이라고 일컫는데, 하늘 아래서 제일 높은 곳이다. 그런 까닭에 이 고장을 또한 세계의 등〔脊〕이라고도 부르는 것이다.

2. 이들 여러 산맥이 가지고 있는 최고봉을 살펴보면 다음과 같다.
히말라야(Himalaya)에는

에베레스트(崖排賴土, Everest)	2만 9천2척
칸첸중가(君親眞佳, Kanchenjunga)	2만 8천1백56척
시서(時瑞)	2만 7천7백99척
다울라기리(多越禮智利, Dhaulagiri)	2만 6천8백26척
난다데비(蘭茶大比, Nanda Devi)	2만 5천7백97척

카라코람(Karakoram)에는

고드윈오스턴(苔長, Godwin Austen)	2만 8천1백8척

3. 이러한 여러 산맥이 배열되어 있는 형상을 적어 보면 다음과 같다.
히말라야(Himalaya) 산맥은 티베트(Tibet) 남쪽에서 시작하여 갠지스(堅枝斯, Ganges)의 고원(高原)을 향하여 남쪽으로 향하다가, 그 세력이 다하니 에베레스트 등의 여러 봉우리들이 바둑돌처럼 자리잡고 있다.

카라코람 산맥과 쿤룬 산맥은 티베트의 동서쪽에서 시작하여 계속해서 동서쪽으로 달려가는 형세인 바, 산들의 높이가 히말라야의 그것과 비슷하며, 탱글라 산맥은 티베트의 동남쪽에서 시작하여 역시 동남쪽으로 달려가는 산맥이다.

〔이등산(二等山)〕

4. 쿤룬 산맥의 북쪽에 타림(佗逸, Tarim) 강의 메마른 벌판이 있는데, 그곳의 높이는 2만 척이나 된다. 그 북쪽은 몽고의 고원(高原)으로 이어져 있으며, 그 서쪽으로는 천산산맥(天山山脈)의 줄기가 의젓이 늘어서 있고, 바로 동쪽으로는 고비(高比, Gobi) 사막이 자리잡고 있다. 몽고의 고원지대가 고비 사막을 끼고 있으며, 알타이(謁太伊, Altai) 산맥이 그 북쪽에 자리잡고 있고, 킨간(肯咸, Khingan) 산이 그 동쪽을 가로막고 있는 형세인 것이다.

5. 티베트의 고원지대를 따라 높이 솟은 산맥이, 무수히 동쪽으로 뻗

어가고 있는데 중국의 높은 산과 산맥은 거의 다 이 고원에서 뻗어나간 가지라고 해도 과언이 아니다.

6. 티베트의 서쪽에 자리잡은 히말라야와 쿤룬의 두 산맥이 합하여 무수한 산맥을 얽어 놓은 바, 이름하여 산의 조종이라 할 만하며, 세계의 등임이 분명하다. 힌두쿠시(渾杜瞿安, Hindu Kush) 산맥이 이 줄기를 따라, 서쪽으로 뻗어나가서 아시아의 서쪽과 티베트의 사이에 웅장한 여러 산을 형성해 놓고 있다.

7. 이란(伊蘭, Iran)의 고원지대는 그 북쪽에 있는 엘부르즈(蘗富樓朱, Elburz) 산맥으로부터 시작하여 서남에는 자그로스(赭瞿老壽, Zagros)이며, 동에는 술라이만(則率老滿, Sulaiman) 산맥이 있다. 또 아르메니아(阿美尼亞, Armenia) 지방은 이란의 서쪽에 있는데, 그곳의 최고봉은 1만 7천 척이 넘는 아라라트(阿羅賴土, Ararat)란 이름의 산이다. 소아시아의 고원지대는 반도와 같은 지형을 이루고 있는데 타우루스(攄羅秀, Taurus) 산맥이 그곳에 자리잡음으로써 험준한 지형을 형성하게 되었다.

8. 아라비아(亞羅比亞, Arabia)의 고원지대는 해변을 따라 가파른 낭떠러지를 이루고 있다. 그리고 동인도반도(東印度半島)에는 데칸(德幹, Deccan) 고원이 있는데, 빈다(彬茶) 산맥을 경계로 하여 그 동과 서에 각각 고츠(鉅菸朱, Ghats) 산맥이 있다.

9. 시베리아(沙耳比利亞, Siberia)와 투르키스탄(土基斯坦, Turkistan)의 낮은 지대는 아시아의 북쪽과 서북쪽을 차지하고 있으며, 카스피(哥秀比安, Caspian)해를 따라 북극해(北極海)에 이르기까지 펼쳐 있다.

10. 흑룡강(黑龍江)의 저원지대는 만주(滿洲)의 여러 산이 그 주위를 둘러싸고 있으며, 중국의 저원지대는 황하(黃河)와 양자강(揚子江)의 하류지방에 자리잡고 있다.

11. 인도의 저원지대는 데칸 고원 및 히말라야 산맥의 사이에 위치하

여, 올목졸목한 구릉지대 사이에 구불구불하게 점철되어 있다.

12. **● 유럽주**

〔일등산(一等山)〕

알프스(埃乙布, Alps)

이 산맥은 여러 산이 합친 것으로 골짜기가 깊고, 구렁이 길기 때문에 그 주변에 흩어져 있는 여러 나라끼리 서로 통하는 도로가 산의 험난한 것으로 말미암아 어려움을 겪는 일이 없으며, 여러 산봉우리에는 초목이 무성해 있고 가장 높은 산의 정상에 이르면, 1년 내내 눈의 아름다움을 볼 수 있어서 유럽의 기이한 경치요, 세계의 명승지라고 일컬어져 오고 있다.

13. 이제 알프스 산맥에 속해 있는 고봉들을 열거해 보자.

알프스 산맥에는

몽블랑(茀冷求, Mont Blanc)	1만 5천7백44척
몬테로사(老沙, Monte Rosa)	1만 5천1백74척
마터호른(愛攄本, Matterhorn)	1만 4천8백36척

14. 이 여러 산들이 배열되어 있는 모양을 적어 보면 다음과 같다. 즉 이탈리아 반도 쪽에서 일어나기 시작하여, 반달 형상의 고리 모양으로 활처럼 굽은 채, 나이온(那伊溫)의 바닷가를 따라 다뉴브(大揖, Danube)강과 아드리아(愛斗利崖特, Adriatic) 해변에까지 다나르고 있다.

〔이등산(二等山)〕

이 여러 산맥은 알프스 산맥의 동과 서에 그 줄기가 연장되어 있기도 하고 혹은 연합되어 있기도 하며, 또 서로 얽혀져 있는 모양이, 쇠사슬이 연결되어 있는 형상과 같다고도 할 수 있다. 그 중간 부분에는 저원(低原) 지대가 있는데, 라인(羅仁, Rhine)강과 오데르(鰲道, Oder)강이 종횡으로 흐르고 있어서, 세 조각의 대지를 이루고 있는 듯한 느낌이다.

15. 프랑스의 여러 산맥은 알프스 산맥의 서쪽에 자리잡고 있다. 론(老溫, Rhone)강의 저원이라는 지방이 이 산맥과 그 강 사이에 자리잡고 있다. 또 이 여러 산맥의 줄기가 뻗어나간 모양을 보면, 프랑스 남쪽의 평지를 따라 라인강에까지 다다르고 있는데, 그 명칭은 각각 그 지방을 가리켜 부르는 대로 거빈(鉅彬) 산맥이니, 나이온(那伊溫) 언덕이니, 보쥬(寶樹支, Vosges) 산맥이라고 부른다. 또 오베르뉴(魚屛, Aubergne) 고원은 옛날의 화산지대로서 나이온 언덕의 서쪽에 자리잡고 있다.

16. 독일(日耳曼, Germany)의 여러 산맥은 알프스 산맥과 연결된 것으로 라인강을 따라 오데르강에까지 다다르는데 스위스와 뵈메르(排芾賴, böhmer)의 고원지대가 그 중간에 위치하고 있다. 스위스와 스와비아 쥬라(秀巽比連朱羅, Swabia Jura)와 에르츠(連利秀, Erz)의 여러 산에 있는 포도밭에는 포도덩굴이 끝없이 이어져 있고, 또 푸르고 큰 소나무와 잣나무의 숲이 빽빽이 들어서 있어, 그림과 같은 풍경을 이루고 있으며, 그 가운데서도 높은 봉우리는 하주(賀朱)와 수대주(秀大周) 등이다.

17. 헝가리의 여러 산맥은 오데르 강의 원류 근처에서부터 일어나 동쪽으로 뻗어가다가 다뉴브 강 근처에 이르러, 그 세력이 다하는데, 서쪽으로는 카르파티아(哥薇治安, Carpathian) 산맥, 동쪽으로는 트란실바니아(土蘭泄比尼亞, Transylvania) 산맥이 가장 높은 봉우리들이다. 그리고 또 이 두 산맥 사이에는 이 산들의 여세를 이은 지대가 있으며, 초목이 아주 무성하다.

18. 터키 반도에는 산들이 많다. 토로스(杜禮益, Toros)의 알프스라고 일컬어지는 산맥이 아드리아 해변을 따라 알프스 산맥과 이어져 있다. 그리고 발칸(拔諫, Balkan) 산맥은 그 서쪽편에서 일어나 동쪽으로 뻗어 나오고 있으며, 폰틱(彬茶壽, Pontic) 산맥은 그 북쪽편에서

일어나 남쪽으로 뻗어 내려오다가 그쳐 있다.

19. 이탈리아 반도는 온통 아펜니노(阿片仁, Appennino) 산맥이 차지하고 있는 고장이다. 이 산맥은 서알프스 산맥과 한 줄기를 이루어, 제노바(全遨阿, Genova) 해변에서부터 시작하여 메시나(美時那, Messina) 해협에까지 이르고 있다. 그러나 나폴리(穢捌, Napoli)와 노만감박나(老滿甘朴那)라는 지방은 포함되지 않고 있는데, 나폴리라고 하는 지방에는 베수비오(比秀比亞, Vesuvio) 화산이 있어 유명하다. 또 시칠리아(詩實禮, Sicilia) 섬은 화산이 많은 고장이며, 가장 높은 화산인 에트나(伊太, Etna) 산은 그 높이가 1만 8백여척에 이른다.

20. 스페인 반도는 하나의 큰 고원지대로 이루어진 곳이다. 여러 산맥의 줄기가 이 고장에서 일어나, 거의 동으로부터 서로 향하고 있는데 피레네(蔽賴尼秀, Pyrenees)와 칸타브리아(哥太富利阿, Cantabrian)의 두 산맥은 북쪽에, 시에라네바다(時菸羅禮排多, Sierra Nevada) 산맥은 남쪽에 각각 자리잡고 있다.

21. 스칸디나비아(蒐干大禮比亞, Scandinavia) 반도에는 평원(平原)이 동쪽에 있으며, 그 서쪽은 험준하여, 암석으로만 가득 찬 고원이어서 평원과 구릉지대의 형세가 해변지방을 향하여 아래로 기울어져 있는 모양을 하고 있나.

22. 영국의 지형은 그 남과 북에 걸쳐 올목졸목한 구릉지대로 된 평지지만 바로 북쪽에 자리잡고 있는 스코틀랜드(蘇格蘭, Scotland) 섬은 산이 많은 곳이다.

23. 무릇 유럽주의 동북지방은 평평한 저지대로 간혹 흩어져 있는 조그마한 산록과 늪 등으로 이루어져 있다. 이곳 평지의 넓고 큰 정도는 러시아의 모든 넓이를 둘러싸기에 충분하겠고, 또 독일·네덜란드 및 벨기에의 북쪽과 프랑스의 서쪽까지를 둘러쌀 만한 것이라 하겠다.

24. 또 여러 곳에 흩어져 있는 소소한 평지에 대해서 이야기해보자. 론(Rhone)강 연안의 평지는 알프스 산맥과 프랑스의 여러 산맥 사이에

위치하고 있으며, 다뉴브(Danube)강 연안의 평지는 알프스 산맥과, 헝가리의 여러 산맥 사이에 자리잡고 있으며, 중앙에 있는 라인(Rhein)강 연안의 평지는 보주(Voges) 산맥과, 흑림(黑林)지대 사이에 있으며, 포(蒲, Po)강 연안의 평지는 알프스 산맥의 남쪽에 위치하여, 아펜니노(謁蔽仁秀, Appennino) 산맥을 잠시 분단시키고 있는 듯한 형상의 것 등 가지가지이다.

25. ● **아프리카주**

〔일등산(一等山)〕

아비시니아(阿排時尼亞, Abyssinia)의 고원지대

동방(東方)의 산맥

이 여러 산맥은 아프리카주의 동쪽에 자리잡고 있는 것들이다. 무릇 아프리카주의 지형은 산으로 사방이 둘러싸여 있고, 중앙부분이 평평한 저지대로 이루어져 있는 데 여기 든 두 산맥의 이름은 그 인근의 지명에 연유한 호칭이다.

26. 이들 산맥에 속해 있는 고봉을 연결해 보자.

아비시니아(에티오피아)의 고원에는

압배아례두(押排亞禮杜)	1만 2백 척

동방의 산맥에는

킬리만자로(吉利馬累周羅, Kilimanjaro)	1만 척
케냐(鷄尼亞, Kenya)	1만 8천 척

27. 이 산들이 배열되어 있는 형상을 적어 보기로 하자.

아비니시아의 고원은 해변을 따라 남쪽으로 뻗어나갔으며, 동방의 산맥은 빅토리아(白土利亞, Victoria) 호와 앨버트(謁排士, Albert) 호의 동쪽에 자리잡고 있다.

28. 〔이등산(二等山)〕

아프리카 고원지대의 남쪽은 유배멸두(旒排滅斗)와 녹계별두(錄溪

別杜)의 두 산으로 이루어져 있으며, 그 서쪽은 여러 산의 줄기가, 얽혀 있는데, 거리사탈(巨利斯脫) 산과 기타 여러 산들이 바로 그것들이다. 배아토라(排亞土羅)의 해구(海口)는 카메룬(巨馬崙, Cameroon) 산이 평지로 튀어나와 형성된 것이며 그 높이가 1만 3천 척이나 된다.

29. 아프리카의 북방에는 두 개의 산맥이 뻗쳐 있는데, 그 하나는 콩스탕틴(公, Constantine) 산맥으로서 기니(貴尼, Guinea) 해구(海口) 지방으로 달리고 있으며, 그 또 하나는 아틀라스(愛突羅斯, Atlas) 산맥으로서, 지중해의 연변을 뺑 돌다시피 하고 있는 바, 이 산맥 중의 최고봉은 1만 2천 척에 이르고 있다.

30. 아프리카의 내륙(內陸)은 사하라(蛇河羅, Sahara)의 사막지대와, 수단(蘇丹, Sudan)의 비옥한 지대로 나누어진다. 사하라 사막은 이 세상에서 제일 큰 사막으로서, 2천4백75만 방리(方里)나 되지만, 거의 전부가 돌과 모래로 이루어져 있다. 그러나 드문드문 얕고 깊은 곳은 습기를 머금고 있어서 초목이 우거지고 있으며, 그런 곳에는 사람 또한 많이 모여 살고 있다.

한편 수단의 비옥한 지대는 사하라 사막의 남쪽에 위치하고 있는데, 그곳은 천하에 제일가는 기름진 고장이라고 일컬어져 오고 있다. 그런 까닭에 이 지방에는 수많은 사람들이 살고 있다.

31. 아프리카의 평지(平地)는 띠와 같이 가느다란 지형으로 이루어져 해변가를 따라, 고리처럼 둘러 있거나, 산과 바다 사이에 자리잡고 있다. 그러한 평지 중, 가장 얕은 지대에 있는 것으로는 아틀라스 산맥과 사하라 사막 사이에 위치하고 있는 것을 들 수 있다.

32. ● **북아메리카주**

〔일등산(一等山)〕

중앙아메리카의 고원(高原)

멕시코(墨西哥, Mexico)의 고원

북부지방(北部地方)

이곳에 열거한 것은 산 이름이 아니라 여러 산들이 차지하고 있는 땅 이름에 연유한 호칭이다. 이 세 가닥의 큰 산 줄기를 한데 합쳐 퍼시픽(佩時弊久, Pacific)의 줄기라고도 부른다. 이러한 산줄기들은 북극해(北極海)로부터 시작하여 파나마의 지협(地峽)에까지 이른다. 대부분이 아메리카주의 서쪽에 자리잡고 있는데 그 뻗친 줄기의 길이는 1만 7천1백 리나 된다.

33. 이 산 줄기들이 가지고 있는 고봉을 들어 보면 다음과 같다.

중앙아메리카의 고원에는

달포애고(達舖崖古)	1만 3천8백 척
달어가(達菸哥)	1만 3천5백 척
이라수(伊羅秀)	1만 1천1백96척
철이귀(哲伊貴)	1만 1천2백65척

여기 든 여러 산은 전부 화산이다. 그리고 이 이외에도 고봉이 많으나, 1만 척 이하짜리뿐이다.

멕시코의 고원에는

오리사바(五利支排, Orizaba)	1만 7천3백74척
포포카테페틀(布蒲哥他弊突, Popocatepetl)	1만 7천7백17척
익스타시호틀(伊朱托時虛突, Ixtaccihuatl)	1만 5천7백8척
톨루카(突累哥, Toluca)	1만 5천5백94척

여기 든 여러 산도 익스타시호틀 산을 제외하고는 다 화산이다. 또 1만 척 이하의 고봉이 많으나, 역시 전부 화산이다.

북부지방에는

브라운(富羅雲, Brown)	1만 6천 척
후커(黑鉅, Hooker)	1만 5천7백 척

이 두 산은 로키(祿鷄, Rocky) 산맥의 줄기 속에 속해 있으며,

성일리아수(聖逸利峨秀) 1만 7천9백 척

세인트헬렌스(聖歇論斯, Saint Helens) 1만 5천7백 척

이 두 산은 해변산맥과 캐스케이드(哥斯几利杜, Cascade) 산맥의 줄기 속에 속해 있다.

34. 이제 앞에 든 여러 산줄기의 배열되어 있는 형상에 대하여 이야기 해 보기로 하자.

중앙아메리카의 고원은 파나마(Panama) 지협으로부터, 테우안테펙(擄軒擄伯, Tehauantepec) 지협에까지 이르는 곳을 가리키는데, 서쪽편으로는 높은 화산이 많으나, 동쪽으로 내려오면서 경사진 평지가 펼쳐져 있다.

멕시코의 고원은 테우안테펙 지협으로부터 시작하여 리오그란데(利遨瞿蘭, Rio Grande)강과 길나(吉那, Gila)강 사이에 있는 지역을 가리킨다. 험준하고 가파른 고개와 낭떠러지가 이어지지만, 차츰차츰 바닷가로 가까워지면서 여러 곳의 평지를 볼 수 있게 된다. 고원지대 중앙부분에는 시에라마드레(時菸羅馬斗賴, Sierra Madre) 산맥이 솟아 있다. 그 한편 쪽에는 아나와크(愛馬蠚, Anawak) 고원이 있으며, 또 다른 한쪽에는 미피미(美被美)의 사갱(沙坑)이 자리잡고 있다.

북부지방은 길나강과, 리오그란데강을 따라, 북으로 치솟아 북극해에까지 이르는 지역을 가리킨다. 이 지역에 있는 산의 줄기 가운데에는 웅장한 고봉이 비록 많지 않기는 하나, 산맥의 규모가 광대하기로는 타의 추종을 불허하고 있다. 즉 로키 산맥이 동쪽에 펼쳐져 있고, 서쪽으로는 시에라네바다(時菸羅禮保茶, Sierra Nevada) 산맥이 달리고 있다. 또 이 두 산맥 사이에는 높고 평평한 지대가 있는데, 워새치(臥沙聚, Wasatch) 산맥이 그 중앙부분을 차지하여, 콜로라도(骨老羅道, Colorado) 고원과 그레이트 베이슨(大盆地, Great Basin)을 그 좌우에 끼고 있는 듯한 형세를 이루고 있다.

〔이등산(二等山)〕

이 산맥은 동해(東海)쪽을 따라 달리고 있는 것인데 애팔래치아(厓必禮治安, Appalachian) 산맥이라고 불려지고 있다. 세인트로렌스(聖老連秀, St. Lawrence) 해협 가까운 곳으로부터 시작하여 조지아(肇智亞, Georgia)주와 앨라배마(謁那富馬, Alabama)주의 북쪽에까지 다다라 있는 이 산맥은, 한일(一)자 모양으로 뻗쳐 있는 까닭으로 그 중간에 기름진 평야를 많이 간직하고 있다.

35. 화이트(華爾土, White) 산은 미국 뉴햄프셔(旒咸沙, New Hampshire) 주에 있다.

36. 블랙(茀樂求, Black) 산은 노스캐롤라이나(北哥兀利那, North Carolina)주에 있다.

37. 미국의 중앙 평원지대는, 그레이트 플레인(大平原, Great Plains)이라는 지방으로부터 시작하여, 래브라도(葉厓賴多, Labrador) 반도에까지 이르는, 넓고 넓은 큰 대지(大地)를 가리키는 지역이다. 그 남쪽으로는 세인트로렌스강과 미시시피(美時什被, Mississippi)강이 흐르고 있고 그 북쪽에 있는 허드슨(賀春, Hudson) 만에는 고인 물만 머무르고 있는데, 어울려 흘러갈 기미를 보이지 않고 있다.

38. 북극의 고원지대는 아메리카주의 동북쪽에 있는데, 허드슨 해협 근처와 북극해(北極海) 및 알래스카 평지 사이에 자리잡고 있다.

39. 아메리카주의 평지는 서쪽 지방의 고지와 2등산맥 사이에 일대 광활한 평야를 이루고 있다. 그 중심부에는 중앙평원이라고 불리는 곳이 있는데 북극의 평지와 미시시피의 골짜기를 갈라 놓고 있다.

40. 미시시피의 골짜기란, 미시시피강의 근처에 있기 때문에 그러한 명칭으로 불리는 곳으로서, 넓고 넓은 평원지대를 이루고 있다. 그리고 이곳은 토지가 기름지고, 풍경이 아름답기로 또한 이름이 나 있다.

41. ● **남아메리카주**

〔일등산(一等山)〕

안데스(安道秀, Andes)

이는 지극히 큰 산맥이다. 여러 나라를 꿰뚫고 산맥이 뻗쳐 있기 때문에, 각 지방에서는 그 고장의 이름을 붙여서 부르기도 한다. 이 산맥은 마젤란 해협 근처에서 시작하여 파나마 지협 근처에까지 이르고 있다. 각 지방마다 부르는 칭호를 보면 다음과 같다. 즉 파타고니아(貝澤遨尼亞, Patagonia)의 안데스 산맥, 칠레(智利, Chile)의 안데스 산맥, 볼리비아(拔利比亞, Bolivia)와 페루(秘魯, Peru)의 안데스 산맥, 에콰도르(厄瓜多, Ecuador)와 콜롬비아(哥倫比, Colombia)의 안데스 산맥 등이 그것이다.

42. 이제 안데스 산맥이 간직하고 있는 고봉들을 보면 다음과 같다.

파타고니아의 안데스 산맥에는

코르코바도(高菸高排道, Corcobado) 7천5백10척

칠레의 안데스 산맥에는

빌라리카(拔那利哥, Villarica)	1만 6천 척
투푼가토(斗門哥土, Tupungato)	2만 2천16척
아공카과(愛昆哥果, Aconcagua)	2만 3천4백21척

볼리비아와 페루의 안데스 산맥에는

률라이라코(律累緖古, Llullaillaco)	2만 척
구알라티에리(闕那太利, Gualatieri)	2만 1천9백60척
사하마(蛇賀馬, Sahama)	2만 2천3백60척
아레쿠파(阿利貴巴, Arequpa)	2만 3백20척
일리마니(逸尼馬尼, Illimani)	2만 1천1백50척
소라타(蘇羅他, Sorata)	2만 1천3백40척

에콰도르와 콜롬비아의 안데스 산맥에는

핀친차(被新沙, Pinchincha)	1만 5천9백24척

침보라소(深保羅皁, Chimborazo)	2만 5백17척
가얌베(戒巖排, Gayambe)	1만 9천5백35척
코토팍시(古道博施, Cotopaxi)	1만 9천5백30척
안티사나(安姤時那, Antisana)	1만 9천1백37척
톨리마(突利馬, Tolima)	1만 8천20척

43. 앞에 열거한 여러 산들이 배열되어 있는 모양을 이야기해 보면 다음과 같다.

파타고니아의 안데스는 이 지방에서부터 일어나, 한 줄기로 뻗어나가 있으며 높은 봉우리의 정상에는 가끔 눈을 볼 수도 있다.

칠레의 안데스는 역시 한 줄기로 뻗어나가, 전 국토를 종횡으로 뒤덮고 있다.

볼리비아와 페루의 안데스는 두 가닥의 줄기로 나누어졌는데, 볼리비아의 고원지대를 병풍처럼 두르고 티티카카(台特阿哥, Titicaca) 호의 서북쪽에 이르러서는 두 줄기가 흩어져서 올망졸망한 조그마한 산의 무리를 이루어, 서북쪽으로 달려간다. 아마존(愛馬尊, Amazon) 강의 상류도 바로 이 산 줄기에 근원을 두고 있다.

에콰도르와 콜롬비아의 안데스는 역시 두 가닥의 줄기를 이루어 뻗어나가 아마존 강변에서 시작하여 동쪽과 동북쪽으로 달려가는 사이에 이따금 작은 산줄기를 파생시켜, 여러 곳에 고원지대를 형성해 놓고 있다.

〔이등산(二等山)〕

44. 브라질(巴西, Brazil)의 고원지대는 그 형상이 나무로 만든 침상과 같으며, 전 면적이 990만 방리(方里)가 되고, 그 평균적인 높이는 2천 척에 이르고 있다. 그리고 조그마한 산들이 이 고원지대 일대에 흩어져 있다.

45. 기아나(貴禮那, Guiana)의 고원지대는 브라질 고원에 견주어 그 규모는 훨씬 적지만, 그 높이는 좀 높은 셈이며 올망졸망한 작은 산

의 줄기가 사방으로 또한 흩어져 있다.

46. 오리노코(五利老高, Orinoco)의 평원지대는 기아나 고원과 베네수엘라(彬崖朱越那, Venezuela)의 해변가에 있는 산들 사이에 위치하고 있는데, 그 넓이는 2백67만 3천 방리(方里)나 된다. 비가 많이 오는 계절인 봄, 여름에는 초목이 무성하나 날이 가무는 가을, 겨울철에는 일망무제(一望無際)의 사막과 같이 되는 곳이다.

47. 아마존의 정글 지대는 브라질 고원과 기아나 고원 사이에 자리잡고 있다. 안데스 산맥으로부터 시작하여 대서양(大西洋)에까지 이르는 방대한 지역을 차지하고 있는데, 그 넓이는 2천9백70만 방리나 된다. 그리고 이 지역은 언제나 푸르고 푸른 온갖 초목으로 뒤덮여 있다.

48. 라플라타(那捌那他, La Plata)의 평지는 브라질 고원과 안데스 산맥 사이에서 시작하여 파타고니아에 이르는 곳에 있는 지역으로서 초목의 모습을 거의 볼 수 없는 고장이다.

49. ● **대양주**

〔일등산(一等山)〕

대양주의 알프스

이 산맥은 대양주의 동쪽에 자리잡고 있다. 대양주의 알프스라고 불리는 것은 다름이 아니라, 유럽주에서는 알프스 산맥이 제일 높고, 대양주에서는 이 산맥이 가장 높다는 데서 연유한 것이지만 산 모양이 비슷하여 이러한 칭호를 얻게 된 것은 아니다.

50. 이 산맥 속에 속해 있는 고봉을 열거해 보면 다음과 같다.

대양주의 알프스 산맥에는

웰링턴(越仍敦, Wellington)	7천5백 척
윌리엄(越利巖, William)	4천 척

51. 이곳에 인용한 산맥의 배열되어 있는 형상을 이야기해 보면 다음과 같다.

여러 산맥의 배열되어 있는 양상은 대체로 아프리카주의 여러 산들과 같으며, 동쪽에 자리잡고 있는 산들이 일등산이다.

〔이등산(二等山)〕

내세워서 이야기할 만한 산은 없다. 그러나, 서쪽과 중앙에서 몇 개의 산줄기를 찾아볼 수 있다. 대양주의 평지라고 할 만한 곳은 중앙에 있다.

제 2 편

세계의 해(海)

1. 이제 세계의 바다에 대하여 이야기해 보기로 하자.

〔한역(漢譯)〕	〔영음(英音)〕
北極海(북극해)	아악틱(Arctic Ocean)
南極海(남극해)	앤타악틱(Antarctic Ocean)
大西洋(대서양)	애틀랜틱(Atlantic Ocean)
太平洋(태평양)	퍼시픽(Pacific Ocean)
印度洋(인도양)	인디안(Indian Ocean)

2. 대개 세계의 바다를 앞에서 이야기한 것처럼 5대양으로 나누어서 말하지만 실상은 한 바닷물이 서로 이어진 것에 지나지 않는다. 그러한 까닭에 바다의 경계라고 하는 것은 대주(大洲)의 막힘이라든가, 혹은 경도나 위도의 도선(度線)으로 정하는 것이 보통이다.

바다의 깊이에 관해서 이야기해 보자. 바다의 바닥도 육지의 지면과 같아서 높은 봉우리가 있거나, 깊은 골짜기가 있는 것처럼 천차만별일 뿐더러 바닷속을 측량하는 기계 또한 이상적인 것이 개발되지 않아, 그 깊이를 분명히 알지는 못하고 있는 실정이다. 다만 태평양의 가장 깊은 곳은 4만 3천 척이나 되며, 대서양의 가장 깊은 곳은 2만 5천 척이라고 알려져 있다.

북아메리카주의 뉴펀들랜드(旒華雲突蘭, Newfoundland) 섬〔島〕과 영국의 아일랜드(愛爾蘭, Ireland) 섬의 사이에 있는 대서양의 얕은 곳은 4천 척이며, 깊은 곳은 1만 2천7백 척에 이르는 까닭에 이 바다의 바닥에 전선(電線)을 가라앉혀 가설하여, 유럽주와 아메리카주의 두 대주를 연결시켜 놓고 있다. 따라서 이곳을 전선원(電線原)이라고 부르기도 한다.

3. 5대양이 각각 자리잡고 있는 위치에 대해서 적어 보기로 하자.

4. 북극해는 북극을 둘러싸고 있는 바다로서, 아시아주와 유럽주와 북아메리카주의 북단을 경계로 삼고 있다. 그리하여 태평양과는 베링 해협을 통하여 이어져 있고, 대서양과는 그린랜드(瞿麟蘭, Greenland) 섬 좌우의 바다로 연결되어 있다.

5. 남극해(南極海)는 남극을 둘러싸고 있는 바다다. 남극해의 경계선은 육지나 대주에 의한 경계로는 정할 수 없는 형편이다. 태평양·대서양 및 인도양과 서로 이어져 있기도 한데, 남극해가 차지하는 영역은 해상에 그린 경도나 위도의 도선으로 정해 놓고 있을 뿐이다.

6. 대서양은 북극해의 남쪽 한계선으로부터 남극해의 북쪽 한계선에 이르는 그 중간 부분에 자리잡고 있는 바다를 가리킨다. 서쪽으로는 남·북아메리카주를 경계로 삼으며 동쪽으로는 유럽주와 아프리카주를 또한 경계로 삼고 있다. 그러나, 위에 든 4대주의 육지 중, 어느 것도 남극해에 다다른 것이 없기 때문에, 혼(浩溤, Horn)과 희망봉(瞿合, Cape of Good Hope)의 두 곶으로서 편의상의 경계점을 정해 놓고 있다. 또 대서양의 남쪽에는 좋은 항구가 없지만 북쪽편에는 좋은 항구가 많을 뿐더러 수심이 깊은 해협도 적지 않다.

7. 태평양은 북쪽의 베링 해협에서부터 시작하여 남쪽으로는 남극의 주변에까지 이르는데, 서쪽은 아시아주와 대서양주를, 동쪽은 남·북아메리카주를 각각 그 경계로 삼고 있는 바다다.

8. 인도양은 남극해의 북쪽 한계선으로부터 시작하여 아시아주에 이

르는 바다를 지칭한다. 서쪽은 희망봉 돌출부의 경도와 아프리카주로서 경계를 삼고, 남쪽은 태즈메이니아(陀斯馬尼亞, Tasmania)의 남쪽 돌출부와 대양주까지를 경계로 하고 있다. 인도양에서 가장 편리한 항구와 해변을 살펴보면, 홍해(紅海)와 아라비아해와 페르시아(波斯, Persia) 및 벵골(房傑, Bengal)만 등으로서 인도양의 북쪽에 자리잡고 있다.

9. 5대양의 크고 작기를 비교해 보고 또 그 크기를 합산한 뒤, 각 대양은 전체의 몇 분의 몇에 해당되는가를 살펴보자.

	〔바다의 크기〕	〔전체의 몇 분의 몇〕
태평양	8억 4백80만 방리	2분의 1
대서양	3억 8천1백15만 방리	4분의 1
인도양	3억 4백92만 방리	5분의 1
남극해	9천2백85만 방리	17분의 1
북극해	4천6백28만 2천5백 방리	43분의 1

10. 이상과 같은 바, 5대양의 넓이를 다 합친 면적은 16억 3천만 2천5백 방리나 된다. 이를 육지의 전체 면적과 견주어 보면 4분의 3이나 많은 셈이다. 그러나 이것은 정밀한 계산법으로 셈한 것이 아니라, 대강 그 가까운 숫자를 들어보인 것일 따름이다.

11. 바닷속에는 선회하고 있는 물줄기가 있다. 도는 이유에 대해서는 이야기하기 지루하여 그만두거니와 그 역할에 대해서 간단히 적어 보면, 첫째로 자연환경과의 관계가 적지 않다는 점을 들 수 있고, 둘째로는 바람의 기원이라고도 할 수 있을 것 같다. 그 종류는 두 가지인데 하나는 선회하는 차가운 물줄기며 다른 하나는 선회하는 따스한 물줄기가 그것이다. 그 수도 5가지여서, 한수(寒水)가 2, 열수(熱水)가 3인데, 5대양에 각각 한 가지씩 있다.

북극해에서 선회하는 한수(한류)

남극해에서 선회하는 한수(한류)
인도양에서 선회하는 열수(난류)
태평양에서 선회하는 열수(난류)
대서양에서 선회하는 열수(난류)

12. 바다라고 하는 곳은 물이 괴어 있기만 할 뿐 흘러가지는 않는 까닭에, 심한 바람으로 말미암아 파도가 산같이 솟아오르며 눈같이 희게 뿜는다 하더라도 그 근본에는 변동이 없을 뿐만 아니라, 바닷물은 제자리에서만 움직이고 있다고 할 수 있는 것이다. 이와 같은 이치로 미루어서 생각해 본다면 바다는 육지와 같으며, 또 선회하는 물줄기는 강과 같은 것이라고 할 수도 있을 것 같다. 그렇기 때문에 바닷속을 선회하는 물줄기를 육지에 있어서의 강과 같다고 보는 것이 가장 근사한 비교라 하겠다. 대개 한수는 흑도에서 일어나며 열수는 적도에서 일어나는 것이 상례이다.

이제 바닷물의 선회하는 궤도를 살펴보기로 하자.

13. 북극해에서 선회하는 한수는 남쪽으로 흘러내려 오다가 지구의 동전(東轉)하는 힘을 이기지 못하여 서쪽으로 비스듬히 돌며, 흐르는 코스를 잡기도 한다. 즉 북아메리카주의 래브라도 반도를 끼고 흐르던 한수가 대서양으로 들어와서는 선회하는 열수 밑으로 가라앉아 흐르는 현상 등이 바로 그것이다.

14. 남극해에서 선회하는 한수는 북쪽으로 흘러내려 오다가 역시 지구의 동전하는 힘을 이기지 못하여 동쪽으로 비스듬히 기울며, 흐르는 코스를 잡기도 하는 것이다. 이곳의 경우 북극에서 선회하는 물줄기에 비하여 몇 배나 크기 때문에 대륙 근처에 이르자 세 갈래로 갈라지게 된다. 즉 첫갈래는 아프리카주의 서편 해안을 끼고 흐르다가 기니(貴尼, Guinea)만(灣)으로 들어가서는 그 방향과 성질을 달리하여 선회하는 열수가 되어 버리며, 둘째 갈래는 남아메리카주의 남쪽 끝을 따라 흐르다가 그곳 바닷속을 선회하고 있는 열수와 합류하기도

하며, 셋째 갈래는 대양주의 남쪽을 싸고 흐르다가 역시 그곳을 선회하고 있는 열수와 합해지는 경우 등등이다.

15. 인도양에서 선회하는 열수는 적도 부분의 바다 가운데서 일어나서 처음에는 서쪽으로 흘러가다가, 다시 남쪽으로 방향을 돌려 모잠비크(冒潛伯, Mozambique) 해협을 지나 아프리카주의 남단에 이르러 희망봉의 돌출부에 닿게 되자, 약해진 세력을 회복하면서 남극해로 되돌아 흐르는 한수와 합류하여 남극쪽으로 향해 가기도 한다.

16. 태평양에서 선회하는 열수는 이것 또한 적도 부분의 바다 가운데서 일어난 뒤 두 갈래로 나누어진다. 그 하나는 북쪽 갈래라고 하며, 다른 하나는 남쪽 갈래라고 한다.

북쪽 갈래는 태평양의 넓고 넓은 해면을 가로질러 필리핀(華立彬, Philippine) 제도(諸島)를 거쳐 북쪽으로 나아가 류큐(赳逸, Ryu-kyu)와 일본(日本) 제도를 끼고 흐르는 동안 그 근처를 선회하고 있는 열수와 합쳐지는 바, 그 흘러가는 형세가 고리와 같은 원형을 이룬다.

남쪽 갈래는 서쪽으로 흐르다가 대양주와 뉴기니(貴尼, New Guinea) 제도를 향하여 가면서 또 두 가지로 나누어지는데 한 가지는 대양주의 해변을 따라 남극해로 되돌아가는 한수와 합류하며, 다른 한 가지는 서북쪽으로 흐르다가 조금 전의 뒤로 물러서는 듯한 형상이기도 하다.

17. 대서양에서 선회하는 열수는 이것 역시 적도부분의 바다 가운데서 일어난 뒤 동쪽으로부터 서쪽으로 흘러간다. 즉 천록(茜鹿) 곶에 다다른 열수는 또 두 갈래 즉 북쪽 갈래, 남쪽 갈래로 나뉜다.

남쪽 갈래는 브라질(巴西, Brazil)의 해변을 따라 흐르는 동안 또다시 두 갈래의 가지로 세분된다. 그 작은 가지는 남아메리카주의 해변을 흘러 내려가지만 그 큰 가지는 반대로 꺾여서 동쪽으로 향하다가 남극해로 되돌아가는 한수와 합류되어 적도로 흘러 들어가는 까닭에 그 회전하는 형세가 고리와 같은 원형을 나타내게 된다.

한편 북쪽 갈래는 남아메리카의 해변을 따라 흐르다가 카리브(葛排比安, Caribbean) 해와 멕시코만으로 흘러들어간 뒤에 쿠바(趉排, Cuba)와 미국 남쪽의 바다를 거쳐 동북쪽으로 방향을 돌려서 유럽주의 해변을 향하게 될 때에 이것 또한 두 가지로 세분된다. 그 한 가지는 영국과 아일랜드 제도 사이를 빠져나가 북극으로 향하지만, 다른 또 하나의 가지는 동남쪽으로 흘러서 그곳 근처를 선회하고 있는 열수와 합치게 되는데 그 흐르는 형상이 역시 고리와 같은 둥근 모양을 나타낸다.

18. 선회하는 바닷물의 여러 가지 형상에 대해서는 대체로 앞에서 이야기한 바와 같거니와 우리 인간들에게 유익한 일 또한 해수의 흐름에 따라 좌우되는 경우가 적지 않은 바, 그 몇 가지 사례를 간단히 들어보면 다음과 같다.

19. 대서양에서 선회하는 열수의 한 갈래가 멕시코만을 돌아 나와 유럽주의 북방에 이르자 그 지방의 한랭한 공기를 경감시키고, 자연환경으로 하여금 사람들이 살기에 알맞게 되어, 온갖 것이 크게 번식하게 되었다.

그 대표적인 예로 영국 같은 지방이 만일 선회하는 열수 근처에 있지 않았더라면, 오늘날처럼 살기 좋고 부강한 나라로 되기는커녕 사람이 살기조차 어려운 고장으로 변했을지도 모를 일이다. 이제 그러한 이치를 증명하기 위하여 북아메리카주의 래브라도 반도의 경우를 들어서 비교해 본다면, 영국과 래브라도 두 지방이 비록 동서는 다르지만, 적도와의 거리는 각각 50도 정도 떨어져 있는데도 영국은 앞에서 이야기한 바와 같이 열수의 덕분으로 그 자연환경이 알맞게 조화되어 인물과 물자가 풍성한 데 비해, 래브라도 반도는 북극해에서 선회하는 한수가 가까운 곳을 지나가므로 4계절의 기후가 엄동설한을 방불케 하며, 모든 초목이 성숙하지 못하고 사람의 거주 또한 거의 없는 극단적인 대조를 이루기까지 하는 것이다.

20. 남극해에서 선회하는 한수는 남아메리카주의 서해안에 있는 칠레 가까운 곳에까지 흘러 들어가기 때문에 그 지방의 자연환경을 맑고 깨끗하게 해주며, 사람들에게 알맞고도 쾌적한 여건을 만들어 주는 구실을 하고 있다.
21. 북극해에서 선회하는 한수는 북아메리카주의 해변을 따라 흐르면서 미국의 남쪽에 있는 여러 주로 근접하기 때문에 그 지방의 찌는 듯한 무더운 열기를 가시게 하여, 학질이라든가 장질부사 등의 전염병을 적게 하는 역할을 해주고 있다.
22. 또 여러 가지 종류의 초목의 씨도 선회하는 물결을 따라 이곳 저곳으로 전파되기도 한다. 대양주의 여러 섬에는 원래 초목이 없었으나, 여러 종류의 초목의 씨가 이러한 해수를 따라 흘러와 오늘날에는 울창한 숲을 이루고 있으며 또 아이슬란드는 재목이 희귀한 지방이지만, 많은 나무가 물에 떠내려와, 섬 주변에 쌓이는 까닭에 그곳 주민들은 집을 짓고 배를 만들거나 땔감으로 쓰는 나무에는 아무런 부족을 느끼지 않는다고 한다. 한편 해상을 항해하는 사람들도 이러한 해수의 공력을 높이 칭송하는데, 돛을 높이 달고 키를 조종하여 선회하는 물줄기를 따라 나아가면, 그 전진하는 속력이 배가 된다는 것이다.

이러한 일들은 오히려 사소한 시례에 해당된다고 할 수 밖에 없다. 만고에 드문 획기적인 사건을 고사(故事)를 인용하여 이야기해 보기로 하자. 유럽주 이탈리아 사람인 콜럼버스는 지구가 원형임을 주장했으나, 뚜렷한 증거를 잡지 못하고 있던 중 선회하는 해수에 떠내려온 나뭇조각에 새겨진 물건의 형체와 시체 모양이 유럽주의 그것과 다르다는 사실을 발견하고는 서방(西方)에도 필연코 다른 인종들이 살고 있는 육지가 있다는 것을 확인함으로써 자기의 생각을 구체적으로 증명할 수 있었던 것이다. 이처럼 여러 해 동안 고생하고 애쓴 덕분으로 옛날에는 그 존재조차 모르고 있던 아메리카주라는 신대륙을 발견하여 오늘날과 같은 부강한 여러 나라의 터전을 열도록 했으니,

선회하는 해수의 공이 어찌 크지 않다고 할 수 있겠는가.

세계의 강하(江河)

1. 이제 온 세계에 흩어져 있는 강에 대하여 이야기하고자 하거니와, 제일 먼저 해야 할 일은 강의 종류를 구별하는 작업이다. 강의 종류에는 첫째 땅속으로 스며 흐르는 강—사막에 있는 강과 호수로 흘러 들어가는 강이 있고, 둘째 바다로 흘러 들어가는 강 등 두 가지가 있다.
2. 땅속으로 스며 흐르는 강에 대한 이야기를, 6대주 별로 나누어서 간단히 해보기로 하자.
3. 아시아주와 유럽주는 그 명칭이 따로 있기는 하지만 실상은 이어진 한 땅덩이이며, 그 지형 또한 비슷한 까닭에 이 대륙을 흐르는 강이 차지하고 있는 지방 또한 서로 연결되어 있는 경우가 허다하다. 즉 러시아의 중앙에 자리잡고 있는 발례이(拔禮伊)산으로부터 중국의 남쪽에까지 이른다거나, 러시아 평지의 태반과 투르케스탄(土基斯坦, Turkestan)의 모든 지역 및 이란(伊蘭, Iran) 고원, 또는 쿤룬 산맥과 알타이 산맥의 중간을 차지하고 있는 중앙아시아 지방을 꿰뚫어 나가는 그 기세야말로 길고도 끊임이 없다.

   볼가(拔家, Volga)강과 우랄(聿謁, Ural)강은 카스피해의 근방에 있으며, 시르다리야(瑞, Syr Dar'ya)강과 아무다리야(愛嫵, Amu Dar'ya)강은 아랄(愛謁, Aral)해 근처에 있고 타림(陀林, Tarim)강은 롭(揖布, Lob)호로 흘러 들어가며, 이리(逸尼, Ili)강은 발하슈(拔哥須, Balkhash)호로 흘러 들어가고, 헬맨드(歇滿道, Helmand)강은 이란 내륙에 자리잡고 있다.
4. 아프리카주의 사하라 사막에는 강 같은 것은 거의 없고, 수단 지방

역시 기록할 만한 강을 가지고 있지 않다. 그런 가운데서도 차드(遮杜, Chad)호로 흘러 들어가는 고마다(高馬茶)강과 샤리(瑞華, Shari)강이라든가, 응가미(哥美, Ngami)호로 흘러 들어가는 톤케(特階, Tonke)강 같은 것은 특기할 만한 것이라 하겠다.

5. 북아메리카주에는 태평양 연안의 여러 산들 사이에 이러한 종류의 강이 있다. 매피미(昧被美) 평지와 시에라마드레 산맥과, 멕시코 고원 사이라든가, 시에라네바다 산맥과 워새치 산맥 사이 같은 곳에 여기저기 흐르는 것을 볼 수 있는데, 함발토(咸拔土)강과 리이사(利伊斯)강이 제법 큰 편이고 나머지는 전부 소소하다.

6. 남아메리카주에는 이러한 종류의 강이 안데스 산맥 사이에 있다. 즉 볼리비아의 고원과 아르헨티나의 서쪽에 흐르고 있지만 크지 않은 것뿐이다.

7. 대양주에는 이러한 종류의 강이 있는지 없는지조차 분명치 않다.

8. 바다로 흘러 들어가는 강에 대해서 이야기해 보자. 이야기를 진행시키는 순서로서는 강물이 흘러 들어가는 바다에 의거하여 구별을 하는 것이 좋을 듯하다. 다만 남극해는 육지에 접속되어 있지 않고, 바다로서 그 경계를 정하고 있기 때문에 받아들일 강이 전연 없다.

이제 여러 강의 흘러 내려가는 전체의 길이와 지면의 넓이를 적어 보면 다음과 같다.

● 북극해로 흘러들어가는 강

〔강이름〕	〔전체의 길이〕	〔지면의 넓이〕
오브(澳排, Ob)	9천9백 리	1천3백42만 7천3백70방리
예니세이(元厓勢伊, Yenisei)	1만 1천2백20리	1천101만 7천50방리
레나(禮那, Lena)	8천9백10리	7천5백80만 1천8백22방리
콜리마(骨禮磨, Kolyma)	3천69리	1백55만 7천2백20방리
드비나(杜衛那, Dvina)	2천3백10리	1백16만 3천3백80방리
매켄지(麥堅支, Mackenzie)	1천5백90리	6백21만 6천2백 방리

백(伯求, Back)	1천9백60리	49만 50방리

● **대서양으로 흘러들어가는 강**

〔강이름〕	〔전체의 길이〕	〔지면의 넓이〕
나일(那逸, Nile)	1만 3천2백 리	9백80만 1천 방리
니제르(尼楮, Niger)	9천9백 리	6백53만 4천 방리
콩고(公高, Congo)	8천2백50리	불분명
잠배지(潛排支, Zambazi)	5천9백40리	불분명
세네갈(先厓傑, Senegal)	3천9백60리	불분명
오렌지(五蘭枝, Orange)	3천3백리	4백80만 1천5백 방리
다뉴브(大揖, Danube)	5천9백40리	3백26만 7천 방리
드네프르(禮巴, Dnieper)	3천5백60리	2백46만 3천3백15방리
돈(敦, Don)	4천2백90리	2백13만 9천8백85방리
라인(羅仁, Rhine)	3천5백64리	8백58만 1천9백60방리
엘베(乙富, Elbe)	2천4백32리	53만 3천6백10방리
론(老溫, Rhone)	1천4백85리	25만 9천3백70방리
아마존(愛馬尊, Amazon)	1만 2천4백75리	1천603만 5천방리
라플라타(那八那他, La Plata)	1천5백90리	1천3백59만6천 방리
미시시피(美時什被, Mississippi)	1만 3천6백80리	1천3백47만 4천3백16방리
미주리(美朱里, Missouri)	1만 3천6백80리	1천3백47만 4천3백16방리
넬슨(禮乙遜, Nelson)	6천2백70리	5백21만 5천3백20방리
서스캐처원(沙秀哥治元, Saskatchewan)	6천2백70리	5백21만 5천3백20방리
세인트로렌스(聖老連秀, St. Lawrence)	6천6백리	2백47만 5천5백50방리
오리노코(五利老高, Orinoco)	5천10리	1백32만 9천9백 방리
토칸틴스(土雞親, Tocantins)	3천3백 리	4백22만 5천2백20방리
아라과야(阿羅貴, Araguaya)	3천3백 리	4백22만 5천2백20방리
샌프란시스코(山布蘭世斯古, San Francisco)	5천15리	3백18만 5천1백44방리

리오그란데(利遨瞿蘭, Rio Grande)	4천9백90리	2백61만 3천6백 방리

● **태평양으로 흘러들어가는 강**

〔강이름〕	〔전체의 길이〕	〔지면의 넓이〕
흑룡강(黑龍江)	8천7백45리	8백46만 3천7백8방리
양자강(揚子江)	1만 9백56리	7백95만 4천56방리
황하(黃河)	9천2백40리	7백60만 4천6백85방리
캄보디아(甘保杜亞, Cambodia)	6천6백리	2백94만 3백 방리
컬럼비아(葛南比亞, Columbia)	3천3백66리	2백38만 9천2백 방리
콜로라도(葛老羅道, Colorado)	3천3백리	2백38만 9천2백 방리

● **인도양으로 흘러들어가는 강**

〔강이름〕	〔전체의 길이〕	〔지면의 넓이〕
갠지스(干池秀, Ganges)	5천2백80리	6백27만 9천6백10방리
이라와디(菸羅臥多, Irrawaddy)	3천9백60리	4백80만 8천8백92방리
인더스(仁多秀, Indus)	3천9백5리	4백53만 2천4백 방리
유프라테스(幽布禮朱, Euphrates)	5천7백75리	2백84만 2천2백90방리
고다바리(高多保賴, Godavari)	2천9백70리	1백54만 5천6백38방리
잠베지(潛排支, Zambezi)	5천2백80리	2백72만 2천5백 방리
머리(馬賴, Murray)	4천9백50리	5백44만 5천 방리

9. 다시 여러 강이 속해 있는 대주별로 구분을 해보면 다음과 같다.

● **아시아주**

콜리마, 오브, 캄보디아, 황하, 흑룡강, 이라와디, 예니세이, 레나, 고다바리, 갠지스, 유프라테스, 양자강, 인더스.

● **유럽주**

드비나, 엘베, 라인, 론, 다뉴브, 드네프르, 돈.

● **아프리카주**

나일, 세네갈, 오렌지, 니제르, 콩고, 잠베지.

● **북아메리카주**

리오그란데, 미시시피, 백, 세인트로렌스, 매켄지, 콜로라도, 컬럼비아, 서스캐처원.

● **남아메리카주**

라플라타, 오리노코, 샌프란시스코, 아마존, 토칸틴스

● **오세아니아주**

머리.

10. 앞에 열거한 여러 강이 세계에서 크다고 일컬어지는 것들이다. 이 이외에도 크고 작은 강은 사실 부지기수이며, 그 흐름이 바다에 직접 이르는 것도 있고, 혹은 다른 강과 합류되어 바다에까지 다다르는 것 등 가지가지다.

11. 아시아주의 강에 대하여 이야기해 보기로 하자. 흑룡강은 중국의 북방인 만주에 있으며, 양자강과 황하는 남방에 있다. 캄보디아강과 이라와디강은 인도에 있는데 벵골만으로 흘러 들어가고, 인더스강도 역시 인도의 강이다. 유프라테스강은 중앙아시아에 있는데 합류되는 여러 강의 물을 받아 페르시아만으로 흘러 들어간다. 콜리마강, 인디기르카강, 레나강, 올레네크강, 아나바르강, 예니세이강 및 오브강 등은 전부 아시아주의 북쪽에 있는 강들이다.

12. 유럽주의 강 가운데서 서북방에 자리잡고 있는 것들은 대개 작다. 대내강, 비수출나강 및 오도강은 발트해로 흘러 들어간다. 엘베강은 베저(眞瑞, Weser)강과 함께 북해(北海)로 빠져 나간다. 라인강은 알프스 산맥에서 발원(發源)하여 프랑스와 스페인의 여러 강물을 합류시켜 가며 달리고 달려서 대서양에 이른다. 또 유럽주의 동남쪽을 흐르는 강인 에브로강과 포강은 스페인에 있으며, 론강은 프랑스에 있다. 다뉴브강은 흑림(黑林) 지대에서 발원하여 독일과 헝가리를 거쳐 왈라키아(越那治亞, Walachia) 지방과 터키와의 경계를 이루며

흘러 내려가 흑해(黑海)로 빠진다. 드네스트르강과 드네프르강 및 돈강은 러시아에 있으며, 드비나강과 페초라(蔽古, Pechora)강 등도 역시 러시아 북방에 있는 강들이다.

13. 아프리카주의 강을 살펴보자. 나일강은 이집트에 있는 강인데, 두라하(斗羅河)강과 합쳐지며, 또 앨버트(乙巴斗, Albert)호와 빅토리아(伯土利亞, Victoria)호에서 내려오는 물을 받아 북쪽으로 흐른 뒤, 지중해(地中海)로 흘러 들어가게 되는데, 이는 결국 아비시니아(에티오피아) 산에서 발원하는 여러 강줄기를 전부 합류시킨 결과라고도 할 수 있는 것이다. 한편 니제르강은 수단에 있는 강으로서, 콩(公, Kong) 산에서 발원한 뒤, 베누에(片旒, Benue)강과 합류하여 기니만으로 흘러 들어간다. 오렌지강은 드라켄즈버그(斗賴昆, Drakensberg) 산맥에서 발원하여 서쪽으로 흘러 대서양으로 빠진다. 세네갈강과 감비아(甘比亞, Gambia)강은 각각 발원한 지명을 따라 그렇게 부르게 되었으며, 잠베지강과 림포포(林布蒲, Limpopo)강은 각각 인도양으로 흘러내린다.

14. 북아메리카주의 강에 대해서 적어 보자. 서스캐처원강은 로키 산맥에서 발원하여 동쪽으로 흘러 위니펙(元厓白, Winnipeg)호를 지난 뒤에, 넬슨(禮乙遜, Nelson)강과 합류히여 허드슨 만으로 흘러 들어간다. 한편 세인트로렌스강은 온타리오(Ontario)호의 하류인 셈이다, 루이스강은 중부 평원지대에서 발원하여 슈피리어(秀布利菸, Superior)호로 들어가는데, 새기네이강과 오타와강의 합류로 이루어진 강이다. 미시시피강은 미네소타(敬禮斯太, Minnesota)주의 아이테스커(伊太斯哥, Itasca)호에서 발원하여 멕시코 만으로 흘러 들어간다. 그 굽이굽이 흐르는 우람한 물줄기는 활등 같기도 하고 반달 같기도 하며, 미주리강, 아칸소강, 레드강 및 오하이오강의 물을 합류시켜 가며 도도히 흐른다. 허드슨(賀春, Hudson)강은 애디론댁(愛斗老, Adirondack) 산맥에서 발원한 뒤, 모호크(帽鶴, Mohawk)강과 합류

하여 바다에 이른다. 매켄지강과 백강은 북쪽으로 흘러서 바다로 들어간다. 그리고 멕시코의 자고강과 미국의 콜로라도강, 세크라멘토강, 샌호아킨강 및 컬럼비아강, 또 알래스카의 유콘강과 영국의 식민지인 캐나다의 프레이저강, 솜프슨강, 스티킨강 등등은 그런대로 이름이 알려진 강으로서 더러는 합류되는 강의 물을 받아 태평양 혹은 대서양으로 흘러 들어가는 강들이다.

15. 남아메리카주에 대하여 언급해 보자. 오리노코강은 기아나 고원에서 발원하여 야노스(那老蘇, Llanos) 평지를 거쳐, 트리니다드(土利尼多道, Trinidad) 도서지대를 끼고 바다로 흘러 들어가며, 마그달레나(幕達禮那, Magdalena)강은 카우카(鉅家, Cauca)강의 하류를 받아들여 북쪽으로 흘러 바다로 빠진다. 아마존강은 카자마카 고원에서 발원하여, 서북쪽으로 안데스 산맥의 산줄기 사이를 흘러나오는 동안 낭떠러지나 절벽과 마주치면 웅장한 폭포가 되기도 하다가, 평지를 들어서는 우렁찬 흐름을 이루어 평원과 정글 사이를 누비며 바다에 이른다. 아마존강과 합류하는 강으로서 북쪽에 자리잡고 있는 것은 자푸라강과 리우네그루강 등이며, 남쪽에 자리잡고 있는 것은 우카얄리강, 푸루스강, 마테이라강, 타파호스강, 싱구강 및 토카틴스강 등이다. 한편 라플라타강은 파라나강과 우루과이강의 합류로서 브라질 고원을 발원지로 삼고 있다.

16. 대양주에는 머리강뿐인데, 그 발원하는 지방이라든가 합류하는 강줄기 등은 아직 밝혀지지 않고 있다.

세계의 호(湖)

1. 세계의 호수에 대하여 이야기 해보자. 무릇 호수에는 다음과 같은 두 가지 종류의 것이 있다. 즉 하나는 저지대에 물이 괴어서 만들어

진 즉, 물의 출구가 없는 호수로서 강과 이어져 있기는 하나 바다와는 연결되어 있지 않은 것을 가리키며, 다른 하나는 강과 이어져 있기도 하며 또 바다와 연결되어 있는, 즉 물의 출구가 있는 호수를 가리킨다.

2. 먼저 바다와 연결되어 있지 않은 물의 출구가 없는 호수에 대하여 6대주별로 이야기해 보기로 하자.

3. 아시아주에서 이러한 종류의 호수가 많은 지방은 투란(Turan) 저지(低地)의 평원과 거칠고 메마른 높은 지대다. 그 중에서 큰 것을 들어보면, 카스피해와 아랄(愛謁, Aral)해라고 일컫는 호수다. 이 두 호수를 바다 해(海)자를 붙여서 부르는 것은 그 넓고 큼이 바다를 방불케 한다는 데 연유한 것이다. 그러나 이 두 호수의 물이 해마다 줄어들고 있다고 하는데, 그 이유는 다름이 아니라 흘러 들어오는 강물은 적고, 태양열에 의한 증발은 아주 많아 그 득실이 균형잡히지 않기 때문인 것이다. 또 발하슈(拔家須, Balkhash)호는 사리이시코트로 사막에 자리잡고 있으며, 티베트 고원과, 쿤룬 산맥 아래와 몽고의 고원지대에도 이러한 종류의 호수가 많으나, 다 자질구레한 것뿐이다.

4. 유럽주에는 이러한 호수가 거의 없다. 다만 러시아의 동남방에 있는 엘베(乙富, Elbe)호는, 물에 염분이 많아서 일상생활에 도움을 주기 때문에 러시아 사람들의 보물이라고도 일컬어진다.

5. 아프리카주에 있는 이 종류의 호수에 대해 고찰해 보자. 수단의 차드(遮杜, Chad)호에는 흘러 들어오는 몇 가닥의 강물이 있기는 하나, 그 물은 해마다 줄어들며, 호수 주변은 축축한 흙으로 둘러싸여 있다. 한편 응가미(哥美, Ngami)호는 칼라하리(Kalahari) 사막에 자리잡고 있는바, 이 두 호수는 옛날에는 지방해(地方海)였으나 오늘날에는 출구없는 호수로 변하고 말았다.

6. 북아메리카주에 있는 이 종류의 호수에 대하여 이야기해 보자. 그레이트솔트(大鹽, Great Salt)호는 염분을 포함하고 있는 호수인데

워새치 산맥 서쪽에 위치하고 있으며, 흘러 들어오는 여러 강의 물을 받아들이고 있다. 또 기타 여러 호수는 시에라네바다 산맥의 동쪽편에, 북에서 남으로 비스듬하게 쇠사슬의 고리처럼 나란히 자리잡고 있다. 그 중 큰 것이 피라미드(蔽利美杜, Pyramid)호와 워커(臥鉅, Walker)호와 오웬(五原, Owens)호 등이다.

7. 남아메리카주에 있는 이같은 호수에 대하여 설명해 보면 티티카카(太太哥哥, Titicaca)호가 볼리비아의 고원에 있다. 이 호수는 세계에서 가장 맑고 또 가장 높은 곳에 위치하고 있는데, 이 호수로 흘러 들어가는 몇 가닥의 강줄기가 있기도 하다.

8. 오세아니아주에 있는 이 종류 호수에 대하여 살펴보자. 애아(崖亞)호와 토렌스(土蓮秀, Torrens)호와 게어드너(鷄漁那, Gairdner)호 등이 그것인데, 다 스펜서(壽便瑞, Spencer)만(灣) 북쪽에 있다.

9. 한편 바다와 연결되어 있는 호수에 대하여 6대주별로 기록해 보기로 하자.

10. 아시아주에 있는 바이칼(排葛, Baikal)호는 알타이 산맥의 동쪽에 있으며, 그곳에서 흐르는 물이 바로 퉁구스카(洞久斯哥, Tunguska)강이 되어, 예니세이(元厓勢伊, Enisei)강으로 흘러 들어가는 여러 강줄기의 하나를 이루게 된다. 동정호(洞庭湖)는 중국의 남방에 있는바, 그곳에서 흐르는 물이 양자강과 합류하게 된다. 비파호(琵琶湖)는 일본의 경도(京都) 부근에 있으나, 태평양과 연결되어 있다. 아르메니아(阿美尼亞, Armenia) 지방을 둘러싸고 여러 개의 호수가 있는데, 그 중 큰 것은 우르미아(宇樓眉, Urmia)호와 반(完, Van)호의 두 개다.

11. 유럽주에는 호수가 많은 지방이 두 군데 있다. 하나는 발트해와, 보트니아(寶姤尼亞, Bothnia) 및 핀란드(懸蘭, Finland)의 두 만 사이를 잇는 선 안의 지역이다. 이곳의 호수를 두루 열거해 보기로 하자. 핀란드에 있는 수많은 호수와, 러시아의 라도가(那渡家, Ladoga)호

와 오네가(五大家, Onega)호를 위시하여 독일의 북방 및 덴마크의 동방에 있는 소소한 여러 호수와, 스웨덴 지방에 있는 자질구레한 호수 등이 이에 해당된다.

또 다른 하나는 알프스 산맥 근처다. 이곳의 호수 수는 426개나 된다. 그 중 큰 것은 알프스 산맥이 뻗어나간 줄기를 따라 배열되어 있다. 레만(禮滿, Leman)호에는 론강이, 취리히(朱益, Zürich)호와 콘스탄츠(昆秀大斯, Constanz)호에는 라인강이 각각 이 호수들을 지나가는데, 이는 알프스 산맥 북쪽에 있는 것이며, 그 남쪽에 있는 것으로는 마지오레(馬祖賴, Maggiore)호와 이세오(伊勢遨, Iseo)호와 가르다(哥茶, Garda)호 등인데, 이 부근의 기이하고도 청수한 경치는 세계에서도 이미 유명한 곳으로 되어 있다.

12. 아프리카주에는 적도지방에 호수가 많이 있다. 즉 빅토리아(伯土利亞, Victoria)호와 앨버트(謁排士, Albert)호가 그 중 큰 것들이며, 이 두 호수 남쪽에도 탕가니카(丹家尼哥, Tanganyika)호 및 기타 여러 개의 호수가 산재해 있다.

13. 북아메리카주는 세계에서 제일 호수가 많은 고장이다. 허드슨만에서 래브라도 반도를 거쳐 북극해변에 이르기까지 호수가 배열된 형상은 쇠사슬의 고리모양으로 이어져, 원형을 이루고 있다. 개나다의 여러 호수 및 미국 뉴욕(紐約, New York)주에 있는 여러 개의 호수, 미네소타(敏禮昭太, Minnesota)주에 있는 여리 호수, 그리고 동북부 지방에 있는 여러 호수들, 대소를 합하여 얼마나 되는지 그 정확한 숫자를 적기조차 어려울 지경이다. 무릇 아메리카주에 있는 온타리오호와 이리(Erie)호, 휴런호와 미시간호, 그리고 슈피리어호 등 5대 호수에 괸 맑은 물의 양은 전세계 맑은 물의 2분의 1에 해당된다고 한다.

또 중앙아메리카에도 뛰어난 풍경을 수반하고 있는 호수가 많다. 그 중에서도 니카라과(禮哥尼果, Nicaragua)호수 같은 경우, 화산이 주변에 늘어서 있고, 마나과(馬那窠, Managua)호와 더불어 장관을 이루고 있는데, 이곳에서 흘러내리는 물이 첩첩한 산 사이를 누벼 멕시코만으로 들어간다. 이들 호수가 중앙아메리카에서 가장 큰 것들이다.

14. 남아메리카주에는 큰 호수가 하나밖에 없다. 베네수엘라에 있는 마라카이보(馬羅哥寶, Maracaibo)호가 그것이다. 이 이외에도 자질구레한 호수들이 칠레와 아르헨티나의 남쪽에 산재해 있다.

15. 오세아니아주에는 이러한 호수가 있는지 없는지조차 아직 잘 알려져 있지 않다.

16. 이제 여러 호수 중, 큰 호수의 깊이와 넓이를 간략히 적어 보려 한다.

〔호수 이름〕	〔깊이〕	〔넓이〕
카스피(哥秀比安, Caspian)	250척	1백43만 7천4백80방리
아랄(愛謁, Aral)	1백 척	28만 7천4백96방리
바이칼(排葛, Baikal)	미상	16만 5천5백28방리
슈피리어(秀布利菸, Superior)	1천2백 척	34만 3천35방리
미시간(美時干, Michigan)	1천 척	27만 8천7백84방리
휴런(休論, Huron)	1천 척	24만 7천2백42방리
이리(厓利, Erie)	8백 척	7만 4천9백64방리
온타리오(溫大利遨, Ontario)	6백36척	7만 4천4백97방리
니카라과(禮哥羅哥, Nicaragua)	3백 척	4만 3천1백15방리
티티카카(太太哥哥, Titicaca)	7백 척	3만 4천8백48방리
그레이트솔트(大鹽, Great Salt)	미상	4만 6천8백48방리
라도가(那道家, Ladoga)	미상	15만 2천4백60방리
차드(遮杜, Chad)	1천2백 척	7만 8천4백8방리

17. 지금까지 세계에 있는 산천에 관한 이야기를 대강 열거해 살펴보았다. 그 결과, 바다 가운데 가장 큰 것은 태평양이며, 산맥 가운데 가

장 높은 것은 히말라야 산맥인데 아시아주에 있으며, 강 가운데 가장 긴 것은 미시시피강으로서 북아메리카주에 있고, 강 가운데 가장 큰 것은 아마존강으로서 남아메리카주에 있으며, 호수 가운데 그중 깊은 것은 슈피리어호와 차드호로서 하나는 북아메리카주에, 다른 하나는 아프리카주에 각각 자리잡고 있으며, 호수 중 가장 큰 것은 카스피해인바, 아시아주에 있다는 여러 사실을 알게 되었다.

세계의 인종(人種)

1. 인종의 시초에 대하여 추측해 볼 경우, 한 사람의 후예로 온 천하에 퍼져 살게 되었는지, 혹은 각 지방마다 그 지방인 특유의 시조가 있었는지, 하는 문제에 대해서는 미루어 생각하는 이야기만으로는 단정을 내리기 어려울 것 같다.

오늘날에 이르기까지 많은 학자들의 학설은 한결같지 못하여 우리 인간의 인종 수를 3종, 4종, 6종, 11종 혹은 22종이라고까지 말한 사람이 있으나, 이는 다 불합리한 의견에 불과하다. 다만 블루멘바흐(弗漏緬, Johann Friedrich Blumenbach, 1752~1840, 독일의 의학자·인류학자)만 5종이라고 주장했는데, 그의 의견이 근사한 까닭에 이 책에 인용해 보려 한다. 5종이란 황색인, 백색인, 흑색인, 회색(혹은 종려색)인, 적색(혹은 동색)인 등을 가리킨다.

2. 황색인(黃色人)은 그 살빛이 누르며, 머리가 검고 곧으며, 귀는 크고도 굴곡이 심하며, 눈은 작으며 비스듬하고 이마는 좁으며, 광대뼈가 튀어나온 용모를 하고 있다. 이러한 인종이 살고 있는 지방은 아시아주의 동북방과 유럽주의 동북방, 그리고 북아메리카주의 북단 등지이다.

3. 백색인(白色人)은 그 살빛이 희며 그 머리털은 곱슬머리거나 곧은

데다가 붉거나 검고, 얼굴은 둥글며, 이는 곧고 코가 높으며, 눈이 푸르다. 이러한 인종이 살고 있는 지방은 유럽주의 거의 전역과, 남·북아메리카주 및 대양주의 태반, 그리고 아시아주의 서남방과 아프리카주의 북방 등이다. 따라서 이들의 발자취는 6대주에 미치지 않은 곳이 없다.

4. 흑색인(黑色人)은 그 살빛이 검으며, 머리털은 짧은 곱슬머리이고, 코는 넓게 퍼져 있으며, 입술은 두껍고 이마가 좁으며 발은 얇고 평퍼짐하다. 이러한 인종이 살고 있는 지방은 아프리카주의 남쪽 적도 부근이다. 그런데 근자에 이르러 아메리카주에 옮겨 사는 사람도 있다.

5. 회색인(灰色人)은 그 살빛이 재와 같되, 더 진하거나 엷거나 하며, 머리털은 검은 곱슬머리이고, 얼굴은 편편하며, 광대뼈가 튀어나온 용모를 하고 있다. 이러한 인종이 살고 있는 지방은 태평양과 인도양의 여러 섬, 그리고 오세아니아주 및 마다가스카르(馬哥塞, Madagascar) 섬과 말레이(蔑賴, Malay) 반도의 남단 등이다.

6. 적색인(赤色人)은 그 살빛이 붉으며, 머리털은 검으며 곧고, 코는 뾰족하며 입이 넓으나, 전체적인 용모는 게으른 인상을 풍긴다. 이러한 인종이 살고 있는 지방은 남·북아메리카주다. 원래 이들은 그 고장의 주인이었으나, 이 대륙이 발견된 뒤로부터 몰려온 백색인들에게 노략질을 당해, 살고 있던 땅을 빼앗기고 인종까지 줄어들게 되어, 오래지 않아 소멸될 비운을 맞이할 것으로 보인다.

7. 이제 이 다섯 가지 인종들이 각 대양에 걸쳐 살고 있는 숫자를 대강 기록해 보자.

● **황색인**

아시아주	5억 2천8백50만 명
유럽주	7백만 명
도 합	5억 3천5백50만 명

● 백색인

아시아주	2억 2천2백만 명
유럽주	2억 7천8백만 명
아프리카주	1천7백만 명
북아메리카주	3천8백만 명(지금은 이보다 많다)
남아메리카주	8백50만 명(지금은 이보다 많다)
오세아니아주	1백만 명
도 합	5억 6천4백50만 명

● 흑색인

아프리카주	1억 6천6백50만 명
북아메리카주	6백만 명
남아메리카주	7백50만 명
도 합	1억 8천만 명

● 회색인

아시아주	4천8백만 명
아프리카주	4백50만 명
오세아니아주	3백50만 명
도 합	5천6백만 명

● 적색인

북아메리카주	6백50만 명
남아메리가주	8백50민 명
도 합	1천5백만 명
다섯 가지 인종의 합계	13억 5천1백만 명

8. 앞에 쓴 합계는 대강 셈한 숫자일 뿐 정확한 고증에 의한 것이 아니기 때문에 사소한 차이는 있을지 모르지만 그렇다고 해서 큰 오류는 없을 것이다. 각 대주에 살고 있는 여러 인종의 옮겨 사는 풍습으로 말미암아 인종들의 숫자에는 증감(增減)이 있을지 모르나, 6대주

에 사는 다섯 가지 인종의 전체적인 합계에는 아무런 변동이 없을 것이다.

한편 다섯 가지의 인종들이 여러 부족으로 세분되어 산과 강에 의지하여 나라를 세우거나, 부락을 형성해 살기 때문에 언어(言語)의 수 또한 2천7백50여 가지로 나누이며, 종교나 문물의 차이가 생긴다. 자연 환경이나 기후에 따르는 오랜 습관으로 말미암아 비록 같은 인종의 사람이라 하더라도 그 용모나 살빛의 변화를 일으키게 되며, 또 잡거·잡혼에 의하여 새로운 인종의 출현 가능성조차 없지 않으나, 이곳에서는 새로운 구별을 하지 않았다. 그러한 인종의 경우, 그들이 붙어사는 근본되는 인종에 혼입시켜서 고찰하였다.

세계의 물산(物産)

1. 이 세상의 물품(物品)에는 자연적인 것과 인공을 가해서 만든 것의 구별이 있다. 자연적인 물품이라고 하는 것은 사람의 힘을 빌리지 않고 저절로 생산된 것을 가리키며, 인공을 가해서 만든 물품이란 사람의 슬기나 힘으로써 어떠한 생산품을 제조해 내는 경우를 가리킨다. 그러한 까닭에 농작(農作)과 목축(牧畜) 등의 몇 가지는 전자와 후자를 겸한 경우라 할 수 있다. 세계에 있는 어느 나라든지 자기 나라 나름대로의 생산물을 가지고 있는데, 그것을 물산이라고 한다.

자연적인 물품의 경우, 이쪽 땅에 잘되는 것이 저쪽 땅에는 안되는 것도 있으며, 저곳에 생산되는 것이 이곳에는 전연 구경조차 할 수 없는 일이 있는데, 이는 자연환경과 기후의 차이로 말미암아 열대지방에서는 잘 성장·성숙하는 것이 한대 지방에서는 전연 자라지 못하는 사례에 해당되는 것이라 하겠다. 중국에서 회남(淮南)의 귤(橘)이 회북(淮北)으로 옮겨지면 탱자[枳]로 변한다는 경우와 똑같은 것이다. 그렇기 때문에 자연적인 물품은 사람의 힘으로는 어떻게 하기 어려운 것임이 분명하지만, 이쪽 저쪽의 자연환경이나 기후가 비슷하고도, 저쪽의 생산품이 이쪽에 없을 때에는 사람의 힘으로 이식 재배하여 생산품을 많이 증가시킬 수도 있는 것이다.

또 인공을 가하여 생산하는 물품의 경우, 사람의 재주와 공력(工力)이란 한결같지 못하여 저 사람이 잘하는 일을 이쪽 사람이 잘 못하고, 저쪽 땅에 잘 자라는 것이 이쪽 땅에는 잘 되지 않는 수가 있는데, 이는 하늘이 준 재주나 공력에 연유하여 그렇게 되는 것이 아니다. 그것은 기계라든가 연구·노력하는 차이로 말미암은 것이긴 하지만 결국 세상 만물이 균일하기란 지극히 어려운 일이라 할 수밖에 없다.

세계의 여러 나라 사람들은 각각 자기 고장의 여러 가지 생산품 중, 여유가 있는 것으로는 남을 도와주고, 남의 여유 있는 것으로는 자기들의 부족된 부분을 보충하기도 하는 까닭에 각국간에 조약이 체결되고, 사절들을 파견하기도 하여 상인들과 국민들을 보호하고, 또 미개한 나라를 움직여 시장을 개척하기도 하고 넓히기도 하는 것이다.

이제 여러 지방의 물산을 기록하는 데 있어서, 자연적인 물품과 인공을 가해서 만든 물품과를 구별하는 것이 좋을 듯하지만, 결국 섞어 쓴 것은 우선 필자 자신의 편리를 위한 일일뿐더러 물품명을 보기만 하면 독자 여러분들의 판단 또한 어렵지 않으리라는 것을 믿고 있기 때문이다. 각국이 사고자 하는 물품과 판매코자 하는 물품의 가지가지를 또한 아울러 기록했으나, 다 그 대강만을 추렸을 뿐이며 여기에 쓴 것 이외에는 물품이 없다는 뜻은 결코 아니다.

◇ 아시아주

- **조선**(朝鮮)

〈물산〉 금, 동, 철, 여러 가지 곡물, 소, 인삼, 꿀.
〈팔 물품〉 사금(砂金), 쌀, 쇠가죽, 인삼, 우뭇가사리.
〈살 물품〉 서양 피륙, 비단, 사기그릇, 사탕, 무기, 기계, 약재(藥材).

● **청국**(淸國)

〈물산〉 금, 은, 여러 가지 곡물, 사탕, 석탄, 비단, 차.

〈팔 물품〉 비단, 차, 돗자리, 보릿짚가공품, 각색 자질구레한 물품.

〈살 물품〉 서양 피륙, 철물(鐵物), 아편, 무기, 기계.

● **일본**(日本)

〈물산〉 동, 보리, 쌀, 차, 석탄, 잠사(蠶絲), 칠기(漆器).

〈팔 물품〉 차, 잠사, 누에씨, 말린 해산물, 사기그릇, 칠기.

〈살 물품〉 서양 피륙, 철물, 사탕, 면사(綿絲), 약재료.

● **페르시아**(波斯, Persia)

〈물산〉 동, 철, 여러 가지 곡물, 사탕, 소금, 포도, 잠사, 무명〔木綿〕, 양탄자, 유황, 석탄, 담배, 아편.

〈팔 물품〉 쌀, 밀, 비단, 수놓은 직물, 사탕, 담배.

〈살 물품〉 무기, 여러 가지 가공품.

● **캄보디아**(甘保杜亞, Cambodia)

〈물산〉 물고기, 향(香), 약재료, 상아, 무소의 뿔〔犀角〕, 고무.

〈팔 물품〉 미상.

〈살 물품〉 미상.

● **시암**(暹羅, Siam)

〈물산〉 쌀, 말린 과일, 약재료, 소목(蘇木), 향, 고무.

〈팔 물품〉 쌀, 쇠가죽, 쇠뿔, 약재료, 고무, 염색재료, 기름 짤 열매.

〈살 물품〉 서양 피륙, 철물, 유리.

● **네팔**(醴八, Nepal)

〈물산〉 동, 철, 여러 가지 곡물, 소, 구슬, 유황.

〈팔 물품〉 쌀, 생과일, 망아지, 소, 쇠가죽, 짐승의 털, 상아, 유리, 향, 염색재료, 기름 짤 열매.

〈살 물품〉 서양 피륙, 비단, 수건, 청대(염색 재료), 사탕, 담배, 아편.

● **인도**(印度, India)

〈물산〉 금, 은, 구슬, 금이나 은으로 만든 그릇, 무명, 삶지 않은 삼

〔麻〕, 수건, 차, 계피(桂皮), 커피, 코코아, 상아, 양가죽, 아편.
〈팔 물품〉 금이나 은으로 만든 그릇, 무명, 수건, 계피, 커피, 코코아, 상아, 아편.
〈살 물품〉 서양 피륙, 철물, 여러 가지 술.

◇ 유럽주

● 영국(英國)

〈물산〉 철, 석탄, 유리.
〈팔 물품〉 철, 맥주, 피륙, 기계, 석탄, 여러 가지 가공품.
〈살 물품〉 무명, 곡물, 차, 커피, 코코아, 담배, 여러 가지 자연적인 생산품.

● 프랑스(佛蘭西, France)

〈물산〉 밀, 보리, 귀리〔燕麥〕, 과일, 감자, 사탕, 포도, 여러 가지 술, 물고기, 양탄자, 비단, 목재, 시계, 유리, 사기그릇, 여러 가지 광석(鑛石), 석탄.
〈팔 물품〉 여러 가지 곡물, 여러 가지 술, 과일, 사탕, 비단, 양탄자, 시계, 유리, 사기그릇, 철물, 기계, 화학 기계, 여러 가지 가공품.
〈살 물품〉 철, 차, 커피, 코코아, 석탄, 상아, 여러 가지 자연적인 생산품.

● 독일(日耳曼, Germany)

〈물산〉 철, 여러 가지 곡물, 맥주, 비단, 삶지 않은 삼, 여러 가지 양탄자, 암염, 소, 양, 호박(琥珀), 유황, 담배.
〈팔 물품〉 철물, 여러 가지 곡물, 맥주, 소금에 절인 돼지고기, 소금에 절인 쇠고기, 암염, 양탄자, 비단, 다뤄서 만든 가죽, 목재, 사기그릇, 담배, 화학기계, 이학(理學)기계, 여러 가지 소소한 물품.
〈살 물품〉 납〔鉛〕, 차, 커피, 사탕, 과일, 비단, 무명.

- **이탈리아**(伊太利, Italy)

〈물산〉 금, 은, 동, 철, 함석[亞鉛], 말린 과일, 귤, 포도, 암염, 물고기, 비단, 백반(白礬), 유황.

〈팔 물품〉 동, 철, 함석, 쌀, 여러 가지 술, 과일, 비단, 삼, 맥고모자, 감람유(橄欖油), 염색재료, 운문석(雲文石), 유황, 화학제품, 각종 소소한 물품.

〈살 물품〉 여러 가지 곡물, 동, 철, 쇠가죽, 소금에 절인 물고기, 무명, 무명실, 양목(洋木), 생사(生絲), 누에고치, 누에씨, 사기그릇, 기계, 석탄, 담배, 염색재료, 각종 소소한 물품.

- **오스트리아**(墺地利, Austria)

〈물산〉 금, 은, 동, 철, 납, 수은, 여러 가지 곡물, 여러 가지 술, 감자, 양목.

〈팔 물품〉 철물, 여러 가지 곡물, 여러 가지 술, 말린 과일, 비단, 유리, 사기그릇, 시계, 기계, 가죽제품, 여러 가지 축산물, 여러 가지 소소한 물품.

〈살 물품〉 여러 가지 곡물, 비단, 무명실, 담배, 여러 가지 그릇, 화학제품, 각종 소소한 물품.

- **벨기에**(白耳義, Belgium)

〈물산〉 동, 철, 납, 보리, 밀, 귀리, 감자, 사탕, 저사(苧絲), 삶지 않은 삼, 종이, 목재, 석탄, 유리, 담배.

〈팔 물품〉 동, 철, 과일, 계란, 양목, 저사, 삶지 않은 삼, 사탕, 버터, 무기, 기계, 양탄자, 사기그릇, 유리.

〈살 물품〉 무명, 양털[羊毛].

- **그리스**(希臘, Greece)

〈물산〉 석류(石榴), 귤, 포도, 무화과, 말린 과일, 여러 가지 소소한 물품.

〈팔 물품〉 생과일, 말린 과일, 감람유, 꿀, 밀[蠟], 비단, 담배, 각종 소소한 물품.

〈살 물품〉 각종 곡물, 소주, 무명, 양목.

- **네덜란드**(和蘭, Netherlands)

〈물산〉 보리, 밀, 각종 곡물, 감자, 버터, 치즈, 소, 양, 삶지 않은 삼, 담배, 각종 소소한 물품.

〈팔 물품〉 사탕, 버터, 비단, 양탄자, 모시, 무명, 삶지 않은 삼, 연마한 금강석.

〈살 물품〉 각종 자연적인 생산품.

- **포르투갈**(葡萄牙, Portugal)

〈물산〉 동, 철, 보리, 귀리, 밀, 귤, 무화과, 담배, 운문석, 병마개용 나무[甁枳].

〈팔 물품〉 술, 기름, 소금, 과일, 병마개용 나무.

〈살 물품〉 각종 곡물, 모시, 모자, 신발, 양말, 사기그릇.

- **스페인**(西班牙, Spain)

〈물산〉 각종 곡물, 보리, 밀, 귀리, 술, 귤, 석류, 포도, 모시, 삶지 않은 삼.

〈팔 물품〉 생철(生鐵), 수은, 각종 곡물, 각종 씨앗, 술, 생과일, 소금, 비단, 양목, 병마개용 나무, 각종 광석.

〈살 물품〉 철, 사탕, 말린 물고기, 코코아, 비단, 양탄자, 무명, 무명실, 기계, 철도에 필요한 여러 기구.

- **스웨덴**(瑞典, Sweden) **및 노르웨이**(諾威, Norway)

〈물산〉 동, 철, 납, 함석, 보리, 밀, 귀리, 각종 곡물, 감자, 각종 물고기, 목재, 유황, 식단.

〈팔 물품〉 철, 강철, 귀리, 버터, 물고기, 물고기 기름, 얼음, 나무제품, 목재, 종이, 역청(瀝靑), 성냥, 여러 가지 축산물.

〈살 물품〉 각종 술, 기름, 소금, 사정(砂精), 쌀, 커피, 알사탕, 돼지고기, 쇠고기, 쇠가죽, 양목, 무명실, 담배, 석탄, 기계.

- **러시아**(俄羅斯, Russia)

〈물산〉 금, 은, 동, 철, 백금, 보리, 밀, 귀리, 감자, 암염,석회, 석탄, 사기그릇 만드는 흙, 모시, 삶지 않은 삼, 담배, 목재.

〈팔 물품〉 각종 곡물, 쇠가죽, 각종 피혁물, 모시, 양목, 목재, 역청, 모시씨, 삼씨.
〈살 물품〉 술, 차, 과일, 사탕, 커피, 양목, 양목, 무명, 비단, 양탄자, 각종 털제품, 기계.

- **루마니아**(樓尼亞, Rumania)

〈물산〉 술, 콩, 알사탕, 과일, 목재, 소, 양, 말, 각종 광석, 보석.
〈팔 물품〉 각종 곡물, 암염, 여러 가지 축산물.
〈살 물품〉 각종 가공품.

- **스위스**(瑞西, Switzerland)

〈물산〉 보리, 밀, 귀리, 사탕, 버터, 비단, 양목, 삶지 않은 삼, 모시, 다뤄서 만든 가죽, 장갑, 사기그릇, 시계, 담배.
〈팔 물품〉 각종 소소한 물품.
〈살 물품〉 각종 소소한 물품.

- **덴마크**(丁抹, Denmark)

〈물산〉 보리, 밀, 감자, 말, 소, 양, 돼지.
〈팔 물품〉 각종 곡물, 유과(油果), 계란, 소금에 절인 돼지고기, 소금에 절인 쇠고기, 버터, 쇠가죽, 말.
〈살 물품〉 철, 철물, 술, 차, 과일, 비단, 양탄자, 양목(洋木).

- **터키**(土耳其, Trukey)

〈물산〉 동, 철, 쌀, 보리, 생과일, 말린 과일, 소금, 무명, 양탄자, 수건, 목재, 석회, 석탄, 유황.
〈팔 물품〉 계향수(桂香水), 수건, 각종 소소한 물품.
〈살 물품〉 각종 소소한 물품.

◇ 아프리카주

- **이집트**(埃及, Egypt)

〈물산〉 쌀, 밀, 각종 곡물, 사탕, 소금, 무명, 삶지 않은 삼, 담배, 운문석.
〈팔 물품〉 각종 곡물, 사탕, 소금, 무명, 새털, 짐승가죽.

〈살 물품〉 약 재료, 직조물, 석탄.

- **모로코**(摩洛哥, Morocco)

〈물산〉 금, 은, 동, 철, 보리, 밀, 생과일, 말린 과일, 양목, 석탄.
〈팔 물품〉 각종 곡물, 기름, 말린 과일, 물오리, 계란, 새털, 양털, 쇠가죽, 다뤄서 만든 가죽.
〈살 물품〉 주석, 철, 철물, 차, 커피, 깁[紗], 모시, 무명.

- **오만**(烏滿, Oman)

〈물산〉 각종 곡물, 생과일, 말린 과일, 사탕, 물고기.
〈팔 물품〉 생과일, 말린 과일, 소금, 마른 물고기, 구슬, 돗자리.
〈살 물품〉 쌀, 밀, 커피, 사탕, 비단, 무명, 직조물.

- **오렌지**(五蘭支, Orange)

〈물산〉 각종 곡물, 금강석, 보석, 석탄.
〈팔 물품〉 금강석, 새털, 쇠가죽, 양털.
〈살 물품〉 각종 소소한 물품.

- **마다가스카르**(馬哥塞, Madagascar)

〈물산〉 감자, 소금에 절인 양고기, 쇠가죽, 옻[漆].
〈팔 물품〉 각종 자연적인 생산품
〈살 물품〉 각종 가공품.

- **잔지바르**(孱支排, Zanzibar)

〈물산〉 쌀, 귤, 사탕, 생과일, 코코아, 향(香).
〈팔 물품〉 기름, 코코아, 각종 씨앗, 상아, 고무(두 가지).
〈살 물품〉 철물, 무기, 양목, 유리구슬.

◇ 북아메리카주

- **미　국**

〈물산〉 금, 은, 동, 철, 납, 보리, 밀, 귀리, 각종 곡물, 생과일, 말린 과일, 계란, 소, 양, 말, 무명, 석탄, 석유, 각종 광석, 각종 가공품.
〈팔 물품〉 각종 곡물, 각종 과일, 여러 가지 축산물, 각종 직조물, 각종 광석, 석탄, 석유.

〈살 물품〉 차, 커피, 돗자리, 각종 소소한 물품.

- **멕시코**(墨西哥, Mexico)

〈물산〉 금, 은, 동, 철, 수은, 각종 곡물, 포도, 귤, 복숭아, 파초(芭蕉) 열매, 각종 과일, 약재료, 소목(蘇木), 오목(烏木), 향, 고무, 백반, 보석.

〈팔 물품〉 금, 은, 밀, 국수, 사탕, 커피, 약재료, 목재, 꼭두서니〔蒨〕, 담배, 쇠가죽.

〈살 물품〉 비단, 모시, 양목, 양탄자, 양털.

◇ **남아메리카주**

- **과테말라**(瓜多磨羅, Guatemala)
- **엘살바도르**(星撒排多, El Salvador)
- **온두라스**(混斗羅斯, Honduras)
- **니카라과**(尼可羅果, Nicaragua)
- **코스타리카**(高斯太樓哥, Costa Rica)

〈물산〉 금, 은, 동, 철, 함석, 생과일, 사탕, 커피, 코코아, 꼭두서니, 무명, 고무, 담배, 목재, 쇠가죽, 각종 광석, 여러 가지 축산물.

〈팔 물품〉 각종 소소한 물품.

〈살 물품〉 철물, 각종 곡물, 각종 의복 재료.

- **에콰도르**(厄瓜多, Ecuador)

〈물산〉 금, 은, 동, 수은, 쌀, 밀, 사탕, 감자, 커피, 코코아, 무명, 삶지 않은 삼, 맥고모자, 담배, 상아, 나무껍질, 유황.

〈팔 물품〉 미상.

〈살 물품〉 미상.

- **브라질**(巴西, Brazil)

〈물산〉 금, 은, 철, 각종 곡물, 차, 사탕, 커피, 코코아, 담배, 금강석, 각종 보석, 고무.

〈팔 물품〉 사탕, 커피, 코코아, 무명, 담배, 각종 소소한 물품.

〈살 물품〉 각종 가공품.

- **칠레**(智利, Chile)

〈물산〉 금, 은, 동, 철, 각종 곡물, 소주, 모시, 삼, 사기그릇, 석탄, 비누, 보석.
〈팔 물품〉 밀가루, 소금, 역청, 쇠가죽, 양털, 각종 광석.
〈살 물품〉 철물, 비단, 양탄자, 모시.

- **페루**(秘魯, Peru)

〈물산〉 은, 동, 수은, 각종 곡물, 약 재료, 여러 가지 축산물.
〈팔 물품〉 은, 사탕, 약재료, 양, 양털.
〈살 물품〉 철물, 기계, 양탄자, 양목.

- **파라과이**(把羅貴, Paraguay)

〈물산〉 쌀, 사탕원료, 커피, 코코아, 약재료, 꼭두서니, 염색재료, 향, 담배, 무명, 고무.
〈팔 물품〉 소주, 사탕, 차, 약재료, 다뤄서 만든 가죽, 무명.
〈살 물품〉 미상.

- **우루과이**(猶羅貴, Uruguay)

〈물산〉 금, 보리, 밀, 소, 양.
〈팔 물품〉 꿀, 역청, 쇠가죽, 양털, 각종 털.
〈살 물품〉 철물, 양탄자, 무명, 목재, 농업에 필요한 기계.

- **베네수엘라**(彬崖朱越那, Venezuela)

〈물산〉 사탕, 커피, 코코아, 무명, 꼭두서니, 담배, 각종 광석.
〈팔 물품〉 사탕, 커피, 코코아, 무명, 염색재료, 목재, 나무껍질, 나뭇가지 기름, 담배, 쇠가죽, 각종 광석.
〈살 물품〉 각종 곡물, 술, 각종 의복 재료.

◇ 오세아니아주

- **오세아니아주**〔大洋洲〕 **여러 곳**

〈물산〉 금, 은, 동, 철, 납, 밀, 생과일, 포도, 무명, 말, 소, 양, 석탄.
〈팔 물품〉 금, 양털, 목재, 담배.

〈살 물품〉 일상생활에 쓰이는 여러 가지 물품.

2. 여러 나라의 물산과 함께 팔거나 사야 하는 물품을 기록하는 데 있어서 과일, 곡물, 광석류 등으로 뚜렷한 명목을 내세우지 않고, 두루 열거한 것은 너무 광범위하고 번잡하게 되는 폐단을 막기 위해서였다. 두서없는 차례와 산만한 열거만을 일삼는다면, 식견 있는 사람들의 비난과 비웃음을 초래하고야 말 것임이 분명하다. 그러나 앞에서와 같은 나의 시도로서 여러 나라의 빈부에 관한 문제라든가, 사람들의 기호에 관한 사항 등을 미루어 생각하기에는 족할 줄 믿는다. 이러한 기록물로 말미암아 사리판단에 능숙한 사람은 여러 나라의 상업용 물품 중, 즉 자연적인 생산품과 인위적인 가공품 중 어느 것이 많고, 어느 것이 적은가 하는 것을 쉽사리 판단했을 줄 믿는다.

국민 가운데서 놀고 먹는 사람이 적은 나라는 비록 자연적인 생산물이 많지 않더라도 가공품을 보다 많이 생산해 낼 경우, 다른 나라의 자연적인 물품을 사서 재간과 공력으로 가공한 뒤 몇 배나 비싼 가격으로 다른 나라에 팔기 때문에 자기 나라의 물산이 적더라도 다른 나라의 물산을 자기 나라에 가지고 있는 것과 다를 바 없는 것이다.

그러한 반면 놀고 먹는 사람이 많은 나라는 자기 나라의 생산물이 비록 많더라도 재간과 슬기의 부족으로 말미암아 자기 나라의 자연적인 물품으로 다른 나라의 비싼 가공품을 사지 않을 수 없는 것이다. 그리하여 영국 같은 나라는 자연적인 생산물이 희소하기로 천하에 이름이 나 있지만, 가공품이 많기로도 또한 세계의 으뜸인 것이다. 그러한 까닭에 무엇보다도 국민 가운데서 놀고 먹는 사람이 적어야 한다는 이야기인바, 이러한 관점에서 국가의 부강이라고 하는 것은 국민들이 부지런하냐, 게으르냐 하는 데에 달려 있지, 물산의 다과에는 상관이 없다는 사실을 알게 된다. 오늘날 서양 여러 나라가 세계의 상권을 쥐고 마음껏 활개치고 있는 것은 오로지 이러한 진리에 기초를 두었을 따름인 것이다.

아프리카주의 흑색인(黑色人)이라든가, 아메리카주의 적색인(赤色人)과 같은 경우, 아무리 자연적인 생산물이 산적되어 있고 지천이라고 한들, 그것을 어디에 쓴단 말인가.

제 3 편

방국(邦國)의 권리

1. 나라[邦國]라고 하는 것은 한 겨레붙이가 지구 한편 쪽의 산천에 의거하여, 그들 나름대로의 정부를 세우고, 다른 나라의 관할을 받지 않고 살아가는 것을 가리킨다. 그러한 까닭에 그 나라에서 제일 높은 위치를 차지하는 사람은 그 나라의 군주(君主)며, 또한 제일 큰 권리를 가지고 있는 사람도 군주인 것이다. 국민들은 군주를 섬기며, 정부 시책에 순응하여 한 국가로서의 체통을 지키고 모든 사람들의 안녕을 유지해 나아간다. 한 나라를 굳이 비유해 본다면 한 집과 같다고 할 수 있는데, 그 집에 관한 일은 그 집이 자주적으로 처리하여 딴 집의 간섭을 용허치 않는 경우와 같은 것이다. 또 한 사람의 경우와도 비유해서 말할 수 있는데, 그 사람의 행동 하나하나는 그 사람의 자유이며, 다른 사람의 지휘를 받기 싫어하는 이치와 마찬가지로 나라의 권리라고 하는 것도 지금 예로 든 경우와 똑같다고 할 수 있는 것이다.

나라의 권리는 두 가지로 나누어 볼 수 있다. 하나는 국내적인 주권이라고 할 수 있는 바, 국내에 시행되는 모든 정치 및 법령은 다 정부의 입헌적 기능을 스스로 지키고자 하는 노력이며, 다른 하나는 국외적인 주권이라고 할 수 있으며, 독립과 평등의 원리에 따라 외국과 정당한 교섭을 갖도록 노력하는 일 등이라고 하겠다. 이로써 미루어 본다면 한 나라의 주권이라고 하는 것은 그 나라 형세의 강약이라든가, 국가 기원의 좋고, 좋지 않음이라든가, 토지의 대소, 국민의 다과 등을 불문하고, 다 국내외 관계의 진정한 형상에 의거하여 단정을 내릴 수 있는 것이다. 세계의 어느 나라든지 다른 나라가 가지고 있는 권리를 침범하지 않을 때는 독립되고도 자주적인 기초에 의거하여 주권의 권리를 행사하는 것이니 만큼, 여러 나라의 권리라고 하는 것은 비슷한 관계에 있는 직분의 동일성 여부에 따라 행실이나 습관을 제도화한 것이다.

이와 같이 나라에 딸린 권리라고 하는 것은 나라를 나라답게 하는 도리를 위하여 현실적으로 가장 요긴한 조처라고 할 수 있다. 이러한 까닭에 이와 같은 조처를 입본(立本) 즉, 근본을 확립하는 일이라고 하는 것이다. 이제 입본을 위한 권리를 일일이 열거해 보기로 하겠다.

첫째, 현체제 유지와 자국 보호를 위한 권리 —이로 말미암아 자연적으로 파생되는 조목은 다음과 같다.

갑 : 신왕(伸枉, 폈다 굽혔다)하는 권리

평화스러운 조정(調停)과 사리를 판별하는 일과 서로 풍요로움을 기하는 일과 화평을 권하는 일 및 전결(專決)하는 일 등이 있고, 또 한편으로는 면담과 국회 같은 곳을 기쳐서 행하는 일 등이 있다.

을 : 보응(報應)하는 권리.

병 : 응답하거나 거부하는 권리.

정 : 서로 다투는 물건을 잡아 두는 권리

무 : 개입하는 권리.

기 : 선전을 포고하거나 화평을 결정하는 권리.

자국 보호를 위하는 권리로 말미암아 권리를 공평하게 하는 방향으로 옮겨진 것.

둘째, 독립하는 권리 — 서로 균등되고 공경하며 소중히 여기는 권리를 포함.

셋째, 산업 혹은 토지에 관한 권리.

넷째, 입법(立法)하는 권리.

다섯째, 교섭과 사신 파견과 통상에 관계되는 권리.

여섯째, 강화를 하거나 조약을 맺는 권리.

일곱째, 중립(中立)하는 권리.

2. 현체제 유지와 자국보호를 위한 권리라고 하는 것은 결국 자기 나라는 자기들 스스로가 지켜야 한다는 이치를 말하는 것이니 만큼, 국민 모두가 한결같이 책임질 일이라고 하겠다. 모든 권리 가운데서도 가장 비중이 높기 때문에 마음과 힘을 협동하여서, 정부가 지시하는 방향을 지켜 받들도록 하는 것이 옳다.

그리고 독립하는 권리라고 하는 것은 국가의 지위 및 명성과 실제적인 관계가 있고, 한편으로는 세계 여러 나라와 더불어 균등하고도 정중한 대우를 서로 주고 받기 때문에 자중하는 의사와 불굴의 기개를 간직하여 다른 나라로부터 부끄러움과 업신여김을 받지 않도록 해야만 한다.

산업의 권리란 자기 나라의 해변과 산천 및 물산을 보호하고 지키는 방법을 이야기하는 것으로서 정확한 도리를 스스로 지켜나가 남의 침범을 받지 않도록 노력해야 한다.

입법하는 권리란 나라 안에서 시행되는 모든 법령의 폐기·개혁 및 신설에 관한 처리는 그 나라의 자체적인 필요에 의해 이루어져야 하며 남의 나라가 관여할 성질의 것이 아닌 만큼, 자주적인 권위를 지탱하여 결코 남의 나라의 넘봄을 허용치 말아야 옳다는 것을 가리키는 조목이다.

그리고 교섭과 사신 파견 및 통상에 관한 권리란 나라 사이에 우호적인 관계를 맺고 국민의 이익이 되는 근본을 확립하는 한편, 자기 나라의 편의 여하에 따라 시기를 취사선택할 수 있는 만큼, 다른 나라의 지휘나 개입을 허용치 않음이 가하다.

강화 및 조약을 체결하는 권리란 자기 나라의 사정이라든가 현실적인 정세 혹은 국제적인 지위 여하에 따라 조약의 이행, 불이행 여부를 스스로 판단할 수 있다는 것을 가리킨다.

그리고 중립하는 권리란 자기 나라를 스스로 지키는 한 방편으로, 다른 나라들의 시비에 관계치 않고 좋아하거나 싫어하는 따위의 편파적인 행동을 하지 않음으로써 여러 나라와의 국교를 유지해 나가는 것을 뜻한다.

3. 앞에서 열거한 여러 조목은 어느 나라든지 가지고 있는 권리라고 할 수 있지만, 만약 그 중 한 가지라도 갖추지 못한다면 나라로서 나라답지 못하며, 또 나라다울 수도 없는 것이다. 이제 넓고 넓은 세계를 잠시 시골의 한 마을과 비교해 보면, 저마다 한 구석씩을 차지하고 있는 여러 나라는 마치 한 마을 안에서 담과 울타리를 서로 맞대고 있는 여러 집들과 같다고 할 수 있다. 이웃과의 경황은 우의와 친목이라는 신의로써 더 가깝게 맺어지며, 서로서로 도움을 주는 편리를 통하여, 아름다운 광경을 빚어낸다 할 수 있다. 물질적인 불균형으로 말미암아 사람들 사이에는 강약이라든가 빈부와 같은 차이가 필연적으로 생기지 않을 수 없으나, 각각 일가를 이루어 균등한 지위를 간직할 수 있음은 국법이 사람으로서의 권리를 지켜 주기 때문이며, 나라끼리의 사귐도 역시 공법(公法)으로 규제하여 절대적으로 공평무사한 이치를 한결같이 행해 나아가고 있는 것이다.

그렇기 때문에 소위 큰 나라도 한 나라며, 작은 나라도 한 나라인 것이다. 나라 위에 나라가 없고, 나라 아래 나라가 없는 바, 한 나라가 나라로서 행사하는 권리는 피차가 동등하며 터럭만큼의 차이도 없는 것이다. 이로써 모든 나라가 평화롭고도 우의에 가득찬 의사로써 균등한 예우를 하여 조약을 교환하며 사절을 서로 파견함으로써 강약의 구별을 하지 않고, 서로서로의 권리를 존중하고 침범을 하지 않게 되었다. 다른 나라의 처지를 존중하지 않는다면, 이는 자기 나라의 권리를 스스로 파괴해 버리는 결과가 되므로 자기를 잘 지켜 나아가는 데 있어서 근신하는 사람은 타인의 주권을 손상치 않는다는 연유와 비슷한 이야기라 하겠다.

4. 그러나 나라가 크고 작다거나 강하고 약하다는 것으로 말미암아 변전하는 형세를 이겨 내지 못하는 일이 생기기 때문에, 이따금 강대국은 국제적인 공도(公道)를 돌보지 않고, 그 강대한 힘을 휘두르게 되므로 약소국은 자기 나라를 보전코자 하는 방법으로 다른 나라의 보호를 받게 되는데, 이것이 바로 수호국(受護國)이라는 것이다.

또 다른 나라에 공물(貢物)을 보내거나 옛날에 맺었던 조약이나 혹은 새로 맺은 조약에 의하여 침략당한 국토를 풀어달라고 하며 다시 있을 공격을 면하려고도 하는 바, 이것이 곧 증공국(贈貢國) — 공물을 바치는 나라라는 것이다.

이와 같은 두 나라의 권리는 각기 주권을 확보하고 있는 정도에 따르기 때문에 독립된 주권국이 누리는 권리를 행사하여 수호조약·항해조약 및 통상조약을 스스로의 판단으로 체결한다면 보호를 받거나 공물을 바친다는 관계만으로는 그 주권이나 독립권에 하등의 손상도 받지 않는다. 이는 국제 공법의 명확하고도 훌륭한 판단에 의한 규범으로 주권국에 대한 체제와 책임문제를 단정한 어구에 따라 그 현실적인 경상을 분명히 결정지은 것이라 하겠다.

고금의 여러 공법 대가들은 어떠한 나라나 국민이든지, 그 국헌이 정한 체제나 예규 여하를 관계치 않고, 그 나라를 자주적인 방법으로 다스리고 있을 경우, 그 나라는 주권을 가진 독립국이라고 말해 왔다. 또 주권이라고 하는 것은 한 나라를 관제하는 최대의 권리인 만큼 국내외에 실시되는 것으로서 나라 안에서 실시되는 주권은 그 나라의 근본되는 법과 원리에 의하여 국민들에게 주어져 있거나, 통치자에게 위임되어 있으며, 나라 밖에서 실시되는 주권은 그 나라 정치의 독립됨이, 여러 나라의 정치를 상대로 하는 것이어서 강화를 하거나 전쟁을 하거나 간에 교섭하는 관계를 보유하는 것이라고도 하였다.

따라서 국내외적인 여러 관계를 자주적으로 결정하며, 외국의 지휘감독을 받지 않는 나라야말로 참다운 독립국인 것이다. 그러한 나라를 주권국의 자리에 놓지 않으면 안될 터인즉, 독립 주권의 뚜렷한 증거는 다른 주권 독립국과 동등한 여러 가지 수호·통상조약을 약정·체결하거나 사신을 주고받으며, 강화나 교전에 관한 선고를 자주적으로 행할 수 있는 것을 말하는 바, 이는 주권에 부착되어 있는 가장 알맞은 권리라고 할 수 있는 것이다.

어느 한 나라가 이러한 권리를 간직하고 있을 때에는 독립국의 자리를 차지하고 있다고 하겠으나, 그렇지 못할 경우에는 그 나라가 맺고 있는 조약의 내용 여하에 따라 반독립국 혹은 속국의 자리로 돌려보낼 수밖에 없다.

5. 이따금 약소국이 급박한 상황 아래 놓였을 때, 국내외적인 사무를 처리하는 데 있어, 다른 나라의 명령에 복종하거나 권력행사를 허락하는 경우가 있더라도 그 나라의 주권은 손상을 받지 않는다. 그와 같은 형세 아래서는 타국의 간섭으로 말미암아 일시적으로 정당한 권리행사에 동요를 받았을 뿐인 것이다.

근세의 공법 학자는 다음과 같이 말하고 있다.

약소국의 독립은 강대국의 의사를 받들고 존경하는 한편 잠식해 올지도 모를 강대국의 침범을 두려워하는 것으로써 보존되고 있다. 강대국의 침범을 두려워하는 까닭에 강대국의 직접적 혹은 간접적인 명령을 기회 있을 때마다 복종하기는 하나, 그러한 명령이나 복종은 아주 드문 것이어서, 그것으로 말미암아 약소국을 통괄하는 권력이 생기는 것도 아니고, 또한 약소국이 강대국에 부속되는 관계도 생기지 않는다. 또한 이러한 명령이나 복종관계는 그만두고라도 강대국은 항상 존대(尊大)하며, 약소국은 언제나 비굴하지만, 약소국이 독립 주권국임에는 틀림없다. 따라서 강대국이 통괄권을 가질 수도 없고, 정식으로 약소국에 명령하거나 복종하기를 요구할 수도 없기 때문에 약소국이 비록 그 독립을 보존하거나 지키기 어렵다 하더라도 사실과 습관상, 강대국에 부속되는 일이란 있을 수 없다는 것이다.

6. 이와 같은 공법학자의 주장에 의거하여 볼 것 같으면 권리라고 하는 것은 자연적이고도 정당한 이치며, 일시적인 형세라고 하는 것은 인위적인 힘이라고 할 수밖에 없다. 약소국이란 원래 강대국에게 방자하게 굴 만한 힘도 없을 뿐 아니라, 보유하고 있는 권리를 지키기에도 겨를이 없는 만큼, 강대국이 스스로의 유족한 형세를 남용하여 약소국의 정당한 권리를 침범한다는 것은 의롭지 못한 폭거이며, 또한 무도한 악습이라고 하여 공법에서 절대로 허용치 않는 것이다.

7. 이따금 시세에 익숙치 못하거나, 공법에 통달되어 있지 않은 사람이 공물을 바치는 나라와 속국의 구별을 못하는 경우를 본다. 공물을 바치는 관계를 들어서 속국의 지위에 있다고 자처하는 경우도 있으나, 누가 자기 나라와 군주를 사랑하거나 존경하지 않겠는가. 다만 대국적인 시세에 얽매인 나머지 지나치게 공경하는 예법으로써 자기 나라를 보존코자 하는 책략으로 삼은 연유라 하겠다. 자기 나라의 약소한 형세를 스스로 짐작하여 극단적으로 강대국을 겁내고 두려워하게 되자, 분발코자 하는 기력이 싹트지 않고 분노하는 의기가 사라져 버리게 되는 바, 그 근본에 대하여 생각해 본다면 역시 나라나 군주에게 충성코자 하는 마음에서 흘러나온 행동임을 짐작할 수 있는 터여서 진정으로 민망스럽게 생각하거나, 존경할 만한 사람은 바로 이러한 사람들이라고 하겠다.

그러나 국가의 권리라고 하는 것은 정당한 품례(品例)와 명확한 조리를 스스로 갖추고 있으며, 가혹한 대우를 받더라도 손상되지 않으며, 절박한 복종을 강요당하더라도 앙심을 품지 않는 것이지만, 굳게 지켜서 잃어버리지 말고, 신중하게 보전해야 함은 국민들 공동의 의무이며, 정부의 가장 큰 직책이라고 할 수 있다. 권리를 한 번 잃어버리면, 비록 나라라고 하는 명칭은 존재한다 하더라도 빈 껍질뿐으로서 자유로운 행동은 불가능하게 되어 나라의 나라다운 체면은 훼손되고, 세계 여러 나라와의 국교도 저절로 단절될 수밖에 없는 것이다. 그렇기 때문에 완고한 습관을 벗어 버리지 못하여 허망한 의론을 일삼고 있는 사람은, 나라와 군주에게 막대한 욕을 끼침으로써 벗어나기 어려운 큰 죄를 저지르고 있는 것이다.

속국이라고 하는 것은 복종하거나 섬겨야 하는 나라의 법령이나 제도를 따라야 하며, 국내외적인 제반 일을 처리하는 데 있어서 자주적인 권리를 전연 가지지 못한다. 한편 공물을 바치는 나라는 강대국의 침범을 모면하기 위하여 그 적대하기 어려운 형세임을 스스로 짐작하여 비록 본심에 맞지 않는다 하더라도 강대국이 내세우는 조약을 준수하여 공물을 보내고는, 간직하고 있는 권리의 한도에 따라 독립된 주권을 얻고 있는 나라를 가리킨다. 이러한 까닭으로 공물을 바치는 나라 — 증공국(贈貢國)이 다른 독립국과 같은 여러 가지 권리를 행사한다면 그러한 나라는 당당한 독립 주권국이라고 할 수 있다. 속국은 조약을 체결할 권리가 없지만, 증공국은 다른 독립 주권국과 동등한 수호, 항해 및 통상조약 등을 상의하거나 약정할 수 있다. 속국은 영사 및 무역담당관 외에 종영사도 파견할 권리가 없지만 증공국은 이미 체결한 조약이나 약관에 따라 각급 사절을 파견하거나 초빙하고 교전이나 강화를 선고할 권리가 있다. 그러나 속국에는 그러한 권리가 없다.

증공국은 이웃 나라끼리 군사 행동을 취할 때, 중립을 지킬 권리가 있으나, 속국은 그 나라가 섬기고 있는 강대국에 대하여 이 권리를 행사할 수가 없다. 증공국은 그 상대방인 공물을 받는 나라 — 수공국(受貢國)과 사절단이라든가 영사를 서로 주고받는 권리가 있지만,

속국은 그 나라가 섬기고 있는 강대국에 대하여 역시 이 권리를 행사할 수가 없는 것이다.

앞에 열거한 여러 가지 조목이 포함하고 있는 이동점(異同點)에는 현격한 차이가 있는 만큼, 국제공법은 국가가 발달하는 이치를 파악하고 약소국의 권리를 보호하기 위하여 주권이라고 하는 것으로 일치되는 여러 사항을 잘 귀납시켜 놓고 있다.

8. 공법에 통달하고 있는 어느 학자가, 속국이라고 하는 것은 오늘날과 같은 세상엔 어울리지 않는 명칭이라고 말한 일이 있는데, 그 뜻은 한 나라로서의 체제를 갖추고 있는 나라가 비록 작다 하더라도 강대국의 형세에 의하여 통합당하지 않는다는 것을 가리킨 것이라 하겠다. 가령, 약소국이 강대국의 사나운 위협과 난폭한 핍박으로 말미암아, 그 스스로를 보존하기 위한 방편으로 옛날에 없던 속국의 체제를 일시적으로 자인하는 일이 있더라도, 그러한 방법에 의해서는 본래부터 간직하고 있는 권리를 잃어버리지 않는다고 하겠다. 위협과 핍박 아래서는 스스로 긍정하는 승인이 있을 수 없으며, 또 그러한 승인은 합법적인 조치가 아닌 까닭에 백 번이나 승인을 했다 하더라도 한 줄의 공법으로 말살되고 마는 것이다. 여기 한 사람이 있다고 하자. 사납고 난폭한 자의 위협을 받아 신명의 위험이 급박했기 때문에 그의 가산을 준다는 증서를 쓴 경우, 그 증서의 규격이 완벽하다 하더라도 후일, 그 증서에 대한 사실 여부를 가릴 때 본의에서 쓴 것이 아니고, 한때 신명의 위협으로 말미암아 부득이하여 허락한 것이라는 확증이 나온다면, 그 증서는 한 장의 휴지가 되고 말뿐인 것이다.

국법이라고 하는 것은 한 나라 안에서만 시행되어 여러 사람들의 서로 주고받는 권리를 지켜 주며, 공법이라고 하는 것은 온 천하에 시행되어 여러 나라가 서로 주고 받는 권리를 유지해 주고 있다. 따라서 참다운 공법의 이치라고 하는 것은 크고 작다거나 강하고 약하거나 하는 구별로써 차이를 두지 않는 일이라 하겠다. 또 혹 약소국

정부의 관리가 어떠한 경우, 어떠한 사유로써 강대국에 대하여 속국의 체제를 자인했든지간에, 이는 그 사람 개인의 무식한 망동이라고 할 수밖에 없다. 증빙할 만한 문서나 비준관계의 서류도 없으니 한 나라의 권리라는 것이 종잡을 수 없는 허튼 언사를 하는 사람에 의해 동요될 리 없다. 온 국민이 다같이 지켜야 할 주권이라는 것이 한 사람의 사사로운 단정으로 다루어질 수 없다는 것도 이론상 분명한 일이라 하겠다.

한 가지 비유를 들어 보자. 어떤 집의 고용인이 그 집 주인의 지휘나 명령이 없는 가운데 타인에게 그 주인집에 관한 일을 자기 마음대로 처리하였다 하더라도, 원래 그는 자기 마음대로 처리할 권리를 가지고 있지 않았기 때문에, 처리에 관계되는 일은 집주인의 승인을 얻지 못하게 되어, 타인도 결국 그 고용인의 실권 없음을 비난하고 비웃을 것임이 분명하다. 그러한 까닭으로 한 나라의 권리라고 하는 것은 위협과 핍박, 또는 한 개인의 사사로운 단정으로 이리저리 움직여지지 않는 것이라 할 수 있다.

9. 무릇 나라라고 하는 것은 놓여 있는 처지와 형세를 스스로 잘 아는 것이 중요하다. 약소국이 불행한 사정으로 말미암아 강대국에게 공물을 바치는 관계를 갖게 되었다고 한다면, 두 나라끼리 시로 교섭하는데 필요한 예법과 법규를 정하여, 강대국으로서는 공물을 받는 권리를 보유하는 한편 공법이 승인하는 범위 내에서의 기초를 확립함으로써 다른 나라의 개입과 간섭을 허용치 않아야 한다.

이러한 까닭으로 증공국과 수공국은 회의를 개최하여 공물을 그만둔다는 약관으로 고치기 전에는, 증공국으로서는 공물을 바쳐야 하며, 만약 약속을 지키지 않는다거나 신의를 지키지 않는다면 신의를 손상시키는 일이 되는 바, 조약의 불이행이라든가, 위배라고 하는 것을 공법에서는 받아들이지 않고 있다. 수공국이 군대를 동원하여 공물을 바치지 않는 데 대해 문책을 한다 해도 증공국으로서는 전 세계에 대하여 변명의 말을 할 수 있으며, 또 증공국이 오랜 약조를 잘 지켜 공물 바치기를 착실히 할 때에는 수공국으로서는 기타 권리까지 침범하거나 빼앗아서는 안되는 것이다.

대개 공물을 바친다는 것은 약소국이 그들의 권리를 보존하기 위하여, 이것으로써 그것을 바꾸고자 하는 의도에서 나온 것이기 때문이다. 이처럼 명확한 한 가지 증거에 의하여 나의 공물을 받는 대신, 나의 권리를 침범하지 말라는 취지 아래 강대국과 약소국이 서로서로 맺은 약관이니 만큼 만일 공물을 받고도 권리를 침범코자 한다면, 이는 수공국이 명문으로 약정한 조약의 취지를 어기고, 다만 그 강대한 형세만을 마음껏 휘두르는 결과가 되는 것이다.

그렇지만 증공국으로서는 본래 강대국에게 적대하기 어렵다는 딱한 처지가 이와 같은 관계까지 이루어 놓은 것이기 때문에, 그 공평치 못한 학대와 무례한 폭거를 미워하고 싫어한 나머지, 마음에 즐겁지 않더라도 강대국의 지휘에 이따금 순종하여 자기 나라를 보존코자 하는 계교로 삼은 것이다. 이로써 약소국의 권리에는 아무런 영향이 미치지 않게 되어 본래부터 간직하고 있는 형상과 모습을 보존·지탱할 수가 있는 것이다.

한편 강대국의 난폭한 조치는 온 천하 사람들의 이목을 꺼리는 바가 되지 않을 수 없으며 또 공법에 의해 제재받거나 비난받을 것을 두려워하여 은밀한 명령으로 위협하고 핍박하는 행동을 취하기 일쑤며, 표면에 드러나는 절차에 따라 견제하는 억압은 감히 행하지 않는 것이 보통이다. 속국관계에 있는 나라인 경우라도 상대방인 강대국이 약소국의 자유로운 권리를 침범하거나 빼앗으며, 잔인한 조치와 가혹한 대우를 너무 지나치게 일삼으면 온 세계의 공론이 이를 허락지 않는다. 그 옛날 유럽주의 여러 나라들이 그리스를 돕기 위하여 터키를 정벌한 뒤, 이들 두 나라 사이에 맺어져 있던 부속관계를 영원히 끊고 터키로 하여금 그리스의 독립을 승인하게 한 일이 있었던 것이다.

10. 공물을 주고받는다는 관계만 가지고는 나라의 권리에 대해 이렇다 저렇다 이야기할 수 없기 때문에 수공국과 동등한 조약을 체결하는 여러 나라 역시 증공국에게 균등한 예우를 해주어 동등한 조약을 체결하기도 한다. 만약 공물을 바친다는 한 가지 사실만 가지고, 국내외적인 모든 권리를 잃어버린다고 할 것 같으면, 이는 권리 없는 증공국일 뿐이니 속국과 다를 바가 없으며, 속국 같은 증공국과 온 세계에 무게 있게 처신하는 여러 나라가 어찌 존경심을 가지고 동등한 조약을 체결하려 하겠는가. 이와 같은 이치로 미루어 볼 것 같으면, 증공국과 수공국과의 관계나 교섭이라고 하는 것은 형세의 강약을 분별해 놓은 데 지나지 않고, 권리의 다소를 정해 놓은 것은 아님이 분명하다.

증공국이 수공국에 대하여 스스로 낮추는 칭호를 쓰기도 하는데, 이는 대등한 예로써 호의를 표시하려 한 것이다. 수공국이 이와 같은 사실로써 자기 나라의 지위가 더욱 존귀해진 것으로 자처하고, 권리의 차등을 새삼스러이 구별하려 한다면 헛된 명분만을 숭상하고 참된 도리를 버리는 결과가 된다. 참된 도리는 헛된 명분 때문에 동요되지 않을 뿐더러 온 세계의 존귀한 여러 독립 주권국과 수공국도 동등한 조약을 체결하고 한편으로 증공국 역시 그러한 나라들과 동등한 조약을 체결한다 할 것 같으면, 수공국과 동등한 조약을 맺은 나라들이 증공국과도 동등한 조약을 맺게 되며, 증공국과 동등한 조약을 체결한 나라가 수공국과도 동등한 조약을 체결한 나라가 되는 것이다.

이러한 여러 나라는 수공국도 동등한 우방으로 대접하고, 증공국도 역시 동등한 우방으로 대접하게 되어 존비(尊卑)하다거나 고하(高下)하다거나 하는 예우와 서열문제는 염두에 두지 않았다는 이야기가 되는 것이다. 수공국의 지위가 증공국의 위에 자리잡은 것으로 간주되고 강대국 역시 스스로 존귀하게 처신한다 할 것 같으면, 어찌하여 증공국과 동등한 여러 나라와, 동등한 예우를 하거나 동등한 조약을 체결하겠는가. 강대국의 굳센 힘이 증공국으로 하여금, 여러 나라와 체결하고 있는 동등한 조약을 사퇴시킬 수 있단 말인가. 그럴 수는 없다. 여러 나라에 간청하여 증공국과 맺고 있는 동등한 조약을 취소시킬 수 있단 말인가. 그럴 수도 없다.

증공국과 여러 나라가 맺고 있는 동등한 조약은 그들 나라끼리 각각 수호(修好)하는 관계에 따라 조약체결의 권리를 가지고 있을 뿐더러 증공국 한 나라만의 처사라고는 할 수 없는 것이다. 그렇기 때문에 다른 나라와 우호나 통상관계를 맺는 일에 개입하거나, 저지하기가 불가능하며, 명백한 언사나 암암리에 내리는 명령으로 견제하는 위세를 자행하기 극히 어려운 처지에 있는 것이다. 더구나 자중하는 여러 나라는 다른 나라의 입술만을 바라보거나 턱끝으로 사역하는 처사를 따르지 않고, 공법에 명시되어 있는 조항을 들어 무례한 죄과를 책망하기도 하는 바, 그렇다면 어찌할 수도 없는 일인 것이다.

수공국이 그 스스로 잘난 체하는 지위를 이용하여, 여러 나라끼리 체결한 동등한 조약을 그만두게 하고 이미 파견한 사절로 하여금 되돌아오게 하며, 이미 개항한 항구를 폐쇄케 하여, 만국 사이에 오만한 태도로 홀로 살아갈 수 있단 말인가. 이것 또한 그렇게는 할 수 없는 것이다. 왜냐하면 자기 나라의 이익추구에 손해가 되고, 다른 나라와 우호관계를 유지하지 못하게 되어 위험과 고난의 기틀을 스스로 유발하고야 말 것이기 때문이다. 그렇게 되면 수공국은 여러 나라를 향하여 동등한 예우를 행하면서도 증공국에 대하여서는 스스로 잘난체 하는 자세로 더욱 방자해질 터인 바, 이는 증공국의 체제가 수공국 및 기타 여러 나라에 대하여 앞과 뒤가 잘린 형상이라 하겠으며, 수공국의 체제도 증공국 및 기타 여러 나라에 대하여 역시 앞과 뒤가 잘린 셈이라 하겠다. 여러 나라가 수공국과 증공국의 앞뒤 잘린 체제〔兩截體制〕를 똑같은 형상으로 보는 것은 어찌된 까닭일까. 이는 형세의 강약은 돌보지 않고 권리의 유무만을 따졌기 때문인 것이다.

강대국의 망령된 자존행위는 공법의 비방을 받게 될 것이며, 약소국에 대한 모욕행위에는 공법의 보호가 뒤따르게 될 것이다. 그러한 까닭으로 위에서 보인 것처럼 한결같지 않은 편파적인 현상은 공법의 원만치 못한 시행을 보충하려는 약소국의 자위수단이라고 할 수 있으며, 강대국이 자행하는 오만한 버릇을 조장시켜 주는 단 한 줄의 조항도 공법에는 설정되어 있지 않은 것이다.

11. 이따금, 수공국 사람으로서 자기 나라의 존대한 체제를 망령되게 남용하여 증공국을 업신여기고 그 나라의 국법을 법으로 지켜 받들지 않으며, 그 나라의 예법을 예로써 공경하지 않은 사례가 없지 않다. 심한 경우, 수공국의 관작(官爵)이거나 사절이라는 직함을 가지고 오기만 하면 증공국의 군주에게 망령되게 동등한 예를 남용하는 자가 있다.

무릇 강대국의 군주도 군주라면 약소국의 군주도 역시 군주인 것이다. 일국의 최상위에 자리잡은 존귀한 지위에 있으며, 최대의 권력을 집행하여 정치를 베풀며 법령을 제정하는 것은 이 나라에서나 저 나라에서나 다름이 없을 것이다. 그렇다면 저 나라의 군주에게 충성을 다하는 신하가, 이 나라의 모든 정사를 다스려 나아가는 군주와 동등한 예로써 대할 경우, 이를 가히 합당한 일이라고 말할 수 있겠는가. 무엄하기 그지없는 가장 극단적인 불경(不敬)이라고 할 수밖에 없다. 증공국 군주와 조약을 체결한 나라의 군주에 대해서는 이처럼 법도에 어긋나는 행동을 감히 취하지 못하리라. 이러한 여러 나라의 군주는 또한 수공국의 군주와 동등한 예를 교환하고 있는 바, 증공국의 군주는 수공국 국민들이 섬기는 군주의 친구뻘 되는 군주로부터 역시 친구로 대접받으며 동등한 조약을 체결한 나라의 군주인 것이다. 그러한 까닭으로 증공국의 군주는 수공국 군주가 예로써 대접하는 친구의 또 예로써 대접받는 친구인 것이다.

친구의 친구는 자기의 친구인 것과 같으며 어느 사람을 친구로 삼는다면, 그 사람의 친구도 역시 친구인 것이다. 그렇다면 수공국 군주가 증공국 군주에게 동등한 예를 허락지 않는 것 역시 친구의 친구를 공경치 않는 일이어서 세계 만방에 공통의 관례에도 어긋나는 일인 바, 항차 그 나라의 신하가 저지른 무례함을 어떤 사람이 옳다고 하겠는가. 이는 자기가 섬기는 군주에게 불경스러움을 가한 것과 다를 바가 없는 일이다. 남을 사랑하는 사람은 그 사람의 친구도 또한 사랑하는 법인데, 자기 나라의 군주를 공경하는 사람이, 그 군주의 친구를 공경치 않는다면 옳은 일이라고 할 수 있겠는가. 예를 아는 사람이라면 이와 같은 망령된 행동은 결코 하지 않을 것이다.

12. 외교(外交)하는 권리란 국내를 다스리는 제도로 말미암아, 그 보전코자 하는 방법과 형세가 마련되는 법이다. 국민들의 지식이 높은 상태에 이르고, 국가의 법령이 균등하게 시행되어 사람마다 자기의 권리가 잘 지켜진 뒤에 모든 국민들의 의기(義氣)를 한데 뭉쳐, 한 국가로서의 권리를 지켜 나아가야 하는 것이다. 국민들이 권리라고 하는 것의 중대함을 모를 것 같으면 다른 나라의 침범을 보고도 분하게 여기지 않는다. 정부의 몇몇 관리들이 비록 심력을 온통 기울여 가며 보존하는 방법을 강구한다 하더라도 그것을 받아들이는 국민들의 반응이 거의 없는 상태여서, 그 효과 있는 실행은 막연한 실정인 것이다.

옛말에 사람이 많이 모이면 하늘도 이긴다는 말이 있다. 나라 안의 모든 국민들이 각자마다 나라의 중요한 일을 맡을 사람으로 자처하여, 산이 우뚝 솟아오르는 듯한 기세를 이룬다 할 것 같으면, 하늘 아래 이와 같은 기세를 꺾을 자가 어디 있겠는가. 이와 같은 까닭으로 국민들의 지식이 필요하며 지식은 교육이 아니면 존재할 수 없는 것이어서 교육하는 규모를 명백히 마련하여 권리의 근본을 가르치는 것도 다 이런 데에 말미암은 것이다.

법률이 분명치 않으면 국민들이 서로 권리를 침범하기 시작하여 나라의 권리를 같이 지키기는 고사하고, 그로 말미암아 다른 나라의 침략을 받더라도 방어하기 어려울 뿐더러 도리어 서로 깔보는 계제만을 만든다고 하겠다. 이로써 국가의 법령이란 엄하고도 분명할 것이 요구되는 바 그 연유는 귀천이라든가 빈부를 가리지 않고 평등하게 다루려는 공도(公道)를 행하고자 하는 의도에서 나온 것이다. 이제 법률의 공도를 잘 지켜 권리의 작용에 관해 결정을 내렸으니, 이에 따라 이야기해 볼 것 같으면, 교육과 법률이라는 것이 국가의 권리를 보전해 나아가는 가장 큰 근본이라고 할 수 있다.

국민의 교육

1. 사람은 어리석은 동물이다. 처음 태어났을 때에는 아는 것이 없다. 지식이라고 하는 것은 가르침으로 말미암아 얻어지는 것이다. 아이가 태어나면 부모가 쉬운 것부터 가르쳐서 우선 지식의 문을 열어 주고 나이가 차츰 많아짐에 따라 학교로 진학하게 되어, 그의 지식을 더욱더 연마하게 되기 때문에 이 세상에서 제일 급한 일은 학교를 설치하는 것보다 앞서는 것이 없다.

국민들이 어릴 때에 공부를 하지 못하고 성장하게 되면 아는 것이 없기 때문에 경거망동으로 앞뒤를 가리지 못하게 되어 국가의 법규를 어기게 되고 인간 생활의 정상적인 궤도를 손상시키는 수가 적지 않다. 또 교육과 훈도를 받아 지식이 넉넉한 사람이라도 그 교양이나 지식에 어울릴 만큼, 덕을 수양하기가 극히 어려운 까닭으로 옛날부터 슬기롭고도 영리한 사람 가운데서 극악 무도한 범죄를 저지르는 자가 많았다. 그러나 교육하는 제도가 알맞게 갖추어져서 덕행을 쌓도록 하며, 도의를 함양케 할 것 같으면 훌륭한 덕을 갖춘 사람을 길러낼 수도 있는 것이다.

나쁜 죄를 저지른 사람이 자기 악행의 연유를 알 것 같으면, 형벌을 주어도 그 벌의 지당함을 인정하며, 그 형벌을 감수하여 지금까지 저지른 모든 죄과를 뉘우치게 되는 것이다. 그러나 사람이 지식의 부족으로 시비나 선악의 구별을 가리지 못하는 경우, 그러한 사람을 처벌하기에 이르러서는 그 처치가 몹시 어렵다고 할 수밖에 없다. 그 범죄 사실로써 그에게 형벌을 가하느니보다는, 그 사람으로 하여금 선과 악을 먼저 구별토록 하여 쓸데없는 죄를 저지르지 않도록 하는 것이 형법의 진정한 목표라고 하겠으며, 교육의 참다운 역할이라고 하겠다. 어찌하여 사람을 가르치지는 않고 그의 죄만을 허물할 수 있겠는가.

배우지 못한 백성을 처벌한다고 하는 것은 지극히 처참한 일이라고 할 수 밖에 없다. 가령 절도라든가 살인·강도와 같이, 그 죄상이 명백할 때에는 그 죄과에 알맞은 형을 집행하여 국법의 권위를 떨쳐 보임이 옳다. 그러나 나라 안에 불학무식한 백성들이 많으면 그 피해가 일일이 열거하기 어려울 만큼 많은데, 원래 이러한 무리들은 시비를 분간치 못하며, 선악을 가리지 못하며, 사람들의 사유물을 보호하는 도리에 어두운 까닭으로 한 번 나라 안에 소란이 일어나기만 하면 그러한 틈에 편승하여 벌떼처럼 일어나며, 구름처럼 모여 들어 법도 두려워하지 않고, 사람도 꺼리지 않으며, 날뛰는 참혹하고도 흉악한 행동은 말로 형용하기조차 어려운 광경을 빚어내게 되는 것이다.

이제 그 구체적인 한 예를 들어보자. 근고시대에 프랑스가 소란할 때 고금에 없는 폭행을 자행했던 도배들은 거의 다 배우지 못하고 직업이 없으며, 어리석거나 방탕에 젖은 건달들로서 비록 훌륭한 정부 아래에 살고 있었다 하더라도 생계를 영위하기 어려울 만한 자들뿐이었다.

2. 어려운 사람들의 구제를 위하여 많은 돈과 재산을 사용하는 것도, 그 원인을 찾아보면 하층계급 사람들의 무식무지한 데에 말미암은 것

이라 하겠다. 사람으로서 아는 것이 없으면, 먼 일을 생각하지 못하게 되고, 그렇게 되면 눈앞의 욕심만을 좇게 되어 그 악행이 미치지 않는 곳이 없게 된다. 섭생하는 법을 알지 못하며, 절약하는 진의를 모르며, 사람과 사귀는 도리를 알지 못하고, 예의 염치라든가 지혜와 재주 같은 분야의 일을 알지 못함으로써 이 세상의 풍속을 어지럽히고, 가난하고 고생스럽기 그지없는 어려움 속에 빠져 들면서도 부지런하게 일하면 잘 살 수 있다는 진리를 알지 못한다. 혹 그 힘들여 노력하는 정상은 보기에 매우 괴롭지만, 그러나 애초에 방향을 그르쳐서 편리한 방법이 아주 적기 때문에 힘써서 일하더라도 그 대가가 없으며, 혹시 거주하고 있는 고장에서 생계를 유지할 만한 일거리가 없을 때는 다른 곳으로 이사를 가면 먹고 살 방편을 구할 수도 있겠지만, 분발코자 하는 의사가 전연 없기 때문에 게으름에 젖어 있고 빈궁 속에 허덕이고 있는 실정이라 하겠다.

서양처럼 이익만을 추구하는 고장에서도 스코틀랜드(蘇格蘭, Scotland)의 서쪽에 살고 있는 사람들은 무식한 정도가 아주 심하여 극단적인 빈궁으로 말미암아 굶어 죽기까지에 이르지만, 다른 지방의 사람들이 그 딱한 형상을 불쌍히 여겨 고용해서 부리기를 많이 희망하지만, 불학무식한 소치로 그들은 그들의 고향을 떠나려 하지 않고 어리석게도 집에 눌러붙어 있기만 하여 평생토록 가난하고도 어려운 생활을 감수하고 있다고 한다.

또 북아메리카주의 적색인(赤色人)들은 대대로 게으름만을 익혀온 종족으로서 공부하는 기력조차 완전히 스러져 버려 미국의 백인들이 학교를 세우는 한편, 교육하는 데 필요한 많은 시설을 갖추어 놓고, 농사짓는 방법이라든가 물건 제조하는 기술에 대하여 부지런히 가르치고 지도했으나 능히 소정의 과정을 마치는 자가 드물 뿐더러, 선생들의 타이름이나 공부하기를 기피하여 한 자루의 엽총만을 가진 채 산속으로 들어가서는 일생을 마칠 때까지 구차하고도 힘드는 생활을 계속해 나아간다고 한다. 아아, 교육을 받지 못한 폐해가 이 지경에까지 이를 줄이야.

3. 예로부터 여러 종류의 새로 발명된 공업이 우리들의 생활에 도움을 주는 데 실효를 거둔 사례는 지극히 많다. 그러나 이따금 옹졸한 마음을 가진 사람은 뜻있는 인사들의 이처럼 위대한 공적을 이해하지 못하고 도리어 새로 만들어 낸 것을 기괴한 것이라고 이야기하면서 무리를 이루거나 작당하여, 그 정교한 기계를 파괴하고, 심한 경우에는 신발명품을 만들어 낸 사람에게 모욕을 가하거나 상해를 입히기까지 하는 수가 있는데, 이는 다 불학무식한 소치라 하겠다.

옛날 프랑스 파리에 괴상한 병이 크게 유행하자, 많은 의사들이 심력과 기술을 다하여 치료법과 예방법을 실시했는데, 어리석은 소인배들은 괴질이 전염된다는 사실을 알지 못하고 도리어 의사들을 허물하면서 의사가 독약으로 사람들을 해친다고 하여 흉악한 사람처럼 적대시하였으며 심한 경우에는 상해를 입히기까지 하였는데, 이것 역시 극단적인 무지의 결과라 하겠다. 정말로 개탄할 만한 일이다.

새로 발명된 공업이 세상에 퍼지기 시작하면 지금까지의 유행을 변화시킬 것이기 때문에 사람들은 경영중인 직업을 부득이 변경하지 않으면 안된다. 이러한 시기를 맞이하여 사물의 이치에 통달하고 기계학의 취지를 깨우친 사람은 시대의 변천에 순응하여 그의 직업을 쉽사리 변경시킬 수 있지만, 배우지 못하고 아무 기술이 없는 사람은 그렇지 못하여 변통할 방법을 알지 못할 뿐더러 자기의 어리석은 생각을 고집함으로써 군색하고도 곤란한 생활을 달게 받아들일 수밖에 없는 것이다.

어리석은 사람의 생각으로는 자기가 경영하는 방법 이외에도 천하에 달리 영업할 수단이 없는 것으로 여겨질 것이지만, 그러나 이러한 어리석은 사람으로 하여금, 인간 사물의 이치를 조금이라도 눈뜨게 하여 다른 생활 방법의 구득 또한 용이하다는 것을 자각토록 할 것 같으면, 가난하고도 군색한 상태에서 벗어날 수 있을 것인 바, 이것 또한 나라를 부강케 하는 방법의 하나라 하겠다.

4. 사람이 교육을 받으면 지식의 귀중함을 알게 되기 때문에 교육을 위하여 심력을 기울이게 되고, 돈과 재산을 투자하여 현실적인 급무며 대사(大事)인 교육을 일으키게 된다. 그러나 어리석고도 몽매한 사람들은 이러한 재미를 거의 맛보지 못할 뿐 아니라 태평스러운 자세로 교육의 유무조차 마음에 두지 않는다.

어리석은 부모들이 자녀 교육을 시키지 않는 심리를 구명해 보면 교육을 시키지 못하는 일 자체는 가엾고도 가증하지만, 그들로서는 교육의 취지를 알지 못하기 때문에 심력을 기울일 필요가 없을 뿐 아니라 심한 경우에는 다른 사람이 호의를 베풀어 그들의 자녀를 가르치더라도 은혜를 욕으로 갚는 수조차 있는 것이다. 이러한 까닭으로 국민들 가운데서 지식 없는 사람은 현재 시행중인 교육에 도움이 되지 않는 데 그치지 않고, 도리어 방해를 끼친다고 말하는 것이 옳을 것이다. 그리하여 가난하고 무식한 사람의 자녀를 교육하는 사무는 하는 수 없이 다른 사람의 소임이 되어야 할 것 같다.

그러나 다른 사람 역시 그러한 임무를 감수하거나 그 사무를 즐거이 수행하여, 그 번거롭고도 수고스러움을 기피해서는 안될 이유가 있다. 지금까지 가난한 사람을 구제하는 일과 범죄인을 막기 위하여 국민들이 납입하는 세금이 많았다. 이제 사람들의 교육을 위하여 비용을 들이는 것은 사람으로 하여금 빈궁한 상태 속에 빠지지 않게 하고, 범죄를 저지르지 않게 하는 것과 함께 재앙이나 질병을 미연에 방지코자 하는 커다란 뜻까지 간직하고 있기 때문이다. 이미 가난해진 사람을 구제하고, 이미 죄를 지은 사람을 교화하기 위하여 납세하는 근본 의도에 견주어 볼 때 교육을 위하여 소비하는 효과가 훨씬 뛰어난 것임은 말할 나위가 없다. 그러한 까닭으로 전국적인 교육을 위한 비용으로서 국민들로부터 세금을 거두어 들이는 것은 기실, 앞으로 납부할 세액을 경감시켜 주는 셈이라 하겠다.

이와 같이 교육을 위하여 모은 세금을 쓰는 곳은, 가난한 사람을 구제하는 일이라든가 나쁜 사람을 처벌하기 위해서가 아니라 사람들의 생업을 권장하고 사람들의 선행을 도와, 우리들이 살고 있는 세상의 즐거움과 행복을 보다 많이 북돋아 나아가고자 하는 데 있는 것이다. 혹 명실에 어긋나는 일이 있더라도 세금을 내는 사람으로서는 그 돈의 사용되어지는 취지를 믿고, 스스로 흡족히 여겨야 할 것이다. 사람의 일반적인 감정으로는 남의 나쁜 점이 처벌받는 것을 보기보다는 좋은 점이 발견되기를 즐거워하고, 남의 구차함을 구제하기보다는 생업을 보전해 주는 것이 즐거운 일인 것이다.

5. 어떤 사람이, 나라에서 국민들을 강요하여 자녀를 교육케 함은 개인들의 사사로운 일에 관계하는 것이어서 과히 온당한 조처라고는 말하기 어렵다고 이야기한 적이 있다. 그러나 그러한 이야기는 매우 부당한 것이라고 할 수밖에 없다.

무릇 정부라고 하는 것은 그 직분이 항상 우리 사회에 정도(正道)가 행해지느냐 않느냐를 관찰하는 한편, 국민들의 안녕·질서가 잘 보존되고 있는가, 않는가를 살피는 데 있는 것이다. 그리하여 만약, 터럭만큼이라도 어긋나는 자가 있으면 법률로써 간섭하여 대응되는 조치를 취하는 것이 마땅하다. 죄인을 처벌하는 조목만 하더라도, 그 입장을 바꾸어서 말한다면 개인의 사사로운 일에 개입한 것과 다름없다. 그러나 가령 여기에 한 사람이 있어서 죄를 범했을 경우 아들은 아버지를 위하여 사건을 은닉하며, 아버지는 아들을 위하여 덮어두려 하나, 국법에는 용서가 없는 것이다. 그런 까닭으로 서양 사람이 말하기를, 정부는 사람을 처벌하는 권리가 있는 동시에 또한 사람을 가르칠 권리가 있다고 했는데, 이는 영원히 변하지 않는 격언이라 하겠다.

무릇 형벌이란 사람의 신상에 고통을 가하는 일이지만, 우리 사회의 보편적인 안녕·질서를 위해서는 그 시행이 당연하다고 할 수밖에 없다. 항차 교육은 사람의 마음을 훈도하며, 사람의 몸을 이롭게 하고자 하는 근본 의도에서 나온 것인 만큼, 그 시행에 있어 무슨 장애가 있을 것인가. 우리 사회에 공통되는 큰 이익을 끼칠 수만 있다면 설령 일신상에 괴로움이나 고통을 미치는 일이 있더라도 반드시 시행하는 것이 옳은 일이다.

이러한 까닭으로 국민교육에 관한 법령을 설정한다는 일은 정부의 위령으로 강요하든지 권유하든지 간에 널리 실시한다는 규제를 위주로 하는 것이 바람직하다. 사람들의 간사하고 나쁜 점을 바로잡고 빈곤을 구제하기 위한 것이기 때문에 교육을 받는 사람 자신의 이익이 되는 데 그치지 않고, 교육을 위하여 투자하는 사람도 그 이익을 받는 경우가 많다고 할 수 있을 것이다.

이와 같은 여러 사실은 정부의 힘으로 사람마다 타이르거나 집집마다 설명하면서 돌아다니기는 또한 어려운 일이기 때문에 정부로서는 학교를 세우고 교사의 직책을 감당할 만한 인재를 양성하는 한편, 기타 여러 가지 사무에 관련되는 일에 대해서는 일반 사람으로서 변통하기 어려운 번잡한 비용만을 지출해 주는 정도가 좋을 것이다.

6. 어떠한 사람이든 높고 원대한 학문에 뜻을 둔 뒤, 사물의 이치에 통달하는 지식을 얻을 것 같으면, 그러한 성과에 의하여 우리 사회에 많은 이익을 끼쳐 주는 일이 많았다. 가령 여기 한 소년이 있다고 하자. 그의 타고난 재질은 큰 일을 이룰 만하며, 그의 슬기와 그릇의 됨됨이는 위대한 사업을 꾀할 만하여 부지런히 노력하는 한편, 시고 쓴 온갖 수고로움을 다 맛보고 있었다고 하자. 그러나 그의 초지를 달성하기 위해서는 참고하거나 읽기에 필요한 서적이 있어야 하고, 공부에 필요한 기계가 있어야 한다. 그 이외에도 여러 가지 잡비가 많이 필요할 것임에 틀림없다. 만약 이러한 물품을 필요로 하는 연유가 단지 그 자신의 편리만을 도모키 위한 것이라거나 사치를 자행코자 하는 뜻에서 나온 것이라면, 다른 사람들이 도와줄 리가 만무하다. 그러

나 그 일신의 의식주에 관한 한, 변변치 못하고도 처참한 환경 아래 놓여 있으면서도 학문의 연구에만 그 뜻을 온통 집중시키고 있었다면 그러한 그의 심사는 사랑스러우면서도 그러한 정상(情狀)은 가여운 것이라고 할 수 있는 것이다.

세력 있고 돈 많은 집의 자제는 모든 비용이 넉넉하여 놀이나 오락을 위하는 일에도 수많은 금액을 서슴지 않고 내던지지만, 앞서의 소년과 같은 큰 뜻을 품고 있는 자는 아주 드문 듯 했다. 옛날부터 소년으로서 큰 일을 꾀하는 자는 가난한 집안의 자제들로서 부형의 보조는 얻지 못하였지만, 학문의 성과를 달성한 뒤에는 우리 사회에 커다란 편리와 도움을 주어 왔었던 것이다. 이러한 까닭에 국민들이 가난한 학생을 돕지 않으면 안되는 바, 이곳 저곳에 세워진 대학교의 시설은, 다 이와 같은 취지에 바탕을 둔 것이라 하겠다. 대학교 안에는 서고(書庫)가 있으며, 박물관이 있는 한편, 이학(理學)과 화학(化學) 등의 각종 기계가 갖추어져 있어서 비록 가난한 학생이라도, 그의 마음먹은 대로 자유롭게 사용할 수 있으며 그가 전공코자 하는 학문을 연구하기에 아주 편리하게 되어 있는 것이다.

국민들의 교육을 위하여 많은 돈을 사용하더라도 올바르게 쓰기만 하면, 나라 자체를 번영케 할 뿐 아니라, 온 세계에까지 골고루 혜택을 줄 수 있다고 하는 것은 의심의 여지가 없는 일이다. 지구를 둘러싸고 있으면서 눈깜짝할 사이에 소식을 전해 주는 전선(電線)과 푸른 바다를 누비는 기선과 사방으로 수송의 편의를 더해 주는 철도 등의 기묘한 이치와 광대한 사업도 그 시초는 다 가난한 학생들의 연구 과정에서 그 싹이 움터 나온 것들이었다.

7. 앞에서 이야기해 온 바와 같은 입장에서 볼 것 같으면, 교육의 명목은 다음과 같은 세 가지 ―1. 도덕 교육, 2. 재예(才藝) 교육, 3. 공업 교육―로 나누는 것이 좋을 듯하다.

즉 도덕이라고 하는 것은 사람의 마음을 교화시키고 인도하여 윤리적인 기강을 세우며, 말과 행동을 삼가도록 하여 인간세상의 사귐의 방법을 관제하는 것이기 때문에 이 방면의 교육이 없을 수 없다. 재예라고 하는 것은 사람의 슬기를 길러내어 사물의 깊은 이치에까지 도달케 하며, 근본적인 것과 지엽적인 것과의 공용(功用)을 헤아리도록 하여 인간사회의 지식 분야를 관할하는 것이기 때문에, 이 방면의 교육이 없을 수 없다. 공업이라고 하는 것은 마음과 힘을 다하여 제조하거나, 운용하는 모든 것에 관계되며 우리들의 살길을 세워 나가는 것이기 때문에, 이 방면의 교육이 또한 없을 수 없는 것이다.

이러한 것들을 교육의 3대 강령이라고 한다. 3대 강령이라고 하는 것도 실상은 정덕(正德)·이용(利用)·후생(厚生)의 큰 취지를 밝힌 데 지나지 않는다. 한 나라가 가난하냐 부강하냐, 혹은 강하냐 약하냐, 혹은 잘 다스려져 있느냐 어지럽느냐, 혹은 굳건히 존립해 나가느냐 쉬이 멸망하느냐 하는 문제 등은 그 나라 국민 교육이 높으냐 낮으냐, 혹은 있느냐 없느냐 하는 데에 달려 있다고 하겠다.

제 4 편

국민의 권리

1. 국민의 권리라고 하는 것은 자유(自由)와 통의(通義 : 언제, 어디서나 일반적으로 공통되는 의리, 혹은 도리)를 가리킨다. 이제 자유와 통의에 대해 풀이를 해보기로 하자.

자유라고 하는 것은 무슨 일이든지 마음이 좋아하는 대로 따라서 하되 생각이나 사념이 굽히거나 구속을 받지 않는 경우를 말한다. 그러나 결단코 자기 마음대로의 방탕스러운 행동을 해도 좋다는 뜻은 아니며, 불법적이고도 방자한 행동을 가리키는 것도 아니다. 또 다른 사람의 형편은 돌보지 않고 자기의 이익이나 욕심만을 마음껏 충족시키자는 생각도 아닌 것이다. 국가의 제반 법률을 삼가 받들고, 정직한 도리를 스스로 굳게 지니는 한편 자기가 마땅히 해야 할 사회적인 직분을 수행하는 데 있어서는 다른 사람을 방해하지도 말 것이며, 또 다른 사람의 방해도 받지 않으면서 자기가 하고 싶은 일을 자유롭게 하는 권리인 것이다.

그리고 통의라고 하는 것을 한 마디로 표현하면 당연한 정리(正理·올바른 도리)라고 할 수 있다. 몇 가지 예를 들어 보자. 관직을 받드는 사람이 그 임무나 직책을 수행하기에 알맞은 직권을 가지는 것은 당연한 정리라고 할 수 있는 일이다. 집을 소유하고 있는 사람이 주인으로서의 명의와 실권을 갖추어 자기의 소유물이라고 일컫는 것도 역시 당연한 정리라고 할 수 있으며, 돈을 남에게 빌려준 사람이 약속대로의 이자를 요구하는 것이라든가, 논이나 밭을 남에게 빌려준 사람이 그 수확의 얼마를 달라고 요구하는 것 또한 당연한 정리라고 할 수 있는 것이다. 천만 가지 사물이 그 당연한 이치를 따라 본래부터 가지고 있는 상경(常經)을 잃지 않은 채, 거기에 알맞은 직분을 지켜 나아가는 것이 통의의 권리라고 하겠다.

이와 같은 자유와 통의의 권리는 지구 위에 살고 있는 모든 사람들이 다같이 가지고 있으며, 다같이 누리고 있는 권리인 것이다. 모든 사람마다 갖추고 있는 이러한 권리는 사람의 출생과 더불어 발생한 뒤, 아무것에도 얽매이지 않는 독립된 정신으로 발전되어 나아가 무리한 속박을 당하지 않고, 불공평한 장애를 받지 않는 것이기 때문에, 옛사람은 '일신이 자유로우며, 자기의 모든 것을 자기 스스로 지켜 나아갈 수 있는 것은, 천만인에게 공통되어 있는 천성이니 만큼, 명리나 부귀로 비교할 수가 없다'라고 말했고, 또 미국의 프랭클린(厚蘭吉仁, Benjamin Franklin, 1706~1790 미국의 정치가)은 '나에게는 일정한 주거지가 없으나, 자유가 있는 곳이 곧 나의 거처다'라는 말을 했는데 자유를 잘 보존한다는 것이 진정한 통의의 공용(功用)이라고 할 수 있다.

그리고 통의는 우리 인간들에게 있어 천연(天然)과 인위(人爲)의 두 가지 형태로 존재한다. 즉, 천연이라고 하는 것은 자연히 생거난 대로일 뿐, 동요나 변경이 없는 상태이며, 인위라고 하는 것은 사람의 지혜로 법률을 마련하고 거기에 따라 나아가거나 물러서게끔 되어 있는 것이다. 또 통의를 자세하게 이야기하자면 유계(有係)와 무계(無係)라는 구별이 있다. 무계의 통의는 한 사람에게만 소속되어 다른 사람과의 관계가 없는 것이라면, 유계의 통의는 세속적인 생활을 통하여 여러 사람과 사귀는 상호관계 속에서 이루어지는 것을 말한다.

2. 이와 같은 까닭으로 무계한 통의라고 하는 것은 사람이 날 때부터

갖추고 나오는 것이라 하겠다. 하늘 아래서 삶을 영위하고 있는 사람이라면 그 누구인가를 가리지 않고 일상적인 생활을 하면서 사람과의 교섭을 갖는다거나, 또는 독립되고도 의지 없는 생활을 하는 사람이라도 다 도달할 수 있는 올바른 이치인 것이다. 그러나 유계한 통의라고 하는 것은 그 뜻이 약간 다르다. 인위적으로 마련한 법률로 급히 다그쳐서 사람으로 하여금 꼭 지키도록 하는 것은 가능하지 않지만, 법률의 근본 취지란 사람들의 행동거지를 바로잡고자 하는 것인 만큼, 비록 한 사람의 직분에는 관계가 없더라도 일상적으로 사귀는 직분으로서는 간섭이 가능한 것이다.

가령, 여기 한 사람이 있다고 하자. 그의 마음은 자포자기 상태에 이르고 행동은 방자하고 사치에 젖어 있었으나, 그의 그러한 악덕은 그의 일신에 머물러 있을 뿐 세상을 다스려 나아가는 본보기를 손상시키는 일은 없었기 때문에 법률을 제아무리 밝게 살핀다 하더라도 앞에서 본 바와 같은 죄의 원인을 처벌할 수는 없다. 그러나 곤드레만드레가 되도록 술을 마시고는 큰 길 위에 넘어지는 추태를 부리는 자는 비록 그 사람 스스로가 자기 일신을 해칠 뿐 다른 사람에게는 방해를 주지 않는 듯하나 그러한 거동이 이미 대중 앞에 노출되었을 때에는 잘못된 풍속을 유행케 하거나, 사람들의 마음을 유혹하여 우리 사회 전반에 폐단을 빚기 쉬운 까닭으로 부득이 법률의 권위를 빌어서 그런 행동을 막지 않을 수 없는 것이다. 이와 같은 입장에서 볼 때, 사람마다 맡고 있는 직분을 파괴하는 데 있어서도 공(公)과 사(私)로 구분되어 있어서 법률이 미치는 한계를 스스로 마련해 놓고 있는 터라 하겠다. 그러나 이는 인생의 여러 가지 직분에 해당되는 예를 들어본 데 지나지 않는다. 통의에 이르러서는 이러한 경우와 몹시 다르다. 인생의 통의라고 하는 것은 무계한 한 사람의 신분으로써 이야기하든지, 세속적으로 널리 교제하는 유계한 신분으로써 비유하든지간에 공과 사의 구별이 없고, 그 통의는 반드시 그 사람에게만 소속되며 다른 것과는 아무런 관계도 없는 것이다.

3. 인생의 무계한 통의를 이야기해 볼 것 같으면, 그 조목이 적지 않다. 그러나 그 강령이 될 만한 것을 내세워 명의를 정하자면 우리 인간에게 주어진 천부의 자유라고 할 수밖에 없다. 자유라고 하는 것은 우리들의 마음이 하고 싶은 대로 할 수 있는 것을 말한다. 그리고 그러한 행동을 하는 데 있어서는 하늘과 땅의 바른 이치를 따라 취사선택하는 이외에는 어떠한 일이 있더라도 조금도 속박을 받지 않으며, 또 굽힘이 없어야만 한다. 사람이 이미 이 세상에 나서 인간적인 교제를 하기 시작했을 때에는, 그러한 교제를 따라 받는 혜택과 이로움이 또한 적지 않은 것이다. 그러한 혜택과 이로움을 보상하기 위하여 타고난 일신상의 자유를 약간 양보하거나 포기하지 않으면 안된다. 즉 일신상의 자유 가운데서 그 일부를 양보하고 사회적인 규범에 순종함으로써 그 혜택과 이익을 얻는다는 것은 피차 물물교환을 하는 것과 같은 이치라 하겠다. 크고 작다든가 가볍고 무거운 것을 분별할 줄 아는 사람이라면, 자기 자신의 사사로운 욕망을 충족키 위하여, 위력을 함부로 쓸 필요는 없을 것이다.

만일 한 사람이 자기의 뜻을 달성키 위해 방자한 행동을 할 것 같으면, 다른 사람 역시 그의 힘을 마음대로 쓸 것이기 때문에 사사로운 욕심에 따라 서로 다투고 경쟁하게 될 터이니 모든 사람들이 의지하고 있는 법률의 권위조차 땅에 떨어지고 말 것이 분명하다. 그렇기 때문에 처세(處世)하는 자유라고 하는 것은, 사람마다 이 세상을 살아나아가되 각각 수많은 구성원 중의 하나라는 신분으로 삶을 누려나갈 때 얻어지는 것이다. 그러므로 천부의 자유에다 인위적인 법을 첨가하여 근본되는 취지를 약간 변화시킨 다음, 모든 인간들에게 공통되는 이익을 도모해 주려 한 것이라고도 할 수 있다.

이와 같은 이치에 따라 미루어 생각해 본다면, 법률을 설정하여 남을 방해하는 자의 죄를 다스린다고 하는 것은 그 사람의 천부의 자유를 제한하는 듯하나 기실은 처세하는 자유를 크게 증가시킨 셈이다. 구체적인 사실에 연유함이 없이 국민들의 의사를 속박하는 것은 폭정(暴政)이라고 하여도 마땅하다. 법률을 설정하는 마당에 있어서 삼가고, 삼가는 생각이 부족하면 이와 같은 병폐의 실마리가 알지 못하는 사이에 숨어들지 모르나, 공경하고 두려워하는 마음으로 모든 사람들의 권리를 보호하려고만 한다면, 자연히 사람들을 자유로운 영역 속으로 이끌고 갈 수가 있을 것이다. 세계 각국의 형편을 살펴볼 때, 법률의 설정 없이 국민들의 자유를 지켜주며, 독립을 이룩할 수 있었던 예가 어디 있단 말인가. 그러한 까닭으로 정부에서 법률을 마련하는 근본 요지는 사람들로 하여금 각각 자기 자신을 잘 보전함으로 말미암아 처세하는 자유를 이룩함으로써 보편적이고도 동등한 큰 이익을 누리도록 도모해 주는 데 있는 것이라 하겠다.

4. 이러한 입장에서 살펴본다면 자유와 통의라고 하는 것은 우리 인간들에게서 뺏을 수도 없으며, 굽히거나 굽게 할 수도 없는 권리임이 분명하다. 그러나 법률을 각별히 준수하고 정직한 도리로써 자기 일신을 삼간 연후에, 하늘이 내려준 권리를 잘 간직하여 인간적인 낙을 누리는 것이 옳다. 자기의 권리를 아끼는 사람은 타인의 권리 또한 돌보아 보호하면서 감히 침범하지를 않는다. 만약 타인의 권리를 침범할 것 같으면, 법률의 공평한 이치가 결단코 용서치 않을 뿐더러 침범한 정도만큼, 그 범죄자의 권리를 박탈할 것인 바, 이는 자기의 손으로 자기 자신의 권리를 손상시키는 결과가 되는 셈이어서, 법률의 위엄 있는 명령은 그가 자초하는 손상을 집행해 줄 따름인 것이다.

그러한 까닭으로 사람의 권리라고 하는 것은 자기 스스로가 손상하기 전에는 만승천자의 위험과 수많은 사나이의 용기로도 굽혀 빼앗기 어려우나, 스스로 손상시키는 자의 권리를 제한하거나 굽히는 방법은 다만 법률이 그 당연한 의무로서 홀로 가지고 있는데 그것은 법률의 공도(公道)라고는 할 수 없는 기능이다. 한편 권리를 주었다 빼앗았다 하는 자는 권리의 절도라고 하거나 권리의 원수라고 하여도 마땅하지만, 그러나 자유를 지나치게 사용하면 방탕에 가깝기 때문에 통의로 조종하여 그 정도를 알맞게 해야만 한다.

자유라고 하는 것을 비유해서 말하면, 좋은 말[馬]과 같다고 할 수 있다. 마부가 잘못 조종하면 굴레와 고삐를 벗어 버리고는 달아나려는 습관이 차츰 생기는 까닭에 통의로써 굴레와 고삐 역할을 하게끔 하였거니와, 말을 잘 다루는 이치는 법률 자체에 있다고 하겠다. 이리하여 통의라고 하는 것은 사물의 정황에 따라 각 사람마다 해당시킬 수 있는 한계를 스스로 마련해 놓고 있는 것이다. 즉 학식이 없어서 도리를 분별치 못하는 사람은 한계를 넘어서 완악하고도 패악한 행동을 할 수도 있을 것이며, 혹 미치지 못하여 약하디 약한 상태에 머물러 있기도 할 것인 바, 이러한 모든 것을 조화시켜서 그 중간 상태를 유지하도록 하는 것이 윗자리에 있는 사람의 커다란 책임이라 하겠다.

5. 사람이 이 세상에 생을 누리는 데 있어서의 사람다운 권리라고 하는 것은 현명하거나 우둔함, 귀하거나 천함, 가난하거나 부함, 강하거나 약함에 따라 구별되지 않는다. 사람다운 권리야말로 이 세상에서 가장 공평하고 가장 정대한 원리인 것이다. 뭇 사람들은 이 원리에 의하여 그들의 본성을 펴 나아간다고 할 수 있는데, 어떤 사람이, 사람의 사람다운 권리는 각각 그 사람을 따라 일정한 것이 이미 점지되어 있다고 이야기한 일이 있으나, 이는 하나를 알고 둘을 모르는 사람의 소리라고 할 수밖에 없다. 사람이 출생한 뒤에 차지하는 지위는 인위적인 구별이며, 타고난 권리는 하늘이 내려준 공도인 것이다. 사람의 사람다운 이치는 임금으로부터 한 서민에 이르기까지 터럭만큼의 차이도 없다. 그렇기 때문에 외모나 성격이 비슷하며 비록 크고 작은 구별은 있으나, 밖에서 닥쳐오는 불의나 무모한 행동을 받아들

이지 않는다든가, 안에서 일어나는 좋고 나쁜 마음을 취사선택할 수 있다든가 하는 점은 거의 같기 때문에 사람을 가리켜서 사람이라고 말하는 것을 어느 누가 부당하다고 하겠는가.

사람이 하늘과 땅 사이에 출생하여 각기 사람답게 되는 이치를 볼 것 같으면 사람 위에 사람 없고 사람 아래 사람이 없다고 할 수 있으며 임금도 사람이라면 한 서민도 또 사람인 것이다. 임금이라고 하거나, 서민이라고 말하는 것은 다 인간 세상의 법률이라든가 인륜이라고 하는 큰 벼리 위에 세워진 지위의 구별에 지나지 않는다. 이러한 곳에 바탕을 두어 차례를 설정했으므로 지위의 등분이 생기고, 거기에 따라 각각 칭호를 붙이게 된 것으로 비로소 높고 귀하며, 낮고 천한 계급의 구별이 생기게 되었다. 그리하여 지위에는 당연한 통의가 있게 마련이니 권리의 없음이 어찌 온당한 일이겠는가. 그렇기 때문에 지위에 따르는 권리가 각기 크고 작은 차이에 따라, 적당한 배분 상태를 이루게 되는 것이다. 그러나 사람의 사람다운 권리와는 동일치 않아서 높고 낮은 질서라든가 크고 작은 경우를 정립하고, 형세의 변천이나 득실에 따라 이리저리 옮겨지거나 있었다가도 없어졌다 하기도 하는 만큼, 명분이라고 하는 것은 실상의 겉치레에 지나지 않는다. 한때 왔다가도 이내 가버리는 인생의 권리에는 증감(增減)하는 관계를 발생치 아니하여 있어도 좋고 없어도 좋지만, 사람이 이 세상에 살면서 그 차지하는 지위는 없을 수 없는 바, 부귀한 자는 부귀한 대로 빈천한 자는 빈천한 대로 각각 지위에 알맞은 권리를 행사하게 마련이다.

이러한 까닭으로 인생의 권리와 지위의 권리를 두 종류로 나누어 보면, 그 경중이 현저하여 첫째, 안에 간직하고 있는 진리, 둘째, 외부에서 온 세력으로 요약할 수 있다. 고금의 인간사를 미루어 생각해 보면 세력을 잘 이용하는 자는 같은 무리의 진리를 보호해 주며, 남용하는 자는 같은 무리의 진리를 손상시킨 사례를 허다히 발견할 수 있는데, 백성들의 희노애락과 국가의 안전과 위험, 혹은 존망조차 실상은 앞에서 열거한 여러 사항 가운데 놓여 있는 터라 하겠다.

6. 어떤 사람이 사람들은 강하고 약함을 시비(是非)로써 판별하고, 짐승은 강약을 세력으로 결정짓는다라고 이야기한 적이 있다. 만약 사람들의 강약을 시비로써 판별하지 않고 세력으로 가린다 할 것 같으면, 이는 금수의 방법과 다를 바가 없는 것으로서 앞서의 이야기는 지극히 옳은 말인 셈이다.

하늘과 땅의 이기(理氣)를 받아서 생물로서의 자유를 얻었다고 하는 점에 있어서는 사람과 짐승이 같다고 할 수 있으나, 짐승은 그들의 자유를 행사함에 있어 통의의 구속을 받지 않을 뿐더러 법률의 규제 또한 없기 때문에 약육강식하는 것으로 세력을 마음껏 떨치며 살아갈 따름인 것이다. 사람은 서로 관계를 유지함에 있어 법률로 기강을 세우며, 통의로써 한계나 영역을 정하고 서로서로의 자유를 견제하며 조종하여 사람들 사이에 가로놓인 고르지 못한 여러 상황을 조절해 나아가는 것이다. 그러기에 야만인이라 하더라도, 그들이 누리는 자유가 짐승의 그것과는 견줄 바 아니라고 하겠으나, 역시 완벽한 경지에 이르지는 못한 것이기 때문에 이를 야만인의 자유라고 일컫기도 한다. 만약 사람이 짐승과 같은 자유를 행사한다면, 천하에 윤리의 큰 벼리는 이내 허물어지고 말 것이며, 명분을 지켜나아갈 도의는 문란해지고 말 터이니, 우리 인류는 무엇을 믿고 무엇에 의지하여 삶을 보전해 나간단 말인가. 그렇기 때문에 유식한 사람의 자유라고 하는 것은 자유스럽지 못한 가운데 있다고도 하는데, 이는 욕심을 억제하고, 하늘의 이치를 보존하며, 정직한 방법으로 인간의 권리를 간직해 나가야 한다는 것을 말하는 것이라 하겠다.

7. 무릇, 통의와 자유는 그 조목 하나하나를 세워 나아가기가 대단히 어렵다. 그러나 우리 인간과 연관성이 있는 사물에 의거하여 그 현저한 것만을 간단히 열거해 보기로 하겠다.

① 신명(身命, 몸과 목숨)의 자유와 통의 — 이는 신명에 관한 권리를 말한다. 신명의 자유란 올바른 방법으로 행동 하나하나를 조심스럽게 하여, 자기의 분수를 넘지 않을 때에는 아무런 구애도 받지 않고 속박도 없으므로 자주적인 낙을 누릴 수 있다. 신명의 통의란 자기의 생명과 육체를 올바른 방법으로 보전하여 타인의 방해를 막아내거나 불법적인 침범을 피하여 건강하고도 안락한 상태를 유지하는 것을 가리킨다.

② 재산의 자유와 통의 — 이는 재산에 관한 권리를 말한다. 재산의 자유란 각자가 소유하고 있는 재산을 이용하거나 처분하는 데 있어서 올바른 방법으로 할 때에는 금지하는 자도 없으며, 이래라 저래라 하는 자도 없으므로 스스로 편리한 방법을 따라 하면 된다. 재산의 통의란 자기가 가지고 있는 재산을 잘 보호하여, 무리한 탈취를 당하지 않고 자기의 임의대로 처리할 수 있는 상황을 보존하는 것을 가리킨다.

③ 영업의 자유와 통의 — 이는 영업에 관한 권리를 말한다. 영업의 자유란 어떠한 사물(事物)을 가지고 생업을 경영하든지 올바른 방법으로 할 때에는 어떠한 사람에 의해서도 방해라든가 금지를 받지 않는다. 영업의 통의란 경영하는 생업에 필요한 사무는 명확한 한계를 잘 지켜서 뜻하지 않은 폐해와 거짓이나 사기를 당하지 않게 잘 지켜 나아가는 것을 가리킨다.

④ 집회(集會)의 자유와 통의 — 이는 집회에 관한 권리를 말한다. 집회의 자유란 여러 사람이 합의하여 어떠한 집회를 갖든지 올바른 방법으로 개최할 때에는 막거나 금지하는 사람도 없으며, 방해하는 사람도 없으므로 여럿이 사귀는 즐거움을 누릴 수가 있는 것이다. 집회의 통의란 그 집회의 규제라든가 사무가 여하한 기초 위에 이루어졌든지 올바른 방법을 잃어버리지 않을 것 같으면 타인의 방해를 받지 않고, 집회 유지에 관한 약속을 굳게 지켜 그 집회의 특성을 잘

지켜 나아간다는 것을 가리킨다.

⑤ 종교의 자유와 통의 ― 이는 종교에 관한 권리를 말한다. 종교의 자유란 각자마다 마음으로부터 심취하는 종교에 귀의하여 금지당하거나 방해를 받지 않으므로 너그럽고도 풍족한 이상세계로 돌아가 몸을 의지할 수 있는 것이다. 종교의 통의란 종교에 귀의코자 하는 무리를 받아들이거나 유지하는 규칙을 마련함에 있어서 국가법률의 큰 벼리를 위배하지 않았을 때에는 필요한 여러 가지 사무를 자주적으로 장악해서 처리할 수 있으며, 타인의 조종을 전연 받지 않는 것을 가리킨다.

⑥ 언론의 자유 ― 위·아랫사람들이 어울려서 담론할 때 실제 사실만을 이야기하고 거짓이 없을 때에는 자주적으로 말할 권리가 있는 것이다.

⑦ 명예의 통의 ― 이는 무례한 비방과 사실이 아닌 헐뜯음을 방비하여 명예를 지키는 권리인 것이다.

8. 지금까지 이야기한 여러 조목은 권리의 대강에 대하여 말한 것이다. 사람의 권리라고 하는 것은 짝을 구할 수조차 없을 만한 보배다. 그러나 사람마다 자기 일신과 관계 없다는 생각 아래, 천연스러움을 좇으면 짐승의 자유와 진배없이 되고 만다. 그러한 까닭으로 유계(有係)한 통의의 짐작으로 그 지나치게 사용하는 폐단을 제한했지만, 오히려 야만인의 자유에 접근해 가기 때문에 법률적인 규세를 마련하여, 현대인의 자유를 윤색한 것이라 하겠다. 그러므로 처세하는 권리를 간직코자 하는 사람은 법률을 삼가 받들어 대중들의 상생하는 공도를 지켜야 한다.

법률의 근본적인 의도는 사람의 권리를 신중히 잘 보호하려고 하는 것으로서 법률의 제반 기능이 없다면 권리 또한 존재하기 어려웠을 것이다. 이러한 입장에서 생각해 본다면, 권리가 비록 만천하 사람들마다 가지고 있는 가장 귀한 보배라고 하나, 기실은 법률에 의지하여 그 형상을 보전하고 있으므로 사람들의 권리라고 하는 것은 법률이 만들어 준 것이라 한들 그릇된 평은 아니리라.

법률은 장수며 권리는 졸병이라고도 할 수 있다. 졸병이 장수의 명령과 절제를 따르지 않는다면 졸병의 본분을 지키지 않는다고 할 수 있는 것이다. 그러나 만약 장수가 가혹한 규율과 포학한 명령으로 졸병의 본분을 억압한다면 역시 훌륭한 장수라고 말하기 어려울 것이다. 이러한 이치를 세밀히 따져본다면 법률과 권리의 서로 가지런한 관계를 엿볼 수 있는 것이다. 법률이 권리를 보호하는 까닭은 또한 박탈하거나 정지시키는 힘이 있기 때문이라고도 할 수 있는데, 이 세상의 어느 나라에 거주하든지, 그 나라의 법률을 받들어 지키지 않고 능히 일신의 권리를 보존한 자는 존재치 않았다.

9. 신명(身命)의 권리에 대하여 이야기해 보자. 이 권리는 하늘이 사람에게 내려준 중대하고도 바른 이치에 바탕을 둔 것이다. 즉, 목숨과 육체를 보호하여 편안하고도 건강한 복을 누릴 수 있다는 것은 인간의 쾌락사이며 불법적인 행동으로 사람의 머리털 하나, 손가락 하나라도 해치는 것은 하늘이 점지해 준 자연적인 이치를 위배한 것이기 때문에 다른 사람에게서 그와 같은 일을 당하는 것 또한 옳지 못한 일인 것이다. 이 권리는 사람의 출생에서부터 시작하여 죽음으로써 함께 끝난다. 사람의 죽음도 두 가지 — 천연사(天然死)와 세속사(世俗死)로 나누어서 이야기하는 것이 보통이다. 천연사라고 하는 것은 병으로 죽는 것을 말하는 것이지만, 세속사는 외국으로 국적을 옮기는 것을 가리킨다.

한편 살아있는 사람은 타인의 힘으로 해쳐도 안되고, 자기의 손으로 해치는 것 또한 안된다. 다만 극악한 죄로 법률을 손상시킨 자는 법으로써 그 자의 목숨을 뺏을 따름이지만 사람이 사람을 죽인다는 것은 부득이한 일로 법령을 집행할 때뿐이다. 만승 천자의 권위로도 법률로써 사람을 죽이는 것 이외에는 어찌할 수가 없으며, 죄를 범하지 않는 사람은 그의 머리털 하나라도 건드릴 수가 없는 것이다.

이와 같은 입장에서 볼 것 같으면 사람으로서는 사람을 죽일 권리가 없으나 법률만이 그러한 권리를 가지고 있는 터여서, 형벌을 주든지 죽이든지 다 법률의 소관사라 하겠다. 그러므로 어떠한 사람이 어떠한 죄를 범하여 어떠한 법률의 적용을 받을 것인지 결정된 연후에야 법률을 집행하는 자가 법의 지휘에 따라 집행할 따름인 것이다. 법관이 사사로운 감정으로 사람을 억압하고자 하더라도 국법의 허가 없이는 자행하기 어려우며 설사 그러한 행위를 저질렀다면 이는 사람의 힘으로 사람의 권리를 방해한 셈이 되는 것이다. 법률의 공도를 파괴함으로써 인간세상에 막대한 폐단을 끼쳤다 하겠으니, 어느 누가 옳다고 하겠는가.

무릇 사람이라고 하는 것은 올바른 자세로 자중하고 공평한 처신으로 스스로 너그러울 줄 알아야 한다. 그러한 까닭으로 사람의 의사를 억압한 채 고대광실 위에 앉히고, 고량진미를 먹이며, 비단에 수놓은 옷을 입혔다 하더라도 이는 갇혀 있는 죄수라 할 수밖에 없으며, 길을 가고 있는 사람의 보행을 하지 못하게 하면, 이것 역시 가두는 것이라고 할 수밖에 없다. 신명에 관한 권리라고 하는 것은 국법을 범하지 않는 한 행동을 자유롭게 할 수 있거나, 밖에서 오는 상해를 방비하는 데 있을 따름이다.

10. 재산의 권리에 대하여 살펴보자. 이 권리 또한 우리 인간에게 있어서, 몹시 긴요하고도 중요한 것의 하나다. 각자마다 자기가 소유하고 있는 재산을 굳게 지키기만 하여 한 푼이라도 다른 사람에게 주지 않든지, 또 수많은 돈의 위세를 빌어 마음껏 향락을 일삼든지 간에 국가의 법률을 위배하지 않을 때에는 금지하거나 억압하기 어렵다. 혹 폭도의 침범이 있을 것 같으면 법률의 공도에 의뢰하여 보호받도록 하는 것이 옳다. 사람들의 사유물을 국법으로 보호한다는 것은 다시없는 혜택이라 할 수밖에 없다.

더욱이나 방해를 가하지 않는 데 그치지 않고, 극진하게 보호하여 터럭만큼의 침범조차 있어서는 안된다. 전 국민들에게 보편적인 이익을 줄 만한 일이 있더라도 한 사람의 사유물을 해치게 된다면, 감히 시행하지 못한다. 가령 여기에 새로운 길을 내고자 할 경우, 한 사람의 사유지를 거쳐 가지 않으면 안될 때, 비록 일반 대중의 편의를 위하는 일이라 할지라도 땅주인의 허락을 받지 못한다면, 그 땅을 침범하지 못한다. 이와 같은 때에는 국법으로 처리할 수 있는 방법을 모색해야 하는 바, 그 사람으로 하여금 알맞은 가격으로 팔도록 하는 것은 좋지만, 절대로 위력을 행사하지 말아야 하며 삼가고 조심해야 하는 것이다. 앞에 든 이야기는 권리가 어떻다는 것을 보이는 일례에 지나지 않는다.

천만 가지 사물 중 개인의 사유물인 경우에는 국법의 보호가 신중하고도 치밀해야 하니, 귀중하지 않은 물건이라고는 없다. 돈 많은 사람의 훌륭한 가죽옷과 거지의 헌 옷의 경우, 물품이 고급이냐 하급이냐 하는 차이는 현격하지만, 각각 한 사람의 사유물이라는 점에서는 같다고 할 수밖에 없으며, 국법의 보호를 받아야 한다는 입장에서 볼 때 결코 차등을 두어서는 안된다. 그러한 까닭으로 재산의 권리는 국법에 어긋나지 않는 한 만승 천자의 위세로도 이를 뺏지 못하며, 천만인이 대적하더라도 이를 움직이지 못한다. 주거나 빼앗거나 간에 모든 것은 법에 매어 있을 뿐, 사람에게 매어 있지 않는 바, 이는 공권력으로 개인의 사유물을 보호해 주는 큰 이치인 것이다.

11. 영업의 권리에 대하여 이야기해 보자. 사람이 이 세상에 생을 누린 뒤, 그 생활하는 방도란 이 권리에 의거하여 마련되는 것이기 때문에, 역시 우리 인간들에게 없어서는 안될 요긴한 것이라 할 수밖에 없다. 국법에 어긋나지 않을 때에는 사람마다 자기의 재능에 따라 좋다고 생각하는 일을 마음껏 추구할 수 있지만, 타인의 억압이나 방해를 받지 않는 것을 가리킨다.

사농공상(士農工商)의 각종 직업에는 귀하거나 천하다는 구분을 세우지 않으며, 피차 전념하는 사업에 진력하여 정신적이거나 혹은 육체적인 노력을 기울인 만큼의 이익을 받을 수 있는 것이다. 새로운 내용의 저술이라든가 새로운 물품의 발명이 우리 사회에 많은 이익과 도움을 줄 경우, 그 저작권이나 발명권을 가진 사람에게는 전매권(專賣權)을 일정한 연한에 한하여 부여하고 국법으로 보호하여 준다. 이처럼 타인의 침범하는 폐단을 막고 남다른 권리를 부여해 주는 것은 그 막대한 노력을 보상하는 한편 다른 사람들의 슬기나 재주도 장려코자 하는 의도에서인 것이다. 어떠한 사업이든지 크거나 작거나를 막론하고, 남 먼저 시작한 자가 정부의 특허를 얻으며, 그렇게 한 연후에 경영코자 하는 사업에 착수하는 것이 좋다. 또한 정부로서도 경영코자 하는 공업의 취지를 시험해 본 뒤, 국가의 법률에 합당한 것은 허가하지 않는 것이 없다. 그러한 까닭으로 영업의 권리라고 하는 것은 국법의 금지조항을 어기지 않는 한 금지나 저지를 당하지 않는다.

12. 집회의 권리에 대하여 살펴보기로 하자. 이 권리는 여러 사람들이 어울려 살아가는 데 있어서의 커다란 길이다. 평화로운 의사로써 호의에 가득한 정의를 나타내려 한다든지, 중대한 일로 널리 의견을 모으기 위한다든지 할 때 국법을 잘 지키며, 금령을 위반하지 않는 한 제지당하는 일이 없다. 한가한 시간을 마련하여 아름다운 경치 속을 노닐면서 친구끼리 여는 연회는 인생에 있어서의 뜻과 기운을 펴기 위한 즐거운 모임이며, 심오한 이치를 연구하는 연설회는 인생에 있어서의 지식을 깨치고 인도하여 주는 좋은 기회이며, 거대한 공사를 경영하면서 여러 사람의 지혜를 모으는 회의는 우리 인간사회에 편리를 도모해 주는 모임이고, 높은 견식과 명석한 의론으로 학문을 논의하는 선비들의 모임은 천하의 학풍을 떨쳐 일으키는 모임인 것이다.

대개 사람이 무리를 이루면 큰 세력을 이룰 수가 있다. 나라 안의 온 국민들이 서로 사귀는 방법을 잘 연구하여 의견의 화합을 이루는 방향으로 서로 호응하고, 각기 즐기는 일을 중심으로 해서 회를 마련하며, 혹은 결사(結社)를 형성하며, 크게는 일반 대중에게 골고루 혜택을 입힐 만한 일을 꾀하기도 하고, 작게는 한 특수한 모임 안에서의 남다른 취미를 도모해 나아가기도 하는 것이다. 이들 모임에서는 자주적인 여러 규약을 마련하고는 회원 아닌 사람의 참견을 원치 않는다. 이따금 회원 아닌 사람의 사고로 말미암아 그 모임 특유의 목적달성이나 성취를 늦추거나 이루지 못하는 폐단이 없지 않기 때문에, 역시 국법의 보호를 받지 않으면 안된다. 한편 편파적이고도 과격한 주장을 일삼는 모임이라든가 궁벽한 고장에서의 비밀집회라든가 일정한 자산이 없는 도배들의 떠들썩하고 무질서한 모임 등등은 다 국법에서 금지하고 있다. 그러한 까닭으로 집회의 권리라고 하는 것은 국법의 금지 대상이 되지 않는다면, 뜻대로 모임을 갖는 데 있어서 사소한 견제도 받지 않는다.

13. 종교의 권리를 들어 보기로 하자. 이것 역시 인간사회와 중대한 관계를 가지고 있는 권리다. 무릇 종교라고 하는 것은 사람들의 마음을 관제하며 감화시키기 위하여 사람이 만들어낸 큰 이치라고 할 수 있다. 넓고 넓은 천하를 터전으로 삼은 종교가 많이 일어나 제각기 문호를 설정하여 종교의 구분이 생기게 되니 우리 인간사회에 이보다 큰 불행은 없다. 그러나 이러한 여러 종교 역시 대중들이 신복하고 있거나 대중들이 높이 받드는 것으로 기강을 삼고 있다는 이치는 같기 때문에 사람들로 하여금 사악함을 버리고, 올바른 곳으로 귀의케 하려는 큰 취지는 서로 비슷한 기초 위에 성립되어 있는 터라 하겠다. 만약 그렇지 않다면 어찌하여 대중들을 열복케 하여 수천 년 혹은 수백 년 동안을 전해 내려왔겠는가. 이와 같은 까닭으로 사람마다 그 마음에 즐겁고도 기쁘게 느껴지는 종교를 믿으면서 국법을 삼가 받드는 한 사람들 마음의 의지처를 빼앗아 버린다거나 귀의처를 금지

시킨다는 것은 온당치 못한 일인 것이다.

서양의 고금 역사를 살펴본다면 종교적 싸움으로 말미암아 인심이 동요되고 나라가 멸망하거나 수많은 사람이 살상당하는 등, 큰 폐해가 적지 않았다. 로마시대에는 천주교가 새로 퍼짐으로 말미암아 전후 수십만의 인명이 피살당했으며, 이탈리아·프랑스 등에서도 근고시대에 신·구교의 분쟁으로 수십만 명이 생명을 잃는 한편, 국민의 이산(移散)이 적지 않았었다. 그리고 영국에서는 신교의 종지(宗旨)를 숭상하여 다른 종파를 엄금했었으나, 아일랜드(阿爾蘭, Ireland)섬 사람들만은 원래 천주교를 믿고 있었던 터여서 정부의 명령을 복종치 않게 되었으므로, 그 법률을 고쳐 종교는 모든 사람이 임의로 믿을 수 있도록 했으나, 다른 또 하나의 법률을 공포하여 국가의 정사를 맡아 다스리는 장관은 신교 종파의 사람이 아니면 아무리 재덕을 겸비한 자라도 발탁되지 않도록 했기 때문에 지금까지 천주교를 믿던 사람들은 가족을 데리고 외국으로 옮겨가는 사례가 많았다.

이와 같은 일들을 미루어 찬찬히 헤아려 본다면, 종교적 차이에 의거하여 허가·금지 여부를 결정한다는 것은 국가정치에 도움이 되지 않을 뿐더러, 도리어 큰 해를 끼치게 되는 것이다. 기실은 이 종파를 위하여 저 종파를 배척하는 데 지나지 않는다고 할 수 있을 뿐이어서, 정부의 힘을 빌어서 다른 종파를 배척한 자는 자연히 그 마음이 흡족하겠지만, 한편 배척을 당한 자는 그 마음이 불만스러울 것이기 때문에 그의 육신은 비록 그 나라 안에 머물러 있다 하더라도, 정부를 적대시하고 귀의하고 있는 종교에만 충실코자 하는 기질이 점점 굳어지기만 할 것이다. 이는 세계 여러 나라에서 목격할 수 있는 현상이며, 고금의 차이 없는 폐해인 것이다. 나라 안의 모든 국민을 동일시해야 한다는 정치적인 공심(公心 : 공평한 마음)은 각자 신봉하는 종교가 같으냐 다르냐를 불문하고 권리 보호에 편벽됨이 없어야만 사람을 사람답게 대접하는 일이 되는 것이다. 다만 종교적인 경전의 교리가 우리 사회의 윤리나 기강을 파괴하여 국법에 위배되는 경우, 금지당한다는 것은 당연한 일이다. 그러한 까닭으로 종교의 권리라고 하는 것은 국가의 법률을 어기지 않았을 때, 귀의코자 하는 신앙심의 방향을 어디에 두든 각자의 임의대로 할 수 있다는 것을 가리킨다.

14. 언론의 자유에 대하여 풀이해 보자. 이 권리 또한 우리들의 소중한 권리 가운데서 특히 내세울 만한 것의 하나다. 사람의 생각이 음성으로 발해지는 것을 말이라고 한다면, 형상으로 기록되는 것을 문자라고 하겠다. 그러한 까닭으로 이 두 가지 것을 합해서 언론의 권리라는 곳으로 귀속시킨다. 근거 없는 시비로 무례한 비방을 타인에게 가하고, 또 사사로운 감정에 바탕을 둔 채, 정치적인 득실을 함부로 이야기한다는 것은 법률로 금지하고 있는 터이지만, 어떠한 사실에 대하여 뚜렷하고도 명확한 증거를 가지고 의문을 펴 나아간다는 것은 각자의 임의대로 할 수 있게 되어 있다. 원통하거나 억울한 일이 이의 도움으로 신원되며, 재앙이나 피해가 이로 말미암아 물리쳐지며, 착하고 어진 것이 이를 믿고 밝혀지는 한편, 우리 사회의 천만가지 사물까지도 이것이 없다면 착실한 결과를 기대하기 어려울 것이다.

세상의 치란(治亂) 여부라든가 사람의 현부(賢否) 여하에 따라, 이 권리의 다소(多少)를 판정할 수 있기 때문에 난세의 가혹한 법률은 마주앉아 이야기하는 사람을 처형하여 시장바닥에 버렸으며(옛 중국 형벌의 한 가지), 성인의 아름다운 생각은 비방의 나무를 세워(중국 순임금의 고사) 온 천하의 좋은 말을 모아들이기도 하였다. 한편 입이라고 하는 것은 좋은 관계를 마련해 주기도 하고 군대를 일으키게도 하여, 재앙과 행복의 기틀을 이루기도 하기 때문에, 군자 같은 사람이 근신하는 데에는 입을 굳게 다물고 있으라는 경계가 좋은 방법이라고 이야기되어 오기도 한다.

그러나 사람이 이 세상을 살아가는 데 있어서는 반드시 생각하는 바가 있을 것이며, 또 그 생각이라고 하는 것은 사물에 접촉하는 데 따라서 일어나게 마련이므로 기쁘거나, 슬프거나, 평화롭거나, 과격하거나 간에 그 변화가 무쌍한 바, 법률이 비록 정밀하기 그지없다 하더라도 모든 백성의 입을 닫도록 하여 혀 있는 벙어리의 일대 집단을 만들려고 한들 그것은 도저히 불가능한 일인 것이다. 그러므로 국민들의 언론에 대한 관심을 널리 진작하여 야비하고 비루한 습속이라든가, 더럽고 지저분한 습관이라든가, 속이거나 거짓된 행실이라든가, 불공평한 조치 등등을 대중을 상대로 여론화하여 논박하며 또는 신문지상에 열거함으로써 지탄하여, 국민들로 하여금 이러한 논박과 지탄을 꺼리게 하며, 관리들의 횡포가 또한 이러한 논박과 지탄을 두렵게 여기도록 할 것 같으면 사회의 도의를 유지하는 데에 커다란 도움을 주는 것이라 하겠다. 만약 허황하거나 부실한 말을 하는 자가 있을 것 같으면 법률의 공도로써 이를 응징하거나 격려하는 것도 또한 마땅한 일이라 하겠다.

이러한 관점으로 미루어 언론의 권리라고 하는 것은 사람마다 다 가지고 있는 것으로서 올바른 도리를 간직하여 국법을 어기지 않았을 때, 타인의 조종을 결코 받지 않는 상태를 가리키는 것이다.

15. 명예의 통의를 풀이해 보자. 이것 역시 우리 인간들이 가지고 있는 권리 가운데의 하나인 바, 기실은 신명의 권리에 귀속되어 있는 것이라 하겠다. 명예라고 하는 것은 사람의 등급에 따라 그 재간이라든가, 성격의 실상을 단징하는 명성의 값어치이기 때문에, 사회적인 수요에 응하는 방도가 이것으로써 결정된다.

그러므로 명예의 통의라는 것은 남에게 손상을 한 번 입기만 하면, 일신의 면목을 일조에 잃어버리는 것과 함께 여러 가지 권리까지 중지되는 사태를 빚는데, 그것은 신체상의 부자유를 당하는 것과 똑같기 때문에 타인의 명예를 손상하는 일은 그 사람의 육체에 손상을 입히는 것과 다를 바가 없다는 뜻인 것이다. 그렇기 때문에 사실에 어긋나는 일을 들어서 무례한 비방을 일으키거나 의심스럽고도 분명치 못한 소문에 의거하여 불경스러운 모략이나 배척을 하거나, 미워하고 싫어하는 사사로운 감정으로 말미암아 애매하고도 터무니없는 죄로 얽어매거나, 편파적인 습관에 따라 일부러 흠을 찾아내어 중상과 비난을 자행하는 따위의 여러 가지 방법으로, 남의 명성이나 소문을 더럽히는 자는 국법이 용서치 않는 까닭에 명예훼손에 관한 법을 마련하여 이와 같은 나쁜 짓을 엄단하는 한편, 사람들의 억울하고도 원통한 일을 신원해 주고, 또 명예를 보호해 주기도 하는 것이다. 그리하여 일반 대중들의 교제하는 방법이 유지되어 시비와 장단을 가리는 망령된 논의가 행해지지 않게 되고, 사기와 허위의 폐습이 자연적으로 사라져서 염치 있는 절조로 몸을 삼가며 예의 있는 품행으로 마음을 가다듬고, 서로서로 공경하는 주의에 힘쓰도록 하여 매사에 성실할 것을 위주로 하게 되는 것이다.

어떠한 사람의 어떠한 일이든지 그 현실이 분명하여서 세상의 도의와 인심에 관계가 있는 것은 연설로나 혹은 신문으로 일단 온 천하에 공표되고 나면, 그 사람 자신이 신원하거나 변명하기가 어렵게 되고 만다. 그러한 까닭으로 명예의 권리라고 하는 것은 올바른 방법으로 스스로를 지켜 나가며, 국가의 법률을 받들어 따른다 할 것 같으면, 타인의 훼손이나 더럽힘을 받지 않는다는 것을 가리킨다.

16. 앞에 열거한 여러 가지 사례에 비추어 볼 것 같으면, 인간의 여러 가지 권리가 비록 자연적인 모든 요건을 구비하고 있다고는 하겠으나, 인위적인 법률과의 관계로 말미암아 그 한도에는 증감이 적지 않다는 것을 알게 되었다. 천부적인 권리를 사람의 힘으로 조종하기 어렵다 하여 자기 한몸의 편안함을 위주로 할 것 같으면, 방탕한 폐습과 문란한 나쁜 습속이 밤낮으로 증가하여, 그 한계가 어디까지 미칠지 예측하기조차 어렵게 되고 말 것이다.

사단(四端)과 오륜(五倫) 같은 기강이라든가, 질서에 의지하여 촘촘하게 금지하는 법적 제도를 마련하고 몹시 신중한 규칙을 세워 놓는다 하더라도, 오히려 천만 가지로 세분되는 자잘한 방자함과 방종심을 다 캐어내거나 가위질하여 없애기는 어려울 것이다. 창녀가 매음행위를 하는 것은 자기 스스로 금수(禽獸)의 자유를 자취하는 것이라고 하겠으며, 노비가 대대로 이어지는 것은 타인이 타인의 몸에 오랑캐의 통의를 갖추게 한 것이라고 하겠는데, 그러한 습속의 점차적인 침윤으로 말미암아 인간세상의 일상적인 일로 익혀지게 되어 법률의 공정한 도리와 위력으로도 억제하기가 어렵게 된 것이라 하겠다.

이와 같은 폐풍이나 악습도 각각 그 사람들의 권리라고 한다면 옳은 이야기라고 할 수 있을까. 그렇지 않다. 어떠한 일을 했을 때, 마음속에 옳게 여겨진 것은 온 천하 사람이 다 옳다고 할 것이며, 한편, 어떤 일을 했을 때 마음속에 옳지 않다고 여겨진 것은 온 천하 사람이 다 옳지 않다고 할 것이다. 무릇 사람의 자유와 통의라고 하는 것은 온 천하 사람들에게 보편화되어 있는 권리인 것이다. 그러한 까닭으로 한 사람이 옳다, 옳지 않다고 하는 것이 온 천하 사람들의 그것과 똑같다고 한다면 앞서 예로 든 창녀의 더러운 행위는 정결한 부인들의 수치라고 하겠으며, 노비의 그 천스러움은 온 세상사람들이 싫어하는 바라고 할 수밖에 없다.

이처럼 이편에서 수치스럽게 여기는 것을, 저편에서 행하게끔 허용해 주었음은 법률의 엉긴 현상이라고 하겠으며, 이편에서 싫어하는 것을 저편에게 가하게끔 인준하고 있음은 법률의 편파적인 현상이라고 하겠다. 온 천하사람들이 옳다고 동의하지 않는다면 그 옳지 않다는 사실은 저절로 분명해진다. 그리하여 첫째, 그러한 나쁜 풍습을 유포하여 사회의 면목을 더럽혔으며, 둘째, 임금님의 백성을 사유화하여, 국가의 대권을 사사로이 사용한 셈이 되었기 때문에, 문명된 궤도가 차츰 넓어짐에 따라 법률의 개정되는 보조 또한 차츰 빨라지게 되었다.

자유라고 하는 것은 좋고 나쁜 구별이 있어서 하늘의 이치를 올바르게 따르면 좋은 자유라 하겠으며, 인간다운 욕심의 요사스러움에 치우치면 나쁜 자유라고 일컫는다. 한편 통의에는 진짜 가짜의 구분이 있어서 진짜 통의는 자연적인 좋은 자유를 지키는 것이며, 가짜 통의는 인위적인 나쁜 자유를 자행하는 것이기 때문에 법률이 그 좋고 나쁨 또는 진짜 가짜라는 판별을 마련하여, 우리들 인간 권리의 큰 병을 치료하는 금단(金丹) 같은 선약으로 삼고 있다.

17. 국민들의 교육이 부족할 것 같으면 자유의 좋고 나쁨 또는 통의의 진짜 가짜를 알지 못하게 되어서 권리를 오용하게 되기 때문에 어떤 자는 자기의 궤도를 벗어나며, 또 어떤 자는 타인의 영역을 유린하고도 태연히 정상적인 것으로 여기는 수조차 생기게 된다. 따라서 국민들의 권리를 평균되게 하고자 한다면 무엇보다도 먼저 교육에 주력하여, 사람들로 하여금 각자가 분수를 지키는 지식이 있도록 하는 것이 정치의 대도라 하겠다. 나라를 굳게 지켜서 권리를 잘 보유하려면 그 나라 국민 각자가 그들의 권리를 잘 보호하는 것이 가장 좋은 방법인 바, 천만 명의 집합으로 크나큰 한 나라가 이룩되고, 수많은 흐름을 받아들여 넓고 넓은 바다가 되며, 흙이 쌓여서 높고 높은 산봉우리가 이룩되는 예와 아주 비슷한 경우라 하겠다.

한 사람의 권리를 뺏기 어려운 것이 한 나라의 권리를 뺏기 어려운 것과 같다고도 하는 바, 만약 국민들이 서로 거래하는 사이에 강한 자가 약한 자를 모욕하거나 지체 높은 사람이 천한 사람에게 거만하게 굴 것 같으면, 강대국과 약소국이 서로 상대가 되지 않는 것도 자연적인 추세라고 단념하여 강대국이 약소국의 권리를 침범하여도, 그 나라 국민으로서는 당연한 것으로 여기고, 조그마한 분노도 일으킬 줄 모르게 되고 말 것임이 분명하다.

그러므로 국민들 각자가 자기 권리의 귀중하다는 것을 생각한 다음에, 그 나라 전체의 권리도 또한 귀중하다는 것을 알고는, 사수할 것을 맹세해야 되는데, 이는 교육의 힘으로 개화시키고 인도함으로써 그 실효를 거두도록 해야 할 것이다. 법률의 보호에만 전적으로 의존하여 그 공을 나타내도록 할 것이 아니다. 이로써 미루어 본다면 권리라고 하는 것은 교육으로 그 근본을 삼고 법률로 호위를 하도록 하여, 이 두 가지가 잘 갖추어진 다음에야 온전하고도 훌륭한 경지에 비로소 다다른다고 말할 수 있는 것이다. 이것 또한 개화시키고 인도하는 공효를 따라 잘 이루어져 나아갈 것이라고 믿는다.

인세(人世)의 경려(競勵)

1. 가족끼리의 관계에서는 육체적인 수고를 하더라도 괴롭지 않고 재물을 소비하더라도 아무런 거리낌을 느끼지 않는다. 그러나 사람이 집을 나서서 세상 사람들과 어울리게 되면 그렇지 않게 된다. 각자마다 자기의 직분에 힘써야 하며, 자기의 좋아하거나 싫어하는 바에 따라 자기의 의도를 먼저 달성코자 앞을 다투어야 하는데, 이것이 곧 세상 사람들과의 경쟁이라고 하는 것이다. 우리들 인간 사회에 보다 아름다운 공익을 끼치게 됨이 바로 이 과정을 통하여 성취되고, 온 천하의 현실적인 상황이 역시 이 과정으로 말미암아 보존된다. 만약 우리 사회에 서로 다투어 힘쓰는—경려하는 정신이 없다면, 마음과 힘을 기울여 공명이나 사업을 경영하거나 희구코자 하는 사람은 그 흔적조차 찾기 어렵게 되고 말 것이다.

한편, 자기의 의도하는 바를 달성코자 하는 욕심만을 내세우고 다른 사람은 생각하지 않고 공동의 도의를 해치거나, 사사로운 욕심을 자행할 우려가 없는 것은 잘 가르쳐 지도한 정치적 교화의 소치라 하겠다. 여기 한 예를 들어보자. 아무 교육도 없는 야만인 군중 속에 보물 하나를 던진다 할 것 같으면, 그 무리들은 갑자기 난동을 일으켜 서로 싸우고 다투는 추태를 연출하고야 말 것이다. 이러한 불쌍하기도 하고 가증스럽다고 할 만한 광경은 경려하는 과정에서 기강이 없다는 사실에 연유하는 것으로, 이러한 습속도 일변하면 가히 새로운 경지에 이른다고 하겠다.

그러한 까닭으로 교육이 있는 사람은 시비를 가릴 줄 알며, 예의를 지켜 다른 사람에게 피해를 끼치면서까지 자기의 의사를 달성하고자 하는 나쁜 버릇은 없는 것이다. 우매하고도 학문이 없는 세상에서는 남을 해치지 않고는 자기의 이익을 얻거나 달성하기가 어려웠기 때문에, 심신이 활발하여 일을 잘 이루어 나아간 자는, 다 함부로 날뛰거나 방자한 행동을 하는 무리였었다. 그러나 모든 기풍이 개화된 시대에 이르러서는 부귀를 누리거나 영달하는 사람이 타인의 이익도 이룩해 주는 경우가 많다.

2. 이러한 사례를 통해서 살펴본다면 부귀영달을 이룸에도, 그 방법이 두 가지가 있다고 하겠다. 그 하나는 타인의 물건을 탈취하는 일이며, 그 다른 하나는 자기의 힘을 이용하여 떨쳐 일어나는 일인 것이다.

무(武)를 숭상하고, 힘을 위주로 하는 나라에 살면서 부귀를 이룩하기는, 타인의 물건을 탈취하는것 말고는 다른 방법이 없기 때문인 것이다. 따라서 문명치 못한 나라에서 부귀를 누리는 사람을 볼 것 같으면, 반드시 타인에게 손해를 끼친 자들 뿐인 것이다. 어떤 경우는 명목 없는 전쟁을 일으켜서 약소국을 공략하여 도적과 같은 행동으로 부귀를 이룩한 자도 있고, 또 다른 경우는 세력과 지위를 빙자하여 어리석은 백성들을 노예처럼 사역하여, 그들의 고혈을 빨아들여 부귀를 즐기는 자도 있었던 바, 이는 다 타인에게 손해를 끼침으로써 자기의 이익을 도모한 자들이라 하겠다.

옛날 유럽의 봉건시대(封建時代)에는 사람들이 그들의 산업을 잘 지키기가 어려웠기 때문에, 재물이나 보화를 모은 자는 남모르게 숨기고는 그의 부호라는 기색을 나타내려 하지 않고, 또 다른 사람이 알까봐 꺼려했다. 국내의 귀족이 법에도 없는 권세를 남용하여 재산을 탈취하였으며, 이따금 제왕도 또한 폭정을 일삼음으로써 일시적인 사욕으로 부호들의 재화를 몰수하기도 했었다. 봉건시대의 무사들은 산업을 경영하는 사람들에게 자기의 신분을 돌보지 않고 무모한 난동을 자행하여, 부호들이 저축해 둔 재화를 약탈하기에 꺼리는 바가 없었으며, 이 무렵의 군주도 백성들의 가업을 돌보아 주는 일이 없어서 정치는 극도로 문란했었다.

그러나 세태가 차츰 개화되자 사람들이 말과 행동을 수련하며, 지식을 연마함에 따라 국가의 법률을 개정하고 백성들의 권리를 보호하게 되었기 때문에, 경쟁하는 풍습도 이에 따라 차츰 변해나갔다. 즉 자기의 이익이나 영달을 희구하는 자는 타인의 이익이나 영달을 또한 이루어 주었고 자기의 즐거움이나 행복을 이루려는 자는 역시 타인의 즐거움이나 행복을 이루어 줌으로써, 자기의 힘으로 타인의 물건을 탐내는 폐풍과 악습은 자취를 감추게 되었다.

이러한 까닭으로 근세에 증기기관 및 기선·기차·방직기계 등 여러 가지 새 발명품을 만들어 낸 여러 대가들은 그 방면의 업적으로 말미암아 명리를 세계 여러 나라에 떨쳤으며, 아울러 온 천하 사람에게 막대한 이익을 끼쳐 주었었다. 그리고 그들의 발명을 도와준 사람도 또한 명리를 함께 하였으며, 기기에서 얻어지는 혜택을 다른 사람들과 같이 누렸었다. 그러나 개명한 세상에도 남에게 손해를 입히면서 자기의 이익만을 도모하는 비루한 자가 없지 않지만, 이와 같은 추악하고도 도리에 어긋나는 일을 일삼는 자들은 그들의 경영을 온당하게 이끌어 나가기 어려울 것이며, 또 정치와 공익을 위하는 법률제도 등이 용납을 하지 않을 것이다. 그런 까닭으로 근심하고 두려워하며, 가난하고 군색한 상태에서 스스로 괴로워하는 심사를 면할 수 없는 것이다.

3. 사람이 남에게 손해를 끼침이 없이 각자대로의 부귀영달코자 하는 뜻에 의거하여, 서로 힘쓰려는 정신을 일으키며 경쟁하는 기풍을 진

작하여 앞서기를 다투고, 뒤지기를 싫어하면서도 그 폐단이 없는 것은 온 세계적으로 공통되는 이익을 추구함으로써 서로서로 도우려는 길을 지켜 나아가려는 데 연유한다고 하겠다. 이런 까닭으로 사람이 나쁜 짓을 하지 않고 도리나 지식의 힘을 원용하여 공명이나 부귀영달코자 하는 뜻을 품는다는 것은 또한 우리 인간들의 자연스러운 습관이라고 할 수 있기 때문에, 이를 방해한다는 것은 옳지 못하다.

그러나 사람이 어떠한 일에 지나치게 열중코자 하는 욕심을 부린 나머지 절제하는 이치를 모른다 할 것 같으면 청운의 뜻이 변하여 야심으로 변하는 까닭으로, 사람을 해치는 수가 자주 발생하기도 하는 것이다. 이는 인생의 사리를 알지 못하고, 경쟁하는 참다운 경지를 일실하여 사사로운 욕심을 지나치게 부리다가 평소의 희망을 스스로 저버리고 한평생 간직할 생각을 그르친 경우라고 할 수 있는데, 사람의 일이란 그 시초를 삼가야만 하는 것이다. 무릇 온 천하 사람 가운데에는 학식도 없고 의롭지도 못하면서 돈많고 귀하게 된 자가 없지도 않지만, 천도(天道)나 인리(人理)의 자연적이고도 공명정대한 원리로 되돌아가 살펴볼 때에 이를 지(智)라고 하거나 복(福)이라고 하기도 어려운 바, 결국 기화(氣化)의 미정된 상태라고 할 수밖에 없다. 비유하자면 흩날리던 진눈깨비가 햇볕을 보자 녹아버리는 것과 같으니, 세상 사람들이 믿고 의지할만한 기준은 아니다. 또 정치의 차츰 전진하는 보조를 따라 법률적 권리규정이, 우리 사회의 보편적인 이익을 위하여 균등하고도 편파되지 않은 큰 벼리를 세워 나아가고 있기 때문에 그 사이에서 남에게 해를 끼치면서 자기의 이익만을 독점하는 따위의 나쁜 버릇은 더 이상 용납되지 않는다.

이와 같은 입장에 서서 생각해 본다면 사람들이 자기나름대로의 취향에 따라서 일신상의 이익을 홀로 도모할 수 있는 듯이 알기 쉽지만 일정한 성과를 올리기까지에는 혼자만의 힘이 아니라, 다른 사람들과 교섭을 갖는 상태 속에서 성취되는 수가 많은 것이다. 하늘과 땅 사이에 다른 사람이 없고, 자기 혼자만 존재한다면 사물을 영위하는 상대방을 어디에서 구한단 말인가. 그러한 까닭으로 여러 사람들과 교섭을 갖는 일이, 가족 사이에서와 같은 사랑스럽고 자애 넘치는 것과는 달라서 너 나 하는 차별은 있겠지만 느리고 급한 일이고 간에 서로 도울 수 있고, 근심스럽거나 즐겁거나 간에 더불어 정을 나눌 수 있다는 점에서 세상을 아름답게 꾸미고 대중들의 행복을 보전케 하는 방법이라 하겠다.

4. 고금의 인간관계를 두루 살펴서, 그 시발점과 구경점을 자세히 풀어 본다면 낮과 밤, 대와 소, 명과 암 등의 천변만화가 실상은 경쟁이라는 한 곬으로부터 나왔거나 들어간 사실을 발견하게 되는 것이다.

한 사람의 경우를 예로 들어보자. 재주와 공부·명문·지위·산업 등을 하고, 꾀하고 경영하고 구하여 드높아지는 심성과 진취적인 기대로 한 발자국이라도 남에게 뒤지지 않고, 털 한 올이라도 남에게 양보하지 아니하여, 남과 우열을 다투려는 것은, 사람의 활발하고 생기있게 살아가려는 근본적인 의욕인 것이다. 이러한 마음과 기백이 갖추어져 있지 않다면 한 말 밥을 날마다 먹고 있다고 하더라도 산 시체라고 할 수밖에 없다. 그런 까닭에 사람의 생활을 위한 근본 의욕을 비방하거나 물리치는 일은 옳지 못하며, 금지시키기도 어려운 일이다. 그러나 있는 힘을 다하여 뜻을 이룩하고자 하는 자는 난세에선 폐해를 끼치는 존재라 하겠고, 잘 다스려지는 시대에 있어서의 올바른 생활자세는 사람마다 자기 마음 내키는대로의 삶을 즐기는 데 있다고 하겠다.

한 나라의 부강은 그 나라 국민들이 이러한 과정을 얼마나 잘 닦아 나아가느냐 하는 데에 달려 있는 것이다. 즉 학자는 연구하는 데에 힘쓰고 농부는 농사 일에 열중할 것이며, 기술자·상인도 각기 종사하는 직업에 온 힘을 기울여 남에게 미치지 못할까 걱정한다면, 자연히 경쟁하는 습관이 붙게 되어 훌륭하고도 아름다움을 다한 경지에까지 나아갈 수 있게 될 것이다. 이와 같이 한 연후에야 세계의 모든 나라에 대하여 정치가 다른 나라에 견주어 훌륭하지 못한가를 돌아볼 것이며, 법률이 아름답지 못한가를 살펴볼 것이며, 상법이 성하지 못한가를 의논해 볼 것이며, 학술이 온전치 못한가를 힘써 볼 것이며, 군비가 견고하지 못한가를 염려하여 볼 것이며, 공업이 번성하지 못한가를 따져볼 것이며, 기계가 정밀치 못한가를 생각해 보아서 국민 모든 사람의 기운을 한데 합하여 서로 버티고 퉁겨 나가는 큰 기틀을 지켜 나아가야 할 것으로 믿는다.

또 경쟁이라는 논의만을 일삼는다든가 따져 다투는 분쟁이 아니라 보다 훌륭한 경지로 나아가는 뜻으로서의 면려(勉勵 : 부지런히 힘씀)를 가리키는 것이다. 위에서 본 바와 같은 경쟁하는 방법을 선용(善用)하면, 인간사회에 큰 행복을 이룰 것이며, 경쟁하는 방법을 오용(誤用)하면 인간사회에 큰 재앙을 빚을 것이기 때문에 이쪽이냐 저쪽이냐 하는 취사선택 여부가 우리 인간사회에 재앙을 가져오거나 행복을 가져오거나 하는 가장 요긴한 구실을 하는 대목이라 하겠다.

제 5 편

정부(政府)의 시초(始初)

1. 아득한 상고시대에 사람의 종족이 법을 마련하고 정부를 세운 일이 있었을까 혹은 없었을까. 풍속의 미개상태로 말미암아 문물이 정돈되지 않았을 때이기 때문에 미루어 생각하는 좁은 소견으로는 단정적으로 이야기하기가 어려울 것 같다. 그러나 사람의 삶이 존재한 이상, 법률이 존재치 않았다고 할 수 없는 만큼, 인지의 발달에 따라 차츰 법이라고 하는 것이 마련되었을 것으로 짐작된다.

이제 천하 대세를 살펴본다면, 여러 가지 풍습이 개화되기 시작한 지방에는 정부를 건설하는 제도가 스스로 존재했었다 함은 다시 논의할 필요조차 없는 일이지만, 비록 오랑캐 같은 야만족이라 하더라도 각기 자기 나름대로의 형편에 따라 정부라는 명색을 갖춘 것을 가지고 있었다. 아프리카주 남쪽에 있는 보츠와나(保時滿, Botswana) 같은 곳은 사람들이 말하기를, 그곳 사람들은 정부라는 명칭조차 알지 못하고 있다고 하는데, 이 고장은 토지가 광활하고 사람이 드문 지방이기 때문에 그렇다고도 할 수 있겠지만 내륙지방에 이르러 인구가 조밀한 곳에는 그들 가운데서 가장 명망이 높은 사람을 골라내어 임금처럼 섬기는 풍속도 있다고 한다. 또 오세아니아주의 여러 섬을 처음 발견했을 때, 세상 사람들이 말하기를, 이 고장에는 정부의 종류라고 할 만한 것도 없다고 했으나, 그 뒤에 자세히 관찰한 결과, 사람들이 집회를 하는 곳에는 매양 그 우두머리 되는 사람이 있어서 모든 일을 지휘하더라고 한다. 아메리카주의 적색인들도 각기 부락마다 있는 우두머리되는 자에게서 모든 지휘를 받고 있었다고 하며, 뉴질랜드(樓質蘭, New Zealand)라고 하는 지방에도 옛날부터 그 고장의 왕 몇 사람이 있었다고 한다. 어떠한 인종이든 집단생활을 영위할 때면 반드시 정부에 해당되는 제도를 마련하여 부수되는 여러 법규를 시행하고 있다는 것은 하늘과 땅 사이에 있는 자연스러운 이치라 하겠다. 벌이나 개미 같은 미물이라 하더라도 군신과 같은 도리를 지켜서 정부의 형상을 이룩한다고 하는데, 하물며 사람이라고 일컫는 자들이 아무리 지각이 부족하다고 한들, 이러한 법규를 어찌 마련치 않고 있겠는가. 오늘날 얻어볼 수 있는 야만인들의 모습으로 미루어 추측하면, 아득한 옛날의 몽매했던 풍속을 짐작할 수 있는 것이다.

야만인이라고 하더라도 그 사람들의 천품이 본래부터 야만스럽게 태어난 것이 아니라, 교육을 받지 못하여 지식이 깨쳐지지 않아 사람으로서의 도리를 행하지 못하는 자를 일컫는 것이기 때문에 오늘에는 비록 야만인이라는 이름을 가지고 있다 하더라도, 내일에 이르러 사람으로서의 도리를 닦는다 할 것 같으면, 이들 역시 개화한 고장의 사람이 된다고 할 수 있는 것이다. 이러한 이치를 자세히 따져 본다면 오늘날의 어리석은 야만인은 상고시대에 있어서의 미개한 사람들과 같다고 할 수 있을 뿐이며, 세계상에 야만인이라는 종족이 따로 존재하는 것은 아니다. 그러한 까닭으로 한때 개화된 국민이었던 사람들이 변하여 야만인이 되는 일도 있고, 야만인이 변하여 개화된 사람들이 되는 일도 있는 것이다. 따라서 사람다운 도리를 닦고 있느냐 없느냐 하는 점을 자세히 고찰해 보는 것이 옳은 일이지, 그 근본을 따져 보는 것은 옳지 못한 일이라 할 수밖에 없다

2. 한편, 사람의 천품이란 한결같지 않다. 어떤 이는 근육과 골격이 건장하기도 하고, 어떤 이는 허약하기도 하며 또 재질이 총명한 자도

있고, 마음과 의지가 유약한 자도 있는 등 많은 차이가 있다. 또 이러한 이치에 연유하여 남에게 앞서서 남을 제압하기를 좋아하는 자도 있으며, 남에게 뒤져서 남의 견제를 감수하는 자도 또한 있는 것이다. 인지가 깨치지 못한 세계에서는 인품의 차등으로 말미암아 특히 일반 사람들에게 폐해와 재앙이 심했었다. 그러나 여러 가지 풍속이 점차 개화되기에 이르자, 인품의 조화되지 않은 상태를 통일하기를 작정하고 그 방법을 모색했지만, 하늘에서 타고난 재주와 기력은 사람의 재간으로는 어떻게 할 수도 없는 것이기 때문에 천품을 통일시키는 방법은 없다 하더라도 학문으로써 사람의 도리를 가르치고, 법률로써 사람의 권리를 지키며, 또 사람의 정당한 도리로 육체와 재산을 보전하여, 국가적인 대업과 정부의 규모를 굳건히 세워 나아간다고 할 수 있는 것이다.

이러한 규모가 개설되기 시작한 것은 사람이 강하거나 약함, 슬기롭거나 어리석음 등은 말할 것도 없고, 모든 사람마다 가지고 있는 사람되는 도리와 권리를 통일시키고자 하는 노력에서였다. 그렇기 때문에 의롭지 못한 무리들은 과격한 기질로써 이와 같은 규모를 파괴하고, 자기들의 사사로운 욕심을 충족코자 함부로 날뛰는 경우가 적지 않았었다. 그러나 이성으로써 힘을 제어하고, 일정한 제도를 시행하기에 이르렀던 바, 이것이 정부가 출현케 된 근본 의도였다.

이제 세계 각국 가운데서 비개한 정부의 양상을 고금에 관계없이 간략히 들어보기로 하겠다. 오늘날 터키(土耳其, Turkey)국의 풍속은 일반 국민이나 노예들로서, 그 지방의 태수(太守)에게 사소한 예절의 위반이라도 있을 것 같으면 그 자리에서 칼로 살해한다 하더라도 국법의 금지조항이 없다고 한다. 일본(日本)의 풍속은 30년 전까지만 해도 평민으로서 말을 타는 자가 있다고 할 것 같으면, 사족(士族)이 당장에 칼로 벤다 하더라도, 당연한 국법으로 여겨져서 금제하는 법률이 없었을 뿐더러, 극단적인 예로는 한 영국 사람이 태수가 가고 있는 길을 침범하자, 그 부하가 한 칼로 그 사람을 죽인 사건이 일어나 일본 정부에서 보상금을 준 일까지 있었다. 또 170년 전경의 스코틀랜드(蘇格蘭, Scotland)의 풍속에는 그 추장(酋長) 등이 그에게 딸린 백성들을 임의로 죽일 수 있었으며, 수백 년 전 서양의 봉건시대에는 그러한 참혹한 사례가 허다했다. 그 가운데의 한 예를 들어 보자. 독일의 한 귀족은 추운 겨울날 저녁에 수렵에서 돌아오던 중, 손과 발이 시리자 그의 신하를 죽인 다음 배를 가르고는 흘러 내리는 선혈 속에 손과 발을 담금으로써 더운 기운을 얻었다는 일까지 있었다. 이처럼 형언하기조차 어려울 만한 잔인하고도 참혹한 행위가 수없이 많이 저질러졌었다.

오늘에 이르러서는 존귀하기가 삼공(三公)과 구경(九卿)에 이르고 부하기가 왕후와 비길 만하다 하더라도, 거리의 거지처럼 가난하고 천한 사람에게 원통스럽고 억울한 일을 행한다 할 것 같으면, 정부의 기본적인 법률이 반드시 거기에 상당한 벌을 주어서 용서하지 않는 것이다. 이 어찌 개화된 효험이 아니겠는가.

3. 어떤 사람은 몽매한 시대에 있어서의 정부의 초기 형태에 대하여 다음과 같이 말하고 있다. 즉 기운이 세고 마음이 굳건한 자는 추장의 자리를 차지하는 것이 보통이고 나이가 지긋하며, 사물을 보는 데 있어 숙련된 안목을 가지고 있는 자들이 좌우에서 보필을 하였다. 마을 안에 있을 때에는 백성들을 애무하는 법률과 통솔하는 규제가 적었고, 마을 밖으로 나가면 인근 부락과 전쟁을 하거나 살육만을 일삼기 일쑤였다. 그러한 까닭으로 힘이 약하거나 꾀가 없는 자들은, 그 추장에게 신하로써 섬기는 예를 다하여 다른 사람의 강탈과 침범을 겨우 면할 따름이었지만, 오랜 세월이 지나고 세계의 인구가 차츰 증가하게 되자, 그동안에 자연히 총명한 사람과 공평한 사람이 적지 않게 생겨나게 되었다.

이와 같은 사람들이 백성들의 기강 없음을 개탄하여 새로운 규범을 마련하고 제도를 세워 정부다운 체제를 이루어 나갔다. 사람에게는 애초부터 마땅히 지킬 만한 도리가 있었으나, 사람들의 혈기란 사사로운 욕심 속에 빠져들기 쉬운 것이기 때문에, 어진 사람을 선택하여 왕의 지위에 올려놓아도 분쟁을 일으키는 폐단은 그치지 않았다. 혈통에 따라, 왕의 자리를 서로 전하는 법을 마련하여 반역을 기도하는 자의 요행으로 바라는 희망을 단절하기도 했으나 아버지가 반드시 그 아들에게 지위를 전하라는 법은 설정하지 않았기 때문에, 이따금 그 동생에게 혹은 그 조카에게 전하게도 되자 오래지 않아 이 법으로 말미암아 골육상쟁을 일삼는 싸움을 일으키게 되어 국가의 재앙을 빚게 되었다. 그리하여 아버지에게서 아들로만 전하게 하는 세습 방법을 만대에 불변하는 법으로 삼게 되었다.

유럽 여러 나라 왕실의 시초를 생각해 보면, 그들의 조상은 한 부락의 우두머리로서 힘 약한 자를 차례로 정복하여, 그들에게 딸린 토지와 사람들을 관할하면서 근래에 와서야 강력한 정부의 터전을 마련한 데 지나지 않는다. 세습적인 왕실을 가진 정부가 시작된 연유를 고금의 역사책에 의거하여 살펴보면, 대강 위에서 이야기한 바와 같다고 하겠다.

하늘에서 타고난 목숨과 운수는 사람으로서 알지 못하는 것이기 때문에 감히 이야기조차 하기 어려운 것이라 하겠지만, 견문이 미치는 한도 안에서 추측해 본다면, 정부의 규모가 튼튼하고 확실할수록 그 국가의 역사 또한 구원하다는 것을 알게 된다. 만약 잠시 동안의 어리석은 생각으로 영원히 이어갈 국가의 기틀을 흔들어 움직이는 자가 있다고 할 것 같으면, 그 사람은 정부의 법을 문란케 했다는 데에 그치지 않고 임금을 임금으로 여기지 않는 반역된 신하이며, 아버지를 아버지로 여기지 않는 패륜된 자식이라는 죄를 면치 못할 것이다.

국민이 많으면 그 가운데서 학식이라든가 덕망으로 보아 넉넉히 한 나라를 다스릴 만한 사람이 반드시 있는 까닭으로, 미국 같은 나라에는 대통령을 선출하는 법률이 있다. 서양 학자 중 어떤 사람은 이 법을 취택하는 것이 좋다는 이야기를 주장하기도 했지만, 다른 나라의 경우, 이에 관한 사세(事勢)에 미달하며 풍속도 우매하여, 어린아이의 익살에도 미치지 않는 것일 뿐더러, 정부를 시작한 제도 또한 피차간에 차이가 많아, 이러한 의견을 주장한 학자는 제왕을 가진 정부에 대한 죄인이라고 하여도 그 책임을 면키 어려울 것으로 보인다.

그러한 까닭으로 제왕을 가진 정부의 국민들은 그와 같은 어리석고도 망령된 자의 용렬한 이야기를 반박하고, 자기 나라 정부의 세습적인 제도를 굳게 지키는 한편, 어질며 능력 있는 사람을 천거하여 정부의 관리로 임용하여 국민들의 생명과 사업을 잘 보전하며, 일정한 법률 아래 태평스런 즐거움을 누려서 선왕들이 창업한 공덕을 영원토록 받들어 지켜 나아감이 가장 옳은 일이라고 할 수 있는 것이다.

4. 정부를 시작한 제도가 제왕에 의해서 세습되든지 대통령에 의해서 전하여지든지 간에, 가장 큰 문제는 국민들이 합심하여 한 덩어리가 되고, 그 권세로 사람다운 도리를 보전하는 데에 있는 것이다. 그런 까닭으로 정부의 중대한 사업과 심원한 직책은 국민들을 위하여 태평스러운 행복의 기틀을 도모하거나, 그 보전에 있다고 할 수 있다.

나라 정치의 방향을 가리키거나, 차례를 결정하는 일은 임금과 대신들이라고도 하겠으나 그들을 보필하고 보좌하는 손이 미치지 못할 때는 결행하기 어려운 일이 적지 않다. 국민들이 그러한 권리를 가지고 있지는 않으나, 위에 있는 사람들이 국민 전체의 마음을 한 덩어리로 만들지 않으면 안되고, 또 인간관계의 여러 가지 일을 살피며 시기에 알맞은 규범을 제정하든지, 법률을 설정하든지 해야 한다. 그러한 일련의 일들이 만약 정부의 조처만으로 되지 않는다면 강한 자를 이롭게 하고 약한 자를 해칠 우려가 없지 않을 뿐더러, 쓸데없이 시일을 끌어 그 실효를 거두지 못하게 하여 길거리에 집을 짓는 비웃음을 면치 못할 것이다.

뭇 사람들의 의논이 공평하다 하여, 정부의 권력을 함께 잡는 것이 어찌 옳겠는가마는, 나라에서 정부를 설치하는 근본 의도는 결국 국민들을 위해서라고 할 수밖에 없으며, 임금이 정부를 명령하는 큰 뜻도 역시 국민을 위해서인 것이다. 한편, 국민이 정부를 삼가 받드는 일과 우러러 바라는 소원은 그 덕화와 은택을 균등하게 입기를 희망하는 것이라고 할 수 있는 만큼, 정부로서도 국민들의 이러한 성의와 희망을 저버리고 행정명령을 발할 때라든가, 법률을 시행할 때, 공정하고도 올바른 궤도를 벗어나는 일이 있다고 할 것 같으면, 정부라고 하는 것은 우리들에게 있어 유해무익한, 쓸데없는 것이라고 할 수밖에 없다. 따라서 정부로서는 발족 당시의 근본 의도를 명심하여 국민들로 하여금, 그들의 생업에 편안히 종사하고, 또 신명을 잘 보존토록 하며, 천만 가지 사물을 성의껏 주장하고, 공평한 의지를 분명히 간직한 채 나아간다면 비록 일시적인 과실이 있다 하더라도 국민들로서는 결코 정부를 원망하지는 않을 것이다.

5. 혹, 어떤 사람은 선대의 군주가 마련한 제도는 터럭 하나만큼이라도 변경해서는 안된다고 말하기도 한다. 그러나 중용을 지키는 입장에서 생각해 본다면, 이 이야기로써 소위 수성(守成)하는 대도라고 말하는 사람이 혹 있는지도 모른다. 그러나 이는 하나는 알지만, 둘은 모르는 사람이라고 할 수밖에 없다.

국가의 규모란 천만 년을 지나도 변하지 않는 것이 있기도 하고, 또 변화되는 시세를 따라 변하는 것이 있기도 하다. 그 변하지 않는 것으로는 임금이 백성의 위에 서서 정부를 설치하는 제도라든가, 나라가 태평스러울 것을 도모하는 대권을 행사하는 경우라 하겠다. 백성은 임금을 위하여 충성을 다하고 또 정부의 명령에 복종하는 데 힘써야 하는 바, 이는 인생의 큰 벼리인 것이다. 즉 해와 달같이 빛나고 밝으며, 하늘·땅과 더불어 장구하기 때문에 사람의 힘으로는 움직여서 옮기기 어려운 것이라 할 수밖에 없으나, 정부의 사무는 대소를 막론하고 때를 따라 변화되고 있다. 평범한 사람들의 일은 옛날에 합당하던 것이 오늘에는 그렇지 못하고, 저쪽에서는 가장 훌륭하던 것이 이쪽에서는 어울리지 않게 되며, 법이 오래되자, 폐단이 생기고, 때가 옮겨짐에 일거리가 변한다고 하는 것은 우리들 주변에서 일어나는 자연스러운 현상이다.

그러한 까닭으로 기회를 잘 잡고 시세에 잘 응한 연후에야 마땅히 국가를 보전해야 할 터인데도 그렇지 못하고, 선대의 군주가 마련한 제도를 고쳐서는 안된다고 하여 시기적으로 보아 이미 변경된 것을 변경하지 않으며, 이미 바뀌진 일을 바꾸지 않는다면 조그마한 폐해는 고사하고 종묘와 사직의 위태로움이 눈앞에 다다랐다 하더라도 깨닫지 못할 것이다. 국가를 잘 보전해야 하는 일이 우리 인간으로서는 가장 큰 직분이므로 옛 규범을 변경하더라도 선대의 군주가 이룩해 놓은 종묘와 사직을 보존한다면 이는 선왕의 제도를 굳게 지키는 일과 같다고 할 수 있다.

옛 규범에 따른다 하여 변통하는 방법을 알지 못하고 나라의 위급함이 구하기 어려운 지경에까지 이르게 된다면, 이는 선왕에 대한 큰 죄인이라고 할 수밖에 없다. 따라서 정부의 사무라고 하는 것은 네 계절의 달라지는 현상과 같은 것이라고 할 수 있는데, 때를 따라 달라지는 방법은 여름에는 갈포옷을, 겨울에는 가죽옷을 입는 이치와 같은 것이다. 그리하여 영원히 변하지 않는 규범이란 하늘과 땅의 자연스러운 이치에 따라, 네 계절의 공이 각각 다르게 이루어지는 현상과 같다고 하겠다.

정부의 종류

1. 하늘과 땅 사이에 처음 생겨났을 아득한 옛날의 제도는 분명치 않

아서 자세하게 이야기하기는 대단히 어렵다. 그러나 인간의 문물이 차츰 깨치기 시작한 뒤에 있어서의 각국 정치제도를 대강 살펴보면 저마다의 풍습을 따라 차이가 있어서, 조밀치 못한 논의로써는 다 이야기하기 어려운 바가 없지 않다. 그러나 그 종류를 나누어 보면 다섯 가지에 지나지 않는다. 이제 열거해 보기로 하자.

2. ① 군주가 마음대로 하는 정체(政體)

이 정체는 그 나라의 법률과 정치적 명령 등의 모든 대권이 다 그 나라 군주 한 사람의 수중에 있는 것을 말한다. 그러한 까닭으로 이 군주의 권한에는 일정한 한계가 없다. 그의 행하는 모든 것이 법률이나 정치적 명령으로 되기 때문에 국민들의 생사라든가 재산을 주고 빼앗는 일에 이르기까지 다 그의 사사로운 욕심에 따라 꺼리는 바가 없다. 나라를 다스리는 방법 중 가장 불공평한 것이라 하겠다.

3. ② 군주가 명령하는 정체(또는 압제정체(壓制政體)라고도 한다)

이 정체는 그 나라의 법률과 정치적 명령 등을 군주 한 사람의 독단에 의해 행하되 신하들의 공론에 따라서 결정하는 것을 말한다. 그러한 까닭으로 그 군주의 권세에 한계가 있는 듯하지만, 실상은 본래부터 작정된 법에 의해 행하는 것이 아니라, 오랜 습속으로 자연히 이루어지는 결과인 것이다. 군주가 그 위세를 떨치며 의롭지 못한 일을 행하고자 할 때면, 그 권세의 분명치 않은 한계를 먼저 침범하지 않으면 안되며, 또 그러한 한계를 넘어서는 행동을 한다면, 국민들의 이목을 염려하거나 꺼려야 하기 때문에 군주가 마음대로 하는 정체와는 많은 이동(異同)점이 있는 것이라 하겠다.

4. ③ 귀족이 주재(主宰)하는 정체

이 정체는 일정한 군주가 없는 나라로서 그 나라의 정치라든가 법률은 귀족들이 합의하는 권세 속에 있는 것을 가리킨다. 나라 안의 모든 국민을 노예화하여 토지를 그들의 소유로 만들어 버리기 때문에, 여러 정체 중, 백성들의 생활이 가장 처참한 양상을 띤다. 중고시대에는 이러한 정체가 많았으나 오늘날에는 한 곳도 없다. 이 정체에서 어떤 것은 군주가 명령하는 정체 가운데, 어떤 것은 군주가 명령하는 정체에 합쳐진 것도 더러 있다.

5. ④ 군·민(君民)이 같이 다스리는 정체(또는 입헌정체(立憲政體)라고도 한다)

이 정체는 그 나라의 법률 및 정치적 사무에 관한 모든 권리를 군주 혼자 독단하지 않고, 의정에 참여하는 여러 대신이 먼저 작정한 것을, 다만 군주의 명령으로 시행하는 체제를 가리킨다. 의정에 참여하는 여러 대신은 국민들이 천거하여 정부의 의원이 되는 까닭으로, 대신은 그들을 천거해 준 국민을 대신하여 사무를 집행하는 것이다. 또 군주의 권세도 일정한 한계선이 있어서 지정된 한도 밖으로는 한 발자국도 나서지 못하는 한편, 군주로부터 서민에 이르기까지 가장 공평한 도리를 따라야 하는 바, 비록 아무리 소소한 일이라도 사사로운 감정으로는 처리하지 않는다.

또 사법관계를 관장하는 대신과 행정관계를 관장하는 대신들은 각기 그들의 직무를 군주의 명령을 받들어 집행하게 되어 있으며, 모든 정사나 법률은 의정에 참여하는 여러 대신들이 작정한 것을 시행토록 되어 있다. 이러한 까닭으로 이 정체는 의정(議政)·행정 및 사법의 3권으로 분립되었는데, 군주는 3권을 통괄하는 원수(元首)인 것이다.

6. ⑤ 국민들이 공화(共和)하는 정체(또는 합중정체(合衆政體)라고도 한다)

이 정체는 세습적으로 전하는 군주 대신 대통령이 그 나라의 가장 높은 자리를 차지하는 한편, 가장 큰 권리를 행사한다. 정치적인 명령 및 법률 기타 모든 것은 다 군·민이 같이 다스리는 정체의 경우와 같다. 대통령은 일정한 기간동안 그 나라를 맡아 다스린다.

7. 이처럼 정체를 5가지로 나누어 보았으나, 오늘날에는 ①과 ③의 정체는 존재하지 않는다. 이제 여러 나라의 정체를 각 대주별로 기록해

보면 다음과 같다.

◇ 군주가 명령하는 정체

- 아시아주

조선(朝鮮) 중국(中國)
일본(日本) 시암(暹羅, Siam)
티베트(西藏, Tibet) 안남(安南, Annam)
페르시아(波斯, Persia)

- 유럽주

러시아(俄羅斯, Russia) 터키(土耳基, Turkey)

- 아프리카주

모로코(摩洛哥, Morocco) 튀니지(杜尼斯, Tunisia)
마다가스카르(馬哥塞, Madagascar) 잔지바르(孱支排, Zanzibar)
오만(烏滿, Oman)

◇ 군 · 민이 같이 다스리는 정체

- 유럽주

영국(大不列顚, Great Britain) 독일(日耳曼, Germany)
네덜란드(荷蘭, Netherlands) 벨기에(白耳義, Belgium)
오스트리아(墺地利, Austria) 이탈리아(伊太利, Italy)
스웨덴(瑞典, Sweden) 덴마크(丁抹, Denmark)
포르투갈(葡萄牙, Portugal) 스페인(西班牙, Spain)

- 남아메리카주

브라질(巴西, Brazil) 대동양도(大東洋島)
하와이(布哇, Hawaii)

◇ 국민들이 공화하는 정체

- 북아메리카주

아메리카 합중국(合衆國, U.S.A.) 멕시코(墨西哥, Mexico)

- 유럽주

프랑스(佛蘭西, France) 스위스(瑞西, Switzerland)

- 아프리카주

라이베리아(羅伊比賴亞, Liberia) 오렌지(五蘭支, Orange)

- 남아메리카주

과테말라(瓜多磨羅, Guatemala) 엘살바도르(聖撤排多, El Salvador)
온두라스(混斗羅斯, Honduras) 에콰도르(厄瓜多, Ecuador)
코스타리카(高斯太樓加, Costa Rica) 페루(秘魯, Peru)
칠레(智利, Chile) 콜롬비아(哥倫比, Colombia)
아르헨티나(亞然丁, Argentina) 파라과이(把羅貴, Paraguay)
베네수엘라(彬崖朱越那, Venezuela) 우루과이(猶羅貴,Uruguay)
산토도밍고(山道明澳, Santo Domingo)

8. 이상 기록한 것으로 미루어 생각하면, 아시아의 여러 나라에는 군주가 명령하는 정체가 많고, 유럽의 여러 나라에는 군·민이 함께 다스리는 정체가 많으며, 남·북아메리카의 여러 나라에는 국민들이 공화하는 정체가 많은 것으로 되어 있다. 한편 귀족이 주장하는 정체는 오늘날 존재치 않는다. 그러나 귀족이 아니면, 정부의 관리되는 것을 허락하지 않는 나라가 있는데, 그 나라는 군주가 명령하는 정체로 되어 있으나, 실상은 군주와 귀족이 합쳐서 이루어진 정체인 것이다. 무릇 정체는 어떻게 되어 있든지 간에, 그 근본 의도를 세밀히 따져 본다면, 다 백성을 위한다는 한 가지 조목에서 벗어나지 않는다. 정체 종류의 차이가 생겨난 연유는 시세의 변화와 인심의 동향에 따라 자연적인 습관으로 이루어진 것이며, 사람의 저력에 의거하여 일조일석에 어떠한 정체로 시작된 것은 아니다.

여기에 하나의 큰 준칙(準則)이 있는 바, 우리들이 상세하게 연구할 일은 유럽과 아메리카 두 주에 있는 여러 나라가 아시아주에 있는 여러 나라에 견주어서 백 배나 부강하다는 사실이다. 어떤 사람이든 자기 나라가 부강하게 되기를 바라지 않겠는가마는 정부의 제도라든가 규범이 달라서 그와 같은 차이가 생긴다고 할 수 있을 뿐인데, 만

일 사람의 재주와 지식에 등급이 있기 때문이라고 한다면, 그것은 단연코 옳지 않은 이야기라고 할 수밖에 없다. 아시아주의 황색인과 유럽과 아메리카 두 주에 사는 백색인과를 비교할 때, 타고난 재질에 모자람이 없다고 하는 사실은 분명한 것이다.

9. 군・민이 같이 다스리는 정체는 그 제도가 공평하고, 사소한 사사로운 감정도 개입시킬 수가 없다. 국민이 좋아하는 바를 좋아하고, 싫어하는 것을 싫어하며, 정치적 명령이나 법률을 여론에 따라 시행하여 사람마다, 그러한 논의에 참여할 수 있기 때문에 도리어 그 번거로움을 이기지 못할 정도인 것이다. 국민의 수를 정하고 가령, 만 명 중에서 하나라든가, 십만 명 중에서 하나라는 식으로 재주와 인덕을 최고로 갖춘 사람을 천거하여 군주의 정치를 돕게 하며, 국민의 권리를 잘 지키게 하는 한편, 행정 및 사법 관계의 여러 대신으로서의 직분과 직무를 감찰하며 또 정치적 명령과 법률을 의논하고 작정케 한다.

정부에서 정한 제도는 군주와 국민이 같이 지킬 뿐더러 감히 침범함이 없고, 좋고도 훌륭한 법제를 새로 정하여서는 군・민이 다같이 지켜 나아가기 때문에 설령 폭군과 간신이 서로 만난다 하더라도 학정과 가혹한 법을 자행하지 못하는 것이다.

국민은 저마다의 직업으로 안정시키고 일에 힘써 가정의 영화를 꾀할 뿐만 아니라, 사람마다 나라를 소중하게 여겨서 진취하는 기상과 독립 정신으로 정부와 마음을 같이하고, 힘을 합하여 나라가 부강할 기회와 문명할 규범을 각각 도모하거나 강구하여야 한다. 대개 진취하는 기상이 있은 연후에야 독립 정신도 생겨나는 것이다. 일신의 독립을 원하는 자는 일가의 독립을 꾀하게 되고, 나아가서는 일국의 독립까지도 바라게 되는 것이다. 국민의 진취하는 기상이 충만되어 있으면, 그 나라가 비록 작더라도 타국의 업신여김을 받지 않게 된다. 그러므로 유럽주의 스위스(瑞西, Switzerland)라든가, 덴마크(丁抹,

Denmark) 같은 작은 나라도 여러 큰 나라의 사이에 있으면서, 능히 자주적이고 독립적인 권세와 영화를 누리고 있는 것이라고 하겠다.

10. 군주가 명령하는 정체에 귀족이 주재하는 체제가 겸해진 것은, 그 나라에 본래 일정한 규범이 없어서가 아니다. 그러나 세대의 변천으로 말미암아 어울리지 않는 것이 있을지도 모르며, 형세의 변이로 말미암아 혹 개정할 것이 있다 하더라도 정부의 관리 중에는 공평한 마음을 품고 있는 자가 많지 않으며, 또 국민은 국민대로 애국하는 정성이 부족한 까닭으로 자기 한 사람의 사사로운 욕심으로 전국의 기강을 돌보지 아니하여 빈부와 귀천의 차등이 현격하게 되었다. 세력 있는 자는 법을 범하여도 처벌이 없고, 약한 자는 죄가 없어도 그 손과 발을 놀리기조차 어려운 형편이 되고 만다. 이로 말미암아 국가의 법률이 일정한 효과를 나타내지 못하게 되었는데, 현명한 군주와 훌륭한 신하가 국정을 행하여 공평한 도의를 힘써도 덕화와 은택이 그러한 군신이 집권하고 있는 한때에만 시행되는 데 그치고, 좋고 훌륭한 규칙과 정치는 그러한 군신의 사라짐과 동시에 없어져 버리기 일쑤다.

만약 폭군과 간신이 정권을 잡으면, 도리어 어긋나는 정치적 명령과 잔혹한 법률로 그들의 사사로운 의도를 더욱 방자하게 발동시켜 마음먹은 대로 하지 못하는 것이 없게 되고 만다. 그러한 까닭으로 비록 태평한 시기를 맞이한다 하더라도 국민들의 성격은 활발치 못하게 되고, 정부를 등한히 여기며, 우국하는 성의가 없어질 뿐더러 국가의 위급한 사태가 있어도 알지 못하고, 오로지 열중하는 일이라고는 일신의 정욕만을 충족시키려 할 따름이다.

이처럼 정부와 국민 사이에 정의가 통하지 않게 되고, 사소한 일이라도 서로 맞지 않을 때는 정부는 국민을 속박하고, 국민은 정부를 원망하게 되며, 또 국민은 정부의 사무처리를 이해하지 못하는 까닭으로 당연한 세금도 공연히 바치는 것으로 생각하게 되는 것이다. 이

지경이 되면, 진취하는 기상과 독립 정신은 부족되게 마련이며 국가의 수치가 있어도 국민의 분노하는 기운은 일지 않고 정부 안에 더럽고도 욕된 사건이 있어도 국민들은 이를 깨끗하게 씻어 내려는 논의가 행해지지 않으며, 모든 사물은 구차한 경영 방식에 의하거나 고식적인 계획에 그치고 만다. 아시아주의 큰 나라라 유럽주의 작은 나라에게 업신여김을 당하며, 치욕을 받는 것도 주로 이러한 이유 때문인 만큼, 이러한 문제에 대해 심사숙고해야 하지 않을까.

11. 국민들이 공화하는 정체는 세습적으로 전하는 군주만 없을 따름이며, 그 대강은 군・민이 같이 다스리는 정체와 같은 만큼 지루한 이야기는 늘어놓지 않겠다.

12. 여러 나라의 정체를 서로 견주어 본다면 군・민이 같이 다스리는 정체가 가장 훌륭한 체제라는 것을 알 수 있다. 그러므로 어느 나라든지 국민의 풍속과 국가의 형편을 돌보지 않고, 그러한 정체를 취택하는 것이 좋을 듯하지만, 그러나 결단코 그렇게 할 수 없는 사유가 있다. 한 나라의 정체란 오랜 세월 동안에 걸친 국민들의 습관을 한데 뭉뚱그린 것이라고도 할 수 있다. 습관을 갑자기 변경하기 어렵다는 것은 언어를 바꾸기 어려운 것과 같은 것이다. 서둘러 내세운 짧은 소견으로 헛된 이치를 숭상하고, 실정에 어두우면서도 변경할 의논만 주장하는 자는 아이들의 장난과 같은 짓을 하고 있는 셈이다. 그와 같은 짓은 나라에 도움이 되기는커녕 도리어 해만을 끼치는 경우가 많다고 하겠다. 유럽 주 여러 나라의 정체는 그 근본이 군주 천단 혹은 군주가 명령하는 정체였으나 수백년 동안의 실험을 거치면서, 그 규모와 제도를 변경하여 오늘날과 같은 군・민이 같이 다스리는 정체로까지 이르게 되었다.

여러 나라 가운데서 영국 정체가 가장 좋고 잘 갖추어진 것으로 알려져 있다. 영국 정체는 세계 제일이라고 일컬어지는 바, 세금과 정치적 명령을 논의하는 대신은 국민의 천거로 임명되게 되어 있는데, 이는 국민들 전체가 공화하는 의사를 가지고 있다는 표시이며, 사업·행정 및 의정을 맡은 대신으로는 귀족을 많이 임명하는데 이는 귀족이 주관하는 풍습이 있기 때문이며, 나라 안에 시행되는 법칙과 법령은 그 대소를 막론하고 군주의 허락 없이는 시행을 결단치 못하게 한 것은 군주의 천단과 명령하는 체제를 아울러 갖추고자 한 배려에서 온 것이라 하겠다. 그러한 까닭으로 정체에 다섯 가지의 규제를 합설하여 편벽된 규모를 없애기로 했는데, 귀족 중에는 그들의 지위가 평준화 되었어도 불평하거나 원망하는 의사를 품는 자가 없었고 공본(公本)된 정사를 행하여 평민의 지위가 앙양되었음에도 불구하고 무식한 의론을 주장하는 자가 없었던 바, 이들이야말로 족히 마음으로 그리워하고 입으로 칭송할 만한 존재가 아닌가.

그러나 국민의 지식이 부족한 나라인 경우, 갑작스럽게 그 나라 국민들에게 국정참여권(國政參與權)을 주어서는 안된다. 만약 배우지 못한 국민이 먼저 학문을 닦지도 않은 채, 다른 나라에서 시행되고 있는 좋고 훌륭한 정체만을 희망하게 된다면 나라에 큰 변란의 싹이 틀 것이기 때문에, 당국자들은 국민에게 먼저 교육을 실시하여 국정참여에 관한 지식을 갖추게 한 다음, 이러한 정체에 대해 이야기하는 것이 옳을 것이다. 그리고 이러한 정체를 실시한 다음에야 그 나라가 개화되기를 희망해야 할 것이다. 이렇게 해야만 이 정체가 나라를 잘 보전하는 커다란 길이며 군주를 사랑하는 정성이 되는 것이다.

나라의 정체란 언제나 그 나라 국민의 학식 정도 여하에 따라 그 제도의 등급이 마련된다고 할 수 있기 때문에 정체의 종류가 어떠한 것이든지 간에 사실은 다 그 나라 국민이 자취(自取)한 결과인 것이다. 서양의 옛날 학자가 착한 국민 위에 나쁜 정부가 있을 수 없고, 나쁜 국민 위에 착한 정부가 있을 수 없다라는 이야기를 한 일이 있는데 이야말로 바른 말이라 하겠다.

정부의 치제(治制)

1. 정부의 종류에는 정체의 차이가 나타나 있다. 그러나 다스리고자 하는 뜻을 세운 강령을 살펴보면, 한 곬으로 귀결시킬 수 있을 것 같다. 이러한 까닭으로 서양의 정치 학자가 문명되고도 개화한 정치는 6가지의 요결에서 벗어나지 않는다라고 말한 일이 있다. 이제 그 여섯 가지 조목을 적어 보겠다.

제1조 자유임의(自由任意 : 자유임의라고 하는 것은 결단코 국법을 두려워하지 않고, 방탕 등을 자행한다는 뜻이 아니다. 그 나라에 살면서 무슨 일을 하든지 국법에 어긋나지 않을 때에는 자기가 좋아하는 바에 따라 임의로 행동할 수 있다는 뜻이다.)

이 경우는 국가의 법률이 엄격하고도 분명한 한편, 관대하고 후덕스러워 국민의 권리를 잘 보호해 준다. 국민들은 각자 자기가 좋아하는 일에 종사하여, 선비가 좋은 사람은 선비가 되고, 농사를 좋아하는 사람은 농부가 되며, 공(工)·상(商)을 좋아하는 사람은 공·상업인이 될 수 있는 것이다. 그리고 사농공상(士農工商) 사이에 지위의 구별을 세우지 않고 문벌을 이야기하지 않는 까닭으로, 조정에서 차지하는 지위로써 사람을 업신여겨 보는 일이 없게 되어, 상하 혹은 귀천에 관계없이 저마다 할 일을 얻고 남의 권리를 침범치 않으며, 사람마다 타고난 재주를 마음껏 펼 수 있는 것으로 큰 취지를 삼는다. 다만 귀천의 구별만은 공무의 시행을 위하여 조정의 지위를 존중해 주는 범위 내에서 인정할 따름이다. 그 이외는 사농공상의 구별없이 학문에 힘쓰며, 이론과 기술에 통달할 수 있는 바 마음을 쓰는 사람은 군자라고 하여 존중하며, 교육을 받지 못하여 힘을 쓰는 사람은 소인이라고 한다.

제2조 종교신복(宗教信服)

이 경우는 모든 사람마다 믿고 귀의하는 종지(宗旨)를 받들 수 있도록 허락해 주고 간섭치 않으며, 또 민간에서 일어나는 분쟁을 견제하기도 한다.

제3조 기술과 문학을 장려하여 새로운 것을 발명하는 길을 열어 줌

이 경우는 나라를 부강케 하고 국민을 이롭게 하는 묘한 이치를 가리킨다. 발명품의 전매권 따위를 허락하거나 주는 일이 이에 해당된다.

제4조 학교를 세워 국민을 교육함

이 경우는 국민들의 지식을 넓혀 주며, 재주나 기예를 연마케 하고, 공업을 떨쳐 일어나게 하는 일 등이 해당된다.

제5조 보임안온(保任安穩)

이 경우는 정치가 안정돼 있어서 변경하는 일이 자주 있지 않으며, 정부의 지휘 및 시달을 전적으로 믿는 반면, 속이거나 거짓이 존재치 않으므로 국민이 국법을 신뢰하여 각자가 종사하는 사업이 안정되어 있는 상태를 가리킨다. 예를 들자면 국채(國債)를 보상해 주지 않거나 화폐의 품위를 저하시킨다거나, 어떤 상업회사의 법을 파괴시키는 일 등은 다 정치적으로 보임하는 근본 의도를 잃어버린 경우라 하겠다.

제6조 국민들의 기한(飢寒)과 질고(疾苦)를 구제하는 일

이 경우는 국민들의 사유재산이나 사업을 보호하는 데 그치지 않고, 병원이라든가 빈민구제소 등의 시설을 갖추어 빈곤한 국민들을 구제하는 일을 가리킨다.

제 6 편

정부의 직분(職分)

1. 정부의 직분은 나라안 정치를 안온하게 하여 국민으로 하여금 태평스러운 즐거움이 있게 하는 일과, 법률을 굳게 ,지켜 국민으로 하여금 원통스럽거나 억울한 일이 없도록 하는 일과, 외국과의 교제를 신의있게 하여 국가로 하여금 분란의 소용돌이 속에 빠져들 염려를 면하게 하는 일 등에 있다고 하겠다. 이와 같은 세 가지 일로써 근본되는 큰 조목으로 삼긴 했으나, 이 이외에도 정부로서 마땅히 해야 할 일과 하지 않아도 되는 일 등에 관련하여 여러 학자간에는 논의가 분분하다. 어떤 사람은 정부가 민간에서 행해지는 자질구레한 일에까지 침견을 해야 된다고 하여 — 인부의 삯이라든가 기술자의 임금 등을 작정하기도 해야 하고, 실직자에게 직업도 구해 주어야 하며 물가를 안정시키는 한편, 가난한 사람을 구제하는 일 외에도 일반인들의 모든 사사로운 일에 간섭함은 물론, 터럭처럼 가느다란 것이나 먼지처럼 가벼운 것에까지 통의와 직책을 개입시키는 것이 옳다고 말한 일이 있다.

그러나 국민들의 사사로운 일에 이와 같이 간섭한다면 정부란 본래 위엄과 권위를 가지고 있기 때문에 그 사이에 반드시 횡포를 부리려 하고 가혹한 법을 적용시키려고 하게 되어, 국민들의 자주적인 역량을 방해하는 단서가 될지도 모른다고 하는 것은 더 논의를 하지 않아도 분명한 일이라 하겠다. 더구나 품삯이나 임금 등은 물가의 고하라든가 일의 크고 작기에 따라 그 층이 있게 마련이다. 물가는 시세의 귀천이나 조만(早晩)에 따르는 것이며, 또 실업자에게 직업을 마련해준다 한들 그러한 일을 좋아하느냐, 잘하느냐 하는 문제도 뒤따르는 만큼 이와 같은 여러 가지 일은 사람의 권력 가운데서도 하찮은 것일 뿐이다. 정부가 만약 이러한 법을 취택한다면, 그 번거로움을 이기지 못할 뿐더러 잡비도 적지 않게 들 것인 바, 정부란 본래 재물을 가지고 있지 않은 만큼, 근원 없는 물과 뿌리 없는 나무가 없는 것처럼 국민들에게 세액을 증가시키기에 지나지 않을 것이므로 정부의 조치가 알맞은 처사라고는 이야기하기 어려울 것이다.

그러한 까닭으로 다만 일정한 규칙만을 마련하여 국민들로 하여금 감히 침범치 못하게 할 것이며, 만약 침범한 자가 있으면 추호도 용서치 말아야 한다. 이 외로는 무슨 일을 하든지 재주껏 생계를 구하도록 하는 것이 사람으로서의 자연스러운 성품을 순조롭게 하는 길이 될 것이다. 이러한 선을 넘어서면 사람의 자주적인 권리를 속박하게 되어 그 폐해가 마침내는 구제하기 어려운 지경에까지 이를지 모른다.

2. 따라서 정부가 국민들의 동정을 잘 살려서 천만 가지 일에 간섭하는 법을 시행한다면 국민에게 번잡할 뿐 아니라, 정부 또한 합당한 직분에 어긋나게 된다. 정부의 큰 직분은 국민을 위하여 직업을 구해주는 데 있지 않고 그들이 소유하고 있는 사업을 보호해 주는 데 있는 바, 이는 교화에 힘쓰고 법률을 지키는 데에 지나지 않는다. 다시 한 번 되풀이해서 이야기한다면, 정부가 해야 할 가장 큰 조목은 국민으로 하여금 각자 힘과 재주를 다하여 그들의 옷·음식·거처 등에 관한 모든 생계를 마련케 하고, 사소한 동요라도 하지 말도록 하며, 자연스러운 즐거움이 있도록 할 따름인 것이다.

또 사람이 이 세상에 삶을 유지하는 데 있어서 자기 한 몸만을 돌볼 뿐 아니라 가족에 대한 관계까지 있는 바, 이는 자연적인 정의에서 흘러나오는 것이기 때문에 사람으로서는 즐거움을 위한 요소이기도 하지만, 정부와 관계되는 부분이 없지도 않다. 사람의 품성은 고르지 못하여 어떤 자는 몸을 게으르게 돌린 나머지 굶어 죽기까지 하며, 또 굶어 죽기까지에는 이르지 않는다 하더라도 그의 가족들의 굶주림과 추위는 돌보지 못하는 자가 있기도 하고, 혹은 불행한 운명으로 나면서부터 또는 중년에 병약하게 되어 친척이나 친구의 보호와 구제가 없을 것 같으면 구렁에 빠져죽기를 면치 못할 자도 이따금 있는 바, 이는 다 심상찮은 일이라 할 수밖에 없다. 듣고 본 바에 따라 아래에 간략하게 적어 보기로 하겠다.

3. 우리 사회의 관습이 차츰 개화됨에 따라 사람들의 여러 가지 수요 또한 증가하게 되어 사는 곳은 편리한 곳을 구하는 데 그치지 않고 화려한 규모를 좋아하게 되며, 옷과 음식도 가볍고 따뜻한 것과 맛있는 것을 바라게 되는데, 이는 사람들의 자연스러운 성정인 것이다. 이와 같이 깨끗하고도 아름다운 의식주를 요구하는 사람들은 그러한 소원을 이루기 위하여 그들의 마음과 재주를 기울여 노력하고, 또 이로 말미암아 물건 만드는 사람과 파는 사람도 남들이 원하는 수요를 공급함으로써, 자기의 이익을 도모하기 위하여 재주와 힘을 다하는 까닭으로 우리 사회의 여러 가지 사무 또한 차츰 번잡하게 되기에 이르렀다.

사람들은 흔히 사치와 검소에 대하여 이야기하면서 그 옳고 그르다는 데 대한 설이 분분하지만, 사치와 검소라고 하는 것은 그 분수가 따로 있는 것이다. 사치라고 하는 근본 뜻은 아름다운 물건을 숭상하는 것을 가리키는 것이 아니라, 지각없이 씀씀이를 지나치게 하는 것과, 가난하고 구차하면서도 겉모양을 많이 꾸미는 자를 비판해서 하는 소리인 것이다. 나라 안에서 물건 만드는 자가, 재주와 기술을 다하여 만들어낸 여러 가지 것이 각각 제 분수대로 아름답고 견고하다

할 것 같으면, 물품의 수준 또한 만족할 만한 경지에 이르렀다고 하겠으며, 한편 사는 사람으로서도 아름다운 물건을 갖는다는 것은 그 일신의 편리를 위할 뿐 아니라 공업 기술자들을 근면하게 하는 한 방편이라고도 할 수 있는 것이다.

만약 그 값어치로 이야기할 것 같으면, 조잡한 물품에 견주어 10배 혹은 백 배에 이르는 것도 있을 것이다. 그러나 제조하거나 구입하거나 하는 사람이 다 아름답고도 깨끗한 종류를 따르게 되기 때문에 조잡한 것은 애당초 아무런 영향을 받지 않을 뿐 아니라 물품 또한 깨끗하고도 아름다운 경지에 이르면, 나라 안의 재산이 흥왕하게 되어 놀고 먹는 사람이 드물게 될 것이다. 우리나라에서 아름다운 물건을 만들지 못하고 다른 나라에서 구입할 것 같으면, 이것이야말로 진실로 사치하는 폐단의 근원이라고 할 수 있으며, 국민들의 구차함 또한 심해질 것이겠지만, 우리나라에서 생산되는 것 가운데서 좋은 물건이 많다면 이는 사치가 아니라 도리어 국가의 큰 복이라고 할 만하며, 사치라고 해도 사치가 아닌 것이다.

물품이 조잡한 것은 애당초 아무런 영향도 받지 않을 터인데도, 검소의 본의를 이해하지 못하고, 조잡한 물품을 숭상하는 것을 미덕이라고 하여 거칠고 잡스러운 솜씨를 높이고 정교한 것을 버리거나 물리친다면, 나라 안의 공업 기술을 금지시키는 것과 같아서 깨끗하고 아름다운 물품은 점차 자취를 감추는 지경에 이르고 말 것이다. 뛰어난 기술이 드물어진다면 국풍 또한 야비하게 되리라는 것은 물이 흘러내리는 현상과 같다고 할 수 있으며, 가난한 모습으로 구차한 습관을 이루게 되어 결국은 사치하는 것의 폐단보다 몇 배나 심한 해를 입게 될 것이다. 사치라고 하여도 국민들이 각기 마음과 힘을 기울여 온 나라 안이 풍요롭게 되어서 경향의 구별이 없어진다면 검소하는 덕행과 같다고 할 수 있는 것이다. 나라 안에 있는 모든 물품들이 훌륭하여 조잡한 것을 구할래야, 그 그림자조차 찾아볼 수 없게 될 것이다.

그러한 까닭으로 한 나라의 사치와 검소에 관한 문제는 한 사람의 사치와 검소에 관한 문제와는 다르다. 훌륭한 물건을 만들지 못하는 국민이 혹 검소라는 덕을 내세워 거칠고 조잡한 물건을 취택한다면, 다른 나라 사람의 웃음을 면치 못할 것이다. 만약 다른 나라의 훌륭한 물건을 가져다 쓰면서 남의 웃음을 면하려고 한다면, 도리어 그 나라는 큰 해를 입게 될 터이므로 부득이하여 검소하게 사는 것이 옳긴 하겠지만 이는 참다운 검소가 아니다. 이러한 현상은 다만 사세의 추이에 따른 것인 만큼, 정부로서는 공업 기술자의 재간이나 기예를 단련시키고, 토산물을 풍부하게 하며, 거칠고 천박한 풍습을 변경할 수 있도록 노력해야 할 것이다. 깨끗하고 아름다운 물품 자체가 사치하는 근본이라고 하여 일체 엄금하는 것은 정부의 직분이 아니다.

어리석은 자는 이따금 의식주에 관계되는 아름다움을 그릇되게 사용하여 문명과 개화가 끼쳐 준 혜택을 더럽히는 수가 없지 않다. 온 세계적인 현상을 비교해서 살펴본다면 문명이 이룩한 공덕 자체는 문명이 끼친 폐해를 보상하고도 남음이 있다. 천하의 어떤 나라든지 간에 아득한 옛날의 사물을 개혁하지 않는다고 할 것 같으면, 그 풍속의 야만스러움이 야만인 부락의 그것과 무엇이 다르겠는가. 개화의 큰 목적은 사람들로 하여금 사악함을 버리고 올바른 곳으로 돌아가게 하려는 것이 그 취지로서, 사치냐 검소냐 하는 분별도 역시 개화의 등급에 따라 이루어지는 것이라 하겠다.

4. 정부에서 일 벌이기를 좋아하는 조처로 말미암아 다른 나라에까지 폐를 끼친 사정 이야기를 잠시 적어 보기로 하겠다. 프랑스가 서기 1848년의 변(1848년 2월에 일어났던 소위 2월 혁명을 가리킨다. 이 결과로 공화정치가 선포되었다)을 겪고 난 뒤, 수도 파리(巴里, Paris)에서는 기술자를 부리는 법을 마련하였는데, 그 내용의 극단적인 어리석음 때문에 영원한 한 기담(奇談)으로 여겨지게 되었다.

그 무렵 프랑스 정부에서는 군인들의 의복을 만들기 위하여 재봉사 1천5백 명을 고용한 뒤, 그 기술의 차이에 관계없이 사람마다 같은 급료를 주기로 작정했었다. 우선 옷장사 한 사람을 불러들여 옷 한 벌 만드는 데 필요한 공임이 얼마냐고 물은 뒤, 정부에서는 그 재봉사들을 고용하여 군복을 만들게 했었던 것이다. 그 공임에는 옷장사가 제하는 구문(口文)이 없었기 때문에, 재봉사에게는 몹시 이로울 듯했으나, 막상 분배할 때가 되자, 그들의 임금은 정당한 소득액에 미치지 못할 뿐 아니라 하급 기술자들의 한나절 임금에도 미급할 정도여서 모든 사람들을 실망시켰다. 그 까닭은 다름이 아니었다. 재봉사들의 게으름에 말미암은 것임이 분명했는데 그 실상을 밝혀 보자면, 1천5백 명의 재봉사 가운데서 5백 명은 부지런히 일했으나, 나머지 1천 명은 힘들여 일하지 않고 임금만 똑같이 받았기 때문이었다. 게으름을 피우고도 부지런히 일한 사람과 같이 받을 수 있다면 누가 게으름을 피우지 않겠으며, 부지런히 일하고도 임금은 게으른 자와 같이 받는다면, 또한 누가 부지런히 일하겠는가.

또 옛날 영국 정부가 인부와 기술자를 위해 각종 법규를 마련했었으나, 유익하기는 고사하고 그 폐단이 적지 않았었다. 그 연유를 살펴보면 정부가 법령으로서 민간의 임금과 공임을 책정하였던 바, 작업에 종사하는 자는 일은 적게 하면서도 하루치 임금만은 다 받기를 희망하고, 임원으로 일하는 자는 하루 임금을 주면서 일 많이 하기만 요구하여서 양자의 시비가 끊이지 않을 뿐더러, 일의 어렵고 쉬운 정도에 따르는 임금의 차등이 없는 까닭으로 힘들여 일하는 작업에 종사하는 자는 적으며, 또 임원으로 일하는 자는 자연히 상류층의 사람이 많은 반면, 작업에 종사하는 자는 항상 하류층의 사람들뿐이었다. 지각의 깊고 얕은 점으로 비평하거나, 형세의 강하고 약한 점으로 이야기하거나를 막론하고, 하류층 사람이 상류층 사람을 적대하기란 어려운 일이기 때문에 군색하기는 작업에 종사하는 하류층 사람이었던 만큼 이로 말미암아, 이 법은 미구에 폐지되고 말았었다.

또 한때는 영국 정부가 인부를 위해 한 법령을 마련했었다. 그 법은 영국인으로 하여금 본국산 천 이외의 옷은 입지 못하게 하여, 직조계를 안정케 하고, 실직자를 감소시키려는 의도로 마련한 것이었다. 그러나 많은 국민들이 포백을 직조하는 사업에 많은 이익이 따른다는 것을 알고는, 종래의 사업을 포기하고 방적공업으로만 몰려들어 방직기술자의 수가 너무나도 많아졌을 뿐더러 다른 산업은 곤궁한 처지를 면치 못하게 되고 말았다.

또 한때에는 그 나라 사람들의 생산품을 풍부하게 하기 위하여 한 법령을 마련했는데, 어떠한 물품이든지 가공품인 경우는 외국 혹은 본국 상인에 의한 수입을 엄금하였던바, 무역의 올바른 과정을 방해하게 되어 나라를 부강케 하지 못했으며, 도리어 폐해와 곤경만을 가중시키게 되자 미구에 이 법 역시 폐기하고 말았었다.

5. 민간인의 사업에 대해서 정부가 그 방법이나 계략문제를 간섭하는 일은 옳지 못하다. 그러나 정부가 마련한 법만은 꼭 지키게 하여, 국민으로 하여금 조금도 어기지 않도록 하는 것이 가장 요긴한 일이다. 정부의 큰 직분을 한 마디로 표현하면, 국민의 생업을 작정하는 권리는 없지만 보호할 책임은 있다고 할 수 있는 것이다. 이러한 데에 연유하여 정부가 간섭할 만한 일이 적지 않은데 간략히 적어 보기로 하겠다.

6. 가난한 사람들을 구제하는 일은 국가 시책 중 중대하고도 인자한 사업의 하나다. 사람으로서 어릴 때에 교육을 받지 못했거나, 늙어서 스스로 보양하는 방법이 없거나, 신체가 강건치 못하여 생계를 구하는 데 기운이 부족하거나, 혹은 불행한 운명으로 병약하게 되거나 부모 없는 어린아이인 경우, 기를 사람이 없거나 하는 등등의 사유로 말미암아 불쌍한 사람이 많다. 이러한 사람들은 다 자기 스스로의 힘으로 일신을 유지하기 어려워 타인의 구조를 기다려야만 구렁에 떨어

지는 비극을 면할 수 있는 것이다.

이러한 일로 말미암아 옛 사람들의 논의가 적지 않았는데 구제하는 근본 의도에 대하여 생각해 본다면 인자로운 은혜를 베푸는 데 있는 것이다. 그러나 일정한 규정도 없이 함부로 혜택만 베푼다면, 사람들 사이에 커다란 폐단의 근원을 빚게 될 것이다. 그것은 다름 아니라 가난한 친구나 친척의 구제를 사사로이 행한다 할 것 같으면 사람의 마음과 풍속을 게으른 경지에 빠뜨리게 하여 놀고 먹는 사람이 늘 뿐더러, 구제 사업을 하는 그 사람만 하더라도 그의 친구나 친척들을 사랑하거나 구제하는 도리가 아니며, 게으른 습성을 기르는 셈이므로 이는 인자한 마음으로 독약을 권하는 것과 같다고 할 수 있다. 그런 까닭으로 정부가 아닌 사사로운 방법으로 구제를 하는 일은 그 한 사람의 미담이라고는 하겠으나, 국가적인 시책면에서 본다면 규모 없는 한 조그만한 일이라고 할 수 있을 뿐이다.

친척이나 친구 중, 서로 구제할 만한 자가 있으면서도 돌보지 않을 때라도 정부에서 법령으로 강행하는 것도 옳지 못하고, 또 가난한 사람의 친척이나 친구 중 구제할 만한 자가 없다면 호소할 곳이 어디겠는가. 이와 같은 형편이라면 가난한 사람을 구제하는 일은, 정부가 일정한 규제를 마련한 다음 전국적인 세금으로 행한다거나, 혹은 돈 많은 사람이 인자스러운 선심을 발동시켜 가난한 사람을 구제코자 한다면, 가난한 사람들에게 직접 주지 말고, 정부에 헌금한 다음 구제하는 비용으로 충당토록 하는 것이 옳다.

이러한 일을 행하는 데 있어서는 합당한 규칙을 마련하는 일이 어렵다고 할 수밖에 없는데, 그 시행하는 조목 중 조금이라도 당연한 도리에 어긋나는 것이 있으면 해만이 남게 되고 이익은 없게 될 것이다. 만약 일정한 규칙도 없이 가난하다고 하는 사람은 다 구제해 주기로 주장한다면, 신체가 건장한 자라도 게으른 마음이 있는 자는 일할 생각은 않고 정부의 구조만을 바라게 될 것이 분명하다. 이는 사람으로 하여금 그의 생업을 내던지고, 가난한 사람이 되게 하는 일이라고 할 수밖에 없다. 또 불쌍한 노인이라든가, 병든 빈민을 보호하고 치료하는 데 있어서는 엄격한 규칙이 없을 것 같으면 그 폐해가 한없이 클 것이다. 또 부모 없는 어린아이와 기아(棄兒)를 기르는 일에 있어서도 분명하고 자세한 법규를 마련해 놓지 않으면 빈민으로 하여금 자녀를 교육하는 직분까지 잃어버리는 화근을 퍼뜨리게 할 것인바, 정말 삼가고 조심해야 할 일은 이러한 곳에 있다고 하겠다.

7. 이따금 신체가 건장하여 남의 구조를 받지 않을 만한 사람도 힘드는 노동을 괴로워하는 나머지, 빈민구제소로 오기 때문에 영국에서는 한 법령을 마련하여 그 사람으로 하여금 힘드는 노동을 시켜보기로 하였다. 이것이 바로 힘을 시험하는 법이라고 일컬어지는 것이다. 또 힘드는 노동을 하더라도 구제소 안에서의 생활을 편하게 생각하여, 직장까지 버리고 오는 자가 있을까 염려하여 구제소 안의 노동은 일반 사회에서의 직장에 비하여 그 임금을 적게 하고, 문밖으로 나가는 것을 허락하지 않으며 의식과 거처에 관련되는 모든 것을 마음에 들지 않게 하여, 간사한 자가 끼어드는 폐단을 방지하였다. 이렇게 하자, 일신의 생활을 유지할 만한 힘을 가진 자는 속히 나가게 되기를 희망하기에 이르렀다. 또 늙은이들도 일정한 규칙없이 의식을 편하게 해주면 도리어 커다란 폐단이 생긴다고 할 수 있는 바, 노후의 생계를 위해 재물을 저축하지 않고 타인의 구제를 바라는 생각만 하게 될 터이므로, 정부는 재물만 허비하면서 국민들에게 게으른 길을 열어 주며, 간교한 문을 세워 주는 셈이 되는 것이다.

가난한 사람들을 구제하는 법령은 타인의 돌봄을 받지 않으면 안될 만한 사람 이외는 허가하지 않도록 할 것이며, 구제를 받는 자라도 빈민으로서의 분수에 지나침이 없도록 하는 깊은 배려가 있어야 할 것이다. 이러한 양상을 처음 보는 사람은 부질없는 착한 마음으로 측은한 생각을 일으켜 너무 각박하다고 할 터이지만 기실은 그렇지가 않다. 이 말을 의심한다면 머리를 돌려 허다한 하류층 사람들의 모습을 보도록 하라. 병든 늙은이와 노파가 서너 칸되는 초가집에 살면서 네 계절의 의복이나 음식이 몸이나 입에 맞지 않고, 구차한 모습으로 여생을 보내고 있지만, 젊었을 때의 저축이나 혹은 효성스런 자손들의 봉양으로 독립된 생활을 하는 한편, 온갖 즐거움을 누리며 남의 구조받기를 수치스럽게 생각하고 있는바, 이들이야말로 진정한 양민(良民)이라고 할 만하다.

그러한 까닭으로 가난한 사람을 구조하는 데 너그럽고 후하게 하는 것만을 주장한다면, 양민은 또한 그들의 생각을 돌려 정부의 보호를 기대하게 되고, 자주적인 생업을 구하는 자가 부지중 감소될 뿐더러, 풍습도 또한 이와 같은 경향을 좇게 되어 남에게 의지하는 것을 예사로 여겨 염치(廉恥)가 자취를 감추게 될 터이니, 이를 어떻게 하면 좋겠는가.

8. 앞에서 이야기한 취지를 깊이 생각해 본다면 빈민을 구제하는 규칙을 마련하는 일이 가장 어려운 일이라 하겠다. 정부의 직분이란 빈민을 구제하는 데 있지 않고, 빈민을 없애도록 하는 데 있다고 할 수 있다. 그런 까닭으로 빈민 구제사업이 인정(仁政)의 으뜸이라고 하지만, 실상은 정부에 부득이하여 행하는 조그만 일이며, 정작 큰 일이란 국민들로 하여금 사람마다 자주적인 생업을 경영하여 타인에게 의탁하지 않도록 하는 데 있는 것이다.

이러한 바람을 일으키는 방법은 실속 있는 조치를 취하는 것이니 그렇게 한다면 국민들도 즐겁게 따를 것이다. 정부에서도 힘들여서 실행하는 일이기 때문에 서양 여러 나라에서 시행되고 있는 법이 한두 가지에 그치지 않지만, 그 가운데서도 가장 요긴한 것을 들어보면 적금치소(積金寘所)와 상조계(相助契)에 관한 법이다. 명백한 규칙과 길고 먼 취지로 사람들의 마음을 이끌고 있는데, 상조계는 자산이 많은 상인들이 하는 것이기 때문에 정부의 간섭이 적다고 할 수 있는 반면, 적금치소의 설치는 전적으로 빈민을 위한 것이다. 그 이자는 보통 빚에 견주어 많게 하여 민간에 대출하여 그 이자를 받아들이도록 하지만, 그 이자에 추가된 액수는 정부가 내놓도록 되어있다.

가령 딴 빚은 1냥(兩)에 그 이자가 5푼[分]이지만, 이 돈에는 2리(釐) 5호(毫)를 가산하되 대출해 가는 사람이 이자에 보태 내지 않고, 1냥에 5푼만 내면, 2리 5호는 정부에서 부담하게 되어 있다. 영국의 한 적금치소에 맡겨진 액수를 우리나라 돈으로 환산하면 30억 냥이나 된다. 그리고 정부가 매년 맡아서 내놓고 있는 2리 5호의 이자까지 셈하면, 750만 냥에 이르고 있는데, 이 돈은 실상 전국의 모든 국민이 똑같이 내는 세금에서 떼어 낸 것이다. 이와 같은 사실로 미루어 본다면 비록 가난한 인부나 고용인들이 1전(錢), 2전 예치한 것이라 하더라도 여러 사람의 것을 모으면 매우 큰 돈이 되는 것이다. 영국의 적금치소와 상조계의 규칙이 몹시 정묘하고 긴요하게 되어 있으므로, 특별히 기록하여 여러 사람들의 참고에 이바지하고자 한다.

적금치소

이곳은 소시빈의 힘써 일한 돈을 맡아서 이사에 이자를 더하여 재산을 모으는 방도를 세워 주는 곳이다. 상조계가 전적으로 병든 사람이나 늙은이를 위하여 설립된 것과는 다르지만 소시빈의 산업을 위해서는 제일 요긴한 기관이다. 대개 힘써 일하는 소시민에게 품삯이 어쩌다 남더라도 맡겨 두어 이자를 받거나 또 사용코자 할 때에 쉽게 출금할 곳이 없으므로 재산을 모을 방편이 아주 어려웠다. 은행같은 곳이 없는 것은 아니지만 그러한 곳에서는 천 냥 이하의 돈은 맡아 주지 않기 때문에 소시민이 어떤 방법으로 어떤 일을 하여 하루 아침에 천 냥이나 되는 큰 돈을 모을 수 있겠는가. 어쩌다 나날이 모으고 다달이 쌓아서 그 액수를 채우고 싶어하는 자가 있더라도 원래 날마다 적은 품삯으로 집안의 온갖 일을 처리하다 보면 사실상 뜻을 이루기 어렵게 된다. 결단코 저축하겠다는 뜻은 철저하지만 힘이 미치지 못해 헛되이 탄식할 뿐이다.

이러한 까닭으로 소시민이 저축하는 돈에는 이자가 생길 길이 없고 잘 간직해 두려고 해도 견고한 처소가 없다. 그리하여 희망을 잃어버리고 생각하기를 우리네 생활이야 오늘이 오늘이고 내일이 내일이라고 하면서 먼 앞날을 내다보는 경륜을 세우지 못한다. 어쩌다 그렇지 않은 자가 있어서 천신만고 끝에 한 푼 두 푼 모아 후일에 쓰려고 해도 저축할 만한 곳이 부실해서 도둑에게 도둑을 맞고 많은 이자를 탐내다가 부랑배에게 사기를 당하여 여러 해동안 쌓아온 공력이 하루아침에 꿈결같이 허무하게 되기도 하니 고소할 곳도 없는 자가 적지 않다.

이와 같은 여러 가지 폐단을 방비하고 소시민의 마음을 일신케 하여 앞뒤를 생각하고 절약하는 방법으로 장구한 경륜을 지키게 하기 위해서는 정부의 명령으로 적금치소를 세워 비록 얼마 안되는 돈이라도 반드시 이자를 늘리는 방법이 있다는 것을 보여주는 것이 가장 좋다. 이 적금치소법이 신실하게 행해진다면 소시민이 돈을 저축하는 방편을 비로소 깨닫게 되어 모두 말하기를 우리들의 맡긴 돈이 의심할 여지없이 견고할 뿐더러 이자를 더 받는 것도 분명하다라고 하여 착실한 자는 한 푼이라도 무익한 데에 쓰지 않고 저축하기에 힘써 먼 앞날의 생애를 잘 경영할 수 있게 되는 것이다. 사람이라면 본래부터 저축하기를 즐거워하지 않는 자가 없으니 이제 이처럼 확실한 방법이 있다면 어느 누가 먼 앞날의 생애를 위해 힘쓰지 않겠는가.

1820년 영국 조지(肇智, George) 4세 시대에 적금치소의 규칙을 정하였는데 만 냥의 1년 이자는 3백8냥을 넘지 못하게 하고 한 사람이 1년 동안 맡길 수 있는 돈은 3천 냥을 넘지 못하게 하였다. 또 한 사람당 맡긴 돈의 합계가 1만 5천 냥이 되면 더 저축하는 것을 허락하지 않았으며 예금자가 찾아갈 때에 본전과 이자를 합하여 2만 냥이 되면 그 나머지는 이자를 주지 않았다.

그 뒤부터 여러 곳에 이와 같은 적금치소를 많이 설립하였는데 이따금 불미스러운 일이 일어나기도 하여 1861년에 정부에서 의논하여 우정국(郵政局) 안에 적금치소를 설치하고 1년에 2푼5리의 이자를 주기로 작정하였다. 그런데 출납하는 방법이 아주 편리하여 1년 동안 우정국 한 곳에서 맡은 돈이 3억 5천 냥을 넘기도 하였다. 근래에는 또 도시의 요소마다 점포를 설치하여 1전 임치소라고 하니 이는 글자의 뜻과 같이 1전이라도 맡기라는 취지였다.

상조계

이 계는 여러 사람이 저마다 자기 뜻에 따라 회사를 세우고 우리나라에서 곗돈을 내는 식으로 돈을 저축하였다가 만약 계원 가운데 병자나 불행한 일을 당하는 자가 있으면 구제하기 위한 조직인 것이다. 이는 본래 장사꾼들의 경륜으로 불시에 재앙이 닥쳤을 때 구조하던 풍습이 남은 것이다. 보통 사람들은 젊고 건강할 때에는 질병의 걱정이 없으니 생계를 꾸려 나가기에 합당한 시절이라고 할 수 있다. 이때 생활하고 남은 돈을 다달이 저축하고 해마다 쌓았다가 불시에 병이 생기면 치료하고 회복하는 데 쓸 비용으로 예비해 놓는데 다행이 일생 동안 무사하여 노년에 이르면 여생을 편안하고도 건강하게 보전하기에 넉넉하니 실상 먼 앞날을 염려하는 요긴한 조직으로서 이보다 더 나은 것은 없다. 대개 사람이 하는 일은 혼자 고립되면 성취하기가 어려우며 또 불행한 일을 당하여도 피하기가 어려우므로 뜻밖의 일을 방비하는 방법은 여러 사람이 마음을 같이하고 힘을 합하여 건강과 안전을 지키고 사소한 돈을 함께 버리는 것처럼 하여 깊고 먼 뜻을 세우는 것이 옳다.

영국에서 이 계를 시작한 것은 1793년이다. 이 뒤부터 정부의 명령에 따라 온갖 규범이 갖추어졌지만 그래도 소홀한 점이 많아서 파산하는 경우가 적지 않았다. 그 가운데서도 가장 심한 것은 계원들이 병들거나 늙었을 때에 도와주는 돈을 너무 많이 급여한 일이다. 대개 이 계를 설립한 초기에는 계원들이 모두 건강한 젊은이였기 때문에 구제할 일이 없었으므로 회사로 들어오는 돈이 아주 많아 나날이 불어나기만 하였다. 그렇게 되자 어쩌다가 계원 가운데 불행한 사고를 당하는 자가 생기면 그가 낸 본전은 계산하지도 않고 그 불쌍한 모습을 측은히 생각하여 많은 액수로 구제하였다. 그러나 세월이 오래 지나면서 사정이 크게 달라졌다. 병자와 노인의 수는 차츰 많아졌지만 본전의 액수는 예전 그대로였으므로 수입이 지출을 감당할 수 없게 되었다. 심지어 회사가 도산하는 경우까지 많아졌다. 그러므로 계원이라는 헛된 이름만 남고 실제적인 혜택은 없어져 일생 동안 믿었던 적공이 눈위의 기러기 발자국처럼 허망하게 되어버렸다. 이러한 까닭으로 정부가 법을 마련하여 자세한 조목을 정하고 구제금을 주는 방법도 합리적으로 바꾸자 그 뒤부터는 회사의 규범이 다시 새롭게 되어 옛날의 폐단이 다 없어지게 되었다.

9. 이와 같은 일들을 정부가 간섭하는 것은 번거로운 듯한 느낌이 없지 않다. 그러나 이는 가난한 사람을 부지런하게 만들어 양민이 되게 하고, 양민을 보호하여 빈민이 되지 않게 하려는 데 깊은 의도가 있는 만큼, 빈민을 없애게 하는 시책에 커다란 도움을 주고 있다.

이 외에도 인자스러운 의도를 내포한 사업이 허다하지만, 매사에 정부가 간섭하면 도리어 번거롭게 되고 만다. 세상에서 이름내기 좋아하는 사람들은 남을 사랑한다는 헛된 명분을 팔아서 이것도 정부의 직분이며, 저것도 정부의 직분이라고 하여, 함부로 직분에 대하여 이야기하면서도 사무의 실정에 대해서는 어둡기만 하다. 그러므로 정부의 직분 중 중요한 요결은 나라 안의 양민을 보호하여, 사람마다 의기(義氣)를 소중히 여기고, 염치와 절도를 지켜서 전후의 순서라든가 본말(本末)에 대한 사려로 마음을 쓰거나 힘을 쓰거나 간에 노동에 대한 보수로 그들의 생업을 편안히 누리도록 하는 데 있는 것이다. 이는 교육의 힘으로 덕화를 떨치도록 하며, 법률로 공평한 도리를 유지하는 데 지나지 않는 일이라 하겠다.

10. 세금 거두는 법은 정부와 국민 사이에 가장 깊은 관계를 가진 법률이다. 공평스러운 규칙으로 시행하여 터럭 하나 만큼의 편파적인 조목이 없도록 하는 것이 이 방면의 실무자가 지켜야 할 첫째 항목이다. 우리들의 생활에 필요한 요긴한 물건에는 세금을 매기지 말고, 사치스러운 물건이라든가, 놀기만을 즐기는 데 쓰이는 물품에는 무거운 세금을 받아도 좋다. 영국의 세금 거두는 법이 모든 나라에 대하여 그 너그럽고도 공평스러움을 자랑했지만, 인구세(人口稅)라는 중세로 말미암아 국민들의 불만을 사게 되어 부득이 차·커피·설탕 같은 물건에 많은 세금을 매기고는 인구세를 감해 주었다고 한다.

11. 국민의 교육은 국가의 큰 근본이라고 할 만한 것인 만큼 정부로서도 크게 힘써야 하는 일이다. 그동안 들은 바를 간략히 기록해 보겠다. 나라 안의 큰 도시마다 도서관·식물원·박물관 등이 설치되어 있는 한편, 공원 같은 것도 개설되어 있다. 이러한 것들은 국민의 지식 향상을 도모해 주는 큰 기틀이 되는 까닭에 정부에서도 그 직분의 긴요성에 해당될 만큼 힘써야 하는 것이다.

국민 가운데서 돈많은 사람이 재산을 희사하여 이러한 것들을 설치하기도 하고, 관청에서 공적인 비용으로 주선하기도 하여, 어떠한 방법으로든지 혜택을 베풀어 모든 사람과 더불어 즐거움을 누리려는 것이 근본 의도인 것이다. 나라 안에 이러한 곳이 많이 있다고 할 것 같으면, 자연적으로 인심이 교화되어 올바른 방향으로 나아가게 되고, 방탕한 행실이 못되고 악한 습속이 잘라져 나가 악행에 젖은 자가 자취를 감출 뿐더러, 양생하는 도리에도 유익한 관계를 이루어 줄 것이며, 학문의 길로 정진하는 데에도 많은 효과를 나타내 줄 것이다.

구차한 국민이 생계를 위하여 하루종일 골몰하다가 저녁의 한가한 시간을 이용하여 도서관에 오면 자기 안방처럼 편할 뿐더러, 책만 하더라도 보고 싶은 것은 다 갖추어져 있으며, 한편 공부하는 사람의 입장에서 말하더라도 집안 형편이 가난하여 책을 살 방법이 없을 경우, 빌려보기도 쉽다. 식물원과 박물관 같은 곳도 우리들에게 헤아리기 어려울 만큼 많은 이익을 준다고 할 수 있다. 이러한 곳이야말로 배우지 못한 사람들의 허황한 생각을 배제시켜 주고, 실질적인 공부를 권장시켜 주는 공이 어찌 크지 않다고 할 수 있겠는가.

그 중에도 공원을 만드는 것에 대해서는 이따금 무익한 곳일 뿐이라고 말하는 사람이 있을 듯하지만, 실상은 결단코 그렇지 않다. 빈자든지 부자든지 각기 운영중인 사업에 분주하여 정신이 피곤하고, 기력이 나른할 때에 공원 안으로 들어와 한가한 걸음걸이로 화초의 향내를 맡으며, 녹음 사이로 불어오는 맑디 맑은 공기를 호흡하고 아름다운 풍경을 완상할 것 같으면 가슴속이 깨끗해지고, 정신이 상쾌하여, 고달픈 모습이 일소되기에 이르는 것이다. 이러한 곳의 존재가 우리들의 위생에 큰 도움을 줄 뿐 아니라, 그처럼 엄청난 돈을 들여서 대중들의 즐거움에 이바지한다는 일이 실상은 넉넉하고도 여유 있는 기상을 가난한 사람과 더불어 갖는 데 큰 뜻이 있는 것이다. 그러한 까닭으로 빈자가 부자를 질투하는 나쁜 마음도 이러한 계제를 통해 소멸하기에 이르는 것이다.

12. 위생에 관한 규칙 또한 정부가 관계하는 것 가운데서 큰 조목의 하나다. 큰 도시의 인구 조밀한 곳이 깨끗하지 못하면 염병이라든가 괴상한 돌림병 같은 것이 항상 유행하며, 또 홍역·마마·성홍열 같은 병이 비록 사람의 열로 일어난다고 하지만 더러운 공기에 닿으면 그 병독이 갑절이나 되어 위험하기 그지없게 된다. 전염병이 우리 인간들에게 혹독한 재앙이 된다는 점에서는 전쟁에 의한 그것보다 훨씬

심하다. 그러므로 정부는 위생에 관한 법령을 정하여 국민으로 하여금 지키게 하고, 만약 법을 지키는 데 소홀한 자가 있으면, 엄격한 법조문으로 처단하여 도로와 집을 깨끗이 하여 충분히 전염병의 유행을 막을 수 있다.

이러한 일에 엄격한 법을 적용한다 하여 혹 지나치다고 말할지 모르나, 기실은 위생관계법으로 형을 받는 그 사람 자신도, 전염병에 의한 재앙을 같이 면하게 되는 것이다. 가령 수많은 사람들이 왕래하고 있는 큰 길에 활이나 총을 쏜다면, 국법에 의한 금단과 형벌이 있게 될 것이다. 이는 사람이 혹 상하게 되지나 않을까 염려하여서 취한 조치라고 하겠으나, 이제 이러한 법정신에 입각하여 견주어 본다면 더러운 물건을 길거리에 내버리며, 도랑에 떠내려가게 하여 그곳에서 발산되는 독한 기운으로 전염병을 일으켜 인명을 상하게 한다면, 활이나 총으로 사람을 상하게 하는 일과 무슨 차이가 있겠는가. 그런 까닭으로 엄격한 법조문으로 다스려 철저히 금지시키는 것이 옳다. 한 마디로 비유를 하면 큰 도시에 더러운 물건을 버리는 행위를 금지시키지 않는다면 시내에 호랑이를 풀어놓는 일과 같으므로 모든 사람들은 협력하여 그러한 불상사를 다같이 없애도록 하는 것이 마땅하다.

13. 학자가 저술한 새로운 책과 새로 만들어 내는 물건에 대해서 관계하는 것도 또한 정부의 직분이다. 즉 새로 낸 책에는 인세와, 새로운 물건에는 특허권을 주는 일 등이다. 어떠한 물건이든지 우리들의 경제생활에 관련이 있다 할 것 같으면, 독점권을 허용하기도 한다.

무릇 전등이 세상에 나오기 전에는 밤에 불을 켜는 것이라고는 기름이나 초를 사용하여 편리를 도모할 뿐이었는데, 전기가 출현한 뒤로는 이 사업에 종사하여 생계를 영위하는 자가 회사를 설립하고 한 곳에서 발전하여 수많은 집을 두루 비추어, 우리 사회에 한량없는 편리를 제공해 주었다. 그러나 이와 같은 영업을 한 회사의 수중에 넘겨줄 때에는 이익을 혼자 독차지하여 막대한 이익을 얻는 폐단이 없지 않을 것이다. 이러한 폐단을 막기 위하여 회사를 따로 설립케 하여 영업행위를 경쟁토록 해야 한다는 설이 있지만, 전기에 이르러서는 그러한 방법이 결코 옳지 않다. 원래 전기 시설이란 한 곳의 발전소와 한 줄기의 전선으로써 모든 시내를 두루 비출 수 있기 때문에, 만약 회사를 따로 설립하고 영업을 서로 경쟁케 하여 같은 거리에 두세 개의 전기관을 묻는다 할 것 같으면, 자원을 지나치게 없애버려 낭비가 적지 않을 뿐더러 실행조차 사실 불가능한 형편인 것이다. 그런 까닭으로 부득이 전기사업은 한 회사에 일임하되 알맞은 규칙으로 횡포를 막은 다음, 그 지방에 한하여 독점하는 권리를 허락지 않을 수 없는 것이다. 어떤 사람이 말하기를 전기시설은 시내 모든 시민들이 공유하는 것으로 만들고, 그 이익을 독점하는 자가 없도록 하는 것이 옳다고 했는데, 이 주장이 가장 타당한 듯하다.

14. 시내에 수돗물을 끌어들이는 법도 전기의 경우와 같아서 한 줄기의 시설로 족하다. 물이란 우리들에게 없어서는 안되는 물건이다. 음식물을 삶거나 익힐 때 물이 없으면 안되고 더러운 것을 씻어낼 때도 물이 아니면 안되는 까닭으로 쉽게 얻을 수 있는 방편을 마련하여, 비용을 절약한 다음에 가난한 사람이라도 군색한 상황을 면하도록 해야만 하는 것이다.

만약 더러운 물건이 섞여 나온다든지 더러운 곳에서 흘러나오는 것은 독한 성분을 포함하고 있어서 마시는 사람에게 병의 근원을 만들어 주기도 한다. 그런 까닭으로 서양 각국에서는 큰 도시 사람들이 사용하는 물은 그 고장에 저수지를 만들지 않고 2, 30리 혹은 백 리 밖에서라도 깨끗한 호수라든가, 산 사이에서 흘러내리는 물을 땅 밑으로 시내에까지 끌고 들어와 수많은 집으로 보내기를 역시 땅속으로 관을 묻어 나뭇가지처럼 뻗쳐 나가게 하였으니 집집마다 물이 부족하다는 탄식이 없다.

이렇게 하는 비용 또한 대단하여 물을 쓰는 집에서 세금을 거두어 들이는데, 돈많은 사람에게서는 많이 받고, 가난한 사람에게서는 아주 적게 받아들이도록 하고 있다. 또 많은 식구를 가진 사람은 물을 쓰는 데 있어서 조심하지 않기 때문에 더러운 것이 섞여 들어가지나 않을까 염려하여 정부가 규칙을 마련해 놓고는 때때로 관리를 파견하여 집집마다 빈부라든가 귀천을 가리지 않고 조사하는 방법을 시행하고 있다.

15. 시민을 단속하는 규칙은 뜻하지 않은 폐해와 걱정을 예비하고자 하는 깊은 의도에서 나온 것으로서, 역시 정부 직분 가운데의 하나다. 그 단속하는 법조문의 한 조목 한 조목에 따라서는 시민들의 자주적인 활동에 방해가 될 것 같기도 하지만, 물가의 높낮이라든가, 물품의 좋고 나쁜 것 같은 문제에는 관여하지 말고, 다만 난잡하거나 불량한 무리들을 금단 또는 억제하는 조치 등이 알맞게 행해졌을 때에는 선량한 시민들을 위해서 몹시 유익한 일이라고 하겠다. 그런 까닭으로 시민들의 자주적인 의사를 약간 잃는 듯하지만 이것으로써 저것을 보충하여 넉넉하므로 조금도 개의할 필요가 없는 것이다.

만약 프랑스의 경우처럼 시민 단속하는 법을 정부가 전적으로 관장한다 하더라도, 그 조치가 너그럽고 후할 때는 좋다고 하겠지만, 그렇지 않고 위압적인 권력으로 시행하면 단속한다는 근본취지를 잃어버리고, 온언중 정치의 아름답지 못한 방책을 돕는 결과가 되어서 반드시 폐단이 생기고야 말 것이다. 그런 까닭으로 영국의 경우, 정부가 법규를 마련하지만 그 시행하는 권리는 전적으로 지방 관서와 시내의 여론에 따르게 되어 있다. 또 미국의 법규도 영국의 그것과 아주 비슷하다.

16. 큰 도시에 집짓는 일에도 정부의 규칙이 없으면 안된다. 만약 시민들이 각자마다의 의향에 따라 갑의 집은 오른편을 향하고, 을의 집은 왼편으로 등을 지게 배치한다면 시내의 도로가 이러한 형편으로 말미

암아 동으로 서로 꾸불꾸불하게 되어 두 사람이 어깨를 나란히 하기 조차 어려울 만큼 좁은 곳도 있을 뿐 아니라, 심한 경우에는 막힌 골목이 이리 저리 얽혀서 행인을 방해한다면, 이러한 상황은 온 국민이 공동으로 소유해야 할 도로를, 한두 시민이 함부로 차지하여 정부의 금단을 돌보지 않은 결과라 하겠다.

또 그와 같은 일은 백의 하나도 편리한 점이 없을 것이기 때문에, 시내에 집을 짓는 방법이란 두 집이 서로 등지게 하고, 집 앞 부분은 각각 큰 길을 바라보도록 하되, 어긋남이 없도록 배치하여 사통오달한 도로가 바둑판의 가로 세로의 줄처럼 반듯하게 되어 있는 것이 가장 좋고, 또 모든 집에는 문패를 붙이며, 또 간판을 달아서 술집·오락장 등을 구별하는 것이 좋다. 무릇 도로란 운송의 편리를 도모하는 관계로 미루어 보더라도 대단히 중요하기 때문에 이것 또한 정부가 관장하는 큰 시책 중의 하나다.

17. 술집을 개설하는 것도 역시 법규를 만들어 단속하는 것이 옳다. 대개 음주라는 것이 인간의 한 나쁜 짓이라고는 하지만 법규로써 덮어놓고 금하기만 한다면 국민들의 사사로운 일을 아침 저녁으로 간섭하여 그 한계가 없는 셈이 될 것이며, 사회의 물의가 비등하여 그러한 법규의 시행이 불가능하게 될 것임은 말할 여지도 없고, 도리어 큰 해를 발생케 하기 때문에 우선 술집을 낼 수 있게 허가해 준 다음, 술마시고자 하는 욕구를 억제하지는 말고, 다만 심하게 마시는 자만을 규칙으로 막도록 하는 것이 옳을 것이다.

어떤 지방이든지 술집 주인은 관청의 허가를 받은 뒤에 술집을 개설하고 있으며, 또 관청에서도 술집주인을 살펴보아 좋지 못한 사람에게는 허가하지 않거나 많은 세금을 매기며, 지나친 자는 억제하고 이따금 술집도 돌아다녀 보아 퇴폐적인 풍습을 억제토록 하는 것이 합당하다. 이러한 법규는 술집에만 시행할 것이 아니라 모든 오락장 등에도 베풀도록 할 것이며, 난잡한 놀이를 일삼는 자는 일체 엄금하여 패륜의 뿌리를 단절토록 하는 것이 마땅하며, 그 가운데서도 가장 용서할 수 없는 것은 아편담배라고 할 수 있다. 아편담배란 피우는 사람에게만 해를 끼치는 데 그치지 않고 마침내는 온 나라 안에 해독의 싹을 길러 퍼뜨리는 양상이 전염하는 병균보다 몇 배나 더하며, 그 해독이 널리 퍼지는 상황 또한 강포한 적군에 견줄 수 없을 만하여, 인종을 병들게 하고 그 국가를 해치는 데까지 이르고 마는 것이다. 그런 까닭으로 아편담배를 피우는 사람은 일률적으로 가혹한 처단을 하는 것이 국민이나 국가를 위하여 어질고도 착한 시책이 되는 것이며 절대로 잔인한 법집행이라고는 할 수 없는 것이다.

18. 짐꾼, 가마꾼, 마부 등의 생계를 유지하는 방법에도 일정한 규칙이 없으면 안된다. 몇 리 되는 길과 얼마나 되는 무게의 짐에는 품삯이나 짐값으로서 얼마를 받으라고 작정해주는 것이 이와 같이 천한 직업에 종사하는 사람들에게는 방해가 될 듯도 싶다. 그러나 실상은 억지로 이와 같은 규약을 행하는 것이 아니라, 이러한 직업에 종사하는 사람들의 공론으로 정한 대가가 있는 만큼, 정부의 명령으로 그 다소를 한정하는 것이 아니라, 이미 합의된 약속을 잘 지키도록 하는 것뿐인 것이다.

이와 같은 천한 직업에 종사하는 사람은 본래 하층 사람들로서 교육을 거의 받지 않았기 때문에 지식이 부족하여 그 생계를 유지하는 방법이 노동에 지나지 않고, 한평생을 이와 같은 일로 끝마치므로 어질거나 군자 같은 사람들로부터 측은히 여겨져 이따금 돌봄이나 구제를 받기도 하지만 세간의 괴이한 풍속은 이들 가운데에서 많이 나오기 때문에 엄한 법규로 다스리는 것이 옳다. 이따금 낯선 사람이나 급한 일이 있는 사람을 만났을 때에는 본심에 있던 염치가 다 사라지고 터무니없는 요금을 탐내는 자가 십중팔구인 것이다. 이러한 일이 비록 작기는 하지만 사회의 풍습면에는 중대한 관계가 있는 것이라 하겠다.

19. 무릇 이와 같은 규칙을 작정하려고 하여도 그 조목이 너무나도 많아서 결정적으로 말하기는 어렵다. 이제 이러한 규칙의 유무로 말미암아 국가의 시책과 관계되는 일을 증거 삼아서 영국 런던의 2백년 전 광경을 잠시 기록해 보기로 하겠다.

이 무렵 런던의 크기는 지금의 6분 혹은 7분의 1을 지나지 않았는데 도로를 보수하기는 고사하고, 청소하는 법도 없어서 더러운 물건이 행인들의 발을 어지럽히며 거리와 골목은 굽은 가운데서도 좁기가 한량없기 때문에 상점의 간판이 길을 가로막고, 그것이 떨어졌을 때는 행인을 죽이거나 부상을 입히기까지에 이르렀다. 또 거리에는 등불을 켜놓는 법이 없었기 때문에 밤에 길가는 사람들은 제각기 등불을 가지고 다녀야만 했었다. 그러나 오늘에 이르러서는 번화한 기상과 성대한 광경이 옛날에 견주어 하늘과 땅 같은 현격한 차이가 있을 뿐더러, 풍성한 큰 도시로서도 유명하여 능히 어깨를 나란히 할 만한 것을 찾기가 어려운 형편이다.

20. 위에 열거한 여러 가지 조목들을 정부의 법으로 제정하는 것은 결국 국민들에게 이익을 주기 위해서이다. 법이란 국민들을 편하게 하는 것을 위주로 하기 때문에 혹 어떠한 일에 법규를 제정하여 사회에 도리어 불편한 단서를 만들게 될 것 같으면, 조속히 폐지하여 정부로서의 간섭을 그만두고 일반 국민들이 편리한 데로 뒤따라가도록 해야 할 것이다. 정부가 국민을 위하는 일을 해 나아가는 데 있어서 크게 살피는 것을 게을리 한다면 하지 않는 바와 다름이 없으니 지나친 것이나 모자라는 것이나 다 똑같기 때문이다. 다만 좋은 정부라고 하는 것은 국민들과 더불어 그들의 편리함을 따라 태평스러운 복록을 길이 누려 나아가는 데 있다고 하겠다.

제 7 편

수세(收稅)하는 법규(法規)

1. 서양 각국이 물품의 생산과 무역을 국가의 큰 근본으로 삼기 때문에 그 과세하는 방법도 농산품에 그치지 않는데 그것은 아시아주 여러 나라의 규모와는 아주 다르다. 이제 영국의 세법을 한 예로 들어 볼까 한다.
2. 해관세(海關稅) : 나라 안의 여러 항구에 수입되는 외국물품에서 징수하는 세금이다. 술·차·담배 따위에 무겁게 과세하고, 사람들의 일상생활에 요긴하게 쓰이는 물품에는 적게 매기거나, 혹은 매기지 않는 것도 있는 바, 세입 가운데서 이 세금이 최고액을 차지하고 있다.
3. 물산세(物産稅) : 나라 안에서 생산되는 물품마다 세금을 매기는 것은 아니다. 또 물품에 따라 과세의 경중을 정하는데, 세금을 내는 물품은 술·차·담배·종이·비누·밀초·석탄·목재 따위다.
4. 관허세(官許稅) : 이 세금은 상업을 경영하는 자가 관청의 특별허가를 받고서 내는 별도의 세금이다. 종류별로 구별해 보면 술파는 사람, 담배 만드는 사람, 마차 도가(都家)·음식점 따위며, 또 겨울 동안의 사냥꾼에게서도 거두어들인다.
5. 증인세(證印稅) : 증인세라도 하는 것은 민간에서 행해지는 어떠한 문서든지 관청의 증인(證印)을 받음으로써, 후일의 증거로 삼는 것을

말한다. 여기에 해당되는 것을 열거해 보면 다음과 같다.

가택차대문권(家宅借貸文券)	화물양급서(貨物讓給書)
차재약서(借財約書)	이혼서(離婚書)
환전표(換錢票)	유원서(遺願書)
차재문권(借財文券)	임관서(任官書)
은행점표(銀行店票)	공인제자허입서(工人弟子許入書)
전물문서(典物文書)	허혼서(許婚書)
신문지출판(新聞紙出版)	화재보험서(火災保險書)
해상보험서(海上保險書)	상채문권(償債文券)

이러한 일들을 문권(文券)과 글자로 행할 때는, 각각 그 일의 경중에 따라 일정한 세법상의 규칙이 있다. 만약 사사로이 사용하는 문서에 관청의 증인이 붙어 있지 않은 것은 뒷날 시비가 있더라도 사법기관에 제소할 수가 없으며, 또 이러한 일이 있으면 정부의 세금을 회피하려 했다는 죄목으로 벌금을 물어야 하는 것이다.

6. 토지세(土地稅) : 이 세금은 도시와 시골의 구별이 없으나 그 지면의 넓고 좁기라든가, 토질의 좋고 나쁜 데 따라 그 1년간 소출의 25분의 1을 거두어들인다.

7. 가옥세(家屋稅) : 이 세법은 토지세의 경우와 같다. 대개 토지와 가옥의 세가 25분의 1이라고 하지만, 양빈원비(養貧院費)를 따로 내야 하기 때문에, 사실은 20분의 1인 셈이다. 그리고 집안에 고용하고 있는 남녀라든가, 기르는 개·말이라든가, 차량 따위에도 각기 일정한 세금이 있는 것이다.

8. 가산세(家産稅) : 상업으로 무역을 한다거나 학문으로 교사가 되고서도 가산을 경영하는 사람은 그 1년 소득의 25분의 1을 바쳐야 하며, 또 관리로 임명된 사람도 그 보수의 25분의 1을 바치기로 되어 있다.

9. 이 외로도 여러 가지 항목으로 세금을 거두어들이는 명목이 많은데, 우정국과 전신국 같은 종류가 있다. 이상 열거한 각종 세금은 중앙정부에서 거두어들이는 것이지만, 또 특별히 부세(賦稅)라고 일컫는 것이 있다. 이것은 어떠한 지방이든지 그 지방에 관계되는 일이면 그 지방 사람들에게서 거두어들이는 세금을 가리킨다.

10. 서양 여러 나라의 세금 거두어들이는 법규를 살펴보면, 외면적인 명목은 여러 가지로 나누어져 있지만, 내면적인 실상은 두 가지 법에 지나지 않는다. 즉 직징(直徵)하는 세금과 대징(代徵)하는 세금이 그것이다.

11. 직징하는 세금이란 국민들이 대대로 전하는 물품이라든가, 세입되는 물품의 원 주인에게서 거두어들이는 것을 가리킨다. 여기에 해당되는 것은 토지·가옥·가산·증인세 및 우정·전신국에 관계되는 것들이다.

한편 대징하는 세금이란 국민들이 매매하는 물품에서 거두어들이는 세금을 가리킨다. 어떠한 물품이든지 납세하는 사람은 비록 제조하거나 환매(換賣)하는 사람으로 되어 있지만, 실제로는 그 물품을 사용하는 사람이 그 세금을 내도록 되어 있는 것이다. 이러한 이치를 해명하기 위하여, 주세(酒稅)의 예를 들어 이야기해 보겠다.

양조자라든가 혹은 술을 파는 사람이 세금을 먼저 내기는 하지만, 술값에는 사연히 세금으로 낸 만큼을 가산하여 술마시는 사람에게서 받고 있기 때문에, 사실은 양조자나 술파는 사람이 음주자를 대신하여 그 세금을 선납한 셈이며, 음주자는 그 선납된 세금을 술값에 합쳐서 내고 있는 형편인 것이다. 그리고 일종세(一種稅)라고 하는 것은 직징에 속하는 것인지 대징에 속하는 것인지, 그 명목을 분명히 지적해 내기 어렵다. 여기에 해당되는 것이 관허세이다.

12. 직징이나 대징이나 간에 국민들의 재물을 거두어들여서 정부의 경비로 충당하기는 매한가지다. 그러나 국가의 정치를 이야기하는 사람

가운데서는 직징하는 방법을 위주로 해야 한다거나, 혹은 대징하는 제도를 위주로 해야 한다거나 하는 주장을 하고 있어서 여러 학자의 학설에 따라 차이가 있는 셈이다. 직징하는 방법을 위주로 해서는 국가의 거창한 비용을 감당하기 어려울 것이며, 한편 대징하는 방법은 국민들의 일상생활에 관계가 적지 않는 만큼, 가능한 일이라면 두 방법이 병행되어서 지나치지도 않고 부족하지도 않은 상태, 즉 서로 도울 수 있는 관계가 된 다음에야 이상적인 성과를 올릴 수 있는 것이다.

이제 프랑스에서의 실례를 들어, 그렇게 되어야 하는 연유를 설명코자 한다. 무릇 프랑스 정부의 1년 지출비용은 전 국민의 세입 재화의 총액과 비교하여 그 7분의 1이나 된다. 그러므로 프랑스 정부가 그 지출 비용의 3분의 2되는 정도를 직징하는 세금으로 거두어들이려 하여도 국민의 세입 재화의 20분의 1을 받지 않으면 안되는 셈이다. 가령 1년에 1천 냥이나, 1천5백60냥을 벌어들인 사람에게, 1백냥 혹은 1백56냥의 세금을 과세하려 한다면, 능히 그처럼 무거운 세금을 감당할 만한 사람이 없을 것이며, 또 정부의 무서운 법령을 두려워하여 내지 않을 수 없다 하더라도 그 기한을 넘기지 않을 수 없는 것은 자연적인 추세라고 할 수밖에 없다. 백성들이 일부러 늦추고자 한 죄는 아니겠지만, 정부는 정부대로 가혹한 법령으로 독촉하지 않을 수 없을 터이니 어찌 바람직한 일이라 하겠는가. 다행히도 프랑스에서는 대징하는 세금이 많았기 때문에 직징하는 액수가 극히 적을 수 있었던 것이다. 대징하는 세금이란 것도 실상은 백성들이 납입한 것이지만 이는 일상적인 생활을 해 나아가는 데 있어, 즉 돈을 주고 물건을 받는 과정 속에서 알지 못하는 사이에 납세의 의무를 다하도록 되어 있는 것이다.

13. 사람의 재산이란 쉽사리 이리저리 옮길 수 있는 것이 아니다. 그런 까닭으로 직징하는 방법을 사용하여 그 세액을 마련하는 것이 옳다.

그리고 날마다 사용하는 물품은 경우에 따라 있다가도 없어지기도 하기 때문에 대징하는 방법을 사용하여 그 세액을 작정하는 것이 옳은 것이다.

무릇 대징하는 세금은 인구가 번성하고 국가가 풍요할수록 그 액수도 따라서 많아진다. 직징하는 세금도 그렇지 않은건 아니지만, 도저히 대징하는 그것과 같은 정도가 되기는 어렵다. 부강하고 풍요한 나라의 세무규칙은 별로 달라지지도 않지만, 혹 달라진다 하더라도 전에 비하여 감소되게 마련이다. 대징하는 세금은 해마다 액수가 불어나기만 하는데 그 연유는 다름 아니라 이 세금이란 일상적으로 사용하는 물품에 과세하는 것인 만큼, 국가가 부강해짐에 따라 이런 물품이 많아지기 때문에 자연히 세액 또한 증가된다고 할 수밖에 없는 것이다. 정부는 팔짱을 끼고 앉아서, 세입의 큰 몫인 보다 많은 세금을 받아들일 수 있고, 국민들 또한 세액의 증가를 깨닫지 않는 가운데서 국가의 재원을 풍족한 경지에 이르도록 할 수 있는 것이다.

14. 어떠한 법규로 세금을 거두어들이든 간에 명백한 조목과 엄정한 규칙이 없으면 세무관리의 농간이 많을 것이다. 또 국민도 그 분명한 명목을 알지 못하여 의혹을 품는 사람이 있을 것이며, 혹은 원망하는 사람도 있을 수 있는 것이다. 그런 까닭에 정부로서도 이 해에 사용한 돈의 총액을 국민들에게 알리고, 또 내년에 소용되는 총액을 역시 공고한 뒤, 과세할 세액을 정하는 것이 마땅하다. 프랑스의 정치학자 브리앙(寶利柔, Aristide Briand 1862~1932)이 과세법에 대해 논평한 것이 있는데, 그 조목들을 들어보면 다음과 같다.

첫째, 과세는 정부의 당연한 사무를 위한 것인 만큼 풍족한 액수를 거두어들이지 않으면 안된다.

둘째, 납세하는 자의 능력에 알맞게 과세하는 것이 옳다.

셋째, 세금 거두는 데 드는 비용을 간략하게 해야 한다.

넷째, 세금을 작정하는 일과 징수하는 데 있어서 국민의 생계를 억제하지 말 것이며, 또 국가의 경제를 손상시키지도 말고, 그 합당한 도리를 따라 집행해야 한다.

15. 세금 거두어들이는 법규는 가난한 국민들을 돌보고 보호하도록 힘쓰는 것이 옳다. 돈많고 지위 있는 사람은 과세액이 비록 수많은 액에 이른다 하더라도 각각 가지고 있는 능력에따라 곤란한 경우가 없을 것이다. 그러나 구차한 국민들은 오늘 번 돈으로 오늘 쓰고 내일 번 돈으로 내일 쓰는 식으로, 하루의 소득액을 하루의 경비로 충당하기조차 어려운 자가 많아 부모를 봉양하며 처자를 돌보는 것으로 그 자신의 의식주에까지 갖은 고초를 겪고 있기 때문에 해를 거듭할수록 즐거운 경황이라고는 없는 처지인 데, 어느 겨를에 국가의 의무를 생각할 수 있단 말인가. 그러면 정부 또한 세금 거두는 일이 사사로운 일을 위해서가 아니며, 국가의 공적인 비용을 마련하는 조처라고 한다면, 공평한 방법으로 정부의 은덕을 골고루 펴지게 할지언정 가엾게 여기는 조그마한 은정을 부질없이 베풀려는 나머지 전국적인 기강을 어지럽게 해서는 안된다. 그런 까닭으로 과세액을 작정하는 데 있어서 정부가 유념해야 할 일은 다음과 같다.

첫째, 국민들 재산에 과세하려는 기준을 마련하여 백 냥으로 한도를 정하든지 또는 천 냥으로 한도를 정할 것이며, 그러한 기준 이하의 재산에는 세금을 매기지 말 것. 또 옷이나 이부자리 따위로부터 시작하여 농경과 식용으로 기르는 소·말·돼지·양 같은 가축류에도 세금을 매기지 말 것.

둘째, 우리들이 날마다 사용하는 물품 가운데서 가장 요긴한 종류는 세금이 없도록 할 것. 그러나 부득이하여 과세해야 할 때에는 가장 경미하도록 매길 것.

셋째, 어떠한 물품이든지 일상생활에 요긴하게 쓰이지 않는, 사치한 종류에는 정부의 뜻에 따라 지극히 무거운 세금을 매기도록 할 것.

16. 이와 같은 연유는 다른 데 있는 것이 아니다. 우리들 일상생활에

요긴하게 쓰이는 물품을 대강 열거해 보면, 곡식과 땔나무와 포목과 약재 따위라고 할 수 있는데, 이는 빈부나 귀천의 구별 없이 같이 사용하는 것이어서 생활 필수품이라고 할 만한 것들이다. 이러한 물품에 대한 세금을 너그럽고 헐하게 하여, 가난하거나 구차한 사람들의 생활을 돌보고 구제해 주는 것이 옳다고 할 수 있는 반면, 요긴치 않은 물품이란, 술·차·담배·비단 따위라고 할 수 있는데, 우리들 일상생활에는 없어도 좋고 있더라도 유익한 물품이라고는 할 수 없는 것들이다.

그런 까닭으로 그러한 물품을 쓰는 사람은 반드시 돈 많거나 지위 높은 사람들이라고 할 수 있으며, 혹 가난한 사람이 쓰는 수가 있더라도 그러한 자는 난봉꾼인 것이다. 그러므로 이러한 물품에 대한 세금을 무겁게 매긴다면 난봉꾼 따위를 억제할 수 있을 것이며, 또 부귀영화를 누리는 사람들의 사치를 위하여 쓰는 재물을 거두어들여서 정부의 경비에 보태도록 하는 것 또한 무방한 일이라 하겠다.

17. 이제 세계 각국 중 10여개 국의 인구와 세액을 기록하고, 사람마다 내야 할 평균적인 액수를 나란히 기록해 보겠다. 이는 8, 9년 전의 자료에 의거하여 비교한 것이다.

- **중국**(中國)

인구 : 약 4억 2천5백만 명　　과세 : 약 25억 냥
1인당 평균액 : 4냥 남짓.

무릇 중국의 인구와 과세액은 정부의 명백한 문서로 민간에 공포된 것이 없기 때문에 약 얼마라고 표시하였다.

- **일본**(日本)

인구 : 3천5백92만 5천 명　　과세 : 13억 7천1백40만 냥
1인당 평균액 : 38냥 남짓.

- **프랑스**(佛蘭西, France)

인구 : 3천6백90만 5천 명　　과세 : 1백19억 8천2백60만 냥

1인당 평균액 : 324냥 남짓.

- **영국**(英國, Great Britain)

  인구 : 4천2백72만 7천 명　　과세 : 1백5억 1천1백40만 냥

  1인당 평균액 : 262냥 남짓.

- **러시아**(俄羅斯, Russia)

  인구 : 8천5백68만 5천 명　　과세 : 88억 8천5백20만 냥

  1인당 평균액 : 98냥 남짓.

- **이탈리아**(伊太利, Italy)

  인구 : 2천6백80만 2천 명　　과세 : 57억 2백20만 냥

  1인당 평균액 : 212냥 남짓.

- **네덜란드**(荷蘭, Netherlands)

  인구 : 359만 명　　과세 : 9억 6천5백20만 냥

  1인당 평균액 : 270냥 남짓.

- **포르투갈**(葡萄牙, Portugal)

  인구 : 4백74만 5천2백42명　　과세 : 6억 9천3백22만 4천 냥

  1인당 평균액 : 145냥 남짓.

- **스페인**(西班牙, Spain)

  인구 : 2천4백91만 4천 명　　과세 : 35억 2천1백32만 5천 냥

  1인당 평균액 : 145냥 남짓.

- **독일**(日耳曼, Germany)

  인구 : 4천5백23만 4천1명　　과세 : 29억 5천4백만 6천7백 냥

  1인당 평균액 : 67냥 남짓.

- **오스트리아**(墺地利, Austria)

  인구 : 3천7백74만 1천4백34명　　과세 : 72억 6천8백만 3천4백 냥

  1인당 평균액 : 3백3냥 남짓.

- **스웨덴**(瑞典, Sweden) **및 노르웨이**(諾威, Norway)

  인구 : 6백39만 1천88명　　과세 : 6억 7천2백89만 5천2백 냥

1인당 평균액 : 1백5냥 남짓.

- **미국**(美國, U.S.A.)

인구 : 5천7백만 명　　과세 : 69억 7천39만 7천4백 냥

1인당 평균액 : 122냥 남짓.

- **멕시코**(墨西哥, Mexico)

인구 : 9백65만 명　　과세 : 7억 2천2백20만 냥

1인당 평균액 : 75냥 남짓.

- **칠레**(智利, Chile)

인구 : 2백23만 4천 명　　과세 : 4억 8천3백20만 2천4백 냥

1인당 평균액 : 215냥 남짓.

- **브라질**(巴西, Brazil)

인구 : 1천20만 명　　과세 : 13억 3천49만 4천 냥

1인당 평균액 : 130냥 남짓.

- **페루**(秘魯, Peru)

인구 : 3백37만 4천 명　　과세 : 2억 7천82만 9천5백 냥

1인당 평균액 : 80냥 남짓.

18. 사람마다 낸 평균액으로 여러 나라 세금의 가볍고 무거움을 비교해 볼 것 같으면, 그 나라 국민들의 빈부와 고락 여하가, 세액의 가볍고 무거운 것으로 그 한계선을 삼은 것과 같다고 할 수 있기 때문에, 무거운 세금을 내는 나라일수록 풍요로움과 편안함을 더 많이 누리고 있다고 할 수 있다.

원래 국민에게 무거운 세금을 매기는 것으로써 나라의 풍요로움을 누리려 할 것이 아니라 정부에서 국민들의 세금을 남용하지 않을 때에는 전국적인 안녕을 도모하여 유익한 사업이 적지 않을 뿐더러, 이러한 나라는 국민들의 산업이 해마다 붇고 늘어나기 때문에 거기에서 징수되는 세액도 따라서 늘어난다고 할 수 있는 것이다. 만약 여러 나라의 2, 3년 동안에 걸친 세수 상황을 상고해 볼 때 5, 6년 전의

것에 견주어 반드시 그 액수가 증가되어 있다는 사실은, 바로 이러한 이치에 말미암은 것이라 하겠다.

19. 과세의 경중으로써 그 세법의 편리함 여부를 이야기하기만 하고, 그 속에 간직되어 있는 다른 연유를 알지 못하는 사람이 이따금 없지 않지만, 이는 실제적인 이치를 깨우치지 못한 자의 고집스러운 편견이라고 할 수밖에 없다. 가령 세금이 무거워도 정부가 거두어들인 돈을 잘 써서 국가의 안녕을 잘 지켜 나아가며, 문명을 떨쳐 일으켜서 개화를 위한 여러 가지 일에 골고루 뜻을 둘 것 같으면, 이는 당연한 세무행정이라고 할 수 있다. 그러나 세금이 가벼워도 정부가 거두어들인 돈을 쓰는 데 있어서 올바른 도리를 지키지 않고, 사사로운 욕심을 충족키 위한 행위를 자행하며, 망령된 뜻을 자행하여 국민들이 납세한 데 대한 보답을 하지 않는다면, 이는 가혹한 세수행정이라고 할 수밖에 없다.

가만히 생각해 본다면 세금이란 온 국민이 다같이 내놓은 재물을 합친 것이라고 할 수 있다. 자기 한 몸이나 한 집안의 평안함과 풍요로움을 꾀하기는 국민 한 사람 한 사람에 관한 일이지만, 전국의 모든 사업을 관장해야 하는 정부로서는 온 국민이 내놓은 돈을 온통 합치지 않는다면 시행하기 어려운 일들이 많은 것이다. 군인들의 수비와 도로의 수축과 학교의 설치 따위와 같은 공적이고도 근본적인 사업을 촉진하지 않는다면, 국가의 안녕과 문명을 바라기 어려울 것이다. 한 나라가 개화되었느냐 않았느냐 하는 구별은 정부에서 공적이고도 근본적인 사업을 시행하느냐 하지 않느냐 하는 것에 달려 있다고 할 수 있다. 군인의 수비가 없다면 외국의 침범이나 국내의 반란이 있을 때, 어떠한 방법을 써서 방어하거나 진압한단 말인가. 도로의 수축이 없다면 국민들이 무슨 수로 수송의 편의를 얻으며, 학교를 설치하지 않는다면 국민들이 어떻게 하여 윤리나 기강에 밝고 학문이나 기예에 정통하게 되어, 문란한 풍속에 빠지지 않고, 가난한 지경에 이르지 않기를 기약할 수 있겠는가. 이외의 모든 사업 또한 다 이와 같다고 할 수 있는데, 정부로서도 이처럼 많은 여러 사업을 시행하려면 막대한 비용이 소요되리라는 것은 부득이한 일이라 하겠다.

이러한 까닭으로 과세의 무거움은 결단코 마땅한 일이라 할 수밖에 없다. 다만 정부가 근신해야 할 일이란 국민들이 거두어 낸 공금을 터럭 하나만큼이라도 사사로이 쓰지 말고, 천하를 위하여 천하의 보물을 아껴야만 하는 데 있는 것이다.

예로부터 천하에 임금노릇 하는 자들은 가끔 조세를 감면시켜 주는 어진 정치를 행하기도 하지만, 그러나 실제적인 사정에 입각하여 생각해 본다면 오히려 그 감면시켜 주는 액수만큼의 돈을 잘 써서 국민들에게 유익한, 공적이고도 근본적인 사업을 일으키는 것이 얼마나 좋은 일인지 모른다. 무릇 세금을 감해 주는 일이 실상은 국민을 사랑하는 본의라고 할 수 없을 뿐더러 나라를 병들게 하는 잘못된 시책이라고 할 수밖에 없다. 이러한 일은 국민의 게으른 습속을 기르기 쉬우며, 뒷날에도 이러한 혜택을 베풀지 않는다면 원망하는 소리를 듣게 될 터이므로, 나라를 다스리는 도리를 수행함에 있어서 정치를 모르는 조그마한 혜택으로 극심한 폐해의 실마리를 마련하는 것이라 하겠다. 그러나 후세의 역사가들이 이러한 조치를 칭송하는 까닭은 다른 데 있는 것 같지 않다. 즉 옛날의 제왕들이란 흔히 백성들에게 무거운 세금을 부과하고, 거두어들인 돈으로 사치를 일삼은 나머지 높다란 궁궐을 짓는다거나, 공명을 탐낸 나머지 명분 없는 전쟁을 일삼는다거나 하는 따위의 사사로운 욕심으로 국가의 공적이고도 근본적인 사업을 돌보지 않는 것이 예사였는데, 이따금 검소한 임금이 나와 위에서와 같은 나쁜 짓은 않고, 대신 백성들의 세금을 감면시켜 주게 되자 칭송하게 된 것임이 분명하다. 만약 국민들의 세금을 감면시켜 준 대신, 전국에 걸쳐 공적이고도 근본적인 사업은 하지 않았다면 누가 이것을 훌륭한 정치라고 하겠는가.

혹 기근이 든 때 지방에 따라 세금을 감해 주는 어진 조치를 베풀지 않을 수 없음은 사세의 당연한 일이라 하겠다. 정부와 국민이 마음과 힘을 합하여 세금의 경중에 대해서는 이야기하지 않은 채 세금의 올바른 사용처를 모색하여 커다란 경영과 위대한 공공사업으로, 그 혜택을 온 천하에 골고루 퍼지도록 꾀하는 것이 옳으리라. 나라가 풍요롭고 국민이 번성하면 세금이 비록 무겁더라도 가난한 나라의 가벼운 세금에 견주어 납부하기 쉽다하겠고, 또 무겁다 한들 세금으로 징수하는 액수만을 가리키는 것일 뿐이어서 국민의 재물에 비하면 역시 가난한 나라의 무거운 세금보다 훨씬 가볍다고 할 수 있을 것이다.

국민의 납세(納稅)하는 분의(分義)

1. 나라에 정부를 두는 것은 국민을 위해서이다. 그런 까닭으로 정부가 하는 모든 일은 사실 백성의 사무를 대행하고 있는 셈이다. 정부가 그 직분을 수행하는 데 있어서 돈이 필요 없다면 좋겠지만, 사람의 일이란 그렇지 못하여 일거일동에 쓰이는 것은 돈이며, 온갖 사물에 요구되는 것도 돈이라고 할 수밖에 없다. 돈이라고 하는 것은 하늘에서 비나 눈처럼 내리는 것이 아니며, 또 땅 위의 풀이나 나무처럼 자라나는 것도 아니다. 돈이란 반드시 사람의 재주나 힘에 의하여 만들어지고 사람들에게 소중하게 여겨지는 것인바, 정부 관리라고 해서 돈 만드는 사람이 아닌 다음에야 사무처리에 필요한 비용은 국민에게 거두어들이지 않을 수 없다. 그러나 거기에는 일정한 규범이 없으면 문란한 폐단이 생길지도 모른다. 이렇게 하여 세금 거두는 방법이 처음으로 생기게 되었다.

국민들이 세금을 내는 것은 오로지 나라를 위해서이다. 정부가 만약 국민들의 세금을 나랏일에 쓰지 않는다면 국민들이 원망하여도 어찌할 수가 없는 일이며, 혹은 회피나 모면을 하더라도 어쩔 수 없는 일이지만, 정부가 올바로 사용하든지 그렇지 않든지 간에, 그 사용처가 나랏일에 관련되는 것이라면, 올바로 사용한다고 해서 세금을 내고, 올바로 사용치 않는다고 해서 내지 않을 수는 없는 것이다. 이러한 까닭으로 국민들로서는 정부가 올바로 사용하기만을 바랄 뿐, 세금을 내는 일에 대해서는 원망하거나 불평하지 않는 것이 당연한 도리라고 할 수 있다.

2. 국민들이 어떠한 직업에 종사하든지 그들의 생계를 편안히 유지하여 집안에서는 부모를 봉양하며, 형제 및 처자와의 즐거움을 누리며, 집 밖에 나가서는 친구들과 사귀며 재미있게 어울려 놀 수 있고, 도둑맞을 우려라든가 횡액을 당할 걱정을 않는 것은 다 정부의 덕택이라고 할 수 있다.

만약 국민들이 서로 어울려 사는 데 있어 정부가 없다면, 약한 사람이 억울하고 원통한 일을 당한들 어디에 호소하며, 힘센 사람이 무도한 행위를 자행한들 누가 막아 준단 말인가. 이와 같은 까닭으로 정부의 은택이란 형체가 있어서 손으로 만지거나, 눈으로 볼 수 있는 물건은 아니지만 사연스러운 가운데 사람들이 옷을 입거나 밥을 먹거나 하는 것처럼 잠시라도 떨어져 있지 않으며 또는 물고기와 물이 같이 있으면서도 서로를 느끼지도 않는 그러한 관계라고 할 수 있는 것이다. 정부 은택의 넓이는 자로도 잴 수 없고, 무게는 저울로도 달기 어려울 만큼 위대한 것이지만 돈을 사용하지 않고는 이루어지지 않는다.

돈은 형체가 없는 물건이 아니다. 반드시 사람들 눈앞에서 번쩍거리며, 손 속을 들락날락하다가 정부로 굴러 들어가는 물건인 것이다. 형체 있는 돈으로 형체 없는 덕택을 교환한 셈인바, 이는 어리석은 사람의 생각으로는 도저히 짐작조차 할 수 없는 일인 것이다. 앞에서 열거한 바와 같은 덕택을 시행하기 위해서는 관리를 두지 않으면 안 되는데 반드시 봉급이 있어야 하며, 군인을 양성하지 않으면 안되는 데 반드시 보수가 있어야 하며, 학교를 설치하지 않으면 안되는데 반드시 비용이 있어야 하며, 외국과 교섭을 행하지 않을 수 없는데 반드시 씀씀이가 있어야만 하는 것이다. 이와 같은 대강 열거한 것에 지나지 않으며, 그 자질구레한 조목을 따지자면 일일이 열거하기조차 어려운 형편이라 하겠다.

3. 그러나 정부가 돈을 필요로 하는 것은 그 직분을 수행하기 위해서인 바, 나라가 빈한하여 정부의 사업이 원만하게 이루어지지 않는다면 그 책망은 결국 국민에게로 돌아가게 마련이다. 정부를 돕고 지탱하는 일은 전체 국민이 담당해야 할 직분인 바, 한 집안을 지탱하는 씀씀이도 부족하면 아주 곤란하게 되고 마는데, 하물며 한 나라처럼 큰 살림살이에 이르러서야 더 무슨 말이 필요하겠는가.

이제 한 나라를 한 집으로 비유해 보자. 임금을 아버지라면 국민은 자식이라고 할 수 있다. 또 정치를 비유하자면 상업이라고 하든지 농업이라고도 할 수 있으며, 관리들은 장사하는 일에 시중드는 차인(差人)이나 혹은 고용인의 형상이라고 할 수 있을 것 같다. 그 아버지가 상업하는 일에 차인을 두는 것도 그의 자식을 위해서이며, 농사짓는 일에 고용인을 둔 것도 그의 자식을 위해서라고 할 수 있는 바, 아들 되는 도리는 모든 일을 부지런하고 착실히 하여 아버지의 근심 걱정을 덜어드려야만 하는 것이다. 아버지의 공을 알지 못하면서도 많은 은덕이나 혜택만을 바란다면 아버지 혼자의 맨손으로 경영하는 사업이 어찌 제대로 성취될 수 있겠는가. 그런 까닭에 임금을 사랑하는 백성이라면 납세하는 일을 자기의 당연한 직분으로 여겨서 조금도 귀찮게 생각하지 말고 정부와 협력하여 야비하거나 인색한 행동을 하지 않도록 해야 한다. 만약 정부에서 과세하는 납세의무를 기피하거나 까닭없이 날짜를 어기거나 하는 자는 진실로 나쁜 백성이라는 일컬음을 면치 못할 것이다. 백성되는 사람으로서 이보다 더 경계해야 할 일은 없을 것이다.

4. 어떠한 사람이 정부의 관리가 되더라도 그 나라의 국민이며, 그 임금의 신하로서 정부의 사무를 담당하게 되는 것이다. 그러므로 납세하는 국민이나, 징수하는 관리는 다 그 직분의 당연함은 매한가지라 하겠다. 과세의 경중은 나랏일의 많고 적음에 말미암은 것이며, 쓸데없으면서도 정부가 탐을 내어 많이 거두어들이는 것은 아니며, 쓸데가 있는데도 정부가 국민을 위하여 가볍게 거두어들이는 것도 아니다. 국가에서 돈을 쓰는 것은 결국 국민을 위한 일을 하기 위해서라고 할 수 있는 바, 국민은 저마다 돈을 내어 정부에 모아주고, 정부는 국민들이 낸 돈을 관장하여 모든 사람이 나서서 해야 할 노고를 대신한다고 할 수 있는 것이다. 국민들로서는 자기들의 일을 위해서 돈을 내지 않고 누구에게 미룬단 말인가.

이러한 취지에 입각해서 생각해 본다면 정부가 국사를 행하기 위하여 국민들에게 납세를 독촉한다 하더라도 그것은 정부의 위령을 자행코자 하는 일이 아니며, 국민에게서 위임받은 사무를 성취시키려 노력하는 것뿐이라고 하겠는데, 이를 가리켜 가혹한 법집행이라든가 학정이라고 한다면 이는 극단적인 의견을 무도하게 주장하는 것이라 하겠다. 국민들이 신의를 지키며 염치를 알아서 정부와 관계있는 일에 기한을 어기지 않고 명령을 순종할 것 같으면, 정부로서도 또한 기쁨과 즐거움을 이기지 못할 처지인데 감히 국민들에게 엄한 명령을 내린단 말인가. 그렇기 때문에 국민된 자가 자기 의무를 먼저 다한 연후에 정부의 관대한 조치를 바라는 것이 마땅하다. 국민이 그들의 도리를 다하지 않고 정부에게만 그 직분을 수행하라고 책망한다면, 이는 고금천하에 유례가 없는 일이라 하겠다.

5. 이제 여기 두 사람이 있어서, 한 사람은 가산이 백만 금이며, 또 한 사람은 10만 금이라고 하자. 백만 금을 가진 사람이 납입하는 세금은

가산 세법으로 평가해서 10만 금을 가진 사람의 10배를 더 내야만 한다. 정부가 베푸는 덕택에 두텁거나 엷은 구별이 있는 것은 아니지만, 국민들이 납부해야 할 세액은 그 가산에 따라 다소의 구별이 있게 마련인데, 그것은 정부의 고의적인 조처가 아니라 국민 자신들의 처지에 따른 차이인 것이다. 그러한 곡절을 해명하기 위하여 한 마디 해보려 한다. 가령 사람에게 정부에서 보호받는 권리가 없다고 할 것 같으면, 국민마다 자기 일신을 보호하는 방법이 있어야 할 터인데, 부자일수록 그러한 걱정이 대단하여 잠시라도 마음놓고 지낼 수가 없을 뿐더러, 그의 가산을 빼앗으려는 무리들을 막아내야 할 터이니, 그렇다면 백만 금을 지키는 비용이 10만 금을 지키는 것에 견주어 10배나 더 든다는 문제는 고사하고, 10만 금 부자건 백만 금 부자건 간에 그 허비하는 돈이 비록 적다 하더라도 정부에 납부하는 세금에 비하면 도리어 몇 배나 더 많을 것이다. 그런 까닭에 얼마 안되는 세금을 정부에 납부하고는 보호받는 덕택을 받는 것이 좁은 소견으로 생각하더라도, 막대한 이익이라고 할 수밖에 없다.

이따금 일신의 즐거움을 위하여 한꺼번에 수많은 돈 버리기를 지푸라기같이 하여 재산을 탕진하는 사람도 있는데, 정부에 바치는 당연한 세금은 한두 푼을 따지며, 부당한 위령을 이기지 못한 나머지 억지로 내는 듯이 생각하는 사람조차 있는 형편이다. 이는 국민의 의무를 알지 못하는 자의 소행이라고 하겠으나, 전체 국민들이 보통 정도의 세금을 내고는 정부의 보호만은 넓고 크기를 희망한다면, 자본금이 많지 않은 상인으로부터 헐값으로 물건을 사려는 행위와 같다고 하겠다. 정부인들 무슨 수로 모든 국민을 헐값으로 보호해 줄 수 있겠는가. 돈을 쓰지 않고도 할 수만 있다면, 정부 또한 기꺼이 할 터이지만, 사세가 그렇지 못하다는 사실은 아녀자의 견문으로도 훤히 알 수 있는 일인 것이다. 납세하는 국민으로서 심사숙고해야 할 점은 바로 여기에 있다고 하겠다.

6. 이러한 입장에서 살펴본다면, 납세하는 일이란 국민으로서의 당연한 의무인 것이다. 만약 기일을 어기는 폐단이 있다면 정부측에서 엄격한 법규로 처벌을 가하기에 이른다 하더라도 국민으로서는 아무런 원망도 하지 못할 것이다. 즉 자기 스스로 기일을 어긴 죄가 있을 뿐더러 정부를 가볍게 보는 것은 좋지 못한 습관 또한 이미 있었던 바, 어떻게 하여 그 허물을 깨닫지 못한단 말인가.

우리 사회의 물정을 본다면 남의 토지를 경작하는 사람은 해마다 그 도조(賭租)를 꼭 내야만 하고, 남의 돈을 빌린 사람은 일수면 날마다, 월수면 달마다 그 이자를 갚아 나가야만 한다. 이렇게 하는 것이 완구한 습관을 이루게 된 것은 다름이 아니라, 그 토지라든가 돈은 자기 것이 아니라, 주인이 따로 있기 때문이다.

천하는 하늘 아래의 천하인 만큼 나라의 크고 작고를 가리지 않고 이러한 관습은 같다고 할 수밖에 없다. 나라 안에 있는 토지와 그곳에서 생산되는 물품은 다 국가가 관장하는 것이라고 할 수 있는데, 국민이 그 토지에 농사를 짓는다든가 물품으로 무역에 종사한다든지 하는 일은 다 사사로운 생업을 경영하는 것이라고 할 수 있을 뿐이며, 공적이고도 근본적인 권리는 정부가 잡고 있는 것이다. 그런 까닭으로 정부는 주인을 대신하여 그 사무를 집행하고 있다고 할 수 있는데, 국민이 내는 세금은 토지 소유주에 대한 도조거나, 전주에 대한 이자와 똑같은 것이라 하겠다. 국민들 사이의 개인적인 셈에는 잠시만 기일을 어겨도 큰 변으로 여겨 고소장을 내는 사람이 있으나, 국가에 바칠 당연한 공납금은 오랜 기간 동안을 지연시키는 나쁜 버릇이 있어도 듣는 사람이나 보는 사람이 다 심상하고 등한히 여기는 수가 많다. 이 지경에 이르렀는데도 정부가 엄한 명령으로 하지 않고, 국민들의 의무 지키기만을 앉아서 기다리다가 국가적인 대사를 그르치는 일이 있게 되어도 과연 옳다고 하겠는가. 국민들의 심사숙고해야 할 일이 또한 여기에 있다.

7. 예의를 소중히 여기며, 행실을 단정히 하여 나라를 사랑하는 국민은 임금의 근심을 자기들 근심처럼 생각하며, 임금의 즐거움을 자기들 즐거움처럼 기뻐하는 한편, 정부에서 필요한 비용은 자기들 스스로가 담당하겠다고 나선다. 그러므로 납세하는 데 있어서는 기일을 어기게 될까 두려워하고, 국가에 의외의 사건이 발생했을 때에는 자청하여 재물을 헌납하기도 한다. 이는 국민으로서의 의무를 잘 지킬 줄 아는 까닭이라고 하겠는데, 인근 동리와 친척 가운데 혹 무식한 자가 있어서 이러한 의무를 지킬 도리를 알지 못하거든 마땅히 정직한 본분을 발휘하여 깨우쳐 줄 것이며, 긴박한 사정 이야기로 경계함으로써 나쁜 국민이라는 일컬음을 듣지 않도록 해주는 것이 옳다.

진실로 이와 같이 한다고 할 것 같으면, 어찌 훌륭하고도 아름다운 풍속이라고 하지 않을 수 있겠는가. 정부의 사무란 곧 국민들의 사무이며, 국민들의 사무가 곧 정부의 사무인 바, 국민의 사무는 흩어진 것이라면, 정부의 사무는 합쳐진 것이라고도 할 수 있다. 합쳐진 것이 있은 다음에야 흩어진 것을 잘 보전할 수 있는 까닭에 합쳐진 것을 잘 돕고 지탱하는 책임은 흩어져 있는 자의 큰 의무인 것이다.

8. 또 한 마디를 덧붙여 보겠다. 정부에 납세하는 일이란 국민의 국민된 큰 직분인 것이다. 그런 까닭으로 정부가 요구하는 것은 많고 적고를 가리지 말고 거역해서는 안된다. 국가에 큰 일이 있으면 정부에서는 많은 예산을 필요로 하므로 국민의 과세가 무거운 속에서도 더욱 무겁게 책정한다 하더라도 국민된 도리로서는 감히 원망하는 의사를 나타내서는 안된다. 정부로서도 국민들의 모든 형편을 헤아려서 과세액의 무거운 부담을 감내하기 어렵다고 염려되면 정부는 일시적인 융통방법으로 본국 사람이라든가 혹은 다른 나라 사람에게서 돈을 빌려서 부족한 예산을 보충하기도 하는데 이처럼 정부가 빌리는 돈을 국채(國債)라고 말한다.

대개 국채의 본전과 이자를 상환하는 것은 정부의 책임이지만, 정작 상환에 필요한 돈을 내놓는 것은 국민들인 것이다. 그 곡절을 밝히면 1년에 바치기 어려운 것을 국민들은 여러 해에 걸쳐 나누어 상환하는 셈이다. 그런 까닭으로 세금이란, 정부가 당장 필요한 예산과 지난날 필요했던 돈까지를 합쳐서 거두어들이는 돈인 것이다. 서양의 정치학자는 다음과 같이 말한 일이 있다. 즉, '세금이란 정부가 당장 필요로 하거나 지난날 조처했던 것까지 갚는 돈이라고.'

9. 국민이 정부의 경비를 충당하기 위하여 세금을 낸다고 할 수 있는데, 이 말은 조금도 거짓된 이야기가 아니다. 더구나 정부란 원래 전체 국민들을 돕고 지탱하기 위한 취지에 의거하여 설치된 것이기 때문에 그 정치의 좋고 나쁨, 이득과 손실 등은 다 국민이 정부와 더불어 부담하게 되어 있다. 정부에 실책이 있다는 것도 역시 국민들이 무식하기 때문이다. 서양의 정치학자는 또 다음과 같이 말하기도 했다. 즉, '정부의 모든 경비는 정치의 선악과 득실을 헤아릴 필요없이 다 국민들의 부담으로 하는 것이 옳다고.'

제 8 편

정부의 민세 비용(民稅費用)하는 사무

1. 정부란 국민을 위하여 세워진 것이다. 임금의 명령을 받들어 국가의 사무를 집행하는데, 그러한 사무를 집행하는 데 있어서는 돈을 쓰지 않을 수 없다. 돈을 써야 할 조목을 대강 열거해 보면 다음과 같다. 즉 제1, 정부 지용(支用)하는 일, 제2, 국민을 교육하는 일, 제3, 국가에서 영작(營作)하는 일, 제4, 종교를 부지(扶支)하는 일, 제5, 궁민(窮民)을 구제(救濟)하는 일, 제6, 국가를 방비(防備)하는 일, 제7, 외국과 교빙(交聘)하는 일 등이다.
2. 제1, 정부 지용(支用)하는 일

이 일을 위하여 돈을 써야 하는 것은 국가의 가장 큰 일 가운데의 하나다. 만약 세상에 정부가 없다면 사람들의 사귀는 법이 없을 것이며, 사귀는 데 법이 없으면 원통한 일이 있더라도 호소할 곳이 없을 것이고 재산을 모았다 하더라도 보전할 도리가 없을 것이다. 그러나 정부를 세운다면 관리를 두지 않을 수 없고, 관리를 둔다면 봉급을 주지 않을 수 없는 바, 만일 봉급이 없다고 할 것 같으면 직무를 받들고 있는 자가 일하기 힘들게 된다. 그 사람의 충성이 모자라서 그런 것이 아니라 자연히 생계가 어렵게 된 나머지 봉직하는 데에만 정신을 쏟을 수가 없게 될 것이다. 또 봉급이 지나치게 박할 것 같으면, 씀씀이가 구차해져서 법을 어겨가며 재물을 탐내기 쉽기 때문에 관리의 봉급을 위하여 돈쓰는 일은 더 이야기할 여지가 없을 만큼, 그 이치가 분명한 것이라 하겠다.

그런 까닭으로 나라를 경영하는 요긴한 방법은 어질고 능력 있는 사람이라든가 총명한 사람을 천거하여 정부의 관직을 주고는 그 직분을 잘 받들어 수행하고, 그 자리에 어울리는 규범을 지켜 나아가도록 하는 데 있는 것이다. 비범한 재주와 국량을 가진 사람이 아니라면, 정부의 관직을 맡을 수가 없는 것이다. 경서(經書)·사서(史書) 등을 열람하고 교화를 익히 받아 지식이 두루 넓으며, 견문이 높고 분명하여 예의를 숭상하고, 명분과 절조를 아끼는 인물이라야 정부 직책의 말석을 맡더라도 성과 있기를 기대할 수 있을 것인데도 불구하고, 이와 같은 취지를 돌보지 않고 학업이 미숙하며, 지식이 넓지 못한 자를 진출시킬 것 같으면 , 이는 훌륭한 기술자조차 어렵게 해내던 공사를 서투른 기술자에게 맡겨 마침내는 공사를 망가뜨리는 경우에까지 이르게 하는 것과 같다고 할 수밖에 없다. 이는 나라를 경영하는 큰 길에 어두울 뿐 아니라 정부를 세우고 설치한 의도에도 위배되는 일인 만큼, 어찌 살펴서 삼가야 할 일이 아니겠는가.

3. 그러므로 의정(議政)·행정(行政) 및 사법을 관장하는 고관들은 그 직책에 어울릴 정도로 나이 많은 사람이라든가, 뛰어난 사람을 쓰도록 하고, 하급 관리들까지도 그 직위에 따라 알맞은 봉급을 정하도록 하는 것이 옳다. 만약 고관들의 봉급이 하급 관리의 그것과 같다고 한다면, 이는 정부가 인색하다는 비방과 조롱을 면치 못할 것이다. 가난하고 구차한 나라의 경우, 직책이 얕은 자는 국민들의 세금이 적기 때문에 실상 재원을 마련하는 방편이 없다고 하겠으나, 그렇더라도 차이를 드러내 보이지 않을 수 없다. 사람에게 국가의 대사를 맡기고 정부의 대권을 맡기고서도 그 사람으로 하여금 집과 의복에 관한 근심과 걱정을 끼치게 한다면, 비록 소박한 비유이기는 하지만, 한 짐의 운임을 주고 열 짐을 옮겨달라고 하는 것과 같다고 할 수 있다. 국가

의 관리된 자로서 애국하는 충성으로 말미암아 그러한 생각이 없다면 아무 상관이 없으나, 운임관계의 비유를 생각하다가 그런 유혹을 이기지 못하는 자가 있더라도 도저히 책망할 수는 없는 일이다. 봉급의 다소문제로 관계된 것이 아니며, 사세의 자연적인 움직임으로 그렇게 되고 만 일이라 하겠다.

어떤 사람은 혹 관리의 봉급이 많기 때문에 사람들이 관리되기를 다투어 바라는 한편, 재물을 탐내는 나쁜 풍습까지 일어나게 되었다고 말하기도 하는데, 이는 인정과 사물의 이치에 통달치 못한 이야기라고 할 수밖에 없다. 이제 봉급을 박한 가운데에 더욱 박하게 한다고 한들, 관리되고자 하는 나쁜 풍습은 끊기지 않을 것이다. 비록 봉급이 후하다 하더라도, 봉급은 그 관직을 따르고, 관직은 그 덕망을 일컫게 된다면, 자연적으로 관리로 진출하는 자는 학자나 군자 같은 사람이 많아지고 비루한 자의 진출은 막히고 말 것이다. 만약 그렇지 못하고 관리를 뽑을 때 덕망 있는 사람을 택하지 않게 된다면, 자연히 비루한 자들의 진출이 많아질 것이다. 이는 재주나 그릇이 모자라면서도 관리되기를 희망하기 쉬운 연유라 하겠다.

한편 군자 같은 사람을 등용하면 국가의 복이 되지만, 비루한 자를 진출케 한다면, 우리 사회의 크나큰 손실이라 하겠는데, 그 득실과 이해는 비교해서 이야기하기조차 어려울 정도인 것이다. 또 비루한 자가 많이 진출할수록 염치를 분별하는 기강은 허물어지고, 탐욕과 함부로 날뛰는 풍조만 성행하게 될 것이다. 학자와 군자 같은 사람들은 그들의 그러한 기세를 당해 내지 못하고, 그들과 더불어 관리노릇 하는 것을 부끄럽게 생각한 나머지 관리에 진출치 않으려 하게 된다.

4. 봉급 분배하는 법은 균일하고 공평하게 하는 것이 중요하다. 내직(內職)·외직(外職)의 구별이라든가 문관(文官)·무관(武官)의 차별을 두지 말고, 관직의 품급(品級)을 따라 같은 위계 같으면 같은 액수를 주는 것이 마땅하다. 관직의 청탁(淸濁)을 이야기한다거나 봉급

의 풍박(豐薄)을 마련한다고 하는 것은, 실상 하나의 결점을 가진 규정으로서 이로 말미암아 큰 폐단을 일으키게 될지 모른다. 똑같은 임금의 신하로서 명령을 받들거나 충성을 바치는 것은 같은데, 어찌하여 청탁의 구별이 있으며 또 같은 정부의 관리로서 직책을 맡아서 사무를 보는 것은 같은데 어찌하여 풍박의 차이가 있단 말인가. 다만 권한의 대소와 직무의 경중이 있다면 이는 특별히 따로 정하여 그 공로를 보상하면 될 것이다.

어떠한 관직이든지 자기에게 관계있는 봉급은 자기의 손으로 구처하는 권리를 빌리지 말고, 정부의 재정관계 부처에 수입된 돈 가운데서, 매년 혹은 매월에 걸쳐 나누어 지급하는 법을 정할 것 같으면 함부로 재물을 탐내는 폐단은 스스로 자취를 감추게 될 것이다. 긴요하지 않고 쓸데없는 관리는 생계의 길이 마련되는 대로 도태시킨다고 할 것 같으면, 결국에 가서는 정부의 직책이 그 등급을 따라 평균하게 되고 말 것이다. 이런 가운데서도 특별한 봉급을 받는 사람은 무관인 대장(大將)과 문관인 법관(法官)이라고 하겠다. 정말로 이렇게 된다면, 국고를 낭비하는 일은 전연 없게 될 것이다.

5. 또 상을 주거나 구제하는 일은 국가에 봉사한 노고를 치하하고, 공로를 권장하는 규정이다. 이러한 규정이 없으면 안되지만, 관직을 주는 것은 마땅치 않으며, 돈으로써 그 공로의 크고 작기에 따라 상주거나 구제하는 규정을 집행해야만 한다. 그런 까닭으로, 이를 위하여 예비해 둔 돈이 있어야 마땅하며, 전사한 군인이나 충신의 과부라든가 자녀를 구제해 주는 은전이 없으면 안되는 바, 이들을 위해 돈을 예치해 두는 것이 또한 마땅한 일이라 하겠다. 이들에게 돈을 주는 대신, 관직을 주는 일은 관리제도를 마련한 근본 의도에 어긋나는 일이다. 공로가 있는 사람이나 충신 열사의 아들 혹은 손자라고 하여 그들의 재주와 학식이 어느 정도라는 것을 가리지 않고, 나이가 차지 않은 자와 학문이 미숙한 자까지를 천거하여 정부의 관리로 임명할

것 같으면, 이러한 처사는 정부의 사무를 제대로 진척시키지 못하는 결과를 빚고 말 것이다. 더구나 관리로 임명된 당사자 자신의 신상으로 말하더라도 부족한 학식과 미달된 재주로 일신을 국가에 바친다 하더라도, 그 지식과 공부가 평생토록 그 정도에 지나지 않는 까닭으로 공적으로나 사적으로나 좋은 일이라고는 할 수 없다.

또 한 가지 꼭 있어야 할 조목은 어떠한 관리든지 오랫동안을 신실히 봉사하고 퇴임한 경우에는 특별히, 돌보아주는 혜택을 마련하여, 그가 세상을 버리기 전까지는 매년 그가 받던 본봉의 2분의 1 혹은 3분의 1 정도는 주어야 한다. 그래야만 관리들의 행실이 자연적으로 단정해지며, 염치가 돈후해져서 정부의 규범을 침범치 않게 될 것이기 때문에 이러한 일을 위하여 돈을 쓰는 것 또한 옳은 일이라 하겠다.

6. 제2, 국민을 교육하는 일

이 일은 국가의 중대한 일 가운데서도 더욱 중대한 일의 하나다. 돈을 아끼지 말고, 필요한 경비는 공평하게 거두도록 해야 한다. 국민의 교육에는 두 가지 구별이 있는데, 하나는 일상적인 생활에 필요한 교육이며, 다른 하나는 학문적인 교육이다.

7. 일상적인 생활에 필요한 교육의 근본취지에 대해 생각해 보기로 하자. 사람이 세상에 난 뒤, 생활을 영위해 나아가기 위해서는 생계의 경영이 없을 수 없기 때문에, 그러한 경영에 꼭 있어야 할 견문과 지식을 깨우쳐 주는 교훈이 그것이다. 해당되는 조목을 열거해 보면 오륜에 바탕을 둔 행실과 글자 쓰는 법, 그림 그리는 법, 셈하는 법으로부터 물산학(物産學)·철학·경제학 및 인체학 등의 개괄적인 분야에까지 이르며, 또 온 세계 여러 나라의 지리·물산·정치·풍속에 관한 연구도 여기에 해당된다. 이러한 교육에 필요한 경비를 전국적인 공평한 세금으로 충당하는 것이 마땅한 까닭은 국민들의 견문을 넓히고 지식을 깨우치며, 그 이로움을 서로 이바지하고 생업을 서로 도울

수 있을 뿐 아니라, 나라를 지키는 큰 길도 실상 이 가운데 있기 때문이다.

8. 이러한 교육을 실시하기 위하여 세금을 징수하는 방법과 경비를 사용하는 방법에 대해서 서양 학자들의 논의가 있어 왔다.

그러한 논의를 예시해 보자. 즉 국민을 교육하기 위하여 징수하는 세금도 다른 세금의 경우와 같이 전국적으로 거두어들여서 국고에 예치해 두며, 각 학교 선생 봉급은 다른 관리들의 봉급 지급하는 법과 같도록 해야 한다. 그리고 도시나 시골을 가리지 않고 학교를 건설한 지방마다 그 지방에서 덕망 있는 사람으로 하여금 그 지방의 교육경비는 그 지방 사람에게 징수하도록 하는 것이 좋다. 이와 같은 방법으로 그 고장의 학교나 선생을 두루 살피도록 할 수 있게 되는데, 그 지방 사람들이 그들의 아들 조카를 가르치는 일로써 이해관계를 헤아리고 또 학교에도 많은 관심을 갖게 되어, 돈을 쓰는 데 대해서 구차한 논의라든가 불만의 소리가 생기지 않게 될 뿐더러, 선생을 선택하는 데에도 재주와 행실을 미리 살펴서 심하게 경쟁한다거나, 잘못 쓰는 우려도 전혀 없게 되는 것이다.

만약 이에 반하여 첫째 법을 취택할 것 같으면 정부의 사무가 너무나도 번거롭게 되어 능히 그 규칙을 온전하게 실행하기 어려울 것이며, 또 그처럼 많은 선생을 선택하는 데 있어서도 성실하고도 정대한 취시와 원리를 잃고 알맞은 인물을 얻기 어렵게 될 것이다. 그뿐더러 각 지방 사람들이 교육에 필요한 경비를 낸다 하더라도 여러 가지 사실을 자세하게 알지 못하는 까닭으로 혹 학교의 경비가 지나치게 많다고 이야기하는 사람도 있을 것이며, 선생의 봉급이 너무 많다고 말하는 사람도 있게 되어 교육이라는 큰 이치는 생각지도 않고, 비용으로 쓰이는 돈의 액수만을 시끄럽게 떠들어, 국가의 큰 바탕을 그르치는 데 이르기 쉽다고 하겠다.

그런 까닭에 둘째 법을 따르려 한다면 아주 간편하게 조치하는 방법이 있다. 어떠한 지방이든지, 시골과 도시라는 크고 작은 차이라든가, 사람들의 다과를 헤아려 마땅한 지방에 학교를 세우고는 거기에 필요한 모든 경비를 마련하기 위하여, 정부가 명령이나 권력으로써 교육만을 위한 세금을 거두도록 하면 된다. 그리고 돈을 출납하는 절차라든가, 학교 또는 선생에 관계되는 모든 사무는 그 지방 사람들에게 맡길 것 같으면, 사람들도 그러한 사무는 자기네들이 맡아야 할 당연한 직분으로 생각하여, 세금을 내더라도 군소리를 하지 않을 것이며, 또 돈을 쓸 데에도 간략한 방법을 운영하여 함부로 사용하는 폐단 또한 반드시 없어지게 될 것이다.

9. 국민은 교육을 받아야 하며, 또 교육으로써 국가의 근본으로 삼아야 한다. 만약 국민들이 배우지 못하여, 자기의 이익이나 욕심만을 좇고 국가의 큰 근본이 무엇인지를 모른다면, 이러한 법의 시행은 불가능할 것이다. 그 연유는 다름이 아니라 국민이 교육을 받지 않았기 때문에, 교육이 국가의 근본이 된다는 까닭을 알지 못하고 도리어 일 만들기 좋아하는 사람의 환상을 비방하며, 또 학교의 선생이 될 인재를 구하더라도 족히 그 임무를 담당할 만한 자가 많지 않을 뿐더러, 무식한 국민들은 세금을 내는 방법과 금전출납하는 데에도 일정한 규칙이 없어서 아름답지 못한 사례가 적지 않게 일어난다.

또 사무 보는 차례를 이해하지 못하는 까닭으로, 정부가 제도를 마련하고, 규칙을 작정하여 각 지방마다 똑같이 시행하도록 해야 한다. 또 선생될 만한 자의 지식으로 말하더라도 그 직책에 어울리지 않으면 헛된 이름만이 있을 뿐이고, 알맹이는 존재치 않는 셈인 것이다. 그런 까닭으로 정부가 무엇보다도 먼저 선생을 가르치는 학교를 세워 학식이 넉넉히 남의 스승될 만한 자질을 갖추게 한 다음에, 학교를 설립하고는 선생이 되도록 허락하여 교육이라고 하는 큰 근본을 정하도록 하는 것이 옳다.

10. 한편 학문적인 교육이란 그 이치가 깊으며, 그 공효가 몹시 높아서

그것을 이용하는 방법과 후생(厚生)하는 방법에 커다란 관계가 있는 바, 온 천하 사람들에게 6대주에 있는 여러 나라라든가, 빛깔 다른 다섯 가지 인종이라든가 하는 구별없이 그 널리 베푸는 이익을 다같이 입을 수 있도록 되어 있다. 그 조목이 너무나도 번거로워 일일이 열거하기 어렵지만, 그 대강령은 사물의 이치를 따져 밝히는 데 있다. 이 교육의 경우, 그 연구가 독실하면 할수록 그 공효가 성대하여, 서양 여러 나라들이 부강하게 된 이치도 실상은 이 방면의 학문을 독실히 연구한 가운데서 흘러나온 것이라 하겠다.

학문하는 방법을 연구하여 이를 익히고 또 연구한 이치를 온 천하에 널리 공표한다는 것은 학자의 직책이지만 학문을 닦는 데 필요한 기계와 책 따위를 사는 비용은 다 정부가 부담하도록 되어 있다. 학문을 연구하는 주된 취지를 요약하면 두 가지에 지나지 않는다.

즉, 첫째는 연구해 낸 지식을 세상에 널리 공표하는 일과, 둘째는 이미 밝혀 낸 지식을 더 깊이 연구코자 노력하는 일 등이 그것이다. 이 두가지는 서로 의지하여 존재하며 서로 떨어지기 어려운 관계인 바 새의 날개가 서로 도와야 날 수 있고, 차의 수레바퀴도 서로 도와야 앞으로 나아가는 것과 같다. 첫째 요건이 없다면 둘째 요건도 없을 터이지만, 둘째 요긴이 없는 경우, 첫째 요건만이 비록 있다고 하더라도 없는 것과 마찬가지기 때문에 첫째 요건을 실행치 않고, 둘째 요건만이 존재한 예는 아직껏 본 일이 없는 것이다.

11. 정부가 학문적인 교육을 위하여 모든 사무를 집행하는 데 있어 그 비용을 간략하게 하고 그 실제적인 성과를 올리는 방법을 잠시 이야기해 보기로 하겠다. 학교를 설립하는 일이라든가, 연구하는 데 필요한 기계와 책 따위를 구입하는 데에는 웬만한 돈으로 되지 않는다. 그런 까닭으로 한두 사람의 개인 능력으로는 경영하기 어려운데, 혹 개인적인 재력으로 경영하는 자가 있다고 하더라도 소요되는 경비를 거두기 위하여 학생들의 돈을 보다 많이 받지 않을 수 없을 것이

기 때문에, 그런 학교에는 부잣집 자녀가 아니면 입학하기 어려운 것이다.

한편 학교를 설립하는 목적은 온 천하의 지식을 위하여 공부하는 사람을 권장하며 공평한 취지에 따라 빈부를 가리지 않고, 동일한 학식을 갖추도록 하는 데 있는 것이다. 그런 까닭으로 공부하는 데 필요한 여러 가지 기구는 정부가 구입하여 갖추도록 하고, 선생의 봉급은 학생들의 수업료로 지급하도록 하는 것이 마땅하다. 이처럼 정부가 여러 가지 기구를 갖춘 다음 공부하는 학생한테서 그 사용료를 받도록 하는 것이 옳을까, 혹은 받지 않는 것이 옳을까. 이 문제에 대한 논의는 적지 않지만, 이것을 결단하기는 대단히 쉽다. 만일 여러 가지 기구에 대한 사용료를 받는다면 수업료를 덜 받도록 하고, 그 사용료를 받지 않는다면 수업료를 많이 받도록 하면 될 것이다.

12. 또 선생의 봉급도 그 사람의 학식이라든가 재주에 따라, 그 많고 적음을 결정하는 것이 옳다. 선생된 자로서 봉급을 필요로 하는 것은 전적으로 생계를 위해서인 것이다. 생계를 마련하는 방도라는 입장에서 생각해 볼 때, 선생된 자나, 농업 혹은 상업에 종사하는 자나, 매한가지라고 할 수 있는데, 학자에게 있어서의 재주나 학식이란 농부의 씨앗이나 상인의 물품과 같은 것이라고 할 수 있다. 또 가르치는 보수도 농부나 상인들의 직업과 다른 바가 없어서 물품의 좋고 나쁜 것에 따라서 가격의 높낮이가 결정되며, 씨앗의 좋고 나쁜 것에 따라서 수확의 다소를 판별할 수 있다면 봉급의 후박을 정하면서 어찌하여 학식과 재주의 품수와 등급을 따지지 않겠는가. 미국의 대학교 교수의 봉급을 일정한 규제에 의하여 결정하고 학술상의 구별을 하지 않았기 때문에 불공평하다는 논의와 함께, 개정되기를 희망하는 소리가 높다.

13. 가난하고 구차한 학생을 교육시키기 위해서 돈을 쓸 때에는 일정한 규칙을 미리 세운 뒤에 시행하는 것이 마땅하다.

첫째, 세상 사람들은 흔히 가난한 학생들을 위하여, 그들의 수업료를 적게 받도록 하는 것이 옳다고 말하기도 하지만, 그러나 이는 결단코 그렇지 않다. 가령 많은 학생들 가운데에 가난한 학생이 있어서 자기 능력으로 수업료를 낼 수 없다면, 특별히 그 학생만을 도와주어서 자기의 손으로 수업료를 내게 하고 교육을 받도록 한다면 정말 다시 없는 좋은 일이라고 할 수밖에 없다. 가난한 학생을 돌보기 위하여 부유한 학생까지 수업료를 덜 내게 한다면 이는 은혜를 베푸는 것이 아니라 일정한 규칙이 없다는 이야기가 되는 것이다. 또 가난한 학생에게는 덜 내게 하고 돈 많은 학생에게서는 많이 받는다면, 비록 빈부의 구별을 정했다고는 하지만 공평한 처사라고는 할 수 없는 일이다. 그런 까닭으로 가난한 학생을 위하여 수업료를 감해 주는 방법은 옳지 못하다.

둘째, 앞에서 이야기한 바와 같이 선생의 봉급은 학식의 등급에 따라 많고 적은 차이를 정하는 것이 옳다. 가령, 여기에 학교 하나를 세우고 수업료를 헐하게 하여 학생들이 문이 미어질 만큼 몰려든다 하더라도, 선생 대접하는 방법을 제대로 하지 못할 경우, 즉 학술의 높고 낮은 자라든가, 가르치는 직책에 부지런한 자와 게으른 자의 봉급을 균일하게 할 것 같으면, 이는 교육하는 데에 도움을 주지 않는 정도에 그칠 뿐더러, 세상의 학문을 쇠퇴케 하는 폐단을 빚게 될 것이다. 그런 까닭으로 선생의 봉급은 그 사람의 학식의 고저 여하에 따라서 작정토록 하는 일이 옳다.

셋째, 학교에는 상·중·하라는 세 등급을 두어야 한다. 하등반에 있는 학생으로서 행실을 단정히 하고, 학업에 열중하는 자가 있으면 중등반에 올라가게 하고, 또 중등반에 있는 학생으로서 행실과 작업면에서 뛰어난 자가 있으면 상등반에 올라가게 하도록 하는 것이 좋다. 이와 같이 할 것 같으면 하등반에 있는 학생을 권면하는 셈이 되어서 교육을 온전히 할 수 있는 결과가 되는 것이다. 그런 까닭으로 학생의 행실과 공부에 따르는 등급을 정하는 방법 또한 옳은 일이라 하겠다.

14. 교육에 필요한 경비 조달을 위하여 전 국민이 노력할 것 같으면 그 결과로 나타나는 공효는, 노력하는 정도에 따라 대소 혹은 이동(異同)의 차이가 생길 것이다. 만약 돈을 아끼는 나머지 교육에 필요한 경비까지 줄이려 할 것 같으면, 반드시 하고자 하는 바에 따라 경비를 절약할 수 있을 것인 바, 그렇게 되면 학생들의 수업료를 감소시킬 수 있을 것이다. 또 선생들의 봉급도 자연히 줄어든다고 할 수밖에 없는데, 이는 검소하고 절약하는 경제라고 하기 어려운 일이다. 한번 미루어 생각해 보자. 선생들의 봉급이 적으면 선생으로서의 지위가 가벼워질 뿐더러 선생이 되려는 자 또한 학식과 재주에 적당한 봉급으로 받은 뒤에 선생되기를 희망한다는 사실을 염두에 둔다면 검소·절약하기만을 주장하는 자는 이러한 사정에 어두울 뿐더러 이해득실조차 잘 분별치 못하고 있는 터라 하겠다.

여기 한 비유를 들어 보기로 하자. 어떤 사람이 10금(金)을 가지고 시장 안을 돌아다니면서, 자기는 10금으로 백 금어치에 상당하는 물품을 살 능력이 있다고 한다면 누가 그의 어리석음에 웃지 않겠는가. 그래도 그 사람이 계속 그런 행동을 되풀이한 경우, 그 사람으로 하여금 자기의 말대로 물품을 사보라고 한다면, 그 사람이 필경 자기 스스로의 판단으로 자기의 생각과 물건값이 같지 않다는 사실을 깨닫게 된다고 할 수 있겠지만, 도리어 10금짜리 돈으로 백 금짜리 물건을 살 수 있다고 고집을 부린다면 그자야말로 이 세상에서 다시 짝을 구할 수 없을 만큼 어리석은 사람이라 하겠다. 이러한 이치로 생각해 본다면 10금으로 살 수 있는 물건이란 결국 10금짜리에 어울리는 정도의 것인 만큼, 국민을 교육한다는 것도 역시 그 가치에 합당한 분수를 갖추고 있어야만 그 경비의 다소로 그 공효(功效)의 높낮이가 결정된다고 할 수 있는 것이다. 교육하는 데 드는 경비는 적으면서도,

그 공효만은 많았다는 이야기는 일찍이 들은 적이 없다.

15. 다만 교육의 경비를 줄이자고 주장할 때에는 교육에 분배된 액수가 많아 보여서 하는 소리겠지만 그렇게 되면 교육의 질 자체는 저하되게 마련이며, 질이 저하될수록 교육의 범위는 도리어 좁아진다고 할 수밖에 없다.

이제 금캐는 사람의 이야기로써 비유를 들어 보겠다. 돈은 적게 들이면서도 금만 많이 캐려고 하는 경우, 이 삼태기에는 모래를, 저 대광주리엔 자갈을 담아놓고 금이길 바라지만, 나중에 가만히 살펴보면, 금은 하나도 없고 자갈뿐인 예와 같다고 하겠다. 이런 경우야말로 경비를 줄이기는커녕 헛된 고생만 한 셈이 되는 것이다.

또 하나의 비유를 들어 보자. 물품을 만드는 사람이 비용은 적게 들이면서도 수만 많기를 욕심낸 나머지, 제작하는 솜씨를 거칠게 한다면, 품질이 훌륭하지 못할 뿐더러, 그러한 물품을 사는 사람도 줄어든다고 할 수밖에 없는 바, 우리들이 깊이 생각해야 할 일이란 바로 여기에 있지 않겠는가.

16. 그러한 까닭으로 교육하는 제도를 제대로 마련하기 위해서는 합당한 경비를 아끼지 말 것이며, 국민들의 기풍을 진작하고 풍속을 선도하여 학술과 지식을 숭상할 것 같으면, 자연히 교육의 질이 높아지게 될 것이다. 또 교육의 질이 높아진다면, 교육하는 사업이 크게 성행되어서 교육을 받고자 하는 자가 날로 늘어날 것이기 때문에, 그 질만이 귀하게 여겨질 뿐 아니라 그 범위 또한 넓어질 것이다. 그러므로 교육하는 법이란 그 경비만을 절약하는 것보다는 도리어 그 질의 훌륭하고도 아름다움을 더 귀중하게 여겨야만 하는 것이다.

17. 제3, 국가에서 영작(營作)하는 일

이 일 또한 국가의 돈을 쓰지 않을 수 없는데 각 항목을 열거해 보자. 임금의 궁궐과 관청으로부터 시작하여 국가를 지키기 위한 성을 짓고, 포대(砲臺)를 배치해야 하는 일이라든가, 상인들의 내왕을 돕기 위하여 해변 및 수로를 측량하고 등대를 세우며, 항구의 시설을 갖추게 하는 일 등은 다 전국적으로 공통되게 시행해야 하는 것인만큼 온 국민이 내는 세금으로 하는 것이 옳다. 또 여러 도시에 짓는 관청이나 학교 따위는 각각 그 지방 사람들만 특별히 내게 하는 세금을 써서 하는 것이 옳다.

한편 내륙지방을 흐르는 강줄기를 바로잡으며, 기차 선로를 관리하여 내왕의 신속함과 수송의 편리함을 도모하는 따위의 여러 가지 일은 국민들에게 그 공사를 하도록 하는 것이 마땅하다. 그러나 국민의 재주나 학식이 부족하여 그와 같은 큰 공사를 감당해 내지 못할 때에는 정부에서 이해관계라든가 편리·불편 여부를 헤아린 다음, 전국적인 세금으로나 혹은 각 지방의 세금으로써 그 사업에 적당한 대책을 마련토록 해야 할 것이다. 만약 그 공사가 국민들에게 유리할 듯이 보이면서도 깊이 따져본 결과 얻는 바가 비용을 보상하지 못할 것 같으면, 결단코 착수하지 말도록 하는 것이 옳다.

18. 국민들의 지식이 깨쳐서 능히 거대한 공사를 경영할 수 있게 되더라도, 그 공사가 지나치게 거창하여 국민의 사사로운 힘으로는 경비 부족으로 중도에서 그만두게 되거나, 혹은 그 공사에 관계되는 권력이 너무나도 중대하여 개인에게 맡겨 두기 어려운 지경에 이를 것 같으면, 정부가 그 공사에 개입하여 도와주거나 감독하거나 해야 된다. 만약 국가의 돈으로써 할 것 같으면, 출납관계의 예규는 민간인끼리 하는 것과 같도록 하고, 정부와 민간인의 자금을 비교하여 정부측의 출자가 한 묶음이면 민간인도 한 묶음, 정부가 두 묶음이면 민간인도 두 묶음을 내는 식으로 참여토록 하며 그 공사에서 얻어지는 이익과 세금으로 거둬지는 액수는 정부 세입 중 세금 항목에 합치도록 한 다음 지난날의 공사비용을 보충토록 하는 것이 옳다.

19. 제4, 종교를 부지(扶支)하는 일

이 일을 위하여 돈을 쓰는 문제에 대해서는 사람마다 의론이 다르고, 나라마다 그 제도가 다르다. 어떤 사람은 사람들이 종교에 귀의할 것 같으면 종교적인 신앙심이 돈실해지고 정의가 두터워져서 사회적인 습속을 훌륭하고도 아름답게 만들며 서로 사랑하게 되기 때문에 나라를 다스리는 데에도 큰 관계가 있다고 하여 종교를 돕기 위하여, 전국적으로 세금을 징수하는 것이 옳다고 말하기도 했다. 또 어떤 사람은 그렇지 않다는 이유를 내세워 말한다. 즉, 세상에 행해지는 종교가 하나에만 그치지 않고, 사람들의 귀의하는 바 또한 각자마다의 취향을 따르기 때문에 정부의 위세로 국민을 위협하여 그것을 버리고 이것을 따르라고 한다면, 국민들의 자유를 방해하는 처사가 되므로 행하기 어려운 일이라 할 수밖에 없다.

그런 까닭으로 정부는 개입하거나 간섭하지를 말고 국민으로 하여금 각기 귀의하는 종교를 믿도록 하는 것이 옳다. 비록 같은 나라 안에 사는 사람일지라도 유교를 믿는 사람은 유교를 따르고 불교를 믿는 사람은 불교에 귀의하는 것이기 때문에 전국적인 세금으로써 한 종교만을 돕는다는 일은 편벽된 조치임을 면키 어려운 것이다. 만약 공평스럽게 처리한다고 하여 두 종교를 아울러 돕고자 할 것 같으면, 이는 번잡스러움을 이기지 못하는 결과가 될 따름이다. 일정한 성과 있기를 기내하기 어려울 뿐더러 나라 안에 시기하는 풍조를 불러일으키게 되어 심한 경우, 분쟁하는 폐단을 만들어 국가의 태평스러움을 방해하는 지경에까지 이르기 쉬운 일이라고 하겠다.

20. 이제 앞서 예로 든 두 가지 의론의 가부를 살펴보기로 하자. 나라 안의 관습이 온건하고 개화한 지경에 이르지 못하여 교육이 일어나지 못하고, 사람들의 마음이 안정되지 않았을 때에는 첫째 의론 쪽을 취택하는 것이 좋을 듯하다. 그것은 다름이 아니라, 국민들이 교육을 받지 못했기 때문에 자기의 마음으로는 좋고 나쁜 것을 선택하기 어려운 만큼 음흉한 일에 속아넘어가거나, 요사스러운 일에 유혹되기 쉬운 가운데서도 어리석은 자는 화복(禍福)으로 그들의 방향을 정하고

가난한 자는 재물로 그들의 뜻을 손상받게 되어 인심과 풍속이 다같이 어지러워질 지경에 이르게 되기 때문이다. 그리고 두 번째 의론 쪽을 따른다면, 그 피해를 입은 정도가 훨씬 심할 것이다.

즉, 정부로서는 당연히 그 나라 전체가 숭상하는 종교를 돕는 방법을 모색하여 국민들의 심성과 숭상하는 바를 이끌어 나가도록 하고, 국민들 가운데서 다른 종교에 귀의하는 자가 있으면 그 종교를 도와주지는 않을지언정, 그 사람들만은 극진히 보호하여 그들이 좋아하는 종교에 의지할 수 있도록 하되, 조금이라도 억지로 금지해서는 안되는 것이다. 어떠한 종교라 하더라도 사람이 믿고 귀의할 수 있는 것인 만큼 사람으로서 행할 수 없는 것은 아니다. 대개의 경우, 나라를 소중히 여기는 의기와 임금을 사랑하는 정성은 종교에 따라 차이가 생기는 것이 아닌 만큼, 정부는 너그러운 덕화로 그들의 의기와 정성을 잘 거두어들이도록 해야 하는 것이다. 따라서 온 국민이 일제히 교육을 받았을 때에는 두 번째 쪽의 의론을 취택하여 국민들로 하여금, 각각 귀의코자 하는 종교를 믿게 하되 정부로서는 일체 관여치 말도록 할 것이며, 종교를 도우는 일로 징수하는 세금은 거두지 않도록 하는 것이 옳다.

21. 제5, 궁민(窮民)을 구제(救濟)하는 일

이 일로 국가에서 돈을 쓴다는 것은 어진 정치를 베푸는 데 있어 당연한 처사지만 정부로서는 부득이한 일이기도 하다. 법률이 공평하게 시행되고 교육이 골고루 베풀어져 풍습이 순후한 나라에서는 국민들 스스로가 자기들의 재물을 갹출하여 빈민 구제용의 집을 짓기도 하고, 혹은 의복과 음식 등을 마련하여 서로 도와주기도 하는 것이다. 그러나 정부가 이러한 풍습을 지나치게 믿는 나머지 빈민을 생각하지 않는다면 당연히 수행해야 할 직분을 이행치 않는 일이 될 뿐더러, 국민들의 개인적인 힘으로는 사정이 허락지 않아 미처 구제의 손길이 닿지 않는 때가 있기도 할 것이며, 혹 시기를 놓치는 염려는 없다 하더라도 비용이 막대하여, 그 소임을 감당하지 못하는 경우가 있기도 할 것이다. 그러므로 이 일은 정부가 맡도록 하여, 전국적인 세금으로 행하도록 하고 혹 개인적인 빈민 구제소가 있으면, 그 특지를 높이 사서 권장토록 하는 것도 좋을 것이다. 그러면 구제의 대상이 될 만한 빈민을 열거해 보자. 부모 없는 어린 아이와 집 없는 늙은 홀아비나 과부, 밥을 빌어먹는 장애자와 생업 없는 병자 및 무식한 빈민 등이 이에 해당된다.

22. 이처럼 타인의 구제를 받지 않으면 안되는 자라도, 다 폐인인 것은 아니다. 그러한 사람 가운데서도 노동을 할 수 있는 사람도 있고, 재예나 기술에 뛰어난 사람도 있으며, 혹 이러한 두 가지 일을 다 하지 못하더라도 가르치기만 하면 능력 있는 사람으로 될 만한 경우는 얼마든지 있다. 이러한 사람들을 위하여 헤아려 본다면 마음과 힘을 게을리하여 남의 구제만을 앉아서 기다리기보다는, 그 능력이 닿는 대로 힘을 쓰든지 재주를 발휘하든지간에, 자기의 능력을 과소평가하지 말고 앞으로의 생계를 도모하는 것이 옳은 일이다. 그런 까닭으로 빈민으로 하여금 일정한 생업을 정하게 한 뒤, 각자마다의 재주와 힘을 발휘하도록 하는 것이 인자한 정책이라고 할 수 있을 뿐더러, 실상은 경제의 묘법이라고도 할 수 있는 것이다. 이처럼 마음과 정성을 다하여 빈민들의 생업을 마련해 주고 규모 있게 주선할 것 같으면, 결과적으로 얻어지는 소득이 소용된 경비를 보상하고도 남을 것이다. 이와 같은 일을 계속 추진코자 한다면 우선, 구제사업에 필요한 돈을 마련하고, 또 공사할 만한 곳을 물색한 다음, 구제를 바라는 빈민이 있을 경우 각자마다의 능력과 취미로 여기는 일에 종사케 하여, 음식과 의복 등으로 그들의 노고를 보답토록 하는 것이 상책이다.

미국의 동쪽 및 북쪽 여러 주에서 하고 있는 빈민 구제 제도에 대하여 생각해 보기로 하자. 지방마다 각 지방 사람들 공동의 재물로 토지를 구입하여 빈민들이 경작할 수 있는 기지로 제공해 주고 있다.

이러한 제도의 실상을 살펴보면, 처음에 토지를 구입할 때에는 그 비용이 적지 않은 듯하였다. 그러나 구제하는 방법을 자세히 따지며 힘들여 일하는 제도를 엄정하게 책정하여 빈민들로 하여금 농업에 종사케 한 결과 그 토지에서 수확되는 것으로 구제사업에 드는 비용을 갚을 수 있을 뿐더러 출납하는 금액을 잘 계산할 것 같으면, 도리어 돈이 남기까지 하였다. 이러한 방법을 이용하여 빈민 구제사업을 벌인다면, 비용을 손해보지 않을 뿐만 아니라 실상은 재주나 능력이 모자라는 사람들의 구제까지도, 다른 사람의 돈을 기다릴 것 없이 풍족한 상태를 유지하면서 추진시킬 수 있는 것이다.

23. 제6, 국가를 방비(防備)하는 일

이 일을 위하여 쓰는 돈은 국가의 공평하게 거둬들인 세금으로 하는 것이 마땅하다. 나라를 보전하는 방법은 도리를 지키며, 신의를 닦아서 국민을 다스리는 명령을 정대하게 하며, 이웃 나라와 사귀는 예절을 성실하게 하는 것을 상책으로 삼아야 한다. 그러나 국가가 스스로를 지키는 일이란 국내에서 일어날 난동이라든가, 외국의 침범 등을 생각지 않을 수 없기 때문에 예비하는 방안을 강구하여, 불측한 인심을 억제하는 것이 정부에서 취할 요긴한 방법인 것이다. 풍부한 학식으로 근본을 삼고, 원대한 방책을 꾸미며, 시세의 변동에 따르는 방안을 마련하여 조금도 낭패하는 기색을 나타내지 않도록 하는 것이 바람직스럽다.

변방의 지리를 측량하여 성을 쌓고 해변 지방의 요충을 잘 살핀 다음, 포대(砲臺)를 구축하여 방비하는 제도를 엄밀히 하는 한편, 무기와 군량을 항상 비축하여 모자라거나 떨어지는 일이 없도록 할 것 같으면, 외국인 또한 넘보지 못하게 될 것이다. 한편, 국내의 평화로움을 유지하는 일은 법관에게 달려 있지만, 만약 불량한 무리와 무도한 도당이 잠복하여 있다 하더라도, 정부에서 방비하는 자세가 물샐틈 없다는 것을 알면 나쁜 짓을 하려던 마음이 자연히 사라지고 말 것이다.

무릇 배우지 못한 군사는 군사가 아닌 것이다. 그런 까닭으로, 장수나 군사되는 자를 가르치기 위하여, 학교를 설치하는 일 또한 국가의 비용을 해야 한다. 그 학교에서 가르치는 항목은 이곳에 늘어놓을 필요가 없지만, 비용으로는 가르치는 데 드는 여러 기구와 잡비 등을 합해 적지 않다.

24. 위에서 이야기한 여러 항목을 구획화하는 데 있어 먼저 그 이해 및 손익관계를 헤아려 본 뒤, 경영하는 사무가 나라를 지키는 데 있어서 시급히 착수하지 않으면 안되는 일일 것 같으면 그 경비의 대소를 막론하고, 즉시 시행하도록 해야 할 것이다. 그러나 조금이라도 이해관계가 분명치 못하고, 의문나는 점이 있을 것 같으면, 깊이 생각하여 국가의 재화를 허비하지 말도록 해야 할 것이다. 이와 같은 여러 가지 일에 드는 비용이 결국 국가를 보호하며 국민들을 진정토록 하여 알지 못하는 사이에 얻어지는 이익만 하더라도, 그 정도의 돈으로 상업이나 농업에 투자하여 얻은 이윤에 견줄 바가 아니다. 그렇지만 눈앞에 전개된 경황에 기준을 두고 이야기한다면 돈을 낭비했을 뿐, 한 푼도 그 대신 나올 것은 없는 셈이다.

그런 까닭으로 국가의 방비를 위하여 돈을 쓰는 방법은 군사학에 통달된 사람의 계획을 채택하고, 또 그런 사람에게 그 사무를 맡기도록 해야만 한다. 경제라는 말의 본 뜻은 백만 금이라도 딩장에 쓸 데가 있으면 쓰고, 반 푼이라도 쓰지 않을 데에는 쓰지 않는 일인 것이다. 그러므로 이러한 직책을 능히 감당할 만한 사람을 골라서 맡기도록 한 다음 국가를 방비하는 실제적 효과와 소모되는 공적인 비용이, 서로 걸맞기를 재촉할 따름인 것이다.

25. 제7, 외국과 교빙(交聘)하는 일

이 일 또한 국가의 큰 사업이라 하겠다. 여러 나라 정부에 공사를 주재시켜 두는 것은 국가간의 우의를 나타내는 일이라고 하겠으며,

여러 항구에 영사(領事)를 파견해 두는 것은 국민들의 상업적인 이익을 보호코자 하는 의도에서라고 하겠다. 공사나 영사가 왕래하는 여비라든가, 공적으로 사용하는 봉급은 전국적으로 공평되게 과세하는 세금으로 충당하고 있는바, 그들의 역할이 실상 온 국민에게 관계가 있고 또, 보다 많은 비용을 줄이는 연유까지 있기 때문이다. 그 이유를 밝혀 보겠다. 공사나 영사가 관계되는 나라에 서로 주재해 있을 것 같으면, 비록 뜻하지 않은 의혹과 뜻밖의 사건이 일어난다 하더라도 변명하기 위하여 새로 사절을 파견할 필요가 없으며, 군대의 출동까지 중지시키기에 이른 사례가 많은 바, 여러 나라가 기뻐할 만한 일 가운데서 이보다 더 큰 일이 무엇이 있겠는가. 또 금전에 관련시켜서 이야기한다 하더라도, 전쟁을 해야 할 큰 비용도 사절의 몇 마디 이야기로써 면할 수 있기 때문에 이는 전쟁을 할 만한 흉사를, 구슬이나 비단을 주고받는 것 같은 예절 속에서 해결지을 수 있으므로 그들의 권능과 공효를 어찌 크다고 하지 않을 수 있겠는가.

이 이외에도 많은 돈을 쓰는 항목이 몇 가지 더 있다. 즉, 여러 나라에 비밀로 간첩을 두는데, 그들의 역할은 그 쪽 나라가 우리나라에 대해 어떠한 생각을 가지고 있는지 탐지한 뒤, 대응하는 방책을 쉬이 마련할 수 있도록 하기 위해서이다. 또 공부하는 학생을 보내기도 하는데, 그 쪽 나라의 재주나 기예가 우리나라보다 뛰어난 경우, 장점을 취하여 우리들의 모자라는 점을 보충하기 위해서인 것이다. 그런 까닭으로 이러한 일에 소요되는 비용 역시, 전국적으로 공평하게 징수되는 세금으로 지출토록 하는 것이 옳은 일이라 하겠다.

정부의 국채 모용(國債募用)하는 연유

1. 대개의 경우, 국채란 국가의 돈이 모자랄 때 국민들의 돈을 빌리는

것을 가리킨다. 세계 각국의 빈부가 같지 않으나, 어느 나라든지 태평 무사한 동안은 세입되는 세금만 가지고도 넉넉히 세출하는 경비를 감당할 수 있으며, 또 그것으로 상례를 삼아 왔다. 그러나 난시를 당하여 방비하는 비용으로 거액이 필요하다든가, 흉년으로 말미암아 난민 구제를 위해 거금이 요구된다든가, 혹은 전 국민들에게 유익한 사업이 있어서 돈이 필요할 경우, 그 액수가 너무나도 많아서 국민들에게 세금으로 매겨도 변통하기 어려울 뿐더러 또 갑자기 무거운 세금을 과할 것 같으면 그 고통스러움을 이기지 못하여 떠돌아 다니는 자가 많아지거나, 심하게 되면 원망에 가득찬 무리가 난동을 일으킬 우려까지 싹트게 되기 쉽다.

이런 까닭으로 정부에서는 표(票)를 만든 다음, 나라 안에 명령을 내려서, 국민들의 돈을 빌리게 되는 것이다. 표는 한 장에 천 냥(兩)으로 하든지, 만 냥으로 작정하든지 간에, 정부에서 빌리고자 하는 액수에 따라 그 수를 마련토록 하는 것이 좋다. 이처럼 명령을 내려서 하는 까닭은 부자나 재물 많은 장사를 핍박하여 돈을 빌리려는 것이 아니다. 국민들 각자의 뜻에 따라 즉 원치 않는 자는 그만두고, 즐거이 따르는 자는 정부의 명령에 응하도록 하며, 외국인이라도 그 조치에 응하고자 한다면 허가해 주기로 되어 있다.

서양 여러 나라의 형편을 살펴본다면 국채를 가지지 않는 나라는 없는 바, 그 이자는 1년 동안 1냥에 3푼 혹은 3푼 5리(釐)에 지나지 않으며 좀 심한 경우, 4푼짜리가 있기도 하지만, 이는 아주 드물다. 정부는 매년 그 이자를 갚아 나가며 본전은 그대로 두기도 하는데, 이따금 본전과 이자를 합쳐 두었다가 몇 해에 걸쳐 상환하기도 한다. 국민들은 정부에서 내준 표를 잘 간직해 두며 해마다 주는 이자를 신실히 받을 수 있으므로 그 본전은 자기 금고 속에 넣어둔 것과 같기 때문에 본전 상환을 재촉하지 않는다. 또 그 표는 국민들 사이에 상품처럼 환매하기도 하고 은행의 지폐처럼 통용되기도 한다. 그러나 환매하거나 통용할 때에 생기는 값의 고하는, 그 나라 정부가 내린 정치적 명령의 신용 여하에 달려 있다.

2. 본국 국민들이 구차하고 가난하여 정부에서 모집하는 국채에 순응하기 어려울 때에는 부득이하여, 외국인에게 빌리는 수밖에 없다. 이처럼 외국의 돈을 빌리는 경우 그 나라의 신용이 평소에 두텁지 않다면, 비록 많은 이자를 준다고 하더라도 응코자 하는 자가 없을 것이다. 또 돈있는 사람이 외국 정부에게 돈을 빌려주는 경우라면, 전적으로 이자 받아 먹기만을 위주로 하는 것인 만큼, 그 이자도 자연히 본국 국민들 돈을 빌릴 때보다 훨씬 비싸게 될 것이다. 매 냥(兩)마다 1년에 5푼, 6푼에서 시작하여, 8푼 혹은 9푼까지 이르기도 하는 것이 있다. 대개 정부에서 돈을 빌리겠다고 하는 일은 곤란한 경지에 이른 까닭이라 하겠으나 그렇더라도 외국의 돈만은 결단코 빌려쓰자고 이야기하지 말아야 한다. 만약 근신치 못한 나머지 상환하는 기일을 어길 것 같으면, 나라 자체가 이 일로 말미암아, 위태로워지거나 멸망하기 쉽기 때문이다. 이집트(埃及, Egypt)의 경우를 본다면 어찌 그렇지 않다고 할 수 있겠는가.

이집트는 아프리카주에 있는 큰 나라다. 그 나라 국민들은 생계를 유지하는 데 있어서 몹시 게을러서 지극히 구차했기 때문에 정부로서는 다사다난한 때를 맞이하여 경비가 부족한 때는 외국인의 돈을 손쉽게 빌려서 썼다. 앞뒤로 빌려쓴 국채가 4, 5년 전의 기록에 의한다면, 우리나라 돈으로 환산해서 1백11억 7천2백98만 7천3백 냥이나 되었다. 이와 같이 많은 국채는 정부의 규모가 분명한 경우라도 국민들이 구차하여 세입되는 세금 또는 적기 때문에 그 상환기일을 지키기가 몹시 어려웠다. 더구나 이집트 사람들은 게으를 뿐더러 정부 또한 신실치 못하여, 상환기일을 돌보지 않았었다. 그 부채는 영국·프랑스 두 나라 사람에게서 빚진 것이었다. 이 두 나라 정부에서는 자기 나라 사람들의 재산을 찾아가기 위하여 이집트 정부의 사무를 간섭하며 또 재정권까지 총괄하기에 이르렀다. 이때부터 이집트는, 나라로서의 이름은 존재했으나, 실상은 빈 껍질에 지나지 않았다. 이집트의 대권을 잡고 있는 것은 영국과 프랑스의 두 나라였다. 한 나라가 이 지경에 이른다면 어찌 나라라고 말할 수 있겠는가. 정부로서 깊이 경계해야 할 일이 여기에 있는 것이다.

3. 그러나 정부가 신의를 소중히 여기며 제도를 엄격히 하여, 상환기일을 지킬 경우, 국채를 사용하는 것이 국민이나 국가에 아울러 편리한 방법이라고 말할 수 있는 것이다. 여러 나라가 쓴 국채를 4, 5년 전의 기록에 의거하여 살펴보기로 하자. 우리나라 돈으로 환산하면 다음과 같다.

영 국 : 7백46억 4천2백39만 6천9백 냥
프랑스 : 9백42억 냥
오스트리아(墺地利, Austria) : 4백52억 4천2백82만 1천7백 냥
벨기에(白耳義, Belgium) : 67억 4천7백42만 7천9백 냥
덴마크(丁抹, Denmark) : 12억 9천5백73만 8천2백 냥
독일(日耳曼, Germany) : 18억 9천4백73만 5천8백 냥
그리스(希臘, Greece) : 1천7백97만 6천 냥
포르투갈(葡萄牙, Portugal) : 80억 냥
러시아(俄羅斯, Russia) : 이 나라는 국채가 많지만, 정부에서 숨기는 까닭으로 외국인으로서는 알 수가 없다.
스페인(西班牙, Spain) : 2백38억 냥
스웨덴(瑞典, Sweden) 및 노르웨이(諾威, Norway) : 19억 4천4백20만 7천2백 냥
터키(土耳基, Turkey) : 1백7억 5천만 냥
이탈리아(伊太利, Italy) : 20억 9천22만 8천9백 냥

이상은 국채의 이자를 매년 상환하는 나라들이다.

네덜란드(荷蘭, Netherlands) : 84억 2천3백54만 3천5백 냥

미국 : 1천4백13억 9천2백9만 5천1백 냥
아르헨티나(亞然丁, Argentina) : 29억 9천3백45만 냥
브라질(巴西, Brazil) : 86억 3천1백68만 8천 냥
칠레(智利, Chile) : 17억 5천2백89만 4백 냥
콜롬비아(哥倫比, Colombia) : 3억 2천5백42만 1천8백 냥
에콰도르(厄瓜多, Ecuador) : 3억 2천2백50만 냥
멕시코(墨西哥, Mexico) : 28억 8천5백만 냥
페루(秘魯, Peru) : 43억 냥
우루과이(猶羅貴, Uruguay) : 10억 3천4백만 냥
베네수엘라(彬崖朱越那, Venezuela) : 10억 3천5백36만 3천8백 냥
일본 : 54억 1천1백81만 6천9백 냥
모로코(摩洛哥, Morocco) : 2천5백만 냥

4. 앞서 열거한 것에 의거하여 살펴본다면, 여러 나라의 국채란 같지 않아서 많은 것도 있고, 혹은 적은 것도 있는 등 가지가지다. 국가가 풍요로워서 국채를 적게 가진 것이 아니며, 가난하고 구차하여서 국채를 많이 가지고 있는 것이 아니다. 정부에서 추진하려는 사업에 따라서 자연히 국채의 액수가 결정되는데, 국민들이 근면·착실하여 국가가 풍요로워질수록 그 나라의 국채는 많아진다고 할 수 있다. 이는 정부 자체가 신의를 지켜서, 국민들을 믿고 복종시켰기 때문이며, 소요되는 비용을 외국인에게 빌리게 되지 않았을 뿐더러 국민들이 정부에 돈 빌려주는 것을 기쁘게 여기며 조금도 의심치 않도록 만든 결과인 것이다. 또 정부로서도 그 돈을 사용하면서 국민들을 위하여 공적이고도 근본적인 사업을 경영하도록 노력하기 때문에 국민들의 편리는 점점 가중되게 마련이다.

이러한 일에 바탕을 두고 헤아려 보자. 정부에서 국채를 사용하는 방법이 서양 여러 나라의 경우와 같다면, 국가의 큰 다행이라고 하겠지만, 만약 이집트의 경우와 같다면, 나라를 팔아먹을 장본이라고 할

수밖에 없다. 그런 까닭으로 국채의 많고 적은 문제는 이야기할 필요조차 없으며, 그 사용하는 방법 여하를 문제삼는 것이 옳은 일이라 하겠다.

제 9 편

교육하는 제도

1. 국가의 큰 근본은 교육하는 방법에 달려 있다. 오늘날 이 세상에서 부강하기로 유명한 나라는 다 교육이라는 한 가지 일에 힘썼으며, 그 효과를 제대로 본 셈이다. 이제 교육하는 제도를 살펴본다면, 거기에는 반드시 일정한 규칙이 있다는 것을 알 수 있다. 즉 어린아이들의 아버지·형이 되는 사람으로 하여금 그 자녀라든가, 아우·조카를 가르치게 하며, 또 가르치기를 명령할 뿐 아니라, 가르치는 장소를 마련하여 배우고자 하는 사람은 아무 거리낌없이 취학할 수 있도록 하였는데, 그곳을 학교라고 한다.

   학교마다 선생을 정부에서 배치하여 두어 취학해 오는 자를 가르치도록 하였으나, 소요되는 모든 경비는 국민들에게서 세금으로 거두어들여 충당하도록 하였다. 소요되는 여러 항목의 경비를 살펴보면, 선생 봉급과 책 구입비 및 학교 건설비 등이 있고, 그 외에도 몇 가지 잡비가 더 포함된다.
2. 선생들의 봉급을 후하게 하는 이유는, 선생이 선생 노릇을 하는 동안에는 다른 생업에 종사할 수 없으며 다만 교육하는 사무로 그 직분을 삼기 때문이다. 그런 까닭으로 그들의 의복과 음식에서부터 시작하여 일용품에 이르기까지 조금이라도 군색함이 없도록 해주어야 하는 것이다. 또 선생의 선생되는 연유도 자기의 풍부한 지식과 단정한

행실로 제자를 가르치는 것만 위주로 삼을 것이 아니라, 자기가 품고 있는 재주에 알맞은 예우를 받으면서 생계의 방도를 구하도록 하는 데 있는 것이다.

3. 책 구입을 풍족하게 하는 이유는, 가난한 사람들의 자질(子姪)이, 책을 가지지 못하여 공부하기 어렵지 않을까 염려하여 학교마다 정부의 돈으로 책을 사 두었다가 취학하는 자에게 제공해 주며, 책이 부족하다는 한탄을 하지 않도록 하기 위해서다. 그러나 이 제도에도 일정한 규제가 없으면 안된다. 책마다 첫째 장에 독자의 이름을 적어 놓은 다음, 또 하나의 규칙을 부기해 놓는 일이 그것이다. 즉, 만약 이 책을 읽는 자가 이 책을 잃어버리든지 손상을 입혔을 때에는, 이 책의 값을 변상한다는 내용인 것이다.

4. 학교를 건설하는 문제에 대하여 이야기한다면, 깊고 먼 의도라든가, 굉장한 시설과 세밀한 경륜 그리고 소상한 차례가 갖추어져야 하는 바, 한 마디로 그 뜻을 다 표현하기는 어렵다고 할 수밖에 없다. 그러나 그 대강을 기록해 보기로 하자. 즉, 건물의 경상을 화려하게 꾸미는 것은 어린아이들의 향학심을 이끌고자 하는 의도며, 공부하는 시간과 노는 시간을 분명히 작정해 놓은 것은 건강을 유지하는 데 도움을 주기 위함이며, 학습하는 등급과 가르치는 장소를 뚜렷이 마련해 둔 것은 모든 사무에 문란함이 없도록 하기 위해서이다.

5. 대개 학교의 차례는 다음과 같은 네 가지로 나누어진다. 즉,
시작(始作)하는 학교, 문법 학교(文法學校), 고등학교(高等學校), 대학교(大學校)이다.

6. 시작하는 학교라고 일컫는 것은 공부를 시작하려는 어린아이들을 가르치는 곳이기 때문이다. 그곳에서 가르치는 것은 글자의 획수(劃數)로부터, 소리를 고르게 하는 성운(聲韻)과 수학의 기초 및 짐승과 초목의 이름·모양 그 소용되는 것이라든가, 자기 나라의 물산, 지방의 경도·위도, 나아가서는 어린아이들의 행실에까지 이르는 여러 가

지다. 이곳의 선생되는 자는 항상 성질을 순하게 하여 도리에 어그러짐이 없도록 할 것이며, 또 공부를 지나치게 가르쳐서 염증을 일으키지 않도록 함과 아울러 아이들의 정신 상태까지 잘 기르도록 해야 하는 것이다.

7. 문법 학교는 자기 나라말을 쓰는 방법과, 또 말로써 문장을 구성하는 격식을 가르치는 곳이다. 이곳에 취학하는 아이들은 다 시작하는 학교의 공부를 졸업한 자다. 이곳에서 가르치는 것은 학교의 명칭과 같이 문법이 위주지만, 그러나 수학의 대강으로부터, 약간 어려운 문제에 대한 해석 및 지구의 형상과 지구에 관한 여러 가지 이치, 밤・낮과 네 계절의 연유, 강과 산・비・이슬・서리・눈과 바람・우박・천둥・번개와 일식・월식・지진에 관한 대강 이치라든가 이밖에도 여러 나라의 인종・물산・정치・역사에까지 이르는 여러 가지다.

8. 고등학교는 문법 학교의 학업을 마친 다음, 대학교에 진학코자 하는 자를 가르치는 곳이다. 고등학교에는 문법 학교를 졸업한 자가 아니면 진학하는 것을 허락하지 않고 대학교에는 고등학교를 마친 자가 아니면 진학하는 것을 허락하지 않는 바, 이는 다름 아니라 공부하는 데에 뛰어넘는 폐단을 허용하지 않으려는 배려에서인 것이다. 이 학교에서 가르치는 과목을 간단히 기록해 본다면, 변화하는 수학 이론과 이치를 따지는 공용과, 사기(史記)・고시(古詩)의 평론으로부터 음악과 가무(歌舞)하는 방법이라든가, 시나 문장의 제작법과 군대식 조련 및 문서를 작성하는 격식과 측량학의 초보에까지 이르며, 이외에도 여러 가지 교과과정이 있다.

9. 대학교에서 가르치는 과목에는 없는 것이 없다. 대학교에 입학을 허락하는 방법은 반드시 여러 가지 조목에 걸친 시험 끝에, 그 재주와 학식이 족히 대학교의 공부를 이수할 만한 자인가를 확인한 다음에 입학조치가 취해진다. 그렇지 못하면 그의 공과가 더욱 진전되기를 기다렸다가 후일에야 입학이 허가된다. 이곳에서 가르치는 조목은

취학하는 자가 희망하는대로 화학・이학・수학・농학・의학・금석학(金石學)・생물학・동물학・법률학・기계학과 여러 나라의 어학(語學) 등이다. 이외에도 수많은 과목이 있으나 일일이 열거하기 어려울 정도이다. 이와 같이 대학교의 공부를 졸업하고 학문적인 성과를 올린 사람은, 그가 성취한 재주로 사회적인 여러 가지 사업에 종사하여 생업을 구하는 첫걸음을 고명하게 내디딤으로써 국민들의 이용과 후생의 길을 맡아 나가게 되는 것이다.

10. 어릴 때에 학문을 배우는 것은 장년에 이르러 실행하기 위해서이다. 이제 세계 여러 나라에서 공부를 하고 있는 사람의 본심을 살펴본다면 실효성 있는 공부하기를 희망하지, 헛된 명성만을 바라지 않기 때문에, 공부를 독실히 하여 사회의 안락과 편리를 도울 것으로 기대된다. 따라서 가르치는 제도의 진실함은 이러한 곳에 말미암은 것이라고 보는 것이 옳다. 옛사람들의 찌꺼기만을 주워 모으기만 하고 실제로 쓰는 공용이 없다면 비록 공부했다고는 하나 본질적인 것은 아님이 분명하다. 도리어 사람들에게 해만을 끼칠 것이기 때문에, 실용을 위주로 하는 학업이 인생의 대도(大道)라고 할 수 있다.

11. 서양 사람들의 교육제도에는 이처럼 여러 가지 것이 구비되어 있을 뿐만 아니라, 건강을 유지하는 방법에도 극진하여 대학교마다 의사를 두어서 학생의 나이・신체・골격 등을 살피도록 하여 부족한 부분이 있는 자는 보충토록 하고 있다. 그 방법을 잠시 적어 보기로 하자. 각종 기계로 팔 힘, 폐활량, 다리 힘, 허리 힘 및 내장의 상태까지 시험하여 그 가운데서 하나라도 부족한 부분이 있으면 그에 알맞은 운동을 하도록 시킨다. 가령 팔힘이 부족한 자는 쇠뭉치를 휘두르도록 하고, 허리힘이 부족한 자는 끌어당기는 기계를 따라 누웠다 일어났다 하게 하고, 다리힘이 부족한 자는 달리는 법을 익히도록 하며, 이외에도 각기 부족한 곳이 있는 자마다 거기에 상당하는 기계와 운동법이 있는 것이다. 이러한 운동을 하는 장소는 큰 건물 안인데, 그곳에

는 각종 기계를 배치해 두고 공부하는 여가마다, 시간을 작성하여 하루에도 몇 번씩 하도록 하고 있다. 이렇게 하는 운동이 하루 이틀 사이에 효험을 나타내지는 않지만, 오랜 세월을 거친 뒤에야 비로소 그 효과를 나타내기 때문에 처음에는 지리한 생각이 없지 않으나, 약 1년 뒤부터는 지금까지 고생하던 약질과 병증세가 물거품처럼 사라지는 것을 느낄 수 있다고 한다.

12. 또 어린아이들의 유희하는 여러 가지 기구를 각 학교마다 갖추어 두고, 공부하는 여가에 마음대로 놀도록 하고 있다. 이는 다름 아니라, 사람이 항상 정력을 소비하기만 하고 혈기를 펼치지 않는다면 건강을 유지하는 데에도 해로울 뿐더러, 사람은 하나의 동물이므로 아이들의 유희도 금지해서는 안된다. 그러나 유희를 방치해 두고 좋은 길로 이끌어 주지 않는다면 예측하기 어려운 일이 반드시 일어날 것이기 때문에, 어른들이 먼저 그들의 성질을 순하게 가지는 한편 유희하는 시간을 허락하고, 여러 가지 기구를 주도록 하여 거친 행동을 하지 않게 하며 유익한 운동만을 겸하게 하려는 배려에서인 것이다.

13. 각급 학교에 취학할 수 있는 나이를 완전히 결정해 놓지는 않고 있다. 그러나 시작하는 학교에는 5세·6세로부터 8, 9세까지, 문법 학교에는 9세·10세부터 14, 15세까지, 고등학교에는 14, 15세부터 17, 18세까지, 대학교는 공부하려는 사람의 학식을 따라 18, 19세로부터 20세 이상 30세에 이르도록 해놓고 있다.

14. 또 학업을 닦는 연한도 마련해 두고 있다. 시작하는 학교에는 특별히 엄격한 규칙이 없으나, 문법 학교부터는 입학한 차례로 학문적인 단계를 정하되, 뛰어난 자는 등급을 올려 주기도 하고, 뒤떨어진 자는 내리기도 하여, 연한의 등급을 마련해 놓고 있는 것이다. 고등학교는 문법 학교에 견주어 훨씬 엄격하여, 매달 시험하는 방법으로써 공부하는 정성을 살피고, 부득이한 사고로 하루라도 결석을 했을 때에는 부모의 친필 사유서를 제출토록 하며, 또 학생의 행실이 좋지 못

하든지 장난이 심하든지 하면, 선생이 조목마다 기록하여 매달 한번씩 부모에게 보내도록 되어 있다. 그 통지표에는 학생의 공부한 결과라든지, 행실이 어떠했다든지, 또 한 달 동안에 결석한 날짜는 얼마나 되며, 착한 일을 했으면 어떠했다는 것도 기록하게 되어 있는 것이다. 한편 학생은 부모의 필적과 명함을 받아다가 선생에게 전달하도록 되어 있는데, 이는 학생의 행실과 공부를 단속하여 거짓과 나쁜 행동이 없도록 하기 위해서인 것이다. 대학교에 진학했을 때에는 단속하는 데에 마음을 쓸 필요가 없으나, 학술 시험은 엄격한 가운데서도 용의주도한 제도를 마련해 놓고 있다.

이와 같은 네 단계의 학교에 각각 상례로 되어 있는 수업 연한은 4년씩인데, 사람의 공부하는 세월은 도합 16년인 셈이다. 시작하는 학교로부터 대학교에 이르기까지 공과를 마칠 때마다 졸업장을 주는데 이는 학업의 성취를 증명하는 문서인 것이다.

15. 또, 이와 같은 네 단계의 학교 외에도 여러 가지 학교가 있다. 한 사람의 개인적인 힘으로 설립한 것도 있고, 여러 사람이 협력하여 세운 것도 있으며 정부에서 특별한 목적아래 설비한 것도 있다. 대개 정부에서 특별히 설립한 것은 명목이 같지 않으나, 그 가운데서도 내세워 이야기할 만한 학교로는 사범학교(師範學校)라는 것이 있다. 이 학교에서는 유식한 여자를 가르쳐서 시작하는 학교의 선생으로 삼는다.

16. 어떠한 단계의 학교든지 공사립을 막론하고, 다 운영위원[主任人]이라는 것이 있다. 그는 가르치는 선생이 아니라 학교 근처에 있는 나이 많고 유식하며, 사리를 잘 아는 사람인 것이다. 그가 관장하는 직분은 가르치는 과목으로부터 시작하여 수입되는 잡비라든가, 제반 사무에까지 이르지만 봉급은 없다. 또 그 학교에서 지킬 규칙은 운영위원과 학부형들이 회합하여서 작정하기도 한다. 그러나 학교마다 대략 비슷한 방식으로 운영되고 있다.

17. 정부는 매년 한 번씩, 여러 학교에 관리를 파견하여 학생들을 단속하는 규칙이라든가 가르치는 제도 등을 시찰하고 사립학교(私立學校)의 경우, 돈이 모자라면 보조금을 주기도 한다.

18. 특별히 기록할 만한 한 가지 일이 있다. 대학교는 국민들의 개인적인 재력을 모아 설립한 곳이다. 그 대학교에서 공부한 사람이든지 운영위원이든지, 돈 많은 사람이 세상을 떠날 때에는 큰 돈을 기부하여 강당을 짓도록 하거나 학생들의 학비로 나누어서 보충해 주기도 하며, 혹은 가난한 학생의 등록금을 전담해 주기도 하는 경우가 있다. 대개 선생의 봉급은 우리 돈으로 10만 냥에 이르는 자가 있으며, 적어도 1만 6천 냥 이하로 내려가지는 않으나, 학교의 등급과 학생들의 인원수에 따라 차이가 있기도 하다. 그러나 일정한 액수로 고정되어 있는 경우도 있다.

19. 학교의 일반적인 규모와 제도는 대강 위에서 이야기한 바와 같으나, 이 외에도 여러 가지로 가르치는 일이 적지 않다. 어린아이들의 집안 행실로 말할 것 같으면 자고 먹는 데에도 일정한 시간과 규칙을 어기지 말아야 하며, 또 꽃피는 아침이나 달 뜨는 저녁에 한가한 산책을 할 때라도 어떠한 사물과 마주치면 문득 가르치거나 경계하여 교육하는 자세를 버리지 말아야 한다. 한편 장난하는 여러 기구만 하더라도, 그렇지 않은 것이 없어서 다 깊고 넓은 뜻을 간직하고 있다. 그러나 가난한 아이들은 그 부모되는 사람이 가르치기 어려우므로 재물 많은 여러 사람들이 돈을 모아 깨끗한 집을 짓고는 여러 가지 장난감과 책을 갖추어 두고, 가난한 아이들도 거리낌없이 와서 놀 수 있도록 해 놓은 곳이 있다. 이곳에서 노는 데에는 일정한 시간이 정해져 있으며, 그 시간만 되면 반드시 단정한 부인이 이들을 돌보는데 아이들의 거칠은 말과 행동 따위를 금지시키고 있다. 그런 까닭으로 부자의 자녀와 가난한 사람의 자녀들이 각각 집에서 양육받는 데에는 차이가 있으나, 교육받는 규칙에 있어서는 아무런 구별이 없

는 것이다.

20. 이처럼 극진하게 교육받는 터라 학생들이 모여 노는 모습을 살펴볼 것 같으면, 초목이나 짐승들의 이상스런 모양에 대하여, 또는 하늘과 땅, 해와 달 등의 깊고 묘한 이치에 대하여 이야기하고, 정치의 득실이라든가, 나라 형세의 강약 등에 대하여 논의하기도 하며, 세계 각국의 산천·풍토·국민·정치 등에 관한 것을 문답하여 각각 지니고 있는 학식의 장단을 비교하는 한편 견문의 넓고 좁음을 헤아리기도 하는 것이다. 이와 같이 하여 자라난 학생들이기 때문에 세상 물정에 통달하며, 행실이 단정하고, 지각이 풍부하여 타인의 업신여김을 받는 일이 없는 바, 어찌 여기에 칭송할 만한 것이 없겠는가.

양병(養兵)하는 제도

1. 군사(軍士)는 나라를 지켜주는 방비라고 할 수 있다. 외국의 침범이라든가 국내의 난동이 있을 것 같으면, 군사의 힘에 의해 나라를 지켜 나가는 방법이라든가, 진압하는 대책을 강구하게 된다. 개인이 집을 짓더라도 담장을 둘러서 스스로 방위하는 방법을 마련하기 마련인데, 한 나라를 지키는 마당에 방비하는 대책을 베풀지 않는다면 어찌 옳겠는가. 그런 까닭으로 군사를 양성하는 일이 정부의 당연한 직분이라고 할 수 있는 것이다. 그러나 자기만이 강하다고 믿는 나머지 약한 자를 업신여기거나, 자기가 크다는 사실을 자랑하는 나머지 작은 자를 박대한다는 것은, 군사를 설치해 두는 근본 의도에 어긋나는 일이라고 할 수밖에 없다. 이야말로 탐욕스러운 야만인의 행실인 것이다.

이로써 군사는 하루라도 갖추어 두지 않으면 안되는 것이지만, 백년에 한 번 쓰는 일조차 바라지 않는 만큼 부득이하여 설치하여 그러한 방비가 있다는 것을 나타내 보일 뿐이다. 군사 설치에 관한 제도는 여러 가지 어려운 문제를 내포하고 있으므로 조목별로 나열하여 이야기해 보기로 하겠다.

2. 군사 초모(招募)하는 법

군사 모집하는 법은 세계 여러 나라마다 각각 그 규모에 따라 차이가 있다. 그러나 기실은 두 가지 방법밖에 없다고 하겠는데, 자원(自願)하는 법과 공징(公徵)하는 법이 그것이다. 자원하는 법의 제도를 살펴보면 어떤 사람이든지 군사되기를 희망하는 자가 있으면, 정부에서는 데려다가 군사 숫자에 충당하고, 다른 사람으로 하여금 병역에 복무케 하는 일은 없는 것이다. 공징하는 법의 제도를 보면, 국민의 빈부나 귀천을 가리지 않고, 군문에 참여케 하는데, 군사의 수는 원래 일정하게 규정되어 있으므로 누구나 다 병역복무를 할 수 없기 때문에 제비를 뽑아 결정하기도 한다.

이 두 가지 법이 다 3년으로 복무하는 기한을 정해 놓고 있으나, 처음 모집할 때에 18세 이상으로 하는 경우도 있고, 혹은 21세 이상으로 하는 경우도 있다. 군사가 되고자 하는 자는 병이 없으며, 기골이 장대해야만 그 소임을 다할 수 있기 때문에 군의의 검사를 받고 좋다는 판정이 나야만 비로소 군문에 참여할 수가 있는 것이다. 영국과 미국에서는 자원하는 법을 위주로 하고 있지만 국민 각자가 각각 나라를 위하여 시간 여유가 있는 대로 군사의 조련(組練)을 익히기 때문에, 국민 가운데에 군사 아닌 자가 없다. 독일과 프랑스에서는 공집하는 법을 위주로 하는 까닭에 정부가 국민들에게 명령하여 1년에 얼마 동안은 군사 조련을 익히도록 해놓고 있으므로, 국가에 일이 있을 때를 당하면 국민 전체가 다 전쟁터로 나아가는 군사로 변한다. 일본에서도 공징하는 법을 취택하고 있으며, 요사이는 학교의 학생들에게 명령하여 군사의 조련을 개인적으로 익히도록 하고 있다.

3. 군사의 조련(組練)

군사를 조련하는 방법은 세계 각국이 거의 비슷하다. 앉았다가 일어서는 동작과 진퇴하는 모양이라든가, 기계의 조작법을 가르치고 기병(騎兵)과 보병을 편성하되, 보병에는 공병과 포병과 치중병(輜重兵)이라는 칭호를 가진 것이 있어서 각각 해당되는 조목에 대해 특별한 교육을 받는다.

공병의 직분은 행군할 때 물을 만나면 다리를 놓고, 산과 마주치면 길을 닦으며, 접전할 때면 군용 전선(電線)을 설치해야 하고, 진지 앞에 토성(土城)을 쌓아야 하며, 군사 작전에 관계되는 공사는 전쟁 때나 평상시의 구별없이 언제나 관장하고 있어야 하는 것이다.

포병의 직분은 대포에 관계되는 일인데, 행군할 때는 말에 실어야 하며, 싸울 때는 차에 실어 수송하는 책임과 포탄을 쏘아야 하는 임무를 맡고 있다.

한편, 치중병은 군복과 군량과 무기와 장막 등을 운송하거나, 돌보는 일을 맡은 것이 그 직분이다.

이와 같은 세 가지 병과의 각각 다른 직분이 평상시의 연습을 쌓지 않는다면, 전쟁 때를 맞이하여 어긋날 우려와 차착이 생길 염려가 없지 않으며, 직무를 수행하기 어려울 것이기 때문에, 아무 일이 없을 때의 조련으로써 잘 익혀 두어야 하는 것이다.

또 기병의 직분은 아군의 위급한 때를 맞이하여 진령이나 통신하는 역할을 맡기도 하며, 혹 기회를 보아 보병을 구원하기도 하며 적병에게 돌격하기도 하는 일이니, 그 책임이 중대하며, 역시 평상시의 연습이 있어야만 더욱더 잘할 수 있는 것이다.

지금까지의 이야기는 여러 병과마다 자기나름대로의 재주나 기술을 익혀야 한다는 것이었지만, 진을 치는 방법을 알지 못하고 전쟁 때를 맞이하면 생소하게 느껴질 우려가 있기 때문에, 1년에 한 번쯤 진법(陣法)을 익히는 기동연습이 있어야 하는데, 이야말로 진법을 익히는 조련이라고 할 만한 것이다. 나라 안의 군사를 둘로 나누어 갑·을 두 진영으로 갈라서게 한 다음, 완연히 전투하는 모양대로 행하고 방어하는 대책 등을 수립하되, 총과 대포의 총알만을 빼놓았을 뿐 다른 차이는 없을 정도이다. 느닷없이 상대방을 기습하거나 복병을 매복시켰다가 엄습하는 일이라든가 산에서의 싸움 또는 들에서의 싸움으로부터 시작하여 흩어져 싸우거나 연합해서 싸우는 방법 등을 가르치는 조련인 것이다.

4. 군사의 행실(行實)

군사는 단정하고 정직한 행실이 있은 다음에야 참다운 군사라고 할 수 있다. 누구든 행실이 필요치 않겠는가마는, 군사야말로 특별히 달라야 하는 연유는, 그 직분이 일반 국민들과 다르기 때문이다. 국민을 보호하며 국가를 지켜 나아가기 위해 지니고 있는 책임과 권력의 깊고 크다는 사실을 사람들은 다같이 알고 있다. 책임과 권력이 이처럼 깊고 크다면, 그들의 행실도 이에 비례할 만큼 요긴하고 무거운 법이다. 몸을 단정히 닦으며 마음을 정직하게 가지는 한편, 임금에게 충성하고 친구들에게 신실하며, 한 마음으로 나라를 존중하여 타인에게 굴욕당하기를 부끄럽게 여기고, 상하의 의리를 굳게 지키며 터럭만큼이라도 군규(軍規)를 범하지 않을 뿐더러, 국법을 삼가 준수하도록 하는 것이 옳다.

사람이 무리를 이루면 그 가운데는 불학무식한 자도 있으며, 의리 없이 강포하게 구는 자도 있을 것이다. 그렇게 되면 힘을 자랑하는 자와 위엄을 함부로 떨치고자 하는 자가 없지 않을 것이고, 한두 사람의 과실로 여러 사람이 애매한 죄를 뒤집어쓰기 쉽고, 또 단정한 자라 하더라도 행실이 굳지 못하면, 한때의 분기로 말미암아, 그가 소속하고 있는 무리들의 위력을 방자하게 행사하게 하는 수도 있을지 모른다. 군사의 무리는 천하 최대의 것이니 만큼, 품행을 삼가고 행실을 바르게 하지 않는다면, 이러한 도리에 어긋나는 행동을 어찌 면할 수 있겠는가.

그런 까닭으로, 군사에게는 행실이 제일 중요한 것이라 하겠다. 태평스러운 때부터 행실을 닦고, 군기와 국법을 받들어 준수한 연후에야 난리가 일어났을 때를 당해도, 민간에 들어가 노략질하는 폐단과 국민들을 살상하는 나쁜 행위가 없게 될 것이다. 만약 군사의 행실이 제대로 갖추어져 있지 않는다면, 비록 태평스러운 때라 하더라도 국가와 국민에게 해되는 바가 도둑보다 우심하여, 그 소란스러움이 난세와 같다고 할 수밖에 없을 것이다. 이렇게 된다면, 조련의 정밀함과 무기의 날카로움이 있더라도 군사라고 일컫기 어려우며, 호랑이를 잘못 기른 듯한 우환을 도리어 끼치고 말 것이다.

서양 여러 나라에서는 백 년 전에는 군사의 행실이 좋지 않았기 때문에, 국내가 언제나 소란하여 제어할 방도가 없었으나, 그 뒤 차츰 교육하는 방법에 힘쓴 나머지 군사되는 자들이 스스로 직분을 지키고 정제된 규칙을 마련하기에 이르렀었다. 일본의 요사이 형편은 군사의 절제가 구비되어서 소란한 지경에까지는 이르지 않았으나, 그들의 행실의 근본이 굳건하지 못하여 더러 순사(巡査)와 싸우는 폐단이 있기도 했으며, 또 몇 년 전에는 난동을 꾸미는 자들을 도와서 정부를 침범코자 한 군사까지 있기도 했었다. 이러한 사례에 의거하여 살펴본다면 군사의 행실이야말로 국가의 모든 분야와 중대한 관계를 가지고 있는 것이라고 하겠으며, 세계 어느 나라든지 그 나라의 강약은 실상 군사의 행실 고하 여부에 달려 있다고도 하겠다.

5. 장수(將帥) 교양(敎養)하는 일

장수의 교양이, 양병하는 데에 있어서 가장 중요한 조건이며 또한 가장 훌륭한 규범인 것이다. 장수가 군사를 움직일 때, 변화에 대처하는 지략이라든가 수많은 무리를 상대하는 용맹은 배워서 할 수 있는 일이 아니다. 그러나 이것도 견문이 넓고 경력이 오래되어 고금의 사리에 통달하고, 모든 군기에 단련되어 있다면, 전혀 무식한 사람과는 견주어 이야기할 바가 아니다. 장수의 직분과 본보기에 이르러서는 배우지 않으면 잘할 수 없음도 사실이다.

즉, 군사를 훈련시키는 기술을 배우지 않고 잘할 수 있단 말인가. 이것이야말로 배워야 할 일이다. 진지 치는 법을 배우지 않고도 잘할 수 있단 말인가. 이것이야말로 배워야 할 일이다. 그림 그리기, 셈하기 및 기계 다루는 법을 배우지 않고 잘할 수 있단 말인가. 이것이야말로 배워야 할 일이다. 이 외에도 화학(化學)이라든가, 외국어 및 옛 사람들의 훌륭한 언행으로부터 시작하여 역사를 점철한 흥망성쇠의 이유까지도 다 알지 않으면 안되는 것이다.

연병(鍊兵)하는 기술은 군사를 지휘하기 위해서이며, 진지 치는 법은 전쟁터에 임하여 잘못됨이 없도록 하기 위해서이며, 그림 그리기를 배우기는 전쟁터의 형편을 살핀다든지, 적진의 방위를 염탐한다든지, 산천의 험난 여부, 도로의 원근 등을 자세히 모사하여 대장(大將)에게 보고하며, 한편으로는 군사에게 명령하여 공격과 수비의 준비를 하도록 하기 위해서인 것이다. 그리고 셈을 배우는 것은 적군과 마주쳤을 때, 그 인원수의 다소라든가 거리의 원근 등을 헤아려야 하며 또 군사를 지휘할 경우, 자기 스스로의 여러 가지 능력을 측정하기 위해서이며, 기계의 사용법을 알아야 한다는 것은 전쟁터에서 사용하거나 파손된 것을 고치기 위해서이며, 화학의 공부는 오묘한 경지에까지 이를 필요는 없지만 전쟁터에서 요긴하게 소용되는 음료수라든가, 화약의 본질을 상고하기 위해서 각각 필요한 것이다. 또 외국말은 필요 없는 공부라고 말하겠지만, 그러나 외국 사람을 평상시에 술잔으로 마주 대하든지 전쟁터에서 방패와 창을 들고 마주치든지 간에 말이 서로 통할 것 같으면 가히 즐거운 일이라고 할 수 있을 뿐더러, 더구나 외국말 공부는 평상시보다 난시에 필요한 것이니 이를 배워야 하는 것이다. 옛사람의 언행과 역사의 흥망에 대해서는 배우지 않으면 안되는 바, 임금을 사랑하는 충성심과 나라를 소중히 여기는 의기에 바탕을 둔 채 올바른 길을 가르쳐 줄 뿐더러, 수신하는 도리와 일을 처리해 나가는 판단 작용에도 도움이 되어, 무식한 군인이라는 지목은 받지 않게 될 터이니, 그 공효가 어찌 크지 않겠는가. 그런 까닭으로 서양 여러 나라에서는 장수감을 기르기 위하여 군사학교를 설립하고 자원하는 자를 교육하고 있는 것이다.

그 학교에 입학하려면 우선 보증을 받아 나이와 행실에 거짓이 없다는 것을 밝힌 다음, 문학과 산수를 약간 시험하여 그 재질이 어떻다는 것을 살피고, 군의로 하여금 그의 몸을 진찰케 하여 나쁜 병이 없다는 것을 확인토록 하며 이러한 여러 가지 조건에 합격한 연후에라야 비로소 입학할 것을 허락받도록 되어 있다. 뛰어난 재질을 가진 사람은 3, 4년, 그렇지 못한 사람은 5, 6년에 걸쳐 교육을 받도록 되어 있는데, 수학하는 기간 동안 재주가 부족하여 학업을 이루기 어려운 자와 재주는 있으나, 공부에 힘쓰지 않는 자는 학교를 쫓겨나며, 성실하게 학업을 마친 자라도 처음에 임명되기는 하급관에 지나지 않으며, 그 뒤의 승급이나 보직은 여론과 공로와 근무 성적에 의해 결정된다.

6. 군사의 기계(器械)

양병하는 데 있어서 제일 중요한 것은 행실이며, 그 다음이 조련이지만, 그러나 기계가 정밀치 못하면, 군사로서의 직분을 다하기 어렵다. 옛사람들의 무기는 가까이서 싸울 때에는 칼이나 창이며, 멀리서 싸울 때에는 활이나 돌의 종류에 지나지 않았으며, 오늘날에 이르러서는 사정이 달라져서 총이 한번 세상에 나온 뒤로부터는 비록 산을 뽑을 만한 힘이 있고 나는 새처럼 빠른 재주를 가졌다고 하더라도 이처럼 사람이 만든 벼락인 총을 대적하기는 어려우며, 또한 모면하기도 어렵게 되고 말았다. 이러한 결과, 기계의 정밀함이라든가 날카로움이 확보된 다음에야 그 나라를 가히 지킬 수 있게 되었다. 무기로서 정밀한 것을 이야기하자면 총을 넘어서는 것이 없지만, 총이라고 하는 것 가운데서도 그 등급이 여러 가지여서 정밀하거나 조잡한 차이라든가, 날카롭거나 무딘 제조법에 따라 그 공효가 현저히 다르게 되어 있다.

전쟁이 일어났을 때 두 나라의 세력이나 힘이 비슷한 경우라도, 그 승부를 결정짓는 것은 기계인 것이다. 그런 까닭으로 기계가 날카롭지 못한 나라는 비록 백만의 대군을 가졌다 하더라도, 정밀하고 날카로운 기계를 가진 1만 명의 군사를 대적하기 어려운 것이다. 따라서 서양 여러 나라마다 무기를 제조하는 데에는 돈을 아끼지 않는 한편 계속적으로 이치를 추궁하여 각종 새로운 무기를 만들어 내고 있다. 그러나 무기제조법을 전연 감추는 일은 없으며 다른 나라 사람이라도 배우고자 하는 자가 있으면 가르쳐 주어, 그 정묘함을 온 천하에 공포하는 것이 보통이다.

어떤 사람의 말을 들어보면 독일의 대포는 세계 제일가는 날카로운 무기이기 때문에, 그 제조하는 곳을 보고 싶어하는 자가 있으면 허락은 하지만, 그러나 가장 신묘한 부분은 숨긴다고 한다. 이와 같은 일은 독일 사람만의 결점이 아니라 어느 나라든지 그 나라 무기의 요긴한 부분은 다른 나라 사람에게 전수해 주려고 하지 않는다. 영국의 대포는 한 발에 8만 근에 해당하는 위력을 가지고 있어서 이것 또한 위력면에서 세계 제일이라 할 만한데 가장 신묘한 부분을 보여주어도 다른 나라 사람으로서는 능히 본떠 만들지를 못한다고 하니, 이는 영국 사람만이 할 수 있는 일이기도 하다. 또 무기란 그 나라에서 주로 사용되는 것이 균일되게 생산된 다음에라야 난잡한 폐단을 면할 수 있기 때문에, 정밀하거나 조잡하거나를 불문하고 균일된 상태만이 우선 요구되고 있다.

7. 군의(軍醫)의 설치(設置)

양병하는 데 있어서는 또한 의사를 두지 않으면 안된다. 평상시에는 군사 가운데서 병 있는 자를 치료하고, 전쟁터에 나가서는 부상당한 군사를 구제하며, 또 군사 모집할 때와 장수감을 선출할 때에는 기골의 강약이라든가, 질병의 유무를 검사하는 일 등이 그들의 직분인 것이다. 군의국(軍醫局)이라는 것이 설치되어 있어서 어디에 소속된 군사든지 병이 나면 군의국에 와서 치료를 받을 수 있으며, 전시를 맞이하여 군사를 일으키거나, 또 평상시라도 요새지에 주둔하고 있으면 군의국의 의사를 파견하도록 되어 있다. 서양 여러 나라는 의술을 몹시 숭상하기 때문에 군의의 직급도 다른 부처의 관리와 같고 봉급도 후하다.

8. 군사의 지비(支費)

이 비용은 국가의 가장 커다란 세출 부분이다. 군사의 음식과 의복으로부터 시작하여 기계·급료·약 및 장수의 봉급 등에 이르기까지 다 정부에서 마련해야 하는 것들이다. 어떤 이가 말하기를 국가의 강약이 군사 지출비의 다과와는 상관이 없는 일이다라고 하나, 이는 생각이 부족한 자의 말이라고 할 수밖에 없다. 군사의 일거일동이 실상은 돈 아니면 움직여지지 않을 뿐더러, 군사가 사용하는 물건은 다 필요 불가결한 것들이다. 만약 돈이 부족하다면 하루도 군사를 양성하기 어려울 터이니, 지출비와의 관계가 어찌 무겁지 않겠는가. 그러나 소위 지출비란 다 국민들의 세금으로 거두어들인 것이기 때문에 정부로서는 절약해서 사용하는 방법을 강구해야 되겠지만, 지나치게 인색할 것 같으면 양병하는 의도에 도리어 어긋난다고 할 수밖에 없는데 중용을 지킬 수 있도록 노력하는 것이 좋거니와, 국민들도 양병하는 지출비를 위하여 성의를 다하는 것이 옳다. 정부에서 군사를 두는 것도 국민을 위해서이기 때문에, 그 지출비는 국민들이 담당하여야 하는 것이다.

9. 양병하는 일이란 이처럼 중대한 것이다. 반드시 일정한 법으로써 하고, 조금이라도 사사로운 사정이 용납되지 않기 때문에 국민들도 빈부귀천을 가리지 않고, 군사의 조련에 통달되어, 만약 국가의 유사시에는 국민마다 군사 아닌 자가 없게 되는 것이다. 또 장수 되는 자는 반드시 그만한 공부가 있은 연후에 그러한 직책을 감당하게 된 것

이다. 그러므로 공부 못한 자는 장수의 지위를 감히 희망하지 못하며, 세력이 있더라도 억지로 군사의 기강을 문란하게 할 수는 없다. 만약 학식 없는 장수가 장수의 지위에 있을 것 같으면, 비록 임기응변은 잘하고, 적을 제어하는 지략은 있을지 모르나 연병하거나, 진지 배치하는 법 등에는 몹시 어두울 것이다. 군부의 장관이나 도독(都督)과 같은 직책은 부하 장수를 지휘하여 슬기롭기를 숭상하는 까닭으로 공부의 유무는 고사하고, 재주와 국량(局量)의 대소가 우선 문제되는 터라 하겠다.

10. 세계 각국의 군사 수를 3, 4년 전의 기록에 의거해서 보면 다음과 같다.

영국(英國) : 46만 4천92명(향군 및 의용병을 합친 숫자)
프랑스(佛蘭西, France) : 50만 2천8백66명
독일(日耳曼, Germany) : 42만 7천2백41명
이탈리아(伊太利, Italy) : 17만 명
오스트리아(墺地利, Austria) : 26만 7천5명
러시아(俄羅斯, Russia) : 78만 81명
네덜란드(荷蘭, Netherlands) : 10만 명
스페인(西班牙, Spain) : 10만 명
벨기에(白耳義, Belgium) : 10만 4천6백83명
스웨덴(瑞典, Sweden) 및 노르웨이(諾威, Norway) : 5만 6천8백14명
덴마크(丁抹, Denmark) : 5만 5백52명
미국(美國, U.S.A.) : 2만 7천1백77명
멕시코(墨西哥, Mexico) : 2만 2천 명
브라질(巴西, Brazil) : 13만 5천 명
칠레(智利, Chile) : 6만 5천7백50명
아르헨티나(亞然丁, Argentina) : 30만 7천4백 명

이 기록에 따라 생각해 볼 것 같으면 큰 나라의 군사 수가 도리어

작은 나라에 견주어 적은 경우가 있는데, 이는 상비군(常備軍)만을 가리킨 것이기 때문이다. 군사 수란 그 나라의 형편에 따라 한결같지 않거니와, 전시를 당하면 어느 나라든지 국민 전체가 다 군에 복무하기 때문에 나라의 대소에 따라 군의 강약이 운위되지만, 반드시 그런 것만은 아니다. 비록 작더라도 풍요로운 나라일 것 같으면, 게으른 큰 나라보다 갑절이나 더 강할 수도 있는 것이다. 이와 같은 사실에 의거하여 생각해 본다면 천하의 대세를 대강 짐작할 수 있을 듯하다.

11. 이제 여러 나라가 양병하기 위해서 지출하는 비용에 대하여 살펴보기로 하자. 지출비 중 가장 많은 것이 우리 돈으로 환산하여 18억 2천3백70만 5천7백 냥이나 되는데 이는 다 국민들의 세금에서 나온 것이다. 각국 국민들이 양병하기 위하여 내는 세금을 평균되게 나누어 한 사람에게 분배되는 액수를 적어 보면 다음과 같다.

나라 이름	한 사람마다 내는 양병비
프랑스(佛蘭西, France)	1백 냥(兩)
영국(英國)	92냥2전(錢)
네덜란드(荷蘭, Netherlands)	88냥2전
독일(日耳曼, Germany)	57냥1전4푼(分)
러시아(俄羅斯, Russia)	50냥8전
덴마크(丁抹, Denmark)	43냥2전
이탈리아(伊太利, Italy)	36냥2전
오스트리아(墺地利, Austria)	33냥2전
벨기에(白耳義, Belgium)	37냥6전
스웨덴(瑞典, Sweden) 및 노르웨이(諾威, Norway)	24냥

12. 국가의 방비가 육지에만 있지 않은 만큼, 해군이 없으면 안되기 때문에, 서양 여러 나라들이 해군을 설치하여 그 강약을 판단하는 재료로 삼고 있다. 해군의 규율도 육군에서 교양하는 방법과 같으나, 그 조목에는 수륙간의 차이가 있다. 그 자세한 기록은 그만두고, 해군의

직분만을 간략히 들어 보면 자기 나라의 해변을 방위하여 적군의 침범을 막아 내며, 외국과 조약을 체결하여 상인의 권리를 지켜 주기도 하는 것이다. 이제 세계 각국의 군함 수를 적어 보면 다음과 같다.

영국(英國)	227척(隻)
프랑스(佛蘭西, France)	366척
러시아(俄羅斯, Russia)	379척
이탈리아(伊太利, Italy)	72척
독일(日耳曼, Germany)	50척
오스트리아(墺地利, Austria)	40척
스웨덴(瑞典, Sweden) 및 노르웨이(諾威, Norway)	83척
덴마크(丁抹, Denmark)	44척
스페인(西班牙, Spain)	134척
네덜란드(荷蘭, Netherlands)	107척
포르투갈(葡萄牙, Portugal)	39척
그리스(希臘, Greece)	16척
미국(美國, U.S.A.)	93척
칠레(智利, Chile)	10척
중국(中國)	70척 남짓
일본(日本)	40척 남짓

이 기록에 의할 것 같으면, 군함의 수는 각국간에 차이가 있다. 해군을 위한 지출비 또한 국민들의 세금에서 나온 것이지만, 상업이 번성하면 그 비용을 들인 만큼의 소득은 충분히 얻을 수 있는 것이다. 그런 까닭으로 상업이 번성하지 않은 나라는 해군도 강대할 수가 없지만 오직 미국은 해군에 대해 힘쓰지 않았기 때문에 다른 나라보다 적을 뿐이며, 상업이 번성치 않은 데 말미암은 것은 아니다. 근자에 이르러 미국 국민들도 해군의 강대하지 못한 것을 걱정하여 군함 증강에 관한 논의를 일으켜 정부에 권고하고 있다.

제 10 편

화폐(貨幣)의 대본(大本)

1. 화폐는 국가의 명맥이며, 국민들의 기혈(氣血)이라고 할 수 있다. 모든 물건의 표준을 세워 주며, 팔고 사는 매개를 해주기 때문에, 그 공덕은 가히 크다고 할 수밖에 없다. 이제 여기 두 사람이 있다고 하자. 한 사람은 베를 가지고 있고 한 사람은 조를 가지고 있는데, 이 두 가지 물건을 서로 바꾸려 할 경우, 베 한 자에 조 얼마를 주고, 조 한 말에 베 얼마를 줄 것인가는 화폐의 가치에 따라 그 다소를 정하도록 되어 있다. 이 경우, 베 한 자의 길이가 그 길이의 값을 가지고 있는 것이 아니라 화폐가 그 길이의 값을 잰 셈이며 조 한 말이라는 분량이 그 분량의 값을 지닌 것이 아니라, 역시 화폐가 그 분량의 값을 잰 것이다.

만약 화폐의 표준이 없었다면, 이 물건들을 주고받을 때 얼마나 되는 분량으로 해야 할지, 막연하여 기준으로 삼을 방편을 마련하기에 몹시 곤란을 겪었을 것이다. 그러나 다행히 조와 베가 서로 필요할 경우, 팔고 사는 소원을 한꺼번에 해결지었다고 할 수 있지만, 만약 베를 가진 자는 조를 필요로 하는데도 조를 가진 자는 베를 필요로 하지 않는다면, 베 가진 자는 자기만 좋다고 해서 타인의 희망하지 않는 바를 강요하기 어렵다고 할 수밖에 없다. 그리하여 그는 베를 가지고 시장 안을 오르내리다가 베를 필요로 하는 자를 찾아서 베를 주고, 조 가진 자의 필요한 물건을 가지고 돌아와서 비로소 자기가 필요로 하는 조와 바꿀 수 있게 되는 것이다. 어찌 베나 조의 경우에만 이러하겠는가. 세상 만물이 다 이와 같은 것이다.

이 지구 위에 존재해 온 고금 여러 나라의 형편을 두루 살펴본다면, 화폐의 사용이 한결같지 않아서 소금을 사용하기도 하며, 혹은 구슬·조개·짐승가죽·차[茶], 소나 양, 동이나 철 및 금이나 은을 사용하기도 했었다. 세상의 어떤 물건이든지 표준용으로 정립한다면 안 될 것은 없지만, 그러나 여러 가지 물건 가운데서도 금이나 은이 가장 알맞은 것으로 손꼽히고 있다. 화폐의 근본적인 조건에 적합한 것으로는 다음과 같은 7가지가 있다.

1. 그 품질이 보배롭고 소중할 것
2. 수송하거나 싣기에 편리할 것
3. 소모됨이 없을 것
4. 품질이 균일할 것
5. 세분(細分)하기 적합할 것
6. 가치의 고저가 심하지 않을 것
7. 인식하기에 어렵지 않을 것

2. 이와 같은 까닭으로 금이나 은으로써 화폐의 근본을 삼는 것이 옳으나, 그 통용하는 방법은 가루로 해도 좋지 않으며, 덩이로 해도 불편하다. 일정한 무게를 갖게 하고, 값어치를 정하며, 그 모양은 반드시 원형으로 하되, 주위를 두른 가장자리는 약간 높게 하며, 톱니모양을 둘러서 마멸되는 폐단을 방지하고 앞뒤 양면에는 정교한 무늬와 나라의 이름 및 정해진 액수를 새겨서 위조를 방지하며 또 다른 나라의 화폐와 구별할 수 있는 방법을 강구하고, 이 돈에 수용된 양을 밝히도록 하고 있다. 화폐란 나라의 대권을 바탕에 둔 것이기 때문에, 어느 개인에게 만들어 내도록 허락해도 안되며 또 개인이나 한 집안의 능력으로는 하기 어려운 일이다. 설사 개인이 만들어 낼 수 있다

고 하더라도 분란의 근원을 이루거나, 위조의 여지를 파생케 하여 그 폐해를 이기지 못하게 될 것이다. 그리하여 정부에서는 한 관청을 설치하여 화폐 만드는 일을 관장토록 하고 있다. 그 관청을 짓고 기계를 사용하는 비용과 관리들의 봉급과 기술자의 임금이 없어서는 안되는데, 어디서 변통해 낸단 말인가.

금의 소중스러움에 어울리는 가치를 돈에 정하여 통용하는 표준으로 삼았기 때문에 금을 일컬어 원화(元貨)라고 하며, 은은 금에 견주어 몇 배나 되는 분량이 있어야만 그 보배스러움이 같아져서 통행하는 화폐가 되는데, 금이 미치지 않는 부분을 보충하게 되므로, 은을 보조화(輔助貨)라고 한다. 금이나 은의 품질은 본래 부드럽고 물러서 부어 만든 모양을 오래 보존하지 못하기 때문에, 그 1백분의 1, 2는 동(銅)을 혼합하여 그 바탕을 단단하게 만들지만, 이로써 이(利)를 도모하기는 미흡하다. 또 금이나 은돈은 일상생활의 사소한 소수과정에는 통용하기 어렵기 때문에, 동으로써 화폐를 만들어 쓴다. 동으로 만든 돈 백으로써 금이나 은돈의 하나에 해당하게 하여, 동의 백 이상짜리는 금이나 은돈으로 통용토록 하고, 금이나 은돈의 하나 이하일 때는 동으로 사용토록 하고 있다. 이로 말미암아 동을 잔돈이라고 하지만, 그러한 동은 백 개를 주조해도 그 이문이 박하기 때문에 주조하는 공전을 보충할 정도밖에 되지 않는다.

3. 지폐는 금화 대신에 사용되는 종잇조각이다. 그 종이에는 기묘하고도 정교한 무늬와 일정한 액수를 인쇄하여 위조하는 폐단을 막고 있다. 그 가치가 50원(元) 혹은 백 원 이상 가는 것은 은행표(銀行票)라고 하며, 1, 2원짜리는 지폐라고 한다. 영국이나 프랑스 같은 나라에는 지폐가 없고, 다만 은행표만을 사용하고 있으나, 미국에는 지폐를 통용하고 있다. 이 은행표와 지폐는 정부 은행국(銀行局)에서 발행하는 것이다. 그러므로 발행한 표나 지폐의 원금은 은행국에 비치해 두어야 하는 것이 정당한 이치지만, 혹 정부의 신용이 널리 퍼져

있지 않으면, 그 값의 저락이 뒤따르기 때문에 나라의 빈부상태는 이 것에 의거하여 엿볼 수 있게 된다.

옛날 영국의 은행표는 그 값이 93(천 냥짜리 은행표를 팔면 930냥이다)이었으며, 프랑스의 은행표는 그 값이 70이었고, 러시아의 은행표는 그 값이 역시 70이요, 스페인의 은행표는 그 값이 단 5며, 네덜란드의 은행표는 그 값이 101(이는 정부의 명령이 신실했기 때문에, 도리어 1이 불어났다)이었으나, 오늘날에 이르러서는 그 높낮이의 상태를 정확하게 이야기하기 어렵다고 하겠다. 또 미국의 역사책을 살펴본다면, 독립전쟁 때, 정부에서 원금의 저축은 없이 지폐만을 지나치게 많이 발행하여, 국민들의 신용을 잃었기 때문에, 그 값이 날로 저하되어 지폐 40에 금화 1을 바꾸기도 어려운 지경에까지 이르렀으나, 그 뒤에 좋은 법의 시행으로 말미암아 점차 회복되어 오늘날과 같은 풍성한 기업을 이룩하게 되었다.

4. 정부의 신의가 현저하고, 경제 사정이 착실하여 국민들이 서로 신용을 지킬 때에는 은행국에 원금을 비치해 두지 않더라도, 은행표 및 지폐를 발행할 수 있는 법규가 있다. 그 법에 대하여 잠시 이야기해보면 돈 많은 사람이 자신 그의 돈을 이자로 놓으려 한다면, 정부에서는 민간에서 통용되는 3, 4푼 이자로 그 돈을 받아들여, 은행국의 원금으로 삼지만, 만약 그 돈 임자가 돌려줄 것을 희망한다면, 즉시 그 원금과 이자를 합쳐서 돌려주도록 되어 있다. 다만 원금의 4백분의 1은 돈을 출입시키는 데 수고한 수수료로 떼고 있는데, 이는 정부에서 세운 은행국의 일반적인 예규인 것이다.

또 국민이 정부의 허가를 얻은 뒤 은행국을 설립하고, 은행표를 발행하도록 한 법규가 있는데, 그 규칙은 정부 은행국의 그것과 거의 비슷하다. 다만 판이한 조건은 사설 은행국의 표는 그 통용이 사람들의 의사에 따르게 되어 있어 받기 싫어하는 자를 강요해서 받도록 하는 권리가 없는 것이 특색인데 정부 은행국의 표는 현금과 같아서 전국 국민들이 그 통용을 거부할 수 없도록 되어 있는 것이다. 이러한 입장에 입각해서 볼 때, 지폐가 잘 통용된다면 금이나 은의 유통을 대신하여 수송하는 데 편리하며, 또 경제 자체를 위해서도 커다란 관계가 있다고 하겠다. 가령 불에 녹이거나 물에 가라앉는 재앙이 있었다 하더라도 불행을 당한 그 사람만의 손실이라 할 수 있을 뿐 은행국에 저축해 둔 원금은 무사하여 녹거나 가라앉은 것은 금이나 은의 그림자일 뿐이다.

만약 은행국의 법규가 좋지 못하여, 저축해 둔 원금은 적고 발행한 표나 지폐만 많을 것 같으면, 종잇조각이나 헛된 금표시뿐이어서 명실이 상부하지 않게 되므로, 국민들이 믿지 않게 되어 자연히 통용하는 길이 막히게 될 것이다. 이렇게 되면 농민은 게으르게 되고, 기술자는 쉬게 되어 물품 제조하는 산업이 자취를 감추며, 상업이 막히게 되어 시장이 문을 닫게 되면 무역하는 공효가 억제되기에 이르러, 우리 사회에 큰 재앙을 빚게 되기 때문에 정부로서 삼가야 할 일이 이에 있다고 하겠다.

5. 화폐란 한 나라의 주권을 표시해 주는 위대한 물건이다. 그러므로 화폐를 만드는 권리는 다만 중앙 정부만이 장악하고 있다. 전국에 통용되는 화폐가 어떤 물건으로 그 표준을 삼았던지간에 균일할 것을 위주로 하고 있다. 균일하게 된 다음으로는 정교하게 제작할 것을 요지로 삼는다. 그런 다음에야 국가 또한 편리하게 되어, 화폐의 제도가 비로소 완비되었다고 말할 수 있는 것이다. 어떤 경제인이 화폐가 균일하지 않으면 국민 전체가 그 폐해를 입게 되고, 화폐가 정교하지 않으면 나라가 병들게 되며, 균일하지도 정교하지도 않으면 국민과 나라가 그 해를 같이 입게 된다고 말한 일이 있다. 이 말을 세밀히 음미해 본다면 그 뜻이 명확하며, 그 이치가 소상하고 뚜렷하여 앉은 자리에서 하는 허튼 수작이 아니라 실제로 원용되는 학문에 따라 얻어진 결론이라 하겠다. 그런 까닭으로 재화를 잘 관리한다는 것은 국

민들의 기혈을 부드럽게 하며, 국가의 활동적인 명백을 순조롭게 하여, 표준이라는 본질과 매개라는 작용을 어기지 않고, 균일되고도 정교한 큰 역할을 잘 수행하도록 화폐제도를 확립하는 일이라 하겠다.

법률(法律)의 공도(公道)

1. 법률이란 대중의 질서를 유지해 주는 큰 도구라고 할 수 있다. 나라에 이것이 없으면 혼란해지고 인류에 이것이 없으면 어지러워지고 말 것이다. 그런 까닭으로 세계 어느 나라든지 슬기롭거나 어리석은 등급의 고하를 막론하고, 각각 실정에 알맞은 법률이 있어서 국민들의 서로 사귀는 권리를 지켜 주고 있지만, 그 방법이 옳은지 그른지는 역시 슬기롭거나 어리석은 등급에 따라 좌우된다. 자연적인 도리에 입각하여 인간 세상의 기강을 확립해 주기는 마찬가지지만, 고금의 시대적인 변천이나 풍속의 차이를 따르는 저울대가 각각 편리한 관계를 만들게 되어 법률도 각국간 혹은 지방간의 차이가 생기게 마련이다.

법률의 근본적인 의도를 미루어 생각해 보면 정직함을 권하며 억울한 일을 바로잡아 주는 데 있다고 하겠다. 여러 사람이 각기 비슷한 지위에 있고, 맡은 직업이 없을 것 같으면, 시비의 분별이라든가 선악의 상벌을 결정지을 때, 한 사람의 간섭에 자기의 주견을 내맡기도록 하는 것이 옳을지 모른다. 그러나 남모르게 종적을 감추어 혼자 살 수도 없고 모든 생물과 어울려 살 수밖에 없으니 온갖 사물이 얽히고 설킨 관계란 마치 실의 뒤섞임과 고슴도치 털의 밀집되어 있는 현상과 같다고 할 수밖에 없다. 이러한 현실 세계에서의 경쟁을 조종하며, 습속을 견제하여 서로 침범하지 않을 경계를 정하고 서로 뺏을 수 없는 조목을 설정하여 윤리와 기강을 바르게 하며 풍속을 바로잡는 것은 한 개인의 힘으로 하기 어려운 일으므로 여러 사람들이 다같이 존중하도록 힘써야 할 것이기 때문에 법률을 제정할 권리는 임금만이 가지도록 되어 있다. 그러나 임금이 이러한 권리를 가진다고 하는 것도 국민들이 스스로 지키기 어려운 큰 권리를 도맡아서 보호하며, 함께 이끄는 정치를 행하기 위해서인 것이다.

토지가 넓으며 국민들이 많으므로, 임금 혼자서는 능히 다스려 나아가기 어렵기 때문에 정부에 명령하여 법률을 정하고 관리를 임명하여 관장토록 한 바, 이를 사법관이라고 한다. 법관은 임금의 명령을 받들며, 정부의 법률을 지켜 천하의 공도를 보존하는 것으로서 자기의 직책을 삼기 때문에 법을 범하는 자가 있으면 귀천이나 빈부에 상관하지 않고, 해당되는 법률을 바르게 집행하여 사람들의 불평을 없애준다. 그러므로 귀하기가 공경(公卿)과 같은 지위에 이르고, 돈 많기가 왕후(王侯) 비슷한 자라 하더라도 그 자신이 법관 아닌 이상, 다만 법관의 위세를 빌어서 가난하고 천한 자를 함부로 체포하거나 사적인 제재를 가할 것 같으면, 이는 나라의 권리와 왕의 법도를 남용하거나 어지럽히는 일이라 하겠다.

2. 법률을 만드는 것은 교화가 미치지 못하는 곳을 방비하기 위해서이다. 지구 위에 사는 사람마다 신체·재산 및 명예를 올바른 방법으로 지키며, 편안한 즐거움을 누리는 것은 예의염치(禮義廉恥)라는 사유(思維)가 잘 베풀어져 교화의 큰 근본이 확립되어 있기 때문이지만, 무도하고 의롭지 못한 무리들이 틈을 뚫고 들어와서 나쁜 행동을 일삼는 수가 왕왕 없지 않은데, 이들을 제재하는 것은 법률에 의존할 수밖에 없다. 그러나 법률을 예비한 근본 취지는 국민의 죄를 미연에 방지토록 하는 데 있는 것이다.

또 형벌을 가하는 데 있어서도 이미 죄를 저지른 자를 벌주는 것이기 때문에 죄의 대소에 따라 형의 경중이 결정되는데, 형벌의 알맞은 정도는 저울과 같아서 조그마한 과부족으로도 형의 차이가 크게 벌어지고 만다. 어떤 사람이 말하기를 죄없는 자가 당하는 횡액과 죄지은 사람이 요행히 면하게 되는 것과는 별다름이 없으니 법을 집행하는 사람으로서 근신해야 할 점이 바로 이에 있다라고 한 적이 있다. 그런 까닭으로 위대한 성인은 형벌이 아들에게 미치지 않고, 또 죄인의 처자를 잡아들이지 않아야 한다고 하였다. 또 죄인의 죄과를 신중히 심사하여 당연히 죽을 자라도 살 구석을 찾아주고, 범죄적 증거가 확실할 때에는 비록 친하고 사랑하는 사람이라도 감히 법을 굽혀서 은혜를 베푸는 일이 없도록 해야 한다. 법이란 온 세상 사람들의 법이며 한 사람의 법이 아니지만, 모든 사람들이 다 집행하려 한다면 어수선한 폐단을 면치 못할 것이기 때문에 임금이 천하의 큰 자리에 앉아 천하의 대권을 잡아 각기 한 나라를 다스리도록 되어 있는 것이다. 만약 사법관이 이러한 뜻을 돌보지 않고 그의 위세를 망령되게 행사할 것 같으면, 이는 한 나라의 기강을 파괴하고 재앙을 빚으며, 분단의 씨를 심는 결과밖에 안된다고 하겠다. 이로써 임금된 자는 사법관을 반드시 신중하게 선택하여 임명토록 해야 하는 것이다.

3. 상등인(上等人)은 법을 사랑하고, 중등인은 법을 두려워하며, 하등인은 법을 싫어한다. 법을 사랑하는 자는 이를 범하는 것을 부끄럽게 여기고, 법을 두려워하는 자는 이를 범하는 것을 나쁘게 여기며, 법을 싫어하는 자는 이를 범하는 것을 부끄럽게 여기거나 나쁘게 여기지도 않을 뿐더러, 기회만 있으면 그의 욕심내키는대로 행동하여 거리낌이 없는 바, 다만 죄를 저지르지 않는 것은 사세와 처지가 부적당한 데 말미암은 것일 따름이며, 그의 심사가 올바르기에 그런 것은 아니다. 그러나 법률상으로 사람의 인품을 세 등급으로 구별한 것은 후천적인 학식의 환경과 지각의 계층을 든 것이기 때문에, 교화가 보다 넓게 베풀어지는 정도를 따라, 죄인들의 범죄 건수가 감소되고 있다.

이러한 입장에서 본다면 인간 세상의 습속을 바로잡는 법률을 엄격하게 정하는 것보다, 교화를 힘쓰도록 하는 데 있다고 하겠다. 그리고 범죄의 대소를 막론하고 반드시 벌주도록 하고 용서함이 없어야 하는 바, 이는 법관의 직분에 관련된 일이므로 일반인으로서 관여할 수 없으며 또 함부로 입을 놀릴 일도 아니다. 그러나 법관의 공평스럽지 못한 행동이 있었을 때에는 원망을 하여도 그르다고 할 수 없으며, 또 고발을 일삼는 풍조가 순박한 사회의 기둥을 혼탁하게 할 경우도 있지만, 그 정상의 경중에 따라 그러한 행위가 혹 용납될 수도 있다. 가령 여기 한 사람이 있다고 하자. 도둑이 집에 들어와 사람을 위협하여 물품을 약탈해 갈 경우, 힘으로 그 도둑을 묶어서 법관에게 보낼 수 있는데도 그가 벌받을 것을 측은하게 생각하여 간과해 준다면, 이는 그 부인의 부질없는 자비심으로 말미암아 한 사람의 악을 조장한 결과가 되어, 우리 사회에 크나큰 화근을 끼친 셈이 되는 것이다.

그 까닭을 밝혀 보자. 그 도둑은 그 사람이 놓아준 덕으로 한때의 위기를 요행히 모면하자, 마음이 차츰 조장되어 반드시 다른 사람에게 그러한 나쁜 짓을 되풀이하게 될 것이다. 그렇게 된다면 열 사람이 그러한 피해를 받든지, 백 사람이 그러한 나쁜 짓의 피해자가 되든지 간에 기실은 애초에 그를 간과해 준 사람이 잘못이라고 할 수밖에 없다. 그러한 까닭으로 죄인을 간과해 준 결과가 이처럼 되어서는 안될 것이므로, 반드시 법정에 고발하여 세상 사람들 공동의 화근을 잘라 없애는 것이 당연한 일이며, 또 범죄인에 대한 피해자의 고발이라든가, 법관의 처벌이 다 법률을 집행하는 행위의 일환이지, 개인적인 의사를 나타내려고 하는 것은 아니다.

4. 세계 고금의 역사를 살펴보자. 정부의 제도가 완전하면, 법률이 관대하고 공평하여서 국민들은 저마다 생업에 평온하게 종사하며, 범법자가 적은 것으로 되어 있다. 그러나 정부의 제도가 불완전하면 이와 반대로 법률이 엄격하고 가혹해지며, 그럴수록 국민들의 범법자는 도리어 많아져서 생업이 평온하게 유지되지 못한다.

대개의 경우 법률이 관대하고 공평한 것은 정부와 국민이 서로 지키며 애호하는 성의를 다하는 데에 연유하지만, 엄격하고 가혹한 것은 그렇지 못하여, 정부가 국민들을 시기하고 의심하는 데에 연유한 것이라 하겠다. 이로 말미암아 일거일동을 의혹스러운 눈으로 살피며, 혐오심으로 따지게 되어 진짜와 가짜의 구별을 세울 수 없기 때문에 일단 법망에 저촉되기만 하면, 좋은 자와 나쁜 자가 같이 처벌되는 경우가 적지 않았다. 그러나 법률이 때를 따라 적중되는 수가 많아졌다. 관대하고 공평한 것과 엄격하고 가혹한 것 중, 각각 그 특색에 의해 적용되는 수가 있는데, 관평(寬平)할 때 관평하고 엄혹(嚴酷)할 때 엄혹한 것이 가장 적중한 법률의 공도라고 할 수 있는 것이다.

이로써, 정부의 법률은 두 가지 종류로 나뉘는 셈이다. 즉 변천법(變遷法)과 항구법(恒久法)이 그것이다. 변천법은 시속의 변천과 사물의 변이를 따라 가감되는 것이며, 항구법은 나라의 규범과 전장(典章)을 지켜서 영구히 바꾸지 않는 것을 가리킨다. 변천법이란 사실 항구법을 따라 만들어진 것이라고 할 수도 있는 것이다. 그러나 이 두 가지 법의 근본을 탐색해 볼 것 같으면, 그 시초는 다 옛날 습관을 따라 사람의 힘을 빌리지 않고 자연적으로 이루어진 것이라 하겠다. 이러한 관점에서 생각해 본다면 인간 사회의 문명과 개화를 증진시키고자 하는 자도 학자들의 고매한 이론을 이용하여 새로운 법을 만드느니 보다 오히려 자기들의 우매한 옛날 습속을 개정토록 하는 것이 보다 편리한 계책이라고 할 수 있을 것 같다. 또 옛날 습속을 본받아 새로 정하는 조항에 많이 첨가할 것 같으면, 기실은 시대에 따라 변모하는 훌륭한 법이 되는 것이다. 새로운 법률을 주장하는 사람도, 옛날 법규에 바탕을 두지 않고는 새로운 착상을 해내기 어려운 것이다.

5. 서양 여러 나라에서 법률이 완성되기까지는 오랜 시간이 걸린 나머지, 그 기원을 찾아내기란 대단히 어렵다. 아득한 옛날 이따금 슬기로

운 자가 세상에 나와서 법률에 대하여 많이 이야기하였는데, 아테네(阿丹, Athens)의 솔론(率論, Solon, B.C. 638~B.C. 558 : 아테네의 정치가이며 입법가)과 스파르타(秀巴陀, Sparta)의 리쿠르구스(蒔高久秀, Lycurgus) 및 영국의 알프레드(謁厚禮度, Alfred the Great, 849~901 : 법률 제정 · 학예의 진보 등에 진력하여 국위를 떨친 임금)왕 등이 그러한 사람들이다. 세상 사람들은 다 이 세 사람을 존경하여, 국법을 창건한 조상이라고 하여 그 명성이 드높지만, 실은 그들이 법을 새로 만든 것이 아니고, 다만 옛날부터 전해 내려오는 조례(條例)를 증보하거나 개정했을 따름인 것이다.

한편 고대의 로마의 옛 문헌에 의할 것 같으면, 로마 사람들의 법률이 미비했기 때문에 사절을 그리스에 파견하여 소위 고대 12조의 법률이라는 것을 가져갔다고 하나 그 자세한 것은 알기가 어렵다. 그런 까닭으로 고금에 유명한 로마의 법률도 정제된 체제를 갖추기까지는 오랜 세월을 겪은 것으로 보이며, 서기 5백 년대에 이르러서야 법률로서의 구색을 갖추게 되었다. 그러나 그 법률 문서는 12마리의 낙타 등에 실을 만큼 많았으나 그 무렵엔 인쇄하는 기술이 없어서 그것을 얻어보기 쉽지 않았기 때문에 로마 황제는 문인이나 학자들에게 명령하여, 법률을 줄여서 한 권의 책으로 엮도록 했었다. 이러한 관점에서 살펴본다면 법률의 큰 근본이란 아득한 옛날의 조례에 따른 것이며 그 유래가 일조일석에 이루어진 것은 아니다. 오늘날 유럽 여러 나라의 정치는 차츰 개발되고 있지만, 국법을 새로 제정하는 경우란 거의 없으며, 로마의 옛날 법과 봉건시대의 옛 제도를 절충해서 쓰고 있을 뿐이다.

이제 한 예를 들어 보겠다. 옛날 프랑스 국민들이 나라가 소란한 틈을 타서 귀족의 권력을 억누르고 봉건적 잔재를 동시에 폐기하기를 희망했기 때문에, 나폴레옹(拿破崙, Bonaparte Napoleon, 1769~1821 : 프랑스의 황제)은 시세의 변천을 간파하고 새로운 법령을 선포하여 지금까지의 옛 습속을 한꺼번에 개혁하였다. 프랑스 같은 큰 나라의 법률을 개혁하는 데 있어서 일의 용의주도하고도 빠름이 일찍이 없었던 일이라고 하여, 그 공력과 업적을 비범한 일인 것처럼 이야기하지만, 기실은 나폴레옹도 미증유의 새 법을 창안해 낸 것이 아니라, 수백 년 동안 프랑스에 차츰 젖어 들어온 로마의 옛 법을 참고하여 만든 것이었다.

6. 이처럼 법률이라고 하는 것은 옛 풍습이라든가 조례에 의해 만들어지는 것이다. 옛 풍습이라든가 조례란 그 취향을 개정하는 것은 무방하지만, 전체를 없애기는 몹시 어려운 일이다. 그렇기 때문에 한 나라의 정권을 맡아 다스리는 큰 취지는 옛것을 조심성 있게 개정하는 데 있는바, 지상(紙上)의 공론을 망령되게 믿거나 신기한 것을 기뻐하는 나머지 옛것을 버릴 것 같으면, 이야말로 극단적으로 경솔한 짓이라고 할 수밖에 없다.

영국 정부가 국민들을 보호하여 자주적인 권리를 획득케 한 연유는 전 국민들 가슴속에 젖어온 누대의 구습에 의거하여 정령이라든가 제도를 개정했기 때문이었다. 그러나 프랑스는 법률을 자주 변경하여 국민들의 자주적인 권리와 재물을 고르게 하는 제도 등을 신설했었으나, 그 취지를 제대로 살리지 못했을 뿐더러 정부 위에 군림하여 자의적인 행동을 일삼는 엄한 군주가 많았으므로 실패로 돌아가고 말았다. 더구나 프랑스의 풍습은 강제로 억누르는 정치적인 명령이 아니면 다스려 나아가기 몹시 어려웠기 때문에 비록 관대하고 자주적인 법을 신설한다 하더라도, 국민들의 취향에 부적당하여 그 제도는 이내 파괴되고 말았던 것이다.

그러므로 프랑스가 국민들의 자주적인 권리를 위하여 공평하고도 편리한 개혁을 많이 시행했었지만, 오랫동안 영국에서 행해진 코레(谷壽, S.E. Core, 1552~1634 : 영국의 법률가)가 주장한 법을 채용하지 못했었다. 코레법의 취지에 따르면 어떠한 죄인이든지 체포되었을 때, 본인이거나 혹은 타인이라도 불공평하다는 생각을 가지고, 여러 사람 앞에서 변명할 수 있는 재판을 받겠다고 호소할 것 같으면, 그 죄인에 관계되는 관리 및 소송의 원고 등을 호출하여 시비와 곡직을 밝혀 내어 억울한 자는 즉시 석방하고, 죄가 있다고 판명된 자는 죄에 해당할 만한 벌을 받도록 하는 것을 골자로 하고 있다. 이 법이 생긴 이후로 국민들을 함부로 체포하는 폐단이 없어지게 되었다.

7. 정부의 명령을 시행하는 데에는 신속하게 조치하는 것을 귀중하게 여기기 때문에, 한 사람의 손으로부터 나오는 것이 좋다. 의사원(議事院)처럼 여러 사람이 회의한 뒤 결정하여 시행하는 절차는 너무나도 불편하다. 영국에서 명령을 내리는 전권은 임금 및 집정대신(執政大臣)에게 귀속되어 그 신속함은 입군(立君) 독재하는 정체와 다를 바가 없을 정도이다. 정치를 맡아 다스리는 전권이 이처럼 무겁고 크지만 집정대신이 의사원에 대하여 짊어지고 있는 책임 또한 엄하다. 만약 집정대신이 불량하거나 잔혹한 일을 하면 반드시 벌받도록 하여 그 죄를 용서치 않으며 비록 세무에 종사하거나 재판에 관여하는 조그만 관리라 하더라도 그 행위가 아름답지 못할 때에는 의사원의 관헌이 집정대신에게 근본 원인을 캐어물을 것 같으면, 이를 처벌하지 않을 수 없는 것이다.

영국에서의 이와 같은 공평한 정치·법률은 잠시 동안의 소란으로 말미암아 그 체제를 변경한 것이 아니고 천여 년 동안의 옛 풍속이나 조례를 잃지 않고 삼가 지키며, 또 신중하게 개정함으로써 이루어낸 결과인 것이다. 그런 까닭으로 정부가 처치하는 요결은 마음을 편안히 하고, 기를 펴서 모든 사물을 감내하고 참는 데 있다고 하겠다. 국민들이 자유로우면서도 얽매이지 않는 규제를 간직하게 된 것은 옛날부터의 습관을 잘 살펴서 절충하고 조화한 뒤 차례로 간사함을 버리고 올바른 곳에 이른 결과이며 일시적인 폭거를 자행함으로써 완벽한 보물을 얻게 된 것은 아니다.

오늘날의 영국 정부를 기준으로 하여, 1500년 전의 경상을 돌이켜 본다면 전후의 차이가 하늘과 땅 같다고 하겠으나, 높은 곳을 오르는 데 있어서 낮은 곳으로부터 근접해 간 착실한 보조는 옛사람들보다 아주 뛰어난 점이라 하겠다. 이러한 관점에서 본다면 한 나라의 국민이 공평한 정치와 교화에 젖어 모든 일에 견실하고 신중한 처사를 한다면 어지러운 사태가 일어나지 않고, 자연적으로 습관까지 고쳐지게 되어 이상적인 경지에 이른다는 사실이 명백해졌다. 영국 정부의 이러한 내력이야말로 이 시대의 거울이라고 해도 무방할 듯하다.

8. 이러한 까닭으로 한 나라의 습관과 세태의 이동(異同)으로 말미암아 저 나라에서는 훌륭하고 좋은 법률이 이 나라 국민들에게는 맞지 않는 것이 있으며, 옛날에는 공명하던 법률이 현대적인 풍속에는 어울리지 않는 것이 있기도 하다.

법률이란 한 나라의 민속과 국가적인 제도에 적합한 연후에라야 공도(公道)라고 일컬을 수 있는 것이다. 법률이 제일 힘써야 할 일이란 일반 대중들에게 폐해나 걱정을 끼치지 않는 데 있기 때문에 적은 수의 사람을 위하여 이를 굽히는 것은 극도로 불공평한 일이라 하겠다. 그리고 사람들이 서로 사랑하는 이치로 미루어 보면 같은 사람에게 형벌을 가하는 일이란 정말로 참기 어려운 일일는지 모르나, 그러나 범죄의 정도를 참작하여 거기에 상당하는 벌을 가하는 것이 옳은 바, 뭇 사람들의 재앙을 미연에 막는 한편 다른 사람들을 격려하는 일이 되므로 부득이한 처사라 하지 않을 수 없다.

그러므로 형법의 운용이 터럭만큼이라도 정도를 지나치게 되면 포학하다 하게 되고, 정도보다 모자라면 태만하다고 하게 되는 것이다. 새로 마련한 법률로써 지난날의 일들을 추궁함은 인정에 어긋나는 일이며, 아직 공포하지도 않은 법규로써 재앙이나 과오로 저지른 죄과를 논하는 것도 왕도 정치에 위배되는 일이며, 좋아하거나 싫어하는 개인 감정으로 의심스러운 사건의 경중을 판결한다는 것은 국헌(國

憲)을 지키지 않는 행위라고 할 수밖에 없는 바, 중용을 얻는 공도는 이와 같은 세 가지 경우를 다 피하도록 하는 데 있는 것이다.

9. 또 법률은 어떠한 기초에 입각한 것이든지 간에 그것이 실시되고 있는 동안에는, 그 나라의 기강인 것이다. 그 편리 여부라든가 좋고 나쁜 것을 가리지 않고, 받들고 순종하여 감히 어지럽히거나 침범하지 말 것이며, 임금이나 신하가 다 같이 준수하도록 하는 일이 나라를 잘 보전하는 방법인 것이다. 신진기예한 청소년들은 다른 나라의 경황을 좋아한 나머지 스스로를 과소평가하는 생각을 갖게 되어 세상 물정을 모르고, 일시적인 경솔한 논의로 전국적인 소란을 일으키기 쉬운 경우가 없지 않다. 이와 같은 일은 프랑스의 원로적 지위에 있는 사람조차 면하기 어려운 과오였던 만큼 새로운 법률을 시행코자 한다면, 고전적인 것을 참고하여 보태거나 줄여서 개정하는 취지로 윤색한 조례를 붙이고, 온 국민들의 습관에 적응하여 이목을 놀라지 않게 한 뒤에야 안전한 경역으로 나아가 문명한 궤도에 진입하도록 해야 하는 것이다.

법률의 공도(公道)란 국민들이 그 취지를 다같이 찬동하는 데 있으며, 그러한 의취를 침범하는 자가 있으면 모두들 미워하는 뜻에서 알맞은 형벌을 시행하는 데 있는 것이다. 그런 까닭에 법률의 공도야말로 국민들의 권리를 보호하며, 무도하고 부당한 침범을 방어해 주는 것이라 하겠다.

순찰(巡察)의 규제

1. 순찰(이 경우에는 경찰을 지칭) 제도를 두는 근본 의도는 국가의 치안을 유지하는 데 힘쓰며, 문명된 사회로 진보하는 것을 지켜 나가는 데 있는 것이다. 따라서 법이 마련한 질서를 파괴하거나 사회의

안녕을 방해하는 자가 있으면 몰아내며 평온한 사회적 기풍을 손상시키는 자가 있으면 억제하여, 국민들의 복지와 안강에 관계 있는 일은 다 이곳에서 간여하기 때문에 그 사무의 중대한 연유는 바로 이런 데에 말미암은 것이라 하겠다.

경찰의 제도를 두 가지로 구별해 보면, 첫째는 행정경찰이요, 둘째는 사법경찰이다. 행정경찰은 알맞은 조처로 재앙과 피해를 미연에 방지하여 국민으로 하여금 죄를 짓지 않도록 하며, 사법경찰은 이미 죄를 범한 죄인을 수색하거나, 체포해서 심문하여 각각 국민의 근신과 재난을 제거하는 역할을 담당하고 있다. 그런 까닭에 행정경찰의 힘이 미치지 않을 때는 사법경찰에서 맡아서 해야 하므로 이 둘의 밀접한 관계는 머리털 하나도 들어가지 않을 만큼 긴밀하다.

한 가지 비유를 들어보겠다. 어떤 사람이 남의 집 담을 넘어가려고 할 경우, 이를 방지했다면 이는 행정경찰 소관이 되며, 그 사람이 한 발이라도 담을 넘어섰을 때는 무고히 남의 집에 침입코자 한 미수범으로서 이는 사법경찰 소관인 형법의 처단을 받아야 하는 것이다. 그런 까닭으로 행정경찰과 사법경찰의 직무란 표리(表裏)와 같은 관계에 있는 셈이다. 행정경찰의 직무를 종류별로 열거해 보면 다음과 같다.

제1. 국민들의 재해를 막는 일

제2. 국민들의 건강을 보살피는 일

제3. 국민들의 방탕스럽고 음란한 풍습을 제거하는 일

제4. 국법을 침범코자 하는 자를 은밀히 수색하거나 예방하는 일

2. 그런 까닭에 직책상 꼭 간섭해야 할 조목은 아래와 같다.

① 여러 가지 영업을 하는 시장과 회사, 제조소와 도량형(度量衡), 교회와 예배·설교에 관계되는 사항

② 연예(演藝)와 오락장과 극장과 장의(葬儀)와 도박과 제비뽑기 및 기타 풍속에 관계되는 사항

③ 선박·제방(堤防)과 강기슭·도로·다리·나루터·철로·전선·공원과 차·말·건축물·밭·들판·고기잡이 및 사냥에 관계되는 사항
④ 인명을 손상시키는 일·군중이 모여 떠드는 일·총포·화약·폭발물·인화물질·칼·수재·화재·파선·유실물·매장물에 관계되는 사항
⑤ 전염병의 예방법 및 소독법·종두(種痘)·음료수 및 음식물과 의료 약품·가축 도살장·묘지·화장장 및 기타 위생법에 관계되는 사항

3. 사법경찰은 그 조목을 구별할 만한 것이 없지만, 직책상 간섭할 수 있는 항목을 열거해 보면 다음과 같다.
① 여러 가지 범죄인을 수색하거나 체포하는 일과 증거물품을 수집하여 검찰관에게 넘겨주는 사항
② 실종자·간질병 환자·기아(棄兒)·집 잃은 아이·구속된 자에 관계되는 사항

4. 이러한 입장에서 살펴본다면, 경찰제도는 국가 정사 중 중요한 것의 하나라 하겠다. 사무를 맡아볼 관청을 세우고 관리를 두며, 거리 및 골목을 두루 돌아다니도록 해놓은 바, 그 제도의 성밀함이라든기, 규모의 엄정함은 일일이 설명하기조차 어려운 형편이다. 그러나 그들의 직책이란 국민들의 죄과를 미연에 방지하거나, 이미 저질러진 죄과를 따지는 데에 지나지 않는 것으로서, 고급 관리나 법관의 귀나 눈 또는 손이나 발과 같은 구실을 하고 있는 것이다. 우리 사회의 질서를 잘 보전하여 뜻밖에 일어나는 난동이라든지 재해를 진압해 주기 때문에, 그들의 공로는 군대에 뒤지지 않는다.

옛날 영국에서는 국민들이 자잘한 범죄를 저지르는 행위가 끊이지 않았기 때문에 대신(大臣)인 비일(苐馹, 로버트 필)이 처음으로 경찰제도를 두자는 건의를 했었으나 조야간에 의론이 비등하여, 국민들을

시끄럽게 하는 제도라고 말했었지만, 정부에서는 듣지 않고 그대로 경찰제도를 설립했었는데, 10년도 되지 않아 사람마다 편리하다는 이야기를 하기에 이르렀다. 서양 여러 나라들은 다투어서 이 제도를 본받기 시작하였으며, 차츰 미비한 곳이나 급하지 않은 곳을 손질하여 완전한 경지에 이르게 하여 큰 공을 쌓아올리게 하였다. 이로써 오늘날에는 큰 도시마다 경찰관서가 다 설치되어 있다.

5. 경찰의 규칙상 민간인들 사이에 개재하는 자잘한 사건에는 간섭하지 않게 되어 있다. 그러나 조금이라도 국법을 어긴 자에 대해서는 용서하지 않기 때문에 정부와 국민들 사이에는 몹시 절실한 관계가 있는 셈이므로 경찰에 종사하는 인물을 고를 때에는 신중을 기하지 않으면 안된다. 경찰관을 모집하는 규정을 살펴보면 다음과 같다.

1. 나이가 젊은 자(20세 이상 50세 이하)
2. 글의 뜻을 대강 아는 자
3. 나쁜 병을 가지지 않은 자
4. 성질이 굳고 참을성이 있으며, 주벽이 없는 자
5. 염치를 훼손하지 않은 자(나라 곡식을 훔쳐 먹거나, 남의 빚을 갚지 않은 자는 제외)
6. 보증인이 있는 자
7. 2년 이상 재직하는 데 아무 지장이 없는 자

6. 이처럼 경찰업무에 종사할 인사를 선발한 다음, 직책을 맡기되 관의 위세를 빙자하여 사람들에게 횡포를 부릴까 염려되므로 권한을 분명히 정하고, 행실을 삼가도록 해놓고 있다. 즉 재직하는 동안에는 남의 재산에 보증을 서는 것을 허락하지 않으며, 순찰하는 사이에 비바람이 닥쳐도 남의 집에 들어가는 일이라든가, 시장에서 물품을 팔고 사는 행위도 못하게 하는 바, 이에는 깊은 뜻이 포함되어 있는 터라 하겠다. 또, 혹 그 직책에 태만한 자가 있을까 염려하여, 감독하는 관리를 두고 때때로 거리에 파견하여 순찰하는 직무의 태만 여부라든

가, 품행의 단정 여부를 살펴보도록 하고 있기 때문에 순찰하는 동안에 겪은 모든 사실을 기록하여 감독관에게 전달하며, 그것을 받은 감독관은 또 해당 관서에 제출하도록 되어 있다.

7. 경찰이 국민들의 동정을 살피는 것만으로 그 직무를 다하고 있는 것은 아니다. 사람들의 어려움이라든가 위급함을 구하기도 하는데 어린아이가 길을 잃었을 때, 집을 찾아주며, 술 취한 사람이 길에 넘어져 있으면, 그를 부축해 주고 길에서 급한 병이 생긴 자가 있으면 옹호해 주며, 다친 사람에게는 의사의 치료를 받도록 하는 등, 어떠한 사고든지 타인의 보조가 필요한 자는 다 경찰의 힘을 빌리도록 되어 있는 것이다. 이러한 까닭에 국민들이 안심하고 태평스러운 즐거움을 누릴 수 있음과 동시에 불시의 환난을 예비하고 뜻밖의 걱정을 없앨 수 있으며 안전한 복을 누릴 수 있다는 것도, 또한 경찰의 보조가 많기 때문이다.

제 11 편

편당(偏黨)하는 기습(氣習)

1. 사람들의 타고난 성정은 예나 지금이나 다름이 없이 누구나 같다. 그러나 세상을 살아가면서 사물을 제도하는 취향이 같지 않아 의론이 갈리게 되고, 좋아하거나 싫어하는 바가 고르지 않기 때문에 취사선택하는 것이 달라지게 된다. 또 천하의 사물은 다 그 출처가 무궁하기 때문에 사람들의 이끌리는 바 또한 거기에 따라서 여러 갈래로 나뉘게 되는 것이다. 취향이 서로 같으면 의론 또한 같게 되고, 좋아하거나 싫어하는 바가 같지 않으면 취사선택 또한 같지 않게 되고 만다.

서로 같은 자는 동당(同黨)이라고 일컫고, 같지 않은 자는 타당(他黨)이라고 일컫는데, 이것이 곧 편당(偏黨)의 시초인 것이다.

옛날 서양의 역사책을 살펴보면 편당의 피해가 극심하다. 적게는 일신을 멸망시키고, 크게는 한 나라를 뒤엎기까지 했으니 인간 세상의 환난 가운데 이보다 더 큰 것이 없었다. 즉 공평한 마음으로서가 아니라 사사로운 욕심으로 하는 데 그치지 않고 하찮은 시혜 문제라든가 반목하는 사소한 원한으로 서로 공격하기 때문에 편당하는 일이 좋지 않다고 인식하게 되었다. 그러나 후세에 이르러서 사람들의 머리가 차츰 깨우쳐짐에 따라 편당하는 제도도 그 면목을 일신하게 되어, 격앙된 의론으로써 개인적인 정의를 손상시키지 않게 되었고, 취향이 다르다고 해서 권위를 자행하지 않게 되었다.

이쪽 당의 좋지 않은 점을 저쪽 당이 공박하며, 저쪽 당의 과실을 이쪽 당이 지적하더라도, 다투는 기풍을 일으키지 않고 경쟁심이 강한 습성으로 부지런히 힘써 나아갈 것 같으면 싸우는 바는 공적인 것이라고 말할 수 있다. 즉 국가 법령의 편리함과 득실 여부라든가, 국민들의 생활 상태에 대한 이해와 선악 문제를 강구하거나, 헤아려서, 그 당에 소속된 모든 사람이 각기 뜻을 다하여 옳은 것은 채택하고 그른 것은 대체시켜 한 당으로서의 공적인 의견을 정하도록 해야 하는 것이다. 그러는 과정에서도 은밀한 개인적인 문서를 만들지 말고 세상에 널리 공포하여 천하의 여론으로써 그 시비를 결정토록 하되, 다른 당으로부터 잘못되었다는 배격을 받아 사실이 분명해질 것 같으면 흔연히 고치도록 하여 과오를 얼버무리지 말 것이며, 혹 다른 당의 의견이라도 훌륭한 것이 있으면, 그 정당함을 극구 찬양토록 하는 것이 옳다.

이러한 모든 일이란 기실은 국가의 대계를 위하여 그 득실을 이야기한 데 지나지 않으며, 일신의 사사로운 욕심으로 이해관계를 위해 싸우려는 의사를 가진 것이 아닌 만큼 편(偏)이라고 한들 편이 아니요, 당(黨)이라고 한들 역시 당이 아닌 것이다. 즉 공평한 방법을 서로 사용하여, 정도(政道)의 기틀을 마련하며, 서로 견제하는 힘을 갖고 권세가 횡포를 부리는 폐단을 막도록 하는 것이므로 참으로 국가의 복이며 백성들의 다행이라고 하지 않을 수 없다.

이러한 입장에서 살펴본다면 편당하는 방법에는 두 가지가 있다고 할 수 있다. 즉, 공적인 입장을 위주로 하고, 사사로움을 버리게 되면 그 나라는 번창하게 될 것이며, 공적인 입장을 버리고 사사로움에 의지하게 되면, 그 나라는 쇠잔해지고 말 것이다. 여러 사람이 합쳐서 한 당을 이루게 되면, 거기에는 이따금 편파된 마음을 가진 자가 없지도 않을 것이다. 그러나 그러한 사람은 그 당에서 용납하지 않을 것이며, 공평한 마음을 가진 사람의 견제를 받지 않을 수 없는 것이다.

2. 서양 여러 나라의 경우, 국가적인 체제와 국민들의 습속에 따라 편당하는 명목이 똑같지는 않다. 가령 영국의 보수당(保守黨)은 정치를 함에 있어 옛 제도를 지켜 나아가려는 당이며, 개진당(開進黨)은 정부의 여러 가지 규제를 때에 따라 변경하여 보다 낫게 개선해 나아가려는 당인 것이다. 이처럼 두 개의 당이 각기 주장을 내세우고는 그 득실을 서로 견제해 나가는 것이다. 보수라고 하나 완고한 고집을 내세우는 것이 아니며, 개진이라고 하나 경솔한 망동을 일삼는 것이 아니다. 기타 여러 나라의 상반되는 당 또한 일일이 열거하기 어려울 만큼, 견문의 부족으로 다 기록할 수 없다.

그러나 미국의 편당하는 풍습에 대해서는 목격한 바가 많으므로 잠시 이야기해 보기로 하겠다. 공화당(共和黨)은 국민들의 공화하는 정체(政體)를 주로 주장하는 당이며, 민정당(民政黨)도 역시 국민들의 공화하는 정체를 숭상하여 주장하는 당인 바, 그 근본 의도는 같지만 공화당은 개진주의를 내세우고 민정당은 보수주의를 각각 내세우고 있다. 그리고 자유통상당(自由通商黨)은 외국에서 수입하는 물품에 해관세(海關稅)를 부과하지 말도록 하여 국민들의 일용품을 풍부하게 하려는 주의를 주장하는 당이며, 녹배당(綠背黨)은 전국에 통용되는 화폐를 종이돈으로만 하도록 하자는 주의를 내세우는 당이며(미국 종이돈은 녹색으로 인쇄해 내기 때문에 이 당의 이름을 녹배당이라고 한다), 청성당(淸醒黨)은 글자 뜻 그대로 술이란 무익한 물건으로서 사람에게 죄과를 더하고, 질병을 더해 줄 뿐이므로, 국민들이 술에 취하는 것을 허락해서는 안된다 하여 금주를 주장하는 당이며, 중립당(中立黨)은 여러 당 사이에 있으면서, 이쪽이나 저쪽에 다만 좋은 점은 취하고 그른 점은 버려서 여러 당의 시비를 공적으로 가려 주는 주의를 자처하는 당이며, 여권당(女權黨)은 여자의 타고난 권리도 남자의 그것과 같으므로, 정부의 고급 관리에 남녀를 두루 채용할 것을 주장하고 있는데 이는 여자들에 의해서 만들어진 당이다.

3. 이러한 여러 당이 각기 자기 나름대로의 의견과 주장을 내세워 말로써 화살이나 돌을 삼고 글로써 창이나 갑옷을 대신하여 시비를 서로 공격하고 곡직을 서로 논박하되, 그 선악의 결단은 국민들의 공론에 의지할 수밖에 없다. 그러므로 어떠한 당의 주의든지 국민들이 다 좋다고 한 연후에야 비로소 집권하게 되며, 국가를 통치할 수 있게 된다. 한편 집권하는 데에도 일정한 연한이 있어서, 만약 그 사이에 행한 여러 가지 조치와 시책이 편당의 입장을 벗어나고, 공평한 궤도를 따른 것이었다 할 것 같으면, 국민들이 다 기쁘게 여긴 나머지 계속 집권토록 허락하며, 만약 그렇지 못할 경우에는 나라 안의 공론이 벌떼처럼 일어나 다른 당의 주장을 편들게 되므로 먼저 당은 정권을 잃게 되고 만다.

이로 말미암아 정부의 관리는 올바르지 못한 좁은 소견으로 권력을 남용하지 못하게 되고 전전긍긍하게 근신하는 자세와 공적인 태도로 봉사할 따름이다. 당에서 발의하는 논의는 그 주된 의도가 공적인 것을 위주로 하고, 사사로운 것을 돌보지 않는 까닭에 어떠한 사무는 사무대로 처리하고 사람은 사람대로 대하게 되어서 이야기하거나 따지고 들 때에는 각 당마다의 명목이 뚜렷하다. 그러나 사귀고 놀 동안에는 친구나 친척으로서의 즐거움이 흘러넘친다. 화기애애하게 술잔을 나누고 정답게 거문고나 책에 대해 이야기를 나누는 사이, 다투는 기미를 나타내지 않는다. 또 각각 다른 당론으로 말미암아 대대로 전하는 직업을 계승하지 않더라도 아버지가 아들의 좋아하지 않는 바를 강요하지 않고, 형이 아우의 싫어하는 바를 강권하지 않는다. 그리하여 한 집안에 각각 다른 당을 따르는 사람이 거처해도 가족으로서의 화기는 조금도 변함이 없으며, 남녀간의 혼인도 서로 하게 되어 당을 달리한다고 해서 아무런 구애도 받지 않는다.

4. 또 서양 여러 나라에는 두 개의 큰 당이 있는데, 하나는 학문당(學問黨)이요 다른 하나는 종교당(宗敎黨)이다. 학문당은 사물의 이치를 깊이 따져서 지식에 이르고, 이치를 궁구하는데 본성을 다하여, 사람의 삶을 이롭게 하고 두텁게 하여 사람의 덕을 보다 올바르게 하는 것을 커다란 목표로 삼는다. 그러므로 재예(才藝)를 닦아서 아주 신묘한 경지에 이르기를 기약하고, 학술을 규명하여 고명한 경지에 들기를 바라며, 도덕을 논하여 보다 나은 경지에 머물기를 도모한다. 한편 종교당은 예수의 가르침을 믿으며, 하늘을 받들어 공경하고, 자비로운 선심을 발동시켜 세상 사람들을 감화토록 하는 것을 큰 취지로 삼고 있다. 그러나 이 당은 여러 갈래로 나뉘어서 신교종(新敎宗)·구교종(舊敎宗)·일신교종(一神敎宗)·삼신교종(三神敎宗) 등으로 나뉘어져 있다. 이처럼 그 칭호가 많고 일일이 열거하기 어려운 형편이지만, 그 귀결되는 곳은 다 예수교의 종파라는 사실이다.

이제 학문과 종교가 엉클어져 다투던 일을 역사적인 면에서 살펴보자. 상고 그리스 시대에 학문의 이치를 깊이 따져서 밝혀 낸 자가 속출하여, 학술의 싹이 트기 시작했으나, 로마시대 중엽에 이르러서 예수교가 전파된 뒤로부터 학문에 종사하는 자가 차츰 드물어지고 간혹 뜻을 두는 자가 있어도, 종교의 압제를 받아서 재능을 떨치지 못할 뿐더러, 만약 한 가닥의 새로운 의론이라도 종교와 관계없는 이상한 설을 주장하는 자가 있으면 예수교종이 엄격한 법규로 금지했기 때문에, 학술분야의 이야기는 말하기조차 꺼리게 되어 천여년간이라는 긴 세월 동안 온 세상은 암흑 속을 헤매게 되었다. 그러던 중, 3백여 년 전에 이르러, 학문의 실마리를 풀어헤치기 시작한 자가 있었지만, 여러 종파의 사람들이 들고일어나 종교의 죄인으로 지목하고 태워 죽이는 참혹한 형벌을 가했었으나, 도리어 학술계의 기세를 북돋아 주는 결과가 되어 그 번성함이 다 처벌하기 어려운 지경에까지 이르고 말았다. 부득이 정부에서도 새로운 법률을 마련하여 금지령을 완화시키고, 사람들로 하여금 각자의 취향에 따라 취사선택하도록 한 뒤, 종교의 속박을 풀어 주었다. 이에 학문은 자유로운 권리를 획득하게 되었다.

학문의 근본을 비유해 보자면, 어린 나무의 연한 뿌리가 메마른 벌판에 심어진 뒤, 수백 년의 비바람을 거친 뒤에야 비로소 줄기가 충실해지고 가지가 번성해져 꽃피고 열매 맺는 공을 이루는 것과 같다고나 할까. 오늘날에 이르러서는 요란한 명성과 영광이 온통 서양 천지를 뒤덮고 있으니, 종교당이 누리는 편리와 혜택도 다 학문당의 노고에 의한 공덕이라 하겠다.

생애(生涯)를 구하는 방법

1. 사람이 이 세상을 살아가면서 생활하는 데에는 세 가지의 큰 강령이 있는데, 음식과 의복과 주택이 그것이다. 옛날부터 지금에 이르기까지 어질고 어리석거나 귀하고 천하거나를 막론하고 경영과 주선하는 바를 생각해 볼 것 같으면 그 시비와 곡직의 실상은 이 세 가지에서 벗어나는 일이 없었다. 그러나 이것들을 구하는 데에 법이 없을 것 같으면 사람이 짐승과 다르지 않을 것이다. 따라서 사람의 자연적인 이치에 바탕을 둔 뒤, 오륜(五倫)의 행실을 마련하여 사람으로서의 근본 도덕을 밝혀놓고 있는 것이다. 그런 까닭으로 이 세 가지를 구하는 데에는 오륜에 의거한 법으로써 하는 것이 옳다고 하며 만약 오륜을 돌보지 않고 사사로운 욕심을 자행한다면 옳지 못하다고 일컬어져 오고 있는 것이다.

손톱 끝으로 물을 퉁기며, 한평생을 한가하게 보내는 자는 대대로 전해지는 재물이 창고에 산처럼 쌓여 있다고 하더라도, 한 사람의 거지와 같다고 할 수밖에 없는 가련한 인생인 것이다. 그와 같은 자는 그 폐해가 그자 한 사람에 그치지 않고 그 나라에까지 미친다고 할 수 있는 것이다. 놀고 먹고 놀고 입는 사람은 모든 면의 도둑이니만큼, 이런 사람이 많으면 그 나라가 빈약해진다는 사실은 말할 여지없이 분명한 것이므로, 이 어찌 한심한 일이라고 하지 않을 수 있겠는가. 그렇기 때문에, 서양 사람들의 생업 구하는 방법에는 분명한 규칙이 있는 바 천만 가지로 갈라진 각종 사업도 실상은 이 한 가지 일을 위한 방책에 지나지 않으며, 수많은 강줄기가 마침내는 바다로 들어가는 것과 같되, 본래 배운 기술이 없고는 역시 그 방도를 따르는 데에 많은 어려운 사단이 있게 마련이다. 그러므로 학교를 세워 여러 가지 교육을 시킨 결과 배운 자는 정신을 쓰는 자리에 있게 되고 배우지 못한 자는 힘을 쓰는 사람이 되고 만다. 농업·공업·상업에 종사하는 사람들은 생업 구하는 곡절을 잘 알고 있을 것으로 생각된다.

이외에도 이야기할 것이 많다. 즉 어떠한 직업으로 그 생계를 삼든지 분수를 확실히 정하고, 언약을 굳게 지키며 재주를 더욱 연수하여, 다른 사람에게 뒤지는 일을 싫어하는 까닭으로, 그처럼 사물의 이치를 따지는 버릇은 시기하는 싹이 있는 듯하지만, 실상은 서로서로 진보를 권장하는 방법이라고 하겠으며, 그처럼 꼼꼼히 경영하는 기상은 경쟁하는 풍습이 있는 듯하지만, 실상은 서로서로 배우고자 하는 노력이라고 하겠다. 그렇게 함으로써 국가의 부강한 기틀을 세우며, 국민들의 부유한 경황을 이룩하도록 하여 무당이나 점쟁이같이 허무한 풍속이라든가, 사주(四柱)나 관상(觀相)과 같은 터무니없는 이치는 믿지 않을 뿐더러 당초에 이야기조차 못하도록 할 것이며, 사실이 분명한 것만을 따르도록 하고, 비기(秘記)나 참요(讖謠) 같은 허탄한 소동으로 세상과 사람들을 미혹하고 속이는 자를 용서치 말 것이며, 사람마다 생업에 편안히 종사하되, 마음을 단정히 하여 공사를 막론하고 화평과 복록을 누리도록 해야 하는 것이다. 그렇게 되면, 상을 주면서도 도둑질할 자를 구한들 나서는 자가 드물 것이며, 잡기와 주색을 권해도 응하는 자가 적을 것이다.

이와 같은 사실에 입각해서 깊이 생각해 본다면, 와전된 말이나 퍼뜨리면서 민심을 요란케 하며 정부를 원망하는 자라든가, 외도에 종사하여 가산을 탕진하고 일가친척을 이산케 하는 자는 배우지 못한 데다가 직업까지 없기 때문에 그렇게 된 것이라 하겠다. 이제 서양 사람들의 생계 구하는 방도에 대해 간단히 기록해 보면 다음과 같다.

2. 관리가 되는 자로 말할 것 같으면, 자기 신상에 임금의 명령을 받들고 수중에 정부의 권세를 장악하고 있으므로, 권력과 위력을 마음대로 휘두르고 방자하게 행동하여 자기의 욕심만을 채운다면, 그 세력이 무한할 듯하지만, 국가에 관리를 두고 있는 것은 오로지 국민을 위해서인 것이다. 그런 까닭으로 그들의 봉급은 국민들이 낸 세금에서 지급되고 있는 것이다.

그리고 관리로 임명된 자는 나라를 위하여 충성심으로 소관 사무를 집행해 나아가고 있지만, 한편으로 생각해 보면 생계를 구하는 방도에 관계가 없지도 않은 셈이다. 관리가 됨으로써 얻는 봉급이 실상은 다른 생업에서 구하는 돈과 같기 때문이다. 그렇지 않다면 무엇으로 부모를 봉양하며 처자를 양육한단 말인가. 그러한 까닭으로 봉급을 후하게 하여 굶주림이나 추위를 타지 않게 한 연후에, 그 책임의 완수를 따지도록 하는 것이 옳다. 관리된 자로서도 나라를 위하는 정성으로 자기의 마음과 힘을 다하고 있는 터이지반, 한편으로는 생계를 구하는 방도 또한 그 가운데에 개재되어 있는 것도 사실이다.

3. 교사인 자는, 생계를 위한 방법으로 뛰어난 지위를 차지하고 있는 셈이다. 교사는 학문이 고명하고 지식이 넓어서 세상 사람들의 존경과 숭배 및 공경의 대상이 되는 자이기도 하다. 그러나 이미 터득한 학문에만 잠심하고, 자기 방 가운데 홀로 앉아 있은들, 그러한 상태 속에서 의복과 음식이 나오지 않을 뿐더러, 자기가 선각(先覺)이 된 이제 후각(後覺)을 깨우쳐 주는 것 또한 인생의 큰 즐거움과 쾌사라

고도 할 수 있는 바, 어찌하여 혼자 알며 살다가 죽음으로써 학문의 이치를 전하지 않겠단 말인가. 그러므로 배우려 하는 자를 착실히 가르쳐 주되, 자기 스스로의 굶주림과 추위는 면해야 할 것이기 때문에 수업료는 반드시 받아야만 하는 것이다.

정말로 이러하다면 구차하고 가난한 자는 배우고자 하는 마음이 있더라도 수업료가 없어서 그 뜻을 펴지 못할 터이니 어떻게 하면 좋겠는가. 그러나 서양의 돈 많은 사람은 타인의 자녀라 하더라도 그 재질이 총명하고 슬기로워 능히 학문을 성취할 만하지만 빈곤하여 그 소원을 이루지 못할 것 같으면 학비를 대어 주는 의기를 발휘하기도 하며, 또 정부에서 세운 학교도 있어서 가난한 자라도 재주만 있으면 공부하는 학비에 대해서는 걱정하지 않아도 되는 것이다. 서양 풍속에는 가난한 사람의 수업료를 받는 교사는 먹고 살기 위해서이기 때문에 책망하지 않지만, 부자가 가난한 친척의 총명한 자녀의 학비를 대어 주지 않는 경우에는 시비하는 자가 많다. 그리고 이름만 선생이면 제자는 물론이고 벗하는 친구라든가 멀리서 온 생소한 나그네라도 경의를 표하지 않을 수 없는 것이다. 이는 다름 아니라 인간을 교훈하는 일을 맡고 있을 뿐더러 국가의 근본을 배양하는 직책을 가지고 있기 때문이다. 또 수업료를 받는 일은 먹고 살기 위한 방편으로서 부득이하며, 놀고 먹는 국민을 만들지 않으려면 어쩔 수 없는 일인 것이다.

4. 저술하는 자도 그 의취가 생계 구하는 방도 중 가장 훌륭한 것의 하나다. 우리나라의 풍속은 도학 군자와 문장 명사의 고명한 이론과 심원한 저술이라도 고리 속에나 책상 서랍에 가득 차 있을 뿐, 그것을 저술한 사람의 생존시에는 거론되는 법이 없으며, 후세의 자손을 기다린 연후에야 비로소 인쇄되기 때문에 만약 그 자손이 시원치 못할 것 같으면 비록 훌륭하고 정묘한 학문이나 이론이라 하더라도 세상에 공표되기 어려우며, 혹 그 자손 중 어리석은 자를 만날 것 같으

면 벽을 도배하고 말거나, 시장바닥의 휴지로 쓰기 일쑤여서, 한평생 동안 고생한 업적이 눈 위의 기러기 발자국처럼 흔적도 없이 사라져 버리는 수도 없지 않다.

서양에서는 이와 같지 않아서 저자는 저술한 바를 자기 생존시에 인쇄하여 세상에 공표하도록 되어 있는 것이다. 인쇄하는 데 있어서도 자기의 노력을 들이는 것이 아니라 저술하는 내용만 정밀하고 요긴할 것 같으면, 인쇄, 출판하는 자가 다투어 가며 그 책을 구하려 하는 것이다. 이는 다름 아니라 저술한 내용이 세상 사람에게 유익한 것이라면 여러 나라에서 구독하려는 자가 끊이지 않을 것이기 때문이다. 한편 저자 자신도 이러한 결과로 말미암아, 그 생계 구하는 방도를 해결할 수 있는 바, 출판자는 그 책이 팔리는 대로 정부에서 일정한 규칙 아래 마련한 책값의 백 분의 20 혹은 10분의 1이라는 인지세를 지불하도록 되어 있으므로 아무 지장이 없는 것이다. 이러한 까닭으로 학자인 경우, 어떠한 사물이든지 그 이치를 따져서 극진한 경지에 이르고, 훌륭한 의론을 세운다거나, 또 외국에 유람여행을 한 사람의 경우, 산천 풍토라든가 인정·세태 및 정치·법률 등을 자세히 기록하여 저술하는 일로 그 생계를 유지할 수도 있는 것이다. 대개 가난한 나라에는 배우지 못한 자가 많기 때문에, 이와 같은 일로 생업을 영위하기는 어렵지만, 그렇다고 해서 저술하는 일을 그만둔다면, 그 나라 국민의 어리석음은 도저히 면할 길이 없을 터이므로, 깊이 헤아려야 할 일이 이에 있지 않겠는가.

또 저술하는 일 외에도 학자들의 생계 구하는 방책은 여러 가지가 있는 바, 그 조목을 열거해서 이야기하기는 지루하므로, 그 가운데의 한 가지만을 들어 보면 다음과 같은 것이 있다. 즉 연설이 그것인 바, 연설이라고 하는 것은 학자마다 각기 장기로 여기는 깊은 연구에 의거하여 도덕문제라든가, 물품의 이치에 관해서 그 말미암아 온 연유를 문장으로 엮어서 여러 사람 앞에서 낭독하는 일인 것이다. 연설의 내용은 간혹 외국의 사정이라든가 본국의 풍습에 이르기도 하는데, 훌륭하고 아름다운 것은 칭찬하지만, 괴이한 것에 대해서는 빗대어 비난하여 부지런한 것을 권하거나, 좋지 못한 일을 징계코자 하는 의사 따위를 포함시키는 경우도 있는 까닭으로, 사람들의 견문을 넓히어 교화에 힘쓰도록 하는 데에 도움을 주는 바가 적지 않은 것이다. 서양에는 아무리 궁벽한 마을이라도 연설장이 없는 곳이 없다. 그리고 연설하는 사람에게 주는 사례금도 후하여 반 시간에 우리 돈으로 4천 냥에 이르는 자도 있으며, 적더라도 4백 냥 이하인 경우는 드물다. 이는 학자의 등급에 따라 그 후박을 정하기 때문에 만 냥 이상까지 이르는 자도 있는 것이다.

5. 의사는 생계 구하는 방책 가운데 훌륭한 것의 하나인데, 선심까지를 포함한 직업이다. 서양 의술의 명목은 여러 가지인 바, 내과의 · 외과의 · 안과의 · 치과의 · 산부인과의 등으로 나누어져 있다. 의사가 되기를 희망하는 자는 어릴 때부터 학교에 들어가 각기 원하는 대로 어떠한 분야의 의술을 배우든지간에 재주 있는 사람은 3년이며, 둔한 사람도 4, 5년 혹은 6, 7년이면 그 과정을 끝낼 수 있다. 그 뒤 다시 그 분야의 고명한 의사의 제자로 들어가서 오랜 세월 동안 그 기술을 연마하며, 이치를 깊이 따져서 족히 시술하기에 막힘이 없을 정도가 된 연후에야 의사라고 스스로를 기약할 수 있게 된다. 그러나 의술의 잘잘못은 사람에게 중대한 영향을 미치게 되기 때문에, 정부는 반드시 그 재간을 시험하여 합격한 다음에야 시술하기를 허락하는 까닭으로 정부의 허가없이 의사로서 행세하는 것은 국법으로 금지하고 있는 바, 이는 국민들을 사랑하는 깊은 뜻에서 나온 조처인 것이다.

의사의 시술이란 환자의 생명을 구하는 길인 까닭에, 환자를 진찰하는 데는 일정한 사례금이 있으며, 환자가 병원으로 가는 경우와 의사가 환자 집으로 오는 경우에 따라 차이가 있게 마련이다. 한편, 약을 파는 자도 의학 공부에 아주 어두워서는 할 수가 없다. 따라서 의사로서 환자를 기피하는 일이라든가, 약 재료를 정밀하지 않게 취급하는 경우란 있을 수 없는 일이다. 또 가난한 사람은 병에 걸리더라도 사례금이 없어서 치료하지 못할까 염려하여, 정부에서 병원을 설립하고 의사를 배치해 두기를 마치 우리나라의 제중원(濟衆院) 제도와 같이 해놓고 가난한 사람을 구제하며, 혹 부자라도 이 병원에 들어올 경우엔, 여러 가지 잡비를 내고 치료하도록 하고 있다. 이러한 까닭으로 의술은 날이 갈수록 정밀하고 밝아져, 의학을 공부하느라고 사람까지 허비한다는 비방을 면하게 되었으며, 모든 사람들은 하늘이 내려준 숙명대로 살아갈 뿐 횡사하는 재앙이라든지, 병으로 고생하는 일은 아주 드물게 되었다.

6. 변호사의 생계 구하는 방도를 우리나라의 풍속으로 견주어 말한다면 일거리를 좋아하는 사람의 일이라고 말할 수도 있다. 사람들의 생업을 영위하는 방법이 많아질수록 소송하는 사건도 적지 않으며, 또 소송하는 당사자도 그 시비와 곡직을 쉽사리 이해하기 어려운 것이 있기 때문에, 필연적으로 법률에 숙련된 자에게 부탁하여 그 경위를 유별한 다음, 법관의 판결을 청하게 되어 있다. 이러한 까닭으로 변호사된 자는 법률에 익숙할 뿐 아니라 세상 물정에도 통달된 다음에야 비로소 가능한 것이다. 즉 일상 사용하는 물품으로부터 시작하여 진기기계라든가, 배나 기차의 종류에 이르기까지 그 이치와 처음 시작한 자의 이름까지 대강은 알게 된 연후에야 변호사로서의 지위를 차지하게 된다. 또 외국의 법률에 어두우면 변호사라고 칭하여도 사람들이 부탁하지를 않는다.

여러 변호사들이 각 도시에 모여 있으면, 소송할 것이 있는 사람이 그 송사를 대변해 주기를 청하게 되는바, 사건의 대소에 따라 그 사례금의 다과를 결정하며 또 돈에 관계되는 사건의 경우는 그 백 분의 1 혹은 천 분의 2로 정하도록 되어 있기도 하지만, 승소한 변호사가 되든지, 패소한 변호사가 되든지간에 그 사례금에는 가감이 없는 것이 보통이다. 서양 여러 나라에서는 비록 중대한 죄를 저지른 범인이라 하더라도 변호사가 대변하는 것을 허락해 주고 있다. 어떠한 사건이든지, 그 죄인 대신으로 범법한 연유라든가 원통하고 억울한 사정을 호소하여 법관에게 사정을 이야기한 연후에야 비로소 죄목을 결정하고, 상당한 형벌을 집행하기 때문에 청탁이 행해지지 않으며, 사건의 옳고 그름에 따를 뿐, 형세의 강약으로 좌우되지 않는다. 또 법관이 공평한 판결을 내리지 않으면, 여러 변호사들이 공통으로 그 법관에 대해 시비를 하기 때문에 법관도 근신하지 않으면 안된다. 변호사는 다른 사람의 소송을 대변하여 주는 것으로써 생계를 유지하는 데 그치지 않고, 인정과 세상 물정에 골고루 단련된 나머지 경위가 분명한 까닭으로 각국에 서는 여러 가지 직무를 맡았던 자를 변호사로 많이 임용하고 있다.

7. 항해(航海)하는 자도 생계 구하는 방도 중 몹시 중요한 것의 하나다. 항해하는 일이란 대단히 어렵기 때문에 항해하는 일로써 생계를 영위코자 하는 자는 무엇보다도 먼저 항해하는 법부터 배워야 하는 것이다. 그 공부하는 절차로는 학교에 가서 3년 혹은 4년을 배운 뒤에, 배를 타고 배에 관계되는 일을 또 배워야 하는 것이다. 즉 바람을 따라 돛을 올리는 일이라든가, 물의 깊이를 잰 뒤 닻을 내리는 방법이라든가, 해의 높낮이를 재어서 방위를 정하는 법, 경도(經度)를 따라 키를 돌리는 이치 및 배값을 받고 물품을 싣거나 배표를 살펴보고 사람 태우는 규정 등 이외에도 여러 가지가 있다.

이러한 공부를 착실히 하여 제반규정에 익숙해지면 처음 3년은 항해사의 4등 지위를 차지하게 되고, 그 다음 3년은 3등이 되며, 또 그 다음 3년은 2등으로 있다가 얼마 지나면, 항해선장의 자리를 얻게 되는 것이다. 이는 선장되기를 희망하는 자의 경우이며, 배에서 일하는 격군(格軍)이 해야 할 공부는 이처럼 길거나 어렵지 않다. 또 화륜선(火輪船)에는 기계사(器械師)라는 것이 있는데, 그 등급은 항해사의 경우와 같아서 4등·3등·2등·1등의 구별이 있으나, 기계에 관한 일만 살피고, 배 안의 여러 사무에는 아무 책임이 없는 것이다.

실제적인 공부는 없으면서도 항해사라든가 기계사와 같은 칭호를 사칭하여 사람들을 속이는 자가 있을까 염려할 뿐더러 배를 탄다는 것은 지극히 위험한 일이므로, 배 위와 물 아래에 구명기구를 설치해 두며, 승선한 여러 사람의 목숨은 항해사와 기계사의 수중에 걸려 있기 때문에, 이따금 미련한 자가 있어 결딴날 것도 염려해야만 하는 것이다. 정부에서는 일정한 관리로 하여금 항해사와 기계사를 시험하여 그 등급을 정한 뒤, 거기에 알맞은 증서를 발급하여 선주(船主)가 참고토록 하고 있다. 그리고 어느 배든지 일정한 항해사와 기계사를 두는 법이 없고, 이번에는 이러한 인원이 필요하고, 다음번에는 이러한 인원이 필요하다는 식으로 그때마다 사람을 쓰고 있다. 그렇기 때문에 항해사와 기계사를 각기 대기하고 있는 장소가 있으며, 배에서 일하는 격군 또한 마찬가지여서 선주의 요청이 오기만을 기다리는 것이다. 이렇게 함으로써 선주도 군색함을 면하게 되고 항해하는 자의 생계 또한 번거로움이 없게 되는 것이다.

8. 발명가의 생계 구하는 방도는 지극히 어려운 일이지만, 이러한 일로써 생계를 영위코자 하는 자가 있다는 것은 국가의 큰 복이며, 국민들의 큰 이익이라고 하지 않을 수 없다. 그 연유를 입증해 보기로 하자. 서양의 기선·기자·선기·전등·인쇄·재봉·직조·천광(穿礦) 등의 각종 기계라든가, 음식과 주택으로부터 일용품으로서 사용하는 자질구레한 물품에 이르기까지 발명한 자가 없었다면 만들어 내는 자도 없었을 것이다. 가령 만들어 내는 자가 있었다 하더라도 오늘날과 같은 제도라든가, 극단적으로 편리한 지경에 이르지는 못했을 것이다. 그리고 발명하는 일이 가난한 사람에게 많다는 사실은 사람이 가난하다 보면, 낮·밤으로 생각하는 것이 생계의 방책이지만, 항상 자본의 부족으로 성취되는 바가 드문 나머지 새로운 물건 만들어 내기에 온

심혈을 기울였기 때문이라고 하겠다.

정부에서도 새로 만들어 내는 물건의 전매권을 등록하고는 발명자에게 일정한 기한 동안 전매권을 빌려주어 얻어지는 이익을 독점토록 하며, 만약 그 기간 이전에 그 물품을 위조하는 자가 있으면, 국법으로 엄금토록 하고 있다. 그러므로 발명가가 어떠한 물건을 새로 만들어 내든지 반드시 그 견본을 정부에 제출해야 하는바, 정부는 그 견본을 시험해 보고서, 그 물건이 과연 사람들에게 유익한 것이라면 발명한 사람에게 비로소 전매권을 허가해 주며, 만약 발명가가 구차하여 그 물건을 제조해 낼 만큼 자본이 없다면, 부자와 동업케 하여 그 이익을 나누어 갖도록 하거나, 그 물건의 전매권을 돈 많은 상인에게 팔 수도 있도록 해놓고 있다.

이제 발명가가 만들어 낸 작은 물건을 고쳐서 치부한 예를 들어 보면 모자 테두리를 고친 자는 1년 안에 우리 돈으로 1억 냥이나 되는 큰돈을 벌었고, 능금껍질 깎는 기계를 만든 자는 4백만 냥이라는 큰 이익을 올렸다고 한다. 이와 같은 까닭으로 발명하는 자의 생각이 날로 새로워져 화륜기계라든가, 전기기계로 말하더라도 처음 발명해 낸 사람이 잘못 만든 기관을 보다 낫게 개조하여, 편리하고도 훌륭한 이치와 제도에까지 이르게 해놓고 있다. 이러한 것으로 말미암아 국가는 부강하게 되고, 국민은 개명한 지혜를 더하게 되어, 한 사람의 발명으로 온 천하 사람들 모두가 그 이익을 누리게 되기 때문에 서양 사람들의 말처럼, '오늘날의 가난한 자의 음식과 거처의 편리함·화려함 등이 백 년 전의 왕이나 귀족들의 그것보다 낫다'고 해도 지나친 말은 아니다.

9. 생계 구하는 방도를 이야기하면서 어떠한 사물이든지 그 근본 의도를 따져 들어가면 위에서 언급한 것과 같지 않은 것이 없는 셈이다. 신문지나 책 인쇄하는 자, 상점의 점원·농가의 머슴 및 가게 설비하는 자와 여러 가지 물건 제조하는 자 등이 다 그렇다 함은 장황한 이

야기가 필요치 않는 터라 하겠다. 어떠한 사물에든지 관여함이 없이, 편안히 앉아 있으면서 생계를 이을 수 없다고 하소연하는 자는 어리석다는 비웃음을 면할 길이 없을 것이다. 사람이 생계를 구해야지, 생계가 사람을 선택하는 것이 아니다.

각자마다 생계를 구하여 종사하는 직업이 있기 때문에, 내가 하는 일은 그가 하지 않을 것이며, 그가 하는 것은 내가 하지 않는 일인 것이다. 한 사람이 두 가지 일을 겸하기 어렵기 때문에 나의 있는 것으로써 그의 없는 바를 보충해 주며, 그의 있는 바를 취하여 나의 없는 것을 보조하도록 해야 한다. 이렇게 한다면, 그의 물품이 고등할 때 나의 물품도 귀하게 될 것이며, 나의 물가가 하강할 때면 그의 물가도 하락하여 물가의 고저 여부로 우리들의 생활이 영향을 받게 되지는 않을 것이다. 그러나 돈이 생길 곳도 없고, 생업을 경영하지도 않으면서, 타인에게 의뢰하여 한 사람이 경작한 것을 백 사람이 먹으며, 한 여자가 짠 베를 열 사람이 입는 식의 형편이 된다면 나라의 형세도 빈약하려니와 국민들의 생활 또한 간고하게 되고 말 것이다. 생계를 구하는 자는 농·공·상을 가릴 것 없이, 자기가 종사하는 직업에만 힘쓰도록 하여 혼신의 심력을 기울이도록 해야 할 것이다.

양생(養生)하는 규칙

1. 사람의 생로병사(生老病死)는 우리 인간 세상의 자연스러운 이치다. 그러나 사람이 이 세상에 살아 있는 동안 섭생하는 도를 근신하여, 질병으로 고생하는 걱정을 면하고 건강한 복지를 누리는 것이 인간 세상의 직분 가운데 중요한 일의 하나다. 어버이를 섬기는 자가 이 일에 소홀하면 자식으로서의 도리를 닦지 않는 것이 되며, 임금을 섬기는 자가 이 일에 경솔하면 신하로서의 직분을 힘쓰지 않는 것이

되며, 어른과 정부가 이 일을 등한히 하면 어른과 정부로서의 책임을 다하지 않는 것이 되고 만다.

이 규칙에 대한 지식이 있더라도 실제로 사용할 만한 학문이 없다면 실행하기 어려운 것이다. 그 이유는 다름 아니라 섭생하는 도의 이치를 깊이 따지지 않고는 그 공효가 어떠한 것인가를 알지 못할 것이며 또 그 이치를 따져 안 자라도 경험하는 방법이 없을 것 같으면 그 실상을 행하지 못할 것이다. 즉 한 사람에게는 그 사람으로서의 섭생법이 있으며, 한 집안에는 그 집안 특유의 섭생법이 있고, 한 나라에는 그 나라만의 섭생법이 있는 것이다. 이제 서양 사람들의 섭생하는 규칙에 대하여 이야기해 보기로 하자.

2. 지체(肢體) 운동은 사람이 동물인 까닭으로, 만약 일신의 관리를 게으르게 하여 운동하는 습성이 없을 것 같으면, 마음이 권태로워질 뿐더러 혈액의 순환하는 도수가 순조롭지 못하게 되어 근육과 뼈가 연약해지며, 연약해진 것으로 말미암아 질병에 걸리기 쉽게 되고 말 것이다. 그러므로 지체의 운동이 사람마다 섭생하는 방법 중 요긴한 것의 하나인 것이다.

그러나 이 운동은 군대의 조련이 아니므로 걷고 싶은 자는 걷고, 타고 싶은 자는 타도 좋은 것이다. 두세 사람의 친구끼리 나란히 단장을 비스듬히 끼고 휘파람을 부는 홍취로 숲 사이로 오르내리고, 시냇가서 읊조리며 배회하다가 저녁 노을에 집으로 돌아가는 새를 벗삼아 한가로운 걸음으로 돌아와도 좋다. 그렇지 않으면 자전거를 굴리거나 말을 타거나 하여 숲 사이에 그윽한 회포를 펴며, 해변가의 전망을 즐기다가 곧게 뚫린 대로를 달려서 돌아와도 좋다. 또 여름·가을의 저녁이라면, 조각배에 돛을 달고 푸른 파도에 비치는 저녁 경치를 희롱하며 물 위의 맑은 기운을 호흡하는 것으로 즐기는 자도 있는 것이다. 각 학교에서는 학생의 체력이 알맞은 정도에 미달하는 자를 골라, 기계의 힘으로 원상으로 복귀토록 하는 방법을 쓰기도 한다. 또는 군사들의 체조를 가르쳐서 섭생하는 방법으로 삼는 경우도 있는데, 이에는 깊은 뜻이 포함되어 있다고 하겠다. 만약 갑자기 국가에 돌발사건이 생길 경우, 학생들도 능히 적과 맞서 싸우는 군사로서의 직분을 다하게끔 미리 수련을 쌓아 두기 위해서인 것이다.

3. 침식과 의복을 신중하게 선택하는 이치도 섭생하는 도 가운데서 가장 요긴한 조건이라 하겠다. 일찍 자거나 늦게 자는 일 혹은 일찍 일어나거나 늦게 일어나는 일 등이 다 사람에게는 극히 해롭다. 그런 까닭으로 아침에 일찍이 일어나고 밤에 늦게 자면서 부지런히 일하는 것이 보통 사람의 기력에는 적당하지 않다. 또 잠자리가 지나치게 덥거나 지나치게 추운 것도 이롭지 못하며, 더구나 협소한 방에 두세 사람이 동침하는 일이 몹시 좋지 못한 연유는 사람들의 토해내는 더러운 기운이 방안에 가득 차게 되어 병을 일으키기 쉽기 때문이다.

한편 음식으로 말하더라도 음식물을 삶거나 익히는 방법을 사람의 섭생에 알맞도록 해야 하며 또 여러 번 씹고서도 갑자기 삼키는 일이 없어야 적당히 소화될 뿐더러, 식사하는 것도 일정한 시간을 정하여 늦거나 빠르지 말아야 한다. 사람의 내장을 비유하자면 증기기관의 기계와 같다고 하겠으며, 음식물은 석탄이나 물과 같다고 할 수 있다. 기계가 석탄과 물을 얻은 연후에야 그 작용을 할 수 있는 이치와 같아서 내장도 음식물이 들어온 다음에야 움직이게 되기 때문에 음식물의 양이 과하면, 석탄과 물이 과한 셈이라 기계의 손상을 초래하는 것과 마찬가지로 내장도 손상될 것이며 음식물이 적으면 석탄과 물의 부족으로 기계가 지체하는 것처럼 내장도 또한 정상적인 기능을 잃고 말 것이다. 그런 까닭으로 알맞은 정도를 지켜서 과부족이 없도록 해야 한다.

의복의 경우, 네 계절의 춥고 더움에 따라 가죽옷이나 갈포로 된 옷을 입는 것이 정상적이지만, 여름철이라도 홑옷은 몸의 열기를 지나치게 발산시키기 때문에 실상은 좋지 못한 것이라 하겠다. 무엇보다도 옷은 정결할 것이 첫째 조건으로 만약 의복이 더럽다면 보기에 추한 것은 고사하고, 그 눅눅하고 나쁜 기운으로 말미암아 몸에 해롭다고 한다.

위에서 이야기한 바와 같이 해야 한다면, 돈 많은 사람은 가히 섭생하는 규칙을 준수할 수 있다고 하겠지만, 가난한 사람은 알고도 실행하기 어렵다고 할 수밖에 없다. 어찌 그렇게 할 수 있단 말인가. 역시 그렇게는 할 수 없는 바, 우리나라 가난한 사람의 형편을 생각해 본다면 현실은 더욱 어렵기만 하다. 그러나 서양 사람들의 가난한 정도와 편리한 제도를 미루어 본다면 앞에서 이야기한 것쯤은 아주 쉬운 일인 것이다.

4. 집과 도로를 깨끗이 하는 일 또한 섭생하는 데 깊은 관계가 있다. 사람의 질병이란 기운이나 혈액이 정상상태를 유지하지 못하는 데서 생기는 경우가 많지만, 또한 더러운 기운이 퍼지는 것으로 연유하는 경우도 적지 않다. 이와 같은 사실은 서양 사람들이 수백 년 동안의 경험으로 그 연유를 밝혀낸 것인 만큼, 경험이 없는 우리들로서는 아직 믿을 것이 못된다. 또 전염하는 병 가운데 괴질이나 염병 같은 것은 오로지 더러운 기운의 독 때문에 발생한다. 그런 까닭으로 서양의 스페인 남쪽 여러 고장은 더럽기 때문에 전염병이 많이 유행하고 있는 것이다. 또 우리나라로 말하더라도 여러 도시의 경우 이른 봄과 가을의 환절기에는 유행병이 이따금 크게 번지기도 하는 것이다. 만약 그러한 병을 운수 관계라고만 할 것 같으면, 어찌하여 더러운 지방에만 유행하고, 각국의 정결한 도시에는 유행하지 않는단 말인가.

더러운 기운을 없애는 방법은 집 주변과 도로의 청소를 깨끗이 하는 데 있고 또 주택 근처에 나무를 심는 일도 한 가지 방법이며, 또 목욕을 자주 하는 것도 아주 좋은 일인 것이다. 서양 사람들 집에는 목욕실이 다 있고, 도로의 상태만 하더라도 넓은 길 양편에는 커다란 나무를 심어 더러운 기운을 흡수하도록 해놓고 있으며, 길 위에는 하나도 더러운 물건을 떨어뜨리는 법이 없어서 맑고 상쾌한 기분을 자아내고 있다. 한편 모든 집의 변소는 땅속으로 수십 리나 이어진 관을 통해 바닷물에 씻기도록 되어 있는 바, 이는 도시에서 하는 방법이라 하겠으나, 시골에 있는 변소도 문을 밀폐하도록 되어 있으며, 대소변은 땅속에 깊이 묻어 더러운 기운의 발산을 방지하도록 해놓고 있다.

5. 국법을 범하지 않는 일 또한 사람으로서 가장 바람직한 도리라 하겠는데, 이는 섭생하는 규칙에도 크게 도움되는 조항이라 하겠다. 그 연유를 말하면 만약 국법을 범하게 되면 크고 적고간에 고생이 많을 것이므로 어찌 섭생하는 데에 관계가 없다고 할 수 있겠는가. 그런 까닭으로 정부가 마련해 놓은 법령에 어두운 자는 섭생의 여러 규칙을 잘 지킨다 하더라도, 실상은 가장 요긴한 조목에 무식함을 면치 못하고 있는 터라 하겠다.

6. 앞에 기록한 여러 가지 조항은 섭생하는 규칙의 대강을 열거한 데 지나지 않는다. 이 외에도 자질구레한 조항이 많지만 실상은 이 몇 개의 큰 항목에서 벗어나지 않는다. 한 사람의 섭생은 그 사람의 행실과 지식에 달려 있다고 할 수 있지만, 한 나라의 정책은, 그 규모와 권위가 그 나라 정부에 달려 있기 때문에 정부가 그 직분을 수행하기 위하여 위생관계의 관청을 설립하며, 거기에 소요되는 비용은 국민들이 낸 세금으로 충당하되 바둑알처럼 흩어져 있는 군·읍 등의 지방마다 이러한 기관이 골고루 다 갖추어져 있는 것이다. 도로를 깨끗하게 하는 일은 정부에서 하도록 되어 있으며, 그 밖에도 전염병이 유행하면 소독약을 뿌림으로써 예방하거나 환자를 옮길 때는 정부에서 환자 수송용의 차를 마련하여 호송하되, 소독약을 그 차에 뿌려서 더러운 기운이 통과하는 주위에 퍼지지 않도록 조처하기도 하는 것이다. 또 환자의 집이 큰 길가에 있어서 차들의 내왕하는 소리가 시끄러워 잠을 잘 수가 없을 것 같으면, 정부가 그 집 근처에 톱밥이라든

가, 가는 모래 같은 것을 뿌려 주기도 한다. 이러한 일들을 조목조목 다 기록하기는 참으로 어렵다. 이로써 미루어 생각한다면 섭생하는 규칙의 주밀함과 구비된 양상을 잘 알 수 있을 듯하다.

제 12 편

애국(愛國)하는 충성(忠誠)

1. 국가란 한 겨레의 국민들이 일정한 토지를 점거하여 살면서 언어·법률·정치·습속·역사 등을 같이하며, 또 같은 임금과 정부를 섬김으로써 이해관계와 치란(治亂) 여부를 같이하는 공동체인 것이다. 토지의 넓음과 국민의 많음에 따라 각기 산천을 차지하고 있는데, 작은 나라와 큰 나라가 별이나 바둑알처럼 흩어져 있다. 그런 까닭으로 사람의 사람다운 원리에 입각해서 생각해 본다면 피차의 구별이 없으나, 국가의 국가다운 큰 도리로 따져 본다면 저 나라와 우리나라의 분별이 있다. 국가란 사람의 회합으로 말미암아 그 칭호가 마련된다 하겠고, 사람들은 국가를 건설함으로써 터전을 이룩한다고 할 수 있는 것이다. 국가가 비록 사람으로 말미암아 그 칭호를 얻는다고 하지만, 사람들도 국가가 없으면, 터전을 갖지 못하게 됨은 말할 여지도 없지만, 그 칭호도 없이 되고 마는 것이다. 이제 그 이치를 밝히기 위하여 비유를 들어 보기로 하겠다.

어떤 사람이 비록 그 가족의 성씨와 항렬자를 가지고 있다고 하더라도 이는 그 한 사람의 사사로운 칭호에 지나지 않는 것일 뿐 어디에나 두루 통하는 공적인 칭호는 아닌 것이다. 가령 우리 조선인으로 말하더라도, 조선인 세 글자가 제일 중요한 공적인 칭호인 것이다. 그러므로 우리는 조선인이 된 자로서 이름은 아무개로 되어 있든지

간에 빈부·귀천을 가릴 것 없이 이처럼 중대한 조선인이라고 일컫는 공적인 칭호는 다같이 간직토록 해야 하는 것이다. 강약의 구분이 없으므로 목숨은 가히 뺏을 수 있을지언정 그 칭호는 뺏을 수 없을 것이며, 그 생업은 못하게 할 수 있을지언정 그 칭호만은 어떻게 할 수도 없을 것이다.

외국인을 대할 때에는 특히 행실을 단정히 하고, 거동을 무게 있게 하여 조선인이라는 칭호를 빛나게 하는 것이 옳다. 만약 조그마한 수치라도 남기거나 모욕을 당하여 칭호를 훼손시킨다면, 그 한 사람만의 치욕에 그치지 않고, 국가적인 죄인의 신세를 면치 못할 것이다. 그 연유는 어떠한 사람이 외국인과 아름답지 못한 관계를 갖게 되면, 외국인은 반드시 조선인이 이러하다는 이야기를 할 것이므로, 한 사람의 좋지 못한 행동으로 전체 조선인이 누명을 쓰게 될 것이기 때문이다. 그러므로 우리들이 공동으로 소유하고 있는 조선인이라는 공적인 칭호를 잘 지키려 한다면, 이 칭호를 부모의 이름처럼 공경하여 다른 나라 사람에게 굽히지 말아야 할 것이다. 그리고 치욕을 끼치는 일이 없도록 하여 올바른 도리로써 지키도록 하며, 보호하여 천하에 감히 이 칭호를 업신여기는 자가 있으면, 의기로서 다투도록 하여 존중한 지위를 잃지 않도록 하는 것이 옳다. 이는 우리 조선인만이 그렇게 하는 것이 아니며, 천하의 어느 나라 사람이든지 다 그와 같은 행동을 취하게 마련인 것이다. 즉 영국인은 영국인이라고 일컫는 것이 그 나라 사람들의 공적인 칭호이며, 프랑스인은 프랑스인이라고 부르는 것이 그 나라 사람들의 공적인 칭호인 것이다. 이는 세계 모든 나라에 공통되는 현상이라고 할 수 있는데, 다른 나라 사람들의 공적인 칭호를 보호하는 도리와 정성에 대하여 그 대강을 적어본 셈이다.

2. 다른 나라 사람들이 애국하는 여러 가지 일 가운데에는 칭송할 만한 것이 많다. 애국심이란 국민들이 교화를 골고루 받을수록 정성스

러워지는 것이다. 그런 까닭으로 정부로서는 국민을 교육하는 일에 마음과 힘을 기울이며, 많은 예산을 아낌없이 투자하고 있으며, 국민된 자로서는 어떠한 사물이든지 국가를 위하는 일이라면, 생사를 돌보지 않게 되는 것이다. 관직을 받드는 자와 학문에 힘쓰는 자는 자연히 국가를 위하고자 하는 의욕에 가득 차 있거니와, 농사를 짓는 자도 국가를 위하며, 장사를 하는 자도 국가를 위한다 하겠고, 물품제조에 종사하고 있는 자도 역시 국가를 위하여 일하고 있는 것이다. 이처럼 사람들이 종사하고 있는 일마다 국가를 위하지 않는 것은 없다. 견문이나 습속이 이와 같은 바, 아버지는 아들에게 전하고, 형은 아우를 가르치며, 어른이 소년을 대하거나, 친구끼리의 담소하는 가운데서도 나라를 사랑하는 일에 대하여 서로 힘쓰게 되는 것이다. 그러므로 어린아이와 규중 처녀라도 자기 나라가 무슨 일로든지 다른 나라보다 부족하다는 이야기만 듣더라도 분기를 참지 못하며, 부끄러운 마음이 발동하게 되어 아이들의 소견으로도 다른 나라에 굽히지 않을 경륜을 논의하게 된다면 그런 나라가 어찌하여 부강하게 되지 않겠는가.

한 사람의 입장에서 이야기한다면, 자기 혼자만 존대하라는 마음으로 타인을 억누르려는 생각은 좋지 못한 일이라고 할 수밖에 없다. 그러나 한 나라로서의 체면을 돌본다면, 터럭만큼이라도 타국에게 굽히지 말고 교화를 널리 펴서 빛나는 이름을 드높이고, 권리를 굳게 지켜서 높임 받는 지위를 차지하도록 하는 것이 마땅하다. 임금으로 하여금 적국으로부터의 걱정을 없도록 함과 동시에, 정부로 하여금 외국인의 모욕을 받지 않도록 하는 일이 진실로 의사(義士)의 기개며, 충신의 마음이라 하겠다. 보통 사람이 그 나라의 국민이 되고서도 국가에 대한 충성심이 없다면, 이는 국민으로서의 본분을 등한히 하는 일이라 하겠다.

3. 농사짓는 사람의 애국하는 정성에 대하여 이야기해 보자. 농업이란

국가의 근본을 세우는 것이므로 국민들의 명맥에까지 관계가 있는 것이다. 게으른 습성 탓으로 힘써서 노력하지 않는다면 농사짓는 사람 자신의 생계가 군색할 뿐 아니라, 이로 말미암아 국가 전체가 피폐하게 될 것이며 외국의 곡식을 사들이지 않으면 안될 것이기 때문에 나라 안의 돈을 소비하게 되어 빈 껍질만 남게 되고 구차한 환난을 면하지 못하게 된다. 이러한 형편이 된다면 외국의 경멸이 뒤따를 것이며, 도적떼가 도처에 일어나게 될 것이다. 이러한 사태에 대한 임금과 정부로서의 큰 걱정은 가히 헤아리기조차 어려울 정도이며, 극단적인 경지에 이르게 되면 그 위태로움은 구제하기 어려운 상태에까지 다다르게 된다.

옛날 사람이 말하기를 나라에 10년간의 축적이 없으면 그 나라는 공허한 셈이요, 3년간의 축적이 없으면 그 나라는 나라라고도 할 수 없다고 했는데 이 말로 보더라도 농민의 충성이 없으면 나라를 지탱할 수 없게 되고 마는 것이다. 또 과세하는 법규가 적당하지 못하면 농민의 충성심이 있다고 하더라도 불공평한 법령을 감당하기 어려운 것이다. 농민의 충성심도 정부의 교화를 입어 발동하는 것인 만큼, 국가 유사시를 당하여 구차한 지경에 이를 것 같으면 정부의 결의로 보다 많은 세금을 과하더라도 흔연히 받들어 행하게 될 것이므로 농민의 공로가 어찌 크지 않단 말인가.

4. 상인의 애국하는 정성 또한 지극히 크다고 할 수 있다. 상품의 규모를 정대하게 하며, 약속을 어기지 말고 상권(商權)을 지켜서 국내의 번성함을 이룩하도록 하되, 품질을 속이거나 기간을 늦춤으로써 나라 전체의 공적인 칭호에 부끄러움을 끼치는 일이 없도록 해야 한다. 또 외국의 해관세를 기피하거나 외국 사람과 물품을 환매하는 데 있어서 속이는 폐단이 있거나 하면, 그 해는 반드시 그 나라로 돌아오게 되어 수치를 당하는 일이 적지 않은 것이다. 그런 까닭으로 상업에 종사하는 자로서 일신의 사사로운 욕심으로 말미암아 나라 전체

의 체면을 손상시킨다면, 그 직분을 제대로 이행치 못하는 셈이다. 이러한 이치를 어기고 어리석은 경륜을 자행한다면 그 일 자체의 성취되지 못함은 말할 것도 없고, 온 세계에 악명을 날리게 되어 더러운 지목을 받게 될 뿐더러, 그러한 사람을 거느리고 있는 정부로서도 세계에 대하여 면목이 없을 것이며, 물품의 거래로 거두어들이는 세금으로 나라를 이롭게 하기는커녕 외국의 수모를 받게 될 것이다.

국제적으로 교제하는 방법을 들어 보면 정치적인 관계는 사신에게 있고, 물품 거래하는 관계는 상인에게 있기 때문에, 외국과 관계하는 데에는 사신과 상인이 실상 그 표리와 같은 관계에 있는 것이다. 이러한 입장에서 살펴본다면 상인의 사무가 비록 사사로운 직업이긴 하지만, 그 관계는 국가의 공식적인 교제와 재화에 연관된 것이어서 지극히 중차대한 것이라 할 수밖에 없다. 애국하는 정성으로 가득 차 있다 하더라도 근신해야 할 일이 어찌 이에 있지 않겠는가.

5. 물품 제조하는 사람의 애국하는 정성도 그 이치가 지극히 넓다고 할 수 있다. 물품 제조하는 일이란 그 근원을 따져 보면, 생계 꾸리기와 일상적인 사용에 이바지하고자 하는 것에 불과했으나 이젠 국가의 빈부라든가 강약 문제에까지 깊은 관계가 있다는 사실을 제조기술자들은 명심해야 하는 것이다. 물산에는 자연적인 것과 인공적인 것의 두 가지가 있다. 자연적인 물산은 한이 없고 인공적인 물산은 일정한 한정이 있는 것이지만, 자연적인 물산이 가공되는 기회를 얻지 못할 것 같으면, 금옥과 같은 보배라 하더라도 지푸라기나 흙과 같은 천한 것이 되고 마는 것이다. 그런 까닭에 나라 안에 가공이 관한 연구가 잘 되어 있을 것 같으면 자연적인 물품은 많지 않더라도 온 천하의 모든 물산이 다 그 나라로 모여들게 될 것이다. 영국이 부유해진 점으로 미루어 보면, 그 명확한 증거를 세울 수 있지만 지루한 이야기는 그만두기로 하겠다.

제조기술자 가운데 그의 직업이 국가에 관계된다는 사실을 알지 못하고, 거치른 의견과 구차한 경륜 및 소홀한 재간과 조잡한 수단만 믿고, 정밀하고 솜씨 좋은 자를 막으며 순박한 것으로 자처하는 자가 있다면 세상 물정에 어두울 뿐더러, 국민들의 재주나 기술을 저해하는 일을 하는 것이므로, 애국하는 정성에 어긋난다고 할 수 있다. 그런 까닭으로 어떠한 기술자로서 어떠한 물품을 제조하든지 간에 이치를 깊이 따지며, 재주를 닦아서 최고의 경지에 도달한 다음, 애국하는 정성이 있다고 해야 할 뿐더러, 자기 자신의 생업도 온전하게 될 것이다.

정교한 솜씨도 없이 거칠게 만든 물품이 일단 외국으로 나간다면, 온 세계 사람들이 말하기를 아무 나라 사람의 물품은 재주 없는 경지를 벗어나지 못했다 하여, 비웃는 자도 있을 것이며, 가엾게 여기는 자도 있을 것이다. 타인의 비웃음이란 수치의 극도에 달한 것이라 하겠거니와, 타인의 연민을 받는 일이란 그 중에도 스스로 슬퍼해야 할 일인 것이다. 이러한 일은 그 나라 전체 국민의 공적인 칭호에 커다란 수치를 끼치는 것이라 하여도 과언이 아닌 만큼, 애국하는 정성에 가득 찬 기술자들의 심사숙고해야 할 점인 것이다.

6. 관직을 받드는 자의 애국하는 정성은 이 논의로서 비로소 밝혀지는 것이 아니지만, 외국의 제도를 기록하기 위하여, 이처럼 번거로움을 무릅쓰려 한다. 대개 서양 여러 나라 관직의 등급은 그 책임의 경중에 따라 결정했으며, 청환(淸宦 : 학식·문벌이 높은 사람이 하던 규장각·홍문관 등의 벼슬로, 지위·봉록은 낮으나 뒷날 고관이 될 수 있던 자리)이라고 하는 관직은 존재치 않았다. 또 여러 군영의 장교라든가, 각 관아의 아전(衙前)도 다 정부의 관리이며, 결코 천한 일자리가 아닌 것이다. 그런 까닭으로 각 관리들은 그 직분을 따라 한 발자국도 법 이외에는 침범당하지 않으면서 계속 그 존귀한 지위를 받들 수 있는 것이다.

그러나 국가의 재화를 훔치거나, 법률을 흐리게 하는 자는, 그 나라 자체를 욕보이는 것과 다름이 없으며 임금의 명령을 어기고, 자기 일신의 사욕만을 채움으로써 국민들을 이산케 하는 자는 그 나라의 도적이라고 할 수밖에 없는 바, 이는 다 애국하는 정성에 위배되는 일인 것이다. 한편 외국 사람 접대하는 데에도 행실을 정직하게 하고 행동을 공손히 하여 보호하는 책임을 극진하게 함으로써, 그 나라의 공적인 칭호를 온 세계에 빛나도록 해야 하는 것이다. 관직을 받드는 자의 애국하는 정성이 없을 것 같으면, 국민들의 애국하는 정성이 격렬하게 일어나서 벌이 도리어 그 사람 자신에게 미칠 것이기 때문에 이 일 또한 관직 받드는 자로서 근신해야 할 일이다.

7. 학문 연구하는 사람의 애국하는 정성도 국가 발전에 커다란 관계가 있다. 사람이 어떠한 일에 종사하든지 학식을 위주로 해야 하는데 학식은 물의 근원이나 나무 뿌리와 같은 바탕을 이루는 것이기 때문이다. 그런 까닭으로 학문이 나라의 근원이나 뿌리를 북돋아 주는 역할을 한다고 할 수 있는데, 학자의 애국하는 정성은 자연적인 도리에 의거한 것임이 분명하다. 농(農)·공(工)·상(商)·환(宦)의 애국심이 또한 이러한 과정 속에서 우러나오는 것이므로 학자의 직분은 나라 전체를 계도하는 책임을 스스로 맡고 있는 터라 하겠다. 그리하여 천만 가지 사물에 문명된 풍속을 불러일으켜 주며, 편리한 방안을 연구하여 조금이라도 다른 나라에 뒤지는 것이 있으면, 참을 길 없는 수치심으로 밤낮으로 연구하여, 다른 나라를 앞지를 수 있는 방법을 고안해 내기에 힘쓴다.

만약 학문을 연구한다는 자가 옛날 사람들의 찌꺼기나 즐기며, 놀고 입고 놀고 먹는 게으름을 피운다면, 국가와 국민들의 좀이며 도적이라고 할 수 밖에 없다. 그러므로 학자가 국가에 대해 그 충성을 다하고자 할진대, 무슨 일이든지 관계치 않는 것이 없도록 해야 하는 것이다. 즉 농민들의 농기구가 정밀치 못하거든 개량토록 하는 것도 애국하는 정성이며, 기술자들의 기술이 부실하거든 깊은 이치를 연구하여, 새로 만들도록 하는 것도 애국하는 정성이며, 법령 중 불편한 것이 있거든 정부의 관리를 깨우쳐서 이치에 알맞은 방법을 가르쳐 주는 일도 역시 애국하는 정성이라고 할 수 있는 것이다. 또 국민들의 일상사에 관계되는 음식과 의복과 주택 문제에 이르기까지 좋지 못한 것이 있으면, 문장으로 논하고 담론으로 설명하여, 이상적인 경지에 다다르도록 하는 것도 학자의 애국하는 정성이라 하겠다. 이와 같은 일을 학문 있는 자가 행하지 않는다면, 누가 할 수 있단 말인가. 그러므로 위로는 천문과 아래로는 지리를 통달했다 하더라도 자기 일신만을 아끼며, 다른 사람의 일은 기피함으로써 일반 대중들의 이해 문제를 범연히 여기는 자는 애국하는 정성이 부족한 학자라고 할 수 밖에 없다. 국민들의 지식을 넓혀 그 취향이 고명한 경지에 이를 것 같으면, 천하 만국의 스승이라고도 할 만한 지위를 차지할 수 있게 되어 그 혜택과 영광이 온 세상에 퍼지지 않는 곳이 없게 될 것이다. 서양 학자의 애국하는 정성이 바로 위에서 말한 바와 같기 때문에 이 방면의 표준으로 삼을 만한 것이라 하겠다.

8. 이와 같으므로 나라를 위하는 일이란 관직을 받드는 자에 그치지 않고, 그 나라의 국민이라면, 어떠한 사물에 마음을 쓰든지간에 다 나라를 위하는 일을 하는 셈이지만 그 가운데서도 깊은 관계와 큰 직분을 가진 것은 학문하는 자라고 할 수 있다. 관직을 받드는 자는 임금의 명령으로 국가의 법령을 집행할 따름이므로 다른 사람에 견주어 권력이 무겁고 지위가 높다고 말하는 것은 있을 수 있는 일이지만, 다른 사람이 그러한 권력이나 지위에 미치지 못하다고 하여 애국하는 정성까지 미치지 못할 이유는 없는 것이다. 법령을 집행하는 자도 그 나라 사람이요, 그 법령을 받아들이는 자도 그 나라 사람인 것이다. 그러므로 한 임금의 신하라는 점에서는 피차의 구별이 없는 셈이며, 신하된 도리로서는 임금이 맡기는 직분을 갖지 않았다고 하여, 충성을 다하지 않는다면 어찌 온당한 일이겠는가. 그런 까닭으로 애국하

는 충성에는 빈부라든가 귀천의 구별이 없으며, 천부의 성품도 자연스러운 직분이라고 할 수 있다. 그런데도 어떤 사람은 함부로 '관직을 받드는 자 이외는 나라를 위하는 일이 없다'고 말하여, 천만 가지 사물을 다 사사로운 경륜으로 돌리려 하지만, 이는 이치에 닿지도 않는 주장이라고 할 수밖에 없다.

그러므로 국가를 잘 보전하는 직책이라든가, 의무는 관직을 받들고 있는 자에게 그치지 않고, 그 나라 국민들이 다같이 짊어지고 있는 책임이라고 하겠다. 무사한 시기에 태평스러운 낙으로 저마다의 직업에 종사한다는 것은 기본적인 일이거니와 일단 유사시를 맞이하여 외국의 침범을 당한다면, 온 국민이 일제히 분기하여 치욕이 임금과 정부에 미칠까 두려워한 나머지 생사를 개의치 않고 즐거이 전쟁터로 나아가는 것이다. 그러므로 비록 평시라 하더라도, 국민들은 다 군대의 조련법을 익히도록 하여 불의의 변이 일어나기만 하면 모든 장정이 군인 아닌 자가 없도록 해야 하거늘, 국가 유사시를 당하여 임금은 버려 두고, 자기의 처자만을 데리고 난을 피하기에 급한 나머지 산 속으로 달아나는 자는 성질이 비겁한 위에 애국하는 충성심이 없을 뿐더러, 나라를 배반하는 도적과 다를 바가 없다고 하겠다.

설사 난을 피하여 간다고 한들 갈 곳이 어디란 말인가. 필경은 국내의 어느 지방에 지나지 않을 터이지, 이처럼 임금을 배반하고 안전한 곳에 자기 혼자만 갔다가 전국이 위태로운 지경에 이른다면, 피난했다는 그 자도 홀로 온전하지 못하리라는 이유는 자명한 이치라 하겠다. 국민들이 각각 자기 일신의 생사는 돌보지 않고 임금의 근심스러움을 막아내도록 하며, 나라의 공적인 칭호를 보전토록 하는 것이 우리들의 직분이라고 생각한다면, 그 충성스러움이 산 속으로 도망간 역적과도 같은 겁쟁이에 견주어 얼마나 훌륭한 것이 아니겠는가. 진정코 이와 같다면 살아도 천지간에 부끄러움이 없을 것이고, 죽더라도 또한 영광스러움이 있을 것이므로 애국하는 국민으로서의 아름다운 일 가운데서 이보다 더한 것은 없을 것이다.

9. 또 외국 사람의 접대 역시 애국하는 정성을 가진 자로서 극히 근신해야 할 일이다. 어느 나라 사람이든지 다른 나라에 가는 사람은 그 나라 정부의 덕화와 법률을 받아들이며, 국민들의 예절과 신의를 믿고, 신명과 재난을 보전하는 데 걱정 없게 되기를 바라는 것이다. 친척과 친구들을 이별하고 멀리까지 온 연유가 비록 자기의 경영코자 하는 무역을 위해서든지 유람을 하기 위해서든지 간에 멀리 타국에 온 나그네의 친절한 회포와 고국에 대한 정서는 꽃피고 달뜨는 좋은 날과, 바람 불고 비오는 밤에는 더욱이나 금하기 어려울 뿐더러 자주 나타나게 마련이다.

나라의 명칭은 비록 피차간의 구별이 있으나, 사람으로서의 정서나 회포는 타고난 바가 서로 같기 때문에 예의로 서로 사귀며 의리로 서로 맺어져, 위로하고 즐기거나 거침없고 편한 방도를 꾀하도록 하고, 혹 풍속의 차이로 말미암아 흡족하지 못한 사태가 발생하더라도 외국인인 까닭에 알지 못하는 연고라고 하여, 주인된 도리로서 그 허물을 용서해 주도록 해야 할 것이다. 가령 가난한 사람이 생계를 위하여 외국인의 고용인이 되더라도 약속을 굳게 지키고 행실을 잘하도록 하며, 말씨도 공손하게 하여, 고용인으로서의 도리를 극진히 하되, 자주적인 권리와 굽히지 않는 기질로 자기 나라의 공적인 칭호를 깨끗이 보전하도록 하는 것이 옳으며, 속이는 일이라든가, 거만한 언동으로 자기 일신에까지 욕이 돌아가지 않도록 해야 할 것이다. 외국인에게 고용되는 일이 천하기는 천하다고 하겠으나, 어렵기는 이보다 더한 것이 없을 것이므로 애국하는 자의 가장 삼가야 할 조건이라고 하겠다.

한편 불행한 시기를 맞이하여, 이 나라와 저 나라 사이에 전쟁이 일어나게 되면, 저 나라 사람이 이 나라 사람들에게 원수가 되는 셈이지만, 그러나 선전포고하기 전부터 거주하고 있던 자를 살해하는 것은 옳지 않기 때문에 기한을 정하여 퇴거토록 명령을 내리기도 하지만, 퇴거하지 못하는 자가 있으면 비밀을 누설할까 염려되기 때문에 친구 집에 연금시키거나 정부에서 관리하는 곳에 구류한 뒤 의복·음식 및 기거에 불편이 없도록 하고, 휴전이 되면 돌려 보내는 것이 공법(公法)의 관례인 것이다. 그러므로 적국의 국민이라고 하여 기회를 틈타서 살해하는 것은 야만인의 풍속이라고 할 수밖에 없는데, 일시적인 분노로 말미암아 죄없는 생명을 해친다면 온 천하의 비웃음을 면치 못하려니와, 마침내는 배상금을 지불하게 되고 말 것이다. 애국하는 사람으로서 명심해야 할 조목이 또한 이에 있다고 하겠다.

해영무육(孩嬰撫育)하는 규모

1. 인간의 커다란 근본을 생각해 본다면, 어린아이들을 양육하는 방법보다 더 중요한 것은 없다. 오늘날의 어른도 옛날의 어린아이였으니 오늘의 어린아이들이 어찌 뒷날의 어른이 아니겠는가. 이들이야말로 우리 사회의 차례를 이어 나가며, 영원히 끊이지 않는 대를 보전해 나가고 인간의 큰 벼리를 계승해 나감으로써, 천만 가지의 사물을 지켜나가는 주인공들이다.

집안과 나라를 비롯하여 온 천하의 모든 일이 대소의 구분이 있지만, 이러한 양육 방법은 집안으로부터 국가에 이르게 되고 국가로부터 세계로 미치게 되는 것이다. 그러나 이러한 일은 사람마다 혹은 집집마다 이야기하고 타이른다고 하여 능히 행할 수 있는 일이 아니다. 오늘날의 어른은 그 옛날 어린아이 때에 받은 교양의 보람으로 말미암아 성취하는 실효가 나타난 결과라 하겠다. 어린아이와 교양의 관계란 심히 깊고도 위대한 것이어서 몇 마디의 짧은 말로는 얼버무리기 어렵지만, 일언이폐지하면 부모되는 자의 지식이 풍족해야만 어린아이를 양육하는 방법에 대해서 깨닫게 된다.

어린아이가 열 살 되기 전에는 양육하는 책임이 오로지 그 어머니에게 있고, 열 살 뒤에는 교육하는 방법이 오로지 그 아버지에게 있되, 열 살 전이 열 살 뒤에 견주어 훨씬 어려운 것이다. 사람의 어머니로서 지식이 없는 자는 어린아이를 보육할 자가 적다고 할 수밖에 없는데, 어린아이들의 부모가 전혀 지식이 없을 때는 이로 말미암아 그 나라가 쇠약해지므로 그들이야말로 국가의 죄인이라고 지목하여도 그 책임을 면하기 어려운 것이다. 아마, 그 누가 자식을 사랑하지 않으며, 국가를 걱정하지 않는단 말인가.

2. 이러한 이치로 미루어 생각한다면 어린아이는 국가의 근본이고 여자는 어린아이의 근본이며 오늘의 인자한 어머니는 그 옛날의 동녀인 것이다. 그런 까닭으로 동녀가 실상은 국가의 근본의 근본이라고 할 수 있거니와, 만약 교육을 받지 않았다면 국가의 근본의 근본되는 직책을 잘 닦게 되기는 고사하고, 그 근본을 병들게 하거나 해칠 따름일 터이니, 정말 두려워할 일이란 바로 이 점이라 하겠다. 따라서 남녀 어린아이의 열 살 전 양육의 책임은 여자에게 있는 만큼, 배우지 못한 것은 여자로 하여금 어린아이의 양육을 잘하라고 책망한다는 것은 마치 눈 먼 사람에게 단청을 분별하라고 하거나 귀먹은 사람에게 음악을 논평하라고 하는 것과 같은 일이 되는 것이다. 그러므로 여자에게 지식이 없다는 것은 사실은 그 죄가 남자에게 돌아가게 마련이다. 서양 사람들의 어린아이 양육하는 이야기를 들어 보면 다음과 같다.

3. 어린아이의 양육은 출생한 뒤부터 말을 배울 무렵에 이르기까지가 가장 어렵다. 가장 어렵다는 조목을 열거해 보면 젖먹이기, 잠재우기, 운동시키기 및 의복과 대소변 관계의 일이라 하겠는데, 이 이외에도 한량이 없을 만큼 많은 일 가운데서도 더욱 어려운 일은 어린아이의 성질을 순하게 하며, 거스르지 않게 하는 일이라고 하겠다.

4. 젖먹이기를 일정한 시간에 해야 한다는 것은 다름이 아니라 사람이 장성한 뒤에라도 배부르거나 시장함이 고르지 않다면, 위장이 상하여 병의 근원을 이루는 수가 있는데, 항차 어린아이의 부드럽고 연한 내장이 능히 과한 음식을 감당해 내거나, 모자라는 음식을 참을 수 있단 말인가. 그런 까닭으로 젖먹이는 방법에는 과부족이 없도록 하여 어린아이의 내장을 조화 있게 활동토록 하며, 원기를 보충하여 후일의 병 없는 사람이 되도록 하는 것이 인자한 부모의 할 일이라고 할 수밖에 없다. 말 못하는 어린아이를 어머니가 돌보지 않는다면, 그 피해가 미치는 결과는 어떠하겠는가. 또 일정한 시간이라고 말하는 것은 아침·저녁이라는 시간을 가리키는 것이 아니고, 언제든지 어린아이가 배고픈지 배부른지를 살펴서 과부족이 없는 적당한 분량으로 맞추도록 해야 하는 것을 뜻한다.

5. 잠재우는 일 또한 일정한 시간에 해야하는 까닭은 사람의 취침이나 휴식도 양생에 몹시 요긴하여 음식에 뒤지지 않기 때문이다. 그런 까닭으로 어린아이를 때때로 자거나 쉬도록 하는 것이 옳은 일이지만, 근심할 연유가 전연 없으므로 어머니의 노고를 끼칠 일이란 없는 것이다. 잠자는 시간에도 스스로 한정이 있는 바, 비록 어린아이라도 하고 싶은 대로 내버려 두는 것이 좋다. 자시 않으려는 아이에게 억지로 젖을 먹이면서 잠자게 하려는 것은 좋지 않은 방법이다. 한편 밤중에 어린아이가 잠자려고 할 때에는 밝은 불빛으로 방해하는 일이라든가, 떠들썩한 이야기 소리로 잠들지 못하게 하지 말 것이며, 또 잠자는 시간의 한도는 어머니가 명심하고 있다가 습관이 되도록 하는 것이 옳다.

6. 운동하는 일도 양생의 중요한 한 조목이다. 걸을 수 없는 어린아이를 걸리는 것이 아니라, 조그만 차에 앉혀 놓고 몸을 흔들게 하는 정도로 족하다. 조그만 차란 어린아이를 양육하기 위하여 만든 특수한 차인 것이다. 사람이 운동을 하지 않는다면, 혈기의 통행이 지체되어

모든 병의 원인을 이루는 만큼, 어린아이의 운동을 어른이 돌보지 않고 어린아이 자신에게 맡겨 둔다는 것은 있을 수 없는 일이다. 그러므로 아침 저녁으로 어린아이의 조그만 차를 해변가 혹은 꽃밭이나 나무그늘 서늘한 곳으로 몰고 가서 맑고 상쾌한 공기를 호흡토록 하는 것이 가장 좋은 방법이다. 조그만 차가 없는 경우, 포대기에 싸서 안을 때는 팔다리를 구속하여 혈기를 막게 되므로 자연적으로 답답한 생각을 일으키게 할 것이다. 또 심하게 기울이거나 움직이면 해를 끼치게 되기 쉬운 만큼 삼가고 조심해야 한다.

7. 의복도 양생하는 데 있어서 요긴하고 중요한 것의 하나다. 사람 몸의 열기가 지나치게 발산되면, 장성하여 기력이 충실한 사람이라도 좋지 않기 때문에, 여름철에 지나치게 서늘하게 입으면 어른에게도 해롭다고 하거늘, 항차 어린아이의 연하고 약한 피부가 어찌 당해 낸단 말인가. 그러나 엷게 입는 것이 좋지 않다고 하여 여름철에 겨울옷을 입히라는 것은 아니며, 또 겨울옷은 안된다고 하여 엷게 입혀서 지나치게 서늘하게 하는 것도 좋지 않다. 삼베옷의 서늘함과 무명이나 명주옷의 따스함을 계절에 따라 알맞게 조절하여, 지나치는 일이 없도록 해야 할 것이다. 그렇기 때문에 어린아이의 어머니는 이러한 이치를 알고 있지 않으면 안되는 것이다. 말 못하는 어린아이가 추운들 어떻게 하며, 더운들 어떻게 한단 말인가. 이런 경우, 어린아이는 어머니의 돌봄을 받을 따름인 만큼, 울기를 기다려 추위나 더위가 과도했다는 것을 깨닫는 어머니는 어린아이를 양육하는 데 있어서 무식하다고 할 수 있을 뿐더러 어머니로서 인자하지 못한 자라 하겠다.

8. 대소변도 일정한 시간에 누지 않으면 안되는 것이다. 대소변 문제가 실상은 어린아이에게 많은 영향을 끼치게 된다. 사람의 모든 병은 더러운 기운으로 말미암아 많이 발생하는 것이기 때문에 거처를 깨끗하게 하는 것을 양생의 제일 가는 조건으로 삼아야 한다. 또 대소변을 일정한 시간에 누기 시작하면 내장에 큰 병이 걸리지 않는 한, 그

러한 습관을 어기지 않게 된다. 이는 어린 시절부터 습관이 되지 않으면 큰 뒤에 하려고 해도 되지 않는 일이다. 또 어린아이가 더러운 냄새에 비위를 상하게 되면 치료하기도 어려우며, 대소변을 일정한 시간에 누기로 습관이 되어 있지 않으면, 알지 못하는 사이에 흘러나오기도 하여, 그 더러움이야말로 이루 말할 수조차 없다. 어린아이를 양육하는 자가 시간을 작정해 놓고 어린아이가 대소변 보는 것을 습관들이게 하면 말은 못하더라도 스스로 깨우치게 되며 내장도 자연적으로 습관을 이루게 되어, 뜻하지 않은 사이에 흘러내릴 염려가 없게 될 뿐더러 뒷날의 일정한 규칙적인 생활을 할 수 있게 되는 것이다.

9. 어린아이의 성질을 순하게 하여 거슬리는 일이 없도록 해야 할 연유를 이야기해 보기로 하자. 어린아이가 비록 말을 하지 못하며 지각이 자라지 못했더라도 당장의 좋고 나쁨과 편리 여부를 느끼기는 어른에 견주어 오히려 더 예민할 정도인 것이다. 말을 하지 못하기 때문에 감정이나 회포를 표현하지 못하고, 지각이 생기지 않았기 때문에 성질을 참기 어렵게 되어, 알지 못하는 사이에 감촉하는 정신이 천성을 격발케 하는 수가 있는 것이다. 즉 불평에 가득 찬 성질이 차츰 단전(丹田 : 배꼽 아래 한 치쯤 되는 곳)에 뿌리를 박게 되어 말을 배우기 전에 이미 깊고 단단한 자리를 차지하게 된다면, 장성한 뒤에라도 뽑아 버리기 어렵게 되고 만다. 그러므로 절내로 삼가야 할 일은 어린아이가 울 때 구타하는 일인 것이다. 어린아이의 울음은 천성에 거슬리는 불편한 사유를 어머니에게 호소하는 것인데도 아이를 도리어 꾸짖는다는 것은 어머니로서 아이 기르는 방법에 어둡기 때문이라고 할 수밖에 없다. 이는 어린아이의 성질을 이미 거슬린 뒤에 더 거슬리게 하는 것인 만큼 어린아이의 부모된 자로서 명심해야 할 일 가운데의 첫째는 아이의 성질을 순하게 하는 데 있다고 하겠다.

10. 어린아이가 걸음걸이를 배우며, 말을 하기 시작할 무렵에 이르면,

양육하는 방법이 전에 견주어 약간 달라지게 되며, 성질을 순하게 하는 일 또한 분별이 있어야 한다. 이 무렵이 되면 아이의 골격이 차츰 장대해지고, 정서도 발달하기 시작하여 천백 가지 사물에 대한 귀·눈·입·코 등의 기능이 서로 돕거나 상하게 되기 때문에 모든 동정을 어른이 참견하도록 하되, 조금이라도 속이지 말 것이며, 성질을 거스르지도 말아야 하는 것이다. 사람은 동물인 만큼, 움직이지 않으면 안되며, 또 움직인다고 하더라도 손발만 옮겨놓는 데 그치지 않고 무슨 물건에든지 마음을 쓰게 된다.

어린아이가 지각의 미발달로 말미암아 마음 쓰는 방법은 어른에 미치지 않지만, 손·발을 움직여서 생물로서의 습관을 나타내기는 어른보다 못하지 않는 것이다. 그런 까닭으로 어린아이의 유희를 금지시켜 생물로서 활동하는 자연적인 움직임을 막는 것은 옳지 못하다. 유희를 금지시키는 경우도 혹 과도하게 하는 것을 예방하는 정도로 하는 것이 좋다. 차츰 장성할수록 어른이 유희를 좋은 방향으로 이끌어주어 어린 생각으로 함부로 날뛰는 기습을 미리 제어하는 것이 바람직하다. 그리고 유희에 필요한 여러 가지 기구를 가지각색으로 만들도록 하여 어린아이들을 이끌어들이되, 그 속에 교훈적인 의도를 포함시키게 하고, 알맹이 없는 기구를 만들기에 그치지 않는 것이 좋다.

대강 몇 가지 예를 들어 보기로 하겠다. 일상적인 수학의 원리를 이용한 셈하는 나뭇가지를 흩뜨렸다가 모았다가 하는 것이라든가, 여러 조각을 낸 그림 종이를 원상태로 붙여 맞추는 것이라든가 크고 작은 나뭇조각으로 성이나 집을 짓는 것 등으로 추리하는 정신을 양성하며, 분산되는 방법을 가르쳐서 지혜와 슬기가 자연적으로 향상되도록 해야 한다. 또 나무로 만든 말, 작은 공, 종이연, 돌리는 대나뭇가지, 스케이트, 스키 등으로 팔·다리 운동을 시키도록 하는 것이 좋다.

11. 이처럼 유희를 허락해 주는 가운데에도 일정한 규율을 마련하여 침

식하는 시간을 어기지 않게 하고, 말이라든가 행동 및 어른을 공경하는 예절과 친구를 사귀는 거동 등을 다 어른의 교훈을 받도록 하되, 만약 조금이라도 틀리는 경우에는 반드시 벌주도록 하고 용서하지 않아야 한다. 한편 그 벌주는 방법도 성낸 얼굴로 회초리질을 하거나, 화난 음성으로 질책하는 것이 아니라, 조용히 불러들여 간곡한 이야기로 타이르도록 해야 한다.

만약 범한 과실이 큰 자는 반나절 혹은 한나절을 침대에 누워 있도록 한 다음, 타일러 말하기를 너의 지은 과실이 저처럼 중대하니, 이는 매우 도리에 어긋난 행동이다. 만약 이와 같았으면 괜찮았을 것을 이미 저렇게 했으니, 너는 이곳에 누워 너의 과실을 스스로 생각해 보도록 하라고 하고는 아무 말이 없이 문을 닫을 것 같으면 그 아이는 어른의 타이른 말을 깊이 생각하여 자기 마음에 납득이 가는 듯해도 어른이 그 문을 열기 전에는 그 침대에서 떠날 수 없고, 어른이 다시 들어오기를 기다려서 자기의 생각한 바를 아뢰게 되면, 비로소 그 죄가 용서되는 것이지만, 만약 문을 닫아 놓았을 동안에 몸을 일으켜서 방안에서 놀든지, 혹은 다른 곳으로 옮겨 간다면, 그 아이의 죄는 점점 커지는 것이다. 이런 까닭으로 아이의 근신하는 마음은 자연적으로 디해지는 비, 이는 8, 9세 이상되는 아이에게 행하도록 하는 것이 좋다.

12. 음식은 언제나 어른을 모시고 들도록 하되, 먼저 먹기를 허락하지 말고 또 먼저 일어서는 것도 허락하지 말아야 한다. 나이프·포크·스푼 등을 잡는 동작을 단정히 하고, 국, 차, 물 등을 마실 때나 과자·고기·과일 등을 씹을 때에 추잡한 형용이라든가 난잡한 음향을 일체 내지 못하게 하는 바, 그 얌전한 행동거지는 큰 손님을 맞이한 듯 느껴진다. 음식을 씹고 마시는 법이란 예법의 한 조그만 부분이지만, 그 단정한 격식은 어릴 때부터의 교양이 없으면, 갑자기 행하기 어려운 것이다. 또 의복으로 말하더라도 맵시를 단정하게 하고, 외모

를 깨끗하게 하는 것은 의복에만 유의하여 사치를 하려는 뜻이 아니라 추잡한 거동이 없기를 바라기 때문이다.

13. 학교에 다니게 되면 매사를 일정한 시간에 행하도록 하는 것이 좋다. 자고 먹는 시간과 학교로부터 집에 돌아와서 일을 하거나 유희하는 따위의 시간을 작정해 두는 것을 말한다. 즉 밤에 잘 때에 일정한 시간이 있는 까닭으로 정신이 피곤하지 않고, 아침에 밥먹을 때에도 일정한 시간이 있는 까닭으로, 그 시간에 맞추기 위하여 일어나지 않으면 안되며, 점심시간이 또한 그런 까닭으로 학교에서 미리 돌아오거나 또는 돌아오면서 놀 수가 없고, 집에 돌아와서는 일을 하거나, 유희하는 데에도 역시 일정한 시간이 있는 까닭으로 정력이 조금도 피폐해지지 않는다. 어린아이들을 교양하는 방법은 어떠한 사물에든지 일정한 시간을 정해 놓고 행하도록 하여, 어린시절부터 엄격한 규범 가운데 자라도록 하고, 기약을 어기지 않도록 하며, 이러한 습관에 젖어들거나 교화되도록 함으로써 장래의 신용있는 사람이 되게 하는 것이 다시없이 좋은 방법이요, 제일가는 좋은 방책이라고 하겠다.

14. 어린아이들이 점점 장성할수록 엉성하고 너그럽던 규범을 주밀하게 하여 천만 가지 사물에 순응할 수 있게 해야 한다. 이는 다름 아니라, 이성이 차츰 진보하기 시작하면 규범 밖으로 뛰쳐나가기 쉬우며, 또 이때에는 헤아림이 고정되지 못하여 앞으로 이끌어가는 도리가 주밀치 못하면, 자기의 주견을 결정하기 어렵기 때문이다. 그래서 14, 5세 무렵의 교육하는 방법을 가장 조심스럽게 해야 하는 것이다. 노래를 가르쳐서 성격과 감정을 화창케 하며, 춤을 가르쳐서 팔다리를 부드럽게 하고, 학업을 힘쓰게 하여 지각을 확충케 하며, 운동을 하게 하여 근육과 골격을 굳건하게 하고 진퇴와 응대를 예절로써 하고 언행을 단정하게 하며, 충효와 공경하는 마음가짐으로써 감정의 중용을 얻도록 하여야 한다.

교양하기를 이처럼 골고루 하더라도 개중에는 이따금 불량한 무리와 의리없는 난동분자가 생겨나는데, 하물며 어릴 때부터 실제적인 교육을 받지 않은 자야말로 장성한 뒤엔들 선남선녀되기를 어찌 바랄 수 있겠는가. 이는 나무에 올라가 물고기를 구하는 셈이니 세상을 구제코자 하는 군자들이 깊이 생각할 문제인 것이다.

15. 어린아이가 다른 사람의 좋은 물건을 구경하다가 몹시 탐을 내거든 똑같은 물건을 사주는 것이 좋다. 혹 그 물건이 쓸데없거나 사줄 만한 능력이 없을 것 같으면 좋은 말로 타일러서, 그렇지 못한 까닭을 깨닫게 해야 한다. 만약 어린아이가 욕심을 낸 나머지 다른 사람의 물건을 훔칠 것 같으면 가능한 여러 가지 이야기로써 타이르되, 도둑질하는 일이 나쁘다는 까닭을 소상히 알도록 하고, 그 물건은 주인에게 돌려주도록 하는 것이 좋다.

대개의 경우 어린아이가 다른 사람의 물건을 훔치는 일이 나쁜 행위임에는 틀림없으나, 그 본 마음은 그렇지 않은 수도 있다. 즉 잠시나마 그 물건에 대한 욕심을 이기지 못하게 되어, 정신이 물질의 지배를 받는 결과라고 할 수 있으므로, 이 한 가지 일로써 어린아이의 장래를 판단하는 것은 옳지 못하다. 그러나 그러한 마음을 조금이라도 길러 준다는 것은 지극히 좋지 못한 일로서, 만약 재차 그러한 행동을 할 것 같으면 준엄하게 꾸짖거나 나무라고, 훔친 물건의 값은 그 아이 자신의 것을 팔아서 갚도록 하여 자기 물건이 아니면, 절대로 손대지 않도록 분수를 알게 하는 것이 도의를 가르쳐서 사악한 길로 들지 않게 하는 본뜻인 것이다.

16. 또 아이들의 친구도 가려서 놀도록 하는 것이 좋다. 어린아이의 나쁜 행동이란 전염하는 병과 같아서 몹시 전파되기 쉽다. 사리를 판단하는 능력이 모자라는 어린아이가 친구의 나쁜 행동을 본받기 쉽다는 것은 자연적인 추세인 까닭으로 다른 사람의 자녀들이 좋지 않거든 상종을 못하도록 해야 한다. 그들의 행실이 좋지 않다고 하여 금수와 같다고 여기는 것은 아니지만, 그 부모들의 교훈이 좋지 않았기 때문

이므로 이처럼 상종을 불허하는 일이란, 박절한 듯하지만 어쩔 수 없는 형편인 것이다. 그러나 다른 사람의 자녀라고 하여 탐탁치 않게 여기지 말고, 자기의 아들딸처럼 타일러서 양심을 깨우치도록 한 뒤, 사람으로서의 올바른 행실을 배우도록 하는 것이 또한 한 인간의 참다운 도리라 하겠다.

같은 나라 사람인 경우, 한 가정을 단위로 해서 볼 때에는 너와 나라는 구별이 있지만, 한 국가에 소속된 국민이라는 입장에서 말한다면, 비록 타인이라 하더라도 아무런 구별이 없는 셈이다. 그러므로 타인의 자녀라고 하여 위험한 곳에 떨어지는 것을 내버려 둔다면 어린아이가 기어가서 우물에 빠지려는 것을 구하지 않는 것과 무엇이 다르겠는가. 온 세계의 여러 나라가 서로 일정한 영역을 마련해 할거하고 있으나, 인종에 관한 한 피차의 경계를 세우지 않기 때문에, 인자하고 후덕한 사람으로서는 온 천하를 한 집안처럼 생각하고 서로 가르치고 서로 배우기를 바라는 것이다.

17. 어떠한 사물이든지 크고 작고를 가리지 말고, 일정한 규범과 한계를 정립해 놓은 뒤, 아이들이 방자한 행동거지를 할 때마다 효도나 우애에 어긋난다고 하여, 금지시키거나 교훈시키도록 하는 것이 당연하다. 인간 세상에서의 모든 병폐는 다 속이거나 가리거나 하는 것으로부터 발단할 뿐더러 아이들이 이러한 행동에 재미를 붙인 나머지, 그런 상태가 조장되어 근신하는 마음이 없는 가운데 어른이 된다면, 어떠한 악행을 저지를지 알 수 없는 것이다. 그런 까닭으로 일정한 규범 외로는 한 발자국이라도 방자한 행동을 하지 못하도록 하되, 괴이하고 도덕에 어긋나는 일이 아니거든 과히 억제하지 말 것이며, 한편으로 해서 무방한 놀이는 때때로 권장토록 하여 어른들에게 문의하도록 만드는 것이 무난하다. 그렇게 해야만 어떠한 사물이든지 희망하거나 하고자 할 때에는 어른에게 말씀드려서 그 가부를 묻게 되는 것이다.

그러나 어른이 아이들의 행실을 규제한다고 하여, 지나치게 엄격할 것 같으면, 도리어 어린아이의 속이거나 감추는 길을 열어주는 결과가 되고 마는 것이다. 어른을 속이는 아이를 짐승과 다를 바 없다고 말해도 과언은 아니지만, 엄격하기만 한 어른 또한 칭찬할 만한 존재라고는 하기 어렵다. 아이들의 속이는 버릇은 실상 어른이 지나치게 엄격하기 때문에 그렇게 되는 수가 많은 바 자녀를 교육하는 사람으로서 신중을 기해야 할 일이라고 하겠다.

18. 이처럼 교육하여 아이들의 나이가 20세 이상에 이르면 비로소 성인이라고 일컫게 됨과 동시에 무슨 일이나 사업에 종사하든지간에 잘못이 없는 한, 자기 마음대로 할 수 있고 어른의 간섭이 줄어들게 된다. 그러나 나이 어린 자는 어른에게 보고드리지 않는 일이 없지만, 성인이 되면 그의 의복·음식으로부터 일상적으로 사용하는 물건에 이르기까지 전부 그 자신이 부담해야 하며, 어른에게 근심이나 걱정을 끼치지 않기 위하여 일신의 생활 대책은 자기가 강구해야 하기 때문에 어떤 사람에게 빚을 지더라도 그 부모는 빚에 대한 독촉을 받지 않아도 된다. 설사 위조된 편지라든가 말이 있었다 하더라도 법정의 심리를 거쳐, 그 연유가 명백해진다면, 다른 말을 받아들이기 어렵게 되고 만다. 그러므로 나이 어릴 때에 잘 가르치는 것이 제일 좋은 방법이라고 하겠으나, 만약 자녀나 조카가 어른들의 교훈대로 하지 않았다 하더라도 그 폐해가 그들의 부형이나 일가 친척들에게까지 미치지는 않는다.

19. 앞에 열거한 것은 외국의 사례를 대강 주워 모은 데 지나지 않지만, 이 이외에 그 규범이나 제도의 조밀함이 필설로 형용하기 어려울 만한 것도 적지 않다. 고개를 돌려 우리나라 어린아이 교육하는 방법을 돌이켜 보면 어찌 분개하지 않겠는가.

다른 나라의 어린아이는 추위와 더위에 따라 알맞은 옷을 입히고 배고프거나 배부른 것에 따라 알맞게 먹이어 기르는 재미가 극진하지만, 우리나라의 어린아이는 나쁜 옷, 나쁜 음식조차 없는 자가 많을 뿐더러, 굶주림과 추위를 면치 못하고 있다.

다른 나라의 어린아이는 학교에 다니며 공부하는 설비가 구비되어 있지만, 우리나라의 어린아이는 교육의 미비로 말미암아 자기의 이름조차 쓰지 못하는 자가 많다. 다른 나라의 아이들은 양생에 대한 제도가 정비되어 있기 때문에 병에 걸리는 자가 적지만, 우리나라의 아이들은 갖가지 병에 시달리다 못해, 어린 나이로 요절하는 자가 많다.

어린아이들의 병 가운데서 가장 참혹한 것은 천연두다. 그 비참한 경상은 차마 보고 들을 수 없을 정도다. 어린 나이에 한차례 죽을 고비를 넘기게 되는 것이다. 다 나은 자라 하더라도 온 얼굴에 얽은 자국을 남기게 되어, 생후 병신을 면치 못하는 자가 적지 않지만, 다른 나라에서는 우두(牛痘)를 접종하여 참혹한 화를 면할 뿐더러 완치되지 않는 자가 없는 바, 그 공효가 다대하다 하겠다.

20. 어떤 사람이, "사람은 현대로 가까워 올수록 왜소해져서 기운이나 골격이 옛사람들을 당하지 못한다."고 말한 적이 있다.

이처럼 인종이 왜소해진 연유를 해명하여 말하기를 "옛날 사람들이 쓰던 의관을 보면, 오늘날에는 그처럼 큰 것들을 착용할 수 있는 자가 없기 때문"이라고 하였다.

그러나 서양의 경우, 어린아이의 양육이라든가, 양생 및 여자 대접하는 방법 등을 고친 뒤로부터 사람들의 체구가 점점 커져서 수백 년 전 사람의 갑옷이나 투구가 너무나도 작아 도저히 입거나 쓸 수 없다고 한다.

이와 같은 실효는 장구한 세월을 겪고 난 뒤에야 비로소 나타나게 되는 현상으로서 일조일석에 그 공효를 기약하기 어려운 일이라 하겠다.

제 13 편

서양 학술(西洋學術)의 내력

1. 2천7백여 년 전부터 그리스에는 많은 시인·학자가 배출되었다. 즉 시에는 호머(胡邁, Homer, 《Iliad》와 《Odyssey》의 작자)와 헤시오도스(喜時遨, Hesiodos : 그리스의 시인) 및 핀다로스(扁道, Pindaros : 그리스의 서정시인) 등의 여러 사람이며, 문장에는 헤로도투스(喜老道, Herodotus : 그리스의 역사가)와 투키디데스(秋時伊, Thukydides, 그리스의 역사가)와 디오도루스(杜娛道, Diodorus : 그리스의 사학가) 및 플루타크(弼婁台, Plutarch : 그리스의 사학가) 등의 여러 사람이며, 생물학에는 탈레스(脫累秀, Thales : 그리스의 철학자·천문학자·기하학자) 및 피타고라스(皮宅高, Pythagoras : 그리스의 철학자·수학자) 등의 여러 사람이요, 도덕학(道德學)에는 소크라테스(偲嗜賴, Socrates : 그리스의 철학자)와 플라톤(弼賴土, Platon : 궁리학) 및 아리스토텔레스(阿利秀, Aristoteles : 그리스의 철학자) 등의 여러 사람이다. 수백 년 전에 이미 문물이 찬란하며 학문이 번성하였으나, 국운이 쇠퇴하게 됨에 따라 학자들의 기풍도 거의 끊어지게 되었다. 그러던 가운데서도 아라비아 사람들이 학문에 힘써 측량학·의학·철학 등을 세상에 전하였으므로, 서양 학문의 한 줄기가 근근이 명맥을 유지하여 오늘에 이르게 되었다.

1200년경, 영국에는 베이컨(裴昆, Roger Bacon, 1214~1294 : 영

국의 철학자·과학자)이라는 사람이 나와, 해박한 지식과 뛰어난 재주로 때마침 쇠퇴해가던 학계에 등장하였다. 그는 옛날부터 전해 내려오는 학문의 방법만으로는 부족하다고 하여, 실험을 위주로 하는 연구법을 제창하기에 이르렀다. 즉 천문학에서는 망원경을 만들며, 화학에서는 모든 물건의 성질을 탐색하여 그 분석과정과 화합되는 이치를 설명하고, 또 의학과 기계학의 대강을 발명하게 되자, 일세를 풍미하는 대학자라고 일컬어졌다. 그러나 그 무렵은 아직 인지가 깨우치지 못한 때여서 이러한 대학자도 신선사상에 의한 불로장생약이라는 연단(錬丹) 제조에 공력을 허비하기도 했으며 또 별의 궤도로서 사람의 길흉을 판단하는 해괴한 이론을 주장하기도 했었다. 이러한 일은 덮어두고라도, 더욱 참혹한 것은 이 무렵 사람들의 지식이 몽매했을 뿐더러, 정부도 학술 부문에는 무식하기 그지없어 베이컨의 뛰어난 업적을 불신하고 요술이라고 지목하여, 베이컨과 그의 친구 맥나수(麥那秀)를 엄벌에 처하고 말았다.

2. 그 뒤로 1400년대에 이르도록 세상 사람들의 경향이 시문이나 소설을 숭상하거나 힘쓰고 실용성 있는 학문을 등한히 했었으나, 1423년에 비로소 서양식 인쇄술이 발명되자 모든 학문이 크게 일어나게 되었다. 그리하여 성리학(性理學)과 시학(詩學)과 사학 등의 종류가 크게 성했었으나, 유독 철학 부문에는 괄목할 만한 새로운 업적이 없어서 고대의 아리스토텔레스의 유업을 계승하는 데 그쳤다. 이 무렵 여러 나라는 앞을 다투어 가며 학교를 설립하였는데, 영국 대학에는 학생이 4천 명 이상이나 모여들었고, 베로나 대학에는 1만 명, 프랑스 대학에는 2만 5천 명이나 모여들기도 했다.

그러나 1600년대에 이르러서도 학문하는 방법에는 허실(虛實)이 상반하였었으나, 이 무렵 프랜시스(布蘭施)와 바콘데스(裵坤德)와 카데스(哥道壽) 같은 여러 학자들이 문명된 기운에 호응하여 두각을 나타냈다. 이들은 실용성 있는 학문을 닦고, 구체성 있는 이론을 증명하여 세상 사람들이 품고 있던 의혹을 깨우치고 황당무계한 풍속을 물리치는 데 힘썼다. 1606년에는 이탈리아 사람 갈릴레이(葛逸人遨, Galilei Galileo, 1564~1642 : 이탈리아의 물리학자·천문학자)가 여러 해 동안, 전공한 보람으로 지구가 회전한다는 이론을 주장하기 시작하여, 사람들의 지식을 넓히는 데 이바지하였고, 1666년에는 영국 사람 루푸(婁富)가 의학에 정진하여 피가 사람의 체내를 순환하는 이치를 밝혀 내어, 또한 세상 사람들의 지각을 온전히 하는 데 많은 공헌을 했다. 세상의 학문이 크게 변하여 실리와 실용을 추구하는 방향으로 나아가게 된 데에는 이들의 공이 컸다.

3. 그 뒤 6, 70년이 지나고 나서 영국에는 뉴턴(柳頓, Isaac Newton, 1642~1727 : 영국의 수학자·물리학자)이라는 대학자가 나왔다. 그는 고금에 보기드문 재주를 가진 사람으로서 학문이 나날이 새로워지는 시대에 태어나 나이 24세 때에 이미, 공중과 대지 사이에 작용하는 인력의 원리를 구명해 냈으며, 광선이라든가 모든 물건의 이치 및 조화의 신비스러움을 밝혀 내기도 했었다. 그의 저술은 이 방면의 학문에 바탕이 될 만한 것으로서, 서구 학자들은 다 그의 학문을 근본으로 삼게 되었기 때문에 그로 말미암아 서양 학술계는 그 면목을 일신하는 경시에 이르렀다. 그 뒤 학문과 지식은 날마다, 해마다 증진되어 오늘날과 같은 문명된 세상으로 발전하는 기틀을 이룩하게 되었다. 지금부터 백 년 전후에 나타난 유명한 학자들의 이름을 열거해 보면 다음과 같다.

홈볼트(咸發姤, Friedrich Heinrich Alexander von Humboldt, 1769~1859) : 생물학, 독일인.

헤겔(惠質, Georg Wilhelm Friedrich Hegel, 1770~1831) : 철학, 독일인.

뢰빅(來伯, Karl Jakob Lowig, 1803~1890) : 화학, 독일인.

퀴비에(赳比茹, Georges Leopold Chretien Frederic Dagobert

Cuvier, 1769~1832) : 생물학, 프랑스인.

르베리에(禮排頼, Urbain Jean Joseph Leverrier, 1811~1877) : 천문학, 프랑스인.

아라고(阿賴高, Dominique Francois Jean Arago, 1786~1853) : 천문학, 프랑스인.

데이비(代排, Humphry Davy, 1778~1829) : 화학, 영국인.

해밀턴(解密敦, William Hamilton, 1788~1856) : 철학, 영국인.

밀(密逸, John Stuart Mill, 1806~1873) : 정치학, 영국인.

틴들(親達, William Tyndale, 1494~1536) : 철학, 영국인.

헉슬리(鶴瑟禮, Thomas Henry Huxley, 1825~1895) : 생물학, 영국인.

스펜서(秀遍瑞, George John Spencer, 1758~1834) : 철학, 영국인.

모스(毛御秀, Edward Sylvester Morse, 1838~1925) : 생물학, 미국인.

하이에트(何伊士, Alpheus Hyatt, 1838~1902) : 생물학, 미국인.

4. 서양식 학문의 주된 의도는 만물의 원리를 연구하는 한편 그 효용성을 밝혀내어 우리 생활의 편리를 도모코자 하는 데 있다. 여러 학자들이 밤낮으로 고심하는 바도, 실상은 온 천하 사람들이 두루 이롭게 사용함으로써 넉넉하게 살 수 있으며, 나아가서는 올바른 덕을 쌓을 수 있도록 하기 위해서인 것이다. 그러한 견지에서 볼 때, 학문의 공효와 교화의 힘이 어찌 크지 않다고 할 수 있겠는가. 어느 서양학자는 다음과 같이 말한 일이 있다.

"사람의 슬기로움은 예나 지금이나 다를 바가 없지만, 후세 사람이 옛날 사람에게 미치지 못하는 것은 결국 연구에 태만하면서 핑계만 대고 있을 뿐이다. 그러므로 사람이 세상에 태어났으면 마땅히 학문에 힘써서 옛날 사람들이 밝히지 못한 것을 밝혀 내고 미치지 못한 것을 보충하며, 또 새로운 것을 생각해 내어 옛사람보다 훨씬 높은 경지에 이르도록 하는 것이 옳다."

이 말을 가만히 생각해 보면, 자만하는 어투가 없지도 않지만, 학문에 종사하는 사람에게 할 수 있는 가장 훌륭한 의사표시이기도 하다. 이제 학문의 공덕이 성취되어 우리 인간 생활에 도움을 주는 여러 가지 물건을 기록해 보면 다음과 같다.

증기(蒸氣)기계 · 기차 · 기선 · 전선 · 전등 · 가스등 · 방직기계 · 염색법 · 우두법 · 의료기계 · 피뢰법(避雷法) · 도금은법(鍍金銀法) · 모본법(模本法) · 재봉기계 · 농작기계 · 화학기계 · 물리학기계 · 천문학기계 · 음식 제독법(除毒法).

5. 앞에서 열거한 것은 그 일부를 보인 데 지나지 않는다.

서양 군제(西洋軍制)의 내력

1. 옛날 유럽 여러 나라는 봉건제도와 세록(世祿) 제도로써 신하를 양성하였다가 각국의 임금들이 서로 공격하기도 했으며, 나라 안의 귀족 또한 서로 다투는 일이 많았다. 그런 까닭으로 자연히 무예를 중히 여기고, 학문을 가볍게 여기게 되었다. 그리하여 문자를 아는 자는 종교계의 교정(敎正)에 그치고, 나라 안의 일반 사람들은 그 이름이 말타는 전사(戰士)의 명부에 끼이지 못한다면, 경멸과 모욕으로 참기 어려운 지경에 이르기도 했다. 한편 이들의 싸움하는 방법은 칼이나 창으로써 1대 1로 대하는 것을 숭상하여 으뜸되는 공명으로 삼았으며 병법은 헛된 이름조차 없었다.

군인의 계급은 세 가지로 나누었었는데, 귀족은 말을 타고 중무기를 휴대하며, 그 다음 군인은 가볍고 편리한 무기를 지녔다. 경무장한 병사들은 싸움을 시작하고 중무장한 병사들은 전사를 보호하였다. 하등 군인은 보병으로서, 그들의 무기는 창 · 칼 · 활 · 화살 따위를 갖도록 되어 있었다. 싸움하는 습속은 적에게 가까이 가는 자를 귀하게 여기고 적으로부터 멀리 떨어져 있는 자를 천하게 여겼다.

1300년대에 이르러 비로소 총이 발명되어 서양의 군제는 일변하게 되었다. 그러나 각국의 여러 귀족들은 총을 비천한 무기라고 하여 휴대하기를 부끄럽게 여기고, 옛날 방식대로 긴 창과 큰 칼로 싸우는 것을 귀중하게 여겼다. 그러나 싸움터에 나아가서도 적군에게 가까이 가지를 못하고, 백 걸음이나 밖에 있으면서 말을 달리고, 칼을 휘둘러 충돌코자 하는 듯한 허세를 부리고 있을 때에, 갑자기 울리는 총성으로 쓰러지는 사례가 빈번해졌다. 이렇게 되자, 1대 1로 싸운다거나, 한 사람만의 용기를 귀중하게 여기던 풍조는 사라지고 지혜와 전술을 소중히 여기게 됨으로써 귀족들의 형세는 크게 쇠약해지기에 이르렀다. 그렇지만 귀족들은 게으른 습관에 젖어서 사물의 연구를 좋아하지 않았으나 새로운 한 방편을 마련해 내었다. 즉 일정한 봉급을 주고 사람을 고용하여 새로 나온 무기인 총을 사용하는 방법을 배우게 한 다음, 대신 전쟁터에 나가도록 하였다. 이것이 서양에서 병사에게 봉급을 주는 시초였다. 그러므로 영어에서 병졸을 솔져(Soldier)라고 하는데 그 뜻은 봉급받는 사람을 가리키는 말이다.

2. 총이 나온 뒤로부터 봉급을 주는 군제(軍制)를 시행하게 되었고, 오래된 구식제도를 폐지하여, 문무(文武)라는 두 직제로 나누게 되었다. 이와 같은 사실은 군제에 관계되는 여러 법을 개정케 했을 뿐 아니라, 실상은 국정의 일대 변혁을 단행하는 계기가 되기도 했다. 이 뒤로부터는 병졸의 많고 적은 것으로써 국세의 강약을 평가하게 되었기 때문에, 비록 전시가 아니더라도 봉급을 후히 마련하여 양병(養兵)하는 풍속이 생기게 되었다. 1450년에 프랑스 왕 샤를(察禮壽, Charles VII, 1403~1461 : 1422~1461년 동안 통치) 7세가 영국과 싸워 대승한 뒤, 후환을 없애기 위하여 귀족들에게 명령하여 평상시라도 군비에 소홀함이 없도록 하였던 바, 이것이 서양에서의 상비군(常備軍)의 시초였다. 그 뒤 여러 나라가 이를 본받아서 모두 상비군을 두게 되었다.

3. 군사된 자는 각기 자기가 맡은 분야에서 뛰어난 재간을 갖고 있지 않으면 봉급을 받기 어렵다. 그런 까닭으로 군사는 서로서로 재간을 연마하는 한편, 임금과 장수들은 군사의 기예가 더욱 정예롭게 되도록 하기 위하여 용병하는 새로운 방법을 연구하기도 하며, 또 무사한 때라도 군사들을 호령하여 전쟁하는 형상을 흉내내기도 한다. 이와 같은 것이 서양에서 군사를 조련하기 시작한 시초였다. 군사 조련법을 창안해 낸 사람은 1500년대의 네덜란드 대통령 모리츠(1567~1625)였다.

4. 이처럼 상비군 제도를 설치하고 평상시에도 조련하는 법을 마련하여, 각국이 국력 배양에 힘썼으나 보병과 기병의 제도라든가, 앉아서 하는 동작 및 진퇴하는 데 있어서의 기율 등이 미비하여, 전쟁터에 나아가기만 하면 어지럽고도 난잡한 양상을 면치 못하였었다. 1600년대의 초기에 이르러 스웨덴 왕 구스타프(高壽多厚, Gustavus II, 1594~1632)는 측량학에 통달하고 용병하는 재략에 뛰어나, 여러 병과 군사들의 움직이는 법을 마련하고 소총대(小銃隊)를 개편하여 군사의 수를 조밀하게 한 다음, 동시에 발포토록 하는 방법을 개발하는 한편, 경포대(輕砲隊)에 중포(重砲)를 배치하며, 폐지했었던 기병에 관한 제도를 부활시켜 비로소 보병·기병·포병 등 세 가지 병과의 운용이 정제된 경지에 이르게 되었다.

5. 스웨덴 왕의 뒤를 이어, 각국 총기류의 숫자는 날로 증가했으며, 그 사용법 또한 날로 다채로워져서 천하의 이기로서 총포보다 더한 것은 없는 듯이 보였다. 1750년경에 프러시아(普魯士, Prussia) 왕 프리드리히(厚禮突益, Friedrich Wilhelm I, 1688~1740 : 1713~1740년 동안 통치)가 문무를 겸비한 위에 세상에 보기 드문 영웅으로서, 스웨덴 왕의 병법을 계승하여, 총기류의 발명과 그 사용법 개발에 온 정력을 쏟는 한편 기이한 새 공법을 써서 옛것에서 모자라는 것을 보충해 나갔다. 그 뒤, 수년 사이에 프러시아의 군제가 크게 나아지자,

그 출중하다는 소문이 온 유럽에 떨쳤던 까닭으로, 여러 나라들이 다 그 군제를 쓰게 되었는데, 이것 역시 서양 군제의 변혁을 이룩하는 한 계기가 되었다.

이 무렵부터 산수라든가 측량 등에 관한 학술도 차츰 개발되어 진영을 치거나, 대오를 지어서 진퇴하는 방법도 수학의 이치에 따라 속도를 정했으며, 한편 악기를 연주하여 군사들의 행진을 조절한 것 또한 이 시기에 시작되었다. 보병의 행렬을 전후 세 사람이 나란히 서는 횡진(橫陣)이 되도록 하고, 소총에 탄환을 장전하는 것도 총구의 모양을 개량하여 총구에 화약을 쓰지 않았기 때문에, 급히 쏘는 편리를 도모할 수 있게 되었다. 야전포를 가볍고 편리하게 고치고, 기병의 갑옷과 투구를 개량하여 맹렬함과 신속함을 위주로 할 수 있도록 하였다. 그리고 대포는 기마를 사용하여 끌도록 하였는데, 이것 역시 프러시아 왕이 새로 개발한 방법이었다. 다만 산병(散兵)하는 방법은 미국의 독립군이 처음으로 시작하였는데, 그 무렵 전쟁터에는 평지가 적고 숲으로 둘러싸인 은신처가 많았기 때문에, 미국 사람들은 산병법을 써서 영국군을 격파하곤 했었다.

6. 프러시아 왕 이후에 천하의 군제가 일신되었다고는 하지만, 군사된 자로서 군사의 조련만 익히고 군사의 행진은 배우지 않았기 때문에 전쟁이 없을 때에는 군사라는 칭호를 가지고 있지만, 일단 유사시를 당하면 쓸모가 없는 자는 의기와 충성심이 부족하여 자기만 살려는 욕심에 급한 나머지 임금을 위하여 목숨을 버리겠다는 정성이 없는 경우도 있었다.

1800년대의 초기에 이르러 프랑스 황제 나폴레옹(拿破崙, Napoleon I, 1769~1821 : 1804~1814년 동안 통치) 1세가 이러한 폐단을 깊이 한탄하여, 국민들로 하여금 군사의 조련을 익히도록 하고, 또 사람마다 나라를 위하여 출전할 의무가 있다는 법을 마련하는 한편, 장수와 군사를 사랑하며 돌보되 공이 있는 자를 상줄 때에는 천금을 아끼지 않고, 죄지은 자를 벌줄 때에는 비록 친척되는 자라도 용서하지 않았었다. 이로 말미암아 국민들의 충성심이 크게 발동하여 나라를 사랑하거나 임금을 받드는 데에 두 가지 마음이 없게 되었고, 전쟁터에 나아가더라도 죽음을 돌보지 않게 되었다. 즉 나뉘어져서 산병법을 쓸 때면 각각 자기의 최선을 다했고, 합쳐져서 대오를 짤 때면 다투어서 적에게 접근하려 할 뿐더러, 장수의 명령에는 물·불을 피하지 않았으며 나아가고 물러나기를 손발같이 하여 그 지휘에 순종하게 되었다.

이러한 까닭으로 나폴레옹이 세상을 뒤덮는 공으로 유럽 여러 나라를 압도할 수 있었고 그의 이름을 듣는 자로 하여금 전율케 했던 것이다. 오늘날의 서양 여러 나라의 군제는 모두 나폴레옹의 제도를 가져다 쓴 것이라 할 수 있다.

서양 종교(西洋宗教)의 내력

1. 종교란 숭상하는 가르침을 말한다. 온 지구상의 어느 나라든지, 각기 숭상하는 종교를 가지고 있다는 사실은 우리나라에서 공자·맹자의 도를 존중하는 것과 같다고 하겠다. 온 천하의 종교를 열거해 보기로 하자.

인도와 그 인근 지방에서는 석가(釋迦, Buddha : 불교의 교조)의 교를 존숭하고 있는 바, 우리들이 듣기로는 석가가 그 교의 시조라고 하나, 사실은 수천 년 전의 브라만(富羅磨, Brahman)교를 석가가 계술하여 떨쳐 일으켰을 뿐이다. 터키(土耳基, Turkey)와 그 인근 여러 나라에서는 마호메트(馬賀邈, Mahomet : 마호메트교의 개조)의 교를 믿는 바, 이는 회회교(回回教)라고 일컫는 것으로서, 1500년의 역사를 가진 종교다. 또 그 근처에 사는 사람들은 불이 인간에게 막대한 공덕을 끼친다고 하여 불을 존중하는 자도 있고, 아메리카주의 적색 인종은 물·태양·흙 등을 존숭하는 자들도 있는데, 이는 각각 그들의 의사에 따라 결정한 현상인 것이다.

한편 아프리카주의 흑인은 나무를 존숭하는 자와 악어·소·고양이 등을 존숭하는 자들도 있고, 심한 경우에는 자기의 그림자를 두려워하여 귀신처럼 존경하는 자도 있으며, 아시아의 타일랜드에서는 불교를 믿는 가운데서도 흰 코끼리를 존숭하고 있는 바 이는 다 풍속의 차이에서 오는 결과라 하겠다. 서양 여러 나라에서 존숭되고 있는 종교의 내력을 살펴보면 괴상한 일이 많은데, 그 대강을 기록해 보면 다음과 같다.

2. 그리스는 서양에서도 가장 오래된 나라의 하나다. 옛날 그리스 사람들이 존숭하는 바는 허무맹랑하고도 괴이한 이야기와 사적을 바탕으로 한 열두 천신(天神)에 관한 것이었다.

열두 천신 중 첫째는 제우스(朱壽, Zeus)라고 하여, 여러 천신 중에서도 임금이나 아버지 같은 자리를 차지하고 있는 천신이며, 둘째는 포세이돈(布施敦, Poseidon)이라고 하여 바다와 지진을 관장하고 있는 천신이며, 셋째는 아폴로(愛拔論, Apollo)라고 하여 음악을 관장하고 있는 천신이며, 넷째는 아르테미스(阿台美秀, Artemis)라고 하여 달과 수렵에 관한 일을 관장하는 여신이며, 다섯째는 벌컨(發干, Vulcan)이라고 하여 불을 관장하는 천신이며, 여섯째는 헤르메스(虛媚秀, Hermes)라고 하여, 여러 천신 중의 사절인 동시에 상업을 보호하는 천신이며, 일곱째는 아레스(莪賴秀, Ares)라고 하여 전쟁을 관장하여 사람을 죽이거나 국가를 멸망시키는 것을 기뻐하는 천신이며, 여덟째가 헤라(喜羅, Hera)라고 하여 제우스의 아내인바, 불화한 여신이며, 아홉째는 아테네(愛台那, Athene)라고 하여 사람의 지혜를 관장하는 여신이며, 열째는 헤스티아(喜施野, Hestia)라고 하여 주방이나 부엌을 관장하는 여신이며, 열한째는 데메테르(帶美陀,

Demeter)라고 하여 농사를 관장하며, 열둘째는 비너스(菲那秀, Venus)라고 하여 아름다움을 관장하고 있는 바, 이 두 천신은 다 여신인 것이다. 위에 열거한 바에 의거하여 본다면 천신 중에 남자가 여섯이요, 여자가 여섯인 셈이다. 이 이외도 버금가는 천신이 많아서 각각 관장하는 사물이 있을 뿐더러, 한편으로는 흉악한 마귀의 칭호 또한 적지 않은 바, 일일이 열거하기조차 어려운 형편이다.

이러한 천신을 받드는 경상을 간략히 적어 보면 다음과 같다. 즉 열두 천신이 올림푸스(五臨坡秀, Olympus) 산 위에서 모여 논다 하여, 희생으로 잡은 고기와 술·과일 등으로 제사 지낼 때, 시로써 덕을 칭송하고 축문으로써 희망하는 바를 바라며, 가무와 음악으로써 존숭하는 예를 펴는 바, 1년 가운데서도 사제일(四祭日)을 가장 큰 명절로 여기고 있다. 사방으로부터 산 아래에 운집하는 것으로 관례를 삼고 있다.

3. 그 뒤, 로마 시대에 이르러서는 그리스 시대의 옛 습속을 지키지 않게 되었으나 그 지방이 광활하기 때문에 여러 나라 사람들마다 존숭하는 종교가 많은 갈래로 나뉘게 되었다. 1888년 전에 아시아주 유태(猶太, Judea)에 예수가 탄생한 이래 그가 남긴 가르침이 오늘날 서양 여러 나라에서 행해지고 있는 종교로까지 발진하게 되었다. 예수의 전후 내력을 간략히 들어 보기로 하자.

예수교를 존숭하는 사람의 말에 의하면 상제(上帝)께서, 이 세상에 도가 없음을 가엾게 여기시어, 그의 아들을 내려보내 교를 베풀고자 할 때, 천신의 모습으로 인간 세상에 나타날 수 없다고 판단한 후, 자기의 정기를 동녀(童女) 마리아(馬賴, Maria)에게 쏟기로 하여 사람의 기척이 없이 임신케 한 후 예수를 낳게 했다고 한다. 그 교를 포교하기 시작할 때, 이론이 고명할 뿐 아니라 술법도 신기하여 눈먼 사람의 눈을 뜨게도 하며, 죽은 사람을 소생시키기도 하여 범인으로서는 하기 어려운 일을 많이 했기 때문에, 제자되고자 하는 자가 나날이 많아지고 다달이 늘어, 이르는 곳마다 사람들이 운집했었다. 이어 예수교라는 이름 아래 설교해서 말하기를 "예수교를 존숭하는 자는 죽은 뒤에 천당에 올라, 무한한 복록을 누릴 것이지만, 그렇지 않은 자는 지옥으로 내려가서 한량 없는 고초를 겪는다."고 하여, 그 절대적인 권리를 상제에게 돌리니 예수는 하늘을 대신하여 도를 행한 것이다. 그런 까닭으로, 예수교에서는 "천상과 천하에 다른 신이 있을 수 없고 다만 상제만이 존재하는바, 세상 사람들이 존숭하는 여러 귀신은 다 허무맹랑한 것"이라고 말하고 있다.

한편 예수는 인생의 행실에 대해서도 설교하며 각국을 순유하였으나, 그를 따르는 무리가 너무나 많자 그곳 임금의 시기를 받게 되어, 십자가 위에 못박혀 죽는 화를 입었지만, 이는 예수가 화를 입은 것이 아니라, 세상 사람들의 죄악을 씻기 위하여 대신 죽은 것이기 때문에, 죽은 뒤 40일 만에 소생하여 천상으로 올라갔다고 한다. 이는 허황되고도 적실한 이야기라는 것을 예수교를 믿지 않는 자들은 다 알고 있다. 이제 그들이 전도하던 자초지종을 대강 옮겨 써볼까 한다.

4. 예수에게는 수제자 열두 사람이 있었다. 예수 생존시에 언제나 가르쳐 말하기를 이 가르침을 온 세상에 전파하여 설교함에 있어서 친하고 친하지 않거나 멀고 가깝거나를 가리지 말고 모든 사람들을 형제처럼 대접하고, 은근하게 가르치라고 했기 때문에, 열두 사람이 예수 사후에는 사방으로 흩어져서 포교하는 데 진력하였다. 아시아 서쪽에 있는 여러 나라를 거쳐 서양으로 들어갔었으나, 이 무렵 서양의 종교는 예수교와 판이한 것이었다. 엄금하는 명령을 발하여, 예수교를 믿는 자는 꼭 죽이고 용서하지 않았지만, 전도사들은 죽음을 두려워하지 않고, 포교에 힘썼다. 포교를 위하여 강론할 장소가 없을 것 같으면, 넓은 토굴을 판 다음 그 속에 사람들을 모이게까지 하였으므로 차츰 번성하기에 이르렀다.

한편 당국에서는 유례를 보기 어려울 만큼의 혹독한 형벌인 갈구리질하여 죽이기, 태워 죽이기, 못질하여 죽이기 등을 일삼았으며, 한꺼번에 20만 명을 묻어 죽이는 일까지 되풀이했으나, 금제하기 어려웠을 뿐더러, 형벌이 가혹해질수록 예수교를 존중하는 자는 증가하게 되었다. 그리하여 3백 년이라는 장구한 세월을 겪는 동안 그 형세가 막을 수 없는 지경에 다다르자, 서양에 본래부터 존재했던 종교는 도리어 쇠퇴해지고 말았다. 이에 다시 예수교를 엄금한다는 명령을 내리는 한편, 혹독한 형벌을 마련하여, 예수교에 관계되는 책을 불사르고 교도들을 죽이면서 금단하는 법을 엄격히 하면 할수록 교세는 더욱 팽창되어 나갔다. 사세가 이에 이르자, 금단하는 법령을 완화하고 종교로서 존숭하기를 허락하자 이 뒤로부터 예수교의 교세가 다시 일어나 하나는 예수교의 동당(東黨)을 이루고 다른 하나는 서당(西黨)을 형성하게 되었다.

5. 이로 말미암아 예수교의 기세는 크게 왕성해지고 서양에 본래부터 존재하던 옛 종교는 스스로 멸망하고 말았다. 한편, 서당의 여러 교정(教正)들이 로마에 모여 자리를 잡자, 그 권력은 각국의 정령을 지휘할 수 있을 만큼 되기에 이르렀다. 교정들이 상의하여 교황(教皇)을 옹립하고, 정부를 수립한 후, 각국의 제왕들을 신하로 삼으니, 이 무렵은 인지가 개발되지 않은 때이므로 감히 복종치 않는 자가 없었다. 또 어떤 나라의 군주든지 호걸다운 도량이 있어서 교황의 명령을 거역할 것 같으면, 그 나라 국민들 스스로가 교황의 위세를 두려워하여 자기 나라 임금을 도우지 않는 까닭으로 처음에 항거하던 자라도 마침내는 어떻게 할 방도가 없으므로 도리어 자기 죄의 용서를 빌며, 관용해 주기를 애걸하기도 하였다. 교황의 권위가 천하에 떨치자 스스로 말하기를 상제의 명령을 받들어 온 세상을 교화하는 권리가 있다고 하자 각국의 제왕으로서도 감히 다른 말을 하지 못하고 조공하는 직분을 공손하게 수행하는 수밖에 없었다. 그러자 교황은 재물을 탐내게 되어 사죄하는 법을 마련하고, 표지(票紙)를 만들어 사람들에

게 팔기로 하였다. 죄의 경중으로 값의 고저를 매겼는데 무거운 죄를 범한 자라도 이 표지 한 장을 사서 가지기만 하면, 비록 제왕의 위세로써도 감히 심문하지 못하였다.

이러한 제도의 진의는 생각건대 사람이 죄를 범하는 일이란 상제의 뜻을 거역하는 것이기 때문에 교황이 그 범죄인을 대신하여 상제에게 너그러이 용서해 줄 것을 빌면서 그 표지를 발급한 것이므로, 누구든지 그의 죄를 다시 논의한다는 것은 상제의 명령을 받들지 않는 일이 되는 셈이다. 비록 사람을 죽이거나, 임금에게 불충스런 죄를 범한 자라도 교황이 발급한 이 표지를 휴대하고 있다면 법의 제재를 면할 수 있는데, 이로 말미암아 교황은 각국의 범죄인을 도피시키는 장본인이 되고 말았다.

그러나 사람들의 지각이 깨어나지 못했기 때문에, 1600년대에 이르러서야 각국의 제왕이 교황의 권세를 시기하기 시작했을 뿐더러, 총명한 사람들은 교황이 하는 처사가 허무하다고 하여 싫어하게 되었다. 그러자 교황에 반대하는 여론과 거역하는 소리가 벌떼처럼 일어나 각국에 전파되어 나갔다. 교황은 크게 노하여 난적(亂賊)이라는 죄명으로 많은 사람을 소살했지만, 그러나 사람을 태우는 불길이 거역하는 자를 다 소멸시키지 못할 뿐더러, 도리어 사람들의 노기를 자극하게 되어 여러 곳에서 봉기하는 형상이 활활 타오르는 불꽃과도 같았다.

6. 이 무렵에 루터(婁攄, Martin Luther, 1483~1546 : 독일의 종교개혁자·성서 번역자)라는 자가 있었는데, 그는 본래 예수교의 학자며, 교정의 직책을 가진 사람이었다. 그는 성품이 충직하고 기상이 호탕하여 교황의 전횡하는 권세와 헛되고 해괴한 말 꾸미기를 못마땅하게 여긴 나머지, 교황이 저지른 수많은 죄악을 문장으로 기록하여 온 천하의 여론을 불러일으키는 데 힘썼다. 그러자 교황이 크게 노하여 조서(詔書)를 내려서 루터를 처벌하자, 루터는 그 조서를 불태우고,

항거하는 소리를 더욱 높이 부르짖었다. 각국 제왕 또한 교황의 처사를 미워하고, 루터의 주장에 추종하는 자가 많았으나, 그 무렵만 해도 교황의 권위가 대단하여 침범하기 어려운 것으로 여겨지던 때였으므로, 독일 황제는 교황을 위하여 루터를 멀리 귀양보내는 한편 그에게 동조하는 것을 금지하며, 그의 이론을 논의치 못하게 했었다. 그러나 루터의 친구들과 제사들은 황제의 명령에 복종치 않고, 교황의 처사를 반대하는 데에 온 정력을 다했다. 이로 말미암아 그들의 무리를 항거당(抗拒黨)이라고 부르게 되었다.

프랑스 사람 칼뱅(葛彬, John Calvin, 1509~1564 : 종교 개혁가) 또한 교황 미워하기를 루터보다 더 심하게 하여 그의 무리가 날로 늘어났으니, 참혹한 형벌을 당하고 나서도 항거하는 운동을 그치지 않았다. 그러던 중 교황에게 복종하는 무리와 항거하는 무리 사이에 시비가 그치지 않자, 국내 사정은 항상 불안하여, 항거당이 복종당(服從黨)의 엄습을 받아서 하룻밤에 만여 명이나 죽고, 또 며칠되지 않은 사이에 4만 5천 명이나 피살되는 사건이 일어났는데, 이는 다 정부에서 암암리에 시킨 일이었다. 그 뒤, 해마다 크고 작은 사건이 잇달아 온 나라 안이 소용돌이쳤으나 무기가 놓일 날이 없었다. 또 영국에서는 항거당이 득세하자, 정부에서 탄압코자 하므로, 나라 안이 극도로 소란해졌으나, 이내 항거당이 금지명령에 반발하고, 복종당을 타도하여 많은 사람들을 죽였다. 그러나 정부가 법을 마련하여 항거당 또한 규제하려고 하기 때문에 국민들이 뒤따르기를 좋아하지 않게 되었으며, 항거당 또한 둘로 나누어져 그 하나는 청정당(淸淨黨)이라고 일컫게 되었다.

이 무렵 서양 각국에는 복종당이 득세하고 있었는데, 스페인 같은 나라는 그 중에서도 가장 우심하여 군사를 크게 일으켜서 영국을 치고, 아울러 항거당을 전멸시키고자 했으나, 도리어 패배당했을 뿐더러, 다시 떨쳐 일어날 힘조차 없이 되고 말았다. 이 싸움으로 영국이 큰 화를 면했다기보다도, 각국에 흩어져 있던 항거당이 그 혜택을 받았다고 할 수도 있는 터여서, 두 당의 분쟁은 이에 이르러, 비로소 일단락된 셈이 되었다. 그러나 청정당은 영국 정부가 내세우는 금제법을 견디지 못하여 아메리카주로 이주해 가고 말았는데, 이것이 곧 지금 미국의 시초가 되었다.

7. 전후 천여 년간에 일어난 종교적 분규는 수없이 많았지만, 일정한 결론은 나지 않았던 셈이다. 이는 천지가 개벽을 다시 해도 끝내기 어려운 것과 마찬가지여서, 인간의 지혜가 개명한 지경에 이를 것 같으면, 취향이 스스로 올바르게 되리라고 판단하여, 정부로서도 법령을 관대하고 후하게 마련하여, 종교적인 금령을 해제하고, 사람마다 마음 내키는대로 존숭하고자 하는 바를 존숭하며, 싫은 것은 싫어하도록 하여, 자유로운 의사에 맡길 수밖에 없는데, 이로 말미암아, 종교를 싫어하는 자에게 커다란 도움을 줄 수 있게 되었다.

그러나 교황의 형세는 줄어들어서 그가 관할하던 지방도 간직하지 못하고, 이탈리아 정부에게 빼앗기기도 했지만, 지금도 복종당의 수는 7백만 이상이며, 또 교황의 지위 또한 각국의 제왕과 어깨를 나란히 할 수 있을 정도다. 잘 알지 못하는 사람은, 혹 예수교와 천주교는 이종(異宗)이라고 말하기도 하지만, 사실은 예수교가 천주교이며, 천주교가 예수교인 것이다. 이 두 가지 사이에 사소한 구별이 있는 것은, 교황에게 항거하는 당을 그리스도교라고 부르고, 복종하는 당을 천주교라고 부르는 정도뿐이다. 그러나 서양 사람들은 복종당의 교종을 가리켜서 구교(舊教)라고 하며, 항거당의 교종은 신교(新教)라고 부르지만, 그 가운데서도 갈래를 나눈 명목이 한결같지 못하여 각자마다 좋아하는 바를 좋아하기도 한다. 그러나 신·구교 두 교의 주의를 살펴보면 독실한 신자의 말처럼, 그들의 종교가 온 천하 사람들을 교화시키는 근본이라고 하지만, 필자의 견문에 의하건대, 결단코 그렇지 못하여 온 천하 사람들에게 도리어 해를 끼치는 사례가 허다하다라고 하겠다.

그 이유를 밝혀 보겠다. 즉 천주교라고 하는 것은 입교한 근본 의도가, 사람을 사랑하는 것을 위주로 한다고 하지만, 그 교를 위해서는 사람을 죽이는 일까지 당연한 것으로 여기고, 또 죄과가 있더라도 교정(敎正)에게 세척(洗滌)하는 예를 행함으로써 상제의 용서를 얻을 것 같으면, 그 죄가 없어진다고 하기 때문에, 나쁜 일을 저지르는 수가 도리어 많아진다고 할 수밖에 없다. 또 교정은 고기를 먹되, 아내를 얻지 않는 일은 우리나라의 승려와 같다고 할 수 있는 바, 이 또한 괴이한 일임이 분명하다.

한편, 이 교를 존숭하는 자는 교황을 하늘처럼 믿는 나머지, 두려워하기를 자기네 정부보다 더하고 사랑하고 사모하기를 자기네 부모보다 더하며, 또 그 교를 숭상하는 나라는 다른 나라의 토지와 국민들을 그 종교의 형세에 의거하여, 뺏고자 하는 음모를 꾸미기도 하는 것이다. 이러한 실례는 프랑스가 우리나라와 안남(安南)에 그러한 작용을 가해 왔지만, 우리나라의 경우 유교의 도가 정대하여 그 계교가 실행되지 못했으나, 안남은 오늘날 프랑스의 굴레를 벗어나지 못하고 있다는 사실로도 분명한 바라 하겠다. 또 중국 국민들 가운데 천주교를 존숭하는 사람들은 프랑스의 보호를 감수하면서 조금도 부끄러워하는 기색이 없으니 진실로 근신해야 할 일이란 바로 이러한 현상인 것이다. 예수교의 경우, 그와 같은 폐해는 없는 것으로 이야기되고 있다.

학업(學業)하는 조목

1. 사람이 학업을 닦지 않는다면 사람으로서 사람다운 직업과 직책을 다하기 어렵다. 일신상에 관계되는 일도 그렇거니와, 한 집안의 성쇠

와 흥망 또한 그 집안 사람들의 학업 이수 여부에 달려 있으며, 국가의 부강과 빈약도 그 나라 사람들의 학업 이수의 다소에 달려 있는 것이다. 학업을 닦는 일이 어찌 중차대하지 않을까마는, 학업에는 허명(虛名)과 실상(實狀)의 구별이 있다.

그렇다면 어떠한 학업을 허명의 학업이라고 말한단 말인가. 즉 이치를 따지지 않고 문자에 의한 장난만을 좋아하여, 청춘시절부터 노경에 이르기까지 시나 문장만을 즐기되, 그것을 생활에 이용하는 방책과 후생하는 방도를 강구치 못하는 경우를 가리킨다. 한편 실상 있는 학업이란 어떠한 것을 가리킨단 말인가. 즉 사물의 이치를 깊이 따져서, 그 본질을 밝혀내고, 밤낮으로 노력하여 백 천만 가지 사실을 다 실용화할 수 있도록 전력하는 경우를 말한다. 그런 까닭으로 학업의 명칭은 이것 저것이 다 일반이지만, 그 허실(虛實)의 차이는 천양지차로 현격한 것이라 하겠다.

이제 서양 사람들의 학업하는 조목을 열거해 보기로 하겠다. 그러나 그 칭호가 한결같지 않으며, 여러 갈래로 나누어져 있는데, 독실한 과정과 근면한 노력이 한 가지 기계에 통달하게 되기를 힘쓰나 많기만을 탐낸 나머지 정교하지 않게 되는 폐단이 없는 것이 특색이다. 필자의 견문에 의거하여 그 대강을 기록해 보려 한다.

2. 농학(農學) : 이 학업은 농작하는 이치를 깊이 연구하는 학문이다. 그 깊고 오묘한 이치를 다 열거할 수는 없지만 대략 이야기해 보면 다음과 같다. 즉 어떠한 땅에는 곡식이 마땅하며, 어떠한 땅과 어떠한 곡식에는 어떠한 비료가 좋단 말인가. 또 어떠한 비료는 어떠한 비료와 혼합해야 하며, 어떠한 비료에는 어떠한 충재(蟲災)가 뒤따르며 어떠한 충재가 있으면 어떠한 방법으로 구제해야 한단 말인가. 한편 종자와 수목 재배에 관한 일이라든가, 금수를 목축하는 일에 이르기까지 미비된 것이 없는 셈이다.

3. 의학(醫學) : 이 학업은 의술과 약학에 관계되는 기술을 닦는 학문

이다. 그러나 그 기술은 여러 갈래로 나누어져 있어서 한 사람이 겸해서 할 일이 아니기 때문에 안과·치과·내과·외과·산부인과별로 전공을 해야만 하는 것이다. 의술이란 말하기는 쉬워도 배우기는 극히 어려운 학문이다. 사람의 생사가 걸려 있기 때문에 일정한 학교에 입학하여 졸업을 한 뒤에라도 그 방면의 대가의 제자가 되어 여러 해 동안의 경험을 쌓은 뒤, 정부의 허가를 받아야만 비로소 의사라고 일컬을 수 있게 되는 것이다. 또 의사는 사람의 오장육부와 골격과 피, 근육 따위의 구성되어 있는 상황을 실제로 살펴보지 않으면 안되기 때문에 서양 여러 나라에서는 시체를 해부하는 방법을 쓰고 있다. 어떤 사람은 이와 같은 일은 잔인무도한 처사라고 말하지만, 사람 몸에 생긴 병으로서 치료하기 어려운 것은 그 근원을 밝혀 내야만, 다른 사람의 치료에 이바지할 수 있게 되는 것이다. 따라서 죽은 사람의 육신에 가해지는 잔인한 처사는 결과적으로 수천만 명의 행복을 위하는 일이 된다고도 할 수 있는 것이다.

4. 산학(算學) : 이 학업은 그 이치가 깊고 오묘하여 간단한 설명으로는 다 이야기하기 어렵다. 그러나 한 마디로 단정한다면 인간에 관계되는 모든 사물 중 유형(有形)한 것과 무형(無形)한 것이 각각 얼마나 되는가를 결정짓는 학문인 것이다. 사람들의 일상적인 일로부터 시작하여 천지의 현묘하고도 신비스러운 바탕에까지 이르기도 한다. 또 모든 학문의 이치도 산학이 없으면 규명하기 어려우며, 학문의 공용 또한 이 산학으로써 하지 않는다면 나타내기 어려운 터라 하겠다. 사람이 이 세상에 사는 한, 이 학문을 이수하지 않으면 안되는 것이다.

5. 정치학(政治學) : 이 학업은 정치에 관계되는 모든 것을 배우는 학문이다. 그 조목을 구별해 본다면 정부의 모든 제도 중 대소를 물론하고 다 이에 포함되지 않는 것이 없다. 즉 세금 거두어들이는 법규라든가, 세입·세출에 관계되는 방도 등을 자세히 늘어놓음으로써 정

부와 국민들이 관계하는 일 등에 소루함이 없기 때문에 관리되기를 희망하는 자가, 이 학문을 닦을 뿐만 아니라 어떠한 사업으로 처세를 하려고 하든지, 이 학문을 배우는 까닭은 자기 일신으로부터 자기 집안, 국가에 이르기까지 각각 거기에 적합한 경륜이 내포되어 있기 때문이다.

6. 법률학(法律學) : 이 학업은 국내에 시행되고 있는 법률에 대해서 배우는 학문이다. 입법하는 근본 의도와 범법 못하게 하는 도리 및 범법한 자에 대한 처벌에 관한 방법 등을 논술해 놓고 있는 것이다. 즉 공평한 제도와 세밀한 조목이 구비되어 있어서 위로는 임금으로부터 시작하여 아래로는 일반 국민에 이르기까지 다 일정한 국법을 준수하며 조금이라도 어기지 못하게 마련해 놓았기 때문에 국가의 태평스러움과 국민들의 부와 근면함이 다 이로 말미암아 보전되는 터라 하겠다. 그러므로 법관되기를 희망하는 사람만이 이 학문을 닦을 것이 아니라 어떠한 국민이든지, 그 나라에 사는 이상, 국법을 모르면 안되기 때문에 반드시 배워야만 하는 것이다. 한편 변호사는 이 학문을 특별히 전수한 자인 것이다.

7. 물리학(物理學) : 이 학업은 만물의 본체를 연구하여 그 이치와 공용을 밝히는 것인데, 그 조목 또한 광범위하다. 간단하게 몇 가지 예를 들어 보겠다. 철(鐵)류의 단단하고 조밀하거나, 부드럽고 무른 이치를 밝혀내고, 사람의 발음 · 천지 만물의 인력 · 소리나 빛의 속도 · 바람 · 비 · 천둥 및 서리 · 이슬 등의 깊고 오묘한 이치를 탐색한다. 물체의 모나고 둥글고 길고 짧음으로 말미암아 작용하는 힘과 흩어졌다 합쳐지는 이치를 분명히 하되, 사소한 오류조차 존재치 않는다. 이 외에 어떠한 물건에 대해서든지, 그 근본을 따져 밝히는 것으로 목적을 삼는데, 서양 여러 나라가 부강해진 근본은 바로 이 학문을 깊이 연구함으로써 얻어진 성과라 하겠다.

8. 화학(化學) : 이 학업은 만물의 근본되는 바탕을 추구함으로써 흩어

지거나 변화하는 오묘한 이치를 연구하는 학문이다. 이 학문의 현묘하고 정치함을 몇 마디의 모호한 글로 마치 대추를 통으로 삼키면 맛을 모르듯이 우물쭈물 설명할 수는 없으나, 그 대강을 적어 보면 다음과 같다.

하늘과 땅 사이에 존재하는 물건의 이름을 들자면, 만 가지 이상이나 되어 대단히 많은 것 같지만, 실상은 70여 종의 원소(元素)가 많고 적게 혹은 다르고 같게 혼합됨으로 말미암아 현존하는 물체를 형성하고 있는 데 지나지 않는다. 또 이 학문에 의거하여 모든 물건을 관찰한다면, 이 세상에 존재하는 어떠한 물건이든지 소멸(消滅)하는 법이 없으며, 형편에 따라 어떠한 형체로 바뀔 따름인 것이다. 이러한 이치의 명확한 증거를 보이기 위해 물을 예로 든다면 물이란 산소와 수소가 혼합된 물건인 것이다. 만약 물을 분석하여 두 가지 원소로 환원시킨다면, 물 한 방울도 존재치 않으며, 형체 없는 원소로서 각각 흩어지게 되는 것이다. 그러나 이 두 가지 원소를 조합할 경우, 다시 물이 되어 흐르게 된다. 이러한 이치는 물만 그런 것이 아니라, 가령 나무를 태우면 숯과 재로 변하며 생물이 부패하면 그 바탕이 변하게 되어 가볍고 맑은 원소로서 흩어지게 된다. 그러한 까닭으로 화학은 물리학과 표리의 관계가 있을 뿐더러 그 공효의 광대함 또한 헤아리기 어려울 정도인 것이다.

기계를 만드는 자가 이 학문에 통달되어 있지 않다면 성과를 올리기 어려우며, 광물을 캐는 자가 이 학문에 통달되어 있지 않다면 이익을 많이 얻지 못할 것이고, 염색하는 자·농사짓는 자·양주(釀酒)하는 자 및 천만 가지 사물에 종사하여 중요한 생계를 영위코자 하는 자로서 이 학문에 대한 지식이 없다면 최선의 성과를 올리기 어려울 것이다. 또 우리들의 식량과 약재 등에도 이 학문의 성과를 빌어야만 적당하고도 알맞은 상태를 얻을 수 있는 만큼 우리들이 세계의 학문을 연구하는 데 있어 이보다 앞서는 것은 없는 터라 하겠다.

9. 철학(哲學) : 이 학업은 지혜를 사랑하며 깊은 이치에 통달하기 위한 것이기 때문에, 그 근본의 심원함과 공용의 광박함에 대해서는 일정한 한계를 설정하기 어려운 형편이다. 사람의 언행과 윤리 및 기강 또는 천만 가지 일에 대해 언급하고 있는 학문인 것이다.
10. 광물학(鑛物學) : 이 학업은 각종 금석(金石)의 결과 용도에 대해 배우는 학문이다. 국가 재산의 큰 근원이라고도 할 수 있는 산맥과 석맥(石脈)에 대해 연구하여, 어떠한 광물이 어디에 얼마만큼 매장되어 있나를 알며, 여러 가지 광물로 혼합되어 있는 것은 각기 다른 성질을 분석해 내는 법을 배우는 것이다. 이 이외에도 광물에 관계되는 모든 것을 연구하는 학문이다.
11. 식물학(植物學) : 이 학업은 각종 초목에 대해서 연구하는 학문이다. 초목을 종류—부족·문호·차서별로 분류한 다음, 물속이라든가, 한대 혹은 열대에서 자라는가를 가리며, 그 성질이나, 형상, 나아가서는 후생하는 재료와 이용하는 체질까지를 분명히 구별하도록 한다. 그리고 어떠한 초목이든지 새로 발견되는 것이 있으면, 그 바탕과 특성을 따져서 밝혀 내고, 밝혀 내면 통달된다고 할 수 있다. 이 학문을 식물학이라고 부르는 것은 초목에 생명은 있지만 한 곳에 서 있을 뿐 스스로 움직이는 권리는 없기 때문이다.
12. 동물학(動物學) : 이 학업은 각종 생물 중 스스로 움직이는 것을 연구하는 학문이다. 사람으로부터 시작하여 나는 새·달리는 짐승·또는 벌레와 물고기 등 미세한 것에 이르기까지, 종류—부족·문호·차서별로 분류를 한다. 그러나 그 조목은 너무나도 다양하다. 예컨대 우충(羽蟲)·모충(毛蟲)·인충(鱗蟲)·개충(介蟲) 등을 연구하는 학자는 각각 그 한 부문만을 전공토록 하며, 자기가 전공하는 부문에 통달되기를 힘쓰고, 대상의 크고 작기에 따라 부지런하거나 게으름을 피우는 일이란 있을 수 없는 것이다. 이 학문 또한 서양 사람들이 많은 대가를 배출해 낸 분야다.

13. 천문학(天文學) : 이 학문은 해・달의 궤도와 별자리에 대하여 연구하는 학문이다. 이 학문의 경우, 그 이치가 현묘하고 심원하여 산학에 익숙하지 않은 자는 공부하기 어려우며, 또 산학에 능숙하더라도 이 방면에 대한 지식이 뛰어나지 않으면 성과를 기대하기 어렵다. 즉 일식・월식의 기한으로부터 유성・항성 및 혜성의 자리와 순환하는 궤도라든가, 네 계절 및 밤・낮으로 변화하는 이치에 이르기까지 정밀하고 자세한 계산이 한 치도 어긋나지 않아야 한다. 일월성신의 서로 떨어져 있는 원근관계라든가, 대소의 비교, 중량에 이르기까지 세밀히 측량하고 정확히 계산하여야 하므로 보통 학자의 지혜로는 도저히 미치기 어려운 분야라 하겠다. 이 학문을 연구하는 데에는 기계관계의 비용이 너무 많이 들기 때문에 정부가 관상대를 세워서 학자의 연구를 보조해 주고 있다.

14. 지리학(地理學) : 이 학업은 지구가 나타내 보이고 있는 여러 가지 묘한 이치를 연구하는 학문이다. 이 학문 또한 연구 대상으로 삼을 만한 조목이 너무나도 많지만, 풍수설이라는 터무니없는 주장으로 사람의 길흉을 점치는 방법은 아니다. 지구의 크기・무게 등을 측정하고, 그 둥근 이유를 입증하며, 또 태양을 따라다니며 네 계절 및 주야의 교체를 이룩하는 이치와, 달이 삭망으로 기울었다 찼다 하는 이치라든가, 유성과의 관계 ― 대소・원근・경중 등을 따져서 밝힌다. 열대와 한대의 기후라는가, 화산・온천・지신 및 조수의 원리와, 바람・구름・비・이슬・서리・눈 및 천둥 혹은 바닷물의 생성되는 원인 등을 자세히 규명해 낸다. 또 지층의 간격과 바윗돌의 층을 살펴 지구의 변성된 연대를 추정하며, 초목・벌레・물고기 등의 화석과 석탄의 종류로써 그 변성된 연대를 따지기도 한다. 이 학문 또한 학자로서 일가를 이룰 만한 분야이기도 하다.

15. 인체학(人體學) : 이 학업은 인종의 합성된 현상과 근본되는 바탕을 연구하는 학문이다. 그 대상을 기록해 보면 다음과 같다. 혈액의

순환하는 궤도와, 오장육부의 배치되어 있는 위치며, 근육과 골격의 굳센 연유라든가, 귀·눈·코·입 및 손·발 등이 맡고 있는 역할로부터 시작하여 피부나 살이 살지거나 마르거나 하는 원인 등에 이르기까지 연구의 대상이 되는 것이다. 또 음식을 소화시키는 기능이라든가, 자양분의 섭취·질병의 원인 및 감정 문제에까지 자세하게 밝혀 내야만 한다. 더구나 사람에게 있어서 가장 중요한 뇌수에 이르러서는 그 본질이 어떠하며, 직분 및 관계가 어떠한가를 밝혀야만 한다. 뇌수란, 두뇌의 골수로서 두개골 속에 있는 연하고 부드러운 것인데, 사람의 슬기롭거나 우둔함·총명하거나 미련함 등이 다 이곳에서 갈라지며, 또 천만 가지 생각의 커다란 공덕과 구상이 흘러나오는 근원이기 때문에, 뇌수야말로 인체의 주인인 셈이다. 이 학문에 몽매하면 사람으로서 사람의 생리를 알지 못하는 결과가 되므로 의사가 되고자 하는 사람만 수업하는 것이 아니라 사람마다 다 배우려 하는 연유인 것이다.

16. 고고학(考古學) : 이 학업은 고대의 유물을 연구하는 학문이다. 이 연구가 세상을 이롭게 하는 데에 별로 관계가 없는 듯하지만, 은연중에 미치는 그 공효는 적지 않다. 이 연구의 결과 옛날 사람들의 문물과 습속이 어떠했나를 아는 데 그치지 않고, 현대 기예의 발전을 도와주며, 세계 여러 나라 인종들의 근본을 찾아볼 수 있게 해준다.

연구하는 차례를 간단히 들어 보면 다음과 같다. 아득한 옛날에 사용한 돌로 만든 도끼·칼·창·살촉 등과 그보다 후대에 주석으로 만들어진 무기를 위시한 여러 가지 기구와 사기그릇 등으로부터 시작하여 현대의 철제품에 이르기까지 서로 이어져 내려온 차례를 연결시키고 차츰 발전되어 온 단계를 구별함으로써 끊임없이 문명되고 개화된 자취가 진보만 했지 후퇴하지는 않았음을 증명해 준다. 더구나 각종 물품의 품질에 의거하여 세대의 원근을 고증할 수 있고, 여러 곳에 흩어져 있던 부락의 위치를 결정지으며, 인물의 성쇠까지도 소급해서 추측할 수 있는 것이다. 학문에 뜻을 두는 사람으로서 소중히 받드는 한 분야가 바로 이 고고학인 것이다.

17. 언어학(言語學) : 이 학업은 다른 나라의 언어에 대한 연구를 하는 학문이다. 세계 각국의 언어와 문자가 같지 않기 때문에 사람들이 교제하는 데 있어서 많은 불편을 겪고 있다. 그런 까닭으로 관리로 있는 자가 이에 대한 소양이 없으면 그 직위를 유지하는 데 군색할 것이며, 상업에 종사하는 자가 이에 대한 지식이 없으면 그 사업을 원만히 추진하는 데 많은 애로가 있을 것이다. 한편, 학자의 지식에도 관계가 적지 않은데 온 세계가 한 집안처럼 상통하는 오늘날, 세계 언어에 대한 공부를 하지 않았다면, 그의 주장을 무슨 수로 전달하며, 재예나 기술을 무슨 방법으로 권장하며, 기타 제반 사항을 어떻게 처리해 나간단 말인가. 비단 이러한 데에 그치지 않고, 인생의 학업에도 중요한 관계가 있는데, 각국의 언어를 비교하여 그 근본이 다르거나 같은 점을 연구하는 것도 또한 중요한 일이다.

18. 군사학(軍事學) : 이 학업은 장교가 되기 위해 배우는 학문이다. 크게 나누면 해군과 육군으로 대별할 수 있는데, 이 양자에는 현저한 차이가 있다. 육군에 관한 공부는 군사 조련하는 여러 법과 진퇴 공수(攻守)하는 진법(陣法)과 총포 분합(分合)하는 기술과, 기마 용검(用劍)하는 방법과 화학·산학·측량·도화법 및 외국의 언어와 각국의 산천에 관한 연구까지 해야만 하는 것이다. 한편 해군에 관한 공부 가운데서 항해에 관한 여러 가지 조목을 익히는 것 이외로는 육군에서 공부하는 것과 대동소이하다. 장교되고자 하는 자가 투철한 연구없이는 그 자리에 오르기 어려운데, 정부에서도 연구하지 않은 자를 그 자리에 임명하지 않기 때문에 해·육군의 학교를 설립하고, 장교감을 양성하여 국가의 수요에 이바지케 하고 있다. 서양 여러 나라가 강력하고 번성한 것도 바로 이러한 교육으로 말미암은 것이라 하겠다.

19. 기계학(器械學) : 이 학업은 각종 기계의 구조와 그것을 사용하는 방법 등을 배우는 학문이다. 오늘날은 기계가 성행하는 시대인 것이다. 그러므로 기계가 천만 가지라 하더라도 그것을 움직이는 데에는 증기나 전기의 힘을 빌지 않으면 안되며, 또 그러한 것들이 능히 기계를 움직인다 하더라도 석탄이나 물의 도움이 없으면 제대로 작동하지 못하는 것이다. 기계를 만들자면 철을 반드시 사용해야 하므로 옛날의 석세계(石世界)가 중고시대의 석세계(錫世界)로 되고, 또 일변하여 오늘날 같은 철세계로 변이하게 되었다. 이 학문에 관계되는 여러 조목은 우리들 일상생활과 밀접한 연관성을 가지고 있다. 즉, 집을 짓고, 배·다리를 만들거나, 철로·광산의 공사 및 성채·포대의 건설 등을 위시하여, 기타 천만 가지 사물 중 기계와 관련이 없는 것이 없기 때문에, 이 학문에 숙달된 사람을 필요로 하게 된다. 국가의 강약이라든가 빈부 여하는 다 이 학문의 성쇠에 의하여 그 등급이 결정된다고 할 수 있는 것이다.

20. 종교학(宗教學) : 이 학업은 서양 여러 나라에서 통용되고 있는 예수교와 천주교에 관한 연구를 하는 학문이다. 이 학문을 전수하는 자는 예배당의 교정 자리를 희망하는 사람들이다. 한 마디로 단정한다면 서양에 다른 학문이 존재치 않고, 종교학만 있었더라면, 오늘날과 같은 풍성한 산업과 문명된 개화를 이루기는 고사하고, 도리어 큰 해를 끼치게 되어 빈약하고 야비한 상태를 면치 못할 뿐더러 구제하기 어려운 지경에 이르렀을지 모른다. 종교학만 주장하는 나라인 경우, 설사 그 나라의 종교가 서양의 종교와 비교하여 백 배나 낫다 하더라도 그 나라가 빈약하고 부진한 것은 자연적인 추세인 것이다. 그러므로 불교를 숭상하는 인도의 여러 나라가 영국의 기반을 벗어나지 못하는 사실만 보더라도 자명한 일이라 하겠다.

21. 앞에서 열거한 여러 가지 것 이외에도 일일이 예를 들 수 없을 만큼 많은 학문이 있다. 세상 일이란, 날마다 달라지고 달마다 새로워져

서 그 갈래가 나올수록 많으므로 교력(巧歷)의 재주로도 변화되는 양상을 정확히 측정하기는 어려울 듯하다. 사람이란 조그마한 육체를 가진 존재이므로, 백천만 가지 일을 아득한 바다의 좁쌀 한 알 같은 작은 재주로 다 겸행하기는 어렵다. 여러 학문 중, 한 가지만을 전수하여 중도에 그만두거나, 한 삼태기의 흙이 모자라는 아쉬움이 없도록 하여야 한다. 다른 학문의 대강이나마, 공부하게 되는 것은 살아나가는 데 있어서 필요 불가결한 경우뿐이다. 정치학을 전공한 자는 다른 학문을 약간 이수하여도 정치학사의 칭호를 갖게 되며, 법률학 혹은 기계학을 연구한 사람이, 다른 학문을 겸수했더라도, 각각 전공한 학문의 학사 칭호를 가지게 되는데, 다른 학문의 경우 역시 이러한 예에서 벗어나지 않는다.

한편 우리 인간 세상을 살펴본다면, 사람끼리 거래·교제하는 방법은 부족한 점을 서로 보충하며 편리함은 서로 주고받는 것이 상례인데, 학문을 연구하는 여러 학자들은 각각 장기로 여기는 한 분야만을 전공하여, 세계 사위(事爲)의 현상을 유지하도록 해야 한다. 그런 까닭으로 각 분야별 학문을 어릴 적에 이수토록 하여, 장성한 뒤에는 그 공용을 기할 수 있어야 한다. 만약 어떠한 학문이 실상을 갖춘 것이 아니라 허명뿐인 것이라면, 비록 학문적으로는 성과를 얻었다고 한들 그것을 어디에 써먹을 수 있단 말인가. 학문이란 실제로 써먹을 수 있는 것이 아니면, 공부하는 버릇이 굳건하지 못하고, 공부하는 버릇이 굳건하지 않으면 일정한 성과를 기대하기 어려운 법이다. 국가의 가장 큰 근본은 실용에 있고, 국민의 가장 큰 실용은 공부하는 버릇 여하에 달려 있다고 하겠다.

제 14 편

상고(商賈)의 대도(大道)

1. 상업 역시 국가의 큰 근본을 이루는 것의 하나다. 상업이 차지하는 분야의 중차대함이 농업에 뒤지지 않는데 정부의 풍요함과 국민들의 번성함이 실상은 상업으로써 성취되고 있다고 하여도 과언은 아니다. 상업이란 지방간에 있는 것과 없는 것을 서로 보태고, 귀한 것과 흔한 것을 서로 바꾸게 하여 부족한 자를 보충하며, 유익한 자를 유통하도록 하므로 천하의 안락한 생업이 되고, 아름다운 습속이라고 할 수 있다. 그런 까닭으로 옛날엔 성인이 시장의 법을 가르치고 무역의 방법을 마련한 일까지 있으나, 어찌하여 후세로 내려오면서 상인을 천시하여 수레를 타거나 비단옷을 입지 못하게 하고, 도량이나 재덕이 뛰어난 자라도 관계에 진출치 못하게 했던 바, 이는 관리로 있던 자의 상인 대접하는 방법이 틀렸기 때문인 것이다.

관리로 재직하고 있는 그 사람인들 입고 먹고 하는 것이며, 일상적으로 사용하는 백천 가지 사물을 누구의 도움으로 구득하고 있단 말인가. 물품이란 각각 생산되는 지방이 있게 마련인데, 사람의 손을 거치지 않고 생물처럼 날거나, 걸어서 오지 못하는 것임이 분명한데, 솥에서 음식이 스스로 생겨나지 않으며, 의장 속에서 옷이 스스로 나오지 않는다는 것은 삼척동자라도 알고 있는 사실인 것이다. 그러므로 상인의 사업이 국가를 위해서 없어서는 안되는 것이라고 말할 수 있을 뿐더러, 국민들의 생계 구하는 방도로서도 역시 하나의 대장부가 경영함직한 직업이요, 부유하게 되는 훌륭한 대책이지 결단코 올바르지 않은 것이라고는 할 수 없음이 분명하다.

그러나 시대가 내려올수록 인심이 야박해져서 이익 취하기만을 위주로 하고, 사람으로서의 신의를 돌보지 않는 자가 간혹 없지 않았는데, 이는 한 마리의 물고기가 온 물을 흐려 놓는 비유와 같다고 하겠다. 일찍이 선비가 사람이 이익 취하는 방도만을 따르면 타고난 본심을 지키지 못한다고 하고 난 뒤부터 상인들을 천하게 여기는 풍속이 생기게 되었다. 사람이 이 세상을 살아가는 데 있어서 음식을 먹지 않는 신선이 아닌 만큼 필연코 생업으로 삼는 바가 없을 수 없는 것이므로, 쓸데없이 고담준론을 일삼지 않는 것이 옳다. 다만 어떠한 일로 이익 취하는 일에 종사하든지 그 도리와 행실을 정대하게 하느냐 않느냐만을 따지는 것이 마땅하고, 그 일 자체의 귀천을 말하는 것은 옳지 않은데, 사람으로서 살아가는 일에 귀천이 있을 수 없으며, 그 이익 취하는 행실에 귀천이 있을 뿐인 것이다. 그런 까닭으로 옛 성인은 '인의(仁義)란, 진실로써 의롭게 하는 것'이라고 말씀하신 일이 있었다.

2. 이러한 여러 가지 사정을 가만히 생각해 보면 다음과 같다. 상고시절 사람들은 각각 한 곳에 몰려 살기만 하여, 늙어 죽도록 서로 왕래조차 않고 농사만으로 생업을 삼을 따름이었으나, 차츰 풍속이 개화되고, 인지가 깨우쳐지기에 이르렀다. 이리하여 무역하는 방법을 마련하게 되어서 생활의 편리를 도모하게 되었으나, 차츰 풍속이 야박한 지경에 이르게 되어, 사람들이 이익 취하는 곳으로 나아가는 모습이란, 마치 목마른 말이 샘으로 달려가며, 굶주린 사람이 음식에 달라붙는 형상과 같아서 도저히 막을 수 없는 형편이 되고 말았다. 그런 까닭으로 나라의 정치를 맡아서 하는 사람들이 인심과 시세를 잘 판단한 나머지 상인들을 천대하는 방법으로 일시적인 권도를 행하며,

이익 추구에만 혈안이 되어 있는 풍속을 억제코자 한 것으로 보인다.

그 무렵에는 사람의 재주가 능란하지 못하고 기계도 정교하지 못하여, 사람마다 입을 옷과 먹을 곡식을 자기의 손으로 짜거나 심거나 하여도 부족하지 않을까 염려하였다. 그래서 물품을 만들어 내는 사람은 적고, 무역에 종사하는 자는 많을 것 같으면 도리어 실업하는 사람들이 생길까봐 두려워한 나머지 그러한 조치를 취한 것으로 여겨진다. 그러나 후세에 이르러 사람들의 재주와 지식이 몽매했던 시절과 비교할 수 없을 만큼 개발되자, 수확되는 곡식과 제조되는 물품 또한 옛날에 견주어 몇 배나 많아진 바, 사람들의 생업이 풍족할수록 요구하는 조건이 많아지며 요구하는 것이 많아질수록 부족한 것이 많을 뿐더러 사람으로서 살아가는 일이 번잡해질수록 구별하는 명목이 많아지고, 구별하는 것이 많을 것 같으면 겸해서 하기가 어려운 것이다. 즉 농사짓는 사람이 공업 기술자의 일을 겸해서 하기 어렵지만 농사짓는 데에도 필요한 기계가 있을 것이며, 공업을 생업으로 하는 사람이 농부의 일을 겸해서 하기 어렵지만, 기술자 노릇을 하려고 해도 먹기에 필요한 곡식은 없을 수 없는데, 다만 여기 예로 든 경우만 그런 것이 아니라, 인간이 영위하는 천만 가지 일 가운데서 그렇지 않은 것은 없는 형편이다.

한편 어떠한 물건이든지, 만든 사람 스스로가 지고 돌아다니면서 그것을 필요로 하는 사람에게 팔아야 한다면, 그 번잡스러움도 견디기 어렵거니와 제작하는 사람으로서는 폐해가 적지 않을 것인데, 어느 여가에 물건을 제작하며, 어느 여가에 돌아다니며 판단 말인가. 그러므로 돌아다니는 비용도 많이 들 것이며, 판매하는 시일도 반드시 오래 걸릴 것이다. 그러한 시일과 비용으로써 물품 제조에만 전념한다면, 그 사람 자신의 이익일 뿐더러 국가의 풍요로움에도 많은 도움을 줄 것이다. 상업에 종사하는 자가 직접 물품 만드는 사람은 아니지만, 그의 공효는 제작자에게 견주어 결코 가볍지 않다. 그 연유는 상인이 없으면 제작한 물품이 산처럼 쌓여 있더라도 쓸 데가 없기 때문이다. 그런 까닭으로 장사하는 사람은 기실 물품 제조하는 사람과 물품 요구하는 사람의 중간에 있으면서 중매쟁이와 같은 역할을 하는데, 그러한 수고를 하는 대신에 이익을 취하는 것은 당연한 일이라 하겠다.

가령 농사짓는 사람의 경우, 1년 동안 부지런히 일하여 수확한 곡식이 마당 가득히 쌓여 있다고 한들 일상적으로 필요한 여러 가지 물품이 어떻게 하여 풍족할 수 있다고 하겠는가. 결국 곡식을 팔아서 여러 가지 물품을 사야 할 터인데 만약 곡물상(穀物商)이 없다면, 그 군색함이야말로 지극하리라. 이러한 이치로 따져 나간다면 상업이야말로 국가의 큰 정사 가운데의 하나라 하겠다. 고금의 사세는 자연적으로 많은 변화를 이룩하고 있다. 정부는 인사를 살피고 시세에 응하여 옛날 사람들이 억제하던 폐습을 돌이켜서 오늘날에는 권장하는 정치를 행하도록 하는 것이 마땅하다.

3. 정부에서 상인을 보호하는 방법은 국민들이 재물 수수하는 제도를 신실케 하는 것과, 물품 수송하는 방도를 편리하게 하는 데 있는 것이다. 재물 수수하는 제도는 법률을 엄격하게 지키는 데 있으며, 물품 수송하는 방도는 도로를 평탄하게 닦는 데 지나지 않는다. 이 두 가지 조건에 일정한 규칙이 없을 것 같으면, 상인이 흥왕하게 되기를 날마다 바란들 어찌 기약할 수 있겠는가. 이익이 있는 곳엔 사람이 물・불이라도 피하지 않고 몰려들며 사람들의 성질을 순하게 하여 광명한 도리와 정직한 제도로 인도를 한다면, 비록 어리석은 국민이라 하더라도 감히 간사한 행실을 함부로 할 수 없을 것이다.

그러나 정부 자체가 올바르지 못한 제도로써 이익만을 추구하는 자를 용서하며 많은 사람들의 피해를 생각지 않고, 얼마 안되는 세금만을 탐낼 경우, 나라의 폐단이 깊고도 길어질 것이며, 국민들의 생계가 옹색하게 될 터이니 이를 어떻게 하면 좋단 말인가. 그런 까닭으로 국가의 법령은 많은 사람의 이익을 농단하는 자를 결단코 용서해서는 안된다. 고금의 시세가 변하면 사정 또한 따라서 변한다는 사실은 우리 인생에 있어서 자연적인 이치인 것이다.

4. 이 세상에 존재하는 국가는 하나에 그치지 않고, 인간사 또한 만으로 헤아려도 모자랄 만큼 많다. 관습이 차츰 개화하는 지경에 이를 것 같으면 사람들의 재주와 국량 또한 따라서 넓어지게 되기 때문에 온 세계를 한 집안처럼 여기며, 서로 인생의 편리를 도모한다는 의미에서 상인이야말로 개화의 큰 공로자라 하겠다. 사람들의 재주를 개발케 하며 물건의 제작을 장려하여, 사람들의 지식과 복록을 증가시키기 때문이다. 각국간에 통상하는 근본 의도란 사람으로서의 대도를 세우고 대의를 맺으려 하는 것인 만큼, 단속하는 규제가 없고 이익만을 추구코자 하는 욕심을 내버려 둔다면, 반드시 이외의 분란이 일어나고야 말 것이다. 그러므로 조약을 정하여 서로 지키도록 약속하고 세무 규칙을 마련하여 서로 준수토록 하되, 한 나라만이 그러한 권리를 고집한다면 공평하지 못할 뿐더러, 이 나라의 국민이 저 나라의 명령만 받기를 즐거워하지 않기 때문에 반드시 양국이 협의하여 각각 통상에 관한 법을 작정토록 하는 것이 옳다.

미개한 나라가 그들의 항구를 봉쇄하고 있을 때에는 선진국 정부가 권고하여 설득하여, 통상하는 조약을 체결하도록 한다고 해서 그 나라의 토지와 국민을 넘겨다 보는 마음이 있다고는 하기 어렵다. 인생의 좋은 일을 위해서는 다른 사람과 동행하며 나에게 넉넉히 있는 것으로써 그의 부족한 것을 돕고 그에게 넉넉히 있는 것으로써 나의 부족한 것을 돕게 하며 사람의 재주와 힘으로써 하늘이 주는 복을 온전하게 누리려는 행동인 것이다. 이는 현대에 있어서 변경할 수 없는 법이라고 할 만한 것이지마는, 처음으로 개국하는 나라로서는 국민들의 관습이 완고하여 외국의 물정에 어둡고, 또 자연적으로 생산되는 물품은 넉넉하되 인공을 가하는 재주는 정교롭지 못하여 남들이 쓰기에 적당하지 않을 뿐더러 상술도 그들만 못하여 매양 손해보는 일이 많은데, 이는 다름 아니라 다른 나라의 풍속을 잘 알지 못하기 때문인 것이다.

즉, 타국인을 접대할 때에 신실한 언약이 적고, 상응하는 물종은 그쪽에서 찾는 것을 잘못 이해하여 두 나라 사람 사이에 정의와 기약이 두텁지 못하여 부합되지 않자, 서로서로 미흡한 기색만을 띠게 마련이다. 선진국의 국민들은 장사판의 백전노장이라고 할 만하여 임기응변에 능하고, 이익을 얻기에 교묘하지만, 새로 개국한 나라의 국민들은 절제 없는 군사와 같은 바, 그들의 적수되기는 어렵다고 할 수밖에 없다. 반드시 여러 번의 단련이 있은 뒤에야 비로소 이익 얻는 방책을 터득하게 되리라고 믿는다.

5. 몇 가지 비유를 들어 실상을 설명해 보기로 하겠다. 전쟁은 난시의 상업이라면 상업은 평시의 전쟁이라고 할 수 있다. 즉, 상업은 물자로써 하고 전쟁은 병기로써 하지만 승부를 결판내어서 이해를 다투기는 마찬가지다. 상업에 있어서 물자가 정교하지 않음은 군사의 무기가 둔졸함과 같은 것이다. 둔졸한 병기를 가진 자가 져서 배상금을 물게 됨은 사세 부득이한 일인데, 정교한 물자를 갖지 못한 자는 상업의 대권을 잃음으로써 나라 안의 이익을 빼앗기고 만다. 그러므로 배상금을 물게 되는 것과 무슨 차이가 있겠는가. 더욱 심한 경우가 있는데 배상금을 무는 일이란, 한때의 횡액이라고 여길 수도 있지만, 상권(商權)은 한 번 잃게 되면 회복할 기한이 묘연하여 다시 떨쳐 일으키기 어려운 것이다. 그런 까닭으로 상업하는 방도를 공명정대하게 하여 감히 타인이 침범치 못하게 하고, 물자의 제작을 정교하게 하여 타인의 제어를 받지 않도록 해야 하는 것이다.

군사적으로는 적을 속여도 괜찮다고 하여 속이는 계책이 병가의 상사라고는 하지만, 상인으로서는 결단코 그렇게 하지 말아야 한다. 만약 내가 타인을 속일 것 같으면 타인도 나를 속이려 할 것이며, 내가 그렇지 않으면 타인도 역시 그런 행동을 하지 않을 것이므로, 이는 옛사람이 말한 바 너에게서 나간 것은 너에게로 되돌아온다는 비유와 같은 것이라 하겠다. 잠시 동안의 잔재주로 약간의 이익을 얻을 수 있다고 하여 장구한 경륜을 돌보지 않는다면, 상업의 근본 의의를 붕괴시킬 뿐만 아니라, 나라 전체의 명예를 손상시키는 누명을 면치 못할 것이다. 또 다른 상인이 정대한 방법으로 응할 것 같으면, 그가 실패하리라는 것은 손바닥을 뒤집는 것만큼이나 쉬운 일이라 그 뒤로는 물자를 거래코자 하는 사람이 끊어지고 말 것이므로 상업을 생업으로 삼으려는 자로서 깊이 헤아려야 할 일이다.

6. 지금까지 이야기한 상업에 관한 여러 가지는 앉아서 말하기는 쉬워도 실행하기는 대단히 어려운 일들이다. 정부의 보호가 없으면 도난의 우려와, 수송의 불편 등으로 잘 수행하기가 어렵다. 정부의 보호가 극진한 것으로 간주하고 상업에 관한 이야기를 해보자. 국내 어디에 물품을 수송해서 판매하든지, 그곳의 인구 수와, 그곳 사람들이 많이 쓰는 물품의 수와, 그곳에서 생산되는 물품으로서 다른 곳으로 가져가서 팔 수 있는 것의 종류와, 또 다른 상인으로서 그곳과 거래하고 있는 자의 수 등을 물샐틈없이 안 연후에야 손해 보는 일이 없는 것이다. 이러한 이치로 미루어서, 다른 나라와 거래하는 상인의 경우를 살펴보더라도 역시 마찬가지임을 발견하게 된다. 재주나 국량이 모자라는 자는 천만의 재물을 가지고 있더라도 마침내는 실패하고 마는데, 결국 이러한 이치에 어둡기 때문인 것이다.

국내에 공산품이 적은 나라가 외국과 통상하게 될 때에는 각종 천연 자원만을 수출하게 된다. 그러므로 외국의 공산품만 수입하는 결과가 되어 국내의 빈곤한 형세는 더욱 가중될 것이다. 한편 외국과의 통상에 힘쓰는 나라는 해군력이 강대하지 않으면 안된다. 이는 해적의 약탈도 방비할 겸 외국 정부의 위약하는 자와 시비를 가리거나, 본국 국민들의 상권을 보호하기 위해서도 필요하다. 상인으로서 당연히 지켜야 할 직분과 공부와 경계해야 할 일 등이 있는데 이제 붓과 먹을 잠시 놀려서 상업 경영에 필요한 이야기를 잠시 늘어놓으려 한다.

7. 상고의 직분(職分) : 상업은 생계를 구하는 한 방도다. 사람이 살아 나가는 데 있어서 부모가 계시면 봉양하는 것이 자식된 도리이며, 처자가 있으면 돌보아 양육하는 것이 가장으로서의 책무인데, 이는 어떠한 방도를 따르든지 간에 세상 사람들이 다같이 짊어지고 있는 직책인 것이다. 한편 상인의 경우에도 남다른 직분이 있기 때문에 특별히 '상고의 직분'이라고 일컫는다. 그 직분을 대강 열거해 보면 인생의 편리한 방도를 경영하는 일과 국가의 풍요로운 기회를 도모하는 일 등에 막대한 관계가 있는 것이다.

즉, 민간의 물자를 서로 유통케 함은 다른 사람의 노고를 대행하는 일이요, 국내 물가를 평균되게 함은 정부의 일을 옆에서 도우는 것이요, 본국과 외국 사이에서 교역에 종사함은 양국의 화목한 관계를 유지시켜 주고 있는 것이다. 그런 까닭으로 물자가 불통하든지, 물가가 고르지 않든지, 물품의 교역이 이루어지지 않든지 하면, 이는 다 상인이 직분을 다하지 않았기 때문인 것이다. 만약 그 직분을 다하지 않는다면 어찌 상인이라고 말할 수 있겠는가. 이로 말미암아 생각해 본다면 상인이 그 직분을 다할 수 없을 때는 국가와 국민들에게 끼치는 피해가 적지 않을 뿐더러 나라를 안전하게 지탱하는 권능도 가지지 못하게 되는 것이다.

상인된 자는 그 직분의 중대함을 스스로 인식하여 국민의 편리한 방도가 부족하면 자기의 직분을 다하지 못했기 때문인가 하여 부끄럽게 여기며, 국가가 부강해지지 않으면 자기의 직분을 행하지 않았는가 걱정하여 깊고 먼 생각으로 실효있기를 기해야 한다. 만약 외국의 상인이 자기 나라의 상인보다 영업을 잘하게 되면 본국의 상권이나 이권을 잃어버리지 않았는가 두려워하여 상업을 자기 한 사람만의 사사로운 일로 생각지 말고, 전국적이고도 공적인 입장에서 판단토록 하는 것이 옳다. 신(信)이 없으면 이 직분을 지키기 어려우며, 의(義)가 없으면 이 직분을 행하기 어려우며 지(智)가 없으면 이 직분을 유지하기 어려운 것이다. 이 세가지 행실이 구비된 연후에야 비로소 상인으로서의 직분을 다했다고 말할 수 있는데, 상인된 자로서 명심해야 할 일 가운데서 이보다 더한 것은 없는 것이다.

8. 상고의 공부(工夫) : 상인된 자는 특별한 공부를 해야 한다. 즉 학문을 숭상하며, 언행을 삼가 어른을 섬기는 데 있어서 공경하는 도리를 지키며, 임금을 섬기는 데 있어서 충성하는 의무를 다하여 국가의 선량한 국민되기는 누구나 마찬가지다. 이는 달리 말할 필요조차 없이 분명한 일이다. 물자를 거래하거나 재물을 주고받을 때에 조리있게 치부하는 법과, 약속을 정하며 자본을 합하여 착실하게 회사를 운영하는 일과, 본국과 타국의 화폐를 비교하여 시세의 경중을 마련하는 이치와, 각국의 물산을 본국의 물산과 비교하여 물가의 고저를 분별하는 수단과, 본국의 물자를 타국에 수출하거나 타국의 물자를 본국에 수입하는 데 있어서 각국 세관에서 물품마다 세금 매기는 법과, 다른 사람의 배에 물건 신는 약속과 어떤 항구에 가든지 물품 하역하는 규칙 등을 물샐틈없이 안 연후에야 비로소 상인으로서의 직분을 행할 수 있으며, 생업으로서 삼을 수 있게 된다. 위에서 지적한 바와 같은 여러 가지 사항은 공부하지 않고 어찌 성과만을 바라거나 기대할 수 있겠는가.

만약 상업에 종사하는 자로서 공부없이 다른 나라 상인 중 공부한 자와 마주 대하게 된다면, 이는 낫 놓고 기역자도 모르는 시골 사람이 유식한 학자와 마주 앉아서 문장에 대해서 이야기하는 것과 같다고 해야 할 것이다. 욕심 같아서는 지고 싶지 않지만 지식이 얕고 짧으니 어떻게 할 것이며, 곤란하게 되고 싶지 않지만 재주와 국량이 협소한 걸 어떻게 한단 말인가. 그런 까닭으로 상업에 종사하는 자라면 사사로운 욕심을 부리지 말고, 모든 일이 국가에 관계된다는 사실을 양해하여 무엇보다도 먼저 당연히 해야 할 공부부터 하는 것이 마땅한 일이다.

9. 상고의 경계(警戒) : 상인으로서 경계해야 할 조목을 열거해 보겠다. 회사의 규칙을 굳게 지키고, 또 장부를 세밀하게 기입하며, 물자를 거래하는 데 있어서 약속을 어기지 말고, 물품을 매매하는 데 있어서 품질을 속이지 말며, 평상시의 물가를 조그마한 일로 해서 무단히 올리지 말고, 본국이나 외국의 관세를 포탈코자 하여 수입하거나 수출하는 물품을 속이거나 감추지 말도록 하는 것이 옳다.

회사의 규칙을 지키지 않으면 부지하기 어렵고, 장부 기입하는 법이 자세하지 않으면 타인의 의심을 사기 쉽고, 거래하는 약속을 어기면 재물 빌리는 길이 막히고 물품의 품질을 속이면 생업을 유지하는 앞길이 무너지고, 본국 세관의 세금을 포탈하면, 이는 정부의 법을 침범하는 결과가 되는 것이다. 따라서 국민된 도리를 망실할 뿐더러 범법행위가 성공하지 못하면 물자는 물자대로 빼앗기고 그 자신에게 욕이 미치게 되는 것이다. 외국의 관세를 포탈하면 이는 타국의 법을 침범한 것이 되는데 상인으로서의 체면을 손상시킬 뿐더러 만약 성공하지 못하면 역시 물자는 물자대로 빼앗기고 그 나라에 욕이 미치게 되는 것이다.

그런 까닭으로 상인된 자는 염치라는 절개로써 자신의 신명을 이끌 것이며, 충직하고 독실한 의기로써 자기 나라를 존중한 연후에야 가히 위신을 보존할 수 있는데 무릇 이익이 존재하는 곳에는 사람의 마음이 쏠려 그릇됨을 깨닫지 못하고, 나쁘다는 사실을 돌보지 않게 되어 물이 흘러 축축하게 되는 것과, 불이 타올라 건조되는 것과 같은 이치라 하겠다. 염치와 의기로써 이와 같은 상황에 절제함이 없으면 금지하는 도리가 마련되지 않는데, 소심하게 경계하여 평생토록 잃어버리지 않아야 할 것은 상인의 도에 있어서 이보다 더 큰 것이 없다고 하겠다.

10. 국내의 상인이 능히 당연한 도리로써 자기들의 직무를 수행하여 국민들에게 편리를 제공하고 국가를 풍요롭게 한다면, 그 공이야말로 나라를 지키고 있는 장수에 견줄 만하고, 그 덕이야말로 국민을 다스리는 재상과 같다고 할 만하다. 상인들의 정대한 지위와 광명에 가득 찬 사업이야말로 남아로서 할 만한 경륜이요, 대장부로서 해볼 만한 생업이라 하겠다. 이제 서양 여러 나라 상업 관계의 제도에 대하여 살펴보기로 하겠다.

서양에서는 정부로부터 그 직분을 보호받으며, 학교를 건립하여 상업에 관한 공부를 장려하며, 법률을 마련하여 그 경계로 삼을 만한 것을 견제하는 까닭에 일정한 풍속을 이루어 감히 범법하는 자가 없고 육지에는 기차가 달리며 수로에는 기선이 떠 있으며 급한 통신은 전신이요, 보통 경우는 우편국을 이용하면 되는 것이다. 그런 까닭으로 구차한 상황이라든가, 어려운 형편을 면하게 되어 곤란한 기색과 불편한 사단이 조금도 없는 것이다. 한편 우리나라 상계의 형편을 살펴보면, 개탄스럽고 딱하며 애석한 일로 이보다 더한 경우는 없을 듯하다. 자기 자신의 직분을 알며, 공부가 있기는 고사하고, 경계해야 할 조목에도 전혀 신경을 쓰지 않는 자가 많을 것이다.

우리나라 상인이 다 그렇다는 것은 아니지만, 몇 가지 견문한 것을 적어 보면 다음과 같다. 홍삼(紅蔘)과 쌀을 몰래 파는 일은 국법이 엄금하고 있는 데도 불구하고, 그러한 행위를 자행하고 있는 자가 많다는 사실은 사람들이 다 알고 있는 일이므로 더 말할 여지조차 없는 일이다. 근년에 있었던 청심환(淸心丸) 판매에 관한 일이야말로 족히 사람들의 탄식을 불러일으킬 만한 일이었다고 하겠다. 중국 사람이 우리나라의 청심환을 좋아하는 까닭으로 애초에는 한 개당 1냥씩을 주고도, 그 값으로 더 사지 못할까 두려워하기까지 했었다. 그러나 한 친구가 그러한 좋은 조건으로 청심환이 팔리고 있다는 사실을 알고는 가짜 청심환을 만들어 가지고 한 개당 8전씩 받기를 자청했었다. 또 그 다음 친구는 한 개당 5전씩을 받음으로써 먼저 두 사람의 청심환 판매에 장난을 하여, 그 이익을 독점코자 했으나 중국 사람의 의혹심을 불러일으키는 결과를 초래하게 되어, 개당 3전도 받지 못하고 말았다. 이와 같은 경우에는 설사 가짜 물건이었다 하더라도 해를 입는 것은 도리어 이 편이므로 자연히 그 피해는 우리나라로 돌아오게 될 뿐더러, 악명을 자취한 셈이 되는 것이다.

또 북도(北道) 사람들의 삼 팔던 이야기는 전해 듣기만 해도 분함을 이기지 못하는 바가 있다. 일본 사람이 삼을 산다는 소식을 듣자, 우리나라 사람들은 삼을 싣고 도회지로 모여들었었다. 그러나 일본 사람들은 교활한 계교를 써서 당장 사지 않으면서 말하기를, 이곳은 수송하기 불편하므로 강물 건너 어느 곳으로 가져오면 사겠다고 하자, 우리나라 사람들은 앞을 다투어 그곳으로 몰려갔었다. 그러자 일본 사람이 말하기를 이 삼은 품질이 좋지 못하므로 사지 않겠다고 하면서 값을 반감한 연후에 그들 멋대로 저울눈을 속여 가며 사들였으나, 우리나라 사람들은 감히 한 마디 답변도 하지 못하고, 일본 사람의 입만 쳐다볼 뿐이었다고 한다. 이렇게 농락당하면서 입는 해의 심대함이야말로 필설로 형용하기 어려운 바가 있지만, 이는 다 우리나라 사람들이 자처한 결과이기 때문에, 다른 사람들을 탓할 수 없는 이야기지만, 이러한 사단이 비일비재하므로, 그 연유를 미루어 생각해 본다면 실상은 상인으로서의 지식이 없으면 면하기 어려운 일들이라 하겠다. 그러므로 유식한 도리로 경영해야 하고, 외국과 통상을 할 때에는 비록 상업이지만, 국민들의 협력이 가장 바람직한 일이다. 그런 까닭으로 등짐장수들의 상행위가 큰 상인들에게는 다시없는 방해거리이며, 협력하는 방법은 회사법을 준수하는 일인 것이다.

11. 이제 세계 각국 중, 상업이 번성한 여러 나라의 1년간 수입 및 수출한 물품값을 4, 5년 전의 문헌에 따라 우리나라 돈으로 환산하여

기록해 보면 다음과 같다

- 영국
  수입 : 3백21억 5천5백53만 2백 냥 수출 : 1백76억 6천7백53만 6천 냥
- 오스트리아(墺地利, Austria)
  수입 : 28억 9천5백50만 냥 수출 : 34억 6천4백30만 냥
- 프랑스(佛蘭西, France)
  수입 : 2백5억 6천9백96만 8천 냥 수출 : 1백50억 4천4백30만 냥
- 독일(日耳曼, Germany)
  수입 : 1백64억 5천4백38만 2천5백 냥 수출 : 1백66억 7천5백48만 7천3백 냥
- 이탈리아(伊太利, Italy)
  수입 : 53억 5천1백73만 4천8백 냥 수출 : 47억 6천4백73만 2천3백 냥
- 네덜란드(荷蘭, Netherlands)
  수입 : 71억 5천2백77만 4천3백 냥 수출 : 50억1천2백30만3천4백 냥
- 러시아(俄羅斯, Russia)
  수입 : 1백29억 5천7백52만 3천2백 냥 수출 : 1백28억7천9백95만8천6백냥
- 스페인(西班牙, Spain)
  수입 : 33억 1천7백74만 1천9백 냥 수출 : 34억 6천3백88만 1천 냥
- 미국
  수입 : 1백48억 1천28만 2천1백80냥 수출 : 1백34억 5천3백95만 3천8백60냥
- 멕시코(墨西哥, Mexico)
  수입 : 6억 냥 수출 : 8억 4천2백만 냥
- 콜롬비아(哥倫比, Colombia)
  수입 : 3억 2천65만 냥 수출 : 1억 1천2백50만 냥
- 칠레(智利, Chile)
  수입 : 9억 7천8백30만 냥 수출 : 15억 6천2백90만 냥

이제 또 세계 각국 중 상업이 번성한 여러 나라의 상선 수를 기록해 보면 다음과 같다.

영 국 2만 2천5백 척 독 일 3천 척

프랑스	2천9백 척	이탈리아	3천2백 척
러시아	2천3백 척	노르웨이	4천2백 척
미 국	2천 척이 넘지만 그 상세한 기록을 잃어버렸다.		

12. 이 기록으로 살펴본다면, 영국의 상업이 세계 각국 중, 가장 번성한 것으로 나타나 있다. 1년 동안의 수입과 수출하는 물품이 각국 중, 가장 많고 한편, 상선의 수 또한 각국 상선을 합친 수보다 배가 된다. 그런 까닭에 영국 사람들은 스스로 자랑하기를 '천하의 상권(商權)을 총괄하는 해상천자'라고 말하기도 한다. 그러나 세계 각국은 실제적인 면에서 영국과 어깨를 나란히 할 수 없기 때문에, 그들의 자랑을 듣고만 있을 수밖에 없는 것이다.

개화(開化)의 등급

1. 개화란 인간 세상의 천만 가지 사물이 지극히 좋고 아름다운 경지에 이르는 것을 말한다. 그런 까닭에 어떠한 것이 개화된 경지라고 한정하기는 어렵다. 사람들의 재주 및 능력의 정도 여하에 따라, 그 등급의 고저가 생기지만, 그러나 사람들의 습속과 국가의 규모에 의하여 그 차이가 생기기도 한다. 이는 개화하는 과정이 한결같지 않은 연유이기도 하지만, 가장 중요한 것은 사람이 하느냐 하지 않느냐에 달려 있는 것이다. 오륜으로 규정된 행실을 독실히 지켜서 사람으로서의 도리를 알 것 같으면 이는 행실이 개화이며, 학문을 연구하여 만물의 이치를 소상히 밝힐 것 같으면 이는 학문의 개화이며, 국가의 정치를 정대하게 하여 국민들이 태평스러운 즐거움을 누린다면 이는 정치의 개화이며, 법률을 공평하게 하여, 국민들로 하여금 억울한 일이 없도록 할 것 같으면 이는 법률의 개화이며, 기계의 규모를 편리하게 하여 많은 사람에게 이용토록 하면 이는 기계의 개화이며, 물품

의 제작을 정교하게 하여 사람들의 후생에 이바지하고, 거칠거나 조잡한 것이 없도록 한다면 이는 물품의 개화인 것이다. 이처럼 여러 조목에 걸친 개화를 합한 연후에라야 골고루 개화를 했다고 말할 수 있는 것이다.

세계의 어느 나라를 돌아보든지 간에 개화가 극진한 경지에 이른 나라는 없다. 그러나 대강 그 등급을 구별해 보면 개화한 나라, 반개화한 나라, 미개화한 나라 등의 세 가지로 나누어 볼 수가 있다.

2. 개화한 나라란 천만 가지 사물의 이치를 따져 밝히며, 경영하여 날마다 새롭고 또 날마다 새롭기를 기약하는 경우를 가리킨다. 이와 같기 때문에 그 진취적인 기상이 웅장하여 사소한 게으름도 찾아볼 수 없으며, 또 사람을 대접하는 데에 있어서도 언어와 행동거지를 공손하고 단정하게 하여 능한 자를 본받으며 능치 못한 자를 불쌍하게 여기되, 모욕하는 기색을 나타내지 않으며, 야비스러운 용모를 갖지 않음으로써 지위의 귀천이라든가, 형세의 강약에 의해 인품의 구별을 하지 않은 일 등을 말한다. 나아가 온 국민들이 합심하여 앞에서 열거한 바와 같이 여러 조목에 걸친 개화에 공동 노력하는 상태를 말하는 것이다.

3. 반개화한 나라란 사물의 깊은 이치를 따져 연구하지 않으며, 경영도 소홀히 하여 구차하고도 고식적인 계획과 의사로써 조그마한 성취에 만족하고, 장구한 계책이 없는 경우를 가리킨다. 그러나 스스로 만족하게 여기는 마음은 있어서 사람을 접대할 때, 능한 자에게 마음을 허락하는 일이 드물고 능치 못한 자를 모욕하여 항상 거만한 기색을 띠며, 망령된 생각으로 스스로를 높이되 귀천과 강약이라는 지위와 형세로 인품의 구별을 심하게 하는 경우를 말한다. 그렇기 때문에 국민들은 각각 자기 일신만의 영화와 욕심을 위해 노력할 뿐, 앞에서 열거한 바와 같은 여러 조목에 걸친 개화에는 전혀 마음을 쓰지 않는 상태를 말하는 것이다.

4. 미개화한 나라란 야만스런 종족을 가리킨다. 천만 가지 사물에 알맞은 규모와 제도가 없을뿐더러, 애당초부터 경영에도 관심이 없으며, 능한 자가 어떠한지 능치 못한 자가 어떠한지 분별조차 못할 정도여서 거처와 음식에도 일정한 법도가 없는 경우를 말한다. 또 사람을 접대함에 있어서도 기강과 예법이 없기 때문에 하늘 아래에서 가장 불쌍한 자들이라 하겠다.

5. 앞에서처럼 등급을 나누어서 이야기했지만, 그러나 힘쓰고 노력하기를 그치지 않으면, 반개화한 나라와 미개화한 나라라 하더라도 개화한 나라의 문지방 근처에 이를 수도 있다. 속담에 '시작이 반'이라는 말도 있듯이 힘쓰고 노력하면 무엇이든지 이루지 못하겠는가. 반개화한 나라에도 개화한 자가 있으며, 미개화한 나라에도 개화한 자가 있는 것이다.

모든 국민들이 일제히 개화하기란 대단히 어려운 일인 것이다. 사람으로서의 도리를 지키며, 사물의 이치를 깊이 연구한다면 야만인들 사이에 있더라도 이는 개화한 사람이며, 사람으로서의 도리를 닦지 않고 사물의 이치도 연구하지 않는다면, 개화한 나라에 있더라도 미개화한 자라 할 수 있다는 것은 한 사람의 경우를 예로 든 이야기지만, 한 나라의 형편을 예로 들어서 이야기한다 하더라도 국민 가운데서 개화한 자가 많으면 개화한 나라이며, 반개화한 자가 많으면 반개화한 나라이며, 미개화한 자가 많으면 미개화한 나라인 것이다.

반개화한 자를 권하여 실행케 하고, 미개화한 자를 가르쳐서 깨닫게 해주는 것은 개화한 자의 책임이고도 직분이라 하겠다. 가만히 생각해 보건대 행실의 개화만은 세계 각국을 망라하여 동일한 규모로 천만 년이라는 장구한 세월을 거치도록 본질적인 변화를 가져오지 않았으나 정치 이하의 여러 개화는 시대를 따라 변화하기도 했으며, 지방에 따라 달라지기도 했었다. 그런 까닭으로 옛날에는 합당하던 것이 오늘날에는 맞지 않는 것도 있으며, 저쪽에서는 착한 일이 이쪽에서는 착하지 못한 일이 되는 경우도 있는 만큼 고금의 형세를 잘 참작하고 피차의 사정을 비교하여, 그 장점을 취하고, 그 단점은 버리도록 하는 것이 개화하는 자가 나아갈 바른 길인 것이다.

6. 개화하는 일을 주장하고 힘써서 실천하는 자는 개화의 주인이요, 개화하는 자를 부러워하며 배우기를 기뻐하고 갖기를 좋아하는 자는 개화의 빈객이며, 개화하는 자를 두려워하고 미워하되 마지못하여 따르는 자는 개화의 노예라고 할 수밖에 없다. 주인의 지위에 있지 못할 바에야, 차라리 빈객의 자리를 차지할망정 노예의 대열에 선다는 것은 옳지 못하다. 일단, 빈객의 칭호를 얻었다면 주인의 예우(禮遇)를 받기도 하려니와 나아가서 진취코자 하는 용기가 있을 경우, 주인의 한 자리를 차지하여 빈객이라는 칭호를 버릴 수도 있으며, 또 옛날의 주인을 빈객으로 만들 수도 있는 일이지만, 노예가 되었을 때에는 언제나 타인의 지휘에 따를 수밖에 없으므로 부끄러운 일이 적지 않을 뿐더러 조금이라도 실수하는 일이 있으면, 그의 토지와 국민들도 보전하기 어렵게 되어서 개화하는 자의 속국이 되기 쉬우므로 가히 삼가고 조심해야 할 일로서 이보다 더한 것은 없을 것이다.

사람의 기질로서 이야기한다면 개화하는 일에 빈객의 자리를 차지한다는 것도 다시없이 수치스러운 일이라 하겠지만, 그러나 시세와 처지는 사람의 힘으로 어떻게 하기 어려운 일인 만큼 설령, 뛰어난 지혜와 비범한 용단이 있다고 하더라도 벗어나기 어려우며, 다만 순순히 뒤따를 수밖에 없는 것이다. 그러므로 외국의 새로운 개화를 처음 보는 자의 경우 처음에는 두려워하고 싫어하다가, 취하지 않을 수 없는 것이 있자 부득이하여 취하는 형상이란 개화의 노예를 면치 못하는 것이지만, 그들의 견문이 넓어짐에 따라 지각이 고명해지면 비로소 개화의 빈객이 되고 이러한 일에 인연하여 힘써 노력하며 쉬지 않는다면, 주인의 집에 들어가 살 수 있게 된다.

이제 온 세계 각국의 개화하던 초기의 형편을 살펴보기로 하자. 지혜로써 한 자는 규모가 온전하고 폐단이 없었을 뿐 아니라, 항상 주인다운 형세를 보존하고 있지만, 용단으로써 한 자는 완전한 규모가 적고 무수한 폐단이 생기기 때문에 차질을 빚는 일이 많았다. 그러나 훨씬 뒤에 이르러서는 주인의 자리나 빈객의 자리를 차지하는 자가 많아졌으며, 위력으로써 한 자는 국민들의 지식이 부족한 것으로 말미암아 전적으로 억지로 행하는 일이 많기 때문에, 그 규모의 어떻다는 것은 고사하고, 폐단은 오히려 용단으로써 한 자에 비하여 적다고 하겠으나, 그 정부의 위태로움은 국내에 커다란 적이 있는 것과 같아서 가장 어려운 것의 하나라 하겠다.

만약 정부되는 자가 이와 같이 하지 않는다면 국민들은 개화의 노예가 되어서 다른 사람의 지휘를 받지 않을 수 없는 것이다. 그런 까닭에 정부가 부득이하여 나라를 보호하고자 하는 계교를 쓴 것이지만, 국민들을 애호하여 진취하는 기상이 웅장하므로, 이도 또한 빈객의 지위를 잃지 않는 동시에 오랜 세월을 거치는 동안 국민들의 지식이 넓고 높아지기에 이르면 주인의 칭호를 얻을 수도 있게 되는 것이다. 만일 정부와 국민들이 똑같이 무식하여, 지혜로, 용단으로, 위력으로써 하지도 않으면서 고쳐 확장하는 제도를 행하지도 않으며, 떨쳐 일어나는 기력도 부족하여 좋아하지만 본받지 않으며, 부러워하지만 배우지도 않고, 두려워하지만 깨닫지 않으면 다른 사람의 노예가 되어서 개화하는 지휘에 복종할 수밖에 없는 것이다. 국민들로서 마음을 같이하여 경계하고 삼가야 할 일이란 바로 이러한 것들이다.

7. 개화에는 실상의 개화와 허명의 개화라는 두 가지가 있다. 실상의 개화란 사물의 이치와 근본을 깊이 연구하며 고증하여 그 나라의 처지와 시세에 합당케 하는 것을 가리킨다. 그리고 허명의 개화란 사물에 관한 지식이 부족하면서도 타인의 좋은 형편을 보고는 부럽거나 두려워서 그러든지, 앞·뒤를 생각할 지식도 없이 덮어놓고 시행하기만을 주장하여 돈을 소비하기만 하여, 실용에 닿을 만한 정도에도 미

치지도 못하는 것을 가리킨다. 외국과 처음으로 통한 자가 한 번은 허명의 개화를 겪지만, 오랜 세월 동안 한량없이 많은 경력을 거치고 난 다음에야 비로소 실상의 개화 단계로 접어들게 되는 것이다. 그런 까닭으로 타인의 장기를 취하고자 하는 자는 결단코 외국의 기계를 사들이거나 기술자를 고용하지 말고, 무엇보다도 먼저 자기 나라 국민으로 하여금 그것에 관련되는 기술을 배우도록 하여 그 일에 종사케 하는 것이 옳다.

사람의 재주는 무궁무진하지만, 재물에는 일정한 한도가 있는 것이다. 만약 자기 나라 국민이 그것에 관련되는 기술을 익힌다면 당장에 이로울 뿐 아니라, 국내에 그 기술을 전파하여, 그 보람이 후세에까지 미치게 될 것이다. 그러나 외국의 기계를 사들여왔을 경우, 그 기계가 못쓰게 되면 기계는 다시 없게 된 셈이며, 기술자를 고용하면 기술자가 가버릴 때는 기술자는 다시 없게 된 셈이다. 어떠한 기계와 어떠한 기술자로 다시 그 일을 한다는 말인가. 다시 그 기계를 사들이고 기술자를 다시 고용해야 하는데, 정말로 이러한 일을 되풀이한다면 우리들로서는 재물만을 허비하고 마는 것이다. 이렇게 하여 허비하는 재물이 어디로부터 나온단 말인가. 결국은 국민들에게 그 폐해가 돌아갈 따름인 것이다.

8. 아! 개화하는 일이란 타인의 장기를 취하는 것뿐 아니라 자기 자신의 훌륭하고 아름다운 것을 보전하는 데에도 있는 것이다. 무릇 타인의 장기를 취하려는 생각 역시, 자기 자신의 훌륭하고 아름다운 것을 보전코자 하는 것이기 때문에 타인의 재주를 취하여도 실용적으로 이용하기만 하면 자기의 재주가 되는 것이다. 시세와 처지를 잘 헤아려서 경중과 이해를 판단한 다음에 앞·뒤를 가려서 차례로 시행토록 하는 것이 옳다.

그러나 지나친 자는 아무 분별도 없이 외국 것은 다 훌륭하다고 하며, 자기 나라 것은 어떠한 사물이든지 아름답지 못하다고 한다. 더욱 심한 경우에는 외국 것만을 칭찬하는 나머지 자기 나라 것을 업신여기는 폐단까지 있는 것이다. 이를 개화당(開化黨)이라고 말하지만, 이것이 어찌 개화당이란 말인가. 기실은 개화의 죄인인 것이다.

한편 모자라는 자는 완고한 성품으로 사물을 분별치 못하여 외국 것이면 쓸데없는 문건이라고 할 뿐더러 외국 문자는 천주학이라고 하여 가까이하지조차 않으며, 자기 자신만을 천하 제일인 듯이 여기는 나머지 피해 사는 자까지 있는 형편이다. 이를 수구당(守舊黨)이라고 말하지만 이것이 어찌 수구당이란 말인가. 기실은 개화의 원수인 것이다.

성인 말씀에 '지나침과 모자람은 같다'고 하신 적이 있지만, 그러나 개화하는 데에 있어서는 지나친 자의 폐해가 모자라는 자의 경우보다 훨씬 심하다 그 까닭은 다름이 아니다. 지나친 자는 나라를 위태롭게 하는 데 빠르고, 모자라는 자는 나라를 위태롭게 하는 데 느리기 때문이다. 그런 까닭으로 반드시 중용을 지키는 자가 있어서 지나친 자를 조절하며, 모자라는 자를 권면케 하여 타인의 장기를 취하고, 자기의 훌륭한 것을 지키도록 하여 처지와 시세를 감안한 연후에 나라를 보전하며 개화의 대공을 거두도록 해야 할 것이다. 입에는 외국제 담배를 물고 가슴에는 외국제 시계를 차며, 서양 의자에 걸터앉아서 외국 풍습을 이야기하거나 외국 말을 얼마쯤 지껄이는 자가 어찌 개화된 사람이란 말인가. 이는 개화의 죄인도 아니며 개화의 원수도 아닐 뿐더러 개화라는 헛된 바람에 날려서 마음속에 아무 주견도 갖지 않은 한낱 개화의 병신이라고 할 수밖에 없다.

9. 연대가 내려올수록 사람들의 개화하는 방법은 전진을 거듭하고 있다. 어떤 사람이 '후세 사람들은 옛날 사람에게 미치지 못한다'고 말했지만, 이는 사리에 맞지 않은 이야기이다. 사람의 일이란 무궁무진한 것이기 때문에 시대를 따라 변화가 무쌍하거늘, 후세 사람이 시대에 순응하는 도리를 행하지 않고 옛날 제도만 헛되게 고수하면서 실

제적인 일에 맞부딪치다가 맞지 않으면 개탄하며 말하기를, 현대 사람이 감히 옛날 사람들과 같을 수 있을까 보냐, 라고 하지만 이것이 어찌 온당한 말이겠는가. 만약, 사람의 기질과 국량이 해를 거듭할수록 감쇠된다면 지금부터 수천 년이 지나고 나면 사람다움을 나타내던 모든 일들은 자취를 감추고 만다는 이야기가 되며, 또다시 몇천 년이 지나고 나면 사람의 도리도 없어진다는 이야기가 되는데, 이는 이치에 닿지 않는 말임이 분명하다. 사람의 지식이란 해를 거듭할수록 신기하고도 심묘한 것이 쌓여져 나오게 마련이다.

이제 그러한 주장을 증명해 보기로 하겠다. 옛날 사람들은 육지를 왕래함에 있어서 걷는 대신에 말이나 수레를 탔었다. 천 리나 되는 먼 길을 갈 때면, 오랜 여행 끝에 간신히 도달하곤 했었는데, 현대인은 빠른 기차를 이용하기 때문에 반나절의 품만 들이면 된다. 한편 항해할 때에는 조그마한 목선으로 만경창파에 시달려야 하므로 풍파가 심할 경우, 위태롭기 짝이 없었으나, 현대인은 견고한 기선을 타기 때문에 아무리 심한 풍랑이 일더라도 평지를 왕래하듯 편안히 여행할 수가 있는 것이다. 또 옛날 사람들은 백 리 정도 떨어진 곳에 편지 한 장을 전하기 위해서도 내왕간에 2, 3일은 허비했었으나, 현대인은 전선의 심묘한 이치를 이용함으로써 천만 리나 되는 먼 곳이라도 순식간에 왕복이 가능하여 서로 마주 대하고 이야기하는 것과 다름이 없는 것이다.

옛날 사람들은 각종 물품을 제조할 때에도 육체 노동을 할 수밖에 없었으므로, 그 고생하는 모습이 불쌍하였으나, 현대인은 편리한 각종 기계를 이용하기 때문에 하루에 제작한 것만으로도 수만 명이 노력한 결과와 대등한 실적을 올릴 수 있는 것이다. 이는 우리가 직접 견문한 바로서 옛날 사람으로서는 상상조차 못할 불가능한 일이며, 근대에 이르러서야 비로소 그 공효를 나타낸 것들이다.

10. 이처럼 신기하고 심묘한 이치는 옛날엔 존재치 않았으나, 오늘날에

야 비로소 존재하기 시작한 것이 아니다. 천지간의 자연스러운 근본은 고금의 차이가 없지만 옛날 사람들은 사물의 이치를 온전히 밝혀내지 못했고, 현대 사람들은 깊이 연구하여 이치를 터득한 것일 뿐이다. 이러한 입장에서 살펴본다면 현대인의 재주나 학식이 옛날 사람들과 비교하여 월등한 듯하지만 실상은 옛날 사람이 창안해 낸 것을 윤색했을 따름인 것이다. 즉, 기선이 비록 심묘하다고 하지만 옛날 사람들의 배 만드는 제도에서 전적으로 벗어나지는 못했으며, 기차가 비록 기이하다고 하지만, 고대인의 수레 만드는 방법에 연유하지 않았더라면 이루어지지 못했을 것이다. 이 이외의 천만 가지 사물이 다 그러하여, 고대인의 방법을 벗어나고서 신규로 창안해 내지는 못하였다.

즉, 우리나라의 고려자기는 세계에서도 유명하며, 이충무공의 거북선은 철갑을 두른 군함으로서 최초로 만들어진 것이었고, 교서관(校書館)의 철주자(鐵鑄字)도 세계에서 가장 먼저 만들어진 것이었다. 우리나라 사람들이 만약 연구하고 또 연구하여 편리한 도리로 경영하였더라면, 모든 사물에 관한 온 천하의 명예가 우리나라로 돌아왔을 터이지만 현대인이 고대인의 유업을 윤색치 않은 탓으로 오늘날과 같은 상황을 빚고 말았다.

제 15 편

혼례(婚禮)의 시말(始末)

1. 서양 여러 나라의 풍속에 남자의 나이가 20세 이상에 이르면, 그 부모들이 성인으로 인정하여 모든 행위가 정직할 경우, 비로소 자주적인 권리를 부여해 주고 있다. 그러므로 그는 그의 옷·음식 및 일상적인 모든 잡비를 그 자신의 노력으로 담당해야만 한다. 그러나 여자는 나이의 한계가 없고 집에 머물러 있을 동안은 부모에게 의지하여 평생토록 구혼하는 자가 없으면 처녀의 신세로 세월을 보내야만 하는 것이다. 그러나 어떠한 일이든지 자기의 재능대로 남자와 다름없이 활동할 수 있는데, 가령 학문이 넉넉하면 학교의 선생이라든가, 성질이 영민하면 관청 혹은 회사의 서기 등으로 봉직하고 있는 자가 많다.

남자가 장성한 뒤로는 그 일신의 생활도 자기 부모에게 의지하기 어려운 처지인데, 하물며 처자의 생계까지 걱정을 끼칠 수 있겠는가. 그러므로 자기 자식과 재산이 족히 한 가정의 생계를 지탱할 만한 자신이 선 다음에야 결혼할 생각을 일으키게 되는 것이다. 한편 여자도 자기 일생의 신세가 한 번 결혼하는 데에 달려 있기 때문에 극히 신중하며, 비록 구혼하는 자가 있더라도 경솔하게 몸을 허락하는 약속을 하지 않기 때문에, 20세 이전에 시집가는 자는 아주 드물다.

2. 청혼하는 방법을 이야기해 보면 우리나라의 예절과는 아주 달라서

비판할 만한 것이 많다. 그러나 다른 나라의 풍속이므로 그냥 덮어두기로 한다. 서양에서는 남자와 여자의 지식 상태라든가 교제하는 방법과 권리에 피차간 구별이 없으며, 인생의 백년고락은 부부의 상봉에 달려 있다고 하여, 장가가고 시집가는 당사자끼리 서로 뜻이 맞은 다음에 성사토록 되어 있다. 필자는 다만, 실제로 있는 사실만을 기록할 따름이지만 청혼하는 방법도 여러 가지지만 그 어떠한 방법을 따르든지간에 남자가 먼저 행동하는 것으로 예절을 삼고, 거기에 대한 허락 여부는 여자에게 달려 있는데, 이제 여러 가지 청혼하는 방법을 기록해 보면 다음과 같다.

3. 제1. 남자가 마음 속으로 연애하는 여자가 있으면 그 여자의 부모에게 서면으로 구혼하든지, 혹은 말로 청혼을 하든지 편리한 방법을 이용하되, 그 여자의 부모는 반드시 딸과 상의하여 그 가부를 결정한 뒤에 회답을 해준다.

4. 제2. 남자가 연애하는 여자의 부모에게 구혼하는 의논을 하지 않고, 직접 그 여자에게 기회 닿는대로 서면 혹은 말로 구혼을 하면, 여자는 자기 부모에게 보고하여 그 가부를 상의는 하되 최종적으로 결정할 권리는 자기가 가진다.

5. 제3. 남자가 연애하는 여자가 있지만 본래 안면이 없을 경우, 그 여자의 친구되는 여자를 찾아가서 서면으로 자기의 뜻을 그 여자에게 전해 주기를 청하거나, 그렇지 않으면 소개를 해달라고 하여, 그 여자에게 몸소 가서 청혼하는 수도 있다. 그러나 여자의 결정권 행사는 제2항의 경우와 같다.

6. 제4. 남자가 특별히 연애하는 여자를 가지지 않았거나 결혼할 생각은 있지만 마땅한 여자를 고르기 어려운 경우에는 신문지상에 광고를 내는 수도 있다.

즉, "어디에 사는 남자 아무개는 나이가 얼마며, 재산은 풍요하지만 단정한 행실과 아름다운 용모를 가진 여자가 있으면, 백년가약을 맺기를 희망하고 있으니, 어떠한 여자든지 모든 조건이 본인의 요구사항에 맞고 자기 또한 진심으로 응낙코자 하는 의향이 있거든, 나이와 사진을 편지 속에 동봉하여 어느 우편국으로 부쳐라." 운운하는 것이다.

어떠한 여자든지 이러한 광고에 응하고 싶은 생각이 있을 때에는 무엇보다도 먼저 남자가 말한 여러 조항의 사실 여부를 탐지해 보고 과연 합당하다면, 그 남자가 요구하는 모든 조건에 응하도록 하는 것이 옳다. 이 경우에는 결혼 여부를 결정하는 권리가 남자에게 있게 된다.

7. 제5. 남자가 어떤 곳에 사는 어떠한 여자를 좋게 보았는지 마음속으로 연애하기 시작하여 해로하는 가연을 맺고자 하되, 이름이 무엇인지, 그녀의 친구가 누구인지 알지 못할 때에는 신문에 광고를 내어, 그녀의 이름·나이 및 주소를 물을 수도 있다.

즉, "어느날, 몇 시, 어디에서 어떠한 남자 혹은 여자와 같은 차 혹은 같이 건던 여자로서 어떠한 빛깔의 옷을 입었던 사람은 이름과 나이와 주소를 어느 우편국으로 붙여 주기를 바란다."라고 할 수도 있다.

그 대답 여부는 자연적으로 여자에게 있다고 하겠으나, 여자로서 이러한 교제를 하고자 할 때에는 몹시 조심해야 하기 때문에 자세한 내막을 알기 전에는 대답을 하지 말아야 한다.

8. 여자의 행실이 단정치 않든지, 학식이 부족하다든지, 용모가 추악하든지 하는 세 가지 가운데 하나라도 해당되는 것이 있으면, 구혼해 오는 자가 없기 때문에, 여자로서의 처신과 수학은 무엇보다도 신중하게 해야만 하는 것이다. 또 남자는 이와 비슷한 세 가지 조목 가운데서 가장 어려운 한 가지 조목이 있는데, 재물이 한 가정을 유지해 나아갈 방도가 없을 것 같으면, 감히 결혼할 생각조차 할 수 없기 때문에 장성한 남자로서 게으르게 노는 자는 존재치 않는다. 이처럼 남

자와 여자가 다같이 나이를 충분히 먹은 뒤에, 자기의 결혼할 것을 부모에게 보고한 뒤, 스스로 결정하는 권리까지 가지고 있기 때문에 돈 많고 귀한 집의 자녀라고 하더라도 병든 자가 온전한 자와 결혼하거나 천치가 총명한 자와 결혼하는 것 같은 일은 있을 수 없다. 청란(淸鸞)새가 목계(木鷄)와 결혼하는 것 같은 짝이 기운 배우자 때문에 한을 품는 경우는 없는 것이다.

9. 결혼하는 일은 남녀의 정의가 서로 믿을 만하여 백년가약의 약속을 의논한 뒤, 예식을 행하는 시일과 장소는 여자측의 편리한 대로 정하고, 택일이라든가 주당(周堂 : 혼인 때에 꺼리는 신)을 꺼리는 풍속 따위는 없으며 남자는 예식을 거행할 지방의 법관에게 허혼해 줄 것을 바라는 법문(法文)을 청구해야 한다. 그 법문의 내용을 대강 살펴보면 다음과 같다.

"남자 아무개와 여자 아무개의 혼인하는 길사에, 적당한 예절로, 그 경사스러운 날을 잘 지낼 것을 허락하는 바이니, 혼례를 올린 뒤 3일 이내로 이 법문을 법관에게 반납하도록 하기 바란다. 그렇지 않으면 벌금을 징수하도록 한다."

10. 법관은 이러한 법문을 내어 주기 전에, 반드시 남자와 여자의 부모의 허락을 받도록 하고 있는데, 이는 다름 아니라 남자와 여자의 나이가 혼인할 만한 나이에 이르지 않았거나, 혹 예의에 어긋나는 일이 있을까 염려한 나머지, 그러한 조처를 취하고 있는 것이다.

11. 남자와 여자는 법관의 법문을 얻은 뒤에 예식을 거행한다. 그 장소는 일정하지 않아서 법관의 집무처로 가서 법관 앞에서 행례하는 자도 있으며, 혹은 지방관서로 가서 지방관 앞에서 행례하는 자도 있으며, 혹은 예배당으로 가서 교정(敎正) 앞에서 행례하는 자도 있고, 혹 가난한 자는 경비를 절약하기 위하여 주례를 맡는 사람의 집으로 가서 행례하는 수도 있다. 어떠한 관리 앞에서 또 어떠한 곳에서 행례하든지간에 그 자리에는 반드시 증인이 있어야 한다. 이는 행례하는

남자와 여자가 서로 존경하고 사랑한다는 애정도 증거하는 것이지만 혹 후일 다른 염려가 있을까 대비하는 조처이기도 한 것이다.

12. 신랑·신부가 길일을 택하여, 행례하는 자리에 나오면 법관·지방관 혹은 교정 중 주례를 맡은 사람이 신랑에게 먼저 질문하기를

"그대는 장차 이 여자를 그대가 혼인한 정식 아내로 삼아, 언제까지든지 그대와 부인이 살아 있는 동안 두 가지 마음을 먹지 말 것이며, 그대의 신세를 이 부인에게 의탁하되, 질병으로부터 이 부인을 평안히 보호하며, 건강할 때에 이 부인을 공손히 대접하고, 또 이 부인을 사랑하며, 이 부인을 양육하여 혼례의 정당한 법으로 천정한 연분을 맺어 백년해로하기를 바라는가?"

13. 그 다음에는 신부에게 질문하기를

"그대는 장차 이 남자를 그대가 혼인한 정식 남편으로 삼아 언제까지든지 그대와 남편이 살아 있는 동안 두 가지 마음을 먹지 말 것이며, 그대의 신세를 이 남자에게 의탁하되, 질병으로부터 이 남자를 편안히 보전하며, 건강할 때에 이 남자를 공손히 대접하고, 또 이 남자를 사랑하여 혼례의 정당한 법으로 천정한 연분을 맺어 백년해로하기를 바라는가?"

14. 신랑과 신부가 다같이, "네. 성실한 신의로 그렇게 하겠습니다."라고 대답하면 주례가 비로소 손잡는 예법을 행하라고 명령하는데, 신랑과 신부가 손을 잡고 주례를 향해 서면 주례가 말하기를

"이 손잡는 예로 말미암아 두 사람의 신인(新人)은 각각 부부로서의 새로운 의무와 인연을 정했으며, 또 여러 증인 앞에서 정대하게 약속하며 엄숙히 맹세하여서 서로 사랑하며, 서로 존경하고, 또 즐거움을 누리며, 안전케 하여 이러한 도리로 언제까지든지, 즉 두 신인의 목숨이 다할 때까지 지내겠다고 하므로, 이에 본인은 우리나라의 법에 의거하여 두 신인들의 부부되는 길사를 선언하는 바입니다."

15. 이러한 선언이 끝나자마자, 주례는 혼인했다는 명문(明文)을 내어

주는데, 이는 우리나라에서의 혼서지(婚書紙)와 같은 것이다. 그 내용을 적어 보면 다음과 같다.

> **혼인한 명문**
>
> 아무 곳
>
> 이 명문은 아무 곳의 남자 아무개와 아무 곳의 여자 아무개가 아무 곳에서 주례 아무개와 증인 아무개 입회 아래, 혼례의 정당한 법으로 손잡는 예를 행했음을 분명히 밝힌다.
>
> 모년 모월 모일
>
> 주례 아 무 개
>
> 증인 아 무 개

이러한 명문을 적은 종이는 사법관청에 언제나 비치되어 있다.

그렇기 때문에 결혼의 허락을 요청하는 자가 그 법문을 받는 것과 동시에, 또 이 종이를 청하여 주례에게 전달하여 명문을 쓰도록 하고 허혼한다는 법문은 주례가 가지고 있다가 사법관청에 반납하면 되는 것이다.

16. 혼인을 하는 데에는 심사숙고해야 할 다섯 가지 조목이 있다. 그 가운데서 한 조목이라도 미흡한 것이 있으면 허락하지 않기 때문에 허락하기 전에 깊이 생각해 보아야 한다.

 1. 남자와 여자가 서로 혼인하기를 좋아하는가.
 2. 남자와 여자가 서로 진실된 성의를 가지고 있는가.
 3. 남자와 여자가 혼인할 수 있는 나이가 되었는가.
 4. 남자와 여자가 지금까지 다른 사람과 결혼한 일이 없었는가, 만약 있었다면 파혼하였는가.
 5. 남자와 여자가 가까운 혈족은 아닌가.

17. 혼인에 관계되는 절차는 여러 가지이기 때문에 그 조목조목을 따라

다 기록하기는 어렵지만, 그 중 성행되고 있는 습속에 대해 간단히 적어 보면 다음과 같다.

청첩장이라는 것이 있어서, 행례할 남자와 여자가 각각 그들의 친척과 친구들에게 한 장씩 부쳐서 참석해 줄 것을 청한다. 신랑·신부는 예식을 올릴 장소에 먼저 가 있고 신랑·신부의 가족 또한 그곳에 참석하는 빈객을 접대한다. 행례할 시간이 가까워 오면 음악이 울려 퍼짐으로써 빈객들에게 시간이 되었음을 알린다. 그 음악소리는 먼 곳으로부터 바람편에 불려오는 듯 공중으로부터 구름조각이 떨어지는 듯하여 유양하고 화창한 멋이 정말 사람들을 엄숙하게 하고, 마음을 단정하게 하여 저절로 나란히 앉아 있는 빈객들의 옷깃을 여미게 한다. 신랑의 예복은 연미복이라고 하는 것인데, 빛깔은 검으며, 신부 예복은 장미상(長尾裳)과 복건(幅巾)인데 그 빛깔은 희다(서양에서는 흰 빛을 숭상한다). 신부가 앞서며 신랑이 뒤에서 천천히 걷는 걸음걸이로 들어가는데, 앞에서 이끄는 사람은 주례며, 뒤따르는 사람은 친척의 처녀다.

뒤따르는 자가 손에 흰 꽃가지를 들고 있다가 주례의 첫 선언이 끝나고 신랑 신부가 손잡는 예를 행할 때에 신부에게 전하면 신부는 왼손에 받아들게 되어 있다. 그 뒤 주례의 두 번째 선언으로 예식이 끝나면, 신랑·신부는 차를 타고 새집(신랑·신부의 집이 아니라, 새 살림을 꾸밀 집)으로 향하고 여러 빈객들은 각각 흩어진다.

18. 혼례에 드는 비용은 다 남자측에서 부담하기로 되어 있다. 돈 많은 사람은 잔치를 베풀며, 빈객을 초대하여 기쁨을 같이 하기 때문에 그 비용이 많이 들지만, 가난한 사람은 그렇지 못할 뿐 아니라, 만약 억지로 부자와 같은 흉내를 낸다면, 다른 사람들의 비웃음을 사기 때문에 그러한 풍습은 자연히 행해지지 않고 있다. 한편 부조(扶助)는 친척과 친구들이 각기 형편에 따라 정을 표하는 정도로 하거니와 잡비로서 쓰지 않을 수 없는 것이 있다.

즉, 첫째는 혼례를 허락하는 법문의 세금으로서 은돈 2원이며, 둘째는 주례에 대한 사례인데, 이는 일정한 규정이 없고 행례자의 가세대로 행하는 것이 보통이지만, 항상 은돈 5원이며, 셋째는 신문지상에 남자 아무개와 여자 아무개가 모월 모일 아무 곳에서 결혼했다는 광고를 내는 비용은 은돈 1원 정도가 든다.

19. 이처럼 손잡는 예를 행한 뒤 부부간에 화순한 정의로 백년해로하는 즐거움을 누린다면 더할 나위 없거니와, 만약 남녀 사이에 여러 가지 변화가 생겨 서로 맞지 않게 되면, 역시 법관에게 고소하여 이혼해 줄 것을 청할 수 있다. 법관이 소청인의 주장을 잘 조사한 뒤, 여자에게 허물이 없으면 허락하지 않되, 남자가 동거하기를 원하지 않는다면, 여자의 한평생 동안의 의식 및 자질구레한 잡비까지를 남자에게 마련하라는 명령을 내려서 매년, 일정하게 지불토록 하지만, 만약 여자가 재가하면 지급을 중지해도 된다. 또 남녀간에 불행하게도 젊어서 죽는 자가 있으면, 남은 사람은 재차 결혼하기를 허락하는데 과거에 결혼했던 일에 얽매이지 않는다. 그러나 남자가 첩을 둔다거나 여자가 두 남편을 갖는다거나 하는 일은 국법이 엄금하고 있을 뿐더러, 풍속의 괴변이라고 하여, 감히 그러한 행위를 하는 자도 존재하지 않는다.

20. 서양 회혼(回婚)례의 명칭을 기록해 본다면, 이상한 것이 많다.

1주년	솜 회혼	15주년	수정 회혼
2주년	종이 회혼	20주년	사기 회혼
3주년	가죽 회혼	25주년	은 회혼
5주년	나무 회혼	30주년	구슬 회혼
7주년	양탄자 회혼	40주년	보옥 회혼
10주년	납 회혼	50주년	황금 회혼
12주년	비단 회혼	60주년	금강석 회혼

21. 회혼의 명칭이 이러할 뿐만 아니라, 매 회혼 때마다 그날이 되면,

친척과 친구들은 회혼을 상징하는 물품을 선물로 보낸다. 예를 들자면, 1주년 되는 회혼이면 솜으로 만든 물건을, 2주년 되는 회혼이면 종이로 만든 물건을 그 이하도 각기 상징하는 명칭에 해당되는 물건을 선물로 보내기로 되어 있다.

장사(葬事)의 예절

1. 죽은 자를 장사지내는 것은 살아 있는 사람이 해야 할 일이다. 그런 까닭으로, 장사에 관련되는 예절은 산 사람에게만 있고 죽은 자에겐 아무 관계도 없다. 죽은 자의 장사로 말미암아 산 사람의 길흉이라든가 화복을 구하기도 하고 혹은 피하기도 한다는 것은 세상 사람들의 유혹되기 쉬운 마음이 허황한 풍속에 젖어들거나 우매해서 깨닫지 못한 결과인 것이다. 그러나 이따금 그러한 주장을 독실하게 믿는 사람도 있어서 소위 합당한 묏자리를 얻지 못하면 죽은 사람의 신체는 돌보지도 않고, 산 사람의 욕심만으로, 다른 사람의 산지에 몰래 장사지냄으로써 욕이 부모에게까지 미치게 하면서 이를 부끄럽게 여기지 않으며, 소송이 빗발쳐 관가까지를 번거롭게 하고도 이를 두렵게 생각하지 않는 바, 보는 사람도 심상하고 듣는 사람도 등한하여 자식된 당연한 도리라고 하니, 이는 오래된 풍속이므로 어떻게 할 수조차 없는 일이다.

유식한 사람은 혹 말하기를 "그와 같이 하지 않는다면, 배우지 못한 무식한 국민들이 그들의 부모의 시체를 개천에 버림으로써 아득한 옛날의 어리석고도 야만적인 폐풍을 일으킬까봐 두려워하여, 소위 화복과 길흉에 관한 이야기로 은연중에 그들의 마음을 이끌어 장례를 지내도록 했다."고 하지만 이는 억지로 꾸며대는 말밖에 안된다. 만약 국민들의 풍속을 관후한 곳으로 돌리려 한 것이었다면 예로써 가르치며, 법을 마련하여 정당한 방향으로 나아가게 하는 것이 당연한 처사임에도 불구하고, 어찌하여 속여 이끄는 방법을 씀으로써 국민들의 습속을 인도한다고 할 수 있단 말인가.

장례의 형식은 세계 각국의 풍속 여하에 따라 차이가 많은 바, 일본 사람들이 장사지내는 습속은 죽은 사람의 몸을 나무로 만든 통 속에 앉혀서 묻으며, 아메리카주의 적색 인종은 그 습속이 죽은 사람의 몸을 나무 끝에 매달기도 하며, 이불에 싸서 땅속에 묻기도 하고, 또 각 지방의 야만인들은 죽은 사람의 살과 뼈를 가루로 만들어 물속에 뿌림으로써 물고기밥이 되게 장사지내기도 했었으나 서양 사람들이 금지시키고 교육시킨 덕으로 오늘날엔 그러한 풍속을 볼 수 없게 되었다. 이제 서양 사람들의 장사지내는 풍습에 대해 기록해 보면 다음과 같다.

2. 묏자리 선택하는 법이 풍수설의 터무니없는 이치를 믿지 않고, 어느 지방이든지 정부가 숲이나 도시 가운데의 건조한 지면을 장지로 정하여 누구든지 거리낌없이 그 안에 장사지내게 해놓고 있다. 그곳에는 뼈를 모으기 위하여 2, 3간(間)의 빈 터를 철책이나 목책으로 둘러놓기도 했으며, 또 땅굴을 파고 그 주위에 돌을 쌓아 그 입구를 봉해 놓기도 하였는데, 이는 비유하자면, 우리나라에서의 치표(寘標, 묏자리를 미리 잡아 표석을 세워 무덤처럼 만들어 두는 일)와 같은 것으로서 반드시 관청에 세금을 낸 후 허가를 얻은 것이므로, 타인의 땅을 위력으로 뺏은 것은 아니다.

한편 정부는 묏자리를 지키기 위하여 일정한 규모와 제도를 마련하고, 그 근처에 사는 사람으로 하여금 묘지관리인으로 삼아서 소·말·개·양 등이 달려 들어올 수 없도록 하기 위하여 묘지 주위에 철책을 두르고, 사람이 출입하는 곳에는 문을 달아놓고 있다. 그리고 묏자리 사이에는 넓은 길이 있어서 두 대의 수레가 나란히 달리기에 넉넉하고, 그 좌우에는 기이한 꽃과 풀을 심어서 꽃피는 계절이 되면 아름다운 향기가 옷에 스며들며, 또 사시사철 푸른 수목이 두 줄로 심어져 있는 바, 여러 개의 묘지 사잇길이 다 이와 같아서, 그 청아한 경치와 아름다운 기상은 북망산이 아니라 번화한 길거리를 열어 놓은 것 같기도 하다.

또 묘비 등이 나란히 선 모양은 군사들의 행렬처럼 대오가 분명하여 일정한 규칙으로 조금도 어긋나는 모양이 보이지 않고, 국내의 유명한 학자와 공신의 무덤은 그 비석의 됨됨이 꺾어진 대들보의 형상처럼 되어 있는 한편, 다른 비석 가운데에 솟아나 있는 바, 죽은 뒤에라도 엄연히 국민들을 인도하는 듯한 기개가 엿보인다. 묘비에 쓰이는 석재는 흰 빛깔이 많지만, 혹은 푸른 빛깔의 것도 있는데 유리처럼 갈아서 영롱한 광택이 참배인들의 모습을 비춰 준다. 비문에는 죽은 사람의 성명과 생졸(生卒) 연월(年月)과 몇 구절의 시(詩)를 써놓고 있는 것이 보통이며, 귀천의 등급에 따르는 석물의 구별이 없고 분묘가 평토에 이를 정도로 지면을 쌓고는 그 위에 세워 놓고 있다.

3. 이상 기록한 것은 묘지의 규모에 대하여 이야기한 것이지만, 초상 치르는 여러 가지 의식에 대하여 적어 보기로 하겠다.

병자가 별세하면 대문 앞에 한 조각의 검은 천을 내걸어서 상고가 있다는 것을 표시하고, 곧 죽은 사람의 성명과 나이를 관청에 보고하며 친척이나 친구에게 부고를 낼 때엔 신문지상에 광고함으로써 세상 사람들이 알도록 한다. 그리고 초혼하는 법과 발상하는 예가 없는 것은 말할 것도 없고, 비록 친자녀라도 울음소리를 죽이는 것은 지정간의 슬픔을 나타내는 자연스러운 방법이라고 하겠으나, 곡성을 크게 내는 것은 법률이 금하고 있다.

한편 염(殮)하는 법이나 소대렴에 관한 절차가 없고, 검은 옷 한 벌 뿐으로 멱목(幎目) 및 손 맞잡는 법 등을 행하지 않는다. 관은 우리나라의 것과 비슷하지만 은혈못[隱釘] 대신에 철로 된 지도리로 뚜껑을 열고 닫는다. 관 위의 명정(銘旌)도 쓰지 않으며, 성복하는 예는 3일이나 5일이라는 기한이 없다. 그리고 유족들의 복입는 법을 보면 여자는 검은 천 몇 자를 모자 꼭대기로부터 달아서 등뒤로 드리우고, 남자는 검은 천 몇 치 넓이를 모자에 둘러 꿰맬 뿐이다. 옷 및 장신구 등의 장식을 떼어내며 명함이라든가 왕복하는 편지에는 그 가장자리를 검은색으로 두르도록 하는 바 이는 남녀의 경우 똑같다.

서양의 풍속이 흉사에는 검은 빛깔을 숭상하며, 복을 입는 기한 또한 3년, 기년 및 대소 공시(功緦) 등의 작정이 없고, 복입는 사람의 의향에 따라 시일의 장단을 조절하고 있다.

4. 발인하는 데 사용되는 여러 가지 물건 — 운아삽(雲亞翣)과 명정, 공포(功布) 같은 것이 없으며, 장사지내는 의식은 낮에 하기 때문에 등불이 필요 없다. 한편, 상여의 제도는 긴 수레를 검은 천으로 장식하고, 좌우에는 유류(遊旒)를 드리우며, 앙장(仰帳)은 혹 있기도 하고 혹 없기도 하며, 관은 사람이 메지 않고 마차에 싣는 바, 두 필·네 필 혹은 여섯 필로부터 열 필 이상에 이르기도 한다. 장례식에 참석하는 친구와 친척 및 유족들은 각각 마차를 타고, 상여 뒤를 따라간다. 그리고 유명한 사람의 상여는 정부의 명령으로 군사들이 호위하며 가는 수도 있다.

발인하는 방법에 대하여 간난히 이야기해 보겠다. 예수교를 믿는 사람은 관을 예배당으로 운구하여 대청 가운데 안치하고는, 흰 꽃 혹은 여러 가지 빛깔의 꽃으로 화환을 만들어서 관 위에 올려놓은 뒤, 교정(敎正) 한 사람이 예복을 입고 관 앞에 단정히 서서 죽은 사람의 이력을 낭독한다. 죽은 사람의 친구는 장례식에 초청받은 자가 아니라도 많이 참석하며, 이 의식이 끝나면 발인하기 시작하여 장지로 향한다. 예수교를 믿지 않는 사람은 예배당에는 가지 않고 자기 집에서 장지로 직행하기도 한다. 치산하는 법은 좌향(坐向)이라든가, 풍수·택일·취토(取土) 등을 하는 일이 없고, 3일·5일 혹은 9일장을 지내는 것이 보통이다. 한편 광중(壙中)에는 석회를 쓰는 자도 있고, 쓰지 않는 자도 있다. 이러한 절차로 장례식이 끝나면 죽은 자를 마지막으로 보내는 예가 다 끝난다. 우제(虞祭)·부제(祔祭) 및 소대상·기제사 등을 지내지 않으며 또 좋은 묏자리를 다시 택하여 이장하는 법도 없다.

붕우상교(朋友相交)하는 도리

1. 친구란 같은 패거리를 말하기 때문에 어떠한 사람이든지 사람인 이상 친구를 가지고 있다. 이제 서양 사람들의 친구 사귀는 방법을 열거해 보기로 하겠다.

그들의 교우법에는 칭찬할 만한 것이 많을 뿐더러 취택할 만한 것도 있으나 서양 사람이라고 해서 사람마다 다 그런 것은 아니며, 그렇지 않은 자도 많다. 그러나 교육이 균일하기 때문에 친구끼리 사귀는 데에는 비록 미천한 사람이라도 슬기로운 지혜를 발휘하는 자가 많다.

2. 서양 풍속에는 신용을 잃는 일이 교우하는 데 있어서 가장 꺼리는 조건이다. 그런 까닭으로, 친구끼리 사귈 때 대소를 막론하고, 신용을 잃는 경우가 있으면, 당장에 무안하기는 고사하고 친구가 점점 멀어지고 만다.

서양 풍속에서의 신용 지키는 여러 가지 예를 들어 보겠다. 친구끼리 사귀는 보통 사이라도 시간 약속을 했을 경우, 어겨서는 안되며, 만약 약속한 시간에 닿을 수가 없으면, 반드시 그러한 까닭을 통고해서 헛되이 서성거리는 일이 없도록 해야 하는 것이다. 상인끼리 물건을 거래하는 데 있어서도 날짜를 약속했으면 단 하루라도 감히 어길 수 없고, 만약 부득이한 사고가 발생하여 그 기한 안에 닿기 어려울 것 같으면, 비록 만 리나 떨어진 고장이라도 전보로 연락을 취하여 낭패하는 폐해를 면하게 해주어야 한다. 기술자가 남의 부탁하는 물품을 만들어 주기로 했다면, 약속한 기일을 어길 수 없으며, 자기의 사유로 약속을 지키지 못할 때에는 다른 기술자에게 위탁하여 그 기한 내에 갖다 주어야만 한다.

관리가 정부의 사무를 집행하는 데 있어서도 역시 일정한 기한이 있어서 국민으로 하여금, 시일을 낭비하는 폐단이 없도록 해야 한다. 한편 법관의 판결이라든가, 지방관리의 세금 수납이라든가 우편국에서 편지 발송과 수집이라든가, 각 관청에서 집행하는 영장 등도 역시 일정한 기한을 지키도록 되어 있으며, 기선·기차 등의 출입도 정해진 시간을 어기는 일이 없도록 되어 있다. 그러므로 서양에서의 가장 큰 욕과 부끄러움이 거짓말쟁이라고 불리는 것이다.

3. 같은 또래끼리 모여 놀 때의 형상을 보면 술과 담배를 권하며, 어깨를 치고 무릎을 맞대는 사이에 고상한 비유와 재담으로 풍류가 난만하고, 즐거움이 가득 차 있으나, 추잡하고 점잖치 못한 기색이나 말투는 전연 찾아볼 수가 없다. 또 한 번만이라도 상소리나 욕지거리를 입에 담는다면, 자기 자신의 행실에 관련이 있는 것은 말할 것도 없고 타인의 손가락질을 면하기 어렵게 되어 유식한 자와의 교유가 아주 끊어지게 되고 만다.

그러므로 나라 안의 이러한 풍속이 자연적으로 하나의 습관을 이루게 되었으며, 또 친구 사이의 조용한 담화는 나라를 소중히 여기는 경륜과 국민들의 교육문제라든가, 생업이나 경영에 관한 문제와 공부하는 조목이라든가, 외국의 사정과 고금의 역사 등에 관한 것이 그 주된 내용을 이루고 있다. 이 외에도 빈민 구제하는 방도와 괴이하고 나쁜 풍속을 개혁하는 논의에까지 이르며, 서로서로 권하고 노력하는 방법을 모색하여 탁마하는 공을 힘쓰는 것이다.

4. 그들이 서로 만날 때의 예절은 가까운 손을 잡으며, 추위나 따스함 같은 계절적인 이야기로 인사를 나눈다. 그러한 그들의 모습은 화순

하기 그지없지만 절이나 읍하는 절차가 없으며, 언사가 공손하지만, 존대와 천대의 구별을 하지 않는다. 그리고 멀리서 만나면 모자를 들어서 경의를 표할 따름이며, 손아랫사람이 어른을 만나든지 남자가 여자를 만나든지 하면 원근을 헤아리지 않고, 먼저 인사하는 것으로 예를 삼되, 다만 악수하는 예법은 상대방이 먼저 손을 내밀기를 기다렸다가 응할 따름인 것이다. 또 타인의 방안에 들어갈 때, 남자는 모자를 벗지만 여자는 벗지 않는다.

5. 음식을 먹는 절차에 있어서도 언제나 여자에게 먼저 권하고, 남자가 뒤에 들기로 되어 있다. 국이나 차 종류를 들 때에 들이마시는 소리라든가, 고기나 물고기 종류를 씹거나 삼킬 때에 소리를 내지 말아야 하며 과일의 씨는 손으로 입을 가린 다음, 뱉어내도록 하며 식탁의 생선 뼈다귀 등은 손을 대지 말고 또 땅바닥에 버려서도 안되며, 여러 사람이 회식하는 자리도 의젓한 모습과 조용한 거동이 큰 손님을 뵐 때와 같다고나 할까.

무릇 이러한 버릇은 어릴 때부터의 교육으로 말미암아 하나의 습관을 이루게 된 것이다. 또 술취한 모습으로는 비록 친한 친구라도 마주 대할 수 없기 때문에 술을 많이 마시지 않으며, 술취한 사람은 문밖에 나서지도 않는다. 그리고 형제끼리 있을 때라도 기침이나 하품·기지개 같은 게으른 행동은 하지 않는다.

6. 친구 사이에 서로 도와주는 의기는 같은 또래·손아래·어른이라는 친소원근을 가리지 않는다. 몸가짐이 단정하고 마음가짐이 확실하지만, 가난하기 때문에 경영코자 하는 의도를 펴지 못할 것 같으면, 돈 많은 자가 그러한 사람의 궁핍한 형편을 도와주러 나선다. 상업을 경영코자 한다면, 자본을 빌려주고 학업에 종사코자 한다면, 학비를 도와주며 혼인이나 장례 비용이 모자라는 자에게는 상당한 부조를 해주거나, 죽은 친구의 처자가 어려운 형편에 놓일 것 같으면 생계의 방도를 주선해 준다. 이외에도 재물에 인색한 마음은 별로 나타내지 않

는다. 만약 형제나 자식·조카 사이라도, 그 위인이 부랑방탕할 것 같으면 의식에 관한 비용은 혹 보태어 주지만, 재물은 한 푼도 나누어 주지 않을 뿐더러 다른 사람에게 재물을 빌린 것이 있을 것 같으면, 도리어 화를 내기도 한다. 그러한 근본 의도를 미루어 생각해 보면 다음과 같다.

나라 안에 한 사람이라도 착실한 자가 놀고 먹는 폐단이 있다면, 그 한 사람의 해되는 데에 그치지 않고, 그 영향이 전국에 미치기 때문이다. 그 사람이 능히 종사할 수 있는 생업이 있을 것 같으면 나라 안에 한 사람의 이익이 보태어지는 것이며, 백 일이면 백 사람의 일이, 천 일이면 천 사람의 일이 보태어지는 셈이므로 한 사람이라도 놀고먹는 자에게 재물을 준다는 것은 그 사람을 사랑하는 것이 아니며, 도리어 미워하는 것과 같은 결과라 하겠다. 그러한 일이 쌓여서 크게 될 것 같으면 국가의 법을 어기는 것이 되고, 적을 것 같으면 가족에게 후환을 남기게 되어, 우리 사회에 한 화근을 빚게 된다고 할 수 있다. 그런 까닭에 돈 많고 귀한 집의 자제라도 자기 생업을 영위할 수 있는 길에 종사하도록 하고, 부랑하고 방탕한 자는 한평생토록 그 수중에 쓸 만한 재물이 남아 있지 않는다.

7. 또 죽을 때의 유인으로 돈이나 물품을 증여하는 일이 있다. 부자나 학자는 그들의 생시에 경영하거나 탐구하던 재물이나 물건을, 죽은 뒤에 자기의 의향대로 친척 혹은 친구에게 나누어 주도록 하는 제도인 것이다. 그런 까닭에 병자가 회춘하기 어렵다고 생각되면 죽기 전에 변호사를 불러서 그의 유언하는 내용을 기록하게 하여 후일의 증거 및 증인으로 삼는다. 한편 자녀들의 생업을 위하여 저축하는 풍속이 없기 때문에 자녀들 역시, 유언대로 분배해 주는 몫만을 차지하고, 부형들의 재산에 의지하지 않는다.

8. 다른 사람의 즐거움을 자기의 즐거움으로 삼고, 다른 사람의 근심을 자기의 근심으로 여기는 일은 의협심을 가진 사람의 의기라고 할

수 있다. 친구의 욕됨과 분함을 자기 자신이 당한 것처럼 부끄럽게 여기고 노한다. 다른 사람이 새로운 경륜으로 학술이나 기계부문에서 커다란 성공을 거두게 되면 자기 자신의 일인 것처럼 기뻐하며, 무슨 사업에 종사했든지 간에 실패한 사람이 있으면, 자기 자신이 당한 것처럼 근심하기도 한다. 또 만약 억울한 사유라든가, 공평치 못한 일로서 다른 사람에게 모욕을 당하면 분통한 마음을 참을 수 없게 되며 미천한 사람이 존귀한 사람에게서 당했거나 부자가 가난한 사람에게 가했거나간에 그 빈천에 관계없이 증인이 되거나, 공담인(公談人)이 되면 법관이 직권으로 원통함을 씻어 준다고 한다.

여자 대접하는 예모(禮貌)

1. 사람이 하늘과 땅 사이에 태어나면서 이미 남녀라는 구별이 있으므로, 남녀를 분별하는 예절을 마련치 않을 수 없다. 그런 까닭으로 집안에서 기거하는 데에는 내외라는 구별을 마련하며, 길을 갈 때면 좌우로 갈라서야 하는 차례를 정해 놓고 있는데, 그 규모의 엄숙함이라든가 제도의 면밀함이 지극한 경지에 이르렀다. 그러나 세계에는 나라가 하나둘만 있는 것이 아니기 때문에 그 풍속도 같지 않다고 하는 사실은 자연스러운 이치라 하겠다. 남녀가 같지 않다고 하는 사실에 대해서는 여러 나라의 논평이 같은 바이지만, 그들의 상종하는 예모는 풍습이 같지 않으므로 말미암아 여러 가지 의식과 법도가 생겨나게 마련이다. 그러므로 우리들의 풍습이 다른 나라 것에 견주어 뛰어났다고 말하는 것도 공평한 주장이 아니며, 다른 나라의 관습이 우리의 그것보다 낫다고 하는 것도 미친 사람의 망령된 이야기라고 할 수밖에 없다. 예절이라고 하는 것은 풍속의 습관에 따르는 것이므로 피차의 차이가 있게 마련이며, 우리들은 다만 그 차이가 어떠하다는 것

만을 이야기할 따름인 것이다.

2. 서양 사람들의 여자 대접하는 예절을 본다면, 우리들의 그것과 현저한 차이가 있다는 사실을 발견하게 된다. 듣는 사람으로서의 의향은 어떠할지 모르지만 나는 내가 본 대로 기록할 따름이며, 좋다 나쁘다 하는 비평은 내리지 않겠다. 서양 사람들은 여자는 우리 인간사회에 있어서의 근원이요, 집의 대들보와 같은 존재라고 말한다. 만약 그녀들의 기질이 부드럽고 약하며, 학식이 짧고 적은 것 같으면, 위에 말한 바와 같은 두 가지 직분을 감당하기 어려울 것이라고 하여 내외하는 예법을 마련하지 않고, 또 그녀들을 어릴 때부터 여러 가지로 교육하는 방법도 구비시켜 놓고 있다. 내외하는 법이 없는 연유는 만약, 한 곳에 오래 살면서 바깥 공기를 쐬지 않으면 병이 생기기 쉽고, 병이 있으면 그녀가 낳는 자녀의 기혈도 충실치 못하여 일찍 죽는 자가 많으며, 설사, 요절하는 것은 면하더라도 평생토록 병을 앓으며 지내는 자가 많기 때문이다. 그러므로 여자가 조심성없이 출입하는 일은 행하지 않더라도, 한 방안에 평생을 갇혀서 지내지는 않는 셈이다.

이제 이 이치를 증명하기 위하여 약간의 이론을 전개시켜 보겠다. 우리나라 부귀한 집안의 자녀가 미천하거나 농민들의 자녀에 견주어 그 기질이 월등히 무르고 부드러우며, 애당초 자녀를 낳지 못하는 자도 많은데, 이는 대대로 전해 내려오는 약질 때문이라고 하겠다. 또 여자를 여러 가지로 기르치는 까닭을 생각해 본다면, 어린아이들의 교육은 어머니된 자가 도맡아서 해야 하는데, 만약 지식이 없을 것 같으면, 교육하는 방법을 알지 못한 나머지 아이들의 성질을 거스르며 아이들의 성장을 손상시킬지도 모르기 때문이다.

한편, 의복이라든가 술·음식에 관계되는 사항은 여자들이 배우는 교훈 가운데서도 특히 적은 부분이라 하겠다. 인간 사회에 있어서의 모든 사물의 이치를 통달하고, 음악·산수 등의 심묘한 경지까지 터득해야 하므로, 어린이 학교에서는 여자 교사가 남자보다 더 뛰어나다고 하여 여자들을 많이 채용하고 있다. 또 집안을 다스리거나 손님을 접대하는 데 있어서도 배우지 못한 여자는 생소한 폐단이나 미련한 일이 많을 뿐더러 만약 국가에 불행한 일이 생기게 되면 남자는 전쟁터로 나가는 자가 많기 때문에, 남자가 맡아보던 모든 사무는 여자가 대신해야 하는 만큼 가르치지 않고도 어찌 할 수 있단 말인가. 그러므로 여자를 교육하는 일이 무엇보다도 요긴하다. 평상시라도 여자에게 학식이 많으면 힘들여 노동하지 않아도 능히 할 수 있는 일이 많다는 것은 남자가 하던 일을 여자도 능히 할 수 있으므로 그 공이 남자 못지 않다고 할 수 있다.

이러한 이치로 미루어 생각해 본다면 배우지 못한 여자는 사람으로서의 할 일을 하지 못한다고 할 수밖에 없다. 서양의 유명한 학자는 사람이 사람의 일을 행한 다음에야 사람이요, 또 사람이 가르침을 받은 다음에야 여러 가지 일을 능히 할 수 있는데 여자도 가르치지 않으면 사람의 일을 어찌 할 수 있단 말인가. 여자가 남자와 다르다고 하지만 역시 사람이 아닌가. 그런 까닭에 여자를 가르치지 않는 나라는 국민의 총인구가 1천만에 이른다 하더라도 실상은 5백만밖에 되지 않는 셈이라고 말한 적이 있는데 그 말이 어떤지, 다만 이곳에 인용할 따름이다.

3. 서양의 옛날 역사책을 보면, 여자의 학식이 부족하여 집에서 살림을 할 때에 남자가 대접해 주는 방법이 개나 말보다 조금 나은 정도며, 내외하는 법도 심했었으나, 오랜 세월을 거치는 동안 그러한 풍습이 차츰 달라지는 방향으로 나아갔다. 즉 여자 교육하는 법을 처음으로 마련하고 학식이 남자와 대등한 경지에 이르게 되자, 비로소 내외하는 법을 폐지했는데, 여자들의 학식이 없었으면 불가능한 일이었던 것이다.

서양 여자들의 내외하지 않는 모양을 잠시 적어 보기로 하겠다. 어떠한 연회든지 여자가 참석치 않는 곳은 없으며, 또 여자가 가면 남자는 일어서서 경의를 표하고 자리를 사양하여 상석에 앉히고 음식이 있으면 무엇이 먹고 싶은가를 물어서 권하고, 감히 먼저 먹지 못하며, 담배는 여자들이 싫어하는 것이라고 하여, 앞에서 감히 피우지 못하는 바, 그 공손하며 근신하는 예절이 너무 지나친 것 같기도 하다. 혹 겉으로만 꾸미는 것이라고 말하는 사람이 있기도 하지만, 오랜 습속으로 말미암은 관례이므로 갑작스레 바꾸기도 어려울 뿐더러, 여자도 으레 남자에게 그러한 대접을 받는 것으로 습관이 되었기 때문에, 만약 남자가 그러한 예절로 대접을 하지 않을 것 같으면 거칠다고 시비를 걸기도 한다. 어떤 사람은 남녀간에 내외하는 법이 없기 때문에 이러한 예절을 마련하여 그들의 방자하고 난잡한 생각의 싹을 애당초 단절코자 한 것이 아닌가고 말하기도 하였다.

4. 서양에는 귀하기가 제왕에 이르고, 돈 많기가 공후(公侯)에 견줄 만하더라도 첩을 두는 풍속이 없고, 일부일부(一夫一婦)는 임금으로부터 서민에게까지 두루 통하는 제도로 되어 있다. 그런 까닭으로 관리가 외국으로 출장갈 때라도 그의 부인과 동행하고, 상업에 종사하는 사람이 만리 타향으로 갈 때에도 그의 처자를 데리고 가며, 강산과 누대의 절경을 구경하는 관광객이라도 내외가 동행하는 것이 보통이다. 그러므로 봄이 오는 안방에서라든가 혹은 다듬이질에 지친 가을밤에 느끼는 여자들의 원한은 찾아볼 수 없는 것이다. 정회에는 흡족하되, 행동에는 좀 구애를 받을 듯하지만, 그러니 세상의 즐거움을 누리며, 인생의 화기를 손상시키지 않는다는 점에서는 크게 도움되는 일이라 하겠다.

5. 남자들의 여자 접대하는 도리가 이처럼 극진하기 때문에 여자들이 또한 남자 접대하는 데도 예절을 다한다. 또 여자들은 남자를 따를 수 없다는 평가에 분노하여 남자들이 하는 일은 그들 역시 힘을 다하여 해보려고 노력한다. 그리하여 의학 공부를 하여 의사로서 활약하기도 하며, 법률을 공부하여 변호사로서 이름을 떨치기도 하며 혹은

관청 상사 및 기타 여러 가지 회사에서 서기로 활약하기도 한다. 또는 전쟁터에도 나아가는 바, 총칼을 쥐고 싸움을 하는 일선에는 가지 않지만, 부상을 당한 군사의 구호와 치료를 자청하는 여자도 더러 있는데, 이는 그래도 있을 수 있는 일이지만 몇 년 전 미국 대통령 선거가 있을 때, 여자들이 생각하기를 어찌하여 남자만 대통령 자리에 있고 여자는 하나도 없을까 보냐고 하여 뭇 여자들이 대회를 열고는 법관 녹구우(鹿久尤)의 부인을 지명하여, 대통령감으로 합당한 인물이라고 했었다. 그 일이 이루어지지 않은 것은 고사하고 남자들은 서로 돌려가며 이야기하기를, 하늘 아래 둘도 없는 기이한 일이라고들 하였다.

제 16 편

의복·음식 및 궁실(宮室)의 제도

1. 이제 온 천하 사람들의 생활하는 형편에 대하여 생각해 보기로 하자. 사람들이 뜻을 경영하고 제도를 마련하는 것은 그들이 사는 지방과 물산에 따라 달라지는데, 흑도(黑道)와 적도(赤道)와 황도(黃道)에 딸린 어느 지방이냐에 의해 현격한 차이가 있다. 그 가운데서도 황도의 사람들은 관습이 완전히 개화되었으나 적도와 흑도의 사람들은 관습이 약간 개화된 곳도 있으나, 미개한 곳도 많다. 그러한 현상이 일어나게 된 연유를 살펴보자.

흑도 지방은 네 계절의 기후가 엄동과 같으므로, 초목이 자라지 못하고, 새·짐승도 희소하여 그곳에 사는 사람들은 생활하는 데 필요한 물품 마련에 많은 시간을 소비함으로써 다른 일은 할 여가조차 없는 것이다. 그러므로 의복은 새나 짐승의 가죽 혹은 털이라든가, 외국에서 수입하는 물품에 의존할 뿐이며, 음식은 농사를 지을 수 없기 때문에 고기잡이나 수렵을 생업으로 삼아야 하며, 거처하는 주택은 토옥이라든가 석굴의 종류일 따름이다. 그들의 가난하고 구차한 형편과 힘들여 노력하는 모양은 날과 해를 거듭할수록 여전하여 인생의 안락한 생활에 참여할 수 없는 것은 사리의 자연스러운 귀결이라 하겠다.

한편, 적도 지방의 타는 듯한 더위는 네 계절 동안 한여름과 같은 상태여서 무성한 갖가지 초목들이 사람의 손을 기다리지 않기 때문에, 음식 구하는 데에는 아무런 수고를 하지 않아도 풍족함을 구가할 수 있다. 그러나 추위를 모르기 때문에 의복과 주택 등에는 전혀 신경을 쓰지 않는 바, 한 조각의 무명천으로 아랫도리만을 가리거나, 혹은 그것마저 하지 않는 자가 많으며, 그 중에서 사치하는 자라야 홑옷 한 벌을 가지고 있을 정도다. 주택도 노숙하는 지경에는 이르지 않는다 하더라도 초막과 포장의 종류를 많이 사용하며, 이따금 나뭇가지나 잎으로 집의 모양을 만들기도 하고 토목의 공역을 제대로 갖춘 집을 마련하는 자도 있다. 생업을 영위하는 데 있어서 구차한 일이 없기 때문에, 그곳 주민들은 대체로 게으르고, 그 고장의 물이나 흙도 생활하는 데 적당치 않으므로, 인생의 낙을 구하기는 어려운 형편이다.

그러나 황도 지방만은 네 계절의 기후가 골고루 쾌적하며, 모든 종류의 것이 구비되어 있으므로 사람이 사는 데 가장 알맞은 곳이라고 하겠으나, 사람마다 일정한 수준의 역량과 재주를 가지고 있지 않으면 구차한 형편을 면할 수 없기 때문에 경륜을 펴며 이술(理術)을 연구하여 편리한 방법을 마련하며, 여유있는 즐거움을 구해야만 하는 것이다. 이 고장의 사람들은 세계 가운데서도 풍속이 가장 개화된 곳에 살고 있지만, 재주와 경륜의 차등에 따라 사업 성취의 차이가 나타난다. 이제 이곳 황도 지방에 위치한 나라를 들어보면, 우리나라·중국 및 일본과 유럽의 여러 나라와, 북아메리카주의 미국과, 남아메리카주의 몇몇 국가 등이다. 아시아주에 있는 여러 나라는 이곳의 논의를 기다릴 필요도 없이 견문이라든가, 역사책에 기록된 내용 등으로 자연히 익숙해 있지만, 지금부터 구미 여러 나라에 관한 몇 가지 사항을 기록하고자 한다.

2. 의관 제도의 변천은 수없이 많은 과정을 겪어 왔다. 1천 년 전후 로마 시대의 상황을 살펴보면 그들의 의관은 대단히 불편하였다. 즉

소매의 길이는 무릎을 지나며, 가장자리는 꿰매지 않은 채 허리까지 내려오고, 앞의 폭은 길이가 발까지 닿으며, 머리에 쓰는 물건은 양털로 짠 두건 종류의 것이었다. 이러한 물건들의 빛깔은 다 흰색이었으며, 번거롭기 짝이 없기 때문에, 약간 개량하기도 했지만 갑자기 다 변경하지 못하고, 예복류는 그대로 옛날 제도를 답습하다가, 후세에 이르러 전쟁 때라든가, 공사를 할 때 지장이 많았으므로 대폭적인 개량을 하기에 이르렀다. 처음에 웃옷은 짧지 않았지만, 바지는 무릎에 이르고, 양말의 길이는 무릎 위를 지나며, 신발에 사치용의 장식을 하는 사람은 금이나 은으로 꾸미기도 했는데, 이는 의관제도의 한 변천 과정을 나타내 보이는 현상이었다.

그러나 그러한 의관 제도도 시세를 따라 넓고 좁음이 한결같지 않아서 사람마다 뜻에 맞는 대로 만들어 일정한 규모가 없었으나, 백년 전에 이르러 오늘날과 같은 제도를 만들고, 서양 여러 나라에서 한꺼번에 취택하여 사용하였다. 지금도 15세 미만된 남자의 의복은 옛날 제도를 그대로 따르고 있다.

서양의 유명한 학자가 이야기한 것을 들어보자. 즉 "사람의 의관은 몸을 가리고 보호하는 데 쓰일 따름이다. 나는 새를 본다면, 그 털이 전신을 덮는 데 지나시 않고, 날개가 넓고 꼬리기 길다고 하더라도 이는 나는 방편을 위해서 없어서는 안되는 물건이며, 또 달리는 짐승을 본다면, 그 털이 역시 몸 선체를 가리는 데 그치며, 꼬리는 몸을 보호하는 데 요긴한 물건인 것이다. 사람이 이 세상을 살아 나가는 데 있어서 나는 새라든가 달리는 짐승처럼 털을 갖추고 있지 않기 때문에 의관을 착용하기로 한 바, 사람이 나는 새가 아니기 때문에 날개를 필요로 하지 않으며, 달리는 짐승이 아니기 때문에 꼬리를 필요로 하지 않는 것이다. 그러므로 넓은 소매, 긴 폭과 큰 관은 자연스러운 편리를 도모한 것이 아니며, 사람의 의견으로 옛날 습속을 따른 것일 뿐이다. 사람은 금수와 다르기 때문에 의관으로써 몸을 보호하는 법과, 추위와 더위에 따르는 구별이 있는 것이다."라고 한 바 있는데, 이 말이 어떠한지 굳이 풀어씀으로써 세상 사람들의 일소에 이바지코자 한다.

의관의 종류를 열거해 보면 다음과 같다. 즉 속홑적삼 · 속홑바지 · 단삼 · 단추 · 목도리 · 등거리 · 저고리 · 바지 · 양말 · 모자 · 신 · 두루마기.

3. 속홑적삼과 속홑바지(지금의 위 · 아래 내의)는 무명 혹은 양털로 짠 것으로서 크고 작은 사람 몸에 맞게 만든 내의를 가리킨다. 가난한 사람이라도 여름철에는 3일에 한 번, 겨울에는 7일에 한 번씩 갈아입는 속옷이다.

4. 단삼(지금의 와이셔츠)은 옥양목으로 만든 옷이다. 흉당(胸膛)은 여러 겹으로 풀을 먹여서 말린 다음 다림질하여 목과 팔 부분의 주위도 역시 그렇게 하되, 혹 다른 조각을 만들어서 붙이거나 떼거나 임의대로 할 수 있도록 되어 있다. 속홑적삼 위에 입으며 또 갈아입는 회수는 속옷류와 같다.

5. 단추는 단삼의 목과 팔 부분이 합쳐진 옷과 흉당에 있는 것을 가리키며, 또 다른 곳에 있는 것을 포함해서 말하기도 한다. 사치를 좋아하는 사람은 금이나 옥 혹은 금강석으로 만들기도 한다.

6. 목도리(지금의 넥타이)는 단삼의 목둘레 위에 두르는 것인 바, 비단이라든가 명주 등속으로 만든다.

7. 등거리(지금의 조끼)는 단삼 위에 입는데, 저고리 · 바지 등과 같은 색으로 만들고, 가슴 부분은 단추로 합치도록 하며 등 부분은 끈으로 품의 대소를 조절하도록 되어 있다.

8. 저고리는 등거리 위에 입는 옷이다. 긴 것은 무릎까지 내려오고 짧은 것은 배를 가릴 정도의 것도 있다. 저고리 아래 가장자리는 둥글거나 모지며, 가슴 부분은 단추로 열었다 닫았다 하도록 되어 있다.

9. 바지는 그 길이가 발목으로부터 명문(命門, 가슴뼈 가운데의 오목

하게 들어간 곳)까지 이른다. 앞부분은 단추로 합치게 되어 있고, 뒷부분은 끈으로 몸통의 대소에 따라 조절하도록 되어 있다. 아랫부분에는 대님이 없고, 윗부분에는 허리띠가 없으며, 끈을 바지에 달아 등거리 밑으로 어깨에 매도록 되어 있다.

10. 양말은 무명실 혹은 양털로 짠 것이다.

11. 모자는 겨울·여름용이 각각 따로 있다. 털로 만든 것은 추위를 막으려는 의도를 취했으며, 밀짚으로 만든 것은 더위를 식히고자 하는 특성을 이용한 것이다. 그 모양은 대개 비슷하지만 이따금 전혀 다른 것도 있다. 그러나 타원형의 모양으로 머리를 덮어 주는 역할을 하는 것은 같다.

12. 신은 짚신이나 미투리 또는 나막신 같은 종류는 없고 여러 가지 짐승의 가죽으로 만든다. 사람의 발 모양을 본떴는데 뒤가 높고 앞이 낮다. 신은 방에 들어갈 때에도 벗지 않는다.

13. 두루마기(지금의 각종 코트류)는 겨울·여름용이 각각 다르다. 여름용은 얇아서 비 올 때나 입고 겨울용은 두꺼워서 외출할 때에 입는다. 방안에 있을 때에는 입지 않도록 되어 있다,

14. 앞에 기록한 것은 서양 남자들이 착용하는 의관에 관한 여러 가지다. 그 규모나 제도를 보면 넓은 소매라든가 긴 폭이 없으며, 머리 위에 쓰는 것들도 머리의 모양을 본떴을 따름이며, 약간 가장자리를 두른 것은 보기에 멋있도록 하기 위해서이다. 한편, 서양 의복의 재료는 양털로만 직조할 뿐, 무명이나 비단류는 사용하지 않는다. 그리고 서양옷에는 주머니가 따로 없는데, 등거리나 저고리 및 바지에 조그만 주머니를 달아놓아 긴요하게 쓰이는 여러 가지 물건을 휴대하도록 하고 있다. 휴대하고 다니는 물건이란, 대개 시계·접칼·손수건·휴지 및 명함 등과 은전 혹은 지폐 약간이며, 담배를 피우는 자는 담배와 관계 있는 여러 가지 기구가 있는데, 이곳저곳의 주머니에 넣을 수 있으므로 편리하기 그지없다.

남자의 의관은 이상과 같다고 하겠으나 다음으로는 여자의 의관에 대하여 이야기해 보기로 하겠다. 그러나 자세하게 알지 못하기 때문에, 바깥으로 보이는 것에 대해서만 기록코자 한다.

치마는 품과 길이가 몸에 알맞도록 되어 있고, 허리 부분을 주름잡지 않으며, 아래부분의 가장자리로부터 조그마한 주름을 잡기 시작하여 중간쯤까지 이르고, 남자의 바지처럼 끈으로 넓이를 조종하며, 저고리 밑으로 멜빵식의 끈을 어깨에 매도록 되어 있다. 저고리는 그 길이가 흉당을 덮도록 되어 있으나, 젖이 있는 곳으 완만한 곡선이 드러나 보이게 되어 있으며, 젖모양이 드러나지 않게 동여매는 법은 없다. 빛깔은 검은 것을 좋아하고, 앞부분에는 새의 깃 등을 비스듬히 꽂으며 패물로는 귀고리·반지·팔찌·시계 및 저고리의 단추 등이 있다.

사람은 혈액의 순환이 순조롭게 잘 되어야만 병에 걸리지 않는다고 하여, 서양에서는 의관류를 동여매는 형식으로 만들지 않는다. 또 머리는 뇌수를 수용하고 있는 곳일 뿐더러, 혈액이 통과하는 관문이라고 하여, 그 보호가 극진하다. 서양 사람들은 묶거나 동여매는 것은 위생에 지극히 해롭다고 하여 기피하는 데 그치지 않고, 남녀노소 없이 외출할 때에는 반드시 모자를 씀으로써 머리를 보호하는 데 각별한 주의를 기울이고 있다.

15. 음식은 사람의 정신이나 혈액에 자양분을 공급해 주는 역할을 한다. 만약, 음식을 요리하는 방법이 거칠어서 소화하기 어려울 것 같으면, 도리어 사람에게 해를 끼칠 뿐더러 체증 따위로 평생의 고질이 될 수도 있는 것이다. 혹은 사람의 목숨이 이러한 일로 말미암아 천수를 다하지 못하게 되는 수조차 있을지 모른다.

그런 까닭으로 음식의 재료로 쓰이는 물품은 반드시 여러 가지 방법으로 시험하여, 그 품질을 완전히 규명한 연후에 식료품으로 사용하는 것이 마땅하다. 서양 사람들에게 체증이 드문 이유는 음식물의

해가 없기 때문이다. 그리고 사람이 마시는 물도 더러움에 오염되어 있을 것 같으면 병의 근원이 된다고 하여, 맑고 깨끗한 것이 아니면 마시지 않으며, 조금이라도 오염되어 있을 가능성이 있으면, 반드시 여과해서 사용토록 하고 있다. 한편 쇠고기도 지나치게 익히면 사람에게 이롭지 못하다고 하여 반숙하며, 또 독이 있다고 하여 반드시 감자와 섞어 먹음으로써, 그 독을 중화시키도록 하고 있다.

16. 음식 먹는 데 쓰이는 기구를 열거해 보면 다음과 같다.
즉, 스푼〔匙〕·나이프〔刀〕·포크〔叉子〕·파자(把子)·냅킨〔巾〕·접시〔楪〕·종지〔鍾子〕·유리잔·음식 그릇·약염대(藥鹽臺)·물그릇.

17. 스푼은 수프나 차·커피 및 기타 마시는 음식을 먹는 데 쓰이는 것으로서 여러 가지가 있는데, 은으로 도금한 것이 일반적으로 쓰인다.

18. 나이프는 과일과 생선 혹은 고기를 먹는 데 쓰인다. 고기류에는 강철제가 쓰이며, 과일에는 은제가 쓰인다. 음식이 바뀔 때마다 나이프도 역시 바뀐다.

19. 포크는 그 자루가 상아 혹은 뿔, 혹은 나무로 되어 있으며, 몸통은 강철에 은으로 도금한 것으로서, 끝이 네 갈래로 나뉘어져 있다. 먹을 음식을 찍어서 입에 넣는 데 쓰인다.

20. 파자는 호도 종류처럼 껍질 있는 과일을 깨는 데 쓰인다.

21. 냅킨은 옷깃 앞에 두르며, 입 혹은 손을 닦는 데 쓰인다.

22. 접시는 대·중·소에 걸친 여러 가지 사기그릇이다. 한 가지 음식을 먹을 때마다 한 개씩 바꾸어서 쓴다.

23. 종지는 차·커피 따위를 마실 때 쓰인다.

24. 유리잔은 술, 혹은 물을 마실 때 쓰인다.

25. 음식 그릇이란 각종 음식을 가득 담는 데 쓰인다. 그 모양은 모지거나 혹은 둥근데, 사기그릇 혹은 은그릇도 있다.

26. 약염대는 여러 가지 양념 그릇을 갖추어 놓은 것을 말한다.

27. 물그릇은 식사가 끝난 뒤에 내오는 것이다.

28. 이상 열거한 것은 식사하는 데 쓰이는 기구에 대한 설명이다. 이제 음식에 대한 여러 가지를 기록코자 하나, 명목이 많고 요리하는 법을 잘 알지 못한다. 서양 음식은 빵과 우유와 우유 제품(버터, 치즈류) 및 쇠고기·양고기·생선·닭고기 등의 여러 가지이며 생과일·마른 과일 및 채소 등의 여러 가지와 주스류 및 커피 등으로 이루어져 있다. 서양 사람들의 음식물은 빵·버터·생선·고기류가 주식인 셈이고 차·커피 등은 우리나라에서 숭늉 마시듯 마시며, 각종 생과일, 마른 과일도 식사가 끝난 뒤마다 먹고 있다. 그 중에서도 생과일은 섭생에도 좋을 뿐 아니라 먹는 시간에 따라, 그 효능 또한 다르다고 이야기되고 있다. 즉, 서양 의사의 말에 의하면 '아침에 먹는 생과일을 금과 같다고 한다면, 낮에는 은, 저녁에는 납과 같은 것'이라고 한다.

서양 사람들의 연회하는 양상은 각각 다르기 때문에 일일이 열거하기 어려울 정도다. 그러나 가족끼리 아침·저녁으로 회식하는 모양은 큰 식탁을 의자로 둘러서 부자·형제·부부 등이 나란히 앉아 즐거운 이야기를 나누는 가운데 식사를 진행시켜 나간다. 그들의 온화하고 화기애애한 분위기는 식탁 위로 향기롭게 퍼져 오른다.

29. 주택은 사람이 거처하기 위한 곳이다. 주택을 마련하는 근본 의도는 추위나 더위를 피하고 비·바람을 가리려는 데 있다. 그러나 서양 사람들이 주택을 건축하는 제도나 규모를 본다면 편리하기도 극진하지만, 그 견고함이라든가, 화려함이 우리들의 상상을 뛰어넘는 것이 많다. 궁전의 굉장한 규모라든가, 누각의 찬란한 모양은 말할 것도 없지만 평민들이 사는 일반 가옥에 대하여 잠시 이야기해 보자. 벽은 문석(文石)·벽돌 따위로 쌓으며, 혹 판자로 지은 것이라도 반드시 페인트칠을 하여 썩지 않도록 하고, 벽에는 진흙을 바르지 않으며, 아름다운 벽지를 바르거나 회칠을 하고, 천장의 반자에는 회칠을 하거나, 화초 혹은 물고기·새 따위의 이상스러운 모양을 박아놓기도 하며, 창은 영롱한 유리로, 문은 견고한 판자로 각각 해놓은 것을 볼

수 있다.

한편 방안에 늘어놓은 물건들은 자연히 빈부의 차이에 따라 이동(異同)이 생긴다. 즉 휘장은 비단이라든가 무명·모직을 사용하며 의자는 염색한 각종 가죽이라든가 비단 혹은 무명, 혹은 모직 따위로 장식하되, 나무 또는 등나무로 만들기도 하고, 책상이나 탁자 따위를 덮는 보도 역시 비단·무명·모직 등을 쓰며, 그 위에 늘어놓는 물건은 책이라든가, 화병 등이고, 방에는 온돌을 놓지 않는 대신 두꺼운 판자를 사용하되, 여러 가지 빛깔의 털방석이라든가, 단단하고 무늬 있는 나무를 깔아 놓기도 한다. 그리고 방안을 밝히는 여러 가지 기구로는 유리등에 석유 혹은 촛불을 켜거나, 가스등 혹은 전등을 사용한다.

그리고 겨울철에 방을 따스하게 하기 위해서는 철제난로 혹은 벽난로에 석탄이나 장작을 땐다. 벽난로란 방안 한 쪽에 설치하는 것으로서 불 때는 곳은 벽돌로 쌓아올리며 앞면에는 무늬 있는 장식품을 부착하고 아래는 철책을 둘러놓은 난방장치다. 이처럼 석탄 혹은 나무를 땔 때 나는 연기를 밖으로 빼내기 위하여 연통을 아래로 통하게 해놓고 있다.

한편 여름철에는 냉기를 취하기 위하여, 통기관(通氣管)을 방 아래에 배치하여 바깥 공기를 통하게 하며, 영창의 아래층마다 유리 대신에 가느다란 철망을 붙여 놓아, 우리나라에서의 발과 같은 역할을 하게 하여 냉기는 통과하되, 모기나 파리류는 들어오지 못하도록 해놓고 있다. 집을 장식하는 것으로는, 그림이라든가, 외국의 진기한 물건 등을 진열해 놓기도 하지만 주련(柱聯)이나 현판(懸板)류는 전연 볼 수가 없다.

30. 주택 내부의 구조를 보면 다음과 같다. 즉, 토함(土陷 : 지하실)·찬방(饌房 : 부엌)·세탁실·식당·욕실·측실(厠室 : 변소)·객실·서재·침실·창고·벽장(壁藏).

31. 지하실은 주택 건축할 자리를 마련한 뒤에, 주택의 간수대로 바닥을 1장(丈) 혹은 1장 남짓하게 파고, 그 둘레를 돌로 쌓은 다음, 그 위에 집을 짓는다. 지하실은 나무·석탄류를 저장해 두는 장소로 쓰인다.

32. 부엌은 음식을 요리하는 곳이며, 세탁실은 의복을 세탁하는 곳이며, 식당은 가족끼리 식사하는 곳이다. 욕실은 목욕하는 곳인데, 목욕하는 물은 부엌에서 끓인 다음 철제의 관으로 욕실로 끌되, 관 끝에는 꼭지가 있어서 열고 닫는 조작이 가능하며, 차가운 물도 역시 이러한 조작으로 사용할 수 있다. 변소는 대소변을 보는 곳인데, 욕실 근처에 있는 한편, 대소변을 볼 때마다 물로 씻어내리기 때문에 지극히 깨끗하며, 더러운 냄새라고는 조금도 나지 않는다. 객실은 친구를 접대하거나, 친척과 대화를 나누는 곳이며, 서재는 공부를 하거나 저술을 하는 곳이며, 침실은 잠자는 곳이다.

침실의 침구에 대하여 기록해 보기로 하겠다. 침실에는 1년 내내 평상을 쓰며, 침대에는 용수철을 사용하고, 그 위에 짚이나 털로 된 요를 깔며 요 위에는 털로 된 담요와 요껍질을 깔고, 또 그 위에 덮는 것으로는 두 홑이불 사이에 담요를 합하여 이불을 만들며, 베개는 새털을 자루 속에 넣고서 그 주둥이를 단단히 바느질한 것을 쓰고 베개 커버는 당목으로 만드는 것이 보통이며, 침구의 커버류는 3일마다 혹은 9일마다 세탁한다.

창고는 자동차라든가 여러 가지 기구를 넣어두는 곳이다. 벽장의 경우, 식당에 있는 것에는 그릇 등을 넣어두며, 찬방에 있는 것에는 식품 등을 넣어두며, 침실에 있는 것에는 의복 등을 넣어두는 곳으로 쓰인다.

33. 이곳에 기록한 여러 가지는 각 사항마다 그 대강을 예시했을 뿐이며, 서양의 주택제도가 반드시 다 이렇다는 것은 아니다. 그러나 약간의 차이가 있더라도 결국은 앞에서 열거한 범위 안에 포함되는 것인

만큼, 일일이 다 기록하기는 어려운 일이다.

서양 주택 가운데서 특색있는 규모는 단층을 짓지 않는다는 사실이다. 그렇기 때문에 2층에 10간이면 모두 20간인 셈이며, 3층이면 30간이므로 낭비를 더는 데 가장 합당한 방법이라 하겠다. 대도시에 이르면 쭉 뻗은 대로변에 붉은 난간에 푸른 벽을 가진 수많은 건물이 즐비한 광경이라든가 인가가 드문 시골이라도 숲 사이나 구름 끝에 은은히 비치는 건축물의 웅위한 기상과 한아한 운취는 그림을 그려놓은 듯하다. 또 서양 사람들은 화초를 좋아하는 버릇이 있기 때문에 뜰에는 푸른 잔디를 심고 기이한 화초를 그 둘레에 심는다. 샛길에는 자갈을 깔거나 디딤판자를 놓거나 하고, 혹은 아스팔트로 포장하며 집 주위에는 철책으로 두르기도 하고 또 채색된 벽돌로 담을 쌓기도 한다. 그러나 대도시에는 담이 이어져 있고 집이 맞닿아 있기 때문에 반드시 그렇지도 않다.

돈많은 사람은 여름용 주택과 겨울용 주택을 가지고 있다. 즉 겨울용 주택은 도시에 있어서 겨울을 지내는 데 쓰이며, 여름용 주택은 해변가 혹은 숲 사이의 그윽하고 한적한 곳에 있는 것이 보통이어서 피서하는 곳으로 쓰인다.

농작(農作) 및 목축의 경황(景況)

1. 농작은 인간 생활의 커다란 바탕을 이루고 있다. 그러므로 6대주에 살고 있는 다섯 가지 인종들이 각각 자질의 슬기로움이나 어리석음에 관계치 않고, 그들 토지의 비옥 여부 또는 기후의 한온 여부에 따라 각각 가장 알맞은 방법으로 경작하고 수확하는 방법을 마련하고 있으며, 목축 또한 그러한 여러 가지 여건과 지대한 관계가 있는데, 임치(任致)의 중원(重遠)으로 사람의 노력을 대신하며, 기름지고 맛있는

자양분으로 사람의 생계를 유지케 해주는 것이라 하겠다. 세계 어느 나라를 둘러보더라도 이 두 가지 일에 힘쓰지 않는 곳이 없으나, 부지런하거나 게으르고, 잘하거나 서투른 등급에 따라 농작과 목축의 경황은 난이(難易)·편부(便否) 혹은 수확의 대소에까지 현격한 차이가 생기게 마련이다.

힘을 쓰는 사람은 원래 학문을 닦지 않은 까닭으로 그의 지식이란 습관적으로 일하는 데에만 그칠 뿐 근원을 탐색하는 연구는 할 수 없는 입장에 있다. 그러나 선비는 다른 사람이 경작하여 수확한 것을 먹으며, 다른 사람이 짠 옷을 입기는 하지만 그는 정신적으로 노동을 하는 사람인 것이다. 즉 학문에 힘써서 지식이 해박하기 때문에 사물의 이치를 깊이 따진 뒤 편리한 기구를 창조해 내며 신묘한 방법을 안출해 내어, 이용과 후생에 이바지하고 있는 것이다. 이러한 관점에서 살펴본다면 농기구를 들고 논·밭에서 일하는 사람은 농부지만, 그들에게 도리를 가르쳐 주는 자는 선비인 것이다. 또 도롱이와 삿갓을 쓰고, 수초를 뒤쫓고 있는 자는 목축하는 사람이지만, 그들에게 그 방면에 대한 기술을 지시해 주는 것은 역시 선비여서 날마다 새로워지는 기술로써 진선진미한 경지에 이르도록 힘쓰고 있는 것이다.

정신적인 노력을 하는 사람의 노고는 농작과 목축을 일삼는 사람들의 바탕이라고 하겠으나, 힘으로 노동하는 사람의 노고는 말초적인 것일 뿐이다. 선비가 편안히 앉아서 옷을 입을 수 있고 배부르게 먹을 수 있다는 것은 사실 그 자신의 노고에 대한 보수를 받은 셈이지만 선비의 명칭을 가진 자가 실용적인 근본 문제에 대한 연구는 하지 않고, 다른 사람이 짜거나 수확한 것만을 까먹고 앉았을 따름이라면, 그는 '국민들의 좀벌레'라고 할 수밖에 없다. 그러한 나라의 농작이나 목축은 우매한 풍습을 벗어날 수 없으므로 빈곤한 경지에 빠져 버리고 말 것이다. 그런 까닭에 국가가 무엇보다도 먼저 최대의 노력을 기울여야 할 일은 농작과 목축에 있다고 하겠으며, 또 그러한 일들을 개량하거나 보다 낫게 진보시키는 방법은 선비된 자들이 연구한 이론에 의존할 수밖에 없는 것이다.

2. 이제, 서양 사람들의 농작하는 광경에 대하여 이야기해 보기로 하겠다.

큰 농장을 경영하는 사람은 밭을 갈거나 씨를 뿌리거나 곡식을 베거나 타작하는 일에 다 기계의 힘을 빌려서 한다. 그 기계는 증기를 사용하는 것도 있고 혹은 말의 힘을 빌리는 것도 있으나 편리하고 간편하기가 극진하다. 10리나 되는 넓은 들을 증기기관을 이용한 기계로 반나절 동안에 다 갈 수 있으며, 또 파종하는 데에는 신속히 처리할 수 있는 기계가 있다. 즉 앞부분에 이랑을 파는 기구가 있어서 이랑을 파 놓으면 다음에는 수많은 쇠뭉치가 평행으로 한꺼번에 내려와 그곳에 씨를 뿌릴 수 있는 구멍을 만들고, 그 다음에는 커다란 궤짝에 가득한 씨가 뿌려지며, 마지막으로 큰 판자를 가로 끌면서 씨뿌린 곳을 덮도록 되어 있다. 이는 한 대의 기계에 부착되어 있는 여러 가지 장치를 돌아가면서 작동시킴으로써 몇 단계에 걸쳐서 해야 할 일을 한꺼번에 다할 수 있다는 이야기가 된다.

한편 수확하는 기계는 아랫부분에 붙은 기구가 곡식을 베어올리면 위에 있는 기구가 다발로 만들어서 한쪽으로 떨어뜨리고, 탈곡하는 기구는 그 규모가 여러 가지여서 일일이 묘사하기 어려운 형편이다. 사람들은 이러한 여러 가지 기계를 활용하여, 수확물을 앉아서 거둘 따름이며, 힘써 노동하는 모습이 보이지 않는다. 조그만 농장을 경영하는 사람의 경우에는 갈고 심고 수확하는 일 등을 다 사람의 힘을 빌려 하고 있지만 이에도 편리한 방법은 다 구비하고 있다.

3. 그들이 주로 재배하는 곡식은 대맥·소맥·연맥·감자·옥수수·잠두(蠶豆)·청두(靑豆)·목화·당초(糖草)·벼 및 조 등이다. 그러나 목화와 당초는 더운 지방에서 많이 재배된다. 그들의 채소로는 배추·홍첨복·순무·파·호박·동과(冬瓜)·오이·상추·용수채·향고

(香苦)·경초(茰草)·뱀딸기 및 수박·참외 등이며 과일로는 포도·사과·복숭아·오얏·배·벚〔柰〕·모과·귤·밤·감람·석류·무화과 등인 바 이는 그 대강을 들었을 따름이다.

이러한 것들을 재배하는 방법이라든가, 비료를 혼용하는 정도라든가, 병충해를 구제하는 방법 등은 모두 학자들이 깊이 연구한 이론을 이용하여 품질의 계속적인 개량과 많은 수확을 올리는 데 성공하고 있는 것이다. 이렇게 하여 거두어지는 미국의 1년 농업 생산량은 전 국민들이 9년 동안 먹을 수 있는 양식에 해당할 만한 것이라고 한다.

4. 산에 나무를 심는 것도 농작의 한 방법이다. 집을 짓는다든가 기구를 만드는 데에는 나무를 사용하게 마련인 것이다. 그런 까닭으로 사람들이 혹 나무를 벌채하는 데 있어서 일정한 한계를 넘어설까 두려워한 나머지 정부에서는 산림에 관한 법을 마련하여 국내에 선포하고 있다. 어린 나무를 베지 못하도록 할 뿐더러, 큰 나무를 베었을 때라도 그 곁에 반드시 조그만 나무를 옮겨 심도록 하여 벌거숭이산이 되지 않도록 조처하고 있다. 어떤 사람은 "한 나라를 보려면, 그 나라의 산을 먼저 바라보아 수목이 울창하지 않으면, 그 나라가 가난하다는 사실은 말할 나위조차 없는 일이다."라고 말한 일이 있는데, 이 말은 지극히 타당하다.

한편 목축하는 짐승들이 먹는 풀도 좋은 종자를 골라서 심도록 하고 정원에 심는 화초도 그 재배법을 계속 연구하여, 다 더할 나위없이 아름다운 경지에 이르도록 해놓고 있다.

5. 한편 목축하는 관경에 대하여 기록해 보기로 하겠다. 목축하는 것으로는 소·양·말·돼지·닭·오리·화계(火鷄)·거위 등이 있다. 소·양·말을 목축하는 데에는 각기 일정한 목장이 있는데, 목장에는 목책을 두르거나 나무기둥을 세우고 철선을 둘러치기도 하여 각 사람의 땅을 분별하기도 하고, 또 가축이 밖으로 뛰쳐나가는 것을 방지하기도 한다. 말은 목을 묶지 않고, 소는 코를 뚫지 않으며 양은 고기를

먹을 수 있을 뿐 아니라, 털을 봄·가을로 깎아서는 옷감의 재료로 쓴다. 양을 기르는 목장에 날카로운 풀이 있으면 털을 손상시키기 때문에, 부드러운 풀이 있는 곳을 골라서 사육하고 있다.

가축의 우리는 한 간마다 한 마리씩을 넣어두고, 그 앞에는 물통과 먹이통을 배치해 놓는다. 사료로는 연맥(燕麥)과 마른 풀을 쓰는데, 우리 위쪽에는 아래쪽에 있는 먹이통으로 내려보내는 장치가 되어 있고, 물 또한 여러 개의 통으로 흘러 내리도록 조작할 수 있게 되어 있는데, 이는 주로 말이나 소 우리의 경우이다. 양은 한 우리 안에 여러 마리를 놓아기르며, 돼지 역시 그러하되 밖에 내보내지 않으며, 닭은 우리 주변을 철망으로 둘러싸서 밖으로 달아나려는 것을 막도록 해놓고 있으며, 거위나 오리의 경우에는 일정한 우리를 마련해 놓고 있지 않지만, 역시 기르는 장소가 있기는 하다.

목축하는 방법도 다 학자들이 연구한 이론에 의거한 것으로서 번식이나 사육을 철에 따라 알맞게 하고 추위와 더위를 가축들 적성에 맞도록 조절해 주고 있다. 여러 가축의 씨받는 방법은 그 종자의 암컷·수컷 가운데서 가장 훌륭한 것들을 골라서 하도록 되어 있다. 그리고 가축 중 병에 걸린 것이 있으면, 당장 총으로 쏘아 죽이거나, 때려 죽여 파묻음으로써 그 병이 진염하지 않도록 예방하고 있다.

유락(遊樂)하는 경상(景像)

1. 사람들은 부지런하게 일하는 것을 당연한 도리라고 말하고, 한가하고 안일하게 지내는 것을 좋지 못한 버릇이라고 이야기하고 있지만, 그러나 부지런함과 안일함도 각각 장단점을 가지고 있다. 사람이 비록 부지런하더라도 규칙적으로 섭생하는 일에 전혀 신경을 쓰지 않고 경영하는 일에만 주야를 가리지 않고 몰두하고 있다면, 주색이나 잡

기에 빠진 자와 다를 바가 없다. 정신이 소모되며 혈기가 약해져서 도리어 신상에 해로운 일이 많아지고 말 것이다. 그런 까닭에 사람의 정력에는 각기 적당한 한도가 있다고 할 수 있는데, 노력하는 정도가 정당한 한계선을 넘지 않아야 병에 걸리는 일이 없을 것이고 경영하는 일도 순조롭게 진행될 것이다. 즉 매일매일의 시간을 작정하여 사업에 힘쓸 때는 더할 나위없이 힘쓰되, 쉴 때는 푹 쉬도록 하는 것이 좋다. 그러나 한가하고 안일함이 사람에게 이롭다 하여 한평생을 그렇게 보내기로 힘쓴다면, 이는 육신을 게으르게 하고, 정신을 나태하게 하여 세상에서 병신 같은 존재가 되는 것을 면치 못할 것이다.

이제 서양 사람들이 한가하게 놀고 즐기는 여러 가지 모양을 살펴보기로 하자. 산이나 숲 사이의 홍취와 운치를 홀로 즐기는 자도 있고, 친척이나 친구들과 정다운 대화를 나누거나 내왕하는 즐거움을 누리는 자도 있으며, 큰 집회소를 만들어 한가한 사람들이 좋아할 만한 구경거리를 공연하는 자도 있는 것이다. 대개 한가하게 쉰다는 것은 한평생 동안을 한가하게 쉬기만 한다는 뜻이 아니고, 사업에 주력한 일정 기간 뒤 쉬는 여가에 누리는 한가한 즐거움을 가리키는 것이다. 이러한 의미에서 놀고 즐기는 여러 가지 모임의 모양을 적어 보기로 하겠다.

2. 다회(茶會) : 이 모임은 항상 밤에만 열린다. 사람들이 아침·낮 동안 각각 경영하는 사업에 정신을 쏟고 지내다가 저녁에 달빛이 밝다거나 설경이 깨끗하다거나 하여 맑고 그윽한 홍취가 일어날 때에 친구를 만나고 싶으면 서로 방문하기도 하고 혹은 초대하기도 한다. 그리하여 우아한 담화나 해학 혹은 재담을 나누며 즐기기도 하며, 노름 종류로 승부를 겨루기도 하고 글자 맞추기라든가, 수수께끼류로 문답을 주고받으며 즐거움을 누리는 자도 있다. 혹 그렇지 않으면 우리나라에서의 일기회(一器會)처럼 사람마다 각각 한 사람이 먹을 수 있을 만큼의 음식이면 무엇이든지 가지고 오도록 하여, 높은 누대나 이름

난 정자 같은 곳에 모여서 활인도(活人圖)라든가 기타 여러 가지 놀이로 즐기기도 한다.

한편 어린아이들은 조그만 광주리에 각색 꽃을 가지고 와 사람들에게 팔기도 한다. 이 이외에도 이러한 모임이 많지만 그 대부분은 대동소이하다.

3. 무회(舞會) : 이는 젊은 남녀가 개최하는 모임이다. 우리나라의 풍속에 의거하여 살펴본다면, 혹 남녀의 분별이 없다고 책망할 사람도 있을 것이며, 정(鄭)나라 · 위(衛)나라에서와 같은 음란한 습속이라고 비난할 사람도 있을 것이다. 그러나 다른 나라 사람들의 풍습이 어떠하든지간에, 그러한 사실 자체만을 기록코자 할 따름이요, 기타 사항에 대해서는 불문에 붙이는 것이 좋겠다.

즉, 남자는 연미복에다 여자는 장미상(長尾裳 : 이브닝 드레스)을 각각 깨끗이 차려 입고, 추울 때면 누각이요, 더울 때면 정자 같은 곳으로 밤이면 밤, 낮이면 낮, 몇 시에 모이도록 한 후 춤추기 시작한다. 춤은 음악으로 진퇴를 조절하되, 두 사람 두 사람씩 나란히 나아가기도 하며, 네 사람 네 사람씩 손을 잡고 돌아서면서 여덟 사람이 대오를 짜듯 흩어졌다가는 합치고 합쳐 왔다가는 흩어지는 모양은 구름처럼 만발한 꽃송이가 아니면 새가 날개를 펼친 듯하다. 음악소리가 웅장하면 급히 발 놀리는 모양이 패전한 군사들의 퇴진하는 것 같고 음악소리가 부드러우면, 단성하게 발 놀리는 모양이 미인의 걸음걸이 배우는 것 같기도 한데, 구경하는 사람도 그 기이한 모양들을 장관이라고 하기에 족하다.

서양 풍속에는 본래 남자 춤이나 여자 춤이라는 것이 따로 없고 부하고 귀한 집의 자녀라 하더라도 다 춤을 배우기 때문에, 꽃피고 달밝은 좋은 계절이면, 서너 사람만이 모인 조그만 모임에서라도 흥취를 이기지 못하면 춤을 추며, 혹 사사로운 습관으로 춤추는 자도 있다.

4. 가회(歌會) : 이 모임은 서양에서 가장 성행하는 것의 하나다. 서양 사람들은 대개 음악을 좋아하기 때문에 남녀나 노소를 가리지 않고 노래를 배운다. 만약 노래를 잘 부르지 못하면 이를 부끄럽게 여기며, 친구를 사귈 때라든가 친척들과 담화를 나눌 때라도 반드시 가곡이나 음악으로 즐거운 뜻을 나타낸다.

큰 가회에 대하여 대강 적어 보면 다음과 같다. 여름 동안에는 덥기 때문에 별로 개최하지 않지만, 봄·가을·겨울, 세 계절 동안은 좋은 밤을 선택하여, 남녀 노소간에 운취를 즐기려는 자는 약정된 시간 안으로 지정된 장소로 모인다. 회장 안의 층층으로 된 의자는 뒷좌석에 앉는 사람이 앞좌석에 앉는 사람보다 좀 높게 되어 있다. 자리에 앉고 나면 악사가 음악을 연주하는데 명창이라고 할 만한 남자 혹은 여자가 앞에 서서, 우리나라에서의 선성(先聲)처럼 한 곡을 부른다. 그 가락은 청아하고 화창하여 구름이 스러지는 듯, 부드럽고 아름다운 여운이 대들보 위의 티끌을 날려보내는 듯한데, 그 가락이 끝나면 옆에 있는 사람들이 한꺼번에 일어서서 노래부르기 시작하는데, 여러 사람이 부르면서도 고저와 장단에 터럭만큼의 차이도 없이 웅장하여 듣는 사람의 정신을 격앙케 하거나 혹은 슬프게 함으로써 회포를 간절하게 한다.

노래부르는 여러 사람은 각각 손에 악보를 들고 있는데, 그들이 일시에 부르는 모양은 마치 공중에 흩날리는 눈송이 같기도 하며, 떨어지는 꽃잎을 희롱하는 나비 같기도 하다. 노랫소리는 남자의 경우, 웅장한 것을 위주로 하고 여자의 경우 맑고 부드러운 것을 위주로 하고 있다. 가회에 소용되는 잡비는 구경하는 사람들에게 입장권을 판 돈으로 충당하고 있다.

5. 야회(野會) : 이 모임은 여름철에만 연다. 이 모임을 주관하는 사람이 일정한 장소와 날짜를 기입한 표를 인근 각 지방에 퍼뜨린 뒤 참석 희망자에게 그 표를 판다. 그 표 한 장을 가지고 있으면 그 모임

에 가는 길에 마차를 타든지, 혹은 기차를 타든지 요금은 내지 않아도 된다. 참석자들은 사람마다 자기가 먹을 만큼의 한 가지 음식을 휴대하고 지정된 장소에 도착한 후, 휘장을 친 곳에 맡기고는 삼삼오오 짝을 지어, 뛰어난 경지에 따라 흥이 이는 대로 사방으로 흩어진다. 숲속 샘가에서도 도사의 기상을 띠는 자도 있으며 강산에 대한 유연하고 깊은 사색으로 문인의 흥취를 맛보는 자도 있고, 시나 술의 질탕한 기분으로 녹음방초를 희롱하고 맑은 시냇가의 흰 돌을 완상함으로써 유람객다운 운치를 즐기는 자와, 단청의 농담한 의장으로 높은 산과 흐르는 물을 바라보면서 이상스런 꽃과 풀을 모아서 화가의 구상에 이바지하는 자도 있다.

그 중에도 학자는 사물을 살펴보는 데 있어 그 이치를 따지고, 그 형질을 연구하여, 실용적인 면에 이용코자 노력한다. 이렇게 하여 사람마다 각각 즐기며 점심을 먹은 뒤, 참석한 여러 학자들은 차례로 그들의 심묘한 학설이나 이론에 대하여 연설하여 사람들의 견문을 넓히는 데 이바지한다. 저녁 해가 돌아갈 것을 재촉하면, 각각 표를 가지고 귀가길에 오른다. 그 표를 가지고 기선이나 기차에 오르면, 요금이 반감되는데, 이는 기선이나 기차를 운행하는 사람이 여러 사람들을 위하여 그 값을 절반만 받기로 하기 때문이다. 기차나 기선의 요금은 이 모임을 주최한 사람이 표를 팔아서 모은 돈으로 지불하도록 되어 있다.

6. 설야유(雪夜遊, 눈 오는 밤의 놀이) : 이는 가장 운치가 깊은 놀이로서 학자나 학생들뿐만 아니라 심부름꾼이나 고용인이라도 즐기는 자가 많다. 겨울밤, 날씨는 쌀쌀하고 바람은 사나우나 눈이 개인 뒤에 호연히 한 번 바라보면 산마다 나무에 구슬이 달리고 숲마다 눈꽃이 피었으며 넓은 들판은 만 이랑이나 되는 은빛 바다를 이루고 있다. 남자면 남자끼리 여자면 여자끼리, 혹은 남녀가 뒤섞여서 큰 말에 수레를 매달아 타고는 정처없이 달리면서 강산의 맑은 흥취를 구경한

다. 친구를 따라 걷기도 하고 술집을 찾아가 마시기도 한다.

즉, 노래부를 줄 아는 자는 노래부르고, 퉁소를 불 줄 아는 자는 퉁소를 불면, 적막한 겨울 하늘에 청아한 곡조가 은세계를 희롱하여, 얼어붙은 구름을 헤치고 차가운 숲을 뒤흔드는 듯하다. 정신이 맑아지고 기상이 쾌활해져서 터럭만큼의 비열하고 인색한 생각이 일어나지 않는다. 서산에 걸린 달이 닭 울음소리를 재촉할 무렵이 되면, 미진한 새벽 흥취를 따라 차 파는 집으로 향하게 된다.

7. 일기회(一器會) : 이 모임은 겨울철 이외에는 어느 계절이든지 일기가 화창하고, 경치가 아름다워서 사람들의 흥취를 돋구기만 하면, 동네 친구끼리 한가한 여가를 즐기자는 뜻에서 사람마다 한 그릇씩의 음식을 가지고 모이는 놀이이다. 해변가라든가 숲속 등의 그윽한 곳을 찾아가서 푸른 이끼로 자리삼고 녹음으로 장막을 두르며 앉거나 눕거나 일어나거나 읊조리거나 노래하거나 퉁소 불거나 책을 읽거나 간에 각각 옆의 사람에 구애되지 않는 가운데 즐거움을 만끽하다가, 흥이 다하면 모두 집으로 돌아가게 된다.

8. 유치회(幼穉會) : 이 모임은 그 종류가 아주 많기 때문에 일일이 다 기록하기란 어렵다. 그 대강만을 들어 보면 다음과 같다. 가회·무회 같은 것도 있고, 가난한 사람의 자녀들에게 의복을 나누어 주는 모임도 있다. 그 모임은 부잣집의 부인들이 가난한 집 자녀를 위하여 많은 새옷을 만든 뒤 빈부간에 어린아이들을 모이도록 하여 가난한 사람의 자녀에게 옷을 나누어 준다. 가난한 사람들의 마음을 상하게 할 것을 염려하여, 부잣집 자녀도 같이 모이도록 하고 있다.

가회·무회는 아이들이 개인적으로 배울 수 있도록 하기 위해서 만든 모임이다. 또 매년 봄·가을에는 지방관이 가난한 집의 자녀를 위하여 청명한 날을 선택하여 어린아이들의 대회를 개최하고 있다. 이 모임 역시 빈부를 가리지 않고 동등하게 대우하여 웅장한 불놀이와, 맑고 우아한 음악으로 시작하여, 놀고 먹는 것으로 끝맺도록 하고 있다.

9. 제소회(諸小會, 여러 가지 작은 모임) : 서양에서는 집회하는 명목이 하나둘에 그치지 않기 때문에, 일일이 다 열거하기는 어려운 형편이다. 집회하는 집을 따로 지어놓고 한가한 때에 책을 보기 위하여 모이는 경우도 있으며, 그림을 평하기 위하여 모이는 경우도 있고, 학문을 논의하기 위하여 모이는 경우도 있다. 멀리서 온 친구를 접대하기 위하여 모이는 경우도 있고, 음악과 가무를 즐기기 위하여 모이는 경우도 있으며, 정담을 나누기 위하여 모이는 경우도 있다. 유희하기 위하여 모이는 경우도 있으며, 각종 재예(才藝) 중의 한 가지 기술에 뛰어난 사람이 그 이치를 이야기하기 위하여 모이는 경우도 있는 것이다.

10. 마희(馬戲) : 마희란 언제나 있는 것이 아니라, 말 주인이 가는 지방마다 열리게 된다. 말의 재간이나 기술은 타고난 자질에 의한 것이 아니라, 사람이 가르친 결과, 터득된 것임이 분명하다. 이제 말이 부리는 재기(才技)의 대강을 기록해 보기로 하겠다.

학교에서 공부하는 모양을 흉내내는 경우를 보자. 늙은 말이 선생처럼 의자에 앉아 있고 그 앞의 책상 위에 책을 놓은 뒤, 엄연한 기상으로 선생으로서의 위엄을 보이면서 몸을 흔들고 턱을 끄덕이면, 여러 말이 입에 책을 물고는 차례로 선생 말 앞으로 와서 책상 하나씩을 그 앞에 세우고는 의자에 앉아 공손히 제자다운 자세와 수학하는 형상을 흉내낸다. 그러면, 선생 말은 가르치는 체도 하고 꾸짖는 체도 하다가 한참 뒤 선생 말이 몸을 일으키면, 제자 말들도 따라서 몸을 일으킨다.

한편, 군사 조련하는 형상을 보면 말 주인이 장수가 되어 채찍으로 지휘를 한다. 여러 말에게는 각각 일정한 칭호가 있어서 부르는 대로 앞으로 나와 점호를 받은 뒤 대오를 짜고, 진열을 이룬다. 그러면 말 주인이 채찍을 들어 호령하면 호령하는 대로 앉기도 하고 진퇴 혹은 분합하는 법을 해보이고 방진(方陣)으로 꺾어졌다가 원진(圓陣)으로 돌아가기도 하는 등 가지가지 진법을 나타내 보이는데 터럭만큼의 착오가 없다. 조련을 끝마친 뒤 적과 전쟁하는 모양을 나타내기도 하여 급히 전진하거나 서서히 물러서기도 하다가 총을 쏘는 재주를 보이기도 한다.

한편, 유희 중에는 앉은뱅이, 장님 및 광대의 형상을 흉내내거나 구경꾼들에게 늘어서서 절하거나 춤·씨름하는 형상 및 조는 사람과 조는 사람에게 일부러 장난질하는 흉내를 낸다. 또 외나무다리에서 두 말이 만나서 서로 건너가려고 다투다가 한 말이 이기지 못한 듯 다리 아래로 떨어져 거꾸로 매달려 있었으나, 상대편 말이 건너려 할 때 돌진해 와서 떨어뜨리는 것이라든가, 두 말이 널뛰기를 하다가 한 말이 높이 올라갔을 때, 다른 말이 아래로 내려서서 속이는 따위의 유희도 한다. 이 이외에도 수많은 재주가 있지만 붓과 먹으로 묘사하기가 참으로 어렵다. 또 구희(狗戲)도 이와 비슷한 것이 있다.

11. 연희(演戲) : 이는 서양에만 있는 것이 아니라 중국과 일본에도 있다. 이제 서양 사람들이 연희를 위해 집을 지어 놓은 제도라든가 좌석 배치해 놓은 모양 등에 대하여 기록해 보기로 하겠다. 유리창은 금빛깔 혹은 푸른 빛깔로 찬란하게 채색해 놓고 있으며, 전등과 가스 등으로 캄캄한 밤에도 대낮처럼 빛나도록 해놓고 있다. 비단을 두른 철제의자는 뒤쪽 것이 앞쪽 것보다 차례로 높게 되어 있고, 극장 안의 네 벽에는 채색한 난간을 두른 곳에 또 의자를 배치해 놓은 것이 보이며, 정면에는 연극용의 무대를 마련해 놓고 있는데, 그 넓고 편리함은 말할 나위조차 없을 지경이다. 연극하는 내용은 고금 역사 중 유명한 사적 가운데서 족히 사람들의 마음을 격동시키거나 감동케 하거나 희열케 하거나, 즐겁게 하거나 하는 것 등을 나누어서 비극·희극의 두 가지로 양대분 해놓고 있는데, 더러운 풍속을 빗대어 놀림으로써 세상 사람들을 풍자하기도 한다.

무대에 장치해 놓은 여러 가지 물건을 보면, 연극 내용에 따라 각기 다른 의미와 광경을 나타내도록 되어 있는데, 성이나 시가지·산과 숲 혹은 강이나 호수의 모양이 완연히 움직이는 듯하여 충분히 진경에 육박하고 있음을 볼 수 있다. 배우들이 분장한 의복을 보면, 찬란할 뿐더러 여러 가지 모양의 가면·탈은 그 진짜 같은 형색이 일말의 의심조차 일으키지 않을 만큼 완벽하다.

연극하는 내용은 그야말로 천태만상이므로 그 대강만을 기록해 보면 다음과 같다. 즉, 전쟁·연향(宴享)·상업·소송·보은·보수(報讎) 및 남녀간의 맹세나 군신간의 결의 등이 그것이다. 한 가지 이야깃거리로서 하나의 연극이 되도록 하고, 한 연극을 여러 장면으로 나누어서 첫 장면이 끝나면 무대의 막을 내리고, 다음 장면에 쓰일 배경을 장치하는데, 연극의 내용과 어울리도록 하여 끝장면까지 이어져 내려간다. 악사들은 무대 앞쪽에 앉아 있다가 막이 내릴 때마다 음악을 연주한다. 그리고 비극이 끝난 뒤에는 희극 한 토막을 다시 상연하여 관객들의 슬픈 마음을 풀도록 하고 있다.

12. 야희(野戱) : 이는 우리나라의 산두희(山頭戱·혹은 山頭都監)와 같은 것인데 실로 해괴한 거동과 음란한 말투는 다 세상 사람들을 비방하거나 비웃는 것으로서 정부 당국이 금지시키기 때문에 감히 행히지 못하는 놀이다. 이 놀이도 마희처럼 언제나 있는 것이 아니라, 놀이를 관장하는 주인이 가는 때에만 행해질 수 있는 것이다. 이 놀이에 사용되는 기구와 인원 및 짐승들이 적지 않기 때문에, 그 수송과 왕래를 편리하게 하기 위하여 놀이를 관장하는 주인은 별도로 기차를 만들어서 철도회사에 맡겨 두었다가 그들이 어디로 갈 때마다 이용하도록 하고 있다. 이들이 놀이를 벌이는 장소와 그 광경에 대하여 간단히 적어보기로 하겠다.

즉, 천여 간이나 되는 차일을 구름까지 닿을 듯 세우고 안쪽의 둘레를 따라서 걸음판으로 층대를 만들어 구경하는 사람들의 좌석을 만들며, 중앙에는 놀이할 장소를 마련하는 것이 보통인데, 거기에 사용되는 기구의 굉장함은 가히 칭찬할 만하다. 광대는 음악 소리에 인도되어 걸어나오는데 의상도 찬란하지만, 그들의 재기 또한 놀랄 만하다. 즉 말타는 여자는 한 발로 말 위에 서서 번개처럼 달리거나, 두 발로 두 말 위에 서서 쏜살처럼 달리는데 앉기도 하고 뛰기도 하지만, 말에서 떨어지는 실수를 저지르지 않는다. 한 가지 기이한 것은 말을 타고 달리면서 종이로 된 굴레를 뛰어나와 다시 달리는 말 위에 선다는 사실이다.

또 이들 광대의 재주는 여러 가지다. 한 번 뛰어오르는 힘으로 6, 7간이라는 먼 곳에까지 이르는 동안 공중에서 4, 5차나 회전을 하기도 하고, 10여 장이나 되는 높은 곳에 2, 3간씩 떨어지게 그네를 매고는 이 그네에서 저 그네로 바꾸어 뛰기도 하며, 쇠줄을 10여 장이나 되는 높은 곳에 늘어지게 매어 놓은 다음, 한 손에는 우산을, 다른 한 손에는 물그릇을 들고 천천히 걸어서 올라가다가 맨 윗부분에 이르러서는, 한 발은 떼고, 한 발만 쇠줄에 붙인 채 곧추 내려오르기도 한다. 또 쇠로 만든 테 10여 개를 그네처럼 높이 달아놓고는 테 안에 거꾸로 매어달리기도 하며, 편안한 자세로 앉기도 하고, 옆으로 눕기도 하며, 바꾸어 뛰기도 하고, 또 서너 간이나 되는 높은 곳에 쇠줄을 매고, 가로질러 놓은 나무를 중심으로 삼아 수레바퀴처럼 돌다가, 멎은 뒤에 이쪽 저쪽의 쇠줄을 바꾸어 잡기도 한다. 이외에도 이들의 재희(才戱)가 무궁무진하지만, 글로써는 일일이 다 형용해 내기 어려울 지경이다.

한편 새와 짐승의 종류를 살펴보면 엎드려 있는 것, 달리는 것, 나는 것 등 없는 것이 없다. 즉 호랑이 · 표범 · 곰 · 사자같이 사나운 종류와 원숭이 · 이리 · 여우같이 간교한 종류와 앵무새같이 영리한 것과 공작같이 아름다운 것과 뱀 · 독사같이 흉악한 것 등등 일일이 열거하기조차 어려울 정도이다. 이들 짐승은 다 쇠로 만든 우리 속에 넣어

달아나지 못하게 해놓고 있다. 다만 코끼리는 성질이 슬기롭고 재주가 민첩하므로 희마(戲馬)처럼 훈련하여 못하는 재희가 없는데 대개 마희(馬戲)와 비슷하다.

사람도 괴상한 자가 있다. 즉 수염 있는 여자, 머리카락이 키보다 더 긴 사람, 뱃가죽이 앞 전면을 뒤덮은 남자, 손 없이 발로 글씨를 쓰는 자, 전신에 털이 난 어린아이, 얼굴만 크고 키는 작은 아이 등인데, 이는 다 사람들에게 구경시키기 위하여 모아놓은 것이다. 그러나 이 놀이는 사사로이 행하기 어려운 것으로서 지방 관청의 허가를 얻은 뒤에야 비로소 공연할 수 있게 되어 있다. 또 구경하는 데 필요한 표는 연희의 경우와 같이, 구경하러 오는 사람에게만 팔고 매일 관청에 바치는 세금은 1백 원(元)이나 된다.

제 17 편

빈원(貧院)

1. 빈원은 빈곤하고 무고한 이를 휼양(恤養)하는 곳이다. 조목별로 구분해 보면 다음과 같다.
2. 첫째, 노인원(老人院) — 홀아비·과부 등 가난한 노인으로서 의탁할 곳이 없으면 의복이나 거처를 갖추어 세상을 떠날 때까지 구휼하는 곳이다.
3. 둘째, 유아원(幼兒院) — 몸이 건전치 못하든가 근골(筋骨)이 허약하여 제대로 생장할 방도가 없는 어린아이를 구휼하는 곳이다. 공부와 재주를 가르치고, 나이가 들어 능히 자활할 수 있게 되면 원에서 나가게 된다. 비록 건강한 아이라도 몹시 가난할 때는 이 원에 들어와 그 구차함을 면하고, 생계의 대책을 마련한 뒤에 나가는 경우도 있으며, 또 가난한 사람으로서 어린 자녀가 있어서 생계를 영위하는데 얽매여 양육할 시간이 없으면 낮 동안은 원에 위탁했다가 저녁에 직장에서 돌아올 때 데려가는 이도 있다.
4. 셋째, 고아원(孤兒院) — 남녀 어린아이가 부모와 친척의 양육을 받을 수 없고, 세전하는 가업도 없으며, 가난하여 의탁할 곳이 없는 경우, 구휼하는 곳이다. 그 가르치는 조목과 원을 나갈 수 있는 나이는 유아원의 제도와 같다.
5. 넷째, 기아원(棄兒院) — 그 뜻은 원의 이름과 같아서 버린 아이를

구휼하는 곳이다. 가난한 사람 중 배우지 못한 이가 그 자녀를 기르기 어렵게 되면 혹 버릴 염려가 있는데다 행실이 부실한 남녀가 밀통하여 낳은 어린아이는 반드시 내다 버리게 된다. 남녀의 밀통과 어린아이를 버리는 일은 서양 각 나라에서 엄금하고 있다. 그러나 어린아이를 버릴 때는 반드시 은밀하게 하기 마련이다. 그 버림받은 아이는 죄없는 생명이니 어찌 가련치 않겠는가. 하나하나 발견하기 어렵기 때문에 이 원을 설치하여 버린 아이를 거두어서 양육토록 하고 있다.

이 원에서는 문 밖에 방울을 걸어 두어서 어린아이를 버리려는 자가 그 앞에 아이를 놓고 방울을 울리면 원의 사람이 나와 그 아이를 거두어들이며, 버린 자에게 묻지 않는다. 원내에서 의복을 깨끗이 입히고 유모를 정하여 양육을 극진히 하되, 만약 기아하는 자를 보더라도 감히 공언(公言)하는 것을 허락지 않는다. 기아원에서 가르치는 제도는 유아원과 비슷하다. 세계 각 나라 가운데 러시아가 이 원의 규칙을 뚜렷하게 정해놓고 있으며, 양육하는 법도 잘 마련되어 있다. 그 비용은 전적으로 정부가 담당하고 있는데 그 까닭은 땅이 넓고 인구가 희소하기 때문이다.

6. 빈원은 정부가 설립한 것(공립)도 있고, 일반인이 설립한 것(사립)도 있다. 영국의 런던에는 빈원이 대소간에 40여 곳이나 된다. 가장 큰 곳은 5, 6백 명을 수용하는데, 정부가 관계하는 곳은 겨우 네댓 곳에 불과하고 나머지는 모두 일반인이 설립한 것이다. 정부의 빈원 경비는 국민들에게 정해준 가세(家稅) 이외에 빈원비라는 이름으로 거두어들이고 있다.

백성의 빈원경비는 사립병원의 규칙과 같아서 부유한 사람 몇 명이 회사를 만들어 빈원 설치하기를 꾀하고 그 뜻을 신문지에 게재하여 세상에 포고하여 뜻 있는 이의 부조를 바라면, 착한 마음을 가진 부자들은 그 회사에 이름을 올리고 매년 약간의 금전을 내기로 약속한다. 만약 이와 같이 모금한 금액이 부족하면 다시 부호를 유인하여 재물을 쾌척하도록 어진 마음을 청하고 빈원을 세운 뒤에 간사(幹事)를 따로 정하여 원내의 모든 사무를 두루 살피게 하고 매년 그 경비는 회사가 담당하도록 한다.

원에서 구휼을 받는 이도 놀며 게으르게 세월을 허송하도록 내버려두지 않는다. 병든 노인과 어린아이 외에는 각자 재능에 알맞은 일에 종사하게 하되 무능한 이 가운데 남자는 새끼를 꼬며 광주리를 만들고, 여자는 남의 의복을 세탁하고 재봉하는 것으로 그 구실을 다한다. 그렇게 함으로써 원의 경비를 백 분의 1이라도 돕는다. 또 빈원을 설치한 사람들은 매년 한 차례 대회를 개최하는데 그 2, 3일 전부터 신문지상에 그 때와 곳을 세상 사람들에게 알려 대회에 참석하기를 청하면 부유한 사람과 착하고 어진 사람들 가운데서 이 일에 찬동하는 이는 일제히 그 모임에 참석하여 연회를 함께 즐기고 돌아갈 때에는 각기 의향과 힘자라는 데 따라 많고 적고 간에 의연금을 낸다. 이 또한 원비에 보충된다.

병원(病院)

1. 병원은 병자를 치료하기 위하여 설립한 곳으로서 특별히 가난한 사람 가운데서 의약을 얻지 못하는 자를 위하여 세운 뜻이 또한 없지 않다. 정부의 공적인 비용으로 설립한 것도 있고, 일반인들이 사비로 회사를 설립한 것도 있다(영국과 미국에 사립병원이 가장 많다). 정부에서 내놓는 비용은 자연히 국민들의 세금 가운데서 나오는 것이지만, 국민들의 내놓는 비용은 세상에 착하고 어진 사람들이 회사를 만들고 왕공과 귀족, 그리고 부호나 상인을 권유하며 그들로부터 부조받는 금액으로 병원을 꾸려 나간다. 또 병원이 세워진 다음에도 보조하는 금액을 지출하여 계속 도와준다.

병원의 치료를 받는 이가 극빈하면 그 치료비를 내지 않으나 얼마만큼의 재산이라도 가지고 있는 이는 형세에 따라 의료비와 약값을 내야 한다. 서양 각국의 큰 도시에는 병원이 없는 곳이 없으며, 그 규모와 시설은 대동소이하다. 프랑스의 병원법이 가장 훌륭하다 하기에 약술해 보려고 한다.

2. 프랑스 파리에는 병원이 크고 작은 것을 합하여 10여 곳이나 있다. 한 병원에 배치되는 의사는 병원의 크고 작음에 따라 8명 내지 15명이고, 가장 많은 곳은 30명에 달한다. 간병인(看病人 : 지금의 간호사)은 남녀로 나누어져 있는데 남자 환자는 남자가 돌보고, 여자 환자는 여자가 돌본다. 환자 50명에 간병인 10명을 배치하는데, 또 간병인 가운데에는 자원하는 이도 있다. 어떠한 여자든지 노소를 막론하고 운수가 불행하여 과부가 되어 수절하거나, 또 다른 일로 말미암아 그 나라 풍속에서 말하는 대로 신명에 맹세코 얼마 동안을 환자 돌보기를 스스로 기약하고, 그 연한 안에는 이성과의 교제를 끊고 맑고 깨끗하게 몸가지기를 우리나라의 여승같이 하는 이가 병원에 들어온다. 이들은 원래 자청해서 간호하는 구실을 맡고 나섰기 때문에 임금을 받지 않고, 다만 의식비만을 지급받는다. 또 병원에 머무르는 시일도 한정이 없는데 오늘 입원한 이가 뜻에 맞지 않으면 다음날 퇴원하는 수도 있다.

3. 여러 병원은 각 부에 흩어져 있다. 그러나 궁궐 근처에 있는 한 관부(官府)를 정하여 모든 병원의 규칙과 사무를 총괄토록 하고 있다. 그렇기 때문에 시민들이 병이 나서 병원에 입원코자 할 때는 먼저 관부에 가서 절차를 밟아 허락을 얻은 뒤라야 입원할 수 있는 것이다. 또, 병원의 경비에 대해서 이야기하면 정부에서 내놓는 것은 없고 맨처음 설립할 때에 모든 시민들에게 영을 내려 빈부에 따라 매호당 얼마큼씩 내도록 한다. 그 뒤 병원의 수리라든가, 환자를 치료하는 약재·의복, 그리고 간병인 및 기타 여러 가지 비용은 다음에 기재하는

방법에 따라 거두어들이도록 하고 있다.

첫째, 모든 시민들마다 자기 의사에 따라 병원에 대한 부조금을 바칠 것.

둘째, 시내의 모든 희옥(戲屋) 및 유락시설을 경영하여 이익을 얻는 자는 그 가운데 10분의 4를 병원에 바칠 것.

셋째, 환자가 아주 가난하지는 않지만, 계속해서 치료를 받거나 약을 먹어야 하는 데 어려움이 있어서 입원한 이는 매일 12프랑(1프랑은 우리나라의 1냥 정도이다) 혹은 4, 5프랑을 병원에 바칠 것.

넷째, 정부가 전당포를 설치하고 시민들의 물품을 전당잡되, 1년 동안의 기한을 정하고 이자는 1년에 매냥당 6푼을 받는다. 만약 기한이 지나도록 전당잡힌 물품을 찾아가지 않으면, 정부는 그 물품을 민간에 방매한다. 가령 처음에 백 냥으로 전당잡았던 것을 140냥에 판다면, 140냥 가운데 본전 백 냥과 이자 6냥을 제한 나머지 34냥은 병원의 경비로 충당할 것.

4. 이상은 시민들이 병원을 보조하는 제도이다. 육해군 병원의 여러 가지 비용은 정부가 전담하도록 되어있다.

치아원(痴兒院)

1. 치아원(지금의 정신 박약아들을 교육하는 학교)은 정신 박약아를 가르치는 학교다. 이곳의 여러 가지 제도는 다른 일반 학교와 같으나, 치아란 본래 그 천품이 이해하고 깨닫는 데 부족한 아이들인 것이다. 그런 까닭으로 그 가르치는 제도는 다른 곳과 다를 수밖에 없다. 학습하는 책도 특별히 큰 글자로 인쇄하되, 말을 가르치는 경우, 글자만으로 그 의사를 깨닫게 하는 것이 어렵기 때문에 그림을 이용하여 그 뜻을 나타내도록 하고 있다. 가령 개라는 글자를 가르칠 때는 개를

그리고 글자는 그 옆에 덧붙일 뿐이다. 물품 구입하는 일을 가르치려면 역시 그림으로 사람이 물건을 사는 모양을 그리고 글자로 그 뜻을 풀이한다. 이와 같이 그 본뜻을 깨닫지 못할까 우려한 나머지, 한 구절 한 마디를 상세하게 되풀이하여 숙독케 함으로써 차츰 독서하는 법을 배우도록 한다.

수학을 가르치는 데도 여러 가지 기기(器機)가 있다. 그 일례를 들어 보자. 교사가 작은 구슬 몇 개를 가지고 있으면서, 손에 두 개를 들고 말하기를 "구슬이 몇 개인가?"라고 물을 때 한 아이도 대답하는 자가 없으면 교사 스스로가 2개라고 가르쳐 주며, 만약 아는 아이가 있으면 또 2개를 더하여 "2개에 2개를 더하면 몇 개가 되는가?"하여 4개라 대답하는 아이가 있으면 또 3개를 다시 더하여 말하기를 "4개에 3개를 더하면 몇 개가 되는가" 한다. 대답이 7개라 하는 아이가 있으면 교사가 다시 묻되 "4개와 3개를 합하여 7개이다. 지금 이 7개 가운데서 1개를 감하면 몇 개가 남는가?" 한다. 6개라 말하면 또 말하되 "이 6개를 두 사람이 똑같이 나누면 한 사람의 몫이 몇 개가 되는가?"하는 식으로 가르쳐 나가 계산하는 지각을 양성토록 하고 있다.

또 유희하는 데 쓰이는 여러 도구도 예사로운 것이 없을 뿐더러 하나둘로 그치지 않는다. 그 가운데 간단하고 쉬운 것은 두꺼운 종이에 초목·금수 및 배·수레 혹은 주택의 모양을 그린 다음, 모나게 혹은 둥글게 길게 혹은 짧게, 세로 혹은 가로로 잘라낸 다음 그 잘라낸 여러 조각을 각각 그 원상태로 합하게 하되, 잘한 아이에게는 상을 주고 못한 아이라도 결단코 꾸짖지 않는다. 또 그밖에도 춤추는 법과 노래를 가르쳐 심지(心志)와 기도(氣度)를 활발케 한다. 나무오르기라든가 그네뛰기를 가르쳐서 몸과 근골을 건강케 해준다. 근래에는 군대식 조련도 가르쳐서 상하의 서열과 순서를 알게 해 준다고 한다.

광인원(狂人院)

1. 광인원은 미친 사람을 치료하는 곳이다. 그 건물을 짓는 방법도 화려하고 정결케 하여, 한가한 운치와 아담한 풍치가 사람의 마음을 기쁘고 즐겁게 하기를 위주로 하고 있다. 일상적으로 쓰는 여러 기구도 기명으로부터 실내의 배열에 이르기까지 다 그러할 뿐더러, 원의 둘레에는 동산을 만들고 기이한 꽃과 이상한 풀을 심으며, 작은 새장에는 아름다운 새를 기르고, 연못에는 금붕어를 기르는 등 모든 것이 다른 원에 비하여 유난히 다르다.

환자는 한 사람마다 방 하나씩을 차지하고 있으며 증세의 차가 가벼운 자는 낮에 정원을 거닐도록 허락받는다. 그 뜻이 즐거운 대로 화초를 완상하는 사람이라든가, 새와 물고기를 희롱하는 사람도 있고, 노래부르는 사람, 춤추는 사람, 읊조리는 사람, 그림 그리는 사람과 음악을 하는 사람도 있는 바, 그들의 마음을 자극하지 않으면서 치료하는 것을 좋은 방법으로 삼고 있다. 한편 의사가 약 쓰는 방법도 극진하여 빠른 효력만을 바라지 않고 좀 오래 끌더라도 완치되기를 기다리며 재발할 염려가 없어야 비로소 퇴원하도록 허락한다.

미친 증세로 죽을 죄를 범한 자는 비록 다 나은 뒤라도 죽을 때까지 원내에 머물러 있도록 한다. 몇 년 전에 영국 여왕이 행차할 때 갑자기 한 사람이 길로 뛰어나와 소총을 발사했으나, 천행으로 여왕의 옥체는 무사했다. 유사(有司)가 그 사람을 체포하여 심문한즉 시내에 사는 미친 사람이라는 것이 밝혀졌다. 그의 범죄는 용서 못할 대역죄에 해당되었으나, 여왕은 그의 본심에서 나온 범죄가 아님을 용서하고 아울러 불행한 병을 측은하게 여겨, 왕실의 비용으로 광인원에 보내서 치료토록 했다. 온 천하 사람들이 여왕의 관후, 인자한 덕을 칭송하였다.

2. 서양 의사가 이런 말을 한 적이 있다. 즉 "보통사람으로서 미친 증세가 있는 것은 지각과 재주가 본래 뛰어난 자다. 그런 까닭으로 어리석은 자는 미친 증세를 나타내지 않는다. 치료하는 방법으로는 뜻을 순하게 하여 약을 때맞춰 사용하여 그의 성정을 한가롭게 요양하면 온전한 치유를 기약할 수 있다."라고.

미국 광인원의 규칙을 살펴보면 다음과 같다. 부유한 자는 자기가 치료받은 여러 비용을 내며, 가난한 자는 내지 않아도 된다. 30년 전에는 광인원 안의 여러 가지 시설이 갖추어지지 않았기 때문에 치료하는 효험이 극히 적었었으나, 그 뒤 여러 가지 시설이 갖추어진 후에는 치료하는 효험이 아주 커졌다. 30년 전과 뒤의 치료 상황을 비교해 보면, 그 전에는 백 사람 가운데서 온전히 나은 이가 5, 6명에 불과했지만 요즘에는 백 사람 가운데서 완전히 나은 이가 30명 이상에 이른다고 한다.

맹인원(盲人院)

1. 맹인원은 장님을 가르치는 학교이다. 여러 가지 제도는 대략 아인원(啞人院)과 같다. 그러나 학습하는 책자는 볼체의 모양과 글자를 볼록하게 인쇄하고, 지도는 바늘로 뚫어 물과 뭍의 형상을 나타내며, 산수도 그 기기(器機)를 따로 만들어 더하고 빼고 곱하고 나누는 네 가지 방법으로 천문과 지리까지를 측량할 수 있으므로, 못하는 것이 없다. 음악과 가무도 보통 사람과 차이가 없으며, 이밖에도 구슬을 다듬는 교묘한 솜씨나 옷감을 짜는 섬세한 일을 능히 해내어 그 제품을 시장에 판 다음, 그 이익을 이 원의 비용으로 제공하고 있다.

영국의 맹인원 제도는 어른·아이를 막론하고 가르치는 기한을 6

년으로 정해 놓고 있다. 이 연한 전에 학업을 마치는 수도 있지만 가난하여 돌아갈 곳이 없는 이는 그냥 원내에 머물면서 입고 먹는 데 필요한 모든 비용은 자기가 번 돈으로 충당한다. 그들이 살아가는 방책은 경문을 외거나, 점을 익히는 것이 아니라 물건을 제조하는 일에 종사하고 있음을 본다. 그들을 가르치는 동안에 드는 잡비는 모두 정부가 담당하고 있지만, 부잣집 자녀는 반드시 그 비용을 내도록 하고 가난한 이는 내지 않도록 한다.

필자가 다른 나라에 가 있을 때에 맹인원에 가본 일이 있다. 그곳의 교사들은 맹인들이 만든 물품을 보이면서, 공부하는 차례를 이야기해 준 일이 있었다. 자세히 살펴보니, 그 솜씨의 정교함과 규모의 아름다움은 두 눈 가진 이의 재주에 뒤지지 않을 뿐더러 학습하는 정신 또한 도리어 뛰어나 있었다. 돌아올 때에 필자의 성명을 말했더니 흘림 글씨로 쓰는 손놀림이 날아오르는 듯하고 우리나라 이름을 말했더니 지도를 어루만져 보고 말하되 '아시아 동쪽의 먼 나라'라고 하는 것이었다.

아인원(啞人院)

1. 아인원은 벙어리를 가르치는 곳이다. 가르치는 조목인 어학·산술·천문·지리 등은 일반 학교와 다를 바가 없다. 그러나, 가르치기 시작할 때에는 손가락으로 서양글자(알파벳)의 26자를 형상하되, 말을 하지 않고 글자만 보면 깨달을 수 있게 하는 것이 다르다. 또 다른 사람이 말할 때 나타내는 입술·혀·이·목구멍의 운동을 배우도록 하고 이렇게 운동하는 이치를 배워 소리를 내는 경지에 이를 것 같으면 타인의 말을 듣지는 못하되, 그 입술·혀·이·목구멍의 움직임을 보고 말하는 뜻을 스스로 이해하여 타인과 능히 수작할 수 있게

된다.

벙어리가 말을 못하는 연유는 발음하는 기관이 건전치 않은 데 있는 것이 아니라 고막이 막혔으므로 귓구멍이 열리지 않아 타인의 음성을 듣지 못하는 까닭으로 자기의 음성 또한 고르지 못하기 때문이다. 그 증거를 밝혀 보면 즐거운 때의 웃음소리와 슬플 때의 울음소리는 천연스러운 성질에서 우러나오는 것으로서 말할 수 있는 사람의 경우와 똑같기 때문에 벙어리는 귀가 반드시 먹어 있는 것이다. 그러므로 오래도록 가르쳐서 발음하는 모습에 익숙해지면, 해득하지 못하는 것이 없을 뿐더러 어떠한 학문이든지 능히 배울 수 있게 된다. 또 책을 보는 데 있어서도 옥편과 운고(韻藁) 같은 책까지 교사를 대신하여 통달하지 못하는 것이 없다. 한편 유희하는 기구도 그림으로 형상하고 글자로 기호를 삼아 가르침을 기다리지 않아도 능히 해득할 수 있도록 해놓고 있다.

필자가 외국에 나다닐 때, 어느 아인원에 가서 그곳 교사에게 벙어리의 말하는 거동을 보여달라고 한 적이 있었다. 벙어리 한 사람을 불러 왔는데 일어나서 절한 다음, 계절에 대한 인사를 했더니, 그도 친절하게 대답하는 것이었다. 다시 일어나 말하기를 "나는 조선 사람이다."라고 하니까 벙어리가 흑판에 써서 말하기를 "조선 사람은 참으로 우리나라의 귀빈이다."라고 하는 것이었다.

교도원(教導員)

1. 교도원은 행실이 바르지 못한 국민을 가르치는 곳이다. 불효하거나 불손한 자로부터 됨됨이가 허랑방탕하고 난잡한 난봉꾼에 이르기까지 그 행실을 교화해야 할 만한 자는 모두 원내에 구치해 두고 선행을 가르치며, 힘든 작업을 시켜서 그 마음을 깨우치고 허물을

뉘우치게 하여 그 기한이 다한 뒤에야 비로소 놓아 보내기를 허락하고 있다.

대개 이와 같은 일은 일반인의 힘으로는 할 수 없는 일이다. 반드시 법관의 명령에 따라서 허물의 가볍고 무거움을 참작하는 한편, 기한의 장단을 정하는 것이기 때문에 원망하지를 못하고 오직 그 명령에 순종할 따름인 것이다. 서양 풍속으로는 죄지은 사람을 대단히 더럽게 여기기 때문에 한 번이라도 법을 범하게 되면 친구를 사귈 수 없을 뿐더러 세상으로부터 한낱 더러운 사람으로 지목받게 되는 것이다. 그러므로 양갓집 자제는 그 몸을 조심하며 학문에 힘쓰고, 그 행실을 닦으면서도 법률을 두려워한다. 술 혹은 잡기로 패가하는 자는 모두 배우지 못한 비천한 무리이기 때문에 교도원에 들어오는 자는 언제나 하층계급 사람들의 아들이나 조카가 그 대부분을 차지하고 있다.

박람회(博覽會)

1. 세계 각국의 기예와 공작은 날과 달로 발전을 거듭하고 있으므로 새로 생산되는 물품이 얼마나 되는지 헤아리기조차 어려울 지경이다. 지난날에는 희귀한 보물 같던 물건이 오늘날에는 이미 낡은 것에 속하고, 어제의 편리한 기구도 오늘에는 일상적인 물건으로 되어 버렸다. 이러한 데에 연유하여 서양 여러 나라의 큰 도시에서는 몇 년에 각 한 번씩 생산물 대회를 열고 있는데, 세계에 널리 알린다. 여러 나라의 천연자원 및 가공품 가운데서 유명한 제품이라든가, 편리한 기기(器機)와 고물 및 진기한 물품 등을 수집하여 세상 사람들의 관람에 이바지하도록 하고 있다. 이를 가리켜 박람회라고 한다.

출품되는 물품명을 대강 기록해 보면 다음과 같다. 즉 여러 가지 증기기관·전기 및 가스 관계의 기계와 칼·총·시계·마구(馬具)·농기구·소방기구·포대(砲臺)·군함·주택의 견본과 의복·모자·신·문방구 및 여러 가지 화장용품과 고금의 악기·명화·명필 및 상(床)이나 의자류와 음식 먹을 때 쓰이는 그릇 등이다. 한 마디로 말하여 사람이 살아가는 데 필요한 여러 가지 물품 중에서 갖추어 있지 않은 것이 없다.

이와 같이 여러 물품을 한 큰 장소에 배열하고 5, 6개월 동안이나 여러 사람에게 구경시킬 때, 그 물품의 공효에 대해서는 주인 자신이 설명하고 풀이해 주고 있으며, 관람하는 사람이 구입하고자 할 때, 이 회장 안에 전시되어 있는 물품은 살 수 없으나 그 생산지를 찾아서 정당한 값으로 사들이기는 어렵지 않다. 또 이 박람회가 끝날 때에는 전시된 물품을 도매하는 경우가 많기 때문에 예약하기도 한다. 박람회의 본뜻은 온 천하 사람들이 서로 가르치고 서로 배우려는 취지에 입각하여 타인의 장기를 취하여 자기에게 이롭게 하자는 것이므로 만국의 슬기 및 학식의 교역을 행하는 곳이라 하겠다.

또 박람회가 개최되는 동안은 세계 각국에서 오는 사람들이 구름처럼 많으므로 그 지방의 번성을 도울 뿐 아니라 인간적인 교제를 두텁게 하는 공도 적지 않다. 또 여러 나라 고금의 물품에 대하여 살펴보면 그 나라의 연혁 및 풍속과 사람의 슬기로움 여부도 가히 추측할 수 있기 때문에 어리석은 이는 스스로 힘써 나아가도록 하고 슬기로운 이는 스스로 경계하여, 세계의 문명과 인심의 개화를 떨쳐 일으키는 일에 하나의 큰 경륜이 되고 있다.

박물관(博物館) 및 박물원(博物園)

1. 박물관은 세계 각국의 고금 물산 중 크고 작거나 귀하고 천함을 가

리지 않고 한 곳에 일제히 수집하여 사람들의 견문과 지식을 넓힐 목적으로 설치한 곳이다.

2. 금석(金石) 박물관은 세계의 모든 금석류를 수집하여 각기 그 명목을 구별하여 보관하고 있는 곳이다.
3. 새·짐승·벌레·물고기 박물관은 세계의 새·짐승·벌레·물고기류의 여러 가지를 수집하여서 역시 그 명목을 분류하여 전시하는 곳이다. 새와 짐승은 그 껍질에 털이 붙은 채로 박제하여 그 원형을 보전하고, 벌레·물고기는 약을 발라서 부패하는 것을 방지하고 역시 원형을 보전하여 볕에 쬐어서 말렸기 때문에 비록 죽었으나 살았을 때의 모습 그대로다. 또 벌레·물고기 가운데서 극히 작은 것은 소주에 담가서 보존하는 방법도 있다.
4. 의료 박물관은 오로지 의사들의 연구를 위하여 설립한 곳이다. 사람의 모든 골격과 태아의 일삭으로부터 만삭에 이른 것과 이상한 병 때문에 죽은 사람이 있으면 그 병든 부분을 저장하여 뒷날의 본보기로 삼는다. 또 외치(外治)하는 기구를 모아서 사람들에게 열람시키고 있으나, 이는 항상 병원 안에 설치되어 있다.
5. 박물원(지금의 동·식물원)은 세계 각국의 생물을 수집해 놓은 곳인데 설립 취지는 역시 박물관을 설치하는 의도와 같다.
6. 동물원은 세계 여러 곳의 새·짐승·벌레·물고기 가운데서 살아 움직이는 것을 수집해 놓은 곳인데, 각기 본성대로 물에서 사는 것은 못에 기르고, 굴에서 사는 것은 토굴에 살게 하고, 둥지에서 사는 것은 숲에 놓아기른다. 다만 곰·호랑이·사자·물소 같은 맹수류는 철책 우리 속에 가두어 두고 바깥 출입을 허락지 않는다. 다른 동물들도 철망 안에서 기르고 바깥 출입을 허락지 않는다. 다른 동물들도 철망 안에서 기르고 있는데 그것은 다만 도망가는 것을 방지하기 위해서일 따름이다.
7. 식물원은 세계 여러 곳의 꽃과 풀·나무 가운데서 수산이나 육지산

의 여러 종류를 수집하여 각기 특성에 맞추어 기르는 곳이다. 더운 지방에서 자라던 초목은 추운 지방에서는 성장하지 못하기 때문에 적도 부근으로부터 옮겨 온 것은 유리집(온실)을 세워 철통에 증기를 통하게 하여 겨울철을 지내도록 하고 있다.

8. 이처럼 박물관과 박물원에 여러 가지 물건을 수집하고 보관하는 일은 한 사람의 힘으로는 경영하기 어렵다. 또 일조일석에 그 공을 이루기도 어렵고, 그 비용도 몹시 많이 들기 때문에 정부와 국민들이 마음과 힘을 합하여, 거둔 돈으로 구입하기도 하고 혹 외국에 나갔다가 그 곳에서 나는 것을 가지고 돌아와 기증하기도 하여 세월이 오래 지나는 동안 많은 사람의 합력으로 이루어진 것이다. 이처럼 돈 쓰는 것을 아끼지도 않고, 애쓰기를 꺼리지 않으면서 정부와 백성이 힘써 행하는 것은 단지 기이한 물종을 거둬 모으려는 것만이 아니다. 사람들의 견문을 넓히는 한편 학자의 연구를 크게 도움으로써 그 연구결과가 나라를 이롭게 하고 국민들에게 편리함을 주도록 하려는 데 있는 것이다. 서양 각국의 큰 도시에는 이와 같은 곳이 모두 있는데, 갖가지 물건마다 이름을 써 붙여서 사람들이 관람하는 데 편하게 해놓고 있다.

서적고(書籍庫)

1. 서적고(지금의 도서관)는 정부가 설립한 것도 있고, 정부와 국민들이 합력하여 건립한 것도 있다. 경서(經書)와 사기(史記)를 비롯하여, 각 학문에 관한 서적과 고금의 명화 및 소설과 각 국의 신문류에 이르기까지 갖추어져 있지 않은 것이 없다. 외국의 서적이 새로 출판되면 구입하고, 본국의 서적은 출판한 이가 여러 곳의 도서관마다 각각 한 질씩을 보내기 때문에 책의 권수는 해를 거듭할수록 많아진다. 이

와 같이 서적을 모아두는 것은 세상의 무식한 사람들을 없애고자 하는 데 그 주된 뜻이 있는 것이다. 그러므로 서양의 여러 나라에는 큰 도시마다 도서관이 없는 곳이 없으며 어떤 사람이든지 책을 열람하고자 하는 이는 도서관에 가서 마음대로 아무 책이나 볼 수 있지만, 가지고 다른 곳으로 가는 것은 허락지 않는다. 다만 독서코자 하는 학생이 책이 없어서 연구하기 어려울 때만은 세를 내고 빌린다. 그러나 그 책을 훼손시켰을 때는 책값을 물어야 한다.

각국 도서관 가운데 가장 유명한 것은 영국 서울 런던에 있는 것과 러시아 서울 상트 페테르부르크에 있는 것과 프랑스 서울 파리에 있는 것 등이다. 그 가운데서도 파리의 도서관이 가장 큰데, 그곳에 비치된 책의 권수는 2백만 권을 넘으므로 프랑스 사람들은 그 굉장한 규모를 항상 자랑하고 있다.

연설회(演說會)

1. 연설이란 말을 펴내는 의사발표 행위로서, 그 조목 또한 적지 않다. 하늘·땅·해·달·별·바람·구름·비·이슬·서리·눈·우박·싸라기눈·천둥·번개·강·바다·산에서부터 시작하여 풀·나무·새·짐승·금석(金石) 등의 묘한 이치 및 변화라든가, 사람에 관계되는 일로서는 농작·공업기술·상업·의약·음악·문학·정치·과학이론·음식·의복·주택·기계·물산으로부터 오륜의 행실과 고금의 풍속과 외국의 온갖 사무에까지 이르며, 이밖에도 광범위하고도 번거로움이 이루 헤아릴 수조차 없을 정도다. 이는 이치를 조목조목 따지며, 연유를 들추어 내어 세상 사람들의 견문을 넓히도록 하는 것이 그 목표라고 할 수 있다. 이곳에 열거한 여러 조목의 학식은 한 사람의 힘으로 할 수 있는 것이 아니다. 반드시 그 조목마다 각각 능한 이가 있어

그 깊은 뜻과 심묘한 깨달음을 설명해 주게 되어 있다.

한편, 연설하는 사람으로 말하더라도 그가 품고 있는 지식과 학문을 세상 사람에게 널리 알릴 뿐 아니라 사례금이 있게 마련이다. 학자의 명망에 따라 한 차례 연설하는 사례금이 우리 돈으로 2백 냥 혹은 3백 냥에 이르는 이도 있는데 1천 냥이나 2천 냥, 혹은 1만 냥 이상 4만 냥까지 이르는 이도 있는 까닭에 연설을 듣는 사람은 돈을 나누어 내야만 한다. 돈을 거두는 방법을 보면, 연설회 입장권을 파는 것인데, 표가 없는 이는 참석하지 못하고 표를 가진 이만이 들을 수 있게 해놓고 있다. 그 표값은 한 장에 우리 돈 8냥, 9냥으로부터 30냥 혹은 40냥에까지 이르는 것도 있다. 가난한 사람이 이러한 훌륭한 모임에 참석하지 못하는 것을 안타깝게 생각하여 착한 마음을 가진 부자가 자기의 돈으로 연설회의 사례금을 담당하고 무료로 입장권을 주기도 하며 혹 너그러운 학자는 사례금을 요구치 않고 연설해 주는 경우도 있다. 여러 동리에서 합동으로 연설회를 개최하고는 사례금을 주기도 한다.

이제 연설하는 모양을 잠시 기록해 보면 다음과 같다. 학자는 연설코자 하는 바를 종이에 써서 탁상 위에 놓고 그 상 뒤에 예복을 입고 시서 높은 소리로 낭독하면, 듣는 이는 차례차례 의자에 앉아 있다가 그들 마음에 맞는 귀결이 있으면 손뼉을 치며 부르짖기도 한다. 만약 국가에 중대한 일이 발생했을 때를 당하면 학자나 연설하는 사람은 청중들에게 마땅히 우려해야 할 만할 일은 우려하고, 즐거워할 만한 일은 즐거워하도록 한다. 그렇기 때문에 외국의 모욕과 업신여김을 받든지 전쟁으로 침범을 당하든지 하면 역시 이들의 주장에 의해 국민들의 의기를 격앙시키기도 하고, 끊임없는 용기를 불러일으키기도 하는 것이다. 본국의 법령 가운데서 불편한 것이 있을 때에도 역시 연설의 힘을 빌어서 정부에게 권고하여 변경하도록 하기도 한다. 그러나 이러한 일은 비방하는 데에 가깝고 좋지 못한 관례를 만든다고 하여, 정부를 비판하는 한가지만은 금지시키는 나라도 있다. 서양 사람들은 '연설이야말로 개화를 이룩하는 하나의 큰 계기'라고 말하고 있다.

신문지(新聞紙)

1. 신문은 여러 사람이 회사를 만든 다음, 일정한 국(局)을 만들고 세상의 새로운 사정을 탐지하여 기자들이 써낸 글을 인쇄하여 온 천하에 널리 펴내는 일을 하는 곳이다. 조정의 정사와 관가의 명령 및 관리들의 진퇴로부터 시작하여 거리의 풍문이라든가, 상업의 성쇠와 농작물의 흉풍 및 물가의 높낮이와 각 학교에서 공부시키는 형편과 각지 학자들의 연구하는 업적과 일반 사람들의 고락과 생사라든가, 외국의 소식에 이르기까지 실제의 모습과 참된 상태 및 기이한 일이나 이상한 말 가운데서 족히 세상 사람의 견문을 넓힐 만한 것을 골라내어 문인은 글을 짓고 화가는 그림을 그려서 모르는 이가 없게 한다.

또 다른 일에 관해서도 집회하는 소식, 개업하는 상호 및 기차·기선의 출발·도착과 대지·집기류의 매매라든가 유실물을 주워서 그 주인을 찾아 주는 일 및 가게를 내며, 나그네를 유치하는 것 등을 다 신문사에 부탁하여, 그 상세한 내용을 보도하도록 한다. 그런 까닭으로 시골에 살며 친구와의 거래가 거의 없는 사람이거나 만리타향에 살며 고국의 소식이 막연한 이도 신문지를 한 번 보면 사람들의 움직이는 모습이 눈앞에 완연하여 실제의 사물을 친히 접할 때와 같은 느낌을 받는다.

서양 사람은 신문보는 일을 인간사회에 있어서의 한 쾌락사라고 일컫고 있다. 사람이 시간을 보내기 위해서는 고금의 서적이 적지 않으나, 세계의 물정을 훤하게 알며 자기의 견문을 넓히고 세상을 살아가는 길을 닦는 데에는 신문의 공이 크다고 하겠다.

2. 신문은 매일 발행하는 것도 있고, 매 7일마다 발행하는 것도 있으며, 매달 혹은 네 계절마다 한 번 발행하는 것도 있다. 서양 여러 나라와 아시아주의 각지에도 서양 사람이 모여 사는 곳이면 반드시 신문을 발행하는 자가 있다.

이제 신문을 창간한 근본에 대해 생각해 보면 우리나라의 조보(朝報)처럼 관리에게 베껴서 돌리다가 그 뒤에 국민 가운데서도 돈 많은 사람은 일정한 세를 내고 구독했으나, 3백년 전에 이르러 영국과 이탈리아에서 비로소 인쇄·발행하는 신문이 나오게 되었다. 그러나 그곳에 실린 내용이란 상업관계의 이야기라든가 물가의 고하 등에 그치고, 조정의 법령에 대해서는 선악간에 기재하지 않았으며 학술에 대해서도 논하는 이가 없고, 혹은 정부의 특허로 인쇄·발행한 신문지를 도매로 팔기도 하고, 또는 우리나라의 박문국(博文局)처럼 정부가 일정한 관청을 설치한 다음 발행하기도 했다.

2백년 전에 이르러 신문발행이 성행하게 되자, 조정의 법령을 비판하는 자도 있고, 민간의 악습을 비웃는 자도 있으며, 농업·상업에 관한 일을 널리 알리는 자도 있고, 군사의 기예나 학자의 연구에 대해서 비난하는 자도 있으며, 법률과 기계문제라든가 어린아이와 여성에 대한 기사만을 내는 신문도 있게 되었다.

외국 사정에 관한 것만 하더라도 정치·습속·국민·풍토 및 여러 사물을 명백하게 옮겨 실어서 세상의 크고 작은 물정을 빠짐없이 포괄하고 온 세상의 모든 일을 다 총괄해 놓고 있음을 본다. 따라서 그 번성함도 극진하려니와 광대하기도 견줄 데가 없을 지경이다.

근세 서양 여러 나라 가운데서 영국의 런던과 미국의 뉴욕 신문이 가장 크다. 지금은 게재하는 사건이 넘쳐서 때로는 본지 외에 별지를 덧붙이기도 하지만, 창간하던 당시에는 기사화할 만한 사건이 극히 드물어서 1면도 채우지 못하는 형편이었다.

3. 대체로 신문을 발행하려면 여러 가지 기계가 필요하다. 옛날에는 사람이 베껴 썼으나, 철주자(鐵鑄字)가 생긴 뒤부터는 비로소 기계를 사용하게 되었지만, 여전히 인력을 많이 소비하게 되었다. 오늘날 큰 회사는 증기기계를 써서 한 시간에 3만여 장이나 인쇄하니 그 신속함과 굉장함은 사람의 귀와 눈을 놀라게 하기에 족하다고 하겠다. 이처럼 여러 기계가 많은 만큼 그 비용 또한 적지 않은데, 어떤 이가 부질없이 자기의 재산을 내어 놓고서 신문발행에 쓰라고 하겠는가. 신문을 구독하는 이가 있은 다음에야 판매를 할 수 있게 된다. 이로 미루어 보면 신문사업 또한 상업의 한 가지라고 할 수밖에 없다.

이제 판매하는 법을 잠간 기록해 보면 다음과 같다. 본국이나 외국 사람이나를 가리지 않고 신문지를 구독코자 하는 이가 그의 거주지와 이름을 신문사에 적어 보내고 1년 간의 구독료를 선불로 하거나, 혹은 후불 또는 다달이 물기로 하면 된다. 각처로 나누어 보내는 법을 보면 구독하는 사람의 이름과 주소를 봉투에 인쇄하여 우편국에 보내면 거기에서 가까운 곳에는 사람을 보내 전하게 하고, 먼 곳에는 기차 혹은 기선을 이용하여 전하기도 하며 신문사에서 직접 신문팔이에게 나눠서 왕래하는 사람에게 팔도록 하기도 한다. 신문을 판매하는 외에도 여러 가지 사물을 광고하기도 하는데 싣는 기사의 행수로써 그 게재료를 거두는 만큼, 큰 회사의 1년 수입이 많은 곳은 2, 3천만 냥까지 이른다.

신문 보도의 신속함은 정말로 사람의 의표를 찌른다고 할 수밖에 없는데 이제 한 예를 들어 보면 다음과 같다. 연전에 영국 정부가 국가의 대사를 의논하여 묘시(卯時 : 오전 5~7 사이)께 끝난 일이 있었는데 그 내용이 신문에 발표되어 같은 날 신시(申時 : 오후 3~5시 사이)에 서울 3백리 밖에까지 전달되어 떠들썩했다고 하니, 가히 놀랄 만한 일이라 하겠다.

4. 또 이처럼 여러 가지 번잡한 일이 나라 안팎과 멀고 가까운 곳에서

일어나기 때문에, 신문사의 간부가 편안히 앉아서 어찌 다 견문할 수 있단 말인가. 그런 까닭으로 여러 곳에 기자를 파견하여 긴급한 사정은 전보로 알리고 늦어도 괜찮은 일은 서신으로 전하게 하여 인쇄·발행토록 하고 있다. 신문사는 빠른 보도를 하기 위하여 다투고 구독하는 사람 또한 사실을 빨리 전달받아 알게 되기를 즐겁게 여긴다.

정부도 법령의 빠른 전달을 위하여 정부에서 모임이 있거나, 법원에서 판결이 있는 날에는 신문사 기자가 참석할 수 있도록 허락한다. 이렇게 소식을 알아내는 기자들은 신문사의 월급을 받으며 또 화가라든가 문인의 손을 빌어서 발행하는 각 조항에 대해 일정한 이론이나 그림을 싣기 때문에 역시 그들에게 사례금을 지급하고 있다. 이런 점에서 본다면 신문사의 잡비도 적지 않는 셈이다.

5. 신문에 실리는 내용은 나라에 따라 차이가 있고, 사람에 따라 역시 차이가 생기기 때문에, 편벽된 표현과 터무니없는 기사가 없지 않다. 그러나 정부의 허가를 받고 있기 때문에 의론의 공평함과 진실된 주장을 신조로 삼고 있다. 국가의 정사나 법령에 올바르지 못한 것이 있으면, 이를 따져서 정부의 심사숙고 있기를 바라며, 국민들이 좋아하는 것과 원하는 것이 있으면 정부에게 그 시행을 촉구하기도 한다. 그러므로 정부도 명령과 정사를 실시하는 데 있어서 근신하게 되며, 국민들의 행실과 세계 각국의 습속을 비판하여 칭찬할 만한 것은 칭찬하고 나무랄 것은 나무라는 까닭에 사람들 또한 행실을 단정히 하며 풍속도 자연히 가다듬어져서 이를 염려하고 꺼리게 된다. 또 어떠한 사물에 대해서든지 제도의 편리 여부라든가, 규모의 선악 여부에 대해서 논박하지 않은 것이 없기 때문에 생계와 사업을 경영하는 사람치고 몸을 삼가며 극도로 근신하게 된다.

이러한 점에서 본다면 '신문사의 역할이 국가를 위하여서는 간관(諫官)의 직책을 수행하고 있으며 우리 사회를 향하여서는 칭찬과 비판을 집행하는 사필(史筆)의 구실을 하고 있다'고 해도 거짓은 아닐 것이다. 만약 신문사가 사사로운 혐의나 원한 때문에 망령되게 국가의 법령을 논란하고 사람들의 언행을 비방하여 실상이 없는 행위를 할 것 같으면, 정부가 내리는 벌을 면할 수 없기 때문에 신문사도 역시 조심할 수밖에 없다.

6. 신문에는 또 하나의 커다란 기능이 있다. 어떠한 사람이든지 좋은 의견이 있으면 글로 써서 신문사로 보내면 신문사에서도 사양치 않고 반드시 지상에 실어 세상에 전파를 한다. 그러므로 나라를 존중하고 임금을 사랑하자는 주장을 간곡하게 하면 세상 사람들의 충성심을 고무시키기 쉽고, 또 자기 나라가 다른 나라에 미치지 못하는 일이 있으면 신문을 통한 논평으로 국민들의 공분심을 불러일으킬 수 있기 때문에 신문을 보는 사람마다 좋은 도리를 짜내어 발표해 주기를 바라고 있다. 또 신문을 통하여 그들의 훌륭한 이론을 국민들에게 서로 통하게 할 수도 있기 때문에 국민들의 마음을 하나로 합치게 할 수 있는 기관으로는 신문보다 더한 것이 없다. 어떤 사람은 '신문이야말로 개화에 큰 도움을 주는 것'이라고 말한 바 있다.

제 18 편

증기기관(蒸氣機關)

1. 증기는 물이 끓는 기운인데, 달리 표현하면 김[瀛]이다. 냄비나 가마솥에 물을 끓이면 그 뚜껑이 치솟게 되는데 이것이 바로 증기의 힘인 것이다. 한 홉의 물을 끓이면서 점차로 화력을 더하여 그 물을 증발시키면 17말의 증기를 얻을 수 있는데, 이는 곧 1천7백 배의 분량에 해당되는 것이다. 증기기관은 이처럼 팽창한 증기를 밀폐된 그릇 속에 봉한 다음 그 폭발하는 힘으로 기관을 움직이도록 만든 물건이다. 대략 그 구조에 대하여 기록해 보기로 하겠다.
2. 물을 담고 있는 그릇을 가마[釜]라고 한다. 편철(片鐵 : 그 두께는 가마의 대소에 따라 다르다)올 광두정(廣頭釘)으로 박아서 만든 것으로서 그 모양은 우리나라의 독과 비슷하다. 또 그 모양은 구멍 뚫린 편철(구멍의 수는 가마의 대소에 따라 대소를 짐함)로 굳게 봉하고, 그 구멍에는 철통을 서로 맞물리게 하여 이 머리에서 저 머리로 이르게 해놓고 있다. 이 통은 가마솥의 물을 끓이기 위하여 열기를 통하게 만들어 놓은 것이다. 가마솥 한쪽에 물을 끌어들이는 철통이 있어서 물의 흐름이 끊이지 않게 되어 있고 한편에 철관이 있어서 끓는 증기를 전하도록 되어 있다. 물끓이는 방법을 보면 가마 한 쪽에 석탄으로 불을 때는 아궁이를 만들어 놓고, 그 열기가 가마솥 밑에 달린 철통을 경유하기 때문에 가마솥의 물은 철통이 더워지는 것으로

말미암아 물이 끓게 되면, 증기를 전하는 철관이 증기를 모으는 상자와 접하게 되고 증기는 그 상자를 따라 증기를 발동시키는 통으로 나가게 되어, 동력을 일으키는 원동력이 되는 것이다.

3. 이제 증기를 모으는 상자와 발동시키는 통이 연결되는 구조와 분배하는 공력에 대해 모호한 의론으로 잠시 이야기하면 다음과 같다. 상자와 통은 다같이 모두 철로 만들어진 것으로서 두 가닥의 짧은 철관으로 위아래 두 곳에 연접되어 있으며, 또 상자와 통이 서로 접하는 두 관의 사이에는 한 가닥의 관이 따로 있는데 그 입구는 막히지 않은 채 통구에는 내함(內含)된 둥근 뚜껑이 있으며, 뚜껑의 맨 가운데에 상투꼭지[髻] 같은 기구를 달아 기계적인 운동을 하는 철봉에 연결시켜 놓고 있다. 상자 속에는 증기가 드나드는 장치를 만들어 놓고 통 안에는 기계를 움직이거나 멎게 하는 장치를 배치해 놓고 있다.

통과 상자를 이은 두 관의 이름은 증기 출납용의 상관과 하관이라고 일컫는다. 증기가 상관을 따라 들어갈 때는 그 힘이 통 뚜껑을 밑으로 압축하여 뚜껑 밑에 저축한 증기가 하관을 통하여 빈 관으로 나가게 되어 있다. 또 증기가 하관을 따라 들어올 때에는 그 힘이 통뚜껑을 위로 들어올려 뚜껑 위에 모아 놓은 증기가 상관을 거쳐 역시 비어 있는 파이프로 나간다. 그 나가고 들어오는 원리는 대개 이와 같지만, 이는 상자 속에 만들어 놓은 장치의 묘한 이치 때문이다. 통뚜껑의 오르고 내리는 힘으로 철봉의 진퇴를 조종하여 기관 자체가 움직이는 원동력으로 삼고 있다. 철봉이 운동을 한 번 일으키면 모든 기계의 작용이 뒤따르는데 상하·좌우·진퇴·원전(圓轉) 등 모든 운동이 사람의 뜻대로 조작되는 것이다.

4. 증기기관의 힘은 증기를 폭발시켜 그 힘을 사용하는 통의 대소에 따라 그 강약이 정해진다. 그 강약은 마력(馬力)에 따라 계산되기 때문에, 이것을 증기의 마력이라 일컬으며 1마력은 1분에 3만 3천 근의 무게를 한 자 높이로 들어올릴 수 있는 힘을 가리킨다.

5. 옛날엔 서양에서도 모든 물건의 제조와 공업과 관계되는 일에는 다 인력을 사용하였는데 마치 우리나라의 상황과 차이가 없었다. 160여 년 전에 독일 사람인 예오발(禮遨發)이 증기로 인력을 대신하는 묘한 이론을 제창했고, 107년 전부터 99년 전에 이르러서야 영국 사람 와트가 증기기관을 크게 발전시켰다. 그 뒤 영국과 미국에서는 유명한 학자들이 배출되어 그 공력을 탐구하고 장치를 개선하여 사용법을 널리 확장시키기에 이르렀다. 강과 개천을 뚫거나 준설하는 일, 논·밭을 경작하는 일, 광산을 개발하는 일, 동이나 철을 제련하는 일, 화폐를 만드는 일, 나무를 베고 켜는 일, 모직, 면직·비단을 직조하는 일, 종이를 만들고 염색하는 일, 글씨나 그림을 인쇄하는 일, 사탕의 제조와 맥분의 제조라든가, 배·수레의 운행 등 헤아리기 어려울 만큼 많은 일에서 증기와 관계 없는 것은 찾을 수 없는 형편이다. 노동하는 사람은 다만 기계의 운전에 주의할 따름이며, 지나치게 힘드는 일은 없다. 한 사람의 힘으로 수백 수천 사람의 공을 대신할 수 있을 뿐더러 비용은 감소시킬 수 있는 반면 제작된 물품은 정밀하고도 아름다움을 유지할 수 있게 되었다. 증기기관이 세상에 출현한 뒤부터 전세계적으로 공작하는 방법과 무역하는 습속이 일변하고 말았기 때문에 오늘날의 세상을 '증기 세계'라고 하게 되었다.

와트의 약전(略傳)

와트(瓦妬, James Watt, 1736~1819 : 영국의 발명가)는 영국 사람이다. 아버지가 조선업(造船業)을 하였기 때문에 재산이 넉넉하였으나, 만년에는 가업이 점차 쇠잔하여 극도로 가난하게 되자, 그 아들을 가르칠 수조차 없게 되었다. 한편, 와트도 체질적으로 병이 많아 어려서부터 놀이를 좋아하지 않았고, 방안에 언제나 처박혀 있으면서

책을 읽거나, 산술 및 기계학을 연구하기만 했다. 나이 14세 때에 자기 생각만으로 작은 전기기계를 만들었다. 또 하루는 집에 있으면서 차를 끓일 때 찻주전자의 뚜껑이 들렸다 덮였다 하는 것을 보고 주전자 주둥이에서 김이 나오는 곳에 철수저를 붙여 탕기의 증기가 식어서 물이 되자, 그 물방울을 앉아 세고 있었다. 그러자 숙모가 이를 보고 크게 꾸짖기를, '게으르고 무익한 장난'이라 하였다. 이후로 와트는 식물학과 화학과 광산학을 배우는 데 힘쓰고 더욱 물리학에 이르러는 그 심오한 뜻을 깨쳤다.

나이 18세에 측량기 제조하는 기술을 배우고자 하여 글래스고(屈羅秀古, Glasgow) 시에 가서 여러 학자와 두터운 사귐을 맺고 1년 뒤에 런던으로 왔다가 병에 걸렸다. 고향으로 돌아갔었으나 그 뒤 다시 글래스고 시로 가서 학교 부속 기계사(器械司)에 직장을 얻고 제조소를 만들어 기계를 만들기 시작했다. 학교에 있는 여러 사람과 즐겁게 교유하였다. 공부하다가 의문나는 것이 있으면 가지고 와서 물었는데 와트가 아주 분명하게 설명하여 사람들의 생각을 넘어섰다. 이로 말미암아 학교 안에서 말이 돌기를 '와트야말로 정밀하고 뛰어난 기계사가 되는 데에만 그치지 않고 물리학의 대선생'이라 하여 그 명성이 날로 높아졌다. 학교에 있는 여러 사람 가운데서 로빈슨(魯彬遜, Robinson)이 와트와 친밀한 교제를 맺고 여러 가지로 도움을 주는 일이 많았으므로 와트의 학식은 점점 발전할 수 있었다.

1755년에 이르러 와트는 증기가 운동하는 힘을 깊이 연구하다가 로빈슨과 의론하여 한 견본을 만들어 냈다. 그러나 그 결과가 뜻에 맞지 않으므로 폐기하고 1761년에 그 공정을 더욱 연찬하여 수포(水砲)의 모양으로 한 작은 통을 만들고는 그 통을 뒤집어서 그 작대기에 분동(分銅)을 붙여 가지고 통 안에 배열하고 한 작은 철뚜껑을 밀착시켜 놓았다. 철뚜껑 아래에 증기가 들어가면 분동을 밀어올리게 되고, 증기가 새어나와 흩어지면 분동이 떨어지게 되는 장치였다. 이와 같은 공정을 시도하여 성공시키기는 했으나 실용에 쓰기는 만족스럽지 못했다.

1763년에 이르러 와트의 나이 27세 때에 학교의 기계사 자리를 사직하고, 아내를 맞고 집에 있으면서 이 계통의 사랑하는 제자인 가대날(哥大涅)을 고용하여 그 사람과 밤낮으로 고심하고 생각에 생각을 거듭한 끝에 한 증기통을 만들었는데, 그 구조를 조금 개량하려고 하자 두 가지 난점이 생겼다. 그 하나를 살리려고 하면, 다른 하나가 합당하지 않게 되어 어찌할 수 없었다. 증기를 통에 가득 채워 철뚜껑을 한 쪽으로 밀어내게 했으나, 증기를 냉각시키고, 팽창한 것을 즉시 수축하는 일이 잘 되지 않았는데, 이것이 첫째 난점이었다. 통 안의 증기를 수축시키고 철뚜껑을 원위치로 돌려놓은 뒤 통을 따뜻하게 하여 다시 나오는 증기를 가두어 두었다가 철뚜껑을 다시 또 밀어내게 했지만, 온기의 손실이 많았는데, 이것이 둘째 난점이었다.

이러한 연유로 처음 통 안에 증기를 넣을 때 그 통을 덥히기 위하여 다소의 열을 소모했고, 또 그 통을 냉각하게 하고 철뚜껑을 원위치로 돌아가게 하기 위하여 다소의 시간을 소비하게 되자, 열기와 시간의 손실이 적지 않았다. 이에 와트가 말하기를, "통의 온도를 언제나 일정하게 보유하고, 증기를 수축시키는 기술을 얻으면 기관의 힘이 크게 늘어날 수 있을 것"이라고 하여 끝없는 고심을 하여 몇 달을 지냈으나 그 공정을 완성시키지 못했다.

한편 나무로 만든 통과 일종의 가마를 사용하여 여러번 실험하였는데, 수많은 어려움이 겹겹이 닥쳐와도 그의 뜻은 더욱 굳어졌었다. 마침내 한 가지 이론을 내세우게 되었는데, 그것은 끓는 물에서 내뿜는 증기의 분량은 수면의 넓고 좁음과 수체(水體)의 많고 적음에 관계치 않고 오직 열도의 강약에 의하여 증기의 분량이 정해진다는 것이었다. 또 1각촌(角寸)의 물이 증기로 변화하면 1각척(角尺)의 분량에 이른다고도 하여 그 깨닫고 이해하는 공력이 점점 전진하였기 때문에, 1764년에 이르자, 증기통과 증기를 수축시키는 그릇의 위치를 비로소 분리시키는 데 성공하여 여러 가지 의문점이 풀리게 되었다.

1768년에는 그의 친구인 누복(婁福, 로벅)의 도움을 얻어서 직경 18촌(인치)의 납통을 만든 다음 그 방법을 시험해 보았다. 그 결과 증기의 공용을 크게 발전시킬 수 있었으므로, 그 다음해에는 정부에 청하여 전매권을 얻게 되었다. 이번 일에는 누복의 도움이 많았으므로 기계에서 얻는 이익이 있으면 그 3분의 2를 주기로 약정하였으나 누복은 그 뒤 금광의 일로 분주하였고, 와트는 강과 개천을 치고 뚫는 공사를 맡게 되어 증기기관을 완성시킬 만한 시간적 여가를 갖지 못했었다.

1773년에 누복은 친구의 권고로 옛날 와트에게 인수했던 관계를 발돈(勃敦, 볼튼)에게 양도하였는데 와트 또한 반대하지 않고 발돈과 함께 연구한 끝에 그 다음해에야 증기기관의 대업을 마침내 성취시킬 수 있었다. 두 사람이 즉시 증기기관 회사를 설립하였는데, 발돈과 와트의 회사라고 이름하여, 오늘날까지 존속하고 있다. 당초 1769년에 얻었던 전매권이 이에 이르러 그 기한이 끝나게 되자 정부에 다시 청하여 25년 기한의 전매권을 얻을 수 있게 되었다. 그 후로 증기기관의 제조가 점점 많아질수록 정밀치 못한 곳을 고쳐 나감으로써 그 기술이 더욱 정밀해졌다.

와트보다 앞서서 증기기관을 연구한 사람이 많았으나 그 기술을 성공시켜 실용에 이바지하도록 한 이는 오직 와트였다. 천지 사이에 일종의 자연스러운 힘을 들추어내어 인간 사회의 모든 구차하고 어려운 근원을 제거함과 아울러 편리하고 부강한 상황을 조성함으로써 이용하고 후생하는 길을 온 천하 사람들이 함께 누리도록 했으며, 그 혜택이 또한 끝없는 내세에까지 전하도록 한 것이다.

이로써 와트의 이름은 영원히 전해지게 되었으며, 아낙네나 어린이까지도 존경하지 않는 이가 없는 형편이다. 1794년에 와트 및 발돈이 그 아들들을 자기 회사에 입사시켰다. 6년 뒤에 전매권의 기한이 끝나게 되자, 그 사업을 아들에게 물려주고 와트는 시골로 돌아가 학자들과 교유하거나 시골 노인을 따라 바람 불고 달 뜨는 흥취와 산림 속의 즐거움으로 그 여생을 마쳤다.

증기차(蒸氣車)

1. 증기차(蒸氣車 : 지금의 기차)는 증기기관의 힘을 빌어서 움직이는 차인데 화륜차(火輪車)라고도 한다. 앞차 한 량에 증기기계를 장치하여 기관차라고 부르며, 기관차 한 량으로 다른 차 2, 30량 내지 4, 50량을 끈다. 기차의 구조가 육중하고 견고한 한편, 차량마다 각각 4개의 철바퀴로 달리기 때문에 보통 길로는 달리기 어렵다. 따라서 길을 닦고 쌓은 다음, 두 줄의 철선을 깔고는 철로(鐵路)라고 일컫는다. 이제 그 규모나 제도에 대하여 간단히 기록해 보기로 한다.

2. 철로를 가설하는 데 쓰이는 재료는 철선(레일)과 침목이다. 철선의 너비는 2촌이고 그 두께는 4촌에 지나지 않으나, 침목은 서까래[椽木]의 앞뒤를 평편하게 깎아서 만든 것으로서 길이가 3천 남짓 된다. 도로를 견고하게 수축한 다음 침목을 6, 7촌 사이사이마다, 옆으로 놓고 그 위에 철선의 두 가닥을 좌우로 가설한다. 만 리 천 리나 되는 먼 길이라도 반드시 이와 같이 하고 있는데, 철로는 굽으면 못쓰고, 또 몹시 경사진 언덕을 오르내려도 곤란하며 하천을 건너지 못한다.

그러기 때문에 철로를 닦고 만들 때에는 반드시 곧아야 하고, 언덕의 작은 것은 깎아 평편하게 하며 산악의 큰 것은 그 밑을 뚫어서 백 리까지 가는 것도 있다. 바닷가의 물이 들어와 깎인 땅은 둑을 만든 다음 그 위에 길을 만들어야 하며, 강이나 내를 만나면 철교 또는 나무다리를 가설하되, 그 흐름이 크고 넓어서, 교량의 가설이 극히 어려울 것 같으면, 화륜선(기선)에 철로를 깔고 기차가 오면 실어서 건네준다. 철로를 까는 비용은 지형의 험난에 따라 같지 않으나 대략 평균 수치로 우리나라 1리 되는 거리에 3천 원 정도가 드는 셈이다.

3. 이제 기차를 만드는 형식에 대하여 간단히 기록해 보겠다. 굳은 나무로 정교하게 만들되, 그 너비가 4, 5척에 높이는 7척 이상이나 되며, 그 길이도 20척이 넘으며, 엷은 누른색 혹은 잡색의 기름을 칠하여 비나 눈으로 인한 습기를 방지하고 있다. 좌우의 창은 유리로 꼭 닫혀 있으며, 비단 혹은 전(氈)으로 휘장을 치고, 양쪽 철의자는 가죽 혹은 전으로 화려하게 꾸며져 있는 한편 차바닥에 못으로 고정되어 있고, 한 의자에 두 사람씩 나란히 앉을 수 있기 때문에, 차 한 칸에는 20명 이상 3, 40명을 태울 수 있다. 4개의 철바퀴를 철봉으로 연결한 다음, 용수철로 차 전체를 묶고 있으며, 여러 차량을 연결하는 방법은 쇠갈고리로 하고 있다. 사람이 오르고 내리는 곳은 차 앞뒤에 있고, 양편 판자벽에는 출입하는 문을 만들어 놓고 있지 않다.

먼 곳까지 가는 차는 밤낮을 가리지 않기 때문에 차 안에 침구를 갖추어 놓고 있는데, 낮에는 걷어서 차벽에 걸고 밤에는 내려서 평상처럼 된 상하 2층의 침대를 만든다. 또 음식차(식당차)가 있어서 하루 세 끼를 제공해 주며 세면실과 변소의 위치도 가지런히 조리있게 배치되어 있어서 편리하기가 이루 말할 수 없을 정도다.

한편 철로와 차바퀴가 서로 맞물리게 만들어 놓은 제도는 일정한 규모로 뻗어 나가 만 리 밖까지 이르러도 조금도 어긋남이 없다. 또 차를 타는 사람은 차표를 산 다음에라야 승차할 수 있기 때문에 차표는 미리 사야 한다. 기차가 달리는 속도는 화륜선보다 빨라서 급히 달리는 것은 1시간에 3백여 리를 간다고 한다.

4. 차가 정차했다가 발차하는 데에도 일정한 시간이 정해져 있다. 여러 차가 같은 철로를 따라 내왕하기 때문에, 서로 충돌하는 위험을

피하기 위해서다. 그런 까닭에, 내왕하는 규칙을 정해놓고 있는데, 가령 어느 곳에 있는 차는 몇 시에 출발하고, 또 어느 곳에 있는 차는 몇 시에 출발하여 몇 시에 중간 어느 곳에서 서로 만나게 한다. 따라서 중간역에는 여러 줄의 철로를 가설해 두고 있는데, 먼저 도착한 차가 그 옆 다른 줄에 잠시 정거해 있고, 나중에 오는 차가 지나간 다음에 발차하는 식으로 규칙을 만들어 놓고 있다. 또 내왕하는 선로가 따로따로 있더라도 두 차가 서로 지나칠 때에는 속도를 줄여서 뜻밖의 재액을 방지토록 하고 있다.

5. 철로는 평평하고 곧기를 위주로 하기 때문에 타인의 논밭이나 산림을 관계하지 않고 길을 닦는 것이 보통이다. 그러나 철도회사가 땅주인과 상의하여 시행하도록 되어 있지만, 그 값을 절충하는 방법은 공평한 사람에 의한 중립적인 결정에 따르는 것이 보통이다. 그러나 땅주인이 불응하면 회사로서는 법원에 제소하여 법관의 판결에 따르도록 되어 있다. 철로는 편리하게 운송하여 대중들에게 이익을 주며 나라의 부귀와 번영까지를 더해 주고 있기 때문에 법관도 반드시 회사의 청구를 허락하여 준다. 이로써 땅주인도 사유물이라고만 하여 안 판다고는 못하게 된다.

한편 회사가 이와 같은 특이한 권리를 가지고 있는 만큼, 국민들도 회사를 상대로 하여 특별한 권리를 주장하기도 한다. 즉 인구가 희소한 지방에는 이익이 많지 않다고 하여 기차 세울 시간이 아까워 그 근방에 정거장을 만들지 않을 것 같으면, 그 고을에 살고 있는 사람들은 정거장의 요긴함을 법원에 호소하여 정거장 설치령을 회사에 내리도록 하는 것이다.

6. 큰 도시의 인구가 조밀한 지역에는 철로를 가설할 수가 없다. 그런 까닭에 영국 런던에는 땅속으로 굴을 뚫어 철로를 사통팔달하게 깔아 놓고 있으며, 미국 뉴욕에는 큰 길 가운데에 3, 4길이나 되는 철주를 세우고 그 위에 철로를 가설하여 굉장한 공업 기술을 자랑하고 있는

데, 이들은 다 세계에서도 유명한 것들이다.

7. 증기차의 출현도 증기선과 같은 무렵이지만, 실제로 실용되기는 몇 년 뒤부터였다. 1784년에 학자 물덕(物德, 머독)이 증기차의 모형을 만들었었으나 작고 가벼운 놀잇감을 제공한 데 지나지 않았다. 그 후 20년 동안은 마음 쓰는 이가 없었고 1802년에 증기기관이 크게 성공했었지만, 이것을 차에 이용하지는 못하였다. 1812년에 이르러 영국 사람인 스티븐슨(壽大渾, George Stephenson, 1781~1848)이 증기차를 처음으로 만들어 석탄 수송에 이용하였었는데, 이것이 증기차의 시초였다. 그러나 이때까지 철로는 없었으나, 1825년에야 스티븐슨에 의해 수십 리의 철로가 가설되었는데, 이것이 세계 최초의 철로 증기차였다.

이로써 증기차에 관한 여러 제도가 대체로 갖추어지게 이르렀다. 그 신기하고 경이스런 규모와 신속 간편한 방도가 족히 세상 사람의 이목을 놀라게 했으며 마음을 뛰게 하였다. 그러나 혐오하고 시기하는 무리도 있어서 말하기를 차가 지나갈 때의 요란한 소리는 우레와 같아서 소나 말을 놀라게 하며, 또 석탄 연기가 양의 털을 오염시켜 목축에 방해가 되므로 좋지 않다라고 하여 항의하는 여론이 자자하였다. 그러나 마침내는 서양 여러 나라가 증기기관차에 관한 제도를 받아들이게 되었으며, 각 나라마다 종횡하는 철로가 다달이 늘어났으며 여객과 화물을 싣고 동서남북으로 달리니, 기차야말로 뭍에 있어서의 좋은 배와 같은 구실을 하게 되었다. 각 지방간의 물산을 교역하여 물가를 고르게 하며, 도시와 시골의 왕래를 간편하게 하여 인정을 서로 통하게 하였기 때문에, 사회적인 교류와 상업이 그 면목을 일신하게 되었다.

증기선(蒸氣船)

1. 증기선(蒸氣船 : 지금의 기선)은 증기기관의 힘을 빌어서 움직이는 배인데, 화륜선(火輪船)이라고도 한다. 화륜선을 제조하는 재료는 나무와 철이며, 움직이는 힘은 물과 불에서 얻고 있다. 1780년 무렵부터 여러 사람이 연구하기 시작했으나 성공한 사람은 없었다. 1807년에 미국의 뉴욕 사람인 풀턴(燄敦, Robert Fulton, 1765~1815)이 여러 해 동안 고심한 결과 신묘한 이치를 터득해 내어, 120마력의 증기선을 처음으로 만든 다음 허드슨(賀春江, Hudson) 강에서 시험 운행을 했었다. 사람들은 전적으로 믿으려 하지 않았을 뿐더러 풀턴의 하는 일을 미치광이짓이라고 하였다. 마침내 그 시험 운행하는 날이 되자, 강기슭에 모인 사람들의 의논이 분분하던 중 배가 움직이는 것을 보고는 풀턴을 가리켜 요술쟁이라고도 하고 앞에 가는 배가 물속으로 끈을 늘어뜨려 끌고 가는 것이라고도 하였으나, 이것이야말로 증기선의 시초였다.

이는 강이나 내해를 건너가거나 운수용으로만 쓰이다가 점차 그 사용법을 개량하여 군함·상선 및 우편선 등으로까지 발전시켜 만 리 대양을 왕래하면서도 험한 폭풍과 큰 파도 따위를 평시처럼 여기게 되었다. 공수와 방어 등의 장비를 굳건히 하며, 무역과 운송의 방도가 더욱 편리하게 되었기 때문에 항해하는 사람들의 용기가 예전에 비해 백 배나 드높게 되었다.

2. 증기선의 기관도 대체로 육지에서 쓰이는 기관과 별 차가 없다. 배의 한가운데에 증기기계를 장치하고 배의 양측에는 철륜(鐵輪)을 달아서 그 바퀴가 돌아가는 힘으로 배가 진행하도록 되어 있다. 이것을 양륜(兩輪) 증기선이라고도 하지만, 양륜 증기선이 세찬 풍랑을 만나

면 배가 경사지게 되고, 그 때에 한쪽 편의 바퀴가 물 위로 솟아오르게 되어, 배의 운행에 방해가 되기 때문에 다시 새로운 연구를 하게 되었다. 기관이 있는 곳으로부터 배꼬리에 이르도록 큰 철봉을 통하여 철봉 끝에 가로 경사진 큰 질려철(蒺藜鐵 : 스크류)을 붙여 물속에 잠근 다음, 질려철의 회전으로 두 바퀴를 대신코자 하는 착상이었다. 이 질려철은 나선형에 기초하여 만들어 낸 것이기 때문에, 나선 장치의 증기선이라고 부르며, 큰 바다를 항해하는 데는 나선장치로 된 배가 양륜 증기선보다 훨씬 편리하므로 요즘엔 양륜선의 제조가 적어졌다.

3. 항해하는 속력의 늦고 빠름은 기관의 크고 작음에 따라 다르지만, 대체로 일주야에 7, 8백 리로부터 1천2백, 3백 리에까지 갈 수 있다. 화물을 실으며 여객을 태우고 각 항구를 왕래하는 동안, 증기만을 사용할 뿐 바람이나 파도의 순조롭거나 거칠은 문제와는 아무 상관이 없다.

배의 발착도 일정한 시간을 반드시 지켜야 한다. 또 선체의 대소는 톤 수의 많고 적은 것으로 결정한다. 1톤이 2천 근이기 때문에 가령 5천 톤의 배가 1천만 근을 실었다면 족히 3만 곡(斛)의 쌀을 수송할 수 있다는 이야기가 된다. 배에는 각기 톤 수의 한정이 있어서 사람과 물건을 실은 양의 합계가 그 정량을 넘지 않는 것으로써 상례를 삼는다.

4. 배 가운데 물건을 쌓아두는 곳은 견고하기 그지없으며, 파도가 갑판 위까지 솟아올라와도 습기가 찰 위험성이 없다. 또 여객의 방은 침구·세면도구 및 일용품이 다 갖추어져 있으며 식당·목욕실 및 기관실 등이 질서정연하게 배치되어 있다. 음식만 하더라도 산해진미를 구비해 놓고 있다가 선객의 요구에 응하여 잠깐 사이에 요리해 놓는다. 시간 소비를 위한 오락기구도 여러 가지를 모아 두었고 서화 및 음악류까지를 비치해 놓고 지루한 선객들에게 관람시키고 있다. 의사

및 약품도 갖추어 놓아 뜻하지 않은 질병을 치료해 준다. 아득한 만경창파에 한 조각의 작은 돛을 의지하고 있는 셈이지만, 그 편리한 시설은 큰 도시에 살고 있는 것과 조금도 다름이 없다.

바다란 온 천하의 여러 나라가 다 함께 가지는 큰 물건이다. 특정한 주인이 없지만, 선박은 어느 나라에 소속된 것이든, 그 나라의 영토와 동일시하는 까닭으로 다른 나라의 간섭을 받지 않으며 두 배가 서로 만났을 때는 기를 올려서 경의를 표시하기도 한다.

5. 배를 운행하는 데 필요한 선원 및 화부(火夫)의 수는 역시 배의 크고 작음에 따라 다르지만 3, 40명 이상 8, 90명 혹은 백여 명에까지 이른다. 그러나 선장은 반드시 3명 혹은 5명이 있으나 각각 자기 등급대로의 사무를 관장하며 기관사도 역시 마찬가지다. 배 안의 모든 큰일은 선장의 책임이며, 증기기관에 관계되는 일은 기관사가 관장하고 기타 선원 및 화부도 각각 그들 나름대로의 직책이 있어서 선장 및 기관사의 지휘를 따르도록 되어 있다.

전신기(電信機)

1. 전신은 전기를 철선에 통하게 함으로써 먼 곳에까지 소식을 전하는 기계를 가리킨다. 그 현묘한 이치와 신기한 편리를 조잡한 식견과 모호한 이론으로는 설명하기조차 어렵다. 그 특성이 어떠하며 그 작용이 어떠한 것인지 그 대강을 기록해 보면 다음과 같다.

유산수(硫酸水)와 탄소(炭素)와 아연(亞鉛 : 백연과 다른 철도 다 사용하되, 아연이 가장 좋으므로 많이 쓰임)의 세 가지를 합하면 전기가 발생하므로 이 셋을 파려기(玻瓈器 : 파려는 전기를 통하지 않기 때문에 이에 쓰임)에 넣어 전기의 근본을 만들고, 여기서 만들어지는 전기를 동선에 통하게 하여 전신기(電信機)와 연결토록 하며,

전기가 통하는 전신기를 서로 떨어진 두 곳에 설치하고 그 사이를 구리 또는 철선으로 연결시켜서 그 선이 전신기와는 이어지면서도 전기의 선과는 조금 떨어지게 한다. 그런 다음에 기면(機面)을 누르면, 두 선이 서로 이어져서 전기가 흐르게 되고 누르지 않으면 떨어져 버리게 되어 있다.

이처럼 이곳에 있는 전신기에 전기가 흐를 때에는 저곳에 있는 전신기에 붙어 있는 종이와 필기 도구가 움직이며, 전기가 끊어질 때에는 그 기구도 역시 움직이지 않는다. 한 번 통하고 한 번 끊어지는 묘한 움직임은 사람의 손 끝으로 조작되며, 그 준속(遵速)을 가감할 수 있기 때문에, 그 잇고 끊어지는 준속에 따라 연필을 움직여 종이에 글자를 기록할 수 있게 된다.

이러한 작용에 의해 소식을 서로 전하게 되기 때문에 천만 리나 떨어진 먼 지방에라도 일순간에 도달할 수 있을 만큼 빠르다. 각지로 철선을 통하게 해 놓은 방법을 보면, 길가마다 3, 40간씩 거리를 두고, 10여 척 혹은 8, 9척의 나무기둥을 세운 다음, 그 위에 전선을 가설해 놓고 있는 것이다. 물 밑으로 가설하는 법은 선의 외면을 굳게 싸서 물이 스며들지 않도록 해놓고 있다.

오늘날 서양 여러 나라의 전선이 바다와 육지를 뒤덮고 있는데, 큰 거미가 공중에 그물을 쳐놓은 것과 같다. 새롭고 신기한 이야기를 서로 주고 받으며, 긴요한 소식을 서로 통하게 됨으로써 공사간에 편리해진 일을 하나하나 들 수조차 없을 정도다. 그렇기 때문에 서양 사람이 과장해서 말하기를 "전신기가 세상에 출현한 뒤부터 온 세상이 한 집안처럼 되었다."고 한 말은 실상 조금도 과장된 것이 아닌 셈이다.

2. 옛날 서양에서 급한 소식을 전하는 방법은 오직 암호를 써 왔었다. 3백 년 전에 이르러서는 망원경을 가지고 높은 곳에 올라가 특정한 일의 상황을 전함으로써 먼 곳에 보고하는 방법을 썼다. 2백 년 전에

이르러서는 그러한 방법이 더욱 정밀하고 교묘해지자 여러 나라가 함께 실행했으나 정작 신속하고 편리한 방도는 전혀 개발되지 못했었다. 그러나 1774년에 프랑스 사람 사시(謝施)가 전력관계의 기계를 처음 만들어 낸 이후, 전기학이 점차 발달되었으며, 거기에 따라 기구 또한 개량되었으나 실제로 사용하는 법은 알지 못했다.

1831년에 이르러 미국 매사추세츠주 사람 모스(毛菸壽, Samuel Finley Breese Morse, 1791~1872)가 5년 동안의 피눈물 나는 실험 끝에 그 이치를 발명한 뒤, 실제로 시험코자 하였으나, 집이 가난하여 실험비를 마련하지 못했었다. 마침내 정부에 대하여 이용 효과가 높다는 설명을 한 뒤, 3만 원의 은전을 보조받게 되자 1844년에 미국의 수도인 워싱턴(華盛頓, Washington)과 볼티모어(發太毛, Baltimore) 사이의 수십 리에 걸쳐 전선을 가설하고 두 도시간의 소식을 전하였는데, 그것이 세계 최초의 육지간 전선이었다. 1851년에 영국과 프랑스 두 나라가 서로 인접한 바닷속을 통하여 전선을 가설하였는데, 이것이 세계 최초의 해저전선이었다. 오늘날 전세계를 연결하는 수천만 갈래의 해륙(海陸) 전선은 다 이 두 가지 케이스에서 시작된 것이었다.

3. 또 전선은 군사용으로도 몹시 요긴한 것이다. 오늘날 각국마다 군사문제를 중요시하는 이는 반드시 육군에 전선기구를 갖추도록 하고 있다. 옛날 보불전(普佛戰 : 현대식 표현으로는 독불전)의 경상을 들어 본다면, 독일의 승리는 전적으로 전선에 힘입은 것임이 분명하다. 독일군의 대장 몰트케(沒增, Moltke, 1800~1891)는 지혜와 용기를 겸비한 명장이었다. 자신은 전선에 나가지 않고 집에 앉아서 여러 방면으로 출병하는 장수에게 명령하되 각기 한 줄씩의 전선을 그의 집에 연결시킨 다음, 일거일동을 알리라고 하여, 몰트케는 전신 내용을 참고로 하여 군사계획을 세울 뿐이었다.

차를 마시고 술을 들며 꽃피는 아침이나 달 밝은 저녁에 벗과 웃으며 이야기하는 사이에도, 손가락 하나를 움직였다 쉬었다 하는 것으로써 수많은 병마를 동서·좌우로 지휘하여 천 리 밖에서 승리를 결정짓도록 했다. 이는 고금의 전쟁사에서 일찍이 보지도 듣지도 못한 기이한 일로서 온 천하 사람들은 모두 그의 깊고, 신비스러운 계교에 탄복하였다.

원어기(遠語機)

1. 원어기(遠語機 : 지금의 전화기)는 전기의 흐르는 힘을 빌어서, 먼 곳에 있는 사람과 말을 주고받는 철선을 가리킨다. 이제 성음(聲音)의 이치를 먼저 이야기해 본다면, 성음이 성음으로 들리는 이유는 본래 성음에 성음이 있어서가 아니다. 성음이 어느 물체를 따라 나오든 지간에 그 성음이 앞으로 나갈 때에 그 뚫고 나아가는 공기를 진동케 하며, 그 진동의 결과로 성음이 나오는 것이다. 그런 까닭으로 성음의 높낮이라든가, 맑고 흐림은 다 소리내는 사람의 뜻에 따라 나오게 된다. 가령 사람의 성음에 대하여 이야기해 본다면, 높은 소리를 밝다고 말하며, 낮은 소리를 흐리다고 말하는데, 높은 소리는 큰 소리를 가리키는 것이 아니라 청초하게 읊조리는 종류를 말한다.

소리가 청초한 까닭은 공기를 진동시키는 빠른 속도로 말미암아 생기게 되며, 소리의 높은 것일수록 공기의 진동도가 빠르며 진동도가 빠를수록 그 청초함이 더하다. 이것으로 미루어 본다면 낮은 소리는 가는 소리를 가리키는 것이 아니라 타령(打令)에서의 상성(上聲)같이 무겁고 흐린 종류를 가리킨다. 소리가 낮아지는 까닭은 공기의 진동도가 느리고, 진동도가 느린 대로 성음이 알맞게 무겁고 흐려지기 때문이다.

2. 이제 성음을 전기로 통하게 할 경우 전기를 통하게 하는 것은 철선

이지만 기계가 배치되어 있지 않으면 그 묘한 이치는 이루어지지 않는다. 전기가 탄정(炭精)을 만나면 통하지 않는 까닭에 이에 또다시 탄정을 이용함으로써 성음의 구절을 조종하게 된다. 그런 까닭으로 성음을 전달하는 것은 전기와 철선이고, 성음의 구절을 조정하는 것은 탄정인 셈이다.

성음을 전달하는 기구에 대하여 대강 적어보기로 하겠다. 겉으로 보면 한 작은 궤와 같다. 그 속에는 가는 철사를 용수철처럼 구부려서 통화하는 본선에 연결하고 탄정(너비는 2, 3촌에 불과하고 길이는 4, 5촌이며 두께는 2, 3푼임) 한 조각을 구부린 철사 위에 덮어 놓았는데, 그 사이는 조금 뜨게 되어 있다. 성음을 전하는 철선은 궤 밖으로 나와 있는데, 그 끝에 통을 붙여 놓고 이것을 전어통(傳語筒)이라고 한다. 또 한 가닥의 철선을 말 전하는 철선과 연결시켜서 궤 밖에 내보내고 그 끝에도 통을 붙여 놓고 이것도 부르기를 전어통이라고 한다. 또 한 가지 사람을 부르는 종을 궤 옆에 붙여 놓았는데 그 방울이 전어하는 철선에 연결되어 있으므로 말을 보내기 전에 전기로 그 종을 먼저 울려 사람을 불러내게 되어 있다. 전어통을 향하여 소리를 내면 진동하면서 전진하는 공기가 탄정을 밀어 압박하게 되고, 탄정은 굽은 철선을 밀면서 압박하게 되어 탄정과 굽은 철선이 서로 붙었다 떨어졌다 하는 빠르기가 성음의 고저·장단을 나타내게 되는 것이다.

이로 말미암아 이곳에 있는 사람의 성음의 장단·고저가 모두 저곳에 있는 사람의 귀에 분명하게 들리게 되는 것이다. 이와 같은 기구를 벽에 걸어두고 전어하는 본선과 접속시켜 놓으면 된다.

3. 큰 도시에는 전어선이 모여드는 도회청(都會廳 : 전화국)이 있다. 각 가정의 수많은 전어선이 모두 이곳에 이르러 끊어진다. 여러 가닥의 전어선에 각각 일정한 번호로 붙인 다음, 그 끝을 큰 궤 속에 모으되, 선마다 각각 1촌 정도를 격리시켜 놓고 전기의 흐름을 끊어 버

린다. 그렇기 때문에 누구든지 친구와 대화하기를 희망한다면 전어선으로 도회청을 불러 내어 자기의 전어선을 아무 곳의 아무개와 연결해 달라고 청한다. 도회청에 있는 간사인(幹事人 : 교환원)은 두 선의 번호를 확인하고는 한 개의 철첨(鐵籤)을 그 사이에 꽂음으로써 두 선의 전기를 서로 연결시켜 준다. 이와 같은 조작은 궤 속에 있는 모든 선이 다 받게 되어 있다. 대개 해마다 도회청에 내는 세(사용료)는 사무의 번잡·간소 여부에 따라 40원(元) 이상 1백 원 이하의 차이가 있다고 한다.

상고(商賈)의 회사(會社)

1. 서양 사람들은 큰 상업을 경영하려는 데 있어서 자본금이 한 사람의 힘으로는 감당하지 못할 것 같으면 5명, 10명 혹은 20명 이상이 합의하여 그들 나름대로의 규칙을 세운 다음 사업에 착수하는데, 이것을 상인들의 회사, 곧 주식회사라고 한다. 이와 같이 회사를 세운 뒤에는 마련한 규칙과 장사하려는 조목과 필요한 자본과 매년 회계할 계획 등을 일제히 인쇄하여 세상에 광고하고 회사의 표지(票紙 : 주식)를 판매함으로써 자본을 모은다.
2. 그러한 방법에 대하여 이야기해 보자. 가령 백만 냥의 자본이 필요할 때에는 백만 장의 주식을 만들어 한 장의 값을 1냥으로 정한 다음, 내외국인을 가릴 것 없이 사기를 원하는 이가 있으면 팔게 된다. 이 주식을 산 이에게 회사는 매년 3부 혹은 4부의 이익 배당금을 내야 한다. 상업이 번성하여 이익이 많을 때는 약정한 배당금 외에 더 주겠다고 약속하기도 한다. 만약 회사가 그 자본을 속히 모으려고 할 때에는 1냥짜리 주식을 표시한 금액 안에서 팔 수도 있다. 회사의 주식을 산 사람이 매년 배당금을 받아가는 외에 그 본전을 받아갈 수는

없지만 그 주식을 다른 사람에게 팔아 넘길 수는 있다.

주식 매매하는 법을 보면, 만약 그 회사의 영업이 잘 되어 매년 배정된 배당금 외에 별도로 지급하는 돈이 있으면 그 주식의 값도 자연히 따라 오르게 되어 처음에 백 장을 백 냥으로 샀다고 하더라도 그 뒤에 매매되는 시가가 올라 1백 3, 40냥에 이르기도 한다.

상사(商社)는 각각 그 경영하는 일에 따라 명목이 다르다. 그 가운데서도 기차의 철로, 전기의 가설, 배가 다니는 하천을 치고 뚫는 공사 등은 모두 국가 소유의 토지와 관계가 깊기 때문에, 정부의 허가를 얻은 뒤에야 비로소 회사를 설립할 수 있으며 주식도 만들어 팔 수 있다. 정부의 허가를 받아 창설한 회사는 상인들 마음대로 해산하기가 어려운데 이는 다름 아니라 해산하게 될 때에는 그 동안 사고 팔았던 주식값을 정부가 책임지고 환불해야 하기 때문이다. 그런 까닭에 정부로서도 그 상사의 설립원을 허가해 주기 전에 반드시 먼저 그 상사가 필요로 하는 자본만큼 이익을 올릴 수 있는 재원이 있는가를 잘 살펴보고서 시행해야 하는 것이다.

3. 또 하나의 법은 이렇다. 상인회사에 자본이 있되, 큰 상업을 경영하기에 부족할 것 같으면, 그 부족한 액수만큼 회사의 주식을 팔아 충당케 하는 수도 있다. 그 주식을 산 이에게 회사가 매년 이자와 함께 영업이 잘 될 때면, 더 지급하기로 하는 일 등은 앞에서 설명한 경우와 같다. 그러나 주식의 본전은 회사가 그 상업을 경영한 해로부터 분할하여 상환해야 한다. 가령 주식 1천 장을 팔았으면 매년 50장의 값을 상환하며, 20년 뒤에 이르면 그 본전의 상환이 끝나기 때문에, 회사의 자본이 모두 자기들의 전유물이 되는 것이다.

이제 그 상환하는 방법에 대하여 기록해 보면 다음과 같다. 주식마다 각각 일정한 번호를 적어 놓은 다음 매년 체첨(掣籤)하는 법을 써서 그 차례에 당첨되면 그 본전을 상환하는 것이다. 그 뒤로부터는 그 회사와 관계가 없게 된다. 당첨되기 전에 주주가 타인에게 전매하는 것도 허락한다. 또 그것을 산 사람은 그 전매한 당년에 당첨될 것 같으면 주식의 본전 외에 더 지급한 것이 있으면 더 지급해 준만큼 손해를 보게 된다.

4. 위에 기록한 두 가지 방법은 서양 여러 나라의 상사들이 공통되게 사용하는 규칙이다. 상선을 만들어 외국과 물자를 교역하고 우편선을 마련하여 각국의 편지를 왕래케 하며 돈 바꾸어 주는 도가(都家 : 일종의 환전상)를 열고, 여관을 지어서 각처의 화물을 거래하며, 기차의 철로와 전기의 철선을 공사하고, 가스등과 전등을 밝히는 조명 기구를 만들며, 여러 가지 기계와 물품의 제작에 힘씀으로써 인간 세상의 편리한 방도를 도모하거나, 국가의 알찬 발전을 더하게 하는 일 등은 모두 회사의 힘으로 이루어지는 일인 것이다.

옛사람이 말하기를 "돈이 많으면 장사를 잘한다."라고 한 것은 참으로 통찰력 있는 격언이라고 하겠다. 물건이 합해지면 티끌을 모아 산악을 이루는 것처럼 숭고하게 크지만 나누면 천 사람이 천 마리의 소를 먹어 없애는 것처럼 작아진다. 어찌하여 우리나라 상인들은 이러한 이치를 깨닫지 못할 뿐더러, 회사를 조직하여 큰 사업을 경영하지도 못하고 전국의 상권이 다른 나라 사람의 손으로 넘어갔지만 떨쳐 일어나는 경륜을 행하지 않는데, 이야말로 통탄해야 할 일이라 하겠다. 상인들로서의 수치와 정부로서의 근심·걱정이 적지 않을 듯하다.

성시(城市)의 배포(排鋪)

1. 성시(城市 : 도시)는 많은 사람들이 모여드는 곳을 말한다. 도시를 일정한 규모로 조정하지 않는다면, 반드시 분란이 생길 것이며, 갖가지 편리를 도모하지 않으면 오히려 군색함이 더 많을 것이다. 그러나

전국의 큰 도시가 한두 곳에 그치는 것이 아니고, 습속의 이동(異同)과 형편의 편부(便否) 여부는 지방에 따라 고르지 않다. 만약, 중앙 정부가 간섭하기 시작하여 인심과 풍속을 헤아리지 않고, 한 줄의 법령으로 각지에 균등한 실시를 강요한다면 이는 소홀하기가 이를 데 없고 도리에도 합당치 못하여 그대로 행하기가 어려울 것이다.

그렇다고 해서 각지의 인정이나 형편을 골고루 관찰하고 대조하여 모든 곳에 알맞은 규칙을 행하고자 한다면, 여러 가지 사정을 나날이 다달이, 달라지는 실태와 생각할수록 실타래같이 어지러워지는 조례는 때에 따라 올바른 것이 억제되기도 하고, 물정에 따라 기회를 타게도 된다. 사정이 복잡한 것은 고사하고 정도에 넘게 밤낮 생각을 다하고 궁리하여도 성공하기는 아주 어렵다. 그러므로 중앙 정부는 다만 총괄하는 권한만을 행사하여 전국적으로 통용될 만한 보편적인 큰 원칙을 세움으로써, 공적으로 받는 이익만을 보호하고, 도시에 관한 여러 규칙은 각 지방 사람들에게 일임하여 자기들에게 편리한 방법을 시행하도록 하는 것이 옳다.

혹 세속에 어긋나는 일이나 국법에 배치되는 제도를 행한다면 이를 바로잡아야 하는데, 이는 중앙 정부의 직분인 것이다. 서양 여러 나라에서 도시를 배치해 놓은 규모에 대하여 기록해 보면 다음과 같다.

2. 가옥을 짓는 데에는 일정한 법규가 있어서 도로를 침범치 못하도록 하고 있으며, 또 인구가 조밀한 곳에 나무로 짓는 것을 금지하여 불이 났을 때 연소되는 걱정을 덜고 있다. 집집마다 번호를 정하여 차례의 문란함이 없도록 하고 집주인의 이름을 문에 표시하여 찾아오는 이의 착오가 없게 하며 길을 닦아 놓은 모양도 질서정연하여 인도와 마도(馬道)의 구별이 나 있다. 인도는 보행자들이 내왕하는 길이다. 마도 양측에 있는 인가 앞은 아스팔트 혹은 벽돌을 깔아놓고 있다. 마도는 차나 말이 내왕하는 길인데 인도 중간에 있으며 돌조각이나 나뭇조각을 가지런하고 촘촘히 깔아 놓아서 조금도 어긋나 보이지

않는다. 돌조각은 그 크고 작음이 우리나라의 돌담 쌓은 데 쓰이는 돌과 같아서 그 앞면은 평평하고, 나뭇조각은 목침의 형상과 비슷하다. 인도와 마도의 사이에는 나무를 심어서 아름드리 크기에 이르고 있다.

또 가스등 혹은 전등을 가설하여 수많은 집들이 불야성을 이루고 있다. 그 사이사이에 공원을 만들어 놓고 있는데 상록수와 향기로운 화초를 가꾸어 완연히 장춘원(長春苑)의 광경을 방불케 하고 있다. 아침저녁으로 깨끗이 쓸어서 한 개의 오물도 길 위에 없기 때문에 그 청결함이 극진하다. 곧은 대로 가에는 푸른 난간과 붉은 벽이 좌우로 즐비하여 금수 휘장의 찬란함과 유리창의 영롱함이 나무 그늘 사이로 은은히 비치고 있는데, 이야말로 거울 가운데에 그려진 한 폭의 그림을 펼쳐 놓은 것과 같다고 하겠다.

3. 시장·상점·우체국·전신국 등은 도시 중앙에 배치되어 있고, 은행·소방서·경찰서 등도 시내의 요충지를 차지하고 있으며 변호사·의사 및 공장의 본사 등도 다 시중에 자리잡고 있는데, 이는 모두 일반 대중들의 편리를 위해서이다. 기타 조용하고 한가한 곳은 전부 일반인들이 사는 한산한 주택지로 되어 있다. 도시에 시행되는 법은 그 지방의 관리와 원로들이 회의하여 작정한다. 새 제도를 실시하는 일이라든가, 낡은 법규를 바꾸거나 변경하는 일도 모두 그들의 결정에 달려 있다. 정부의 규범이나 제도를 어기지 않는 한, 감히 이들을 방해하는 이가 없는 것이다. 여론을 참작하고 시기를 잘 지켜 시 전체가 다 함께 누릴 수 있는 이익을 도모하자는 것이지 한 사람의 사사로운 편의를 위하여 은밀한 계획을 꾸미는 것은 결코 허락되지 않는다.

제 19 편

각국 대도회(大都會)의 경상(景像)

1. 이제 여러 도시의 경상을 기록코자 하나, 30여 장에 그 많은 인물과 아름다운 산천의 크고 작은 것들을 다 그려낸다는 것은 지극히 어려울 뿐더러 누락되는 사실도 적지 않을 것이다. 그런 가운데서도 발자국이 미치고 직접 눈으로 본 것은 오히려 괜찮다고 하겠지만 타인의 기행문 등을 살펴보고, 그 찌꺼기를 주워 모아 모호한 글을 꾸며 놓았거나 혹 사실과 다른 것이 반드시 있을 것이며, 또는 진실된 모습을 완전히 잃어버린 것도 없지 않을 것이다.

그런 까닭으로 비유하자면, 서투른 화공이 자연의 뛰어난 진경에 임했으면서도 산매경에서 접신한 듯한 의장이 없고, 언제나 같은 호리병박만을 그리는 것 같아 안목 있는 이의 비웃음을 면치 못하리라 믿는다. 그러나 경치 좋은 곳을 그린 그림이라는 칭호는 아직 붙어 있을 것이므로, 한가하게 누워 노는 사람에게 제공하여 지척같이 가까운 곳에서 만 리 밖의 이야기를 하게 하는 데에는 약간의 도움이 없지 않을 것이다.

미국의 제대도회(諸大都會)

워싱턴(華盛敦, Washington)

1. 이 도시는 미국의 서울이다. 미국을 창업한 대통령 워싱턴의 성을 따서 서울의 이름을 삼음으로써 아무것도 꺼리지 않던 그의 의로움을 기리고 있다. 이곳은 포토맥(布土幕, Potomac)강과 서지(西支, 애너코스티아)강이 합류하는 요충지에 위치하고 있다. 물줄기의 넘쳐흐르는 모양은 거울을 펼쳐 놓은 듯하고 산봉우리의 맑고 빼어난 모양은 화폭을 펼친 듯하여 그 경치야말로 이루 말할 수 없이 아름답다. 관청과 민가의 건축법과 배열된 양상이 아름다움을 서로 다투는 듯하며, 일정한 규모를 꼭 지켜서 유리와 금벽(金碧)색이 영롱하게 비치고 있다. 군데군데 만들어 놓은 공원에는 기이한 화초를 심었고, 사방으로 통하는 거리는 아스팔트로 포장하였으며 길 양편으로 나무가 평행선을 이루고 있는데, 큰길의 넓이가 160척에 이르는 것도 있다. 차나 말의 내왕이 그치지 않고, 물품이 산처럼 쌓여 있으며, 그 번화한 경황이야말로 참으로 큰 나라의 서울이라고 할 만하지만 시민은 15만에 지나지 않는다.

그 안정된 습속은 태평한 기상을 나타내고, 아름다운 산천은 여유 있게 즐기는 뜻을 드러내고 있다. 관광객의 출입은 사철을 가리지 않고 붐비지만, 상인들의 왕래는 극히 드문 까닭으로 물가가 비싸기로는 미국에서도 으뜸이며, 또 세계에서도 제일이라고 한다. 포토맥 강에는 두 개의 나무다리가 가설되어 있는데 오른편 다리에는 기차가 왕래하는 철로가 부설되어 있고, 왼편 다리에는 차나 말 혹은 사람들이 다니게 되어 있다. 그 다리 길이는 대략 우리나라 이수로 6리가 넘는다고 한다.

2. 국회의사당은 법령과 법률을 심의하고 결정하는 곳이다. 그 건축 양식의 굉장함과 형상의 화려함은 보는 이의 눈을 놀라게 한다. 건축 자재로는 기둥과 벽에 흰 돌을 사용하고 있어서 건물 전체가 꼭 구름 위에 솟아 있는 것 같다. 그 터는 워싱턴이 잡았으나, 건축 공사는 오랜 시일을 거쳐 완벽한 경지에 이르고 있다. 건물 부지의 너비는 751척이고, 길이는 320척이다. 건물 가운데의 둥근 탑은 그 높이가 140척이나 되는데, 그 위에는 '자유천신(自由天神)'이라는 구리동상을 앉혀놓고 있다. 좌우로 날개모양의 회랑이 달려 있는데, 역시 흰 돌로 건축한 것으로서 그 비용을 우리 돈으로 계산하면 2억 4천1백만 냥이나 된다고 한다.

서쪽으로 정면을 삼고, 오른쪽에는 상원 의사당이 있고 왼쪽에는 하원 의사당이 있으며, 중앙에는 대통령의 논사실(論事室)과 대심원(大審院)이 자리잡고 있다. 또 도서관을 만들어 고금의 정치 및 법률의 기록을 보관해 놓고 있다. 또 한편에는 각 관청 관리들을 위한 문사청(問事廳)과 의사당 의원들의 응접실을 마련해 두고 있다. 각 청사의 벽에는 옛날 미국 국민들의 가난하고 군색하던 모습과 독립전쟁 때의 전황이며, 농민들의 부지런하고도 고생하는 풍속을 그림으로 그려서 깊은 뜻을 나타내 보여 주고 있다.

3. 대통령의 관저는 대통령이 취임한 뒤부터 이임하기까지 거처하는 곳이다. 이 건물은 워싱턴의 생시에 건축하였고, 건축재료는 순전히 흰 돌만을 사용하였다. 너비는 170척이며, 길이는 86척이고, 높이는 3층으로서 재무성·국방성·국무성 사이에 위치하고 있다. 관저의 동북쪽의 언덕을 둘러 동남 양면에 철책으로 문을 세워 놓고 있으며, 그 서쪽에 넓은 뜰을 만들어 화초와 수목을 재배하고, 작은 못을 파고 둘레에는 의자를 비치해 놓고 있다.

관저 일대에는 그윽한 운치와 맑고 산뜻한 맛이 갖추어져 있어서 아침과 낮에 사람들의 출입을 금하지 않고 있는데 이는 정말로 산천의 낙을 국민들과 더불어 하려는 뜻으로 보인다. 대체로 미국의 법률은 관대하며, 인심 또한 순후하여 비록 대통령의 관저라 하더라도 경비하는 사람을 두지 않고 있다.

4. 잭슨(酌遜, Jackson)의 동상은 구리말 위에 앉은 자세로 대통령 관저 앞 석축으로 쌓은 대 위에 세워져 있다. 웅대하고 훌륭한 의표와 활발한 기상이 산 사람과 같아서 사람들로 하여금 존경하는 마음을 일으키게 하는 듯 숙연한 느낌이 감돌고 있다.

잭슨은 찬란한 공훈을 남긴 미국의 유명한 지사이다. 미국 사람들은 그를 숭상하는 나머지 그의 동상을 이곳에 세움으로써 그의 비상한 공을 기리는 한편, 잊지 않겠다는 뜻을 굳건히 하여, 모든 국민들의 의기를 고취하고 습속을 장려코자 한 것으로 보인다.

구미 여러 나라의 풍습을 보면 나라를 사랑하고 뜻있는 일을 한 사람을 존경하며, 그 사람의 공덕을 선양하는 방법으로 동상을 많이 세워 놓고 있다.

5. 몇 년 전에 워싱턴의 기공비(紀功碑)를 만들어 대통령 관저 및 맞은편에 세웠었다. 미국 38개 주가 석재 및 경비를 각출하여 여러 해 동안의 노력으로 준공을 보아, 희디흰 석벽이 구름 위에 솟아오른 듯하니 그 높이가 5백 척을 넘었다. 그 비석이 지나치게 높았기 때문에, 벼락을 한 번 맞았으나 허물어지지는 않았다. 벼락이 죄 있는 자를 응징하는 처벌이라고 한다면, 워싱턴이 그 생전 또는 사후에 무슨 큰 죄를 지었기에 그의 비에 천벌이 내렸단 말인가.

6. 포교원(褒巧院)은 흰 돌로 만들어진 굉장히 큰 건물로서 우정국과 마주하는 자리에 세워져 있다. 국민들 가운데 저술·공예 및 여러 가지 새로 만들어 내는 것이 있으면 의사원(議事院)에 그 사유를 아뢴 다음, 전매권을 청구하고, 그 견본은 이 원에 보내어 모든 사람에게 관람시킨다. 그 공예의 우수성 여부에 따라 포상의 등차가 있게 된다.

또 포장(褒章)을 주어 발명하거나 제조해 낸 제주를 증명하는 한편 전매권을 허가해 주기도 한다.

원내의 배치는 몇 부분으로 나누어져 있는데, 위치가 질서정연하고 순서대로 배열되어 있다. 기선·기차 및 전기관계의 기계와 학과에 관한 것은 한두 가지 빠진 것도 없이 완벽하다. 더욱 일상적으로 사용되는 여러 가지 미술 및 공예에 관한 것도 다 나열해 놓고 있으며, 어린아이의 완구에 이르기까지 새로 만들어 낸 것은 갖추지 않은 것이 없기 때문에 눈이 밝다는 이루(離婁)라든가, 셈에 정통하다는 교력(巧歷) 같은 슬기로도 일일이 헤아리기는 역시 어려울 것 같다.

뉴욕(紐約, New York)

1. 이곳은 미국에서 가장 큰 도시이다. 맨해턴(滿巴丹, Manhattan)섬의 모퉁이를 차지한 위에 동쪽으로는 강을 사이에 두고 브루클린(富祿吉仁, Brooklyn)주와 마주보여 서쪽으로는 허드슨(浩道遜, Hudson)강을 경계로 하여 뉴저지(楮細, New Jersey)주를 바라보는 위치에 있다.

이곳의 길이는 18리를 넘으며, 너비는 3리에 이른다. 인구는 120여 만이요, 매일 출입하는 여객만도 7, 80만 이상이기 때문에 2백만 명이 상주하는 곳이다. 대서양을 항해하는 동쪽으로는 유럽의 상인들을 오게 하고, 남쪽으로는 파나마(波羅馬, Panama)를 통과하여 남미 여러 나라와 무역을 펼치고 있다. 내륙에는 기차 선로가 종횡무진하게 뻗쳐 있고 하춘(賀春)강과 허드슨강의 두 강으로 말미암아 수륙운송의 편리가 지극히 좋다. 따라서 화물의 교역이 번창하여 한 해 동안의 거래액은 대략 우리나라 돈으로 쳐서 140억 냥이나 된다. 영국의 런던에 첫째 자리를 양보하고는 넓고 큰 세계에서 필적할 만한 곳이 없기 때문에, 이 도시는 온 천하에서 둘째 가는 큰 도시이다.

2. 가옥의 건축 양식은 영국의 런던이나 프랑스의 파리에 미치지 못한

다. 그러나 거리나 상점의 깨끗함이라든가, 관청·사원(寺院) 등의 크고 아름다움은 미국에서도 으뜸이라 하겠다. 붉은 벽돌과 흰 돌의 우뚝한 처마끝이 공중에 솟아 있어서 지나가는 구름과 흐르는 노을이 그 위에 머물러 있는 것 같고, 수천만 호의 호화스러운 경황이 참으로 한 웅대한 도시의 기상을 드러내 보이고 있다.

여기 한 상인의 회관 모습을 기록해 보기로 하겠다. 그 회관은 길이가 120간이며, 너비가 125간이나 되고, 높이가 130척으로서, 3천6백만 냥의 거액을 들여서 준공했다고 한다. 한편 뉴욕 시청은 그 건축비가 1억 냥이나 들었다고 하니 이로 미루어 본다면 다른 것들의 굉장한 규모도 가히 추측할 만한 것이라 하겠다. 더욱이나 한 호텔에서 1년 동안에 내는 세금이 720만 냥에 이르렀다고 하니, 다른 사물의 번창함도 이러한 사실에 의거하여 알 수 있을 것이다.

3. 전 시가지의 도로는 편석(片石 : 돌조각)으로 덮여 있고 길을 닦는 제도라든가, 깨끗이 청소하는 규모는 견고함과 청결함을 위주로 하고 있다. 길 중앙에는 말이나 차가 다니는 철길을 깔아 놓음으로써 보행하는 사람들의 편리를 더해 주고 있으며, 2, 3길[丈]이나 되는 철주를 양쪽으로 세운 다음, 그 위에 기차 철로를 가설하여 사람과 물건의 운송을 하고 있다.

이것은 천하의 장관이라고 하는 것이 옳겠지만 어떤 사람은 철로가 인가의 창틀과 같은 높이에 있고, 차 바퀴의 요란스러운 소리는 귓전을 시끄럽게 하며, 자는 이의 수면을 방해하는 등 좋지 않다고 말하고 있다. 그러나 이 차를 한 번 타기만 하면, 바람을 타고 가거나 구름 위로 솟아오르는 듯한 황홀한 기분을 맛보게 된다.

4. 시내에 있는 공원은 그 수가 적지 않지만, 가장 큰 것은 중앙 공원이다. 그 너비는 남북으로 7리 이상이며, 동서로 2리나 된다. 이 공원은 시내의 요충지를 꿰뚫고 있어서 한 조각의 땅값이 금값이라는 지역이다. 그러나 시민들이 공동으로 갹출한 돈으로 사들여서 여러 사

람들에게 즐거움을 나눠주고 있다. 처음에 유명한 기술자 50명을 고용하여 각각 그들의 의사대로 재주와 기량을 다투도록 하였다. 원래 이 땅은 평평하고 넓기 때문에 사람의 힘을 빌려서 동산과 골짜기의 자연스러운 형세를 이루도록 하고 푸른 솔과 늘어진 버들을 산간 좌우 언덕에 심어 그윽한 풍치와 맑고 아담한 운치가 사람의 마음과 눈을 즐겁게 하도록 하였다. 그처럼 시끄럽고 요란한 도시 한복판에 은연히 산이나 숲에서 느껴지는 기미가 있고, 산봉우리와 길이 돌아서는 곳에 호연한 눈길을 돌리면, 넓고 맑은 호수가 거울처럼 펼쳐진 가운데에 푸른 물결에 씻기는 한 작은 섬이 반달 같은 모양으로 굽어돈다. 산 위에 있는 정자에 오르면, 아름다운 나무는 난간을 떨치고, 맑은 아지랑이는 옷속으로 스며들어 사람으로 하여금 자연 속에 노니는 생각을 간절케 한다.

더구나 무수한 연못이 숲 사이에 흩어져 있는데, 혹은 배를 띄워 놓고 혹은 작은 다리를 놓아 놀러오는 사람들의 한가로운 놀이와 기이한 구경에 이바지하고 있다. 큰 못의 중앙에는 한 길이 넘는 분수관을 세우고, 그 옆에는 돌로 세운 작은 정자를 만들어 두어서 술이나 차를 마시는 사람들의 발길이 멎기를 기다린다. 또 들집과 철책 속에는 여러 가지 새·짐승 및 벌레 가운데서 사납거나 기괴스럽거나 진기한 것을 기르고 있어서 신사·숙녀들의 눈길을 끌고 있다. 이곳으로부터 우연한 발걸음이 다하지 못한 흥을 간직한 채 산길을 따라 북쪽으로 올라가면 계곡이 더욱 깊고 풍경이 더욱 그윽해지지만, 일단 산정에 올라서서 사방으로 눈길을 돌리면, 이 도시의 사람 사는 풍경이 한 손가락 아래 펼쳐져 보인다. 공원 안의 아름다운 광경을 일일이 이야기하기는 어려운 가운데서도 사람이 만든 기묘한 물건들은 보는 이로 하여금 감탄을 금치 못하게 한다.

5. 자유의 거상은 뉴욕 항구에 있는 한 작은 섬 위의 기이한 구경거리다. 자유란 사람의 권리를 말하며, 거상이란 거인의 상인 것이다. 그

높이는 151척이 넘고, 손톱 하나의 길이도 3척 이상이나 된다. 오른발 속을 뚫어서 작은 집을 만들어 놓았는데 열두 사람을 수용할 수 있다고 한다. 50척 높이나 되는 언덕 위 축대에 세워져 있으며, 오른손에는 전등을 들고 있는데, 그 빛이 60리 밖의 해변까지를 밝힌다고 한다.

이제 이 거상의 내력에 대하여 약술해 보고자 한다. 옛날 미국이 영국에 맞서 싸우며 그 독립을 꾀할 때에 프랑스가 많은 도움을 줌으로써 영원히 빛나는 큰 공을 세웠었다. 한편 미국 국민들의 승리는 사실 온 천하의 자유를 보전한 것이나 다름없었다. 프랑스의 유지들이 의논을 거듭한 끝에 백 년 전부터 이 거상의 주조를 시작했었으나, 근년에 이르러서야 그 준공을 보았기 때문에 미국에 증정함으로써 그들의 경하하는 뜻을 표시하고 아울러 우의까지 나타내게 되었다고 한다.

6. 외민접수관(外民接受館)은 외국인으로서 귀화코자 하는 사람들을 맞아들이는 곳이다. 바닷가 배가 닿는 가까운 곳에 자리잡은 웅대하고 화려한 집이다. 미국은 토지가 넓고 인구가 희소하며 정치 법령이 관대하고 습속이 순후하기 때문에 유럽을 비롯한 여러 나라 사람들로서 이주코자 하는 이가 매년 30만에서 40만 이상이나 된다. 그런 까닭으로 근간 10년 동안의 인구 증가표를 살펴보면, 귀화한 사람 및 본토 출생자를 합하여 1천1백59만 4천4백95명에 이르고 있다.

7. 식수물(食需物 : 식료품)의 판매장은 우리나라의 시장과 같으나 거대하고 견고한 집안에서 팔고 사기 때문에 눈·비를 맞을 염려가 없다. 이곳에서 팔고 사는 물품은 모든 곡식과 육축(六畜) 및 여러 가지 과일이다. 팔 사람은 창고에 물건을 쌓아둔 다음, 그 견본을 이곳으로 가지고 와서 뭇 사람에게 보이며 살 사람이 있으면 그 사람과 그 쌓아둔 곳에 함께 가서 팔고 사기로 한다. 대개 그 판매장은 철근과 돌로 짓는 것이 보통인데 큰 상인과 부호들이 집을 세워 놓고는

매일 세금을 거두어들인다고 한다.

8. 대철교(大鐵橋)는 뉴욕과 브루클린주(州) 사이에 있는 동강(東江)을 가로질러 가설한 다리다. 그 길이는 6리에 이르고 높이는 140척이나 된다. 큰 돌을 쌓아 2백여 척의 기둥을 세우고 그 허리에 강철로 된 철사를 달아 이 다리를 만들었다. 그 굉장한 모습은 천하의 제일이라고 일컬을 만하다.

이 다리는 인도·차도 및 기찻길로 나눠져 있는데 기둥의 무지개(Arch) 허리 아래로 지나가게 되어 있다. 또 그 다리 밑으로는 군함이나 상선같이 큰 배도 출입하는데 아무 지장이 없다. 평지로부터 다리 위로 왕래하는 사람들을 바라보면 구름이나 안개를 뚫고 가는 듯하고, 다리 위로부터 밑을 내려다보면, 넓고 푸른 파도는 발 아래에 출렁거리고, 길을 메운 마차와 땅에 깔린 여염집은 도시 전체를 드러내 보여주는 듯하다.

필라델피아(必那達彼亞, Philadelphia)

1. 이곳은 미국 제2의 도시다. 인구가 1백만 이상이나 되고, 지면의 넓이가 6방리를 넘는다. 거리의 넓음과 가옥의 깨끗하고 아름다움은 뉴욕 시와 1, 2위를 다툴 정도다. 지형은 두 큰 강이 만나는 요충지로서 수송하는 편리가 지극히 좋다. 그러므로 물품의 제조와 상인의 무역이 번창하며, 내외 인사의 내왕과 묵고 가는 이가 매우 많아 남쪽 길에 아침 구름같고 북당의 밤에 달같다라는 중국의 옛 시를 연상케 한다. 기라종정(綺羅鐘鼎)이 부유한 기상을 다투며 제륜범장(蹄輪帆檣)이 떠들썩한 경황을 나타낸다. 큰 길 양쪽에 늘어선 푸른 나무는 맑고 기이한 풍치를 돋구어 준다.

물품을 제조하는 곳은 그 수가 몹시 많아, 이 도시가 미국에서 으뜸이다. 양모 및 무명을 방직하는 공장이 140여 개소며, 신공장이 7백여 개소며, 마차를 만드는 공장이 50여 개소며, 유리 제품공장이

7개소며, 분석기기(화학용)를 만드는 곳이 650개소 이상이며, 기타 소소한 제작소는 일일이 열거하기조차 번잡스러울 정도이다. 그 가운데서도 면모 방직의 산출이 가장 번성하여 태반은 영국과 프랑스로 수출하는데 그것이 또 다시 미국으로 재수입되기도 한다.

이제 그 이유를 들어 보면 다음과 같다. 영·불 두 나라가 면모방직으로 세계 가운데서 가장 유명하기 때문에 미국 사람들이 이를 많이 찾게 된다. 이로 말미암아 이익을 노리는 교활한 상인이 이 도시에서 방직한 것을 한 차례 두 나라에 수출하고 그 나라의 상표를 붙여 가지고 와서는 수출 및 수입세를 더하여 그 값을 배로 받는다. 결국 미국 사람들은 자기 나라의 물품을 비싼 값으로 사고서도 다른 나라에서 수입한 물건인 것으로 인정하게 된다.

2. 독립대회당(獨立大會堂)은 이 도시의 요충지에 우뚝 솟은 굉장한 물건이다. 이 건물의 구조는 예스럽고 질박하며 청초한 규모를 아울러 갖추고 있다. 북미주는 백 년 전만 하더라도 영국의 식민지였는데 주민들이 영국의 가혹한 학정을 감내하지 못하여, 도탄의 괴로움으로 원성이 사방에서 일어나게 되자, 미국의 충의스런 지사들이 봉기하여, 이 도시에 모여 대회를 이 당에서 열고 미국의 제도를 창건하고 영국의 배척하는 격문을 기초한 다음, 워싱턴으로 하여금 대도독(大都督)을 삼고, 대군을 일으켜 몇 년 동안의 혈전으로 독립하는 영광을 얻음과 아울러 오늘날과 같은 부강스런 기초를 쌓게 되었다. 이로써 이 독립대회당은 미국 내에서도 유명한 곳이 되고 말았다.

그 높은 처마와 고담한 채색은 숙연한 의기를 간직하고 있는 듯하여, 사람으로 하여금 경건한 마음을 일으키게 하고 분발하는 기개를 생기게 한다. 한편 당 안에 들어가서 옛날 지사들이 회의할 때 쓴 기물을 완상하면, 그들의 그치지 않는 충의심이 완연히 그 그릇에 배어 있는 듯하여, 사람으로 하여금 격앙하는 성미를 이기지 못하게 하며, 자연히 감동되는 정신이 솟아오르므로 어느 누군들 이 당에 들어와

찬탄하는 마음이 생기지 않는단 말인가. 다른 나라의 업신여김과 모욕을 받고 있는 자는 다른 사람에 비하여 그러한 마음이 한층 더 간절하다.

3. 이 도시의 조폐국(造幣局)은 미국에서도 가장 크다. 그 청사의 화려함과 기계의 거대함은 묘사하기조차 어렵거니와 금·은을 축적해 둔 것이 창고마다 가득하다고 해도 거짓말은 아닌 것 같다. 미국 국민들의 풍성함은 이러한 사실로 미루어 보더라도 엿볼 수 있으며 세관·상사·은행 등의 여러 곳도 풍성하고 윤택한 기상을 나타내고 있다. 공원은 여섯 개가 있지만, 그 가운데서도 화야만(畵野滿, 페어마운트) 공원이 강변에 있어서 여행자로 하여금 산수의 그윽한 경치를 맛보며 '별유천지비인간(別有天地非人間)' 운운하는 시구(詩句)를 저절로 읊조리게 하니 이백(李白)의 이 시는 정말 이 공원을 위하여 미리 준비라도 했던 것처럼 느껴진다.

시카고(池家皐, Chicago)

1. 이곳은 미국 제5의 도시라고 일컬어지는 도시로서 40만의 주민이 살고 있다. 동과 북으로 미시간(美時干, Michigan)호를 옆에 끼고 있어서 수로에 의한 운송이 편리하며, 내륙을 통과해 오는 철로가 사방으로 뻗어 있으므로 육지를 통한 운송 또한 편리하기 때문에 북쪽에서 내려오는 생산물이 폭주하여 국내외 상인들의 무역이 지극히 번성하고 저축해 놓은 재물은 뉴욕 시의 그것과 맞먹을 정도다.

2. 10여 년 전에 큰불이 일어났을 때, 이 도시 가운데의 번화가 2만여 호를 태우고, 2주야를 경과한 뒤에야 불길이 멎은 일이 있었다. 타버린 재산을 우리나라 돈으로 환산하면, 1백억이라는 거액에 이르는 것이다. 수십만 시민들의 생활이 일조에 군색한 형편을 맞이하게 되어 배고프고 추운 고난을 겪게 되었다. 미국 여러 도시의 시민들은 이 불행한 재액을 구휼키로 마음먹고는 빈부·귀천을 가리지 않고 각자

마다 자기의 형세에 따라, 부조하는 의거를 행하기 시작하여 육지로는 기차로, 수로로는 기선으로 구제품을 운송하자, 하루·이틀 사이에 의복과 식량의 수요가 풍족하게 되었다.

한편으로는 임시로 쓸 가건물을 지어 비·눈과 춥고 습함을 면하게 하였는데, 운송의 신속함도 극진하였지만 급한 재난을 구휼코자 하는 의기와 더불어 근심·걱정하는 아름다운 습속이 사람들의 마음을 감동케 한 경우라 하겠다. 그 뒤 이 도시의 시가와 건물의 구조라든가 배치의 굉장하고 화려함은 전일에 비하여 갑절이나 더했다고 하는데, 이 나라 국민들의 부지런함과 물자의 풍부함은 역시 다른 나라 사람들의 선망의 대상이 될 만한 것이라 하겠다.

3. 이 도시의 물은 깨끗하지가 못하므로 사람들의 음료수로는 우물을 파지 않고, 미시간 호수의 물을 끌어다 사용한다. 즉 민가 근처의 물은 더러운 것이 많이 섞여 있다고 하여 10리나 되는 굴을 파고 호수 중심 부분의 물을 취수한다. 호숫가에 큰 집을 짓고 그 집안에 큰 못을 판 다음 호심의 물을 저장해 둔다. 그곳의 지대가 얕아서 민가 위까지 물이 올라가지 않기 때문에 한 커다란 기계를 설치하여 10여 장이나 되는 높은 곳까지 끌어올린 다음, 땅속에 묻어둔 상수도관으로 집집마다 공급해 주도록 하고 있다.

4. 도로의 수축은 그 넓음과 깨끗함이 다른 도시에 뒤지지 않는다. 호숫가 한적한 곳에 마차길을 닦아 도시 사람들이 즐기는 곳으로 만들어 놓고 있다. 그곳에는 나무나 돌을 깔지 않고 자갈로 다져 놓아 먼지가 일어나지 않으며, 좌우에는 수목을 심어놓아 녹음 사이로 경주하듯 달리는 얼룩말·흰말의 모습이 보이기도 한다. 그 곁에는 공원을 마련해 두었으므로 휴식하는 장소로 쓰이고 있다. 또 호숫가에는 수없이 많은 작은 배를 띄워 놓고 있으므로 아침마다 시내의 어린아이들을 태워 맑은 호수의 공기를 들이마시게 하고 있다.

사람들이 많이 사는 곳의 공기는 맑지 않고 깨끗지 못한 공기는 어린아이들의 위생에 좋지 않기 때문에 이와 같은 마련을 해놓고 있는 것이다. 그런 까닭으로 병든 아이는 다른 배에 타도록 하여, 건강한 아이들과 같이 타지 못하도록 하고 있는데, 이런 일에 쓰이는 비용은 정부에서 다 지출하고 있다.

보스턴(寶樹墪, Boston)

1. 이 도시는 뉴욕 시의 동북방에 위치하고 있다. 이곳의 지형은 대서양 가운데로 튀어나간 곳에 자리잡고 있는데, 인구는 35만이 넘는다. 국내외에 걸친 무역의 번성함이 뉴욕 다음으로서 상선의 출입이 주야로 끊임없으며, 기차 선로 또한 사방으로 통하고 있어서 화물을 수송하는 방편이 잘 갖추어져 있다. 한편 물품 제조하는 기술과 이론 및 학술면에서는 미국 가운데서 으뜸이며, 무명 방직이라든가 조선 관계의 일로서는 첫째를 다툴 곳이 없다. 전 시가지를 셋으로 나누어 첫째를 본부, 둘째·셋째를 동부 및 남부라고 부르고 있다.

백여 년 전 미국이 독립할 무렵, 이 도시의 시민들이 처음으로 그 모의를 하기 시작하여 전국적인 움직임으로 번지게 함으로써 영국의 속박을 벗어났기 때문에, 그 당시 충의롭던 지사들의 전쟁터가 옛 모습 그대로 남아 있으며 3척의 토성도 옛터가 완연하다. 열 아름이나 되는 큰 나무들의 울창한 가지와 잎에는 지금까지도 옛날의 비바람이 남아 있는 듯하다. 유람객과 나그네들은 고적을 찾아와서 옛일을 회상하며 이따금 그곳을 가리키면서 서로 이야기하는 모습이 보인다.

2. 미국 교육제도의 규모는 대단히 번성한데, 이곳 시민들이 학문에 힘쓴 나머지 위대하고 훌륭한 학자를 계속 배출시켰기 때문에 미국 사람들은 이곳을 미국 문물의 중심지라고 일컫고 있다. 이곳의 어린 아이까지도 그 언행과 지식이 보통 이상이어서 멀리 객지에 나갔을 경우, 사람들이 그들의 모습과 말하는 모양만 보고서도 반드시 보스턴 시민의 자녀라고 하여 그들의 부모 이름을 물을 정도라고 한다.

3. 시내에서 가장 아름다운 거리는 비콘(菲昆, Beacon) 가다. 그리고 이 지역 안에 자리잡고 있는 공원 또한 아름답기 그지없다. 공원의 지세를 보면 언덕의 기복이 심하여 자연적인 풍치가 그대로 나타나 있다. 한편 느릅나무가 무성하여 울창한 잎은 여름과 가을철의 절경을 이루며, 못과 분수의 시설이 또한 웅장하여 쌍을 이룬 금붕어는 맑은 물결 속을 노닐며, 마름풀 또한 저녁 바람에 나부끼듯 휘청거리고 있다. 울긋불긋한 다리와 배의 보일락말락하는 광경은 속세 속에 신선 세계를 그려낸 듯하다. 공원 주위는 철책으로 둘려져 있다. 언덕 위에 올라서서 멀리를 바라보면 찰스(察壽, Charles) 강의 긴 줄기가 앞을 굽이쳐 흐르고, 인근 촌락에 점점이 서 있는 나무는 사방에 흩어져 있어 한적한 아취를 띠고 있는 한편 도시의 즐비한 고층 건물들은 호사스러운 풍경을 이루어 웅대한 도시다운 장관을 나타내 보여주고 있다. 공원 서쪽에는 식물원을 마련해 놓고 있어서 여러 가지 꽃의 아름다운 향기는 사람들의 코를 간지럽게 하고 있다.

4. 태평악회당(太平樂會堂)은 10여 년 전 이 도시에서 대회를 연 큰 건물이다. 그 무렵은 미국 남북전쟁이라는 4년 동안의 비바람이 개인 때였으며, 또 유럽에서의 독·불 전쟁 역시 종식된 때여서 온 세계적으로 먼지 하나 일지 않을 만큼 태평스러운 시기였다. 이곳 시민들이 공론을 일으켜서 태평회(太平會)를 열기도 하였는데, 시청에서 120만 냥의 거금을 먼저 내어 주어 시민들의 행사를 권장키도 했다. 부유한 사람들이 다투어가며 돈을 내어 웅대한 건물을 세운 다음, 온 세계의 음악가들을 초청하여, 1872년 5월 13일 태평악 대회를 개최했었는데, 악사가 1천5백 명이요, 노래부르려고 모인 사람이 1만 5천 명에 이르렀다. 그 모임의 성대함이야말로 고금을 통하여 희한한 장관이었으며, 또 으뜸가는 여자 가수의 급료는 1주일마다 30만 냥에까지 이르렀다고 한다.

5. 정미수술원(精美手術院)은 사람이 손으로 만든 물품을 소장해 두

는 곳이다. 세계 각국의 고금을 통틀어 사람이 만든 물건 가운데서 정교하고 아름다운 것이라든가 크고 작거나 길고 짧은 것을 다 갖추어 놓고, 사람들의 견문도 넓혀 주고 있다. 한편 피차간의 솜씨를 비교하여 모자라는 것은 보충하며, 기묘한 것은 더욱 힘쓰도록 하여 정미(精美)한 가운데서도 더욱 정미한 기술을 추구하도록 해주고 있다.

이곳에 진열되는 물품의 대강을 적어보면, 그릇 · 의복 · 모자 · 신 및 주택 · 배 · 수레 등의 조그만 견본과 창 · 칼 · 방패 · 갑옷 · 총 · 대포 등의 무기류 및 기술자의 기계와 어린아이의 장난감과 산천 · 초목 · 조수 · 충어 등의 그림 및 자수 따위다. 또 여러 가지 종류에 걸쳐 사소하고 기이한 것이 많아서 일일이 형용하기란 어려운 형편이다.

샌프란시스코(桑港, San Francisco)

1. 이 항구는 캘리포니아(葛尼布尼亞, California)주의 목에 해당되는 곳에 있는데, 미국 서쪽의 요충지다. 이 주는 원래 멕시코의 관할하에 있었다. 그러나 40여 년 전 이곳 사람들이 반란을 일으켜 본국을 배반하여 모든 지역이 소란해지자, 미국은 거금을 지불하고 이 지역을 사들인 다음 자기네 영토로 만들어 버렸다. 그 뒤로부터 인구의 증가가 현저해졌다. 즉 처음에는 주민의 수가 150명에 지나지 않았으나, 5년이 지난 뒤에는 5만 7천 명에 이르고, 또 5년이라는 세월이 흐른 뒤에는 10만 명 이상에 이르렀으며, 1883년의 호적을 살펴보면 20만 명 가까이나 된다고 한다.

이제 그러한 추세에 대한 원인을 찾아보면 이 고장의 기후가 온화하며, 토지가 비옥하여 물산이 풍부하고, 농사도 잘 되거니와 다른 곳과는 비교도 할 수 없을 만큼 산마다 대량의 금이 생산되어 온 세계에 맞설 곳이 없었으므로 외국 사람들까지 금을 캐기 위해 구름처럼 많이 이주해 왔기 때문이다. 이 항구를 통하여 1년 동안 수출되는 금은 6천만 원(元)에 이르러, 온 세계 금값의 높낮이를 조종한다고까지 이야기되고 있다.

2. 이 항구의 지형은 반도의 한 모퉁이를 차지하고 있어서 바다를 바라보는 한편 높은 산을 등에 지고 있는 형상이다. 높이 솟은 절벽과 푸른 물결 사이에 갖가지 채색의 아름다운 고층건물이 즐비한 광경은 부를 서로 겨루며 호사스러움을 서로 다투는 모양이라고나 할까. 정말 일대 명승지이며 웅대한 도시라고 하겠다. 두 개의 큰 강으로 말미암아 내륙 천여 리의 운송이 편리하며, 남으로 파나마 운하와 통하여 있고, 동으로는 아시아로 항해할 수 있으므로 외국과의 무역이 더할 나위 없이 번성하다. 그러므로 이곳이야말로 모든 화물을 집산하는 항구라고도 할 수 있는 것이다.

3. 암정(巖亭)이란 바위 위에 세운 정자를 가리키는데 이 정자는 시내에서 서쪽으로 3리가량 떨어진 곳에 있다. 바닷가에 서 있기 때문에 사나운 파도는 정자 섬돌 앞까지 들락거린다. 그러한 파도의 솟아오르는 모양은 산과 같기도 하고, 뿜어 오르는 모양은 눈발을 속일 것 같기도 하여 유람객들에게 큰 볼거리를 제공해 주고 있다. 멀리 바라보면 아득한 만경창파는 하늘과 접한 듯 끝이 없으며, 눈 아래로 내려다보이는 금문교의 풍경은 그림을 펼쳐놓은 듯하다. 헤아릴 수 없을 만큼 많은 물개는 파도 속을 부침하면서 암초에 모여들었다 흩어졌다 하고 있다.

4. 우두란(佑杜蘭, 골든 게이트) 공원은 시가지 남쪽에 있는 명소다. 동물원·식물원을 따로 마련해 놓고 있으며 박물관 및 장서실도 모두 굉장한 규모에다 뛰어난 미관을 갖추고 있다. 조그만 언덕 위에는 여러 가지 꽃을 나란히 심은 다음, 그 사이에 무대를 설치해 놓고 있어서 유람객들의 흥취를 더욱 돋구워 준다. 이 공원 안에 설치된 시설들은 이학(理學)을 장려코자 하는 의도에서 나온 것이므로 사람마다 관람료를 받고 있다. 우리나라 돈으로 5냥가량을 거두고 있는데 대학

교에서 쓰는 비용을 보충해 주기 위한 것이라고 한다.

5. 미국의 객점(客店 : 호텔)은 그 깨끗하고 굉장한 규모로 온 세계에 그 명성을 떨치고 있다. 이곳의 팔례수(八禮秀, 팔레스) 호텔은 세계에서도 제일간다고 일컬어지고 있다. 9층이나 되는 굉장한 규모를 흰 돌로 지었으며, 그 넓이는 3천 명을 수용할 만하다고 하는데, 마룻대와 들보에 쓰인 쇠는 철로 2백 리를 깔 만한 것이라고 한다. 아래층의 바깥 부분에는 가게를 내어 술·과일 담배 및 약 종류와 옷·모자 등 여러 가지 자잘한 물건을 판매함으로써 여객들의 수요에 이바지하고 있다. 한편 각 층을 왕래할 때에는 기계의 힘을 빌려서 오르내리도록 되어 있는데, 기계를 맡아서 조작하는 사람이 있어서 뭇사람들의 오르내리는 수고를 대신하고 있다. 또 넓고 넓은 뜰은 유리로 지붕을 하여 비나 눈을 가리도록 되어 있다. 그리고 저녁마다 음악가 수십 명이 음악을 연주함으로써 먼 곳으로부터 온 나그네들의 회포를 달래주고 있다.

방 안의 시설에 대하여 이야기해 보기로 하겠다. 흰 회칠을 한 반자에 엷게 채색한 벽이거나 또는 채색한 벽지로 도배하기도 했고, 유리창에 비단 휘장을 드리워 놓았으며, 꽃무늬 놓인 양탄자 위에는 비단이나 가죽을 두른 의자가 테이블 주변에 놓여 있다. 또 테이블 위에는 문방구가 정돈되어 있으며, 가스등은 반자로부터 드리우거나, 혹은 벽에 부착시켜 놓고 있어 방을 밝힐 준비가 되어 있다. 용수철이 달린 침대 위에 놓인 금침의 깨끗함은 알맞게 쾌적하고, 또 방마다 목욕실·변소·곁방 등이 갖추어져 있으며, 옷이나 모자를 걸 수 있는 의장이 있다. 세면·세수를 위해서는 대야·수건·빗·거울 등이 준비되어 있고, 종업원을 부를 수 있도록 벨이 방의 호수와 연결되어 있어서 크고 작은 일을 가리지 않고 편리하기가 그지없다. 상등실에 유숙하는 사람은 하루에 은돈 7원(元)을, 하등은 2원 혹은 3원을 내면 된다. 대개 부유한 서양 각국 도시의 호텔은 그 규모나 제도가 거의 비슷하기 때문에 이제 그 하나만을 예로 든 것이다.

6. 이 고장에는 중국인으로서 이주해 온 사람이 아주 많다. 그들의 생활하는 방도는 제조소나 광산의 일꾼이거나, 민가의 고용인인 경우가 그 대부분이며, 그렇지 않으면 미국에 귀화하여 영주하는 자도 있다. 그들은 시가 한편 쪽을 차지한 다음 부락을 형성하고, 주택의 주조라든가, 시가의 배치, 물자의 매매 등에 이르기까지 의연히 중국식을 고수한다. 대개 이 고장으로 이주해 온 자는 중국에서도 불학무식한 하류층 사람들이기 때문에 아편을 좋아한다. 또 그들의 거주하는 양식은 미국 사람처럼 깨끗한 습속에 젖어 있지 않은 까닭으로 온 세계 사람들이 어울려서 사는 고장에 섞여 살 권리를 잃고 중국인들만의 거주지를 따로 정해준 것이다. 다른 도시에 옛날부터 살던 큰 상인에게는 이러한 수치가 미치지 않겠지만, 미국은 중국인들이 이주하는 일만은 허락지 않는다고 한다.

영국의 제대도회(諸大都會)

런던(倫敦, London)

1. 이 도시는 영국의 서울인데, 영국이란 대불렬전(大不列顚, Great Britain)국이다. 그 본토는 아주 작은 섬 나라지만, 식민지는 6대주에 산재해 있어서, 온 세계를 호시탐탐하는 위세를 뽐내며, 국민들의 부유함 또한 세계에서 으뜸가는 위치를 차지하고 있다. 이제 런던의 이모저모에 대하여 기록해 보기로 하겠다. 이 도시도 역시 큰 나라의 서울이므로 주민은 325만 명이 넘는다.

또 국내외의 상인 및 유람객으로서 여행중인 자가 수백만 명 이상이나 되며, 민가는 52만 8천8백90여 호나 되니, 그 화려함과 넓음은 세계 제1이라고 하겠다. 런던의 남과 북은 15리 가까이나 되고, 동과 서는 20리가 넘는다. 템스(探秀, Thames)강이 시내 중앙을 꿰뚫고 흘러서 도시의 3분의 2는 강 북쪽에 있고, 3분의 1은 강 남쪽에 자리잡고 있다. 또 도시의 안과 밖을 나누어서 — 우리나라 서울처럼, 성 안과 성밖으로 나누는 것과 같은데, 시내는 동·남·서 세 구역으로, 시외는 15방(坊)으로 각각 구별해 놓고 있다.

시내 안의 모든 길의 길이를 합치면 2천 리나 되지만, 다 벽돌모양의 나뭇조각으로 포장해 놓고 있다. 수레와 말 그리고 사람의 왕래가 끊임없이 계속되어 밤낮으로 그치지 않기 때문에 혹 기차의 철로는 지붕 위에 철교를 가설하고 깔아놓은 것도 있으며, 혹 땅속에 굴을 파고 부설해 놓은 것도 있어서, 공중과 지하를 달리는 차바퀴 소리와, 큰길 위를 달리는 말굽 소리, 수레소리 등 각종 소음이 합쳐서 런던 시내에는 언제나 우레소리가 울리고 있는 듯하다.

영국 국민들이 온 천하의 부를 거둬들여 이처럼 번화하고 웅장한 세계 최대의 도시를 세우기는 했지만, 시내에는 빈민이 적지 않아서 거리에 누더기를 걸친 자가 흔히 모습을 나타내어 호사를 다한 부자들과 뒤섞여 있다. 미국의 도시 시민들은 옷이나 모자를 깨끗이 착용하기 때문에 비록 기난한 사람이라도 런던에서와 같은 모습을 나타내지는 않는다. 그러므로 사람들이 말하기를 "세계에서 부유하기가 런던 같은 곳이 없고, 가난하기가 또한 런던 같은 곳이 없다."고들 한다.

2. 왕궁은 서쪽에 자리잡고 있다. 1820년 조지(肇智, George) 4세 시대에 기공하여, 50여 년 뒤인 현 여왕 시대에 이르러서야 준공을 보았다. 건물의 굉장함과 제도나 규모의 화려함이 프랑스의 튈르리(杜老琍, Tuileries) 궁에는 미치지 못하지만, 그 건물의 웅장하고 아름다움은 역시 인간 세상의 희한한 구경거리라고 할 만하다. 그 기둥과 벽은 다 흰 돌인데, 그것에 조각한 솜씨는 정교함을 다하고 진열해

놓은 여러 가지 물건들도 아름답기 그지없다. 이곳에는 또 먼 나라의 진귀한 보물과 고금의 명화가 소장되어 있다고 한다.

3. 국회의사원(國會議事院)은 한자로 표현하면 파력문(巴力門, Parliament)이라고 하는 곳으로서, 웨스트민스터(西美尼秀多, Westminster) 다리의 북쪽에 자리잡고 있다. 전체를 화강암으로 건축하고, 앞뒤에는 송곳처럼 뾰족한 높은 탑이 솟아있는데, 그 중 높은 것은 65간(間)이나 된다. 벽에 새겨진 조각들도 정교하거니와 내부장식 또한 현란한 경상을 나타내 보여주고 있다. 상원·하원 및 대심원(大審院)과 기타 부속 기관들이 이 건물 안에 갖추어져 있다. 한편 이 건물의 건축비는 금 1천2백5만 근(斤 : 영국 근)이나 들었다고 한다. 영국의 정치 체제는 군민이 같이 다스리는 제도다. 그 정령(政令)은 국민들의 권리를 보호하여 관대히 하는 것을 위주로 하고 압제하는 습속은 나타나지 않는다.

이제 국회를 구성하고 있는 체제에 대하여 이야기해 보면 다음과 같다. 상원은 일명 작방(爵房 : 오늘날의 귀족원)이라고도 하는데 그곳에 출석하는 의원은 황족·귀족 및 고급 교정(敎正) 등 4백여 명이다. 그들의 수는 때에 따라 혹 증감되기도 하지만 임기는 종신토록 전임하는 경우가 대부분이다. 하원은 일명 민방(民房 : 오늘날의 민의원)이라고도 하는데 그곳의 의원은 뭇 사람들의 공천으로 뽑힌 사람들인 만큼 대의사(代議士)라고 부른다. 재산과 명망을 겸비하며, 현명하고 재치가 있는 사람으로서 국민된 의무를 익히 안 연후에라야 선출될 수 있으며 임기는 6년이다.

그들의 수는 6백여 명으로서 증감은 역시 때에 따라 이루어지기도 한다. 입법하는 권리를 두 원이 다같이 가지고 있는데, 상원은 특히 사법에 관한 권리를 간직하고 있으며, 하원은 조세를 기초하는 특권을 가지고 있는데, 세출 경비를 조사하여 세입할 세금액을 결정짓는다.

4. 템스강은 런던 무역시장의 수로인데, 열세 개의 큰 다리가 걸려 있으며, 런던교는 그 하류에 있는 다리다. 여러 나라의 큰 선박들이 다 이곳에 이르러 닻을 내리는데, 이 다리의 길이는 930척이요, 너비는 53척이나 된다. 다리 전체를 돌만으로 만들었는데, 그 공사의 정교함과 견고함은 다른 다리의 추종을 불허하고 있으며, 이 다리를 세우는 데 든 비용은 1천만여 원이라는 거액이었다. 또 강 어귀는 군함이나 상선들이 밤낮으로 출입하고 있는 요로이므로 다리를 가설하면 선박들의 내왕에 방해가 적지 않기 때문에 강 밑을 파서 굴을 만들고 돌로 터널을 쌓았다. 남쪽과 북쪽 기슭의 행인들이 물아래로 왕래하게 되니, 높이는 2장 남짓하며 그 너비는 1장 2척 정도다. 터널 안에는 밤낮을 가리지 않고 가스등을 밝혀 놓아 햇빛과 달빛을 대신하고 있으며, 양옆으로는 조그만 가게가 늘어 서 있는데 갖가지 자질구레한 물품을 팔고 사는 모양은 시장과 다름이 없다. 터널 속을 내왕하는 사람들은 머리 위로 출렁이는 큰 강이 흐르며 수많은 선박이 빨리 지나가고 있다는 사실은 알지 못하는 듯하다.

5. 견징돈(堅徵敦) 박람회관(博覽會館)은 쇠와 돌로 쌓은 거대한 건물이다. 회관 안은 여러 개의 구역으로 나누어져 있는데, 예술품부와 세공품부로 대별되는 회랑이 좌우에 있다. 이곳에 진열된 물품은 세계 각국의 도자기·금은제의 그릇·구슬로 만든 그릇·의복과 장식·서적·문방구 및 이화학(理化學) 관계의 여러 가지 기구·아름다운 그림·등을 합하여 몇 천 몇 백만 가지인지 알 수 없을 정도이다. 또 이 회관에 부속된 서고에는 3만 5천여 권의 예술관계 서적 및 그림책과, 1만여 점의 조각품과 6만여 점의 탑영품(搭影品)을 소장하고 있다. 또 다른 방을 들여다보면 철제 기계 및 석조 기구의 가지가지를 진열해 놓고 있는데 일일이 다 기록하기조차 어려운 형편이다. 또 그 옆에는 이 회관에 소속된 학교를 건립하여 기술·재간 및 제조하는 방법 등을 가르치고 있다. 이 회관은 천연자원이라든가 가공품임을

가리지 않으며, 내국품이라든가 외국품임을 가리지 않고 고금의 물품 중 기이하고 정교한 물건이면 다 수집하여, 일반 대중들의 관람에 이바지토록 하여, 지식을 개발하며 예술을 권장하려는 취지하에 세워진 건물인 것이다.

30여년 전 하이드 공원(華爾士, Hyde Park)에 박람회를 개설하였을 때, 영국의 제품은 전적으로 기계의 힘으로 제조한 물품뿐이어서 자연스럽고도 우미한 운치가 전연 없었다. 다른 나라의 미술에 견주어 사흘 거리나 뒤떨어졌다는 소문이 온 세상에 퍼지자 영국 공업에 대한 성가는 땅에 떨어졌으며, 옛날의 면목을 완전히 잃어버리게 되었다. 온 조야가 이러한 사태에 대해 근심·걱정한 나머지, 이 회관을 세우고 국민들을 격려하여 기술 공업의 진보책에 합심하고 노력한 지 몇 년이 되지 않는 사이에 제반 공업기술이 세계 각국을 압도하기 시작하여 수출하는 가공품의 경우 그들과 적대할 만한 자가 없게 되고 말았다. 이는 영국 사람들의 애국하는 정성이 깊고 돈독하며 이론을 따지기 좋아하는 학식이 고명했던 탓이라고도 하지만 박람회가 끼친 이익 또한 적지 않았다.

6. 수정궁(水晶宮, Crystal Palace)은 런던 시 남쪽 10여 리 되는 곳 사이천함(沙伊天咸, 사이든햄)에 있는 유명한 박물관이다. 이 건물의 길이는 270여 칸이요, 높이는 30여 칸이며, 좌우 양단에 14여 칸의 탑이 세워져 있다. 대들보와 기둥 등에는 전부 철을 사용하여 그 결구의 견고함은 더 말할 나위조차 없다. 건물 전체를 유리로 덮었기 때문에, 높이 솟아올라서 구슬처럼 밝게 빛나는 모양은 완연히 한 커다란 수정덩이가 공중에 튀어오른 것 같으므로 수정궁이라는 칭호를 얻게 되었다. 넓은 수정궁 앞 뜰에는 여러 가지 나무와 화초를 심어 놓고 있어서 한번 바라보기에 따라 네 계절의 경치가 골고루 갖추어져 있으며, 정원 가운데에는 커다란 분수를 만들어 놓았는데 물줄기의 높이는 50척이나 된다. 한편으론 작은 못을 파서 강호의 풍취를

본뜨기도 하였다.

박물관 안은 몇 부분으로 나누어져 있는데, 세계의 온갖 물건들이 다 수집되어 있다. 이제 그 일부분만을 기록해 보면 다음과 같다. 한 방에 들어가면 6대주 가운데서 유명한 여러 나라의 모양을 본떠 놓았는데 그 나라의 국민·금수·산천·초목과 주택·전각·탑·궁전 및 의복·기구 등을 모형으로 만들어 놓아 천만 가지의 기이한 모양을 보여주고 있다. 또 한 방에 들어가면 옛날의 물품을 진열해 놓고 있는데, 고대 그리스의 성곽·스페인의 궁전·이집트의 그림과 기구 및 아테네(阿丹)와 스파르타(秀巴陀)의 화폐·무기·군함·포대 등의 형상을 모형으로 만들어 놓고 있다. 또 한편으로는 아득한 옛날에 살았다는 크고 괴상한 짐승·물고기·벌레의 모양을 만들어 놓았는데, 어떤 것은 눈을 부릅뜨고 뛰어오르려는 듯하고, 어떤 것은 입을 벌리고 사납게 소리치려는 듯하며, 어떤 것은 몸을 뒤척이며 누워 있기도 하고, 어떤 것은 껍질을 쓰고 잠복하거나 어떤 것은 굼실거리거나 어떤 것은 꿈틀거리는 듯하여, 그 형상들이야말로 보면 볼수록 기괴하다고 할 수밖에 없다.

이 건물 안에 한 번 들어가기만 하면 홀연히 아시아주로부터 유럽주에 이르며, 또 아프리카주를 거쳐 남·북아메리카주 및 오세아니아주까지 노닐 수 있어 지척의 땅에서 천만 리나 되는 여행을 한 셈이 된다. 또 순식간에 갖가지 기괴한 물고기·조개·파충류 등이 꿈틀거리는 아득한 옛날로부터 현실 세계로 들어오기도 하여 천만 년 동안을 거쳐온 변화가 한눈 아래 펼쳐져 있기 때문에 가히 장관이라고 할 만하다. 건물 한 구석에는 술·차 기타 여러 가지 물건을 파는 가게를 만들어 놓고 있으므로 완연히 시내 한복판을 거니는 것과 같다.

7. 이 도시에 있는 여러 예배당 가운데 특출한 것은 첫째로 성 팔수(聖八秀, 세인트 폴) 성당이다. 이 성당은 시내 동부에 자리잡고 있는

데, 건축이나 구조에 관한 제도 및 규모는 이탈리아 로마에 있는 성 피득(聖彼得, 세인트 피터) 성당을 거의 그대로 본뜬 것이다. 그 원탑의 높이는 61간 4척이며, 원탑의 지름은 24간이지만, 가운데에 기둥 하나 세운 것이 없고, 내부는 오색의 그림으로 장식해 놓고 있다. 또 성당 안팎에는 조각한 석상이라든가 동상을 세워 놓고 있어서, 웅장하고 거창한 느낌을 한층 더 고조시켜 주고 있다. 그 위에 올라가면 런던시의 태반을 발 아래로 굽어볼 수가 있다.

둘째는 압배(狎阫, 웨스트민스터) 사원인데 시내 서부에 자리잡고 있다. 이 나라 왕실 조상들의 시신을 이곳에 안장했으며, 또 새 왕의 즉위라든가, 왕실 결혼식 같은 의식도 이곳에서 거행하는 데 건물의 웅장하고 화려함은 새삼스럽게 이야기할 필요조차 없다.

8. 공원은 그 수를 다 헤아리기 어려울 만큼 많다. 그 중 몇 개를 들어보기로 하겠다. 선점수(宣點秀, 세인트 제임스) 공원은 왕궁 앞에 자리잡고 있는데, 못과 숲의 풍치가 극히 아름다우며, 그 근방에는 각 관청이 즐비하게 늘어서 있다. 또 왕궁 뒤편에는 하이드 공원(華爾土, Hyde Park)이 있어서 시민들의 아름다운 산책로가 되고 있다. 또 그 북쪽에는 조지(肇老支, George) 화원이 있다.

한편 리전트(賴傳土) 공원은 여러 공원 가운데서도 가장 큰 것으로서 그 안에는 동물원이 있다. 코끼리·사자·낙타·곰·호랑이·승냥이·이리·여우·토끼·노루·사슴·원숭이·족제비·고양이 등의 포유류와 금계·공작·원앙·뜸부기·매·솔개·까마귀·까치·고니·따오기·물오리·집오리·꿩·학·풍조(風鳥)·채금(彩禽) 등의 조류와 뱀·독사 등의 파충류까지도 다 갖추어 놓고 있다. 이러한 동물 가운데는 그 이름을 붙여 보려 해도 이름 붙일 수 없는 것이 있고, 모양을 형용해 보려 해도 형용할 수 없는 것이 많다. 이들은 대개 그들의 천성을 따라 숲 또는 굴에서 살고 있는데, 철망 혹은 철책으로 일정한 둘레 안에 나누어 놓고 있다. 또 식물원도 마련해 놓고 있다.

온 세계 여러 지방 — 한대 · 온대 · 열대 · 수륙(水陸)에 걸친 각종 초목류 · 곡식류 · 약초류 등을 재배하고 있는데, 생산지에서와 같은 조건 — 물 · 흙 · 기후 등을 같게 만들어 주기 때문에 그 비용 또한 적지 않다고 한다.

9. 해군부 · 육군부 · 탁지부(度支部 : 오늘의 재경부) 같은 여러 관청은 템스강 기슭에 자리잡고 있는 아름답고도 웅대한 건물 안에 있다. 한편 시내 동부의 미관을 이루는 곳으로 시청 · 전신 · 우정국 등이 있다. 시내에 있는 교도소는 그 구조가 견고 거대하며 물샐틈 없는 것으로 유명하다. 세관은 런던교 북쪽 기슭에 있는 석조건물 안에 자리잡고 있다. 세계 각국의 수입 및 수출하는 모든 물품을 살피면서 세금을 매기되, 각국 주의와 달라서 자유무역주의를 행하고 있다. 은행이나 상사(商社)들의 부는 세계 안의 재정권을 총괄할 만하며, 국내외 및 국민의 수요를 공급할 정도이다. 대영 박물관은 진열품이 많은 것으로 그 이름을 온 유럽에 떨치고 있다. 또 남부 시가지에 이를 것 같으면 각종 제조소의 수가 부지기수인데 연통은 숲처럼 솟아 있고 검은 연기는 하늘에 가득 차 있다. 기타 주택 · 점포 등 웅장하고 큰 규모 역시 다른 지역보다 월등하다.

런던 시내에서 유명한 여러 곳을 통계로 내어 보면 다음과 같다. 즉 예배당이 9백여 개며 공립학교가 2백여 개이고 사립학교가 1천5백이며, 병원이 150이요, 거기에 딸린 의약(醫藥) 학교가 헤아릴 수 없이 많으며, 빈원이 4백여 개며 관청이 5백여 개며 교도소가 15개며 극장이 22개며 상인 및 기술자들의 회사가 10만여 개며 신문사가 1천2백83개나 된다. 이처럼 굉장하고 화려한 내역으로 보아서도 짐작되듯이, 그 번성한 경상은 다 기록하기조차 어려운 만큼, 이만 그칠까 한다.

리버풀(立菸八, Liverpool)

1. 이곳은 영국 제2의 도시다. 랭커셔(蘭桂沙, Lancashire)주 남방 머지(馬細, Mersey)강 어구 남쪽 기슭에 있는 중요한 항구다. 런던으로부터 6백여 리 떨어진 곳으로서 철도로 내왕할 수 있다. 주민은 50만 이상으로서 주택의 깨끗하고 아름다운 구조로 보거나 도로의 맑고 산뜻한 점으로 보아 런던과 백중하다고 하겠다. 또 이곳은 아일랜드(愛爾蘭, Ireland)와 미국으로 항해하는 요충지로서 무역은 어느 항구보다도 번성하다. 이 항구의 번성한 경황은 미국의 풍요로움과 더불어 점점 더 흥왕한 경지에 이르고 있다. 백여년 전 이곳의 주민은 겨우 8만여 명에 지나지 않았으나 1785년 영국과 미국 사이에 화약(和約)이 성립된 뒤로부터 이 항구를 통해서 아메리카주 및 여러 지역에서 수입해 온 목화·곡물 기타 화물을 값으로 쳐보면, 한 해 동안에 1백여 이상이며, 수출한 총액은 60억이나 되었다.

선박의 출입이 해마다 4만 척 이상이나 되기 때문에 머지강 어귀에 정박한 군함·상선 등의 돛대와 연통 등은 마치 숲을 이룬 듯 빽빽하다. 배 닿는 데가 너무 넓어서 끝이 안 보일 정도이므로 세계 가운데서도 가장 큰 항구로 손꼽히고 있다. 즉 항구의 길이가 18리 이상이나 되고 주위를 돌로 쌓았으므로 그 모양은 마치 성 아래로 둘러판 못과도 같다. 항구의 어귀에는 거대한 수문을 설치하고, 또 큰 다리를 가설해 놓았으므로, 선박이 출입할 때 두 사람의 힘만으로 이 다리를 열거나 닫을 수 있게 되어 있다. 또 그 안의 한 쪽은 3면과 밑바닥을 흰 돌로 빽빽이 쌓아서 계란 모양이 되도록 한 다음, 한 쪽은 수문으로 꼭 닫고, 양편 기슭에 있는 기관의 작용으로 그 속에 물을 가득 채우거나, 혹은 빼내고는 3만 석 정도나 되는 큰 배를 만들기에 편리한 장소를 마련해 놓고 있다.

2. 배가 정박하는 곳 가까이에 있는 부두와 창고는 넓고도 견고한 갖

가지 시설을 구비하고 있다. 창고의 규모에 대하여 기록해 보면, 길이는 2백 수십 간이며 높이는 3층 혹은 4층이나 된다. 여러 가지 물품을 보관해 두는 장소를 마련해 놓고 있는데, 목화창고 · 금단(錦緞)창고 · 사탕창고 및 기타 각종 창고 등으로 나누어져 있다. 3, 4층의 높은 곳에는 기계 시설이 있어서 화물의 승강을 편리하게 하도록 하며, 아래층에서는 작은 수레로 운반하도록 되어 있다. 한편 습기를 방지하기 때문에 부패할 염려가 없다.

매년 이곳에 쌓아두는 화물의 값은 180억이라는 거액에 이른다. 창고 앞에는 부교(浮橋) 하나를 설치해 두고 배를 타거나 짐을 내릴 때에 편리를 제공해 주고 있는데, 바닷물이 출입하는 데 따라 다리의 높낮이와 뱃전의 그것이 같아지기 때문에 작은 배를 필요로 하지 않고 있다.

3. 남쪽 바닷가에 있는 조선소도 역시 세계에서 유명한 곳이다. 길이 70간 내지 80여 간 및 마력이 1천5백 내지 2천 이상의 큰 배를 이곳에서 만든다. 조선소 안에는 거대한 기계를 갖추어 놓고 배를 들어 올리고 내리거나 또는 세로로나 가로로 위치를 바꾸는 등, 사람 마음대로 할 수가 있어서 어렵고 힘든 일은 없는 셈이다.

맨체스터(滿棣秀太, Manchester)

1. 이곳 또한 랭커셔(蘭杜沙, Lancashire)주의 한 도시다. 리버풀의 동쪽 백 리 되는 곳에 위치하고 있으며, 기차로 편리하게 육지와 내왕하고 있다. 59년 전, 영국 사람인 스티븐슨(壽太渾, George Stephenson, 1781~1848)이 여러 해 동안 노력한 공으로 철도라는 신묘한 방편을 고안해 내고는 백방으로 힘써서 회사 자금을 마련코자 했었다. 뜻을 가진 사람은 결국 그 일을 이룩하고야 만다는 말대로 53년 전에야 두 도시 사이에 철도를 가설하게 되었다. 그리고는 오늘날에 이르기까지 조그마한 손상조차 없었으며, 더구나 그 명성은 천

하의 대중을 고취시키고 온 세계에 공익을 제공하는 사업으로까지 발전하게 되었다. 이로 말미암아 이곳에 부설했던 철도는 세계 철도사상 그 최초의 것이 되었다.

2. 이곳의 인구는 백 년 전에 9만 미만이었다. 그 뒤 면방직이 크게 번성하고 또 미국과의 무역으로 말미암아 물자가 풍성해지자, 인구가 늘어나기 시작하여 오늘날에는 50만이 넘어 영국 제3의 도시가 되기에 이르렀다.

도로·가옥 및 공사간의 여러 가지 건물이 그 아름다움과 규모의 면에 있어서 런던과 비교하여 조금도 손색이 없다. 무명 방직공장의 수는 233개소에 이르며 기계의 거대함과 제작 기술상의 신묘함은 사람의 의표를 찌르는 바가 없지 않다. 우리나라·중국 및 일본에 수입되는 면직물은 이곳으로부터 오는 것이 적지 않다.

3. 시내에 있는 교도소는 광활하고 견고하며 정결하기로 이름나 있다. 이 교도소를 건축한 비용은 875만 원(元)이나 된다고 한다. 주위는 벽돌로 담을 쌓아서 2길 높이나 되고 정면에 대문이 있으나, 관리 외에는 출입을 허락지 않으며, 따로 조그만 문을 달아 놓고 사람을 통과시키고 있는데, 그 문의 작기는 한 사람이 겨우 지나갈 수 있을 정도다. 그 문을 한 번 들어서면 전면에 점잖은 모양의 교도소 청사가 보인다. 이곳에서는 교도소 안의 모든 사무를 관장하고 있다. 한편 죄수들의 방은 남녀로 구별되어 있는데 방은 합계 1천여 개나 된다. 한 방의 크기는 우리나라의 한 간 크기만 한데, 방마다 한 사람씩 있게 되어 있고, 섞여 있기를 허락하지 않고 있다. 침대·물병 및 변기의 위치가 잘 정돈되어 있는 가운데 청초한 분위기가 저절로 나타나도록 되어 있으며, 전등 혹은 가스등으로 방마다 불을 밝혀 놓아 대낮처럼 환하다.

죄수들은 각각 자기의 재능에 따라 모든 기예를 연마할 수 있도록 되어 있다. 한편 교도소 안에 넓고 아름다운 서실을 마련해 두고 있어서 한가한 틈이 있는 자는 옛사람들의 훌륭한 책을 읽음으로써 허물을 깨닫고 잘못을 부끄럽게 여기는 계기를 만들고 있다. 또 매일 일정한 근무에 복무한 임금 중 그 반은 저축해 두었다가 만기가 되어 출옥할 때 가지고 가서 재생하는 밑천으로 삼도록 하고 있다. 죄수들의 음식물은 빵·버터 및 수프에 지나지 않는다.

글래스고(屈羅秀古, Glasgow)

1. 이곳은 스코틀랜드(蘇格蘭島, Scotland)의 서남쪽에 자리잡고 있는 도시로서 클라이드(屈羅尼道, Clyde)강 상류에 발달한 번화한 도시 가운데의 하나다. 맨체스터 시와는 천리 가까이 떨어져 있지만, 기차의 내왕은 밤낮으로 끊이지 않고 있다. 유럽 대륙에서 산수가 수려한 곳으로는 스위스와 이탈리아와 영국 등 세 나라의 그것을 천하의 절승이라고 일컬어 오고 있다.

이제 기차를 타고 글래스고를 향해 갈수록 명미한 산천의 맑고 아름다운 형상은 더욱 그 윤곽이 뚜렷해진다. 오른편을 바라보면 여러 산의 푸른 봉우리들이 병풍의 살아있는 그림을 푸른 하늘에 비스듬히 건 듯하고 왼편을 돌아보면 검푸른 산들이 하늘과 맞닿은 푸른 파도와 명멸하며 구름 속으로 사라져 간다. 기찻길은 언덕과 골짜기를 돌고 돌아서 혹은 숲속을 헤쳐가며, 혹은 해변가를 따라가는 동안, 파도와 나무가 일으키는 기이하고 미묘한 경치의 변화는 그야말로 천대만상을 이룬다. 미처 설명할 틈도 없거니와 지루한 붓끝으로 옮겨 그리기가 어려울 정도다. 여러 나라의 유람객들이 1년 내내 모여든다고 한다.

2. 이 도시의 인구는 48만이 넘고, 상업이 몹시 번성하다. 이 고장은 남북 아메리카주와 아시아주의 여러 나라와 무역을 할 수 있는 요충지이기도 하다. 시가지의 떠들썩함과 가게의 번성함은 리버풀이나 맨체스터와 엇비슷한 상태에 있다. 주택·도로 등의 경황은 런던에 미

치지 못하는 듯하지만, 웅대한 도시로 발달할 만한 기상을 가지고 있는 도시라고 하겠다.

시내에는 제철소·조선소·무명 방직공장 및 기타 각종 제조소가 즐비하며 크고 작은 연통이 하늘로 치솟고 있어서 일대 장관을 이루고 있다. 또 강가에는 세계 각국의 상선 군함들이 구름처럼 모여들어 갖가지 깃발을 흩날리며 검은 연기를 내뿜으며 기적을 울린다. 시내 중앙에는 넓은 공원이 있어서 사람들의 산책길 구실을 하고 있다. 그곳엔 오만 가지 꽃이 만발하여 사람들을 부르는 듯, 그네를 이끄는 듯, 그 풍경은 한가하고 우아하여 즐거운 의취가 가득하다.

에든버러(伊丹堡, Edinburgh)

1. 이곳 또한 번화한 도시의 하나로서 글래스고 동쪽 160리 되는 곳에 자리잡고 있다. 이 고장은 북해를 마주하고 있으며 인가는 구릉지대에 산재해 있는데, 기찻길은 수많은 산골짜기 사이를 꿰뚫고 누벼 온 뒤라야 비로소 이곳에 도착할 수 있다. 또 이곳은 옛날 스코틀랜드 왕국이 독립해 있을 때의 서울이었으나, 영국과 스코틀랜드가 합병한 뒤부터는 지금 여왕의 이궁(離宮)으로 되어 있다. 인구는 18만이지만, 각종 가게와 부잣집은 문을 서로 맞대듯이 즐비하며, 시가의 화려한 기상 또한 저절로 드러나 있다. 오래된 성곽과 높은 탑은 흐르는 물에 그림자를 드리우며, 구름과 노을의 아름답고 고운 경치는 누구나 좋아할 만하다.

한편, 시내 가까운 높은 산봉우리 위에 견고하기 그지없는 성이 있는데, 가파른 벽에는 등나무와 칡덩굴이 뒤얽혀 있다. 한가닥 오솔길로 성 안의 한 곳으로 들어가면, 높다란 누각은 나무 사이로 보일락 말락하고 국왕이 거처하던 궁전은 그윽하고 깊숙한 채 고색이 창연하다. 5백여 년 전에 건축한 것이기 때문에 그 규모가 화려하지는 않지만 우아하고 사치스럽지는 않지만, 아름답다. 성 안의 문이나 그림 그린 기둥은 정교한 가운데에도 고상한 운치를 띠고 있으며 벽과 서까래의 조각도 역시 신묘한 솜씨를 나타내고 있다. 스코틀랜드 당시의 여왕 메리(摩賴, Mary, 1542~1587)의 침전(寢殿)이 역시 이 궁중에 있으며, 그녀의 옷과 장식품, 그리고 가구까지 아직도 그대로 보존되어 있다.

2. 아사시(峩槎翅)산이 이 근처에 있는데, 그 높이는 8백 척이나 된다. 나무가 무성하지 못하고, 간간이 잡초만이 우거져 있을 따름이지만, 옛날부터 이름높던 유적의 하나로 전해지고 있다. 용이 꿈틀거리고 호랑이가 웅크리고 있는 듯한 몇 굽이의 골짜기를 지나 정상에 올라, 멀리를 바라보면 북해의 바닷물이 하늘에 맞닿은 듯하고, 가까이로는 시내의 성벽 · 학교 · 병원 · 고궁 · 시청 · 박물관 · 재판소 · 예배당 및 무수한 공장 등이 땅에 엎드려 있는 듯이 보인다.

더블린(多佛仁, Dublin)

1. 이곳은 아일랜드에서 제일 큰 도시다. 글래스고로부터 바다로 223 영리(英里)되는 곳에 자리잡은 이 도시는 인구가 24만 5천7백여 명이나 된다. 큰 강은 동쪽으로 흘러서 시내 중심지를 지난 다음, 하류로 내려오면서 아름다운 항구를 형성해 놓고 있다. 항구에는 국내외 선박들이 많이 모여들기 때문에 운송하는 방편이 자족하고, 무역하는 경황 또한 번성하다. 강 위에는 아홉 개의 다리를 가설해 놓았는데, 각 다리마다 다 아름답다. 시내를 관통하고 있는 큰 길은 길이가 6리나 되며, 너비는 20간이나 된다. 큰 길 중앙에는 커다란 표주(標主)를 세워놓고 있는데, 이 근처에는 번화한 공관도 수개소나 자리잡고 있다.

대개 구미 각국의 도회지에 거주하는 사람들은 부자라든가, 중간 정도의 가산을 가진 사람이 많은데, 이 도시는 그렇지 못하여 주민 가운데에는 비천하고 가난한 무산층 사람이 상당수를 차지하고 있어서 아름다운 도시의 면목을 더럽히고 있다.

2. 세관은 강 북쪽 기슭을 따라 세워진 거대한 건물 안에 있다. 또 큰 길 가 요충지에는 우편국 건물이 자리잡고 있는데, 앞면의 길이는 백 척이나 된다. 정문과 마주 보이는 곳에 넬슨(烈遜, Viscount Horatio Nelson, 1758~1805 : 영국의 해군 제독) 장군의 기공비(紀功碑)가 있는데, 비 위에 넬슨의 동상을 세움으로써 그의 찬란하고 위대한 공훈을 후세에 기리고 있다. 그 비의 높이는 5장이 넘는다. 또 이 근처에는 기묘한 모양의 원형관(圓形館)과 분만원(分娩院)의 건물들이 이어져 있다. 또 네 개의 재판소 건물은 웅장한 규모를 뽐내면서 관청으로서의 위풍을 과시하고 있다.

한편 강 남쪽의 요충지에는 대학교가 자리잡고 있는데, 그 옛날 여왕의 권학하는 깊은 의도를 받들어 크게 지은 벽돌 건물이다. 대학교의 구내는 몇 부분으로 구분되어 있는데, 학자의 수가 많을 뿐더러 고시실(考試室)·박물관·예배당·양기실(養氣室) 및 도서관과 기타 교육에 필요한 시설과 기구가 골고루 갖추어져 있다.

3. 더블린 성(城)은 언덕 위에 자리잡고 있는데 광활하고도 견고한 건축물이다. 성 안은 두 부분으로 나뉘어져 있는데 한 부분은 육군의 진대(鎭臺)며, 다른 한 부분은 태수(太守)의 관아(官衙)이다.

관아 가운데는 옛날 태수의 반신상이 있고, 벽에는 고대 아일랜드의 역사적인 장면을 그림으로 그려놓은 것이 보인다.

4. 예배당은 건축 양식의 화려하고 아름다운 점에서는 다른 도시의 그것보다 뒤지지만 그러나 오랜 세월을 겪었다는 점에서는 그 명성이 아주 높다. 예배당의 주위에는 가난한 시민들이 많이 살고 있기 때문에 건물이 파괴되거나 거리가 더럽혀지는 사례가 적지 않다. 또 예배당 앞길에는 가난한 시민들이 모여 있어서 그 모습이 불쌍하지만, 그 근방에 있는 공원은 지세가 평탄하고 깨끗하다. 공원에 있는 울창한 나무들은 동물원과 휴게소를 완전히 뒤덮고 있다.

5. 또 이 도시의 무역은 국내용의 물품만을 보다 많이 취급하고 있다. 그러므로 여러 가지 제조물 가운데서 수출품은 많지 않고 수입하는 종류는 대단히 많다. 특히 목재·담배·향료 등이 가장 많은 액수를 차지하고 있다.

제 20 편

프랑스의 제대도회(諸大都會)

파리(巴里, Paris)

1. 이곳은 프랑스의 서울로서 주민은 1백80만이나 된다. 이 고장은 센(細茵, Seine)강 서쪽 기슭에 걸쳐 발달된 곳으로서 33개의 돌다리가 가설되어 있는데, 시내는 3분되어 있고 그 둘레는 70리 가까이나 된다. 시내에는 누대·시장이 바둑판처럼 즐비하고 연못·공원이 별자리처럼 흩어져 있는데 도로의 청초함과 가옥의 장려함은 온 천하의 으뜸으로서 런던처럼 웅장하거나, 뉴욕처럼 풍요로운 도시도 이곳 파리에는 사흘 거리쯤 뒤떨어진다.

이제 그 연유에 대해서 생각해 보기로 하자. 런던이나 뉴욕은 땅속 및 공중에 철도를 가설하였거나 공장 등을 어지럽게 시설해 놓고 있어서 뇌성벽력이 밤낮으로 울려 귀를 먹게 할 지경이며, 석탄 연기는 해와 달을 가릴 뿐더러 비·이슬까지도 검게 변해 버려 그 경상이 비록 장대하다고는 하지만 깨끗지 못한 처소가 허다하게 널려 있음이 사실이다. 그러나 파리는 그렇지 않다. 공장이 비록 적지 않지만, 한쪽 구석에 몰아놓았거나 상점이나 가게는 깨끗한 광장 속에 아담하게 꾸며 놓고 있어 조금도 추잡한 자취가 없다. 시내 여러 군데에는 노닐거나 휴식할 수 있는 시설이 갖추어져 있으며, 갖가지 화초와 수목이 심어져 있고, 거리를 거니는 행인들 또한 다 우아한 풍채를 지니고 있다.

백 년 전의 파리는 구역이 협소하여 가옥은 낮고 적었으며, 도로는 꾸불꾸불하여 사방을 바라볼 수 없었기 때문에 대국으로서의 위세를 나타내기에는 적합하지 못했다. 나폴레옹 1세(拿破崙, Napoleon I, 1769~1821 : 1804~1814년 동안 프랑스의 황제)가 위용을 과시하며 동서남북으로 유럽의 여러 나라를 격파하고 합병시킨 다음 수많은 재화를 가지고 본국으로 돌아왔을 때, 서울인 파리의 낮고 작은 규모는 온 천하를 압도한 영웅의 안목에 찰 리 만무했다. 마침내 시내에 있는 낮고 작은 옛날 건물을 한꺼번에 허물어 버리고는 튈르리(杜老琍, Tuileries)궁으로부터 북쪽 교외에 이르기까지 10여 리에 걸친 부분을 개수하기로 하였다. 개선문으로 중심을 삼고, 사방에 12개의 큰 거리를 마련한 위에 주택 도로의 규모가 웅장 화려 청쾌한 운치를 갖추게 하여 전 세계에서 제일가는 서울이 되도록 하였다. 큰길의 양쪽 옆에 배열한 수목은 무성한 녹음을 자랑하고 시민 남녀들이 타고 가는 수레는 밤낮없이 이어져 있으며, 시장을 메운 물품은 구름이나 산처럼 쌓여서 번성하고 풍부한 경상을 드러내 보이고 있다.

파리는 그 옛날 로마국의 대장 시저(蒔慈, Caius Julius Caesar, B.C. 100~B.C. 44 : 로마의 정치가)가 공략했던 지방이었던 바 그때 이곳에 성곽을 세우고 그 후 차츰 증축하자, 모르는 사이에 한 커다란 도성을 이루게 되었으며, 나폴레옹의 공력으로 더욱 장대한 도시로 발전하게 되었다. 서양 여러 나라의 사물은 거의 다 파리의 제도를 본뜨기 때문에, 음식이라도 새로 나온 것은 반드시 파리의 시체(時體)라고 하며, 의복이라도 새로운 모양으로 만든 것은 역시 파리의 시체라고 하고, 각종 물품 중 장난감 · 오락물에 이르기까지 다 파리의 시체를 숭상하기에 이르렀다.

그러므로 프랑스 사람들이 자랑삼아 하는 말을 들어보면, "파리는 천하 만국의 서울 가운데의 서울이다."라고 하는데 그들의 새로운 것을 좋아하는 심성과 자만하는 의기가 아주 심하다고 하겠다.

2. 상림원(上林苑)은 그 호칭이 팔레로일(八禮老逸, 팔레로열)이라고 하는 곳이다. 그 화려하고 아름다운 경상과 장려한 구조는 붓으로써 도저히 표현할 수 없는 곳이어서 그만두기로 하겠다. 그 아래에 시장이 있어서 진기하고 이상스런 물건과 풍류스럽고도 사치스러운 여러 가지를 팔고 있다. 한편 시내의 옛 시가지는 그 규모가 좁지만, 유리 지붕으로 전 시가를 덮고 있어서 해나 달빛은 비치는 대신, 비나 바람은 가릴 수 있기 때문에 사람들의 왕래와 물건을 팔고 사는 데에는 몹시 편리하다고 한다.

3. 개선문은 8면으로 뻗은 넓은 길이 모여드는 가장 복잡한 자리에 위치하고 있다. 흰 돌만으로 세운 거대한 문으로서 구름 위까지 솟아오르고 있다. 그 높이는 불척(佛尺) 40이요(이는 영척 130척 남짓), 앞쪽의 너비는 불척 20이며, 측면은 불척 10이다. 문의 중앙 부분은 열십자 형의 큰길로 되어 있는데, 흰 돌로 노면을 깔았으며, 서쪽 벽의 바깥면에는 신인(神人)을 새겨 놓고 있다. 또 전쟁에 이긴 모양을 그린 그림은 그 솜씨가 정밀하기 그지없어서 천하에서 가장 뛰어난 재간을 가진 자라도 그의 눈을 의심하게 된다고 한다. 이 문의 건립은 나폴레옹 1세 때 창건하기 시작하여 40여 년이라는 세월을 겪은 뒤 공사를 마쳤다고 한다.

4. 튈르리궁은 개선문의 정면에 자리잡고 있는 웅장하고 화려하기 그지없는 큰 궁전이다. 넓고 큰 이 지구 위, 각국 제왕들의 궁전 가운데서 이 궁전과 그 우열을 다툴 만한 것은 하나도 없다. 아름다운 처마·그림이 그려진 기둥·무늬로 장식한 문·채색한 벽·조각한 난간·화려한 창 등의 건축양식이라든가 조각과 그림 등은 글로 다 표현할 수가 없으며 말로 다 설명할 수가 없을 지경이다. 어렴풋한 묘사와 모호한 언급은 그 화려한 제도와 웅장한 규모를 도리어 줄어들

게 만들 것이므로 아예 그만두기로 한다.

이 궁전은 옛날 프랑스의 여왕이 창건한 것이었으나, 그 뒤 헨리 4세(顯利, Henry IV) 시대에 이르러 증축했으며, 루이 14세(路易, Louis XIV, 1638~1715) 때에는 이 궁전으로 거처를 정했으며, 폐제(廢帝) 및 나폴레옹 3세도 다 이 궁전에서 기거했었다.

그 뒤편에 있는 루브르(婁富, Louvre)궁 또한 화려하고 아름다운 궁전이다. 루이 14세 왕이 창건하기 시작했으며, 나폴레옹 1세가 개수했던 것으로, 튈르리궁과는 인접해 있다. 궁전 안에는 나폴레옹 황제의 유물과 고대의 명화 및 여러 가지 기구 등을 소장하고 있는데 일반인들에게 관람시키고 있다. 궁전의 규모가 웅장할 뿐더러 그 안에 들어오는 사람이면 누구나 시야 가득히 들어오는 금빛찬란한 호화로움에 놀라고 만다.

5. 콩코드(昆高道) 공원은 튈르리 궁전 앞에 광활한 지면을 차지하고 있는 공원으로서 파리 시내에 있는 공원 중 제일 큰 것이다. 공원 안의 반석에서는 거대한 분수가 용솟음치고 있다. 이집트로부터 옮겨온 큰 탑은 그 높이가 36불척(佛尺)이나 된다. 원래 이 탑은 자문석(紫紋石) 덩이를 깎아서 만든 이집트 고대의 것으로, 수천 년 간이나 비바람의 액운과 지형의 변천 때문에 땅속에 묻혀 이 세상으로부터 그 모습을 감추고 있던 것이었다. 그러던 중 나폴레옹 1세가 이집트를 정벌했을 때 기계로 파내어 개선하는 수레에 싣고 와서 이 공원에 세웠던 것이다. 공원 안의 지면에는 흰 모래를 깔아 놓고 있어서 그 맑고 깨끗함은 눈빛을 속일 정도이며, 푸른 나무들은 시원한 그늘을 마련해 주고 있으므로 삼복지간이라도 서늘함이 가을을 무색케 할 지경이다. 높고 큰 누각은 우거진 화초 사이로 은현하여 운치를 돋구어 주며, 밤에는 가스등·전등을 켜면 그 밝고 환함은 대낮보다 못하지 않다.

6. 피도소문(被道素文, 뷔트쇼몽) 공원은 나폴레옹 3세가 파리 시의

생산과 공업을 번성하게 한 뒤, 그 이윤인 20만여 원(元)의 거금으로 기술자나 서민들의 휴식을 위한 장소로 마련한 곳이다. 푸른 나무와 풀이 언덕을 뒤덮고 있으며, 물가 가까이에 있는 가파른 언덕에는 기괴한 돌이 험상궂게 흩어져 있고, 언덕을 돌면 못의 물이 고리 모양으로 돌고 있는데 몇 길 높이의 폭포는 그곳으로 흘러내리고 있다. 못 안에 언덕이 있고, 언덕 위에는 정자를 지어 놓았는데, 쇠줄로 된 다리를 놓아 사람들을 왕래케 하고 있다. 정자 위에 한 번 올라서 파리 시내를 내려다보면 번화롭고 웅장한 기상이 시야 아래로 펼쳐진다. 또 이곳에서 사방을 둘러보는 전망은 쾌적하기 그지없다. 산수의 기괴하고도 우아한 운치는 사람의 심회를 더할 나위없이 즐겁게 해주는데, 역시 섭생을 위해서는 가장 좋은 방법이라고 할 수밖에 없다. 이 이외에도 공원이 적지 않지만 이 정도로 생략코자 한다.

7. 루삼복(婁參福, 룩생부르)궁은 파리 서쪽에 자리잡고 있는 고궁의 하나로서 현재는 원로회의원(元老會議院)으로 쓰이고 있다. 각 방마다 귀중한 가구 및 그림을 소장하고 있다. 이 궁전을 건축한 규모 또한 다른 곳의 그것과 비견할 수 있을 만큼 화사하다. 정원과 연못 등의 배치가 몹시 아름답고도 우아한 운치를 돋구어 주고 있다.

8. 농공 박물관은 정부에서 세운 건물 중의 하나다. 석조로 지은 아름다운 건물로서 공예 및 농업에 관계되는 여러 가지 기계를 수집해 놓고 있는데 정조(精粗)하거나 세대(細大)하거나 간에, 하나도 빠진 것이 없다. 저울을 소장해 둔 방에 들어가 보면 각종 형상의 것이 다 수집되어 있다. 즉 정밀한 것으로는 서양 여러 나라에서 주로 사용하는 것으로서, 1치(錙) 1수(銖)를 천으로 나누고, 만으로 쪼갤 수 있는 것이 있는 반면, 조잡한 것으로는 주로 동양 각국에서 사용하는 것들을 모아 놓았다. 이 저울들의 이해와 득실을 비교하여 비평하고 또 제철하는 여러 기구에 대해서는 진짜 견본을 만들어 놓고 있다. 농기구를 진열해 놓은 방에 가면 호미·가래·보습 등을 비롯하여 각종

농기구의 날카롭거나 둔한 것을 다 수집하여 비치해 놓고 있음을 본다. 수차·물레방아·풍차(바람을 이용하여 찧는 방아) 등의 정밀한 견본과 토질에 관한 지도 및 모든 곡식과 여러 가지 화초의 종자까지를 골고루 다 갖추어 놓고 있다. 또 누에는 수십 배나 되는 모형을 만든 다음 내장의 기관을 그림으로 보이고, 또 누에가 나방으로 변화해 가는 과정을 나타내 보이며, 또 각종 고치를 진열하고는 그 상층에 방적기계를 전시해 놓고 있다.

한편 도사(陶砂) 및 유리를 제조하는 기구도 다 이곳에 비치되어 있다. 유리는 가느다란 실을 만든 다음 비단에 섞어서 짜는 것도 있는 만큼, 그 공예의 기묘함이 이에 이르러서는 극진하다고 할 수밖에 없다. 매월 일정한 날짜가 되면, 각과의 전문적인 박사가 이곳으로 와서 제반 공예 및 농업에 관한 강의를 하게 되어 있는데, 시민들의 청강을 허락하고 있다.

이렇게 하기 때문에 프랑스 사람들은 개명되고 진보된 지식과 기술을 직접 귀로 듣고 눈으로 봄으로써 각자의 두뇌에 침윤시킬 수 있게 되어 공업의 정교함이 일취월장하여 자연히 진선진미한 지경에까지 이르게 되는 것이다. 영국의 런던과 미국의 뉴욕, 프랑스의 파리가 세계적인 3대 무역장인 셈이지만, 그 취향은 각각 다르다. 즉 런던은 각지의 자연적인 생산물을 수입한 다음 제작하거나 가공하는 기술을 덧붙여 수출하는 것을 주된 방법으로 삼고 있으며, 뉴욕은 자연적 생산물 및 가공품을 수입하는 것과 수출하는 것이 반반이지만, 파리는 기술에 정교하며 공예에 뛰어난 물품을 많이 생산해 내는 곳으로서 온 세계 유행물의 발원지 구실을 하고 있는 것이다.

9. 크고 작은 학교는 서쪽 파리에 많이 있으므로 대단히 좋은 지역이라고 할 만하다. 그러나 술집과 찻집이 즐비하므로 학생들이 아침저녁으로 한가한 시간만 있으면 떼를 지어 거리를 방황하다가 술집으로 향하여 일시적인 쾌락을 사는 자도 있고, 뚜쟁이집을 찾아가서 순간

적인 쾌락을 구하는 자도 있다. 이 언저리는 파리 가운데서도 좁고 비탈진 거리인데 한두 동리에 걸쳐 온통 음란한 소굴을 이루어 오후가 되기만 하면 짙은 화장과 요염한 옷으로 꾸며 입은 불량 소녀들이 거리를 방황하며, 방탕한 사람이나 난봉꾼을 꾀어 은밀한 그들의 영업 장소로 데려가는 것을 오랜 버릇으로 여기며 화대 뜯는 것을 능사로 여긴다. 유럽주 가운데서도 프랑스의 음란한 풍조가 가장 성하다는 것으로 알려져 있으므로 식자들이 부끄러워하고 있다.

10. 대심원(大審院)은 프랑스 재판소 가운데의 최고 기관으로서 센강에 있는 섬 위에 세워져 있다. 4백여 년 전 로마의 천주교가 전성기를 맞이하고 있을 때에 나라의 부강함을 나타내기 위하여 이 건물을 지었다고 한다. 그 구조의 장려함은 고금의 미의 정수를 다 모았다고 할 만하다. 건물 안 가득히 채워져 있는 조각과 그림은 보는 이의 눈을 현란케 하며, 기둥이나 벽에 조각한 솜씨의 정교함은 칭찬의 말을 찾을 수 없도록 하고 있다. 건물 벽에는 옛날 실시하던 참혹한 형벌의 형상을 그려놓고 있는데, 압살·참살·소살(燒殺)·격살(擊殺)·열살(裂殺)·교살(絞殺) 등의 가지가지 형상은 차마 눈뜨고 볼 수 없는 광경들이라 하겠다. 이는 장차 형을 집행하는 사람들을 경계하기 위하여 그려 놓은 것이라고 한다.

11. 교도소는 파리 시내에서 가장 큰 3층 건물의 하나다. 이 건물은 광활함과 청결함을 아울러 갖추고 있다. 건물 중앙에는 신구교(新舊教)의 설교단이 마련되어 있는데, 주일마다 교정이 와서 감화시키는 설교를 한다고 한다. 또 서고 및 열람실 등을 마련하여 죄수들이 시간 있을 때마다 독서하도록 허락하고 있다. 교도소 안에서 여러 가지 작업에 종사해야 하는 법 등은 다른 나라의 그것과 같다.

12. 노트르담(老脫羅南, Notre Dame) 성당은 파리 시내에서 제일가는 거찰인 바 센강 서쪽에 자리잡고 있다. 전면에 있는 한쌍의 첨탑은 하늘로 솟아올랐으며, 바깥 벽에 새겨진 조각 솜씨는 정교함과 우

아한 운치를 아울러 갖추고 있다. 내부의 모습도 크고 아름다우며, 눈에 가득한 조각들이 상하로 찬란하게 빛나는데 화상이나 우상 등은 교리에 어긋난다고 하여 마련해 놓고 있지 않다. 한편 신교를 받드는 자는 예배당의 화려하고 아름다운 것을 바라지 않지만, 구교를 받드는 자는, 이와는 달리 화려하게 장식하기에 힘쓴다. 프랑스에는 구교를 신봉하는 사람들이 많으며, 영국이나 미국 같은 여러 나라에는 신교에 귀의하는 사람이 많기 때문에 프랑스 예배당의 장려하고 화미한 규모와 제도가 다른 나라의 그것보다 뛰어나 보이는 것이다. 나폴레옹 1세의 분묘가 이 예배당 안에 있는 바 그 구조나 규모가 웅대하고 화려하지만 유럽 대륙을 들고 흔들던 위세와 용맹도 한 줌의 흙에 묻히고 말았는데 그의 후손은 마침내 단절되었다고 한다.

13. 파리에는 이외에도 상사 · 은행 · 극장 및 관청 등 명소가 많지만 일일이 다 기록하기는 어려운 형편이다. 앞에서 기록한 경황을 염두에 두고 생각해 본다면, 파리의 번화하기 견줄 데 없는 여러 모습들을 능히 추측할 수 있을 것이다.

베르사유(排沙游, Versailles)

1. 이 도시는 파리 서남방 10여 리 되는 곳에 있는데 인구는 4만 4천이 넘는다. 시가 및 가옥의 깨끗하고 아름다운 양상은 파리를 방불케 한다. 이곳에는 옛날 국왕의 궁전이 있다. 루이 14세(路易, Louis XIV, 1638~1715) 왕이 지은 궁전이 바로 그것이다. 건축한 규모와 제도는 몹시 웅장하고 화려하여, 내부의 광채는 찬란하게 빛나고, 화랑벽에는 옛날의 명화들이 걸려 있으며, 기둥 · 문 · 벽에 조각한 솜씨는 정교하기 그지없다. 궁전의 주위는 화원이 둘러 싸여 있는데 못의 물은 흐름을 이루고, 나뭇가지들의 그늘은 시원하기 그지없다. 분수의 물뿜는 기이한 구경거리는 기계로 조작되고 있다. 몇 년 전에, 이 궁전을 보화 저장하는 곳으로 지정하고, 프랑스 역사상 유명한 회화

및 기타 보물을 많이 옮겨 놓았다.

마르세유(馬塞里, Marseilles)

1. 이곳은 프랑스 남쪽 프로방스(布魯漢秀, Provence)주에 자리잡고 있는 도시다. 지형이 지중해에 임해 있기 때문에 프랑스의 중요한 무역항 구실을 하고 있다. 주민은 30만 남짓이다. 시내는 신구(新舊) 두 부분으로 나누어져 있다. 시가지는 약간 높은 지역에 자리잡고 있는 바 시 전체의 3분의 1에 해당되고, 신 시가지는 거리가 넓고 반듯하여 가옥의 구조는 5, 6층 혹은 7, 8층에 이르고 있다. 그 우뚝하고 아름다운 모양은 구름 위로 치솟은 듯하며, 상인들의 점포는 유리장 안에 모든 것을 진열해 놓고 있다. 이 항구가 유럽주에서 제일가는 부두라고 일컬어지고 있는 바 출입하는 인사 및 선박의 수는 이루 헤아릴 수 없을 만큼 많다.

부두와 거리에는 국내외 상인들이 떼를 지어 다니는데, 의복·용모·언어·습속 등은 각기 자기 나라의 것을 따르고 있기 때문에 많은 차이를 드러내 보이고 있다. 부두는 바닷가의 동쪽 해안을 따라 북쪽까지 이어져 있는데 선창(船廠)) 몇 군데를 두어 그곳에서 배를 제조하거나 수리한다. 시가지는 바다를 따라 발달되었으며, 바닷가에는 무수한 작은 배들이 늘어서 있다. 약간 큰 배는 북쪽 해안으로 근접해 와서 부교(浮橋)를 통해 오르내린다. 조수의 출입 증감에 따라 그 고저가 다르므로 부교 전면에 창고를 짓고는 각종 물자를 넣어 두었다가 수송한다.

한편, 등대를 설치하여 암초가 있다는 것을 표시하며, 해변가 언덕 위와 바다 가운데에 있는 도서 각처에는 포대를 구축하여 엄중하게 경비하고 있다.

2. 이 고장은 아득한 옛날 그리스의 식민지였는데, 그후 차츰 번성하여 오늘날과 같은 번창한 지경에 이르게 되었다. 주민들이 학문을 좋

아하여 많은 학교를 세웠다. 또 박물관·박고관(博古館)·미술관·병원·빈원(貧院) 등 없는 것이 없다. 구교를 숭상하여 화려한 예배당 25개소가 시내에 흩어져 있다. 지세는 해변 일대뿐이지만, 건너편에 있는 아프리카주 사막의 여세로 말미암아 산야의 토양이 다 붉다.

프랑스의 대도시마다 공원이 많지만, 이 도시에는 예팔연토(禮八軟土, 팔레롱샹) 공원 하나뿐이다. 공원의 길이는 3리가 넘고, 그 가운데에는 말이 달릴 수 있는 넓은 길을 마련하고 네 줄로 나무를 심어 놓았는데, 수레나 말을 달려도 아무런 지장이 없다. 푸른 나뭇가지는 공중에서 엇갈려 푸른빛 장막을 편 듯하고, 일망무제한 직선의 긴 길은 달려도 먼지가 일지 않는다. 그 막다른 곳에 다다르면 넓은 정원이 펼쳐져 있는데 온갖 기화요초는 서로 아름다움을 다투는 듯이 보인다. 조그마한 언덕이 왼편에 자리잡고 있고 그 위에 5층짜리 석조궁전이 우뚝 서 있는데 이는 그 옛날 국왕의 이궁(離宮)이었던 곳이다. 오늘날에는 박물관으로 쓰이고 있으며, 일반인의 관람을 허용하고 있다.

3. 이 항구에 수입되는 물품은 감자·커피·곡물·삼·목화·양모·견사·목재·고기·향·빈랑(檳榔)·남청(藍靑) 및 향료담는 기구·향료 등이 가장 많다. 아프리카주로부터 프랑스 대륙 여러 곳으로 수입되는 물품은 반드시 다 이 항구를 경유해야만 하는 것이다. 또 온대 및 열대 여러 나라의 물산이 또한 이 항구로 몰려드는데, 프랑스 사람들에 의해 제조 가공된 뒤 다시 다른 나라로 수출된다.

그러한 물종으로는 견직물이 첫째며, 흰사탕·무명·모포·삼베·비누·포도주 및 각종 소주와 향수 그리고 기름 종이 등이 그 다음을 차지하고 있다. 한편 동양 각국으로 내왕하는 우편선은 이 항구로부터 2주마다 한 번씩 출발하고 있다.

리용(里昂, Lyon)

1. 이 도시는 마르세유 북방 630리 되는 곳에 있는데, 철도로 서로 왕

래가 가능하다. 이 고장은 론(老溫, Rhone)강과 손(沙溫, Saone)강이 합수되는 요충지에 자리잡고 있으며, 인구는 33만 남짓하다. 도로·주택 및 기타 여러 가지가 다른 도시에 견주어 손색이 없고, 견직물 제조업이 성대함은 유럽주에서도 으뜸인데, 직공 등의 임금은 상등이 은 1원(元)이요, 중등이 은 60전(錢)이다. 프랑스의 능라(綾羅), 금수(錦繡) 등 미려하고 호사한 풍류 제품과 각종 유행 양식은 다 이 고장으로부터 비롯되는 경우가 많기 때문에 시내에 사는 모든 시민들은 다 부유하다고 한다.

독일의 제대도회(諸大都會)

베를린(伯林, Berlin)

1. 이 도시는 독일의 서울인데 인구는 83만 남짓하다. 이 고장은 슈프레(秀布禮, Spree)강 상류에 자리잡고 있는데 길이와 너비는 75방리(方里)에 이르며, 전 시가는 다섯 부분으로 나뉘어져 있다. 주위는 성벽으로 둘러싸여 있는데, 그 길이가 연 30여 리나 되며, 16개의 관문을 세워 놓고 사람들을 통행시키고 있다. 건물의 웅장한 제도와 도로의 깨끗한 규모는 대국의 서울이라고 하기에 조금도 부끄럽지 않다. 시민들의 평화로운 기상과 산천의 맑은 경개는 즐거운 나라의 큰 도시라고 하기에 알맞다. 관청의 엄숙한 분위기와 상인들의 풍요로운 경황은 부강한 정부의 현상을 그려내 보이고 있다. 이러한 베를린 시는 유럽주에서 넷째가는 도시다.
2. 황궁은 강기슭을 따라 경치가 가장 아름다운 곳에 세워져 있다. 휘황한 문채와 굉장한 규모는 '사람의 재주나 힘으로 이러한 경지에까지 이를 수 있을까'하고 보는 사람의 눈을 놀라게 한다. 꽃들과 금원(禁苑)의 행각(行閣)의 그림 등은 시민들에게 관람토록 하고 있다.

그 그윽하고 아담하며 빛나는 경상은 완연히 신선 세계에 들어온 듯하다. 황궁 문 앞에는 유럽에서도 유명한 프리드리히 2세(厚禮斗益, Friedrich II, 1712~1786 : 프로이센의 왕) 선왕의 말탄 동상을 세워 놓고 있는데 그의 호걸스러운 위풍과 맹렬한 기상은 엄연히 살아 있는 것과 같다.

3. 거리는 잘 정돈되어 있는데다 깨끗하고 곧고 넓은 네 가닥의 길로 되어 있는데 사람과 수레가 내왕할 수 있도록 구별해 놓고 있다. 길가에는 두 줄로 나무를 심었으며 지면에는 벽돌 혹은 화강석으로 포장을 해 놓아서 먼지는 구경조차 할 수 없다. 가옥은 돌로 짓는 법이 없으며, 국내에서 생산되는 벽돌을 주로 쓰고 있다. 시내의 제1부 및 제3부의 두 구역에는 운하를 파서 운송하는 편리를 도모하고 있으며, 본류와 지류에 걸린 40여 개의 다리는 장관을 이루고 있다.

이 나라 사람들은 남녀를 가리지 않고 맥주를 좋아하여 그 소모량이 다른 나라 사람들에 비해 월등히 많다. 그리하여 매일 오후만 되면, 술취한 사람들이 거리를 쏘다니며 큰소리로 떠들거나 노래를 부를 뿐더러 심한 자는 길거리에 오줌을 누기도 하는 등 해괴한 습속이 많다. 또 음란한 행위가 성행하여 춘화를 공공연하게 팔고 있는 가게도 있는데, 정부에서는 이를 걱정하고 나쁜 습속을 교정하기 위해 새로운 법률을 마련하고 있는 중이라고 한다.

4. 대학교는 그 이름을 온 세계에 떨치고 있는데 학술이 정밀하고 분명하다는 점에서 고금의 으뜸이라고 한다. 학생 수는 2천여 명이나 되며, 강의실도 25개소에 이르고 교수는 65명이나 된다. 학과는 문학 · 법학 · 이학(理學) · 화학 · 의학 · 수학 · 천문학 · 유기 및 무기학 · 심리학 · 고고학 · 역사학 · 박물학 · 경제학 · 정치학 · 윤리학 및 기타 여러 분야에 걸친 학문 등 없는 것이 없다. 석학인 여러 박사가 각기 전문 분야에 따라 교수하는 책임을 나누어 맡고 있는데, 여러 학과의 이론마다 정밀 · 오묘 · 고상하다는 점에서 온 세계의 으뜸이라

고 하겠다.

독일 학자가 말하기를 "독일은 문명되고 뛰어난 학술로 유럽 여러 나라 위에 군림하기를 기대한다."고 하였는데, 그러한 이야기는 조금도 거짓이 아닌 것이다. 또 이 대학교에는 거대한 도서관이 있으며, 동물·식물·광물에 관한 많은 자료를 수집·소장하고 있는 박물관도 있다. 독일 정부는 국민들을 교육하는 일에 특히 주력한 나머지 육군대학교·의학교·여학교 및 물산·건축에 관한 학교까지 골고루 갖추어 놓고 있어 교육 제도가 완비된 셈이다. 몇 년 전, 육군 10만 명을 사열하면서 그들의 학문과 지식을 시험해 본 결과 이름을 제대로 쓰지 못하는 자는 3명밖에 되지 않더라고 한다.

5. 이 도시에는 공업시설도 많으며, 그것들이 또한 정밀한 것으로 유명하다. 철제기구·나무그릇·가공한 가죽 및 견직물·모포·삼베류와 금은 조각품 등의 제조는 파리의 정교한 솜씨로도 미치지 못하는 것이 있기도 하다. 또 시내에는 전차가 운행되고 있다. 전차란 철로 위를 내왕하는 차량이 기계나 말의 힘을 빌리지 않고 전기의 조작으로 움직여지는 것을 가리키는 것이다.

함부르크(咸福, Hamburg)

1. 이 도시는 베를린 서북쪽 490리 되는 곳에 자리잡고 있으며, 철도로 이어져 있다. 인구는 24만 남짓하다. 독일 제2의 도시라고는 하지만, 엘베(乙富, Elve)강 하류에 자리잡고 있어 무역이 번성하기 때문에 항구로서는 제일가는 요지인 셈이다. 옛날 나폴레옹 1세가 영국을 곤란하게 만들기 위하여 이 항구를 봉쇄한 일이 있었는데, 그것은 이 고장이 유사시를 당하면 대륙의 요충지였기 때문이다.

2. 시내에는 큰 못이 있는데, 3면은 시가지와 이어져 있고 1면은 기차 선로와 이웃하고 있다. 못 위에는 아름답게 채색한 배를 띄워 놓아 한가한 사람들을 즐겁게 해주고 있다. 또 그 곁에는 여러 가지 꽃을

심은 정원을 마련해 놓았으며 예배당 건물은 스코틀랜드 풍을 본떠서 지은 것이다. 강에 가설한 다리는 대자리무늬 모양의 철재로 만들어져 있는데, 그 신기한 기술은 다른 나라에서 그 유례를 찾아볼 수 없는 것이라 한다. 이처럼 여러 가지 구경거리들이 다 웅장하며 화려하다고 할 수 있는 것과는 대조적으로 시내 서북쪽에는 굉장한 규모의 청루가 즐비하게 매음하는 행위를 공공연히 자행하고 있다.

유럽 각지에는 얼굴을 요염하게 꾸민 여자들이 《시경(詩經)》에 나오는 구절처럼 작약을 주거나 오디를 밝히듯 음란한 정욕을 자행하는 경우가 더러 있지만 감히 청루를 개설하지는 못하고, 성장을 한 채 거리를 오가다가 난봉꾼을 유인하여 그들의 처소로 가는 것이 고작이었다. 그러나 청루에서 창녀들이 공공연하게 음란한 행위를 하는 곳은 유럽 가운데서도 오직 이 도시뿐이다.

3. 엘베강의 하류는 각국의 상선이 모여드는 곳이다. 떠나는 배의 돛은 하늘을 가릴 듯이 많고, 들어오는 배의 연통은 숲처럼 많아 넓고 아득한 파도 사이의 시야를 가린다. 강의 흐름이 몹시 느리기 때문에 양쪽 기슭에는 석축을 쌓지 않았으며, 물 빛깔은 1년 내내 흐린 데다가 진흙과 더러운 물건이 이따금 배 밑바닥에 붙기도 한다. 이는 사람의 손길이 닿지 않은데다 수세에 말미암은 것이라 하겠다. 강나루에는 잔교(棧橋)를 가설하여 승선하는 편리를 도모해 주고 있다. 나루 위로는 넓고 깨끗한 길을 닦아 놓고 이용자들의 마음을 즐겁게 해 주고 있으며, 길 옆 언덕 위에는 옛날의 성터가 있으나, 현재는 유원지로 쓰고 있다.

쾰른(汨論, Köln)

1. 이곳은 독일 제3의 도시다. 이 고장은 라인강을 끼고 있으며, 인구는 13만 남짓하다. 철관 모양을 한 다리의 위용과 함께 예배당(6백여 년 전에 착공하여 공사가 진행중이지만 아직껏 준공이 되지 않았다고

하니 그 규모의 굉장함은 가히 추측할 수 있을 듯)의 웅장한 구조는 강 건너로 보이는데 장대하고 화려한 기상을 나타내 보이는 듯하다. 그러나 일단 시내로 들어가면 꾸불꾸불하고 좁은 거리에는 무너진 폐옥이 있는 등 깨끗지 못한 곳이 적지 않다. 깨끗지 않다고 하는 것은 길이나 도랑에 더러운 물건이 쌓여 있다는 것이 아니라, 다른 도시의 맑고 산뜻한 상태와 견주어 손색이 있다는 이야기인 것이다. 이곳에서 제조하는 향수는 그 명성이 온 천하에 자자하여 해마다 수만 병이나 수출하고 있다고 한다.

프랑크푸르트(厚蘭布土, Frankfurt)

1. 이 도시는 쾰른 동남쪽에 자리잡고 있으며, 그곳과는 철도 3백여 리로 이어져 있다. 이곳은 라인(磨仁, Rhein)강 기슭에 발달한 도시로 인구는 9만 남짓하다. 원래 이 고장은 독립된 도시로서 공화정치의 제도를 채택하는 한편 독일 연방에 가입하고, 또 연방 정부가 이곳에 있었으나, 20년 전에 없어지고, 프로이센의 한 주(州)가 되고 말았다. 시가의 깨끗함과 주택의 아름다움은 정말 웅장한 도시로서의 기상을 유감없이 발휘하고 있다.

한편 왕궁·시청·옛 진영 터 및 극장·공원 등 여러 가지 시설이 다 갖추어져 있다. 지세가 독일의 중심부를 차지하고 있기 때문에 일찍부터 무역의 요충지로서 상업은 몹시 번성하였다. 또 유태인들의 부자가 많이 살고 있으며, 유럽주에서 제일가는 부자인 로질수(魯質秀, 로트실트)도 이곳에 살고 있다. 로질수도 처음 장사를 시작할 때에는 조그마한 상점으로 출발했었으나 오늘날 세계 각국의 대도시마다 그의 지점이 퍼져 있다고 한다.

뮌헨(岷仁見, München)

1. 이 도시는 프랑크푸르트 동남쪽 420리 되는 곳에 자리잡고 있으며

그곳과는 철도로 서로 연결되어 있다. 인구는 17만 남짓하다. 이 고장은 고원 위에 자리잡은 곳으로서 동남쪽엔 알프스 산맥과 이어져 있기 때문에 겨울과 봄의 두 계절에는 산바람이 차가워 추위가 아주 심하고, 여름철의 더위 또한 대단하다. 이 주변엔 수목도 드물어서 사람의 섭생을 위해서는 적당하지 못하다. 시내의 중심부에는 구식 가옥이 많고, 도로는 좁지만 그 주위에는 새로 지은 고층 건물이 즐비하여 화려한 기상이 차츰 드러나고 있다. 왕궁과 극장은 흰 돌로 지었는데 서로 크고도 화려한 규모를 자랑하고 있다. 또 극장 문앞에는 군인의 진지가 설치되어 있다.

박물관에는 명화와 고서 등을 소장해 놓은 곳과 거대한 서고를 아울러 갖추고 있다. 또 각국에서 제조한 물품과 여러 가지 학문에 필요한 기구까지를 수집해 놓고 있는데, 없는 것이 없다.

대학교는 그 규모가 완벽하다는 점에서 독일 국내에서도 최고 수준을 자랑하고 있다. 이 도시에서 제조해 내는 망원경과 기타 각종 정밀기계는 널리 그 이름을 떨치고 있다. 한편 무도회는 유럽 여러 나라에서 성행되고 있는 풍속이지만, 이 도시에는 오랜 습관으로 전해 내려오는 몹시 기이한 무도회가 있다.

2. 대동상(大銅像)은 시내 남쪽 고원에 세워져 있다. 50여 년 전에 주조하기 시작하여 10년이라는 오랜 세월을 겪은 뒤에야 공사를 마쳤다. 높이는 58척이요, 너비는 8척이나 되는 여인상이다. 왼손에는 광주리를 머리 위까지 높이 받쳐들고 있으며, 오른손에는 커다란 칼을 든 채 큰 사자에 기댄 모습 모양으로 30척이나 되는 높은 반석 위에 서 있는데 그 무게는 80톤이나 된다고 한다. 동상의 내부는 비어 있는데 나선형의 계단을 오르자면 촛불이 있어야 하기 때문에 그곳을 지키는 관리인은 구경하러 오는 사람마다 한 개씩의 촛불을 빌려 주고 있다. 여인상의 목구멍의 크기는 머리를 굽히지 않고 걸어갈 만하며, 130계단을 올라간 뒤 그 얼굴 부분에 도달하면 양쪽 잇몸이 좌

우로 튀어나와 좌탑(坐榻) 형상을 이루는데, 그 넓이는 여섯 사람을 수용할 만하다. 눈구멍으로 태양광선을 받아들이고 있는데 역시 그 구멍을 통하여 아래를 내려다보면 전 시가지가 시야 가득히 펼쳐진다.

포츠담(布朱淡, Potsdam)

1. 이 도시는 뮌헨 북쪽에 자리잡고 있으며, 철도로는 9백 리 정도의 거리에 해당된다. 인구는 3천7백여 명에 지나지 않는 조그마한 도시지만, 프로이센 국왕(독일 연방의 황제)의 선조 모씨가 옛날 이 고장의 제후였던 관계로 성곽이 아주 견고하고 가옥들이 몹시 화려하다. 그 뒤 수도를 베를린으로 옮겼지만, 왕업을 일으킨 옛 땅을 잊을 수 없었든지 이 고장을 이궁(離宮)으로 삼았었다. 또 프로이센의 지형은 평원과 벌판이 많기 때문에 베를린 근처에는 산수가 수려한 곳이 드물지만 오직 이곳만은 구릉이 기복하며 호수가 많아서, 그윽하고 아름다운 풍치면에서는 다른 곳의 추종을 불허한다. 따라서 왕공·귀인이라든가 부호·일사(逸士)들로서 이곳으로 놀러오는 사람이 많다.
2. 패주(貝珠) 궁에는 방이 2백여 개나 있다. 정원 가운데에는 4백여 개의 석상(石像)이 늘어서 있으며 거대한 분수가 솟아오르고 있다. 이 궁전의 정면 벽에는 조개로 장식하고 구슬을 새겨 넣어서 밤에 등불을 밝히면 빛이 서로 부딪쳐서 그 찬란하고 현란함은 가히 장관이라고 할 만하다.
3. 산수지(山秀支) 궁은 규모의 화려함과 더불어 한적하고 우아한 풍치까지를 겸하고 있는데 역시 이궁 가운데의 하나다. 50여 년 전, 윌리엄 4세(越利嚴, William IV) 왕이 이 궁전을 증수할 때, 민가의 풍차가 궁전 서쪽에 서 있기 때문에 정원의 풍치를 가린다고 하여 풍차 주인에게 엄명을 내려 당장 그 풍차를 철거해 버리라고 하였다. 그러나 주인이 태연하게 대답하기를 "프로이센 서울에는 한 사람의

법률가도 없는가."라고 하면서 왕의 명령을 듣지 않자, 왕은 왕대로 이 일에 관한 자문을 정부에 요구했다. 정부에서도 여러 가지로 논의한 끝에 "비록 국왕의 권력이 중하다고 하겠으나, 국민의 사유 재산을 함부로 철거할 수는 없는 일"이라고 간하여 풍차를 철거하지 못하였다. 오늘에 이르도록 그 풍차는 그대로 보존되어 그 자손들에게 상속되어 오고 있다.

4. 마불(磨佛) 궁은 호수를 끼고 있어서 경치가 뛰어나게 좋다. 정면에는 돌계단이 있고, 작은 정원이 주위를 둘러싸고 있다. 동쪽에 있는 장서관(藏書館) 또한 화려하고 아름답다.

네덜란드의 제대도회(諸大都會)

헤이그(赫久, Hague)

1. 이 도시는 네덜란드의 서울로서 주민은 9만여 명이다. 가옥을 건축할 때 붉은 벽돌을 많이 사용하고 있지만 웅장하고 화려한 제도를 구비하고 있다. 영국이나 프랑스 같은 나라와는 규모가 달라서 넓은 창문은 밝고 상쾌하기를 힘쓰고 있으나, 거리를 마련해 놓은 법도 또한 다른 나라와는 달라서 두 대의 수레가 겨우 나란히 달릴 수 있을 정도로 좁다. 거리의 이곳저곳에는 꽃밭을 마련해 놓았고 석상·동상이 곳곳에 세워져 있으며, 여러 가지 나무를 많이 심어 놓고 있는데, 길옆에 서 있는 아름드리 나무는 무성하고 푸르다. 도랑의 물은 깨끗하며 조금도 더러운 기미가 없다. 네덜란드 사람들은 성미가 깨끗한 것을 좋아하여 거리의 청소라든가 가옥의 건축에도 많은 배려를 하며 도랑에 더러운 물건을 흘려보내는 일은 절대로 없다. 나무의 죽은 가지나 마른 잎을 잘라내는 등 맑고 깨끗한 것을 좋아하는 기상이 다른 나라의 도시보다 특이하기 때문에 세상 사람들은 '네덜란드의 결벽'이

라고 말하기도 한다.

2. 왕궁은 규모가 약간 작아서, 건축의 굉장함 같은 것은 영국이나 프랑스의 그것보다 손색이 있지만 화려하고 청신한 제도면에서는 역시 독특한 특색을 살린 점이 많다. 즉 내부 장식은 깨끗하고 아름다운 것을 위주로 하여 조각 따위는 하지 않고, 엷은 검정색으로 인물을 그렸는데 음양의 조화로써 참모습 같은 효과를 나타내 보이고 있다.

왕궁 곁에는 정원이 있는데, 늙고 큰 나무들이 울창하다. 시원한 바람소리가 상쾌한 운치를 돋구고 있어 시민들의 산책장으로 많이 이용되고 있다. 여름철에는 특히 많은 남녀들이 모여들기 때문에 군악대로 하여금 군악을 연주케 함으로서 즐거움을 더해 주고 있다.

라이덴(來丁, Leiden)

1. 이 도시는 헤이그 북방 30리 되는 곳에 자리잡고 있는 네덜란드 제5의 도시인데, 인구는 3만 8천 남짓하다. 도로를 닦은 모양은 넓지 않지만 벽돌을 촘촘히 박아 정밀하게 포장해 놓고 있다. 가옥을 건축한 제도를 보면 사치스럽지는 않지만 재목이나 돌을 쓴 규모가 깔끔하다. 도랑이나 개천은 비록 좁지만, 흐름의 깨끗함은 사람의 용모를 비추어 볼 수 있을 정도다. 나무가 지극히 무성하여 바람소리의 맑고 깨끗함이 사람의 심기를 더한층 북돋아 주는 듯하다. 수레나 말의 시끄러움이 적고, 무역은 번성치 않지만 산천의 경개는 수려하고 사람들의 모습은 한가하고 우아하다. 국내에서 학문하는 고장이라고 할 만한 곳이다.

2. 이 도시에는 대학교 및 그 부속 박물관 등이 있는데, 우뚝 솟은 기상으로 엄연히 대도시 한가운데에서 그 위용을 자랑하고 있다. 여러 학과를 졸업하는 우수한 학사가 많이 배출되기 때문에 유럽 가운데서도 이름이 높은 학교다.

이 대학교를 창건한 유래는 서양 사람들이 전송하는 미담인데 대강 기록해 보면 다음과 같다. 2백여 년 전 예수 신구교종끼리 싸우던 시대의 일이다. 그 무렵 스페인이 가장 강한 나라였는데, 구교를 받들고 있었다. 스페인은 신교를 받들고 있는 네덜란드 국민을 미워한 나머지 대군을 출동시켜 정벌코자 하였다. 격문을 띄우고 싸움을 걸며, 한편 사신을 보내어 달래기를, "네덜란드가 스페인의 구교를 받들지 않으면 섬멸당하는 화를 면하지 못하리라."고 하였다. 이에 시민들은 이를 두려워하지 않고 마음과 몸을 합하여 방어할 대책을 강구하기 시작했다. 네덜란드의 군세란 보잘것이 없어서 스페인의 대군을 감당하기 어려울 것처럼 보였으나 네덜란드 사람들은 죽기를 아까워 하지 않고, 힘과 용기를 다하여 피흘리며 싸움으로써 막강한 적군을 격파하여 조국을 지킬 수 있었다. 정부가 시민들의 뛰어난 공훈을 표창하기 위하여 무엇을 원하느냐고 물었을 때, 한결같이 말하기를 "학교를 세워서 다음 세대에 혜택을 주는 것이 소망"이라고 하였었다. 정부도 이러한 시민들의 희망을 받아들여 이 대학교를 건설하기에 이르렀다고 한다.

암스테르담(巖秀攄淡, Amsterdam)

1. 이 도시는 라이덴 북쪽 90리 되는 곳에 자리잡고 있는 곳으로써 철도로 서로 이어져 있으며 인구는 27만 남짓하다. 지세가 바다를 끼고 있어서 유럽 무역의 중요한 항구이며, 또 물자가 풍부한 경상만으로도 네덜란드에서 가장 큰 도시라고 할 만하다. 네덜란드에서는 생산되는 돌이 없으면서도 석조로 된 가옥이 많다. 또 거리도 돌로 포장되어 있으며, 영국·프랑스 여러 나라의 번화한 시장과 견주어 조금도 손색이 없을 정도다. 강의 흐름이 시내를 이리저리 꿰뚫고 있기 때문에 3백여 개의 나무다리를 가설해 놓고 있는데, 열고 닫고 하는 방식으로 배를 통행케 하고 있다. 이러한 다리 가설 방식은 네덜란드식이라고 할 만하여 다른 도시에서도 다 이와 같은 형식을 취하고

있다.

2. 왕궁은 시 중앙에 자리잡고 있다. 길이는 40여 간이며 너비는 17간이나 되는데, 흰 돌로 웅장하게 지은 건물이다. 내부는 금벽 같은 것으로 찬란한 장식을 하지는 않았으나, 창은 밝고 방은 깨끗하여 아주 맑고도 아름답다. 즉 엷은 채색으로 그린 그림으로 꾸민 방도 있고, 무늬 있는 비단으로 장식한 방도 있는데, 그 중에서도 흰 돌로 꾸민 방은 10여 간이나 되는 큰 것도 있다. 회식하는 곳은 대단히 넓어서 천장의 높이만도 백 척 이상이나 되며, 그 꼭대기에는 가스등의 샹들리에가 금사슬로 드리워져 있다.

3. 수정관(水晶館)은 시내에서도 손꼽는 아름다운 건물로서 시민을 위한 유흥장의 하나로 쓰이고 있다. 중앙 부분엔 하늘높이 큰 탑이 솟아올라 있으며, 건물 전체가 철근으로 된 위에 유리로 덮여 있어서 그 찬란하고 영롱함은 형용할 말이 없을 정도다. 바닥은 판자로 깔았는데, 정면 중앙에 무대를 마련해 놓고 있어서 이따금 신묘하고 아름다운 곡조를 연주하기도 한다. 또 한 방엔 고금의 명화를 망라하여 놓고 유람객들에게 관람시키고 있다. 건물 양쪽에는 술·차·커피 등을 파는 가게도 마련해 놓고 있다.

4. 금강석 마농소(磨礱所)는 세계에서도 유명한 곳이다. 근자 유럽 여러 나라가 금강석을 무척 귀중하게 여기지만 갈고 닦는 솜씨로 가공하여 순수한 보물로 만들어 내는 일은 다른 나라 사람들이 할 수 없기 때문에, 다 이 도시로 와서 치련(治鍊)토록 하고 있다. 금강석은 맑을 뿐 빛깔이 없는 것이 보통이지만, 이따금 황색·녹색 혹은 청색을 띤 것도 있다. 큰 것은 아주 구하기가 힘드는데, 지름이 1촌 이상 되는 것은 제왕의 왕관 장식용으로나 쓰이기 때문에 모든 나라에서 다같이 보배로 여기고 있다. 또 금강석을 갈고 닦는 데에는 금강석의 가루가 있어야만 하기 때문에, 그 치련하는 공정은 대단히 어렵다. 영국 국왕의 금강석은 높이가 1척이요, 너비가 1촌 2푼이나 되는데 값

으로 치면 1천5백만 원(元)이나 된다고 한다.

로테르담(祿攄淡, Rotterdam)

1. 이곳은 네덜란드 제2의 도시인데 인구는 12만 남짓하다. 항구로서의 무역이 번성하여 상선의 출입이 끊임없기 때문에 전후 30년 동안에 걸쳐 물자와 인구가 다같이 늘어나서 옛 수도인 암스테르담과 어깨를 나란히 할만큼 되었다. 거리는 깨끗하고, 도랑은 맑으며, 가옥도 화려하고 아름답지만 웅장한 건물은 드물다. 사람은 많이 걸어서 다니고, 수레나 말은 적으며, 다리는 다 열고 닫는 방식으로 되어 있으므로 배가 왕래하기에 편리하다. 이따금 시내에 풍차를 설치해 놓고는 물을 퍼내는 방도로 삼고 있다. 시내 서편에 공원을 마련해 놓고 남녀 시민들이 산책장으로 쓰도록 하고 있다. 그밖에도 조선소 등 여러 가지 시설이 많다.

포르투갈의 제대도회(諸大都會)

리스본(利秀繁, Lisbon)

1. 이 도시는 포르투갈의 서울로서 인구는 28만 남짓하다. 큰 강이 도시 앞을 흘러서 내서양으로 들어가고 있기 때문에 도시는 북쪽 기슭 높은 지대에 자리잡게 되어 시가지가 반달 모양으로 발달하고 있다. 특히 해안의 풍경이 아름답고, 도로와 가옥이 화려하다는 점에서 작은 런던이라고까지 일컬어지고 있다. 이곳이 3백 년 전에는 유럽에서도 가장 큰 도시로서 다른 나라 서울 위에 군림하고 있었으나 국력의 쇠퇴 등으로 말미암아 그 번화함이 옛날만 못하다. 그러나 무역하는 경황은 지금도 번성하여 상선의 출입이 잇따르고 물산으로서는 포도주가 가장 많아서 1년 동안의 수출 실적은 4만 상자 이상이나 된다.

이곳에서 제조되는 물품은 견직물·도자기·종이류·무기·화약·비누 및 금옥 장신구 등이다.

2. 120여 년 전, 이 도시에 격렬한 대지진이 일어나서 시내의 민가는 태반이 파괴되고, 수만명의 사람이 압사되는 화를 입었었으나, 근세에 이르러 옛날의 번성하던 정황을 어느 정도 회복하였다. 시민을 교육하기 위하여 학교의 여러 가지 제도가 구비되어 있으며, 병자를 치료하기 위해서 병원의 건물이 깨끗하며, 일반 시민들의 놀이와 즐거움을 위해서 공원을 만들고 극장을 지었는데 화려함과 편리함을 아울러 갖추고 있다. 영업하는 곳, 관청 등의 규모는 각각 알맞은 정도에 따라 구비되어 있어서 비록 나라는 작지만 대국의 풍이 있다고 한다.

오포르토(鰲浦, Oporto)

1. 이 도시는 리스본 북방 6백 리 되는 곳에 자리잡고 있다. 인구는 9만 남짓하지만, 이 나라 제2의 도시다. 이곳 또한 큰 강을 끼고 있어서 물품 운송하는 방법이 편리하고 무역하는 경황이 번성하다. 견직물 및 술은 이 도시의 명산물로서 외국으로 수출하는 액수가 대단히 많다.

스페인의 제대도회(諸大都會)

마드리드(馬斗賴, Madrid)

1. 이 도시는 스페인의 서울로서 인구는 47만 6천7백 남짓하다. 큰 강의 상류에 자리잡고 있어서 물품 운송하는 방법이 대단히 편리하다. 시가지의 넓고 좁음이 고르지 못하여 크고 넓은 집과 작고 좁은 집들이 뒤섞여 있어서 아름답고 화려한 기상은 나타나 있지 않다. 그러나 길가에는 수목을 심고 공원을 마련해 놓고 있어서, 아름다운 꽃 향기

가 끊이지 않으며, 분수의 풍경 또한 장관을 이루고 있다. 도시 외곽 지대에 타원형의 높은 성을 구축하고 15개의 관문을 마련해 놓은 다음, 사람과 말을 왕래시키고 있는데, 그 길이는 20여 리나 된다. 이 일대의 토지는 몹시 메말라서 수목이 무성하지 못하고, 농사도 지을 수 없지만 오직 포도만은 잘 익는다고 한다.

2. 왕궁은 흰 돌로 지어져 있는데, 4면이 각각 470척으로 되어 있고 높이는 백 척 가까이 된다. 유럽에서도 유명한 궁전의 하나다. 그 안에는 도서관·미술관 및 무기고를 갖추어 놓고 있다. 한편 여러 가지 학교며, 사원 및 관청 등의 화려하고 아름다운 건물이 적지 않지만, 일일이 다 열거하기란 어려운 형편이다.

3. 이 도시에서 생산되는 물산으로서는 금이나 은으로 만든 기구, 도자기 및 무늬 있는 종이류·맥주·구슬·장신구 기타 기이한 완상품과 사치스러운 물품 등이다.

4. 이곳에서는 매일 채소나 과일의 시장이 열려서 시민들의 수요를 공급해 주고 있다. 우리나라에서 아침마다 열리는 청파(青坡)나 이현(梨峴)의 시장 제도와 비슷하다. 서양 여러 나라에서 현재 시행되고 있는 시장 제도에는 크고작은 두 가지가 있다. 큰 시장은 국내외 혹은 원근의 물품을 팔고 사는 곳이며, 작은 시장은 인근 지방에서 생산되는 물품만 팔고 사는 곳으로 되어 있다.

코르도바(哥多瓦, Cordoba)

1. 이 도시는 마드리드 서남쪽에 있는데, 철도로 4백 리 정도 상거되는 곳에 위치하고 있다. 현재는 황폐하여 웅도(雄都)다운 경상이 없지만, 그 옛날 회교(回教)가 성했을 때엔 번화한 서울이었다.

그라나다(加拉拿太, Granada)

1. 이 도시는 코르도바 동남쪽 350리 되는 곳에 자리잡고 있다. 그 옛

날 회교 법왕(法王)의 도성으로서 번성함을 자랑하던 고장이었지만 현재는 쇠퇴 일로를 걷고 있다. 회교 법왕이 건축한 궁전이 아직도 남아 있는데, 방마다 금벽(金碧)으로 장식하고 문석(紋石)으로 조각해 놓고 있는 것을 볼 수 있다. 건물 안팎의 구조는 고색창연한 가운데에도 장엄하고 화려한 기상을 간직하고 있다.

세빌랴(細勃, Seville)

1. 이곳은 남부 스페인에서 제일 큰 도시다. 시에라 모레나(文那, Sierra Morena) 산맥과 시에라 네바다(禮保茶, Sierra Nevada) 산맥 사이에 자리잡고 있으며, 코르도바 시로부터 수로로 2백 리쯤 되는 곳에 있는 인구 15만 2천 남짓한 도시다. 그 옛날 회교 법왕의 궁전과 예수교의 예배당은 서로 거대하고도 화려한 경상을 과시하고 있는 듯하다. 이곳에 있는 담배 제조소는 정부의 관할하에 있는 공장으로서 직공 수천 명을 고용하고 있는데, 그 이익이 매우 많다고 한다.
2. 투우는 스페인에서만 성행되고, 다른 나라에서는 구경할 수 없는 놀이다. 이 놀이는 야만스럽고도 잔인한 풍속의 유물이라고 할 만하다. 대도시마다 투우장이 있는데, 이 도시의 그것이 크고 넓다는 점에서 국내 제일가는 것임이 분명하다. 투우장 둘레에는 회랑을 세운 다음 수만 명을 수용하게 되어 있는데, 남녀노소·귀천·빈부를 가릴 것 없이 광분하면서 투우 구경하기를 즐기는데, 여름·가을 2개월 동안에 가장 많이 행해지고 있다. 이 놀이의 주인공은 고대의 의복을 입고 손에는 긴 창을 들고 말에 타거나 혹은 보행으로 사나운 소와 격투하게 되어 있다. 충돌 직전에 아슬아슬하게 피하거나 변화무쌍한 온갖 수단을 다 써서 소를 죽이는 것으로 능사를 삼기 때문에 상처 입은 소가 이리 뛰고 저리 뛰면서 성난 나머지 울부짖는데 소의 뿔이 말의 배를 찢기도 하며, 혹은 사람의 목숨을 빼앗기도 하는 것이다. 그러므로 사람과 소의 피가 서로 튀기 때문에 그 처참한 형상은 차마

볼 수 없을 지경이고 그 위험스러움을 생각할 때 두렵기도 하지만 사람의 용력을 다하여 궁지에 빠진 커다란 소를 쓰러뜨릴 때면 만장의 관객들은 박수갈채를 아끼지 않는다. 이렇게 하여 하루에 죽는 소가 10여 마리에 이른다고 한다.

카디스(哥杜朱, Cadiz)

1. 이 도시는 세빌랴 시로부터 철도로 230리쯤 떨어진 곳에 자리잡고 있는데, 인구는 7만 5천명 이상이나 된다. 이 고장은 대서양을 바라보며, 반도의 모서리를 차지하고 있어서 3천여 년 전 휘니시아(彙尼時亞, 페니키아) 사람들이 옮겨와 살면서, 거치른 땅을 개척했기 때문에 유럽에서도 가장 오래된 도시라고 할 수 있다. 한편 옛날에 스페인이 아메리카주에 식민지를 많이 가지고 있을 때는 수만 척의 상선이 이곳에 운집했었으나, 현재는 쇠퇴하여 지난날의 경황을 찾아볼 수조차 없다. 그러나 아직도 이곳이 스페인에서는 번화한 항구 가운데 하나다.

사라고사(沙羅高槎), Zaragoza)

1. 이 도시는 마드리드 동부쪽에 자리잡고 있다. 철도로 5백 리쯤 상거한 곳에 있는데 옛날부터 번성하던 도시로서 인구는 8만2천 남짓하다. 가옥이나 도로의 규모는 국내의 다른 도시에 견주어 조금도 손색이 없다. 시내에 있는 사탑(斜塔)은 세계의 한 기이한 구경거리라고 일컬어져 오고 있다.

바르셀로나(巴泄老那, Barcelona)

1. 이 도시는 사라고사 동쪽 5백 리 되는 곳에 자리잡고 있다. 인구는 25만 남짓하지만 국내 제2의 도시다. 이 고장은 지중해를 끼고 있으므로 기후가 온화하고, 토양이 비옥하기 때문에 각종 생산물이 많다.

포도주·소주·감람유 및 기타 각종 과일과 면직물·모직물 등의 수출이 많아서 각국의 상선들이 모여든다. 또 이 항구와 프랑스의 마르세유(馬細逸, Marseilles) 시 사이에는 매일 정기 우편선을 서로 취항시키고 있으므로 온갖 물품의 운송과 교통이 아주 편리하다. 이러한 일들로 말미암아 무역하는 경황은 나날이 나아지고 있다.

벨기에의 제대도회(諸大都會)

브뤼셀(富羅泄, Brussels)

1. 이 도시는 벨기에의 서울로서 인구는 17만 1천3백 남짓하다. 시내는 신(新)·구(舊) 두 부분으로 나뉘어져 있는데, 민가는 구릉지대에 밀집되어 있다. 거리의 넓고 깨끗함과 누대·사원의 아름답고 화사함이 정말 왕도로서의 기상을 갖추고 있는 듯이 보인다. 여기저기 한적한 땅을 이용하여 동표(銅標)나 동상 등을 세워놓고 있다. 또 한 시가는 온통 유리지붕으로 덮어놓고 있어서 행인들은 비바람이나 춥고 더운 괴로움을 모르도록 되어 있다. 금·은으로 만든 그릇이라든가, 금수(錦繡)나 견직물 및 기타 각종 물품을 차려놓은 가게가 즐비하여 그 형상이야말로 완연히 벌집이라든가 달팽이집처럼 천만 가지 모양을 나타내고 있다. 유럽 사람들이 이 도시를 가리켜 작은 파리라고 하는데 가게의 화려함이라든가 시민들의 부유한 기상이 파리와 비슷하기 때문이다.
2. 왕궁은 신시가 남쪽에 자리잡고 있는데 벽돌로 지은 3층 건물이다. 백연(白鉛)과 악회(堊灰)로 그 겉부분을 칠했기 때문에 희디흰 모양은 마치 흰 돌로 지은 건물을 방불케 한다. 왕궁 정원의 나무들은 울창하기 그지없는데 몇 갈래의 길로 둘러 싸여 있고, 그 중앙 부분엔 거대한 분수가 못 위로 솟아오르고 있다. 그 주위에는 철책이 둘러져

있는데 철책과 나무 사이로는 흰 돌로 조각한 인물상들이 줄지어 서 있다. 이 정원은 네 계절의 모든 경치를 다 구비하고 있다. 즉 봄의 꽃·여름의 잎·가을의 달·겨울의 눈 등의 경치가 다 뛰어나기 때문에 문인·학자라든가 아름다운 옷으로 단장한 사람들이 모여들어 산책하는 즐거운 곳으로 되어 있다. 정원 서쪽의 지형이 약간 낮기 때문에 그곳에서는 전 시내의 모든 집들이 즐비하게 늘어선 경상을 다 내려다볼 수 있다.

또 한편 모퉁이에는 식물원을 마련해 놓고 있는데 유리로 커다란 지붕을 만들고는 언덕과 골짜기를 이어놓고 있어 이 거대한 건물 안에서는 천만 가지 꽃들이 춘색을 서로 다투며 만발하고 있다. 미술관에는 고금의 명화를 모아 놓고 있다. 벨기에의 그림은 원래 유럽에서도 이름높은 것일 뿐더러, 지금도 훌륭한 화가들이 계속 배출되고 있다고 한다.

3. 시내로부터 서쪽으로 30여 리 나간 곳에 워털루(臥陀婁, Waterloo)라는 고장이 있다. 1815년 6월 18일 영국군 대장 웰링턴(越仍敦, Wellington, 1769~1852 : 영국의 장군 및 정치가)이 당시의 프랑스 황제인 나폴레옹 1세를 대패시킨 옛 전쟁터인 것이다. 벌판이 평탄하여 올망졸망한 구릉지대가 기복하고, 숲과 개천이 알맞게 안배된 곳으로서 수백의 농가가 울타리를 맞대고 늘어서 있다.

영국·프랑스·벨기에의 군대가 이 고장에서 자웅을 겨루었는데 피차간 전사한 군인들이 산과 들에 가득했기 때문에 그러한 시체를 거두어서 들 한가운데에 묻고 커다란 무덤을 만들었다. 그러한 무덤이라는 표시를 하기 위해 225계단을 쌓아서 정상에 이르도록 하고, 4만 6천 근 무게의 사자상을 주조하여 1장8척 남짓한 대석 위에 앉히도록 하였다. 앞발로는 대포알을 밟고, 사나운 모습으로 파리를 흘겨보는 형상을 하고 있기 때문에 프랑스 사람들은 이 사자상을 대단히 미워하였다. 그후 벨기에가 네덜란드와 전쟁을 하게 되었을 때 프랑스가 원병을 파견하였는데 싸움에서 승리한 후, 프랑스 군인들이 화약을 묻어서 이 사자상을 폭파시키고자 했으나, 벨기에 사람들의 방위로 뜻을 이루지 못하고 말았다. 그뒤부터 프랑스 사람들은 이곳을 찾는 이가 없다고 한다.

앤트워프(安道岬, Antwerp)

1. 이 도시는 브뤼셀 동북쪽을 향하여 철로로 70리 되는 곳에 자리잡고 있다. 이 고장은 큰 강 어귀에 있기 때문에 벨기에의 모든 생산물을 집산하는 요충지로 발달되어 왔다. 인구가 12만 6천6백여 명이나 되는 벨기에 제2의 도시다. 옛날 프랑스에 소속되어 있을 때에는 나폴레옹 1세가 유럽의 중앙 무역 항구로 삼았기 때문에 그 무렵에 건축한 선창 및 포대 등이 아직도 그대로 남아 있다. 또 시내에는 거대한 예배당이 있다. 예배당에 있는 탑의 높이는 74간이나 되는데 유럽에서 셋째로 높은 탑이다. 이곳에는 여러 가지 학교가 있으나, 화학교(畵學校)가 가장 잘되고 있다. 시내의 주위는 견고한 산성으로 둘러싸여 있는데 이는 다 근년에 이르러 쌓은 것이다.

유길준 연보(年譜)

연 대	나이	관 계 사 항
1856년 (哲宗 7년 丙辰)	출생	10월 24일(음력 9월 25일) 서울 계동(桂洞)에서 아버지 유진수(兪鎭壽)와 어머니 한산 이씨(韓山 李氏)의 둘째 아들로 출생. 본관 : 기계(杞溪), 자(字) : 성무(聖武), 호(號) : 구당(矩堂) · 천민(天民).
1863년 (哲宗 14년 癸亥)	8세	조부(祖父) 유치홍(兪致弘)에게서 한문 수학.
1866년 (高宗 3년 丙寅)	11세	병인양요로 경기도 광주군 동부면 덕풍리(京畿道 廣州郡 東部面 德豊里)로 피난.
1869년 (高宗 6년 己巳)	14세	가족과 함께 서울로 이사한 뒤 외조부 이경식(李敬植)에게 한학 수학.
1870년 (高宗 7년 庚午)	15세	늦가을 경주 김씨(慶州 金氏)와 결혼.
1871년 (高宗 8년 辛未)	16세	박규수(朴珪壽)에 소개되어 그의 지도로 해외에 관한 서적 탐독.
1872년 (高宗 9년 壬申)	17세	전통 유학자 유만주(兪萬柱)의 낙산서재(洛山書齋)에서 본격적으로 한학 수학.
1873년 (高宗 10년 癸酉)	18세	박규수(朴珪壽)에게서 위원(魏源)이 지은 《해국도지(海國圖志)》 건네 받고 숙독. 새 세계에 대한 견문 넓힘.
1874년 (高宗 11년 甲戌)	19세	11월 부인 산고로 별세.

연　대	나이	관 계 사 항
1875년 (高宗 12년 乙亥)	20세	과거 준비용 한학 수학 완전 포기. 시무학과 신학문 전념. 박규수(朴珪壽) 사랑에서 김옥균(金玉均), 박영효(朴泳孝), 서광범(徐光範), 홍영식(洪英植) 등과 교유.
1880년 (高宗 17년 庚辰)	25세	충주 이씨(忠州 李氏)와 재혼.
1881년 (高宗 18년 辛巳)	26세	5월 신사유람단(紳士遊覽團)의 일원인 어윤중(魚允中)의 수원(隨員)으로 방일(訪日). 6월 복택유길(福澤諭吉)의 경응의숙(慶應義塾) 입학, 한동안 복택(福澤) 집에서 기거.
1882년 (高宗 19년 壬午)	27세	임오군란으로 학업 중단. 12월 수신사 박영효(朴泳孝) 일행과 함께 귀국.
1883년 (高宗 20년 癸未)	28세	2월 통리교섭통상사무아문(統理交涉通商事務衙門)의 주사(主事)로 임명. 한성 판윤 박영효(朴泳孝)의 요청으로 한국 최초 신문간행 추진. 4월 박영효가 광주유수(廣州留守)로 좌천되어 신문 발간사업 중단되자 주사(主事)직 사퇴. 7월 민영익(閔泳翊) 주선으로 견미보빙사절단(遣美報聘使節團) 수원(隨員)으로 방미(訪美). 미국 각지 시찰. 11월 민영익(閔泳翊) 주선으로 미국에 유학하게 되어 생물학자 모스 집에서 기거.
1884년 (高宗 21년 甲申)	29세	9월 모스 추천으로 매사추세츠주 덤머 아카데미 학원에 입학. 12월 갑신정변 발발.
1885년 (高宗 22년 乙酉)	30세	본국서 귀국 명령. 가을에 미국을 출발, 귀국길에 유럽 각국 여행.

연 대	나이	관 계 사 항
		싱가포르, 홍콩 거쳐 일본 도착. 11월 김옥균(金玉均)의 만류 불구 귀국 단행. 12월 귀국 즉시 일본서 개화당 인사와 접촉 이유로 포도대장 한규설(韓圭卨) 집에 연금. 〈중립론(中立論)〉 저술.
1887년 (高宗 24년 丁亥)	32세	민영익(閔泳翊) 별장인 백록동(白鹿洞) 취운정(翠雲亭)으로 연금장소 옮김. 《서유견문》 본격 집필.
1889년 (高宗 26년 己丑)	34세	음력 3월 《서유견문》 원고 완성.
1892년 (高宗 29년 壬辰)	37세	11월 7년 동안의 연금에서 해제(서울 성밖 외출 금지).
1894년 (高宗 31년 甲午)	39세	6월 통리교섭통상사무아문(統理交涉通商事務衙門)의 주사(主事)로 복임. 같은 달 참의(參議)와 군국기무처(軍國機務處) 회의원(會議員)으로 임명. 곧이어 동부승지(同副承旨)·형조참의(刑曹參議)·예조참의(禮曹參議) 거침. 7월 의정부(議政府) 도헌(都憲)에 임명. 10월 보빙대사(報聘大使) 의화군(義和君)과 함께 방일. '재정개혁안(財政改革案)' '화폐정리방안(貨幣整理方案)' 및 갑오경장 관계의 여러 가지 정령(政令)을 작성.
1895년 (高宗 32년 乙未)	40세	4월 《서유견문》을 일본 동경(東京)의 교순사(交詢社)에서 간행. 10월 명성황후 시해 사건 뒤 내부대신(內部大臣) 서리로 임명. 11월 내부대신으로 승진.
1896년 (建陽 元年 丙申)	41세	2월 고종의 아관파천(俄館播遷)으로 실각하여 일본 망명.

연 대	나이	관 계 사 항
1898년 (光武 2년 戊戌)	43세	11월 부친 유진수(兪鎭壽) 73세로 별세.
1900년 (光武 4년 庚子)	45세	3월 모친 한산 이씨(韓山 李氏) 77세로 별세.
1902년 (光武 6년 壬寅)	47세	6월 일본 육사 출신 조선인 청년장교들과 결탁하여 정부 개조계획을 세웠다 탄로. 이로 인해 일본 정부는 강제로 동경에서 소립원제도(小笠原諸島) 중 모도(母島)인 충촌(冲村)으로 유배.
1907년 (光武 11년, 隆熙元年 丁未)	52세	7월 고종 퇴위, 순종 즉위. 8월 11년간의 망명생활 끝내고 귀국. 같은 달에 특진관(特進官)에 임명됐으나 사양. 11월 흥사단(興士團) 설립, 부단장 취임.
1908년 (隆熙 2년 戊申)	53세	2월 강구회(講舊會) 조직. 4월 한성위생회(漢城衛生會) 평의원. 5월 《보로사국후례두익대왕7년전사(普魯士國厚禮斗益大王七年戰史)》 역술, 간행. 6월 《영법노토제국가리미아전사(英法露土諸國哥利米亞戰史)》 역술, 간행. 7월 《노동야학독본》 저술, 출간. 9월 제국실업회장으로 추천. 흥사단(興士團)에 측량과(測量科)를 설치하여 학생을 모집. 11월 한성부민회(漢城府民會) 회장.
1909년 (隆熙 3년 己酉)	54세	2월 《대한문전(大韓文典)》 출간. 11월 국채보상금 처리 회장에 취임. 12월 일진회(一進會)에서 한일합방을 하자는 상소를 내자 이를 반박하는 글을 내각에 제출.
1910년 (庚戌)	55세	10월 일제가 조선귀족령(朝鮮貴族令)에 의해 남작(男爵)을 주려 했으나 거절.

연 대	나이	관 계 사 항
1912년 (壬子)	57세	《구당시초(矩堂詩鈔)》 간행.
1913년 (癸丑)	58세	9월 조선한방의사 회장. 11월 중앙학교장(中央學校長) 선임.
1914년 (甲寅)	59세	2월 중앙학교장 사임 뒤 고문. 5월 숙환인 신장염으로 와석. 9월 30일 순종(純宗)으로부터 하사받았던 조호정(詔湖亭)에서 별세. 사회장 거행. 경기도 광주시 동부면 덕풍리(京畿道 廣州市 東部面 德豊里)에 안장.
1986년		4월 무덤 일대 주택 붐으로 동부면 창우리(倉隅里)로 이장.

서유견문 원문 原文

寫ᄒᆞᆷ이夢의中에人의夢을說ᄒᆞᆷ과其異가不無ᄒᆞ나彼를交ᄒᆞᆷᄋᆡ彼를不知ᄒᆞᆷ이不可ᄒᆞᆫ
則彼의事를載ᄒᆞ며彼의俗을論ᄒᆞ야國人의考覽을供ᄒᆞ야猶且絲毫의補가不無ᄒᆞ다
ᄒᆞᄃᆡ目擊ᄒᆞᆫ眞景을未寫ᄒᆞᆷ으로自疑ᄒᆞ더니未幾에國中의變이倉卒에起ᄒᆞᆷᄋᆡ電報의
風聞으로雖其實據ᄂᆞᆫ未罄ᄒᆞ나殊域의山川에彷徨ᄒᆞ야
君親의念이方切ᄒᆞᆫ際에芸楣閔公(公의名은泳翊이니芸楣ᄂᆞᆫ其號라)이航至ᄒᆞ야亂平ᄒᆞᆫ顚末을語ᄒᆞ고
且余의迂拙ᄒᆞᆷ을不遐ᄒᆞ야其冬의歸ᄒᆞᆷ에與俱ᄒᆞᆫ則經年ᄒᆞᆫ客心이엇지滋感ᄒᆞ며樂從
치아니리오越明年癸未에外務郎官의選을被ᄒᆞ야
允可ᄒᆞ신
聖恩을猥忝ᄒᆞ니感激自勵ᄒᆞ야欲報ᄒᆞᄂᆞᆫ志ᄂᆞᆫ益堅ᄒᆞ나年紀의未長ᄒᆞᆷ과學識의未達
ᄒᆞᆷ으로敢히其職을辭ᄒᆞ고日東에見聞의記ᄒᆞᆫ바를編輯ᄒᆞ다가其藁가人의袖去ᄒᆞᆷ을
被ᄒᆞ야烏有를化ᄒᆞᆫ지라咨嗟ᄒᆞᆷ을不勝ᄒᆞ더니是時에合衆國全權使가來聘ᄒᆞᆷᄋᆡ我邦
이報聘ᄒᆞᄂᆞᆫ禮를議ᄒᆞ야文武才德의兼備ᄒᆞᆫ材를求ᄒᆞᆯᄉᆡ閔公이是選에實膺ᄒᆞ고余ᄂᆞᆫ
公의行을是從ᄒᆞ야萬里의行을作ᄒᆞ니亦遊覽을爲ᄒᆞᆷ이라及其國都에至ᄒᆞ야使事가
完ᄒᆞᆷᄋᆡ公이장ᄎᆞᆺ

命을復ᄒᆞᆯᄉᆡ余를留ᄒᆞ야探究ᄒᆞᄂᆞᆫ責을授ᄒᆞ고乃其外務府에托ᄒᆞ야顧護ᄒᆞᄂᆞᆫ惠意를
求ᄒᆞ니外務府가亦悅ᄒᆞ야公의深遠ᄒᆞᆫ意를服ᄒᆞ고親睦ᄒᆞᆫ誼를感ᄒᆞᄂᆞᆫ지라余惟眇少
ᄒᆞᆫ一書生으로學識은國을華ᄒᆞ기不足ᄒᆞ며才能은人에齒ᄒᆞ기不及ᄒᆞ고乃敢使臣의
命을受ᄒᆞ야外國에留學ᄒᆞᄂᆞᆫ名을擔ᄒᆞ니余의榮은極大ᄒᆞ나若些少의成就가無ᄒᆞ면
一則國家에羞를貽ᄒᆞᆷ이오二則公의鄭重ᄒᆞᆫ托을辱됨이라是를懼ᄒᆞ며是를戒ᄒᆞ야言
行을自愼ᄒᆞ며志氣를自强ᄒᆞ야勤勉ᄒᆞᄂᆞᆫ意를加ᄒᆞ고修進ᄒᆞᄂᆞᆫ工을期ᄒᆞᆯᄉᆡ其國의事
物을欲知ᄒᆞᆷ에其文字를不解ᄒᆞᆷ이不可ᄒᆞ고其文字를欲解ᄒᆞᆷ에其言語를不學ᄒᆞ면不
得ᄒᆞᆯ디니此ᄂᆞᆫ累載의肄習을從ᄒᆞ야其功을獲奏ᄒᆞᄂᆞᆫ者오時日의頃에成效를立見ᄒᆞ
기不能ᄒᆞᆫ事라磨沙州學問大家毛氏에就ᄒᆞ야其敎를請ᄒᆞ니蓋磨沙州ᄂᆞᆫ合衆國의文
物主人이라稱ᄒᆞ니鴻匠巨擘의輩出ᄒᆞᆫ地라是以로其地人의學術工藝가美洲에冠ᄒᆞ
며且毛氏ᄂᆞᆫ宏才博識이美洲全幅學識統領의位에居ᄒᆞ야其名聞이宇內에轟振ᄒᆞᆫ者
라余의修業ᄒᆞᄂᆞᆫ次序를指授ᄒᆞ야學校에出入ᄒᆞᆷ에百爾規程을擔認ᄒᆞ며且其家內에
許留ᄒᆞ야理術의訓誨가極懇ᄒᆞ고朋輩의追逐에至ᄒᆞ야도文人學士의交를勸導ᄒᆞᄂᆞᆫ
故로開進資益ᄒᆞᄂᆞᆫ道에其助가不鮮ᄒᆞ니所覩가雖偏이언뎡浮虛ᄒᆞᆫ譏ᄂᆞᆫ脫ᄒᆞ고所聞

이事略이언뎡荒蕪ᄒᆞᆫ弊ᄂᆞᆫ免ᄒᆞ야其語를稍解ᄒᆞ고其俗에漸慣ᄒᆞᆷᄋᆡ賓筵의燕集에招
接ᄒᆞᆷ을被ᄒᆞ며歌舞의會遊에參觀ᄒᆞᆷ을獲ᄒᆞ야其閑逸耍樂ᄒᆞᄂᆞᆫ風習을知ᄒᆞ고婚葬의
儀節을考ᄒᆞ야吉凶의規禮를得ᄒᆞ며學校의制度를究ᄒᆞ야敎育ᄒᆞᄂᆞᆫ深意를窺ᄒᆞ고農
工賈의事를見ᄒᆞ야其富盛ᄒᆞᆫ景況과便利ᄒᆞᆫ規模를探繹ᄒᆞ며武備文事法律賦稅의諸
規則을訪問ᄒᆞ야其國政治의梗槪를畧解ᄒᆞᆫ然後에始乃浩然히歎ᄒᆞ고惘然히懼ᄒᆞ야
曰閔公이余의不才ᄒᆞᆷ을不鄙ᄒᆞ고此地에留學케ᄒᆞᆷ은其意가有以ᄒᆞᆷ이니余ᄂᆞᆫ遊忽ᄒᆞᆫ
習性으로日月을消耗ᄒᆞᆷ이豈可ᄒᆞ리오ᄒᆞ야聞ᄒᆞᄂᆞᆫ者를記ᄒᆞ며見ᄒᆞᆫ者를寫ᄒᆞ고又古
今의書에披考ᄒᆞᄂᆞᆫ者를撮繹ᄒᆞ야一帙을成ᄒᆞ나學業을從修ᄒᆞ야餘暇를不得ᄒᆞᄂᆞᆫ故
로繁冗을未刪ᄒᆞ며編次를未定ᄒᆞ고箱篋中에束置ᄒᆞ야歸國ᄒᆞᄂᆞᆫ日에其工을竣ᄒᆞ기
로自期ᄒᆞ더니甲申의冬을當ᄒᆞ야講室問難ᄒᆞᄂᆞᆫ際에學徒一人이新聞小片을手ᄒᆞ야
曰子의國에變이有ᄒᆞ다ᄒᆞ거ᄂᆞᆯ愕然히顔色이動ᄒᆞ야綴舍에歸ᄒᆞᆫ則時에大雪이庭松
을壓ᄒᆞ고陰風은聰鐵을打ᄒᆞ니終夜枕上에輾轉ᄒᆞ야睡를不成ᄒᆞ고故國의念이萬里
重溟을隔ᄒᆞ야來往ᄒᆞᄃᆡ奔問ᄒᆞᄂᆞᆫ義를未伸ᄒᆞ고中間에音聞이漠然ᄒᆞᆷ에衷情의憤惋
ᄒᆞᆷ이晝宵彌激ᄒᆞ나能히奮飛치못ᄒᆞᆷ이恨이로다明年乙酉秋에大西洋의風濤와紅海

의畜然을凌ᄒᆞ고地球를繞ᄒᆞ야是年冬에濟物浦에抵ᄒᆞᆷ에此로從ᄒᆞ야江石韓公(公의名은圭卨이니江石은其號라)의家에客ᄒᆞ니公은有志ᄒᆞᆫ君子라余의輯述ᄒᆞᄂᆞᆫ事를勵ᄒᆞ야丁亥秋에閒僻ᄒᆞᆫ林亭에移處ᄒᆞᆷ을許ᄒᆞ거ᄂᆞᆯ舊藁를披閱ᄒᆞ니其太半이散失ᄒᆞ야數年의工이雪泥의鴻爪를作ᄒᆞᆫ지라餘存ᄒᆞᆫ者를輯纂ᄒᆞ며已失ᄒᆞᆫ者를增補ᄒᆞ야二十編의書를成ᄒᆞᆫ뒤我文과漢字를混集ᄒᆞ야文章의體裁를不飾ᄒᆞ고俗語를務用ᄒᆞ야其意를達ᄒᆞ기로主ᄒᆞ니元來累歲의聽覩ᄒᆞᆫ實事와學習ᄒᆞᆫ苦工을模糊雜出ᄒᆞᆷ인則踈漏ᄒᆞᆫ譏를逃ᄒᆞ기是難ᄒᆞ며差誤ᄒᆞᆫ失이存ᄒᆞ기亦易ᄒᆞ나然ᄒᆞ나譬ᄒᆞ건ᄃᆡ山을畵ᄒᆞᆷ과同ᄒᆞ야繪事의巧拙이手勢의運用과意匠의經營에在ᄒᆞ니七分의眞境은未逼ᄒᆞ야도猶其峨峨高者ᄂᆞᆫ巖巖이오磅礴者ᄂᆞᆫ石이며樸樕鬱密ᄒᆞ며濃淡淡秀ᄒᆞᆫ者ᄂᆞᆫ草木이니有時雲烟의變態異狀을點綴ᄒᆞᆷ은特畵工의伎倆이라今夫是書가雖描ᄒᆞ나亦如是ᄒᆞᆫᄯᆞᄅᆞᆷ이니山의畵를指ᄒᆞ야山이라謂ᄒᆞᆷ인ᄃᆞᆯ虛影을指ᄒᆞᆷ이나其從來ᄒᆞᆫ本은固有ᄒᆞᆫ則是書를對ᄒᆞᄂᆞᆫ者가亦如是觀을作ᄒᆞ면可ᄒᆞᆫ디라書旣成有日에友人에게示ᄒᆞ고其批評을乞ᄒᆞ니友人이曰子의志ᄂᆞᆫ良苦ᄒᆞ나我文과漢字의混用ᄒᆞᆷ이文家의軌度를越ᄒᆞ야具眼者의譏笑를未免ᄒᆞ리로다余應ᄒᆞ야曰是ᄂᆞᆫ其故가有ᄒᆞ니一은語意의平順ᄒᆞᆷ을取ᄒᆞ야文字를畧解

ᄒᆞᄂᆞᆫ者라로易知ᄒᆞ기를爲ᄒᆞᆷ이오二ᄂᆞᆫ余가書를讀ᄒᆞᆷ이少ᄒᆞ야作文ᄒᆞᄂᆞᆫ法에未熟ᄒᆞᆫ故로記寫의便易ᄒᆞᆷ을爲ᄒᆞᆷ이오三은我邦七書諺解의法을大略倣則ᄒᆞ야詳明ᄒᆞᆷ을爲ᄒᆞᆷ이라且宇內의萬邦을環顧ᄒᆞ건ᄃᆡ各其邦의言語가殊異ᄒᆞᆫ故로文字가亦從ᄒᆞ야不同ᄒᆞ니盖言語ᄂᆞᆫ人의思慮가聲音으로發ᄒᆞᆷ이오文字ᄂᆞᆫ人의思慮가形像으로顯ᄒᆞᆷ이라是以로言語와文字ᄂᆞᆫ分ᄒᆞᆫ則二며合ᄒᆞᆫ則一이니我文은即我

先王朝의剏造ᄒᆞ신人文이오漢字ᄂᆞᆫ中國과通用ᄒᆞᄂᆞᆫ者라余ᄂᆞᆫ猶且我文을純用ᄒᆞ기不能ᄒᆞᆷ을是歉ᄒᆞ노니外人의交를旣許ᄒᆞᆷ에國中人이上下貴賤婦人孺子를毋論ᄒᆞ고彼의情形을不知ᄒᆞᆷ이不可ᄒᆞᆫ則描澁ᄒᆞᆫ文字로渾圇ᄒᆞᆫ說語를作ᄒᆞ야情實의齟齬ᄒᆞᆷ이有ᄒᆞ기로ᄂᆞᆫ暢達ᄒᆞᆫ詞旨와淺近ᄒᆞᆫ語意를憑ᄒᆞ야眞境의狀况을務現ᄒᆞᆷ이是可ᄒᆞ니國人의考覽을爲ᄒᆞ야閔公이余의遊學及記寫를命ᄒᆞᆷ인則余ᄂᆞᆫ是書의成ᄒᆞᆷ을因ᄒᆞ야公의託을不負ᄒᆞᆷ으로深幸ᄒᆞ노라友人이曰唯라子의言이或可ᄒᆞᆫ듯ᄒᆞ나然ᄒᆞ나人이如何ᄒᆞ다謂ᄒᆞᆯᄃᆡ後來稱停ᄒᆞᆫ議를俟ᄒᆞᆷ이可ᄒᆞᆫ듯ᄒᆞ다ᄒᆞ더라四百九十八年己丑暮春에

兪吉濬은自叙ᄒᆞ노라

西遊見聞備考

一是書의作이我文과漢字를混用ᄒᆞ니其緣由ᄂᆞᆫ序文에論出ᄒᆞᆷ이已有ᄒᆞᆷ

一凡書中에西曆의年月을記ᄒᆞᆫ者ᄂᆞᆫ其人의事를言ᄒᆞᆷ에其國의年號를取ᄒᆞᆷ이니今我四百九十八年이即西曆의一千八百八十九年이나然ᄒᆞ나此書의蒐輯이我四百九十三年에起ᄒᆞᆫ故로西曆一千八百八十四年에始ᄒᆞᆷ이라

一地名及人名의繙譯은中國及日本의繹字가固有ᄒᆞ나然ᄒᆞ나我의聞見에及ᄒᆞᄂᆞᆫ者ᄂᆞᆫ雖我音에不合ᄒᆞ야도採用ᄒᆞ니英吉利及墺地利의種類며見聞의不及ᄒᆞᄂᆞᆫ者ᄂᆞᆫ漢字로我音에務近ᄒᆞ게繹出ᄒᆞ니喜時遜及秋時伊의種類라

一地方의里ᄂᆞᆫ我里의里法으로數ᄒᆞᆷ이라

一尺을記ᄒᆞᆫ者ᄂᆞᆫ英尺이니英一尺이我布帛尺의五寸五分이라

一斤을記ᄒᆞᆫ者ᄂᆞᆫ英斤이니英一斤이我의十二兩重과相當ᄒᆞᆷ이라

一噸은英二千斤이라

[illegible]이라

一方里ᄂᆞᆫ四方一里를謂ᄒᆞᆷ이니假令長이五里오廣이六里면即三十方里를成ᄒᆞᄂᆞᆫ者라方尺도亦此理를推ᄒᆞᆷ이라

一角里ᄂᆞᆫ長廣高가各一里를謂ᄒᆞᆷ이니假令長이五里며廣이六里오高가七里면即二百十角里를成ᄒᆞᄂᆞᆫ者라角尺도此理를推ᄒᆞᆷ이라

一書中에記載ᄒᆞᄂᆞᆫ物數ᄂᆞᆫ億으로終數를作ᄒᆞ고其以上은十億百億千億의十倍相加ᄒᆞᄂᆞᆫ次序로定ᄒᆞ니盖億은萬萬을指ᄒᆞᆷ이라

一彼錢을記ᄒᆞᆷ에我錢의法으로兩이라謂ᄒᆞᆷ은覽者의考閱에便易ᄒᆞᆷ을爲ᄒᆞᆷ이니盖彼의銀錢一元을我의當五錢十四兩으로(十四兩即二百八十枚)打計相當ᄒᆞᆷ인則自然히銀價의低昻을隨ᄒᆞ야有異ᄒᆞᆫ者라

一泰西諸國의通用ᄒᆞᄂᆞᆫ曆書ᄂᆞᆫ太陽曆이라謂ᄒᆞᄂᆞ니平年은三百六十五日이오閏年(四年一閏)은三百六十六日이라其月의日數가恒定ᄒᆞ야

一月三十一日　二月二十八日○閏年은二十九日

三月三十日　四月三十一日

五月三十一日　六月三十日

七月三十日　八月三十一日
九月三十一日　十月三十一日
十一月三十日　十二月三十一日

一晝夜를二十四時에分ᄒᆞ야午前後가各十二時니然ᄒᆞᆫ故로泰西의一時가卽我半時라

一時를六十에分ᄒᆞ야其一分을一分時라謂ᄒᆞ고又一分時를六十에分ᄒᆞ야其一分을一抄時라謂ᄒᆞᆷ이라

一本書의輯述ᄒᆞᆷ이或自己의聞見을隨ᄒᆞ야論議를立ᄒᆞᆫ者도有ᄒᆞ고他人의書를傍考ᄒᆞ야譯出ᄒᆞᆫ者도有ᄒᆞ니盖釋法은文釋과意釋의區別이存ᄒᆞ야文釋은彼文과我文의相當ᄒᆞᆫ字를只取ᄒᆞᄂᆞᆫ故로或語意의齟齬ᄒᆞᆷ이生ᄒᆞᆷ이오意釋은彼我의字ᄂᆞᆫ或異ᄒᆞ나但其語意를釋ᄒᆞ야假令彼語에投塵人眼中이라ᄒᆞᄂᆞᆫ意를我語로欺人이라釋出ᄒᆞᆷ이니此書ᄂᆞᆫ意釋을多從ᄒᆞᆷ이라

一本書가吾人의西遊ᄒᆞᆫ時의見聞ᄒᆞᆫ者를記ᄒᆞᆷ이나或我의現存ᄒᆞᆫ事實을論議添補ᄒᆞᆫ者ᄂᆞᆫ彼我相較ᄒᆞ기를爲ᄒᆞᆷ이오或經史子集의句語를引用ᄒᆞᆫ者ᄂᆞᆫ彼我相合ᄒᆞᆫ意義

를取ᄒᆞᆷ이라

一書中各邦의政治商賈武備賦稅의撮釋이十餘年前或五六年前의考據를從ᄒᆞᆫ故로前後의異同이不無ᄒᆞ나然ᄒᆞ나政治로國體의得失을明ᄒᆞ고商賈로人民의勤怠를現ᄒᆞ고武備로國勢의强弱을知ᄒᆞ고賦稅로政府의貧富를示ᄒᆞ기ᄂᆞᆫ足ᄒᆞᆷ이라

一書中의山川物產은他人의記書를專憑ᄒᆞᆷ이니其釋出ᄒᆞ기를當ᄒᆞ야山川의名은字音을取ᄒᆞᆯᄯᆞᄅᆞᆷ인故로猶且爽實ᄒᆞᆫ者가無ᄒᆞ나物產에至ᄒᆞ야ᄂᆞᆫ本物의品質을不見ᄒᆞ고但字彙의釋字를從ᄒᆞᆫ故로差誤의無ᄒᆞᆷ이必ᄒᆞ기甚難ᄒᆞᆷ이라

一本書ᄂᆞᆫ吾人의西遊ᄒᆞᆫ時에學習ᄒᆞᄂᆞᆫ餘暇를乘ᄒᆞ야聞見을蒐輯ᄒᆞ고又或本國에歸ᄒᆞᆫ後에書籍에考據ᄒᆞ니傳聽의誤謬와事件의遺漏가自多ᄒᆞᆫ則不朽에傳ᄒᆞ기를經營ᄒᆞᆷ아니오一時新聞紙의代用을供ᄒᆞᆷ이可ᄒᆞᆫ故로讀者ᄂᆞᆫ此意를體諒ᄒᆞ야文字의巧拙에勿泥ᄒᆞ고主旨의大槩를勿失ᄒᆞᆫ則幸甚이라其他不及ᄒᆞᆫ者ᄂᆞᆫ後來博雅의訂正을希待ᄒᆞᆯᄯᆞᄅᆞᆷ

西遊見聞目錄

第一編

地球世界의槪論……一
六大洲의區域……一三
邦國의區別……一五
世界의山……二一

第二編

世界의海……四一
世界의江河……四九
世界의湖……五八
世界의人種……六三
世界의物產……六七
各國販賣及購求物品附

第三編

邦國의權利……八五
人民의敎育……九九

第四編

人民의權利……一〇九
人世의競勵……一二九

第五編

政府의始初……一三五
政府의種類……一四二
政府의治制……一五二

第六編

政府의職分……一五五

第七編

收稅ᄒᆞᄂᆞᆫ法規……一八一

海關稅 直徵及代徵 物產稅 官許稅 證印稅 土地稅 家室稅 家產稅

人民의納稅ᄒᆞᄂᆞᆫ分義 …… 一九六

第八編

政府의民稅費用ᄒᆞᄂᆞᆫ事務 …… 二〇五

政府의國債募用ᄒᆞᄂᆞᆫ緣由 …… 二一五

第九編

敎育ᄒᆞᄂᆞᆫ制度 …… 二二三

養兵ᄒᆞᄂᆞᆫ制度 …… 二四一

第十編

貨幣의大本 …… 二五七

法律의公道 …… 二六二

巡察의規制 …… 二七二

第十一編

偏黨ᄒᆞᄂᆞᆫ氣習 …… 二七九

生涯求ᄒᆞᄂᆞᆫ方道 …… 二八四

養生ᄒᆞᄂᆞᆫ規則 …… 二九六

第十二編

愛國ᄒᆞᄂᆞᆫ忠誠 …… 三〇三

孩嬰撫育ᄒᆞᄂᆞᆫ規模 …… 三一四

第十三編

泰西學術의來歷 …… 三二九

泰西軍制의來歷 …… 三三三

泰西宗敎의來歷 …… 三三八

學業ᄒᆞᄂᆞᆫ條目 …… 三四七

農學 醫學 算學 政治學 法律學 格物學 化學 哲學
鑛物學 植物學 動物學 天文學 地理學 人身學 博古學
言語學 兵學 器械學 宗敎學

第十四編

商賈의大道 …… 三五九

開化의等級 …… 三七五

第十五編

婚禮의始末 …… 三八七

葬事의禮節 …… 三九七

朋友相交ᄒᆞᄂᆞᆫ道理 …… 四〇二

女子待接ᄒᆞᄂᆞᆫ禮貌 …… 四〇六

第十六編

衣服飮食及宮室의制度 …… 四一一

農作及牧畜의景況 …… 四二二

遊樂ᄒᆞᄂᆞᆫ景像 …… 四二七

茶會 舞會 歌會 野會 雪夜遊 一器會 幼穉會 諸小會
馬戲 演戲 野戲

第十七編

貧院 …… 四三九

老人院 幼兒院 孤兒院 棄兒院

病院 …… 四四二

痴兒院 …… 四四四

狂人院 …… 四四六

盲人院 …… 四四八

啞人院 …… 四四九

敎導院 …… 四五〇

博覽會 …… 四五一

博物館及博物園 …… 四五二

金石의博物館 禽獸蟲魚의博物館 醫士의博物館
動物園 植物園

書籍庫 …… 四五四

演說會 …… 四五五

新聞紙 …… 四五七

第十八編

蒸氣機關 …… 四六三

蒸氣車……四六九
蒸氣船……四七四
電信機……四七七
遠語機……四八〇
商賈의會社……四八二
城市의排鋪……四八五

第十九編

各國大都會의景像……四八九
合衆國의諸大都會……四八九
華盛敦　紐約　必那達彼亞　池家阜　寶樹整　桑港
英吉利의諸大都會……五〇八
倫敦　立菸八　滿棣秀太　屈羅秀古　伊丹堡　多佛仁

第二十編

佛蘭西의諸大都會……五二五

巴里　排沙游　馬塞里　里昂
日耳曼의諸大都會……五三五
伯林　咸福　汨論　厚蘭布土　岷仁見　布朱淡
荷蘭의諸大都會……五四三
赫久　來丁　巖秀擄淡　祿擄淡
葡萄牙의諸大都會……五四八
利秀繁　磐湘
西班牙의諸大都會……五四九
馬斗頼　哥多瓦　加拉拿太　細勃　哥杜朱　沙羅高棲
巴泄老羅
白耳義의諸大都會……五五三
富羅泄　安道岬

西遊見聞第一編

杞溪俞吉濬　輯述

地球世界의槩論

地球는吾人의住居ᄒᆞ는世界니亦遊星의一이라今其遊星을數ᄒᆞ건ᄃᆡ一曰水星二曰金星三曰地球星四曰火星五曰木星六曰土星七曰天王星八曰海龍星이니此八星을遊星이라謂ᄒᆞ는者는其體가遊動ᄒᆞ야諸他恒星의定居ᄒᆞᆫ者와不同ᄒᆞᆫ然故며又一百三十小星이有ᄒᆞ야諸遊星을從行ᄒᆞ는故로從星이라名ᄒᆞ니彼太陰光彩의虧滿ᄒᆞ는者가即吾人地球의一從星이라(地球와太陰의距離는七十九萬二千里)從星은遊星을繞行ᄒᆞ고遊星은太陽을繞行ᄒᆞ며又彗星이有ᄒᆞ야亦太陽을繞行ᄒᆞᄂᆞ니此를合稱ᄒᆞᆫᄃᆡ太陽의軌道라太陽이亦恒星의一인故로虛空에點綴ᄒᆞᆫ多少恒星이亦皆遊星과從星을環聚ᄒᆞᆫ諸太陽이니吾人의太陽及諸遊星의大小며其太陽의距離를記ᄒᆞ건ᄃᆡ

	直徑의長	太陽의距離
太陽	二百七十萬四千九百里	
水星	九千九百里	一億一千五百五十萬里
金星	二萬四千七百五十里	二億一千七百八十萬里
地球星	二萬六千七十里	三億三百六十萬里
火星	一萬三千二百里	四億六千二百萬里
木星	二十八萬五百里	十五億七千八十萬里
土星	二十三萬七千六百里	二十八億七千七百六十萬里
天王星	十萬八千九百里	五十七億八千四百九十萬里
海龍星	十一萬八千八百里	九十億六千一百八十萬里

太陽의大홈이地球에比ᄒᆞ야一百二十萬倍나然이나地球物質의粘密홈이太陽에比ᄒᆞ야四倍가反多ᄒᆞᆫ故로太陽의物質은地球에서三十萬倍가加ᄒᆞᆯᄯᆞ름이니今夫地球의全面을打計ᄒᆞ건ᄃᆡ大約二十一億四千五百三十三萬方里며全體의蓄積은土水의比重ᄒᆞ는法例를因ᄒᆞ야重量을推測ᄒᆞ면十二億億億斤이니人生의日用ᄒᆞ는數量에越ᄒᆞ야思議ᄒᆞ기極難ᄒᆞᆫᄃᆡ猶且太陽의重에比ᄒᆞ야三十萬分의一이라

地球가太陽을繞ᄒᆞ야一周ᄒᆞᆫ則一歲를成ᄒᆞᄂᆞ니其旋回ᄒᆞᆫ軌道의長이十九億七千三百四十萬里라然ᄒᆞᆫ故로地球의太陽을繞行ᄒᆞᄂᆞᆫ速度가一日에五百四十萬六千五百七十五里及七十三分里의二十五며又其太陽을繞行ᄒᆞᄂᆞᆫ間에自身動이有ᄒᆞ야一晝夜를成ᄒᆞ니自身動은自己의回轉을謂홈이라一歲에三百六十五回及四分回의一을旋ᄒᆞᄂᆞᆫ故로三年에一閏月을寘ᄒᆞ야太陰曆의節氣를調홈이로ᄃᆡ太陽曆은四年에一閏日을寘ᄒᆞ야每歲의衍剩四分一을合홈이라

太空은形體도無ᄒᆞ며端倪도亦無ᄒᆞ거니와地球ᄂᆞᆫ渺然ᄒᆞᆫ一塊로其形이楕圓ᄒᆞᆫ者라古人이云ᄒᆞᄃᆡ地形이若方이면四角의不掩이라ᄒᆞ며又曰雞子와同ᄒᆞ다ᄒᆞ니此ᄂᆞᆫ明達ᄒᆞᆫ識見으로後人의疑團을破홈이어ᄂᆞᆯ或固執ᄒᆞᄂᆞᆫ者ᄂᆞᆫ前人의地方ᄒᆞᆫ說을因ᄒᆞ야地가方ᄒᆞ다謂ᄒᆞ나地의方이라謂홈은地用의便利를指홈이니前人의論을折衷ᄒᆞᆫ則地體의圓과地用의方을分言홈이어ᄂᆞᆯ後人은其體及用의異홈을不辨ᄒᆞ고偏滯ᄒᆞᆫ惑을自滋홈이라今에地圓ᄒᆞᆫ理由를證明ᄒᆞ건ᄃᆡ海邊에立ᄒᆞ야遠來ᄒᆞᄂᆞᆫ船舶을視홈애帆頭를先見ᄒᆞ고漸次로船身에及ᄒᆞ니地形이若平ᄒᆞᆯ딘ᄃᆡ船身의大ᄒᆞᆫ者를先見ᄒᆞᆯ디리奈何로帆檣의小ᄒᆞᆫ者를見ᄒᆞ리오마ᄂᆞᆫ船身은地球의圓勢를由ᄒᆞ야掩蔽ᄒᆞᆫ緣故니

此其證의一이오又平野의無際ᄒᆞᆫ地에行ᄒᆞ야四望ᄒᆞᄂᆞᆫ眼力을窮ᄒᆞ던지高山의穹然ᄒᆞᆫ頂에立ᄒᆞ야下視ᄒᆞᄂᆞᆫ光景이成ᄒᆞ던지天涯의周回ᄂᆞᆫ環의圍繞홈과同ᄒᆞ니此景은惟圓體의成ᄒᆞᄂᆞᆫ者라此其證의二며又或月蝕ᄒᆞᄂᆞᆫ黑影을察ᄒᆞᆫ則其形이必圓ᄒᆞᆫ則圓影은圓體物의作ᄒᆞᄂᆞᆫ者니月蝕은地球가日月相望ᄒᆞᄂᆞᆫ中間에處ᄒᆞ야月의所受ᄒᆞᄂᆞᆫ日光을隔斷ᄒᆞ고其影을月面에掩覆홈인故로此其證의三이라

地球에緯度를劃ᄒᆞ야赤道와黃道와黑道의分別을立ᄒᆞ니北極을從ᄒᆞ야南行九十度ᄒᆞ며南極을從ᄒᆞ야北行九十度ᄒᆞ야地球의正中에至ᄒᆞᆫ則合ᄒᆞ야一百八十度라北赤道北二十四度二分度의一과南赤道南二十四度二分度의一을合ᄒᆞ야四十七度의熱帶를定ᄒᆞ니熱帶ᄂᆞᆫ四時의氣候가長熱홈을謂홈이오北極의二十四度二分度의一은即北赤道北의六十七度二分度의一이라北黑道의寒帶며南極의二十四度二分度의一은即南赤道南의六十七度二分度의一이라南黑道의寒帶니南北寒帶가合ᄒᆞ야四十七度라寒帶ᄂᆞᆫ四時의氣候가長寒홈을謂홈이오北赤道北二十四度二分度의一에起ᄒᆞ야六十七度二分度의一에至ᄒᆞᆫ則四十三度라此ᄂᆞᆫ北黃道의溫帶며南赤道南二十四度二分度의一에起ᄒᆞ야六十七度二分度의一에至ᄒᆞ면亦四十三度라此ᄂᆞᆫ南黃

道의溫帶니南北溫帶가合ᄒᆞ야八十六度라溫帶ᄂᆞᆫ四時의氣候가均適ᄒᆞ야春夏秋冬의調和홈을謂홈이니赤道北의夏至ᄂᆞᆫ赤道南의冬至며赤道南의春分은赤道北의秋分이라然ᄒᆞᆫ故로赤道南北의氣候가相易ᄒᆞᄂᆞ니大槩氣候의寒熱이太陽의遠近을因홈이아니오其氣彩가直射ᄒᆞᄂᆞᆫ時ᄂᆞᆫ溫熱ᄒᆞ고橫射ᄒᆞᄂᆞᆫ時ᄂᆞᆫ寒冷ᄒᆞᆫ지라然홈으로地球와太陽의距離를時候로推算ᄒᆞᆫ則十一月이六月에比ᄒᆞ야九百九十萬里의加近홈이有홈이라

地球에又經度를劃ᄒᆞᄂᆞ니此ᄂᆞᆫ地方의位處를定ᄒᆞ기에便利ᄒᆞ기를爲홈이오緯度의氣候를定ᄒᆞᄂᆞᆫ關係와ᄂᆞᆫ不同ᄒᆞᆫ지라然ᄒᆞᆫ故로英吉利의瞿仁利聚郡의天文臺를從ᄒᆞ야經度의起首處를定ᄒᆞ야乃曰某地ᄂᆞᆫ瞿仁利聚東經幾度라ᄒᆞ며某地ᄂᆞᆫ又其西經幾度라ᄒᆞ나然ᄒᆞ나近日에至ᄒᆞ야識者가謂ᄒᆞᄃᆡ英吉利로經度의主人이라稱홈이不可ᄒᆞ다ᄒᆞ야萬國의公同ᄒᆞᆫ經度起首處를酌定ᄒᆞᆯ식萬國에不關ᄒᆞᄂᆞᆫ海島로爲主ᄒᆞᆫ다ᄒᆞᄃᆡ姑未定ᄒᆞ니大槩經度ᄂᆞᆫ三百六十度라地球의自身轉을由ᄒᆞ야晝夜를成ᄒᆞᄂᆞᆫ故로一百八十度가太陽을向ᄒᆞ야晝되ᄂᆞᆫ時ᄂᆞᆫ又一百八十度가太陽을背ᄒᆞ야夜되ᄂᆞ니其轉홈이亦漸近ᄒᆞᆫ故로三百六十度가十二時間에各其晝夜의次序가有홈이오又其轉

回ᄒᆞ기ᄂᆞᆫ西를從ᄒᆞ야東에向ᄒᆞᄂᆞᆫ故로日月星辰이皆西行ᄒᆞᄂᆞᆫ듯홈이니此理를欲證ᄒᆞᆯ딘ᄃᆡ江上에一葉船을泛ᄒᆞ고順流ᄒᆞ던지逆流ᄒᆞ던지其近傍에山川과草木은後面으로走ᄒᆞᄂᆞ니此ᄂᆞᆫ山川과草木의動홈이아니라其實은登船人自己의動으로他物의似動ᄒᆞᄂᆞᆫ關係를起ᄒᆞᄂᆞᆫ緣故라

地球의形體가圓ᄒᆞ고南北極이橫斜ᄒᆞ야相背ᄒᆞᆫ故로太陽의照射ᄒᆞᄂᆞᆫ光彩가南北極의二十三度二分度의一에不臨ᄒᆞ야北黃道의晝가長ᄒᆞᆫ時ᄂᆞᆫ北黑道의晝가加長ᄒᆞ고夜가長ᄒᆞᆫ時ᄂᆞᆫ夜도加長ᄒᆞ며南黃道와南黑道의光景도亦然ᄒᆞ니其緣由ᄂᆞᆫ南北極이橫斜ᄒᆞᆫ故로北極이太陽의光彩를受ᄒᆞᄂᆞᆫ時ᄂᆞᆫ南極이不受ᄒᆞ고南極이受ᄒᆞᄂᆞᆫ時ᄂᆞᆫ北極이不受홈이라今其緯度와赤道遠近으로晝夜의長短을推究ᄒᆞ건ᄃᆡ

赤道의遠	日의最長
赤道正中	六時
八度及六十分度의三十四	六時及四分時의一
四十一度及六十分度의二十四	七時及二分時의一
五十八度及六十分度의二十八	八時

六十三度及六十分度의二十三 十時
六十六度及六十分度의三十二 十二時
六十七度及六十分度의十九 三十日
七十三度及六分度의一 九十日
九十度 一百八十日

赤道北의日長이如此ᄒᆞᆫ時ᄂᆞᆫ赤道南의夜長이如此ᄒᆞᆯ디오又赤道南의日長이如此ᄒᆞᆫ時ᄂᆞᆫ赤道北의夜長이亦然ᄒᆞᄂᆞ니此ᄂᆞᆫ萬古의不易ᄒᆞᄂᆞᆫ法이라

今夫地球를包圍ᄒᆞᆫ者ᄂᆞᆫ空氣라其高ᄂᆞᆫ或一百六十五里라ᄒᆞ며或一千六百五十里라ᄒᆞ야的實ᄒᆞᆫ證據를不立ᄒᆞ나其質은酸素淡素及炭素의相混ᄒᆞᆫ者라此三素의多少를推究ᄒᆞᆫ진ᄃᆡ

酸素 百分의二十及百分一의六十一
淡素 百分의七十七及百分一의九十五
炭素 百分의四
濕氣及他質 百分의一及百分一의十四

動物人及禽獸은空氣의酸素를吸ᄒᆞ야其生을資ᄒᆞ고植物草木은空氣의炭素를吸ᄒᆞ야其長을助ᄒᆞᄂᆞ니動物의吐出ᄒᆞᄂᆞᆫ炭素ᄂᆞᆫ植物이受ᄒᆞ고植物의吐出ᄒᆞᄂᆞᆫ酸素ᄂᆞᆫ動物이取ᄒᆞ야交易ᄒᆞᄂᆞᆫ道를行ᄒᆞᄂᆞᆫ故로空氣三素의均配本元을保ᄒᆞᄂᆞ니此ᄂᆞᆫ的實히動物及植物이必相易ᄒᆞᆫ다謂홈아니오其呑吐ᄒᆞᄂᆞᆫ元素의異同을指홈이라此空氣ᄂᆞᆫ鴻濛의始闢ᄒᆞᆫ後로今日에至ᄒᆞ야增減이無ᄒᆞ고又今日을從ᄒᆞ야何時에至ᄒᆞ던지其增減이亦無ᄒᆞ리니其質이不變ᄒᆞ고其量이自如ᄒᆞᆫ지라地球의旋轉ᄒᆞᄂᆞᆫ緣由로推想ᄒᆞᆫ則吾人의此時呑吐ᄒᆞᄂᆞᆫ空氣를俄頃後歐美洲人의呼吸ᄒᆞᆯ者며又古今의一如ᄒᆞᆫ理致로言ᄒᆞᆫ則百千載以前聖賢豪傑의吐呑ᄒᆞ든者를亦吾人이今日此地에坐ᄒᆞ야呼吸을不爲ᄒᆞᄂᆞᆫ지誰人이知得ᄒᆞ리오又空氣ᄂᆞᆫ其重이有ᄒᆞ야地面에近ᄒᆞᆫ者가空中에在ᄒᆞᆫ者에셔稠密ᄒᆞ고重濁ᄒᆞ니其故ᄂᆞᆫ在下ᄒᆞᆫ者가在上ᄒᆞᆫ者의壓覆ᄒᆞᄂᆞᆫ力을受홈이니然ᄒᆞᆫ故로壯成人의全體를十五方尺의廣으로視ᄒᆞᆯ딘ᄃᆡ三萬二千四百斤重의空氣壓力을撑支홈이라

地球가太陽의照홈을因ᄒᆞ야外面의熱을含ᄒᆞ고其熱이反射ᄒᆞ야空氣를煖ᄒᆞᄂᆞ니空氣가煖ᄒᆞᆫ則稀薄ᄒᆞ고稀薄ᄒᆞᆫ則浮輕ᄒᆞ며浮輕ᄒᆞᆫ者ᄂᆞᆫ上升ᄒᆞᄂᆞᆫ지라上升ᄒᆞᄂᆞᆫ煖氣가

太空의寒氣와相薄ᄒᆞᆫ則雨를降ᄒᆞ며雹雪은雨의凍ᄒᆞᆫ者니此ᄂᆞᆫ雨雹雪의緣由며又空氣가稀薄ᄒᆞ야上升ᄒᆞᄂᆞᆫ뒤로其傍의不煖ᄒᆞᆫ空氣가流入ᄒᆞᄂᆞ니此流入ᄒᆞᄂᆞᆫ者ᄂᆞᆫ風颶의根因이며又空氣의含濕ᄒᆞᆫ者가浮遊ᄒᆞ야太空의寒氣와相薄ᄒᆞ면雲이오低降ᄒᆞᆫ則霧霰니此ᄂᆞᆫ雲霧霰의理由며又空氣의含熱ᄒᆞᆫ者가淸凉ᄒᆞᆫ物質에着ᄒᆞᆫ則露를作ᄒᆞᄂᆞ니暑天에寒水를器에盛ᄒᆞ야靜置ᄒᆞᆫ則空氣의含熱ᄒᆞᆫ者가其氣의寒冷ᄒᆞᆫ外面에來薄ᄒᆞ야點水를成ᄒᆞᄂᆞᆫ理와同ᄒᆞᆫ지라此其明證이오又霜은露의結ᄒᆞᆫ者니此ᄂᆞᆫ霜露의原因이라然ᄒᆞᆫ故로霜露ᄂᆞᆫ空中을從ᄒᆞ야降下ᄒᆞᄂᆞᆫ者아니오雷電의妙理를推測ᄒᆞᆫ진ᄃᆡ電氣ᄂᆞᆫ空氣中에自在ᄒᆞᆫ一氣라其性이濕氣와易合ᄒᆞᄂᆞᆫ故로雲間各處에濕氣를因ᄒᆞ야聚集ᄒᆞ고其聚集홈이漸大ᄒᆞᆫ則此處의電氣가彼處의電氣와相感ᄒᆞ야牽引ᄒᆞᄂᆞᆫ力을生ᄒᆞᄂᆞ니其相引ᄒᆞᄂᆞᆫ際에閃行ᄒᆞᄂᆞᆫ力이空氣를穿ᄒᆞᆫ則空氣가散ᄒᆞ고電氣가過ᄒᆞᆫ後에更合ᄒᆞ야空氣의相薄ᄒᆞᄂᆞᆫ力으로雷霆의轟殷ᄒᆞᆫ聲을起홈이니然ᄒᆞᆫ故로電의閃爍ᄒᆞᆫ後에雷聲이始發ᄒᆞᄂᆞᆫ者라

地球의中心은鎔融ᄒᆞᆫ土石이라有時其熱氣가地球의堅凝ᄒᆞᆫ外面을升薄ᄒᆞ야火山과地震의根由를作홈이니

火山은山頂의穴口를從ᄒᆞ야烟焰灰燼及鎔融ᄒᆞᆫ土石을吐出ᄒᆞᄂᆞᆫ者니其穴口의大小ᄂᆞᆫ火山을隨ᄒᆞ야有異ᄒᆞᆫ지라伊太利國比秀比亞火山의穴口ᄂᆞᆫ其深이三千九百四十八尺이며其廣은三千尺이오布哇國吉魯利亞火山의穴口ᄂᆞᆫ其深이六千尺이오其長은十里에過ᄒᆞ며其廣은三里에及ᄒᆞ고又天下各處에散在ᄒᆞᆫ者가無數ᄒᆞᆫ뒤恒常海邊과島中에多ᄒᆞ며大地의中央에ᄂᆞᆫ絶無ᄒᆞ니其發起ᄒᆞᄂᆞᆫ景像을暫記ᄒᆞᆫ진ᄃᆡ烟焰이先出ᄒᆞ야其氣가漸增ᄒᆞᄂᆞᆫ뒤로其隣近에地震이作ᄒᆞ고火山의穴底에殷殷히熱炭의漫水ᄒᆞᄂᆞᆫ聲이起ᄒᆞ야遠外의大砲와霹靂ᄒᆞ다가忽然히爆裂ᄒᆞᄂᆞᆫ響이震動ᄒᆞ면서燋烈ᄒᆞᆫ火焰이空中에騰騰ᄒᆞ고鎔融ᄒᆞᆫ土石이穴口에平滿ᄒᆞ야俄頃에噴發ᄒᆞᄂᆞᆫ氣勢가太陽을晦冥ᄒᆞ고其熱火ᄂᆞᆫ圍近ᄒᆞᆫ空氣를升騰ᄒᆞ야大雨를成ᄒᆞᄂᆞ니火山의災害도亦大ᄒᆞᆫ者라其灰燼이村落을塡埋ᄒᆞ며草木을毁滅ᄒᆞ고極大ᄒᆞᆫ者ᄂᆞᆫ千餘里의遠地에其灰를飛揚ᄒᆞ니西印度의秀厚賴火山의噴發ᄒᆞ든時ᄂᆞᆫ一千六百五十里外에浮海ᄒᆞᆫ船面을其灰가覆ᄒᆞ고中央阿美利加의高濟貴那火山의騰騰ᄒᆞ든時ᄂᆞᆫ直徑一千一百五十五里의地面에太陽을蔽晴ᄒᆞ고蘇排의萬郞剛火山의發起ᄒᆞᆫ灰土ᄂᆞᆫ一百四十四村落及田土를埋平ᄒᆞ고比秀比亞火山의灰燼은布嚴霱阿伊와許赴禮尼嚴의兩府를塡充

ᄒᆞ야百尺의深에至ᄒᆞ고吉舍利亞火山의噴出ᄒᆞᆫ土石과灰燼은二百七十億角尺의極多홈에抵ᄒᆞ며又海中에도有時로火山이發出ᄒᆞ야島嶼를成ᄒᆞ얏다가其灰燼이波濤의淘洗로消滅ᄒᆞᄂᆞ니此ᄂᆞᆫ海島近邊에往往有ᄒᆞᆫ者라

十四 地震은地球中心의鎔融ᄒᆞᆫ物質이搖漾ᄒᆞᄂᆞᆫ氣力을發ᄒᆞ야外面의堅實ᄒᆞᆫ部를震蕩홈이니地球上何處던지地震의無ᄒᆞᆫ處ᄂᆞᆫ無ᄒᆞ야海底로브터山頂에至ᄒᆞᆫ딕亦海邊火山의脈을從ᄒᆞ야多ᄒᆞᆫ故로地震의究竟은火山의爆發을成ᄒᆞᄂᆞᆫ者가多홈이라學士丹裁가地震을分ᄒᆞ야二種에區別ᄒᆞ니一曰進前ᄒᆞᄂᆞᆫ搖動이오二曰衝上ᄒᆞᄂᆞᆫ搖動이라進前ᄒᆞᄂᆞᆫ搖動은其勢가平順ᄒᆞ야地面을震搖ᄒᆞᆯᄯᆞ름이오人生의災害ᄂᆞᆫ不作ᄒᆞ고衝上ᄒᆞᄂᆞᆫ搖動은其力이激烈ᄒᆞ야或升ᄒᆞ며或降ᄒᆞ야中央에發散ᄒᆞᄂᆞᆫ餘氣가四方에傳播ᄒᆞ야世間의一大災厄을貽ᄒᆞᄂᆞ니地震의景況을略擧ᄒᆞ건딕第一은地面의片碎니島房排의地震에無數ᄒᆞᆫ人馬가坑陷ᄒᆞᆫ者며第二ᄂᆞᆫ地面이升降이니東印度에佳聚의地震에廣大ᄒᆞᆫ地面이升起ᄒᆞ고其隣比의地面은底陷ᄒᆞ야舊時의繁盛ᄒᆞ든村落이今日의瀦廣ᄒᆞᆫ湖澤을成ᄒᆞᆫ者며第三은海溢이니南阿美利加洲秘魯國의地震에海水가湧走ᄒᆞ야其回注ᄒᆞᄂᆞᆫ波勢가八十尺의高에至ᄒᆞ야萬那澳의城府와人民을沈溺ᄒᆞ고其

港口의碇泊ᄒᆞᆫ船舶을數十里內地에推到ᄒᆞ고歐羅巴洲葡萄牙國利秀繁의地震에排比道의海水가二十尺의溢을成ᄒᆞ니此ᄂᆞᆫ各處에種種現出ᄒᆞᄂᆞᆫ者며第四ᄂᆞᆫ人物의毁滅이니伊太利國萬羅富利亞의地震에二百餘村落을破毁ᄒᆞ야十萬生靈의壓死를致ᄒᆞ고又全邦의地面을變遷ᄒᆞ야土地의爭訟이起ᄒᆞ기에至ᄒᆞ며葡萄牙國利秀繁의地震에六萬人을壓死ᄒᆞ고其傳播ᄒᆞᄂᆞᆫ餘力이歐羅巴洲及阿弗利加洲의大山을掀動ᄒᆞ고數萬里滄海를渡ᄒᆞ야阿美利加洲의各地에至ᄒᆞ니大槪地震의行ᄒᆞᄂᆞᆫ道ᄂᆞᆫ恒常稍圓ᄒᆞᆫ軌를成ᄒᆞᄂᆞᆫ者라

十五 地中熱氣의發泄ᄒᆞᄂᆞᆫ景像이火山과地震外에로亦有ᄒᆞ니其一은平地의噴火ᄒᆞᄂᆞᆫ者라阿片仁山의北方과哥秀比安海의西方에現出ᄒᆞ고其二ᄂᆞᆫ熱水의湧騰ᄒᆞᄂᆞᆫ者니北極近邊의氷島에七八里地面에百餘熱水가有ᄒᆞ야大者ᄂᆞᆫ其噴騰ᄒᆞᄂᆞᆫ水勢가二百尺의高에至ᄒᆞ며阿美利加洲合衆國萬尼布尼亞州富羅敦谷口에도熱水의噴出ᄒᆞᄂᆞᆫ勢가二百尺에幾至ᄒᆞᄂᆞᆫ者가有홈이니溫泉은此種과有異ᄒᆞ야其流出ᄒᆞᄂᆞᆫ泉脈이地中에堆積ᄒᆞᆫ硫黃을穿過ᄒᆞ야其熱氣를借得홈이라

六大洲의區域

一 地球를中分ᄒᆞ야二半球를作ᄒᆞ니東曰東半球며西曰西半球라東半球에ᄂᆞᆫ亞細亞洲歐羅巴洲阿弗利加洲及大洋洲(此大洲ᄂᆞᆫ南洋中에在ᄒᆞᆫ大島라或은大洲라不稱홈이라)의四大地가有ᄒᆞ고西半球에ᄂᆞᆫ北亞美利加洲와南阿美利加洲의二大地가有ᄒᆞ니今此中分ᄒᆞᆫ半球ᄂᆞᆫ地形이本來二片아니오區域의便利를爲ᄒᆞ야人作ᄒᆞᆫ者라

二 東半球의長廣을大洋洲ᄂᆞᆫ除ᄒᆞ고細歐弗三大洲로言ᄒᆞ건딕東西가二百七經度니阿弗利加洲의極西로亞細亞洲의極東에至ᄒᆞ고南北은一百十緯度니亞細亞洲의極北으로阿弗利加洲의極南에至ᄒᆞ니此三大洲의地形이相連ᄒᆞ나然ᄒᆞ나阿弗利加洲ᄂᆞᆫ近日蘇西運河의鑿通홈을因ᄒᆞ야界分ᄒᆞᆫ者라

三 大洋洲의長廣은東西가四十經度며南北이三十緯度에不滿ᄒᆞ니此ᄂᆞᆫ六大洲中에最小ᄒᆞᆫ者라

四 西半球의長廣은東西가一百三十經度에過ᄒᆞ니東으로排仍海를臨ᄒᆞ고西으로茜鹿의海嘴에抵ᄒᆞ며南北이一百二十六緯度니北은裵魯의地嘴를盡ᄒᆞ고南은馬賀蘭의海峽을歷ᄒᆞᆫ지라南北阿美利加洲의地形이缶의樑과同ᄒᆞ야其南北이廣ᄒᆞ고中間에

波羅馬의地腰에至ᄒᆞ야相連ᄒᆞ니其廣이九十里에不滿홈이라

五 此六大洲外에星羅碁布ᄒᆞᆫ島嶼가或大或小ᄒᆞᆫ딕大洲의名號를別立홈이無ᄒᆞ고各其附近ᄒᆞᆫ大洲의名을從ᄒᆞ야亞細亞洲에附近ᄒᆞᆫ者ᄂᆞᆫ亞細亞洲의島라ᄒᆞ며阿弗利加洲와歐羅巴洲에附近ᄒᆞᆫ者ᄂᆞᆫ此二大洲의名을從ᄒᆞ야稱ᄒᆞ며又南北阿美利加洲에附近ᄒᆞᆫ者도亦然ᄒᆞ니此ᄂᆞᆫ區別ᄒᆞ기便利홈을取홈이라六大洲의大小를方里로擧數ᄒᆞ건딕

漢譯으로	英音으로	方里
亞細亞洲	에시야	一億八千二百六十四萬二千一百三十方里
歐羅巴洲	유롭프	三千三百三十三萬三千六百八十方里
阿弗利加洲	앞흐리카	一億二千二百六十七萬九千四百八十八方里
大洋洲	어스트렐늬야	一千五十七萬三千四百十六方里
北阿美利加洲	노트아메리카	九千二百四十萬方里
南阿美利加洲	사우트아메리카	八千九百十萬方里

六 夫六大洲地面의方里ᄂᆞᆫ海水의占據ᄒᆞᆫ處를不計홈이니此를考ᄒᆞ건딕亞細亞洲가最

大ᄒᆞᆫ者라

邦國의區別

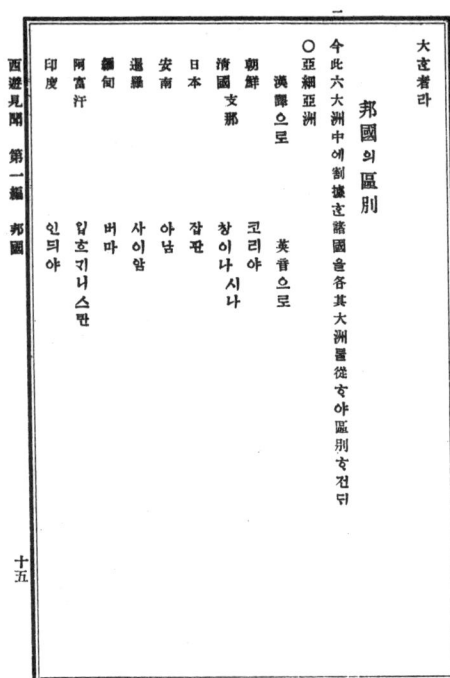

今此六大洲中에割據ᄒᆞᆫ諸國을各其大洲를從ᄒᆞ야區別ᄒᆞ건ᄃᆡ

○亞細亞洲

漢譯으로	英音으로
朝鮮	코리아
清國支那	챠이나시나
日本	잡판
安南	아남
暹羅	사이암
緬甸	버마
阿富汗	압흐가니스탄
印度	인듸야

醴八	네팔
西藏	팁벳트
波斯	퍼시야

此外에도縈累稱斯坦빌누치스탄과古親支那와土基斯坦과新嘉坡의諸島와甘保杜野캄보듸야와蔿南菲野며又他諸小島가多ᄒᆞ야其數를枚擧ᄒᆞ기不遑ᄒᆞ니或其中에僅自主ᄒᆞᄂᆞᆫ者도有ᄒᆞ며他人에게附庸ᄒᆞᄂᆞᆫ者도有ᄒᆞᆫ지라印度가英吉利國의屬地로ᄃᆡ諸他國과同列ᄒᆞ야登戴ᄒᆞᆫ者ᄂᆞᆫ英屬印度外에도其中立國ᄒᆞᆫ者가亦有ᄒᆞᆫ故로分言ᄒᆞ기極難ᄒᆞ야然홈이며又土耳基國에附屬ᄒᆞᆫ地方이有ᄒᆞ니曰小亞細亞曰世累野셰뤼야曰亘馬斯坦曰巴禮斯坦팔네스탄曰美昭布太糜亞曰亞羅比亞曰阿美尼亞曰台丹이며俄羅斯國에附屬ᄒᆞᆫ地方은曰鉅蓋時亞曰沙耳比利亞曰中亞細亞의全幅이라

○歐羅巴洲

漢譯으로	英音으로
大不列顛英吉利	끄렛트브뤼텐
佛蘭西	프란쓰
日耳曼	져만에
墺地利	어스트뤼야
匈牙利	헝가뤠
伊太利	이탈네
荷蘭	할난드
白耳義	벨지암
山馬利路	산마리노
丁抹	덴마크
安道羅	안도라
葡萄牙	포쥬걸
瑞西	스위뜬
諾威	노어웨
西班牙	스페인

土耳基	터키
希臘	끄뤼쓰
瑞典	스윗절난드
樸爾尼亞	루메니아
俄羅斯	롸시야
西比亞	셔비야

○阿弗利加洲

漢譯으로	英音으로
埃及	이집트
摩洛哥	모록코
杜尼斯	투니스
阿排時尼亞	아베시니아
杜立八利	트립폴늬
累伊比顛亞	나이베뤼야

土蘭斯拔 트란스바올
馬哥塞 마다가스가
烏滿 오만
羼支排 전지바
蘇丹 수단

此外에도謁支累亞알지뤼야ᄂᆞᆫ佛蘭西에屬ᄒᆞ고獵樂果等地ᄂᆞᆫ英吉利의版圖에入ᄒᆞ고模潛伯은葡萄牙에歸ᄒᆞ니差許多ᄒᆞᆫ地方을殫記ᄒᆞ기不能ᄒᆞᆫ者라

○南北阿美利加洲

漢譯으로	英音으로
合衆國 花旗國	유나이텟드스텟쯔
墨西哥 麥時古	멕시코
瓜多磨羅	귀테멜나
混斗羅斯	혼듀라스
聖撒排多	산살빼다

尼可羅果	니카라가
巴西	브라질
哥倫比	칼남비야
彬崖朱越那	볜에쥬엘나
高斯太樓哥	코스타릭가
厄瓜多	이퀘더
秘魯	피루
援利比亞	볼니비아
智利	칠늬
亞然丁	아젠턴
鬱羅貴	유라궤
許太伊	허틔이
山道明澳	산도밍오
把羅貴	파라궤

此外에도北阿美利加洲의佳那多라ᄒᆞᄂᆞᆫ地方은全혀英吉利에屬ᄒᆞ고謁那斯哥라ᄒᆞᄂᆞᆫ地方은合衆國에歸ᄒᆞ며南阿美利加洲의貴崖那라ᄒᆞᄂᆞᆫ地方은佛蘭西와荷蘭과英吉利의三國에分屬ᄒᆞ고赳排島ᄂᆞᆫ西班牙에歸ᄒᆞ니此等諸地外에許多ᄒᆞᆫ小小地方을枚擧ᄒᆞ기不遑ᄒᆞᆫ者라

○大洋洲

此洲에ᄂᆞᆫ立國ᄒᆞᆫ者가無ᄒᆞ고그地方이英吉利에全屬ᄒᆞ니其州郡의名은條記ᄒᆞ기太煩ᄒᆞ며又其隣比에大小의島嶼가無數ᄒᆞ되其中에立國ᄒᆞᆫ者를擧ᄒᆞ건ᄃᆡ

漢譯으로	英音으로
布哇	헤웨이

二 現今世界에占據ᄒᆞᆫ邦國이大槩로如上ᄒᆞᆷ이라

世界의山

一 今夫世界의山을記ᄒᆞ건ᄃᆡ各其占據ᄒᆞᆫ大洲를區別ᄒᆞᆷ이可ᄒᆞ니

亞細亞洲

一等山

喜馬拉 崑崙山
哥羅高寬
赳越蘭
陽屈仍

此四山은西藏의高原이라稱ᄒᆞᄂᆞ니天下의最高ᄒᆞᆫ處라然ᄒᆞᆫ故로此地를名ᄒᆞ야曰世界의脊이라

二 此等諸山의各其占有ᄒᆞᆫ最高峰을論ᄒᆞ건ᄃᆡ

喜馬拉에ᄂᆞᆫ

崖排顚土	二萬九千二尺
君親眞佳	二萬八千一百五十六尺
時瑠	二萬七千七百九十九尺
多越禮智利	二萬六千八百二十六尺
蘭茶大比	二萬五千七百九十七尺

哥羅高寬에ᄂᆞᆫ

菩長　二萬八千一百八尺

三 此諸山의排列ᄒᆞᆫ形像을記ᄒᆞ건ᄃᆡ

喜馬拉은西藏의南方에起ᄒᆞ야堅枝斯의高原을向ᄒᆞ야南行ᄒᆞ야其勢가始盡ᄒᆞ니崖排頗土의諸峰이逶迤히碁寘ᄒᆞ고

哥羅高寬과赴越關은西藏의東西에起ᄒᆞ야因ᄒᆞ야東西로行ᄒᆞ니其高가喜馬拉과幾齊ᄒᆞ고陽屈仍은西藏의東南方에起ᄒᆞ야因ᄒᆞ야東南으로行ᄒᆞᆫ者라

二等山

四 赴越關山의北에佗逸江의枯原이라ᄒᆞᄂᆞᆫ地方이有ᄒᆞ니其高가二萬尺에至ᄒᆞᄂᆞᆫ지라其東北은蒙古의高原이며其西ᄂᆞᆫ天山의龍脈이逶迤ᄒᆞ고其正東은高比의沙漠이니蒙古의高原이高比의沙漠을挾ᄒᆞ야謁太伊山이其北에在ᄒᆞ고肯咸山이其東을阻隔ᄒᆞᆫ者라

五 西藏의高原을從ᄒᆞ야崔嵬ᄒᆞᆫ山脈이無數히東行ᄒᆞ니中國의峻岳崇峰이皆此山의餘枝라

六 西藏의西方에喜馬拉과赴越關의二山이合ᄒᆞ야無數ᄒᆞᆫ山脈이包絡ᄒᆞ니名ᄒᆞ야曰호듸蕭昌의山宗이라世界의脊이是요渾杜羅娑山이此를從ᄒᆞ야西行ᄒᆞ야亞細亞西方及西藏의間에崇高ᄒᆞᆫ諸山을成ᄒᆞᆫ者라

七 伊蘭의高原은其北에藥富樓朱山이起ᄒᆞ야西南에ᄂᆞᆫ赭羅老壽山이오東인則率老滿山이有ᄒᆞ고又阿美尼亞의地方은伊蘭의西에在ᄒᆞ니其最高ᄒᆞᆫ山이一萬七千尺에過ᄒᆞ야阿羅頗土라名ᄒᆞ며小亞細亞의高原은半島의地形을成ᄒᆞ니攄羅秀山이其地에據ᄒᆞ야崇峻ᄒᆞᆫ形勢를成ᄒᆞᆫ者라

八 亞羅比亞의高原은海濱을遵ᄒᆞ야峻崖를成ᄒᆞ고東印度의半島에ᄂᆞᆫ德幹의高原이有ᄒᆞ니彬茶山으로爲界ᄒᆞ고其東西ᄂᆞᆫ鉦蔡朱山이라

九 沙耳比利亞와土基斯坦의低原은亞細亞의北方及西北方을占據ᄒᆞ니哥秀比安海로從ᄒᆞ야北極海에盡ᄒᆞᆫ者라

十 黑龍江의低原은滿洲의諸山이周遭ᄒᆞ야在ᄒᆞ고淸國의低原은黃河와楊子江의下流에在ᄒᆞᆫ者라

十一 印度의低原은德幹의高原及喜馬拉山의中間에在ᄒᆞ야小小ᄒᆞᆫ邱陵이逶迤히起落ᄒᆞᆫ

者라

十二 歐羅巴洲

一等山

埃乙布 일프

此山은衆山이合ᄒᆞᆫ者니谷이深ᄒᆞ고壑이長ᄒᆞᆫ지라然ᄒᆞᆫ故로其四圍에散處ᄒᆞᆫ諸邦의相通ᄒᆞᄂᆞᆫ道路가險阻의艱難이無ᄒᆞ고其峰岳에草木이茂盛ᄒᆞ며極高ᄒᆞᆫ頂에至ᄒᆞᆫ則四時의雪華가不消ᄒᆞ야歐洲의奇景을飾ᄒᆞ니世界上의稀有ᄒᆞᆫ名勝이라見稱ᄒᆞᄂᆞᆫ者라

十三 其占有ᄒᆞᆫ最高峯을舉數ᄒᆞ건ᄃᆡ

埃乙布에

萬冷求　一萬五千七百四十四尺

老沙　一萬五千一百七十四尺

愛攄本　一萬四千八百三十六尺

十四 此諸山의排列ᄒᆞᆫ形像을記ᄒᆞ건ᄃᆡ

伊太利半島에起ᄒᆞ야半月의鉤彎ᄒᆞᆫ形으로弓背ᄀᆞ치屈曲ᄒᆞ야那伊溫海濱을遵ᄒᆞ야大揖音側江과愛커利崖特海邊에抵ᄒᆞᆫ者라

二等山

此諸山은埃乙布山의東西에其行脈홈이延長ᄒᆞ기도ᄒᆞ며連合ᄒᆞ기도ᄒᆞ고又或結脈ᄒᆞ야鏈鎖의排連홈과同ᄒᆞ기도ᄒᆞ니其中間에低原이有ᄒᆞ야羅仁江과繁道江의縱橫홈으로三片大地를成홈이라

十五 佛蘭西의諸山은埃乙布山의西에在ᄒᆞ니老溫江의低原이라ᄒᆞᄂᆞᆫ地方이此山及此江의間에據ᄒᆞᆫ지라又此諸山의行脈ᄒᆞᆫ貌樣은佛蘭西의南方平地를從ᄒᆞ야羅仁江에抵ᄒᆞ니其名稱은各其地方의指呼ᄒᆞᆫ바로鉦彬과那伊溫崖와實樹支라ᄒᆞ고又魚屛의高原은舊時의火山이니那伊溫崖의西方에在ᄒᆞᆫ者라

十六 日耳曼의諸山은羅仁江을從ᄒᆞ야繁道江에抵ᄒᆞ니瑞典과排蒂頗의高原이其間에在ᄒᆞ야埃乙布山과連ᄒᆞᆫ者라瑞典과秀與比連朱羅와連利秀의諸山에葡萄의濃青ᄒᆞᆫ蔓이緜延ᄒᆞ고松栢의長聚ᄒᆞᆫ樹가鬱密ᄒᆞ야畵中의景槩를成ᄒᆞ니其最高ᄒᆞᆫ諸峰은賀朱와秀大周라ᄒᆞᄂᆞᆫ者라

十七 匈牙利의諸山은繁道江에起ᄒᆞ야東向ᄒᆞ야行ᄒᆞ다가大揖江에抵ᄒᆞ야盡ᄒᆞ니其西ᄂᆞᆫ哥薩治安山의最高ᄒᆞᆫ峰이며其東은土爾泄比尼亞山이며又此二山의間에諸山의草木이蕃茂ᄒᆞ야其勢를連ᄒᆞᆫ者라

十八 土耳基의半島ᄂᆞᆫ山이最多ᄒᆞ니杜體益의挨乙布라ᄒᆞᄂᆞᆫ山이愛ᄏᆞ利崖特海邊을遶ᄒᆞ야挨乙布山과連ᄒᆞᆫ지라拔諫山은其西에起ᄒᆞ야東行ᄒᆞ고彬茶蕃山은其北에起ᄒᆞ야南盡ᄒᆞᆫ者라

十九 伊太利의半島ᄂᆞᆫ阿片仁山의縱橫ᄒᆞ야占據ᄒᆞᆫ地方이니其山이西挨乙布山과合ᄒᆞ야全邊阿海邊을遶ᄒᆞ야美時那海濱에至ᄒᆞ되穰捌과老瀰甘朴那의地方은不包ᄒᆞ니大槃穰捌이라ᄒᆞᄂᆞᆫ地方에比秀比亞火山이有ᄒᆞ고又詩實禮島ᄂᆞᆫ多山ᄒᆞᆫ地方이니其最高ᄒᆞᆫ火山은伊太라名ᄒᆞ야一萬八百餘尺에至ᄒᆞᆫ者라

二十 西班牙의半島ᄂᆞᆫ則一高原의大ᄒᆞᆫ者니衆山의脈이此地에起ᄒᆞ야每樣東을從ᄒᆞ야西에向ᄒᆞ니薇頡尼秀와哥太富利阿의二山은其北에在ᄒᆞ고時蔡羅禮排多山은其南에在ᄒᆞᆫ者라

二十一 巍干大禮比亞의半島ᄂᆞᆫ平原이其東에在ᄒᆞ고其西ᄂᆞᆫ險峻ᄒᆞ야巖石의高原이니其原

陵의形勢가海濱을向ᄒᆞ야斜下ᄒᆞᆫ者라

二十二 大不列顚의地方은其南北이殘山短麓의平地며其正北인則蘇格蘭島의多山ᄒᆞᆫ處라

二十三 大槃歐洲의東北은低下ᄒᆞᆫ平地니或最小ᄒᆞᆫ山麓과水淺ᄒᆞᄂᆞᆫ潴澤이間有ᄒᆞᆫ지라其平地의廣大홈이俄羅斯의全幅을幾包ᄒᆞ고又日耳曼과荷蘭과白耳義의北方이며佛蘭西의西方을圍包ᄒᆞᆫ者라

二十四 又小小ᄒᆞᆫ平地를論ᄒᆞ면老温江의平地ᄂᆞᆫ挨乙布山과佛蘭西諸山의間에在ᄒᆞ고大揖江의平地ᄂᆞᆫ挨乙布山과匈牙利의諸山의間에在ᄒᆞ고中央羅仁江의平地ᄂᆞᆫ實樹支山과黑林의間에在ᄒᆞ고潴江의平地ᄂᆞᆫ挨乙布山의南에在ᄒᆞ야謁薇仁秀山을分ᄒᆞᆫ者라

二十五 阿弗利加洲

一等山

阿排時尼亞의高原

東方의山脈

此諸山은阿弗利加洲의東方에在ᄒᆞᆫ者라大槃此洲의地形이山으로四環ᄒᆞ고中央全幅은低下ᄒᆞᆫ平地니今此二山의名은其占據ᄒᆞᆫ地名을因ᄒᆞ야稱ᄒᆞᄂᆞᆫ者라

二十六 其占有ᄒᆞᆫ最高峰을數ᄒᆞ건ᄃᆡ

阿排時尼亞의高原에ᄂᆞᆫ

捍排亞禮杜 一萬二百尺

東方의山脈에ᄂᆞᆫ

吉利馬累周羅 一萬尺

雞尼亞 一萬八千尺

二十七 此諸山의排列ᄒᆞᆫ形像을記ᄒᆞ건ᄃᆡ

阿排時尼亞의高原은南行ᄒᆞ야海濱을沿ᄒᆞ고東方의山脈은白土利亞와謁排土의兩湖의東에在ᄒᆞᆫ者라

二等山

二十八 阿弗利加의高原의南은旋排滅ᄏᆞ와鎌溪刖杜의二山으로成ᄒᆞ고其西ᄂᆞᆫ衆山의脈이縈絡ᄒᆞ니巨利斯脫山과又他諸山이오排亞土羅의海口ᄂᆞᆫ其地方에巨馬崙山이平地에行ᄒᆞ야突起ᄒᆞᆫ者니其高가一萬三千尺에至홈이라

二十九 阿弗利加의北方에二山의行脈ᄒᆞᆫ者가有ᄒᆞ니其一은公山이라費尼海口의地方에在

ᄒᆞ고又其一은曰愛突羅斯山이니地中海의邊沿을周遭ᄒᆞ야其最高ᄒᆞᆫ峰이一萬二千尺에至ᄒᆞᄂᆞᆫ者라

三十 阿弗利加의內地ᄂᆞᆫ蛇河羅의沙漠과蘇丹의沃土로分ᄒᆞ니蛇河羅沙漠은天下의最大ᄒᆞᆫ者라二千四百七十五萬方里니其全面이沙石ᄲᅮᆫ이오間間히低下ᄒᆞᆫ窪處에水濕ᄒᆞᆫ氣가有ᄒᆞ야草木이蕃茂ᄒᆞᆫ則人物이亦盛ᄒᆞ고蘇丹의沃土ᄂᆞᆫ蛇河羅의南에在ᄒᆞ니其地가亦天下의最肥ᄒᆞᆫ者라稱ᄒᆞᄂᆞ니是故로居民이衆多홈이라

三十一 阿弗利加洲의平地ᄂᆞᆫ如帶ᄒᆞᆫ地形이海濱을環ᄒᆞ야山海間에居ᄒᆞ고其最低ᄒᆞᆫ地ᄂᆞᆫ愛突羅斯山과蛇河羅의沙漠의間에在ᄒᆞᆫ者라

三十二 北阿美利加洲

一等山

中阿美利加의高原

墨西哥의高原

北地

此ᄂᆞᆫ皆山名이아니오其占據ᄒᆞᆫ地名을因ᄒᆞ야稱홈이니三條의大脈을合ᄒᆞ야

時獘久의脈이라呼며其羅立기는北極海를從야波羅馬의地腰에抵니大巃阿美利加洲의西方에在야其行龍脈이一萬七千一百里에至는者라

三十三 此諸山의最高峰을指擧건

中阿美利加의高原에는

達舖壘古 一萬三千八百尺
達菸哥 一萬三千五百尺
伊羅秀 一萬一千一百九十六尺
哲伊賁 一萬一千二百六十五尺

此諸山은皆火山이오又此外에高峰이多나一萬尺以下에在者라

墨西哥의高原에는

五利支排 一萬七千三百七十四尺
布滿哥他獘突 一萬七千七百十七尺
伊朱托時虛突 一萬五千七百八尺
突累哥 一萬五千五百九十四尺

此諸山도伊朱托時虛突外는皆火山이며一萬尺以下의高峰이亦多니皆火山이라

北地에

富羅雲 一萬六千尺
黑鉅 一萬五千七百尺

此二山은祿雞山의脈이며

聖逸利餓秀 一萬七千九百尺
聖歇論斯 一萬五千七百尺

此二山은海邊山과哥斯几利杜山의脈이라

三十四 此諸山의排列形像을論出면

中央阿美利加의高原은則波羅馬의地腰를從야攄軒攄伯의地腰에抵니西方의最高者로火山이亦多고東向야斜落者라

墨西哥의高原은攄軒攄伯의地腰를從야利遨羯蘭과吉那의兩江에抵니峻峭壘壁으로行다가海濱에就近야累處의平地를散作고時菸羅馬斗巓山이

其中央에占立야其一邊은愛馬羅의高原이오又一邊은美覆美의沙坑이라

北地는吉那와利遨羅蘭의兩江을從야北으로北極海에盡니此山의脈이崇高峰은雖少나最廣且大者라祿雞山이其東에在고時菸羅禮保茶山이其西에在며又此二山을間야高平地가有니臥沙聚山이其中央에占據야骨老羅道의高平地와大窪의低下地를其左右에分成者라

二等山

此山은東海를連야行者니其名이曰厓必禮治安의脈이라聖老連秀의海項에起야華智亞와錫那富馬의二州의北에達니其脈인一字의形으로行故로中間에肥沃平地를粧成이라

三十五 華爾土山은合衆國의旋咸沙州에在者라

三十六 弗樂求山은合衆國의北哥几利那州에在者라

三十七 地宗은大原이라는地方을從야棄厓顚多의半島의抵야廣漠一片大地를成니其南에聖老連秀와美時什彼의二河가流고其北에賀春의海口가渟滀호되合流는勢를不成이라

三十八 北極의高原은阿美利加洲의東北에在니賀春의海口地方과北極海及平地間에占據者라

三十九 平地는西方의高地와二等山脈의間에在야廣濶一大野를開호되其中央에地宗이라는地方이起야北極의平地와美時什彼의谷을分成者라

四十 美時什彼의谷은美時什彼河의近處에在故로因야名이니廣大平地라土地가膏腴고風景이秀麗기로有名者라

四十一 南阿美利加洲

一等山

安道秀

此山은極大者라諸國을經야行脈故로各其地方의名號를隨야稱이니馬質蘭의海口에起야波羅馬의地腰에抵者니曰호되

貝澤遨尼亞의安道秀
智利의安道秀
扳利比亞와秘魯의安道秀

厄瓜多와哥倫比의安道秀

四十二

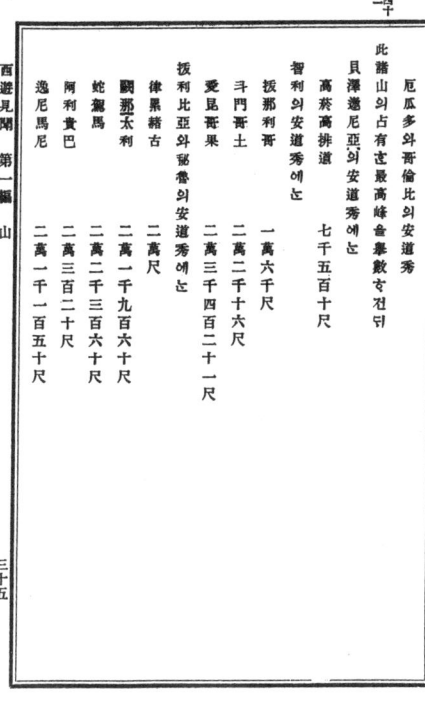

此諸山의占有ᄒᆞᆫ最高峰을擧數ᄒᆞ건ᄃᆡ

貝澤遜尼亞의安道秀에ᄂᆞᆫ

高菸高排道　七千五百十尺

智利의安道秀에ᄂᆞᆫ

扱那利哥　一萬六千尺

ㅋ門哥土　二萬二千十六尺

愛昆哥果　二萬三千四百二十一尺

扱利比亞와秘魯의安道秀에ᄂᆞᆫ

律累緖古　二萬尺

闕那太利　二萬一千九百六十尺

蛇纙馬　二萬二千三百六十尺

阿利貴巴　二萬三百二十尺

逸尼馬尼　二萬一千一百五十尺

蘇羅他　二萬一千三百四十尺

厄瓜多와哥倫比의安道秀에ᄂᆞᆫ

被新沙　一萬五千九百二十四尺

滋保羅皂　二萬五百十七尺

戎巖排　一萬九千五百三十五尺

古道博施　一萬九千五百三十尺

安姤時那　一萬九千一百三十七尺

突利馬　一萬八千二十尺

四十三

此諸山의排列ᄒᆞᆫ形像을指說ᄒᆞ면

貝澤遜尼亞의安道秀ᄂᆞᆫ此地에起ᄒᆞ야一脈의龍으로連ᄒᆞᆫ者니其最高ᄒᆞᆫ峰頂에氷山이間有ᄒᆞᆫ者라

智利의安道秀ᄂᆞᆫ亦一脈의龍으로此國에羅列ᄒᆞᆫ者라

扱利比亞와秘魯의安道秀ᄂᆞᆫ二條의脈龍으로排成ᄒᆞᆫ者니扱利比亞의高原을屛障ᄀᆞ치環繞ᄒᆞ고台特阿哥湖의西北에至ᄒᆞ야ᄂᆞᆫ二脈이散ᄒᆞ야衆小山이西北으로行

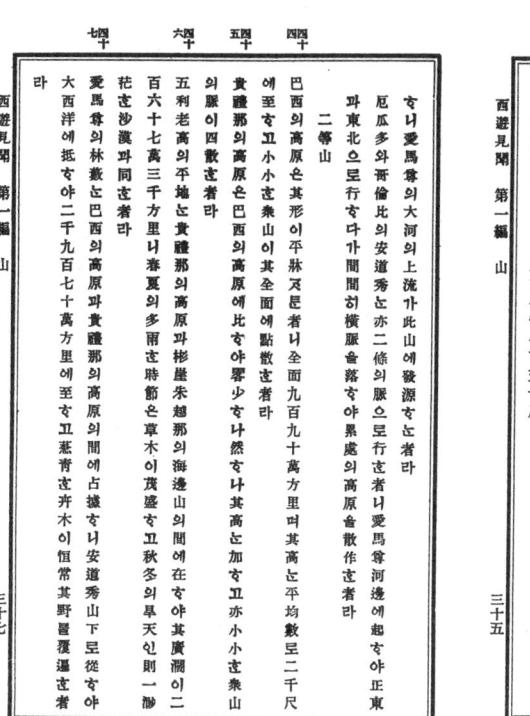

ᄒᆞ니愛馬尊의大河의上流가此山에發源ᄒᆞᄂᆞᆫ者라

厄瓜多와哥倫比의安道秀ᄂᆞᆫ亦二條의脈으로行ᄒᆞᆫ者니愛馬尊河邊에起ᄒᆞ야正東과東北으로行ᄒᆞ다가間間히橫脈을落ᄒᆞ야累處의高原을散作ᄒᆞᆫ者라

二等山

四十四

巴西의高原은其形이平牀ᄀᆞᆺᄒᆞᆫ者니全面九百九十萬方里며其高ᄂᆞᆫ平均數로二千尺에至ᄒᆞ고小小ᄒᆞᆫ衆山이其全面에點散ᄒᆞᆫ者라

四十五

貴禮那의高原은巴西의高原에比ᄒᆞ야畧少ᄒᆞ나然ᄒᆞ나其高ᄂᆞᆫ加ᄒᆞ고亦小小ᄒᆞᆫ衆山의脈이四散ᄒᆞᆫ者라

四十六

五利老高의平地ᄂᆞᆫ貴禮那의高原과彬崖朱越那의海邊山의間에在ᄒᆞ야其廣濶이二百六十七萬三千方里니春夏의多雨ᄒᆞᆫ時節은草木이茂盛ᄒᆞ고秋冬의旱天인則一渺茫ᄒᆞᆫ沙漠과同ᄒᆞᆫ者라

四十七

愛馬尊의林藪ᄂᆞᆫ巴西의高原과貴禮那의高原의間에占據ᄒᆞ니安道秀山下로從ᄒᆞ야大西洋에抵ᄒᆞ야二千九百七十萬方里에至ᄒᆞ고蒸青ᄒᆞᆫ卉木이恒常其野를覆遍ᄒᆞᆫ者라

四十八

那捌那他의平地ᄂᆞᆫ巴西의高原과安道秀山의間에起ᄒᆞ야貝澤遜尼亞에至ᄒᆞᄃᆡ草木의絶無ᄒᆞᆫ地方이라

四十九

大洋洲

一等山

大洋洲의埃乙布

此山은此洲東方에在ᄒᆞᆫ者니大洋洲의埃乙布라稱ᄒᆞᄂᆞᆫ者ᄂᆞᆫ無他라歐羅巴洲에埃乙布山이最高ᄒᆞ고大洋洲에此山이最高ᄒᆞᆫ緣由니山形이相同ᄒᆞ야此名을得ᄒᆞᆷ이아니라

五十

其占有ᄒᆞᆫ最高峰을記ᄒᆞ건ᄃᆡ

大洋洲의埃乙布에

越仍敎　七千五百尺

越利巖　四千尺

五十一

此諸山의排列ᄒᆞᆫ形像을論ᄒᆞ면

其諸脈의排布ᄒᆞᆫ貌樣이大綱으로阿弗利加洲의諸山과同ᄒᆞ니東方에在ᄒᆞᆫ者가一

等山이라

二等山

足히擧數ᄒᆞᆯ者가無ᄒᆞᆫᄃᆡ其排列ᄒᆞᆫ脈龍은四方及中央에散在ᄒᆞ고大洋洲의平地라ᄒᆞᄂᆞᆫ地方은中央에在ᄒᆞᆫ者라

西遊見聞第一編 終

西遊見聞第二編

世界의海

一 今夫世界의海ᄅᆞᆯ論ᄒᆞ건ᄃᆡ曰

漢譯으로 英音으로
北極海 악틱크
南極海 안틔악틱크
大西洋 앗틀넌틱크
太平洋 大東洋 퍼시픽크
印度海 인듸얀

二 夫此五海ᄅᆞᆯ已上ᄀᆞᆺ치分言ᄒᆞ나實狀은一水의相通ᄒᆞᆫ者니然ᄒᆞᆫ故로其分劃ᄒᆞᆫ境界가或大洲의阻隔으로以ᄒᆞ고或經緯의度線으로以ᄒᆞᆷ이오其深을欲論ᄒᆞ면海底도地面과同ᄒᆞ야高峰과深壑의參差ᄒᆞᆷ이不一ᄒᆞᆯᄲᅮᆫ더러海中測量ᄒᆞᄂᆞᆫ器械가姑且盡善ᄒᆞᆫ境에未至ᄒᆞ니太平洋의最深處ᄂᆞᆫ四萬三千尺이오大西洋의最深處ᄂᆞᆫ二萬五千尺이라

北阿美利加의旋華雲突蘭島와大不列顚의愛爾蘭島의間에大西洋의水淺ᄒᆞᆫ處가四千尺으로一萬二千七百尺에至ᄒᆞᄂᆞᆫ故로此海에電線을沈架ᄒᆞ야歐洲及美洲의二大陸을連ᄒᆞ니此ᄅᆞᆯ由ᄒᆞ야電線原이라稱ᄒᆞᄂᆞᆫ者라

三 五海의割據ᄒᆞᆫ方位ᄅᆞᆯ記ᄒᆞ건ᄃᆡ

四 北極海ᄂᆞᆫ北極을環ᄒᆞ야亞細亞洲와歐羅巴洲와北阿美利加洲의北으로界限을定ᄒᆞ니太平洋과接ᄒᆞ기ᄅᆞᆯ排仍의海項으로以ᄒᆞ고大西洋과連ᄒᆞ기ᄅᆞᆯ翡麟蘭島의海로以ᄒᆞᆫ者라

五 南極海ᄂᆞᆫ南極을環ᄒᆞ야在ᄒᆞᆫ者니大地의境域으로界限을不定ᄒᆞ고太平洋大西洋及印度海와相接ᄒᆞ고其限域은經緯의度線으로水上에定ᄒᆞᆫ者라

六 大西洋은北極海의南盡處로브터南極海의北盡處에至ᄒᆞ니其西ᄂᆞᆫ南北阿美利加의二洲로界ᄒᆞ고其東은歐羅巴洲와阿弗利加洲로限ᄒᆞᆫᄃᆡ以上의四大洲의地가南極海에抵ᄒᆞᆫ者가無ᄒᆞᆫ故로浩瀚과闊合의兩海嘴로其界ᄅᆞᆯ定ᄒᆞ고又此海의南은眞港이無ᄒᆞᆫᄃᆡ其北에ᄂᆞᆫ善良ᄒᆞᆫ港灣과深平ᄒᆞᆫ海峽이多ᄒᆞᆫ者라

七 太平洋은北으로排仍의海項에起ᄒᆞ야南으로南極의周圍에至ᄒᆞ니其西ᄂᆞᆫ亞細亞洲

八 와大洋洲로界ᄒᆞ고其東은南北阿美利加의二洲로限ᄒᆞᆫ者라

印度海ᄂᆞᆫ南極海의北盡處로브터亞細亞洲에至ᄒᆞ니其西ᄂᆞᆫ猬合의海嘴의經度와阿弗利加洲로界ᄒᆞ고其南은陀斯馬尼亞의南海嘴와大洋洲로限ᄒᆞ며其最便ᄒᆞᆫ港口와海濱인則紅海와亞羅比亞의海와波斯의海項과房傑의海臂니皆此海의北에占據ᄒᆞᆫ者라

九 五海의大ᄒᆞᆷ을相較ᄒᆞ고且其大ᄅᆞᆯ都合ᄒᆞ야每一海에其都合幾分의幾ᄅᆞᆯ言ᄒᆞ건ᄃᆡ

	海의大	都合의幾分의幾
太平洋	八億四百八十萬方里	二分의一
大西洲	三億八千一百十五萬方里	四分의一
印度海	三億四百九十二萬方里	五分의一
南極海	九千二百八十五萬方里	十七分의一
北極海	四千六百二十八萬二千五百方里	四十三分의一

十 如是ᄒᆞᆫ지라五海의廣濶ᄒᆞᆷ이其都合面積으로十六億三千萬二千五百方里니大陸의全面과比ᄒᆞ야四分의三이加多ᄒᆞᆷ이오又此ᄂᆞᆫ精明ᄒᆞᆫ算法으로打定ᄒᆞᆷ아니라其就近

ᄒᆞᆫ成數ᄅᆞᆯ擧ᄒᆞᆯᄯᆞ름이라

十一 海中에回旋ᄒᆞᄂᆞᆫ水기有ᄒᆞ니其理由ᄂᆞᆫ論辨ᄒᆞ기支離ᄒᆞ나其功效ᄅᆞᆯ略記ᄒᆞ건ᄃᆡ水土의關係가不少ᄒᆞ거니와亦風의起源이니大槩其種이有二ᄒᆞ야一曰回旋ᄒᆞᄂᆞᆫ寒水며一曰回旋ᄒᆞᄂᆞᆫ熱水라其數가有五ᄒᆞ야寒者가二오熱者가三이니五海에其一이各有ᄒᆞᆫ지라

北極海의回旋ᄒᆞᄂᆞᆫ寒水
南極海의回旋ᄒᆞᄂᆞᆫ寒水
印度海의回旋ᄒᆞᄂᆞᆫ熱水
太平洋의回旋ᄒᆞᄂᆞᆫ熱水
大西洋의回旋ᄒᆞᄂᆞᆫ熱水

十二 夫海ᄂᆞᆫ渟滀ᄒᆞᆫ水리流行ᄒᆞᄂᆞᆫ者아닌故로其波濤가風의激起ᄒᆞᆷ되야山ᄀᆞᆺ치湧ᄒᆞ며雪ᄀᆞᆺ치噴ᄒᆞ여도其本處에動蕩ᄒᆞᆯᄯᆞ름이니如此ᄒᆞᆫ理由로推觀ᄒᆞ면海ᄂᆞᆫ平地와同ᄒᆞ고回旋ᄒᆞᄂᆞᆫ水ᄂᆞᆫ江河와同ᄒᆞᆫ지라然ᄒᆞ기海中에回旋ᄒᆞᄂᆞᆫ水ᄅᆞᆯ平地의江河로一視ᄒᆞᆷ이最近ᄒᆞᆫ比較니大槩寒水ᄂᆞᆫ黑道에起ᄒᆞ고熱水ᄂᆞᆫ赤道에起ᄒᆞᄂᆞᆫ지라今其回旋ᄒᆞᄂᆞᆫ軌

道ᄅᆞᆯ論ᄒᆞ건ᄃᆡ

十三 北極海의回旋ᄒᆞᄂᆞᆫ寒水ᄂᆞᆫ南流ᄒᆞ야下ᄒᆞ다가地球의東轉ᄒᆞᄂᆞᆫ勢ᄅᆞᆯ不敵ᄒᆞ야西流ᄒᆞᄂᆞᆫ橫斜ᄒᆞᆫ道ᄅᆞᆯ暫成ᄒᆞᄂᆞ니北阿美利加洲의棄崖顚多半島ᄅᆞᆯ挾流ᄒᆞ야大西洋에入ᄒᆞ야ᄂᆞᆫ回旋ᄒᆞᄂᆞᆫ熱水의下에沈流ᄒᆞᄂᆞᆫ者라

十四 南極海의回旋ᄒᆞᄂᆞᆫ寒水ᄂᆞᆫ北流ᄒᆞ야下ᄒᆞ다가亦地球의東轉ᄒᆞᄂᆞᆫ力을不抵ᄒᆞ야東流의橫斜ᄅᆞᆯ成ᄒᆞᄂᆞ니北極의回旋ᄒᆞᄂᆞᆫ水에比ᄒᆞ야幾倍로大ᄒᆞᆫ者라大陸의近處에至ᄒᆞ야ᄂᆞᆫ其流가三支에分ᄒᆞ니第一支ᄂᆞᆫ阿弗利加洲의西嘴ᄅᆞᆯ挾流ᄒᆞ다가貴尼의海項에入ᄒᆞ야ᄂᆞᆫ其方向과性質을變ᄒᆞ야回旋ᄒᆞᄂᆞᆫ熱水가되고第二支ᄂᆞᆫ南阿美利加洲의南端을從行ᄒᆞ다가其海中의回旋ᄒᆞᄂᆞᆫ熱水와合ᄒᆞ고第三支ᄂᆞᆫ大洋洲의南을包回ᄒᆞ야亦回旋ᄒᆞᄂᆞᆫ熱水와合流ᄒᆞᄂᆞᆫ者라

十五 印度海의回旋ᄒᆞᄂᆞᆫ熱水ᄂᆞᆫ赤道海中에起ᄒᆞ야其始ᄂᆞᆫ西流ᄒᆞ다가復南行ᄒᆞ야冒濁伯의海ᄅᆞᆯ經ᄒᆞ고阿弗利加洲와南에至ᄒᆞ야ᄂᆞᆫ猬合의海嘴에直達ᄒᆞ야其流勢ᄅᆞᆯ捲回ᄒᆞ면서南極海의回旋ᄒᆞᄂᆞᆫ寒水와合ᄒᆞ야南極으로向ᄒᆞᆫ者라

十六 太平洋의回旋ᄒᆞᄂᆞᆫ熱水ᄂᆞᆫ亦赤道海中에起ᄒᆞ야二支에分ᄒᆞ니其一은曰北支며又其

一은曰南支라其北支ᄂᆞᆫ太平洋의浩蕩ᄒᆞᆫ海面을截過ᄒᆞ야韓立彬、島ᄅᆞᆯ經ᄒᆞ고又北으로赴逸과日本의諸島ᄅᆞᆯ挾流ᄒᆞ야其近處에回旋ᄒᆞᄂᆞᆫ熱水와合ᄒᆞ니其流行ᄒᆞᄂᆞᆫ形勢가環의圓ᄒᆞᆷ을成ᄒᆞ고南支ᄂᆞᆫ西流ᄒᆞ야大洋洲와貴尼의諸島ᄅᆞᆯ向ᄒᆞ야二支에分ᄒᆞ니其一支ᄂᆞᆫ大洋洲의海邊을從ᄒᆞ야南極海의回旋ᄒᆞᄂᆞᆫ寒水와合ᄒᆞ고又一支ᄂᆞᆫ西北으로流ᄒᆞ다가直其地에捲回ᄒᆞ야折流ᄒᆞᄂᆞᆫ勢가背後에退步ᄒᆞᄂᆞᆫ形을成ᄒᆞᄂᆞᆫ者라

十七 大西洋의回旋ᄒᆞᄂᆞᆫ熱水ᄂᆞᆫ亦且赤道海中에起ᄒᆞ니東으로從ᄒᆞ야西으로行ᄒᆞᄂᆞᆫ지라茜鹿의海嘴에抵ᄒᆞ야亦二支에分ᄒᆞ야北支와南支라稱ᄒᆞᄂᆞ니南支ᄂᆞᆫ巴西國의海邊을從流ᄒᆞ다가二支에分ᄒᆞ야其小者ᄂᆞᆫ南阿美利加洲의海邊으로下ᄒᆞ고其大者ᄂᆞᆫ折回ᄒᆞ야東으로向ᄒᆞ야南極海의回旋ᄒᆞᄂᆞᆫ寒水와合ᄒᆞ야赤道에流入ᄒᆞᄂᆞᆫ故로其勢가環의圓形을像ᄒᆞ고北支ᄂᆞᆫ南阿美利加洲의海邊을從流ᄒᆞ야萬排比安의海와墨西哥의海項으로流入ᄒᆞᆫ後에赴排島와合衆國南方의海ᄅᆞᆯ經ᄒᆞ야東北으로歐羅巴洲의海邊을向ᄒᆞᄂᆞᆫ際에亦二支에分ᄒᆞ야其一支ᄂᆞᆫ英吉利와愛爾蘭의諸島의間에出ᄒᆞ야北極으로向ᄒᆞ고又一支ᄂᆞᆫ東南으로流ᄒᆞ야其近處에回旋ᄒᆞᄂᆞᆫ熱水와合ᄒᆞ니其流形이亦環과同ᄒᆞᆫ者라

十八 大槪回旋ᄒᆞᄂᆞᆫ諸水의流行ᄒᆞᄂᆞᆫ形勢ᄂᆞᆫ已上에論出홈과同ᄒᆞ거니와人生의有益ᄒᆞᆫ關係가亦此ᄅᆞᆯ由ᄒᆞ야生出ᄒᆞᄂᆞᆫ者가多ᄒᆞ니畧擧ᄒᆞ건ᄃᆡ

十九 大西洋의回旋ᄒᆞᄂᆞᆫ熱水의一支가墨西哥의海灣에出ᄒᆞ야歐羅巴洲의北方에至ᄒᆞ야其地方의寒冷ᄒᆞᆫ氣ᄅᆞᆯ輕減ᄒᆞ야水土가人生에相適ᄒᆞ고百物이蕃殖ᄒᆞ니英吉利의地方이萬若回旋ᄒᆞᄂᆞᆫ熱水近處에不在ᄒᆞ얏스면今日의富盛ᄒᆞᆫ一國되기ᄂᆞᆫ姑舍ᄒᆞ고人物의居生ᄒᆞ기도不能ᄒᆞᆯ디라今其理ᄅᆞᆯ證明ᄒᆞ기爲ᄒᆞ야北阿美利加洲의葉厘顚多半島의景况을擧比ᄒᆞ노니英吉利와葉厘顚多의二地方이東西ᄂᆞᆫ雖異ᄒᆞ나赤道의距離ᄂᆞᆫ各五十度의遠ᄒᆞᆫ者로ᄃᆡ英吉利ᄂᆞᆫ已上의論列홈과同ᄒᆞ야熱水의功效로其水土의均和홈과人物의豐裕홈이如彼ᄒᆞ고葉厘顚多ᄂᆞᆫ北極海의回旋ᄒᆞᄂᆞᆫ寒水가相近ᄒᆞ야四時의氣候가隆多의祁寒이오百物이成熟ᄒᆞ기不能ᄒᆞ며人生의居住ᄒᆞᄂᆞᆫ者가無홈이라

二十 南極海의回旋ᄒᆞᄂᆞᆫ寒水ᄂᆞᆫ南阿美利加洲의西海邊으로流ᄒᆞ야智利國에就近ᄒᆞᆫ故로水土ᄅᆞᆯ淸淨케ᄒᆞ야人生에刑均適ᄒᆞᆫ功을成홈이라

二十一 北極海의回旋ᄒᆞᄂᆞᆫ寒水ᄂᆞᆫ北阿美利加洲의海邊을從流ᄒᆞ야合衆國의南方州郡에就

近ᄒᆞ야其地方의薰蒸ᄒᆞᄂᆞᆫ熱氣ᄅᆞᆯ減輕ᄒᆞ야瘴疾及癘疫의諸病이少홈이라

二十二 又各種草木의種子도回旋ᄒᆞᄂᆞᆫ水의波瀾ᄅᆞᆯ隨ᄒᆞ야此地로브터彼地에移ᄒᆞ며人生의日用ᄒᆞᄂᆞᆫ材木도此水의流勢ᄅᆞᆯ因ᄒᆞ야供給ᄒᆞ기도ᄒᆞᄂᆞ니大洋洲의諸島ᄂᆞᆫ本來草木이無ᄒᆞ더니諸種의草木種子가此水ᄅᆞᆯ從流ᄒᆞ야今日에鬱蒼ᄒᆞᆫ林藪ᄅᆞᆯ成ᄒᆞ고又氷島ᄂᆞᆫ材木이稀貴ᄒᆞᆫ地方이로ᄃᆡ無數ᄒᆞᆫ山木이此水에泛流ᄒᆞ야島邊에達ᄒᆞᄂᆞᆫ故로居人의宮室舟楫及四時의火木이有餘ᄒᆞ며且海上行船ᄒᆞᄂᆞᆫ者도此水의功力을稱ᄒᆞᄂᆞ니帆을張ᄒᆞ고柁ᄅᆞᆯ捩ᄒᆞ야回旋ᄒᆞᄂᆞᆫ水勢ᄅᆞᆯ順流ᄒᆞᆫ則其行進의迅速홈이倍增ᄒᆞᄂᆞᆫ지라此等事ᄂᆞᆫ猶且小者어니와古昔ᄅᆞᆯ記ᄒᆞ야萬古의未曾有ᄒᆞᆫ一大功을記ᄒᆞ건ᄃᆡ歐羅巴洲伊太利國의昔時人閣龍이地球의圓體ᄅᆞᆯ說ᄒᆞ고顯明ᄒᆞᆫ證據ᄅᆞᆯ摸捉ᄒᆞ기不能ᄒᆞ더니此水에泛流ᄒᆞᄂᆞᆫ木片에刻劃ᄒᆞᆫ物形과死人의體樣이歐羅巴洲의人物과有異홈을見ᄒᆞ고乃思호ᄃᆡ西方에도必然人物의居住ᄒᆞᄂᆞᆫ大地가有ᄒᆞ다ᄒᆞ야累年의辛苦ᄒᆞᆫ勳功으로往古의未通ᄒᆞ든阿美利加洲의大地ᄅᆞᆯ發現ᄒᆞ야今日의富强ᄒᆞᆫ諸國基址ᄅᆞᆯ開ᄒᆞ니回旋ᄒᆞᄂᆞᆫ水의功이不大ᄒᆞᆫ가

世界의江河

一 今夫世界의江河ᄅᆞᆯ欲論ᄒᆞᆯ딘ᄃᆡ먼져區別ᄒᆞᆯ者ᄂᆞᆫ江河의種類라其一은曰地中에浸流ᄒᆞᄂᆞᆫ江河니沙漠에在ᄒᆞᆫ者와湖澤에入ᄒᆞᄂᆞᆫ者ᄅᆞᆯ謂홈이오其二ᄂᆞᆫ曰海에朝宗ᄒᆞᄂᆞᆫ江河니

二 地中에浸流ᄒᆞᄂᆞᆫ江河ᄅᆞᆯ記ᄒᆞ건ᄃᆡ六大洲의區別을因ᄒᆞ야畧言홈이可ᄒᆞ니

三 亞細亞洲와歐羅巴洲ᄂᆞᆫ各洲의名稱이有ᄒᆞ나實狀은接連ᄒᆞᆫ一幅이며又其地形이畧同ᄒᆞᆫ故로此種의江河가亦其占有ᄒᆞᆫ地方을相連ᄒᆞ니俄羅斯國中央의烏拉伊山下로브터中國의南方에至ᄒᆞ야俄羅斯平地의太半과土基斯坦의全幅과伊蘭의高原이며又魁越蘭山과阿太伊山의中間에占有ᄒᆞᆫ中央亞細亞地方의畧干을連ᄒᆞ야其亘長ᄒᆞᆫ勢가不斷ᄒᆞ니拔家江과聿臈江은哥秀比安海의近邊에在ᄒᆞ고瑞江과愛嫵江은愛臈海傍에在ᄒᆞ고陀林江은搦布湖에流入ᄒᆞ며逸尼江은拔哥須湖에流入ᄒᆞ며歇滿道江은伊蘭의地方에占有ᄒᆞᆫ者라

四 阿弗利加洲에ᄂᆞᆫ蛇河羅의大沙漠에小小ᄒᆞᆫ江河도稀有ᄒᆞ고蘇丹의地方에도可記ᄒᆞᆯ者가別無호ᄃᆡ遮杜湖에流入ᄒᆞᄂᆞᆫ者ᄂᆞᆫ高馬荼江과瑞華江이오哥美湖에流入ᄒᆞᄂᆞᆫ者

ᄂᆞᆫ特階江이라

五 北阿美利加洲에ᄂᆞᆫ此種의江河가太平洋海邊諸山의間에在ᄒᆞ니昧褒美의平地와時萊羅馬斗顚山과墨西哥의高原과時萊羅禮保多山과臥沙聚山의間에縱橫ᄒᆞ야流出호ᄃᆡ風拔土江과利伊斯江이最大ᄒᆞ고其餘ᄂᆞᆫ皆小小ᄒᆞᆫ者라

六 南阿美利加洲에ᄂᆞᆫ此種의江河가安道秀山間에在ᄒᆞ니拔利比亞의高原과亞然丁의西方이로ᄃᆡ皆不大ᄒᆞᆫ者라

七 大洋洲ᄂᆞᆫ此種江河의有無가姑且不明ᄒᆞᆫ者라

八 海에朝宗ᄒᆞᄂᆞᆫ江河ᄅᆞᆯ記ᄒᆞᆯ딘ᄃᆡ其朝宗ᄒᆞᄂᆞᆫ海ᄅᆞᆯ從ᄒᆞ야區別홈이可ᄒᆞ니南極海ᄂᆞᆫ大地ᄅᆞᆯ不接ᄒᆞ고海水로其界ᄅᆞᆯ定ᄒᆞᆫ故로朝宗ᄒᆞᄂᆞᆫ江河가獨無ᄒᆞᆫ지라今에諸江河의流下ᄒᆞᄂᆞᆫ水長과流行ᄒᆞᄂᆞᆫ地面을合記ᄒᆞ노라

○北極海에朝宗ᄒᆞᄂᆞᆫ江河

江河의名	水長	地面
濱拚	九千九百里	一千三百四十二萬七千三百七十方里
元匪勢伊	一萬一千二百二十里	一千一百一萬七千五十方里

禮那	八千九百十里	七千五百八十萬一千八百二十二方里
骨禮磨	三千六十九里	一百五十五萬七千二百二十方里
杜衛那	二千三百十里	一百十六萬三千三百八十方里
麥堅支	一千五百九十里	六百二十一萬六千二百方里
伯求	一千九百六十里	四十九萬五十方里

○大西洋에朝宗ᄒᆞᄂᆞᆫ江河

江河의名	水長	地面
那逸	一萬三千二百里	九百八十萬一千方里
尼褚	九千九百里	六百五十三萬四千方里
公高	八千二百五十里	不分明
酒排支	五千九百四十里	不分明
先里傑	三千九百六十里	不分明
五蘭枝	三千三百里	四百八十萬一千五百方里
大損	五千九百四十里	三百二十六萬七千方里

禮巴	三千五百六十里	二百四十六萬三千三百十五方里
敎	四千二百九十里	二百十三萬九千八百八十五方里
羅仁	三千五百六十四里	八百五十八萬一千九百六十方里
乙富	二千四百三十二里	五十三萬三千六百十方里
老溫	一千四百八十五里	二十五萬九千三百七十方里
愛馬曾	一萬二千四百七十五里	一千六百三萬五千方里
那入那他	二千五百九十里	一千三百五十九萬六千方里
美時什披	一萬三千六百八十里	一千三百四十七萬四千三百十六方里
美朱里	一萬三千六百八十里	一千三百四十七萬四千三百十六方里
禮乙運	六千二百七十里	五百二十一萬五千三百二十方里
沙秀哥治元	六千二百七十里	五百二十一萬五千三百二十方里
墨老遠秀	六千六百里	二百四十七萬五千五百五十方里
五利老高	五千十里	一百三十二萬九千九百方里
土難親	三千三百里	四百二十二萬五千二百二十方里

阿羅貴	三千三百里	四百二十二萬五千二百二十方里
山布蘭世斯古	五千十五里	三百十八萬五千一百四十四方里
利遊蘭	四千九百九十里	二百六十一萬三千六百方里

○太平洋에朝宗ᄒᆞᄂᆞᆫ江河

江河의名	水長	地面
黑龍江	八千七百四十五里	八百四十六萬三千七百八方里
楊子江	一萬九百五十六里	七百九十五萬四千五十六方里
黃河	九千二百四十里	七百六十萬四千六百八十五方里
甘保杜亞	六千六百里	二百九十四萬三百方里
萬南比亞	三千三百六十六里	二百三十八萬九千二百方里
萬老羅道	三千三百里	二百三十八萬九千二百方里

○印度海에朝宗ᄒᆞᄂᆞᆫ江河

江河의名	水長	地面
干泡秀	五千二百八十里	六百二十七萬九千六百十方里

於羅臥多	三千九百六十里	四百八十萬八千八百九十二方里
仁多秀	三千九百五里	四百五十三萬二千四百方里
曲布禮朱	五千七百七十五里	二百八十四萬二千二百九十方里
高多保顚	二千九百七十里	一百五十四萬五千六百三十八方里
酒排支	五千二百八十里	二百七十二萬二千五百方里
馬顚	四千九百五十里	五百四十四萬五千方里

九

今此諸江河를各其諸大洲의歸屬으로區分ᄒᆞ건ᄃᆡ

亞細亞洲

骨禮磨 澳排 甘保杜亞 黃河 黑龍江 於羅臥多

元崖勢伊 禮那 高多保顚 干泡秀 曲布禮朱 楊子江

仁多秀

歐羅巴洲

杜衛那 乙富 羅仁 老溫 大損 禮巴 敎

阿弗利加洲

那逸　先厓傑　五蘭枝　尼楮　公高　酒排支
北阿美利加洲
利遂魯蘭　美時什彼　伯求　墨老達秀　麥堅支
萬老羅道　萬南比亞　沙秀哥治元
南阿美利加洲
那入那他　五利老高　山布蘭世斯古　愛馬孫　土蘭親
大洋洲
馬賴

十 已上의記列ᄒᆞᆫ諸江河가世界中에最大ᄒᆞᆫ者라此外에도大小의江河가亦多ᄒᆞ니其流勢가或海에直達ᄒᆞᄂᆞᆫ者도有ᄒᆞ고或他江河와合ᄒᆞ야海에朝宗ᄒᆞ기도ᄒᆞᄂᆞᆫ者라

十一 亞細亞洲의江河를論ᄒᆞ건ᄃᆡ黑龍江은滿洲에在ᄒᆞ니中國의北方이며揚子江과黃河ᄂᆞᆫ南方의紀요甘保杜亞江과於羅臥多江은印度의在ᄒᆞ니房傑의海臂에流入ᄒᆞ고仁多秀江도亦印度의水며曷布禮朱江은中央亞細亞에在ᄒᆞ니合流ᄒᆞᄂᆞᆫ諸水를受ᄒᆞ야波斯의海項에會同ᄒᆞ고骨禮磨江과仁ᄏᆞ巨羅河와禮那江과兀達斯古河와阿奈巴羅

江과元厓勢伊江과澳排江은皆亞細亞의北方에在ᄒᆞᆫ者라

十二 歐羅巴洲의江河ᄂᆞᆫ其西北方에占據ᄒᆞᆫ者가皆小ᄒᆞ니帶奈江과非秀出那江과遂道江이라振特海에會歸ᄒᆞ고乙富江은巽瑞江을合ᄒᆞ야日耳曼海에朝宗ᄒᆞ며羅仁江은埃乙布山에發源ᄒᆞ야佛蘭西와西班牙의諸水를合流ᄒᆞ야逶迤ᄒᆞ야大西洋에達ᄒᆞ고又此洲의東南에占流ᄒᆞᄂᆞᆫ江河인則乙保老河와湍江은西班牙에在ᄒᆞᆫ者며老温江은佛蘭西에在ᄒᆞᆫ者요大撈江은黑林에起源ᄒᆞ야日耳曼과匈牙利를經ᄒᆞ야越那治亞의地方과土耳基國의界를限ᄒᆞ고其下流가黑海에朝宗ᄒᆞ며禮斯太江과禮巴江과敦江은俄羅斯國에在ᄒᆞ고杜衛那江과麼古河ᄂᆞᆫ亦俄羅斯北方에在ᄒᆞᆫ者라

十三 阿弗利加洲의江河를顯ᄒᆞ건ᄃᆡ那逸江은摩洛哥國에在ᄒᆞᆫ者니ᄏᆞ羅河江과合ᄒᆞ야乙巴ᄏᆞ湖와伯土利亞湖의下流를受ᄒᆞ고北流ᄒᆞ야地中海에入ᄒᆞᄂᆞ니阿排時尼亞의高原에發源ᄒᆞᄂᆞᆫ諸江이合流ᄒᆞᄂᆞᆫ者며尼楮江은蘇丹에在ᄒᆞᆫ者니公山에其源을發ᄒᆞ고片旋河와其流를合ᄒᆞ야貴尼海에入ᄒᆞ고五蘭枝江은ᄏᆞ賴昆山에發源ᄒᆞ야西流ᄒᆞ야海에朝宗ᄒᆞ며先厓傑江과甘比亞江은各其發源ᄒᆞᄂᆞᆫ地名을隨ᄒᆞ야稱ᄒᆞ고酒排支江과林布滿河ᄂᆞᆫ印度海에會同ᄒᆞᄂᆞᆫ者라

十四 北阿美利加洲의江河를記ᄒᆞ건ᄃᆡ沙秀哥治元江은祿雞山에發源ᄒᆞᄂᆞᆫ者니東流ᄒᆞ야元厓白湖를過ᄒᆞᆫ後에禮乙遷江과合ᄒᆞ야賀春海에入ᄒᆞ고墨老達秀江은大北湖의下流며累伊斯江은地宗이라ᄒᆞᄂᆞᆫ地方에發源ᄒᆞ야秀布利於湖에入ᄒᆞ니索厓禮江과遂他華江이其合流ᄒᆞᄂᆞᆫ者며美時什彼江은敵禮斯太州의伊太斯哥湖에發源ᄒᆞ야墨西哥의海項에流入ᄒᆞ니其逶迤ᄒᆞᆫ水勢가屈曲ᄒᆞ야弓背ᄀᆞᆺ기도ᄒᆞ고平圓ᄒᆞ야半月ᄀᆞᆺ기도ᄒᆞ야合流ᄒᆞᄂᆞᆫ者ᄂᆞᆫ美朱里江과阿干沙秀江과禮ᄏᆞ江과澳賀洸江의諸水며賀春江은愛ᄏᆞ老山에發源ᄒᆞ야帽鶴江과合ᄒᆞ야海에赴ᄒᆞ고麥堅支江과伯昆河ᄂᆞᆫ北으로海에入ᄒᆞ며墨西哥國의鵠鴿河와合衆國의萬老羅道江及石太面土江과珊瑚阿緊江과萬南比亞江이며又謁那斯哥地의踰昆江과英吉利屬地佳那多의布禮苧江과蓄布蒜江과秀太干江의諸水ᄂᆞᆫ皆有名ᄒᆞᆫ者니合流ᄒᆞᄂᆞᆫ江河를受ᄒᆞ야太平洋或大西洋에會同ᄒᆞᄂᆞᆫ者라

十五 南阿美利加洲로言ᄒᆞ건ᄃᆡ五利老高江은貴禮那의高原에發源ᄒᆞ야那老麻의平地를經ᄒᆞ야土利尼多道의島嶼를挾ᄒᆞ고海에流歸ᄒᆞ며寨達禮那江은鉅家河의下流를受ᄒᆞ야北으로海에入ᄒᆞ고愛馬孫河ᄂᆞᆫ格沙寨哥의高原에發源ᄒᆞ야西北으로安道秀諾

山間에流出ᄒᆞᄂᆞᆫ際에懸崖와峻壁을遇ᄒᆞᆫ則宏大ᄒᆞᆫ瀑布를間間히作ᄒᆞ다가平地에至ᄒᆞ야ᄂᆞᆫ平遠ᄒᆞᆫ水勢가大野와深林을透迤히過ᄒᆞ야海에朝宗ᄒᆞᄂᆞ니其合流ᄒᆞᄂᆞᆫ諸水ᄂᆞᆫ智富羅河와利悟樂老江은其北에在ᄒᆞ고愚鉅鵠奈江과富樓蓄河와馬大羅江과陀婆厓蓄江과徽久河와土哥親江의諸流ᄂᆞᆫ其南에在ᄒᆞ며那入那他江은巴他江과宇樓鉅河의合成ᄒᆞᆫ者니巴西의高原에發源홈이라

十六 大洋洲에ᄂᆞᆫ馬賴江ᄲᅮᆫ이니其發源ᄒᆞᄂᆞᆫ地方과合流ᄒᆞᄂᆞᆫ江河ᄂᆞᆫ姑且未明ᄒᆞᆫ者라

世界의湖

一 大槪世界의湖를論ᄒᆞ건ᄃᆡ亦二種이有ᄒᆞ니其一은曰無口ᄒᆞᆫ者니鹽澤에渟滀ᄒᆞ야江河와相通ᄒᆞ거나滄海에流入ᄒᆞ지아니ᄒᆞᄂᆞᆫ者를謂홈이오又其一은曰有口ᄒᆞᆫ者니或江河와通ᄒᆞ기도ᄒᆞ고或海에歸ᄒᆞ가도ᄒᆞᄂᆞᆫ者를謂홈이라

二 無口ᄒᆞᆫ湖를先論ᄒᆞ야六大洲의區域으로記ᄒᆞᆯ딘ᄃᆡ

三 亞細亞洲의此種湖의多有ᄒᆞᆫ地方은撼顚尼安의平地와又此洲의枯原이라ᄒᆞᄂᆞᆫ處니其最大者를擧論ᄒᆞ건ᄃᆡ哥秀比安海라稱ᄒᆞᄂᆞᆫ湖水와愛鵠海라稱ᄒᆞᄂᆞᆫ湖水라盖此二

湖를海라稱ᄒᆞᄂᆞᆫ者ᄂᆞᆫ其浩大홈이海와同ᄒᆞᆫ緣由를因홈이나然ᄒᆞ나此二湖의水가每年縮減ᄒᆞᄂᆞ니其理ᄂᆞᆫ無他라流入ᄒᆞᄂᆞᆫ江河ᄂᆞᆫ不多ᄒᆞ고太陽의蒸發ᄒᆞᄂᆞᆫ分量은極夥ᄒᆞ야其得이其失을不償홈이오且扳家須湖ᄂᆞᆫ鉅耆朱의沙漠에在ᄒᆞ며西藏의高原과赶越蘭山下와蒙古의高原에도此種의湖가多ᄒᆞᆫᄃᆡ皆小小ᄒᆞᆫ者라

四 歐羅巴洲에ᄂᆞᆫ此種의湖水가刖無ᄒᆞᆫᄃᆡ俄羅斯國의東南方에在ᄒᆞᆫ乙富湖ᄂᆞᆫ其水에鹽質이多ᄒᆞ야人生의日用에有助ᄒᆞ니俄人의寶라稱홈이라

五 阿弗利加洲의此種湖를考ᄒᆞ건ᄃᆡ蘇丹의遮杜湖ᄂᆞᆫ數支의流入ᄒᆞᄂᆞᆫ江河가有ᄒᆞ나其水가逐歲減少ᄒᆞ고其四邊은沮洳ᄒᆞᆫ地로周圍ᄒᆞᆫ緣飾을成ᄒᆞ며哥美湖ᄂᆞᆫ葛那賀利의沙漠에在ᄒᆞ니蓋此二湖가舊時의地方海로今日에至ᄒᆞ야無口ᄒᆞᆫ湖를成ᄒᆞᆫ者라

六 北阿美利加洲의此種湖를論ᄒᆞ건ᄃᆡ大鹽湖ᄂᆞᆫ含鹽ᄒᆞᆫ水ㅣ니臥沙聚山西에在ᄒᆞ야流入ᄒᆞᄂᆞᆫ諸水를受ᄒᆞ고又他諸湖ᄂᆞᆫ時於羅禮保茶山의東에北으로南에橫斜ᄒᆞ야鏈鎖의連홈과同ᄒᆞ니其最大ᄒᆞᆫ者가薇利美杜湖와臥鉅湖와五原湖의諸水라

七 南阿美利加洲에此種의湖를言ᄒᆞ면太太哥哥湖가扳利比亞의高原에在ᄒᆞ야世界中에最澄且高ᄒᆞᆫ水ㅣ니數支의流入ᄒᆞᄂᆞᆫ江河를受ᄒᆞᄂᆞᆫ者라

八 大洋洲의此種湖를數ᄒᆞ건ᄃᆡ崖亞湖와土遵秀湖와雜魚那湖의諸水ㅣ니皆壽便瑞海北에在ᄒᆞᆫ者라

九 有口ᄒᆞᆫ湖를亦六大洲의區域으로分記ᄒᆞᆯ진ᄃᆡ

十 亞細亞洲에排萬湖ᄂᆞᆫ謁太伊山의東에在ᄒᆞ니其下流가洞入斯哥江이되야元厓勢伊江에流入ᄒᆞᄂᆞᆫ諸水의一支며洞庭湖ᄂᆞᆫ中國의南方에在ᄒᆞ니其下流가楊子江에入ᄒᆞ며琵琶湖ᄂᆞᆫ日本의西京近處에在ᄒᆞ니太平洋과通ᄒᆞ고阿美尼亞의地方을回旋ᄒᆞ야多少ᄒᆞᆫ湖水가有ᄒᆞ니其最大者ᄂᆞᆫ宇樓眉湖와完湖의二水라

十一 歐羅巴洲에有湖ᄒᆞᆫ地方이二處니其一處ᄂᆞᆫ扳特海와寶姤尼亞及懸蘭의兩海項地勢를連ᄒᆞ야占據ᄒᆞᆫ者라歷擧ᄒᆞ건ᄃᆡ懸蘭의無數ᄒᆞᆫ諸湖와俄羅斯의那渡家湖와五大家湖와日耳曼의北及丁抹의東에小小ᄒᆞᆫ諸湖와又瑞典의無數ᄒᆞᆫ諸小湖며又一處ᄂᆞᆫ埃乙布山의近邊이라其數가四百二十六에至ᄒᆞᆫᄃᆡ最大ᄒᆞᆫ者ᄂᆞᆫ埃乙布山의行龍ᄒᆞᆫ脉을隨ᄒᆞ야排列ᄒᆞ니禮滿湖에ᄂᆞᆫ老温江이流過ᄒᆞ고朱益湖와昆秀大斯湖에ᄂᆞᆫ羅仁江이流過ᄒᆞᄂᆞ니皆其北에在ᄒᆞ고其南에ᄂᆞᆫ馬祖賴湖와伊勢邈湖와哥茶湖ㅣ니其奇異ᄒᆞᆫ景致와淸秀ᄒᆞᆫ形像이世界에有名ᄒᆞᆫ者라

十二 阿弗利加洲에ᄂᆞᆫ赤道地方에湖水가多ᄒᆞ니伯土利亞湖와謁排土湖가其最大ᄒᆞᆫ者며又此二湖의南에丹家尼哥湖及他諸湖가多有홈이라

十三 北阿美利加洲ᄂᆞᆫ世界中에多湖ᄒᆞᆫ地方이니賀春海邊으로葉厓頼多半島를經ᄒᆞ야北極海濱에至ᄒᆞ야其排列ᄒᆞᆫ形像이鎖의連홈으로環의圓홈을成ᄒᆞ야英吉利屬地佳那多의諸湖와合衆國紐約州의諸湖及徽禮昭太州의諸湖와大北의諸湖니大小를合ᄒᆞ야其數를勝記ᄒᆞ기不可ᄒᆞᆫ지라大槩阿美利加洲의温大利邈湖와厓利湖와休論湖와美時干湖와秀布利葕湖五水의渟滀ᄒᆞᆫ淸水가全世界淸水의二分一이오且中央阿美利加에도絶勝ᄒᆞᆫ湖가多ᄒᆞ니禮哥尼果湖ᄂᆞᆫ火山이四圍ᄒᆞ고馬那寶湖를合ᄒᆞ야其下流가山厚安江을成ᄒᆞ야墨西哥의海項에入ᄒᆞᄂᆞ니此其最大ᄒᆞᆫ者라

十四 南阿美利加洲에ᄂᆞᆫ大湖가只一이니馬羅哥寶湖라彬崖朱越那에在ᄒᆞ며小小ᄒᆞᆫ諸湖ᄂᆞᆫ智利와亞然丁의南方에散在ᄒᆞᆫ者라

十五 大洋洲에ᄂᆞᆫ其有無를姑未知ᄒᆞᄂᆞᆫ者라

十六 今에諸湖中最大ᄒᆞᆫ者의水深과地面을抄記ᄒᆞ건ᄃᆡ

湖名	水深	地面
哥秀比安	二百五十尺	一百四十三萬七千四百八十方里
爰謁	一百尺	二十八萬七千四百九十六方里
排萬	未詳	十六萬五千五百二十八方里
秀布利葕	一千二百尺	三十四萬三千三十五方里
美時干	一千尺	二十七萬八千七百八十四方里
休論	一千尺	二十四萬七千二百四十二方里
厓利	八百尺	七萬四千九百六十四方里
温大利邈	六百三十六尺	七萬四千四百九十七方里
禮哥羅哥	三百尺	四萬三千一百十五方里
太太哥哥	七百尺	三萬四千八百四十八方里
大擄	未詳	四萬六千八百四十八方里
那道家	未詳	十五萬二千四百六十方里
遮杜	千二百尺	七萬八千四百八方里

十七 以上에論列ᄒᆞᆫ者ᄂᆞᆫ世界山川의大槩니海의最大ᄒᆞᆫ者ᄂᆞᆫ太平洋이오山의最高ᄒᆞᆫ者ᄂᆞᆫ

喜馬拉山이니亞細亞洲에在ᄒᆞ고江의最長ᄒᆞᆫ者ᄂᆞᆫ美時什彼江이니北阿美利加洲에在ᄒᆞ고河의最大ᄒᆞᆫ者ᄂᆞᆫ愛馬拿河니南阿美利加洲에在ᄒᆞ고湖의最深ᄒᆞᆫ者ᄂᆞᆫ秀布利蔡湖와邏杜湖니一은北阿美利加洲에在ᄒᆞ며一은阿弗利加洲에在ᄒᆞ고湖의最大ᄒᆞᆫ者ᄂᆞᆫ哥秀比安湖니亞細亞洲에在ᄒᆞᆫ者라

世界의人種

一 人種의始初를推溯ᄒᆞ건ᄃᆡ或一人의支裔로天下에布居홈인지或地方을隨ᄒᆞ야各其居人의始祖가有ᄒᆞᆫ지此ᄂᆞᆫ猜度ᄒᆞᄂᆞᆫ論辨으로斷定ᄒᆞ기不能ᄒᆞᆫ者니現世의光景으로諸學士의立議가不一ᄒᆞ야或曰三種이라ᄒᆞ며或曰四種이라ᄒᆞ며或曰六種이라ᄒᆞ며或曰十一種이라ᄒᆞ며或曰二十二種이라호ᄃᆡ此皆不合ᄒᆞᆫ者요惟苐灡編氏가曰호ᄃᆡ五種이라ᄒᆞ니其言이近似ᄒᆞᆫ故로此書에亦採用홈이라其五種은曰黃色人曰白色人曰黑色人曰灰色人(或曰棕櫚色)曰赤色人(或曰銅色)이니

二 黃色人은其肉色이黃ᄒᆞ고其髮이黑ᄒᆞ며麁直ᄒᆞ고耳ᄂᆞᆫ大且凸ᄒᆞ며目은小且斜ᄒᆞ고額이狹ᄒᆞ며顴骨이高ᄒᆞ니此種의住居ᄒᆞᄂᆞᆫ地方은亞細亞洲의東北方과歐羅巴洲의

東北方라北阿美利加洲의北端아라

三 白色人은其肉色이白ᄒᆞ고其髮은或卷或直ᄒᆞ며或紫或玄ᄒᆞ고面이圓ᄒᆞ며齒가直ᄒᆞ고鼻가高ᄒᆞ며眼이碧ᄒᆞ니此種의住居ᄒᆞᄂᆞᆫ地方은歐羅巴洲의全幅을幾盡ᄒᆞ고南北阿美利加洲及大洋洲의太半을占ᄒᆞ며亞細亞洲의西南方及阿弗利加洲의北方을據ᄒᆞ야其足跡이六大洲에遍홈이라

四 黑色人은其肉色이黑ᄒᆞ고其髮이縮卷ᄒᆞ며短ᄒᆞ고鼻ᄂᆞᆫ平廣ᄒᆞ며唇은褻厚ᄒᆞ고額은退低ᄒᆞ며足은平薄ᄒᆞ니此種의住居ᄒᆞᄂᆞᆫ地方은阿弗利加洲의南方赤道며又近時에至ᄒᆞ야阿美利加洲에徙居ᄒᆞᆫ者도有홈이라

五 灰色人은其肉色이灰와同호ᄃᆡ或深或淺ᄒᆞ고其髮은卷黑ᄒᆞ며面은平ᄒᆞ고顴骨은高ᄒᆞ니此種의住居ᄒᆞᄂᆞᆫ地方은太平洋及印度海의諸島와大洋洲及馬哥塞島와惠顚半島의南端이라

六 赤色人은其肉色이赤ᄒᆞ고其髮은麁直ᄒᆞ며黑ᄒᆞ고鼻ᄂᆞᆫ尖ᄒᆞ며口ᄂᆞᆫ廣ᄒᆞ고全體의形貌ᄂᆞᆫ怠慢ᄒᆞ니此種의住居ᄒᆞᄂᆞᆫ地方을論ᄒᆞᆫ則本來南北阿美利加洲의主人이나此大地의發現ᄒᆞᆫ後로브터白色人의侵奪을被ᄒᆞ야其地를讓與ᄒᆞᆫ外에其人種도漸滅ᄒᆞ야

不久에銷滅ᄒᆞᄂᆞᆫ嘆이有홈이라

七 今此五種人의各大洲에住居ᄒᆞᄂᆞᆫ現數를網擧ᄒᆞ야其成數를記ᄒᆞ건ᄃᆡ

黃色人
亞細亞洲 五億二千八百五十萬人
歐羅巴洲 七百萬人
合五億三千五百五十萬人

白色人
亞細亞洲 二億二千二百萬人
歐羅巴洲 二億七千八百萬人
阿弗利加洲 一千七百萬人
北阿美利加洲 三千八百萬人 今則此數에過ᄒᆞ고
南阿美利加洲 八百五十萬人 今則此數에過ᄒᆞ고
大洋洲 一百萬人
合五億六千四百五十萬人

黑色人
阿弗利加洲 一億六千六百五十萬人
北阿美利加洲 六百萬人
南阿美利加洲 七百五十萬人
合一億八千萬人

灰色人
亞細亞洲 四千八百萬人
阿弗利加洲 四百五十萬人
大洋洲 三百五十萬人
合五千六百萬人

赤色人
北阿美利加洲 六百五十萬人
南阿美利加洲 八百五十萬人
合一千五百萬人

五種人의都合數 十三億五千一百萬人

大槩此都合數ᄂᆞᆫ假量ᄒᆞᆫ算額이오明的ᄒᆞᆫ案證이아닌則毫差의歎이不無ᄒᆞ나千里의謬ᄂᆞᆫ不生ᄒᆞᆯ디오且各洲의各色人이徙居ᄒᆞᄂᆞᆫ風俗을由ᄒᆞ야各色人의各洲定額은增減이或有ᄒᆞ나六大洲五色人의都合元額은增減ᄒᆞᄂᆞᆫ推移ᄅᆞᆯ不起ᄒᆞ리니却夫五種이亦各支分ᄒᆞᆫ族이有ᄒᆞ야山川을割據ᄒᆞ야邦國을各立ᄒᆞ고部落을各成ᄒᆞᆫ故로其言語가二千七百五十種의殊異가有ᄒᆞ며且宗敎文物의不同ᄒᆞᆷ도起ᄒᆞᆷ이라水土氣候의久服으로同種의人民이라도其形貌及肉色의少差ᄒᆞᆷ이自現ᄒᆞ거니와各種의雜居互婚ᄒᆞᄂᆞᆫ關係로又一種의新出ᄒᆞᄂᆞᆫ人族이有ᄒᆞᄃᆡ其區別을不立ᄒᆞ고各其附生ᄒᆞᆫ大衆의本種에混入ᄒᆞᆷ이라

世界의物産

夫物品은天生과人作의分別이有ᄒᆞ니天生ᄒᆞᆫ物品은人力을不藉ᄒᆞ고自然生成ᄒᆞᆫ者ᄅᆞᆯ謂ᄒᆞᆷ이오人作ᄒᆞᆫ物品은人의才力으로天生ᄒᆞᆫ者ᄅᆞᆯ製造ᄒᆞᆷ이라然ᄒᆞᆫ故로農作과牧畜의諸種은天生ᄒᆞᄂᆞᆫ造化와人作ᄒᆞᄂᆞᆫ功力을兼有ᄒᆞᆫ者니世界上何國이든지其國의

天生及人作의物品을合擧ᄒᆞ야其國의物産이라稱ᄒᆞᄂᆞ니天生ᄒᆞᆫ物品은此地에宜ᄒᆞᆫ者가彼地에不宜ᄒᆞ기도ᄒᆞ며彼地에有ᄒᆞᆫ者가此地에全無ᄒᆞ기도ᄒᆞ나此ᄂᆞᆫ水土의不均ᄒᆞᆷ과氣候의有差ᄒᆞᆷ으로寒地에茂盛ᄒᆞᄂᆞᆫ者가熱地에不成ᄒᆞ고熱地에成熟ᄒᆞᄂᆞᆫ者가寒地에不適ᄒᆞᆫ緣由니橘이淮ᄅᆞᆯ渡ᄒᆞ면枳ᄅᆞᆯ成ᄒᆞᄂᆞᆫ者와同ᄒᆞᆷ이라然ᄒᆞ기天生ᄒᆞᄂᆞᆫ物品은人力으로如何ᄒᆞ기不能ᄒᆞᄂᆞᆫ者어니와彼此地의水土氣候가均一ᄒᆞᄃᆡ彼地의生成ᄒᆞᄂᆞᆫ物品이此地에無有ᄒᆞᆫ則人의力으로移栽ᄒᆞ야天生ᄒᆞᄂᆞᆫ物類ᄅᆞᆯ增ᄒᆞ며且人作ᄒᆞᄂᆞᆫ物品을論ᄒᆞ건ᄃᆡ人의才藝와工力이不一ᄒᆞ야彼人의能ᄒᆞᆫ者ᄅᆞᆯ此人이不能ᄒᆞ고彼地이善做ᄒᆞᄂᆞᆫ者ᄅᆞᆯ此地에不善ᄒᆞ니此ᄂᆞᆫ天賦ᄒᆞᆫ才藝와工力을由ᄒᆞ야然ᄒᆞᆫ者아니오器械와工夫의差殊ᄅᆞᆯ因ᄒᆞᆷ이로ᄃᆡ畢竟은萬物이齊一ᄒᆞᆫ境에至ᄒᆞ기ᄂᆞᆫ極難ᄒᆞᆫ지라世界의大衆이各其地의天生及人作의有餘ᄒᆞᆫ者로他의不足ᄒᆞᆫ者ᄅᆞᆯ補ᄒᆞ고他의有餘ᄒᆞᆫ者ᄅᆞᆯ取ᄒᆞ야自己의不足ᄒᆞᆫ者ᄅᆞᆯ補ᄒᆞᄂᆞᆫ故로各國이約欵을定ᄒᆞ며使節을派ᄒᆞ야其商賈와人民을保護ᄒᆞ고且未開ᄒᆞᆫ國을勸ᄒᆞ야商路ᄅᆞᆯ拓廣ᄒᆞᄂᆞ니今夫各處의物産을欲記ᄒᆞᆷ에其天生及人作의諸物을分別ᄒᆞᆷ이可ᄒᆞ나混錄ᄒᆞᆫ者ᄂᆞᆫ便ᄒᆞ기ᄅᆞᆯ爲ᄒᆞᆯᄲᅮᆫ더러物名을訂考ᄒᆞᆫ則看者의分解가不難ᄒᆞᆯ디오且購求及販賣諸種을並記ᄒᆞ노니此皆

其大綱을抄載ᄒᆞᆷ이오此外에ᄂᆞᆫ他物이更無ᄒᆞ다謂ᄒᆞᆷ이아니라

亞細亞洲

朝鮮

(物産) 金 銅 鐵 各穀 牛 人蔘 蜜

(販賣物品) 砂金 米 牛皮 人蔘 가ᄉᆞ리(海草)

(購求物品) 洋織造物 錦綾 砂器 砂糖 軍器 器械 藥材

清國

(物産) 金 銀 各穀 砂糖 石炭 錦綾 茶

(販賣物品) 錦綾 茶 席 麥藁綾 各色小小物品

(購求物品) 洋織造物 鐵物 鴉片烟 軍器 器械

日本

(物産) 銅 麥 米 茶 石炭 蠶絲 漆器

(販賣物品) 茶 蠶絲 蠶種 乾海物 砂器 漆器

(購求物品) 洋織造物 鐵物 砂糖 綿絲 藥材

波斯

(物産) 銅 鐵 各穀 砂糖 鹽 葡萄 蠶絲 木綿 氈 硫黃 石炭 烟草 鴉片烟

(販賣物品) 米 小麥 錦 繡物 砂糖 烟草

(購求物品) 軍器 各種物의人作ᄒᆞᆫ者

甘保社亞

(物産) 魚 香 藥材 象牙 犀角 樹膠 무ᄃᆡ소

(販賣物品) 未詳

(購求物品) 未詳

暹羅

(物産) 米 乾果 藥材 蘇木 香 樹膠

(販賣物品) 米 牛皮 牛角 藥材 樹膠 染色材 搾油ᄒᆞᄂᆞᆫ草木의實

(購求物品) 洋織造物 鐵物 琉璃

醴八

〔物產〕 銅 鐵 各穀 牛 玉 硫黃

〔販賣物品〕 米 生菓 駒 牛 牛皮 毛物 象牙 琉璃 香 染色材 搾油
ᄒᆞᄂᆞᆫ草木의實

〔購求物品〕 洋織造物 錦 手巾 倩(청딕) 砂糖 烟草 鴉片烟

印度

〔物產〕 金 銀 珠 金銀器 木綿 生麻 手巾 茶 桂皮 茄非 코코(木實)
象牙 羊皮 鴉片烟

〔販賣物品〕 金銀器 木綿 手巾 桂皮 茄非 코코 象牙 鴉片烟

〔購求物品〕 洋織造物 鐵物 各色酒

歐羅巴洲

英吉利

〔物產〕 鐵 石炭 琉璃

〔販賣物品〕 鐵 麥酒 織造物 器械 石炭 各種人作ᄒᆞᆫ物

〔購求物品〕 木綿 穀物 茶 茄非 코코 烟草 各種天生ᄒᆞᆫ物

佛蘭西

〔物產〕 小麥 麥 燕麥 果物 薯蕷 砂糖 葡萄 各色酒 魚 氈 錦綾
材木 時票 琉璃 砂器 各色鑛物 石炭

〔販賣物品〕 各穀 各色酒 果物 砂糖 錦綾 氈 時票 琉璃 砂器 鐵物
器械 化學器械 各種人作ᄒᆞᆫ物

〔購求物品〕 鐵 茶 茄非 코코 石炭 象牙 各種天生ᄒᆞᆫ物

日耳曼

〔物產〕 鐵 穀物 麥酒 錦綾 生麻 各色氈 石鹽 牛 羊 琥珀 硫黃
烟草

〔販賣物品〕 鐵物 穀物 麥酒 鹽猪肉 鹽牛肉 石鹽 氈 錦綾 熟皮 材
木 砂器 烟草 化學器械 理學器械 各種小小物品

〔購求物品〕 鉛 茶 茄非 砂糖 果物 錦綾 木綿

伊太利

〔物產〕 金 銀 銅 鐵 亞鉛(함석) 乾果 橘 葡萄 石鹽 魚 錦綾 白礬

硫黃

〔販賣物品〕 銅 鐵 亞鉛 米 各色酒 果物 錦綾 熟麻 麥藁冠 橄欖油
染色材 雲文石 硫黃 化學의做出ᄒᆞᆫ諸物 各種小小物品

〔購求物品〕 各穀 鋼鐵 牛皮 鹽魚 木綿 綿絲 洋木 生絲 繭 蠶種
砂器 器械 石炭 烟草 染色材 各種小小物品

墺地利

〔物產〕 金 銀 銅 鐵 鉛 水銀 各穀 各色酒 薯蕷 洋木

〔販賣物品〕 鐵物 各穀 各色酒 乾果 錦綾 琉璃 砂器 時票 器械 皮
物 牧畜諸物 各種小小物品

〔購求物品〕 各穀 錦綾 綿絲 烟草 各種器皿 化學의做出ᄒᆞᆫ物 各種小小
物品

白耳義

〔物產〕 銅 鐵 鉛 麥 小麥 燕麥 薯蕷 砂糖 苧絲 生麻 紙 材木
石炭 琉璃 烟草

〔販賣物品〕 銅 鐵 果物 雞卵 洋木 苧絲 生麻 砂糖 牛乳油 軍器
器械 氈 砂器 琉璃

〔購求物品〕 木綿 羊毛

希臘

〔物產〕 石榴 橘 葡萄 無花果 乾果 各種小小物品

〔販賣物品〕 生果 乾果 橄欖油 蜜 蠟 錦 烟草 各種小小物品

〔購求物品〕 各穀 燒酒 木綿 洋木

荷蘭

〔物產〕 麥 小麥 各穀 薯蕷 牛乳油 乾酪 牛 羊 生麻 烟草 各種小
小物品

〔販賣物品〕 砂糖 牛乳油 錦綾 氈 紵 木綿 生麻 鍊磨ᄒᆞᆫ金鋼石

〔購求物品〕 各種天生ᄒᆞᆫ物

葡萄牙

〔物產〕 銅 鐵 麥 燕麥 小麥 橘 無花果 烟草 雲文石 瓶枳(병마기ᄒᆞ

ㄴ나모)
(販賣物品) 酒 油 鹽 果物 瓶枳
(購求物品) 各穀 紵 冠 履 襪 砂器
西班牙
(物產) 各穀 麥 小麥 燕麥 酒 橘 石榴 葡萄 紵 生麻
(販賣物品) 生鐵 水銀 各穀 各穀種子 酒 生果 鹽 錦 洋木 瓶枳
各種鑛物
(購求物品) 鐵 砂糖 乾魚 코코 錦綾 氈 木綿 綿絲 器械 鐵路諸具
瑞典와諾威
(物產) 銅 鐵 鉛 亞鉛 麥 小麥 燕麥 各穀 薯藷 各種魚 材木 硫
黃 石炭
(販賣物品) 鐵 鋼鐵 燕麥 牛乳油 魚 魚油 氷 木物 材木 紙 松油
(瀝靑) 自起黃 牧畜ᄒᆞᆫ諸物
(購求物品) 各色酒 油 鹽 砂精 米 茄非 玉糖 猪肉 牛肉 牛皮 洋

木 綿絲 烟草 石炭 器械
俄羅斯
(物產) 金 銀 銅 鐵 白金 麥 小麥 燕麥 薯藷 石鹽 石灰 石炭
砂器土 紵 生麻 烟草 材木
(販賣物品) 各穀 牛皮 各種皮物 紵 洋木 材木 松油 紵種 麻種
(購求物品) 酒 茶 果物 砂糖 茄非 洋木 木綿 錦 氈 各種毛物 器
械
樓爾尼亞
(物產) 酒 菽 玉糖 果物 材木 牛 羊 馬 各色 鑛物 寶石
(販賣物品) 各穀 石鹽 牧畜諸物
(購求物品) 各種人作ᄒᆞᆫ物
瑞典
(物產) 麥 小麥 燕麥 砂糖 牛乳油 錦 洋木 生麻 紵 熟皮 掌匣
砂器 時票 烟草

(販賣物品) 各種小小物品
(購求物品) 各種小小物品
丁抹
(物產) 麥 小麥 薯藷 馬 牛 羊 猪
(販賣物品) 各穀 油果 雞卵 鹽猪肉 鹽牛肉 牛乳油 牛皮 馬
(購求物品) 鐵 鐵物 酒 茶 果物 錦 氈 洋木
土耳基
(物產) 銅 鐵 米 麥 生果 乾果 鹽 木綿 氈 手巾 材木 石灰 石
炭 硫黃
(販賣物品) 桂香水 手巾 各種小小物品
(購求物品) 各種小小物品
阿弗利加洲
埃及
(物產) 米 小麥 各穀 砂糖 鹽 木綿 生麻 烟草 雲文石

(販賣物品) 各穀 砂糖 鹽 木綿 鳥羽 毛獸의皮
(購求物品) 藥材 織造物 石炭
摩洛哥
(物產) 金 銀 銅 鐵 麥 小麥 生果 乾果 洋木 石炭
(販賣物品) 各穀 油 乾果 鳧 雞卵 鳥羽 羊毛 牛皮 熟皮
(購求物品) 錫 鐵 鐵物 茶 茄非 紗 紵 木綿
烏濟
(物產) 各穀 生果 乾果 砂糖 魚
(販賣物品) 生果 乾果 鹽 乾魚 珠 席
(購求物品) 米 小麥 茄非 砂糖 錦 木綿 織造物
五闢支
(物產) 各穀 金鋼石 寶石 石炭
(販賣物品) 金鋼石 鳥羽 牛皮 羊毛
(購求物品) 各種小小物品

馬苦塞
〔物產〕 薯蕷 鹽羊肉 牛皮 漆
〔販賣物品〕 各種物의天生ᄒᆞᆫ者
〔購求物品〕 各種物의人作ᄒᆞᆫ者
孱支排
〔物產〕 米 橘 砂糖 生果 코코 香
〔販賣物品〕 油、코코 各色種子 象牙 樹膠의二種
〔購求物品〕 鐵物 軍器 洋木 琉璃珠

北阿美利加洲

合衆國
〔物產〕 金 銀 銅 鐵 鉛 麥 小麥 燕麥 各穀 生果 乾果 雞卵 牛
羊 馬 木綿 石炭 石油 各色鑛物 各種人作ᄒᆞᆫ物
〔販賣物品〕 各種穀物 各種果物 各種牧畜ᄒᆞᆫ物 各種織造ᄒᆞᆫ物 各種鑛物
石炭 石油

〔購求物品〕 茶 茄菲 席 各種小小物品
墨西哥
〔物產〕 金 銀 銅 鐵 水銀 各穀 葡萄 橘 桃 芭蕉實 各種果物 藥
材 蘇木 烏木 香 樹膠 白礬 寶石
〔販賣物品〕 金 銀 小麥 麪 砂糖 茄菲 藥材 材木 靑 烟草 牛皮
〔購求物品〕 錦 紵 洋木 氈 羊毛

南亞美利加洲

爪多磨羅
聖撒排多
混斗羅斯
尼可羅果
高斯太樓哥
〔物產〕 金 銀 銅 鐵 亞鉛 生果 砂糖 茄菲 코코 靑 木綿 樹膠
烟草 材木 牛皮 各種鑛物 牧畜諸物

〔販賣物品〕 各種小小物品
〔購求物品〕 鐵物 各穀 各色衣服材料
厄爪多
〔物產〕 金 銀 銅 水銀 米 小麥 砂糖 薯蕷 茄菲 코코 木綿 生麻
麥藁冠 烟草 象牙 木皮 硫黃
〔販賣物品〕 未詳
〔購求物品〕 未詳
巴西
〔物產〕 金 銀 鐵 各穀 茶 砂糖 茄菲 코코 烟草 金剛石 各色寶石
樹膠
〔販賣物品〕 砂糖 茄菲 코코 木綿 烟草 各種小小物品
〔購求物品〕 各種物의人作ᄒᆞᆫ者
智利
〔物產〕 金 銀 銅 鐵 各穀 燒酒 紵 熟麻 砂器 石炭 石鹼 寶石

〔販賣物品〕 小麥屑 鹽 松油 牛皮 羊毛 各種鑛物
〔購求物品〕 鐵物 錦 氈 紵
秘魯
〔物產〕 銀 銅 水銀 各穀 藥材 牧畜諸物
〔販賣物品〕 銀 砂糖 藥材 羊 羊毛
〔購求物品〕 鐵物 器械 氈 洋木
把羅貴
〔物產〕 米 砂糖材 茄菲 코코 藥材 靑 染色材 香 烟草 木綿 樹膠
〔販賣物品〕 燒酒 砂糖 茶 藥材 熟皮 木綿
〔購求物品〕 未詳
猶羅貴
〔物產〕 金 麥 小麥 牛 羊
〔販賣物品〕 蜜 松油 牛皮 羊毛 各種毛
〔購求物品〕 鐵物 氈 木綿 材木 農作의器械

彬盤朱越郡

(物產) 砂糖 茄菲 코코 木綿 蒔 烟草 各種鑛物

(販賣物品) 砂糖 茄菲 코코 木綿 染色材 材木 木皮 枝油 烟草 牛皮 各種鑛物

(購求物品) 各種穀物 酒 各色衣服材料

大洋洲

大洋洲諸地

(物產) 金 銀 銅 鐵 鉛 小麥 生果 葡萄 木綿 馬 牛 羊 石炭

(販賣物品) 金 羊毛 材木 烟草

(購求物品) 人生의日用ᄒᆞᄂᆞᆫ諸物

各處의物產과販賣及購求ᄒᆞᄂᆞᆫ物品을記載ᄒᆞᆷ에果物穀物及鑛物에明白ᄒᆞᆫ名目을不立ᄒᆞ고各種으로揭出ᄒᆞᆫ者ᄂᆞᆫ浩繁ᄒᆞᆫ弊ᄅᆞᆯ免ᄒᆞ기爲ᄒᆞᆷ이니其荒雜ᄒᆞᆫ次序와胡亂ᄒᆞᆫ規模ᄂᆞᆫ具眼者의譏笑ᄅᆞᆯ可招ᄒᆞᆯ디나然ᄒᆞ나各邦의貧富及人民의趨用을推究ᄒᆞ기ᄂᆞᆫ足供ᄒᆞᆯ디니此ᄅᆞᆯ因ᄒᆞ야分別ᄒᆞᆯ者ᄂᆞᆫ諸國商賈物品의天生及人作의多少라人民의遊食

ᄒᆞᄂᆞᆫ者가稀少ᄒᆞᆫ邦國은天生物이雖少ᄒᆞ여도人作物이反多ᄒᆞᆫ者ᄂᆞᆫ他邦의天生物을購求ᄒᆞ야其才藝及工力으로人作物의數額을增加ᄒᆞ야他邦에販賣ᄒᆞᄂᆞᆫ故로自己의國中에物產이少ᄒᆞ여도他邦의物產이自己의本有ᄒᆞᆷ과同ᄒᆞ거니와遊食ᄒᆞᄂᆞᆫ人民의夥多ᄒᆞᆫ邦은自己의地方에物產이雖多ᄒᆞ여도其才巧와智力이不足ᄒᆞ야自己의天生物로他邦의人作物을購求ᄒᆞᄂᆞ니然ᄒᆞ기英利吉ᄂᆞᆫ天生物의稀少ᄒᆞᆷ으로天下에有名ᄒᆞᆫᄃᆡ人作物의多ᄒᆞ기ᄂᆞᆫ萬國의冠이라其故ᄂᆞᆫ國中에遊食ᄒᆞᄂᆞᆫ人民이不有ᄒᆞᆷ이니是ᄅᆞᆯ由ᄒᆞ야觀ᄒᆞ건ᄃᆡ國家의富强이人民의勤怠에在ᄒᆞ고物產의豊歉에ᄂᆞᆫ不由ᄒᆞᄂᆞᆫ者라現今泰西諸邦이世界의財權을執ᄒᆞ야虎視ᄒᆞᄂᆞᆫ雄風을恣ᄒᆞᄂᆞᆫ者ᄂᆞᆫ此道에基礎ᄒᆞᆫᄯᅢ문이니阿弗利加洲의黑人과阿美利加洲의赤人과同ᄒᆞ면天生物이山積ᄒᆞ고土腴ᄒᆞᆫ들用處가何在ᄒᆞ리오

西遊見聞第二編 終

西遊見聞第三編

邦國의權利

夫邦國은一族의人民이一方의山川을割據ᄒᆞ야政府ᄅᆞᆯ建設ᄒᆞ고他邦의管轄을不受ᄒᆞᄂᆞᆫ者니然ᄒᆞᆫ故로其國의最上位ᄅᆞᆯ占ᄒᆞᆫ者ᄂᆞᆫ其君主며最大權을執ᄒᆞᆫ者도其君主라其人民은其君主ᄅᆞᆯ服事ᄒᆞ며其政府ᄅᆞᆯ承順ᄒᆞ야一國의體貌ᄅᆞᆯ保守ᄒᆞ고萬姓의安寧을維持ᄒᆞᄂᆞ니一國을比ᄒᆞ건ᄃᆡ一家와同ᄒᆞ야其家의事務ᄂᆞᆫ其家가自主ᄒᆞ야他家의干涉ᄒᆞᆷ을不許ᄒᆞ고又一人과同ᄒᆞ야其人의行止ᄂᆞᆫ其人이自由ᄒᆞ야他人의指揮ᄅᆞᆯ不受ᄒᆞᆷ과一樣이니邦國의權利도亦然ᄒᆞᆫ지라此權利ᄂᆞᆫ二種에分ᄒᆞ야一曰內用ᄒᆞᄂᆞᆫ主權이니國中의一切政治及法令이其政府의立憲을自遵ᄒᆞᆷ이오二曰外行ᄒᆞᄂᆞᆫ主權이니獨立과平等의原理로外國의交涉을保守ᄒᆞᆷ이라是ᄅᆞᆯ由ᄒᆞ야一國의主權은形勢의强弱과起原의善否며土地의大小와人民의多寡ᄅᆞᆯ不論ᄒᆞ고但其內外關係의眞的ᄒᆞᆫ形像을依據ᄒᆞ야斷定ᄒᆞᄂᆞ니天下의何邦이든지他邦의同有ᄒᆞᆫ權利ᄅᆞᆯ不犯ᄒᆞᄂᆞᆫ時ᄂᆞᆫ其獨立自守ᄒᆞᄂᆞᆫ基礎로其主權의權利ᄅᆞᆯ自行ᄒᆞᆫ則各邦의權利ᄂᆞᆫ互係ᄒᆞᆫ職分의同一

ᄒᆞᆫ景像을由ᄒᆞ야其德行及習慣의限制ᄅᆞᆯ立ᄒᆞᆷ이라如此히邦國에歸屬ᄒᆞᄂᆞᆫ權利ᄂᆞᆫ國의國되ᄂᆞᆫ道理ᄅᆞᆯ爲ᄒᆞ야其現體의緊切ᄒᆞᆫ實要니是故로此ᄅᆞᆯ立本ᄒᆞᆫ權利라謂ᄒᆞᄂᆞᆫ者라今此立本ᄒᆞᆫ權利ᄅᆞᆯ枚擧ᄒᆞ건ᄃᆡ

第一 現存과自保ᄒᆞᄂᆞᆫ權利니此ᄅᆞᆯ從ᄒᆞ야流出ᄒᆞᄂᆞᆫ者ᄂᆞᆫ

甲 伸枉ᄒᆞᄂᆞᆫ權利

和平ᄒᆞᆫ調停과辦理와互讓며勸和와專斷이며又面議와國會의道ᄅᆞᆯ由ᄒᆞ야任行ᄒᆞᆷ

乙 報應ᄒᆞᄂᆞᆫ權利

丙 答擄ᄒᆞᄂᆞᆫ權利

丁 相爭ᄒᆞᄂᆞᆫ物을擒捉ᄒᆞᄂᆞᆫ權利

戊 挿理ᄒᆞᄂᆞᆫ權利

己 宣戰과決和ᄒᆞᄂᆞᆫ權利

自保ᄒᆞᄂᆞᆫ權利ᄅᆞᆯ因ᄒᆞ야平權ᄒᆞᄂᆞᆫ道의轉出ᄒᆞᆷ

第二 獨立ᄒᆞᄂᆞᆫ權利니平均과敬重ᄒᆞᄂᆞᆫ權利ᄅᆞᆯ包ᄒᆞᆷ

第三 產業(土地)의權利
第四 立法ᄒᆞᄂᆞᆫ權利
第五 交涉과派使와通商의權利
第六 講和와決約ᄒᆞᄂᆞᆫ權利
第七 中立ᄒᆞᄂᆞᆫ權利

夫現存及自保ᄒᆞᄂᆞᆫ權利ᄂᆞᆫ即自守ᄒᆞᄂᆞᆫ道니國中人民의普同ᄒᆞᆫ職責이라各權利中에最重ᄒᆞᆫ故로心을是同ᄒᆞ며力을是協ᄒᆞ야政府의方向과力能을遵奉ᄒᆞᆷ이可ᄒᆞ고獨立ᄒᆞᄂᆞᆫ權利ᄂᆞᆫ國家의地位及聲名의實狀關係가存ᄒᆞ야萬國의平均ᄒᆞᆫ禮數와敬重ᄒᆞᄂᆞᆫ待遇를互行ᄒᆞᄂᆞᆫ故로自重ᄒᆞᄂᆞᆫ意思로不屈ᄒᆞᄂᆞᆫ氣槩를持守ᄒᆞ야他邦의恥辱과慢侮를不取ᄒᆞᆷ이可ᄒᆞ고產業의權利ᄂᆞᆫ全國의海濱及山川物產의護守ᄒᆞᄂᆞᆫ道라確的ᄒᆞᆫ正理를自執ᄒᆞ야他人의侵犯을勿受ᄒᆞᆷ이可ᄒᆞ고立法ᄒᆞᄂᆞᆫ權利ᄂᆞᆫ國中의一切政令과法度가其廢革及設施ᄂᆞᆫ皆自己의掌握에在ᄒᆞ야他人의干預ᄒᆞᄂᆞᆫ者아니니自主ᄒᆞᄂᆞᆫ威柄을執ᄒᆞ야他邦의踰越을不許ᄒᆞᆷ이可ᄒᆞ고交涉派使及通商의權利ᄂᆞᆫ邦國의交好ᄒᆞᄂᆞᆫ道를遂ᄒᆞ고人民의利益ᄒᆞᆫ本을立호ᄃᆡ自己의便否를從ᄒᆞ야時機의取舍를行ᄒᆞ며

他邦의指揮及挿理를不容ᄒᆞᆷ이可ᄒᆞ고講和及決約ᄒᆞᄂᆞᆫ權利ᄂᆞᆫ自己의事情及時勢와地位及方便의如何를因ᄒᆞ야其行不行이自度ᄒᆞᄂᆞᆫ專斷에在ᄒᆞ고中立ᄒᆞᄂᆞᆫ權利ᄂᆞᆫ自守ᄒᆞᄂᆞᆫ方略으로他邦의是非를不干ᄒᆞ고愛惡의偏心을勿行ᄒᆞ야與國의交道를維持ᄒᆞᆷ이라

此ᄂᆞᆫ邦國의自有ᄒᆞᆫ權利니其一이闕ᄒᆞᆫ則國이國되기不能ᄒᆞ며又不可ᄒᆞᆫ지라今夫世界의廣大ᄒᆞᆷ을擧ᄒᆞ야一鄕里에比ᄒᆞᆫ則各一隅에占據ᄒᆞᆫ諸國은同里에墻籬相接ᄒᆞᆫ諸家와同ᄒᆞᆫ者라比隣의景況은友睦ᄒᆞᄂᆞᆫ信義를結ᄒᆞ며資益ᄒᆞᄂᆞᆫ便利를通ᄒᆞ야人世의光景을助成ᄒᆞᄂᆞ니物의不齊ᄒᆞᆷ으로諸人의强弱과貧富ᄂᆞᆫ必然其差異가有ᄒᆞᆯ디나各其一家의門戶를立ᄒᆞ야平均ᄒᆞᆫ地位를保守ᄒᆞᆷ은國法의公道로人의權利를護ᄒᆞᆷ이니邦國의交際도亦公法으로操制ᄒᆞ야天地의無偏ᄒᆞᆫ正理로一視ᄒᆞᄂᆞᆫ道를行ᄒᆞᆫ則大國도一國이오小國도一國이라國上에國이更無ᄒᆞ고國下에國이亦無ᄒᆞ야一國의國되ᄂᆞᆫ權利ᄂᆞᆫ彼此의同然ᄒᆞᆫ地位로分毫의差殊가不生ᄒᆞᆫ지라是以로諸國이友和ᄒᆞᆫ意로平均ᄒᆞᆫ禮를用ᄒᆞ야約款을互換ᄒᆞ며使節을交派ᄒᆞ야强弱의分別을不立ᄒᆞ고其權利를相守ᄒᆞ야侵犯ᄒᆞ기不敢ᄒᆞ니他邦의權利를不敬ᄒᆞ면是ᄂᆞᆫ自己의權利를自毁ᄒᆞᆷ인

故로自守ᄒᆞᄂᆞᆫ道에謹愼ᄒᆞᄂᆞᆫ者ᄂᆞᆫ他人의主權을不損ᄒᆞᄂᆞᆫ緣由라

然ᄒᆞ나國의大小와强弱을由ᄒᆞ야其形勢의不敵ᄒᆞᆷ이生ᄒᆞᄂᆞᆫ故로有時强大國이公道를不顧ᄒᆞ고其力을自恣ᄒᆞᄂᆞᆫ지라弱小國이其自保ᄒᆞᄂᆞᆫ道를爲ᄒᆞ야他邦의保護를受ᄒᆞ니此ᄂᆞᆫ受護國이오又或他邦에貢物을贈遺ᄒᆞ야或舊傳ᄒᆞᄂᆞᆫ約章을遵ᄒᆞ며或新訂ᄒᆞᆫ條款을依ᄒᆞ야其侵奪ᄒᆞᆫ土地를索還ᄒᆞ며後來의攻伐을免ᄒᆞ니此ᄂᆞᆫ贈貢國이라此二者의權利ᄂᆞᆫ其主權의獲保ᄒᆞᆫ分度를由ᄒᆞᄂᆞᆫ故로獨立主權國의享有ᄒᆞᆫ權利를實施ᄒᆞ야修好航海及通商諸約을自決ᄒᆞᆫ則受護及贈貢ᄒᆞᄂᆞᆫ關係로ᄂᆞᆫ其主權及獨立權이毫末의減損도無ᄒᆞ니此ᄂᆞᆫ公法의確斷善裁ᄒᆞᆫ規範으로主權國의體制及責任의論辨ᄒᆞᆫ句斷를遵ᄒᆞ야其現實의景像을明定ᄒᆞᆷ이可ᄒᆞᆫ지라古今의公法諸大家가曰호ᄃᆡ如何ᄒᆞᆫ邦國과人民이든지其國憲의體制及品例의如何ᄒᆞᆷ을不關ᄒᆞ고其國을自管ᄒᆞᄂᆞᆫ者ᄂᆞᆫ主權獨立國이니主權은一國을管制ᄒᆞᄂᆞᆫ最大權이라內外에實施ᄒᆞᆷ을得ᄒᆞ야內施ᄒᆞᄂᆞᆫ主權은其國의大法과原理를由ᄒᆞ야人民에게附傳ᄒᆞ며又主治者에게委授ᄒᆞ고外施ᄒᆞᄂᆞᆫ主權은一國政治의獨立이各國의政治를相對ᄒᆞ고此를因ᄒᆞ야和戰間에其交涉ᄒᆞᄂᆞᆫ關係를保執ᄒᆞᄂᆞᆫ者라ᄒᆞ니大槩外治와內交를自主ᄒᆞ고外國의指揮를不

受ᄒᆞᄂᆞᆫ者ᄂᆞᆫ正當ᄒᆞᆫ獨立國이라主權國의列에不寘ᄒᆞ면不可ᄒᆞ니其獨立主權의明確ᄒᆞᆫ證據ᄂᆞᆫ他主權獨立國과同等의修好通商諸約을議定ᄒᆞᆷ이며使臣을派聘ᄒᆞᆷ과延受ᄒᆞᆷ이며和親及交戰의宣告를自行ᄒᆞᆷ이니此ᄂᆞᆫ主權에附着ᄒᆞᄂᆞᆫ適合ᄒᆞᆫ權利라一國이此를獲存ᄒᆞᆫ時ᄂᆞᆫ獨立國의一座를占居ᄒᆞ고不存ᄒᆞᆫ者ᄂᆞᆫ其約章의關係를遵照ᄒᆞ야半獨立國或屬國의列에歸ᄒᆞᆷ이라

設或弱小國이急迫ᄒᆞᆫ境遇를當ᄒᆞ야其內外事務에有時他國의命令을服從ᄒᆞ며權力을許行ᄒᆞ야도其主權은毁傷을不受ᄒᆞᄂᆞ니如此ᄒᆞᆫ情形으로ᄂᆞᆫ他國의干涉을由ᄒᆞ야一時의正當ᄒᆞᆫ勸誡이有ᄒᆞᆯᄯᆞ름이라近世의公法學士가云호ᄃᆡ

弱小國이其獨立을保存ᄒᆞᆷ은强大國의意旨를願望ᄒᆞ야其蠶食ᄒᆞᄂᆞᆫ侵伐을恐懼ᄒᆞᄂᆞᆫ者라是를恐懼ᄒᆞᄂᆞᆫ故로其明言或暗指ᄒᆞᄂᆞᆫ有時命令을服從ᄒᆞ나然ᄒᆞ나其命令과服從이稍潤ᄒᆞᆫ者니此를由ᄒᆞ야ᄂᆞᆫ强大國이弱小國을裁轄ᄒᆞᄂᆞᆫ權力도不生ᄒᆞ고弱小國이强大國에附屬ᄒᆞᄂᆞᆫ關係도不起ᄒᆞᄂᆞᆫ지라又此命令ᄒᆞᆷ과服從ᄒᆞᆷ은姑舍ᄒᆞ고强大國은恒常尊重ᄒᆞ며弱小國은恒常卑亞ᄒᆞ야도弱小國이亦一獨立主權이政治라强大國이裁轄權의執有ᄒᆞᆷ이不能ᄒᆞ야弱小國에命令ᄒᆞᄂᆞᆫ正例도無ᄒᆞ고又服

從ᄒᆞᄂᆞᆫ正例도無ᄒᆞᆫ則弱小國이雖其獨立을保守ᄒᆞ기와防備ᄒᆞ기에不能ᄒᆞ야도事實과習慣으로强大國에附屬홈이無ᄒᆞ다ᄒᆞ니

此로由ᄒᆞ야觀ᄒᆞ건ᄃᆡ權利ᄂᆞᆫ天然ᄒᆞᆫ正理며形勢ᄂᆞᆫ人爲ᄒᆞᆫ剛力이라弱小國이元來强大國을向ᄒᆞ야恣橫ᄒᆞᄂᆞᆫ剛力이無ᄒᆞ고但其自有ᄒᆞᆫ權利ᄅᆞᆯ保守ᄒᆞ기에不暇ᄒᆞᆫ則强大國이自己의稀足ᄒᆞᆫ形勢ᄅᆞᆯ擅用ᄒᆞ야弱小國의適當ᄒᆞᆫ正理ᄅᆞᆯ侵奪홈은不義ᄒᆞᆫ暴擧며無道ᄒᆞᆫ惡習이니公法의不許ᄒᆞᄂᆞᆫ者라

人이或時勢에未達ᄒᆞ며公法에全昧ᄒᆞ야贈貢國과屬國의分別을不立ᄒᆞ고贈貢ᄒᆞᄂᆞᆫ關係ᄅᆞᆯ擧ᄒᆞ야屬邦의地位로自處ᄒᆞᄂᆞᆫ者도有ᄒᆞ니誰人이其君을不愛ᄒᆞ며其國을不俸ᄒᆞ리오마ᄂᆞᆫ時勢의大局에未練ᄒᆞ야足恭ᄒᆞᄂᆞᆫ禮度로自保ᄒᆞᄂᆞᆫ策略을作ᄒᆞᄂᆞᆫ緣由라弱小ᄒᆞᆫ形勢ᄅᆞᆯ自量ᄒᆞ야畏㥘ᄒᆞᄂᆞᆫ極境에至홈으로奮發ᄒᆞᄂᆞᆫ性力이不萌ᄒᆞ고憤怒ᄒᆞᄂᆞᆫ義氣ᄅᆞᆯ自呑ᄒᆞ니其本을推想ᄒᆞᆫ則亦忠愛ᄒᆞᄂᆞᆫ苦心에流出ᄒᆞ야憫念ᄒᆞᆯ者가此며敬服ᄒᆞᆯ者가是로ᄃᆡ國家의權利ᄂᆞᆫ切當ᄒᆞᆫ品例와明的ᄒᆞᆫ條理가自存ᄒᆞ야苛虐ᄒᆞᆫ待遇ᄅᆞᆯ受ᄒᆞ야도不損ᄒᆞ며逼勒ᄒᆞᆫ服從을做ᄒᆞ야도不慊ᄒᆞ니固守ᄒᆞ야勿失홈과克愼ᄒᆞ야自守홈이國人의公同ᄒᆞᆫ道理며政府의最大ᄒᆞᆫ職責이라權利ᄅᆞᆯ一失ᄒᆞ면邦國의名號

ᄂᆞᆫ確存ᄒᆞ나楞然ᄒᆞᆫ空殼으로自由ᄒᆞᄂᆞᆫ行動이不能ᄒᆞ야國의國되ᄂᆞᆫ體貌ᄅᆞᆯ毁傷ᄒᆞ고萬邦의交涉을自絶홈인則頑陋ᄒᆞᆫ習氣ᄅᆞᆯ未脫ᄒᆞ야虛妄ᄒᆞᆫ議論을自恣ᄒᆞᄂᆞᆫ者ᄂᆞᆫ莫大ᄒᆞᆫ辱을君國에貽ᄒᆞ야難逭ᄒᆞᆫ罪ᄅᆞᆯ犯홈이니大槩屬邦은其服事ᄒᆞᄂᆞᆫ國의政令制度ᄅᆞᆯ一遵ᄒᆞ야內外諸般事務에自主ᄒᆞᄂᆞᆫ權利가全無ᄒᆞ고贈貢國은强大國의侵伐을免ᄒᆞ기爲ᄒᆞ야其不敵ᄒᆞᆫ形勢ᄅᆞᆯ自思ᄒᆞ고雖本心에不合ᄒᆞ야도約章을遵守ᄒᆞ야貢物을贈遺ᄒᆞ고其享有ᄒᆞᆫ權利의分度로獨立主權을獲存홈이라是故로贈貢國이諸他獨立國의保有ᄒᆞᆫ諸權을行ᄒᆞᆯ딘ᄃᆡ世界中의堂堂ᄒᆞᆫ一獨立主權國이니屬國은結約ᄒᆞᄂᆞᆫ權이無ᄒᆞ거ᄂᆞᆯ贈貢國은他獨立主權國과同等의修好航海及通商諸約을議定ᄒᆞ며屬國은領事及貿易事務官外에總領事도派出ᄒᆞᄂᆞᆫ權이無ᄒᆞ거ᄂᆞᆯ贈貢國은其訂結ᄒᆞᆫ約款을憑遵ᄒᆞ야締約諸國에各級使節을派聘ᄒᆞ고交戰及決和의宣告ᄒᆞᄂᆞᆫ權이有ᄒᆞ되屬國은是가無ᄒᆞ고贈貢國은隣邦의搆兵ᄒᆞᄂᆞᆫ時ᄅᆞᆯ當ᄒᆞ야中立ᄒᆞᄂᆞᆫ權이有ᄒᆞ되屬國은其服事ᄒᆞᄂᆞᆫ國을向ᄒᆞ야此權이無ᄒᆞ며贈貢國은其受貢國과使節及領事의互派ᄒᆞᄂᆞᆫ權이有ᄒᆞ되屬國은其服事ᄒᆞᄂᆞᆫ國을對ᄒᆞ야此權이無ᄒᆞ니此諸條ᄂᆞᆫ其異同이懸殊홈인則萬國公法은邦國의發達ᄒᆞᄂᆞᆫ事體ᄅᆞᆯ掌守ᄒᆞ며且弱國의權利ᄅᆞᆯ衛護ᄒᆞ야主權을一

數에歸ᄒᆞᄂᆞᆫ者라

公法에通暢ᄒᆞᆫ學士가曰호ᄃᆡ屬國은現世에不合ᄒᆞᆫ名稱이라ᄒᆞ니此意ᄂᆞᆫ一國의體制ᄅᆞᆯ立ᄒᆞᆫ者가雖弱小ᄒᆞ야도强大ᄒᆞᆫ者의形勢로統合ᄒᆞᄂᆞᆫ權利가無홈을指홈이라設令弱國이强國의悖戾ᄒᆞᆫ恐嚇와暴厲ᄒᆞᆫ逼勒을因ᄒᆞ야其自保ᄒᆞᄂᆞᆫ道로蕩無ᄒᆞᆫ屬國의體制ᄅᆞᆯ一時의自認이有ᄒᆞ야도此ᄅᆞᆯ由ᄒᆞ야ᄂᆞᆫ其完久ᄒᆞᆫ權利ᄅᆞᆯ不失ᄒᆞᄂᆞ니威逼ᄒᆞᄂᆞᆫ下에自肯ᄒᆞᄂᆞᆫ承認이無ᄒᆞ며又其承認은合法ᄒᆞᆫ擧措아닌故로百度의承認을勒行ᄒᆞ야도一條의公法으로消抹ᄒᆞᄂᆞᆫ者라今此에一人이有ᄒᆞ니强暴ᄒᆞᆫ者의威嚇ᄅᆞᆯ値ᄒᆞ야其身命의危難이迫近홈으로其家産給授ᄒᆞᄂᆞᆫ證書ᄅᆞᆯ作ᄒᆞ야其證書의體格이完實ᄒᆞᆫ規式을具ᄒᆞ야도後日其證書ᄅᆞᆯ驗ᄒᆞ야元來本人의眞意에不出ᄒᆞ고一時身命의危害ᄅᆞᆯ因ᄒᆞ야不得已許認ᄒᆞᆫ的據가現出ᄒᆞᄂᆞᆫ時ᄂᆞᆫ其證書가一片廢紙에歸ᄒᆞᆯᄯᆞᄅᆞᆷ이라國法은一國內에行ᄒᆞ야各人의相與ᄒᆞᄂᆞᆫ權利ᄅᆞᆯ保守ᄒᆞ고公法은天下에行ᄒᆞ야各國의相與ᄒᆞᄂᆞᆫ權利ᄅᆞᆯ維持ᄒᆞᄂᆞ니眞正ᄒᆞᆫ公道ᄂᆞᆫ大小의分과强弱의辨으로異同을不立홈이오且或弱國政府의官吏가如何ᄒᆞᆫ時에如何ᄒᆞᆫ事로强國을向ᄒᆞ야屬邦의體制ᄅᆞᆯ自認ᄒᆞ든지此ᄂᆞᆫ其人의不知ᄒᆞᄂᆞᆫ妄動이라憑據도無ᄒᆞ며準信도無ᄒᆞ니一國의權利ᄂᆞᆫ汗

漫ᄒᆞᆫ言詞의動搖ᄒᆞᄂᆞᆫ者아닐ᄲᅮᆫ더러千萬人의共守ᄒᆞᄂᆞᆫ主權이一人의私斷으로執定ᄒᆞ기不能홈은理勢의明正홈인則一譬ᄅᆞᆯ設ᄒᆞ건ᄃᆡ人家의雇傭이其主翁의指揮와命令이無ᄒᆞ고他人을對ᄒᆞ야其主家의事務ᄅᆞᆯ擅辦ᄒᆞ야도本來其辦事ᄒᆞᄂᆞᆫ權을不有ᄒᆞᆫ則其議辦ᄒᆞᆫ事務ᄂᆞᆫ主翁의承認을不獲ᄒᆞ야他人도其雇傭의虛無홈을譏笑ᄒᆞᆯ디니然ᄒᆞᆫ故로邦國의權利ᄂᆞᆫ威逼과私斷으로遷動ᄒᆞ기不能ᄒᆞᆫ者라

夫國은其處地와形勢ᄅᆞᆯ自知홈이貴ᄒᆞ니弱國이不幸ᄒᆞᆫ事情으로强國에贈貢ᄒᆞᄂᆞᆫ關係가一有ᄒᆞᆫ則兩國間의交涉ᄒᆞᄂᆞᆫ禮度와法例ᄅᆞᆯ遂定ᄒᆞ야强國이受貢ᄒᆞᄂᆞᆫ權利ᄅᆞᆯ保有ᄒᆞ고公法의承認으로其基礎ᄅᆞᆯ確立ᄒᆞ야他邦의揷理와干涉을不容ᄒᆞᄂᆞᆫ지라是故로贈貢國과受貢國이會議ᄒᆞ야廢貢ᄒᆞᄂᆞᆫ約款을認訂ᄒᆞ기前에ᄂᆞᆫ贈貢國이其貢을不贈ᄒᆞ면是ᄂᆞᆫ舊約을不遵홈이니夫約章의違背ᄂᆞᆫ信義ᄅᆞᆯ損毁ᄒᆞ야公法의不取ᄒᆞᄂᆞᆫ者라受貢國이干戈ᄅᆞᆯ動ᄒᆞ야其廢貢ᄒᆞᄂᆞᆫ罪ᄅᆞᆯ問ᄒᆞ야도天下에其辭가有ᄒᆞ거니와若贈貢國이舊來의約旨ᄅᆞᆯ謹守ᄒᆞ야修貢ᄒᆞᄂᆞᆫ信義ᄅᆞᆯ不棄ᄒᆞᄂᆞᆫ時ᄂᆞᆫ受貢國이其他權利ᄅᆞᆯ侵奪홈이不可ᄒᆞ니夫貢物의贈遺ᄂᆞᆫ弱國이其權利ᄅᆞᆯ保存ᄒᆞ기爲ᄒᆞ야此로彼ᄅᆞᆯ易ᄒᆞᄂᆞᆫ意에出ᄒᆞᆫ者라亦一明確ᄒᆞᆫ證據ᄅᆞᆯ依ᄒᆞ야我의貢을受ᄒᆞ고我의權利ᄅᆞᆯ勿侵ᄒᆞᄂᆞᆫ大

旨로强弱國의互認ᄒᆞᄂᆞᆫ約章이니若其貢을受ᄒᆞ고又其權利를欲侵ᄒᆞ면此ᄂᆞᆫ亦受貢國이約章의明訂ᄒᆞᆫ大旨를背棄ᄒᆞ고其强大ᄒᆞᆫ形勢를自恣ᄒᆞᆷ이로ᄃᆡ贈貢國은本來處地의不敵으로如是ᄒᆞᆫ關係가成就ᄒᆞᆷ인則其不公ᄒᆞᆫ虐待와無禮ᄒᆞᆫ暴擧를疾惡ᄒᆞ야其心에不樂ᄒᆞ야도其指揮를有時强從ᄒᆞ야自保ᄒᆞᄂᆞᆫ計를作ᄒᆞᄂᆞ니是以로其權利에ᄂᆞᆫ影響이不及ᄒᆞ야自如ᄒᆞᆫ形貌를支存ᄒᆞᆷ이오且强國의橫暴ᄒᆞᆫ擧措ᄂᆞᆫ天下의耳目을顧忌ᄒᆞ며公法의誅貶을畏憚ᄒᆞ야陰秘ᄒᆞᆫ命令으로威逼ᄒᆞᄂᆞᆫ氣習을行ᄒᆞ고顯彰ᄒᆞᆫ儀節을遵ᄒᆞ야操制ᄒᆞᄂᆞᆫ抑勒은不敢ᄒᆞᄂᆞᆫ배니屬國의關係가有ᄒᆞᆫ者라도其服事ᄒᆞᄂᆞᆫ上國이其下國의自由ᄒᆞᄂᆞᆫ權利를侵奪ᄒᆞ야殘忍ᄒᆞᆫ施措와苛虐ᄒᆞᆫ待遇를恣行ᄒᆞ기太甚ᄒᆞᆫ則天下의公道가此를不許ᄒᆞᄂᆞᆫ故로往時歐羅巴洲의諸大國이希臘을助援ᄒᆞ야土耳基를征討ᄒᆞ고因ᄒᆞ야此兩國間의附屬ᄒᆞᄂᆞᆫ關係를永絶ᄒᆞ고土耳基를逼ᄒᆞ야希臘의獨立을承認ᄒᆞᆷ이라

貢物의贈受ᄒᆞᄂᆞᆫ關係로ᄂᆞᆫ邦國의權利를不論ᄒᆞᄂᆞᆫ故로受貢國과同等의約을結ᄒᆞᄂᆞᆫ諸國이亦贈貢國에平均ᄒᆞᆫ禮數를行ᄒᆞ야同等의約을結ᄒᆞᄂᆞ니若贈貢ᄒᆞᄂᆞᆫ一事를因ᄒᆞ야內治外交의諸權利를損失ᄒᆞᆯ딘ᄃᆡ是ᄂᆞᆫ權利업ᄂᆞᆫ贈貢國이라屬國과無異ᄒᆞ니屬

邦又是贈貢國과天下에自重ᄒᆞᄂᆞᆫ諸國이尊敬ᄒᆞᆫ同等約을訂結ᄒᆞ기豈肯ᄒᆞ리오此를由ᄒᆞ야論ᄒᆞᆯ진ᄃᆡ贈貢國과受貢國의關涉이形勢의强弱을分別ᄒᆞᆷ이오權利의多少를不定ᄒᆞᆷ인則贈貢國이受貢國을對ᄒᆞ야卑亞ᄒᆞᆫ名號를稱用ᄒᆞᆷ이敵禮ᄒᆞᄂᆞᆫ好意를表示ᄒᆞᆷ이니受貢國이此를擧ᄒᆞ야加尊ᄒᆞᆫ地位로自處ᄒᆞ고權利의分限을區別ᄒᆞ면虛名을尙ᄒᆞ고實理를棄ᄒᆞᆷ이라實理ᄂᆞᆫ虛名의搖動을不受ᄒᆞᆷ뿐더러天下의尊重ᄒᆞᆫ獨立主權의諸大國과受貢國도同等約을結ᄒᆞ고贈貢國도同等約을結ᄒᆞᆫ則受貢國의同等約國이贈貢國의同等約國이오贈貢國의同等約國이受貢國의同等約國이라此諸國은受貢國도同等의友邦으로待ᄒᆞ고贈貢國도同等의友邦으로接ᄒᆞ야尊卑의禮와高下의序를不立ᄒᆞ리니受貢國의地位가贈貢國의上에處ᄒᆞ야若是自尊ᄒᆞᆯ딘ᄃᆡ奈何로贈貢國의同等友邦과同等禮를行ᄒᆞ며同等約을結ᄒᆞ리오其勢가贈貢國을令ᄒᆞ야諸國의同等約을辭却ᄒᆞᆷ이可ᄒᆞᆯ가曰不可라諸國을懇ᄒᆞ야贈貢國의同等約을消抹ᄒᆞᆷ이可ᄒᆞᆯ가曰不可라贈貢國과諸邦의同等約은各其修好ᄒᆞᄂᆞᆫ關係로結約ᄒᆞᄂᆞᆫ權利를有ᄒᆞᆷ이오贈貢國의獨行ᄒᆞᄂᆞᆫ者아닌則他邦의結和ᄒᆞᄂᆞᆫ友睦과通商ᄒᆞᄂᆞᆫ利益을挿理ᄒᆞᆷ과阻據ᄒᆞᆷ이不能ᄒᆞ야明言或暗授ᄒᆞᄂᆞᆫ命令으로勒制ᄒᆞᄂᆞᆫ威를縱恣ᄒᆞ기極難ᄒᆞᆯ뿐더러諸

國의自主ᄒᆞᆫ者ᄂᆞᆫ他人의唇吻을仰ᄒᆞ야頤指ᄒᆞᄂᆞᆫ役使를不遵ᄒᆞ고公法을擧ᄒᆞ야無禮ᄒᆞᆫ事를責ᄒᆞᆯ디니然則奈何오受貢國이其自尊ᄒᆞᄂᆞᆫ地位를爲ᄒᆞ야諸國의同等約을辭絶ᄒᆞ고已派ᄒᆞᆫ使를還回ᄒᆞ며已開ᄒᆞᆫ港을閉鎖ᄒᆞ야萬國의間에傲然獨處ᄒᆞᆷ이可ᄒᆞᆯ가曰此도亦不可ᄒᆞ니自己의利益에有損ᄒᆞ고他人의和好를見失ᄒᆞ야危難의機를自發ᄒᆞᆷ이라受貢國이然則諸國을向ᄒᆞ야同等의禮度를行ᄒᆞ고贈貢國을對ᄒᆞ야獨尊ᄒᆞᆫ體貌를擅ᄒᆞ리니此ᄂᆞᆫ贈貢國의體制가受貢國及諸他國을向ᄒᆞ야前後의兩截이오受貢國의體制도贈貢國及諸他國을對ᄒᆞ야亦前後의兩截이라諸國이受貢國及贈貢國의兩截體制를一觀ᄒᆞᆷ은何故오形勢의强弱은不顧ᄒᆞ고權利의有無를只管ᄒᆞᄂᆞ니强國의妄尊은公法의譏刺가自在ᄒᆞ고弱國의受侮ᄂᆞᆫ公法의保護가是存ᄒᆞᆫ지라然ᄒᆞᆫ故로如是不一ᄒᆞᆫ偏滯ᄂᆞᆫ公法의不行으로弱者의自保ᄒᆞᄂᆞᆫ道니强者의恣行ᄒᆞᄂᆞᆫ驕習을助成ᄒᆞ기爲ᄒᆞ야ᄂᆞᆫ公法의一條도不設ᄒᆞᆷ이라

有時受貢國의人民이其國의自尊ᄒᆞᄂᆞᆫ體制를妄用ᄒᆞ야贈貢國을藐視ᄒᆞ야其國法을不法ᄒᆞ고其國禮를不禮ᄒᆞ야遵奉ᄒᆞᄂᆞᆫ敬意가頓無ᄒᆞ고甚者ᄂᆞᆫ其身이受貢國의官僚或使節의名號를帶ᄒᆞᆫ則贈貢國의君主에게同等의禮를濫行ᄒᆞ니夫强國의君도君이

오弱國의君도君이라一國의上에立ᄒᆞ야至尊ᄒᆞᆫ位에居ᄒᆞ며最大ᄒᆞᆫ權을執ᄒᆞ야政治의施發과典章의裁制ᄂᆞᆫ彼此의殊異가無ᄒᆞ거ᄂᆞᆯ乃彼邦의政治와典章을奉行ᄒᆞᄂᆞᆫ臣子가此邦의政治와典章을發裁ᄒᆞᄂᆞᆫ君主와同等의禮를抗ᄒᆞ면此를可히合當ᄒᆞ다謂ᄒᆞᆯ가無嚴ᄒᆞᆫ極度에達ᄒᆞ야不敬의大者라贈貢國君主의同等約國의君主를向ᄒᆞ야ᄂᆞᆫ如此不法ᄒᆞᆫ行動을恣ᄒᆞ기不敢ᄒᆞ리니此諸國의君主ᄂᆞᆫ又受貢國의君主와同等의禮를行ᄒᆞᆫ則贈貢國의君主ᄂᆞᆫ乃受貢國臣民의服事ᄒᆞᄂᆞᆫ君主의友視ᄒᆞᄂᆞᆫ同等約國君主로더브러友視ᄒᆞᄂᆞᆫ同等約國君主라然ᄒᆞᆫ故로贈貢國의君主ᄂᆞᆫ即受貢國君主의敬禮ᄒᆞᄂᆞᆫ友人의亦敬禮ᄒᆞᄂᆞᆫ友人이라友人의友人은即自己의友人과同ᄒᆞ니何則고其人을友ᄒᆞᆯ딘ᄃᆡ其人의友도亦友라然則受貢國君主가贈貢國君主에게同等이禮를不許ᄒᆞᆷ이即友人의友를不敬ᄒᆞᆷ이니萬國의品例에不合ᄒᆞᄂᆞᆫ者어ᄂᆞᆯ況其臣民의無禮ᄒᆞᆷ을誰人이曰可ᄒᆞ다ᄒᆞ리오此ᄂᆞᆫ自己의服事ᄒᆞᄂᆞᆫ君主에게不敬을加ᄒᆞᆷ과無異ᄒᆞ니人을愛ᄒᆞᄂᆞᆫ者ᄂᆞᆫ其人의友도亦愛ᄒᆞ거든其君主를敬ᄒᆞᄂᆞᆫ者가其君의友를不敬ᄒᆞᆷ이可ᄒᆞᆯ가知禮ᄒᆞᄂᆞᆫ者ᄂᆞᆫ如此濫越ᄒᆞᆫ悖行이必無ᄒᆞᆷ이라

務要ᄒᆞᄂᆞᆫ權利ᄂᆞᆫ內治ᄒᆞᄂᆞᆫ制度를由ᄒᆞ야其保守ᄒᆞᄂᆞᆫ力策과形勢가立ᄒᆞᄂᆞ니人民의

知識이高明ᄒᆞ며國家의法令이均平ᄒᆞ야各人의一人權利ᄅᆞᆯ衛護ᄒᆞᆫ然後에萬民의各守ᄒᆞᄂᆞᆫ義氣ᄅᆞᆯ奉ᄒᆞ야一國의權利ᄅᆞᆯ是守ᄒᆞᄂᆞᆫ지라人民이權利의重大ᄒᆞᆷ을不知ᄒᆞᆫ則他國의侵越을見ᄒᆞ야도憤激ᄒᆞᆫ怒氣가不作ᄒᆞᄂᆞ니政府의二三官吏가雖其心力을費ᄒᆞ야保守ᄒᆞᄂᆞᆫ道ᄅᆞᆯ極備ᄒᆞ야도影響의應從이無ᄒᆞ야其成效의實行이漠然ᄒᆞᆫ지라古語에云호ᄃᆡ人이衆ᄒᆞ면天도勝ᄒᆞᆫ다ᄒᆞ니全國의人民이各其國의重으로自任ᄒᆞ야屹然히山立ᄒᆞᆫ氣勢ᄅᆞᆯ成ᄒᆞᆫ則天下에是ᄅᆞᆯ權抗ᄒᆞᄂᆞᆫ者가豈有ᄒᆞ리오是故로人民의知識을要ᄒᆞᄂᆞ니知識은敎育아니면不立ᄒᆞᄂᆞᆫ者라乃敎育ᄒᆞᄂᆞᆫ規模ᄅᆞᆯ明定ᄒᆞ야權利의本을講ᄒᆞᆷ이어니와法律이不明ᄒᆞᆫ則人民이其權利ᄅᆞᆯ相犯ᄒᆞ야一國의權利ᄅᆞᆯ共守ᄒᆞ기ᄂᆞᆫ姑舍ᄒᆞ고是ᄅᆞᆯ因ᄒᆞ야他邦의侵奪을受호ᄃᆡ備禦ᄒᆞ기不能ᄒᆞᆯᄲᅮᆫ더러其慢侮ᄒᆞᄂᆞᆫ階ᄅᆞᆯ反成ᄒᆞᄂᆞᆫ지라是以로國家의法令은嚴明ᄒᆞ기ᄅᆞᆯ求ᄒᆞᄂᆞ니此ᄂᆞᆫ貴賤과貧富ᄅᆞᆯ勿論ᄒᆞ고一視ᄒᆞᄂᆞᆫ公道ᄅᆞᆯ行ᄒᆞ기에不出ᄒᆞᆫ지라乃法律의公道ᄅᆞᆯ務守ᄒᆞ야權利의用을定ᄒᆞ니此ᄅᆞᆯ由ᄒᆞ야論ᄒᆞ건ᄃᆡ敎育과法律이乃邦國의權利ᄅᆞᆯ保守ᄒᆞᄂᆞᆫ大本이라

人民의敎育

人은蠢然ᄒᆞᆫ動物이라其始生에知가無ᄒᆞ니其知ᄒᆞᄂᆞᆫ者ᄂᆞᆫ敎ᄒᆞᆷ을由ᄒᆞ야以然ᄒᆞᆷ이라子가生ᄒᆞᆫ則父母가是ᄅᆞᆯ敎ᄒᆞ야其知ᄅᆞᆯ先開ᄒᆞ고年紀의漸長ᄒᆞᆷ을隨ᄒᆞ야學校에進ᄒᆞ야其知ᄅᆞᆯ益鍊ᄒᆞᄂᆞᆫ故로天下의急務ᄂᆞᆫ學校ᄅᆞᆯ設ᄒᆞ기에莫先ᄒᆞ니蓋人民이其幼에不學ᄒᆞ고及長에無知ᄒᆞᆫ則輕擧妄動으로前後ᄅᆞᆯ不顧ᄒᆞ야國家의法紀ᄅᆞᆯ觸犯ᄒᆞ고人世의交道ᄅᆞᆯ毁傷ᄒᆞᄂᆞᆫ者가不鮮ᄒᆞ며且或敎導ᄅᆞᆯ受ᄒᆞ야知識이稍足ᄒᆞᆫ者라도其敎其知ᄅᆞᆯ由ᄒᆞ야其德誼ᄅᆞᆯ養守ᄒᆞ기極難ᄒᆞᆫ故로古來聰明穎悟ᄒᆞᆫ者流에極惡大憝不義無道ᄅᆞᆯ犯ᄒᆞᆫ者가亦多ᄒᆞ나然ᄒᆞ나敎育ᄒᆞᄂᆞᆫ制度가厥宜ᄅᆞᆯ得ᄒᆞ야德行을勸進ᄒᆞ며道義ᄅᆞᆯ薰化ᄒᆞᆫ則盛德의士도養成ᄒᆞᄂᆞ니抑且惡罪ᄅᆞᆯ犯ᄒᆞᄂᆞᆫ者가其惡의惡되ᄂᆞᆫ緣由ᄅᆞᆯ能知ᄒᆞᆫ則罰을被ᄒᆞ얀其罰의至當ᄒᆞᆷ을承認ᄒᆞ며其罪ᄅᆞᆯ甘伏ᄒᆞ야旣往의過ᄅᆞᆯ改ᄒᆞ기知ᄒᆞᆯ디나然ᄒᆞ나人이知識에乏ᄒᆞ야是非曲直의辨別을不解ᄒᆞᄂᆞᆫ者ᄅᆞᆯ罰ᄒᆞ기에至ᄒᆞ야ᄂᆞᆫ其處置가甚難ᄒᆞ니其罪ᄅᆞᆯ見ᄒᆞ고直其罰을行ᄒᆞᄂᆞ니에셔其人으로ᄒᆞ여吾善惡을先辨ᄒᆞ야罪事에勿陷ᄒᆞᄂᆞᆫ事가是乃刑法의眞道며敎育의美事라奈何로人을不敎ᄒᆞ고從ᄒᆞ야罪ᄒᆞ리오不敎ᄒᆞᆫ民을罪ᄒᆞᆷ은慘殘ᄒᆞᆫ極度에至ᄒᆞᆷ이니假令竊盜及殺越의種類ᄂᆞᆫ其罪狀이明白ᄒᆞᆫ時에相當ᄒᆞᆫ刑을行ᄒᆞ야國典을明ᄒᆞᆷ이可ᄒᆞ나然ᄒᆞ나國中에不學無

知ᄒᆞᆫ人民이多ᄒᆞᆫ則其害ᄅᆞᆯ枚擧ᄒᆞ기不能ᄒᆞᆫ者ᄂᆞᆫ此輩流가元來是非ᄅᆞᆯ不分ᄒᆞ며曲直을不辨ᄒᆞ야國法으로人民의私有物을保護ᄒᆞᄂᆞᆫ道理에暗昧ᄒᆞᆫ故로一朝國中에騷亂이有ᄒᆞᆫ則其釁을乘ᄒᆞ며其機ᄅᆞᆯ因ᄒᆞ야蜂처름起ᄒᆞ며雲ᄀᆞᆺ치集ᄒᆞ야法도不畏ᄒᆞ며人도不憚ᄒᆞ야其慘酷ᄒᆞᆫ擧措와凶惡ᄒᆞᆫ行爲가名狀ᄒᆞ기不勝ᄒᆞ니今其一例ᄅᆞᆯ云ᄒᆞ면近古佛蘭西의騷亂ᄒᆞ든時에古今無比ᄒᆞᆫ暴行을縱恣ᄒᆞ든徒輩ᄂᆞᆫ皆不學無賴撒愚放蕩ᄒᆞ야政府下에居ᄒᆞ야도其活計ᄅᆞᆯ營求ᄒᆞ기不能ᄒᆞᆫ者라

窮民의敎誨ᄅᆞᆯ爲ᄒᆞ야錢財ᄅᆞᆯ多費ᄒᆞᆷ도其原因을尋究ᄒᆞᆫ則下民의無識無知ᄒᆞᆷ을由ᄒᆞᆷ이라人이知識이無ᄒᆞᆫ則遠慮가必無ᄒᆞ고遠慮가無ᄒᆞᆫ則目前의慾을逐ᄒᆞ야其惡行의不至ᄒᆞᄂᆞᆫ배가無ᄒᆞ니養生ᄒᆞᄂᆞᆫ法을不知ᄒᆞ며節用ᄒᆞᄂᆞᆫ意ᄅᆞᆯ不知ᄒᆞ며交人ᄒᆞᄂᆞᆫ道ᄅᆞᆯ不知ᄒᆞ며禮義廉恥와才藝工巧ᄅᆞᆯ不知ᄒᆞ야ᄡᅥ人世의風俗을亂ᄒᆞ고貧困ᄒᆞᆫ苦海에陷溺호ᄃᆡ勤勞의眞理도不知ᄒᆞ야或其力役ᄒᆞᄂᆞᆫ景像은甚苦ᄒᆞ나然ᄒᆞ나其方向을誤ᄒᆞ야便利ᄒᆞᆫ道가少ᄒᆞᆫ故로勞호ᄃᆡ功이無ᄒᆞ며或其居生ᄒᆞᄂᆞᆫ本地에活計가不足ᄒᆞ고他處에轉徙ᄒᆞ면足히安身ᄒᆞᄂᆞᆫ方便을求獲ᄒᆞᆯ者도有호ᄃᆡ奮發ᄒᆞᄂᆞᆫ意가尙無ᄒᆞ야懶惰에安ᄒᆞ고貧窮에困ᄒᆞᄂᆞ니泰西ᄀᆞᆺ치趨利ᄒᆞᄂᆞᆫ世界에도蘇格蘭島의西方에居活ᄒᆞᄂᆞᆫ

野民은其知의無ᄒᆞᆷ이亦甚ᄒᆞ야饑饉의極ᄒᆞᆷ으로餓死에至ᄒᆞ거ᄂᆞᆯ他處人이其形像을矜憫ᄒᆞ야雇役ᄒᆞ기欲ᄒᆞᄂᆞᆫ者가多ᄒᆞ나無識의所致로其鄕里ᄅᆞᆯ遷ᄒᆞ기不能ᄒᆞ고蠢蚩히家에居ᄒᆞ야終歲貧乏ᄒᆞᆫ苦況을甘受ᄒᆞ며北阿美利加洲의赤種人은屢世의怠惰ᄒᆞᆫ種落으로學習ᄒᆞᄂᆞᆫ性力이銷盡ᄒᆞ야合衆國의白種人이學校ᄅᆞᆯ建ᄒᆞ야敎誨ᄒᆞᄂᆞᆫ道ᄅᆞᆯ盛備ᄒᆞ고農作ᄒᆞᄂᆞᆫ法과製造ᄒᆞᄂᆞᆫ工을勤孜히指授호ᄃᆡ能히其功을成ᄒᆞᄂᆞᆫ者가稀少ᄒᆞ고敎師의指誨와工課의修究ᄅᆞᆯ厭避ᄒᆞ야一條의獵銃을携ᄒᆞ고山林中에逃歸ᄒᆞ야終身의窮困ᄒᆞᆫ勞苦ᄅᆞᆯ不免ᄒᆞ니吁라敎育의不立ᄒᆞᆫ流弊가其甚ᄒᆞ기此에至ᄒᆞ도다

古來各種의新發造ᄒᆞᆫ工業을由ᄒᆞ야人世의裨益을助成ᄒᆞᄂᆞᆫ實效가極多ᄒᆞ나然ᄒᆞ나或庸搐ᄒᆞᆫ者ᄂᆞᆫ有心人의如是洪大ᄒᆞᆫ功效ᄅᆞᆯ不解ᄒᆞ고乃反其新發造ᄒᆞᄂᆞᆫ工力을奇怪의所致라謂ᄒᆞ야或群을招ᄒᆞ며黨을結ᄒᆞ야精巧ᄒᆞᆫ機關을毁碎ᄒᆞ고甚則其人에게淩辱과賊害ᄅᆞᆯ加ᄒᆞ니此ᄂᆞᆫ皆不學ᄒᆞᆫ緣故라又昔日佛蘭西京城巴黎府에怪疾의熾盛ᄒᆞᆫ時ᄅᆞᆯ當ᄒᆞ야都下의衆醫士가其心力과技術을盡ᄒᆞ야救療ᄒᆞᄂᆞᆫ方과預防ᄒᆞᄂᆞᆫ法을行ᄒᆞ거ᄂᆞᆯ于蚩ᄒᆞᆫ小民輩ᄂᆞᆫ怪疾의傳染ᄒᆞᆷ을不知ᄒᆞ고醫士ᄅᆞᆯ反咎ᄒᆞ야以爲호ᄃᆡ醫士가毒藥으로人을害ᄒᆞᆫ다ᄒᆞ야凶人ᄀᆞᆺ치敵視ᄒᆞ고甚者ᄂᆞᆫ犯傷ᄒᆞ기에至ᄒᆞ니此ᄂᆞᆫ亦無知

ᄒᆞᆫ極度에達ᄒᆞᆷ이라可히慨歎ᄒᆞᆯ者가此로다夫新發造ᄒᆞᄂᆞᆫ工業이世에行ᄒᆞᆫ則或時物의流行을變換ᄒᆞᄂᆞᆫ故로人이亦其營求ᄒᆞᄂᆞᆫ職業을不改ᄒᆞ면不可ᄒᆞ니此際ᄅᆞᆯ臨ᄒᆞ야事物의理에通鍊ᄒᆞ고器械學의趣旨ᄅᆞᆯ解悟ᄒᆞᄂᆞᆫ者ᄂᆞᆫ時變을應ᄒᆞ야其業을能改ᄒᆞ나不學無術ᄒᆞᆫ者ᄂᆞᆫ不然ᄒᆞ야變通ᄒᆞᄂᆞᆫ道ᄅᆞᆯ不知ᄒᆞ고自己의愚見을是執ᄒᆞ야窘困을坐受ᄒᆞᆯᄯᆞᄅᆞᆷ이니抑且愚夫의意見으로ᄂᆞᆫ自己의營業ᄒᆞᄂᆞᆫ外에ᄂᆞᆫ天下의營生ᄒᆞᄂᆞᆫ方策이更無ᄒᆞ기로自思ᄒᆞ나然ᄒᆞ나如此ᄒᆞᆫ愚夫로ᄒᆞ야吾人間事物의理에稍明ᄒᆞ야活計의求得ᄒᆞ기容易ᄒᆞᆷ을自覺ᄒᆞ면貧寠ᄒᆞᆫ苦界ᄅᆞᆯ脫免ᄒᆞᆯ디니亦富國ᄒᆞᄂᆞᆫ道의一大助라

夫人이敎育을被ᄒᆞᆫ則知識의貴ᄒᆞᆷ을知ᄒᆞᄂᆞᆫ故로此ᄅᆞᆯ爲ᄒᆞ야心力을勞ᄒᆞ고財費ᄅᆞᆯ散ᄒᆞ야人世의急務와大事ᄅᆞᆯ作ᄒᆞ나然ᄒᆞ나愚癡蒙昧ᄒᆞᆫ者類ᄂᆞᆫ此味ᄅᆞᆯ嘗ᄒᆞᆷ이絶少ᄒᆞ야恬然히處ᄒᆞ야其有無ᄅᆞᆯ心頭에不介ᄒᆞᄂᆞ니愚夫愚婦의其子不敎ᄒᆞᄂᆞᆫ心腸을究ᄒᆞ건ᄃᆡ其事가可哀ᄒᆞ며可惜ᄒᆞ야敎育의趣意ᄅᆞᆯ不知ᄒᆞᆷ으로心力을不勞ᄒᆞᆯᄯᆞᄅᆞᆷ아니라甚ᄒᆞ기에至ᄒᆞ야ᄂᆞᆫ他人이或厚意로其子弟ᄅᆞᆯ敎誨ᄒᆞᄂᆞᆫ者가有ᄒᆞ야도其恩을反害ᄒᆞ니是故로國中人民의知識업ᄂᆞᆫ者ᄂᆞᆫ人世의敎育을不助ᄒᆞ기에不止ᄒᆞ고妨碍ᄅᆞᆯ反貽ᄒᆞᆫ다謂ᄒᆞᆷ이可ᄒᆞᆫ지라然則貧窮無知ᄒᆞᆫ者의子弟ᄅᆞᆯ敎育ᄒᆞᄂᆞᆫ事務ᄂᆞᆫ不得已ᄒᆞ야他人의

任을作ᄒᆞᆯ디나然ᄒᆞ나他人도亦此任을甘受ᄒᆞ며此事ᄅᆞᆯ樂行ᄒᆞ야其煩勞ᄅᆞᆯ厭避ᄒᆞᆷ이不可ᄒᆞᆫ理由가有ᄒᆞ니從來窮民을救恤ᄒᆞ기와罪人을防制ᄒᆞ기爲ᄒᆞ야國人의呈納ᄒᆞᄂᆞᆫ稅가旣多ᄒᆞᆫ則今此人民의敎育을爲ᄒᆞ야入用ᄒᆞᄂᆞᆫ財費ᄂᆞᆫ人으로ᄒᆞ여곰貧窮에陷치勿ᄒᆞ게ᄒᆞᆷ과罪惡을犯치勿ᄒᆞ게ᄒᆞᆷ에求ᄒᆞ야禍患을未然에防ᄒᆞᄂᆞᆫ大旨趣니旣窮ᄒᆞᆫ貧人을救ᄒᆞ기와旣犯ᄒᆞᆫ罪人을制ᄒᆞ기爲ᄒᆞ야納稅ᄒᆞᄂᆞᆫ本意여比ᄒᆞ야其費財ᄒᆞᄂᆞᆫ功德이遙勝ᄒᆞᆫ지라然ᄒᆞᆫ故로國中의敎育ᄒᆞᄂᆞᆫ入費로人民의稅ᄅᆞᆯ課收ᄒᆞᆷ이其實은後來의稅額을減輕ᄒᆞᆷ이니如此히敎育을爲ᄒᆞ야徵集ᄒᆞᆫ稅ᄅᆞᆯ費用ᄒᆞᄂᆞᆫ處ᄂᆞᆫ窮人을濟ᄒᆞ기와惡人을罰ᄒᆞ기不爲ᄒᆞᆷ이오人의業을勸ᄒᆞ고人의善을助ᄒᆞ야人世의慶福을佐成ᄒᆞᄂᆞᆫ지라假令名實에或齟齬ᄒᆞᆫ事端이有ᄒᆞ야도其稅ᄅᆞᆯ出ᄒᆞᄂᆞᆫ者의心으로ᄂᆞᆫ其費財ᄒᆞᄂᆞᆫ趣意ᄅᆞᆯ信ᄒᆞ야自慊ᄒᆞᆯ디니大槪人의常情은人의惡을罰ᄒᆞ기로ᄂᆞᆫ人의善을見ᄒᆞ기樂ᄒᆞ고人의窮을恤ᄒᆞ기로ᄂᆞᆫ人의業을助ᄒᆞ기喜ᄒᆞᆷ이라

或人이云호ᄃᆡ國民을逼ᄒᆞ야其子弟ᄅᆞᆯ敎育ᄒᆞ게ᄒᆞᆷ이人家의私事ᄅᆞᆯ關係ᄒᆞ야其處實가可히得宜ᄒᆞ다不謂ᄒᆞᆯ디라ᄒᆞ나然ᄒᆞ나此說이甚非ᄒᆞ니大抵政府되ᄂᆞᆫ者ᄂᆞᆫ其職이恒常人世의正道가行ᄒᆞᄂᆞᆫ가否ᄒᆞᆫ가是察ᄒᆞ며國民의安寧이保ᄒᆞᄂᆞᆫ가不然ᄒᆞᆫ가是審

ᄒᆞ기에在ᄒᆞ야若分毫라도相違ᄒᆞᆫ者가有ᄒᆞᆫ則法律로干涉ᄒᆞ야其處實ᄅᆞᆯ不行ᄒᆞᆷ이不可ᄒᆞ니罪人을罰ᄒᆞᄂᆞᆫ一條도其地ᄅᆞᆯ易ᄒᆞ야論ᄒᆞ면亦人의私事ᄅᆞᆯ揷理ᄒᆞᆷ과無異ᄒᆞ나然ᄒᆞ나假使此에一人이有ᄒᆞ야罪ᄅᆞᆯ犯ᄒᆞ고子ᄂᆞᆫ其父ᄅᆞᆯ爲ᄒᆞ야隱匿ᄒᆞ며父ᄂᆞᆫ其子ᄅᆞᆯ爲ᄒᆞ야覆蓋ᄒᆞ야도國法에ᄂᆞᆫ宥貸ᄒᆞ기不可ᄒᆞᆫ故로泰西人이曰호ᄃᆡ政府가人을罰ᄒᆞᄂᆞᆫ權이旣有ᄒᆞᆫ則人을敎ᄒᆞᄂᆞᆫ權이亦有ᄒᆞ다ᄒᆞ니此ᄂᆞᆫ古今의格言이라夫刑罰은人의身上에苦痛을加ᄒᆞᄂᆞᆫ事로ᄃᆡ世間의普同ᄒᆞᆫ安寧을爲ᄒᆞ야其施用ᄒᆞᆷ이可ᄒᆞ거든況敎育은人의心을導ᄒᆞ며人의身을利ᄒᆞᄂᆞᆫ本意에出ᄒᆞ니其行ᄒᆞ기에何等의障碍가有ᄒᆞ리오人世의公共ᄒᆞᆫ大裨益을起ᄒᆞᆯ딘ᄃᆡ設令人의身上에苦楚痛癢을轉及ᄒᆞ야도必行ᄒᆞᆷ이可ᄒᆞᆫ지라是故로國民敎育ᄒᆞᄂᆞᆫ法을設定ᄒᆞᄂᆞᆫ一事ᄂᆞᆫ政府의威令으로通行ᄒᆞ든지勸誘ᄒᆞ든지博施ᄒᆞᄂᆞᆫ規制ᄅᆞᆯ主ᄒᆞᆷ이可ᄒᆞ니人의邪惡을矯正ᄒᆞ기와人의貧困을救給ᄒᆞ기爲ᄒᆞᆷ인則敎育을受ᄒᆞᄂᆞᆫ者의利益되기에不止ᄒᆞ고此ᄅᆞᆯ爲ᄒᆞ야費財ᄒᆞᄂᆞᆫ者도其利ᄅᆞᆯ受ᄒᆞᆷ이自多ᄒᆞ나其事實이政府의力으로人마다諭ᄒᆞ며戶마다說ᄒᆞ야行ᄒᆞ기ᄂᆞᆫ亦難ᄒᆞᆫ則政府ᄂᆞᆫ惟學校ᄅᆞᆯ建ᄒᆞ고敎師의職責에合當ᄒᆞᆫ人材ᄅᆞᆯ養成ᄒᆞ며其他各般事務에至ᄒᆞ야ᄂᆞᆫ平人의難辦ᄒᆞᆯ冗費ᄅᆞᆯ支出ᄒᆞᆯᄯᆞᄅᆞᆷ이亦可ᄒᆞᆷ이라

人이高明ᄒᆞᆫ學에志ᄒᆞ야窮格ᄒᆞᆫ知ᄅᆞᆯ致ᄒᆞᆫ則此ᄅᆞᆯ由ᄒᆞ야人世의公普利益을成就ᄒᆞᄂᆞᆫ者가不少ᄒᆞᆫ지라假令此에一少年이有ᄒᆞ야其稟質이大事ᄅᆞᆯ可成ᄒᆞ며其才局이大業을可企ᄒᆞ야矻孜ᄒᆞᆫ工으로辛苦ᄒᆞᄂᆞᆫ勞ᄅᆞᆯ備嘗ᄒᆞᆯ디나其素志ᄅᆞᆯ達ᄒᆞ기爲ᄒᆞ야考覽에備ᄒᆞᄂᆞᆫ書籍의無ᄒᆞᆷ이不可ᄒᆞ며學術에用ᄒᆞᄂᆞᆫ器械의無ᄒᆞᆷ이不可ᄒᆞ고又他諸種의冗費가頗多ᄒᆞᆯ디니萬若是等의物品을求ᄒᆞᆷ이但自己의便利ᄅᆞᆯ是營ᄒᆞ며又自己의奢侈ᄅᆞᆯ是恣ᄒᆞᄂᆞᆫ趣旨에出ᄒᆞᆷ이면他人의可助ᄒᆞᆯ理가必無호ᄃᆡ其一身의自奉은菲薄의苦況을不憚ᄒᆞ고學問의硏究에其志ᄅᆞᆯ專用ᄒᆞᆷ인則其心事가可愛ᄒᆞ며其景像이可憫ᄒᆞ니夫豪富家의子弟ᄂᆞᆫ百般의需用이自足ᄒᆞ야遊戱行樂ᄒᆞᄂᆞᆫ事로도一朝에千金을棄擲호ᄃᆡ如斯ᄒᆞᆫ大志ᄅᆞᆯ抱ᄒᆞᆫ者ᄂᆞᆫ甚稀ᄒᆞ고古來少年의大功業을企ᄒᆞᄂᆞᆫ者ᄂᆞᆫ貧家의子弟로父兄의顧助ᄅᆞᆯ不得ᄒᆞ고及其工을達ᄒᆞ기에至ᄒᆞ야ᄂᆞᆫ人世의大便利大裨益을起ᄒᆞᄂᆞᆫ故로國中人이此輩의貧寒書生을不助ᄒᆞ면不可ᄒᆞ니即國中에大學校의設施가此意에基礎ᄒᆞᆷ이라大學校의內에書庫가有ᄒᆞ며博物府가有ᄒᆞ며又理學及化學의各般器械로備具ᄒᆞ야雖貧困ᄒᆞᆫ書生이라도其意ᄅᆞᆯ任ᄒᆞ야其用을自由ᄒᆞᆫ則其專志ᄒᆞᄂᆞᆫ學業을硏究ᄒᆞ기便易ᄒᆞᆷ이라大槪人民의敎育을爲ᄒᆞ야巨額의金을費호ᄃᆡ其處實ᄒᆞ

ᄂᆞᆫ方略이得宜ᄒᆞᆫ則一國의繁殖을致ᄒᆞ고世界의普利를起ᄒᆞᆷ은其間에小疑를不容ᄒᆞ니地球를包圍ᄒᆞ야一刻에傳信ᄒᆞᄂᆞᆫ電線과滄海를凌駕ᄒᆞ야萬里에利涉ᄒᆞᄂᆞᆫ瀛船이며鐵路의四通으로輪運의便易ᄒᆞᆫ方道를增益ᄒᆞᆷ이其理由의奇妙ᄒᆞᆷ과事業의宏大ᄒᆞᆷ이其始ᄂᆞᆫ皆貧寒ᄒᆞᆫ書生의硏究中을從ᄒᆞ야其萌芽를現出ᄒᆞᆫ者라

以上의論說ᄒᆞᆷ으로觀ᄒᆞ건ᄃᆡ敎育ᄒᆞᄂᆞᆫ大法에其名目을分ᄒᆞᆷ이可ᄒᆞ니一曰道德의敎育이며二曰才藝의敎育이며三曰工業의敎育이라道德은人의心을敎導ᄒᆞ야倫彝의綱紀를建ᄒᆞ며言行의節操를飭ᄒᆞ니人世의交際를管制ᄒᆞᄂᆞᆫ者인則其敎育의無ᄒᆞᆷ이不可ᄒᆞ고才藝ᄂᆞᆫ人의智를養成ᄒᆞ야事物의理由를達ᄒᆞ며本末의功用을揣ᄒᆞ니人世의知識을掌轄ᄒᆞᄂᆞᆫ者인則其敎育의無ᄒᆞᆷ이不可ᄒᆞ고工業에至ᄒᆞ야ᄂᆞᆫ百千般心勞力役의製造運用을關係ᄒᆞ니人世의生道를建成ᄒᆞᄂᆞᆫ者인則其敎育의缺乏ᄒᆞᆷ이亦不可ᄒᆞ야此를謂ᄒᆞᄃᆡ敎育의三大綱이라其實은正德利用厚生의大趣旨니邦國의貧富强弱治亂存亡이其人民敎育의高下有無에在ᄒᆞᆫ者라

西遊見聞第三編 終

西遊見聞第四編

人民의權利

夫人民의權利ᄂᆞᆫ其自由와通義를謂ᄒᆞᆷ이라今其自由及通義를釋ᄒᆞ건ᄃᆡ自由ᄂᆞᆫ其心의所好ᄒᆞᄂᆞᆫᄃᆡ로何事든지從ᄒᆞ야窮屈拘碍ᄒᆞᄂᆞᆫ思慮의無ᄒᆞᆷ을謂ᄒᆞᆷ이로ᄃᆡ決斷코任意放蕩ᄒᆞᄂᆞᆫ趣旨아니며非法縱恣ᄒᆞᄂᆞᆫ擧措아니오又他人의事體ᄂᆞᆫ不顧ᄒᆞ고自己의利慾을自逞ᄒᆞᄂᆞᆫ意思아니라乃國家의法律을敬奉ᄒᆞ고正直ᄒᆞᆫ道理로自持ᄒᆞ야自己의當行ᄒᆞᆯ人世職分으로他人을妨害ᄒᆞ지도勿ᄒᆞ며他人의妨害도勿受ᄒᆞ고其所欲爲ᄂᆞᆫ自由ᄒᆞᄂᆞᆫ權利며通義ᄂᆞᆫ一言으로蔽ᄒᆞ야曰當然ᄒᆞᆫ正理라今에數例를擧ᄒᆞ건ᄃᆡ假令官職을供ᄒᆞᄂᆞᆫ者ᄂᆞᆫ其任責을行ᄒᆞ기에相當ᄒᆞᆫ職權을保有ᄒᆞᆷ이其當然ᄒᆞᆫ正理며家宅을持有ᄒᆞᆫ者가主人의名實을備存ᄒᆞ야自己의物이라稱ᄒᆞᆷ이亦當然ᄒᆞᆫ正理며錢財를他人에게假貸ᄒᆞᆫ者가其約償ᄒᆞᆫ利息을討求ᄒᆞᆷ과田土를他人에게假借ᄒᆞᆫ者가其收穫의分與를要問ᄒᆞᆷ이亦且當然ᄒᆞᆫ正理니千事萬物에其當然ᄒᆞᆫ道를遵ᄒᆞ야固有ᄒᆞᆫ常經을勿失ᄒᆞ고相稱ᄒᆞᆫ職分을自守ᄒᆞᆷ이乃通義의權利라今此自由와通義의權利ᄂᆞᆫ普

天率土億兆人民의同有共享ᄒᆞᄂᆞᆫ者니各人이各其一身의權利ᄂᆞᆫ其生과俱生ᄒᆞ야不羈獨立ᄒᆞᄂᆞᆫ精神으로無理ᄒᆞᆫ束縛을不被ᄒᆞ고不公ᄒᆞᆫ窒碍를不受ᄒᆞᄂᆞᆫ故로古人이云ᄒᆞᄃᆡ一身을自由ᄒᆞ야以自守ᄒᆞᆷ은千萬人의通同ᄒᆞᆫ天性이니名利富貴의比ᄒᆞᆯ者아니라ᄒᆞ며又合衆國에有名ᄒᆞᆫ厚蘭吉仁氏가曰ᄒᆞᄃᆡ我身의居ᄂᆞᆫ常處가無ᄒᆞ야自由의所存ᄒᆞᆫ處가則我의居라ᄒᆞ니夫自由의保存ᄒᆞᆷ이實通義의功用이라通義가人身에在ᄒᆞ야天然과人爲의分別이有ᄒᆞ니天然이라謂ᄒᆞᆷ은天生ᄒᆞᆫᄃᆡ로搖改ᄒᆞᆷ이無ᄒᆞᆷ이오人爲라謂ᄒᆞᆷ은人智로以ᄒᆞ야法律을立ᄒᆞ고此를從ᄒᆞ야進退ᄒᆞᄂᆞᆫ者어니와又此通義를詳論ᄒᆞᆷ에有係와無係의區域이存ᄒᆞ야無係의通義ᄂᆞᆫ一人의身에屬ᄒᆞ야他關係가更無ᄒᆞᆫ者며有係의通義ᄂᆞᆫ世俗에居ᄒᆞ며世人을交ᄒᆞ야互相關係ᄒᆞᄂᆞᆫ者라

若玆ᄒᆞᆫ故로無係ᄒᆞᆫ通義ᄂᆞᆫ人의天賦에屬ᄒᆞ니天下의人에何人이든지無論ᄒᆞ고世俗內에交ᄒᆞ야交際를行ᄒᆞᄂᆞᆫ者와世俗外에處ᄒᆞ야獨立無伴ᄒᆞᆫ者라도可違ᄒᆞᄂᆞᆫ正理나然ᄒᆞ나有係ᄒᆞᆫ通義ᄂᆞᆫ其旨가孱異ᄒᆞᆫ지라人爲ᄒᆞᆫ法律로迫責ᄒᆞ야人으로ᄒᆞ여곰必守ᄒᆞᆷ은不可ᄒᆞᄃᆡ但法律의本旨ᄂᆞᆫ人의行爲動止를糾正ᄒᆞᄂᆞᆫ者인則雖各人一身의職分에ᄂᆞᆫ關係가無ᄒᆞ야도世俗交道의職分은干涉ᄒᆞᆷ이可ᄒᆞᆫ者니假使今此에一人이有ᄒᆞ

ᄒᆞ야其心이自暴自棄ᄒᆞ고其行이放僻奢侈ᄒᆞᄃᆡ其惡이自己一身에止ᄒᆞ야治世ᄒᆞᄂᆞᆫ模範을犯傷ᄒᆞᆷ이無ᄒᆞᆫ則法律이如何히明察ᄒᆞ든지其罪의原由ᄅᆞᆯ罰ᄒᆞᆷ이不可ᄒᆞᄃᆡ泥醉無厭ᄒᆞᄂᆞᆫ長鯨의飮을作ᄒᆞ야街路上에顚倒ᄒᆞᄂᆞᆫ光景을現出ᄒᆞᄂᆞᆫ者ᄂᆞᆫ雖其人이自己의一身을害ᄒᆞ고他人의妨害ᄅᆞᆯ不貽ᄒᆞᄂᆞᆫ듯ᄒᆞ나其擧動이世間에旣然公現ᄒᆞᆫ時ᄂᆞᆫ惡風을流ᄒᆞ며人心을誘ᄒᆞ야人世의一般弊端을釀成ᄒᆞ기容易ᄒᆞᆫ故로法律의權을藉ᄒᆞ야不止ᄒᆞᆷ이不可ᄒᆞ니是ᄅᆞᆯ由ᄒᆞ야觀ᄒᆞᆫ則各人의當務ᄒᆞᄂᆞᆫ職分이其破毁ᄒᆞᆷ도公私의分域이有ᄒᆞ야法律의施及ᄒᆞᄂᆞᆫ界限을立ᄒᆞᆷ이나然ᄒᆞ나此ᄂᆞᆫ人生의職分에設譬ᄒᆞᆫ議論이니通義에至ᄒᆞ야ᄂᆞᆫ此와亦異ᄒᆞᆫ지라人生의通義ᄂᆞᆫ一人無係ᄒᆞᆫ身으로言ᄒᆞ든지世俗交際의有係ᄒᆞᆫ身으로喩ᄒᆞ든지公私의別이無ᄒᆞ고其通義ᄂᆞᆫ必其人에게屬ᄒᆞ야外物의不動ᄒᆞᄂᆞᆫ者라

人生의無係ᄒᆞᆫ通義ᄅᆞᆯ論ᄒᆞᆫ則其箇條가離夥ᄒᆞ나然ᄒᆞ나其綱領을先擧ᄒᆞ야名義ᄅᆞᆯ定ᄒᆞ면即人生의天賦ᄒᆞᆫ自由라自由ᄂᆞᆫ我心의所好ᄅᆞᆯ從ᄒᆞ야事爲ᄅᆞᆯ行ᄒᆞᆷ을謂ᄒᆞᆷ이니其事爲ᄅᆞᆯ行ᄒᆞ기ᄂᆞᆫ天地의正理ᄅᆞᆯ從ᄒᆞ야取捨ᄒᆞᄂᆞᆫ外에ᄂᆞᆫ其他何等의事故가有ᄒᆞ든지秋毫라도束縛ᄒᆞᆷ을不受ᄒᆞᆯ디며屈撓ᄒᆞᆷ이亦無ᄒᆞᆯ디로ᄃᆡ人이旣然히世에處ᄒᆞ야人間

의交際가有ᄒᆞᆫ時ᄂᆞᆫ此交際ᄒᆞᄂᆞᆫ道ᄅᆞᆯ由ᄒᆞ야所受ᄒᆞᄂᆞᆫ惠澤과裨益이亦大ᄒᆞᆫ지라此ᄅᆞᆯ償ᄒᆞ기爲ᄒᆞ야其天賦ᄒᆞᆫ一身의自由ᄅᆞᆯ如干의讓棄ᄒᆞᆷ이無ᄒᆞ면不可ᄒᆞ니一身自由의一部ᄅᆞᆯ讓棄ᄒᆞ고人世의規矩ᄅᆞᆯ從順ᄒᆞ야其惠益을蒙被ᄒᆞ야彼此의交易을行ᄒᆞᆷ과同ᄒᆞᆫ者라凡人이大小의分과輕重의辨을解悟ᄒᆞᄂᆞᆫ者ᄂᆞᆫ自己一身의私慾을從ᄒᆞ기爲ᄒᆞ야威力을妄逞ᄒᆞᆷ이必無ᄒᆞ리니若一人이其意ᄅᆞᆯ自恣ᄒᆞᆫ則他人도亦各其力을逞ᄒᆞ야私慾의放情으로相爭互鬪ᄒᆞ야生靈의依賴ᄒᆞᄂᆞᆫ大法이地에塗ᄒᆞᄂᆞᆫ故로處世ᄒᆞᄂᆞᆫ自由ᄂᆞᆫ人人이此世에處ᄒᆞ야各其人間에一人되ᄂᆞᆫ身分으로享有ᄒᆞᄂᆞᆫ者라然ᄒᆞ기天賦ᄒᆞᆫ自由에人爲ᄒᆞᆫ法을加ᄒᆞ야其本趣와大旨ᄅᆞᆯ略變ᄒᆞ야天下의普同ᄒᆞᆫ利益을謀ᄒᆞᆷ이니此道理ᄅᆞᆯ推想ᄒᆞᆫ則法律을設ᄒᆞ야人을妨害ᄒᆞᄂᆞᆫ者의罪ᄅᆞᆯ禁制ᄒᆞᆷ이其犯者一身의天賦ᄒᆞᆫ自由ᄂᆞᆫ減削ᄒᆞᄂᆞᆫ듯ᄒᆞ나其實은處世ᄒᆞᄂᆞᆫ自由ᄅᆞᆯ大增ᄒᆞᆷ이어니와事實의緣由가無ᄒᆞ고人民의志意ᄅᆞᆯ束縛ᄒᆞᄂᆞᆫ者ᄂᆞᆫ暴政이라謂ᄒᆞᆷ이可ᄒᆞ니法律을設定ᄒᆞ기臨ᄒᆞ야監愼ᄒᆞᄂᆞᆫ思慮ᄅᆞᆯ不加ᄒᆞᆫ則如是ᄒᆞᆫ患이不知中其端緖ᄅᆞᆯ隱伏ᄒᆞ나實長ᄒᆞᆫ小心으로人의權利ᄅᆞᆯ保護ᄒᆞ면人民을自由ᄒᆞᄂᆞᆫ境中에導歸ᄒᆞᆯ디라世界의萬國을試見ᄒᆞᆫ즉法律의設ᄒᆞᆷ이繁ᄒᆞ고能히其人民의自由ᄅᆞᆯ保守ᄒᆞ야一國의獨立을助成ᄒᆞᆫ者가有ᄒᆞᆫ가然

ᄒᆞᆫ故로政府의立法ᄒᆞᄂᆞᆫ大要ᄂᆞᆫ人民으로ᄒᆞ여곰各其一身을自持ᄒᆞ고因ᄒᆞ야處世ᄒᆞᄂᆞᆫ自由ᄅᆞᆯ合成ᄒᆞᆷ으로天下의普同ᄒᆞᆫ大利ᄅᆞᆯ謀ᄒᆞ기에在ᄒᆞᆷ이라

此ᄅᆞᆯ因ᄒᆞ야槩觀ᄒᆞᆫ則自由와通義ᄂᆞᆫ人生의不可奪不可撓不可屈ᄒᆞᄂᆞᆫ權利나然ᄒᆞ나法律을恪遵ᄒᆞ야正直ᄒᆞᆫ道理로其躬을飭ᄒᆞᆫ然後에天授ᄒᆞᆫ權利ᄅᆞᆯ保有ᄒᆞ야人世의樂을享受ᄒᆞᆯ디니自己의權利ᄅᆞᆯ愛惜ᄒᆞᄂᆞᆫ者ᄂᆞᆫ他人의權利ᄅᆞᆯ顧護ᄒᆞ야敢히侵犯ᄒᆞ지못ᄒᆞᄂᆞᆫ지라萬若他人의權利ᄅᆞᆯ侵犯ᄒᆞᆯ딘ᄃᆡ法律의公平ᄒᆞᆫ道가是ᄅᆞᆯ必不許ᄒᆞ야其侵犯ᄒᆞᆫ分數와ᄀᆞᆺ치亦其犯者의權利ᄅᆞᆯ剝奪ᄒᆞ리니是ᄂᆞᆫ自己의手로自己의權利ᄅᆞᆯ損傷ᄒᆞᆷ이오法律의威令은其自招ᄒᆞᄂᆞᆫ損傷을行ᄒᆞᆯᄯᆞᄅᆞᆷ이라然ᄒᆞᆫ故로人의權利ᄂᆞᆫ自己가自毁ᄒᆞ기前에ᄂᆞᆫ萬乘의威와萬夫의勇이라도撓奪ᄒᆞ기不能ᄒᆞ고其自毁者의權利ᄅᆞᆯ虧屈ᄒᆞᄂᆞᆫ道ᄂᆞᆫ惟法律이其當然ᄒᆞᆫ義ᄅᆞᆯ獨有ᄒᆞ니法律의公道아니오權利의與奪을行ᄒᆞᄂᆞᆫ者ᄂᆞᆫ權利의竊盜라謂ᄒᆞᆷ도可ᄒᆞ며讎敵이라謂ᄒᆞᆷ도可ᄒᆞ나然ᄒᆞ나自由ᄅᆞᆯ過用ᄒᆞᆫ則放蕩에近ᄒᆞᆫ故로通義로操縱ᄒᆞ야其度ᄅᆞᆯ均適ᄒᆞᄂᆞ니自由ᄂᆞᆫ比ᄒᆞ건ᄃᆡ良馬라駕御가其道ᄅᆞᆯ若失ᄒᆞᆫ則羈靮을脫棄ᄒᆞ야斥弛ᄒᆞᄂᆞᆫ氣習이層生ᄒᆞᄂᆞᆫ故로通義로其羈靮을作ᄒᆞᆷ이어니와駕御ᄒᆞᄂᆞᆫ道ᄂᆞᆫ法律에在ᄒᆞ니是以로通義ᄂᆞᆫ事物의情況을隨ᄒᆞ야各人의

分限이自在ᄒᆞᆫ者라學識이蒙昧ᄒᆞ야道理ᄅᆞᆯ不辨ᄒᆞᄂᆞᆫ人은其分限에踰越ᄒᆞ야頑悖ᄒᆞᆫ擧措도有ᄒᆞᆯ디오不及ᄒᆞ야懦殘ᄒᆞᆫ狀態도有ᄒᆞᆯ디니此ᄅᆞᆯ調和ᄒᆞ야其中을保守ᄒᆞ기ᄂᆞᆫ在上者의大責이라

凡人이世에生ᄒᆞᆷ애人되ᄂᆞᆫ權利ᄂᆞᆫ賢愚貴賤貧富强弱의分別이無ᄒᆞ니此ᄂᆞᆫ世間의大公至正ᄒᆞᆫ原理라大衆이是ᄅᆞᆯ依ᄒᆞ야其性을各遂ᄒᆞ거ᄂᆞᆯ或人이謂ᄒᆞᄃᆡ人의人되ᄂᆞᆫ權利ᄂᆞᆫ各其人을隨ᄒᆞ야各其一定ᄒᆞᆫ者가有ᄒᆞ다ᄒᆞ니此ᄂᆞᆫ但其一을知ᄒᆞ고其二ᄂᆞᆫ未知ᄒᆞᄂᆞᆫ者라人의生世ᄒᆞᆫ後에占有ᄒᆞᆫ地位ᄂᆞᆫ人作ᄒᆞᆫ區別이오享存ᄒᆞᆫ權利ᄂᆞᆫ天授ᄒᆞᆫ公道니人의人되ᄂᆞᆫ理ᄂᆞᆫ天子로브터匹夫에逮ᄒᆞ야毫釐의差殊가本無ᄒᆞᆫ故로形貌가相同ᄒᆞ며性情이相近ᄒᆞ야大小의分은雖異ᄒᆞ나外至ᄒᆞᄂᆞᆫ不義無道의暴擧ᄅᆞᆯ不受ᄒᆞᆷ과內存ᄒᆞᆫ好惡取捨의本心을自持ᄒᆞᆷ은亦相似ᄒᆞᆷ이니人을指ᄒᆞ야人이라謂ᄒᆞᆷ에雖人이曰不可리오人이天地間에生ᄒᆞ야各其人되ᄂᆞᆫ理로視ᄒᆞ면人上人도無ᄒᆞ고人下人도無ᄒᆞ니天子도人이오匹夫도亦人이로ᄃᆡ天子라謂ᄒᆞᆷ과匹夫라謂ᄒᆞᆷ이人世의法律大紀로乃地位의區別을立ᄒᆞᆷ인則此ᄅᆞᆯ遵照ᄒᆞ야其次序의設行ᄒᆞᆷ으로地位의等分이各其占有ᄒᆞᆫ層度로名號가附成ᄒᆞᄂᆞ니尊貴卑賤의階級이始分ᄒᆞᆷ이라然則地位도其當然

ᄒᆞᆫ通義가自有ᄒᆞᆫ디니其權利의無홈이奈何로其可ᄒᆞ리오然ᄒᆞ기地位의權利가各其大小의差異를因ᄒᆞ야其適度의配合이有홈이로ᄃᆡ人의人되ᄂᆞᆫ權利와ᄂᆞᆫ不同ᄒᆞ야高下의秩序와大小의境遇를定ᄒᆞ고形勢의變遷得迯을由ᄒᆞ야推移有無ᄒᆞᄂᆞᆫ者니名은實의實이라其倘來와倘去로人生의權利에增減ᄒᆞᄂᆞᆫ關係를不生ᄒᆞ야有ᄒᆞ야도亦可ᄒᆞ고無ᄒᆞ야도亦可ᄒᆞ나人이此世에居ᄒᆞ야其占有ᄒᆞᄂᆞᆫ地位ᄂᆞᆫ無홈이亦不可ᄒᆞᆫ則富貴ᄒᆞᆫ者ᄂᆞᆫ富貴를行ᄒᆞ고貧賤ᄒᆞᆫ者ᄂᆞᆫ貧賤을行ᄒᆞ야各其地位의權利를遵依홈이니是故로人生의權利와地位의權利를二種에分ᄒᆞᆫ則其輕重이懸殊ᄒᆞ야其一은曰內有ᄒᆞᆫ眞理며其二ᄂᆞᆫ曰外來ᄒᆞᆫ勢力이라今古의人事를推究ᄒᆞ건ᄃᆡ勢力을善用ᄒᆞᄂᆞᆫ者ᄂᆞᆫ同類의眞理를保護ᄒᆞ고濫行ᄒᆞᄂᆞᆫ者ᄂᆞᆫ同類의眞理를斷傷ᄒᆞᄂᆞ니生民의休戚憂樂과有國의安危存亡이其實은此中에存홈이라

或人이云호ᄃᆡ人의强弱은是非로判ᄒᆞ고禽獸의强弱은勢力으로定ᄒᆞᄂᆞᆫ故로若人의强弱을是非로不判ᄒᆞ고勢力으로以ᄒᆞᆫ則是ᄂᆞᆫ禽獸의道와無異ᄒᆞ다ᄒᆞ니此言이誠然ᄒᆞ도다天地의理氣를受ᄒᆞ야生物의自由를得홈은人과禽獸의同然ᄒᆞᆫ者로ᄃᆡ禽獸ᄂᆞᆫ其自由를用홈에通義의羈靮이無ᄒᆞ며法律의駕御가亦無ᄒᆞ야弱의肉을强이是食ᄒᆞ

야其勢力을縱恣홈으로其相生ᄒᆞᄂᆞᆫ道를作ᄒᆞᄂᆞᆫᄯᅢ를이오人은其相與ᄒᆞᄂᆞᆫ際에法律의綱紀를立ᄒᆞ며通義의界域을定ᄒᆞ야其自由를宰制ᄒᆞ며操縱홈으로人間의不齊ᄒᆞᆫ景況을調平ᄒᆞᄂᆞ니然ᄒᆞ기蠻夷의人이라도其任用ᄒᆞᄂᆞᆫ自由가禽獸의比類홀배아니로ᄃᆡ盡美極善ᄒᆞᆫ境에未達ᄒᆞᆫ故로此를謂ᄒᆞ야蠻夷의自由라홈이라人이萬若禽獸의自由를行ᄒᆞ면天下에倫彝의大綱이崩壞홀디오名義의達道가紊亂홀디니人類의生養이何恃ᄒᆞ야保ᄒᆞ며何賴ᄒᆞ야安ᄒᆞ리오故로曰有識人의自由ᄂᆞᆫ不自由ᄒᆞᄂᆞᆫ中에在ᄒᆞ다ᄒᆞᄂᆞ니此ᄂᆞᆫ人慾을遏ᄒᆞ고天理를存ᄒᆞ야正直ᄒᆞᆫ道로其權利를持守홈을謂홈이라

却夫通義와自由ᄂᆞᆫ其條目을立ᄒᆞ기極難ᄒᆞ나猶且人間의事物을因ᄒᆞ야其顯明ᄒᆞᆫ者를畧擧ᄒᆞ건ᄃᆡ

一曰身命의自由及通義니此ᄂᆞᆫ謂호ᄃᆡ身命의權利라身命의自由ᄂᆞᆫ正直ᄒᆞᆫ道로其行動과擧止를操飭ᄒᆞ야自己의分限을不踰ᄒᆞᄂᆞᆫ時ᄂᆞᆫ拘碍도無ᄒᆞ며束縛도無ᄒᆞ야自主ᄒᆞᄂᆞᆫ樂을享有홈이오身命의通義ᄂᆞᆫ自己의生命과肢體를正直ᄒᆞᆫ道로保守ᄒᆞ야他人의妨害를備禦ᄒᆞ며不法의侵凌을抗避ᄒᆞ야健康安樂ᄒᆞᆫ景像을護持

홈이라

二曰財産의自由及通義니此ᄂᆞᆫ謂호ᄃᆡ財産의權利라財産의自由ᄂᆞᆫ各人이其私有ᄒᆞᆫ財産을行用홈과處置홈에正直ᄒᆞᆫ道로以ᄒᆞᄂᆞᆫ時ᄂᆞᆫ禁制ᄒᆞᄂᆞᆫ者도無ᄒᆞ며操縱ᄒᆞᄂᆞᆫ者도無ᄒᆞ야其自便ᄒᆞᆫ道를任從홈이오財産의通義ᄂᆞᆫ自己의持有ᄒᆞᆫ財産을護守ᄒᆞ야無理ᄒᆞᆫ橫奪을不受ᄒᆞ고獨操ᄒᆞᆫ實勢를保存홈이라

三曰營業의自由及通義니此ᄂᆞᆫ謂호ᄃᆡ營業의權利라營業의自由ᄂᆞᆫ如何ᄒᆞᆫ事物을從ᄒᆞ야其生業을營求ᄒᆞ든지正直ᄒᆞᆫ道로行ᄒᆞᄂᆞᆫ時ᄂᆞᆫ樂爲ᄒᆞᄂᆞᆫ者에任就ᄒᆞ야妨碍禁抑을不受홈이오營業의通義ᄂᆞᆫ其營求ᄒᆞᄂᆞᆫ生業에行用ᄒᆞᄂᆞᆫ事務ᄂᆞᆫ明的ᄒᆞᆫ分度를遵守ᄒᆞ고窮屈ᄒᆞᆫ弊害와詐僞ᄒᆞᆫ冒蔽를防守홈이라

四曰集會의自由及通義니此ᄂᆞᆫ謂호ᄃᆡ集會의權利라集會의自由ᄂᆞᆫ衆人이合意ᄒᆞ야如何ᄒᆞᆫ集會를行ᄒᆞ든지正直ᄒᆞᆫ道로自執ᄒᆞᄂᆞᆫ時ᄂᆞᆫ禁抑ᄒᆞᄂᆞᆫ者도無ᄒᆞ며妨碍ᄒᆞᄂᆞᆫ者도無ᄒᆞ야其交好ᄒᆞᄂᆞᆫ樂事를保有홈이오集會의通義ᄂᆞᆫ其集會의規制와事務가如何ᄒᆞᆫ基礎에構成ᄒᆞ든지正直ᄒᆞᆫ道를不失ᄒᆞᆫ則他人의壅遏을不被ᄒᆞ고維持ᄒᆞᄂᆞᆫ約束을固守ᄒᆞ야其集會의特例를護存홈이라

五.曰宗敎의自由及通義니此ᄂᆞᆫ謂호ᄃᆡ宗敎의權利라宗敎의自由ᄂᆞᆫ各人이敬ᄒᆞᄂᆞᆫ바와宗ᄒᆞᄂᆞᆫ바에一切其心悅ᄒᆞᄂᆞᆫ者를隨ᄒᆞ고禁遏拘碍ᄒᆞᄂᆞᆫ勒制를不被ᄒᆞ야綽裕ᄒᆞᆫ樂地에任歸홈이오宗敎의通義ᄂᆞᆫ歸依ᄒᆞᄂᆞᆫ黨徒를受ᄒᆞ며維持ᄒᆞᄂᆞᆫ規則을設ᄒᆞ기에國法의大紀를不背ᄒᆞᆫ時ᄂᆞᆫ其行用ᄒᆞᄂᆞᆫ諸般事務가自主ᄒᆞᄂᆞᆫ掌握에在ᄒᆞ야他人의操縱을不受홈이라

六曰言詞의自由니各人이上下相與ᄒᆞᄂᆞᆫ際에其言詞의發홈이實事를從ᄒᆞ고虛僞가無ᄒᆞᆫ則自主ᄒᆞᄂᆞᆫ權利가有홈이라

七曰名譽의通義니此ᄂᆞᆫ無禮ᄒᆞᆫ誹謗과不實ᄒᆞᆫ毁訾를防備ᄒᆞ야其聲名을保守ᄒᆞᄂᆞᆫ權利라

今此臚陳ᄒᆞᆫ諸條ᄂᆞᆫ其大槩를說出홈이니大抵人의權利ᄂᆞᆫ無雙ᄒᆞᆫ至寶나然이나各人一身의無係홈으로其天然홈을縱恣ᄒᆞᆫ則禽獸의自由와同歸ᄒᆞᄂᆞᆫ故로有係ᄒᆞᆫ通義의酌斟으로其過用ᄒᆞᄂᆞᆫ弊를限制호ᄃᆡ猶且蠻夷의自由에相近ᄒᆞᆫ故로法律의規度를立ᄒᆞ야生世人의自由를潤色홈이니然ᄒᆞᆫ則處世ᄒᆞᄂᆞᆫ權利를欲保ᄒᆞᄂᆞᆫ者ᄂᆞᆫ法律을敬奉ᄒᆞ야大衆의相生ᄒᆞᄂᆞᆫ公道를守홈이라法律의本意ᄂᆞᆫ人의權利를愼重ᄒᆞ고又因ᄒᆞ야

是를保護ᄒᆞᄂᆞ니法律의設施가無ᄒᆞᆯ딘ᄃᆡ權利도其能存홈이必難ᄒᆞᆯ디라此를由ᄒᆞ야考ᄒᆞ면權利가雖天下人人의自有ᄒᆞᆫ至寶라ᄒᆞ나其實은法律에附依ᄒᆞ야其現像을保홈이니人의權利ᄂᆞᆫ法律의所賜라謂ᄒᆞ야도謬評이아니라法律은帥며權利ᄂᆞᆫ卒徒니卒徒가帥의命令과節制를不遵ᄒᆞᆯ딘ᄃᆡ卒徒의本分을不守ᄒᆞᆫ다謂ᄒᆞᆯ디나然ᄒᆞ나帥가萬若苛酷ᄒᆞᆫ紀律과暴虐ᄒᆞᆫ規例로卒徒의本分을抑遏ᄒᆞᆫ則亦良帥라謂ᄒᆞ기不可ᄒᆞᆯ디니此理를細究ᄒᆞ면法律과權利의相濟ᄒᆞᄂᆞᆫ關係를覩得ᄒᆞᆯ디로ᄃᆡ法律은權利를保護ᄒᆞᄂᆞᆫ故ᄂᆞᆫ亦剝奪ᄒᆞᄂᆞᆫ勢와停止ᄒᆞᄂᆞᆫ力이有ᄒᆞ니天下의何邦에居ᄒᆞ든지其邦家의法律을不敬ᄒᆞ고能히其身의權利를保存ᄒᆞᄂᆞᆫ者가未有홈이라

身命의權利를論ᄒᆞ건ᄃᆡ人生의重大ᄒᆞᆫ天授正理라生命及肢體를保護ᄒᆞ야安寧健康ᄒᆞᆫ福을享受홈은人間의快樂이니不法ᄒᆞᆫ擧措로人의一髮一指라도害傷ᄒᆞᄂᆞᆫ者ᄂᆞᆫ天然ᄒᆞᆫ道를背戾홈인故로亦人에게此事를受홈도不可ᄒᆞᆫ지라此權利ᄂᆞᆫ其生에俱來ᄒᆞ야其死에同歸ᄒᆞᄂᆞ니死亦二種에分ᄒᆞ야一曰天然死며一曰世俗死라天然死ᄂᆞᆫ病化를謂홈이어니와世俗死ᄂᆞᆫ外國에徙籍홈을指홈이니然홈으로天然生은他人의力으로害홈도不可ᄒᆞ고自己의手로害홈도亦不可ᄒᆞ야惟極惡大罪로人世의法律을毁破

ᄒᆞᆫ者ᄂᆞᆫ法으로其人의生命을奪ᄒᆞᆯᄲᅮᆫ이로ᄃᆡ蓋人이人을殺홈은不得已ᄒᆞᆫ事로不忍ᄒᆞᆫ政을行홈이라萬乘의威로도法으로人을刑ᄒᆞ기外에ᄂᆞᆫ他道가更無ᄒᆞ야不犯ᄒᆞᆫ人은其毫髮이라도搖動ᄒᆞ기不能ᄒᆞ니此를由ᄒᆞ야言ᄒᆞ건ᄃᆡ人이人을刑殺ᄒᆞᄂᆞᆫ權이無ᄒᆞ고乃法이其權을有홈인則刑ᄒᆞ든지殺ᄒᆞ든지皆法이라是以로其人이其罪를犯ᄒᆞ야其法을受홈이可ᄒᆞᆫ然後에執法ᄒᆞᆫ者가法의指揮를聽從ᄒᆞ야施行ᄒᆞᆯᄲᅮᆫ이니但法官의私意로人을欲制ᄒᆞ야도國律의不許ᄒᆞᄂᆞᆫ바ᄂᆞᆫ恣行ᄒᆞ기不能ᄒᆞᆯ디며設使得行ᄒᆞᆯ딘ᄃᆡ此ᄂᆞᆫ人의力으로人의權利를妨害홈이라法律의公道를壞ᄒᆞ야人世의大弊를起홈이니誰人이曰可타ᄒᆞ리오夫人身은正直홈으로自重ᄒᆞ고公平홈으로自寬홈이可ᄒᆞᆫ者라然ᄒᆞᆫ故로人의意를抑遏ᄒᆞ야廣廈上에寘ᄒᆞ고膏粱으로食ᄒᆞ며錦繡로衣ᄒᆞ야도此ᄂᆞᆫ拘囚홈이며道路上에人의行을勒止ᄒᆞ야도亦拘囚홈과無異홈이니身命의權利ᄂᆞᆫ國法을不犯ᄒᆞᆫ時에其自在홈을任寘홈과外來ᄒᆞᄂᆞᆫ傷害를防備홈에在ᄒᆞᆯᄲᅮᆫ이라

財產의權利를顧ᄒᆞ건ᄃᆡ亦人生의一大緊重ᄒᆞᆫ事니各人이各其自己의所有ᄒᆞᆫ財產을保守ᄒᆞ야一芥라도人을不與ᄒᆞ든지千金으로其心志의樂을賭ᄒᆞ든지國家의法律을

不背ᄒᆞᄂᆞᆫ時ᄂᆞᆫ禁抑ᄒᆞ기不可ᄒᆞ고又或暴徒의侵奪이有ᄒᆞᆫ則法律의公道를依賴ᄒᆞ야其護守ᄒᆞᄂᆞᆫ力을受홈이可ᄒᆞ니蓋人의私有ᄒᆞᆫ物을國法으로保守케홈은至大ᄒᆞᆫ惠澤이라妨害를不加ᄒᆞ기에不止ᄒᆞ고極臻히保護ᄒᆞ야秋毫도侵犯홈이有ᄒᆞ면不可ᄒᆞ니全國人民의普同ᄒᆞᆫ大利를興作ᄒᆞᄂᆞᆫ事件이有ᄒᆞ야도一人의私有를害ᄒᆞᆯ딘ᄃᆡ行ᄒᆞ기不敢ᄒᆞᆫ者라假令此에一條新路를開ᄒᆞ기에一民의私有ᄒᆞᆫ地面을交亘ᄒᆞᄂᆞᆫ時ᄂᆞᆫ此擧가雖公衆을爲ᄒᆞᄂᆞᆫ大便利나然ᄒᆞ나主人의準諾을不得ᄒᆞᆫ則其地를犯ᄒᆞ기不敢ᄒᆞ니如此ᄒᆞᆫ時를當ᄒᆞ야ᄂᆞᆫ國法으로處寘ᄒᆞᄂᆞᆫ道를行ᄒᆞ야其人으로ᄒᆞ야곰至當ᄒᆞᆫ價値에放賣ᄒᆞ기를令ᄒᆞ되決斷코威力을恣홈이無ᄒᆞ고謹愼을加ᄒᆞᄂᆞ니今此引喩ᄂᆞᆫ其一例를擧示홈이라千事萬物이各人의私有에屬ᄒᆞᆫ者ᄂᆞᆫ國法의保護가至愼至密ᄒᆞ야不貴不重ᄒᆞᆫ者가無ᄒᆞ니千金子의狐貉과乞人의一弊衣가物品의高下ᄂᆞᆫ懸殊ᄒᆞ나各一人의私有되기ᄂᆞᆫ同ᄒᆞᆫ則國法의保護ᄂᆞᆫ差等을不立홈이라然ᄒᆞᆫ故로財產의權利ᄂᆞᆫ國家의法律에不戾ᄒᆞᆫ則萬乘의威라도是를奪ᄒᆞ기不能ᄒᆞ며萬人의敵이라도是를動ᄒᆞ기不敢ᄒᆞ야其與奪이法에在ᄒᆞ고人에不在ᄒᆞ니此ᄂᆞᆫ公權으로私物을保守ᄒᆞᄂᆞᆫ大道라

營業의權利를議ᄒᆞ건ᄃᆡ人이世에生홈애其生活ᄒᆞᄂᆞᆫ道가此를因ᄒᆞ야立ᄒᆞᄂᆞᆫ故로亦

人生의不可無ᄒᆞᆫ要務니國法에不違ᄒᆞᄂᆞᆫ時ᄂᆞᆫ各其才의能ᄒᆞᆫᄃᆡ로其心의樂ᄒᆞᆫ바를營逐ᄒᆞ야他人의抑遏과妨碍를不受ᄒᆞᄂᆞᆫ지라士農工商의業에貴賤의區分을不立ᄒᆞ며爾我의事功을各治ᄒᆞ야心勞와力役의獲致ᄒᆞᄂᆞᆫ利益을享受ᄒᆞᄂᆞ니大槪新書의著述과新物의發造가人世의裨益을可助ᄒᆞᆯ者ᄂᆞᆫ其本主에게專賣權을許施ᄒᆞ야年限을酌定ᄒᆞ고國法으로護守ᄒᆞ야他人의侵犯ᄒᆞᄂᆞᆫ弊를抑止ᄒᆞ기ᄂᆞᆫ亦特異ᄒᆞᆫ權利를附與ᄒᆞ야其莫大ᄒᆞᆫ勤勞를償ᄒᆞ고因ᄒᆞ야世人의智巧를鼓勵홈이어니와如何ᄒᆞᆫ事業이든지大小를勿論ᄒᆞ고倡開ᄒᆞᄂᆞᆫ者가必先政府의許準을獲ᄒᆞᆫ然後에其營求ᄒᆞᄂᆞᆫ事工을任從홈이可ᄒᆞ고又政府도其營求ᄒᆞᄂᆞᆫ工業의趣意를試考ᄒᆞ야國家의法律을遵合ᄒᆞᆫ者ᄂᆞᆫ不許홈이亦無ᄒᆞ니然ᄒᆞᆫ故로營業의權利ᄂᆞᆫ國法의禁止ᄒᆞᄂᆞᆫ條例를不犯ᄒᆞ면拘碍ᄒᆞᄂᆞᆫ端緖가自無홈이라

集會의權利를究ᄒᆞ건ᄃᆡ人生의相與ᄒᆞᄂᆞᆫ大道라和平ᄒᆞᆫ意思로友好ᄒᆞᆫ情誼를表ᄒᆞ기爲홈이든지重大ᄒᆞᆫ事工으로廣博ᄒᆞᆫ議論을採ᄒᆞ기爲홈이든지國法을遵守ᄒᆞ야禁例에無違ᄒᆞᆫ時ᄂᆞᆫ制止홈이不可ᄒᆞ니大槩暇日의風致를消遣ᄒᆞ야朋侶의宴會ᄂᆞᆫ人生의志氣를舒暢ᄒᆞᄂᆞᆫ樂事며淡妙ᄒᆞᆫ物理를窮格ᄒᆞ야演說의約集은人生의知識을開導ᄒᆞ

ᄂᆞᆫ好機며巨大ᄒᆞᆫ功役을經營ᄒᆞ야衆人의會議ᄂᆞᆫ世間의便利를增益ᄒᆞ고高明ᄒᆞᆫ學科를問難ᄒᆞ야諸士의集萃ᄂᆞᆫ天下의風敎를振起ᄒᆞᄂᆞ니大槪人이衆을成ᄒᆞᆫ則大功을起ᄒᆞᄂᆞᆫ지라國中의人民이交際ᄒᆞᄂᆞᆫ道를善修ᄒᆞ야聲氣의相同으로求應ᄒᆞ고各其樂赴ᄒᆞᄂᆞᆫ能事로會를立ᄒᆞ며社를結ᄒᆞ야大者ᄂᆞᆫ公衆에普洽ᄒᆞᄂᆞᆫ功業을企圖ᄒᆞ고小者ᄂᆞᆫ一社一會의偏利小事를營求호ᄃᆡ其自立ᄒᆞᄂᆞᆫ規制와相守ᄒᆞᄂᆞᆫ約條ᄂᆞᆫ他人의侵侮ᄒᆞ기를不願ᄒᆞ고又或他人의事故를因ᄒᆞ야有時其成就를稽緩ᄒᆞᄂᆞᆫ弊가不無ᄒᆞᆫ則亦國法의保護를不行ᄒᆞ면不可ᄒᆞ거니와偏黨의過激ᄒᆞᆫ集議와僻地의秘密ᄒᆞᆫ約會며又恒産을不執ᄒᆞᄂᆞᆫ徒輩의喧噪聚合은皆國法의攸禁이라然ᄒᆞᆫ故로集會의權利ᄂᆞᆫ國禁을不踰ᄒᆞᆫ則其意를任從ᄒᆞ야些少의牽掣이不至ᄒᆞᆷ이라

宗敎의權利를擧ᄒᆞ건ᄃᆡ亦人生의一大關係니夫宗敎ᄂᆞᆫ世人의心行을管制ᄒᆞ며浸感ᄒᆞ야人建ᄒᆞᆫ大道라天下의至廣ᄒᆞᆷ으로世俗의宗尙ᄒᆞᄂᆞᆫ敎가一에不歸ᄒᆞ고各其門戶를立ᄒᆞ야宗敎의殊異를生ᄒᆞ니人世의不幸이此에莫大ᄒᆞ나然ᄒᆞ나此亦大衆의信服ᄒᆞᄂᆞᆫ者며彼亦大衆의崇奉ᄒᆞᄂᆞᆫ者로大衆의綱紀를維持ᄒᆞ기ᄂᆞᆫ其道가同ᄒᆞᆫ則人을勸ᄒᆞ야邪를棄ᄒᆞ고正에歸ᄒᆞᄂᆞᆫ大旨ᄂᆞᆫ亦相近ᄒᆞᆫ基礎에成立ᄒᆞᆷ이라不然이면奈何로大

衆의悅服ᄒᆞᄂᆞᆫ者되야千百載의久遠을相傳ᄒᆞ리오是故로各人이各其心의悅樂ᄒᆞᄂᆞᆫ宗敎에信依ᄒᆞ야國法을敬奉ᄒᆞᄂᆞᆫ時ᄂᆞᆫ其心의所好를强奪ᄒᆞᆷ과其身의所歸를勸禁ᄒᆞᆷ이不可ᄒᆞ니泰西人의今古歷史를考ᄒᆞ건ᄃᆡ宗敎의爭論으로人心을搖動ᄒᆞ며人國을滅亡ᄒᆞ야殺伐의大害가不尠ᄒᆞᆫ지라羅馬의舊代에天主敎의新播ᄒᆞᆷ으로前後數十萬人命을抗殺ᄒᆞ며伊太利佛蘭西等國의近古에新舊敎의紛爭으로亦數十萬人의生命을殺戮ᄒᆞ야人民의移散이不少ᄒᆞ고英吉利ᄂᆞᆫ新敎의宗旨를專尙ᄒᆞ야國內他宗의敎를嚴禁ᄒᆞ나阿爾蘭島民은元來天主敎를信服ᄒᆞ야政府의命을不從ᄒᆞᆷ으로又其法을改ᄒᆞ야宗敎ᄂᆞᆫ各人의意에任호ᄃᆡ又一法을建ᄒᆞ야國家의任政ᄒᆞᄂᆞᆫ大臣은新敎宗門의人아니면才德이具備ᄒᆞᆫ者라도擢用을不許ᄒᆞ니是를由ᄒᆞ야天主敎에歸依ᄒᆞᆫ者ᄂᆞᆫ家를擧ᄒᆞ야外國에徙居ᄒᆞᆷ이極多ᄒᆞᆷ이라若玆ᄒᆞᆫ事由로推比ᄒᆞ야熟揣ᄒᆞᆫ則宗敎의彼此를分ᄒᆞ야一許一禁이國家의政治에小利도不生ᄒᆞ고大害를反成ᄒᆞ야其實이此宗을爲ᄒᆞ야彼宗을排斥ᄒᆞ기에不過ᄒᆞᆷ이니政府의力을假借ᄒᆞ야他宗을排斥ᄒᆞᄂᆞᆫ者ᄂᆞᆫ自然其心이洽滿ᄒᆞ거니와其排斥을被ᄒᆞᄂᆞᆫ者ᄂᆞᆫ其心이不平ᄒᆞ야其身이雖其國에居ᄒᆞ야도其政府를敵視ᄒᆞ고服信ᄒᆞᄂᆞᆫ宗門에願忠ᄒᆞᄂᆞᆫ性氣가益固ᄒᆞᄂᆞ니此ᄂᆞᆫ天下各

邦의已然ᄒᆞᆫ景像이오古今의同然ᄒᆞᆫ弊害라政治의一視ᄒᆞᄂᆞᆫ公心은各人의崇信ᄒᆞᄂᆞᆫ宗敎의異同을不問ᄒᆞ고其權利의保護ᄂᆞᆫ無偏ᄒᆞ야其人을人ᄒᆞᆯᄯᆞ름이오惟其敎典의條例가人生의倫綱을壞ᄒᆞ야國法에背ᄒᆞᆫ則禁止ᄒᆞᄂᆞ니然ᄒᆞᆫ故로宗敎의權利ᄂᆞᆫ國家의典常을不犯ᄒᆞᄂᆞᆫ時ᄂᆞᆫ其歸依ᄒᆞᄂᆞᆫ信心을各從ᄒᆞᆷ이라

言詞의自由를釋ᄒᆞ건ᄃᆡ人生權利의一條라大抵人의思量이聲音으로發ᄒᆞ면言詞며形像으로記ᄒᆞ면文字니然ᄒᆞᆫ故로二者를合ᄒᆞ야言詞의權利에俱歸ᄒᆞᆷ이라不根ᄒᆞᆫ是非로無禮ᄒᆞᆫ毁謗을他人에加ᄒᆞᆷ과且私心의好惡로政治의得失을妄論ᄒᆞᆷ은國禁의所在어니와事狀의實境을據ᄒᆞ야眞確ᄒᆞᆫ議評을立ᄒᆞ기ᄂᆞᆫ各人이其意를任ᄒᆞᄂᆞ니寃抑이是를藉ᄒᆞ야伸ᄒᆞ며禍害가是를由ᄒᆞ야祛ᄒᆞ며善良이是를賴ᄒᆞ야闡ᄒᆞ고又人世의千事萬物에至ᄒᆞ야도是가無ᄒᆞ면其功用의著發이必難ᄒᆞᆫ지라世의治亂과人의賢否를隨ᄒᆞ야此權利의多少를判定ᄒᆞᄂᆞᆫ故로亂世의苛法은偶語ᄒᆞᄂᆞᆫ者를市에棄ᄒᆞ고聖人의美規ᄂᆞᆫ誹謗의木을立ᄒᆞ야天下의善言을來ᄒᆞᆷ이니惟口ᄂᆞᆫ好를出ᄒᆞ며戎을興ᄒᆞ야禍福의樞機를是作ᄒᆞᆫ則君子의謹愼ᄒᆞᄂᆞᆫ道에緘守ᄒᆞᄂᆞᆫ箴戒가可ᄒᆞ다謂ᄒᆞ나然ᄒᆞ나人이世에居ᄒᆞᆷ애必其思慮가有ᄒᆞ고且其思慮ᄂᆞᆫ事物에觸ᄒᆞᄂᆞᆫᄃᆡ로發ᄒᆞ야喜哀和

激이其常이無ᄒᆞ니法律이雖密ᄒᆞ야도萬姓의口를箝ᄒᆞ야一大羣의有舌ᄒᆞᆫ啞子를化成ᄒᆞ기ᄂᆞᆫ不能ᄒᆞᆷ이라是以로人民의言路를廣開ᄒᆞ야鄙陋ᄒᆞᆫ俗尙과貪汚ᄒᆞᆫ習氣와詐僞ᄒᆞᆫ行實이며不公不平ᄒᆞᆫ施措를演說의宏辯으로論駁ᄒᆞ며新聞의廣詢으로指擧ᄒᆞ야民人의行動이此를顧忌ᄒᆞ며官吏의縱橫이此를畏憚ᄒᆞᆫ則亦世道의維持ᄒᆞᄂᆞᆫ一大助로ᄃᆡ萬若浮虛不實ᄒᆞᆫ者가有ᄒᆞ면法律의公道로是를懲勵ᄒᆞᆷ이亦可ᄒᆞ니然ᄒᆞ기言詞의權利ᄂᆞᆫ人人이皆有ᄒᆞ야正直ᄒᆞᆫ道로國禁을不違ᄒᆞᄂᆞᆫ時ᄂᆞᆫ他人의操縱을不受ᄒᆞᄂᆞᆫ者라

名譽의通義를解ᄒᆞ건ᄃᆡ亦人生의一大權利라其實은身命의權利에歸屬ᄒᆞᄂᆞᆫ者니夫名譽ᄂᆞᆫ人의等品을隨ᄒᆞ야其才藝及性質의實像을斷定ᄒᆞᄂᆞᆫ聲價인則世間에需應ᄒᆞᄂᆞᆫ方道가是를依ᄒᆞ야立ᄒᆞᄂᆞᆫ지라此通義가他人의虧傷을一被ᄒᆞᆫ則一身의面目을顚失ᄒᆞ야各般權利의遏止ᄒᆞᆷ이身命의不自由와同ᄒᆞᆫ故로他人의名譽를損傷ᄒᆞᆷ이其肢體를毁缺ᄒᆞᆷ과無異ᄒᆞ니是以로爽實ᄒᆞᆫ事端을提ᄒᆞ야無禮ᄒᆞᆫ誹謗을起ᄒᆞ며疑似ᄒᆞᆫ傳聞을因ᄒᆞ야不敬ᄒᆞᆫ毁斥을行ᄒᆞ며嫌惡ᄒᆞᄂᆞᆫ私故를由ᄒᆞ야曖昧ᄒᆞᆫ罪辜를搆ᄒᆞ며偏黨의氣習을縱ᄒᆞ야吹覓ᄒᆞᄂᆞᆫ論議를恣ᄒᆞᄂᆞᆫ諸事로人의聲聞을汙穢ᄒᆞᄂᆞᆫ者ᄂᆞᆫ國法의不

許홈인故로毁名律의條例를設ᄒᆞ야如此ᄒᆞᆫ惡行을禁斷ᄒᆞ야人의寃屈을伸直ᄒᆞ고名譽를保護홈이니然ᄒᆞ기公衆의交際ᄒᆞᄂᆞᆫ大道를保ᄒᆞ야是非와長短의妄議가不行ᄒᆞ고欺蔽와詐僞의鄙習이自消ᄒᆞ야廉恥의節操로其躬을飭ᄒᆞ며禮義의品行으로其心을勵ᄒᆞ고相敬ᄒᆞᄂᆞᆫ主義를務ᄒᆞ야凡事에誠實ᄒᆞ기로爲要호ᄃᆡ如何ᄒᆞᆫ人의如何ᄒᆞᆫ事든지其現實이分明ᄒᆞ야世道와人心에有關ᄒᆞᆫ者ᄂᆞᆫ演說或新聞으로天下에公布ᄒᆞ야도其人이伸辨ᄒᆞ기亦不能ᄒᆞ니然ᄒᆞᆫ故로名譽의權利ᄂᆞᆫ正直ᄒᆞᆫ道로自守ᄒᆞ고國家의法律을敬遵ᄒᆞᆫ則他人의毁汚를不被ᄒᆞᄂᆞᆫ者라

此로由ᄒᆞ야觀ᄒᆞ건ᄃᆡ人生의諸般權利가雖其天生의備具ᄒᆞᆫ者나人爲ᄒᆞᆫ法律의關係로其分度의增減이有ᄒᆞᆫ지라天授ᄒᆞᆫ權利를人力으로操縱ᄒᆞ기不可ᄒᆞ다ᄒᆞ야其自便을任實ᄒᆞᆯ딘ᄃᆡ放蕩ᄒᆞᆫ弊俗과壞亂ᄒᆞᆫ惡習이日로增ᄒᆞ며月로加ᄒᆞ야其涯涘의浩大홈이測度ᄒᆞ기不能ᄒᆞ리니四端과五倫의綱紀와秩序를依遵ᄒᆞ야法律의禁防이極密ᄒᆞᆫ制를設ᄒᆞ며至愼ᄒᆞᆫ規를立ᄒᆞ야도猶且其千岐萬條의絲棼毫細ᄒᆞᆫ橫恣性과放縱心은鋤除ᄒᆞ기不盡ᄒᆞ며剪滅ᄒᆞ기甚難ᄒᆞ야娼妓의淫을賣홈은自己가自己의心으로禽獸의自由를行홈이오奴婢의世로係홈은他人이他人의身에蠻夷의通義를存홈이로ᄃᆡ

習俗의浸潤으로人世의常事를徂成ᄒᆞ야法律의公正ᄒᆞᆫ道理와威力으로도抑遏ᄒᆞᄂᆞᆫ功을難期ᄒᆞ니如此ᄒᆞᆫ弊風惡俗도各其人의權利라謂홈이可ᄒᆞᆯ가否라凡事를行ᄒᆞ야其心에可ᄒᆞᆫ者ᄂᆞᆫ天下人이皆曰可라ᄒᆞᆯ디며行ᄒᆞ야其心에不可ᄒᆞᆫ者ᄂᆞᆫ天下人이亦皆曰不可라ᄒᆞᆯ디니大抵人의自由와通義ᄂᆞᆫ天下人의普同ᄒᆞᆫ權利라然ᄒᆞᆫ故로一人의可不可가天下人의同然ᄒᆞᆫ者어ᄂᆞᆯ今夫娼妓의汙ᄂᆞᆫ貞婦의所羞며奴婢의賤은常人의所惡라此의羞ᄒᆞᄂᆞᆫ者를彼의行ᄒᆞ기許홈은法의滯홈이오此의惡ᄒᆞᄂᆞᆫ者를彼에加ᄒᆞ기準홈은法의偏홈이니天下人이其可홈을同ᄒᆞᄂᆞᆫ者아닌則其不可홈은自然ᄒᆞ야一則其惡風을流播ᄒᆞ야人世의面目을穢ᄒᆞ고一則王者의民을私有ᄒᆞ야國家의大權을竊홈인故로文明ᄒᆞᆫ軌度가漸廣홈을隨ᄒᆞ야法의改正ᄒᆞᄂᆞᆫ步趨가亦進ᄒᆞᄂᆞ니蓋自由ᄂᆞᆫ眞惡의分別이有ᄒᆞ야天理의正直홈을遵ᄒᆞᆫ則眞自由며人慾의邪僻홈을任ᄒᆞᆫ則惡自由라謂ᄒᆞ고通義ᄂᆞᆫ眞假의區劃이存ᄒᆞ야眞通義ᄂᆞᆫ天然ᄒᆞᆫ眞自由를守ᄒᆞ고假通義ᄂᆞᆫ人爲ᄒᆞᄂᆞᆫ惡自由를恣ᄒᆞᄂᆞᆫ故로法律이其眞惡眞假의辨을立ᄒᆞ야人生權利의大病을醫治ᄒᆞᄂᆞᆫ金丹이라

人民의教育이不足ᄒᆞᆫ則其自由의眞惡과通義의眞假를不解ᄒᆞ야其權利를誤用ᄒᆞᄂᆞᆫ

故로或自己의執轍을讓退ᄒᆞ며或他人의境域을蹂躪ᄒᆞ야恬然히常度를作ᄒᆞᄂᆞ니是以로人民의權利를欲平ᄒᆞᆯ딘ᄃᆡ教育을先務ᄒᆞ야人人으로各守ᄒᆞᄂᆞᆫ知識이有ᄒᆞ게홈이政治의大道라邦國을固守ᄒᆞ야其權利를保有ᄒᆞᄂᆞᆫ者ᄂᆞᆫ其國人의各人權利를善護홈이可ᄒᆞ니千萬人의集合홈으로一國의大를成ᄒᆞᆫ則此ᄂᆞᆫ衆流를受ᄒᆞ야滄海의浩大홈이오土壤을積ᄒᆞ야山岳의崇高홈이라一人權利의難奪이一國權利의難犯과同ᄒᆞ거ᄂᆞᆯ若國中의人民이其相與ᄒᆞᄂᆞᆫ際에强者가弱者를是侮ᄒᆞ며貴者가賤者를是慢ᄒᆞ면强國과弱國의不敵홈도理勢의自然이라ᄒᆞ야强國이弱國의權利를侵越ᄒᆞ야도其人民이當然ᄒᆞᆫ道로視ᄒᆞ고些少의憤怒도不激ᄒᆞᆯ디라然則人民이各其自己權利의貴重홈을愛ᄒᆞᆫ然後에其國權利의貴重홈도亦知ᄒᆞ야死守ᄒᆞ기를誓ᄒᆞᄂᆞ니此ᄂᆞᆫ教育으로開導ᄒᆞ야其實效를奏홈이오法律의保護를獨任ᄒᆞ야其功을著홈아니라是以로權利ᄂᆞᆫ教育으로根本을立ᄒᆞ고法律로護衛를作ᄒᆞ야二者가具備ᄒᆞᆫ然後에完美ᄒᆞᆫ境에始抵ᄒᆞ다謂ᄒᆞᆯ디니開導의功效를須ᄒᆞ야克就ᄒᆞᄂᆞᆫ者라

人世의競勵

大抵家族의關係ᄂᆞᆫ身을勞호ᄃᆡ不苦ᄒᆞ고物을費호ᄃᆡ不憚ᄒᆞ나然ᄒᆞ나人이其家에出ᄒᆞ야世人의相交ᄒᆞᄂᆞᆫ道를行ᄒᆞ기에至ᄒᆞ야ᄂᆞᆫ不然ᄒᆞ고各其自己의職分을務ᄒᆞ며自己의好惡를從ᄒᆞ야自己의趣意를欲達홈으로先을爭ᄒᆞᄂᆞ니此ᄂᆞᆫ即世人의相競相勵ᄒᆞᄂᆞᆫ事라人間의美利公益이此道를由ᄒᆞ야成就ᄒᆞ고天下의現體實景이亦此道를因ᄒᆞ야保存ᄒᆞ니若世間에競勵ᄒᆞᄂᆞᆫ人情이無ᄒᆞ면其心其力을勞ᄒᆞ야功名事爲를經求ᄒᆞᄂᆞᆫ者가其影을絶ᄒᆞᆯ디라却且自己의趣意를欲達ᄒᆞ야世人을不慮호ᄃᆡ公道를妨害ᄒᆞ고私慾을縱恣ᄒᆞᄂᆞᆫ患이無홈은教導ᄒᆞᆫ政化의致然ᄒᆞᆫ者니今에無教ᄒᆞᆫ夷民의群集ᄒᆞᆫ中에一片의寶를投ᄒᆞᆫ則其衆이忽然亂動ᄒᆞ야相爭互鬪ᄒᆞᄂᆞᆫ陋態醜習이可矜ᄒᆞ며可憎ᄒᆞᆯ디나此ᄂᆞᆫ競勵ᄒᆞᄂᆞᆫ道에綱紀가無홈을因緣홈이니此俗도一變ᄒᆞ면可히道에至ᄒᆞᆯ디라然ᄒᆞᆫ故로有教ᄒᆞᆫ人은是非를解ᄒᆞ며禮義를守ᄒᆞ야他人의害를貽ᄒᆞ고自己의意를欲達ᄒᆞᄂᆞᆫ惡習이無ᄒᆞ니草昧不文ᄒᆞᆫ世에在ᄒᆞ야ᄂᆞᆫ人을不害ᄒᆞ고自己의利를獲遂ᄒᆞᄂᆞᆫ事가不能ᄒᆞᆫ故로身心이活潑ᄒᆞ야事爲를成ᄒᆞᄂᆞᆫ者ᄂᆞᆫ縱恣ᄒᆞᆫ類가恒多홈이로ᄃᆡ風氣已開ᄒᆞᆫ時에抵ᄒᆞᆫ則富貴利達을致ᄒᆞᄂᆞᆫ者ᄂᆞᆫ亦他人의裨益을成홈이라是를由ᄒᆞ야觀ᄒᆞ건ᄃᆡ富貴利達을致홈도其道에二가有ᄒᆞ니其一은他人의物을奪取

ᄒᆞᆷ이오又其一은自己의力을用ᄒᆞ야起發ᄒᆞᆷ이니武ᄅᆞᆯ尙ᄒᆞ고力을任ᄒᆞᄂᆞᆫ國에居ᄒᆞ야富貴ᄅᆞᆯ致ᄒᆞ기ᄂᆞᆫ他人의物을奪取ᄒᆞᄂᆞᆫ外에其路가更無ᄒᆞᆫ故로不文不明ᄒᆞᆫ世에富貴ᄒᆞᄂᆞᆫ人을見ᄒᆞ면必他人의損害ᄅᆞᆯ成ᄒᆞᆫ者니或無名ᄒᆞᆫ干戈ᄅᆞᆯ擧ᄒᆞ야弱小ᄒᆞᆫ國을攻取ᄒᆞ야盜賊同樣의擧動으로富貴ᄅᆞᆯ自致ᄒᆞᄂᆞᆫ者도有ᄒᆞ고又或勢力과地位ᄅᆞᆯ憑依ᄒᆞ야殘劣ᄒᆞᆫ民人을奴僕ᄀᆞᆺ치使役ᄒᆞ고其膏血을浚竭ᄒᆞ야富貴ᄅᆞᆯ自樂ᄒᆞᄂᆞᆫ者도有ᄒᆞ니此ᄂᆞᆫ皆他人을損害ᄒᆞ야自己의利ᄅᆞᆯ作ᄒᆞᄂᆞᆫ者라歐洲往古封建世祿의時代에世人이其産業을安保ᄒᆞ기不能ᄒᆞᆫ故로財貨ᄅᆞᆯ致ᄒᆞᆫ者ᄂᆞᆫ秘藏ᄒᆞ야其豪富ᄒᆞᆫ氣像을不露ᄒᆞ고他人의知ᄒᆞᆷ을是忌ᄒᆞ되國內의貴族이法外의威權을恣ᄒᆞ야奪取ᄒᆞ며又或帝王도暴政을行ᄒᆞ야一時의私慾으로富人의財ᄅᆞᆯ沒入ᄒᆞ니盖世祿의武士가産業의營求ᄒᆞᄂᆞᆫ事ᄅᆞᆯ視ᄒᆞ되其身의恥辱을作ᄒᆞ고無道ᄒᆞᆫ亂暴ᄅᆞᆯ專恣ᄒᆞ야他人의貯蓄ᄒᆞᆫ財貨ᄅᆞᆯ劫奪ᄒᆞ기에忌憚이少無ᄒᆞ고此時의君人ᄒᆞᄂᆞᆫ者도小民의業을不思ᄒᆞ야政法이紊亂ᄒᆞ더니時世의風氣漸開ᄒᆞᆷ에至ᄒᆞ야人이言行을修ᄒᆞ며智識을硏ᄒᆞᆷ애國家의法紀ᄅᆞᆯ改正ᄒᆞ고民生의權利ᄅᆞᆯ保護ᄒᆞᆫ則競勵ᄒᆞᄂᆞᆫ風習도亦從ᄒᆞ야變ᄒᆞᆫ지라自己의利達을求ᄒᆞᄂᆞᆫ者ᄂᆞᆫ他人의利達을亦致ᄒᆞ고自己의慶福을遂ᄒᆞᄂᆞᆫ者ᄂᆞᆫ他人의慶福을亦遂ᄒᆞ야自己

의力으로他人의物을貪ᄒᆞᄂᆞᆫ弊風惡習이遂絶ᄒᆞ니是故로近世의蒸氣機關及船車及紡績器械百般新工을發造ᄒᆞᆫ諸大家ᄂᆞᆫ其道ᄅᆞᆯ由ᄒᆞ야名聞利達이萬國에轟振ᄒᆞ고兼ᄒᆞ야天下의大利ᄅᆞᆯ起ᄒᆞ며又其工을傍助ᄒᆞᆫ者도名利ᄅᆞᆯ變致ᄒᆞ야其好ᄅᆞᆯ他人과同ᄒᆞᆷ이라抑且開明ᄒᆞᆫ世에損人益己ᄒᆞᄂᆞᆫ鄙夫가不無ᄒᆞ나如是醜悖ᄒᆞᆫ者類ᄂᆞᆫ其經營을穩成ᄒᆞ기不能ᄒᆞ며且政治公益ᄒᆞᆫ法律制度의不許ᄒᆞᆷ인故로其惱懼困窘ᄒᆞᆫ狀態가自苦ᄒᆞᄂᆞᆫ心事ᄅᆞᆯ不免ᄒᆞᆷ이라

三 盖人이他人의損害ᄅᆞᆯ相貽ᄒᆞᆷ이無ᄒᆞ고各其富貴利達의志로相勵ᄒᆞᄂᆞᆫ精神을起ᄒᆞ며相競ᄒᆞᄂᆞᆫ氣性을鼓ᄒᆞ야先을是爭ᄒᆞ고後ᄅᆞᆯ是嫌ᄒᆞ되其弊患의不至ᄒᆞᆷ은世界公同ᄒᆞᆫ利益을營求ᄒᆞ야相資ᄒᆞᄂᆞᆫ大道ᄅᆞᆯ遵守ᄒᆞᄂᆞᆫ緣由니是故로人이惡行을不作ᄒᆞ고道理智力을用ᄒᆞ야功名富達의志ᄅᆞᆯ抱ᄒᆞᆫ者ᄂᆞᆫ亦人生의自然ᄒᆞᆫ習慣이라是ᄅᆞᆯ妨碍ᄒᆞᆷ이不可ᄒᆞ나然ᄒᆞ나人이熱中ᄒᆞᄂᆞᆫ欲을妄行ᄒᆞ야檢節ᄒᆞᄂᆞᆫ道ᄅᆞᆯ不知ᄒᆞᆫ則靑雲의志가變ᄒᆞ야野心을成ᄒᆞᄂᆞᆫ故로人을害ᄒᆞᄂᆞᆫ事가滋生ᄒᆞᄂᆞ니此ᄂᆞᆫ人生의事理ᄅᆞᆯ不解ᄒᆞ고競勵ᄒᆞᄂᆞᆫ眞境을失ᄒᆞ야私慾을獨逞ᄒᆞ다가平日의望을自爽ᄒᆞ고終身의心事ᄅᆞᆯ遂誤ᄒᆞᆷ인則人의事ᄂᆞᆫ其始ᄅᆞᆯ謹ᄒᆞᆷ이可ᄒᆞ니夫天下衆人의內에無文不義ᄒᆞ고富且貴ᄒᆞᆫ者가其

有ᄒᆞᆷ이不無ᄒᆞ나天道人理의本然ᄒᆞᆫ大經에戾ᄒᆞ야智라云ᄒᆞᆷ도不可ᄒᆞ고福이라謂ᄒᆞᆷ도不可ᄒᆞ야氣化의未定ᄒᆞᆷ이니譬ᄒᆞ건ᄃᆡ瀌瀌ᄒᆞᆫ雨雪이晛을見ᄒᆞᆫ則消ᄒᆞᄂᆞ니世人의倚恃ᄒᆞᆯ準的이아니라且政治의漸進ᄒᆞᄂᆞᆫ步趨ᄅᆞᆯ隨ᄒᆞ야法律權利가人世의普同ᄒᆞᆫ利益을爲ᄒᆞ야平均不頗ᄒᆞᆫ大紀ᄅᆞᆯ建守ᄒᆞᄂᆞᆫ故로其間에居ᄒᆞ야他人의害ᄅᆞᆯ貽ᄒᆞ고自己의利ᄅᆞᆯ獨專ᄒᆞᄂᆞᆫ惡習은私力의不及ᄒᆞᄂᆞᆫ者라此ᄅᆞᆯ由ᄒᆞ야詳考ᄒᆞ건ᄃᆡ人生이各其趣意ᄅᆞᆯ從ᄒᆞ야一身의利ᄅᆞᆯ獨謀ᄒᆞᄂᆞᆫ듯ᄒᆞ나其成에及ᄒᆞ야ᄂᆞᆫ一人의力아니오他人의交ᄅᆞᆯ結ᄒᆞ야其事ᄅᆞᆯ成ᄒᆞᄂᆞᆫ者가多ᄒᆞ니天地間에他人이無ᄒᆞ고自己의身이獨存ᄒᆞ면事物의營爲가何處에起來ᄒᆞ리오然ᄒᆞᆫ故로世人의結交ᄒᆞᄂᆞᆫ道가家族間의親愛慈情에比ᄒᆞ야彼此의差別은固有ᄒᆞ나緩急에相救ᄒᆞ고憂樂을與同ᄒᆞ야現世의光景을飾ᄒᆞ고大衆의福祿을保ᄒᆞᄂᆞᆫ者라

四 古今의人事ᄅᆞᆯ俯仰ᄒᆞ야其起發ᄒᆞᄂᆞᆫ機括과究竟ᄒᆞᄂᆞᆫ準的을細繹ᄒᆞᆫ則日異月新ᄒᆞᄂᆞᆫ洪巨纖細와顯彰幽微의千變萬幻이實皆競勵ᄒᆞᄂᆞᆫ道의一條門路ᄅᆞᆯ從ᄒᆞ야出入ᄒᆞᄂᆞ니一人의身으로論ᄒᆞᆷ애才學名聞地位産業을是作是謀是營是求ᄒᆞ야欲高ᄒᆞᄂᆞᆫ心性과進取ᄒᆞᄂᆞᆫ氣槩로一步라도人에게勿屈ᄒᆞ고一毫라도人에게勿讓ᄒᆞ야頡頏低昻ᄒᆞ

ᄂᆞᆫ者ᄂᆞᆫ即人의活套生意니是心是氣가不具ᄒᆞ면一斗飯을日食ᄒᆞ야도行尸走肉이라然ᄒᆞᆫ故로是ᄅᆞᆯ譏斥ᄒᆞᆷ이不可ᄒᆞ며禁止ᄒᆞ기不能ᄒᆞ되私力을妄逞ᄒᆞ야其志ᄅᆞᆯ得遂ᄒᆞᄂᆞᆫ者ᄂᆞᆫ亂世의弊害니治世의軌度ᄂᆞᆫ人이各其心을從ᄒᆞ야其生을安ᄒᆞᆷ이라夫一國의富强은其國의人民이此道ᄅᆞᆯ善修ᄒᆞᆷ에在ᄒᆞ니學者ᄂᆞᆫ其學을各務ᄒᆞ고農者ᄂᆞᆫ其農을互勉ᄒᆞ며工匠商賈도各其從事ᄒᆞᄂᆞᆫ業에其力을專ᄒᆞ야他人에不及ᄒᆞᆯ가是憂ᄒᆞᆫ則自然히競勵ᄒᆞᄂᆞᆫ習慣이成ᄒᆞ야極善盡美ᄒᆞᆫ境에趍進ᄒᆞᆷ을致ᄒᆞ리니如是ᄒᆞᆫ然後에世界의萬國을對ᄒᆞ야도其政治가他邦에比ᄒᆞ야不善ᄒᆞᆯ가是顧ᄒᆞ며法律이不美ᄒᆞᆯ가是審ᄒᆞ며商賈가不盛ᄒᆞᆯ가是謀ᄒᆞ며學術이不全ᄒᆞᆯ가是勉ᄒᆞ며兵備가不固ᄒᆞᆯ가是慮ᄒᆞ며工作이不繁ᄒᆞᆯ가是究ᄒᆞ며器械가不精ᄒᆞᆯ가是思ᄒᆞ야國中萬姓의性氣ᄅᆞᆯ湊合ᄒᆞ야角立迭掎ᄒᆞᄂᆞᆫ大機ᄅᆞᆯ相執ᄒᆞᆷ이니且競勵라謂ᄒᆞᆷ은論議爭詰ᄒᆞᄂᆞᆫ紛競아니오進善ᄒᆞᄂᆞᆫ勉勵ᄅᆞᆯ指ᄒᆞᆷ이나競勵ᄒᆞᄂᆞᆫ道ᄅᆞᆯ善用ᄒᆞᆫ則人世의大福을成ᄒᆞ고競勵ᄒᆞᄂᆞᆫ道ᄅᆞᆯ誤用ᄒᆞᆫ則人世의大禍ᄅᆞᆯ釀ᄒᆞᄂᆞᆫ故로左右의取捨가人世禍福의樞라

西遊見聞第四編 終

西遊見聞第五編

政府의始初

上古鴻濛ᄒᆞᆫ世에人의種族이法을立ᄒᆞ고政府를建ᄒᆞᆷ이有ᄒᆞ든가或不然ᄒᆞ든가風氣의未開ᄒᆞᆷ으로人文이草昧ᄒᆞ니推想ᄒᆞᄂᆞᆫ管見으로決言ᄒᆞ기不能ᄒᆞ나然ᄒᆞ나人의生이有ᄒᆞ고ᄂᆞᆫ法의無ᄒᆞᆷ이不可ᄒᆞᆫ者인則必然히人의知識을隨ᄒᆞ야漸次로法의名稱이立ᄒᆞᆷ이라。今에天下의大勢를觀ᄒᆞ건ᄃᆡ風氣漸開ᄒᆞᆫ地方은其政府의建設ᄒᆞᄂᆞᆫ制度의自有ᄒᆞᆷ을議論ᄒᆞ기不必ᄒᆞ려이와雖蠻夷의野族이라도各其境遇의方便을因ᄒᆞ야政府의名色이必有ᄒᆞ니阿弗利加洲南方에保時滿이라ᄒᆞᄂᆞᆫ部落은世人이謂호ᄃᆡ其人民이政府의名號도不知ᄒᆞᄂᆞᆫ者라ᄒᆞ나此ᄂᆞᆫ土地가廣濶ᄒᆞ고人民이稀少ᄒᆞᆫ地方에然ᄒᆞ거니와及其內地에至ᄒᆞᆫ則人口의稠雜ᄒᆞᆫ處에其中의名望最高ᄒᆞᆫ者를擇ᄒᆞ야國君ᄀᆞᆺ치服事ᄒᆞᄂᆞᆫ風俗이有ᄒᆞ며又南洋大洲의諸島를最初發現ᄒᆞ든時에ᄂᆞᆫ世人이亦曰호ᄃᆡ此地方에政府의種類도無有ᄒᆞ다ᄒᆞ더니其後에審察ᄒᆞᆫ則人의會集ᄒᆞᆫ處에每其頭魁가有ᄒᆞ야凡百事務를指揮ᄒᆞ며阿美利加洲의赤種人도各其部落마다其頭領의

節制를受ᄒᆞ며樸質闕이라ᄒᆞᄂᆞᆫ地方에도已往에土地王數人이有ᄒᆞ니大衆人種이生聚ᄒᆞᆷ애如何ᄒᆞᆫ族姓이든지必然히政府의制度를組建ᄒᆞ야其法을行ᄒᆞᄂᆞᆫ者ᄂᆞᆫ天地의自然ᄒᆞᆫ正理라。蜂蟻의微物이라도君臣의分義를守ᄒᆞ야政府의貌樣을成立ᄒᆞ거든況人이라稱ᄒᆞᄂᆞᆫ者가知覺이不足ᄒᆞ다謂ᄒᆞᆫ들此法이豈無ᄒᆞ리오近日野蠻의景像으로推測ᄒᆞ면玄古의蒙昧ᄒᆞᆫ風俗을揣透ᄒᆞᆯ디니抑且野蠻은其人의天稟이本來野蠻아니라敎育을不被ᄒᆞᆷ으로知識이未開ᄒᆞ야人의道理를不行ᄒᆞᄂᆞᆫ者를指目ᄒᆞᆷ인故로今日에野蠻의名이有ᄒᆞ야도明日에至ᄒᆞ야人의道理를修ᄒᆞᆫ則此亦開化域中의人民이니此理를細究ᄒᆞᆯ딘ᄃᆡ今日의蚩貿ᄒᆞᆫ野蠻은即上古의未開ᄒᆞᆫ人과同ᄒᆞᆫ者며世界上에野蠻의種落이刱有ᄒᆞᆷ아니라。然ᄒᆞᆫ故로開化人民이變ᄒᆞ야野蠻되ᄂᆞᆫ者도有ᄒᆞ고野蠻이變ᄒᆞ야開化人되ᄂᆞᆫ者도有ᄒᆞ니其道의修行ᄒᆞᆷ이如何ᄒᆞᆷ을審考ᄒᆞᆷ이可ᄒᆞ고其根本은詰問ᄒᆞᆷ이不可ᄒᆞᆷ이라。

且夫人의天稟이一定ᄒᆞ기不能ᄒᆞ야或筋骨의剛壯ᄒᆞᆫ者도有ᄒᆞ고或形體의虛弱ᄒᆞᆫ者도有ᄒᆞ며又或才質의聰明ᄒᆞᆫ者와心志의懦昏ᄒᆞᆫ者의差殊가有ᄒᆞ고又此理를由ᄒᆞ야人에先ᄒᆞ야人을制ᄒᆞ기樂ᄒᆞᄂᆞᆫ者도有ᄒᆞ며人에後ᄒᆞ야其制를甘受ᄒᆞᄂᆞᆫ者도有ᄒᆞ니

草昧ᄒᆞᆫ世界에人衆의差等으로生民의禍害가滋甚ᄒᆞ나然ᄒᆞ나風氣가漸開ᄒᆞ기에至ᄒᆞᆫ則人衆의不調ᄒᆞᆷ을歸一ᄒᆞ기로道를立호ᄃᆡ天稟ᄒᆞᆫ才操와氣力은人의智力으로無如何ᄒᆞᄂᆞᆫ者인故로雖其天稟의歸一ᄒᆞᄂᆞᆫ道ᄂᆞᆫ無ᄒᆞ야도學問으로ᄡᅥ人의道理를敎誨ᄒᆞ며法律로ᄡᅥ人의權利를守護ᄒᆞ야人生의正理로其身命과財産을保全ᄒᆞ야此事로國家의大業을作ᄒᆞ고政府의規度를建ᄒᆞ니並此規度의設始ᄒᆞᆷ이人의强弱과賢愚를勿論ᄒᆞ고各其人의人되ᄂᆞᆫ道理와權利를歸一ᄒᆞᆷ이라。然ᄒᆞᆷ으로無義ᄒᆞᆫ徒黨은過激ᄒᆞᆫ氣性으로如此ᄒᆞᆫ規模를毁破ᄒᆞ고自己의私慾을恣行ᄒᆞᄂᆞᆫ者도不少ᄒᆞ나理로ᄡᅥ力을制ᄒᆞ야一定ᄒᆞᆫ制度를施行ᄒᆞᆷ에至ᄒᆞ니此ᄂᆞᆫ則政府의始初ᄒᆞᆫ本意라。今에天下各國의未開ᄒᆞᆫ政府의景像을古今無論ᄒᆞ고略擧ᄒᆞ건ᄃᆡ現今土耳基國의風俗은人民과奴隸되ᄂᆞᆫ者가其地方의太守를向ᄒᆞ야些少ᄒᆞᆫ禮節이라도違ᄒᆞᄂᆞᆫ者가有ᄒᆞ면即地에劍을拔ᄒᆞ야殺害호ᄃᆡ國禁이無ᄒᆞ고日本의風俗은三十年前ᄭᆞ지도平民이駕를乘ᄒᆞᄂᆞᆫ者가有ᄒᆞᆫ則士族(我國의吏胥ᄀᆞᆺ튼者)이當場에斬호ᄃᆡ當然ᄒᆞᆫ國法으로視ᄒᆞ야禁制ᄒᆞᄂᆞᆫ令이無ᄒᆞᆯᄲᅮᆫ더러英吉利國人이主侯(主侯ᄂᆞᆫ即各地에世傳ᄒᆞᆫ太守라)의路를犯ᄒᆞᆫ다ᄒᆞ야其下吏가一劍에其人을斃ᄒᆞ야日本政府가償銀을徵給ᄒᆞᆫ事도有ᄒᆞ며又一百七十年前의時頃에蘇格蘭의

風俗인則其酋長等이各其部屬ᄒᆞᆫ小民을任意로殺戮ᄒᆞ며數百年前泰西大洲封建世祿의時代를當ᄒᆞ야其慘殘ᄒᆞᆷ이尤甚ᄒᆞ니其一例를擧ᄒᆞ건ᄃᆡ日耳曼의一貴侯가嚴冬의夕에獵歸ᄒᆞ야手足의寒ᄒᆞᆷ으로其臣僕을殺ᄒᆞ고腹을剖ᄒᆞ야淋漓ᄒᆞᆫ鮮血中에手足을浸入ᄒᆞ야取暖ᄒᆞᆫ事가有ᄒᆞ니其殘忍ᄒᆞᆫ行實과慘酷ᄒᆞᆫ擧動이名狀ᄒᆞ기不可ᄒᆞᆫ者가多호ᄃᆡ今日에至ᄒᆞ야ᄂᆞᆫ貴ᄒᆞ기公卿에至ᄒᆞ고富ᄒᆞ기王侯를擬ᄒᆞ야도路上에乞人ᄀᆞᆺ치貧賤ᄒᆞᆫ者에게冤抑ᄒᆞᆫ事를行ᄒᆞᆯ딘ᄃᆡ政府의公本된法律이必其相當ᄒᆞᆫ罰을行ᄒᆞ야寬恕ᄒᆞ기不許ᄒᆞ리니엇디開化의効驗아니리오。

或人이云호ᄃᆡ草昧ᄒᆞᆫ時代에政府의始初ᄒᆞᆫ形勢를窮究ᄒᆞ건ᄃᆡ氣運이剛健ᄒᆞ고心力이雄勇ᄒᆞᆫ者ᄂᆞᆫ酋長의位를占ᄒᆞ고年紀가長成ᄒᆞ며事物에熟鍊ᄒᆞᆫ者ᄂᆞᆫ左右의協輔를作ᄒᆞ야居ᄒᆞᆫ則愛撫ᄒᆞᄂᆞᆫ政令과統率ᄒᆞᄂᆞᆫ規制가少ᄒᆞ고出ᄒᆞᆫ則其隣近ᄒᆞᆫ部落과戰爭及殺伐에從事ᄒᆞᄂᆞᆫ지라然ᄒᆞᆫ故로弱小無謀ᄒᆞᆫ者ᄂᆞᆫ其酋長에게服事ᄒᆞᄂᆞᆫ禮를盡ᄒᆞ야他人의强奪과侵掠을免ᄒᆞᆯᄯᆞᄅᆞᆷ이더니長久ᄒᆞᆫ歲月을閱歷ᄒᆞ야世界의人口가漸次로增殖ᄒᆞᆫ則其間에自然히聰明ᄒᆞᆫ者와公平ᄒᆞᆫ者不少ᄒᆞᆫ지라若人類가始乃生民의紀綱이無ᄒᆞᆷ을慨歎ᄒᆞ야規模를定ᄒᆞ며制度를立ᄒᆞ야政府의體裁를成ᄒᆞ니人의僅可ᄒᆞᆫ道

理가始有ᄒᆞ나然ᄒᆞ나人의血氣ᄂᆞᆫ私慾에陷溺ᄒᆞ기最易ᄒᆞ야賢者를擇ᄒᆞ야人君의位에寘ᄒᆞ야도紛爭ᄒᆞᄂᆞᆫ弊가起ᄒᆞᆯ디라。血屬으로相傳ᄒᆞᄂᆞᆫ法을酌定ᄒᆞ야悖逆ᄒᆞᆫ者의僥倖ᄒᆞᆫ冀望을絶ᄒᆞᆫᄃᆡ其父가必其子에게傳ᄒᆞᄂᆞᆫ法은不建ᄒᆞᆫ故로或其弟에게傳ᄒᆞ며或其姪에게傳ᄒᆞᆫ則此法이亦不久ᄒᆞ야骨肉의相爭을起홈이有ᄒᆞ야國家의禍를釀ᄒᆞᄂᆞᆫ지라父子相傳ᄒᆞᄂᆞᆫ世統으로萬代의不易ᄒᆞᄂᆞᆫ大法을立ᄒᆞ니大槪歐洲各國의帝王家始初를考ᄒᆞ건ᄃᆡ其先은一部落의酋魁로弱小ᄒᆞᆫ者를兼並ᄒᆞ야其土地를割據ᄒᆞ며人民을管轄ᄒᆞ야近日의强盛ᄒᆞᆫ政府의基業을遺홈이라世傳ᄒᆞᄂᆞᆫ帝王政府의始初ᄒᆞᄂᆞᆫ緣由를古今의史冊으로憑據ᄒᆞ면竊恐ᄒᆞ건ᄃᆡ此에不過ᄒᆞ니天命과運數ᄂᆞᆫ人의不知ᄒᆞᄂᆞᆫ者라擧論ᄒᆞ기不敢ᄒᆞ거니와人의見聞이及ᄒᆞᄂᆞᆫ바로推量ᄒᆞᆫ則其政府의規模가堅確ᄒᆞᆫᄉᆞ록其國家의歷年이久遠ᄒᆞᆫ디오萬若一朝의愚見으로萬世의大基를搖動ᄒᆞᄂᆞᆫ者가有ᄒᆞ면政府의法을紊亂ᄒᆞ기에不止ᄒᆞ고無君ᄒᆞᆫ逆臣과無父ᄒᆞᆫ悖子의罪를未免ᄒᆞᆯ디라却夫人民의衆多홈에其才識과德望이足히一國을統御ᄒᆞᆯ者가必有ᄒᆞᆫ故로合衆國의大統領을選擇ᄒᆞᄂᆞᆫ法이有ᄒᆞ니泰西學士中에其法을取用홈이可ᄒᆞ다ᄒᆞᄂᆞᆫ議論을倡出ᄒᆞᄂᆞᆫ者가有ᄒᆞ나此ᄂᆞᆫ事勢에未達ᄒᆞ며風俗에甚昧ᄒᆞ야童穉의戱談에도

四

不及ᄒᆞᆯᄲᅮᆫ더러政府의始初ᄒᆞᆫ制度가彼此의殊異홈이有ᄒᆞ니此議를主倡ᄒᆞᄂᆞᆫ者ᄂᆞᆫ帝王政府의罪人이라稱ᄒᆞ야도其責을難逃ᄒᆞᆯ디라。然ᄒᆞᆫ故로帝王政府의人民은如彼愚妄ᄒᆞᆫ者의虛議를辨駁ᄒᆞ고其政府의世傳ᄒᆞᄂᆞᆫ規模를固守ᄒᆞ며國中의賢能ᄒᆞᆫ者를擧ᄒᆞ야政府의官吏에任用ᄒᆞ고國人의生命과産業을安保ᄒᆞ야一定ᄒᆞᆫ法律로泰平ᄒᆞᆫ樂을享受ᄒᆞ며先王의創業ᄒᆞᆫ功德을萬世에奉守홈이可ᄒᆞ다ᄒᆞ니

大槪政府의始初ᄒᆞᆫ制度ᄂᆞᆫ帝王으로傳ᄒᆞ든지大統領으로傳ᄒᆞ든지其關係의最大ᄒᆞᆫ者ᄂᆞᆫ人民의心을合ᄒᆞ야一體를成ᄒᆞ고其權勢로人의道理를保守ᄒᆞ기에在ᄒᆞᆫ故로其重大ᄒᆞᆫ事業과深遠ᄒᆞᆫ職責이人民을爲ᄒᆞ야其泰平ᄒᆞᆫ福基를圖謀홈과保全홈에不出ᄒᆞ니國政의方向을指授홈과次序를遵定홈은人君과大臣이며及其輔弼參佐의手中에不在ᄒᆞᆫ則難行ᄒᆞᆯ者가多ᄒᆞᆫ지라然홈으로人民이其權을不有ᄒᆞ나上에在ᄒᆞᆫ者가衆心을一體에成ᄒᆞ기不能ᄒᆞ면不可ᄒᆞ고又人事를審ᄒᆞ며時機를應ᄒᆞ야規模를刱始ᄒᆞ든지法律을設立ᄒᆞ든지萬若政府의處寘로不以ᄒᆞ면强者를利ᄒᆞ고弱者를害ᄒᆞᄂᆞᆫ憂慮가不無ᄒᆞᆯᄲᅮᆫ더러時日을延拖ᄒᆞ도록其實效를不奏ᄒᆞ야道傍에作舍ᄒᆞᄂᆞᆫ譏笑를不免ᄒᆞ리니衆人의議論이公平ᄒᆞ다ᄒᆞ야汗漫ᄒᆞᆫ人民을渾同ᄒᆞ야政府의權을同執홈이

五

奈何其可리오마ᄂᆞᆫ國家의政府를設寘ᄒᆞᄂᆞᆫ本意ᄂᆞᆫ人民을爲홈이오人君의政府를命令ᄒᆞᄂᆞᆫ大旨도人民을爲홈이라。人民이政府를敬奉ᄒᆞᄂᆞᆫ事와仰望ᄒᆞᄂᆞᆫ願은其德化와恩澤의公平홈을一體均被ᄒᆞ기를欲홈인則若政府되ᄂᆞᆫ者가人民의如此ᄒᆞᆫ誠意와如此ᄒᆞᆫ希圖를背棄ᄒᆞ고其發行ᄒᆞᄂᆞᆫ政令과施用ᄒᆞᄂᆞᆫ法律이大公至正ᄒᆞᆫ原道를失ᄒᆞ면世間의一有害無益ᄒᆞᆫ長物이라。若是ᄒᆞ기政府의始初ᄒᆞᆫ本意를明心ᄒᆞ야人民으로ᄒᆞ야곰其生業을便安히ᄒᆞ고身命을保全ᄒᆞ게ᄒᆞ야千事萬物을誠實홈으로主張ᄒᆞ며公平ᄒᆞᆫ意旨를確執ᄒᆞᆫ則一時의過失이雖有ᄒᆞ야도人民이其政府를怨望ᄒᆞ기에不至ᄒᆞᄂᆞᆫ者라。

人이或曰ᄒᆞᆫᄃᆡ先王의制度ᄂᆞᆫ一毫라도變更홈이不可ᄒᆞ다ᄒᆞ니執中ᄒᆞᄂᆞᆫ主見으로生覺ᄒᆞ면此論으로守成ᄒᆞᄂᆞᆫ大道라謂ᄒᆞᆯ者가或有ᄒᆞᆯ디나然ᄒᆞ나此ᄂᆞᆫ其一을知ᄒᆞ고其二에未通ᄒᆞᄂᆞᆫ者라。大槪國家의規模가千萬年을經過ᄒᆞ야도不變ᄒᆞᆯ者가有ᄒᆞ고又時勢를隨ᄒᆞ야變改ᄒᆞᆯ者도有ᄒᆞ니其不變ᄒᆞᆯ者ᄂᆞᆫ人君이人民의上에立ᄒᆞ야政府를設寘ᄒᆞᄂᆞᆫ制度와又其泰平을圖成ᄒᆞᄂᆞᆫ大權이며人民은人君을爲ᄒᆞ야其忠誠을盡ᄒᆞ고又其政府의命令을服從ᄒᆞᄂᆞᆫ事ㅣ니此ᄂᆞᆫ人生의大紀라日月ᄀᆞ치光明ᄒᆞ며天地로더브러

長久ᄒᆞ야人力으로遷動ᄒᆞ기不可ᄒᆞᆫ者어니와政府의事務ᄂᆞᆫ大小를無論ᄒᆞ고時를隨ᄒᆞ야變易ᄒᆞᄂᆞᆫ者니凡人의事ᄂᆞᆫ古에合當ᄒᆞ든者가今에不然ᄒᆞᆫ者와彼에極善ᄒᆞᆫ者가此에不適ᄒᆞᄂᆞᆫ者가有ᄒᆞ야法이久홈애弊가生ᄒᆞ고時가移홈애事가變홈은世間의自然ᄒᆞᆫ道라。然ᄒᆞᆫ故로機를投ᄒᆞ야其勢를應ᄒᆞᆫ然後에可히國家를保守ᄒᆞᆯ디어ᄂᆞᆯ若不然ᄒᆞ고先王의制度를變更ᄒᆞᄂᆞᆫ事가不可ᄒᆞᆫ者라ᄒᆞ야時의已改ᄒᆞᆫ者를不改ᄒᆞ며事의當易ᄒᆞᆯ者를不易ᄒᆞ면如干禍害ᄂᆞᆫ姑舍ᄒᆞ고宗廟와社稷의危殆홈이目前에在ᄒᆞ야도不覺ᄒᆞ리니夫國家를保守ᄒᆞᄂᆞᆫ事ᄂᆞᆫ人의最大ᄒᆞᆫ職分이라舊規를變更ᄒᆞᆯ디라도先王의廟社를保安ᄒᆞᆯ딘ᄃᆡ此ᄂᆞᆫ則先王의制度를固守홈과同ᄒᆞ거니와舊規를率由ᄒᆞ다ᄒᆞ야變通ᄒᆞᄂᆞᆫ大道를不知ᄒᆞ고國家의危急홈이不救ᄒᆞᄂᆞᆫ境에至ᄒᆞ면此ᄂᆞᆫ則先王의罪人이라是以로政府의事務ᄂᆞᆫ四時의變改와同ᄒᆞᆫ者며時를因ᄒᆞ야變을應ᄒᆞᄂᆞᆫ道ᄂᆞᆫ夏에葛과冬에裘를衣ᄒᆞᄂᆞᆫ者며萬世의不變ᄒᆞᄂᆞᆫ規模ᄂᆞᆫ天地의自然ᄒᆞᆫ理致로四時의功을成ᄒᆞᄂᆞᆫ者라。

政府의種類

一 夫天地間에人이始生ᄒᆞᆷ에其太初의制度ᄂᆞᆫ蒙昧ᄒᆞ야考論ᄒᆞ기極難ᄒᆞ나人文이漸開ᄒᆞᆫ後로븟터各國의政治ᄒᆞᄂᆞᆫ制度ᄅᆞᆯ推觀ᄒᆞ면各其風習을因ᄒᆞ야差異가有ᄒᆞ니汗漫ᄒᆞᆫ議評으로敍出ᄒᆞ기不能ᄒᆞᄃᆡ其類ᄅᆞᆯ分言ᄒᆞ건ᄃᆡ五種에不過ᄒᆞᆫ지라今에槪擧ᄒᆞ노니

二 第一 君主의擅斷ᄒᆞᄂᆞᆫ政體

此政體ᄂᆞᆫ其國中에法律政令의一切大權이皆其君主一人의手中에在ᄒᆞᆷ을云ᄒᆞᆷ이니然ᄒᆞᆫ故로其君主의權은限定ᄒᆞᆫ界域이無ᄒᆞ고其行ᄒᆞᄂᆞᆫ배가政令과法律되야人命의生殺과民產의興奪에皆自己의私慾을縱ᄒᆞ야忌憚ᄒᆞᄂᆞᆫ處가無ᄒᆞ니治國ᄒᆞᄂᆞᆫ道에最不公ᄒᆞᆫ者러라

三 第二 君主의命令ᄒᆞᄂᆞᆫ政體 又曰壓制政體

此政體ᄂᆞᆫ其國中의法律과政令을君主一人의獨斷ᄒᆞᆷ을由ᄒᆞᄃᆡ臣下의公論을從ᄒᆞᄂᆞᆫ者ᄅᆞᆯ云ᄒᆞᆷ이니然ᄒᆞᆫ故로其君主의權勢가限定ᄒᆞᆫ境域이有ᄒᆞᆫ듯ᄒᆞ나實狀은本來酌定ᄒᆞᆫ法으로遵行ᄒᆞᄂᆞᆫ者아니오風俗의久遠ᄒᆞᆷ으로自然히成立ᄒᆞᆫ者라人君이其威ᄅᆞᆯ張ᄒᆞ야不義ᄒᆞᆫ事ᄅᆞᆯ欲行ᄒᆞᆫ則其權勢의花迷ᄒᆞᆫ限界라도先犯치아니면不能ᄒᆞ

고又此限界ᄅᆞᆯ犯越ᄒᆞᆷ은人民의耳目을顧忌ᄒᆞᄂᆞᆫ故로君主의擅斷ᄒᆞᄂᆞᆫ政體와異同이有ᄒᆞᆫ者러라

四 第三 貴族의主張ᄒᆞᄂᆞᆫ政體

此政體ᄂᆞᆫ國中에一定ᄒᆞᆫ君主가無ᄒᆞ고其政事와法令이貴族의合議ᄒᆞᄂᆞᆫ權勢에在ᄒᆞᆫ者ᄅᆞᆯ謂ᄒᆞᆷ이니一國의人民을奴隷ᄒᆞ며土地ᄅᆞᆯ私有ᄒᆞ야生民의塗炭이各政體中에最甚ᄒᆞᆫ者로ᄃᆡ中古에ᄂᆞᆫ此政體가多存ᄒᆞ더니秪今은一處도無ᄒᆞ나或君主의命令ᄒᆞᄂᆞᆫ政體에合ᄒᆞᆫ者ᄂᆞᆫ間有ᄒᆞᆷ이러라

五 第四 君民의共治ᄒᆞᄂᆞᆫ政體 又曰立憲政體

此政體ᄂᆞᆫ其國中에法律及政事의一切大權을君主一人의獨斷ᄒᆞᆷ이無ᄒᆞ고議政諸大臣이必先酌定ᄒᆞ야君主의命令으로施行ᄒᆞᄂᆞᆫ者ᄅᆞᆯ指ᄒᆞᆷ이니大槪議政諸大臣은人民이薦擧ᄒᆞ야政府의議員이되ᄂᆞᆫ故로大臣은其薦主되ᄂᆞᆫ人民을代ᄒᆞ야其事務ᄅᆞᆯ行ᄒᆞᆷ이며且人君의權勢도限定ᄒᆞᆫ界境이有ᄒᆞ야法外에ᄂᆞᆫ一步도出ᄒᆞ기不能ᄒᆞ고君主로븟터庶人에至ᄒᆞ야至公ᄒᆞᆫ道ᄅᆞᆯ遵ᄒᆞ야雖少事라도私情을任行ᄒᆞ지아니ᄒᆞ며又司法諸大臣과行政諸大臣은各其職事ᄅᆞᆯ君主의命令으로奉ᄒᆞ고政事와法

律마다議政諸大臣의酌定ᄒᆞᆫ者ᄅᆞᆯ施行ᄒᆞᄂᆞᆫ者라是故로此政體가實狀은議政行政及司法의三大綱에分ᄒᆞ니君主ᄂᆞᆫ三大綱의元首러라

六 第五 國人의共和ᄒᆞᄂᆞᆫ政體 又曰合衆政體

此政體ᄂᆞᆫ世傳ᄒᆞᄂᆞᆫ君主의代에大統領이其國의最上位ᄅᆞᆯ居ᄒᆞ며最大權을執ᄒᆞ야其政令과法律이며凡百事爲가皆君民의共治ᄒᆞᄂᆞᆫ政體와同ᄒᆞᆫ者니大統領은天下ᄅᆞᆯ官ᄒᆞ야其一定ᄒᆞᆫ期限이有ᄒᆞᆫ者러라

七 如此히政體ᄅᆞᆯ五種에分ᄒᆞ나現今에ᄂᆞᆫ第一과第三의政體ᄂᆞᆫ不存ᄒᆞ니今에各國의政體ᄅᆞᆯ各其大洲로區別ᄒᆞ야記出ᄒᆞ건ᄃᆡ

君主의命令ᄒᆞᄂᆞᆫ政體	君民의共治ᄒᆞᄂᆞᆫ政體
亞細亞洲	歐羅巴洲
朝鮮	大不列顚
中國	日耳曼
日本	荷蘭
暹羅	白耳義

君主의命令ᄒᆞᄂᆞᆫ政體	君民의共治ᄒᆞᄂᆞᆫ政體
西藏	墺地利
安南	伊太利
波斯	瑞西
歐羅巴洲	丁抹
俄羅斯	希臘
土耳基	葡萄牙
阿弗利加洲	西班牙
摩洛哥	南阿美利加洲
杜尼斯	巴西
馬哥塞	大東洋島
孱支排	布哇
烏滿	

國人의共和ᄒᆞᄂᆞᆫ政體

北阿美利加洲	南阿美利加洲

合衆國
墨西哥

歐羅巴洲
佛蘭西
瑞典
阿弗利加洲
羅伊比顛亞
五蘭支

瓜多磨羅
聖撒排多
混斗羅斯
厄瓜多
高斯太樓加
秘魯
智利
哥倫比
亞然丁
把羅貴
彬崖朱越那
猶羅貴
山道明澳

以上의記錄ᄒᆞᆫ者로推究ᄒᆞ건ᄃᆡ亞細亞의諸國에ᄂᆞᆫ君主命令ᄒᆞᄂᆞᆫ政體가多ᄒᆞ고歐羅

巴의諸國에ᄂᆞᆫ君民共治ᄒᆞᄂᆞᆫ政體가多ᄒᆞ며南北阿美利加의諸國에ᄂᆞᆫ國人의共和ᄒᆞᄂᆞᆫ政體가多ᄒᆞ니大槪貴族의主張ᄒᆞᄂᆞᆫ政體ᄂᆞᆫ現無ᄒᆞ나然ᄒᆞ나貴族아니면政府의官吏되기不許ᄒᆞᄂᆞᆫ國은其政體가君主의命令ᄒᆞᄂᆞᆫ者라도君主와貴族의合ᄒᆞᆫ政體라凡政體ᄂᆞᆫ如何ᄒᆞ든지其本意ᄅᆞᆯ細究ᄒᆞᆫ則人民을爲ᄒᆞᄂᆞᆫ一條에不脫ᄒᆞ니其種類의有殊ᄒᆞᆫ緣由ᄂᆞᆫ時勢의湊成과人心의趨向을隨ᄒᆞ야自然히浸潤ᄒᆞᆫ習慣을成ᄒᆞᆷ이오人의智力을憑籍ᄒᆞ야一朝一夕에其政體ᄅᆞᆯ始初ᄒᆞᆷ아니로ᄃᆡ此에一段의大準的이有ᄒᆞ야詳細尋究ᄒᆞᆫ者ᄂᆞᆫ歐、美兩洲의諸國이亞洲의諸國에比ᄒᆞ야百倍로富强ᄒᆞᆫ事由니何人이其國의富强ᄒᆞ기ᄅᆞᆯ不願ᄒᆞ리오마ᄂᆞᆫ政府의制度와規模가有異ᄒᆞᆷ으로如彼ᄒᆞᆫ差等이生ᄒᆞᆷ이어ᄂᆞᆯ萬若人의才智에層級이有ᄒᆞ다謂ᄒᆞ면此ᄂᆞᆫ決斷코不然ᄒᆞ니亞洲의黃色人이歐美兩洲의白色人과較ᄒᆞᆷ애其天質의不及ᄒᆞᆷ이無ᄒᆞᆷ은分明ᄒᆞᆫ者라

夫君民의共治ᄒᆞᄂᆞᆫ政體ᄂᆞᆫ其制度가公平ᄒᆞ고些少도私情이無ᄒᆞ야民의好ᄒᆞᄂᆞᆫ者ᄅᆞᆯ好ᄒᆞ며惡ᄒᆞᄂᆞᆫ者ᄅᆞᆯ惡ᄒᆞ야國中의政令과法律을輿衆의公論으로行ᄒᆞᄂᆞ니人마다其議論에參與ᄒᆞᆫ則其煩劇ᄒᆞᆷ을反不勝ᄒᆞᆯ디라人民의數ᄅᆞᆯ乃定ᄒᆞ야假令萬人에一人이나十萬人에一人으로其中에才局과德器의最高ᄒᆞᆫ者ᄅᆞᆯ薦擧ᄒᆞ야君主의政治ᄅᆞᆯ贊襄

ᄒᆞ며人民의權利ᄅᆞᆯ保守ᄒᆞ야行政及司法諸大臣의官守와職務ᄅᆞᆯ察ᄒᆞ며又其政令과法度ᄅᆞᆯ論難ᄒᆞ며酌定ᄒᆞᄂᆞ니政府의一定ᄒᆞᆫ制度ᄂᆞᆫ人君과百姓이同守ᄒᆞ야敢히是ᄅᆞᆯ犯ᄒᆞᆷ이無ᄒᆞ고良法과美制ᄅᆞᆯ新定ᄒᆞᆫ則亦君民이共遵ᄒᆞᄂᆞᆫ故로暴君과奸臣이相遇ᄒᆞ야도其虐政과苛法을恣行ᄒᆞ기不能ᄒᆞᆫ지라然ᄒᆞ기人民은各其業에安ᄒᆞ며事ᄅᆞᆯ勉ᄒᆞ야一家의榮華ᄅᆞᆯ營求ᄒᆞᆯᄲᅮᆫ아니라國人이各其國의重ᄒᆞᆷ으로自任ᄒᆞ야進取ᄒᆞᄂᆞᆫ氣像과獨立ᄒᆞᄂᆞᆫ精神으로政府와心을同ᄒᆞ며力을協ᄒᆞ야其國의富强ᄒᆞᆯ機會ᄅᆞᆯ圖謀ᄒᆞ며文明ᄒᆞᆫ規模ᄅᆞᆯ講究ᄒᆞ니大槪進取ᄒᆞᄂᆞᆫ氣像이有ᄒᆞᆫ然後에獨立ᄒᆞᄂᆞᆫ精神이始生ᄒᆞᄂᆞᆫ지라一身의獨立을願ᄒᆞᄂᆞᆫ者ᄂᆞᆫ一家의獨立을求ᄒᆞ고又因ᄒᆞ야一國의獨立을翼待ᄒᆞᄂᆞ니人民의進取ᄒᆞᄂᆞᆫ氣像이足ᄒᆞ면其國이雖小ᄒᆞ나他人의侮ᄅᆞᆯ不受ᄒᆞᄂᆞᆫ故로歐洲의瑞典과丁抹ᄀᆞᆺᄐᆞᆫ小國이能히諸大國에間ᄒᆞ야其自主ᄒᆞᄂᆞᆫ權勢와獨立ᄒᆞᄂᆞᆫ榮華ᄅᆞᆯ保守ᄒᆞᄂᆞᆫ者라

君主의命令ᄒᆞᄂᆞᆫ政體에貴族의主掌을兼ᄒᆞᆫ者ᄂᆞᆫ其國에本來一定ᄒᆞᆫ規制가無ᄒᆞᆷ은아니나然ᄒᆞ나世代의變遷ᄒᆞᆷ으로或不適ᄒᆞᆫ者가有ᄒᆞ며事勢의移易ᄒᆞᆷ으로或改正ᄒᆞᆯ者도有ᄒᆞᄃᆡ政府의官吏ᄂᆞᆫ公心을包含ᄒᆞᆫ者가不多ᄒᆞ며又人民은愛國ᄒᆞᄂᆞᆫ精誠이不足

ᄒᆞᆫ故로一己의私慾으로全國의紀綱을不顧ᄒᆞ야貧富와貴賤의等級이懸殊ᄒᆞ니勢力잇ᄂᆞᆫ者ᄂᆞᆫ法을犯ᄒᆞ야도罰이無ᄒᆞ고殘弱ᄒᆞᆫ者ᄂᆞᆫ罪가無ᄒᆞ야도其手足을措ᄒᆞ기不能ᄒᆞᆫ지라此ᄅᆞᆯ因ᄒᆞ야國家의典章이一定치못ᄒᆞᄂᆞ니明君과良臣이國政을行ᄒᆞ야公道ᄅᆞᆯ務ᄒᆞ야도其德化와恩澤이其君臣의生世ᄒᆞᆫ一時에止ᄒᆞ고徽規와美政이其人의歸와同滅ᄒᆞ며萬若暴君과奸臣이國權을執ᄒᆞᆫ則悖亂ᄒᆞᆫ政令과殘酷ᄒᆞᆫ法律로其私意ᄅᆞᆯ放縱ᄒᆞ야不爲ᄒᆞᄂᆞᆫ者가無ᄒᆞᆫ지라然ᄒᆞᆫ故로雖泰平ᄒᆞᆫ時ᄅᆞᆯ當ᄒᆞ야도人民의氣性은活潑ᄒᆞᆷ이無ᄒᆞ고政府ᄅᆞᆯ楚越ᄀᆞᆺ치視ᄒᆞ야憂國ᄒᆞᄂᆞᆫ誠意가自乏ᄒᆞᆯᄲᅮᆫ더러國家의危急ᄒᆞᆫ事勢가有ᄒᆞ야도不知ᄒᆞ고其經營ᄒᆞᄂᆞᆫ바ᄂᆞᆫ一身의情慾에足ᄒᆞ기ᄅᆞᆯ爲ᄒᆞᆯᄯᆞᄅᆞᆷ이니政府와人民의間에情義가不通ᄒᆞ고些少ᄒᆞᆫ事端이라도不相適ᄒᆞᆫ時ᄂᆞᆫ政府ᄂᆞᆫ人民을束縛ᄒᆞ며人民은政府ᄅᆞᆯ怨望ᄒᆞ야人民이政府의事務ᄅᆞᆯ不解ᄒᆞᄂᆞᆫ故로當然ᄒᆞᆫ賦稅도空然히呈納ᄒᆞᄂᆞᆫ意思ᄅᆞᆯ抱ᄒᆞ니如此ᄒᆞᆷ으로進取ᄒᆞᄂᆞᆫ氣像과獨立ᄒᆞᄂᆞᆫ精神이不足ᄒᆞ여國家의羞恥가有ᄒᆞᆫᄃᆡ人民의憤怒ᄒᆞᄂᆞᆫ氣가不作ᄒᆞ고政府의汚辱이有ᄒᆞᆫᄃᆡ人民의洗滌ᄒᆞᄂᆞᆫ論이不行ᄒᆞ며百般事物이苟且ᄒᆞᆫ經營이오姑息ᄒᆞᄂᆞᆫ計圖라亞洲의大國이歐洲의小國에게慢侮ᄅᆞᆯ當ᄒᆞ며恥辱을受ᄒᆞᄂᆞᆫ者도此故ᄅᆞᆯ職由ᄒᆞᆷ이니深思ᄒᆞᆯ者가此에

不在ᄒᆞᆫ가

十一 國人의共和ᄒᆞᄂᆞᆫ政體ᄂᆞᆫ世傳ᄒᆞᄂᆞᆫ君主만無ᄒᆞᆯᄯᆞᄅᆞᆷ이오其大槩ᄂᆞᆫ君民의共治와同ᄒᆞᆫ者니支離ᄒᆞᆫ論柄을不張ᄒᆞᆷ이라

十二 各國의政體를相較ᄒᆞ건ᄃᆡ君民의共治ᄒᆞᄂᆞᆫ者가最美ᄒᆞᆫ規模라ᄒᆞ나然ᄒᆞᆫ則何國이든지其人民의風俗과國家의景况을不問ᄒᆞ고即其政體를取行ᄒᆞᆷ이可ᄒᆞᆯ듯ᄒᆞ나然ᄒᆞ나決斷코不然ᄒᆞᆫ者가有ᄒᆞ니凡國의政體ᄂᆞᆫ歷年의久長ᄒᆞᆷ으로人民의習慣을成ᄒᆞᆫ者라習慣의卒然히變改ᄒᆞ기不能ᄒᆞᆷ이言語의變改ᄒᆞ기不能ᄒᆞᆷ과同ᄒᆞ니急遽ᄒᆞᆫ小見으로虛理를崇尙ᄒᆞ고實情에朦昧ᄒᆞ야變改ᄒᆞᆯ議論을倡起ᄒᆞᄂᆞᆫ者ᄂᆞᆫ小見의嬉戲라君國에益이有ᄒᆞ기ᄂᆞᆫ姑舍ᄒᆞ고害를貽ᄒᆞᆷ이反且不少ᄒᆞᆯ디라今夫歐洲各國의政體가其本은君主擅斷或命令ᄒᆞᄂᆞᆫ者로累百年의考驗을歷ᄒᆞ야其規模와制度를漸次로變更ᄒᆞ야今日의君民共治ᄒᆞᄂᆞᆫ境에抵ᄒᆞᆷ이니各國中에英吉利政體가最佳ᄒᆞ고極備ᄒᆞᆫ者라世界의第一이라稱ᄒᆞᄂᆞ니賦稅와政令을議論ᄒᆞᄂᆞᆫ大臣을人民의薦擧로進ᄒᆞᄂᆞᆫ者ᄂᆞᆫ國人의共和ᄒᆞᄂᆞᆫ意思가存ᄒᆞᆷ이오司法行政及議政大臣에貴族을多用ᄒᆞᄂᆞᆫ者ᄂᆞᆫ貴族의主掌ᄒᆞᄂᆞᆫ風習이有ᄒᆞᆷ이오國中에行用ᄒᆞᄂᆞᆫ典章과法度를大小업시人君의許施아니

며決斷ᄒᆞ기不能ᄒᆞᆫ者ᄂᆞᆫ君主의擅斷과命令ᄒᆞᄂᆞᆫ體貌를保ᄒᆞᆷ이라然ᄒᆞᆫ故로一國의政體에五種의規制를合設ᄒᆞ야偏僻된規模를廢ᄒᆞ되貴族이其地位의蕩平ᄒᆞᆷ으로不平ᄒᆞᆫ怨意를懷ᄒᆞᄂᆞᆫ者가無ᄒᆞ고公本된政事를行ᄒᆞ되平民이其處地의崇昴ᄒᆞᆷ으로無識ᄒᆞᆫ議論을倡ᄒᆞᄂᆞᆫ者가無ᄒᆞ니足히爲ᄒᆞ야稱道ᄒᆞᆯ者나然ᄒᆞ나人民의知識이不足ᄒᆞᆫ國은卒然히其人民에게國政參涉ᄒᆞᄂᆞᆫ權을許ᄒᆞᆷ이不可ᄒᆞᆫ者라萬若不學ᄒᆞᆫ人民이學問의先修ᄒᆞᆷ은無ᄒᆞ고他邦의善美ᄒᆞᆫ政體를欲效ᄒᆞ면國中에大亂의萌을播ᄒᆞᆷ인故로當路ᄒᆞᆫ君子ᄂᆞᆫ其人民을敎育ᄒᆞ야國政參與ᄒᆞᄂᆞᆫ知識이有ᄒᆞᆫ然後에此政體를議論ᄒᆞᆷ이始可ᄒᆞ니此政體가有ᄒᆞᆫ然後에其國의開化ᄒᆞ기를冀圖ᄒᆞᆯ디라是故로此政體가保國ᄒᆞᄂᆞᆫ大道며愛君ᄒᆞᄂᆞᆫ精誠이어니와國의政體ᄂᆞᆫ恒常其人民의學識階梯를隨ᄒᆞ야其制度의等級이成ᄒᆞᄂᆞᆫ故로政體의種類가如何ᄒᆞ든지其實은皆人民의自取ᄒᆞᆫ者니泰西의舊日學者가曰ᄒᆞ되善民上에惡政府가無ᄒᆞ고惡民上에善政府가無ᄒᆞ다ᄒᆞ니誠然ᄒᆞᆯ딘져此言이로다

政府의治制

一 政府의種類ᄂᆞᆫ政體의殊異가現有ᄒᆞ나然ᄒᆞ나其爲治ᄒᆞᄂᆞᆫ大制ᄂᆞᆫ其立意ᄒᆞᆫ綱領을考ᄒᆞ건ᄃᆡ一本에歸ᄒᆞᄂᆞ니是故로泰西의政治學士가云ᄒᆞ되文明開化의政治ᄂᆞᆫ六條의要訣에不出ᄒᆞᆫ다ᄒᆞ니今其六條를記ᄒᆞ노라

第一條 自由任意 (自由任意ᄂᆞᆫ決斷코國法을不畏ᄒᆞ야放蕩自恣ᄒᆞᄂᆞᆫ義아니니其國에居ᄒᆞ야何事를行ᄒᆞ든지國法에不背ᄒᆞᄂᆞᆫ時ᄂᆞᆫ其所好를任從ᄒᆞᄂᆞᆫ趣意라)

此ᄂᆞᆫ國家의法律이嚴明ᄒᆞ며寬厚ᄒᆞ야人民의權利를保護ᄒᆞ니人民이各其所好를從事ᄒᆞ야士를好ᄒᆞᄂᆞᆫ者ᄂᆞᆫ士가되고農을好ᄒᆞᄂᆞᆫ者ᄂᆞᆫ農이되며工商을好ᄒᆞᄂᆞᆫ者ᄂᆞᆫ工商이되야士農工商의間에地位의區別을不立ᄒᆞ고本來門閥을不論ᄒᆞᄂᆞᆫ故로朝廷의位로人을輕蔑히視ᄒᆞᆷ이無ᄒᆞ야上下貴賤이各其所를得ᄒᆞ고他人의權利를不犯ᄒᆞ야天稟ᄒᆞᆫ才力을各伸ᄒᆞᆷ으로大旨趣를作ᄒᆞᆷ이니但貴賤의別은公務의施行을爲ᄒᆞ야朝廷의位를尊重ᄒᆞᆯᄯᆞᄅᆞᆷ이오其他ᄂᆞᆫ四民의別이無ᄒᆞ야學問을務ᄒᆞ며理術에通ᄒᆞ야心을勞ᄒᆞᄂᆞᆫ者ᄂᆞᆫ君子라ᄒᆞ야是尊ᄒᆞ고敎育을不被ᄒᆞ야力을勞ᄒᆞᄂᆞᆫ者ᄂᆞᆫ小人이라

第二條 宗敎信服

此ᄂᆞᆫ各人이其信服ᄒᆞᄂᆞᆫ宗旨를崇奉ᄒᆞ기許ᄒᆞ고政府가是를勿關ᄒᆞ야民間의軋轢ᄒᆞᄂᆞᆫ紛爭을宰制ᄒᆞᆷ이라

第三條 技術과文學을勵ᄒᆞ야新物의發造ᄒᆞᄂᆞᆫ路를開ᄒᆞᆷ

此ᄂᆞᆫ富國ᄒᆞᄂᆞᆫ大道와利民ᄒᆞᄂᆞᆫ妙理니新造物의專賣權을許施ᄒᆞᄂᆞᆫ種類라

第四條 學校를建ᄒᆞ야人民을敎育ᄒᆞᆷ

此ᄂᆞᆫ人民의知識을廣博히ᄒᆞ며才藝를高明히ᄒᆞ고工業을奮發ᄒᆞ게ᄒᆞᄂᆞᆫ事라

第五條 保任安穩

此ᄂᆞᆫ政治가一定ᄒᆞ야變改ᄒᆞᆷ이無ᄒᆞ며號令을必信ᄒᆞ야欺僞ᄒᆞᆷ이無ᄒᆞ야人民이國法을賴ᄒᆞ야其產業을各安ᄒᆞᆷ을謂ᄒᆞᆷ이니假令國債를不償ᄒᆞ며通用貨의品位를輕低ᄒᆞ고或商人會社의法을破毁ᄒᆞᆷ이皆其政治의保任ᄒᆞᄂᆞᆫ本意를失ᄒᆞᆷ이라

第六條 人民의飢寒疾苦를救濟ᄒᆞᄂᆞᆫ事

此ᄂᆞᆫ人民의私有ᄒᆞᆫ產業을保護ᄒᆞ기에不止ᄒᆞ고病院貧院의諸所를設ᄒᆞ야貧困ᄒᆞᆫ民人을救恤ᄒᆞᆷ이라

西遊見聞第五編 終

西遊見聞第六編

政府의職分

政府의職分은本國의政治를安穩히ᄒᆞ야人民으로泰平ᄒᆞᆫ樂이有ᄒᆞ게ᄒᆞᆷ과法律을固守ᄒᆞ야人民으로冤抑ᄒᆞᆫ事가無ᄒᆞ게ᄒᆞᆷ과外國의交際를信實히ᄒᆞ야民國으로ᄒᆞ야곰紛亂의憂慮를免케ᄒᆞᆷ에在ᄒᆞ야此三條로其大綱領을作ᄒᆞ나此綱領外에도政府의當行ᄒᆞᆯ事와不當行ᄒᆞᆯ事를因ᄒᆞ야世間諸學者의議論이不一ᄒᆞ니或人이云ᄒᆞ되政府가民間의微細事라도顧察ᄒᆞ야役夫의雇錢과匠人의工價를酌定ᄒᆞ며遊民의業을求ᄒᆞ고物價를限定ᄒᆞ며貧人을救助ᄒᆞ고又其外平人의一切私事를關係ᄒᆞ야毛의細ᄒᆞᆷ과埃의輕ᄒᆞᆷ이라도其通義와職責을揷理ᄒᆞᆷ이可ᄒᆞ다ᄒᆞ나人民의私事에如此히干涉ᄒᆞᄂᆞᆫ時ᄂᆞᆫ政府가本來威媚과權柄을執有ᄒᆞᆫ者라其間에必然恣橫ᄒᆞᄂᆞᆫ勢와苛酷ᄒᆞᆫ法이有ᄒᆞ야人民의自主ᄒᆞᄂᆞᆫ正理를妨害ᄒᆞᄂᆞᆫ端緖가辨論을不俟ᄒᆞ야分明ᄒᆞᆯ뿐더러雇錢과工價ᄂᆞᆫ物價의高下와役事의大小를因ᄒᆞ야其層等이有ᄒᆞᆫ者며物價ᄂᆞᆫ時勢의貴賤과早晩을從ᄒᆞᄂᆞᆫ者오假令遊民의業을定ᄒᆞ야도人이各其樂ᄒᆞᄂᆞᆫ者와能ᄒᆞᆫ배가有ᄒᆞ

니如此ᄒᆞᆫ等事ᄂᆞᆫ人의權力으로末由ᄒᆞᄂᆞᆫ者어ᄂᆞᆯ政府가萬若此法을取ᄒᆞᆯ딘ᄃᆡ其煩劇ᄒᆞᆷ도不勝ᄒᆞ려니와雜費의入用이不少ᄒᆞᆫ則政府ᄂᆞᆫ本來財物잇ᄂᆞᆫ者아니라無源ᄒᆞᆫ水와無根ᄒᆞᆫ木이何有ᄒᆞ리오國中의稅額을加ᄒᆞ기에不過ᄒᆞ야政府의處置가厥宜를得ᄒᆞ다謂ᄒᆞ기不可ᄒᆞ리니然ᄒᆞᆫ故로但其規則을明定ᄒᆞ야人民으로ᄒᆞ여곰敢히是를犯치못ᄒᆞ게ᄒᆞ며犯ᄒᆞᄂᆞᆫ者가有ᄒᆞ거든一毫라도寬恕ᄒᆞ지勿ᄒᆞ고此外ᄂᆞᆫ何事를行ᄒᆞ든지其能ᄒᆞᆫ되로才操를隨ᄒᆞ야生涯를求ᄒᆞ게ᄒᆞᆷ이人間의自然ᄒᆞᆫ性眞을順히ᄒᆞᆷ이라此에過ᄒᆞ면人의自主ᄒᆞᄂᆞᆫ權利를束縛ᄒᆞ야其弊害가畢竟은不救ᄒᆞᄂᆞᆫ境에至ᄒᆞᆯ디니然ᄒᆞᆫ지라政府되ᄂᆞᆫ者가人民의動靜을審察ᄒᆞ야千事萬物에干涉ᄒᆞᄂᆞᆫ法을行ᄒᆞ면人民에게煩惱ᄒᆞᆯ뿐에不止ᄒᆞ고政府도亦其合當ᄒᆞᆫ職分에有違ᄒᆞᆷ이니政府의大職은人民을爲ᄒᆞ야其業을求ᄒᆞ기에不在ᄒᆞ고其所有ᄒᆞᆫ業을保ᄒᆞ기에在ᄒᆞᆫ지라此ᄂᆞᆫ敎化를務ᄒᆞ고法律을守ᄒᆞ기에不出ᄒᆞ나猶且重複ᄒᆞᆫ論이니最緊要ᄒᆞᆫ一大條ᄂᆞᆫ人民으로ᄒᆞ여곰各其力을勞ᄒᆞ며才를窮ᄒᆞ야其衣服飮食居處의一切活計를供辨ᄒᆞ게ᄒᆞ고些少의攪動이라도勿行ᄒᆞ야自然ᄒᆞᆫ辦이有ᄒᆞ게ᄒᆞᆯ따름이오又人이世에生ᄒᆞᆷ애一身의供養뿐아니라家族의關係가亦存ᄒᆞ니此ᄂᆞᆫ天然ᄒᆞᆫ至情에流出ᄒᆞᄂᆞᆫ者인故로人의樂爲

ᄒᆞᄂᆞᆫ者로되隱然ᄒᆞᆫ中에政府의相關ᄒᆞᄂᆞᆫ道가自有ᄒᆞᆯ뿐더러人의稟性이不齊ᄒᆞ야或其肢體를懶惰히處ᄒᆞ야餓死ᄒᆞ기에至ᄒᆞᄂᆞᆫ者가不無ᄒᆞ며一己ᄂᆞᆫ餓死에不至ᄒᆞᄂᆞᆫ者라도其家族의飢寒은不顧ᄒᆞᄂᆞᆫ者도有ᄒᆞ고又或不幸ᄒᆞᆫ命運으로天生或中年의病身되야親戚의顧恤과朋友의救濟가無ᄒᆞᆫ則溝壑에塡ᄒᆞ기를未免ᄒᆞᄂᆞᆫ者도間有ᄒᆞ니此ᄂᆞᆫ皆非常ᄒᆞᆫ事柄이라聞見을隨ᄒᆞ야此下에略記ᄒᆞ건ᄃᆡ

人世의風氣가漸開ᄒᆞᆯᄉᆞ록民生의需用도亦且增加ᄒᆞ야居處ᄂᆞᆫ便利ᄒᆞ기를求ᄒᆞ기에不止ᄒᆞ고華麗ᄒᆞᆫ制度를崇尙ᄒᆞ며衣服과飮食은輕煖과甘旨를欲ᄒᆞᄂᆞ니此ᄂᆞᆫ人生의自然ᄒᆞᆫ性情이라如此히衣食居處의精美ᄒᆞᆷ을求ᄒᆞᄂᆞᆫ者가其願을獲遂ᄒᆞ기爲ᄒᆞ야其心智를勞ᄒᆞ며膂力을苦ᄒᆞ고又此를因ᄒᆞ야物品製造ᄒᆞᄂᆞᆫ者와販賣ᄒᆞᄂᆞᆫ者ᄂᆞᆫ他人의需求를供ᄒᆞᆷ으로自己의利益을營ᄒᆞ야各其才力을窮ᄒᆞᄂᆞᆫ故로世間의事務가漸次로煩多ᄒᆞ기에至ᄒᆞᆷ이니人이或侈儉을議論ᄒᆞ야其可不可의區別이紛紜ᄒᆞ나然ᄒᆞ나侈와儉도亦其分數가有ᄒᆞ니大槩奢侈라謂ᄒᆞᄂᆞᆫ本意ᄂᆞᆫ美物을崇尙ᄒᆞᄂᆞᆫ道를指目ᄒᆞᆷ이아니오知覺업시用度의過ᄒᆞᆫ者와艱難ᄒᆞ고外飾의多ᄒᆞᆫ者의行實을評論ᄒᆞᆷ이라國中의物品製造ᄒᆞᄂᆞᆫ者가才藝를究格ᄒᆞ며手段을鍊精ᄒᆞ야各種이各其分數되로華麗ᄒᆞᆷ

과堅固ᄒᆞᆷ을具ᄒᆞᆫ則此ᄂᆞᆫ其國의物品이完美ᄒᆞᄂᆞᆫ境에至ᄒᆞᆫ者며又購求ᄒᆞᄂᆞᆫ者도美物을取ᄒᆞᆷ은自己一身의便利를爲ᄒᆞᄂᆞᆫ中에世間의工匠을勸勉ᄒᆞᄂᆞᆫ一道니萬若其價를論ᄒᆞ면麤薄ᄒᆞᆫ物品에比ᄒᆞ야十倍或百倍에至ᄒᆞᆫ者도有ᄒᆞᆯ듯ᄒᆞ되國人의製造ᄒᆞᄂᆞᆫ바와購取ᄒᆞᄂᆞᆫ者가精美ᄒᆞᆫ種類를供從ᄒᆞᄂᆞᆫ故로麤薄ᄒᆞᆫ者ᄂᆞᆫ當初에影響도絶ᄒᆞᆯ뿐더러物品이精美ᄒᆞᆫ境에至ᄒᆞᆫ則國中의財産이興旺ᄒᆞ야遊食ᄒᆞᄂᆞᆫ人民이稀罕ᄒᆞᆯ디라我의國中에ᄂᆞᆫ美物을製造ᄒᆞ기不能ᄒᆞ고他邦에購取ᄒᆞᆯ딘ᄃᆡ此ᄂᆞᆫ眞實로奢侈ᄒᆞᄂᆞᆫ一弊源이며國民의艱苦ᄒᆞᆷ도極臻ᄒᆞ려니와我의國中에好物이多ᄒᆞ면此ᄂᆞᆫ奢侈아니오即國家의大福이니奢侈라謂ᄒᆞ야도奢侈아니라物品이麤薄ᄒᆞᆫ者ᄂᆞᆫ影響도絶無ᄒᆞᆷ을由ᄒᆞᆷ이어ᄂᆞᆯ萬若儉素의本意를未解ᄒᆞ고麤薄ᄒᆞᆫ物品을崇用ᄒᆞ기로美德이라ᄒᆞ야荒雜ᄒᆞᆫ制度를尊尙ᄒᆞ고精巧ᄒᆞᆫ才藝를擯斥ᄒᆞ면國中의工匠을禁制ᄒᆞᆷ과同ᄒᆞ야精美ᄒᆞᆫ物品이漸盡ᄒᆞᄂᆞᆫ境에至ᄒᆞ리니巧匠이稀少ᄒᆞᆫ則國風이亦且野鄙ᄒᆞᆫ域에越ᄒᆞ기를水의就下ᄒᆞᆷ과同ᄒᆞ야艱辛ᄒᆞᆫ景況으로苟且ᄒᆞᆫ習俗을成ᄒᆞ야奢侈ᄒᆞᄂᆞᆫ者의弊에셔幾倍로滋甚ᄒᆞᆯ디라奢侈라ᄒᆞ야도人民이各其心과力을勞ᄒᆞ고國中이富饒ᄒᆞ야京鄕의分別이無ᄒᆞᆯ딘ᄃᆡ儉素ᄒᆞᄂᆞᆫ德行과等ᄒᆞᆯ디라國中에所存ᄒᆞᆫ物品이盡善ᄒᆞ야麤薄ᄒᆞᆫ者ᄂᆞᆫ欲求

ᄒᆞ야도其影子ᄅᆞᆯ不見ᄒᆞᆯᄃᆡ니然ᄒᆞᆫ故로一國의侈儉이一人의侈儉과不同ᄒᆞᆫ지라美物의製造ᄅᆞᆯ不能ᄒᆞᄂᆞᆫ國人이或儉素ᄒᆞᆫ德으로野薄ᄒᆞᆫ物品을取ᄒᆞ나他邦人의笑ᄅᆞᆯ不免ᄒᆞᆯᄃᆡ로ᄃᆡ萬若他邦의美物을取用ᄒᆞ야他人의笑ᄅᆞᆯ欲免ᄒᆞ면其國의大害ᄅᆞᆯ反貽ᄒᆞᆷ이니已ᄒᆞ기不得ᄒᆞ야儉素ᄒᆞᆫ規模ᄅᆞᆯ從ᄒᆞᆷ이可ᄒᆞ나此ᄂᆞᆫ實狀儉素아니라事勢의致然ᄒᆞᆷ인則政府되ᄂᆞᆫ者가工匠의才巧ᄅᆞᆯ鍛鍊케ᄒᆞ며土地의物產을富贍케ᄒᆞ야野薄ᄒᆞᆫ風習을變ᄒᆞ기로主務ᄅᆞᆯ作ᄒᆞᆷ이可ᄒᆞ니精美ᄒᆞᆫ物品이奢侈ᄒᆞᄂᆞᆫ根本이라ᄒᆞ야一切禁斷ᄒᆞᄂᆞᆫ者ᄂᆞᆫ政府의職分아니라抑且愚者ᄂᆞᆫ或衣食居의美ᄅᆞᆯ誤用ᄒᆞ야文明開化의所賜ᄅᆞᆯ汚穢ᄒᆞᄂᆞᆫ者가不無ᄒᆞ니世界의大同ᄒᆞᆫ景像으로推較ᄒᆞ면文明勸工의功德이其流出ᄒᆞᆫ弊害ᄅᆞᆯ償ᄒᆞ고餘地가綽然ᄒᆞᆫ者니天下의何邦이ᄃᆞᆫ지其草昧ᄒᆞᆫ始初의事物을改革ᄒᆞᆷ이無ᄒᆞᆫ則其風俗이蠻野의部落과奚異ᄒᆞ리오開化의大目的은人을勸ᄒᆞ야邪ᄅᆞᆯ棄ᄒᆞ고正에歸ᄒᆞᄂᆞᆫ趣意니侈儉의分別도亦且開化의等級을從ᄒᆞ야成ᄒᆞᄂᆞᆫ者라

却夫政府의好煩ᄒᆞᆫ事端으로他邦의有弊ᄒᆞᆫ情狀을暫記ᄒᆞ건ᄃᆡ佛蘭西가西曆一千八百四十八年(我三十六年前)의變을新經ᄒᆞ고京城巴里에匠工의使用ᄒᆞᄂᆞᆫ法을欲設ᄒᆞ야其愚가極臻ᄒᆞ니千古의一奇談이라是時에佛蘭西政府가兵卒의衣服을作ᄒᆞᆯ식針工一

千五百人을雇ᄒᆞ야其職의巧拙을不拘ᄒᆞ고每人에同等給料ᄅᆞᆯ附與ᄒᆞᄂᆞᆫ事로酌定ᄒᆞ야乃先衣服商一人을招致ᄒᆞ야一襲衣縫造ᄒᆞᄂᆞᆫ工價의幾何ᄅᆞᆯ問ᄒᆞ고政府가直其針工을雇ᄒᆞ야軍衣ᄅᆞᆯ裁縫ᄒᆞ니其工價ᄂᆞᆫ衣服商의除ᄒᆞᄂᆞᆫ口文이無ᄒᆞᆫ故로針工에게利ᄒᆞᆯ듯ᄒᆞ나及其分排ᄒᆞᄂᆞᆫ時ᄅᆞᆯ當ᄒᆞ야所料에不合ᄒᆞ기ᄂᆞᆫ姑舍ᄒᆞ고下等匠人의半日工錢에不及ᄒᆞ야其望을反失ᄒᆞ니其故ᄂᆞᆫ無他라針工의怠惰ᄒᆞᆷ을因緣ᄒᆞᆷ이分明ᄒᆞᆫ則今其實由ᄅᆞᆯ證明ᄒᆞᆷ에假令一千五百人針工中에五百人이其職에勤勉ᄒᆞ나一千人은勞苦ᄒᆞᆫ工役이無ᄒᆞ고其工價ᄂᆞᆫ同受ᄒᆞᆯ디라怠惰ᄒᆞ고도其工價ᄂᆞᆫ勤苦ᄒᆞᆫ者와同受ᄒᆞᆯ딘ᄃᆡ何人이不怠ᄒᆞ며勤苦ᄒᆞ고도其工價ᄂᆞᆫ怠惰ᄒᆞᆫ者와同受ᄒᆞᆯ딘ᄃᆡ又何人이欲勤ᄒᆞ리오又往昔에英吉利政府가役夫와工人을爲ᄒᆞ야各種法規ᄅᆞᆯ設立ᄒᆞ나有益ᄒᆞ기ᄂᆞᆫ姑舍ᄒᆞ고弊端이不少ᄒᆞ니其緣由ᄂᆞᆫ政府가威令으로民間의雇錢과工價ᄅᆞᆯ酌定ᄒᆞᆫ則服役ᄒᆞᄂᆞᆫ者가勞苦ᄂᆞᆫ少ᄒᆞ고一日工雇의價錢을受ᄒᆞ기만希要ᄒᆞ고任役ᄒᆞᄂᆞᆫ者ᄂᆞᆫ一日의價貲을授ᄒᆞᆫ則服事의多ᄒᆞ기만要求ᄒᆞ야兩間의是非가紛紜ᄒᆞᆯ뿐더러事의難易에價貲의差等이無ᄒᆞᆫ故로勞苦ᄒᆞᄂᆞᆫ事役은從ᄒᆞᄂᆞᆫ者가絕少ᄒᆞ며又任役ᄒᆞᄂᆞᆫ者ᄂᆞᆫ自然히上等人이多ᄒᆞ고服役ᄒᆞᄂᆞᆫ者ᄂᆞᆫ恒常下等人이라知覺의深淺으로批評ᄒᆞ나形勢의

强弱으로議論ᄒᆞ나下等人이上等人을敵對ᄒᆞ기不能ᄒᆞᆫ故로窘跲ᄒᆞᆫ者ᄂᆞᆫ服役ᄒᆞᄂᆞᆫ下等人이니此ᄅᆞᆯ因ᄒᆞ야其法이亦不久에廢ᄒᆞ며又一時ᄂᆞᆫ英吉利政府가其國의役夫ᄅᆞᆯ爲ᄒᆞ야一法을設ᄒᆞ니其法이英國의人民으로ᄒᆞ야곰本國人의織造ᄒᆞᆫ布帛外에ᄂᆞᆫ衣被ᄒᆞᆷ을不許ᄒᆞ야工匠으로業을穩全히ᄒᆞ고遊民을減少ᄒᆞᄂᆞᆫ主意나然이나國中의人民이布帛織造ᄒᆞᄂᆞᆫ事에多利ᄒᆞᆷ을見ᄒᆞ고其本來執行ᄒᆞ든生涯ᄅᆞᆯ棄擲ᄒᆞ고紡績ᄒᆞᄂᆞᆫ道에輻湊ᄒᆞ야織造ᄒᆞᄂᆞᆫ工匠의數가越數히夥多ᄒᆞᆯ뿐더러其他諸般事務에ᄂᆞᆫ窮困ᄒᆞ기ᄅᆞᆯ不免ᄒᆞ며又一時에ᄂᆞᆫ其本國의人作ᄒᆞᄂᆞᆫ物品을繁盛케ᄒᆞ기爲ᄒᆞ야一法을乃設ᄒᆞᆫᄃᆡ如何ᄒᆞᆫ物品이ᄃᆞᆫ지人作ᄒᆞᆫ者ᄂᆞᆫ外國及本國商民의輸入을禁斷ᄒᆞ나貿易의大道ᄅᆞᆯ妨害ᄒᆞ야富國ᄒᆞᄂᆞᆫ方策을成ᄒᆞ기不能ᄒᆞ고其國의弊困ᄒᆞᆷ이反極ᄒᆞ야行ᄒᆞᆫ지不久에亦廢棄ᄒᆞᆫ者라

夫民間의事務ᄅᆞᆯ政府가其方略에關係ᄒᆞᆷ이不可ᄒᆞ나然ᄒᆞ나政府의一定ᄒᆞᆫ法은確守ᄒᆞ야人民으로ᄒᆞ여곰一遵無違ᄒᆞᆷ이最大ᄒᆞᆫ要道니政府의大職分을一言으로蔽ᄒᆞ건ᄃᆡ人民의業을酌定ᄒᆞᄂᆞᆫ權은無ᄒᆞ나保護ᄒᆞᄂᆞᆫ責은有ᄒᆞᆫ지라此ᄅᆞᆯ因ᄒᆞ야政府의干涉ᄒᆞᆫ者가亦不寡ᄒᆞᆫ則今에略記ᄒᆞ건ᄃᆡ

窮民救恤ᄒᆞᄂᆞᆫ政事ᄂᆞᆫ國家의重大ᄒᆞᆫ事며仁慈ᄒᆞᆫ道니大槪人生이幼時에敎育을不被ᄒᆞ야老來에自奉ᄒᆞᄂᆞᆫ道가無ᄒᆞ거나其形體가强健치못ᄒᆞ야生涯求ᄒᆞᄂᆞᆫ方略에氣力이不足ᄒᆞ거나又或不幸ᄒᆞᆫ命道로病身되거나幼穉가父母업서養育ᄒᆞᆯ者가不存ᄒᆞ거나ᄒᆞ야如此ᄒᆞᆫ累係의事端으로惻隱ᄒᆞᆫ者가多ᄒᆞ니此等人은皆自己의才力을藉ᄒᆞ야其身을奉ᄒᆞ기不能ᄒᆞ고他人의救助ᄅᆞᆯ待ᄒᆞ야溝壑에顚倒ᄒᆞᄂᆞᆫ憂患을免ᄒᆞᆯ디라此ᄅᆞᆯ由ᄒᆞ야先民의議論이不少ᄒᆞ니夫救恤ᄒᆞᄂᆞᆫ本意ᄅᆞᆯ考諒ᄒᆞ면仁惠ᄅᆞᆯ施ᄒᆞ기에在ᄒᆞ나然ᄒᆞ나紀律이無ᄒᆞ고妄施ᄒᆞᆫ則民間의一大弊源을釀成ᄒᆞᄂᆞᆫ者ᄂᆞᆫ無他라窮交와貧族의救濟ᄒᆞᄂᆞᆫ道ᄅᆞᆯ私行ᄒᆞᆫ則人心과風俗이懶怠ᄒᆞᆫ境에陷溺ᄒᆞ야遊食ᄒᆞᄂᆞᆫ者가自多ᄒᆞᆯ뿐더러救濟ᄅᆞᆯ行ᄒᆞᄂᆞᆫ其人의事로論評ᄒᆞ야도其朋友와親戚을愛恤ᄒᆞᄂᆞᆫ道아니오怠惰ᄒᆞᆫ習性을養成ᄒᆞᆷ이니仁慈ᄒᆞᆫ本心으로毒藥을勸ᄒᆞᄂᆞᆫ者와同ᄒᆞᆫ지라然ᄒᆞᆫ故로政府아니오救恤ᄒᆞᄂᆞᆫ道ᄅᆞᆯ行ᄒᆞᄂᆞᆫ事가一人의私行으로ᄂᆞᆫ美俗이라謂ᄒᆞᆯ디나一國의公政으로審究ᄒᆞ면規模업ᄂᆞᆫ一件事라稱ᄒᆞᆯ뿐더러或族戚朋友의足히相救ᄒᆞᆯ者가有ᄒᆞᆫᄃᆡ不顧ᄒᆞᄂᆞᆫ時라도政府의威令으로勸行ᄒᆞᆷ이不可ᄒᆞ고又窮民의族戚朋友에救濟ᄒᆞᆯ者도無ᄒᆞ면告ᄒᆞᆯ데가何處리오如此ᄒᆞᆫ지라窮民救恤ᄒᆞᄂᆞᆫ事ᄂᆞᆫ政府가規制ᄅᆞᆯ設ᄒᆞ야全

國의賦稅로行ᄒᆞ며或富饒ᄒᆞᆫ者가仁善ᄒᆞᆫ心을發ᄒᆞ야窮民을救濟코져ᄒᆞ거든貧者에게私授ᄒᆞ지勿ᄒᆞ고政府에獻ᄒᆞ야救恤ᄒᆞᄂᆞᆫ用費에充ᄒᆞᆷ이可ᄒᆞ니此事를行ᄒᆞ기에合當ᄒᆞᆫ規則이極難ᄒᆞ야其施行ᄒᆞᄂᆞᆫ條目이些少라도當然ᄒᆞᆫ道를失ᄒᆞᆫ則害ᄂᆞᆫ有ᄒᆞ되利ᄂᆞᆫ無ᄒᆞᆯ디라萬若一定ᄒᆞᆫ章制가無ᄒᆞ고窮民이라ᄒᆞᄂᆞᆫ者ᄂᆞᆫ一切救恤ᄒᆞ기로主張ᄒᆞ면肢體의强健ᄒᆞᆫ人이라도心志가懶惰ᄒᆞᆫ者ᄂᆞᆫ事爲를不營ᄒᆞ고政府의救恤ᄒᆞ기만希望ᄒᆞ리니此ᄂᆞᆫ人을敎ᄒᆞ야其恒業을投擲ᄒᆞ고窮民되게ᄒᆞᄂᆞᆫ事며又可哀ᄒᆞᆫ老人과有病ᄒᆞᆫ貧民을保護ᄒᆞᆷ과治療ᄒᆞᆷ에도嚴切ᄒᆞᆫ規則이無ᄒᆞ면其弊가無窮ᄒᆞᆯ디오孤獨의幼穉와棄見를養育ᄒᆞᄂᆞᆫ事에至ᄒᆞ야도明細ᄒᆞᆫ法規를不立ᄒᆞᆫ則貧民으로ᄒᆞ여금子女養育ᄒᆞᄂᆞᆫ職分에其本心을慈ᄒᆞᄂᆞᆫ禍萌을播ᄒᆞᆷ이니可히謹愼ᄒᆞᆯ者가在此ᄒᆞᆷ이라

有時로身體가剛壯ᄒᆞ야他人의救助를不受ᄒᆞᆯ者도力役을苦ᄒᆞ야貧院에來ᄒᆞᄂᆞᆫ故로英吉利ᄂᆞᆫ一法을設ᄒᆞ야其人으로力役을供ᄒᆞᄂᆞ니此ᄂᆞᆫ試力ᄒᆞᄂᆞᆫ法이라謂ᄒᆞᄂᆞᆫ者며又或力役을服事ᄒᆞ야도院內의救恤을便히生覺ᄒᆞ야其常職을捨ᄒᆞ고來ᄒᆞᄂᆞᆫ者가有ᄒᆞᆯ가慮ᄒᆞ야院內의力役은世間의常職에比ᄒᆞ야其賃錢을減少케ᄒᆞ고門外에出ᄒᆞ기를不許ᄒᆞ며衣食居의諸具ᄂᆞᆫ人意에不適ᄒᆞ게ᄒᆞ야奸譎ᄒᆞᆫ者의冒進ᄒᆞᄂᆞᆫ弊를防ᄒᆞ니

如是ᄒᆞᆷ으로其膂力이足히一身의生活을資ᄒᆞᄂᆞᆫ者ᄂᆞᆫ速히出院ᄒᆞ기를願ᄒᆞᆷ이오又老年衰朽ᄒᆞᆫ者도規模업시衣食을便ᄒᆞ게ᄒᆞᆫ則人間의一大弊를生ᄒᆞ야人民으로ᄒᆞ여금老來의生涯를爲ᄒᆞ야貯蓄ᄒᆞᄂᆞᆫ財物이無ᄒᆞ고他人의救恤을甘心ᄒᆞᄂᆞᆫ意萌이生ᄒᆞ게ᄒᆞᆷ이니政府ᄂᆞᆫ財用만虛費ᄒᆞ고人民의怠惰ᄒᆞᆫ路를開ᄒᆞ며奸猾ᄒᆞᆫ門을建ᄒᆞᆷ이라窮民救恤ᄒᆞᄂᆞᆫ法은是故로他人의顧護를不受ᄒᆞ면不可ᄒᆞᆫ者外에ᄂᆞᆫ不許ᄒᆞ되救恤을受ᄒᆞᄂᆞᆫ者라도貧民의自奉ᄒᆞᄂᆞᆫ分數에有過ᄒᆞᆷ이無ᄒᆞ게ᄒᆞᆷ은深遠ᄒᆞᆫ意思를含包ᄒᆞᆫ者니此樣을初見ᄒᆞᄂᆞᆫ者ᄂᆞᆫ徒善ᄒᆞᆫ心으로惻隱ᄒᆞᆫ端을起ᄒᆞ야此道로刻薄ᄒᆞ다論ᄒᆞᆯ디나其實은不然ᄒᆞᆫ지라此言을疑ᄒᆞ거든頭를回ᄒᆞ야國中의許多ᄒᆞᆫ小民의景像을顧ᄒᆞᆷ이可ᄒᆞ니病翁과老婆가數二間茅屋에住居ᄒᆞ야四時의衣服飮食이口體에不適ᄒᆞ고艱辛ᄒᆞᆫ景況으로餘年을保ᄒᆞ되或少時의貯蓄이나或孝子慈孫의奉養으로不羈獨立ᄒᆞᆫ身世를自保ᄒᆞ야閑暇히室家의樂을享有ᄒᆞ고世人의救助를恥受ᄒᆞᄂᆞ니此ᄂᆞᆫ眞實로國中의眞民이라然ᄒᆞᆫ故로窮民救恤ᄒᆞᄂᆞᆫ道를寬厚ᄒᆞ기로만主張ᄒᆞ면眞民이其意를變ᄒᆞ야政府의顧護를期待ᄒᆞ고生涯求ᄒᆞᄂᆞᆫ者가不知中其數를減ᄒᆞᆯ뿐더러風俗이亦此를從ᄒᆞ야他人에憑依ᄒᆞᆷ으로常事를作ᄒᆞ고廉恥가慈ᄒᆞ리니奈何其可ᄒᆞ리오

以上의論辨ᄒᆞᆫ意旨로究考ᄒᆞ건ᄃᆡ窮民救恤ᄒᆞᄂᆞᆫ規則이極難ᄒᆞᆫ事니大槩政府의職分이實狀은窮民救恤ᄒᆞ기에不在ᄒᆞ고窮民이無ᄒᆞ게ᄒᆞ기에在ᄒᆞᆫ지라然ᄒᆞᆫ故로窮民救濟ᄒᆞᄂᆞᆫ道가仁政의大者라云ᄒᆞ나其實은政府의不得已ᄒᆞ야行ᄒᆞᄂᆞᆫ小事며其大者ᄂᆞᆫ人民으로ᄒᆞ여금各其自主ᄒᆞᄂᆞᆫ生涯를經營ᄒᆞ야他人에게依托ᄒᆞᆷ이無ᄒᆞ게ᄒᆞᆷ이라此風을興起ᄒᆞᄂᆞᆫ道ᄂᆞᆫ有實ᄒᆞᆫ規模로以ᄒᆞ면人民의樂從ᄒᆞᄂᆞᆫ者니政府의力行ᄒᆞᄂᆞᆫ바인故로泰西各國의設行ᄒᆞᄂᆞᆫ法이一二에不止ᄒᆞ되其中에最要ᄒᆞᆫ者를擧ᄒᆞ건ᄃᆡ積金寘所와相助契의諸法이라明白ᄒᆞᆫ規則과長遠ᄒᆞᆫ旨趣로人心을勸誘ᄒᆞᄂᆞ니相助契ᄂᆞᆫ猶且富商大賈며恒産잇ᄂᆞᆫ者의行ᄒᆞᆷ인故로政府의關係가少ᄒᆞ거니와積金寘所의設始ᄂᆞᆫ專혀貧民을爲ᄒᆞᆷ이라其利息은尋常ᄒᆞᆫ債錢에比ᄒᆞ야多ᄒᆞ게ᄒᆞ고民間에放債ᄒᆞ야取利ᄒᆞ되其利息의加多ᄒᆞᆫ額數ᄂᆞᆫ政府가出ᄒᆞᄂᆞ니假令他錢은一兩에其利息이五分인則此錢은二釐五毫를加ᄒᆞ되貸用ᄒᆞᄂᆞᆫ者가其利息을加出ᄒᆞ지아니ᄒᆞ고一兩에五分만出ᄒᆞ면二釐五毫ᄂᆞᆫ政府의擔當ᄒᆞᄂᆞᆫ者라英吉利一國積金寘所의任寘ᄒᆞᆫ額數를我錢으로打計ᄒᆞ건ᄃᆡ三十億兩(萬萬曰億)을이니政府의每年擔出ᄒᆞᄂᆞᆫ바二釐五毫의利息을算ᄒᆞᆷ에七百五十萬兩에至ᄒᆞᆫ則此ᄂᆞᆫ實狀全國人民의同出ᄒᆞᄂᆞᆫ賦稅로劃出ᄒᆞᄂᆞᆫ者

라如此ᄒᆞᆫ事實로推觀ᄒᆞ건ᄃᆡ雖貧困ᄒᆞᆫ役夫雇人의一錢二錢貯寘ᄒᆞᄂᆞᆫ者라도衆人의財를合ᄒᆞᆫ則極大ᄒᆞᆫ者라英吉利의積金寘所와相助契의規則이精緊ᄒᆞ기特別히記出ᄒᆞ야世人의考覽을資ᄒᆞ노라

積金寘所　此所ᄂᆞᆫ小民의勞力ᄒᆞᆫ錢財를掌ᄒᆞ야利上에利를加ᄒᆞ야蓄財ᄒᆞᄂᆞᆫ方道를立ᄒᆞ게ᄒᆞᆷ이니相助契의事ᄂᆞᆫ專혀病者老者를爲ᄒᆞ야設立ᄒᆞᆫ者와有異ᄒᆞ나小民의産業을爲ᄒᆞ야ᄂᆞᆫ第一要法이라大槩小民의勞力ᄒᆞᄂᆞᆫ者가其雇錢의餘剩이或有ᄒᆞ야도丁寧히任寘ᄒᆞ야取利ᄒᆞ거니又入用ᄒᆞᄂᆞᆫ時에容易히取返ᄒᆞᆯ處所가無ᄒᆞᆫ故로蓄財ᄒᆞᄂᆞᆫ方便이甚難ᄒᆞ니諸他銀行處所가不無ᄒᆞ되如此ᄒᆞᆫ處所ᄂᆞᆫ千兩以下의財ᄂᆞᆫ不掌ᄒᆞᆫ則小民이如何ᄒᆞᆫ方術로如何ᄒᆞᆫ工役에從ᄒᆞ야一朝千兩의大財를獲ᄒᆞ리오或日로集ᄒᆞ며月로積ᄒᆞ야其數에欲及ᄒᆞᄂᆞᆫ者가有ᄒᆞ야도元來每日의些少ᄒᆞᆫ雇賃으로家間의千百般事物을供ᄒᆞᆫ則其事實이甚難ᄒᆞ야貯蓄ᄒᆞᄂᆞᆫ事에決斷ᄒᆞᆫ意思ᄂᆞᆫ到底ᄒᆞ나力의不及ᄒᆞᆷ으로望洋ᄒᆞᄂᆞᆫ歎을徒抱ᄒᆞᆷ이니如此ᄒᆞᆫ緣由로以ᄒᆞ야小民이貯蓄ᄒᆞᄂᆞᆫ財物에生利ᄒᆞᄂᆞᆫ道기無ᄒᆞ고藏寘ᄒᆞ고져ᄒᆞ나堅固ᄒᆞᆫ處所가不存ᄒᆞᆫ지라其望을大失ᄒᆞ야以爲ᄒᆞ되我輩의生計ᄂᆞᆫ今日이면今日이오明日이면明日이라ᄒᆞ

야長久ᄒᆞᆫ經綸이遂絕ᄒᆞᄂᆞ니其間에或不然ᄒᆞᆫ者도有ᄒᆞ야千辛萬苦ᄒᆞᆫ景像으로一錢二錢을捋取ᄒᆞ야後日의念을留ᄒᆞ야도貯蓄ᄒᆞᄂᆞᆫ處所가不實ᄒᆞ야盜賊에게見失ᄒᆞ기도ᄒᆞ며重利ᄅᆞᆯ貪ᄒᆞ야浮浪ᄒᆞᆫ悖人에게見欺ᄒᆞ야累年의積苦ᄒᆞᆫ工夫로一朝一夕에夢境ᄀᆞᆺ치虛無ᄒᆞ야告訴ᄒᆞᆯ處도無ᄒᆞᆫ者가不少ᄒᆞ니

如此ᄒᆞᆫ屢條弊端을防備ᄒᆞ야小民의心을一新케ᄒᆞ야前後ᄅᆞᆯ思ᄒᆞ고節儉ᄒᆞᄂᆞᆫ道理로長久ᄒᆞᆫ經綸을守ᄒᆞ게ᄒᆞ기ᄂᆞᆫ政府의命令으로積金寘所ᄅᆞᆯ建ᄒᆞ야雖些少ᄒᆞᆫ財物이라도丁寧히取息ᄒᆞᄂᆞᆫ道ᄅᆞᆯ示홈이最好ᄒᆞᆫ者라此所의法이信實히行ᄒᆞᆫ則小民이蓄財ᄒᆞᄂᆞᆫ方便을始覺ᄒᆞ야皆曰ᄒᆞᄃᆡ我輩의任寘ᄒᆞᄂᆞᆫ者가疑心업시堅固ᄒᆞᆯᄲᅮᆫ더러利息을加獲ᄒᆞᄂᆞᆫ事도眞的ᄒᆞ다ᄒᆞ야着實ᄒᆞᆫ者ᄂᆞᆫ一錢이라도無益ᄒᆞᆫ費에不擲ᄒᆞ고貯蓄ᄒᆞ기ᄅᆞᆯ務ᄒᆞ야長遠ᄒᆞᆫ生涯ᄅᆞᆯ經營ᄒᆞ리니人이本來蓄財ᄒᆞ기ᄅᆞᆯ不喜ᄒᆞᄂᆞᆫ者가無ᄒᆞᆫ지라今에如是ᄒᆞ게的確ᄒᆞᆫ方道가有ᄒᆞᆯ딘ᄃᆡ何人이其生涯ᄅᆞᆯ不務ᄒᆞ리오

一千八百二十年(我六十四年前)에英吉利第四世擧智王時代ᄅᆞᆯ當ᄒᆞ야積金寘所의規則을定ᄒᆞ야萬兩의一年利息은三百八兩에不過ᄒᆞ며一人의一年任寘ᄒᆞᄂᆞᆫ數ᄂᆞᆫ三千兩에不踰ᄒᆞ게ᄒᆞ고又一人의任寘ᄒᆞᄂᆞᆫ都合數가一萬五千兩에至ᄒᆞᆫ則加積ᄒᆞ기ᄅᆞᆯ不

許ᄒᆞ며其任主가索還ᄒᆞᄂᆞᆫ時ᄂᆞᆫ本錢과利息이並ᄒᆞ야二萬兩에至ᄒᆞ면其餘ᄂᆞᆫ利息을不許ᄒᆞᄂᆞᆫ者라

其後로븟터各處에此等積金所의設立이極多ᄒᆞ나有時로不美ᄒᆞᆫ事가有ᄒᆞᆫ지라一千八百六十一年에政府의評議ᄅᆞᆯ因ᄒᆞ야郵征局內에積金所ᄅᆞᆯ設ᄒᆞ고一年에二分五釐利息을給ᄒᆞ기로酌定ᄒᆞ니其出納ᄒᆞᄂᆞᆫ法이甚히便利ᄒᆞ야一年內郵征局一處에任寘ᄒᆞᆫ數가三億五千萬兩에過ᄒᆞ며近來에ᄂᆞᆫ又都會의大地마다此所ᄅᆞᆯ排鋪ᄒᆞ야一錢任寘所라云ᄒᆞ니此ᄂᆞᆫ文義와同ᄒᆞ야一錢이라도任寘ᄒᆞᄂᆞᆫ趣旨라

相助契　此契ᄂᆞᆫ衆人이各其意ᄅᆞᆯ隨ᄒᆞ야會社ᄅᆞᆯ立ᄒᆞ고我邦의契錢出ᄒᆞᄂᆞᆫ規模로財物을貯蓄ᄒᆞ야萬若其契員中에病者及或不幸ᄒᆞᆫ事ᄅᆞᆯ遇ᄒᆞᆫ者가有ᄒᆞ면救濟ᄒᆞ기爲ᄒᆞᄂᆞᆫ法이니此法이本來ᄂᆞᆫ商賈의經綸으로不時의禍難을救助ᄒᆞ든遺風이라凡人의年少强壯ᄒᆞᆫ時ᄂᆞᆫ疾病의患이少ᄒᆞ야生涯求ᄒᆞ기에合當ᄒᆞᆫ時節이라活計의餘剩을月로貯ᄒᆞ며歲로積ᄒᆞ야不時의病難이有ᄒᆞ면其治療避復에要求ᄒᆞᄂᆞᆫ費用을豫備홈이오又或多幸히一生에無事ᄒᆞ야老境에至ᄒᆞᆫ則其餘年을安康히保全ᄒᆞ기에足ᄒᆞ니遠慮의要法이實狀此右에出ᄒᆞᄂᆞᆫ者가無ᄒᆞᆫ지라大槪人의事爲ᄂᆞᆫ獨步孤

立ᄒᆞ야成就ᄒᆞ기甚難ᄒᆞᆫ者며又人이不幸ᄒᆞᆫ事ᄅᆞᆯ逢着홈도世間의難避ᄒᆞᄂᆞᆫ者니然ᄒᆞᆫ故로不虞ᄅᆞᆯ防備ᄒᆞ기ᄂᆞᆫ衆人이其心과力을同ᄒᆞ며合ᄒᆞ야少强홈과安全홈을追ᄒᆞ야些少ᄒᆞᆫ財物을等棄ᄒᆞ야深遠ᄒᆞᆫ意思ᄅᆞᆯ寘홈이可ᄒᆞ니

英吉利國의此契刱始ᄒᆞ기ᄂᆞᆫ一千七百九十三年(我八十一年前)이라此後로브터政府의令을奉遵ᄒᆞ야其規模의凡百이整齊ᄒᆞᆫ境에至ᄒᆞ엿ᄉᆞ되猶且疎漏ᄒᆞᆫ者가多홈으로其蕩敗가不少ᄒᆞ엿ᄉᆞ니其中에最甚ᄒᆞᆫ者ᄂᆞᆫ其契員의病者及老者救助ᄒᆞᄂᆞᆫ財物을過度히給與ᄒᆞᆫ事라大槪此契ᄅᆞᆯ設立ᄒᆞ든初에ᄂᆞᆫ其契員이皆强健ᄒᆞᆫ少年이오又其用處가別無ᄒᆞᆫ故로入社ᄒᆞᆫ金額이夥多ᄒᆞ야日로增加ᄒᆞ니然ᄒᆞᆫ지라萬若諸契員中에不幸ᄒᆞᆫ事故에罹ᄒᆞᄂᆞᆫ者가有ᄒᆞ면其本錢을不計ᄒᆞ고不祥ᄒᆞᆫ景像을惻隱히生覺ᄒᆞ야救濟ᄒᆞᄂᆞᆫ額數ᄅᆞᆯ多與ᄒᆞ더니歲月의長久홈을經過홈애事情이大異ᄒᆞ야病者老者의數ᄂᆞᆫ漸次로加多ᄒᆞ고本錢의額數ᄂᆞᆫ依然히前과同ᄒᆞᆯᄯᆞᄅᆞᆷ인則其入이其出을償ᄒᆞ기不能ᄒᆞ야甚ᄒᆞ기에至ᄒᆞ야ᄂᆞᆫ一社의建設을破潰ᄒᆞᄂᆞᆫ者가比有ᄒᆞ니是故로契員은虛名만有ᄒᆞ고實效ᄂᆞᆫ無ᄒᆞ야一生의依賴ᄒᆞ든積功이雪泥의鴻爪ᄅᆞᆯ化ᄒᆞᄂᆞᆫ지라如此ᄒᆞᆫ緣由로政府가法을設ᄒᆞ야明細ᄒᆞᆫ節目을立ᄒᆞ고處寘ᄒᆞᄂᆞᆫ道가其宜ᄅᆞᆯ

咸得ᄒᆞ니此後로其社中의規模가一新ᄒᆞ야舊弊가盡祛홈이라

九 夫如此ᄒᆞᆫ等事ᄅᆞᆯ政府가關涉홈이或煩劇ᄒᆞᆫ듯ᄒᆞ나然ᄒᆞ나此ᄂᆞᆫ窮民을勸勉ᄒᆞ야眞民되게ᄒᆞ고眞民을保護ᄒᆞ야窮民되지말게ᄒᆞᄂᆞᆫ深意니實狀國內에窮民이無ᄒᆞ게ᄒᆞᄂᆞᆫ大政의一助라此外에도仁慈ᄒᆞᆫ意思ᄅᆞᆯ含包ᄒᆞᆫ事爲가許多ᄒᆞᄃᆡ每事에政府의關係가有ᄒᆞᆫ則反煩홈이어ᄂᆞᆯ世間의好名ᄒᆞᄂᆞᆫ者ᄂᆞᆫ愛人ᄒᆞᄂᆞᆫ虛名을欲沽ᄒᆞ야以爲ᄒᆞᄃᆡ此亦政府의職分이며彼亦政府의職分이라ᄒᆞ야妄意로政府의職分을議論ᄒᆞ고事務의實情에暗昧ᄒᆞᆫ지라然홈으로政府의職分에重大ᄒᆞᆫ要訣은國中의眞民을保護ᄒᆞ야人마다義氣ᄅᆞᆯ重히ᄒᆞ고廉節을守ᄒᆞ야前後의順序와本末의思量으로心을勞ᄒᆞᄂᆞᆫ者든지力을勞ᄒᆞᄂᆞᆫ者든지各其勞의所獲ᄒᆞᆫ報로其業을安享ᄒᆞ기에在ᄒᆞ니此ᄂᆞᆫ敎育으로ᄡᅥ德化ᄅᆞᆯ宣揚ᄒᆞ고法律로ᄡᅥ公道ᄅᆞᆯ維持ᄒᆞ기에不過ᄒᆞᄂᆞᆫ者라

十 收稅法은政府及人民間에最深ᄒᆞᆫ關係가有ᄒᆞᆫ者니公平ᄒᆞᆫ規則으로行ᄒᆞ야一毫라도偏頗ᄒᆞᆫ條目이無ᄒᆞ게홈이職分의當務ᄒᆞᆯ一條라人生日用에要緊ᄒᆞᆫ者ᄂᆞᆫ其稅ᄅᆞᆯ不取ᄒᆞ고奢侈ᄒᆞᄂᆞᆫ種類와逸樂ᄒᆞᄂᆞᆫ風俗에近ᄒᆞᆫ物品은重稅ᄅᆞᆯ收ᄒᆞ야도可ᄒᆞ니英吉利의收稅法이萬國을對ᄒᆞ야其寬平홈을誇大ᄒᆞ나人口稅의重홈으로人民이不悅ᄒᆞᄂᆞᆫ지

라不得已ᄒᆞ야荼茄非砂糖等物에稅를課抽ᄒᆞ고人口稅를減輕ᄒᆞᆫ다云ᄒᆞ더라
人民의教育은國家의大本이라政府의務行ᄒᆞᆯ者니聞ᄒᆞᆫ바를擧ᄒᆞ야略記ᄒᆞ건ᄃᆡ國中의大都會마다書籍庫를設ᄒᆞ며本草園을寘ᄒᆞ고博物館을建ᄒᆞ며公園을開ᄒᆞᄂᆞᆫ等事라此ᄂᆞᆫ人民의知識을實助ᄒᆞᄂᆞᆫ大機가되ᄂᆞᆫ故로政府의務行홈이亦其職分의緊重ᄒᆞᆫ者니人民이富饒ᄒᆞᆫ者가或私事로自己의財를損ᄒᆞ야設始ᄒᆞ기도ᄒᆞ고官家가公本된費用으로周旋ᄒᆞ기도ᄒᆞ야如何ᄒᆞ든지恩惠를施ᄒᆞ야其樂를衆人과同ᄒᆞᄂᆞᆫ本意라國中에如此ᄒᆞᆫ處所가多有ᄒᆞᆫ則自然히人心을導ᄒᆞ야正路에越ᄒᆞ게ᄒᆞ고放蕩ᄒᆞᆫ行實과邪僻ᄒᆞᆫ俗習을剪除ᄒᆞ야惡行에溺ᄒᆞᄂᆞᆫ者가減ᄒᆞᆯᄲᅮᆫ더러養生ᄒᆞᄂᆞᆫ理에도有益ᄒᆞᆫ關係를成ᄒᆞᆫ디며勸學ᄒᆞᄂᆞᆫ道에도成就ᄒᆞᄂᆞᆫ效驗을見ᄒᆞᆫ디니艱窶ᄒᆞᆫ人民이活計를逐ᄒᆞ야日이終토록汨沒ᄒᆞ다가夕間의閒時를乘ᄒᆞ야書籍庫에至ᄒᆞᆫ則自己의室中ᄀᆞᆺ치便ᄒᆞ기도極臻ᄒᆞ거니와書冊으로도願見ᄒᆞᄂᆞᆫ者ᄂᆞᆫ皆存ᄒᆞ며又修學ᄒᆞᄂᆞᆫ者로論ᄒᆞ야도家勢가不富ᄒᆞ야購書ᄒᆞᄂᆞᆫ方便이不足ᄒᆞ면出貰ᄒᆞ기容易ᄒᆞᆫ디오本草園과博物館도人生에게有利ᄒᆞᆫ關係가其涯涘를莫測이니足히無學ᄒᆞᆫ人의虛誕ᄒᆞᆫ意圖을破除ᄒᆞ고實狀잇ᄂᆞᆫ工夫를勸振ᄒᆞᆫ디라其功效가엇지不大ᄒᆞ리오其中에公園의排鋪ᄂᆞᆫ或無益ᄒᆞᆫ

一件事라謂ᄒᆞᆯ者가有ᄒᆞᆯ듯ᄒᆞ나決斷코不然ᄒᆞ니貧者든지富者든지各其營爲ᄒᆞᄂᆞᆫ事業에奔走ᄒᆞ야精神이疲困ᄒᆞ고氣力이怠惰ᄒᆞᆫ際라도此園에入ᄒᆞ야逍遙ᄒᆞᆫ閒步로花卉의芳香을襲ᄒᆞ며樹木의繁陰을藉ᄒᆞ야淸明ᄒᆞᆫ空氣를呼吸ᄒᆞ고美麗ᄒᆞᆫ光景을玩賞ᄒᆞ면胸襟이灑落ᄒᆞ고心神이快爽ᄒᆞ야勞碌ᄒᆞᆫ景像이自去ᄒᆞᆫ디니若是ᄒᆞᆫ處所의有홈이人의養生에有助ᄒᆞᆯᄲᅮᆫ아니라如彼ᄒᆞ게累巨萬의大財를費ᄒᆞ야公衆의樂事를供홈이實狀은豪富ᄒᆞᆫ氣像을貧寠ᄒᆞᆫ者와同有홈이니然ᄒᆞᆫ故로貧者의富者를疾妬ᄒᆞᄂᆞᆫ惡心도可히消絶ᄒᆞ기에至홈이라
養生ᄒᆞᄂᆞᆫ規則은政府의關係ᄒᆞᄂᆞᆫ一大條目이니大都會의人戶稠密ᄒᆞᆫ地方이不潔ᄒᆞ면癘疫과怪疾의傳染ᄒᆞᄂᆞᆫ病은恒流ᄒᆞ고又紅疹痘患陽毒의種類도雖人의天熱을由ᄒᆞ야起홈이나汚穢ᄒᆞᆫ氣에觸發ᄒᆞᆫ則其毒을倍肆ᄒᆞ야危殆ᄒᆞ기極臻ᄒᆞ니傳染病이人生의酷禍되ᄂᆞᆫ分數가實狀은一時의兵燹에有甚ᄒᆞᆫ지라政府가養生ᄒᆞᄂᆞᆫ法을定ᄒᆞ야人民으로遵守ᄒᆞ게ᄒᆞ고萬若疎忽ᄒᆞᆫ者가有ᄒᆞ면嚴法으로禁斷ᄒᆞ야道路와宮室이淸潔ᄒᆞᆫ則足히傳染病의流行ᄒᆞᄂᆞᆫ勢를抑塞ᄒᆞ리니此事에截嚴ᄒᆞᆫ法을言者가或殘酷ᄒᆞ다謂ᄒᆞᆫ디나其實은養生ᄒᆞᄂᆞᆫ法으로被刑ᄒᆞᄂᆞᆫ者가被刑ᄒᆞᄂᆞᆫ其人自己도其災를同免

홈이라假令衆人의絡繹ᄒᆞᆫ大道에弓을發ᄒᆞ거나銃을放ᄒᆞ면國法이嚴禁ᄒᆞ야必然其刑이有ᄒᆞ리니此ᄂᆞᆫ人을或傷ᄒᆞᆯ가念慮홈인則今에此法으로推比ᄒᆞ건ᄃᆡ汚穢物을道路에擲ᄒᆞ며溝渠에流ᄒᆞ야其發散ᄒᆞᄂᆞᆫ毒氣로傳染病을起ᄒᆞ야人命을傷害홈이弓銃으로傷人ᄒᆞᄂᆞᆫ事와何等의差殊가有ᄒᆞ리오然ᄒᆞᆫ故로嚴法으로繩ᄒᆞ야到底히禁止홈이可ᄒᆞ니一句語로設譬ᄒᆞ건ᄃᆡ大都會에汚穢物을不禁홈이市中에虎를放홈과同ᄒᆞᆫ則衆人이協心ᄒᆞ야其患을同除ᄒᆞ기로期홈이可홈이라云ᄒᆞ더라
學問人의著述ᄒᆞᆫ新書와造出ᄒᆞᆫ新物에關係홈도政府의職分이亦有ᄒᆞ니新書에著述弊와新物에專賣權을許홈이라何物이든지世間經濟에有關ᄒᆞᆫ則或都買ᄒᆞᄂᆞᆫ權을許ᄒᆞ기도ᄒᆞᄂᆞ니大槪炭氣燈이世에出ᄒᆞ기前에ᄂᆞᆫ夜光을取ᄒᆞᄂᆞᆫ者가油燭을用ᄒᆞ야各其便利를遂ᄒᆞᆫ디炭氣의一現ᄒᆞᆫ後로此에從事ᄒᆞ야生涯를營求ᄒᆞᄂᆞᆫ者ᄂᆞᆫ會社를結ᄒᆞ고一局의辦工으로千萬戶를通照ᄒᆞ야人世의便利를助ᄒᆞ나如此ᄒᆞᆫ商業을一會社의手中에授ᄒᆞᄂᆞᆫ時ᄂᆞᆫ壟斷獨專ᄒᆞ야非常ᄒᆞᆫ大利를貪ᄒᆞᄂᆞᆫ弊가不無ᄒᆞ니此弊를防ᄒᆞ기爲ᄒᆞ야會社를別設ᄒᆞ야商業의盛衰를相競ᄒᆞ게ᄒᆞᄂᆞᆫ說이有ᄒᆞ나炭氣에至ᄒᆞ야ᄂᆞᆫ此法이決斷코不可ᄒᆞ니元來炭氣의辦工은一局의製造所와一條의管으로全市中에遍

及ᄒᆞᄂᆞᆫ故로萬若會社를別設ᄒᆞ고商業을相競ᄒᆞ야同一ᄒᆞᆫ街道에二三條의管을埋ᄒᆞᆫ則天物을暴殄ᄒᆞ야冗費가不少ᄒᆞᆯᄲᅮᆫ더러事實의行홈이必不可ᄒᆞᆫ지라然ᄒᆞᆫ故로不得已ᄒᆞ야炭氣의商業은一會社에任ᄒᆞ고至當ᄒᆞᆫ規則으로御ᄒᆞ야其地方의都買ᄒᆞᄂᆞᆫ權을不許홈이不可ᄒᆞ니或人의說에炭氣의辦備ᄂᆞᆫ都下人民의公有ᄒᆞᄂᆞᆫ物을作ᄒᆞ고其利를獨專ᄒᆞᄂᆞᆫ者가無ᄒᆞ게홈이可ᄒᆞ다ᄒᆞ니此說의妥當ᄒᆞᆯ듯
市中에導水ᄒᆞᄂᆞᆫ法도炭氣와同ᄒᆞ야一條의辦工이足ᄒᆞ니夫水ᄂᆞᆫ人生의不可無ᄒᆞᆫ者라飮食의烹飪이非此면莫遂ᄒᆞ고汚穢의洗滌이亦非此면不得ᄒᆞᄂᆞᆫ故로易取ᄒᆞᄂᆞᆫ方便을設ᄒᆞ야力費를節ᄒᆞᆫ然後에貧者라도窘塞ᄒᆞᆫ景像을始免ᄒᆞᆫ디로ᄃᆡ萬若汚穢物이混淆ᄒᆞ든지汚穢地에流出ᄒᆞᄂᆞᆫ者ᄂᆞᆫ毒氣를含ᄒᆞ야飮者의病源을成ᄒᆞᄂᆞᆫ지라然ᄒᆞᆫ故로泰西各國은大都會人民의日用ᄒᆞᄂᆞᆫ水ᄂᆞᆫ其地에井泡를不鑿ᄒᆞ고二三十里或百里외外라도出ᄒᆞ야淸淨ᄒᆞᆫ湖水나不然ᄒᆞ면山間水를地中의水筒으로都會地에流入ᄒᆞ야千門과萬戶에通ᄒᆞ기를亦且地中으로筒을埋ᄒᆞ야樹木의支條ᄀᆞᆺ치森羅홈으로每家에不足ᄒᆞᆫ歎이無ᄒᆞ니如此히行ᄒᆞ기에亦其費入이極多ᄒᆞᆫ지라用水ᄒᆞᄂᆞᆫ家에稅를收ᄒᆞᆫᄃᆡ富饒ᄒᆞᆫ者에게多取ᄒᆞ고貧窮ᄒᆞᆫ者에게ᄂᆞᆫ極廉ᄒᆞ며又或纔率人은用水ᄒᆞᄂᆞᆫ道

에不愼ᄒᆞ야穢氣의闖入이有ᄒᆞᆯ가念慮ᄒᆞ야政府가規則를設ᄒᆞ고有時로官吏를派送ᄒᆞ야人家마다貧富와貴賤을不分ᄒᆞ고査檢ᄒᆞᄂᆞᆫ法을行ᄒᆞᄂᆞᆫ者라

十五 市民圍束ᄒᆞᄂᆞᆫ規則은不意의弊와不時의憂를豫備ᄒᆞᄂᆞᆫ深意니亦一政府의職分이로ᄃᆡ其圍束ᄒᆞᄂᆞᆫ法이或其箇條를由ᄒᆞ야ᄂᆞᆫ人民의自主ᄒᆞᄂᆞᆫ道에有妨ᄒᆞᆫ듯ᄒᆞ나物價高低와物品好否ᄂᆞᆫ相關ᄒᆞ지勿ᄒᆞ고但其亂雜ᄒᆞᆫ種類를禁斷ᄒᆞ며浮浪ᄒᆞᆫ徒黨을抑制ᄒᆞ야其處寘가得宜ᄒᆞᆫ時ᄂᆞᆫ民間의公同ᄒᆞᆫ有益ᄒᆞᆫ者라然ᄒᆞᆫ故로其自主ᄒᆞᄂᆞᆫ意思를略失ᄒᆞᄂᆞᆫ듯ᄒᆞ나此로彼를補ᄒᆞ야足히胥에介ᄒᆞᆯ者아니니萬若佛蘭西의規模ᄀᆞᆺ치市民操束ᄒᆞᄂᆞᆫ法을政府의掌握에全攬ᄒᆞ야도其處寘가寬厚ᄒᆞᆫ時ᄂᆞᆫ猶或可ᄒᆞ거니와專혀威權으로施行ᄒᆞ면操束ᄒᆞᄂᆞᆫ本意ᄂᆞᆫ失ᄒᆞ고隱然히政治의不美ᄒᆞᆫ方策을協助ᄒᆞ야其中에必然弊端이紛起ᄒᆞᆯᄃᆡ라然ᄒᆞᆫ故로英吉利ᄂᆞᆫ政府가但其規度를立ᄒᆞ고其施行ᄒᆞᄂᆞᆫ權은專혀地方官과市井의公論에任ᄒᆞᆷ이오且合衆國의規模도英吉利와略似ᄒᆞᆫ者라

十六 大都會中에家屋築造ᄒᆞᄂᆞᆫ事도政府의規則이無ᄒᆞ면不可ᄒᆞ니萬若人民이各其意向을任ᄒᆞ야甲의家ᄂᆞᆫ右方에面ᄒᆞ고乙의舍ᄂᆞᆫ左方에背ᄒᆞ야市中의街道가此를由ᄒᆞ야

東轉西曲ᄒᆞ며狹窄ᄒᆞ기ᄂᆞᆫ二人이比肩ᄒᆞ기亦難ᄒᆞᆫ處도有ᄒᆞᆯᄲᅮᆫ外에甚ᄒᆞ기에至ᄒᆞ야ᄂᆞᆫ隔塞ᄒᆞᆫ洞巷이縱橫ᄒᆞ야行人의妨害를作ᄒᆞ면此ᄂᆞᆫ國人의公有ᄒᆞᆫ道路를一二私民이濫占ᄒᆞ야政府의禁을不顧ᄒᆞᆷ이오又百事에一事도便利ᄒᆞᆫ條가無ᄒᆞ니然ᄒᆞᆫ故로市中에作舍ᄒᆞᄂᆞᆫ法이兩家가相背ᄒᆞ야其前面이各其大路를向ᄒᆞ고參差ᄒᆞᆫ排寘가無ᄒᆞ게ᄒᆞ야四通ᄒᆞᄂᆞᆫ道路가碁局의縱橫ᄒᆞᆫ線勢를成ᄒᆞᆷ이極善ᄒᆞ고又每戶에號票를附ᄒᆞ며版籍을立ᄒᆞ야酒店戲屋의遊宴ᄒᆞᄂᆞᆫ等所를區別ᄒᆞᆷ이可ᄒᆞ니大槩道路ᄂᆞᆫ輸運ᄒᆞᄂᆞᆫ便利에關係도甚重ᄒᆞᆫ故로亦政府의一大政이라

十七 酒店排鋪ᄒᆞᄂᆞᆫ者도亦法規를立ᄒᆞ야操束ᄒᆞᆷ이可ᄒᆞ니大槩飮酒ᄒᆞᆷ은人間의一惡事나然ᄒᆞ나法으로一禁ᄒᆞᆫ則人民의私事를朝夕으로關係ᄒᆞ야其涯限이無ᄒᆞᆯᄃᆡ며世間의物論이沸騰ᄒᆞ야其法의能行ᄒᆞ기ᄂᆞᆫ姑舍ᄒᆞ고大害를反生ᄒᆞᄂᆞᆫ故로寧先許施ᄒᆞ야其欲을勿逆ᄒᆞ고規則으로已甚ᄒᆞᆫ者를禁制ᄒᆞᆷ이可ᄒᆞ니如何ᄒᆞᆫ地方에든지賣酒者가其官府의許施를得ᄒᆞᆫ後에店鋪를開ᄒᆞ고又官府도賣酒人을査檢ᄒᆞ야不良ᄒᆞᆫ人物에게ᄂᆞᆫ勿許ᄒᆞ며重稅를課收ᄒᆞ야過ᄒᆞᆫ者를抑制ᄒᆞ고店鋪도有時로巡視ᄒᆞ야悖傷ᄒᆞᆫ風俗이無ᄒᆞ게ᄒᆞᆷ이合當ᄒᆞ니此規ᄂᆞᆫ酒店에만行ᄒᆞᆯ者아니오戲屋戲場의等所에도施ᄒᆞᆯ者

며雜技ᄒᆞᄂᆞᆫ者ᄂᆞᆫ一切禁斷ᄒᆞ야竊偸의根因을絶ᄒᆞᆷ이可ᄒᆞᆫ中에最不許ᄒᆞᆯ者ᄂᆞᆫ鴉片烟이니夫鴉片烟이라ᄒᆞᄂᆞᆫ物種이吸ᄒᆞᄂᆞᆫ其人에게貽害ᄒᆞᆯᄲᅮᆫ에不止ᄒᆞ고畢竟은全國의害萌을種成ᄒᆞ야其毒의流ᄒᆞᆷ이傳染ᄒᆞᄂᆞᆫ疾病에有加ᄒᆞ며其害의遍ᄒᆞᆷ이强暴ᄒᆞᆫ敵軍에難比ᄒᆞ야其人種을病드리고乃已ᄒᆞᆯᄃᆡ며其國家를害ᄒᆞ고遂止ᄒᆞᆯᄃᆡ라然ᄒᆞᆫ故로鴉片烟吸者ᄂᆞᆫ一律로施行ᄒᆞᄂᆞᆫ事가人民과國家를爲ᄒᆞ야仁善ᄒᆞᆫ政事오酷殘ᄒᆞᆫ法令아니라

十八 卜夫등짐군轎軍及馬夫의營生ᄒᆞᄂᆞᆫ道에一定ᄒᆞᆫ規則이無ᄒᆞ면不可ᄒᆞ니幾里의道와幾卜의重에賃錢或馱價의幾何를受ᄒᆞ라酌定ᄒᆞᆷ이賤役ᄒᆞᄂᆞᆫ者의活計에有妨ᄒᆞᆫ듯ᄒᆞ나然ᄒᆞ나實狀은臆地로如此ᄒᆞᆫ法을行ᄒᆞᆷ이아니라力役ᄒᆞᄂᆞᆫ者가本來其徒中의公論으로合當ᄒᆞᆫ馱賃이有ᄒᆞᆫ則政府의威令으로其多少를限定ᄒᆞᆷ이아니오其合當ᄒᆞᆫ約束을遵守ᄒᆞ게ᄒᆞᆷ이니賤役ᄒᆞᄂᆞᆫ者ᄂᆞᆫ本來下等人物이라敎化被ᄒᆞ기를薄ᄒᆞ게ᄒᆞᆫ故로知識이不足ᄒᆞ야其生涯求ᄒᆞᄂᆞᆫ方策이力役에不過ᄒᆞ고平生을此로終ᄒᆞᆫ則仁人君子의惻隱히顧恤ᄒᆞᆯ者나世間의恠異ᄒᆞᆫ風俗은亦此輩人中에多ᄒᆞᆫ故로嚴法으로操制ᄒᆞᆷ이可ᄒᆞᆯᄲᅮᆫ더러萬若生面人이나急事잇ᄂᆞᆫ者를逢着ᄒᆞᄂᆞᆫ時ᄂᆞᆫ本心의廉恥가都滅ᄒᆞ야格外

의貿價를貪ᄒᆞᄂᆞᆫ者가十의八九니此事가雖小ᄒᆞ나民間의風俗에ᄂᆞᆫ深重ᄒᆞᆫ關係가有ᄒᆞᆫ者라

十九 大槩如此ᄒᆞᆫ規則을酌定코져ᄒᆞ면其條目이夥多ᄒᆞ야決言ᄒᆞ기甚難ᄒᆞᆫ지라今에此等規則의有無로國家의關係되ᄂᆞᆫ事를證據ᄒᆞ야英吉利京城圖藍의二百年前景像을暫記ᄒᆞ건ᄃᆡ此時를當ᄒᆞ야圖藍의大ᄒᆞᆷ이現今에六分或七分의一을不過ᄒᆞᆫᄃᆡ道路를修築ᄒᆞ기ᄂᆞᆫ姑舍ᄒᆞ고掃除ᄒᆞᄂᆞᆫ法도無ᄒᆞ야汚穢物이行人의足을亂ᄒᆞ며街道와巷路ᄂᆞᆫ彎曲ᄒᆞᆫ中에狹隘ᄒᆞ기도太甚ᄒᆞᆫ故로商賈의招牌가道廣을橫遮ᄒᆞ야其懸이落ᄒᆞᄂᆞᆫ時ᄂᆞᆫ路人을死傷ᄒᆞ기에至ᄒᆞ며又市街에張燈ᄒᆞᄂᆞᆫ法이不備ᄒᆞᆫ故로夜行ᄒᆞᄂᆞᆫ人이各其燈燭을携ᄒᆞ더니今日에至ᄒᆞ야ᄂᆞᆫ繁華ᄒᆞᆫ氣象과盛大ᄒᆞᆫ景況이舊日에比ᄒᆞ야霄壤의懸隔이有ᄒᆞᆯᄲᅮᆫ더러富盛ᄒᆞᆫ大都會로有名ᄒᆞ야能히甲乙ᄒᆞᄂᆞᆫ者가無ᄒᆞᆷ이라

二十 以上의記載ᄒᆞᆫ諸條를政府의法으로定ᄒᆞ야國民에게利코져ᄒᆞᆷ이라夫法은便民ᄒᆞ기로爲主ᄒᆞᄂᆞᆫ故로或如此ᄒᆞᆫ事에法을定ᄒᆞ야世間의不便ᄒᆞᆫ端緖를反成ᄒᆞ거든速히廢止ᄒᆞ야政府의關係를脫ᄒᆞ고國人의便利를隨ᄒᆞᆷ이可ᄒᆞ니政府가國民을爲ᄒᆞᄂᆞᆫ事에太察ᄒᆞᄂᆞᆫ弊가懈怠ᄒᆞ야不爲ᄒᆞᄂᆞᆫ害와無異ᄒᆞᆷ은過不及이同一ᄒᆞᆫ理由라惟眞政府ᄂᆞᆫ

其便利ᄅᆞᆯ隨ᄒᆞ야人民으로더브러泰平ᄒᆞᆫ福을永享홈이라

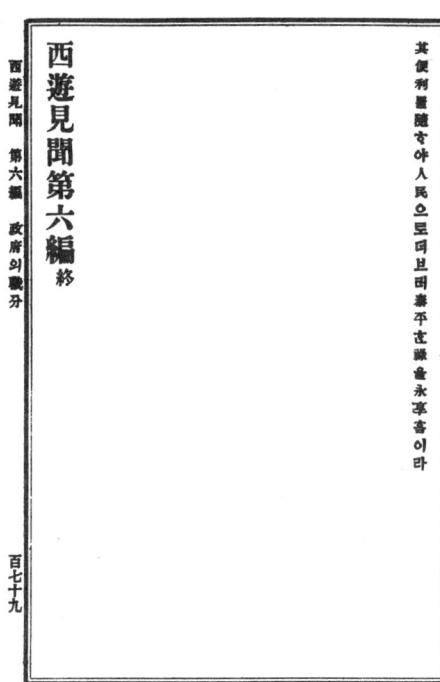

西遊見聞第六編 終

西遊見聞第七編

收稅ᄒᆞᄂᆞᆫ法規

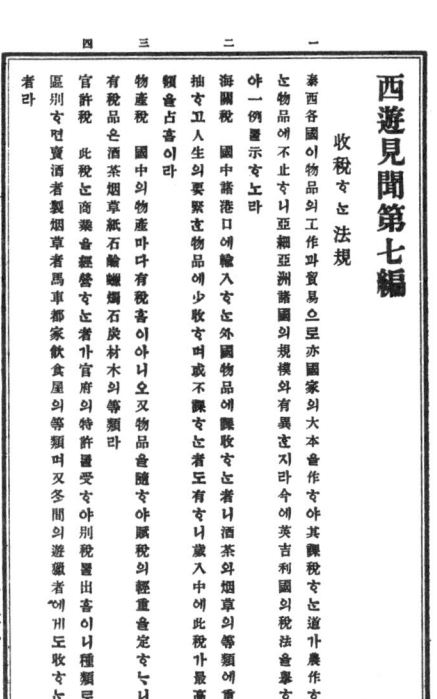

一 泰西各國이物品의工作과貿易으로亦國家의大本을作ᄒᆞ야其課稅ᄒᆞᄂᆞᆫ道가農作ᄒᆞᄂᆞᆫ物品에不止ᄒᆞ니亞細亞洲諸國의規模와有異ᄒᆞᆫ지라今에英吉利國의稅法을擧ᄒᆞ야一例ᄅᆞᆯ示ᄒᆞ노라

二 海關稅　國中諸港口에輸入ᄒᆞᄂᆞᆫ外國物品에課收ᄒᆞᄂᆞᆫ者니酒茶와烟草의等類에重抽ᄒᆞ고人生의要緊ᄒᆞᆫ物品에少收ᄒᆞ며或不課ᄒᆞᄂᆞᆫ者도有ᄒᆞ니歲入中에此稅가最高額을占홈이라

三 物產稅　國中의物產마다有稅홈이아니오又物品을隨ᄒᆞ야賦稅의輕重을定ᄒᆞᄂᆞ니有稅品은酒茶烟草紙石輪蠟燭石炭材木의等類라

四 官許稅　此稅ᄂᆞᆫ商業을經營ᄒᆞᄂᆞᆫ者가官府의特許ᄅᆞᆯ受ᄒᆞ야別稅ᄅᆞᆯ出홈이니種類로區別ᄒᆞ면賣酒者製烟草者馬車都家飮食屋의等類며又多間의遊獵者에게도收ᄒᆞᄂᆞᆫ者라

五 證印稅　證印稅라ᄒᆞᄂᆞᆫ者ᄂᆞᆫ民間의何樣文書든지無論ᄒᆞ고官府의證印을用ᄒᆞ야後日의證據ᄅᆞᆯ作ᄒᆞᄂᆞᆫ者라其條件을類別ᄒᆞ전ᄃᆡ

家宅借貸文券　貨物讓給書
借財約書　離婚書
換錢票　遺願書
借財文券　任官書
銀行店票　工人弟子許入書
典物文書　許婚書
新聞紙出板　火災保險書
海上保險書　償債文券

此等事ᄅᆞᆯ文券과書字로行ᄒᆞᄂᆞᆫ時ᄂᆞᆫ各其事의輕重을隨ᄒᆞ야一定ᄒᆞᆫ稅則이有ᄒᆞ니萬若私用ᄒᆞᄂᆞᆫ文書에官府의證印을不附ᄒᆞᆫ者ᄂᆞᆫ後日의是非가有ᄒᆞ야도法司에呈訴ᄒᆞ기ᄅᆞᆯ不認ᄒᆞ고又或如此ᄒᆞᆫ者가有ᄒᆞᆫ則政府의收稅ᄅᆞᆯ謀避홈으로罪ᄒᆞ야罰金을徵出ᄒᆞᄂᆞᆫ者라

六 土地稅　此稅ᄂᆞᆫ城鄕와外鄕의分別이無ᄒᆞ고其地面의廣狹과土品의良否ᄅᆞᆯ準ᄒᆞ야其一年所出의二十五分一을收ᄒᆞᄂᆞᆫ者라

七 家室稅　此法은土地稅와同ᄒᆞᆫ者라

大槩土地와家室의稅가二十五分의一이나然이나養貧院費ᄅᆞᆯ刷出ᄒᆞᄂᆞᆫ故로其實은二十分의一이오又其家內에雇用ᄒᆞᄂᆞᆫ男女며飼喂ᄒᆞᄂᆞᆫ犬馬와車輛의種類에도各其定稅가有ᄒᆞᆫ者라

八 家產稅　商賈로貿易이나學術로敎師되야家產을營求ᄒᆞᄂᆞᆫ者ᄂᆞᆫ其一年所得의二十五分一을納ᄒᆞ며又任官ᄒᆞᄂᆞᆫ者도其廉俸의二十五分一을納ᄒᆞᄂᆞᆫ者라

九 此外에各項收稅ᄒᆞᄂᆞᆫ名目이不一ᄒᆞ니郵征局과電信局의種類라以上各種稅ᄂᆞᆫ中央大政府에收入ᄒᆞᄂᆞᆫ者어니와又特別ᄒᆞᆫ賦稅라稱ᄒᆞᄂᆞᆫ者가有ᄒᆞ니此ᄂᆞᆫ如何ᄒᆞᆫ地方에ᄂᆞᆫ지其地方에關係ᄒᆞᆫ事務ᄂᆞᆫ其地方人民에게課收ᄒᆞᄂᆞᆫ者라

十 泰西各國의收稅ᄒᆞᄂᆞᆫ法規ᄅᆞᆯ考察ᄒᆞ건ᄃᆡ外面의名目은各種에分ᄒᆞ나內許의實狀은二法에不過ᄒᆞ니曰直徵ᄒᆞᄂᆞᆫ稅와代徵ᄒᆞᄂᆞᆫ稅라

十一 直徵ᄒᆞᄂᆞᆫ稅ᄂᆞᆫ人民의世俸及歲入ᄒᆞᄂᆞᆫ物品의實主人에게課收ᄒᆞᄂᆞᆫ者니其稅의條目

十二 이土地家室家產證印等稅及郵征電信의各種이오代徵ᄒᆞᄂᆞᆫ稅ᄂᆞᆫ人民의賣買ᄒᆞᄂᆞᆫ物品에課收ᄒᆞᄂᆞ니夫如何ᄒᆞᆫ物品이ᄃᆞᆫ지納稅ᄒᆞᄂᆞᆫ者ᄂᆞᆫ雖其製造或換賣ᄒᆞᄂᆞᆫ者나然ᄒᆞ나其物品을用ᄒᆞᄂᆞᆫ者가其稅ᄅᆞᆯ實出ᄒᆞᆷ이니此理ᄅᆞᆯ解明ᄒᆞ기爲ᄒᆞ야酒稅ᄅᆞᆯ擧ᄒᆞ야其一例ᄅᆞᆯ論ᄒᆞ건ᄃᆡ釀酒者或賣酒者가其稅ᄅᆞᆯ先出ᄒᆞ나酒價ᄂᆞᆫ自然히其出稅ᄒᆞᆫ分數ᄅᆞᆯ加ᄒᆞ야飮酒者에게受ᄒᆞᆫ則其實은釀酒或賣酒者가飮酒者ᄅᆞᆯ代ᄒᆞ야其稅ᄅᆞᆯ先納ᄒᆞᆷ이오飮酒者ᄂᆞᆫ其先納ᄒᆞᆫ稅ᄅᆞᆯ酒價에合ᄒᆞ야授ᄒᆞᄂᆞᆫ者며又一種稅ᄂᆞᆫ直徵에屬ᄒᆞᆷ가代徵에歸ᄒᆞᆷ가其名目을分明히指出ᄒᆞ기難ᄒᆞ니此ᄂᆞᆫ乃官許稅라

夫直徵이나代徵이나人民의財物을課收ᄒᆞ야政府의經費에充用ᄒᆞ기ᄂᆞᆫ同一ᄒᆞᆫ者나國家의政治ᄅᆞᆯ論ᄒᆞᄂᆞᆫ者가或은直徵ᄒᆞᄂᆞᆫ規模ᄅᆞᆯ主ᄒᆞ고或은代徵ᄒᆞᄂᆞᆫ制度ᄅᆞᆯ執ᄒᆞ야諸學者의講究ᄒᆞᆫ議評이各其意ᄅᆞᆯ隨ᄒᆞ야有異호되直徵ᄒᆞᄂᆞᆫ法을專主ᄒᆞ고ᄂᆞᆫ國家의巨創ᄒᆞᆫ費用을抵當키有難ᄒᆞ고又代徵ᄒᆞᄂᆞᆫ法은民生의日用에關係가不少ᄒᆞ니從要ᄒᆞ건ᄃᆡ二法이並行ᄒᆞ야其過ᄒᆞᆷ을互免ᄒᆞ고不及ᄒᆞᆷ을相補ᄒᆞᆫ然後에可ᄒᆞᆯ디라今에拂蘭西國의景像을擧ᄒᆞ야其然ᄒᆞᆫ源由ᄅᆞᆯ說明ᄒᆞ노니大槩佛蘭西國政府의一年支費가其全國人民의歲入ᄒᆞᄂᆞᆫ財貨의都總數와比較ᄒᆞ야其七分의一이니然則佛蘭西政府

十三 가其支費의三分二되ᄂᆞᆫ分數ᄅᆞᆯ直徵ᄒᆞᄂᆞᆫ稅로欲收ᄒᆞ야도人民의歲入ᄒᆞᄂᆞᆫ財貨의十分一을不取ᄒᆞ면不可ᄒᆞᆯ디라假令一年에一千兩이나一千五六百兩殖利ᄒᆞᄂᆞᆫ者에게一百兩或一百五六十兩의稅ᄅᆞᆯ欲課ᄒᆞ면能히其稅의重ᄒᆞᆷ을堪耐ᄒᆞᆯ者가無ᄒᆞᆯ디며又或政府의威令을懼ᄒᆞ야不納ᄒᆞ기不能ᄒᆞ야도其期ᄂᆞᆫ不愆ᄒᆞ기不能ᄒᆞᆫ者ᄂᆞᆫ事勢의自然ᄒᆞᆷ이오百姓의遷延ᄒᆞᆫ罪아니로ᄃᆡ政府ᄂᆞᆫ苛法으로督促ᄒᆞ기不已ᄒᆞ리니엇지計의得ᄒᆞᆫ者리오多幸히佛蘭西에代徵ᄒᆞᄂᆞᆫ稅가多ᄒᆞᆷ으로直徵ᄒᆞᄂᆞᆫ額이極少ᄒᆞᆫ지라代徵ᄒᆞᄂᆞᆫ稅도實狀은百姓의課出ᄒᆞᄂᆞᆫ者로ᄃᆡ此ᄂᆞᆫ日用常行의際에此財ᄅᆞᆯ與ᄒᆞ고彼物을受ᄒᆞ야不知中에其納稅ᄒᆞᄂᆞᆫ分義ᄅᆞᆯ修ᄒᆞᆷ이라

人의財產은容易히遷動ᄒᆞᄂᆞᆫ者아니라然ᄒᆞᆫ故로直徵ᄒᆞᄂᆞᆫ法을用ᄒᆞ야其稅ᄅᆞᆯ磨鍊ᄒᆞᆷ이可ᄒᆞ고日用ᄒᆞᄂᆞᆫ物品은日有日無ᄒᆞᄂᆞᆫ者라然ᄒᆞᆫ故로代徵ᄒᆞᄂᆞᆫ法을行ᄒᆞ야其稅ᄅᆞᆯ酌定ᄒᆞᆷ이可ᄒᆞ니大槩代徵ᄒᆞᄂᆞᆫ稅ᄂᆞᆫ人口가蕃盛ᄒᆞ고國家가富饒ᄒᆞᆯᄉᆞ록其額數가隨增ᄒᆞᄂᆞ니直徵ᄒᆞᄂᆞᆫ稅도不然ᄒᆞᆷ은아니로ᄃᆡ代徵ᄒᆞᄂᆞᆫ分數와同ᄒᆞ기ᄂᆞᆫ不能ᄒᆞᆫ者라富盛ᄒᆞᆫ國의稅則은別로變更ᄒᆞᆷ도無ᄒᆞ거니와變更ᄒᆞᆯ딘ᄃᆡ前에比ᄒᆞ야減少ᄒᆞᆯ디라도代徵ᄒᆞᄂᆞᆫ稅ᄂᆞᆫ歲ᄅᆞᆯ逐ᄒᆞ야其額이增加ᄒᆞᆷ이不絶ᄒᆞᄂᆞᆫ者ᄂᆞᆫ無他라此稅ᄂᆞᆫ日用ᄒᆞᄂᆞᆫ物品

에課聚ᄒᆞᄂᆞᆫ者어늘其日用ᄒᆞᄂᆞᆫ物品인則國家의富盛ᄒᆞᆷ을隨ᄒᆞ야其數가加多ᄒᆞᄂᆞᆫ故로自然히賦稅도加增ᄒᆞᆷ이라政府ᄂᆞᆫ手ᄅᆞᆯ拱ᄒᆞ고安坐ᄒᆞ야其歲入ᄒᆞᄂᆞᆫ賦稅ᄅᆞᆯ加取ᄒᆞ고人民도亦其稅의加增ᄒᆞᆷ을不覺ᄒᆞ야國家의財用이豐裕ᄒᆞᆫ境에自至ᄒᆞᄂᆞᆫ者라

十四 夫何法으로賦稅ᄅᆞᆯ課收ᄒᆞᄃᆞᆫ지明白ᄒᆞᆫ條目과嚴切ᄒᆞᆫ規則이無ᄒᆞᆫ則收稅ᄒᆞᄂᆞᆫ官吏의幻弄이多ᄒᆞᆯ디오又人民도其的實ᄒᆞᆫ名目을不知ᄒᆞ야或訝惑ᄒᆞᄂᆞᆫ者도有ᄒᆞ고又或怨懟ᄒᆞᄂᆞᆫ者도有ᄒᆞᆯ디라然ᄒᆞᆫ故로政府가此年에往年已費ᄒᆞᆫ財의都總數ᄅᆞᆯ民間에頒布ᄒᆞ고又明年의將費ᄒᆞᆯ財의都總數ᄅᆞᆯ民間에布告ᄒᆞ야其課收ᄒᆞᆯ賦稅의額數ᄅᆞᆯ定ᄒᆞᆷ이可ᄒᆞ니佛蘭西政治學士實利柔의賦稅法論評ᄒᆞᆫ條目을槪擧ᄒᆞ건ᄃᆡ

第一　賦稅ᄂᆞᆫ政府의當然ᄒᆞᆫ事務ᄅᆞᆯ爲ᄒᆞᆷ이니豐足ᄒᆞᆫ額數ᄅᆞᆯ不收ᄒᆞ면不可ᄒᆞᆫ者

第二　納稅ᄒᆞᄂᆞᆫ者의事力에適當ᄒᆞ게課收ᄒᆞᆷ이可ᄒᆞᆫ者

第三　收稅ᄒᆞᄂᆞᆫ費用을簡略ᄒᆞᆷ이可ᄒᆞᆫ者

第四　賦稅ᄅᆞᆯ酌定ᄒᆞᆷ과課收ᄒᆞᆷ에人民의生涯ᄅᆞᆯ抑制ᄒᆞ지勿ᄒᆞ고國家의經濟ᄅᆞᆯ損傷ᄒᆞ지勿ᄒᆞ야其合當ᄒᆞᆫ道理ᄅᆞᆯ遵守ᄒᆞᆷ이可ᄒᆞᆫ者

十五 夫收稅ᄒᆞᄂᆞᆫ法은務ᄒᆞ야貧窶ᄒᆞᆫ人民을顧護ᄒᆞᆷ이可ᄒᆞ니富貴ᄒᆞᄂᆞᆫ者ᄂᆞᆫ其徵納ᄒᆞᄂᆞᆫ額

數가雖千金에至ᄒᆞ야도各其事力을隨ᄒᆞ야困難ᄒᆞᆫ句端이無ᄒᆞ거니와艱窘ᄒᆞᆫ人民은今日에得ᄒᆞᆫ者로今日에用ᄒᆞ고明日에得ᄒᆞᆫ者로明日에費ᄒᆞ야一日所得ᄒᆞᆫ財利가一日의經費를抵敵ᄒᆞ기不能ᄒᆞᆫ者가多ᄒᆞ야父母를養ᄒᆞ며妻子를顧ᄒᆞ기로其一身의衣食에苟且ᄒᆞ고居處에艱辛ᄒᆞ야歲를經ᄒᆞ도록可樂ᄒᆞᆫ景況이無ᄒᆞ거든何暇에應公ᄒᆞᄂᆞᆫ分義를生覺ᄒᆞ리오마ᄂᆞᆫ政府가稅를收ᄒᆞ기ᄂᆞᆫ且私事를爲ᄒᆞᆷ아니오國家의公費를經支ᄒᆞᆷ인則公平ᄒᆞᆫ道理로其德澤을均布ᄒᆞᆯ디언졍惻隱ᄒᆞᆫ政의小仁을徒行ᄒᆞ야全國의紀綱을擾動ᄒᆞᆷ은不可ᄒᆞ니然ᄒᆞᆫ故로賦稅酌定ᄒᆞ기를臨ᄒᆞ야政府의着念ᄒᆞᆯ者ᄂᆞᆫ

第一　人民의財産에收稅ᄒᆞᄂᆞᆫ準限을立ᄒᆞ야百兩으로限ᄒᆞ든지千兩으로限ᄒᆞ든지其準限以下의財産에ᄂᆞᆫ稅를不課ᄒᆞ고又衣服과衾枕의種類로브터農作ᄒᆞ기와宰食ᄒᆞ기爲ᄒᆞ야飼喂ᄒᆞᄂᆞᆫ牛馬豕羊等畜物에도稅를不加ᄒᆞᄂᆞᆫ事

第二　人生의日用ᄒᆞᄂᆞᆫ物品에最緊ᄒᆞᆫ種類ᄂᆞᆫ無稅ᄒᆞᆷ이可ᄒᆞ나然ᄒᆞ나已ᄒᆞ기不獲ᄒᆞ야課收ᄒᆞᆯ딘ᄃᆡ極輕히磨鍊ᄒᆞᆷ이可ᄒᆞᆫ事

第三　如何ᄒᆞᆫ物品이든지人生의日用에不緊ᄒᆞᆫ者와奢侈ᄒᆞᆫ種類ᄂᆞᆫ政府의意를任ᄒᆞ야其稅를極重히課ᄒᆞ야도可ᄒᆞᆫ事

如是ᄒᆞᆫ緣由ᄂᆞᆫ無他라人生의日用에要緊ᄒᆞᆫ物品은大綱으로擧論ᄒᆞ건ᄃᆡ穀食과柴炭과布木과藥材의種類니此ᄂᆞᆫ貧富와貴賤의同用ᄒᆞᄂᆞᆫ者며且人生의必要ᄒᆞᆫ物種이라其稅를寬歇히ᄒᆞ야貧賤ᄒᆞᆫ人民의生涯를顧恤ᄒᆞᆷ이可ᄒᆞ거니와不緊ᄒᆞᆫ者ᄂᆞᆫ酒茶와烟草와綾錦의種類니人生의日用에無ᄒᆞ야도可ᄒᆞ고有ᄒᆞ야도有益ᄒᆞᆫ物品아니라然ᄒᆞᆫ故로其用者ᄂᆞᆫ必然富貴人이多ᄒᆞᆯ디오又或貧者가求ᄒᆞᆯ딘ᄃᆡ此ᄂᆞᆫ浮浪ᄒᆞᆫ人이니然ᄒᆞ기其稅를重ᄒᆞ게定ᄒᆞ야浮浪ᄒᆞᆫ者를抑制ᄒᆞ고又富貴人의奢侈ᄒᆞ기爲ᄒᆞ야濫費ᄒᆞᄂᆞᆫ財物을取ᄒᆞ야政府의經費를補ᄒᆞᆷ도無妨ᄒᆞᆫ者라

今에天下各國中指名ᄒᆞᄂᆞᆫ十餘國의人口와稅額을記錄ᄒᆞ고平均數로每人의徵出ᄒᆞᄂᆞᆫ額數를聯記ᄒᆞ노니此ᄂᆞᆫ八九年前의考較ᄒᆞᆫ者라

中國

人口假量	四億二千五百萬
賦稅假量	二十五億兩
每人의平均數	四兩有餘

大槩中國의人口와賦稅ᄂᆞᆫ其政府의明白ᄒᆞᆫ文書를民間에頒布ᄒᆞᄂᆞᆫ者가無ᄒᆞᆫ

故로其假量을擧ᄒᆞᆷ이라

日本

人口	三千五百九十二萬五千
賦稅	十三億七千一百四十萬兩
每人의平均數	三十八兩有餘

佛蘭西

人口	三千六百九十萬五千
賦稅	一百十九億八千二百六十萬兩
每人의平均數	三百二十四兩有餘

英吉利

人口	四千二百七十二萬七千
賦稅	一百五億一千一百四十萬兩
每人의平均數	二百六十二兩有餘

俄羅斯

人口	八千五白六十八萬五千
賦稅	八十八億八千五百二十萬兩
每人의平均數	九十八兩有餘

伊太利

人口	二千六白八十萬二千
賦稅	五十七億二百二十萬兩
每人의平均數	二百十二兩有餘

荷蘭

人口	三百五十九萬
賦稅	九億六千五百二十萬兩
每人의平均數	二百七十兩有餘

葡萄牙

人口	四百七十四萬五千二百四十二
賦稅	六億九千三百二十二萬四千兩

每人의平均數 一百四十五兩有餘

西班牙

人口 二千四百九十一萬四千

賦稅 三十五億二千一百三十二萬五千兩

每人의平均數 一百四十五兩有餘

日耳曼

人口 四千五百二十三萬四千一

賦稅 二十九億五千四百萬六千七百兩

每人의平均數 六十七兩有餘

墺地利

人口 三千七百七十四萬一千四百三十四

賦稅 七十二億六千八百萬三千四百兩

每人의平均數 三百三兩有餘

瑞典及諾威

人口 六百三十九萬一千八十八

賦稅 六億七千二百八十九萬五千二百兩

每人의平均數 一百五兩有餘

合衆國

人口 五千七百萬

賦稅 六十九億七千三十九萬七千四百兩

每人의平均數 一百二十二兩有餘

墨西哥

人口 九百六十五萬

賦稅 七億二千二百二十萬兩

每人의平均數 七十五兩有餘

智利

人口 二百二十三萬四千

賦稅 四億八千三百二十萬二千四百兩

每人의平均數 二百十五兩有餘

巴西

人口 一千二十萬

賦稅 十三億三千四十九萬四千兩

每人의平均數 一百三十兩有餘

秘魯

人口 三百三十七萬四千

賦稅 二億七千八十二萬九千五百兩

每人의平均數 八十兩有餘

每人平均數의賦稅로諸國의輕重을相較ᄒᆞᆫ則其人民의貧富와苦樂이稅則의輕重으로其限域을立홈과同ᄒᆞ야重稅의國일ᄉᆞ록其富饒홈과便安홈이加ᄒᆞ니本來人民의賦稅를重課홈으로國家의富饒를求홈아니오政府가人民의稅를濫費아니ᄒᆞᄂᆞᆫ時ᄂᆞᆫ全國의安寧을圖謀ᄒᆞ야有益ᄒᆞᆫ事務가不少ᄒᆞᆯᄲᅮᆫ더러如此ᄒᆞᆫ國은百姓의業이每年增殖ᄒᆞᄂᆞᆫ故로其課收ᄒᆞᄂᆞᆫ稅額도隨多홈이니萬若各國의二三年間稅則을考ᄒᆞᆯ딘ᄃᆡ必

然五六年前에比ᄒᆞ야其額이加ᄒᆞᆫ者ᄂᆞᆫ亦此理를由홈이라

賦稅의輕重으로但其法의便否를議論ᄒᆞ야其中에有異ᄒᆞᆫ緣由를不解ᄒᆞᄂᆞᆫ者가世上에或其人이不無ᄒᆞ나然ᄒᆞ나此ᄂᆞᆫ其實理를未達ᄒᆞᆫ者의固執ᄒᆞᄂᆞᆫ偏見이라假令稅가重ᄒᆞ야도政府가其財用을費ᄒᆞ야國家의安寧을經守ᄒᆞ며文明을振起ᄒᆞ야開化ᄒᆞᄂᆞᆫ諸事에其意를用ᄒᆞᆫ則此ᄂᆞᆫ當然ᄒᆞᆫ賦稅며稅가輕ᄒᆞ야도政府가其財를費ᄒᆞᆫ되合當ᄒᆞᆫ道理를不守ᄒᆞ고私慾을恣充ᄒᆞ며妄意를放行ᄒᆞ야人民이其納稅ᄒᆞᄂᆞᆫ報를不獲ᄒᆞᆫ則此ᄂᆞᆫ苛酷ᄒᆞᆫ賦稅라竊想ᄒᆞ건ᄃᆡ賦稅ᄂᆞᆫ國人의出斂ᄒᆞᆫ財物의都合이니大槪一身과一家의便安홈과富饒홈을經營ᄒᆞ기ᄂᆞᆫ百姓의各其自己一人의事어니와全國의事務인則政府가國人의出斂ᄒᆞᆫ財物을都合지아니ᄒᆞ면擧行ᄒᆞ기有難ᄒᆞᆫ條目이多ᄒᆞ니軍士의守備와道路의修築과學校의設施ᄒᆞᄂᆞᆫ種類의公本된事業을擧行ᄒᆞ지아니ᄒᆞᆫ則一國의安寧과文明을冀希ᄒᆞ기不可ᄒᆞᆯ디오國의開化及未開化者의區別은政府의公本된事業을施行興否에在ᄒᆞ니軍士의守備가無ᄒᆞ면外國의侵伐이나內國의叛亂이有ᄒᆞᆫ時를當ᄒᆞ면何道를用ᄒᆞ야防禦ᄒᆞ며鎭壓ᄒᆞ리오道路의修築이無ᄒᆞ면人民의輸運ᄒᆞᄂᆞᆫ便利를何得ᄒᆞ며學校의設施가無ᄒᆞ면人民이엇지倫紀에明ᄒᆞ며術業에精ᄒᆞ

야紊亂ᄒᆞᆫ風俗과貧困ᄒᆞᆫ地境에不至ᄒᆞ기ᄅᆞᆯ期必ᄒᆞ리오此外에凡百事業이皆然ᄒᆞ니政府가如此히公本된諸事業을施措ᄒᆞᆯ진ᄃᆡ其費用의巨大ᄒᆞᆷ은形勢의已ᄒᆞ기不得ᄒᆞᆫ者라是故로賦稅의重ᄒᆞᆷ은決斷코不可ᄒᆞᆫ事아니오但政府의謹愼ᄒᆞᆫ者ᄂᆞᆫ國人의出斂ᄒᆞᆫ公財ᄅᆞᆯ一毫라도私用ᄒᆞ지勿ᄒᆞ고天下ᄅᆞᆯ爲ᄒᆞ야天下의寶ᄅᆞᆯ惜ᄒᆞ기에在ᄒᆞ니古로從ᄒᆞ야天下에君ᄒᆞᄂᆞᆫ者或租稅蠲免ᄒᆞᄂᆞᆫ惠政을行ᄒᆞ나然ᄒᆞ나實際의事狀으로推論ᄒᆞ면寧其蠲免ᄒᆞᆯ賦稅의分數ᄅᆞᆯ用ᄒᆞ야人民에게有益ᄒᆞᆫ公本된事業을起ᄒᆞᆷ이可ᄒᆞ니夫蠲稅ᄒᆞᄂᆞᆫ事가實狀은愛民ᄒᆞᄂᆞᆫ本意아니오病國ᄒᆞᄂᆞᆫ謬策이라人民의怠惰ᄒᆞᆫ風習을養成ᄒᆞ기容易ᄒᆞ고後來ᄒᆞᄂᆞᆫ歲月에此擧가更無ᄒᆞ면怨懟ᄒᆞᄂᆞᆫ聲色도招致ᄒᆞ기必然ᄒᆞᆫ則治國ᄒᆞᄂᆞᆫ大道에政을不知ᄒᆞᄂᆞᆫ小惠로極害ᄒᆞᆫ端緖로ᄃᆡ後世의史筆을秉ᄒᆞᄂᆞᆫ者가此擧ᄅᆞᆯ稱頌ᄒᆞᄂᆞᆫ緣故ᄂᆞᆫ他가無ᄒᆞᆷ이라古昔의帝王되ᄂᆞᆫ者가或人民의賦稅ᄅᆞᆯ重課ᄒᆞ고其費用ᄒᆞᄂᆞᆫ經營인則侈濫을喜ᄒᆞ야峻雕ᄒᆞᆫ墻宇ᄅᆞᆯ營作ᄒᆞ거나功名을貪ᄒᆞ야無義ᄒᆞᆫ戰爭에從事ᄒᆞᄂᆞᆫ等類의私慾으로國家의公本된事勢ᄅᆞᆯ不顧ᄒᆞ거ᄂᆞᆯ有時儉約ᄒᆞᆫ人主ᄂᆞᆫ如彼ᄒᆞᆫ惡行을不恣ᄒᆞ고人民의稅ᄅᆞᆯ蠲免ᄒᆞᆷ이어니와萬若人民의賦稅ᄅᆞᆯ許免ᄒᆞᄂᆞᆫ代에全國의公本된事業을不行ᄒᆞᆯ진ᄃᆡ何人이此ᄅᆞᆯ稱ᄒᆞ야美政이라ᄒᆞ리오或

饑荒ᄒᆞᆫ時에地方을隨ᄒᆞ야蠲稅ᄒᆞᄂᆞᆫ惠擧ᄅᆞᆯ不施ᄒᆞᆷ이亦不可ᄒᆞ기ᄂᆞᆫ事勢의當然ᄒᆞᆷ이니政府와人民이心을同ᄒᆞ며力을協ᄒᆞ야賦稅의輕重을勿論ᄒᆞ고其敷用ᄒᆞᄂᆞᆫ道理ᄅᆞᆯ善行ᄒᆞ야大經營과公事業으로其德澤을天下에均布ᄒᆞᆷ이可ᄒᆞᆫ者라國이富饒ᄒᆞ고民이蕃殖ᄒᆞ면稅가雖重ᄒᆞ야도貧國의輕稅에比ᄒᆞ야課納ᄒᆞ기容易ᄒᆞ고且重ᄒᆞ다謂ᄒᆞᆷ이稅의課收ᄒᆞᄂᆞᆫ額數ᄅᆞᆯ指ᄒᆞᆷ이오若人民의財貨에較ᄒᆞ면亦貧國의重稅에比ᄒᆞ야甚輕ᄒᆞᆫ者라

人民의納稅ᄒᆞᄂᆞᆫ分義

一

夫國에政府ᄅᆞᆯ寘ᄒᆞ기ᄂᆞᆫ百姓을爲ᄒᆞᆷ이니然ᄒᆞᆫ故로政府의凡百事爲가實狀은百姓의事務ᄅᆞᆯ代行ᄒᆞᆷ이라政府가其職分을行ᄒᆞ기에財費ᄅᆞᆯ不要ᄒᆞ면極善ᄒᆞ련마ᄂᆞᆫ人間의事務가不然ᄒᆞ야一動一靜에用ᄒᆞᄂᆞᆫ者가財物이오萬事萬物에求ᄒᆞᄂᆞᆫ者가財物이어ᄂᆞᆯ財物이라謂ᄒᆞᄂᆞᆫ者ᄂᆞᆫ空中에雨雪ᄀᆞᆺ치滴降ᄒᆞᄂᆞᆫ者아니오地上에草木ᄀᆞᆺ치生長ᄒᆞᄂᆞᆫ者아니라必然히人의才力을憑依ᄒᆞ야世間의重寶되ᄂᆞᆫ者로ᄃᆡ政府의官員이財物을産出ᄒᆞᄂᆞᆫ人아닌則其辦事ᄒᆞᄂᆞᆫ用費ᄂᆞᆫ人民에게不取ᄒᆞ면不可ᄒᆞ나然ᄒᆞ나一定ᄒᆞᆫ

規模가無ᄒᆞ면紊亂ᄒᆞᆫ弊端이緣起ᄒᆞᆯ디라然ᄒᆞᆷ으로收稅ᄒᆞᄂᆞᆫ法의始ᄒᆞᆷ이니百姓이稅ᄅᆞᆯ出ᄒᆞ기ᄂᆞᆫ國을爲ᄒᆞᆷ이라政府가萬若人民의廕稅ᄅᆞᆯ收聚ᄒᆞ야國事에不用ᄒᆞᆯ진ᄃᆡ人民이或怨望ᄒᆞ야도可ᄒᆞ며逃免ᄒᆞ야도可ᄒᆞ거니와政府가其用을善ᄒᆞ든지其用을不善ᄒᆞ든지其施用ᄒᆞᄂᆞᆫ處ᄂᆞᆫ國事에在ᄒᆞᆫ則善用ᄒᆞᆫ다謂ᄒᆞ야納ᄒᆞ고不善用ᄒᆞᆫ다稱ᄒᆞ야不納ᄒᆞᄂᆞᆫ道理ᄂᆞᆫ無ᄒᆞ니如此ᄒᆞᆫ故로百姓은政府의善用ᄒᆞ기만求ᄒᆞ고納稅ᄒᆞᄂᆞᆫ事에至ᄒᆞ야ᄂᆞᆫ怨色을不發ᄒᆞ며苦言을不作ᄒᆞᆷ이其當然ᄒᆞᆫ道理라

二

人民이如何ᄒᆞᆫ業에從事ᄒᆞ든지其生涯ᄅᆞᆯ便安히ᄒᆞ야居ᄒᆞᆷ애父母ᄅᆞᆯ安養ᄒᆞ며兄弟와妻子의樂이有ᄒᆞᆷ과出ᄒᆞᆷ애朋友ᄅᆞᆯ追逐ᄒᆞ며興況을任從ᄒᆞ야盜賊의憂慮와橫厄의恐怕가無ᄒᆞᆷ은皆政府의所賜라萬若人民의相與ᄒᆞᄂᆞᆫ間에政府의設立ᄒᆞᆷ이無ᄒᆞᆯ진ᄃᆡ弱者가寃抑ᄒᆞᆫ事ᄅᆞᆯ被ᄒᆞᆫ들何處에控訴ᄒᆞ며强暴者가無道ᄒᆞᆫ行爲ᄅᆞᆯ恣ᄒᆞᆫ들何人이禁止ᄒᆞ리오如彼ᄒᆞᆫ故로政府의德澤이有形ᄒᆞ야手로擧ᄒᆞ고目으로睹ᄒᆞᄂᆞᆫ物아니라自然ᄒᆞᆫ中에國人마다其身의衣ᄅᆞᆯ衣ᄒᆞᆷ이며食을食ᄒᆞᆷ과同ᄒᆞ야斯須間이라도不離ᄒᆞ고魚의水ᄅᆞᆯ有ᄒᆞᆷᄀᆞᆺ치不覺ᄒᆞᄂᆞ니其廣博ᄒᆞᆷ은繩墨으로도推測ᄒᆞ기不能ᄒᆞ고其重大ᄒᆞᆷ은權衡으로도評量ᄒᆞ기不得ᄒᆞᆫᄃᆡ其以然ᄒᆞᆫ緣由ᄂᆞᆫ財物을不費ᄒᆞ고ᄂᆞᆫ不成ᄒᆞᄂᆞᆫ者어ᄂᆞᆯ

財物은無形ᄒᆞᆫ物이아니오必且人의目前에照羅ᄒᆞ며手中에上下ᄒᆞ야政府에轉入ᄒᆞᄂᆞᆫ者라有形ᄒᆞᆫ財物로無形ᄒᆞᆫ德澤을換買ᄒᆞᆷ인則愚者의思量에不及ᄒᆞᄂᆞᆫ者니大槪如此ᄒᆞᆫ德澤을作行ᄒᆞ기에官員을不寘ᄒᆞᆷ이不可ᄒᆞ니必然其祿俸이有ᄒᆞ며軍士ᄅᆞᆯ不養ᄒᆞᆷ이不可ᄒᆞ니必然其料布가有ᄒᆞ며學校ᄅᆞᆯ不設ᄒᆞᆷ이不可ᄒᆞ니必然其浮費가有ᄒᆞ며外國의交涉을不行ᄒᆞᆷ이不可ᄒᆞ니必然其用度가有ᄒᆞᆫ지라此ᄂᆞᆫ其大綱을記列ᄒᆞᆫ者어니와若其細瑣ᄒᆞᆫ條目을尋究ᄒᆞᆯ진ᄃᆡ勝數ᄒᆞ기不能ᄒᆞ니

三

然ᄒᆞ나政府가財物을要求ᄒᆞ기ᄂᆞᆫ其職分을行ᄒᆞ기爲ᄒᆞᆷ인則國의貧ᄒᆞᆷ으로政府의事務가穩成ᄒᆞ기不能ᄒᆞᆷ은其責望이百姓에게歸ᄒᆞᄂᆞᆫ者라盖政府ᄅᆞᆯ扶支ᄒᆞᄂᆞᆫ事ᄂᆞᆫ全國人民의主擔ᄒᆞᆫ職分이니一家ᄅᆞᆯ支撑ᄒᆞᆷ도用度가不足ᄒᆞ면極難ᄒᆞ거든況一國의大ᄒᆞᆷ이리오今一國을擧ᄒᆞ야一家에比喩ᄒᆞᆯ진ᄃᆡ人君은其父오人民은其子라其行ᄒᆞᄂᆞᆫ바政事ᄂᆞᆫ設譬ᄒᆞᄂᆞᆫᄃᆡ로商賈ᄒᆞᄂᆞᆫ業이라謂ᄒᆞ든지農作ᄒᆞᄂᆞᆫ道라稱ᄒᆞ든지其奉行ᄒᆞᄂᆞᆫ諸官吏ᄂᆞᆫ差人이나雇傭의貌樣이라其父가商業에差人을寘ᄒᆞᆷ도其子ᄅᆞᆯ爲ᄒᆞᆷ이오農作에雇傭을寘ᄒᆞᆷ도其子ᄅᆞᆯ爲ᄒᆞᆷ이니其子의道理ᄂᆞᆫ凡百周旋을勤實히ᄒᆞ야其父의憂慮ᄅᆞᆯ擔ᄒᆞ기에在ᄒᆞ니其父의事功은不知ᄒᆞ고厚大ᄒᆞᆫ德澤을祈望ᄒᆞ면其父一人이赤

ᄒᆞᆫ手로ᄡᅥ其經營ᄒᆞᄂᆞᆫ事功을成就ᄒᆞ기豈能ᄒᆞ리오然ᄒᆞᆫ지라愛君ᄒᆞᄂᆞᆫ百姓은納稅ᄒᆞᄂᆞᆫ事로自己의當然ᄒᆞᆫ職分을作ᄒᆞ야毫末도歇后ᄒᆞᆫ想覺을不起ᄒᆞ고政府와心을協ᄒᆞ야鄙吝ᄒᆞᆫ萌動이不作ᄒᆞ리니萬若政府의賦稅收納ᄒᆞᄂᆞᆫ事ᄅᆞᆯ厭避ᄒᆞ고無故히期約을違背ᄒᆞᄂᆞᆫ者ᄂᆞᆫ眞實로惡ᄒᆞᆫ百姓의名稱을不免ᄒᆞᆯ디라人民되ᄂᆞᆫ者의深戒가此에大ᄒᆞᆫ者가無ᄒᆞᆯ듯

抑且如何ᄒᆞᆫ人이政府의官員되든지其國의民이며其君의臣으로其政府의事務ᄅᆞᆯ擔任ᄒᆞᆷ이라然ᄒᆞ기納稅ᄒᆞᄂᆞᆫ人民이나收稅ᄒᆞᄂᆞᆫ官員이나其職分의當然ᄒᆞᆷ은同ᄒᆞ니賦稅의輕重은國事의多少ᄅᆞᆯ由ᄒᆞᆷ이오無用ᄒᆞ야도政府가貪ᄒᆞ야重收ᄒᆞᄂᆞᆫ者아니며有用ᄒᆞ야도政府가百姓을爲ᄒᆞ야輕收ᄒᆞᄂᆞᆫ者아니라國家의用ᄒᆞᆷ이人民의事ᄅᆞᆯ爲ᄒᆞᆷ인則人民은各其財ᄅᆞᆯ出ᄒᆞ야政府에收合ᄒᆞ고政府ᄂᆞᆫ人民의財ᄅᆞᆯ掌ᄒᆞ야其勞苦ᄅᆞᆯ代ᄒᆞᆷ이니人民이自己의事에其費ᄅᆞᆯ不出ᄒᆞ고何人에게推委ᄒᆞ리오此意로推想ᄒᆞ면政府가國事ᄅᆞᆯ行ᄒᆞ기爲ᄒᆞ야人民의賦稅ᄅᆞᆯ督促ᄒᆞᆷ은其威令을恣用ᄒᆞᆷ아니오人民에게代任ᄒᆞᆫ事務ᄅᆞᆯ欲成ᄒᆞᆷ이어ᄂᆞᆯ萬若指道ᄒᆞᄃᆡ苛法이라ᄒᆞ든지虐政이라ᄒᆞ든지ᄒᆞ면此ᄂᆞᆫ已甚ᄒᆞᆫ意見을擅行ᄒᆞ야無道ᄒᆞᆫ議論을倡出ᄒᆞᆷ이니假令國人이信義ᄅᆞᆯ守ᄒᆞ며廉恥ᄅᆞᆯ

修ᄒᆞ야政府와關係ᄒᆞᆫ事端에期限을不失ᄒᆞ며命令을順從ᄒᆞᆯ딘ᄃᆡ政府도亦且欣悅ᄒᆞ야其樂을不勝ᄒᆞᆯ디라敢히人民에게嚴肅ᄒᆞᆫ政令을行ᄒᆞ리오故로人民되ᄂᆞᆫ者가自己의分義ᄅᆞᆯ先修ᄒᆞ고政府의寬待ᄒᆞᆷ을冀望ᄒᆞᆷ이可ᄒᆞ니人民은其道理ᄅᆞᆯ不盡ᄒᆞ고政府ᄃᆞ려其職分을行ᄒᆞ라責望ᄒᆞ면此ᄂᆞᆫ古今天下에未嘗有ᄒᆞᆫ事라

今此에二人이有ᄒᆞ니一人은其家產이百萬金이오又一人은十萬金이라然ᄒᆞᆫ則百萬金人의呈納ᄒᆞᄂᆞᆫ賦稅가家產稅法으로議ᄒᆞ야十萬金人이어셔十倍로加ᄒᆞᆯ디니政府의德澤ᄋᆡ厚薄이有ᄒᆞᆷ은아니로ᄃᆡ百姓의呈納ᄒᆞᄂᆞᆫ分數ᄂᆞᆫ其家產을隨ᄒᆞ야多少의分別이有ᄒᆞᆫ者ᄂᆞᆫ政府가故意로然ᄒᆞᆷ아니오隱然ᄒᆞᆫ中에百姓의事로各其成就ᄒᆞᄂᆞᆫ者라其曲折을釋明ᄒᆞ기爲ᄒᆞ야一言을費ᄒᆞ노니假令人間에政府의保護ᄒᆞᄂᆞᆫ正權이無ᄒᆞ면百姓이各其身을保護ᄒᆞᄂᆞᆫ道가無ᄒᆞᆷ이不可ᄒᆞᆫ則富者일ᄉᆞ록其憂慮가深大ᄒᆞ야晝時도安樂ᄒᆞᆫ景像이無有ᄒᆞᆯᄲᅮᆫ더러其家產을橫奪ᄒᆞᄂᆞᆫ徒黨을防備ᄒᆞ리니如是ᄒᆞᆯ딘ᄃᆡ百萬金守備ᄒᆞᄂᆞᆫ浮費가十萬金守備ᄒᆞ기에比ᄒᆞ야十倍로加多ᄒᆞ기ᄂᆞᆫ姑舍ᄒᆞ고十萬金富者나百萬金富者나其濫費ᄒᆞᄂᆞᆫ財物이少ᄒᆞ야도政府에納ᄒᆞᄂᆞᆫ賦稅에比ᄒᆞ야ᄂᆞᆫ幾倍로加多ᄒᆞᆯ디라然ᄒᆞᆫ故로些少ᄒᆞᆫ賦稅ᄅᆞᆯ政府에納ᄒᆞ고其保護ᄒᆞᄂᆞᆫ德澤을受ᄒᆞᆷ이

或固陋ᄒᆞᆫ人의取利ᄒᆞᄂᆞᆫ意思로窮究ᄒᆞ야도莫大ᄒᆞᆫ利라人이或其身의行樂을爲ᄒᆞ야一朝에千金棄擲ᄒᆞ기ᄅᆞᆯ草芥ᄀᆞᆺ치ᄒᆞ야家室을蕩敗ᄒᆞᄂᆞᆫ者도有ᄒᆞᄃᆡ政府의呈納ᄒᆞᄂᆞᆫ當然ᄒᆞᆫ賦稅ᄂᆞᆫ毫釐ᄅᆞᆯ爭ᄒᆞ야不當ᄒᆞᆫ者ᄅᆞᆯ威令에不勝ᄒᆞ야臆地로納ᄒᆞᄂᆞᆫᄃᆞᆺ시生覺ᄒᆞᄂᆞᆫ者도有ᄒᆞ니此ᄂᆞᆫ人民의分義ᄅᆞᆯ不識ᄒᆞᄂᆞᆫ者어니와全國人民이如干賦稅ᄅᆞᆯ納ᄒᆞ고政府의保護ᄂᆞᆫ廣大ᄒᆞ기ᄅᆞᆯ希冀ᄒᆞ면資本이不多ᄒᆞᆫ商賈에게歇價로物品을願買ᄒᆞᆷ이라政府가何道ᄅᆞᆯ用ᄒᆞ야人民에게歇價保護ᄅᆞᆯ賜ᄒᆞ리오財物을不費ᄒᆞ고도亦能ᄒᆞᆯ딘ᄃᆡ政府되ᄂᆞᆫ者가必然히樂行ᄒᆞᆯ者언마ᄂᆞᆫ事勢의不然ᄒᆞᆷ은婦孺의見聞이라도透解ᄒᆞᄂᆞᆫ者니納稅ᄒᆞᄂᆞᆫ人民의深思ᄒᆞᆯ者가此에在ᄒᆞᆷ이라

是ᄅᆞᆯ由ᄒᆞ야觀ᄒᆞ건ᄃᆡ納稅ᄒᆞᄂᆞᆫ事ᄂᆞᆫ人民의當然ᄒᆞᆫ分義라萬若愆期ᄒᆞᄂᆞᆫ弊端이有ᄒᆞ면政府가截嚴ᄒᆞᆫ法으로刑罰을用ᄒᆞ기에至ᄒᆞ야도百姓이怨言을作ᄒᆞᆷ이不可ᄒᆞᆷ은自己가先其失期ᄒᆞᆫ罪가有ᄒᆞᆯᄲᅮᆫ더러政府ᄅᆞᆯ輕忽히視ᄒᆞᄂᆞᆫ頑習이亦存ᄒᆞᆷ이니奈何로其咎ᄅᆞᆯ不悟ᄒᆞ리오人世의物情을見ᄒᆞ건ᄃᆡ他人의田地ᄅᆞᆯ耕穫ᄒᆞᄂᆞᆫ者ᄂᆞᆫ每年에其賭租ᄅᆞᆯ必出ᄒᆞ고他人의錢財ᄅᆞᆯ貸用ᄒᆞᄂᆞᆫ者ᄂᆞᆫ日收ᄒᆞ면每日이오月收ᄒᆞ면每月마다必然其邊利ᄅᆞᆯ償ᄒᆞ야完久ᄒᆞᆫ習俗을成ᄒᆞᆫ者ᄂᆞᆫ他가無ᄒᆞᆷ이라其田地와錢財가自己의本有物이

아니오其主人이自有ᄒᆞᆫ故로然ᄒᆞᆷ이니今夫天下ᄂᆞᆫ天下의天下인則國의大小ᄅᆞᆯ無論ᄒᆞ고亦然ᄒᆞᆷ이라國中에在ᄒᆞᆫ田地와產ᄒᆞᄂᆞᆫ物品이皆國家의掌守ᄒᆞᄂᆞᆫ者니人民이其田地에農作을業ᄒᆞ든지物品으로貿易에從事ᄒᆞ든지此ᄂᆞᆫ私事로各其生業을經營ᄒᆞᆷ이오公本된權勢ᄂᆞᆫ政府의執有ᄒᆞᆫ배라然ᄒᆞᆫ故로政府ᄂᆞᆫ主人을代ᄒᆞ야其事務ᄅᆞᆯ行ᄒᆞᄂᆞ니人民의賦稅ᄂᆞᆫ田主에게賭租며錢主에게邊利와一體어ᄂᆞᆯ人民의私事細音은暫時失期라도變恠로視ᄒᆞ야擧狀ᄒᆞ기에至ᄒᆞᄂᆞᆫ者도有ᄒᆞᄃᆡ國家에獻ᄒᆞᄂᆞᆫ當然ᄒᆞᆫ公納은日月을遷就ᄒᆞ야遲延ᄒᆞᄂᆞᆫ惡習이多ᄒᆞ야도聞ᄒᆞᄂᆞᆫ者가尋常ᄒᆞ고見ᄒᆞᄂᆞᆫ者가等閑ᄒᆞ니此境에至ᄒᆞᆯ딘ᄃᆡ政府가威令으로不以ᄒᆞ고人民이其分義ᄅᆞᆯ修ᄒᆞ기만坐待ᄒᆞ야國家의大事ᄅᆞᆯ顚倒ᄒᆞᆷ이可ᄒᆞᆯ가人民의深思ᄒᆞᆯ者가亦此라

禮義ᄅᆞᆯ重히ᄒᆞ며行實을端正히ᄒᆞ야愛國ᄒᆞᄂᆞᆫ人民은人君의憂ᄅᆞᆯ是憂ᄒᆞ며人君의樂을是樂ᄒᆞ야政府의用費ᄅᆞᆯ自己擔當으로責望ᄒᆞᄂᆞᆫ지라然ᄒᆞᆷ으로納稅ᄒᆞ기에期約을不及ᄒᆞᆯ가是恐ᄒᆞ고國家에意外事變이有ᄒᆞᆫ時ᄂᆞᆫ自請ᄒᆞ야財物을進獻ᄒᆞ기도ᄒᆞᄂᆞ니此ᄂᆞᆫ百姓의分義ᄅᆞᆯ識ᄒᆞᄂᆞᆫ緣故인則其隣里와親戚에或無識ᄒᆞᆫ者가有ᄒᆞ야此分義의守ᄒᆞᄂᆞᆫ道理ᄅᆞᆯ不知ᄒᆞ가든當然히正直ᄒᆞᆫ本分으로ᄡᅥ開喩ᄒᆞ며緊切ᄒᆞᆫ事情으로ᄡᅥ警

戒ᄒᆞ야惡ᄒᆞᆫ百姓의名號를避ᄒᆞ게ᄒᆞᆷ이可ᄒᆞ니眞實로如此ᄒᆞᆯ단ᄃᆡ엇지善美ᄒᆞᆫ風俗이아니리오政府의事務가人民의事務며人民의事務가政府의事務니人民의事務ᄂᆞᆫ散ᄒᆞᆫ者오政府의事務ᄂᆞᆫ合ᄒᆞᆫ者라合ᄒᆞᆫ者가有ᄒᆞᆫ然後에散ᄒᆞᆫ者를保全ᄒᆞᄂᆞᆫ故로合ᄒᆞᆫ者를扶支ᄒᆞᄂᆞᆫ責望이散ᄒᆞᆫ者의大分義라

更此一言을費ᄒᆞ노니蓋政府에納稅ᄒᆞᄂᆞᆫ事ᄂᆞᆫ人民의人民되ᄂᆞᆫ大職分이라故로政府의要求ᄒᆞᄂᆞᆫ바ᄂᆞᆫ多少를不問ᄒᆞ고拒逆ᄒᆞ면不可ᄒᆞ니國家의大事가有ᄒᆞᆫ時를當ᄒᆞ야政府의財用이夥多ᄒᆞ기를要求ᄒᆞᆫ則人民의賦稅를重ᄒᆞᆫ中에加重ᄒᆞ게ᄒᆞ야도人民되ᄂᆞᆫ道理ᄂᆞᆫ敢히怨望ᄒᆞᄂᆞᆫ意思를實ᄒᆞᆷ이不可ᄒᆞ나政府가人民의事力을審量ᄒᆞ야賦稅의極重ᄒᆞᆷ을堪耐ᄒᆞ기不能ᄒᆞᆯ가念慮ᄒᆞᄂᆞᆫ지라乃暫時의權道로本國民或他國人에게財物을取貸ᄒᆞ야其用費의不足ᄒᆞᆷ을充補ᄒᆞᄂᆞ니如此히政府의取貸ᄒᆞᄂᆞᆫ財物을國債라謂ᄒᆞᄂᆞᆫ者라大槩國債의本錢과利息을償ᄒᆞ기ᄂᆞᆫ政府의責望이나實로出償ᄒᆞᄂᆞᆫ者ᄂᆞᆫ百姓이니其曲折인則人民이一年에믈納ᄒᆞ기不能ᄒᆞᆫ者를歷年에分排ᄒᆞ야返償ᄒᆞᄂᆞᆫ者라然ᄒᆞᆫ故로賦稅ᄂᆞᆫ政府의當場要求ᄒᆞᄂᆞᆫ用費와往日의要求ᄒᆞ든用費를爲ᄒᆞᆷ이니泰西의政治學士가曰ᄒᆞ되

賦稅ᄂᆞᆫ政府의當場及往日의施措ᄒᆞᆫ職分을償ᄒᆞᄂᆞᆫ者라ᄒᆞ니

人民이政府의經費를爲ᄒᆞ야賦稅를納ᄒᆞᆷ인則此言이果然虛張ᄒᆞᆫ論이아닐ᄲᅮᆫ더러政府ᄂᆞᆫ本來全國人民의扶支ᄒᆞᄂᆞᆫ主義를因ᄒᆞ야設施ᄒᆞᆫ者인故로其政治의善惡과得失을皆人民이政府와同擔ᄒᆞᆫ者니政府의失策이有ᄒᆞᆷ도亦人民의無識ᄒᆞᆫ緣故라泰西의政治學士가又曰ᄒᆞ되

政府의一切經費ᄂᆞᆫ其善惡과得失을不計ᄒᆞ고皆人民의擔當ᄒᆞᆷ이可ᄒᆞᆫ者라ᄒᆞ더라

西遊見聞第七編 終

西遊見聞第八編

政府의民稅費用ᄒᆞᄂᆞᆫ事務

大槩政府ᄂᆞᆫ人民을爲ᄒᆞ야立ᄒᆞᆫ者라人君의命令을奉ᄒᆞ야國家의事務를行ᄒᆞᄂᆞ니其事務를行ᄒᆞ기에財物을不費ᄒᆞᆷ이不可ᄒᆞ고又費財ᄒᆞᄂᆞᆫ條目을大綱으로指擧ᄒᆞ건ᄃᆡ第一은政府支用ᄒᆞᄂᆞᆫ事며第二ᄂᆞᆫ人民敎育ᄒᆞᄂᆞᆫ事며第三은國家의營作ᄒᆞᄂᆞᆫ事며第四ᄂᆞᆫ宗敎扶支ᄒᆞᄂᆞᆫ事며第五ᄂᆞᆫ窮民救濟ᄒᆞᄂᆞᆫ事며第六은國家의防備ᄒᆞᄂᆞᆫ事며第七은外國交聘ᄒᆞᄂᆞᆫ事라

第一 政府支用ᄒᆞᄂᆞᆫ事

此事로財를費ᄒᆞᆷ은國家의最大務라若世間에政府가無ᄒᆞ면人의交際ᄒᆞᄂᆞᆫ法이無ᄒᆞᆯ디오交際ᄒᆞ기에法이無ᄒᆞ면寃痛ᄒᆞᆫ事가有ᄒᆞ야도申訴ᄒᆞᆯ處가無ᄒᆞ며財産을護ᄒᆞ야도保全ᄒᆞᆯ道理가無ᄒᆞᆯ디나然ᄒᆞ나政府를立ᄒᆞ기에官員을不賃ᄒᆞᆷ이不可ᄒᆞ고官員을賃ᄒᆞ기에祿俸을不給ᄒᆞᆷ이不可ᄒᆞ니若祿俸이無ᄒᆞᆯ단ᄃᆡ職任을供ᄒᆞᄂᆞᆫ者가艱苟ᄒᆞ리니人의忠誠이不足ᄒᆞ야然ᄒᆞᆷ아니라自然히生涯에窘迫ᄒᆞ야奉公ᄒᆞᆷ을事一ᄒᆞ기難ᄒᆞᆯ

디며且祿俸이過度히薄ᄒᆞᆫ則用度에苟艱ᄒᆞ야法外事로貪饕ᄒᆞᄂᆞᆫ風을起ᄒᆞ기容易ᄒᆞᆫ故로官員의祿俸을爲ᄒᆞ야費財ᄒᆞᄂᆞᆫ事ᄂᆞᆫ此論을不俟ᄒᆞ야其理의甚明ᄒᆞᆫ者니然ᄒᆞᆫ故로經濟ᄒᆞᄂᆞᆫ要道ᄂᆞᆫ賢能ᄒᆞᆫ士와聰明ᄒᆞᆫ人을擧ᄒᆞ야政府의官爵을授ᄒᆞ야其職分을奉行ᄒᆞᆷ과其規模를遵守ᄒᆞᆷ에在ᄒᆞ니非凡ᄒᆞᆫ材量과出衆ᄒᆞᆫ幹局아니면政府의官職을任授ᄒᆞᄂᆞᆫ事가不可ᄒᆞᆫ지라經史를閱覽ᄒᆞ고敎化를服受ᄒᆞ야知識이博洽ᄒᆞ며聞見이高明ᄒᆞ야禮義를崇尙ᄒᆞ고名節을愛惜ᄒᆞᄂᆞᆫ人物이라야政府職責의小者라도其成效의有ᄒᆞ기를期望ᄒᆞᆯ디어ᄂᆞᆯ倘如此ᄒᆞᆫ本意를不顧ᄒᆞ고學業이未就ᄒᆞ며知識이不廣ᄒᆞᆫ者가進ᄒᆞᆯ단ᄃᆡ是ᄂᆞᆫ巨匠의難就ᄒᆞᄂᆞᆫ事役을庸工에게委託ᄒᆞ야畢竟은顚倒ᄒᆞᄂᆞᆫ境에至ᄒᆞ리니經濟ᄒᆞᄂᆞᆫ大道에暗昧ᄒᆞᆯᄲᅮᆫ아니라政府建設ᄒᆞᆫ主旨를背棄ᄒᆞᆷ인則엇지審愼ᄒᆞᆯ者아니리오

然ᄒᆞᆫ지라議政行政及掌法宰相은其職責에合當ᄒᆞᆫ耆舊或英豪를授任ᄒᆞ고小官下吏에至ᄒᆞ야도其地位를隨ᄒᆞ야其祿俸을定ᄒᆞᆷ이可ᄒᆞ니若諸大官의祿이小官下吏와同ᄒᆞ면此ᄂᆞᆫ政府가鄙吝ᄒᆞᆫ譏嘲를不免ᄒᆞᆯ디나貧寠ᄒᆞᆫ國에ᄂᆞᆫ其實이少ᄒᆞᆫ者ᄂᆞᆫ人民의賦稅가些少ᄒᆞᆫ故로實狀其財를求ᄒᆞᄂᆞᆫ方便이無ᄒᆞᆷ이나猶且示異ᄒᆞᄂᆞᆫ分等이無ᄒᆞ면不

可ᄒᆞᆫ지라抑且人에게國家의大事를付托ᄒᆞ며政府의大權을假借ᄒᆞ고其人으로ᄒᆞ여곰家室의累와衣服의憂에心慮를費ᄒᆞ면雖淺近ᄒᆞᆫ設譬나一馱의運賃을給ᄒᆞ고十馱의運輸를求ᄒᆞᆷ과同ᄒᆞ니假令任職ᄒᆞᆫ者ᄂᆞᆫ愛國ᄒᆞᄂᆞᆫ忠誠으로如彼ᄒᆞᆫ思念이無ᄒᆞᆫᄃᆞᆯ賃運ᄒᆞᄂᆞᆫ道도考究ᄒᆞ면不勝ᄒᆞᄂᆞᆫ者가有ᄒᆞ야도責望ᄒᆞᆷ이不可ᄒᆞᆫ지라祿俸의多少로關係ᄒᆞᆷ이아니오事勢의自然히然ᄒᆞᆷ이어ᄂᆞᆯ人이或曰호ᄃᆡ官吏의祿俸이厚ᄒᆞᆫ則世人이仕宦을爭求ᄒᆞ야貪財ᄒᆞᄂᆞᆫ弊風이起ᄒᆞ리라ᄒᆞ니此ᄂᆞᆫ人情과物態에未達ᄒᆞᆫ論評이라今에祿俸을薄ᄒᆞᆫ中又薄ᄒᆞ게ᄒᆞ야도求宦ᄒᆞᄂᆞᆫ弊風은不息ᄒᆞᄂᆞ니雖祿俸이厚ᄒᆞ야도祿은其官을隨ᄒᆞ고官은其德을稱ᄒᆞ면自然仕進ᄒᆞᄂᆞᆫ者ᄂᆞᆫ學者와君子의人이多ᄒᆞ야賤丈夫의濫授ᄒᆞᆷ이無ᄒᆞ려니와若不然ᄒᆞ고官호ᄃᆡ德을擇지아니ᄒᆞ면自然히賤丈夫의維進ᄒᆞᆷ이多ᄒᆞ리니是ᄂᆞᆫ才局이不足ᄒᆞ야도求ᄒᆞ기容易ᄒᆞᆫ緣由니君子의用ᄒᆞᆷ은國家의福이오賤丈夫의進ᄒᆞᆷ은人世의大害라其得失과利害ᄂᆞᆫ同日에語ᄒᆞᆷ도不可ᄒᆞᆷ이오又賤丈夫가多進ᄒᆞᆯ수록廉恥의紀綱이頹圯ᄒᆞ고貪濫ᄒᆞᄂᆞᆫ風이盛行ᄒᆞ리니學者와君子의輩ᄂᆞᆫ其氣燄을不敵ᄒᆞ고仕宦에同列을恥ᄒᆞ야不進ᄒᆞᄂᆞᆫ者라

四 夫祿俸分排ᄒᆞᄂᆞᆫ法은均一ᄒᆞᆷ이公平ᄒᆞᆫ要道니內職外職의分別과文官武官의差等을不立ᄒᆞ고官職의品級을隨ᄒᆞ야同品이어든同額을給ᄒᆞᆷ이可ᄒᆞᆯ디며官職에淸濁을議論ᄒᆞᆷ과祿俸에豐薄을磨鍊ᄒᆞᆷ은實狀一條의欠典이오兼ᄒᆞ야大弊端을起ᄒᆞᆷ이니同一ᄒᆞᆫ人君의臣子로其命令을奉ᄒᆞ야忠誠을修ᄒᆞ기ᄂᆞᆫ同ᄒᆞ니奈何로淸濁의區別이有ᄒᆞ며同一ᄒᆞᆫ政府의官吏로其職任을受ᄒᆞ야事務를行ᄒᆞ기ᄂᆞᆫ同ᄒᆞ니如何로豐薄의差異가有ᄒᆞ리오惟權限의大小와職掌의輕重이有ᄒᆞᆫ則格外로別定ᄒᆞ야其功勞를償ᄒᆞᆯ디라如何ᄒᆞᆫ官職이든지自己에게相關ᄒᆞᆫ祿俸은自己의手로區處ᄒᆞᄂᆞᆫ權을勿借ᄒᆞ고政府의掌財ᄒᆞᆫ部에收入ᄒᆞ야每年或每月에劃給ᄒᆞᄂᆞᆫ法을定ᄒᆞᆫ則貪濫ᄒᆞᄂᆞᆫ弊가自祛ᄒᆞᆯ디오不緊ᄒᆞᆫ冗官은生涯의門路가廣開ᄒᆞᄂᆞᆫᄃᆡ로除刪ᄒᆞᆫ則終條理에至ᄒᆞ야ᄂᆞᆫ政府의職責이其等級을隨ᄒᆞ야均平ᄒᆞ리니格外의祿俸을受ᄒᆞᄂᆞᆫ者ᄂᆞᆫ武의大將과文의法官이라誠如是ᄒᆞ면國財를浪費ᄒᆞᄂᆞᆫ事端이無ᄒᆞᆯ듯

五 且賞恤ᄒᆞᄂᆞᆫ事ᄂᆞᆫ國家의勞를酬ᄒᆞ고功을勸ᄒᆞᄂᆞᆫ政令이라其無ᄒᆞᆷ이不可ᄒᆞᆫ者나官位로以ᄒᆞᆷ은不當ᄒᆞ니財物로써其功勞의大小를隨ᄒᆞ야賞恤ᄒᆞᄂᆞᆫ典例를行ᄒᆞᄂᆞᆫ지라然ᄒᆞᆫ故로此를爲ᄒᆞ야豫備ᄒᆞᆫ財物이有ᄒᆞ여야當然ᄒᆞ며且戰亡ᄒᆞᆫ軍士及忠臣의寡孤ᄂᆞᆫ救恤ᄒᆞᄂᆞᆫ恩典이無ᄒᆞ면亦不可ᄒᆞᆫ則此를爲ᄒᆞ야財物을貯寘ᄒᆞᆷ이亦可ᄒᆞ니財物을給

ᄒᆞᄂᆞᆫ代에官爵을授ᄒᆞᄂᆞᆫ事ᄂᆞᆫ建官ᄒᆞᆫ本意아니라有功ᄒᆞᆫ者와忠烈ᄒᆞᆫ者의子若孫이라謂ᄒᆞ야其才操와學識의如何ᄒᆞᆷ을不問ᄒᆞ고年紀의不長ᄒᆞᆫ者와學問의未就ᄒᆞᆫ者를擧ᄒᆞ야政府의官吏에列寘ᄒᆞ면此ᄂᆞᆫ政府의事務도不成ᄒᆞᆯᄲᅮᆫ아니라拜官ᄒᆞᄂᆞᆫ其人의自己身上으로論ᄒᆞ야도不足ᄒᆞᆫ學識과未達ᄒᆞᆫ才操로其身을國家에許ᄒᆞ야其知識과工夫가平生其分度에不過ᄒᆞᆫ故로公私間에美事아니라又一條의不可無ᄒᆞᆫ事ᄂᆞᆫ如何ᄒᆞᆫ官員이든지屢年을信實히奉公ᄒᆞ고退仕ᄒᆞᆫ者에게優恤ᄒᆞᄂᆞᆫ惠澤을行ᄒᆞ야其謝世ᄒᆞ기前에每年其本俸의二分一或三分一을給與ᄒᆞᆷ이니誠然ᄒᆞᆫ則官員의行實이自然히端正ᄒᆞ며廉恥가自然히敦厚ᄒᆞ야政府의規模를不犯ᄒᆞᄂᆞᆫ故로此를爲ᄒᆞ야財를費ᄒᆞᆷ이亦可ᄒᆞᆫ者라

六 第二　人民敎育ᄒᆞᄂᆞᆫ事

此事ᄂᆞᆫ國家의最重大ᄒᆞ고又重大ᄒᆞᆫ者라財費를不惜ᄒᆞ고其要求ᄒᆞᄂᆞᆫ經費ᄂᆞᆫ公本되히課聚ᄒᆞᆷ이可ᄒᆞ니大槪人民의敎育에二條의分別이有ᄒᆞ야其一은曰日用ᄒᆞᄂᆞᆫ敎育이오其二ᄂᆞᆫ曰學問ᄒᆞᄂᆞᆫ敎育이라

七 其日用ᄒᆞᄂᆞᆫ敎育의本意를考據ᄒᆞ건ᄃᆡ夫人이世間에生ᄒᆞᆷ애其生活ᄒᆞ기를爲ᄒᆞ야生涯의經營이無ᄒᆞ기不可ᄒᆞᆫ故로其經營ᄒᆞ기에闕ᄒᆞ기不可ᄒᆞᆫ聞見과知識을引導ᄒᆞᄂᆞᆫ敎訓이라其條目의大綱이五倫의行實과寫字法과畵圖法과算數法으로브터物産學窮理學經濟學及人身學의槩略에至ᄒᆞ고又天下各國의地理物産政治風俗이니此敎育에入用ᄒᆞᄂᆞᆫ財費ᄂᆞᆫ全國의公本된賦稅로以ᄒᆞᆷ이可ᄒᆞᆫ者ᄂᆞᆫ國人이各其聞見을博ᄒᆞ며知識을格ᄒᆞ야其利를相資ᄒᆞ고業을相助ᄒᆞᆯᄲᅮᆫ더러備國ᄒᆞᄂᆞᆫ大道가實狀此中에亦在ᄒᆞᆷ이라

八 此敎育을設施ᄒᆞ기에賦稅課收ᄒᆞ기를當ᄒᆞ야其課收ᄒᆞᄂᆞᆫ方法과財貨費用ᄒᆞ기를臨ᄒᆞ야其費用ᄒᆞᄂᆞᆫ道理로泰西學者의論議가有ᄒᆞ니其論에曰호ᄃᆡ人民敎育ᄒᆞ기爲ᄒᆞ야課收ᄒᆞᄂᆞᆫ賦稅도他稅課收ᄒᆞᄂᆞᆫ法과同ᄒᆞ게全國에收ᄒᆞ야官庫에貯寘ᄒᆞ고各學校의敎師俸祿을他官人의祿俸給與ᄒᆞᄂᆞᆫ法과同ᄒᆞ게ᄒᆞ고又城市와鄕邨에學校를建寘ᄒᆞᆫ地方마다其地方의名望有ᄒᆞᆫ者로ᄒᆞ여곰其地方의敎育經費ᄂᆞᆫ其地方人民에게課收ᄒᆞ고因ᄒᆞ야其學校와敎師를總察ᄒᆞ게ᄒᆞᆷ인則各地方의人民이自己子姪의敎訓ᄒᆞᄂᆞᆫ事로其利害를商量ᄒᆞ고且其學校에도用心ᄒᆞᆷ이懇切ᄒᆞ야費財ᄒᆞ기에苟且ᄒᆞᆫ議論과不合ᄒᆞᆫ意思가不生ᄒᆞᆯᄲᅮᆫ더러敎師를選擇ᄒᆞ기에도其才操와行實을試考ᄒᆞ야奔競

ᄒᆞᄂᆞᆫ弊와差錯ᄒᆞᄂᆞᆫ憂가無ᄒᆞ려니와若此에反ᄒᆞ야第一法을取ᄒᆞᆫ則政府의事務가極히浩繁ᄒᆞ야能히其規則을穩行ᄒᆞ기難ᄒᆞ고又其數多ᄒᆞᆫ敎師를選擇ᄒᆞ기에至ᄒᆞ야ᄂᆞᆫ或誠實ᄒᆞᆫ本旨와正大ᄒᆞᆫ原理를失ᄒᆞ야合當ᄒᆞᆫ人物을得ᄒᆞ기를期必ᄒᆞ기亦難ᄒᆞᆯ뿐더러各地方人民이敎育의經費ᄂᆞᆫ出호ᄃᆡ其施爲ᄒᆞᄂᆞᆫ事實의如何ᄒᆞᆷ은詳知ᄒᆞ기不能ᄒᆞᆫ故로或學校의費用이極過ᄒᆞ다謂ᄒᆞᄂᆞᆫ者도有ᄒᆞᆯ디오敎師의祿俸이太高ᄒᆞ다言ᄒᆞᄂᆞᆫ者도有ᄒᆞ야敎育의大道ᄂᆞᆫ不思ᄒᆞ고費用ᄒᆞᄂᆞᆫ財物의額數만是論ᄒᆞ야國家의大本을誤ᄒᆞ기에浸及ᄒᆞ기易ᄒᆞᆫ지라然ᄒᆞᆫ故로其第二法으로以ᄒᆞ고저ᄒᆞᆷ에其處置ᄒᆞᄂᆞᆫ方法에最簡便ᄒᆞᆫ者가有ᄒᆞ니如何ᄒᆞᆫ地方에든지其鄕邑과城市의大小와人民의多寡를量ᄒᆞ야足히學校를設立ᄒᆞᆯ地方에設立ᄒᆞ고其一切經費를供ᄒᆞ기爲ᄒᆞ야政府가乃其命令과權力으로敎育ᄒᆞᄂᆞᆫ賦稅를課斂ᄒᆞ게호ᄃᆡ其財貨出納ᄒᆞᄂᆞᆫ節次와其學校及敎師에게關係ᄒᆞᆫ凡百事務ᄂᆞᆫ其地方人民에게任ᄒᆞᆫ則人民이其事務를各其自己의當然ᄒᆞᆫ職分으로生覺ᄒᆞ야出稅ᄒᆞ기에他言이不作ᄒᆞᆯ디오又費財ᄒᆞ기도簡便ᄒᆞᆫ道理를經營ᄒᆞ야妄用ᄒᆞᄂᆞᆫ弊의無ᄒᆞᆷ이必然ᄒᆞ다ᄒᆞ니

人民이敎育을被ᄒᆞ며又敎育으로國家의本元을作ᄒᆞᄂᆞ니若人民이不學ᄒᆞ야自己의

利欲만是循ᄒᆞ고國家의大本이何物인지不知ᄒᆞᆫ則此法의行ᄒᆞᆷ이不能ᄒᆞᆯ者니此ᄂᆞᆫ他가無ᄒᆞᆷ이라人民이敎育을不被ᄒᆞᆫ故로敎育이邦本되ᄂᆞᆫ理由를不知ᄒᆞ고好事者의幻想으로反譏ᄒᆞ며又學校의敎師될人材를求ᄒᆞ야도足히其任을當ᄒᆞᆯ者가不多ᄒᆞᆯ뿐더러無識ᄒᆞᆫ人民은賦稅課斂ᄒᆞᄂᆞᆫ道와財貨出納ᄒᆞᄂᆞᆫ法에一定ᄒᆞᆫ規則이無ᄒᆞ야不美ᄒᆞᆫ事狀이必多ᄒᆞᆯ디오又其事務의次序를不解ᄒᆞᄂᆞᆫ故로政府가其制度를設立ᄒᆞ며其規則을酌定ᄒᆞ야各地方에如一히行ᄒᆞ고又敎師될者의知識으로議ᄒᆞ야도其職責에不適ᄒᆞ면虛名이徒存ᄒᆞ고實狀은不有ᄒᆞᆯ디라然ᄒᆞᆫ故로政府가必先敎師敎誨ᄒᆞᄂᆞᆫ學校를建ᄒᆞ야其學識이足히人의師를作ᄒᆞᆫ然後에學校를始建ᄒᆞ고敎師되기를許諾ᄒᆞ야敎育ᄒᆞᄂᆞᆫ大本을國中에定ᄒᆞᆷ이可ᄒᆞᆫ者라

學問ᄒᆞᄂᆞᆫ敎育은其理가最遠ᄒᆞ며其功이極高ᄒᆞ야利用ᄒᆞᄂᆞᆫ法과厚生ᄒᆞᄂᆞᆫ道에大關係가有ᄒᆞ니天下人民에게六洲各國과五色各種의分別이無ᄒᆞ고其博施ᄒᆞᄂᆞᆫ利益을共被ᄒᆞᄂᆞᆫ者라其條目이浩繁ᄒᆞ야勝數ᄒᆞ기不可ᄒᆞ니其大綱領은物을格ᄒᆞ고理를窮ᄒᆞᆷ이니大槪其工夫가篤實ᄒᆞᆯ수록其功效가盛大ᄒᆞ야泰西諸國의富强ᄒᆞᆫ道가實狀은篤實ᄒᆞᆫ中을從ᄒᆞ야流出ᄒᆞᆫ者라夫學問ᄒᆞᄂᆞᆫ道를硏究ᄒᆞ야是를修ᄒᆞ고又其硏究ᄒᆞᆫ理

致를天下에公布ᄒᆞᆷ은學者의職責이오其問學을修ᄒᆞ기에要求ᄒᆞᄂᆞᆫ器械와書冊等類의費ᄂᆞᆫ政府의擔當이라問學ᄒᆞᄂᆞᆫ主意를考ᄒᆞ건ᄃᆡ二條에不出ᄒᆞ니一條ᄂᆞᆫ究出ᄒᆞᆫ知識을人世에公布ᄒᆞᄂᆞᆫ事며其二條ᄂᆞᆫ旣究ᄒᆞᆫ知識에更究ᄒᆞᄂᆞᆫ工夫를加ᄒᆞᄂᆞᆫ道라此二箇條가相依ᄒᆞ야立ᄒᆞ고相離ᄒᆞ기不可ᄒᆞᆷ이鳥의翼이相須ᄒᆞ야飛ᄒᆞᆷ과車의輪이相輔ᄒᆞ야行ᄒᆞᆷ이니第一條가無ᄒᆞ면第二條가自然히無ᄒᆞᆯ디나第二條가無ᄒᆞ면第一條가雖有ᄒᆞ야도亦無ᄒᆞᆷ과同ᄒᆞᆫ故로其第一條를不行ᄒᆞ고能히第二條의有ᄒᆞᆷ은未曾見ᄒᆞᆫ者라

政府가學問ᄒᆞᄂᆞᆫ敎育을爲ᄒᆞ야凡百事務를行ᄒᆞ기에其費用을簡略히ᄒᆞ고其實事를成就ᄒᆞᄂᆞᆫ道理를變論ᄒᆞ건ᄃᆡ學校의築造와工夫ᄒᆞᄂᆞᆫ器械와書冊等類의購辦은如干財物로不能ᄒᆞᄂᆞᆫ者라然ᄒᆞᆫ故로亦一二人의私力으로도經營ᄒᆞ기不能ᄒᆞ니若或私力으로經營ᄒᆞᆫ者가有ᄒᆞ야도其財費의入用을收ᄒᆞ기爲ᄒᆞ야書生의學費를自然히重受ᄒᆞᆯ디라富者아니면其校에入學ᄒᆞ기不能ᄒᆞᆯ디며又學校를立ᄒᆞ기ᄂᆞᆫ天下의知識을爲ᄒᆞ야工夫ᄒᆞᄂᆞᆫ者를勸ᄒᆞ고公平ᄒᆞᆫ主意로貧富를不別ᄒᆞ야學識을同一케ᄒᆞᆷ이니然ᄒᆞᆫ故로學問ᄒᆞ기에要求ᄒᆞᄂᆞᆫ諸具ᄂᆞᆫ政府가辦備ᄒᆞ고敎師의祿俸은書生의學幣로辦給

ᄒᆞᆷ이可ᄒᆞ니如此히政府가其諸具를辦具ᄒᆞᆷ에修業ᄒᆞᄂᆞᆫ書生에게其貰를捧ᄒᆞᆷ이可ᄒᆞᆯ가不捧ᄒᆞᆷ이可ᄒᆞᆯ가論者가紛紜ᄒᆞ나此ᄂᆞᆫ決斷ᄒᆞ기容易ᄒᆞᆫ者라若諸具貰를捧ᄒᆞᆯ딘ᄃᆡ學幣를薄ᄒᆞ게捧ᄒᆞ고其貰를不捧ᄒᆞᆯ딘ᄃᆡ學幣를厚ᄒᆞ게捧ᄒᆞᆯᄯᆞ름이며

又敎師의祿俸도其人의學識과才操를隨ᄒᆞ야其厚薄을定ᄒᆞᆷ이可ᄒᆞ니大槪敎師되ᄂᆞᆫ者가祿俸을求ᄒᆞ기ᄂᆞᆫ其生涯를爲ᄒᆞᆷ이라生涯求ᄒᆞᄂᆞᆫ方道로審考ᄒᆞᆯ딘ᄃᆡ敎師되ᄂᆞᆫ者나農作或商業에從事ᄒᆞᄂᆞᆫ者나同ᄒᆞᆷ인則學者의才識은農者의種子며商者의物品이오又敎授ᄒᆞᄂᆞᆫ祿俸은彼農商의營求ᄒᆞᄂᆞᆫ產業과其異가無ᄒᆞ니物品의精麤를隨ᄒᆞ야價格의高低를定ᄒᆞ며種子의良否를從ᄒᆞ야收穫의多少를判ᄒᆞ거ᄂᆞᆯ祿俸의厚薄은如何로學識과才操의品數와等級으로不論ᄒᆞ리오合衆國大學校敎師의祿俸은一定ᄒᆞᆫ規制로以ᄒᆞ고學術의區別이無ᄒᆞᆫ故로論者가以호ᄃᆡ不便ᄒᆞ다ᄒᆞ야改定ᄒᆞ기를要ᄒᆞ더라

夫貧窶ᄒᆞᆫ書生을敎育ᄒᆞ기爲ᄒᆞ야費財ᄒᆞᄂᆞᆫ道에一定ᄒᆞᆫ規則을先立ᄒᆞᆫ然後에行ᄒᆞᆷ이可ᄒᆞ니

第一 世人의或貧窶ᄒᆞᆫ書生을爲ᄒᆞ야其敎授ᄒᆞᄂᆞᆫ學幣를薄ᄒᆞ게捧ᄒᆞᆷ이可ᄒᆞ다謂

ᄒᆞ나然ᄒᆞ나此ᄂᆞᆫ決斷코不然ᄒᆞ니假令數多ᄒᆞᆫ書生中에貧者가有ᄒᆞ야自己의事力으로學幣를出ᄒᆞ기不能ᄒᆞ거든特別히其書生을扶助ᄒᆞ야自己의手로學幣를出ᄒᆞ고敎育을受ᄒᆞ게ᄒᆞ면眞實로天下에美事어니와貧艱ᄒᆞᆫ書生을願護ᄒᆞ야富饒ᄒᆞᆫ書生도其學幣를薄ᄒᆞ게ᄒᆞ면惠政이아니라規模의反無홈이오若貧艱ᄒᆞᆫ者에게少收ᄒᆞ고富饒ᄒᆞᆫ者에게ᄂᆞᆫ多收ᄒᆞᆫ則雖貧富의區別을定홈이나不公平ᄒᆞᆫ事니然ᄒᆞᆫ故로貧艱ᄒᆞᆫ書生을爲ᄒᆞ야學幣를減ᄒᆞᄂᆞᆫ道가不可홈이며

第二　以上의論評과同ᄒᆞ게敎師의祿俸은學識의等級으로其額數의多寡를定홈이可ᄒᆞ니假令此에一校를立ᄒᆞ고其學幣를薄ᄒᆞ게ᄒᆞ야書生이門에塡ᄒᆞ야도其敎師接應ᄒᆞᄂᆞᆫ道ᄂᆞᆫ當然ᄒᆞᆫ法을不行ᄒᆞ야學術의高ᄒᆞᆫ者와低ᄒᆞᆫ者며敎授ᄒᆞᄂᆞᆫ職責에勤ᄒᆞᆫ者와慢ᄒᆞᆫ者의祿俸이均一ᄒᆞᆫ則此ᄂᆞᆫ敎育ᄒᆞᄂᆞᆫ大道를不助홀ᄲᅮᆫ에不止ᄒᆞ고人世의學問을衰微케ᄒᆞᄂᆞᆫ弊니然ᄒᆞᆫ故로敎師의祿俸은其學術의高下로酌定ᄒᆞᄂᆞᆫ事가可홈이며

第三　學校의上中下三等次序를定ᄒᆞ고下等의書生이行實을端正히ᄒᆞ고學業을勤懇히ᄒᆞᄂᆞᆫ者가有ᄒᆞ거든中等에升ᄒᆞ고又中等의書生이其行實과學業이衆에出

ᄒᆞ거든上等에升홈이可ᄒᆞ니誠如此ᄒᆞ면下等의書生을勸ᄒᆞ야敎育을穩全히홈이오又書生의才操有無로學費分排ᄒᆞ기에甚히便利ᄒᆞ야名實이相稱ᄒᆞ리니然ᄒᆞᆫ故로書生의行實과工夫로其等級을定ᄒᆞᄂᆞᆫ道가亦可홈이라

十四

抑夫敎育의經費를爲ᄒᆞ야全國人民이各其力을用ᄒᆞᆫ則其從出ᄒᆞᄂᆞᆫ功效가其用ᄒᆞᄂᆞᆫ力의分度를由ᄒᆞ야其大小와異同이有홀디라萬若財費를惜ᄒᆞ야敎育ᄒᆞᄂᆞᆫ經用을欲少홀딘ᄃᆡ必然其所欲爲를從ᄒᆞ야其財費를略ᄒᆞ리니苟然則書生의學幣를減홀디오又敎師의祿俸도自然히薄ᄒᆞ리니此ᄂᆞᆫ儉約ᄒᆞᆫ經濟아니라一推ᄒᆞ야審究ᄒᆞᆫ則敎授ᄒᆞᄂᆞᆫ祿俸이少ᄒᆞ면敎師의地位가輕홀ᄲᅮᆫ더러敎師되ᄂᆞᆫ者가其學識과才操의適當ᄒᆞᆫ價를受ᄒᆞᆫ然後에求ᄒᆞ기를願홀디어ᄂᆞᆯ節用ᄒᆞᄂᆞᆫ議論을主張ᄒᆞᄂᆞᆫ者ᄂᆞᆫ如斯ᄒᆞᆫ分數에不明ᄒᆞ야利害를不覺홈이니爲ᄒᆞ야一條譬喩를設ᄒᆞ건ᄃᆡ今에人이其腰間에十金을帶ᄒᆞ고市上에彷徨ᄒᆞ야曰오ᄃᆡ我ᄂᆞᆫ十金으로百金値의物品을購ᄒᆞᄂᆞᆫ能力이有ᄒᆞ다ᄒᆞ면何人이其愚騃홈을不嗤ᄒᆞ리오然호ᄃᆡ其人이一向如此ᄒᆞ거든其人으로ᄒᆞ여곰試ᄒᆞ야其所欲爲를任ᄒᆞ야物品을購ᄒᆞ면其人이畢竟은自己의智慧로物品과價値의不然홈을覺ᄒᆞ려니와猶且十金値로百金値라謂ᄒᆞ야自己의初言을固執ᄒᆞᄂᆞᆫ時ᄂᆞᆫ眞實

로天下의無雙ᄒᆞᆫ下愚라如玆ᄒᆞᆫ理致로考諒ᄒᆞ면十金으로購取ᄒᆞᄂᆞᆫ物品이十金値의分數에不過ᄒᆞᆫ則人民을敎育ᄒᆞ기도亦且價値의相當ᄒᆞᆫ分數가有ᄒᆞ야其經費의多少로其功效의高下가生ᄒᆞᄂᆞ니敎育ᄒᆞᄂᆞᆫ經費ᄂᆞᆫ少ᄒᆞ고其功效의多홈은天下에其有홈을未曾聞ᄒᆞᆫ者라

十五

但敎育의經費를減少ᄒᆞ기로主張ᄒᆞᄂᆞᆫ時ᄂᆞᆫ敎育의分排가略多ᄒᆞᆫ듯ᄒᆞ나然ᄒᆞ나其品數ᄂᆞᆫ無限히低下홀디오且品數가低下홀ᄉᆞ록分排가反少ᄒᆞ리니今에採金者의事로比喩ᄒᆞ건ᄃᆡ財費ᄂᆞᆫ少用ᄒᆞ고金은多採ᄒᆞ기를欲ᄒᆞ야此簀에沙를盛ᄒᆞ며彼筐에礫을盛ᄒᆞ더니其後에視ᄒᆞᆫ則金은無ᄒᆞ고沙礫ᄲᅮᆫ이라如于浮費도濟ᄒᆞ기ᄂᆞᆫ姑舍ᄒᆞ고虛勞를費홀ᄯᆞ롬이오又一條의譬辭를設ᄒᆞ건ᄃᆡ物品製造ᄒᆞᄂᆞᆫ者가用費ᄂᆞᆫ少入ᄒᆞ고數의多ᄒᆞ기만貪ᄒᆞ야製作ᄒᆞᄂᆞᆫ手段이荒麤ᄒᆞᆫ則其品數가不美ᄒᆞᆫ外에購求ᄒᆞᄂᆞᆫ者도減ᄒᆞ리니深思홀者가此에不在ᄒᆞ리오

十六

夫然ᄒᆞᆫ故로敎育ᄒᆞᄂᆞᆫ規模를立ᄒᆞ기ᄂᆞᆫ合當ᄒᆞᆫ經費를勿惜ᄒᆞ고人民을振起ᄒᆞ며風俗을引導ᄒᆞ야學術과才識을脩尙ᄒᆞᆫ則自然히敎育의品數가崇高홀디오且其品이如此ᄒᆞᆫ則敎育ᄒᆞᄂᆞᆫ道가盛行ᄒᆞ야其敎를願被ᄒᆞᄂᆞᆫ者가日로加ᄒᆞ며歲로增ᄒᆞᄂᆞᆫ故로其品

數만費홀ᄲᅮᆫ아니라其分排도加ᄒᆞ리니然ᄒᆞ기敎育ᄒᆞᄂᆞᆫ法이其經用의儉約ᄒᆞ기로ᄂᆞᆫ事其品數의善美홈이貴ᄒᆞᆫ者라

十七

第三　國家의營作ᄒᆞᄂᆞᆫ事

此事로國家의財用을不費ᄒᆞ기不能ᄒᆞᆫ者라大槪此費도亦各其項이有ᄒᆞ니人君의宮闕과各司의官府로브터國家를備ᄒᆞ기爲ᄒᆞ야城堡를修築홈과砲臺를排置홈이며商賈를通ᄒᆞ기爲ᄒᆞ야海邊水路의測量과礁石의燈臺를建홈과港口의碑碣를築ᄒᆞᄂᆞᆫ等事ᄂᆞᆫ皆全國의共行홀者니國中의通同ᄒᆞᆫ賦稅로以홈이可ᄒᆞ고各邑의官舍와學校ᄂᆞᆫ各其地方人民의特別ᄒᆞᆫ賦稅로用홈이可호ᄃᆡ內地의江河를疏濬ᄒᆞ며瀛車의鐵路를經營ᄒᆞ야來往의迅速홈과輪運의便利홈을求ᄒᆞᄂᆞᆫ諸件事ᄂᆞᆫ人民에게許ᄒᆞ야其役을起ᄒᆞ게홈이合當ᄒᆞ나然ᄒᆞ나人民이才學에蒙昧ᄒᆞ야如此巨大ᄒᆞᆫ工役을行ᄒᆞ기不能ᄒᆞᆫ時ᄂᆞᆫ政府가其利害와便否를計ᄒᆞ야或全國의稅로나各地方의稅로其事에適當ᄒᆞᆫ策을行홀디오萬若其工役이人民에게有利홀듯ᄒᆞ나深究ᄒᆞ야其所獲이其所費를不償홀者어든決斷코勿行홈이可ᄒᆞᆫ者라

十八

人民의知識이開明ᄒᆞ야能히巨大ᄒᆞᆫ工役을經營ᄒᆞᄂᆞᆫ時를當ᄒᆞ야도其始作ᄒᆞᄂᆞᆫ事工

이過히巨創ᄒᆞ야人民의私力으로ᄂᆞᆫ用費의不足을因ᄒᆞ야中途廢止ᄒᆞᄂᆞᆫ境에至ᄒᆞ거나或其事役에關係ᄒᆞᆫ權力이甚히重大ᄒᆞ야人民에게任寘ᄒᆞ기有難ᄒᆞᆫ則政府가其工役에手ᄅᆞᆯ下ᄒᆞ야或扶助ᄒᆞ기도ᄒᆞ며或監董ᄒᆞ기도호ᄃᆡ萬若國家의財用으로以ᄒᆞ거든其出納ᄒᆞᄂᆞᆫ制度ᄂᆞᆫ私民의役事ᄒᆞᄂᆞᆫ法과同ᄒᆞ게ᄒᆞ고政府와人民의財物을比較ᄒᆞ야政府의財費가一袊이면一袊이오二袊이면二袊으로參與ᄒᆞ고又其工役의興利와收稅ᄒᆞᄂᆞᆫ財貨로分歸ᄒᆞᄂᆞᆫ袊數ᄂᆞᆫ政府의歲入ᄒᆞᄂᆞᆫ稅部에合ᄒᆞ야前日의費用을充補ᄒᆞᆷ이可ᄒᆞᆫ者라

第四　宗教扶支ᄒᆞᄂᆞᆫ事

此事에費財ᄒᆞᆷ으로人이各其議論이歧貳ᄒᆞ며國이各其規模가不一ᄒᆞ니或이曰호ᄃᆡ人民이宗教에歸依ᄒᆞᆫ則信心이滋篤ᄒᆞ며情義가厚重ᄒᆞ야世間의風化ᄅᆞᆯ善美ᄒᆞ게ᄒᆞᆷ으로相愛ᄒᆞᄂᆞᆫ德을發ᄒᆞᆫ則治國ᄒᆞᄂᆞᆫ道에大關係가有ᄒᆞ니其扶支ᄒᆞ기ᄅᆞᆯ爲ᄒᆞ야全國의賦稅ᄅᆞᆯ課收ᄒᆞᆷ이可ᄒᆞ다ᄒᆞ거ᄂᆞᆯ又或이曰호ᄃᆡ不然ᄒᆞ니天下의宗教가一門에不止ᄒᆞ고人의信依ᄒᆞᄂᆞᆫ바ᄂᆞᆫ各其好ᄒᆞᄂᆞᆫ者ᄅᆞᆯ從ᄒᆞᆫ則政府의威勢로人民을脅迫ᄒᆞ야爾의所好ᄂᆞᆫ捨ᄒᆞ고我의所令을從ᄒᆞ라ᄒᆞᆷ이百姓의自由ᄒᆞᄂᆞᆫ道理에拘碍ᄒᆞ야行ᄒᆞ기極難

ᄒᆞᆫ지라然ᄒᆞᆫ故로政府ᄂᆞᆫ關涉을其間에勿掛ᄒᆞ고人民으로ᄒᆞ여곰各其信依ᄒᆞᄂᆞᆫ宗教에歸ᄒᆞ게ᄒᆞᆷ이可ᄒᆞ니雖同國人이라도儒教ᄅᆞᆯ信ᄒᆞᄂᆞᆫ者ᄂᆞᆫ儒教ᄅᆞᆯ從ᄒᆞ고佛教ᄅᆞᆯ喜ᄒᆞᄂᆞᆫ者ᄂᆞᆫ佛教에歸ᄒᆞᆫ則全國의賦稅로一宗의教만扶支ᄒᆞᄂᆞᆫ事ᄂᆞᆫ偏僻될政令을不免ᄒᆞᆷ이오若公本될道ᄅᆞᆯ用ᄒᆞᆫ다ᄒᆞ야二宗의教에扶支ᄒᆞᄂᆞᆫ事ᄅᆞᆯ雙行ᄒᆞ면此ᄂᆞᆫ煩劇ᄒᆞᆷ을不勝ᄒᆞᆯᄯᆞᄅᆞᆷ아니라其成이有ᄒᆞ기도必ᄒᆞ기不可ᄒᆞ고且國中에猜忌ᄒᆞᄂᆞᆫ風氣ᄅᆞᆯ鼓起ᄒᆞ야甚ᄒᆞᆫ則紛爭ᄒᆞᄂᆞᆫ弊로國家의泰平을妨害ᄒᆞᄂᆞᆫ境에至ᄒᆞ기易ᄒᆞ다ᄒᆞ니

今此二論의可否ᄅᆞᆯ尋繹ᄒᆞ건ᄃᆡ邦國의風氣가穩開ᄒᆞᆫ閫域에未達ᄒᆞ야教育이不盛ᄒᆞ고人心이未定ᄒᆞᆫ者ᄂᆞᆫ其初論ᄅᆞᆯ取用ᄒᆞᆷ이可ᄒᆞᆯ듯ᄒᆞ니此ᄂᆞᆫ無他라人民이教育을不被ᄒᆞᆫ故로自己의心으로其好惡ᄅᆞᆯ擇執ᄒᆞ기不能ᄒᆞ고淫慝ᄒᆞᆫ事에見惑ᄒᆞᆷ과妖恠ᄒᆞᆫ道에被惑ᄒᆞ기容易ᄒᆞᆫ中에愚ᄒᆞᆫ者ᄂᆞᆫ禍福으로其方向을定ᄒᆞ고至貧ᄒᆞᆫ者ᄂᆞᆫ財物로其志趣ᄅᆞᆯ傷ᄒᆞ야人心과風俗이散亂ᄒᆞᆫ地에歸ᄒᆞᆯ디라若其次論을從ᄒᆞ면其受害ᄒᆞᄂᆞᆫ端緖가甚大ᄒᆞ리니政府가當然히其國의尊重ᄒᆞᄂᆞᆫ宗教ᄅᆞᆯ扶支ᄒᆞᄂᆞᆫ道에用力ᄒᆞ야人民의心性과俗尙을引進ᄒᆞ고人民이或他宗에歸依ᄒᆞᄂᆞᆫ者가有ᄒᆞ거든他宗의扶支ᄒᆞᄂᆞᆫ事ᄂᆞᆫ不行ᄒᆞ야도其歸依ᄒᆞᄂᆞᆫ人民은極臻히保護ᄒᆞ야其所好ᄒᆞᄂᆞᆫ宗教에其心을安ᄒᆞ게ᄒᆞ

고些少라도聽地로禁止ᄒᆞᆷ은不可ᄒᆞ니大槩如何ᄒᆞᆫ宗教든지衆人의信依ᄒᆞᄂᆞᆫ者인則人의不可行ᄒᆞᆯ者ᄂᆞᆫ아니라必然히尊國ᄒᆞᄂᆞᆫ義氣와愛君ᄒᆞᄂᆞᆫ精誠은彼此教의殊異가無ᄒᆞ거든政府가寬洪ᄒᆞᆫ德化로其義氣와精誠을收合ᄒᆞ려니와國人이一齊히教育을被ᄒᆞᆫ時ᄂᆞᆫ次論을採ᄒᆞ야人民으로ᄒᆞ여곰各其信依ᄒᆞᄂᆞᆫ教에歸ᄒᆞ게ᄒᆞ고政府ᄂᆞᆫ一切相關치勿ᄒᆞ야宗教扶支ᄒᆞᄂᆞᆫ事로課收ᄒᆞᄂᆞᆫ稅額을停止ᄒᆞᆷ도亦可ᄒᆞᆫ者라

第五　窮民救濟ᄒᆞᄂᆞᆫ事

此事로因ᄒᆞ야國家의費財ᄒᆞᆷ은仁政의當然ᄒᆞᆫ者로ᄃᆡ政府의不得已ᄒᆞᆫ者라大槩法律이公平ᄒᆞ고教育이洽博ᄒᆞ야風俗이淳厚ᄒᆞᆫ國은人民이各其自己의財ᄅᆞᆯ捐ᄒᆞ야窮民救濟ᄒᆞᄂᆞᆫ院舍ᄅᆞᆯ築ᄒᆞ기도ᄒᆞ며或衣服과飮食을分ᄒᆞ야相助ᄒᆞ기도ᄒᆞ나然ᄒᆞ나政府가如此ᄒᆞᆫ風俗을徒恃ᄒᆞ고貧民을不思ᄒᆞ면其當然ᄒᆞᆫ職分을不行ᄒᆞᆷ일ᄲᅮᆫ더러人民의私力으로ᄂᆞᆫ或事情이不及ᄒᆞ야救濟ᄒᆞᄂᆞᆫ方策이失時ᄒᆞᄂᆞᆫ事도有ᄒᆞᆯ디며又或失時ᄒᆞᄂᆞᆫ念慮ᄂᆞᆫ無ᄒᆞᆯ디라도經用이巨大ᄒᆞ야其任을不堪ᄒᆞᆯ事도有ᄒᆞᆯ디라然ᄒᆞᆷ으로政府가此事ᄅᆞᆯ擔當ᄒᆞ야全國의賦稅로行ᄒᆞ고又或人民의私院이有ᄒᆞ거든其美俗을勸奬ᄒᆞᆷ도可ᄒᆞ니其救濟ᄒᆞᄂᆞᆫ條目을議ᄒᆞ건ᄃᆡ父母업ᄂᆞᆫ幼穉와室家업ᄂᆞᆫ老鰥寡와乞食ᄒᆞᄂᆞᆫ

病身과生涯업ᄂᆞᆫ病民과教育업ᄂᆞᆫ貧民이라

如此히他人의救濟ᄅᆞᆯ仰ᄒᆞᄂᆞᆫ者라도一齊病癈ᄒᆞᆫ人이아니라其中에力役을供ᄒᆞᆯ者ᄂᆞᆫ有ᄒᆞ며才巧ᄅᆞᆯ通ᄒᆞᆫ者도有ᄒᆞ고乂此二者ᄅᆞᆯ皆不能ᄒᆞᆫ者라도教誨ᄒᆞ면足히能ᄒᆞᆯ者도有ᄒᆞ리니其人의軆ᄅᆞᆯ爲ᄒᆞ야計ᄒᆞᆯ진ᄃᆡ心力을怠惰히ᄒᆞ야他人의憐恤만坐受ᄒᆞ기로ᄂᆞᆫ其能ᄒᆞᆫᄃᆡ로力을勤ᄒᆞ든지才ᄅᆞᆯ修ᄒᆞ든지自己의工業으로歡然ᄒᆞᄂᆞᆫ想覺이無ᄒᆞ고前程의生涯ᄅᆞᆯ經營ᄒᆞᆷ이可ᄒᆞᆫ디라然ᄒᆞᆫ故로窮民의業을定ᄒᆞ야各其才力을盡ᄒᆞ게ᄒᆞᆷ이仁慈ᄒᆞᆫ主意라謂ᄒᆞᆯᄲᅮᆫ더러實狀은經濟의妙法이라大槩若玆히曲盡ᄒᆞ야窮民의業을定ᄒᆞ고規模잇게周旋ᄒᆞᆯ딘ᄃᆡ其所獲ᄒᆞᄂᆞᆫ財利가其所用ᄒᆞᄂᆞᆫ經費ᄅᆞᆯ償ᄒᆞᆯ디니此ᄅᆞᆯ欲行ᄒᆞ거든必先其救濟ᄒᆞᆯ財費ᄅᆞᆯ磨鍊ᄒᆞ고且攻事ᄒᆞᆯ處所ᄅᆞᆯ排鋪ᄒᆞᆫ然後에救濟ᄅᆞᆯ願ᄒᆞᄂᆞᆫ窮民이有ᄒᆞᆫ時ᄂᆞᆫ各其能ᄒᆞᆫ바와樂ᄒᆞᄂᆞᆫ者로使ᄒᆞ고飮食과衣服으로其勞苦ᄅᆞᆯ報ᄒᆞᆷ이計의得ᄒᆞᆫ者라今에合衆國의東方及北方諸州의窮民救濟ᄒᆞᄂᆞᆫ規模ᄅᆞᆯ考ᄒᆞ건ᄃᆡ每地方마다各其地方人民의公本될財物로田地ᄅᆞᆯ購ᄒᆞ야貧民의農作ᄒᆞᆯ基址ᄅᆞᆯ具ᄒᆞᆺᄉᆞ니此規의實狀을見ᄒᆞᆫ則其初에田地購求ᄒᆞᄂᆞᆫ時ᄂᆞᆫ其財費가不少ᄒᆞᆫ듯ᄒᆞ나然ᄒᆞ나救濟ᄒᆞᄂᆞᆫ方策을仔細히論判ᄒᆞ며力作ᄒᆞᄂᆞᆫ規則을嚴切히酌定ᄒᆞ야貧民으로ᄒᆞ여곰

農業을執ᄒᆞ게ᄒᆞ면其田地의耕稼ᄒᆞᄂᆞᆫ者가其救濟ᄒᆞᄂᆞᆫ費ᄅᆞᆯ相償ᄒᆞᆯᄲᅮᆫ더러其出納ᄒᆞᄂᆞᆫ分數ᄅᆞᆯ量定ᄒᆞᆫ則餘財가反有ᄒᆞᆫ지라如是ᄒᆞᆫ法을用ᄒᆞ야窮民救濟ᄒᆞᄂᆞᆫ道ᄅᆞᆯ行ᄒᆞ면費用이損ᄒᆞ기에不止ᄒᆞ고實狀은才力의不能ᄒᆞᆫ者의救濟도他財ᄅᆞᆯ不俟ᄒᆞ야其豐足ᄒᆞᆷ을致ᄒᆞᄂᆞᆫ者라

第六　國家의防備ᄒᆞᄂᆞᆫ事

此事에費用ᄒᆞᄂᆞᆫ財物은國家의公本된賦稅로以ᄒᆞᆷ이可ᄒᆞᆫ者라夫保國ᄒᆞᄂᆞᆫ道가道理ᄅᆞᆯ守ᄒᆞ며信義ᄅᆞᆯ修ᄒᆞ야治民ᄒᆞᄂᆞᆫ政令과交隣ᄒᆞᄂᆞᆫ禮節에正大ᄒᆞᆷ과誠實ᄒᆞᆷ으로上策을作ᄒᆞᆯ디니然ᄒᆞ나國家의自守ᄒᆞᄂᆞᆫ道ᄂᆞᆫ內地의暴亂과外國의侵伐을不慮ᄒᆞᆷ이不可ᄒᆞᆫ故로豫備ᄒᆞᄂᆞᆫ道ᄅᆞᆯ行ᄒᆞ야不測ᄒᆞᆫ人心을制御ᄒᆞᆷ이政府의要道라學識으로根本을作ᄒᆞ야遠大ᄒᆞᆫ方策을圖謀ᄒᆞ며事力으로時勢ᄅᆞᆯ隨ᄒᆞ야疲弊ᄒᆞᆫ氣色이無ᄒᆞ게ᄒᆞᆷ이可ᄒᆞ니邊徼의地利ᄅᆞᆯ測量ᄒᆞ야城堡ᄅᆞᆯ起ᄒᆞ며海隘의要衝을考驗ᄒᆞ야砲臺ᄅᆞᆯ築ᄒᆞ야防備ᄒᆞᄂᆞᆫ制度ᄅᆞᆯ縝密히ᄒᆞ며兵器와糧食을恒常貯畜ᄒᆞ야乏絶ᄒᆞᆫ歎이無ᄒᆞ면外人의窺覦ᄒᆞᄂᆞᆫ惡萌이斷ᄒᆞᆯ디오又內地의泰平을維持ᄒᆞᄂᆞᆫ道ᄂᆞᆫ法官에게在ᄒᆞ거니와萬若不良ᄒᆞᆫ徒와無道ᄒᆞᆫ黨의潛伏이有ᄒᆞ야도政府의防備ᄒᆞᄂᆞᆫ權勢가遺漏ᄒᆞᆷ이無ᄒᆞᆷ을知ᄒᆞ

면其悖逆ᄒᆞᆫ心이自消ᄒᆞᄂᆞ니夫不教ᄒᆞᆫ軍士ᄂᆞᆫ軍士아니라然ᄒᆞᆫ故로將帥와軍士되ᄂᆞᆫ者ᄅᆞᆯ教誨ᄒᆞ기爲ᄒᆞ야學校ᄅᆞᆯ設寘ᄒᆞ기ᄂᆞᆫ亦國家의費財ᄒᆞᄂᆞᆫ一事니其教授ᄒᆞᄂᆞᆫ條目은此論에不關ᄒᆞ거니와費用인則教授ᄒᆞᄂᆞᆫ諸具와雜費의要求ᄒᆞᆷ이亦不少ᄒᆞᆫ者라

以上의議評ᄒᆞᆫ累條ᄅᆞᆯ區劃ᄒᆞᆷ에先其利害와損益을審量ᄒᆞ야其經營ᄒᆞᄂᆞᆫ事務가備國ᄒᆞᄂᆞᆫ道에不爲ᄒᆞᆷ이不可ᄒᆞᆫ者면其經費의巨細ᄅᆞᆯ不論ᄒᆞ고即行ᄒᆞᆷ이可ᄒᆞᆫᄃᆡ若些少라도利害가相半ᄒᆞ야招疑ᄒᆞᄂᆞᆫ句端이有ᄒᆞ거든深考ᄒᆞ야國家의財貨ᄅᆞᆯ妄費치勿ᄒᆞᆯ디니夫此等事에入用ᄒᆞᄂᆞᆫ財費가國家ᄅᆞᆯ保護ᄒᆞ며人民을鎭靜ᄒᆞ야隱然中에其獲致ᄒᆞᄂᆞᆫ利가其財의分數로商賈나農業을經求ᄒᆞ야得成ᄒᆞᆫ大利에比ᄒᆞᆫ者아니로ᄃᆡ目前의景況으로擧論ᄒᆞ면財ᄅᆞᆯ費ᄒᆞᆫᄯᆞᄅᆞᆷ이오一分이라도代出ᄒᆞᄂᆞᆫ者ᄂᆞᆫ無ᄒᆞᆫ지라然ᄒᆞᆫ故로國家의防備ᄅᆞᆯ爲ᄒᆞ야費財ᄒᆞᄂᆞᆫ法은兵學의通達ᄒᆞᆫ者의計圖ᄅᆞᆯ採ᄒᆞ고其人으로其事務ᄅᆞᆯ掌ᄒᆞᆷ이可ᄒᆞ니經濟ᄒᆞᄂᆞᆫ道의本意ᄂᆞᆫ百萬金이라도當費ᄒᆞᆯ地에費ᄒᆞ고半分이라도不費ᄒᆞᆯ地에ᄂᆞᆫ不費ᄒᆞᆷ인則此職을能히堪當ᄒᆞᆯ人物을擇任ᄒᆞ고其防備ᄒᆞᄂᆞᆫ實效와耗消ᄒᆞᄂᆞᆫ公費가相適ᄒᆞ기ᄅᆞᆯ責ᄒᆞᆯᄯᆞᄅᆞᆷ이라

第七　外國交聘ᄒᆞᄂᆞᆫ事

此事도亦國家의大道라各國政府에公使ᄅᆞᆯ駐紮ᄒᆞ기ᄂᆞᆫ國家의友誼ᄅᆞᆯ表示ᄒᆞᆷ이오各處港口에領事ᄅᆞᆯ派寘ᄒᆞ기ᄂᆞᆫ人民의商利ᄅᆞᆯ保護ᄒᆞᆷ이니其往來ᄒᆞᄂᆞᆫ旅費와公用ᄒᆞᄂᆞᆫ祿俸은國中의公本된賦稅로以ᄒᆞᄂᆞᆫ者ᄂᆞᆫ其道가實狀全國에關係ᄒᆞᆷ이有ᄒᆞ고又省費되ᄂᆞᆫ緣故가存ᄒᆞᆷ이라其理ᄅᆞᆯ據明ᄒᆞ건ᄃᆡ公使와領事가彼此國에互有ᄒᆞᆫ則雖不時의嫌猜와不意의事端이有ᄒᆞ야도其辨白ᄒᆞ기爲ᄒᆞ야新派ᄒᆞᄂᆞᆫ勞慮가自無ᄒᆞ고動兵ᄒᆞᄂᆞᆫ事도中止ᄒᆞ기에至ᄒᆞᄂᆞᆫ時가多ᄒᆞ니各國의相慶ᄒᆞᄂᆞᆫ大福이此에莫大ᄒᆞᆯ디오又財用의一條로擧論ᄒᆞ야도戰爭ᄒᆞᄂᆞᆫ大費ᄂᆞᆫ使節의一句說話로免ᄒᆞᆫ則此ᄂᆞᆫ干戈의凶事ᄅᆞᆯ玉帛의吉禮로消絶ᄒᆞᆷ이라其權力과功效가엇지不大ᄒᆞ리오此外에도費財ᄒᆞᄂᆞᆫ條目에數件事가有ᄒᆞ니各國에秘密ᄒᆞᆫ間者ᄅᆞᆯ寘ᄒᆞ기ᄂᆞᆫ彼國이我國向ᄒᆞᄂᆞᆫ意思ᄅᆞᆯ探詗ᄒᆞ야接應ᄒᆞᄂᆞᆫ方策을便히ᄒᆞᆷ이오工夫ᄒᆞᄂᆞᆫ學徒ᄅᆞᆯ派送ᄒᆞ기ᄂᆞᆫ彼邦의才藝가我邦에勝ᄒᆞᆫ者가有ᄒᆞᆫ則取ᄒᆞ야我의不足ᄒᆞᆷ을補ᄒᆞᆷ이라然ᄒᆞᆫ故로其費ᄂᆞᆫ亦全國의普同ᄒᆞᆫ稅로創出ᄒᆞᆷ이可ᄒᆞᆫ者라

政府의國債募用ᄒᆞᄂᆞᆫ緣由

大槩國債ᄂᆞᆫ國財의不足ᄒᆞᆫ時에民財ᄅᆞᆯ貸用ᄒᆞᆫ者라天下各國의貧富가不同ᄒᆞ나然ᄒᆞ나何邦이든지泰平無事ᄒᆞᆫ日은歲入ᄒᆞᄂᆞᆫ賦稅가足히其歲出ᄒᆞᄂᆞᆫ經費ᄅᆞᆯ抵當ᄒᆞ야政府의常例ᄅᆞᆯ作ᄒᆞᆫᄃᆡ萬若亂時ᄅᆞᆯ當ᄒᆞ야其防備ᄒᆞᄂᆞᆫ道로巨費ᄅᆞᆯ要ᄒᆞ든가凶年을因ᄒᆞ야賑恤ᄒᆞᄂᆞᆫ事로大財ᄅᆞᆯ求ᄒᆞ든가如此ᄒᆞᆫ段類아니라도大事業이足히全國人民에게有益ᄒᆞᆫ者가有ᄒᆞ야財費ᄅᆞᆯ要求ᄒᆞᄂᆞᆫ時ᄂᆞᆫ其額數의鉅大ᄒᆞᆷ이但民稅ᄅᆞᆯ加ᄒᆞ야足辨ᄒᆞ기極難ᄒᆞᆯᄲᅮᆫ더러又猝然히人民의稅ᄅᆞᆯ重課ᄒᆞ면其苦ᄅᆞᆯ不堪ᄒᆞ야流散ᄒᆞᄂᆞᆫ者가必多ᄒᆞᆯ디오甚ᄒᆞ기에至ᄒᆞᆫ則怨懟ᄒᆞᄂᆞᆫ徒黨의亂萌도起ᄒᆞᆯ디라是故로政府가票ᄅᆞᆯ作ᄒᆞ고國中에令을下ᄒᆞ야民人의財ᄅᆞᆯ取貸ᄒᆞᄂᆞ니票ᄂᆞᆫ一張에千兩을酌定ᄒᆞ든지萬兩을酌定ᄒᆞ든지政府의借貸ᄒᆞᄂᆞᆫ財額을應ᄒᆞ야其數ᄅᆞᆯ磨鍊ᄒᆞᄂᆞᆫ者라大槩如此히令을下ᄒᆞ기ᄂᆞᆫ富民과大賈ᄅᆞᆯ逼迫ᄒᆞ야其財物을取貸ᄒᆞᆷ이아니오人民이各其意ᄅᆞᆯ隨ᄒᆞ야不願ᄒᆞᄂᆞᆫ者ᄂᆞᆫ止ᄒᆞ고惟樂從ᄒᆞᄂᆞᆫ者ᄂᆞᆫ政府의令을應ᄒᆞ며外國人이라도其取貸ᄒᆞᄂᆞᆫ令을欲應ᄒᆞᆫ則政府가亦許ᄒᆞᄂᆞ니泰西의諸國을觀ᄒᆞ건ᄃᆡ國債의無ᄒᆞᆫ者가無ᄒᆞ고其利息은一年每兩에三分或三分五釐에不過ᄒᆞ며過ᄒᆞᆫ者ᄂᆞᆫ四分이로ᄃᆡ此ᄂᆞᆫ稀少ᄒᆞᆫ者라政府ᄂᆞᆫ每年其利息을償ᄒᆞ고本錢은仍寘ᄒᆞ기도ᄒᆞ며或本錢과利息을合ᄒᆞ야年을排ᄒᆞ

야債還ᄒᆞ기도ᄒᆞᄂᆞ니人民은政府의票ᄅᆞᆯ藏貯ᄒᆞ고每年其利息을信實히捧ᄒᆞᆯ던ᄃᆡ其本錢은自己의庫中에貯ᄒᆞᆷ과同ᄒᆞᆫ故로其本錢은債還ᄒᆞ기ᄅᆞᆯ不催ᄒᆞ며又其票ᄂᆞᆫ人民이互相換賣ᄒᆞ기ᄅᆞᆯ商賈의物品ᄀᆞᆺ치ᄒᆞ고通用ᄒᆞ기ᄅᆞᆯ銀行의紙幣ᄀᆞᆺ치ᄒᆞ나然ᄒᆞ나換賣ᄒᆞ기와通用ᄒᆞ기에其價格의高下ᄂᆞᆫ其國政府의政令信否ᄅᆞᆯ由ᄒᆞᆷ이라

本國人民이艱貧ᄒᆞ야政府의國債募集ᄒᆞᄂᆞᆫ令을應ᄒᆞ기不能ᄒᆞᆫ時ᄂᆞᆫ不獲已ᄒᆞ야外國人에게取貸ᄒᆞᄂᆞ니如此히外國財ᄅᆞᆯ借貸ᄒᆞ기도其信義가素著ᄒᆞᆫ者아니면雖重邊이라도應ᄒᆞᄂᆞᆫ者가無ᄒᆞ거니와又有財人이外國政府에貸ᄒᆞ기ᄂᆞᆫ專혀取利ᄒᆞ기ᄅᆞᆯ爲ᄒᆞᆷ인則其利息이自然히本國人民의財에比ᄒᆞ야重ᄒᆞᆯ디라每兩一年에五分六分으로八分或九分에至ᄒᆞ기도ᄒᆞ니大槪政府의借財ᄒᆞᄂᆞᆫ事가末由ᄒᆞᆫ境에抵ᄒᆞᆫ緣故나然ᄒᆞ나外國人의財ᄂᆞᆫ決斷코借用ᄒᆞ기ᄅᆞᆯ擧論도勿ᄒᆞᆯ者라萬若謹愼이無ᄒᆞ고債還ᄒᆞᄂᆞᆫ期約을違失ᄒᆞ면國이此ᄅᆞᆯ因ᄒᆞ야危亡ᄒᆞᄂᆞᆫ域에入ᄒᆞ기捷逕이니今에埃及國의貌樣으로觀ᄒᆞᆯ던ᄃᆡ엇지不然ᄒᆞ리오埃及은阿弗利加洲의大邦이라其民人이生涯ᄒᆞᄂᆞᆫ方道에怠惰ᄒᆞ야極臻히艱難ᄒᆞᆫ故로政府ᄂᆞᆫ多事ᄒᆞᆫ時ᄅᆞᆯ當ᄒᆞ야其經費의不足ᄒᆞᆷ으로外國人의財ᄅᆞᆯ無難히貸用ᄒᆞ야其前後의募借ᄒᆞᆫ國債가四五年前의抄錄으로考ᄒᆞᆫ則我錢으

로一百十一億七千二百九十八萬七千三百兩이니如此히夥多ᄒᆞᆫ國債ᄂᆞᆫ政府의規模가分明ᄒᆞᆫ者라도百姓이艱困ᄒᆞ야歲入ᄒᆞᄂᆞᆫ賦稅가些少ᄒᆞᆯ던ᄃᆡ其債期ᄅᆞᆯ失信아니케極難ᄒᆞ거ᄂᆞᆯ埃及은人民이遊惰ᄒᆞᆯᄲᅮᆫ더러政府도信實치못ᄒᆞ야其約限을不顧ᄒᆞ니夫其國債ᄂᆞᆫ英吉利佛蘭西의兩國人民에게欠負ᄒᆞᆫ者라此兩國政府가其人民의財ᄅᆞᆯ推尋ᄒᆞ기爲ᄒᆞ야埃及政府의事務ᄅᆞᆯ干涉ᄒᆞ며又其財政의權을總轄ᄒᆞ니自此로埃及은一國의名은雖存ᄒᆞ나其實은一空殼이오大權을執ᄒᆞᆫ者ᄂᆞᆫ英吉利와佛蘭西의兩國이라國이此境에至ᄒᆞᆯ던ᄃᆡ國이라豈謂ᄒᆞ리오政府의深戒ᄒᆞᆯ者가此에在ᄒᆞ다ᄒᆞ노라

然ᄒᆞᄃᆡ政府가信義ᄅᆞᆯ重히ᄒᆞ며規模ᄅᆞᆯ嚴히ᄒᆞ야債期ᄅᆞᆯ守ᄒᆞᄂᆞᆫ者ᄂᆞᆫ國債ᄅᆞᆯ用ᄒᆞᄂᆞᆫ事가民國의俱便ᄒᆞᆫ道라謂ᄒᆞᆷ도可ᄒᆞ니各國의國債ᄅᆞᆯ四五年前의抄錄으로考ᄒᆞ건ᄃᆡ我錢으로

英吉利	七百四十六億四千二百三十九萬六千九百兩
佛蘭西	九百四十二億兩
墺地利	四百五十二億四千二百八十二萬一千七百兩
白耳義	六十七億四千七百四十二萬七千九百兩

丁抹	十二億九千五百七十三萬八千二百兩
日耳曼	十八億九千四百七十三萬五千八百兩
希臘	一千七百九十七萬六千兩
葡萄牙	八十億兩
俄羅斯	此國은國債가多ᄒᆞᄃᆡ政府가隱匿ᄒᆞᄂᆞᆫ故로外國人이不知ᄒᆞᆷ이라
西班牙	二百三十八億兩
瑞西・諾威	十九億四千四百二十萬七千二百兩
土耳基	一百七億五千萬兩
伊太利	二十億九千二十二萬八千九百兩
	此ᄂᆞᆫ國債의每年利息을償還ᄒᆞᄂᆞᆫ者라
荷蘭	八十四億二千三百五十四萬三千五百兩
合衆國	一千四百十三億九千二百九萬五千一百兩
亞然丁	二十九億九千三百四十五萬兩

巴西	八十六億三千一百六十八萬八千兩
智利	十七億五千二百八十九萬四百兩
哥倫比	三億二千五百四十二萬一千八百兩
厄瓜多	三億二千二百五十萬兩
墨西哥	二十八億八千五百萬兩
秘魯	四十三億兩
烏拏貴	十億三千四百萬兩
彬崖朱越那	十億三千五百三十六萬三千八百兩
日本	五十四億一千一百八十一萬六千九百兩
摩洛哥	二千五百萬兩

大槪以上의列記ᄒᆞᆫ者로見ᄒᆞ건ᄃᆡ諸國의國債가不一ᄒᆞ야或多ᄒᆞᆫ者도有ᄒᆞ고或少ᄒᆞᆫ者도有ᄒᆞ니國家가富饒ᄒᆞ야國債의少ᄒᆞᆷ이아니며艱困ᄒᆞ야國債의多ᄒᆞᆷ이아니라政府의事爲ᄅᆞᆯ隨ᄒᆞ야然ᄒᆞᆷ이로ᄃᆡ人民이勤實ᄒᆞ야國家가富饒ᄒᆞᆯᄉᆞ록其政府의國債가多ᄒᆞ니此ᄂᆞᆫ政府되ᄂᆞᆫ者가信을守ᄒᆞ야人民의信服ᄒᆞᆷ이되ᄂᆞᆫ故로其要用ᄒᆞᄂᆞᆫ財物을

外國人에게取貸ᄒᆞ기에不至홀ᄲᅳᆫ더러人民이其政府에財物納貸ᄒᆞ기ᄅᆞᆯ反喜ᄒᆞ야毫
末도不疑홈이오又政府도其財ᄅᆞᆯ費用ᄒᆞ기ᄂᆞᆫ國人을爲ᄒᆞ야公本된事業을經營ᄒᆞᄂᆞᆫ
故로人民의便利ᄅᆞᆯ加增ᄒᆞᄂᆞᆫ緣由라此ᄅᆞᆯ由ᄒᆞ야審量ᄒᆞ건ᄃᆡ政府의國債ᄅᆞᆯ用ᄒᆞᄂᆞᆫ法
이泰西諸國과同ᄒᆞ면國家의大幸이오萬若埃及과同ᄒᆞ면賣國ᄒᆞᄂᆞᆫ張本이니然ᄒᆞᆫ故로
國債의多少ᄂᆞᆫ議論ᄒᆞᆯ者아니오其費用ᄒᆞᄂᆞᆫ道의如何홈을問홈이可ᄒᆞᆫ者라

西遊見聞第八編 終

西遊見聞第九編

教育ᄒᆞᄂᆞᆫ制度

一 凡國家의大本은敎育ᄒᆞᄂᆞᆫ道에在ᄒᆞ니現今天下에富强ᄒᆞ기로有名ᄒᆞᆫ諸國은皆此一
件事ᄅᆞᆯ勉勵ᄒᆞ야其效ᄅᆞᆯ獲致홈이라今에其敎育ᄒᆞᄂᆞᆫ制度ᄅᆞᆯ見ᄒᆞ건ᄃᆡ必然히一定ᄒᆞᆫ
規則이有ᄒᆞ야童穉의父兄되ᄂᆞᆫ者로ᄒᆞ여곰其子女와弟姪을敎訓ᄒᆞ게ᄒᆞ며又但敎訓
ᄒᆞ기ᄅᆞᆯ命홀ᄲᅮᆫ아니라乃敎誨ᄒᆞᄂᆞᆫ處所ᄅᆞᆯ排鋪ᄒᆞ야願學ᄒᆞᄂᆞᆫ者ᄂᆞᆫ無碍히就學ᄒᆞ게
ᄒᆞ니其處所ᄂᆞᆫ學校ᄅᆞᆯ謂홈이라學校마다政府가先生을賓ᄒᆞ야就學ᄒᆞᄂᆞᆫ者ᄅᆞᆯ敎誨ᄒᆞ
게ᄒᆞᄃᆡ一切浮費ᄂᆞᆫ人民에게稅ᄅᆞᆯ收ᄒᆞ야擔當ᄒᆞᄂᆞ니其所入ᄒᆞᄂᆞᆫ各項用費ᄅᆞᆯ議ᄒᆞ건
ᄃᆡ先生祿俸과書冊購賓와學校築造며其外에도屢條의雜費니
二 先生祿俸을厚ᄒᆞ게ᄒᆞ기ᄂᆞᆫ先生이先生되ᄂᆞᆫ時日間에ᄂᆞᆫ他生涯에從事ᄒᆞ기不能ᄒᆞ고
但敎育ᄒᆞᄂᆞᆫ事務로其職分을作ᄒᆞᄂᆞᆫ지라然ᄒᆞᆫ故로其衣服과飮食으로브터日用事物
에至ᄒᆞ야些少라도窘塞ᄒᆞᆫ事端이無ᄒᆞ게홈이며又先生의先生되ᄂᆞᆫ緣由도自己의豐
足ᄒᆞᆫ知識과端正ᄒᆞᆫ行實로弟子敎誨ᄒᆞ기만爲홈아니라自己의蘊抱ᄒᆞᆫ才操로其合當

ᄒᆞᆫ禮幣ᄅᆞᆯ受ᄒᆞ야其生涯의方道ᄅᆞᆯ求홈이라
三 書冊購賓ᄅᆞᆯ豐足ᄒᆞ게ᄒᆞ기ᄂᆞᆫ貧人의子姪이書冊의無홈으로工夫ᄒᆞ기不能홀가念慮
ᄒᆞ야學校마다政府의財用으로書冊을貯蓄ᄒᆞ야就學ᄒᆞᄂᆞᆫ者에게供ᄒᆞ고不足ᄒᆞᆫ歎息
이無ᄒᆞ게홈이나然ᄒᆞ나此도亦一定ᄒᆞᆫ規模가無ᄒᆞ면保守ᄒᆞ기極難ᄒᆞᆯᄃᆡ라冊마다其
第一葉에讀者의姓名을附票ᄒᆞ고又一規ᄅᆞᆯ記ᄒᆞ야曰ᄒᆞᄃᆡ萬若此冊을讀ᄒᆞᄂᆞᆫ者가此
冊을見失ᄒᆞ든지致傷ᄒᆞ든지ᄒᆞᄂᆞᆫ時ᄂᆞᆫ此冊의本價ᄅᆞᆯ徵償ᄒᆞ리라홈이라
四 學校築造ᄅᆞᆯ議ᄒᆞ건ᄃᆡ深遠ᄒᆞᆫ意思와宏壯ᄒᆞᆫ排鋪며細密ᄒᆞᆫ經綸과昭詳ᄒᆞᆫ次序가具備
ᄒᆞ니一言으로其意ᄅᆞᆯ道盡ᄒᆞ기有難ᄒᆞᆫ者라然ᄒᆞ나大綱記錄ᄒᆞ노니築造ᄒᆞᆫ景像을華
麗히ᄒᆞ기ᄂᆞᆫ幼穉의向學心을引進ᄒᆞᄂᆞᆫ意思며工夫와遊息ᄒᆞᄂᆞᆫ時間을分明히酌定홈
은人의養生ᄒᆞᄂᆞᆫ道에有益ᄒᆞ기ᄅᆞᆯ爲홈이며學習ᄒᆞᄂᆞᆫ等級과敎誨ᄒᆞᄂᆞᆫ處所ᄅᆞᆯ明白히
磨鍊홈은凡百事務에紊亂홈이無ᄒᆞ기ᄅᆞᆯ爲홈이라
五 大槪學校의層數ᄂᆞᆫ四等에分ᄒᆞ니曰ᄒᆞᄃᆡ

始作ᄒᆞᄂᆞᆫ學校

文法學校

高等學校

大學校

六 始作ᄒᆞᄂᆞᆫ學校라稱ᄒᆞᄂᆞᆫ者ᄂᆞᆫ工夫始作ᄒᆞᄂᆞᆫ童穉를敎誨ᄒᆞᄂᆞᆫ處所니其敎誨ᄒᆞᄂᆞᆫ法이文字의創數로브터調音ᄒᆞᄂᆞᆫ聲韻과數學의始初며禽獸와草木의名號及貌樣과其所用이며自己本國의物産과地方의經緯度며幼穉의行實ᄭᆞ지至ᄒᆞᄃᆡ其先生되ᄂᆞᆫ者가恒常其性을順히ᄒᆞ야拂逆ᄒᆞᆷ이無ᄒᆞ고且工夫를過度히아니ᄒᆞ야厭症이無ᄒᆞ게ᄒᆞ며彙ᄒᆞ야幼穉의精神을養成ᄒᆞᆷ이라

七 文法學校ᄂᆞᆫ自己本國의言語行用ᄒᆞᄂᆞᆫ法과又其言語로文章構成ᄒᆞᄂᆞᆫ體格을敎誨ᄒᆞᄂᆞᆫ處所니其就學ᄒᆞᄂᆞᆫ童穉ᄂᆞᆫ曾始作ᄒᆞᄂᆞᆫ學校의工夫를卒業ᄒᆞᆫ者라其敎誨ᄒᆞᄂᆞᆫ法이學校의名稱ᄀᆞᆺ치文法이主張이나然이나數法의大紀로브터稍難ᄒᆞᆫ問題의解析이며地球의形像과其所以然ᄒᆞᆫ理致며晝夜와四時의緣由며江海山岳과雨露霜雪과風雹雷電과日月食及地震의大綱理致며其外에도天下各國의人種物産과政治歷史에及ᄒᆞᆷ이라

八 高等學校ᄂᆞᆫ文法學校의業을修ᄒᆞ고大學校에進코져ᄒᆞᄂᆞᆫ者를敎誨ᄒᆞᄂᆞᆫ處所니大槪

高等學校에ᄂᆞᆫ文法學校의卒業ᄒᆞᆫ者아니면其進ᄒᆞᆷ을不許ᄒᆞ고大學校에ᄂᆞᆫ高等學校의修業ᄒᆞᆫ者아니면其進ᄒᆞᆷ을亦不許ᄒᆞᄂᆞ니此ᄂᆞᆫ無他라修學ᄒᆞᄂᆞᆫ法에躐等ᄒᆞᄂᆞᆫ弊를不許ᄒᆞᆷ이라此學校의敎授ᄒᆞᄂᆞᆫ工課를略記ᄒᆞ건ᄃᆡ變化ᄒᆞᄂᆞᆫ數法과窮理ᄒᆞᄂᆞᆫ功用과史記와古詩의評論으로브터音樂과歌舞ᄒᆞᄂᆞᆫ法이며詩文의製述과軍士의組練과文籌ᄒᆞᄂᆞᆫ格式과測量學의始初며其外에도許多條目이亦有ᄒᆞᆷ이라

九 大學校에ᄂᆞᆫ其敎授ᄒᆞᄂᆞᆫ工課에不具ᄒᆞᆫ者가無ᄒᆞ니其學校許入ᄒᆞᄂᆞᆫ法이必先屢條의問目으로試驗ᄒᆞ야其才操와學識이足히大學校의工夫를修ᄒᆞᆯ者인然後에許入ᄒᆞ고不然ᄒᆞ면其工夫를加進ᄒᆞ기俟ᄒᆞ야後日에進入을許ᄒᆞᄂᆞᆫ지라其敎授ᄒᆞᄂᆞᆫ條目은就學ᄒᆞᄂᆞᆫ者의願ᄃᆡ로化學理學數學農學醫學金石學草木學禽獸學法律學器械學과以及各國의語學이오此外에도許多名目이有ᄒᆞ니枚擧ᄒᆞ기不遑ᄒᆞ거니와如此히大學校의工夫를卒業ᄒᆞᆫ後에學成ᄒᆞᆫ者가其成就ᄒᆞᆫ才操로人間의實事를從ᄒᆞ야生涯求ᄒᆞᄂᆞᆫ初程으로高明ᄒᆞᆫ步趨를進ᄒᆞ야生民의利用과厚生ᄒᆞᄂᆞᆫ道를擔負ᄒᆞᆷ이라

十 夫幼學ᄒᆞ기ᄂᆞᆫ壯行ᄒᆞ기를爲ᄒᆞᆷ이라今天下各國의修學ᄒᆞᄂᆞᆫ者의本心을審考ᄒᆞ건ᄃᆡ實效의有ᄒᆞ기를求ᄒᆞ고虛名을不願ᄒᆞᄂᆞᆫ故로工夫가篤實ᄒᆞ야人世의安樂과便利를

保助ᄒᆞ기로期待ᄒᆞ니敎誨ᄒᆞᄂᆞᆫ制度의眞實ᄒᆞᆷ은是를由ᄒᆞ야見ᄒᆞᆷ이亦可ᄒᆞᆫ지라古人의糠糟를拾取ᄒᆞ야實用ᄒᆞᄂᆞᆫ功力이無ᄒᆞᆯ딘ᄃᆡ雖曰工夫라ᄒᆞ나其實은아니니人間에貽害ᄒᆞᆷ이反多ᄒᆞᆫ故로主實ᄒᆞᆫ學業이人生의大道라

十一 泰西人이敎誨ᄒᆞᄂᆞᆫ道에如此히具備ᄒᆞᆯᄲᅮᆫ아니라養生ᄒᆞᄂᆞᆫ道에도極臻ᄒᆞ야大學校에ᄂᆞᆫ醫士를賓ᄒᆞ고學徒의年齒와身體와骨格을試究ᄒᆞ야不足ᄒᆞᆫ者를充補ᄒᆞ게ᄒᆞᄂᆞ니其道를暫記ᄒᆞ건ᄃᆡ各種器械로腕力과呼吸力과脚力과腰力과臟腑의氣力ᄭᆞ지試驗ᄒᆞ야此中에一이라도不足ᄒᆞᆫ者가有ᄒᆞᆫ則相當ᄒᆞᆫ運動을行ᄒᆞ게ᄒᆞᄂᆞ니假令腕力이不足ᄒᆞᆫ者ᄂᆞᆫ鐵椎를揮ᄒᆞ게ᄒᆞ고腰力이不足ᄒᆞᆫ者ᄂᆞᆫ引索ᄒᆞᄂᆞᆫ器械를隨ᄒᆞ야臥動ᄒᆞ게ᄒᆞ고脚力이不足ᄒᆞᆫ者ᄂᆞᆫ走法을習ᄒᆞ게ᄒᆞ며此外에도各其不足ᄒᆞᆫ者마다各其相當ᄒᆞᆫ器械와運動이有ᄒᆞ니其行ᄒᆞᄂᆞᆫ處所인則廣厦中에各樣器械를排鋪ᄒᆞ고學習ᄒᆞᆫ暇에時間을酌定ᄒᆞ야每日에幾次行ᄒᆞᄂᆞᆫ者라如此히行ᄒᆞᄂᆞᆫ運動이一二日內에其效驗의有ᄒᆞ기를求ᄒᆞᆷ아니오長久ᄒᆞᆫ歲月을閱歷ᄒᆞ야其功效를始現ᄒᆞᄂᆞᆫ故로始作ᄒᆞᄂᆞᆫ時ᄂᆞᆫ支離ᄒᆞᆫ想覺이反起ᄒᆞ나其一年後로브터ᄂᆞᆫ已往의辛苦ᄒᆞ든弱質과病氣가渙然히其減ᄒᆞᆷ을覺ᄒᆞᆫ다云ᄒᆞᆷ이라

十二 又童穉의遊戲ᄒᆞᄂᆞᆫ諸具를各學校에貯寘ᄒᆞ야學習ᄒᆞᆫ暇에任意로遊戲ᄒᆞ게ᄒᆞᄂᆞ니此ᄂᆞᆫ無他라人이恒常精力을費ᄒᆞ고血氣를不敷ᄒᆞ면養生ᄒᆞᄂᆞᆫ道에有害ᄒᆞᆯᄲᅮᆫ더러人은動物이라童穉의遊戲ᄂᆞᆫ難禁ᄒᆞᆯ者며且其遊戲를任寘ᄒᆞ고好道로引誘ᄒᆞᆷ이無ᄒᆞ면料量업ᄂᆞᆫ事端이必多ᄒᆞᆫ故로長者가먼저其性을順히ᄒᆞ야遊戲ᄒᆞᄂᆞᆫ時間을許諾ᄒᆞ고諸具로給與ᄒᆞ야荒雜ᄒᆞᆫ擧止가無ᄒᆞ고有益ᄒᆞᆫ運動을彙ᄒᆞ게ᄒᆞᆷ이라

十三 凡各學校에就學ᄒᆞᄂᆞᆫ年紀가完定ᄒᆞᆫ規模를立ᄒᆞᆷ은無ᄒᆞ나始作ᄒᆞᄂᆞᆫ學校에ᄂᆞᆫ五歲六歲로브터八九歲에至ᄒᆞ고文法學校에ᄂᆞᆫ九歲十歲로브터十四五歲에至ᄒᆞ고高等學校에ᄂᆞᆫ十四五歲로브터十七八歲에止ᄒᆞ며大學校인則工夫ᄒᆞᄂᆞᆫ者의學識을從ᄒᆞ야十八九歲로브터二十以上三十歲에至ᄒᆞᆷ이라

十四 又修學ᄒᆞᄂᆞᆫ年限도有ᄒᆞ니始作ᄒᆞᄂᆞᆫ學校에ᄂᆞᆫ特別히截嚴ᄒᆞᆫ定規가無ᄒᆞ나文法學校로브터ᄂᆞᆫ入學ᄒᆞᆫ次例로學術의階梯를定ᄒᆞ고超卓ᄒᆞᆫ者ᄂᆞᆫ等級을陞ᄒᆞ기도ᄒᆞ며庸劣ᄒᆞᆫ者ᄂᆞᆫ降ᄒᆞ기도ᄒᆞ야年限의等級을酌定ᄒᆞᄂᆞ니高等學校ᄂᆞᆫ文法學校에比ᄒᆞ건ᄃᆡ嚴峻ᄒᆞ야每朔考試ᄒᆞᄂᆞᆫ道로其修工ᄒᆞᄂᆞᆫ精誠을察驗ᄒᆞ고不得已ᄒᆞᆫ事故가有ᄒᆞ야一日이라도闕學ᄒᆞᆯ者ᄂᆞᆫ其父母의親筆로受由를請ᄒᆞ며又或童穉의行實이不善ᄒᆞ든지遊

戲가已甚ᄒᆞ든지ᄒᆞ면先生이條ᄅᆞᆯ逐ᄒᆞ야記實ᄒᆞ고每朔一次其父母에게遺ᄒᆞᄂᆞ니其票紙에ᄂᆞᆫ其童穉의工夫가如何ᄒᆞᆷ과行實이如何ᄒᆞᆷ이며又一朔에闕工ᄒᆞᆫ日子의數며又善行이有ᄒᆞ면亦記ᄒᆞᆫ지라童穉ᄂᆞᆫ其父母의筆跡과名啣紙ᄅᆞᆯ受ᄒᆞ야先生에게傳ᄒᆞᄂᆞ니此ᄂᆞᆫ童穉의行實과工夫ᄅᆞᆯ操束ᄒᆞ야詐僞와惡行이無ᄒᆞ게ᄒᆞᆷ이오及大學校에就ᄒᆞᆫ時ᄂᆞᆫ操束ᄒᆞᄂᆞᆫ道理에用心ᄒᆞᆯ者가無ᄒᆞ나然ᄒᆞ나學術의考試ᄒᆞᄂᆞᆫ事인則截嚴ᄒᆞᆫ中에周密ᄒᆞᆫ規制ᄅᆞᆯ用ᄒᆞᄂᆞᆫ者라此四等學校에各其年限을修學ᄒᆞᄂᆞᆫ常例로論ᄒᆞ면各四年이니然ᄒᆞᆫ故로人의修學ᄒᆞᄂᆞᆫ歲月이十六年이라始作ᄒᆞᄂᆞᆫ學校로大學校에至ᄒᆞ도록其學의成ᄒᆞᄂᆞᆫ時마다卒業狀을附與ᄒᆞᄂᆞ니此ᄂᆞᆫ學業의實地成就ᄅᆞᆯ證據ᄒᆞᆷ이라

十五 又此四等學校外에도各色學院이多ᄒᆞ니一人의私力으로設立ᄒᆞᆫ者도有ᄒᆞ며衆人의合力ᄒᆞ야建寘ᄒᆞᆫ者도有ᄒᆞ며政府의特立ᄒᆞᆫ者도亦有ᄒᆞᆫ지라大槩政府의特設ᄒᆞᆫ者ᄂᆞᆫ名目이不一ᄒᆞ나其中에敎論ᄒᆞᆯ者ᄂᆞᆫ師範學校라云ᄒᆞᄂᆞᆫ者니此校에ᄂᆞᆫ國中의有識ᄒᆞᆫ女子ᄅᆞᆯ敎誨ᄒᆞ야始作ᄒᆞᄂᆞᆫ學校의先生을作ᄒᆞᆷ이라

十六 何等學校든지公私ᄅᆞᆯ無論ᄒᆞ고必皆主任人이有ᄒᆞ니主任人은敎授ᄒᆞᄂᆞᆫ先生이아니라其學校近處에居住ᄒᆞᄂᆞᆫ老成人의有識ᄒᆞ고解事ᄒᆞᄂᆞᆫ者오其所掌ᄒᆞᆫ職分인則敎誨

ᄒᆞᄂᆞᆫ條目으로브터所入ᄒᆞᄂᆞᆫ雜費와凡百事務에至ᄒᆞᄃᆡ祿俸은無ᄒᆞ고又其學校의選行ᄒᆞᄂᆞᆫ規則은主任人과諸學徒의父母가會同ᄒᆞ야酌定ᄒᆞ나然ᄒᆞ나學校마다大畧相同ᄒᆞᆫ者라

十七 政府ᄂᆞᆫ每年에一次식各處學校에官員을派送ᄒᆞ야其操束ᄒᆞᄂᆞᆫ規則과敎授ᄒᆞᄂᆞᆫ制度ᄅᆞᆯ視察ᄒᆞ고私立ᄒᆞᆫ學校에用費가不足ᄒᆞᆫ者ᄂᆞᆫ給助金을賜ᄒᆞ기도ᄒᆞ더라

十八 特別히一條의記錄ᄒᆞᆯ者가有ᄒᆞ니大學校ᄂᆞᆫ人民의私力으로合ᄒᆞ야設立ᄒᆞᆫ者라其學校에修學ᄒᆞᆫ者든지主任人이든지家勢가富饒ᄒᆞ면其遺世ᄒᆞᄂᆞᆫ時에大財ᄅᆞᆯ寄附ᄒᆞ야講堂을築造ᄒᆞ든지學徒의幣金을分排充補ᄒᆞ든지又或學徒中貧者의幣金을全當ᄒᆞ게ᄒᆞᄂᆞ니大槩先生의祿俸인則我錢으로十萬兩에至ᄒᆞᄂᆞᆫ者도有ᄒᆞ며少ᄒᆞ야도一萬六千兩에ᄂᆞᆫ不下ᄒᆞ니學校의層級과弟子의員數로其分等이有ᄒᆞ기도ᄒᆞ나然ᄒᆞ나一定ᄒᆞᆫ額數로恒常不變ᄒᆞᄂᆞᆫ者도有ᄒᆞ더라

十九 大凡學校의規模와制度ᄂᆞᆫ如此ᄒᆞ거니와此外에各條의敎誨ᄒᆞᄂᆞᆫ事가不少ᄒᆞ니童穉의家內行實로論ᄒᆞ야도寢食ᄒᆞᄂᆞᆫ時間이有ᄒᆞ야一定ᄒᆞᆫ規例ᄅᆞᆯ不違ᄒᆞ고又花朝月夕의乘閑ᄒᆞᆫ遊步의際라도物ᄅᆞᆯ遇ᄒᆞ면輒誨ᄒᆞ고事ᄅᆞᆯ臨ᄒᆞ면輒警ᄒᆞ야敎育ᄒᆞᄂᆞᆫ道ᄅᆞᆯ不

捨ᄒᆞ며遊戲ᄒᆞᄂᆞᆫ諸具도不然ᄒᆞᆫ者가無ᄒᆞ야深長ᄒᆞᆫ意思ᄅᆞᆯ包蓄ᄒᆞᆷ이어늘貧者의童穉ᄂᆞᆫ其父母되ᄂᆞᆫ者가敎誨ᄒᆞ기不善ᄒᆞᄂᆞᆫ지라富饒ᄒᆞᆫ諸人이出斂ᄒᆞ야屋舍ᄅᆞᆯ精麗ᄒᆞ게築造ᄒᆞ며諸般戲具와書冊을貯寘ᄒᆞ고貧者의子女로拘碍업시來遊ᄒᆞ게ᄒᆞᄃᆡ此亦一定ᄒᆞᆫ時間이有ᄒᆞ며其時間은又必然端正ᄒᆞᆫ婦人이主張ᄒᆞ야童穉의荒雜ᄒᆞᆫ言行을禁止ᄒᆞᄂᆞ니然ᄒᆞᆫ故로富者의子女와貧者의幼穉가各自其家의養育ᄒᆞᄂᆞᆫ制度ᄂᆞᆫ差等이有ᄒᆞ나敎誨ᄒᆞᄂᆞᆫ規則에至ᄒᆞ야ᄂᆞᆫ分別이無ᄒᆞ더라

二十 如此ᄒᆞ게極臻ᄒᆞᆫ지라童穉의會遊ᄒᆞᄂᆞᆫ擧動을視察ᄒᆞ면草木禽獸의奇異ᄒᆞᆫ形勢와天地日月의深妙ᄒᆞᆫ理致ᄅᆞᆯ議論ᄒᆞ고國政의得失과國勢의强弱을講確ᄒᆞ며天下各國의山川風土人民政治ᄅᆞᆯ問答ᄒᆞ야各其學識의長短을較ᄒᆞ고聞見의廣狹을量ᄒᆞᄂᆞ니若玆히生長ᄒᆞᆫ지라人間物情에通透ᄒᆞ며行實이端正ᄒᆞ고知覺이豊足ᄒᆞ야他人의慢侮ᄅᆞᆯ不受ᄒᆞᆷ이니稱道ᄒᆞᆯ者가엇지此에不在ᄒᆞ리오

養兵ᄒᆞᄂᆞᆫ制度

一 軍士ᄂᆞᆫ民國을衛護ᄒᆞᄂᆞᆫ防備라外國의侵伐과內地의亂暴가有ᄒᆞᆫ則此ᄅᆞᆯ藉ᄒᆞ야保守

ᄒᆞᄂᆞᆫ方策과鎭壓ᄒᆞᄂᆞᆫ道理ᄅᆞᆯ行ᄒᆞᄂᆞ니私民이家舍ᄅᆞᆯ築ᄒᆞ야도墻籬ᄅᆞᆯ必寘ᄒᆞ야自衛ᄒᆞᄂᆞᆫ道ᄅᆞᆯ建ᄒᆞ거든一國을守ᄒᆞᄂᆞᆫ者가其備禦ᄒᆞᄂᆞᆫ策을不施ᄒᆞ면奈何로其可ᄒᆞ리오然ᄒᆞᆫ故로養兵ᄒᆞᄂᆞᆫ事가政府의當然ᄒᆞᆫ職分이어니와其强을自恃ᄒᆞ야弱ᄒᆞᆫ者ᄅᆞᆯ蔑視ᄒᆞ며其大ᄅᆞᆯ自矜ᄒᆞ야小ᄒᆞᆫ者ᄅᆞᆯ薄待ᄒᆞ기ᄂᆞᆫ軍士ᄅᆞᆯ設寘ᄒᆞᄂᆞᆫ本意아니오即是貪戾ᄒᆞᆫ野蠻의行實이니是以로軍士ᄂᆞᆫ一日이라도不備ᄒᆞ면不可ᄒᆞᄃᆡ百年에라도一用ᄒᆞᆷ은不願인則不獲已ᄒᆞ야設寘ᄒᆞ고其備의有ᄒᆞᆷ을示ᄒᆞᆯᄯᆞᄅᆞᆷ이라其設寘ᄒᆞᄂᆞᆫ制度가甚難ᄒᆞ니條目으로擧ᄒᆞ야論列ᄒᆞ건ᄃᆡ

二 軍士招募ᄒᆞᄂᆞᆫ法　大槩軍士招募ᄒᆞᄂᆞᆫ法은天下各邦이各其規模ᄅᆞᆯ隨ᄒᆞ야其異가有ᄒᆞ나然ᄒᆞ나其實은二法에不出ᄒᆞ니曰自願ᄒᆞᄂᆞᆫ法과曰公徵ᄒᆞᄂᆞᆫ法이라自願ᄒᆞᄂᆞᆫ法의規制ᄅᆞᆯ考ᄒᆞ건ᄃᆡ何人이든지軍士되기願ᄒᆞᄂᆞᆫ者가有ᄒᆞ면政府가取ᄒᆞ야軍額에充ᄒᆞ고他民을逼ᄒᆞ야兵役을服ᄒᆞ게ᄒᆞᄂᆞᆫ事가無ᄒᆞᆷ이오公徵ᄒᆞᄂᆞᆫ法의規制인則人民의貧富와貴賤을勿論ᄒᆞ고軍額에充ᄒᆞᄂᆞ니軍士의數ᄂᆞᆫ本來酌定이有ᄒᆞᆫ則國人이兵役을皆服ᄒᆞ기有難ᄒᆞᆫ故로籤取ᄒᆞᄂᆞᆫ者라此二法이皆三年으로服役ᄒᆞᄂᆞᆫ期限을定ᄒᆞ고初募ᄒᆞᄂᆞᆫ時에或十八歲以上으로取ᄒᆞᄂᆞᆫ者도有ᄒᆞ며二十一歲以上으로取ᄒᆞᄂᆞᆫ者도

有ᄒᆞᆫ뒤軍士되ᄂᆞᆫ者ᄂᆞᆫ疾病이無ᄒᆞ며氣骨이强壯ᄒᆞᆫ然後에其用에適ᄒᆞᄂᆞᆫ故로軍醫의診査를受ᄒᆞ야曰可ᄒᆞᆫ則軍額에始充ᄒᆞᄂᆞ니英吉利와合衆國은自願ᄒᆞᄂᆞᆫ法을主ᄒᆞᆫ뒤人民이各其邦家를爲ᄒᆞ야間逸ᄒᆞᆫ時에軍士의組練을習ᄒᆞᄂᆞᆫ故로國人에軍士아닌者가無ᄒᆞ며日耳曼과佛蘭西ᄂᆞᆫ公徵ᄒᆞᄂᆞᆫ法을主ᄒᆞᄂᆞᆫ故로政府가亦國中人民을令ᄒᆞ야一年에幾日은軍士의組練을習ᄒᆞ게ᄒᆞ니國家의有事ᄒᆞᆫ時를當ᄒᆞ면國人이亦皆赴戰ᄒᆞᄂᆞᆫ軍士라日本도公徵ᄒᆞᄂᆞᆫ法을取ᄒᆞ고近日은學校의書生을令ᄒᆞ야軍士의組練을私習ᄒᆞ게ᄒᆞᄂᆞᆫ者라

軍士의組練　軍士組練ᄒᆞᄂᆞᆫ法은天下各國이畧同ᄒᆞ니其坐作ᄒᆞᄂᆞᆫ擧動과進退ᄒᆞᄂᆞᆫ貌樣이며器械의用法을敎ᄒᆞ고騎兵과步兵을編成ᄒᆞᆫ뒤步兵에ᄂᆞᆫ工兵과砲兵과輜重兵의名號가有ᄒᆞ야各其相當ᄒᆞᆫ條目을特別히學習ᄒᆞ니工兵의職分은行軍ᄒᆞᄂᆞᆫ時를臨ᄒᆞ야水를遇ᄒᆞ면橋梁을架設ᄒᆞ고山을遇ᄒᆞ면道路를披開ᄒᆞ고接戰ᄒᆞᄂᆞᆫ時에軍用ᄒᆞᄂᆞᆫ電線과陣前에土城이오又軍中에關係ᄒᆞᄂᆞᆫ工作은亂時와平時의分別업시掌守ᄒᆞᆷ이며砲兵의職分은大砲를掌ᄒᆞᆫ者니行ᄒᆞᄂᆞᆫ時ᄂᆞᆫ馬에駄ᄒᆞ고戰ᄒᆞᄂᆞᆫ時ᄂᆞᆫ車에載ᄒᆞ야輪運ᄒᆞᄂᆞᆫ責望과發射ᄒᆞᄂᆞᆫ功用을擔負ᄒᆞᆷ이며輜重兵은軍中에應用ᄒᆞᄂᆞᆫ衣服과粮

草와器仗과帳幕의種類를運輸ᄒᆞᆷ과策應ᄒᆞᆷ이其擔任ᄒᆞᄂᆞᆫ職分이니如此ᄒᆞᆫ三兵의各任ᄒᆞᆫ職分이平時의練習을不行ᄒᆞ면卒然히亂時를當ᄒᆞ야齟齬ᄒᆞᆫ憂虞와差錯ᄒᆞᆫ念慮가不無ᄒᆞ야其職을盡ᄒᆞ기不能ᄒᆞᆫ故로必然히無事時의組練으로習ᄒᆞᆷ이오且騎兵의職分은軍中의有急ᄒᆞᆫ時를當ᄒᆞ야傳令과通信ᄒᆞᄂᆞᆫ者며又或機를應ᄒᆞ야步兵의救援되기도ᄒᆞ며敵兵을突擊ᄒᆞ기도ᄒᆞ야其責이甚大ᄒᆞ니亦平時의練習이有ᄒᆞ여야能ᄒᆞᆯ者라此ᄂᆞᆫ各兵의各其才技를修ᄒᆞᆷ이어니와陣法을不解ᄒᆞ면戰爭ᄒᆞᄂᆞᆫ時를當ᄒᆞ야亦且生疎ᄒᆞᆫ憂慮가有ᄒᆞᆫ故로乃一年에一次식習陣ᄒᆞᄂᆞᆫ規模가有ᄒᆞ니此ᄂᆞᆫ即陣法의組練이라國中의軍士를二分ᄒᆞ야甲乙兩陣이宛然히戰鬪ᄒᆞᄂᆞᆫ狀을行ᄒᆞ고防禦ᄒᆞᄂᆞᆫ策을設ᄒᆞᆫ뒤銃砲의裝藥은鐵丸을去ᄒᆞᆫᄯᆞ름이오奇兵을出ᄒᆞ야衝擊ᄒᆞᄂᆞᆫ景像과伏兵을埋ᄒᆞ야掩襲ᄒᆞᄂᆞᆫ貌樣이며山戰及野戰의節制로브터散戰及合戰의方略을敎誨ᄒᆞᆷ이라

軍士의行實　軍士ᄂᆞᆫ行實이有ᄒᆞᆫ然後에可ᄒᆞ니何人이行實의有ᄒᆞ기를不要ᄒᆞ리오마ᄂᆞᆫ軍士에至ᄒᆞ야ᄂᆞᆫ特別히有異ᄒᆞᆫ者ᄂᆞᆫ其職分이尋常ᄒᆞᆫ百姓과不同ᄒᆞᆫ緣故라人民을護衛ᄒᆞ기와國家를保守ᄒᆞ기에其責望의深ᄒᆞᆷ과權力의大ᄒᆞᆷ은人의共知ᄒᆞᄂᆞᆫ者니

實望과權力이如彼히深且大ᄒᆞᆫ딘뒤其行實도亦此를隨ᄒᆞ야緊重ᄒᆞᆫ者라身을端整히修ᄒᆞ며心을正直히持ᄒᆞ야人君에게忠誠ᄒᆞ고朋輩에게信實ᄒᆞ며一心으로國을尊ᄒᆞ야他人에게屈辱ᄒᆞᆷ을受ᄒᆞ기恥ᄒᆞ고上下의分義를固守ᄒᆞ며一毫라도營規를勿犯ᄒᆞᆯᄲᅮᆫ더러國法을謹愼히遵守ᄒᆞᆷ이可ᄒᆞ니夫人이徒黨을成ᄒᆞ면其中에不學無識ᄒᆞᆫ者도有ᄒᆞ며義理업서强暴ᄒᆞᆫ者도有ᄒᆞᆯ디라然ᄒᆞᆫ則力을矜ᄒᆞᄂᆞᆫ者와威를恣ᄒᆞᄂᆞᆫ者가不無ᄒᆞ야一二人의過失로衆人의曖昧ᄒᆞᆫ罪를成ᄒᆞ기容易ᄒᆞ고且或端正ᄒᆞᆫ者라도行實이未堅ᄒᆞ면一時의憤을因ᄒᆞ야其徒衆의威力을放恣히行ᄒᆞ기도ᄒᆞᄂᆞ니今夫軍士의徒黨은天下의最大ᄒᆞᆫ者라執修ᄒᆞᄂᆞᆫ行實이無ᄒᆞ면如彼ᄒᆞᆫ悖擧를豈免ᄒᆞ리오然ᄒᆞᆫ故로軍士ᄂᆞᆫ行實의有ᄒᆞᆷ이第一이니泰平ᄒᆞᆫ時로브터行實을修ᄒᆞ야營規와國法을遵奉ᄒᆞᆫ然後에有亂ᄒᆞᆫ時를當ᄒᆞ야도閭里에虜掠ᄒᆞᄂᆞᆫ弊와人民을殺害ᄒᆞᄂᆞᆫ惡이無ᄒᆞᆯ디라萬若軍士의行實이不具ᄒᆞᆫ딘뒤雖泰平ᄒᆞᆫ時라도邦家와人民에게害되기를盜賊이애셔甚ᄒᆞ야其騷擾ᄒᆞᆷ이亂世와同ᄒᆞ리니如是ᄒᆞ면組練의精ᄒᆞᆷ과器械의利ᄒᆞᆷ이有ᄒᆞ야도軍士라稱ᄒᆞ기不可ᄒᆞ고養虎ᄒᆞᄂᆞᆫ患을反遺ᄒᆞᆷ이라泰西各國이百年以前에軍士의行實이不善ᄒᆞᆷ으로國中이每樣擾惱ᄒᆞ야制御ᄒᆞᄂᆞᆫ方道가無ᄒᆞ더니其後에敎育ᄒᆞᄂᆞᆫ道

를漸務ᄒᆞ야軍士되ᄂᆞᆫ者로ᄒᆞ여곰其職分을守ᄒᆞ야整齊ᄒᆞᆫ規模를立ᄒᆞ기에至ᄒᆞᆷ이오日本의近日景像은軍士의節制가具備ᄒᆞ야騷擾ᄒᆞᆫ境에ᄂᆞᆫ不至ᄒᆞ나其行實의根本이不固ᄒᆞᆷ으로或時巡査와爭詰ᄒᆞᄂᆞᆫ弊가有ᄒᆞ며且年前에亂類를助ᄒᆞ야其政府를欲犯ᄒᆞᆫ軍士도有ᄒᆞᆷ이라此를從ᄒᆞ야觀ᄒᆞ건뒤軍士의行實이國家의關係에極大ᄒᆞᆫ者니天下에何邦이든지其强弱이實狀은軍士의行實高下에在ᄒᆞᆷ이라

將帥敎養ᄒᆞᄂᆞᆫ事　將帥의敎養이養兵ᄒᆞᄂᆞᆫ道에最重ᄒᆞᆫ條件이며至善ᄒᆞᆫ規模니大槩將帥가用兵ᄒᆞᄂᆞᆫ時에應變ᄒᆞᄂᆞᆫ智略과敵衆ᄒᆞᄂᆞᆫ勇猛은學ᄒᆞ야能ᄒᆞᆯ者아니로뒤此도聞見이博大ᄒᆞ며閱歷이久長ᄒᆞ야古今의事理에通達ᄒᆞ고將卒의規則에鍛鍊ᄒᆞ면全혀無識ᄒᆞᆫ者에比ᄒᆞᆯ배아니오將帥의職分과規模에至ᄒᆞ야ᄂᆞᆫ不學ᄒᆞ면不能ᄒᆞ니鍊兵ᄒᆞᄂᆞᆫ技를不學ᄒᆞ고能히ᄒᆞᆯ가學ᄒᆞᆯ者가此며排陣ᄒᆞᄂᆞᆫ法을不學ᄒᆞ고能히ᄒᆞᆯ가學ᄒᆞᆯ者가此며畵圖算術及器械의用法을不學ᄒᆞ고能히ᄒᆞᆯ가學ᄒᆞᆯ者가亦此며此外에도化學과外國言語와古人의嘉言善行으로브터歷史의興亡盛衰의理由를皆不知ᄒᆞ면不可ᄒᆞᆫ지라鍊兵ᄒᆞᄂᆞᆫ技ᄂᆞᆫ軍士指揮ᄒᆞ기를爲ᄒᆞᆷ이오排陣ᄒᆞᄂᆞᆫ法은戰場을臨ᄒᆞ야進失의無ᄒᆞ기를爲ᄒᆞᆷ이오畵圖를學ᄒᆞ기ᄂᆞᆫ戰地形便을考ᄒᆞ든지敵陣方位를探ᄒᆞ든지山川

險夷와道路遠近을精細模寫ᄒᆞ야大將에게報ᄒᆞ며軍士에게令ᄒᆞ야攻守의準備를作ᄒᆞ기爲홈이오算術을學ᄒᆞ기ᄂᆞᆫ敵軍을當ᄒᆞ거든其人衆의多少와距離의遠近을測度ᄒᆞ기와軍士를領ᄒᆞ거든自己의諸般事力을量定ᄒᆞ기爲홈이오器械의用法인則戰塲을臨ᄒᆞ야行ᄒᆞ기와破傷ᄒᆞᆫ者를改造ᄒᆞ기爲홈이오化學의工夫ᄂᆞᆫ深妙ᄒᆞᆫ境에透到ᄒᆞ기ᄂᆞᆫ不要ᄒᆞ야軍中에要緊ᄒᆞᆫ條件으로諸兵의飮水及火藥의種類를其本質의如何홈을審考ᄒᆞ기爲홈이오外國의言語ᄂᆞᆫ一條無益ᄒᆞᆫ工夫라謂홀듯ᄒᆞ나然ᄒᆞ나外國人을平時에樽俎으로相接ᄒᆞ든지戰時에干戈로相見ᄒᆞ든지言語로相通홀딘ᄃᆡ可히快活ᄒᆞᆫ一事라稱홀ᄲᅮᆫ더러平時에셔亂時의要用이니此를爲ᄒᆞ야學홈이오古人의言行과歷史의興亡에至ᄒᆞ야ᄂᆞᆫ不學홈이不可ᄒᆞᆫ者니愛君ᄒᆞᄂᆞᆫ忠誠과尊國ᄒᆞᄂᆞᆫ義氣에基礎를立ᄒᆞ며軌程을指홀ᄲᅮᆫ더러修身ᄒᆞᄂᆞᆫ道理와行事ᄒᆞᄂᆞᆫ知覺에有助ᄒᆞ야無識ᄒᆞᆫ武人의指目을不受ᄒᆞ리니其效가豈不大ᄒᆞ리오然ᄒᆞᆫ故로泰西各國이將材의培養을爲ᄒᆞ야武事學校를建ᄒᆞ고自願ᄒᆞᄂᆞᆫ者를敎育홀ᄉᆡ必先其保證을受ᄒᆞ야年紀와行實에欺詐의全無홈을立據ᄒᆞ고文學과算學의略干을試考ᄒᆞ야其才質의如何홈을審察ᄒᆞ고軍醫로其身을診視ᄒᆞ야惡病의不存홈을確知ᄒᆞ야此屢條가皆合ᄒᆞᆫ然後에入校ᄒᆞ기

를始許ᄒᆞ야上材ᄂᆞᆫ三四年이오下材ᄂᆞᆫ五六年에至ᄒᆞ도록受學ᄒᆞᄂᆞ니其修業ᄒᆞᄂᆞᆫ年間에도才操가不足ᄒᆞ야其學을成ᄒᆞ기不能홀者와才操ᄂᆞᆫ足ᄒᆞᄃᆡ工夫를不勉ᄒᆞᄂᆞᆫ者ᄂᆞᆫ出校ᄒᆞ며誠實히成功ᄒᆞᆫ者라도其初에授職ᄒᆞ기ᄂᆞᆫ下等官(我邦의 料飭)에不過ᄒᆞ며其後陞遷은公論과功勞와奮勤으로行ᄒᆞᄂᆞᆫ者라

軍士의器械　夫養兵ᄒᆞᄂᆞᆫ道ᄂᆞᆫ行實이第一이오組練이其次나然ᄒᆞ나器械가不精ᄒᆞ면軍士의職分을盡ᄒᆞ기亦不能ᄒᆞ니古人의兵器ᄂᆞᆫ近接ᄒᆞᆫ則刀鎗이오遠戰ᄒᆞᆫ則矢石의種類에不過ᄒᆞ더니今日에至ᄒᆞ야ᄂᆞᆫ不然ᄒᆞ야銃이世에一出ᄒᆞᆫ後로브터雖拔山ᄒᆞᄂᆞᆫ勇力과飛鳥ᄀᆞᆺ튼疾速이라도如是ᄒᆞᆫ人作의霹靂은抵敵ᄒᆞ기不能ᄒᆞ며避免ᄒᆞ기末由ᄒᆞᆫ지라必然히器械의精利홈이有ᄒᆞᆫ然後에其國을可保니却又兵器의精ᄒᆞᆫ者를議論ᄒᆞ면銃에過ᄒᆞᄂᆞᆫ者가無ᄒᆞ거니와銃이라ᄒᆞᄂᆞᆫ名色中에도其層數가不一ᄒᆞ야精麤利鈍의製造로其功用이懸殊ᄒᆞᆫ則戰時를臨ᄒᆞ야其勢가均ᄒᆞ며力이敵ᄒᆞ야도其勝負ᄂᆞᆫ器械가決ᄒᆞᄂᆞ니然ᄒᆞᆫ故로器械의不利ᄒᆞᆫ國은百萬의兵이雖有ᄒᆞ야도器械精利ᄒᆞᆫ者의一萬軍을抗敵ᄒᆞ기不能ᄒᆞ니是以로泰西各邦이兵器의製造에財費를不惜ᄒᆞ고理致를究格ᄒᆞ야各種의新異ᄒᆞᆫ者를鑄出ᄒᆞ나然ᄒᆞ나其法을全匿홈이無ᄒᆞ고他邦人

이라도願學ᄒᆞᄂᆞᆫ者가有ᄒᆞᆫ則許敎ᄒᆞ야其精利홈을天下에公布ᄒᆞᄃᆡ或人의言을諮ᄒᆞ니日耳曼의大砲ᄂᆞᆫ天下의第一利器라其製造ᄒᆞᄂᆞᆫ處所를願見ᄒᆞᄂᆞᆫ者가有ᄒᆞ면許諾ᄒᆞ나然ᄒᆞ나其神妙ᄒᆞᆫ機括은隱匿ᄒᆞᆫ다ᄒᆞ니此ᄂᆞᆫ日耳曼人의獨行ᄒᆞᄂᆞᆫ欠事아니라何邦이든지其兵器의神妙ᄒᆞᆫ機括은他人에게不傳ᄒᆞ거니와英吉利의大砲ᄂᆞᆫ一發에八萬斤力이有ᄒᆞ니其力의大홈이亦天下의第一이오其神妙ᄒᆞᆫ機를披示ᄒᆞ야도他邦人이能히模出ᄒᆞᄂᆞᆫ者가無ᄒᆞ다ᄒᆞ니此ᄂᆞᆫ英吉利人의能事라且兵器ᄂᆞᆫ國中에主用ᄒᆞᄂᆞᆫ者가均一ᄒᆞᆫ然後에亂雜ᄒᆞᆫ弊를免ᄒᆞᄂᆞᆫ故로精麤ᄂᆞᆫ姑舍ᄒᆞ고均一홈을先求ᄒᆞᄂᆞᆫ者라

軍醫의設寘　養兵ᄒᆞᄂᆞᆫ道에醫士를不寘ᄒᆞ면不可ᄒᆞᆫ者니平時에居ᄒᆞ야軍士의有病ᄒᆞᆫ者를治療ᄒᆞ고戰塲에赴ᄒᆞ야軍士의受傷ᄒᆞᆫ者를救濟ᄒᆞ며又軍士招募ᄒᆞᄂᆞᆫ時와敎養홀將材를擇出ᄒᆞᄂᆞᆫ地에其氣骨의强弱과疾病의有無를査驗ᄒᆞ기에其職이在ᄒᆞᆫ지라軍醫局을刱建ᄒᆞ야何營의軍士든지有病ᄒᆞ거든其局에就ᄒᆞ야治療를受ᄒᆞ며亂時를當ᄒᆞ야軍士를起發ᄒᆞ거나又平時라도要害地에屯駐ᄒᆞᆫ則兵部가此局의醫士를派送ᄒᆞᄂᆞ니泰西各國에醫術을崇尙ᄒᆞᄂᆞᆫ故로軍醫의職級도他府의官吏와同ᄒᆞ고祿俸도厚홈이라

軍士의支費　此費ᄂᆞᆫ國家의最大ᄒᆞᆫ歲出ᄒᆞᄂᆞᆫ財額이니軍士의飮食과衣服으로브터器械와料布와藥材며將帥의祿俸에至ᄒᆞ야皆政府의辦備ᄒᆞᄂᆞᆫ者라或曰ᄒᆞᄃᆡ國家의强弱이軍士支費의多寡에相關이無ᄒᆞ다ᄒᆞ나此ᄂᆞᆫ未達ᄒᆞᆫ者의言이니軍士의一動一靜이實狀은財物아니면不能홀ᄲᅮᆫ더러軍士의需用ᄒᆞᄂᆞᆫ百物은皆不可無ᄒᆞᆫ要件이라萬若財物이不足홀딘ᄃᆡ軍士ᄂᆞᆫ一日도養ᄒᆞ기不能ᄒᆞ리니支費의關係가엇디不重ᄒᆞ리오然ᄒᆞ나其所謂支費ᄂᆞᆫ必皆人民의賦稅를取홈인故로政府ᄂᆞᆫ節用ᄒᆞᄂᆞᆫ方道를經營ᄒᆞᄃᆡ過히吝嗇ᄒᆞᆫ則養兵ᄒᆞᄂᆞᆫ道를反失홈이니得中ᄒᆞ기를要홈이可ᄒᆞ거니와人民도養兵ᄒᆞᄂᆞᆫ支費를爲ᄒᆞ야其誠意를勤홈이可ᄒᆞ니政府의軍士를寘ᄒᆞ기ᄂᆞᆫ人民을爲홈인則其支費가實人民의擔當이라

養兵ᄒᆞᄂᆞᆫ道가如此히重大ᄒᆞ야一定ᄒᆞᆫ法으로必以ᄒᆞ고些少라도私情을不容ᄒᆞᄂᆞᆫ故로國人의貧富貴賤을無論ᄒᆞ고軍士의組練에通達ᄒᆞ야若國家의有事ᄒᆞᆫ時를當ᄒᆞ면百姓마다軍士아닌者가無홈이오又其將帥되ᄂᆞᆫ者인則必然其工夫가有ᄒᆞᆫ然後에其職責을堪當홀디라然홈으로工夫업ᄂᆞᆫ者ᄂᆞᆫ將帥의地位를希冀ᄒᆞ기不敢ᄒᆞ야勢力이有ᄒᆞ야도膴地로軍士의紀綱을紊亂ᄒᆞ기不能ᄒᆞ니萬若將帥의工夫업ᄂᆞᆫ者가將帥의

地位를居ᄒᆞᆯ딘ᄃᆡ雖其應變ᄒᆞ고制敵ᄒᆞᄂᆞᆫ智略은有ᄒᆞ나鍊兵ᄒᆞ고排陣ᄒᆞᄂᆞᆫ規制에ᄂᆞᆫ昧ᄒᆞᆯ디라兵部의大官과都督의職任은部下의將帥를指揮ᄒᆞ야智慧잇기를崇尙ᄒᆞᄂᆞᆫ故로工夫의有無ᄂᆞᆫ姑舍ᄒᆞ고才局의大小를先問ᄒᆞᆷ이라

天下諸邦에軍士의數를三四年前의考錄으로見ᄒᆞ건ᄃᆡ

英吉利	四十六萬四千九十二人 鄕勇及義勇兵의合ᄒᆞᆫ數
佛蘭西	五十萬二千八百六十六人
日耳曼	四十二萬七千二百四十一人
伊太利	十七萬人
墺地利	二十六萬七千五人
俄羅斯	七十八萬八十一人
荷蘭	十萬人
西班牙	十萬人
白耳義	十萬四千六百八十三人
瑞典 諸威	五萬六千八百十四人
丁抹	五萬五百五十二人
合衆國	二萬七千一百七十七人
墨西哥	二萬二千人
巴西	十三萬五千人
智利	六萬五千七百五十人
亞然丁	三十萬七千四百人

此錄으로考ᄒᆞ건ᄃᆡ大邦의軍額이小國에比ᄒᆞ야反少ᄒᆞᆫ者가有ᄒᆞ니此ᄂᆞᆫ常備軍의數를謂ᄒᆞᆷ이라其國의景況을隨ᄒᆞ야不齊ᄒᆞᆫ者어니와戰時를當ᄒᆞ면何邦이든지其人民이皆軍役에服ᄒᆞᄂᆞᆫ故로國의大小로軍의强弱이有호ᄃᆡ此도亦或不然ᄒᆞ야富饒ᄒᆞᆫ國은雖小ᄒᆞ야도大國의貧惰ᄒᆞᆫ者에셔倍强ᄒᆞ기도ᄒᆞ니是를由ᄒᆞ야尋考ᄒᆞ면天下의大勢를揣及ᄒᆞᆯ듯

今此諸邦의養兵ᄒᆞᄂᆞᆫ支費를考閱ᄒᆞ건ᄃᆡ極多ᄒᆞᆫ者가我錢으로打計ᄒᆞ야十八億二千三百七十萬五千七百兩에至ᄒᆞ나然ᄒᆞ나此ᄂᆞᆫ皆人民의賦稅를從ᄒᆞᄂᆞᆫ者니各國人民의養兵ᄒᆞ기爲ᄒᆞ야呈納ᄒᆞᄂᆞᆫ稅를平均數로每人의分排ᄒᆞᄂᆞᆫ數를記ᄒᆞ면

國名	每一人의呈納ᄒᆞᄂᆞᆫ養兵費
佛蘭西	一百兩
英吉利	九十二兩二錢
荷蘭	八十八兩二錢
日耳曼	五十七兩一錢四分
俄羅斯	五十兩八錢
丁抹	四十三兩二錢
伊太利	三十六兩二錢
墺地利	三十三兩二錢
白耳義	三十七兩六錢
瑞典 諸威	二十四兩

國家의防備가陸地에만不在ᄒᆞ고水軍이無ᄒᆞ면不可ᄒᆞᆫ故로泰西各邦이水軍을設寘ᄒᆞ야其强弱을判斷ᄒᆞ니其規도陸軍의敎養ᄒᆞᄂᆞᆫ道와同ᄒᆞ나其條目은水陸의異가有ᄒᆞᆫ지라明細ᄒᆞᆫ記錄은不煩ᄒᆞ노니其職分을略擧ᄒᆞ건ᄃᆡ本國의海邊을護衛ᄒᆞ야敵人의侵伐을備禦ᄒᆞ며外國의條約을訂結ᄒᆞ야商賈의權利를保守ᄒᆞᄂᆞ니今夫天下各國의兵船의數를記ᄒᆞ건ᄃᆡ

英吉利	二百二十七隻
佛蘭西	三百六十六隻
俄羅斯	三百七十九隻
伊太利	七十兩隻
日耳曼	五十隻
墺地利	四十隻
瑞典 諸威	八十三隻
丁抹	四十四隻
西班牙	一百三十四隻

荷蘭 一百七隻
葡萄牙 三十九隻
希臘 十六隻
合衆國 九十三隻
智利 十隻
中國 七十隻有餘
日本 四十隻有餘

此錄으로據ᄒᆞ면兵船의數가各國의異同이有ᄒᆞ니其支費ᄂᆞᆫ亦人民의稅中으로從出ᄒᆞᄂᆞᆫ者나然ᄒᆞ나國中의商賈가蕃殖ᄒᆞ면足히其費用ᄒᆞᆫ效驗을獲ᄒᆞᄂᆞᆫ지라然ᄒᆞᆫ故로商賈의不盛ᄒᆞᆫ邦國은海軍도强大ᄒᆞ기不能ᄒᆞᆫᄃᆡ惟合衆國은海軍을不務ᄒᆞ야他國이어셔少ᄒᆞᆷ이오商賈의不大ᄒᆞᆷ을因緣ᄒᆞᆷ은아니니近日에至ᄒᆞ야合衆國人民이海軍의不盛ᄒᆞᆷ을憂ᄒᆞ야兵船增賓ᄒᆞᄂᆞᆫ議論을倡ᄒᆞ야其政府를勸ᄒᆞ더라

西遊見聞第九編 終

一

西遊見聞第十編

貨幣의大本

夫貨幣ᄂᆞᆫ國家의命脈이오生民의氣血이라百物의標準을立ᄒᆞ야販購의媒介를行ᄒᆞᄂᆞ니其功德은可히大ᄒᆞ다謂ᄒᆞᆯ디로다今此에二人이有ᄒᆞ야一人은布를持ᄒᆞ고一人은粟을持ᄒᆞ야布粟의相易ᄒᆞᄂᆞᆫ道를欲行ᄒᆞᆷ애布一尺에粟의幾何를授ᄒᆞᆷ과粟一斗에布의幾何를授ᄒᆞᆷ은貨幣의價値를準ᄒᆞ야其多少를定ᄒᆞᆫ則此ᄂᆞᆫ布一尺의長이其長을有ᄒᆞᆷ아니라乃貨幣가其尺을尺ᄒᆞᆷ이오粟一斗의多가其多를有ᄒᆞᆷ아니라亦貨幣가其斗를斗ᄒᆞᆷ이니貨幣의標準이若無ᄒᆞ면布粟의換授ᄒᆞᄂᆞᆫ分量이茫如ᄒᆞ야摸據ᄒᆞᄂᆞᆫ方便이甚難ᄒᆞᆯ디로ᄃᆡ猶幸粟과布가相要ᄒᆞ야其售求ᄒᆞᄂᆞᆫ願을偕適ᄒᆞᆷ이어니와若有布者ᄂᆞᆫ粟을要ᄒᆞᆫᄃᆡ有粟者ᄂᆞᆫ布를不要ᄒᆞᆫ則有布者ᄂᆞᆫ其勢가他人의不欲ᄒᆞᄂᆞᆫ바를强ᄒᆞ기不能ᄒᆞᆫ지라乃其布를携ᄒᆞ고場市上에彷徨ᄒᆞ야要布者를求ᄒᆞ야其布를授ᄒᆞ고有粟者의所要를持返ᄒᆞ야自己의所要ᄒᆞᄂᆞᆫ粟과始換ᄒᆞ리니奚獨布粟이然ᄒᆞ리오萬物이皆然ᄒᆞᆷ이라宇內萬方의古今景況을歷考ᄒᆞ건ᄃᆡ貨幣의用이不一ᄒᆞ야或璮을用ᄒᆞ

二

며或寶玉을用ᄒᆞ며或貝를用ᄒᆞ며或獸皮를用ᄒᆞ며或茶를用ᄒᆞ며或牛羊을用ᄒᆞ며或銅鐵을用ᄒᆞ며或金銀을用ᄒᆞᄂᆞ니夫天下의何物이든지立ᄒᆞ야其標準의用을作ᄒᆞᆫ則不可ᄒᆞᆷ이無ᄒᆞ나然ᄒᆞ나諸物의中에金銀이最佳ᄒᆞ야貨幣의本에適ᄒᆞᆫ者ᄂᆞᆫ其故가七이有ᄒᆞ니

一 其品質이寶重ᄒᆞᆷ이오
二 輸載ᄒᆞ기便易ᄒᆞᆷ이오
三 消耗ᄒᆞᆷ이無ᄒᆞᆷ이오
四 品質이均一ᄒᆞᆷ이오
五 細分ᄒᆞ기適合ᄒᆞᆷ이오
六 價値의低昻이不甚ᄒᆞᆷ이오
七 認識ᄒᆞ기不難ᄒᆞᆷ이니

如是ᄒᆞᆫ故로金銀을擧ᄒᆞ야貨幣의道를立ᄒᆞᆷ이可ᄒᆞᆫᄃᆡ其通用ᄒᆞᄂᆞᆫ方은屑로以ᄒᆞᆷ도不可ᄒᆞ고塊로以ᄒᆞᆷ도不便ᄒᆞᆫ지라乃一定ᄒᆞᆫ衡度를執ᄒᆞ야其價를定ᄒᆞ며其形은必圓ᄒᆞ고周邊ᄒᆞᆫ輪郭은略高ᄒᆞ며鉅齒의形으로環ᄒᆞ야摩損ᄒᆞᄂᆞᆫ弊를防ᄒᆞ고前後兩面에奇

巧ᄒᆞᆫ華紋과邦國의名號及其量定ᄒᆞᆫ價値ᄅᆞᆯ印出ᄒᆞ야贋造의患을杜ᄒᆞ며又他邦의貨에辨別ᄒᆞᄂᆞᆫ道와一片의實에容受ᄒᆞᆫ量을立ᄒᆞᆷ이니夫貨幣ᄂᆞᆫ邦國의大權이라私民의自鑄ᄅᆞᆯ聽許ᄒᆞᆷ이不可ᄒᆞ며且一人一家의事力으로行ᄒᆞ기極難ᄒᆞ고設使能히行ᄒᆞ야도其紛亂ᄒᆞᆫ源과奸僞의竇가滋生ᄒᆞ야其弊害ᄅᆞᆯ不勝ᄒᆞᆯ디라政府가乃一官司ᄅᆞᆯ設ᄒᆞ야其鼓鑄ᄒᆞᄂᆞᆫ事ᄅᆞᆯ掌ᄒᆞᄂᆞ니其屋舍의設寘와器械의費用과官吏의祿俸과工匠의雇貨ᄂᆞᆫ其無ᄒᆞᆷ이不可ᄒᆞᆫ則何處ᄅᆞᆯ從ᄒᆞ야辦出ᄒᆞ리오金의稱重으로其實에相適ᄒᆞᆫ價値ᄅᆞᆯ定ᄒᆞ야通行ᄒᆞᄂᆞᆫ標準을作ᄒᆞ니然ᄒᆞᆫ故로金을謂ᄒᆞ야曰元貨며銀은金에較ᄒᆞ야積倍ᄒᆞᆫ分量으로其實ᄅᆞᆯ比同ᄒᆞ야通行ᄒᆞᄂᆞᆫ貨幣ᄅᆞᆯ作호ᄃᆡ金의不敷ᄒᆞᆷ을補助ᄒᆞ니是以로銀은曰補助貨라金銀의品質이本來柔軟ᄒᆞ야印鑄ᄒᆞᆫ本形을保耐ᄒᆞ기不久ᄒᆞᆫ故로其百分의一二ᄂᆞᆫ銅으로樞和ᄒᆞ야其質을堅剛히호ᄃᆡ此ᄂᆞᆫ利되기不足ᄒᆞ며且金銀의實ᄂᆞᆫ人生의些忽ᄒᆞᆫ受授에行ᄒᆞ기不能ᄒᆞᆫ則乃銅을取ᄒᆞ야貨幣의道에用ᄒᆞᆯ식其百으로金或銀의一을當ᄒᆞ야銅의百以上은金或銀을行ᄒᆞ고金或銀의一以下ᄂᆞᆫ銅을行ᄒᆞ니是ᄅᆞᆯ由ᄒᆞ야銅은曰小貨나然이나惟銅은其百의入을不入ᄒᆞ고其百을鑄ᄒᆞᆫ則其利가博ᄒᆞ야鼓鑄ᄒᆞᄂᆞᆫ工費ᄅᆞᆯ充ᄒᆞᆷ이라

紙幣ᄂᆞᆫ金貨의代에片紙ᄅᆞᆯ用ᄒᆞᄂᆞᆫ者니其紙ᄂᆞᆫ奇巧ᄒᆞᆫ紋과酌定ᄒᆞᆫ價ᄅᆞᆯ印ᄒᆞ야僞造ᄒᆞᄂᆞᆫ奸竇ᄅᆞᆯ塞ᄒᆞᆷ이라其價가金五十元或百元以上의價에至ᄒᆞᄂᆞᆫ者ᄂᆞᆫ銀行票라謂ᄒᆞ고惟一二元의價에至ᄒᆞᄂᆞᆫ者ᄂᆞᆫ紙幣라稱ᄒᆞᄂᆞ니英吉利佛蘭西等國에ᄂᆞᆫ紙幣가無ᄒᆞ고惟銀行票ᄅᆞᆯ行用ᄒᆞ며北阿美利加洲合衆國ᄂᆞᆫ紙幣의通行이有ᄒᆞᆫ者라此銀行票及紙幣ᄂᆞᆫ政府銀行局의發出ᄒᆞᄂᆞᆫ者니然則其發出ᄒᆞᄂᆞᆫ票及紙幣의原金은銀行局에備貯ᄒᆞᆷ이正當ᄒᆞᆫ理로ᄃᆡ或政府의信이未敷ᄒᆞᆫ則其價의低落이隨至ᄒᆞᄂᆞᆫ故로邦國의貧富도此ᄅᆞᆯ由ᄒᆞ야覘ᄒᆞᄂᆞ니往時英吉利의銀行票ᄂᆞᆫ其價가九十三(千兩銀行票ᄅᆞᆯ賣ᄒᆞᆫ則九百三十兩이라)이오佛蘭西의銀行票ᄂᆞᆫ其價가七十이오俄羅斯의銀行票ᄂᆞᆫ其價가亦七十이오西班牙의銀行票ᄂᆞᆫ其價가單五며荷蘭의銀行票ᄂᆞᆫ其價가百一(此ᄂᆞᆫ政府의命令이信實ᄒᆞᆫ故로其一이反加ᄒᆞ니)이니今에至ᄒᆞ야ᄂᆞᆫ其低昂의如何ᄅᆞᆯ的言ᄒᆞ기不能ᄒᆞ고且合衆國의史牒을稽考ᄒᆞᆫ則獨立戰時에政府가元金의貯寘ᄂᆞᆫ無ᄒᆞ고紙幣의發行이太過ᄒᆞ야人民이不信ᄒᆞᄂᆞᆫ故로其價가日로低下ᄒᆞᄂᆞᆫ勢ᄅᆞᆯ催ᄒᆞ야紙四十애金一을換ᄒᆞ기도不能ᄒᆞᆫ境에至ᄒᆞ더니其後에其法으로漸濟ᄒᆞ야今日의富盛ᄒᆞᆫ基業을立ᄒᆞᆷ이라

政府의信義가素著ᄒᆞ고經濟가確定ᄒᆞ야人民이相孚ᄒᆞᄂᆞᆫ時ᄂᆞᆫ銀行局의原金을不備

ᄒᆞ야도銀行票及紙幣의發行ᄒᆞᄂᆞᆫ法이有ᄒᆞ니其法을普論ᄒᆞ건ᄃᆡ富饒ᄒᆞᆫ者가其金을放貸ᄒᆞ기欲ᄒᆞᆫ則政府가民間의通行ᄒᆞᄂᆞᆫ三四分利息으로其金을取ᄒᆞ야銀行局의元金을作ᄒᆞ고若其金主가其返償을願ᄒᆞᄂᆞᆫ時ᄂᆞᆫ政府가即時其元錢과利息을俱ᄒᆞ야返還호ᄃᆡ但其元錢四百分의一을收ᄒᆞ야出入ᄒᆞᄂᆞᆫ勞ᄅᆞᆯ酬ᄒᆞᄂᆞ니此ᄂᆞᆫ政府의建寘ᄒᆞᄂᆞᆫ銀行局의常法이오又人民이政府의許準을得ᄒᆞ야銀行局을設ᄒᆞ고銀行票發出ᄒᆞᄂᆞᆫ法이有ᄒᆞ야其規가政府의銀行局과略同호ᄃᆡ惟其判異ᄒᆞᆫ條件은私民銀行局의票ᄂᆞᆫ其通用이各人의意ᄅᆞᆯ任ᄒᆞ야取ᄒᆞ기不欲ᄒᆞᄂᆞᆫ者ᄅᆞᆯ强逼ᄒᆞ야是ᄅᆞᆯ取用ᄒᆞ게ᄒᆞᄂᆞᆫ權이無ᄒᆞ고政府銀行局의票ᄂᆞᆫ現金과同ᄒᆞ야全國人民이其通用을拒ᄒᆞ기不得ᄒᆞᄂᆞᆫ者니是ᄅᆞᆯ由ᄒᆞ야觀ᄒᆞ건ᄃᆡ紙幣의用이其道ᄅᆞᆯ善ᄒᆞ면金銀의流行을代ᄒᆞ야輪運의便利ᄅᆞᆯ助ᄒᆞ며又經濟ᄒᆞᄂᆞᆫ道에도大關係가存ᄒᆞ니假令火銷水沉ᄒᆞᄂᆞᆫ災厄이有ᄒᆞᆫ則不幸ᄒᆞᆫ其人一己의損失이오銀行局의貯寘ᄒᆞᆫ元金은自在ᄒᆞ야世間의寶ᄂᆞᆫ不減ᄒᆞ고其銷沉ᄒᆞᆫ者ᄂᆞᆫ金銀의虛影이어니와若其法이不善ᄒᆞ야備貯ᄒᆞᆫ元金은少ᄒᆞ고發行ᄒᆞᆫ票幣가多ᄒᆞᆫ則片紙虛金이名實의不符ᄒᆞᆷ으로人民이是ᄅᆞᆯ不信ᄒᆞ야其通行ᄒᆞᄂᆞᆫ道가塞ᄒᆞ리니如是ᄒᆞ면農이惰ᄒᆞ며工이息ᄒᆞ야製造ᄒᆞᄂᆞᆫ業이廢ᄒᆞ고商이絕ᄒᆞ며市가閉ᄒᆞ야貿易

ᄒᆞᄂᆞᆫ功이抑ᄒᆞ야民生의大禍ᄅᆞᆯ釀成ᄒᆞᄂᆞᆫ故로政府의克愼ᄒᆞᄂᆞᆫ道가此에在ᄒᆞᆷ이라

盖貨幣ᄂᆞᆫ一國의主權을表揭ᄒᆞᄂᆞᆫ大物이니是以로其鼓鑄ᄒᆞᄂᆞᆫ權은惟中央大政府의掌握에在ᄒᆞᆫ者라全國中에通行ᄒᆞᄂᆞᆫ貨幣ᄂᆞᆫ何物로其標準을立ᄒᆞ든지均一ᄒᆞ기로先務ᄅᆞᆯ作ᄒᆞ고旣均ᄒᆞᆫ則又精ᄒᆞ기로要旨ᄅᆞᆯ作ᄒᆞ야均且精ᄒᆞᆫ然後에民國이俱便ᄒᆞ야貨幣의道가大備ᄒᆞ다始謂ᄒᆞᆯ디니經濟人이云호ᄃᆡ貨幣가不均ᄒᆞ면民이其弊ᄅᆞᆯ受ᄒᆞ고貨幣가不精ᄒᆞ면國이其病을受ᄒᆞ며不均不精ᄒᆞ면民國이其害ᄅᆞᆯ共受ᄒᆞᆫ다ᄒᆞ니此言을細味ᄒᆞ건ᄃᆡ其意가明確ᄒᆞ며其理가昭著ᄒᆞ야坐談ᄒᆞᄂᆞᆫ虛論아니오施用ᄒᆞᄂᆞᆫ實學을從ᄒᆞ야流出ᄒᆞᆫ大旨라然ᄒᆞᆫ故로財貨ᄅᆞᆯ善理ᄒᆞᄂᆞᆫ者ᄂᆞᆫ生民의普同ᄒᆞᆫ氣血을滋和ᄒᆞ며邦國의活動ᄒᆞᄂᆞᆫ命脈을調順ᄒᆞ야其標準의體와媒介의用을不違ᄒᆞ고均精ᄒᆞᆫ大道ᄅᆞᆯ立ᄒᆞᆷ이라

法律의公道

夫法律은大衆의秩序ᄅᆞᆯ維持ᄒᆞᄂᆞᆫ大具니邦國이是가無ᄒᆞ면亂ᄒᆞ고人類가是가無ᄒᆞ면悖ᄒᆞᄂᆞᆫ지라然ᄒᆞᆫ故로世界의何邦이든지其智愚等級의高下ᄅᆞᆯ勿論ᄒᆞ고各其相稱

一

ᄒᆞᆫ法律이有ᄒᆞ야人民의相與ᄒᆞᄂᆞᆫ權利를保守ᄒᆞᆷ이로ᄃᆡ其道의善否ᄂᆞᆫ亦且智愚의等級을隨ᄒᆞᄂᆞ니自然ᄒᆞᆫ道理에基礎ᄒᆞ야人世의綱紀를立ᄒᆞ기ᄂᆞᆫ同然ᄒᆞᆫ者나然ᄒᆞ나古今의變遷ᄒᆞᆫ時代와彼此의殊異ᄒᆞᆫ風俗으로隨應ᄒᆞᄂᆞᆫ衡度가各便ᄒᆞᆫ關係를起ᄒᆞ야各國의不齊ᄒᆞᆷ과地方의參差ᄒᆞᆷ이自生ᄒᆞᆷ이라法律의本意를推究ᄒᆞ건ᄃᆡ正直ᄒᆞᆫ道를勸ᄒᆞ며寃抑ᄒᆞᆫ事를平ᄒᆞ기에在ᄒᆞ니輿衆이各其相等ᄒᆞᆫ地位에立ᄒᆞ야相司ᄒᆞᆫ職이無ᄒᆞᆫ則是非의分辨과善惡의褒懲이一人의干涉에ᄂᆞᆫ自己의主見을任從ᄒᆞᆷ이或可ᄒᆞ나萬衆飛遠走ᄒᆞ야獨處ᄒᆞ기不能ᄒᆞ고林蔥ᄒᆞᆫ羣生이熙穰ᄒᆞᄂᆞᆫ中間에芸然雜居ᄒᆞ니千萬般事物의營逐과交接이絲의棼ᄒᆞᆷ과蝟의集ᄒᆞᆷ이라其競爭을操縱ᄒᆞ며習尙을宰制ᄒᆞ야莫相犯ᄒᆞᄂᆞᆫ界域을明定ᄒᆞ고毋相奪ᄒᆞᄂᆞᆫ科條를嚴立ᄒᆞ야倫紀를是正ᄒᆞ며俗趨를是糾ᄒᆞ기ᄂᆞᆫ匹夫의私力으로不能ᄒᆞᆫ者오必公衆의同尊ᄒᆞᄂᆞᆫ者라야可ᄒᆞᆫ故로法律의權은王者에게在ᄒᆞᆫᄃᆡ王者의是權을有ᄒᆞᆷ도人民의自守ᄒᆞ기不能ᄒᆞᆫ大權을合執ᄒᆞ야保護ᄒᆞᄂᆞᆫ道와導齊ᄒᆞᄂᆞᆫ政을行ᄒᆞᆷ이니土地의廣ᄒᆞᆷ과人民의衆ᄒᆞᆷ으로王者一人이能히其政과其道를獨行ᄒᆞ기不能ᄒᆞᆫ則政府를命ᄒᆞ야法律을定ᄒᆞ고官吏를命ᄒᆞ야是를掌ᄒᆞ니此ᄂᆞᆫ曰司法官이라其官은王者의命令을奉ᄒᆞ며政府의法律을守ᄒᆞ야天下의公

二

道를保存ᄒᆞᆷ으로其職守를作ᄒᆞᄂᆞᆫ故로法을犯ᄒᆞᄂᆞᆫ者가有ᄒᆞ면貴賤과貧富를不顧ᄒᆞ고其當行ᄒᆞᄂᆞᆫ律을必行ᄒᆞ야人間의不平을平ᄒᆞᄂᆞ니如是ᄒᆞᆫ지라貴ᄒᆞ기公卿에至ᄒᆞ고富ᄒᆞ기王侯를擬ᄒᆞᄂᆞᆫ者라도其身이法官아니오但其威勢를恣ᄒᆞ야貧賤ᄒᆞᆫ者를捉捕私刑ᄒᆞᆫ則此ᄂᆞᆫ國權을濫行ᄒᆞ고王法을亂用ᄒᆞᆷ이라

法律의設有ᄒᆞᆷ은敎化의不及ᄒᆞᆫ處를備ᄒᆞᆷ이니天下各人이各其身命財産及名譽를正直ᄒᆞᆫ道로守ᄒᆞ야安寧ᄒᆞᆫ樂를享ᄒᆞ기ᄂᆞᆫ禮義廉恥의四維가張ᄒᆞ야敎化의大本이立ᄒᆞᆷ이로ᄃᆡ無道의悖亂ᄒᆞᆫ徒와不義의暴橫ᄒᆞᆫ輩가隙을伺ᄒᆞ며釁을乘ᄒᆞ야其發을恣ᄒᆞᄂᆞᆫ者가往往其有ᄒᆞᆷ이不無ᄒᆞ니此를制ᄒᆞ기ᄂᆞᆫ法律에在ᄒᆞ나然ᄒᆞ나法律도其豫備ᄒᆞᆫ主旨ᄂᆞᆫ民人의罪戾를未然에防ᄒᆞᆷ이오刑罰의用에至ᄒᆞ야其已然ᄒᆞᆫ者를懲ᄒᆞᆷ인則犯의大小를由ᄒᆞ야刑의輕重이有ᄒᆞ니夫刑의適度ᄂᆞᆫ權衡과同ᄒᆞ야些少의過不及으로輕重이懸殊ᄒᆞᆫ지라或人이云ᄒᆞᆫᄃᆡ無罪者의橫罹가有罪者의倖免과無異ᄒᆞᆫ則執法人의謹愼이玆를念ᄒᆞ야玆에在ᄒᆞᆷ이可ᄒᆞ다ᄒᆞ니然ᄒᆞᆫ故로大聖人은其刑이嗣에不及ᄒᆞ고又曰罪人의妻孥를不收라ᄒᆞᆷ이며且如是ᄒᆞᆫ中에도罪案을審愼ᄒᆞ야死中에生을求ᄒᆞ고犯證이的實ᄒᆞᆫ則雖親愛ᄒᆞᄂᆞᆫ者라도法을枉ᄒᆞ야恩을伸ᄒᆞ기不敢ᄒᆞᄂᆞ니法은天下

三

의法이오一人의法이아니로ᄃᆡ天下의人人이各執ᄒᆞᆫ則紛亂ᄒᆞᆫ弊를不勝ᄒᆞᆯ故로王者가天下의大位에居ᄒᆞ며天下의大權을執ᄒᆞ야各其一國을主宰ᄒᆞᆷ이어ᄂᆞᆯ萬若司法官이此義를不顧ᄒᆞ고其威를妄行ᄒᆞᆫ則此ᄂᆞᆫ一國의綱紀를隳壞ᄒᆞ야禍胎를釀成ᄒᆞ고亂萌을種栽ᄒᆞᆷ이니是以로王者가必其司法官을愼擇ᄒᆞᆷ이라

上等人은法을愛ᄒᆞ고中等人은法을畏ᄒᆞ며下等人은法을厭ᄒᆞᄂᆞ니法을愛ᄒᆞᄂᆞᆫ者ᄂᆞᆫ是를犯ᄒᆞ기恥ᄒᆞ고法을畏ᄒᆞᄂᆞᆫ者ᄂᆞᆫ是를犯ᄒᆞ기惡ᄒᆞ며法을厭ᄒᆞᄂᆞᆫ者ᄂᆞᆫ是를犯ᄒᆞ기不恥不惡ᄒᆞ야機會를遇ᄒᆞ면其所欲을放ᄒᆞ야顧忌ᄒᆞᄂᆞᆫ者가無ᄒᆞ고但其不犯ᄒᆞᆷ은事勢의不敢ᄒᆞᆷ과處地의不能ᄒᆞᆷ을由ᄒᆞᆷ이오其心術의正ᄒᆞᆷ이아니나然ᄒᆞ나法律上에人品을議論ᄒᆞ야三等을區別ᄒᆞᆫ者ᄂᆞᆫ其生後學識의圈限과知覺의層節을擧ᄒᆞᆷ인故로敎化의普洽ᄒᆞᄂᆞᆫ度를隨ᄒᆞ야率戾의故犯ᄒᆞᄂᆞᆫ數가減ᄒᆞᆷ이라是를由ᄒᆞ야人世의俗趨를導正ᄒᆞ기ᄂᆞᆫ法律을嚴히定ᄒᆞᄂᆞ니에셔敎化를務ᄒᆞ기에在ᄒᆞᆫᄃᆡ罪犯의大小를毋論ᄒᆞ고必罰勿宥ᄒᆞᆷ이其要道니此ᄂᆞᆫ法官의職守에專歸ᄒᆞᆷ이오私人의擔責에不關ᄒᆞ야其間에唇舌을避ᄒᆞᆷ이不可ᄒᆞ나法官의不公을擧措가有ᄒᆞᆫ時ᄂᆞᆫ其寃을鳴ᄒᆞ야도不可ᄒᆞᆷ이亦無ᄒᆞ고且告訐ᄒᆞᄂᆞᆫ風이世間의淳樸ᄒᆞᆫ道를淆漓ᄒᆞᆷ이나其犯狀의輕重을因ᄒᆞ야

四

其行ᄒᆞᆷ이亦可ᄒᆞᆫ者도有ᄒᆞᆫ지라假令此에一人이有ᄒᆞ니竊盜가其家에入ᄒᆞ야人을刦ᄒᆞ며物品을掄奪ᄒᆞ거ᄂᆞᆯ其力이足히其盜를縛ᄒᆞ야法官에게送致ᄒᆞᆯ디로ᄃᆡ其受罰ᄒᆞᆯ景像을惻隱히生覺ᄒᆞ야其所爲를放過ᄒᆞᆫ則此ᄂᆞᆫ婦人의仁으로徒善ᄒᆞᆫ慈悲를發ᄒᆞ야他人의惡을養ᄒᆞ고人世의大患을遺ᄒᆞᆷ이니其故를欲明ᄒᆞᆯ딘ᄃᆡ其盜가其人의放過ᄒᆞᆷ을蒙ᄒᆞ야伊時의倖免을獲ᄒᆞᆫ則其心이漸長ᄒᆞ야他人에게必然其惡行을又恣ᄒᆞ리니然則一時放過ᄒᆞᆫ後에十人이其害를受ᄒᆞ든지百人이其惡을遇ᄒᆞ든지其實은皆當初放過ᄒᆞᆫ者의過라然ᄒᆞᆫ故로罪犯을放過ᄒᆞᆷ아如此ᄒᆞᆫ境遇를當ᄒᆞ야ᄂᆞᆫ不可ᄒᆞ니法庭에必告ᄒᆞ야世人의大同ᄒᆞᆫ患을剪除ᄒᆞᆷ이當然ᄒᆞᆫ者며且罪犯을私人의告發ᄒᆞᆷ과法官의施罰ᄒᆞᆷ이皆法의行ᄒᆞᆷ이오自己의意를逞ᄒᆞᆷ이아니라

天下의古今歷史를考ᄒᆞ건ᄃᆡ政府의制度가安全ᄒᆞᆫ者ᄂᆞᆫ法律이寬平ᄒᆞ야人民이各其生業에穩妥ᄒᆞ고觸犯ᄒᆞᄂᆞᆫ者가少ᄒᆞ며政府의制度가不完ᄒᆞᆫ者ᄂᆞᆫ此와反ᄒᆞ야法律이嚴酷ᄒᆞ고嚴酷ᄒᆞᆯᄉᆞ록人民의觸犯ᄒᆞᄂᆞᆫ者가反多ᄒᆞ야生業이不穩ᄒᆞ니大槪法律이寬平ᄒᆞᆫ者ᄂᆞᆫ政府와人民이相孚ᄒᆞ야愛護ᄒᆞᄂᆞᆫ道를互盡ᄒᆞᄂᆞᆫ緣由어니와嚴酷ᄒᆞᆫ者ᄂᆞᆫ不然ᄒᆞ야政府가其人民을猜疑ᄒᆞᄂᆞᆫ지라此를因ᄒᆞ야其動靜과遊息을譏詗心으로伺察

ᄒᆞ며嫌惡性으로究觀ᄒᆞ야眞僞와故誤의分別을不立ᄒᆞᄂᆞᆫ故로禁網에一觸ᄒᆞᄂᆞᆫ者ᄂᆞᆫ玉石의俱焚ᄒᆞᄂᆞᆫ歎이每多ᄒᆞ나然ᄒᆞ나法律이時ᄅᆞᆯ隨ᄒᆞ야其適中ᄒᆞᆫ度가有ᄒᆞ나寬平ᄒᆞᆷ과嚴酷ᄒᆞᆷ이亦各彼此의一時가有ᄒᆞᆫ則寬平ᄒᆞᆯ時에寬平ᄒᆞᆷ과嚴酷ᄒᆞᆯ時에嚴酷ᄒᆞᆷ이乃得中ᄒᆞᆫ公道라是以로政府의法律은其種이二가有ᄒᆞ니一曰變遷法이오二曰恒久法이라變遷法은時俗의趨尙과事物의移換을應ᄒᆞ야隨增隨刪ᄒᆞᄂᆞᆫ者오恒久法은國中의規度와典章을護守ᄒᆞ야百世의不易ᄒᆞᄂᆞᆫ者니變遷法이其實은恒久法을從ᄒᆞ야流出ᄒᆞᆷ이라然ᄒᆞ나此二法의根本을探索ᄒᆞᆫ則其始ᄂᆞᆫ亦古來習慣을從ᄒᆞ야人力을不藉ᄒᆞ고自然成就ᄒᆞᆫ者니是ᄅᆞᆯ由ᄒᆞ야考ᄒᆞ건ᄃᆡ人世의文明開化ᄅᆞᆯ增進ᄒᆞ기爲ᄒᆞᄂᆞᆫ者도學士의高論을取ᄒᆞ야新法을定ᄒᆞᄂᆞ니에셔事自己의草昧舊俗을改正ᄒᆞᆷ이便利ᄒᆞᆫ得策이오且舊俗을擬倣ᄒᆞ야新定ᄒᆞᄂᆞᆫ律例ᄅᆞᆯ增附ᄒᆞᆫ則其實은亦隨時ᄒᆞᄂᆞᆫ眞法이니蓋新法을倡出ᄒᆞᄂᆞᆫ者도舊例에不基ᄒᆞ고ᄂᆞᆫ其意匠을摸捉ᄒᆞ기不能ᄒᆞᆷ이라

泰西各邦에法律의成體ᄒᆞᆫ順序가甚遲ᄒᆞ야其起原을推究ᄒᆞ기不能ᄒᆞ니古昔時代에往往智慮ᄒᆞᆫ者가世에出ᄒᆞ야法律을論評ᄒᆞᆫ者가多ᄒᆞ야阿丹國의率論氏와秀巴陀國의時高久秀氏(此二人은西曆紀元前時代라)及英吉利國의先君謁厚禮度王이是니世人이皆此三人

을尊ᄒᆞ야國法創建ᄒᆞᆫ先民이라稱ᄒᆞ야其榮名이甚盛ᄒᆞ나實은法을新造ᄒᆞᆷ아니오惟古來流傳ᄒᆞᄂᆞᆫ條例ᄅᆞᆯ增補改正ᄒᆞᆫᄯᆞᄅᆞᆷ이며且古羅馬의往牒에稽ᄒᆞ건ᄃᆡ羅馬人이法律의欠缺ᄒᆞᆷ으로使節을希臘國에派ᄒᆞ야古世十二條의眞法이即此使節의希臘을從ᄒᆞ야傳習ᄒᆞᆫ者라謂ᄒᆞ나其詳은知得ᄒᆞ기不可ᄒᆞ니然ᄒᆞᆫ故로今古에有名ᄒᆞᆫ羅馬國의法律도其整齊ᄒᆞᆫ秩序에至ᄒᆞ기ᄂᆞᆫ亦久長ᄒᆞᆫ歲月을經ᄒᆞ야西曆五百年代(九百年前)餘의時頃에ᄂᆞᆫ其法律이漸就ᄒᆞᆫ지라其書類의浩繁ᄒᆞᆷ이十二疋橐駝에背載ᄒᆞ기에至ᄒᆞᆫᄃᆡ但此時에印書ᄒᆞᄂᆞᆫ術이未行ᄒᆞ야世人이此書ᄅᆞᆯ得見ᄒᆞ기不易ᄒᆞᆫ故로羅馬帝가文人學士ᄅᆞᆯ命ᄒᆞ야其法律을抄略ᄒᆞ야簡便ᄒᆞᆫ一全書ᄅᆞᆯ纂輯ᄒᆞ다云ᄒᆞ니此ᄅᆞᆯ由ᄒᆞ야觀ᄒᆞᆫ則法律의大本은太古의舊例ᄅᆞᆯ從ᄒᆞ야起ᄒᆞᆷ이오其所由來가一朝一夕의事故아니라現今歐洲諸國이政治의漸進을隨ᄒᆞ야其國法을新造ᄒᆞᆫ者가無ᄒᆞ고惟羅馬의古法과封建時代의舊制ᄅᆞᆯ折衷ᄒᆞᆷ이니今其一例ᄅᆞᆯ擧ᄒᆞ건ᄃᆡ往時佛蘭西의人民이其國의騷亂을因ᄒᆞ야貴族의權을壓倒ᄒᆞ고封建의遺業을同時廢却ᄒᆞ기願ᄒᆞᄂᆞᆫ지라拿破崙이時變의機ᄅᆞᆯ乘ᄒᆞ야一條의新令으로舊來習俗을片時에改革ᄒᆞ니佛蘭西의大國에法律을改革ᄒᆞ야其事의全備ᄒᆞᆷ과速成ᄒᆞᆷ이今古의稀見ᄒᆞᆫ事業이라其功力과事蹟이尋常

에逈出ᄒᆞᆫ듯ᄒᆞ나其實은拿破崙도往昔의未曾有ᄒᆞᆫ新法을刱出ᄒᆞᆷ아니오數百年來佛蘭西에浸潤ᄒᆞᆫ羅馬의古法에參互ᄒᆞᆷ이라

若是ᄒᆞᆫ지라法律은古風舊例ᄅᆞᆯ由ᄒᆞ야生出ᄒᆞᄂᆞᆫ者니古風舊例ᄂᆞᆫ其趣向을改正ᄒᆞᆷ은可ᄒᆞ나全體ᄅᆞᆯ廢却ᄒᆞ기에至ᄒᆞ야ᄂᆞᆫ甚難ᄒᆞ니故로一國의政權을主宰ᄒᆞᄂᆞᆫ大主意ᄂᆞᆫ謹愼히舊物을改正ᄒᆞ기에在ᄒᆞ고紙上의空論을妄信ᄒᆞ야新奇ᄅᆞᆯ喜ᄒᆞ고其舊ᄅᆞᆯ捨棄ᄒᆞ면此ᄂᆞᆫ輕忽ᄒᆞᆫ極度에抵ᄒᆞᆷ이니英吉利의政府가民을保護ᄒᆞ야自主ᄒᆞᄂᆞᆫ權利ᄅᆞᆯ獲遂ᄒᆞ게ᄒᆞᄂᆞᆫ緣由ᄂᆞᆫ全國內人心의浸灌ᄒᆞᆫ累世舊習을因ᄒᆞ야其政令制度ᄅᆞᆯ改定ᄒᆞᆷ이어늘佛蘭西ᄂᆞᆫ其法을屢變ᄒᆞ야國民의自主權利와或貨財平均ᄒᆞᄂᆞᆫ事로其制度ᄅᆞᆯ設行ᄒᆞᆷ이有ᄒᆞᆫᄃᆡ其志ᄅᆞᆯ得ᄒᆞ기不能ᄒᆞ고政府上에立ᄒᆞ야其意ᄅᆞᆯ成就ᄒᆞᆫ者ᄂᆞᆫ嚴主가多ᄒᆞ니盖佛蘭西의風習은壓制ᄒᆞᆫ政令이아닌則其下ᄅᆞᆯ御馭ᄒᆞ기甚難ᄒᆞᆫ故로假令寬大自主ᄒᆞᄂᆞᆫ法을設ᄒᆞ야도國民의俗尙에不適ᄒᆞ야其制가易破ᄒᆞᆷ이라然ᄒᆞ기佛蘭西가國民의自主ᄒᆞᄂᆞᆫ權利ᄅᆞᆯ爲ᄒᆞ야公平便宜ᄒᆞᆫ改革을數行ᄒᆞ나多年英吉利에行用ᄒᆞᄂᆞᆫ谷壽氏의眞法을採用ᄒᆞ기不能ᄒᆞ니谷壽氏法의趣意ᄂᆞᆫ如何ᄒᆞᆫ罪人이든지逮捕ᄒᆞᆫ時에本人或他人이라도不公平ᄒᆞᆫ思ᄅᆞᆯ抱ᄒᆞ야衆人前辨破ᄒᆞᄂᆞᆫ裁判을請受ᄒᆞ기로法庭

에訴ᄒᆞᆫ則其罪人에關係ᄒᆞᆫ官吏及其訴訟의原告ᄅᆞᆯ呼出ᄒᆞ야其是非와曲直을斷ᄒᆞ야寃屈ᄒᆞᆫ者ᄂᆞᆫ直赦ᄒᆞ고果然有罪ᄒᆞᆫ者ᄂᆞᆫ相當ᄒᆞᆫ罰을蒙被ᄒᆞᄂᆞᆫ事니此法이有ᄒᆞᆫ則人民을擅捕ᄒᆞᄂᆞᆫ弊가絶少ᄒᆞᆷ이라

政府의號令을施行ᄒᆞ기ᄂᆞᆫ其處置가神速ᄒᆞᆷ을貴重ᄒᆞᄂᆞᆫ故로一人의手ᄅᆞᆯ從出ᄒᆞᆷ이可ᄒᆞ니議事院(議政府)ᄀᆞᆺ지衆人會議ᄒᆞᄂᆞᆫ大局의行ᄒᆞᆷ이甚不便ᄒᆞᆫ지라是以로英吉利에號令施發ᄒᆞᄂᆞᆫ全權은國王及執政大臣에歸ᄒᆞ야其神速ᄒᆞᆷ이立君獨裁ᄒᆞᄂᆞᆫ政體와無異ᄒᆞ니執政의任行ᄒᆞᄂᆞᆫ全權이如是重大ᄒᆞ나議事院을對ᄒᆞ야其擔任ᄒᆞᆫ責이亦嚴ᄒᆞᆫ지라萬若執政大臣이不眞殘酷ᄒᆞᆫ事가有ᄒᆞ면必罰ᄒᆞ야其罪ᄅᆞᆯ不假ᄒᆞ고設使收稅或裁判ᄒᆞᄂᆞᆫ一小吏라도其所爲가不美ᄒᆞᆫ時에議事院의官人이執政을向ᄒᆞ야其根由ᄅᆞᆯ探索ᄒᆞᆫ則此ᄅᆞᆯ不罰ᄒᆞ기不得ᄒᆞ니盖英吉利國의如此公平ᄒᆞᆫ政治法律이一朝의騷亂을由ᄒᆞ야其體裁ᄅᆞᆯ變更ᄒᆞᆷ아니오惟千餘載의古風舊例ᄅᆞᆯ不失ᄒᆞ고是ᄅᆞᆯ謹守ᄒᆞ며又謹愼히改正ᄒᆞᆷ을由ᄒᆞ야成就ᄒᆞᆫ者라故로政府의處置ᄒᆞᄂᆞᆫ要訣은心을平ᄒᆞ고氣ᄅᆞᆯ舒ᄒᆞ야事物을堪忍ᄒᆞ기에在ᄒᆞ니今其人民의自由不羈ᄒᆞᄂᆞᆫ規制ᄅᆞᆯ保有ᄒᆞᆷ은古來習慣을審愼ᄒᆞ야折衷調和ᄒᆞ고次第로邪ᄅᆞᆯ棄ᄒᆞ야正에歸ᄒᆞᆷ이오一時의暴擧ᄅᆞᆯ恣ᄒᆞ야全璧

의實를探取ᄒᆞᆷ이아니라今日英吉利의政府를考究ᄒᆞ야千五百年間의景像을反顧ᄒᆞᆫ則前後의異同이霄壤의懸隔이로ᄃᆡ高에升ᄒᆞᆷ애卑를從ᄒᆞ야其漸近ᄒᆞᆫ步趨가實出蓋ᄒᆞᆫ靑이라是를由ᄒᆞ야觀ᄒᆞ건ᄃᆡ一國의人民이公平ᄒᆞᆫ政化에沾沐ᄒᆞ야事를處ᄒᆞ기堅忍ᄒᆞᆫ則經擧와暴動이無ᄒᆞ고自然其習慣을改正ᄒᆞ야極善ᄒᆞᆫ境에達ᄒᆞᆷ이瞭然ᄒᆞ니英吉利政府의沿革이當世의龜鑑이라謂ᄒᆞᆷ이可ᄒᆞᆯ듯

是故로國風의習慣과世趨의異同을由ᄒᆞ야彼邦의善美ᄒᆞᆫ法律이此地人民에게不合ᄒᆞᆫ者가有ᄒᆞ고古代의公明ᄒᆞᆫ法律이今時의俗尙에不適ᄒᆞᆫ者도有ᄒᆞ니法律은其民俗과國制에適合ᄒᆞᆫ然後에可히公道라謂ᄒᆞᆯ디라法律의第一大主義ᄂᆞᆫ公衆의害患을防ᄒᆞ기에在ᄒᆞᆫ則小數人의利益을爲ᄒᆞ야是를枉ᄒᆞᆷ이不公ᄒᆞᆫ極度니夫人生의相愛ᄒᆞᄂᆞᆫ理로推觀ᄒᆞ면同類生族에게刑律을加ᄒᆞᆷ이誠不忍ᄒᆞᆫ一事나然ᄒᆞ나罪犯의分度를參量ᄒᆞ야其相當ᄒᆞᆫ罰을用ᄒᆞ기ᄂᆞᆫ衆人의禍를除ᄒᆞ며又他人民을勵ᄒᆞᆷ이니此亦不得已ᄒᆞᆫ政法이라然ᄒᆞ기刑法의用이一毫라도其相當ᄒᆞᆫ適度에過ᄒᆞ면暴虐ᄒᆞ다謂ᄒᆞᆯ디오不及ᄒᆞ면怠慢ᄒᆞ다稱ᄒᆞᆯ디로ᄃᆡ新定ᄒᆞᆫ律例로前日의事狀을追究ᄒᆞᆷ은人情에不近ᄒᆞ고未布ᄒᆞᆫ刑條로眚誤ᄒᆞᆫ咎戾를執論ᄒᆞᆷ은王政에有違ᄒᆞ며好惡의私情으로疑似의輕

重을判決ᄒᆞᆷ은國憲을不遵ᄒᆞᆷ이니得中ᄒᆞᆫ公道ᄂᆞᆫ此三者의差를俱免ᄒᆞᆷ이니

且夫法律은如何ᄒᆞᆫ基礎에立ᄒᆞᆫ든지其現存ᄒᆞᄂᆞᆫ時ᄂᆞᆫ其國의綱紀라其便否와好惡을勿論ᄒᆞ고是를尊奉ᄒᆞ며是를敬從ᄒᆞ야敢히擾ᄒᆞ지勿ᄒᆞ고敢히犯ᄒᆞ지勿ᄒᆞ야君民上下가一體遵守ᄒᆞᆷ이保國ᄒᆞᄂᆞᆫ大道니新進ᄒᆞᆫ少年은或他邦의景況을喜ᄒᆞ고自小ᄒᆞᄂᆞᆫ懷想을起ᄒᆞ야人事와物情에未達ᄒᆞ고一時의輕忽ᄒᆞᆫ議論으로全國의騷亂을煽起ᄒᆞ기容易ᄒᆞᆫ者라此ᄂᆞᆫ佛蘭西의耆舊老成도未免ᄒᆞᆫ過擧니新法을欲施ᄒᆞᆯ딘ᄃᆡ古典을愼考ᄒᆞ야增刪改正ᄒᆞᆫ大旨로潤色ᄒᆞᄂᆞᆫ條例를附成ᄒᆞ고國人의習慣을順適ᄒᆞ야其耳目을驚駭ᄒᆞᆷ이無ᄒᆞᆫ然後에安全ᄒᆞᆫ境域에漸趨ᄒᆞ야文明ᄒᆞᆫ軌度를引進ᄒᆞ리니法律의公道ᄂᆞᆫ國人이其趣意를同好ᄒᆞᆷ에在ᄒᆞ고又其趣意를犯ᄒᆞᄂᆞᆫ者가有ᄒᆞ면國人의同惡ᄒᆞᄂᆞᆫ公義로適中ᄒᆞᆫ科條를施ᄒᆞ기에在ᄒᆞᆷ이라故로曰法律의公道가人民의權利를屛翰ᄒᆞ야無道不公ᄒᆞᆫ侵伐을防禦ᄒᆞᄂᆞᆫ者라ᄒᆞ노라

巡察의規制

夫巡察의本意ᄂᆞᆫ國家의治平을助ᄒᆞ야開明ᄒᆞᆫ進步를守ᄒᆞ기에在ᄒᆞ니是以로法制의

秩序를破潰ᄒᆞ야人世의安寧에妨害되ᄂᆞᆫ者를驅除ᄒᆞ며穩平ᄒᆞᆫ大旨에障碍ᄒᆞ야社會의和好에損傷되ᄂᆞᆫ者를抑遏ᄒᆞ야民生의福祉와安康에有關ᄒᆞᆫ事項은皆其職의干預ᄒᆞᆷ인則其事의重大ᄒᆞᆫ緣由가此를因ᄒᆞ야可見ᄒᆞᆯ디라今此巡察ᄒᆞᄂᆞᆫ道를二種에區別ᄒᆞ야其一은曰行政警飭이오其二ᄂᆞᆫ曰司法警飭이니行政警飭은便宜ᄒᆞᆫ處置로禍患과凶害를未發에防ᄒᆞ야人民으로罪辜에勿陷ᄒᆞᄂᆞᆫ意思며司法警飭은已發ᄒᆞᆫ罪犯을搜索ᄒᆞ며捕詰ᄒᆞ야人民의患難을除祛ᄒᆞᄂᆞᆫ趣旨라然ᄒᆞᆫ故로行政警飭의力이未及ᄒᆞᆫ時ᄂᆞᆫ司法警飭의職이니此二者의分界가其間에一髮을不容ᄒᆞᄂᆞᆫ지라一譬를設ᄒᆞ건ᄃᆡ此에一人이有ᄒᆞ야人家의墻垣을欲踰ᄒᆞᄂᆞᆫ時에是를防護ᄒᆞᆫ則此ᄂᆞᆫ行政警飭이오其人이一足이라도墻上에已踰ᄒᆞᆫ時ᄂᆞᆫ無故히人家에潛入ᄒᆞᄂᆞᆫ未遂犯이니乃司法警飭에屬ᄒᆞ야刑律의處斷을受ᄒᆞᆯ디라然ᄒᆞᆫ故로其實은行政과司法의警飭이表裏되ᄂᆞ니行政警飭의大條目을類別ᄒᆞ건ᄃᆡ

第一　人民의災害를防護ᄒᆞᄂᆞᆫ事

第二　人民의健康을看護ᄒᆞᄂᆞᆫ事

第三　人民의放蕩ᄒᆞᆫ風俗과淫佚ᄒᆞᆫ習尙을制止ᄒᆞᄂᆞᆫ事

第四　國法을欲犯ᄒᆞᄂᆞᆫ者를隱密中에探索警防ᄒᆞᄂᆞᆫ事

然ᄒᆞᆫ故로其干涉ᄒᆞᄂᆞᆫ課條가下와同ᄒᆞ야

甲　諸營業市場과會社와製造所와度量衡과斂會와禮拜와說敎에關係ᄒᆞᆫ事項

乙　演藝와遊觀場과戲場과葬儀와賭博과富籤及其他風俗에關係ᄒᆞᆫ事項

丙　船舶과隄防과岸沿과道路와橋梁과津涉과鐵路와電信과公園과車馬와築造와田野와漁獵에關係ᄒᆞᆫ事項

丁　人命痍傷과群集喧鬧와銃砲와火藥과爆發物과引火物과刀劍과水災와火災와破船과遺失物과埋藏物에關係ᄒᆞᆫ事項

戊　傳染病의豫防法及消毒法과種痘와飮料水及食料物과醫療藥品과家畜屠戮場과葬地와火葬所及其他衛生法에關係ᄒᆞᆫ事項

司法警飭은其條目을區別ᄒᆞᆯ者가無ᄒᆞ나其職責의干涉을擧ᄒᆞ건ᄃᆡ

甲　諸般犯罪人을搜索ᄒᆞᆷ과捕拿ᄒᆞᆷ이며證據物品을拾聚ᄒᆞ야撿察ᄒᆞᄂᆞᆫ官吏에게交付ᄒᆞᄂᆞᆫ事項

乙　失踪者와風癲者와棄兒와失家兒와被拘者에게關係ᄒᆞᆫ事項

是를由ᄒᆞ야觀ᄒᆞᆫ則巡察ᄒᆞᄂᆞᆫ道가亦國家의一大政이라衙司를建ᄒᆞ고官吏를寘ᄒᆞ야其事務를掌ᄒᆞ며巡察ᄒᆞᄂᆞᆫ人士를命ᄒᆞ야街市及坊巷에周行ᄒᆞᄂᆞ니其制度의愼密홈과規模의嚴正홈은一筆로枚擧ᄒᆞ기不勝홀디로ᄃᆡ人民의罪過를未然에防止ᄒᆞ고已然에糾詰ᄒᆞᄂᆞᆫ大旨趣에不出ᄒᆞ야其職掌이乃政官의耳目이오法官의手足이라人世의秩序를保守ᄒᆞ야非時의暴亂과不意의禍害를鎭壓ᄒᆞᆫ則其功이武備에不讓ᄒᆞ니昔者英吉利國에民이小罪를數犯ᄒᆞ고又竊發의患이不絶ᄒᆞᄂᆞᆫ지라大臣芾駔이巡察의議를始建ᄒᆞᆫᄃᆡ朝野의物論이沸騰ᄒᆞ야擾民ᄒᆞᄂᆞᆫ道라謂ᄒᆞ거ᄂᆞᆯ其政府가猶且是를不顧ᄒᆞ고其議를採用ᄒᆞ야巡察ᄒᆞᄂᆞᆫ規制를立ᄒᆞ니行ᄒᆞᆫ지十年에未滿ᄒᆞ야民이果然大便ᄒᆞᆫ지라泰西各國이其法을爭效ᄒᆞ야厥後로未盡ᄒᆞᆫ規를是究ᄒᆞ며不逮ᄒᆞᆫ制를是講ᄒᆞ야完美ᄒᆞᆫ境에達ᄒᆞ고極善ᄒᆞᆫ功을奏ᄒᆞ니是以로現今에至ᄒᆞ야ᄂᆞᆫ大都會마다必巡察ᄒᆞᄂᆞᆫ官司를寘홈이라

巡察ᄒᆞᄂᆞᆫ規則이民間의微細ᄒᆞᆫ事物에揷理ᄒᆞᄂᆞᆫ權은不行ᄒᆞ나然ᄒᆞ나一毫라도國禁에有違ᄒᆞᆫ者ᄂᆞᆫ寬恕ᄒᆞ기不許ᄒᆞᄂᆞᆫ故로政府와人民의間에深切ᄒᆞᆫ關係가是存ᄒᆞ니巡察ᄒᆞᄂᆞᆫ人士를愼擇홈이無ᄒᆞ면不可ᄒᆞᆫ지라是以로其召募ᄒᆞᄂᆞᆫ規程을考ᄒᆞ건ᄃᆡ

一 年紀의强壯ᄒᆞᆫ者 二十歲以上 五十歲以下

二 文義를畧通ᄒᆞᄂᆞᆫ者

三 惡病의不存ᄒᆞᆫ者

四 性質이堅忍ᄒᆞ며酒癖의無ᄒᆞᆫ者

五 廉恥의不破ᄒᆞᆫ者 國穀偸食及他人負債의不報ᄒᆞᆫ者

六 保證人의有ᄒᆞᆫ者

七 二個年以上奉公에無碍ᄒᆞᆫ者

如是ᄒᆞ게巡察ᄒᆞᄂᆞᆫ人士를擇ᄒᆞ야其職務를授호ᄃᆡ猶且官威를藉ᄒᆞ야私民에게橫暴홀가念慮ᄒᆞ야其權限을明定ᄒᆞ고行實을操飭ᄒᆞ며又其奉公ᄒᆞᄂᆞᆫ間은他人錢財의保護되기를不許ᄒᆞ고巡行ᄒᆞᄂᆞᆫ時에風雨가暴至ᄒᆞ야도人家에入ᄒᆞ기와廛市에物品販購ᄒᆞ기도不準ᄒᆞᄂᆞ니此ᄂᆞᆫ深密ᄒᆞᆫ意思를包홈이어니와或且其職에怠慢ᄒᆞᄂᆞᆫ者가有홀가是憂ᄒᆞ야乃警巡ᄒᆞᄂᆞᆫ官吏를寘ᄒᆞ고有時로街市에派出ᄒᆞ야巡察의職務勤慢을視ᄒᆞ고又其品行의端否를兼管ᄒᆞᄂᆞᆫ故로巡察이其周行ᄒᆞᄂᆞᆫ際에逢着ᄒᆞᆫ一切諸事를記ᄒᆞ야警巡에게傳ᄒᆞ고警巡은是를受ᄒᆞ야官司에遞呈홈이라

盖巡察이人民의動靜을視察홈으로其職務를作홀ᄯᅢ에不止ᄒᆞ고人의難을釋ᄒᆞ며人의急을救ᄒᆞ야小兒의迷路ᄒᆞᆫ者가有ᄒᆞ면是를導ᄒᆞ야其家에歸ᄒᆞ고醉人의顚倒ᄒᆞᄂᆞᆫ者가有ᄒᆞ면是를扶ᄒᆞ야疵傷ᄒᆞᄂᆞᆫ患을免ᄒᆞ며道中에急病이發ᄒᆞᆫ者를擁護ᄒᆞ며致傷ᄒᆞᆫ者를扶持ᄒᆞ야醫士의救治를托ᄒᆞ고又如何ᄒᆞᆫ事故든지他人의補助를須ᄒᆞᄂᆞᆫ者ᄂᆞᆫ皆巡察의力을賴ᄒᆞᄂᆞ니是故로人民이其堵를安ᄒᆞ야泰平ᄒᆞᆫ樂을享홈과不時의患을備ᄒᆞ고非意의憂를除ᄒᆞ야安全ᄒᆞᆫ福을受홈이亦巡察의補助가多홈이라

西遊見聞第十編 終

西遊見聞第十一編

偏黨ᄒᆞᄂᆞᆫ氣習

夫人의天稟ᄒᆞᆫ性情은古今이無異ᄒᆞ고彼此가亦同ᄒᆞ나然ᄒᆞ나世間에居ᄒᆞ야事物을觀度ᄒᆞᆷ에其趨向이不一ᄒᆞᆫ지라議論이互歧ᄒᆞ고好惡가不均ᄒᆞᆫ故로取捨가相左ᄒᆞᆷ이외天下의事物은其出이無窮ᄒᆞᆫ故로人의牽引이亦從ᄒᆞ야紛紜ᄒᆞᆫ者라趨向이相同ᄒᆞᆫ則議論이亦同ᄒᆞ고好惡가不同ᄒᆞᆫ則取捨가亦不同ᄒᆞ야相同ᄒᆞᆫ者ᄂᆞᆫ聲氣의求應으로同黨이라稱ᄒᆞ고不同ᄒᆞᆫ者ᄂᆞᆫ志趣의矛盾으로他黨이라謂ᄒᆞ니此ᄂᆞᆫ即偏黨의始라泰西往古의史牒을稽ᄒᆞ건ᄃᆡ偏黨의禍害가甚多ᄒᆞ야小ᄒᆞᆫ則其身이敗ᄒᆞ고大ᄒᆞᆫ者ᄂᆞᆫ其國을覆ᄒᆞ야人世의患이此에莫過ᄒᆞ니公心으로不以ᄒᆞ고私慾을但濟ᄒᆞ야一飯의德과睚眦의怨으로攻擊을互加ᄒᆞ야其道가不善ᄒᆞᆫ緣由어니와後代에至ᄒᆞ야其智慮의步趨가漸進ᄒᆞᆷ에偏黨ᄒᆞᄂᆞᆫ規模도亦其面目을一變ᄒᆞ야議論의激昂ᄒᆞᆷ으로私意의損失이不生ᄒᆞ고趨尙의携貳ᄒᆞᆷ으로威權의恣用이不行ᄒᆞ니此黨의不善ᄒᆞᆫ者를彼黨이辨駁ᄒᆞ며彼黨의有失ᄒᆞᆫ者를此黨이指摘ᄒᆞ야欲高ᄒᆞᄂᆞᆫ氣槩로紛競ᄒᆞᄂᆞᆫ風을吹起치

아니ᄒᆞ고好勝ᄒᆞᄂᆞᆫ習性으로勉勵ᄒᆞᄂᆞᆫ道를修成ᄒᆞᆫ則所爭은公이라謂ᄒᆞᆯ디며國家政令의便否와得失이며人民景況의利害와善惡을講究ᄒᆞ며商確ᄒᆞ야同黨의諸人이各其意를盡ᄒᆞ야可ᄒᆞᆫ者를採ᄒᆞ고否ᄒᆞᆫ者를替ᄒᆞ야一黨의公議를成ᄒᆞᄃᆡ陰秘ᄒᆞᆫ私蓄를不作ᄒᆞ고世間에公布ᄒᆞ야天下의輿論으로其是非를决ᄒᆞᆯ식他黨의排擊을被ᄒᆞ야其過失이的實ᄒᆞᆫ則亦欣然히改悟ᄒᆞ야其非를不飾ᄒᆞ고又或他黨의議라도善美ᄒᆞᆫ者ᄂᆞᆫ是를讚道ᄒᆞ야其可ᄒᆞᆷ을許與ᄒᆞᄂᆞ니其實은民國의大計를爲ᄒᆞ야得失을抗論ᄒᆞᆷ이오一身의私慾으로其利害를爭鬩ᄒᆞᄂᆞᆫ小意아닌則偏이라謂ᄒᆞᆷ이偏이아니오黨이라謂ᄒᆞᆷ이亦黨이아니라乃公平ᄒᆞᆫ道를互用ᄒᆞ야政法의問難ᄒᆞᄂᆞᆫ機를立ᄒᆞᆷ이며操制ᄒᆞᄂᆞᆫ柄을各持ᄒᆞ야權勢의恣橫ᄒᆞᄂᆞᆫ弊를過ᄒᆞᆷ이니誠有國의福이오生民의利라是를由ᄒᆞ야觀ᄒᆞ건ᄃᆡ偏黨ᄒᆞᄂᆞᆫ道가有二ᄒᆞ야公을主ᄒᆞ고私를棄ᄒᆞᄂᆞᆫ者ᄂᆞᆫ其國이昌ᄒᆞ며公을廢ᄒᆞ고私를循ᄒᆞᄂᆞᆫ者ᄂᆞᆫ其國이殘ᄒᆞᄂᆞ니抑且衆人이合ᄒᆞ야一黨을成ᄒᆞᆫ則其間에又或偏心을持ᄒᆞᆫ者가不無ᄒᆞ나然ᄒᆞ나如彼ᄒᆞᆫ人은亦其黨에도不容ᄒᆞ야公心人의制御를服受ᄒᆞᆷ이라

泰西各邦에各其國의體制와民의習慣을因ᄒᆞ야偏黨의名目이不一ᄒᆞ니假令英吉利에保守黨은國家政令의舊制를保守ᄒᆞ기爲ᄒᆞᄂᆞᆫ者며開進黨은政府의規制를時로變改ᄒᆞ야進善ᄒᆞ기爲ᄒᆞᄂᆞᆫ者니此二黨이各其主意를如此히立ᄒᆞ야其得失을相制ᄒᆞᆷ이라保守라謂ᄒᆞᆷ이頑固ᄒᆞᆫ堅執아니며開進이라謂ᄒᆞᆷ이輕忽ᄒᆞᆫ妄擧아니니其他諸邦의相反ᄒᆞᄂᆞᆫ黨이枚擧ᄒᆞ기不遑ᄒᆞᄃᆡ見聞의不遠로記寫ᄒᆞ기不能ᄒᆞ나北阿美利加洲合衆國의偏黨ᄒᆞᄂᆞᆫ氣習은目擊ᄒᆞᆫ者가多ᄒᆞ니今에暫論ᄒᆞ건ᄃᆡ曰共和黨은國人의共和ᄒᆞᄂᆞᆫ政體를主論ᄒᆞᄂᆞᆫ者며曰民政黨은亦國人의共和ᄒᆞᄂᆞᆫ政體를尙論ᄒᆞᄂᆞᆫ者니其本意ᄂᆞᆫ同ᄒᆞᄃᆡ共和黨은開進ᄒᆞᄂᆞᆫ主義를執ᄒᆞ고民政黨은保守ᄒᆞᄂᆞᆫ主義를立ᄒᆞ며曰自由通商黨은外國의輸入ᄒᆞᄂᆞᆫ物品에海關稅를不課ᄒᆞ야民生의日用을增厚ᄒᆞᄂᆞᆫ主義를論ᄒᆞᄂᆞᆫ者며曰綠背黨은全國의通行ᄒᆞᄂᆞᆫ貨幣를紙錢으로全用ᄒᆞᄂᆞᆫ主義를執ᄒᆞᄂᆞᆫ者며(合衆國紙錢을綠色으로印出ᄒᆞᆫ故로此黨의名을綠背라謂ᄒᆞᆷ이라)曰淸醒黨은其意가謂ᄒᆞᄃᆡ酒ᄂᆞᆫ人世의無益ᄒᆞᆫ物이라人와罪孼를添ᄒᆞ며疾病을加ᄒᆞ니國人의耽醉ᄒᆞᆷ을許ᄒᆞᆷ이不可ᄒᆞ다ᄒᆞ야酒禁ᄒᆞᄂᆞᆫ論을倡ᄒᆞᄂᆞᆫ者며曰中立黨은諸黨의中에立ᄒᆞ야此에도不偏ᄒᆞ며彼에도不倚ᄒᆞ고惟其善者를取ᄒᆞ며否者를捨ᄒᆞ야諸黨의是非를公決ᄒᆞᄂᆞᆫ主義로自處ᄒᆞᄂᆞᆫ者며曰女權黨은女子의天稟ᄒᆞᆫ權利도男子와同ᄒᆞ니政府의上等官吏에男女通用ᄒᆞᄂᆞᆫ論을

主ᄒᆞᄃᆡ此ᄂᆞᆫ女子의倡起ᄒᆞᆫ者라

此諸黨이各其意를說ᄒᆞ며論을立ᄒᆞ야言詞로矢石을作ᄒᆞ며文字로戈甲을代ᄒᆞ야是非를互擊ᄒᆞ고曲直을相駁ᄒᆞᄃᆡ及其善惡을決斷ᄒᆞ기에至ᄒᆞ야ᄂᆞᆫ國人의公論이라是以로何黨의主義든지國人이皆曰可然後에其黨이政府의權柄을遂執ᄒᆞ야國家의政令을乃行ᄒᆞᄂᆞ니其執權ᄒᆞᄂᆞᆫ年限이有ᄒᆞ야若其間에凡百施措와行爲가偏黨의局見을脫棄ᄒᆞ고公平ᄒᆞᆫ軌度를遵依ᄒᆞᆫ則國人이皆悅ᄒᆞ야政權의連執ᄒᆞᆷ을許ᄒᆞ고若不然ᄒᆞ면國中의公論이蜂起ᄒᆞ야他黨의主義를許ᄒᆞᄂᆞᆫ故로其黨이權을失ᄒᆞᄂᆞᆫ지라是를由ᄒᆞ야政府의官吏ᄂᆞᆫ私曲ᄒᆞᆫ小見으로威柄을濫用ᄒᆞ기不敢ᄒᆞ고戰兢ᄒᆞᄂᆞᆫ謹愼으로公에在ᄒᆞ야其職을奉ᄒᆞᆯᄯᆞ름이니却夫黨議ᄂᆞᆫ各其主意가公을爲ᄒᆞ고私를不顧ᄒᆞᄂᆞᆫ故로其事를事ᄒᆞ고其人을人ᄒᆞ야論詰ᄒᆞᄂᆞᆫ際에ᄂᆞᆫ各黨의名目이存ᄒᆞ나然ᄒᆞ나交遊ᄒᆞᄂᆞᆫ間에ᄂᆞᆫ友朋親戚의歡好가融洽ᄒᆞ야栖酌의和意와翰書의情話로相爭ᄒᆞᄂᆞᆫ氣味가不現ᄒᆞ고且黨論의偏色으로家門의世傳ᄒᆞᄂᆞᆫ樊婆를不作ᄒᆞ야父가其子의所不好를不强ᄒᆞ고兄이其弟의所不樂을不勸ᄒᆞ야一室의內에各黨의名이有ᄒᆞᄃᆡ家族의和氣ᄂᆞᆫ自如ᄒᆞ며男女의嫁娶도相通ᄒᆞ야黨目의異同으로不拘ᄒᆞᆷ이라

又泰西各邦에二大黨이有ᄒᆞ니一曰學問黨이오一曰宗敎黨이라學問黨은物을格ᄒᆞᆷ애知를致ᄒᆞ고理를窮ᄒᆞᆷ애性을盡ᄒᆞ야人의用을利ᄒᆞ며人의生을厚ᄒᆞ며人의德을正ᄒᆞ기로其大準的을立ᄒᆞᆫ故로才藝를修ᄒᆞ야奇妙ᄒᆞᆫ境에達ᄒᆞ기를是期ᄒᆞ고理術을究ᄒᆞ야高明ᄒᆞᆫ域에入ᄒᆞ기를是希ᄒᆞ며道德을論ᄒᆞ야至善ᄒᆞᆫ地에止ᄒᆞ기를是圖ᄒᆞ고宗敎黨은耶蘇의遺敎를服信ᄒᆞ야上天을崇敬ᄒᆞ고慈悲ᄒᆞᆫ善心을發ᄒᆞ야世人을感化ᄒᆞ기로大旨趣를定ᄒᆞ니其黨이亦支分ᄒᆞ야曰新敎宗曰舊敎宗曰一神敎宗曰三神敎宗의等類ㅣ其名號가太繁ᄒᆞ야毛擧ᄒᆞ기不勝ᄒᆞᆫᄃᆡ其歸ᄂᆞᆫ皆耶蘇의宗門이니今에學問과宗敎의紛爭ᄒᆞᆫ事를歷考ᄒᆞ건ᄃᆡ上古希臘의時代에學問을窮格ᄒᆞᆫ者가輩出ᄒᆞ야理術의新萌이始發ᄒᆞ다가羅馬의中葉에至ᄒᆞ야耶蘇敎의流播ᄒᆞᆫ後로브터學問에從事ᄒᆞᆫ者가稀少ᄒᆞ고且間或有志ᄒᆞᆫ者가有ᄒᆞ야도宗敎의壓制를受ᄒᆞ야振起ᄒᆞ기不能ᄒᆞᆯᄲᅮᆫ더러若一條新論이라도敎宗에不附ᄒᆞ고奇術과妙理를倡出ᄒᆞᄂᆞᆫ者가有ᄒᆞ면耶蘇의敎宗이嚴法으로禁止ᄒᆞᄂᆞᆫ故로理術은言ᄒᆞ기도諱ᄒᆞ야千餘年間長夜에擧世가擿埴의冥行을作ᄒᆞ더니三百餘年前에至ᄒᆞ야學術의端緖를提出ᄒᆞᄂᆞᆫ者가始有ᄒᆞ거ᄂᆞᆯ敎宗의諸人이群起ᄒᆞ야敎宗의亂賊으로其罪目을定ᄒᆞ고燒殺ᄒᆞᄂᆞᆫ慘罰을行ᄒᆞ나

學術의氣焰을反煽ᄒᆞ야其熾盛ᄒᆞᆷ이勝誅ᄒᆞ기不可ᄒᆞᆫ境에至ᄒᆞᆫ지라政府가乃新法을立ᄒᆞ야其禁令을弛ᄒᆞ고人이各其意의好惡를從ᄒᆞ야趨向의取捨를自擇ᄒᆞ고宗敎의束縛을解ᄒᆞ니此ᄂᆞᆫ學問이其自由ᄒᆞᄂᆞᆫ權利를始獲ᄒᆞᆷ이라學問의根本이比ᄒᆞ건ᄃᆡ稚ᄒᆞᆫ木의軟ᄒᆞᆫ根이枯原에托ᄒᆞ야累百載의風霜을閱ᄒᆞᆫ後에其榦이始實ᄒᆞ고其枝가始蕃ᄒᆞ야花開實結ᄒᆞᄂᆞᆫ功을成ᄒᆞᆷ이니現今에至ᄒᆞ야ᄂᆞᆫ風聲과光榮이泰西에覆被ᄒᆞ니雖宗敎黨의取用ᄒᆞᄂᆞᆫ便利와需受ᄒᆞᄂᆞᆫ惠益도皆學問黨의勞苦ᄒᆞᆫ功德이라

生涯求ᄒᆞᄂᆞᆫ方道

大抵人이世間에處ᄒᆞᆫ則其生活ᄒᆞ기에三條大綱領이有ᄒᆞ니曰飮食과衣服과宮室이라古를仰ᄒᆞ며今을俯ᄒᆞ야賢愚貴賤의經營ᄒᆞᄂᆞᆫ바와周旋ᄒᆞᄂᆞᆫ者를考察ᄒᆞ건ᄃᆡ其是非와曲直이實狀은此三條에不脫ᄒᆞ나然ᄒᆞ나此를求ᄒᆞᄂᆞᆫ道理에法이無ᄒᆞ면人이禽獸와無異ᄒᆞᆯ디라乃生民의自然ᄒᆞᆫ正理에根據ᄒᆞ야五倫의行實을酌定ᄒᆞ야人의大道를明ᄒᆞᆷ이니然ᄒᆞᆫ故로此三條를求ᄒᆞ기에五倫을依ᄒᆞ야法으로以ᄒᆞᆫ則可ᄒᆞᆫ者라稱ᄒᆞ며萬若五倫을不顧ᄒᆞ고私慾을縱恣ᄒᆞᆫ則不可ᄒᆞᆫ者라謂ᄒᆞᆷ이어니와爪末水를坐彈ᄒᆞ고平生을閑送ᄒᆞᄂᆞᆫ者ᄂᆞᆫ世傳ᄒᆞᄂᆞᆫ倉積이如山ᄒᆞ야도一介乞人과同ᄒᆞᆫ者니可憐ᄒᆞᆫ人生이라若是ᄒᆞᆫ者ᄂᆞᆫ其害가一身에不止ᄒᆞ고其國에歸ᄒᆞ야一介遊衣遊食ᄒᆞᄂᆞᆫ人으로百物의盜賊이니如此ᄒᆞᆫ者多ᄒᆞ면其國의貧弱ᄒᆞᆷ은議論을不俟ᄒᆞ야著明ᄒᆞᆫ者라엇디爲ᄒᆞ야寒心ᄒᆞᆯ者가非此리오然ᄒᆞᆫ지라泰西人의其生涯求ᄒᆞᄂᆞᆫ方道ᄂᆞᆫ分明ᄒᆞᆫ規則이存ᄒᆞ야千萬條의各散ᄒᆞᆫ事業이此一條의方策에不過ᄒᆞ야衆流가海에必歸ᄒᆞᆷ과同ᄒᆞᄃᆡ本來學得ᄒᆞᆫ智術이無ᄒᆞ고ᄂᆞᆫ亦其方道를從ᄒᆞ기에艱窘ᄒᆞᆫ事端이多有ᄒᆞᆯ디라乃學校를建ᄒᆞ야敎ᄒᆞ며誨ᄒᆞ니學ᄒᆞᆫ者ᄂᆞᆫ勞心ᄒᆞᄂᆞᆫ地에居ᄒᆞ고不學ᄒᆞᆫ者ᄂᆞᆫ勞力ᄒᆞᄂᆞᆫ人을作ᄒᆞᆫ則農工商은吾人의論이無ᄒᆞ야도生涯求ᄒᆞᄂᆞᆫ曲折을解得ᄒᆞ려니와此外에도可論ᄒᆞᆯ者가多ᄒᆞ니如何ᄒᆞᆫ職業으로其生涯를求ᄒᆞ든지分數를確定ᄒᆞ고言約을固守ᄒᆞ며才操를精修ᄒᆞ야人에게後ᄒᆞᄂᆞᆫ事를嫌ᄒᆞᄂᆞᆫ故로其窮究ᄒᆞᄂᆞᆫ性癖은猜忌ᄒᆞᄂᆞᆫ萌動이有ᄒᆞᆫ듯ᄒᆞ나實狀은相勸ᄒᆞᄂᆞᆫ道며其經營ᄒᆞᄂᆞᆫ氣像은奔競ᄒᆞᄂᆞᆫ風習이存ᄒᆞᆫ듯ᄒᆞ나實狀은互學ᄒᆞᄂᆞᆫ事니然ᄒᆞᆷ으로以ᄒᆞ야國家의富强ᄒᆞᆫ機를建ᄒᆞ며人民의豐裕ᄒᆞᆫ景을飾ᄒᆞ야巫祝과卜筮의虛無ᄒᆞᆫ俗尙이며四柱와觀相의浮浪ᄒᆞᆫ理致를不信ᄒᆞᆯᄲᅮᆫ더러當初에說道ᄒᆞᄂᆞᆫ者도無ᄒᆞ야但有實ᄒᆞᆫ事를從ᄒᆞ야秘記나童謠ᄀᆞ튼荒誕ᄒᆞᆫ騷動으로世

를惑ᄒᆞ고民을誣ᄒᆞᄂᆞᆫ者ᄂᆞᆫ不容ᄒᆞ고各其業을便安히ᄒᆞ며其心을端正히ᄒᆞ야公私의和平과福祿을享受ᄒᆞᄂᆞ니然ᄒᆞᆫ지라貸ᄒᆞ며셔盜賊된者를求ᄒᆞ야도從ᄒᆞᄂᆞᆫ者가稀ᄒᆞᆯ디오雜技와酒色을勸ᄒᆞ야도應ᄒᆞᄂᆞᆫ者가少ᄒᆞᆯ디라此를因ᄒᆞ야深究ᄒᆞ건ᄃᆡ訛言이나起ᄒᆞ야民心을擾亂ᄒᆞ며政府를怨望ᄒᆞᄂᆞᆫ者와外道에從事ᄒᆞ야家産을蕩敗ᄒᆞ고親戚을離散ᄒᆞᄂᆞᆫ者ᄂᆞᆫ不學ᄒᆞᆫ人民의無業ᄒᆞᆫ緣故라今에泰西人의生涯求ᄒᆞᄂᆞᆫ方道를略記ᄒᆞ건ᄃᆡ

仕宦ᄒᆞᄂᆞᆫ者로議論ᄒᆞ면其身上에人君의命令을奉受ᄒᆞ고其手中에政府의權勢를掌握ᄒᆞ니其權柄을擅專ᄒᆞ고威令을放恣ᄒᆞ야自己의私慾을濟ᄒᆞᆯ딘ᄃᆡ其威權이無限ᄒᆞᆯ디나然ᄒᆞ나國家에官을建ᄒᆞᆷ은百姓을爲ᄒᆞᆷ이라然ᄒᆞᆫ故로其祿俸은亦民人의賦稅를從出ᄒᆞᄂᆞ니大槩仕宦ᄒᆞᄂᆞᆫ者가爲國ᄒᆞᄂᆞᆫ忠誠으로其所掌ᄒᆞᆫ職責을行ᄒᆞᄂᆞᆫ者로ᄃᆡ又一邊으로思量ᄒᆞ면其生涯를爲ᄒᆞᄂᆞᆫ方道에關係가不無ᄒᆞ니其仕宦에所獲ᄒᆞᄂᆞᆫ祿俸이實狀은諸他生涯의求ᄒᆞᄂᆞᆫ財物과同ᄒᆞᆫ者라不然ᄒᆞ면何物로其父母를養ᄒᆞ며其妻子를育ᄒᆞ리오然ᄒᆞᆫ지라祿俸을厚ᄒᆞ게ᄒᆞ야飢寒이無ᄒᆞ게ᄒᆞᆫ然後에其職任의成就를責ᄒᆞᆷ이可ᄒᆞ니仕宦ᄒᆞᄂᆞᆫ者가向國ᄒᆞᄂᆞᆫ精誠으로自己의心力을竭ᄒᆞᆷ이어니와又生涯

求ᄒᆞᄂᆞᆫ方道도其中에自在ᄒᆞᆷ이라
敎師되ᄂᆞᆫ者ᄂᆞᆫ亦生涯의一條方策으로出衆ᄒᆞᆫ地位를占居ᄒᆞᆷ이니其人의學問이高明ᄒᆞ고知識이宏博ᄒᆞ야世人의尊崇ᄒᆞᄂᆞᆫ바며恭敬ᄒᆞᄂᆞᆫ者라其解得ᄒᆞᆫ理術에潛心ᄒᆞ고自己室中에獨處ᄒᆞᆫᄃᆡ其中에衣食이不有ᄒᆞᆯ뿐더러自己가旣然히先覺이된則後覺을覺ᄒᆞ게ᄒᆞᆷ이亦人生의大樂과快事니奈何로獨知ᄒᆞ고生ᄒᆞ다가獨知ᄒᆞ고死ᄒᆞ야人世에其理를不傳ᄒᆞ리오然ᄒᆞᆷ으로願學ᄒᆞᄂᆞᆫ者를敎ᄒᆞ기勤實히ᄒᆞ되自己의飢寒은不免ᄒᆞᆷ이不可ᄒᆞᆫ則其學幣를必受ᄒᆞᆷ이라誠如是ᄒᆞᆯ진ᄃᆡ艱貧ᄒᆞᆫ者ᄂᆞᆫ願學ᄒᆞᄂᆞᆫ心이有ᄒᆞ야도學幣가無ᄒᆞ야其志를獲遂ᄒᆞ기不能ᄒᆞ리니奈何其可리오然ᄒᆞ나泰西의饒富ᄒᆞᆫ者ᄂᆞᆫ他人의子姪이라도其才質이聰慧ᄒᆞ야工夫ᄒᆞᄂᆞᆫ學術을足히成就ᄒᆞᆯ디로되貧困에坐ᄒᆞ야其願을不遂ᄒᆞᆫ則其學費를給與ᄒᆞᄂᆞᆫ義氣도有ᄒᆞ고又政府의建設ᄒᆞᆫ學校도有ᄒᆞ야艱難ᄒᆞᆫ者라도才操만有ᄒᆞ면工夫ᄒᆞᄂᆞᆫ學費ᄂᆞᆫ其憂가無ᄒᆞ니泰西風俗에ᄂᆞᆫ貧者의學幣를受ᄒᆞᄂᆞᆫ敎師ᄂᆞᆫ其生涯를求ᄒᆞ기爲ᄒᆞᆷ이라責望이無ᄒᆞ되富者가貧艱ᄒᆞᆫ親戚의聰慧子姪의學費를不給ᄒᆞᄂᆞᆫ者ᄂᆞᆫ是非ᄒᆞᄂᆞᆫ者多ᄒᆞ고名號만先生이면弟子ᄂᆞᆫ姑舍ᄒᆞ고平交의朋友와生疎ᄒᆞᆫ遠客이라도敬禮를不加ᄒᆞ기不敢ᄒᆞ니此ᄂᆞᆫ無他라人間의

敎訓ᄒᆞᄂᆞᆫ事務를擔任ᄒᆞ야國家의根本을培栽ᄒᆞᄂᆞᆫ職責이有ᄒᆞᆷ이며又其學幣를受ᄒᆞᄂᆞᆫ事ᄂᆞᆫ生涯求ᄒᆞᄂᆞᆫ關係가明白ᄒᆞ야遊食ᄒᆞᄂᆞᆫ人民을不作ᄒᆞᄂᆞᆫ緣故를爲ᄒᆞᆷ이라
著書ᄒᆞᄂᆞᆫ者도其意가亦生涯求ᄒᆞᄂᆞᆫ方道의極美ᄒᆞᆫ一條니大槩我邦의風俗은道學君子와文章名士의高明ᄒᆞᆫ理論과宏深ᄒᆞᆫ述作이箱篋에滿盈ᄒᆞ며几案에充溢ᄒᆞ야도其著述ᄒᆞᆫ主人의生時에ᄂᆞᆫ擧論ᄒᆞᆷ이無ᄒᆞ고後世子孫을俟ᄒᆞ야其登板ᄒᆞᄂᆞᆫ責을任ᄒᆞᄂᆞᆫ故로若其子孫이不振ᄒᆞ면雖精美ᄒᆞᆫ學問과深妙ᄒᆞᆫ智術이라도人世에公布ᄒᆞ기不能ᄒᆞ고或其子孫의蠢蒙ᄒᆞᆫ者를遇ᄒᆞ면墻壁의塗褙와廛市의休紙에歸ᄒᆞ야一生의積苦ᄒᆞᆫ工程이雪泥의鴻爪ᄀᆞᆺ치餘痕도無ᄒᆞ되泰西에ᄂᆞᆫ不然ᄒᆞ야著書ᄒᆞᄂᆞᆫ者가其述作ᄒᆞᆫ바를自己生時에登板ᄒᆞ야世間에公布ᄒᆞᄂᆞ니其登板ᄒᆞ기ᄂᆞᆫ自己의事力을費ᄒᆞᆷ아니라著書ᄒᆞᄂᆞᆫ者가其製述ᄒᆞᄂᆞᆫ工夫만精緊ᄒᆞᆯ진ᄃᆡ登板ᄒᆞᄂᆞᆫ者가其書冊을爭求ᄒᆞᄂᆞ니此ᄂᆞᆫ無他라其著述ᄒᆞᆫ議論이世人에有益ᄒᆞᆫ文章이면天下各國의購求ᄒᆞᄂᆞᆫ者가其踵을接ᄒᆞ야至ᄒᆞᄂᆞᆫ故로然ᄒᆞᆷ이오又著書人도此를因緣ᄒᆞ야其生涯求ᄒᆞᄂᆞᆫ方道를成ᄒᆞᄂᆞᆫ者ᄂᆞᆫ登板人이其書冊을販售ᄒᆞᄂᆞᆫᄃᆡ로政府의一定ᄒᆞᆫ規則을遵依ᄒᆞ야其本價의百分의二十或十分의一을著述幣로贈遺ᄒᆞᄂᆞᆫ緣由라是故로學者가如何ᄒᆞᆫ物을述著ᄒᆞ

믄지其理를窮究ᄒᆞ야極臻ᄒᆞᆫ境域을格ᄒᆞ야精美ᄒᆞᆫ議論을立ᄒᆞ고又外國에遊覽ᄒᆞᆫ人이라도其地方의山川風土와人情物態와政治法律을詳細히記錄ᄒᆞ야著述ᄒᆞᄂᆞᆫ事로其生涯를作ᄒᆞᆷ이니大槩貧艱ᄒᆞᆫ國에ᄂᆞᆫ人民의不學ᄒᆞᆫ者가多ᄒᆞᆫ則如此ᄒᆞᆫ等事로其生業을營求ᄒᆞᆷ이不能ᄒᆞ나然ᄒᆞ나是를由ᄒᆞ야著述ᄒᆞᄂᆞᆫ事를廢ᄒᆞ면其人民의愚昧ᄒᆞᆷ은免ᄒᆞ기亦難ᄒᆞ리니深量ᄒᆞᆯ者가此에不在ᄒᆞ리오又著書ᄒᆞᄂᆞᆫ外에도學者의生涯求ᄒᆞᄂᆞᆫ方策이不一ᄒᆞ니條目을擧ᄒᆞ야談破ᄒᆞ기ᄂᆞᆫ支離ᄒᆞ나其中에一條를指出ᄒᆞᆯ진ᄃᆡ演說ᄒᆞᄂᆞᆫ事라夫演說이라ᄒᆞᄂᆞᆫ者ᄂᆞᆫ學士가各其所長으로深究確據ᄒᆞ야生民의道德이믄지物品의理致믄지各其所以然ᄒᆞᆫ緣由를文詞로論出ᄒᆞ야衆人前에朗讀ᄒᆞᄂᆞᆫ事니或外國의事情과本國의俗尙에至ᄒᆞ야도善美ᄒᆞᆫ者를稱讚ᄒᆞ고恠異ᄒᆞᆫ者를譏弄ᄒᆞ야勸勉ᄒᆞᄂᆞᆫ意思와懲戒ᄒᆞᄂᆞᆫ氣味를含包ᄒᆞ기도ᄒᆞᄂᆞᆫ지라然故로亦人의聞見을博ᄒᆞ며敎化를勵ᄒᆞᄂᆞᆫ道에有補ᄒᆞᆷ이不無ᄒᆞ니泰西에僻鄕과窮村이라도演說廳舍의無有ᄒᆞᆫ地方은無ᄒᆞ며又演說ᄒᆞᄂᆞᆫ者도其幣帛이厚ᄒᆞ야半時間에我錢四千兩에至ᄒᆞᄂᆞᆫ者도有ᄒᆞ고少ᄒᆞ야도四百兩以下ᄂᆞᆫ稀ᄒᆞ나此ᄂᆞᆫ學者의層級으로其厚薄을定ᄒᆞᄂᆞᆫ故로萬兩以上에至ᄒᆞᄂᆞᆫ者도有ᄒᆞᆷ이라

醫員되ᄂᆞᆫ者ᄂᆞᆫ亦生涯求ᄒᆞᄂᆞᆫ方道에一條良策으로善心을包含ᄒᆞᆫ者라大槩泰西의醫術名目이不一ᄒᆞ니曰內治醫며曰外治醫며曰眼醫며曰齒牙醫며曰婦人醫라醫員되기願ᄒᆞᄂᆞᆫ者가幼時로브터學校에就ᄒᆞ야各其所願으로醫術의何條를學ᄒᆞ든지徹悟ᄒᆞᆫ者ᄂᆞᆫ三年이오質鈍ᄒᆞᆫ者ᄂᆞᆫ四五年或六七年에其工夫를成就ᄒᆞ고復乃其術에高明ᄒᆞᆫ醫士의弟子되야許久ᄒᆞᆫ歲月에其手段을鍊磨ᄒᆞ며才操를窮究ᄒᆞ야足히其術을行ᄒᆞ기無拘ᄒᆞᆫ然後에醫員이라自期ᄒᆞ되醫術의工拙이人民에게最重且大ᄒᆞᆫ者인故로政府가必先其才를試驗ᄒᆞ야其可ᄒᆞᆷ을見ᄒᆞᆫ然後에其術의行ᄒᆞᆷ을始許ᄒᆞᄂᆞᆫ故로政府의許諾이無ᄒᆞ고醫員의行術ᄒᆞᄂᆞᆫ者ᄂᆞᆫ國法의禁ᄒᆞᄂᆞᆫ바니此ᄂᆞᆫ國家의愛民ᄒᆞᄂᆞᆫ深慮라並醫員의行術이其生涯를求ᄒᆞᄂᆞᆫ道인故로病人을見ᄒᆞ기에一定ᄒᆞᆫ禮幣가有ᄒᆞ야病人이醫家에來ᄒᆞᆷ과醫員이病家에往ᄒᆞᆷ에도亦等分이有ᄒᆞ며賣藥ᄒᆞᄂᆞᆫ者도醫術工夫에全昧ᄒᆞᆫ者ᄂᆞᆫ行ᄒᆞ기不能ᄒᆞ니如是ᄒᆞᆫ지라醫員이病人을謀避ᄒᆞᄂᆞᆫ事와藥材의不精ᄒᆞᆫ者가無ᄒᆞ며又貧者ᄂᆞᆫ病이有ᄒᆞ야도禮幣의無ᄒᆞᆷ으로治療ᄒᆞ기不能ᄒᆞᆯ가念慮ᄒᆞ야政府가乃治病院을設ᄒᆞ고醫士賃ᄒᆞ기를我國의濟衆院規模ᄀᆞᆺ치ᄒᆞ야貧者를救濟ᄒᆞ며又或富者라도治病院에入ᄒᆞ야其雜費를出ᄒᆞ고治療ᄒᆞ기도ᄒᆞ니是故로醫術이

精明ᄒᆞ야醫를學ᄒᆞ기에人을費ᄒᆞᄂᆞᆫ譏를免ᄒᆞ고人民은其天定ᄒᆞᆫ壽限으로溘逝ᄒᆞᄂᆞᆫ外에橫死ᄒᆞᄂᆞᆫ灾殃과辛苦ᄒᆞᄂᆞᆫ疾病이稀有ᄒᆞᆷ이라

律師되ᄂᆞᆫ者의生涯求ᄒᆞᄂᆞᆫ方道ᄂᆞᆫ我國의風俗으로比量ᄒᆞ면可히好頌ᄒᆞᄂᆞᆫ者라謂ᄒᆞᆯ디나民人의生業營求ᄒᆞᄂᆞᆫ門路가夥多ᄒᆞᆫ수록詞訟ᄒᆞᄂᆞᆫ條件도不少ᄒᆞ고又詞訟ᄒᆞᄂᆞᆫ當者도其是非와曲直을容易히分解ᄒᆞ기有難ᄒᆞᆫ者가有ᄒᆞᆫ故로必然法律에習鍊ᄒᆞᆫ者에게付托ᄒᆞ야其經緯를類別ᄒᆞ야法官의公決을請ᄒᆞᄂᆞ니如是ᄒᆞᆫ故로律師되ᄂᆞᆫ者ᄂᆞᆫ法律에習熟ᄒᆞᆯᄲᅮᆫ아니오世間物情에通明ᄒᆞᆫ然後에可ᄒᆞᆫ지라日用常行ᄒᆞᄂᆞᆫ物品으로브터滊電器械及舟車의種類에至ᄒᆞ야其理致와始作ᄒᆞᆫ者의姓名ᄭᆞ지大綱은通ᄒᆞᆫ然後에야律師의地位를占ᄒᆞ고又外國의法律에도茫昧ᄒᆞᆫ則律師라雖稱ᄒᆞ야도他人이不取ᄒᆞᄂᆞ니大槪諸律師가各其都會處에集ᄒᆞᆫ則有訟人이其訟事代辦ᄒᆞ기를請ᄒᆞ야事件의大小로其幣金의多少를酌定ᄒᆞ고又錢財에至ᄒᆞ야ᄂᆞᆫ其本數의百分一或千分二로定ᄒᆞ기도ᄒᆞ되得訟者의律師되든지落訟者의律師되든지其幣金의加減은無ᄒᆞᆷ이라泰西諸國에雖大罪를犯ᄒᆞᆫ者라도律師의代訟ᄒᆞ기ᄂᆞᆫ許諾ᄒᆞᄂᆞ니如何ᄒᆞᆫ事故든지律師가其罪人의代身으로其犯法ᄒᆞᆫ緣由와寃抑ᄒᆞᆫ事情을鳴訴ᄒᆞ다가法官에게見

屈ᄒᆞᆫ然後에其罪의名目을始定ᄒᆞ야相當ᄒᆞᆫ刑罰을行ᄒᆞᄂᆞᆫ故로請托이不行ᄒᆞ야本事의曲直으로以ᄒᆞ고形勢의强弱으로ᄂᆞᆫ末由ᄒᆞᆷ이오萬若法官이公決을不行ᄒᆞ면諸律師의公論으로法官을是非ᄒᆞᄂᆞᆫ故로法官도亦謹愼ᄒᆞᄂᆞᆫ배니盖律師가他人의訟을代辦ᄒᆞ야其生涯ᄒᆞᄂᆞᆫ方道를求ᄒᆞᆯᄲᅮᆫ에不止ᄒᆞ고人情과物態에昭詳히鍛鍊ᄒᆞ야涇渭가分明ᄒᆞᆫ故로各國의任職ᄒᆞᄂᆞᆫ者를律師에多取ᄒᆞᆷ이라

航海ᄒᆞᄂᆞᆫ者도生涯求ᄒᆞᄂᆞᆫ方道에一條大事니大抵航海ᄒᆞᄂᆞᆫ事가極難ᄒᆞᆫ者라然ᄒᆞᆷ으로此道를從ᄒᆞ야其生涯를營求코져ᄒᆞᄂᆞᆫ者가必先航海ᄒᆞᄂᆞᆫ法을工夫ᄒᆞᄂᆞ니其工夫ᄒᆞᄂᆞᆫ節次가學校에就ᄒᆞ야三年或四年을學ᄒᆞᆫ後에登船ᄒᆞ야行船ᄒᆞᄂᆞᆫ法을學ᄒᆞᆯ시風을隨ᄒᆞ야帆을懸ᄒᆞᄂᆞᆫ事와水를測ᄒᆞ야碇을下ᄒᆞᄂᆞᆫ道와日影을度ᄒᆞ야方位定ᄒᆞᄂᆞᆫ法과經度를隨ᄒᆞ야柁를捩ᄒᆞᄂᆞᆫ理와船稅를受ᄒᆞ고物品裝載ᄒᆞᄂᆞᆫ約束과船票를考ᄒᆞ야旅人搭載ᄒᆞᄂᆞᆫ規程이며此外에도許多ᄒᆞᆫ條件이有ᄒᆞ니工夫를篤實히ᄒᆞ야諸般規模에習熟ᄒᆞᆫ後에初三年은航海師의四等地位를居ᄒᆞ고其次三年은三等이오又其次三年은二等이오其後에航海船長의名位를得ᄒᆞᄂᆞ니此ᄂᆞᆫ船長되기願ᄒᆞᄂᆞᆫ者의事어니와格軍의工夫ᄂᆞᆫ如此히長久ᄒᆞ거나重難치아니ᄒᆞ고且火輪船에ᄂᆞᆫ器械師가有ᄒᆞ니

其層級이亦航海師와同ᄒᆞ야四等三等二等一等의分別이有ᄒᆞ되器械만相關ᄒᆞ고船中의諸他事務에ᄂᆞᆫ責任이無ᄒᆞᆫ者라實地의工夫가無ᄒᆞ고航海師와器械師의名位를冒稱ᄒᆞ야欺人ᄒᆞᄂᆞᆫ者가有ᄒᆞᆯ가念慮ᄒᆞᆯᄲᅮᆫ더러乘船ᄒᆞᆷ은極危ᄒᆞᆫ事라船上과水下에生死關을排鋪ᄒᆞ야搭載ᄒᆞᆫ諸人의生命이航海師와器械師의手中에懸ᄒᆞᆫ故로又或未鍊ᄒᆞᆫ者가間有ᄒᆞ야致敗ᄒᆞᆷ도可慮라政府가官員을定ᄒᆞ야航海師와器械師를試驗ᄒᆞ야各其實工의層數도其等級을定ᄒᆞ고其相當ᄒᆞᆫ憑票를成給ᄒᆞ야船主의詳考ᄒᆞᆷ을供ᄒᆞ니抑且每船에一定ᄒᆞᆫ航海師와器械師를不實ᄒᆞ고此時에此等人을用ᄒᆞ고又他時에他等人을取ᄒᆞᄂᆞᆫ지라故로航海師及器械師가各其都會處가有ᄒᆞ며格軍도亦然ᄒᆞ야船主의請ᄒᆞ기를待ᄒᆞ야行ᄒᆞᄂᆞ니如是ᄒᆞ기船主도窘跆ᄒᆞᆷ을免ᄒᆞ고航海ᄒᆞᄂᆞᆫ者의生涯도煩遽ᄒᆞᆷ이無ᄒᆞᆷ이라

經綸ᄒᆞᄂᆞᆫ者의生涯求ᄒᆞᄂᆞᆫ方道ᄂᆞᆫ極難ᄒᆞᆫ事나此道를從ᄒᆞ야生涯求ᄒᆞᄂᆞᆫ者의有ᄒᆞᆷ은國家의大福이오生民의大利라其緣由를立證ᄒᆞ건ᄃᆡ泰西의火輪船車電氣炭燈印刷裁縫織造穿礦의各項器械며飮食과宮室로브터日用常行의細微ᄒᆞᆫ物品에至ᄒᆞ야經綸ᄒᆞᄂᆞᆫ者가無ᄒᆞ면創造ᄒᆞᆫ者가必無ᄒᆞ고設令創造ᄒᆞᆫ者가有ᄒᆞ야도今日의制度及便

利의極臻ᄒᆞᆫ境域에赴ᄒᆞ기不能ᄒᆞ리니大槪經綸ᄒᆞᄂᆞᆫ事가貧者에多有ᄒᆞᆷ은人이窮困ᄒᆞᆫ則晝夜의營求ᄒᆞᄂᆞᆫ者가其生涯의方策이되되恒常其資本의不足ᄒᆞᆷ으로如意ᄒᆞᆫ成就가稀少ᄒᆞᆫ則新造物을經綸ᄒᆞ기에其心을費ᄒᆞᆫ緣故라政府가新造物의專賣權을立ᄒᆞ야其經綸ᄒᆞᄂᆞᆫ者에게年限을酌定ᄒᆞ야其權을假借ᄒᆞ고其間所獲ᄒᆞᄂᆞᆫ利를獨專ᄒᆞ게ᄒᆞ며萬若其年限前에其物品을僞造ᄒᆞᄂᆞᆫ者가有ᄒᆞ면國法으로嚴禁ᄒᆞᄂᆞ니然ᄒᆞᆷ으로經綸ᄒᆞᄂᆞᆫ者가如何ᄒᆞᆫ物을新造ᄒᆞ든지必其見本을政府에進呈ᄒᆞᆫ則政府ᄂᆞᆫ其見本을試考ᄒᆞ야其物이果然人世에有益ᄒᆞᆫ者면其經綸ᄒᆞᆫ主人에게專賣權을始許ᄒᆞ고若經綸者가艱貧ᄒᆞ야其物을製造ᄒᆞ기에資本이無ᄒᆞᆫ則富者와同事ᄒᆞ야其利를分ᄒᆞ기도ᄒᆞ며或其物의專賣權을富商에게約賣ᄒᆞ기도ᄒᆞᄂᆞᆫ지라今에經綸者의小物을改新ᄒᆞ야致富ᄒᆞᆫ數條를記ᄒᆞ건ᄃᆡ帽圈改造ᄒᆞᆫ者ᄂᆞᆫ一年內에我錢으로一億의大財를致ᄒᆞ고林檎削皮ᄒᆞᄂᆞᆫ器械를創造ᄒᆞᆫ者ᄂᆞᆫ四百萬의鉅利를獲ᄒᆞ다云ᄒᆞ니如此ᄒᆞᆫ故로經綸ᄒᆞᄂᆞᆫ者의思慮가日新ᄒᆞ야火輪器械로議ᄒᆞ든지電氣器械로言ᄒᆞ든지當初經綸者의不善ᄒᆞᆫ機關을盡善케改造ᄒᆞ야其便利ᄒᆞᆫ理致와精緊ᄒᆞᆫ制度를透到ᄒᆞ니是를由ᄒᆞ야國家에ᄂᆞᆫ富强ᄒᆞᆫ基業을成ᄒᆞ고人民에ᄂᆞᆫ開明ᄒᆞᆫ智慮를益ᄒᆞ야一人의經綸으로天下

가其利ᄅᆞᆯ受ᄒᆞ고萬姓이其福을享ᄒᆞᄂᆞᆫ故로泰西人의言에曰ᄒᆞᄃᆡ今日世界에貧賤ᄒᆞᆫ者의飮食과居處의便利ᄒᆞᆷ과華麗ᄒᆞᆷ이百年前王公貴人에過ᄒᆞᆫ다ᄒᆞᆷ이라

九 大槩生涯求ᄒᆞᄂᆞᆫ方道로論ᄒᆞ야何事何物이든지其本意ᄅᆞᆯ追究ᄒᆞ면不然ᄒᆞᆫ者가無ᄒᆞ니新聞紙及書冊登板ᄒᆞᄂᆞᆫ者며商賈의差人과農家의雇傭이며店舍排鋪ᄒᆞᄂᆞᆫ者와百物製造ᄒᆞᄂᆞᆫ者의皆然ᄒᆞᆷ은張皇ᄒᆞᆫ論을不俟ᄒᆞ려니와如何ᄒᆞᆫ事物에든지不就ᄒᆞ고安坐ᄒᆞ야生涯업다稱托ᄒᆞᄂᆞᆫ者ᄂᆞᆫ恐妄ᄒᆞ다謂ᄒᆞᄂᆞᆫ譏嘲ᄅᆞᆯ不免ᄒᆞ리니人이生涯ᄅᆞᆯ求ᄒᆞᆷ이오生涯가人을擇ᄒᆞᆷ은아니라各其生涯ᄅᆞᆯ求ᄒᆞ야産業이有ᄒᆞᆫ則此의爲ᄒᆞᄂᆞᆫ者ᄂᆞᆫ彼의不爲ᄒᆞᄂᆞᆫ者며彼의作ᄒᆞᄂᆞᆫ者ᄂᆞᆫ此의不作ᄒᆞᄂᆞᆫ者라一人이二事ᄅᆞᆯ兼ᄒᆞ기有難ᄒᆞᆫ故로此의有ᄒᆞᆫ바ᄅᆞᆯ擧ᄒᆞ야彼의無ᄒᆞᆫ바ᄅᆞᆯ補ᄒᆞ며彼의有ᄒᆞᆫ바ᄅᆞᆯ取ᄒᆞ야此의無ᄒᆞᆫ바ᄅᆞᆯ助ᄒᆞᄂᆞ니如此ᄒᆞ면彼의物品이高騰ᄒᆞᄂᆞᆫ時ᄂᆞᆫ此의物品도翔貴ᄒᆞᆯ디오此의物價가低降ᄒᆞᄂᆞᆫ時ᄂᆞᆫ彼의物價도下落ᄒᆞ야物貨의高低로人生의契活에關係가少ᄒᆞᆯ디어늘分錢出處가無ᄒᆞ고生業을不營ᄒᆞ며他人에게依賴ᄒᆞ야一人의耕ᄒᆞᆫ者ᄅᆞᆯ百人이食ᄒᆞ고一婦의織ᄒᆞᆫ바ᄅᆞᆯ十人이衣ᄒᆞ기에至ᄒᆞᆫ則有國의形勢도貧弱ᄒᆞ려니와生民의營産도艱苦ᄒᆞᆯ디니生涯ᄅᆞᆯ求ᄒᆞᄂᆞᆫ者ᄂᆞᆫ農工商을無論ᄒᆞ고自己의業ᄒᆞᆫ바ᄅᆞᆯ隨ᄒᆞ야黽勉ᄒᆞ야心

力을盡ᄒᆞᆯ디어다

養生ᄒᆞᄂᆞᆫ規則

一 大抵人의生老病死ᄂᆞᆫ世間의自然ᄒᆞᆫ理라然ᄒᆞ나人이其在世ᄒᆞᆫ時에養生ᄒᆞᄂᆞᆫ道ᄅᆞᆯ謹愼ᄒᆞ야疾苦의憂患을免ᄒᆞ고康寧ᄒᆞᆫ幅祉ᄅᆞᆯ享ᄒᆞᆷ이人世職分의一條關係니事親ᄒᆞᄂᆞᆫ者가此道에茫昧ᄒᆞ면人子의職을不修ᄒᆞᆷ이오事君ᄒᆞᄂᆞᆫ者가此道ᄅᆞᆯ輕易ᄒᆞ면臣子의分을不懋ᄒᆞᆷ이며又長者와政府가此道ᄅᆞᆯ泛視ᄒᆞ면長者와政府의責을不行ᄒᆞᆷ이라此規則에知識이有ᄒᆞ기도實用ᄒᆞᄂᆞᆫ問學이無ᄒᆞ면行ᄒᆞ기亦難ᄒᆞ니其由ᄂᆞᆫ無他라養生ᄒᆞᄂᆞᆫ道의理致ᄅᆞᆯ不究ᄒᆞ고ᄂᆞᆫ其功效의如何ᄒᆞᆷ을知ᄒᆞ기不能ᄒᆞ며又其理ᄅᆞᆯ究知ᄒᆞᆫ者라도經驗ᄒᆞᄂᆞᆫ方術이不有ᄒᆞ면其實狀을行ᄒᆞ기不能ᄒᆞ니一人의身에ᄂᆞᆫ一人의養生이有ᄒᆞ고一家에ᄂᆞᆫ一家의養生이有ᄒᆞ고一國에ᄂᆞᆫ一國의養生이有ᄒᆞᆫ지라今에泰西人의養生ᄒᆞᄂᆞᆫ規則을論ᄒᆞ건ᄃᆡ

二 肢體運動은人이動物인故로若其身을怠惰히持ᄒᆞ고運動ᄒᆞᄂᆞᆫ恒性이無ᄒᆞᆫ則其心이自倦ᄒᆞᆯ쁜더러氣血이自然히其循環ᄒᆞᄂᆞᆫ度數ᄅᆞᆯ失ᄒᆞ야筋骨이軟弱ᄒᆞᆫ境域에漸趨ᄒᆞ

고且其軟弱ᄒᆞᆷ을因緣ᄒᆞ야疾病의侵攻이易ᄒᆞᆯ디니是以로肢體의運動이各人一身의養生ᄒᆞᄂᆞᆫ道에緊要ᄒᆞᆫ者라且其運動은軍士의組練아니오欲步者ᄂᆞᆫ步ᄒᆞ고欲乘者ᄂᆞᆫ乘ᄒᆞᄂᆞ니或數三朋友가襟을聯ᄒᆞ고笻을携ᄒᆞ야舒嘯ᄒᆞᄂᆞᆫ興으로林皐에登陟ᄒᆞ며風咏ᄒᆞᄂᆞᆫ趣로川溪ᄅᆞᆯ沿洄ᄒᆞ다가夕陽의倦鳥ᄅᆞᆯ伴ᄒᆞ야緩步로歸ᄒᆞ며或輕車ᄅᆞᆯ命ᄒᆞ며或快馬ᄅᆞᆯ騎ᄒᆞ고林間의幽懷ᄅᆞᆯ暢ᄒᆞ며海邊의遐眺ᄅᆞᆯ凭ᄒᆞ다가髮直ᄒᆞᆫ大道에疾驅ᄒᆞ야歸ᄒᆞ기도ᄒᆞ며夏秋의其夕인則小舟에帆을張ᄒᆞ고滄波의晩景을翫ᄒᆞ야水上의淸氣ᄅᆞᆯ呼吸ᄒᆞᆷ으로取樂ᄒᆞᄂᆞᆫ者도有ᄒᆞ고各學校에ᄂᆞᆫ書生의精力이其天稟ᄒᆞᆫ適度에未及ᄒᆞᆫ者ᄅᆞᆯ器械의力으로復元ᄒᆞᄂᆞᆫ法을行ᄒᆞ며又軍士의體操ᄅᆞᆯ敎ᄒᆞ야其養生ᄒᆞᄂᆞᆫ道ᄅᆞᆯ從ᄒᆞ거니와此ᄂᆞᆫ遠慮ᄅᆞᆯ包含ᄒᆞᆫ事니若一朝에國中의有事ᄒᆞᆫ時ᄅᆞᆯ當ᄒᆞ면其書生도亦能히赴敵ᄒᆞᄂᆞᆫ軍士의職分을修ᄒᆞ기爲ᄒᆞᆷ이라

三 寢食과衣服의擇愼ᄒᆞᄂᆞᆫ理도亦養生ᄒᆞᄂᆞᆫ道의極緊ᄒᆞᆫ者니大槩早寢晩寢과早起晩起가皆人의極害ᄒᆞᆫ者라故로夙興夜寐ᄒᆞᄂᆞᆫ勤이凡人의氣力에ᄂᆞᆫ不適ᄒᆞᆷ이오且衽席의太煖ᄒᆞᆷ과太寒ᄒᆞᆷ도不利ᄒᆞᆫ中에狹小ᄒᆞᆫ室에二三人의同寢ᄒᆞᄂᆞᆫ事가尤不善ᄒᆞᆫ緣由ᄂᆞᆫ人의吐出ᄒᆞᄂᆞᆫ穢氣가室內에充滿ᄒᆞ야空淸ᄒᆞᆫ氣에混雜ᄒᆞᆫ則人의呼吸에窒塞ᄒᆞᄂᆞᆫ病

을起ᄒᆞ기易ᄒᆞ며飮食으로論ᄒᆞ야도食料와飮料로브터其烹飪ᄒᆞᄂᆞᆫ法을人의養生에適當케ᄒᆞ며又細히嚼ᄒᆞ고도突히呑ᄒᆞᆷ이無ᄒᆞᆫ然後에消化性이其適度ᄅᆞᆯ行ᄒᆞᆯ쁜더러一定ᄒᆞᆫ時間으로其期限의早晩을勿違ᄒᆞᆷ이可ᄒᆞ니人의臟腑ᄅᆞᆯ譬喩ᄒᆞ건ᄃᆡ瀛輪의器械며食物은炭水의材料라器械가炭水ᄅᆞᆯ得ᄒᆞᆫ後에其工을立ᄒᆞᄂᆞᆫ理와同ᄒᆞ야臟腑도食物이有ᄒᆞᆫ後에야其氣와血의運旋ᄒᆞᄂᆞᆫ力을助成ᄒᆞᆫ則食物이其量에過ᄒᆞ면炭水의太多ᄒᆞᆷ이라器械의易損ᄒᆞᆷ을招ᄒᆞᆷᄀᆞᆺ치臟腑도其損을受ᄒᆞᆯ디오食物이少ᄒᆞ면炭水와不足ᄒᆞᆷ으로器械의滯遲ᄒᆞᆷᄀᆞᆺ치臟腑도亦其恒度의力을失ᄒᆞᆯ디니然ᄒᆞᆫ故로適中ᄒᆞᆫ分數로過不及의無ᄒᆞᆷ을要求ᄒᆞᆷ이오衣服인則四時의寒煖으로裘葛의用ᄒᆞᆷ이本然ᄒᆞᆫ常道나然ᄒᆞ나夏節이라도單衣ᄂᆞᆫ人身의保生ᄒᆞᄂᆞᆫ熱氣의潑泄ᄒᆞᆷ이大過ᄒᆞᆫ故로實狀은不善ᄒᆞᆫ者어니와第一은精潔ᄒᆞᆫ條件이니若衣服이汗穢ᄒᆞ면見ᄒᆞ기麤陋ᄒᆞᆷ은姑舍ᄒᆞ고其鬱濕ᄒᆞᆫ惡氣의相薄ᄒᆞᆷ으로人身에有害ᄒᆞ다ᄒᆞ니以上의論列ᄒᆞᆷ과同ᄒᆞᆯ딘ᄃᆡ富人은可히養生ᄒᆞᄂᆞᆫ規則을遵守ᄒᆞ려니와貧者ᄂᆞᆫ知ᄒᆞ야도行ᄒᆞ기極難ᄒᆞᆯ디라奈何로其可ᄒᆞ리오亦且不然ᄒᆞ니我邦貧窶人의景像으로想ᄒᆞ면其實이甚艱ᄒᆞᄃᆡ泰西人의貧困ᄒᆞᆫ分數와便利ᄒᆞᆫ制度로ᄂᆞᆫ容易ᄒᆞᆫ者라

四 家室과道路의精潔ᄒᆞᆫ事ᄂᆞᆫ養生ᄒᆞᄂᆞᆫ關係에深重ᄒᆞᆫ者니大槩人의疾病이其氣血의失常ᄒᆞᆷ을從出ᄒᆞᆷ이每多ᄒᆞ나亦汚穢氣의流播ᄒᆞᄂᆞᆫ者로因緣ᄒᆞᆷ도不少ᄒᆞ니此ᄂᆞᆫ泰西人의累百年經驗으로其緣由를審考ᄒᆞᆷ인則我輩ᄂᆞᆫ經歷이不有ᄒᆞᆷ으로未信ᄒᆞᆯ者아니오且傳染ᄒᆞᄂᆞᆫ病의恠疾과癘疫의種類ᄂᆞᆫ專혀穢氣의毒이라然ᄒᆞᆫ故로泰西에西班牙國의南方諸郡이汚穢ᄒᆞᆷ으로傳染病이多行ᄒᆞ고又我邦으로論ᄒᆞ야도各處都會地ᄂᆞᆫ每年新春의發生ᄒᆞᄂᆞᆫ時와初秋의泄畜ᄒᆞᄂᆞᆫ節이면流行病이往往其毒을肆ᄒᆞ니萬若如此ᄒᆞᆫ病을運數의關係라ᄒᆞᆯ딘ᄃᆡ如何로汚穢ᄒᆞᆫ地方에有ᄒᆞ고各國精潔ᄒᆞᆫ諸都會에ᄂᆞᆫ無ᄒᆞᆫ가汚穢氣를消止ᄒᆞᄂᆞᆫ道ᄂᆞᆫ家室의居處와道路의掃除를清潔히ᄒᆞᆷ에在ᄒᆞ고又人家近處에植木ᄒᆞᄂᆞᆫ事가其一助며沐浴을頻數히行ᄒᆞᆷ도極善ᄒᆞᆫ者라泰西人의家中에ᄂᆞᆫ浴室의無ᄒᆞᆫ者가無ᄒᆞ고道路의景況인則廣濶ᄒᆞᆫ大路에兩邊으로鬱青ᄒᆞᆫ樹木을種ᄒᆞ야如干汚氣의毒을吸呑ᄒᆞ며道上에ᄂᆞᆫ一點도荒穢ᄒᆞᆫ物이無ᄒᆞ야清爽ᄒᆞᆫ極度에至ᄒᆞ며每戶의厠所ᄂᆞᆫ地中의隱窟로數十里를通ᄒᆞ야海潮의出入ᄒᆞᄂᆞᆫ時에滌除ᄒᆞᄂᆞ니此ᄂᆞᆫ城市의行ᄒᆞᄂᆞᆫ者어니와鄕曲에ᄂᆞᆫ厠室의戶를密閉ᄒᆞ고大小便은土陷에藏寘ᄒᆞ야其氣의泄發을防ᄒᆞ더라

五 國法不犯ᄒᆞᄂᆞᆫ事ᄂᆞᆫ人의至善ᄒᆞᆫ道理어니와養生ᄒᆞᄂᆞᆫ規則에도一條大綱이니其緣由를論ᄒᆞ건ᄃᆡ萬若國法을犯ᄒᆞ면大者ᄂᆞᆫ一律이오小者라도其身의受苦ᄒᆞᄂᆞᆫ事端이自多ᄒᆞ리니此條가엇디養生ᄒᆞᄂᆞᆫ道에關係가無ᄒᆞ리오然ᄒᆞᆫ故로政府의法禁에蒙昧ᄒᆞᆫ者ᄂᆞᆫ養生의諸他規則을善修ᄒᆞ야도實狀은要緊ᄒᆞᆫ條件에無識ᄒᆞᆷ을未免ᄒᆞᆷ이라

六 右의記載ᄒᆞᆫ諸條ᄂᆞᆫ養生ᄒᆞᄂᆞᆫ規則의大槩라此外에細瑣ᄒᆞᆫ者가亦夥ᄒᆞ나然ᄒᆞ나千枝와萬條의散異ᄒᆞᆫ件事가實狀은此數目의大綱에不脫ᄒᆞ니一人의養生은其人의行實과知識에在ᄒᆞ거니와一國의養生은其規模와權勢가其國의政府에存ᄒᆞᆫ故로政府가其職任을行ᄒᆞ기爲ᄒᆞ야衛生官司를立ᄒᆞ고其浮費ᄂᆞᆫ人民의通同ᄒᆞᆫ稅로以ᄒᆞ야郡邑의棊布ᄒᆞᆫ地方마다此司의無ᄒᆞᆫ處가無ᄒᆞ니道路를精潔히ᄒᆞᄂᆞᆫ事ᄂᆞᆫ政府가是를行ᄒᆞ며又或傳染病이流行ᄒᆞ면穢氣消除ᄒᆞᄂᆞᆫ藥으로其傳布ᄒᆞᆷ을豫防ᄒᆞ고病人이避接ᄒᆞᄂᆞᆫ時ᄂᆞᆫ政府가亦病人의所乘ᄒᆞᄂᆞᆫ車를具ᄒᆞ야護送ᄒᆞᄃᆡ穢毒消除ᄒᆞᄂᆞᆫ藥으로其車에塗ᄒᆞ야經過ᄒᆞᄂᆞᆫ道路에其氣가不散ᄒᆞ고又或病人의家室이路邊에在ᄒᆞ야車馬의雜遝ᄒᆞᆫ聲跡을厭聞ᄒᆞ든가又或睡에就ᄒᆞ기不能ᄒᆞᆫ則政府가亦其家近處에木屑과細沙의軟柔ᄒᆞᆫ種類로布寘ᄒᆞᄂᆞ니盖如此ᄒᆞᆫ等事가其條를逐ᄒᆞ야記ᄒᆞ기實難ᄒᆞᆫ지라此를

推諒ᄒᆞ면其規則의周密ᄒᆞᆷ과具備ᄒᆞᆷ을覺ᄒᆞᆯ矣

西遊見聞第十一編終

西遊見聞第十二編

愛國ᄒᆞᄂᆞᆫ忠誠

夫國은一族人民이一幅大地를據有ᄒᆞ야其言語와法律과政治와習俗과歷史가同ᄒᆞ고又同一ᄒᆞᆫ帝王과政府를服事ᄒᆞ야利害와治亂를共受ᄒᆞᄂᆞᆫ者니土地의廣홈과人民와多홈으로各其山川를割據ᄒᆞ야小者와大者가星의羅홈과碁의布홈이라然ᄒᆞᆫ故로人와人되ᄂᆞᆫ原理를思究ᄒᆞ면彼此의區別이無ᄒᆞ나國의國되ᄂᆞᆫ大道로推究ᄒᆞ면渠我와分辨이有홈인則國은人의會合홈을因緣ᄒᆞ야其名이立홈이오人은國의建設홈을附依ᄒᆞ야其基를成홈이라國이雖人을從ᄒᆞ야其名을得ᄒᆞ나人도國이無ᄒᆞ면其基의不存홈은姑舍ᄒᆞ고其名도無ᄒᆞ리니今에其理를析明ᄒᆞ기爲ᄒᆞ야論柄을恣用ᄒᆞ건ᄃᆡ人이雖其家族의姓氏와行列의名字가有ᄒᆞ나此ᄂᆞᆫ各其一身의私稱이오普同ᄒᆞᆫ公名아니니假令我朝鮮人으로議ᄒᆞ야도朝鮮人三字가第一重大ᄒᆞᆫ公稱이라是以로我輩의朝鮮人되ᄂᆞᆫ者ᄂᆞᆫ其名姓은誰某이든지又其身의貧富貴賤도無論ᄒᆞ고如此히重大ᄒᆞᆫ朝鮮人이라稱ᄒᆞᄂᆞᆫ公名을同有ᄒᆞ야强弱의區分이無홈으로其生은可奪이로ᄃᆡ此

名은難奪이오其業은可毁언뎡此名은難毁라外國人을對홈에行實을端正히ᄒᆞ며儀貌를莊肅히ᄒᆞ야此名을榮華롭게홈이可ᄒᆞ고萬若一點羞恥라도遺ᄒᆞ며汙辱을受ᄒᆞ야此名을虧損ᄒᆞ면其一身의恥辱에不止ᄒᆞ고全國의罪人되기를未免ᄒᆞ리니其緣由ᄂᆞᆫ如何ᄒᆞᆫ人이外國人에게不美ᄒᆞᆫ關係가有ᄒᆞ든지外國人은必曰朝鮮人이如此ᄒᆞ다謂홀딘則一人의惡行으로全國人이其汙名을共受홈이니然ᄒᆞ기我輩가共有ᄒᆞᆫ朝鮮人이라稱ᄒᆞᄂᆞᆫ公名의職責을欲守홀딘ᄃᆡ此名을父母의名ᄀᆞ치恭敬ᄒᆞ야他人에게不屈ᄒᆞ고又羞辱을貽홈도無ᄒᆞ야正道로ᄡᅥ保ᄒᆞ며大權으로ᄡᅥ護ᄒᆞ야天下에敢히此名을慢侮ᄒᆞᄂᆞᆫ者가有ᄒᆞ거든義氣의勇으로爭ᄒᆞ야尊重ᄒᆞᆫ地位를勿失홈이可ᄒᆞᆫ지라大槪此道가我朝鮮人의獨然홈아니오天下의何國人이든지亦皆如此ᄒᆞ야英吉利人은英吉利人이라稱홈이其國人의公名이오佛蘭西人은佛蘭西人이라呼홈이亦其國人의公名이라萬國의普同ᄒᆞᆫ通義니他國人의其公名保護ᄒᆞᄂᆞᆫ道理와精誠을是師ᄒᆞ노라

他國人의其國을愛ᄒᆞᄂᆞᆫ諸事에可히稱道홀者가多ᄒᆞ니大槩愛國心은人民이敎化를霑被홀ᄉᆞ록至誠感發홀者라然ᄒᆞᆫ故로國의政府되ᄂᆞᆫ者ᄂᆞᆫ人民歡誦ᄒᆞ기에從事ᄒᆞ야

心을盡ᄒᆞ며力을竭ᄒᆞ야錢財를費호ᄃᆡ不惜홈이오國의人民되ᄂᆞᆫ者ᄂᆞᆫ何事何物이든지其國을爲ᄒᆞᄂᆞᆫ者면死生을不顧ᄒᆞᄂᆞ니官職을供ᄒᆞᄂᆞᆫ者와學問을務ᄒᆞᄂᆞᆫ者ᄂᆞᆫ自然히主意가其國을爲ᄒᆞᄂᆞᆫ一事에不出ᄒᆞ려니와農業을修ᄒᆞᄂᆞᆫ者도國을爲홈이오商賈를營ᄒᆞᄂᆞᆫ者도國을爲홈이오物品을製造ᄒᆞᄂᆞᆫ者도亦然ᄒᆞᆫ지라民間의凡百事物이其國을爲ᄒᆞᄂᆞᆫ外에ᄂᆞᆫ無홈이니聞見이如此ᄒᆞ며習尙이如此ᄒᆞ야父가是로其子에게傳ᄒᆞ고兄이是로其弟를誨ᄒᆞ며長老가少年을對홈과朋友의談議라도是로相勉ᄒᆞᄂᆞᆫ지라然홈으로三尺童子와閨中處女라도自己의國이何事로든지他國에不及ᄒᆞᄂᆞᆫ傳說만聽ᄒᆞ야도憤氣를不勝ᄒᆞ며羞心이自出ᄒᆞ야雖幼穉의所見이라도他人에게不屈홀經綸을議許ᄒᆞᄂᆞ니其國이如何로不富ᄒᆞ며不强ᄒᆞ리오夫一人의身으로論ᄒᆞ면妄尊ᄒᆞᆫ心性으로他人을壓過홀意想이美事아니라謂홀디나然ᄒᆞ나一國의體貌를顧諒ᄒᆞᆫ則一毫라도他國에게見屈치勿ᄒᆞ고功化를廣布ᄒᆞ야光大ᄒᆞᆫ榮名을揚ᄒᆞ고權利를固守ᄒᆞ야尊重ᄒᆞᆫ地位를占홈이可ᄒᆞ니人君으로ᄒᆞ여곰敵國의虞慮가無ᄒᆞ게홈과政府로ᄒᆞ여곰外人의慢侮를不受케홈이眞實로義士의氣節이며忠臣의心性이라凡人이其國의民이되고其國을向ᄒᆞ야忠義의氣性이無ᄒᆞᆫ則此ᄂᆞᆫ其民되ᄂᆞᆫ本分을昧홈이라

農者의愛國誠을論ᄒᆞ건ᄃᆡ大槩農作은國家의大本을立ᄒᆞ야生民의命脈에關係ᄒᆞᆫ者니懶惰ᄒᆞᆫ風俗이作ᄒᆞ야服勤ᄒᆞᄂᆞᆫ力으로不以ᄒᆞ면農者의生涯에窘塞홀ᄲᅮᆫ아니라全國이此를由ᄒᆞ야疲弊ᄒᆞᄂᆞᆫ境에至ᄒᆞ며且外國의穀을不購ᄒᆞ기不得ᄒᆞᄂᆞᆫ故로其國內의貨實가消散ᄒᆞ야枵然ᄒᆞᆫ空殼으로貧弱ᄒᆞᆫ患을未免ᄒᆞᄂᆞ니如此ᄒᆞᆫ則外國의慢侮가從ᄒᆞ야至홀디며內地의盜賊이因ᄒᆞ야起ᄒᆞᄂᆞᆫ지라人君의深憂와政府의大患이可히涯涘를不測홀디며甚ᄒᆞ기에至ᄒᆞ야ᄂᆞᆫ其危殆ᄒᆞᆫ景像이朝夕에在ᄒᆞ야救措ᄒᆞ기極難ᄒᆞ려니古人의言에曰호ᄃᆡ國에十年의積이無ᄒᆞ면其國이空虛홈이오三年의積이無ᄒᆞ면其國이不國이라ᄒᆞᆫ則此言으로見ᄒᆞ야도農者의忠誠이無ᄒᆞ고ᄂᆞᆫ邦國의扶支ᄒᆞᄂᆞᆫ力이亦難홀디며且課稅의法規가不適ᄒᆞ면農者의忠誠이雖有ᄒᆞ야도不公不平ᄒᆞᆫ政令을堪耐ᄒᆞ기不能홀디라農者의忠誠도政府의敎化를被ᄒᆞ야感發ᄒᆞᄂᆞᆫ者니萬若國家의有事ᄒᆞᆫ時를當ᄒᆞ야苟且ᄒᆞᆫ境에至ᄒᆞᆫ則廟堂의公議로賦稅를重히加호ᄃᆡ欣然히奉行ᄒᆞᄂᆞ니農者의功이엇디不大ᄒᆞ리오

商者의愛國誠은其道가極大ᄒᆞ니規模를正大히ᄒᆞ며約束을信實히ᄒᆞ고本國의商權을確守ᄒᆞ야內地의繁盛ᄒᆞᆫ實狀을致호ᄃᆡ物貨의品質을幻弄ᄒᆞ거나時日의期限을遷

就ᄒᆞ야如此ᄒᆞᆷ으로國人의公名에羞辱을貽ᄒᆞᆷ이無ᄒᆞ게ᄒᆞ며外國海關稅ᄅᆞᆯ逃免코져ᄒᆞᄂᆞᆫ지外國人과物貨換賣에欺詐ᄒᆞᄂᆞᆫ弊가有ᄒᆞᄂᆞᆫ지其害ᄂᆞᆫ必皆其國에歸ᄒᆞ야恥ᄅᆞᆯ見ᄒᆞᆷ이不少ᄒᆞᆯ디라然ᄒᆞᆫ故로商賈에從事ᄒᆞᄂᆞᆫ者가一身의私慾으로全邦의大體ᄅᆞᆯ損傷ᄒᆞᆷ이其職分의大不可ᄒᆞᆫ者니如此ᄒᆞᆫ道理ᄅᆞᆯ背馳ᄒᆞ고愚昧ᄒᆞᆫ經綸을縱恣ᄒᆞᆫ則其事의不成ᄒᆞᆷ은姑舍ᄒᆞ고惡名을天下에颺ᄒᆞ야汙穢ᄒᆞᆫ指目을受ᄒᆞᆯ쁜더러其人의政府되ᄂᆞᆫ者도天下ᄅᆞᆯ向ᄒᆞ야愧赧ᄒᆞᆷ을不勝ᄒᆞ며商物의收稅權으로利國ᄒᆞ기ᄂᆞᆫ勿論ᄒᆞ고外國의侮傷가至ᄒᆞᄂᆞ니大槩邦國에交際ᄒᆞᄂᆞᆫ法이政治의關係ᄂᆞᆫ使臣에게在ᄒᆞ고物貨의關係ᄂᆞᆫ商賈에게在ᄒᆞᆫ故로外國通和ᄒᆞᄂᆞᆫ道에使臣과商賈가實狀其表裏라此ᄅᆞᆯ由ᄒᆞ야觀ᄒᆞ건ᄃᆡ商賈의事務가雖曰私民의職業이나其關係ᄂᆞᆫ邦國의公本된交際와財貨의權勢에相連ᄒᆞ야極重ᄒᆞ고最大ᄒᆞ니愛國誠으로調制ᄒᆞ야謹愼ᄒᆞᆯ者가엇디此에不在ᄒᆞ리오

製物者의愛國誠도其理가極博ᄒᆞᆫ者니大槩物品製造ᄒᆞᄂᆞᆫ事ᄂᆞᆫ其源을究ᄒᆞ건ᄃᆡ人間의生涯와日用을爲ᄒᆞ기에不過ᄒᆞ나國家의貧富와强弱에深重ᄒᆞᆫ關係가有ᄒᆞ야工匠되ᄂᆞᆫ者의明心ᄒᆞᆯ條件이라國中의物産은天生과人作의分別이有ᄒᆞ니天生ᄒᆞᄂᆞᆫ者ᄂᆞᆫ

無窮ᄒᆞ고人作ᄒᆞᄂᆞᆫ者ᄂᆞᆫ有限ᄒᆞ나天生ᄒᆞᄂᆞᆫ物이人作ᄒᆞᄂᆞᆫ工을不遇ᄒᆞ면金玉의至寶라도草芥와土壤의賤ᄒᆞᆷ과同ᄒᆞᆯ디라然ᄒᆞᆫ故로國中에人作ᄒᆞᄂᆞᆫ工夫가有ᄒᆞ면天生物은乏少ᄒᆞ야도天下萬國의物産이皆其掌握에歸ᄒᆞᄂᆞ니英吉利의富饒ᄒᆞᆫ一端으로推察ᄒᆞ면其明確ᄒᆞᆫ證據ᄅᆞᆯ立ᄒᆞᆯ디로ᄃᆡ支離ᄒᆞᆫ說話ᄅᆞᆯ停ᄒᆞ거니와工匠되ᄂᆞᆫ者가其職業이國家에關係되ᄋᆞᆷ을不知ᄒᆞ고麤率ᄒᆞᆫ意見과苟且ᄒᆞᆫ經綸으로疎忽ᄒᆞᆫ目才와荒雜ᄒᆞᆫ手段을憑恃ᄒᆞ야精緊ᄒᆞᆫ者ᄅᆞᆯ毁ᄒᆞ며巧細ᄒᆞᆫ者ᄅᆞᆯ沮ᄒᆞ야淳朴ᄒᆞᆫ道로自處ᄒᆞᄂᆞᆫ者ᄂᆞᆫ世間物情에暗昧ᄒᆞ야國人의才技ᄅᆞᆯ病害ᄒᆞᄂᆞᆫ事로愛國誠에反戾ᄒᆞᆷ이라然ᄒᆞᆫ故로如何ᄒᆞᆫ工匠으로如何ᄒᆞᆫ物品을製作ᄒᆞᄂᆞᆫ지理致ᄅᆞᆯ窮究ᄒᆞ며才操ᄅᆞᆯ鍛鍊ᄒᆞ야極臻ᄒᆞᆫ境域에抵ᄒᆞ기로期必ᄒᆞᆫ然後에愛國誠이有ᄒᆞ다謂ᄒᆞᆯ쁜더러自己의生業도穩全ᄒᆞ리니精巧ᄒᆞᆫ規模업시荒麤ᄒᆞ게製造ᄒᆞ야其物品이外國에一出ᄒᆞᆫ則天下人이必曰某國의人作ᄒᆞᄂᆞᆫ物品이無才ᄒᆞᆫ境域을不脫ᄒᆞ다ᄒᆞ야嗤笑ᄒᆞᄂᆞᆫ者도有ᄒᆞ고憐恤ᄒᆞᄂᆞᆫ者도有ᄒᆞᆯ디라他人의嗤笑도羞愧의極度에達ᄒᆞᆷ이어니와他人의憐恤을受ᄒᆞᄂᆞᆫ一款은其中에도自哀ᄒᆞᆯ者니國人의公名에深羞와大辱이라謂ᄒᆞ야도過論이아닌則愛國誠잇ᄂᆞᆫ工匠의深思ᄒᆞᆯ者라

供職者의愛國誠은此論을待ᄒᆞ야始明ᄒᆞᄂᆞᆫ者아니로ᄃᆡ外國의規模ᄅᆞᆯ記出ᄒᆞ기爲ᄒᆞ야如此히好煩ᄒᆞᆷ이니大槩泰西各國의官職品級은其責任의輕重으로定ᄒᆞ고淸官이라謂ᄒᆞᄂᆞᆫ官職이無ᄒᆞ며又諸營의將校와各司의吏胥라도皆政府의官員이오賤ᄒᆞᆫ仕役아니라然ᄒᆞᆫ故로各官員은其職을從ᄒᆞ야法外에ᄂᆞᆫ一步도犯ᄒᆞ기不敢ᄒᆞ야其尊重ᄒᆞᆫ地位ᄅᆞᆯ恭敬ᄒᆞᄂᆞ니夫國家의財貨ᄅᆞᆯ盜弄ᄒᆞ거나法律을濁亂ᄒᆞᄂᆞᆫ者ᄂᆞᆫ其國을辱ᄒᆞᆷ과無異ᄒᆞ며人君의命令을不顧ᄒᆞ고一己의私慾을縱ᄒᆞ야人民을流散케ᄒᆞᄂᆞᆫ者ᄂᆞᆫ其國의賊이라此ᄂᆞᆫ皆愛國誠에背戾ᄒᆞᄂᆞᆫ事며又外國人接待ᄒᆞ기도官人의行實을正直히ᄒᆞ고儀表ᄅᆞᆯ恭遜히ᄒᆞ야保護ᄒᆞᄂᆞᆫ責望을極臻히ᄒᆞᆷ으로其國의公名을天下에有光ᄒᆞ게ᄒᆞᆷ이可ᄒᆞ니供職者의愛國誠이無ᄒᆞᆫ則國人의愛國誠이激起ᄒᆞ야罰이其身에及ᄒᆞᄂᆞᆫ故로亦供職者의謹愼ᄒᆞᄂᆞᆫ者라

修學者의愛國誠은國家에最大ᄒᆞᆫ關係가有ᄒᆞᆫ者니人이何事ᄅᆞᆯ從ᄒᆞᄂᆞᆫ지學識이主張되야水의源과木의根과同ᄒᆞᆫ者라然ᄒᆞᆫ故로學問이國의源에疏導ᄒᆞᄂᆞᆫ責을是擔ᄒᆞ며國의根에培栽ᄒᆞᄂᆞᆫ職을是任ᄒᆞ니學者의愛國誠은自然ᄒᆞᆫ道理라農工商官의愛國心이亦此中을從ᄒᆞ야出ᄒᆞᆷ인則學者의職分은其國의化導ᄒᆞᄂᆞᆫ大責을自任ᄒᆞ야千萬事

物에文明ᄒᆞᆫ風氣ᄅᆞᆯ揚起ᄒᆞ며便利ᄒᆞᆫ門戶ᄅᆞᆯ開導ᄒᆞ야一分이라도他國에後ᄒᆞᄂᆞᆫ者가有ᄒᆞ면捷市ᄒᆞᆫ羞愧心으로晝夜硏究ᄒᆞ야他人에優勝ᄒᆞᆯ道ᄅᆞᆯ經營ᄒᆞᄂᆞ니萬若修學ᄒᆞᄂᆞᆫ者가昔人의糠粕ᄅᆞᆯ嗜好ᄒᆞ야腐儒의行實로遊衣遊食ᄒᆞᄂᆞᆫ怠惰性이有ᄒᆞᆫ則國家의鼠蠹며人民의盜賊이라是以로學者가國에其忠을欲盡ᄒᆞᆯ딘ᄃᆡ國中의何事ᄂᆞᆫ지不關ᄒᆞᄂᆞᆫ者가無ᄒᆞ야農者의器具가不精ᄒᆞ거ᄃᆞᆫ其精緊ᄒᆞᆫ道ᄅᆞᆯ推究ᄒᆞ야改良ᄒᆞᆷ도愛國ᄒᆞᄂᆞᆫ誠心이며工匠의器用이不實ᄒᆞ거ᄃᆞᆫ其工巧ᄒᆞᆫ理ᄅᆞᆯ窮格ᄒᆞ야新造ᄒᆞᆷ도愛國ᄒᆞᄂᆞᆫ誠心이며政令의不便ᄒᆞᆫ者가有ᄒᆞ거ᄃᆞᆫ政府의官人을警戒ᄒᆞ야順利ᄒᆞᆫ方便을指授ᄒᆞᆷ도亦其愛國ᄒᆞᄂᆞᆫ誠心이오又人生의日用常行ᄒᆞᄂᆞᆫ事로브터飮食과衣服과居處에至ᄒᆞ야不美ᄒᆞᆫ者가有ᄒᆞ면文章으로論難ᄒᆞ며談辯으로講確ᄒᆞ야盡善ᄒᆞᆫ境에至ᄒᆞ기로期必ᄒᆞᆷ도學者의愛國誠이니如此ᄒᆞᆫ等事ᄅᆞᆯ學問잇ᄂᆞᆫ者가不行ᄒᆞ면何人이能ᄒᆞ리오然ᄒᆞ기天文을上通ᄒᆞ고地理ᄅᆞᆯ下達ᄒᆞ되自己의身名을顧惜ᄒᆞ며他人의是非ᄅᆞᆯ避忌ᄒᆞ야公衆의利害ᄅᆞᆯ泛看ᄒᆞᄂᆞᆫ者ᄂᆞᆫ愛國誠의不足ᄒᆞᆫ學問人이니國人의知識을廣博히ᄒᆞ야其趨向이高明ᄒᆞᆫ境域에至ᄒᆞᆫ則天下萬國에師表의地位ᄅᆞᆯ占ᄒᆞ야其惠化와光榮이四海에覆被ᄒᆞᄂᆞ니泰西學者의愛國誠은如此ᄒᆞ기로其準的을作ᄒᆞᆷ이라

者難ᄒᆞᆫ지라爲國ᄒᆞᄂᆞᆫ道가供職ᄒᆞᄂᆞᆫ者에不止ᄒᆞ고其國의人民이면何事何物에其心을用ᄒᆞ든지皆其國을爲ᄒᆞᄂᆞᆫ事나然ᄒᆞ나其中의淺關係와大職分은學問ᄒᆞᄂᆞᆫ者에게在ᄒᆞ니夫供職者ᄂᆞᆫ人君의命令으로國家의政令을行ᄒᆞᆯᄯᆞ름인則他人에比ᄒᆞ야權力이重ᄒᆞ고地位가高ᄒᆞ다謂ᄒᆞᆷ은可ᄒᆞ거니와他人이其權位의不及ᄒᆞᆷ으로愛國誠ᄭᆞ지不及ᄒᆞᄂᆞᆫ理由ᄂᆞᆫ無ᄒᆞ니實狀은政令을行ᄒᆞᄂᆞᆫ者도其國의人이오政令을受ᄒᆞᄂᆞᆫ者도其國의人이라然則其君父의臣子되기ᄂᆞᆫ彼我의分別이無ᄒᆞ니其臣子되ᄂᆞᆫ道理에其君父가授任ᄒᆞᄂᆞᆫ職分이無ᄒᆞ다ᄒᆞ야其忠義ᄅᆞᆯ不盡ᄒᆞᆷ이奈何其可ᄒᆞ리오然ᄒᆞᆫ故로愛國ᄒᆞᄂᆞᆫ忠誠은貧富와貴賤의殊異가無ᄒᆞ야天性의稟賦로自然ᄒᆞᆫ職分이어ᄂᆞᆯ論者가或迂僻ᄒᆞᆫ謬柄을恣ᄒᆞ야云ᄒᆞ되供職ᄒᆞᄂᆞᆫ外에ᄂᆞᆫ爲國ᄒᆞᄂᆞᆫ事業이無ᄒᆞ다ᄒᆞ야國中의千萬種事物을皆私事經綸에歸ᄒᆞᄂᆞ니此ᄂᆞᆫ義理에未達ᄒᆞᆫ議論이라由是로國家保守ᄒᆞᄂᆞᆫ職責과分義가供職者에不止ᄒᆞ고其國의人民이共有ᄒᆞᆫ者니無事ᄒᆞᆫ時에泰平ᄒᆞᆫ樂으로各其職業에從事ᄒᆞᆷ은邦國의公本된業이어니와若有事ᄒᆞᆫ時ᄅᆞᆯ當ᄒᆞ야外國의侵亂을被ᄒᆞᆫ則國人이一齊히奮起ᄒᆞ야辱이其人君에게及ᄒᆞᆯ가懼ᄒᆞ며恥가其政府에歸ᄒᆞᆯ가憂ᄒᆞ야死生을不顧ᄒᆞ고戰地에樂赴ᄒᆞᄂᆞ니然ᄒᆞᆫ지라雖平時라도人民이軍士의

組練을習ᄒᆞ야不時의變이起ᄒᆞ면全國壯丁이軍士아닌者가無ᄒᆞ거ᄂᆞᆯ萬若國家의有事ᄒᆞᆫ時ᄅᆞᆯ臨ᄒᆞ야人君을棄ᄒᆞ고其妻子ᄅᆞᆯ是携ᄒᆞ야亂을避ᄒᆞ기에急ᄒᆞ야山谷에奔竄ᄒᆞᄂᆞᆫ者ᄂᆞᆫ懦弱ᄒᆞᆫ性質에愛國ᄒᆞᄂᆞᆫ忠誠이無ᄒᆞᆯᄲᅮᆫ더러叛國ᄒᆞᄂᆞᆫ賊과無異ᄒᆞᆫ지라設使亂을避ᄒᆞ야往ᄒᆞᆫ다謂ᄒᆞᆫ들往ᄒᆞᄂᆞᆫ處가何地리오畢竟은其國內地方에不過ᄒᆞ리니如此히人君을背ᄒᆞ고安全ᄒᆞᆫ處所에獨往ᄒᆞ다가其全國이危殆ᄒᆞᆫ境에至ᄒᆞ면避亂ᄒᆞᆫ其人도獨全ᄒᆞ기不能ᄒᆞᆯ理由ᄂᆞᆫ分明ᄒᆞᆫ者니國人이各思ᄒᆞ되自己一身의生死ᄂᆞᆫ不拘ᄒᆞ고人君의愾ᄅᆞᆯ是敵ᄒᆞ며邦國의公名을保全ᄒᆞᆷ이我輩의職分이라ᄒᆞ면其忠義와功效가山谷에奔避ᄒᆞᄂᆞᆫ叛國ᄒᆞᆫ儒夫에比ᄒᆞ야如何ᄒᆞᆫ者인가誠如是ᄒᆞ면生ᄒᆞ야도天地間에無愧ᄒᆞ고死ᄒᆞ야도亦且其榮이有ᄒᆞ리니愛國ᄒᆞᄂᆞᆫ人民의美事가此에莫過ᄒᆞ다ᄒᆞ노라

又外國人接待ᄒᆞᄂᆞᆫ事도愛國誠잇ᄂᆞᆫ者ᄂᆞᆫ極盡히謹愼ᄒᆞᄂᆞ니大槩何國人이든지他國에來ᄒᆞᄂᆞᆫ者ᄂᆞᆫ其政府의德化와法律을信服ᄒᆞ며人民의禮節과信義ᄅᆞᆯ恃賴ᄒᆞ야身命과財產의正權을保全ᄒᆞ기에無憂ᄒᆞᆷ을期必ᄒᆞᆷ이오其親戚과朋友ᄅᆞᆯ離別ᄒᆞ고遠來ᄒᆞᆫ緣由ᄂᆞᆫ雖自己의有求ᄒᆞᄂᆞᆫ經營으로貿易에留意ᄒᆞ든지遊覽에從事ᄒᆞ든지遠客의淒

切ᄒᆞᆫ懷抱와故國의渺茫ᄒᆞᆫ情緖ᄂᆞᆫ花月의良辰과風雨의暗夜에自然히難禁ᄒᆞ야有時로自發ᄒᆞᆯ디라國의名號ᄂᆞᆫ彼此國의分別이雖有ᄒᆞ나人의情懷ᄂᆞᆫ彼此人의稟賦가自同ᄒᆞᆫ則禮로相交ᄒᆞ며義로相結ᄒᆞ야慰樂ᄒᆞᄂᆞᆫ道ᄅᆞᆯ行ᄒᆞ며順便ᄒᆞᆫ方을謀ᄒᆞ고或風俗에齟齬ᄒᆞ야未洽ᄒᆞᆫ事端이有ᄒᆞ야도其不知ᄒᆞᆷ이外國人되ᄂᆞᆫ緣故라ᄒᆞ야主人의道理로其過ᄅᆞᆯ恕ᄒᆞ며假令貧者가其生涯ᄅᆞᆯ爲ᄒᆞ야外國人의雇傭이되야도其約束을堅守ᄒᆞ고行實을善修ᄒᆞ며言語도恭謹히ᄒᆞ야雇傭되ᄂᆞᆫ道理ᄅᆞᆯ極盡히ᄒᆞ되自主ᄒᆞᄂᆞᆫ權利와不屈ᄒᆞᄂᆞᆫ性氣로國人의公名을保全ᄒᆞ고又欺詐ᄒᆞᄂᆞᆫ事情과倨慢ᄒᆞᆫ辭色으로自己의私身에도貽辱ᄒᆞᆷ이不可ᄒᆞ니外國人에게雇傭되ᄂᆞᆫ事가賤ᄒᆞ기ᄂᆞᆫ賤ᄒᆞ다謂ᄒᆞᆯ디나極難ᄒᆞ기ᄂᆞᆫ又此에過ᄒᆞᄂᆞᆫ者가無ᄒᆞ니愛國ᄒᆞᄂᆞᆫ者의最愼ᄒᆞᄂᆞᆫ條件이며又不幸ᄒᆞᆫ時ᄅᆞᆯ當ᄒᆞ야此國과彼國의間에戰爭이起ᄒᆞᆷ으로彼國人이雖其時에此國人의讎敵이나然ᄒᆞ나其宣戰ᄒᆞ기前으로브터留駐ᄒᆞ든者ᄂᆞᆫ殺害ᄒᆞᆷ이不可ᄒᆞᆫ故로其政府가期限을定ᄒᆞ고其限前發去ᄒᆞᄂᆞᆫ令을下ᄒᆞ나不去ᄒᆞᄂᆞᆫ者가有ᄒᆞ면其國의秘機ᄅᆞᆯ漏泄ᄒᆞᆯ가念慮ᄒᆞ야其友朋의家宅에保囚ᄒᆞ기도ᄒᆞ며政府의館舍에拘留ᄒᆞ기도ᄒᆞ고其衣服飮食居處의凡節은便히ᄒᆞ야休戰ᄒᆞᆫ後에放送ᄒᆞᆷ이公法의大道라然ᄒᆞᆷ으로讎國의人民이

라ᄒᆞ야乘時殺害ᄒᆞᄂᆞᆫ者ᄂᆞᆫ不仁ᄒᆞᆫ野人의風俗이니一時의憤怒ᄅᆞᆯ因ᄒᆞ야無罪ᄒᆞᆫ生命을害ᄒᆞ면天下의譏笑도招ᄒᆞ려니와畢竟은賠償銀을徵出ᄒᆞ기에至ᄒᆞᄂᆞᆫ지라愛國人의明心ᄒᆞᆯ條目이亦此에在ᄒᆞᆷ이라

孩嬰撫育ᄒᆞᄂᆞᆫ規模

大槩人間의大本을尋考ᄒᆞᆫ則孩嬰의撫育ᄒᆞᄂᆞᆫ規模에셔加重ᄒᆞᆫ者가實無ᄒᆞ니今日의長老ᄂᆞᆫ即當時의孩嬰이라今日의孩嬰이엇디後日의長老아니리오人世의大序ᄅᆞᆯ關續ᄒᆞ야千萬代의統運을保存ᄒᆞ고人事의大紀ᄅᆞᆯ承授ᄒᆞ야千萬種의事物을守持ᄒᆞᄂᆞ니家國天下의關係가大小의分은有ᄒᆞ되其規模의起緖ᄂᆞᆫ家ᄅᆞᆯ從ᄒᆞ야國에至ᄒᆞ고國을推ᄒᆞ야天下에及ᄒᆞᆷ이라然ᄒᆞ나此規ᄂᆞᆫ人마다說ᄒᆞ며戶마다諭ᄒᆞ야能行ᄒᆞᄂᆞᆫ者아니오乃今日의長老가舊日孩嬰의時에其敎養의受ᄒᆞᆷ이有道ᄒᆞᆷ을由ᄒᆞ야成就ᄒᆞᄂᆞᆫ實效ᄅᆞᆯ著ᄒᆞᄂᆞ니敎養의關係ᄂᆞᆫ甚히遙遠ᄒᆞ야數句話로撲粧ᄒᆞ기不能ᄒᆞ거니와一言으로蔽ᄒᆞ진뒤父母되ᄂᆞᆫ者가知識에豊足ᄒᆞᆫ然後에孩嬰의撫育ᄒᆞᄂᆞᆫ規模ᄅᆞᆯ覺ᄒᆞᆯ디니孩嬰의千歲前은其養育ᄒᆞᄂᆞᆫ責이專혀其母에게在ᄒᆞ고十歲後ᄂᆞᆫ其敎育ᄒᆞᄂᆞᆫ道가全혀

其父에게存ᄒᆞᄃᆡ十歲前이十歲後에比ᄒᆞ야尤難ᄒᆞᆫ지라人의母되야知識이無ᄒᆞᆫ者ᄂᆞᆫ孩嬰을保育ᄒᆞᆯ者가必少ᄒᆞ리니國中孩嬰의父母가全혀知識이無ᄒᆞᆫ時ᄂᆞᆫ其國의衰微홈이此를職由홈인則國家의罪人이라指目ᄒᆞ야도其責을難逃ᄒᆞᆯ디니噫呼라何人이其子를不愛ᄒᆞ며其國을不憂ᄒᆞ리오

如此ᄒᆞᆫ理致로推想ᄒᆞ면孩嬰은邦本이오女子ᄂᆞᆫ孩嬰의本이니今日의慈母ᄂᆞᆫ舊日의童女라然ᄒᆞᆫ故로童女가實狀은邦本의本이거니와萬若敎育을不被ᄒᆞᆫ則邦本의本되ᄂᆞᆫ職責을能修ᄒᆞ기ᄂᆞᆫ姑舍ᄒᆞ고其本을病害ᄒᆞᆯᄯᆞ름이니可히愼懼ᄒᆞᆯ者가此라然ᄒᆞ기孩男과孩女의十歲前撫養이女子에게在ᄒᆞᆫ則不敎ᄒᆞᆫ女子로孩嬰의育養을善ᄒᆞ라責홈이瞽者로ᄒᆞ여금丹青을分辨ᄒᆞ고聾者로ᄒᆞ여금音樂을論評ᄒᆞ라謂홈과同ᄒᆞᆫ지라其成效의有ᄒᆞ기를엇디希待ᄒᆞ리오抑夫女子의有敎홈은其責이全혀男子에게在ᄒᆞ니此를由ᄒᆞ야觀ᄒᆞ건ᄃᆡ男子ᄂᆞᆫ乃邦本의本을培栽ᄒᆞᄂᆞᆫ職分을自任ᄒᆞᆫ者라然홈으로女子의知識이無홈은其罪가實狀은男子에게歸ᄒᆞ니泰西人의孩嬰撫育ᄒᆞᄂᆞᆫ論을聞ᄒᆞ건ᄃᆡ其論에曰ᄒᆞᄃᆡ

夫孩嬰의撫育은其生世ᄒᆞᆫ初로學語ᄒᆞᄂᆞᆫ時에至ᄒᆞ야最難ᄒᆞ니其最難ᄒᆞᆫ條目이飼乳

와寢處와運動과衣服과大小便이며又此外에도何等事든지定限이有ᄒᆞᆫ中에其中尤難ᄒᆞᆫ事ᄂᆞᆫ其性을順히ᄒᆞ야拂逆홈이無ᄒᆞ게홈이라

飼乳ᄒᆞᄂᆞᆫ事를一定ᄒᆞᆫ時刻으로以ᄒᆞᄂᆞᆫ者ᄂᆞᆫ無他라凡人이長成ᄒᆞᆫ後라도飢飽가不均ᄒᆞ면脾胃가傷ᄒᆞ야病源을成ᄒᆞ기든况幼穉의柔軟ᄒᆞᆫ臟腑가能히過ᄒᆞᆫ飮食을抵當ᄒᆞ며不及ᄒᆞᆫ飮食을堪耐ᄒᆞ리오然ᄒᆞᆫ故로飼乳ᄒᆞᄂᆞᆫ法에過不及이無ᄒᆞ야幼兒의臟腑를調和ᄒᆞ며氣血을充補ᄒᆞ야後日의無病人이되게홈이慈仁ᄒᆞᆫ事니言語不能ᄒᆞᄂᆞᆫ小孩를慈母가不顧ᄒᆞ면其害의究竟이如何ᄒᆞ리오又一定ᄒᆞᆫ時刻이라謂홈은必朝必夕의時間을從홈아니오何時든지其飢飽ᄒᆞᆫ氣色을察ᄒᆞ야過不及의量度를適홈이라

寢處ᄒᆞᄂᆞᆫ事를亦一定ᄒᆞᆫ時로以ᄒᆞᄂᆞᆫ者ᄂᆞᆫ大槪人의寢息이其養生에要緊ᄒᆞ야飮食에不後ᄒᆞᄂᆞᆫ지라然ᄒᆞᆫ故로穉孩의寢息을時로行ᄒᆞ게홈이可ᄒᆞ나受傷ᄒᆞᆫ緣委가本無ᄒᆞᆫ則慈母의勞苦를貽홈이無ᄒᆞᆯ디오且其時刻의度限이自有ᄒᆞ야雖幼兒라도自己의意를任ᄒᆞᄂᆞ니不寢ᄒᆞᄂᆞᆫ小孩를臆地로乳를飼ᄒᆞ야睡에就ᄒᆞᄂᆞᆫ事ᄂᆞᆫ不善ᄒᆞᆫ道라夜間에穉兒의欲睡ᄒᆞᄂᆞᆫ時에燈光의閃倏홈으로妨害홈과人言의喧噪홈으로攪動홈을勿ᄒᆞ며又其時의定限은慈母가明心ᄒᆞ야其習慣을馴成홈이可홈이라

運動ᄒᆞᄂᆞᆫ事ᄂᆞᆫ亦養生의一條니不步ᄒᆞᄂᆞᆫ穉孩를步홈이아니오小車에坐ᄒᆞ야其身을習動케ᄒᆞᄂᆞᆫ事니小車ᄂᆞᆫ乳兒養育ᄒᆞ기爲ᄒᆞ야造出ᄒᆞᆫ者라大槪人이運動을不行ᄒᆞ면氣血의通行이滯遲ᄒᆞ야百病의根因을成ᄒᆞᆫ則小兒의運動을長者가不顧ᄒᆞ고自行ᄒᆞ기를任ᄒᆞᆯ가此ᄂᆞᆫ不能ᄒᆞᆫ事니是故로暄朝凉夕에幼穉의小車를海邊或花園及樹陰의幽靜ᄒᆞᆫ處에綏驅ᄒᆞ야淸爽ᄒᆞᆫ空氣를呼吸홈이極善ᄒᆞᆫ道로ᄃᆡ小車의無홈으로襁褓에負抱ᄒᆞᄂᆞᆫ事ᄂᆞᆫ肢節을拘束ᄒᆞ며氣血을壅遏ᄒᆞ야自然ᄒᆞᆫ中에鬱滯ᄒᆞᆫ心萌을起ᄒᆞᆯ디오又或顚動이太甚ᄒᆞ야有害ᄒᆞᆫ關係에至ᄒᆞ기容易ᄒᆞ니當然히謹愼ᄒᆞᆯ事라

衣服은養生ᄒᆞᄂᆞᆫ道에亦一要重ᄒᆞᆫ者니大槪人身의熱氣가過히發散ᄒᆞ면年紀가長成ᄒᆞ고氣力이充實ᄒᆞᆫ者라도不好ᄒᆞᆫ故로雖夏節이나薄着ᄒᆞ야過凉ᄒᆞ면長者도有害ᄒᆞ거든况幼穉의軟弱ᄒᆞᆫ肌膚리오然호ᄃᆡ薄着이不好ᄒᆞ다ᄒᆞ야夏節에冬衣를被홈은아니오又冬衣아니라ᄒᆞ야薄着ᄒᆞ야過凉홈은不可ᄒᆞ니枲麻의凉홈과綿纊의暖홈을均適히ᄒᆞ야時氣를隨ᄒᆞ야過度홈이無ᄒᆞᆯ디니故로幼兒의慈母가如此ᄒᆞᆫ理致를不解ᄒᆞ면不可ᄒᆞᆯ디라無言ᄒᆞᆫ孩嬰이雖寒ᄒᆞᆫ들奈何ᄒᆞ며雖熱ᄒᆞᆫ들奈何ᄒᆞ리오慈母의撫育을受ᄒᆞᆯᄲᅮᆫ이어니其啼哭ᄒᆞ기를俟ᄒᆞ야寒熱의過度홈을覺ᄒᆞᄂᆞᆫ者ᄂᆞᆫ幼穉撫育ᄒᆞᄂᆞᆫ道에

無讎ᄒᆞ다謂ᄒᆞᆯᄲᅮᆫ더러即人母의不慈ᄒᆞᆫ者라

大小便은一定ᄒᆞᆫ時刻으로不行ᄒᆞ면不可ᄒᆞᆫ者라此事가實狀은幼穉에게深遠ᄒᆞᆫ關係가有ᄒᆞ니凡人의百病이穢氣를因ᄒᆞ야多發ᄒᆞᄂᆞᆫ故로居處ᄂᆞᆫ精潔ᄒᆞ기로人의養生에第一을作홈이오且人小便은一定ᄒᆞᆫ時로行ᄒᆞᆫ然後에臟腑의習慣을成ᄒᆞ야大病을不受ᄒᆞᆫ時ᄂᆞᆫ其限을不踰ᄒᆞᄂᆞ니此ᄂᆞᆫ幼少時로習慣의成홈이無ᄒᆞ면長成ᄒᆞᆫ後에欲行ᄒᆞ야도不成ᄒᆞᄂᆞᆫ者며又穉兒가惡臭에其脾胃를傷ᄒᆞᆫ則療治ᄒᆞ기甚難ᄒᆞ고大小便의時限習慣이不成ᄒᆞᆫ則不知中流出ᄒᆞ야其汚穢홈이極難ᄒᆞ리니孩提를撫育ᄒᆞᄂᆞᆫ者가時間을酌定ᄒᆞ야幼穉의此事를行ᄒᆞ게ᄒᆞ면幼穉가發言ᄒᆞ기ᄂᆞᆫ不能ᄒᆞ야도其解悟性은不言中에自在ᄒᆞᆯ디미其臟腑도自然習慣을成ᄒᆞ야不時流出ᄒᆞᄂᆞᆫ念慮가無ᄒᆞᆯᄲᅮᆫ外에後日의一定ᄒᆞᆫ規限을成홈이라

幼穉의性을順히ᄒᆞ야拂逆홈이無ᄒᆞ게ᄒᆞᄂᆞᆫ緣由를議論ᄒᆞ건ᄃᆡ大槪穉兒가雖言語를不發ᄒᆞ며知覺이未長ᄒᆞ야도其心靈의虛明홈으로當境의好惡와便否를感觸ᄒᆞ기ᄂᆞᆫ老成者에比ᄒᆞ야猶且有加ᄒᆞ니言語를不發ᄒᆞᄂᆞᆫ故로情懷를舒出ᄒᆞ기不能ᄒᆞ고知覺이未長ᄒᆞᆫ故로性氣를忍呑ᄒᆞ기不能ᄒᆞ야隱然ᄒᆞᆫ中에其感觸ᄒᆞᄂᆞᆫ精神이天性을激傷

十

害悖를어라不平ᄒᆞᆫ氣性이漸次로丹田에其根을托ᄒᆞ야學語ᄒᆞ기前에深固ᄒᆞᆫ基를已立ᄒᆞᆫ則長成ᄒᆞᆫ後라도拔出ᄒᆞ기未易ᄒᆞ니此由를爲ᄒᆞ야一切不行ᄒᆞᆯ者ᄂᆞᆫ稚兒의號哭ᄒᆞᄂᆞᆫ時에敲打ᄒᆞᄂᆞᆫ事라小兒의號哭은其天性에拂逆ᄒᆞᄂᆞᆫ不便ᄒᆞᆫ緣委를其母에게告訴홈인則其實은慈母가撫育ᄒᆞᄂᆞᆫ道에芒昧홈을由홈이어늘其兒를反責ᄒᆞ니此ᄂᆞᆫ其性을已拂ᄒᆞᆫ中에一層의拂逆홈을加홈이라如是ᄒᆞᆫ故로幼穉의父母되ᄂᆞᆫ者의明心ᄒᆞᆯ者가第一은其性을順히ᄒᆞ기에在홈이라

及幼穉가能히步를學ᄒᆞ며言을發ᄒᆞᄂᆞᆫ際에至ᄒᆞᆫ則其撫育ᄒᆞᄂᆞᆫ規模가前에比ᄒᆞ야少異ᄒᆞ며且其性을順ᄒᆞᄂᆞᆫ事도若干의分別이有ᄒᆞ니此時를當ᄒᆞ야ᄂᆞᆫ孩兒의骨格이漸次로壯大ᄒᆞ고衷情이漸次로進就ᄒᆞ야百千般事物이亦漸次로其耳目의聰明과口鼻의臭味를或補或傷ᄒᆞᄂᆞᆫ故로凡百動靜을長者가一切參見ᄒᆞ되些少事라도欺詐홈은勿示ᄒᆞᆯ디며拂逆홈도勿行ᄒᆞᆯ디라夫人은動物이니不動ᄒᆞ면不可ᄒᆞ고且其動ᄒᆞᄂᆞᆫ道가手足을運移ᄒᆞ기에不止ᄒᆞ야何物에든지其心의用이必有ᄒᆞᆫ則稚兒가知覺의未充홈으로用心ᄒᆞᄂᆞᆫ道ᄂᆞᆫ猶且長者에不及ᄒᆞ야도其手足을動ᄒᆞ야生物의習慣을恣行홈은長者에不遜ᄒᆞᄂᆞᆫ지라故로穉兒의遊戲를禁制ᄒᆞ야生物의活動ᄒᆞᄂᆞᆫ自然ᄒᆞᆫ理勢를

十一

抑塞홈이不可ᄒᆞ니其遊戲를禁斷홈이或其過度홈을豫防홈이나決斷코好意가아닌則漸長ᄒᆞᆯ수록長者가尤且其遊戲ᄒᆞᄂᆞᆫ事를有條ᄒᆞ게導ᄒᆞ야未成ᄒᆞᆫ意見으로恣行ᄒᆞᄂᆞᆫ氣習을先制홈이可ᄒᆞᆫ지라乃其遊戲ᄒᆞᄂᆞᆫ諸具를形容各色으로造出ᄒᆞ야稚兒를引誘ᄒᆞ되其中에도敎訓ᄒᆞᄂᆞᆫ意思를含ᄒᆞ고虛無ᄒᆞᆫ器具를作ᄒᆞ기에不止홈이可ᄒᆞ니大綱으로記載ᄒᆞ건ᄃᆡ日用ᄒᆞᄂᆞᆫ數學으로算枝의散合ᄒᆞᄂᆞᆫ法과片割ᄒᆞᆫ畵紙를本樣ᄀᆞ치附合ᄒᆞᄂᆞᆫ法과大小의木片으로築城作舍ᄒᆞᄂᆞᆫ法의種類로其推究ᄒᆞᄂᆞᆫ精神을養成ᄒᆞ며分散ᄒᆞᄂᆞᆫ規模를敎導ᄒᆞ야慧竇와智竅가自然히開進ᄒᆞ게ᄒᆞ고又木馬小丸紙鳶旋毬氷鞋雪板의等物로其肢體의運動을許홈이亦可홈이라

如此히許遊ᄒᆞᄂᆞᆫ中에도一定ᄒᆞᆫ規模를用ᄒᆞ야其寢食ᄒᆞᄂᆞᆫ時間을勿違ᄒᆞ고言辭와行動히며敬長ᄒᆞᄂᆞᆫ禮節과逐件ᄒᆞᄂᆞᆫ儀貌를皆長者의敎訓을從受ᄒᆞ게ᄒᆞ되若一毫라도有違ᄒᆞ면必罰ᄒᆞ고不恕ᄒᆞ며其罰ᄒᆞᄂᆞᆫ法은怒色으로楚撻을加홈과疾言으로呵責을行홈이아니오從容히招引ᄒᆞ야懇篤ᄒᆞᆫ說話로開諭ᄒᆞ고所犯ᄒᆞᆫ過戾가大ᄒᆞᆫ者ᄂᆞᆫ半餉或一晝를寢牀에拘臥ᄒᆞ고仍諭ᄒᆞ야曰ᄒᆞ되爾의作行ᄒᆞᆫ過失이如彼ᄒᆞ니此ᄂᆞᆫ極히道理에悖ᄒᆞᆫ지라若此ᄒᆞ드면不然ᄒᆞᆫ者를旣然히如彼ᄒᆞ니爾ᄂᆞᆫ此에臥ᄒᆞ야爾의過를自思

十二

ᄒᆞ라ᄒᆞ고一言이更無ᄒᆞ야其戶를掩ᄒᆞᆫ則其兒가長者의諄諭ᄒᆞᆫ言辭를沈思ᄒᆞ야自己의心에可ᄒᆞᆫ듯ᄒᆞ되長者가其戶를開ᄒᆞ기前에其床을離ᄒᆞ기不敢ᄒᆞ고長者의更入ᄒᆞ기를俟ᄒᆞ야其所思를告ᄒᆞᆫ則其罪를始恕ᄒᆞ되若閉戶ᄒᆞᆫ時間에其身을起ᄒᆞ야室中에遊戲ᄒᆞ든지或他處에轉往ᄒᆞᆫ則其責이愈大ᄒᆞᆫ지라故로童穉의謹愼ᄒᆞᄂᆞᆫ心性이自然히有加ᄒᆞ니此ᄂᆞᆫ八九歲以上에至ᄒᆞᆫ者에게行홈이可홈이라

十三

飮食은每樣長者를陪食ᄒᆞ되先食ᄒᆞ기를不許ᄒᆞ고且先起ᄒᆞ기도不聽ᄒᆞ며刀叉匙의把用ᄒᆞᄂᆞᆫ儀貌를必端히ᄒᆞ고羹茶水의飮啜과餠肉果의啖嚼에麤雜ᄒᆞᆫ形容과荒亂ᄒᆞᆫ音響을一切禁止ᄒᆞ야其從容ᄒᆞᆫ擧止가大賓을臨ᄒᆞᆫᄃᆞᆺᄒᆞ니大槪飮食의嚼啜ᄒᆞᄂᆞᆫ法이禮數의小節이나其端正ᄒᆞᆫ規度ᄂᆞᆫ少時의敎養이無ᄒᆞ면猝地에行ᄒᆞ기極難ᄒᆞᆫ者며且衣服으로論ᄒᆞ야도體裁를端雅히ᄒᆞ고容觀을精潔히ᄒᆞ기ᄂᆞᆫ衣服의留意ᄒᆞ야豪奢ᄒᆞᄂᆞᆫ意思아니오麤率ᄒᆞᆫ擧動이欲無홈이라

學校에出入ᄒᆞ기를當ᄒᆞ야ᄂᆞᆫ每事를尤且一定ᄒᆞᆫ時限으로行홈이可ᄒᆞ니寢食ᄒᆞᄂᆞᆫ時와學校를從ᄒᆞ야家에歸ᄒᆞ야作業及遊戲ᄒᆞᄂᆞᆫ時間을酌定홈이라夜寢에定ᄒᆞᆫ時가有ᄒᆞᆫ故로精神이不困ᄒᆞ고朝飯이亦其定時가有ᄒᆞᆫ故로其時를趁ᄒᆞ야不起홈이不可ᄒᆞ

十四

ᄒᆞ고午餐이亦然ᄒᆞᆫ故로學校를從ᄒᆞ야預歸ᄒᆞ거나又其歸路에遊戲ᄒᆞ기不能ᄒᆞ고家에歸ᄒᆞ야作業及遊戲ᄒᆞᄂᆞᆫ定限이亦存ᄒᆞᆫ故로精力이不疲ᄒᆞ니大槪童穉를敎養ᄒᆞᄂᆞᆫ道ᄂᆞᆫ何等事物에든지一定ᄒᆞᆫ時限으로行ᄒᆞ야幼少ᄒᆞᆫ時日로브터規模中에長成ᄒᆞ고期約을違失ᄒᆞ기不許ᄒᆞ야是에灔染ᄒᆞ며是에薰陶ᄒᆞ야後日의有信人이成ᄒᆞ게홈이無上ᄒᆞᆫ美法이오第一의良策이라

童穉가漸長ᄒᆞᆯ수록疎寬ᄒᆞᆫ規模를周密히ᄒᆞ야千事萬物을酬應ᄒᆞ게ᄒᆞᄂᆞ니此ᄂᆞᆫ無他라悟性이稍進ᄒᆞᆫ則規模外에放出ᄒᆞ기易ᄒᆞ며又此時에料量이未定ᄒᆞ야嚮向ᄒᆞᄂᆞᆫ道理가不密ᄒᆞ면主見을執定ᄒᆞ기難ᄒᆞ니十四五歲의時節에敎育ᄒᆞᄂᆞᆫ法이最愼ᄒᆞᆯ者라歌를敎ᄒᆞ야其性情을和暢케ᄒᆞ며舞를誨ᄒᆞ야其肢節을調柔케ᄒᆞ고學業을務ᄒᆞ야其知覺을充擴케ᄒᆞ며運動을定ᄒᆞ야其筋骨을剛壯케ᄒᆞ고進退ᄒᆞᄂᆞᆫ威儀와應對ᄒᆞᄂᆞᆫ禮節로其言行의外樣을端正케ᄒᆞ며忠孝의大道와悌敬의本旨로其性氣의中情을確定케ᄒᆞ야敎養ᄒᆞ기를如此히具備ᄒᆞ야도畢竟은其中에不良ᄒᆞᆫ悖類와無義ᄒᆞᆫ亂徒가比比히其踵을相接ᄒᆞ거든況幼少時로實地의訓誨를不被ᄒᆞᆫ者야其長成ᄒᆞᆫ後에善男善女되기를冀待ᄒᆞᆷ을可得ᄒᆞᆯ가此ᄂᆞᆫ木을緣ᄒᆞ야魚를求홈이니濟世ᄒᆞᄂᆞᆫ君子의深思ᄒᆞᆯ

十五

者라

童穉가他人의好物을玩賞ᄒᆞ야流涎ᄒᆞᄂᆞᆫ心이有ᄒᆞ거든同一ᄒᆞᆫ物品을購給ᄒᆞ기도ᄒᆞ며或其物品이無用件이거나事力이不及ᄒᆞ거든好言으로慰諭ᄒᆞ야不然ᄒᆞᆫ緣由를覺ᄒᆞ게ᄒᆞ고若或童穉의見物ᄒᆞᆫ慾心으로他人의物을竊取ᄒᆞ거든萬端의說話로開喩ᄒᆞ야偸竊ᄒᆞᄂᆞᆫ事가人의惡行되ᄂᆞᆫ緣由를詳知케ᄒᆞ고其本主에게回送케ᄒᆞᆷ이可ᄒᆞ니大槩童穉가他人의好物을偸竊ᄒᆞᄂᆞᆫ事가惡行은惡行이나其本心은不然ᄒᆞᆷ이오暫其物欲을不勝ᄒᆞ야形役의致然ᄒᆞᆷ인則此를由ᄒᆞ야童穉의前程을判斷ᄒᆞᆷ은不可ᄒᆞᆯ디나此心을養成ᄒᆞ야ᄂᆞᆫ不善ᄒᆞᆫ極度에達ᄒᆞ니若再度의如此ᄒᆞᆫ行實이有ᄒᆞ거든呵責을嚴加ᄒᆞ고物價를其童穉本身의當ᄒᆞᆫ者로賣償ᄒᆞ야我의所有가아니면一毫라도莫取ᄒᆞᄂᆞᆫ分數를知得케ᄒᆞᆷ이義方으로敎ᄒᆞ야邪에不納ᄒᆞᄂᆞᆫ本意라

十六

又其遊戲ᄒᆞᄂᆞᆫ同伴도擇取케ᄒᆞᆷ이可ᄒᆞ니童穉의惡行은傳染ᄒᆞᄂᆞᆫ病과同ᄒᆞ야流播ᄒᆞ기最易ᄒᆞᆫ者라料量未定ᄒᆞᆫ童騃이遊伴의惡行을效則ᄒᆞ기ᄂᆞᆫ理勢의自然ᄒᆞᆷ인故로他人의子女가不美ᄒᆞ거든相從을禁斷ᄒᆞᆷ이他人의子女가行實을不修ᄒᆞᆫ다謂ᄒᆞ야禽獸와同視ᄒᆞᆷ은아니로ᄃᆡ其父母의敎訓이不善ᄒᆞᆷ인則如此히禁絶ᄒᆞᆷ이事勢로ᄂᆞᆫ迫切ᄒᆞᆫ

十七

듯ᄒᆞ나不得已ᄒᆞᆫ事情으로不得不然ᄒᆞᆫ緣故어니와其然ᄒᆞᆫ中에도他人의子女라謂ᄒᆞ야等棄ᄒᆞ지勿ᄒᆞ고自己의子女ᄀᆞᆺ티誨諭ᄒᆞ야其眞心의感覺으로人의行實을學ᄒᆞ게ᄒᆞᆷ이亦一人間의相與ᄒᆞᄂᆞᆫ好道니同國人이各其一家의分別로視ᄒᆞ면彼我의分이有ᄒᆞ나合ᄒᆞ야一國으로議論ᄒᆞ면雖他人이라도同室의義가有ᄒᆞᆫ지라然ᄒᆞᆫ則他人의子女라ᄒᆞ야惡地에陷溺ᄒᆞᆷ을泛看ᄒᆞ면赤子의匍匐ᄒᆞ야井에入ᄒᆞᆷ을不救ᄒᆞᆷ과奚異ᄒᆞ리오夫天下의各邦이分割ᄒᆞ야彼此의區域을定ᄒᆞ나人種은爾我의界를不立ᄒᆞᄂᆞᆫ故로仁厚人의公心은四海를一家로視ᄒᆞ야相救ᄒᆞ며相學ᄒᆞ기를願ᄒᆞᆷ이라

何等事物이든지大小를勿論ᄒᆞ고規模를定ᄒᆞ며界限을立ᄒᆞ야童穉의恣行恣止ᄒᆞᄂᆞᆫ事로不孝不悌의大咎라ᄒᆞ야禁止ᄒᆞᆷ과敎訓ᄒᆞᆷ이當然ᄒᆞᆫ者니大槩人間의百害와千弊가皆欺蔽ᄒᆞᄂᆞᆫ一條를從ᄒᆞ야其根을起ᄒᆞᆯᄲᅮᆫ더러童穉가此事를一行ᄒᆞ야長者의疎漏ᄒᆞᆷ으로其志를得遂ᄒᆞᆫ則其心이漸長ᄒᆞ야拘束업ᄂᆞᆫ放恣性에便ᄒᆞ며顧忌ᄒᆞᄂᆞᆫ謹愼心이絶ᄒᆞ야壯盛ᄒᆞᆫ後에至ᄒᆞᆫ則如何ᄒᆞᆫ惡行을不犯ᄒᆞᆯ디未測ᄒᆞᆯ디라然ᄒᆞᆫ故로規限外에ᄂᆞᆫ一步라도其行止의自恣ᄒᆞᆷ을禁호ᄃᆡ恠悖ᄒᆞᆫ事狀이아니어든過히操制ᄒᆞ기를勿ᄒᆞ고如干遊戲ᄂᆞᆫ亦且時時로勸行ᄒᆞ야長者에게問議ᄒᆞᄂᆞᆫ事를無難케ᄒᆞᆷ이可ᄒᆞ니然ᄒᆞ

十八

여야如何ᄒᆞᆫ事物이든지願ᄒᆞᄂᆞᆫ時와欲ᄒᆞᄂᆞᆫ者ᄂᆞᆫ長者에게告ᄒᆞ야其可否를問ᄒᆞᆯ디어ᄂᆞᆯ長者가幼者의行實을操束ᄒᆞᆫ다ᄒᆞ야過度히嚴切ᄒᆞᆫ則幼者의欺蔽ᄒᆞᄂᆞᆫ門戶를反開ᄒᆞᆷ이니欺蔽ᄒᆞᄂᆞᆫ幼者ᄂᆞᆫ禽獸에違ᄒᆞ기不遠ᄒᆞ다謂ᄒᆞ야도過論이아니나嚴切ᄒᆞᆫ長者도得當ᄒᆞᆫ道ᄂᆞᆫ아니라幼者의欺蔽가實狀은長者의嚴切ᄒᆞᆷ을因緣ᄒᆞ야多ᄒᆞ니子女敎育ᄒᆞᄂᆞᆫ者의審愼ᄒᆞᆯ배라

如此ᄒᆞ게敎ᄒᆞ며育ᄒᆞ야童穉의年紀가二十歲以上에至ᄒᆞᆫ時ᄂᆞᆫ成人이라始稱ᄒᆞ야何事를行ᄒᆞ든지何業을從ᄒᆞ든지無誤ᄒᆞᆫ時ᄂᆞᆫ其意를任ᄒᆞ고長者의關係가少호ᄃᆡ幼者ᄂᆞᆫ長者에게不告ᄒᆞᄂᆞᆫ事가無ᄒᆞ며又其衣服飮食으로브터日用事物을皆自己의擔着이오長者에게其憂를貽ᄒᆞ기不宜ᄒᆞ야一身의活計를自己가營求ᄒᆞᄂᆞᆫ故로子姪이何人에게逋債가有ᄒᆞ든지債主가其父兄을向ᄒᆞ야徵督ᄒᆞ기不能ᄒᆞ며設使僞造書簡이나言辭가有ᄒᆞ야도法庭의査實을經ᄒᆞ야其虛假ᄒᆞᆫ緣由가明白ᄒᆞᆫ則他言을更容ᄒᆞ기不能ᄒᆞ니然ᄒᆞ기幼少時에敎訓ᄒᆞᆷ이第一眞法이오萬若其子姪이敎訓ᄒᆞᆫᄃᆡ로行世를不爲ᄒᆞ야도其害가父兄과族戚에게不及ᄒᆞᆷ이라

十九

以上의記列ᄒᆞᆷ은他人의緖餘를掇拾ᄒᆞᆷ이니此外에도其規模와制度의縝密ᄒᆞᆷ이言語

로形容ᄒᆞ고毫墨으로摸寫ᄒᆞ기不得ᄒᆞᄂᆞᆫ者가多ᄒᆞ거니와首를回ᄒᆞ야我邦의孩嬰敎育ᄒᆞᄂᆞᆫ道를顧ᄒᆞ건ᄃᆡ엇디慨然치아니ᄒᆞ리오他邦의幼穉ᄂᆞᆫ衣의寒煖과食의飢飽를均適히ᄒᆞ야撫育ᄒᆞᄂᆞᆫ樂이極盛ᄒᆞ거ᄂᆞᆯ我邦의幼穉ᄂᆞᆫ惡衣惡食도無ᄒᆞᆫ者가多ᄒᆞ야飢寒을不免ᄒᆞ고他邦의幼穉ᄂᆞᆫ學校에出入ᄒᆞ야敎誨ᄒᆞᄂᆞᆫ規模가具備ᄒᆞ거ᄂᆞᆯ我邦의幼穉ᄂᆞᆫ敎育의疎略ᄒᆞᆷ으로自己의姓名도不記ᄒᆞᄂᆞᆫ者가多ᄒᆞᆯᄲᅮᆫ더러他邦의子女ᄂᆞᆫ養生ᄒᆞᄂᆞᆫ規則이整備ᄒᆞᆷ으로疾病의災厄이少ᄒᆞ거ᄂᆞᆯ我邦의子女ᄂᆞᆫ各病에受傷ᄒᆞ야初年의夭折ᄒᆞᄂᆞᆫ者가多ᄒᆞ고幼穉의百病中痘症이最酷ᄒᆞᆫ지라其慘殘ᄒᆞᆫ景像이有時로見聞에不忍ᄒᆞ야幼穉의一場劫厄運을經ᄒᆞᆷ이오平癒ᄒᆞᆫ者라도或滿面ᄒᆞᆫ疤痕으로生後病身을不免ᄒᆞᄂᆞᆫ者가多호ᄃᆡ他邦은牛痘의法을用ᄒᆞ야慘殘ᄒᆞᆫ禍를免ᄒᆞ고救全치못ᄒᆞᆫ者가無ᄒᆞ니其功效가甚大ᄒᆞ더라

二十

人이或曰호ᄃᆡ人世가降遠ᄒᆞᆯᄉᆞ록人種이短少ᄒᆞ야氣血과筋骨이前人을不敵ᄒᆞᆫ다ᄒᆞ야如此히人種의降衰ᄒᆞᆫ緣由를解明ᄒᆞ야謂호ᄃᆡ前世의舊冠과遺衣를見ᄒᆞ면今世에ᄂᆞᆫ若此히偉大ᄒᆞᆫ制樣을被戴ᄒᆞᆫ者가無ᄒᆞ다ᄒᆞ나泰西人인則孩嬰의撫育ᄒᆞᄂᆞᆫ道와養生ᄒᆞᄂᆞᆫ規則이며女子의接待를改正ᄒᆞᆫ後로브터人種이漸大ᄒᆞ야數百年前人의甲冑

가令人에게甚小ᄒᆞ야服着ᄒᆞ기不能ᄒᆞ다ᄒᆞ니大槪如是ᄒᆞᆫ實效ᄂᆞᆫ歲月의長久홈을閱ᄒᆞ야始見ᄒᆞᄂᆞᆫ者오一朝一夕의功用으로期必ᄒᆞ기不能ᄒᆞᆫ者라

西遊見聞第十二編 終

一

西遊見聞第十三編

泰西學術의來歷

二千七百餘年前時代로브터希臘國에學士가蠭出ᄒᆞ니詩에ᄂᆞᆫ胡邁(호머)와喜時遂(허시옷)와扁道(핀더)의諸人이오文에ᄂᆞᆫ喜老道(히로도타스)와秋時伊(츄싯이듸스)와杜娛道(듸오도라스)와窮婁台(뿔누타치)의諸人이며生物學에ᄂᆞᆫ脫累秀(텔늬스)와皮宅高(피틱코라스)의諸人이오道德學에ᄂᆞᆫ偲嗜顚(스크랏즈)와窮顚土(뿔네토)의諸人이며窮理學에ᄂᆞᆫ阿利秀(아뤼스토털)라數百年間에文物이光明ᄒᆞ며學識이蕃盛ᄒᆞ나國運의式微홈을隨ᄒᆞ야學士의風氣도幾絶ᄒᆞ더니阿羅比亞(地名)의諸人이學業을務ᄒᆞ야測量學과醫學과窮理學을世에傳홈으로泰西學術의一脈이僅保ᄒᆞ야後代에至홈이라西曆一千二百年時代(六百餘年前)에英吉利國人裴昆(베큰)이博洽ᄒᆞᆫ智識과宏傑ᄒᆞᆫ才操로學術의衰頹ᄒᆞᆫ世間에出ᄒᆞ야古今의相傳ᄒᆞᄂᆞᆫ道를不足ᄒᆞ다ᄒᆞ고乃實驗ᄒᆞᄂᆞᆫ理術을倡起ᄒᆞ야天文學에ᄂᆞᆫ望遠鏡을作ᄒᆞ며化學에ᄂᆞᆫ萬物의性質을探賾ᄒᆞ야其分析과和合ᄒᆞᄂᆞᆫ理致를議論ᄒᆞ고又醫學과器械學의大綱을發明ᄒᆞ니一時의大學者라稱ᄒᆞ나然ᄒᆞ나此時ᄂᆞᆫ猶草昧ᄒᆞᆫ世界라如此ᄒᆞᆫ大學者로도神

二

仙의荒唐ᄒᆞᆫ道를信ᄒᆞ야鍊丹ᄒᆞᄂᆞᆫ法에其工을徒費ᄒᆞ며又星辰의來往ᄒᆞᄂᆞᆫ軌度로人事의吉凶을判斷ᄒᆞ야迂怪ᄒᆞᆫ理論이有ᄒᆞ니此ᄂᆞᆫ姑舍ᄒᆞ고尤其慘酷ᄒᆞᆫ者ᄂᆞᆫ此時에人民의知識이晦昧ᄒᆞ며政府도學術에曚昧ᄒᆞ야裴昆의高明ᄒᆞᆫ學業을不信ᄒᆞ고妖術이라指目ᄒᆞ야裴昆及其友人麥那秀를嚴刑ᄒᆞ니라

此後로一千四百年時代(四百餘年前)에至ᄒᆞ도록世人의學業이詩文을崇尙ᄒᆞ야小說의工夫를務修ᄒᆞ고實用잇ᄂᆞᆫ學業을怠棄ᄒᆞ더니一千四百二十三年(四百六十五年前)에及ᄒᆞ야泰西에板刻ᄒᆞᄂᆞᆫ法이始出홈으로文學이大振ᄒᆞ야性理學과詩學과史學의種類가其盛홈을極臻히ᄒᆞ나惟窮理ᄒᆞᄂᆞᆫ學術에至ᄒᆞ야ᄂᆞᆫ琢磨ᄒᆞᄂᆞᆫ新工이無ᄒᆞ고古人阿利秀의遺緖를株守ᄒᆞ야變通ᄒᆞ기不能ᄒᆞᆫ뒤諸國이學校를爭起ᄒᆞ니英吉利太學에其學徒의盛홈이四千人에過ᄒᆞ고扳嵛亞太學에ᄂᆞᆫ一萬人이오佛蘭西太學에ᄂᆞᆫ二萬五千人에至ᄒᆞᆫ지라然ᄒᆞ나一千六百年時代(二百八十餘年前)에至ᄒᆞ야도學問ᄒᆞᄂᆞᆫ道에虛實이猶且相雜ᄒᆞ야理術이不明ᄒᆞ거늘此時에布蘭施(프란세스)와裴坤德(바콘데스)과啻道嘉(카데스)의諸學者가文明ᄒᆞᆫ氣를應ᄒᆞ야人間에出ᄒᆞᆫ지라實用잇ᄂᆞᆫ學業을修達ᄒᆞ며實像잇ᄂᆞᆫ理致를闡據ᄒᆞ야世人의醉心을惺ᄒᆞ며夢境을破ᄒᆞ야虛誕ᄒᆞᆫ風俗을背斥ᄒᆞ고一千六百六年(二百

八十二年前에伊太利國人葛逸人遂(갈닐니오)가累年에積苦ᄒᆞᆫ實工으로地球의旋轉ᄒᆞᄂᆞᆫ理를始倡ᄒᆞ야世人의知識을廣博히ᄒᆞ고一千六百六十六年에英吉利國人婁富(루푸)가醫學에精明ᄒᆞ야人의氣血의循環ᄒᆞᄂᆞᆫ度를議論ᄒᆞ야世人의知覺을穩全히ᄒᆞ니人世의學問이大變ᄒᆞ야實理에赴홈과實用을求홈이皆此諸人의功이라

其後六七十年을經ᄒᆞ야英吉利國에柳頓이라ᄒᆞᄂᆞᆫ大學者가有ᄒᆞ니古今의不世出ᄒᆞᄂᆞᆫ才操를抱ᄒᆞ고學術의日新ᄒᆞᄂᆞᆫ世界에生ᄒᆞ야時年이二十四에太空과大地의引力을窮究ᄒᆞ며光線의功用과物色의根元을論硏ᄒᆞ고萬物의理를格ᄒᆞ야造化의深妙ᄒᆞᆫ門戶를拔開ᄒᆞ니其著述ᄒᆞᆫ書冊이窮理學의大本이라歐洲의學者가皆柳頓의學을宗ᄒᆞ야泰西의學術이又一變ᄒᆞᄂᆞᆫ境에至ᄒᆞ니此後로自ᄒᆞ야文學이日加ᄒᆞ고智識이年增ᄒᆞ야今日의文明ᄒᆞᆫ大機를成홈이라百年前後에有名ᄒᆞᆫ學者의姓名을記ᄒᆞ노라

咸發姤(함볼트)	生物學	日耳曼國人
惠留(혜젤)	窮理學	
來伯(뤼빅)	化學	
赴比茹(여규비)	生物學	佛蘭西國人

禮排顚(레뻬뤼여)	天文學	
阿顚高(아뤠고)	天文學	
代排伊(뻬)	化學	英吉利國人
解密敎(히밀른)	性理學	
米逸(미일)	政治學	
親達(틘덜)	窮理學	
鶴瑟禮(학슬네)	生物學	
秀遍瑞(스펜서)	性理學	
毛御秀(모어스)	生物學	合衆國人
何伊土(하이엣트)	生物學	

大抵泰西學術의大主意ᄂᆞᆫ萬物의原理를硏究ᄒᆞ며其功用을發明ᄒᆞ야人生의便利ᄒᆞᆫ道理를助ᄒᆞ기에在ᄒᆞ니諸學者의日夜로苦心ᄒᆞᄂᆞᆫ經綸이實狀은天下人을爲ᄒᆞ야其用을利ᄒᆞ게ᄒᆞ고因ᄒᆞ야其生을厚ᄒᆞ게ᄒᆞ며又因ᄒᆞ야其德을正ᄒᆞ게홈이니學術의功效와敎化가엇디不大ᄒᆞ리오泰西學者의言에曰ᄒᆞᄃᆡ人의才智ᄂᆞᆫ古今이無異ᄒᆞ니後

人이前人을不及ᄒᆞᆫ다홈은學業에怠慢ᄒᆞ야病世ᄒᆞᄂᆞᆫ議論이라然ᄒᆞᆫ故로人이世에生홈에當然히學問을務ᄒᆞ야古人의不發ᄒᆞᆫ者를發ᄒᆞ야不及ᄒᆞᆫ者를補ᄒᆞ고又新工을想出ᄒᆞ야前人이어셔駕高홈이是可ᄒᆞ다ᄒᆞ니此言을潛究ᄒᆞ면自恃ᄒᆞᄂᆞᆫ癖이有ᄒᆞᆫ듯ᄒᆞ나然ᄒᆞ나修學ᄒᆞᄂᆞᆫ人을向ᄒᆞ야ᄂᆞᆫ最美ᄒᆞᆫ意思라今에學術의功德이成就ᄒᆞᆫ바人生에有益ᄒᆞᆫ諸物을若干記錄ᄒᆞ건ᄃᆡ

火輪器械	火輪車	火輪船	電氣信	電氣燈
炭氣燈	紡績器械	染色法	牛痘法	醫術器械
避霹靂法	鍍金銀法	摸本法	裁縫器械	農作器械
化學器械	窮理學器械	天文學器械	飮食除毒法	

此ᄂᆞᆫ其大槩를指出홈이라

泰西軍制의來歷

往古歐洲諸國이封建과世祿의制度로以ᄒᆞ야其臣下를養ᄒᆞ고各國의帝王이互相攻擊ᄒᆞ며國中의貴族이互相競爭ᄒᆞ니是故로武藝를重히ᄒᆞ고文字를輕히ᄒᆞᆫ지라文字

를解ᄒᆞᄂᆞᆫ者ᄂᆞᆫ宗敎의敎正에止ᄒᆞ고國內의人은其名이騎馬ᄒᆞᆫ戰士의案에不載ᄒᆞᆫ則他人의輕蔑과慢侮로不堪ᄒᆞᄂᆞᆫ境에至ᄒᆞᄃᆡ其戰鬪ᄒᆞᄂᆞᆫ法은劒戟의一人敵을崇尙ᄒᆞ야上等의功名을作ᄒᆞ고兵法은虛名도無ᄒᆞ며軍人의階級은三等에分ᄒᆞ야貴族은馬를騎ᄒᆞ고重大ᄒᆞᆫ兵器를携ᄒᆞ며其次ᄂᆞᆫ輕便ᄒᆞᆫ兵器를持ᄒᆞ야輕兵으로戰을開ᄒᆞ고重兵은戰士를護ᄒᆞ며下等은步兵이니其兵器ᄂᆞᆫ槍劒弓矢의類라其俗이敵에近ᄒᆞᄂᆞᆫ者로貴ᄒᆞ고遠ᄒᆞᄂᆞᆫ者로賤ᄒᆞ더니一千三百年代(五百八十餘年前)에至ᄒᆞ야火器가始出ᄒᆞ야泰西의軍制가一變ᄒᆞ거ᄂᆞᆯ各國의諸貴族은火器로卑賤ᄒᆞᆫ兵器라謂ᄒᆞ야携帶ᄒᆞ기를是恥ᄒᆞ고舊制에泥ᄒᆞ야長槍과大劒을貴重ᄒᆞᄂᆞᆫ지라戰場을臨홈에大敵에게近ᄒᆞᄂᆞᆫ事를不得ᄒᆞ고百步外에在ᄒᆞ야馬를馳ᄒᆞ고劒을揮ᄒᆞ야衝突ᄒᆞᄂᆞᆫ虛勇을誇大ᄒᆞᄂᆞᆫ際에忽然一聲響의斃倒홈을當ᄒᆞ니自此로世人이一人의敵과匹夫의勇을不貴ᄒᆞ고智慧와術業을重히ᄒᆞ야貴族의形勢가大衰ᄒᆞ나然ᄒᆞ나貴族은尙且怠惰ᄒᆞᆫ風氣에慣習ᄒᆞ야事物의硏究를不好ᄒᆞ며乃一法을設ᄒᆞ야俸金을給ᄒᆞ고人을雇ᄒᆞ야新出ᄒᆞᆫ火器의術을學ᄒᆞ야戰爭에代用ᄒᆞ니此ᄂᆞᆫ泰西의給俸ᄒᆞᄂᆞᆫ兵卒의始初라然ᄒᆞᆫ故로英語에兵卒을(솔져)라ᄒᆞᄂᆞ니其意ᄂᆞᆫ俸金取ᄒᆞᄂᆞᆫ人을謂홈이라

火器가一出ᄒᆞᆫ後로브터給俸ᄒᆞᄂᆞᆫ軍制를立ᄒᆞ고世祿의舊制를廢ᄒᆞ며文武의職掌을始分ᄒᆞ야爲二ᄒᆞ니此ᄂᆞᆫ兵備의規度를改正ᄒᆞᆯ뿐아니라實狀은國政의一大變革을行ᄒᆞᆷ이니爾後로ᄂᆞᆫ兵卒의多寡로國勢의强弱을議論ᄒᆞᄂᆞᆫ故로雖泰平ᄒᆞᆫ時라도俸金을厚히磨鍊ᄒᆞ야養兵ᄒᆞᄂᆞᆫ風俗을成ᄒᆞᆫ지라一千四百五十年(五百三十八年前)에佛蘭西王第七世察禮斯가英吉利와戰ᄒᆞ야大勝ᄒᆞ고後患을念慮ᄒᆞ야國中의貴族을命ᄒᆞ야平常ᄒᆞᆫ時라도兵卒의備를戒嚴ᄒᆞ니此ᄂᆞᆫ泰西常備兵의始初라諸國이爭效ᄒᆞ야亦皆兵卒의常備를實ᄒᆞ니라

軍士되ᄂᆞᆫ者ᄂᆞᆫ若其業에不巧ᄒᆞ면俸金을得ᄒᆞ기難ᄒᆞᆫ지라故로其才를爭練ᄒᆞ며且其兵을實ᄒᆞᄂᆞᆫ人君과將帥ᄂᆞᆫ軍士의技藝가精緊ᄒᆞ기를爲ᄒᆞ야用兵ᄒᆞᄂᆞᆫ新法을研究ᄒᆞ며無事ᄒᆞᆫ時라도兵卒을號令ᄒᆞ야戰爭ᄒᆞᄂᆞᆫ形像을擬倣ᄒᆞ니此ᄂᆞᆫ泰西兵卒의組練ᄒᆞᆫ始初라大槩組練法을創ᄒᆞᆫ者ᄂᆞᆫ一千五百年代(三百八十餘年前)荷蘭國大統領瑪華利라ᄒᆞᄂᆞᆫ者라

如此히常備兵의制度를設ᄒᆞ야平日의組練ᄒᆞᄂᆞᆫ法을立ᄒᆞ야各國이其强을爭ᄒᆞᄂᆞᆫ道에不怠ᄒᆞ나然ᄒᆞ나步兵과騎兵의制度며坐作과進退의紀律이猶且未整ᄒᆞ야戰塲을

臨ᄒᆞ면錯亂ᄒᆞᆫ擧措와雜遝ᄒᆞᆫ景況을不免ᄒᆞ더니一千六百年代(二百餘年前)의初頃에至ᄒᆞ야瑞典國王高齋多厚가測量窮理學에通達ᄒᆞ고用兵ᄒᆞᄂᆞᆫ才略에富贍ᄒᆞ야諸兵의運動ᄒᆞᄂᆞᆫ法을立ᄒᆞ야小銃隊를改正ᄒᆞ고人數를密列ᄒᆞ야同時發銃ᄒᆞᄂᆞᆫ制를酌定ᄒᆞ고又輕砲隊에重砲를加ᄒᆞ며已廢ᄒᆞᆫ騎兵의規를再興ᄒᆞ야步騎砲三兵의活法이整齊ᄒᆞᆫ境에始至ᄒᆞᆷ이라

瑞典王의後에各國火器의數가日로增加ᄒᆞ며其用法이亦且益盛ᄒᆞ야天下의利器가銃砲上에出ᄒᆞᄂᆞᆫ者가無ᄒᆞᆫ지라一千七百五十年(一百三十四年前)의時頃에普魯士王厚禮寔益이文武兼備ᄒᆞᆫ大材를抱ᄒᆞ야不世出ᄒᆞᆫ英雄으로瑞典王의遺法을繼ᄒᆞ야火器發用ᄒᆞᄂᆞᆫ規模에其意를專ᄒᆞ고新工의奇ᄒᆞᆫ者를運ᄒᆞ야舊法의闕ᄒᆞᆫ者를補ᄒᆞ니數年間에普魯士國의軍法이大勝ᄒᆞ야其威名이歐洲全幅에轟振ᄒᆞᄂᆞᆫ故로諸國이亦皆其法을採用ᄒᆞ니此亦泰西軍制의一變이라此時를當ᄒᆞ야算數測量等學術이漸明ᄒᆞ야陣列과行伍의進退ᄒᆞᄂᆞᆫ法을數學의理에基ᄒᆞ야其遲速을定ᄒᆞ며又樂器를鳴ᄒᆞ야兵卒의步法을調節ᄒᆞᆷ도亦此時의始初ᄒᆞᆷ이오步兵의陣列은前後三人의並立ᄒᆞᄂᆞᆫ橫陣을作ᄒᆞ고小銃에裝丸ᄒᆞ기ᄂᆞᆫ火門의形을改ᄒᆞ야口藥을不用ᄒᆞᄂᆞᆫ故로急發ᄒᆞᄂᆞᆫ便利를大

增ᄒᆞ며野戰砲의制度를輕便히ᄒᆞ고騎兵의甲冑를改ᄒᆞ야戰法을猛烈ᄒᆞᆷ과迅速ᄒᆞᆷ으로專主ᄒᆞ며大砲ᄂᆞᆫ騎馬를用ᄒᆞ야引行ᄒᆞ니此皆普魯士王의新法이오惟散兵의法은北阿美利加洲合衆國獨立軍의始初ᄒᆞᆫ者니當時戰爭ᄒᆞᆫ地ᄂᆞᆫ平野가少ᄒᆞ고山林의隱蔽ᄒᆞᆫ處가多ᄒᆞᆫ故로美洲人이散兵의戰法을用ᄒᆞ야英吉利의兵를屢破ᄒᆞᆷ이라

普魯士王의後에天下의兵制가一新ᄒᆞ다云ᄒᆞ나然ᄒᆞ나軍士되ᄂᆞᆫ者가但軍士의組練을習ᄒᆞ고軍士의行實은不學ᄒᆞᆫ故로無事時ᄂᆞᆫ軍士의名號가雖有ᄒᆞ나一朝의有事ᄒᆞᆫ時를當ᄒᆞᆫ則實用이無ᄒᆞᆫ者ᄂᆞᆫ義氣가不足ᄒᆞ며忠誠이未洽ᄒᆞ야圖生ᄒᆞᄂᆞᆫ私慾에急ᄒᆞ고死上ᄒᆞᄂᆞᆫ精誠의無有ᄒᆞᆫ緣由러니一千八百年代(一百餘年前)의初頃에至ᄒᆞ야佛蘭西皇帝第一世拿破崙이此弊를激嘆ᄒᆞ야國人으로ᄒᆞ여곰軍士의組練을習ᄒᆞ고又國人이各自其國을爲ᄒᆞ야出戰ᄒᆞᄂᆞᆫ職責의有ᄒᆞᆷ으로嚴히其法을立ᄒᆞ야將帥를撫愛ᄒᆞ며軍士를惠恤ᄒᆞᆯᄉᆡ有功者를賞ᄒᆞ기ᄂᆞᆫ一鄕에千金을不惜ᄒᆞ고有罪者를罰ᄒᆞ기ᄂᆞᆫ親戚이라도不恕ᄒᆞ니此를由ᄒᆞ야人民이忠義의性을激發ᄒᆞ야國을愛ᄒᆞ며君을尊ᄒᆞ기에二心이無ᄒᆞᆫ故로戰塲에赴ᄒᆞᆷ애其死를不顧ᄒᆞᄂᆞᆫ지라分ᄒᆞ야散兵을作ᄒᆞᆫ則各其一人의力을盡ᄒᆞ고合ᄒᆞ야密隊를成ᄒᆞᆫ則敵에赴ᄒᆞᆷ을爭先ᄒᆞ야將帥의令은水火라도不避ᄒᆞ

니進退가手足ᄀᆞᆺ치指揮에其意를順ᄒᆞᄂᆞᆫ지라如此ᄒᆞᆫ故로拿破崙이能히蓋世ᄒᆞᄂᆞᆫ功業으로歐洲諸國을壓倒ᄒᆞ야其姓名을聞ᄒᆞᄂᆞᆫ者가戰慄ᄒᆞᆷ이니現今泰西諸國의兵制ᄂᆞᆫ皆拿破崙의法을取用ᄒᆞᆷ이라

泰西宗敎의來歷

夫宗敎ᄂᆞᆫ宗尙ᄒᆞᄂᆞᆫ敎를謂ᄒᆞᆷ이니天地間에何國이든지各其服從ᄒᆞᄂᆞᆫ宗敎의有ᄒᆞᆷ이我邦이孔孟의道를尊崇ᄒᆞᄂᆞᆫ事와同ᄒᆞᆫ지라今에天下의宗敎를擧論ᄒᆞ건ᄃᆡ印度와及其附近ᄒᆞᆫ地方은釋迦의敎를尊崇ᄒᆞᄂᆞ니我輩의聞見ᄒᆞᆫ者ᄂᆞᆫ釋迦가其敎의始祖라ᄒᆞ나其實이不然ᄒᆞ야幾千年前富羅磨의遺敎를釋迦가纘述ᄒᆞ야振起ᄒᆞᄂᆞᆫ功을成ᄒᆞᆷ이오土耳基國과及其隣比ᄒᆞᆫ諸邦은馬賀邈의敎를服從ᄒᆞᄂᆞ니此ᄂᆞᆫ回回敎라稱ᄒᆞᄂᆞᆫ者라其創起ᄒᆞᆫ世代가一千五百年에不過ᄒᆞᆫ者며又其近地에一處人民은火가人間의大威德이有ᄒᆞ다ᄒᆞ야火를尊崇ᄒᆞᄂᆞᆫ者도有ᄒᆞ고阿美利加洲의赤人은水를尊崇ᄒᆞᄂᆞᆫ者와太陽을尊崇ᄒᆞᄂᆞᆫ者와土를尊崇ᄒᆞᄂᆞᆫ者가各其意를從ᄒᆞ며阿弗利加洲의黑人은樹木을尊崇ᄒᆞᄂᆞᆫ者와鰐魚及犢或猫를尊崇ᄒᆞᄂᆞᆫ者도有ᄒᆞ고甚ᄒᆞᆫ者ᄂᆞᆫ自己의影子를長

二

惻ᄒᆞ야鬼神ᄀᆞᆺ치尊敬ᄒᆞᄂᆞᆫ者도有ᄒᆞ며亞細亞의暹羅國은佛敎를服從ᄒᆞᄂᆞᆫ中에象의白者를尊崇ᄒᆞ니此ᄂᆞᆫ皆風俗의有異ᄒᆞᆷ으로致然ᄒᆞᆫ者라今又泰西各國의宗敎來歷을考據ᄒᆞᆫ즉亦且乖常ᄒᆞᆫ事가多ᄒᆞ니大畧記錄ᄒᆞ건ᄃᆡ

希臘國은泰西의最久ᄒᆞᆫ者라其時를當ᄒᆞ야國人의尊崇ᄒᆞᄂᆞᆫ道가虛誕ᄒᆞᆫ意思와怪異ᄒᆞᆫ事蹟으로專主ᄒᆞ야十二天神을敬奉ᄒᆞ니其一은曰朱壽(쥬스)라諸天神中의君과父의地位를兼ᄒᆞᆫ者며其二ᄂᆞᆫ曰布施敦(포시돈)이라海를掌ᄒᆞ고兼ᄒᆞ야地震을主ᄒᆞᆫ者며其三은曰愛拔論(아폴논)이라音樂을掌ᄒᆞᆫ者며其四ᄂᆞᆫ曰阿台美秀(아틔미스)라太陰을掌ᄒᆞ고兼ᄒᆞ야畋獵을主ᄒᆞᆫ者로ᄃᆡ天神中에女神이며其五ᄂᆞᆫ曰發干(발간)이라火를掌ᄒᆞ고陶冶를兼主ᄒᆞᆫ者며其六은曰盧媚秀(히미스)라諸天神의使者로商賈保護ᄒᆞᄂᆞᆫ道를掌ᄒᆞᆫ者며其七은曰義賴秀(아뤼스)라戰爭을掌ᄒᆞ야人을殺ᄒᆞ고國을滅ᄒᆞᄂᆞᆫ事를喜ᄒᆞᄂᆞᆫ者며其八은曰喜雞(히라)라朱壽의妻니不和ᄒᆞᆫ女神이며其九ᄂᆞᆫ曰愛台那(아틔나)라人의智慧를掌ᄒᆞᆫ者니天神中에女神이며其十은曰喜施野(히시아)라廚竈를掌ᄒᆞᆫ女神이며其十一은曰帶美陀(듸미타)라農을掌ᄒᆞ고其十二ᄂᆞᆫ曰非那秀(비나스)라美色을掌ᄒᆞ니此二神도亦皆女神이라此를由ᄒᆞ야觀ᄒᆞ건ᄃᆡ天神中에男이六이오女가亦六이니此外에도其亞次의天神이

三

多ᄒᆞ야其主張ᄒᆞᆫ事物이各有ᄒᆞ며又凶惡ᄒᆞᆫ魔鬼의名號도不一ᄒᆞ니枚擧ᄒᆞ기不遑ᄒᆞ거니와其尊奉ᄒᆞᄂᆞᆫ景像을略記ᄒᆞ건ᄃᆡ十二天神이五臨坡秀山上에會遊ᄒᆞᆫ다ᄒᆞ야犧牲과酒果로祭祀ᄒᆞᆯ시詩로其德을頌ᄒᆞ고祝으로其願을希ᄒᆞ며歌舞와音樂으로崇敬ᄒᆞᄂᆞᆫ禮를伸ᄒᆞ니一年에四祭日이最大ᄒᆞᆫ名節이라此日을當ᄒᆞ면男女와貴賤이四方으로從ᄒᆞ야山下에雲集ᄒᆞᆷ으로常事를作ᄒᆞ니라

其後에羅馬國의世에至ᄒᆞ야ᄂᆞᆫ希臘의舊俗을不守ᄒᆞ나然ᄒᆞ나其地方의廣濶ᄒᆞᆷ으로各種人民의服從ᄒᆞᄂᆞᆫ宗敎가其門路의岐分ᄒᆞᆷ이多ᄒᆞ더니一千八百八十八年前에亞細亞洲猶太國에耶蘇가始生ᄒᆞ니此人의遺敎가現今泰西諸國의通行ᄒᆞᄂᆞᆫ者라彼耶蘇의前後來歷을略擧ᄒᆞ건ᄃᆡ耶蘇敎服從ᄒᆞᄂᆞᆫ者의言에曰호ᄃᆡ上帝가天下의道가無ᄒᆞᆷ을矜憫ᄒᆞ샤其子를降送ᄒᆞ야敎를設ᄒᆞᆯ시天神의形像으로人間에現出ᄒᆞᆷ이不可ᄒᆞᆫ故로上帝가自己의精氣를童女馬願에게降ᄒᆞ야人道의感이無ᄒᆞ고娠이有ᄒᆞ야一子를生ᄒᆞ니是ᄂᆞᆫ則耶蘇라其敎를傳布ᄒᆞᆯ시其道가高明ᄒᆞᆫ中에術業도神奇ᄒᆞ야瞽者의眼을開ᄒᆞ며死者를甦活ᄒᆞ기도ᄒᆞ야人의不能ᄒᆞᄂᆞᆫ事를多行ᄒᆞᄂᆞᆫ故로弟子가日로加ᄒᆞ며月로增ᄒᆞ야所至ᄒᆞᄂᆞᆫ地方에從者가如雲이라乃其敎를立ᄒᆞ야曰호ᄃᆡ耶蘇敎를

四

服從ᄒᆞᄂᆞᆫ者ᄂᆞᆫ死後에天堂에升ᄒᆞ야無限ᄒᆞᆫ福祿을享ᄒᆞ고背馳ᄒᆞᄂᆞᆫ者ᄂᆞᆫ地獄에入ᄒᆞ야無窮ᄒᆞᆫ苦楚를受ᄒᆞᆫ다ᄒᆞ야其大權을上帝의主宰에歸ᄒᆞ니耶蘇ᄂᆞᆫ天을代ᄒᆞ야道를行ᄒᆞᆷ이라然ᄒᆞᆫ故로其敎에又曰호ᄃᆡ天上과天下에他神이無ᄒᆞ고惟上帝가獨存ᄒᆞ니世人의尊崇ᄒᆞᄂᆞᆫ鬼神은皆虛誕ᄒᆞᆫ者라ᄒᆞ며又人生의行實도說諭ᄒᆞ야各國에巡遊ᄒᆞ다가其徒衆의太蕃ᄒᆞᆷ으로國君의嫌猜를被ᄒᆞ야十字牌上에釘殺ᄒᆞᄂᆞᆫ禍를當ᄒᆞ나此ᄂᆞᆫ耶蘇가禍를當ᄒᆞᆷ이아니오世人의罪惡을洗滌ᄒᆞ기爲ᄒᆞ야代死ᄒᆞᆷ인故로其死後四十日에甦起ᄒᆞ야天上에升ᄒᆞ다ᄒᆞ니此ᄂᆞᆫ其虛誕ᄒᆞᆷ과的實ᄒᆞᆷ이耶蘇敎不服ᄒᆞᄂᆞᆫ者의自知ᄒᆞᄂᆞᆫ者라今에其傳道ᄒᆞ든始末을錄謄ᄒᆞᆯᄯᆞᄅᆞᆷ

耶蘇의高足弟子가十二人이니耶蘇生時에恒常敎誨호ᄃᆡ其道를天下에傳播ᄒᆞ야人이거든親疎와遠近을勿論ᄒᆞ고兄弟ᄀᆞᆺ치接待ᄒᆞ야懃懇히敎訓ᄒᆞ라ᄒᆞᆫ故로十二人이耶蘇死後에四方에各散ᄒᆞ야其敎를布ᄒᆞ기에其力을盡ᄒᆞ야亞細亞西方의諸國을歷ᄒᆞ야泰西에始入ᄒᆞ니此時에泰西의宗敎ᄂᆞᆫ耶蘇敎와差異ᄒᆞᆫ者라嚴禁ᄒᆞᄂᆞᆫ令을發ᄒᆞ야耶蘇敎服從ᄒᆞᄂᆞᆫ者ᄂᆞᆫ必殺ᄒᆞ고不恕호ᄃᆡ其傳道ᄒᆞᄂᆞᆫ敎師ᄂᆞᆫ死를不怕ᄒᆞ고其敎의流播ᄒᆞᆷ으로心을是專ᄒᆞ야其敎를講論ᄒᆞᆯ處所가無ᄒᆞᆫ則廣濶ᄒᆞᆫ土窟을掘ᄒᆞ고其中에

五

徒衆을會講ᄒᆞ야蕃盛ᄒᆞ기에至ᄒᆞᆫ지라前古에無比ᄒᆞᆫ刑罰로鉅殺燒殺釘殺ᄒᆞᄂᆞᆫ法을用ᄒᆞ야一場에二十萬人을坑殺ᄒᆞᆫ者가累次에至호ᄃᆡ畢竟은禁制ᄒᆞ기不能ᄒᆞᆯᄲᅮᆫ더러刑罰이酷毒ᄒᆞᆯᄉᆞ록耶蘇敎服從ᄒᆞᄂᆞᆫ者가增加ᄒᆞ야三百年의長久ᄒᆞᆷ을閱歷ᄒᆞᆫ則其形勢가莫遏ᄒᆞᄂᆞᆫ境에至ᄒᆞ니泰西의舊有ᄒᆞᆫ宗敎ᄂᆞᆫ反衰ᄒᆞᆫ지라復乃嚴禁ᄒᆞᄂᆞᆫ命令을發ᄒᆞ며酷毒ᄒᆞᆫ刑罰을定ᄒᆞ야耶蘇敎의書冊을焚毁ᄒᆞ고徒黨을殺戮ᄒᆞ야禁斷ᄒᆞᄂᆞᆫ法이嚴ᄒᆞᆯᄉᆞ록徒黨이愈熾ᄒᆞᄂᆞᆫ지라乃其令을反弛ᄒᆞ고服從ᄒᆞ기를許諾ᄒᆞ니此後로브터耶蘇敎의黨論이更起ᄒᆞ야其一은曰耶蘇敎의東黨이오其二ᄂᆞᆫ曰西黨이라

由此ᄒᆞ야耶蘇敎의氣焰이浸盛ᄒᆞ고泰西의舊宗敎ᄂᆞᆫ自滅ᄒᆞ니西黨의諸敎正이羅馬地에據ᄒᆞ야其權이各國의政令을指揮ᄒᆞ기에至ᄒᆞᆫ지라敎正이相議ᄒᆞ야敎皇을立ᄒᆞ고政府를設ᄒᆞ야各國의帝王으로臣妾을作ᄒᆞ니此時를當ᄒᆞ야人의學識이無ᄒᆞᆷ으로設히不從ᄒᆞᄂᆞᆫ者가無ᄒᆞ고又何邦의君主든지英傑ᄒᆞᆫ度量이有ᄒᆞ야敎皇의命을抗拒ᄒᆞᆫ則其國民이敎皇의威를畏懼ᄒᆞ야其國君을不助ᄒᆞᄂᆞᆫ故로其初에抗拒ᄒᆞ든者라도畢竟은如何ᄒᆞᄂᆞᆫ方道가無ᄒᆞ고其罪를反謝ᄒᆞ야寬恕ᄒᆞᄂᆞᆫ慈惠를乞ᄒᆞ니敎皇의權이天下에振ᄒᆞ야自謂호ᄃᆡ上帝의命을奉ᄒᆞ야天下를敎化ᄒᆞᄂᆞᆫ權이有ᄒᆞ다ᄒᆞᄂᆞᆫ故로各

國의帝王이他言을作ᄒᆞ기不敢ᄒᆞ고朝貢ᄒᆞᄂᆞᆫ職分을恭修ᄒᆞ거ᄂᆞᆯ教皇이其貪財ᄒᆞᄂᆞᆫ慾을放恣ᄒᆞ야恕罪ᄒᆞᄂᆞᆫ法을立ᄒᆞ고其票紙ᄅᆞᆯ作ᄒᆞ야人民에게賣下ᄒᆞᆯᄉᆡ罪의輕重으로價의高低ᄅᆞᆯ磨鍊ᄒᆞ야重罪ᄅᆞᆯ犯ᄒᆞᆫ者라도此票一張을購持ᄒᆞ면雖帝王의威라도敢히誰何ᄒᆞ가不能ᄒᆞ니此意ᄂᆞᆫ以爲ᄒᆞᄃᆡ人이罪ᄅᆞᆯ犯ᄒᆞᆷ은上帝의命을逆ᄒᆞᆷ이라然ᄒᆞᆫ故로教皇이其犯罪人을代ᄒᆞ야上帝의寬恕ᄒᆞᄂᆞᆫ慈恤을乞ᄒᆞ고此票ᄅᆞᆯ給ᄒᆞᆷ인則何人이든지其罪ᄅᆞᆯ更論ᄒᆞᄂᆞᆫ者ᄂᆞᆫ上帝의命을不奉ᄒᆞᆷ이라ᄒᆞ야雖人을殺ᄒᆞ며君上을犯ᄒᆞᆫ者라도教皇의票ᄅᆞᆯ携帶ᄒᆞ면法綱에漏ᄒᆞ니是ᄅᆞᆯ由ᄒᆞ야教皇이各國의逋逃主라人世의知覺이長夜의晦暝ᄒᆞᆫ中에入ᄒᆞ야如此히傳ᄒᆞ야耶蘇後一千六百年代大槩三百餘年前에至ᄒᆞ야ᄂᆞᆫ各國의帝王이教皇의權勢ᄅᆞᆯ猜忌ᄒᆞᆯᄲᅮᆫ더러聰明ᄒᆞᆫ人民은教皇의虛無ᄒᆞᆷ을疾惡ᄒᆞ야背馳ᄒᆞᄂᆞᆫ議論과拒逆ᄒᆞᄂᆞᆫ風聲이蜂起ᄒᆞ야各國에傳播ᄒᆞᄂᆞᆫ氣勢가響應ᄒᆞᄂᆞᆫ지라教皇이大怒ᄒᆞ야亂賊의罪名으로衆人을燒殺ᄒᆞ나然ᄒᆞ나其燒烙ᄒᆞᄂᆞᆫ火가背逆ᄒᆞᄂᆞᆫ者ᄅᆞᆯ消滅ᄒᆞ기不能ᄒᆞ고人의怒氣ᄅᆞᆯ反衝ᄒᆞ야四方에爭起ᄒᆞᄂᆞᆫ形像이炎의熾盛ᄒᆞᆷ과同ᄒᆞ더라

是時에巽攄라ᄒᆞᄂᆞᆫ者가有ᄒᆞ니此人이本來耶蘇教의學者며兼ᄒᆞ야教正의職이有ᄒᆞᆫ

者라其稟性이忠直ᄒᆞ고氣像이豪邁ᄒᆞ야教皇의恣橫ᄒᆞᄂᆞᆫ權과虛怪ᄒᆞᆫ托辭ᄅᆞᆯ疾惡ᄒᆞ야教皇의前後罪惡을文章으로記列ᄒᆞ야天下의公論을倡起ᄒᆞ니教皇이大怒ᄒᆞ야亦部書ᄅᆞᆯ降ᄒᆞ야巽攄ᄅᆞᆯ罪ᄒᆞ거ᄂᆞᆯ巽攄가其詔ᄅᆞᆯ焚ᄒᆞ고議論이益烈ᄒᆞᆫ지라各國帝王이教皇을惡ᄒᆞ야巽攄의事ᄅᆞᆯ從ᄒᆞᄂᆞᆫ者가多ᄒᆞ나此時도教皇의威權이盛大ᄒᆞ야犯ᄒᆞ기甚難ᄒᆞᆫ中에日耳曼國皇帝가教皇을爲ᄒᆞ야巽攄ᄅᆞᆯ遠謫ᄒᆞ고其黨與ᄅᆞᆯ大禁ᄒᆞ며國中에令ᄒᆞ야其論ᄅᆞᆯ更提ᄒᆞ기不許ᄒᆞᄃᆡ巽攄의朋友와門弟가其命을不從ᄒᆞ고教皇의事ᄅᆞᆯ拒逆ᄒᆞ기에其力을專用ᄒᆞ니此로因ᄒᆞ야其黨을名ᄒᆞ야曰ᄒᆞᄃᆡ抗拒黨이오佛蘭西國人萬彬이教皇을疾惡ᄒᆞ기ᄅᆞᆯ巽攄에셔尤甚ᄒᆞ야其徒가日盛ᄒᆞ다가慘毒ᄒᆞᆫ刑罰을當ᄒᆞᄃᆡ不止ᄒᆞ고教皇의服從黨과抗拒黨의是非가紛起ᄒᆞ야國中이恒常不平ᄒᆞᆫ際에抗拒黨이服從黨의掩襲을被ᄒᆞ야一夜間에萬餘人이死ᄒᆞ고又幾日을不過ᄒᆞ야四萬五千人이死ᄒᆞ니此ᄂᆞᆫ皆其政府의暗命ᄒᆞᆫ者라其後에連年의禍ᄅᆞᆯ結ᄒᆞ야國中의大爭鬩을成ᄒᆞᆷ으로干戈가不解ᄒᆞ며又英吉利國에抗拒黨이甚盛ᄒᆞ야其政府의禁制ᄒᆞᆷ으로國中의擾亂이極藥ᄒᆞ다가不久ᄒᆞ야禁令을反廢ᄒᆞ고服從黨을嚴禁ᄒᆞ야衆人을殺ᄒᆞ나政府가法을定ᄒᆞ야抗拒黨의事爲도操制ᄒᆞᄂᆞᆫ故로百姓이從ᄒᆞ기ᄅᆞᆯ不樂ᄒᆞ고抗拒

黨이又二黨에分ᄒᆞ야其一은清淨黨이라稱ᄒᆞ니是時에泰西各國에服從黨이强盛ᄒᆞᆯᄲᅮᆫ더러西班牙國은尤甚ᄒᆞᆫ者라軍士ᄅᆞᆯ大發ᄒᆞ야英吉利ᄅᆞᆯ伐ᄒᆞ고抗拒黨을盡滅ᄒᆞ야其威ᄅᆞᆯ欲行ᄒᆞ다가反敗ᄒᆞ야更振ᄒᆞᄂᆞᆫ力이無ᄒᆞ니此戰에英吉利國이大禍ᄅᆞᆯ獨免ᄒᆞᆷ아니라各國의散在ᄒᆞᆫ抗拒黨이其功을共受ᄒᆞᆷ인故로二黨의紛爭이是에至ᄒᆞ야始定ᄒᆞᄃᆡ清淨黨은英吉利政府의禁制ᄒᆞᄂᆞᆫ法을不堪ᄒᆞ야阿美利加洲에移居ᄒᆞ니此ᄂᆞᆫ現今合衆國의始初라

上下千餘年間에宗教의是非가紛紜ᄒᆞ야一定ᄒᆞᆫ究竟이無ᄒᆞ니此ᄂᆞᆫ天地의開闢을經ᄒᆞ야도究竟ᄒᆞ기不能ᄒᆞᆫ者나人의智慧가開明ᄒᆞᆫ域에至ᄒᆞᆫ則趨向이自正ᄒᆞ리라ᄒᆞ야政府가法令을寬厚히ᄒᆞ야宗教의禁令을除ᄒᆞ고人이各其心의樂ᄒᆞᄂᆞᆫ바ᄅᆞᆯ從ᄒᆞ야尊奉ᄒᆞᄂᆞᆫ者ᄂᆞᆫ尊奉ᄒᆞ고背馳ᄒᆞᄂᆞᆫ者ᄂᆞᆫ背馳ᄒᆞ야不拘ᄒᆞᄂᆞᆫ意로自由ᄒᆞᄂᆞᆫ俗을成ᄒᆞ니是로由ᄒᆞ야宗教背馳ᄒᆞᄂᆞᆫ者의大助ᄅᆞᆯ作ᄒᆞ나然ᄒᆞ나教皇의形勢ᄂᆞᆫ寢衰ᄒᆞ야其管轄ᄒᆞᄂᆞᆫ地方도不保ᄒᆞ고伊太利國政府의佔奪을被ᄒᆞᄃᆡ秖今도服從黨의數가猶且七百萬人에不下ᄒᆞ고又教皇의地位ᄂᆞᆫ各國帝王의列에肩齒ᄒᆞ니不知者ᄂᆞᆫ或謂ᄒᆞᄃᆡ耶蘇教와天主學이異宗이라ᄒᆞ나其實은耶蘇教가天主學이오天主學이耶蘇教라其間에些

少ᄒᆞᆫ分別이有ᄒᆞᆫ者ᄂᆞᆫ教皇을抗拒ᄒᆞᄂᆞᆫ黨은耶蘇教라稱ᄒᆞ고服從ᄒᆞᄂᆞᆫ黨은天主學이라名ᄒᆞᆷ이로ᄃᆡ泰西人은服從黨의教宗을指ᄒᆞ야舊教라ᄒᆞ고抗拒黨의教宗은新教라呼ᄒᆞᄂᆞ니其中에도分門ᄒᆞᆫ名目이不一ᄒᆞ야各其所好ᄅᆞᆯ好ᄒᆞ나新舊教二黨의主義ᄅᆞᆯ見ᄒᆞ건ᄃᆡ其尊奉者의言이曰ᄒᆞᄃᆡ彼의宗教가天下人을教化ᄒᆞᄂᆞᆫ根本이라ᄒᆞ나我의聞見으로ᄂᆞᆫ決斷코不然ᄒᆞ야天下人에게貽害ᄒᆞᄂᆞᆫ事端이反多ᄒᆞ니其由ᄅᆞᆯ撮ᄒᆞ건ᄃᆡ天主學이라謂ᄒᆞᄂᆞᆫ者ᄂᆞᆫ其立教ᄒᆞᆫ本意가愛人ᄒᆞᄂᆞᆫ道ᄅᆞᆯ專主ᄒᆞᆷ이라云ᄒᆞ나其教ᄅᆞᆯ爲ᄒᆞ야人을殺ᄒᆞᄂᆞᆫ事ᄂᆞᆫ當然ᄒᆞᆫ職分으로視ᄒᆞ고又罪咎가有ᄒᆞ야도教正에게洗滌ᄒᆞᄂᆞᆫ禮ᄅᆞᆯ行ᄒᆞ야上帝의寬恕ᄅᆞᆯ獲ᄒᆞᆫ則其罪가盡祛ᄒᆞᆫ다ᄒᆞ야惡行의作犯이自多ᄒᆞᆯ디오且其教正은肉을食ᄒᆞᄃᆡ妻ᄅᆞᆯ不娶ᄒᆞᄂᆞᆫ事ᄂᆞᆫ我邦의僧徒와同ᄒᆞ니亦一恠異ᄒᆞᆫ意思며其教ᄅᆞᆯ服ᄒᆞᄂᆞᆫ者ᄂᆞᆫ教皇을上天ᄀᆞᆺ치信依ᄒᆞ야畏懼ᄒᆞ기ᄅᆞᆯ自己의政府에過ᄒᆞ고愛慕ᄒᆞ기ᄅᆞᆯ自己의父母에加ᄒᆞ며又其教ᄅᆞᆯ崇尙ᄒᆞᄂᆞᆫ國은他邦의土地와人民을其宗教의形勢로侵奪ᄒᆞᄂᆞᆫ陰計ᄅᆞᆯ行ᄒᆞᄂᆞ니此ᄂᆞᆫ佛蘭西가我邦과安南에行ᄒᆞ야我邦은吾道의正大ᄒᆞᆷ으로其計가不售ᄒᆞ고安南은今日佛蘭西의羈絆을被ᄒᆞᆷ이오又中國人民이天主學을服從ᄒᆞᄂᆞᆫ者ᄂᆞᆫ佛蘭西의保護ᄅᆞᆯ甘受ᄒᆞ야些少의羞愧ᄒᆞᄂᆞᆫ色이無ᄒᆞ니可히愼懼

一

害者가此라耶蘇教에至ᄒᆞ야ᄂᆞᆫ如彼ᄒᆞᆫ禍害ᄂᆞᆫ無ᄒᆞ다云ᄒᆞ더라

學業ᄒᆞᄂᆞᆫ條目

人이學業을不修ᄒᆞ면人의人되ᄂᆞᆫ職業과責望을盡ᄒᆞ기不能ᄒᆞᄂᆞ니一身의關係도然ᄒᆞ거니와一家의盛衰와興亡이其家人의學業有無에在ᄒᆞ고一國의富强과貧弱은其國人의學業多少에存ᄒᆞᆫ지라其道가豈不大且重ᄒᆞ리오마ᄂᆞᆫ學業이又虛名과實狀의分別이有ᄒᆞ니如何ᄒᆞᆫ學業을虛名이라謂ᄒᆞᄂᆞᆫ가理致를不究ᄒᆞ고文字를是尙ᄒᆞ야靑春으로白首에至ᄒᆞ도ᄅᆞᆨ詩文의工夫로自娛호ᄃᆡ利用ᄒᆞᄂᆞᆫ策略과厚生ᄒᆞᄂᆞᆫ方道ᄂᆞᆫ無홈이오又實狀잇ᄂᆞᆫ學業은如何ᄒᆞᆫ者를指홈인가事物의理를窮格ᄒᆞ야其性을盡ᄒᆞ고晝夜로勤孜ᄒᆞ야百千萬條의實用에其意를專홈이니然ᄒᆞᆫ故로學業의名稱은彼此가一般이나其虛實의懸殊ᄂᆞᆫ雲泥의判異홈이라今에泰西人의學業ᄒᆞᄂᆞᆫ條目을擧ᄒᆞ건ᄃᆡ其名號가不一ᄒᆞ야門戶를分ᄒᆞ며區域을定ᄒᆞ야其篤實ᄒᆞᆫ工程과勤懇ᄒᆞᆫ性力이一技에其功을成ᄒᆞ기로是務ᄒᆞ고多ᄒᆞ기를貪ᄒᆞ야不精ᄒᆞᆫ弊가無ᄒᆞ니見聞의及ᄒᆞᄂᆞᆫ者를抄謄ᄒᆞ노라

二　三

農學　此學은農作ᄒᆞᄂᆞᆫ理致를窮究ᄒᆞᄂᆞᆫ學이니其秘奧ᄒᆞᆫ理由ᄂᆞᆫ條擧ᄒᆞ기不能ᄒᆞ나大約說及ᄒᆞ건ᄃᆡ如何ᄒᆞᆫ地品에如何ᄒᆞᆫ穀이宜ᄒᆞᆫ者며如何ᄒᆞᆫ地와如何ᄒᆞᆫ穀에如何ᄒᆞᆫ肥料가善ᄒᆞᆫ者며又如何ᄒᆞᆫ肥料ᄂᆞᆫ如何ᄒᆞᆫ肥料와混合ᄒᆞ고又如何ᄒᆞᆫ肥料에如何ᄒᆞᆫ蟲災가有ᄒᆞ며如何ᄒᆞᆫ蟲災가有ᄒᆞ면如何ᄒᆞᆫ法으로除ᄒᆞᄂᆞᆫ方法과種子의播栽ᄒᆞᄂᆞᆫ方이며樹木의栽種과禽獸의牧畜에至ᄒᆞ야不具ᄒᆞᆫ者가無홈이라

醫學　此學은醫藥의術業을修ᄒᆞᄂᆞᆫ學이니其術이不一ᄒᆞ야一人의兼行ᄒᆞᄂᆞᆫ事아닌故로其門戶를分ᄒᆞ야眼與齒及內治外治與婦女의部를各專ᄒᆞᄂᆞᆫ지라大槩醫術이言ᄒᆞ기ᄂᆞᆫ容易ᄒᆞ나學ᄒᆞ기ᄂᆞᆫ極難ᄒᆞ니人命의生死가是係ᄒᆞᆫ故로學校에入ᄒᆞ야其業을卒ᄒᆞᆫ後라도大方家의弟子되야累年의經驗으로政府의許施를獲ᄒᆞᆫ然後에行術ᄒᆞᄂᆞᆫ醫士라始稱ᄒᆞ고且醫士ᄂᆞᆫ人의臟腑와筋骨과血肉의排成ᄒᆞᆫ次序를實地의考驗이無ᄒᆞ면不可ᄒᆞ니此를爲ᄒᆞ야泰西諸國에死屍解剖ᄒᆞᄂᆞᆫ法이有홈이라或이謂호ᄃᆡ此ᄂᆞᆫ慘殘不忍ᄒᆞᆫ擧措라ᄒᆞ나人의異病을治瘥ᄒᆞ기不能ᄒᆞᆫ者ᄂᆞᆫ其根委를明見ᄒᆞ야後人의救瘥을供홈이니實狀은死者一人의身에慘殘ᄒᆞᆫ事를行ᄒᆞ야來世千萬生靈의大福을取홈이라

四　五　六

算學　此學은其理의深妙홈을淺近ᄒᆞᆫ議論으로窮臻ᄒᆞ기不能호ᄃᆡ一言으로斷ᄒᆞᆫ則人間事物의有形과無形의幾何를量定홈이니人의日用常行으로브터天地의玄秘ᄒᆞᆫ根窟에至ᄒᆞ고又各學의理致도此가無ᄒᆞ면究格ᄒᆞ기不能ᄒᆞ며功用이亦此로不以ᄒᆞ면著見ᄒᆞ기不能ᄒᆞ니人이此世에生ᄒᆞ야ᄂᆞᆫ此學을不修홈이不可ᄒᆞᆫ者라

政治學　此學은政事ᄒᆞᄂᆞᆫ經濟니其條目을區別ᄒᆞ야政府의一切規模에大小를勿論ᄒᆞ고含包ᄒᆞ며又收稅ᄒᆞᄂᆞᆫ法規와生財ᄒᆞᄂᆞᆫ方道와費財ᄒᆞᄂᆞᆫ策略을細陳ᄒᆞ야政府와人民의相與ᄒᆞᄂᆞᆫ際에不及ᄒᆞᆫ者가無ᄒᆞᆫ故로官吏되기를求ᄒᆞᄂᆞᆫ者가此學을修ᄒᆞᆯᄯᆞ름아니오如何ᄒᆞᆫ事業으로人間에處ᄒᆞ든지必學ᄒᆞᄂᆞᆫ者ᄂᆞᆫ一身으로브터家國天下에至ᄒᆞ야各其相合ᄒᆞᆫ經濟가有ᄒᆞᆫ然故라

法律學　此學은國中의通行ᄒᆞᄂᆞᆫ法律를學홈이니立法ᄒᆞᄂᆞᆫ本意와犯法못ᄒᆞᄂᆞᆫ道理와犯法ᄒᆞᆫ者를懲治ᄒᆞᄂᆞᆫ規模의論述홈으로公平ᄒᆞᆫ制度와細密ᄒᆞᆫ條目이備具ᄒᆞ야上으로人君이며下로人民이皆其一定ᄒᆞᆫ國規를遵守ᄒᆞ고些少라도不違ᄒᆞᄂᆞᆫ故로國家의泰平과人民의富勵이此를由ᄒᆞ야保全ᄒᆞᄂᆞ니然ᄒᆞ기法官되기願ᄒᆞᄂᆞᆫ者만修ᄒᆞᆯᄯᆞ름아니오如何ᄒᆞᆫ人民이든지其國中에居ᄒᆞ야其國法을不知ᄒᆞ면不可ᄒᆞᆫ則必學홈이

七　八

며又律師ᄂᆞᆫ此學을特別히專修ᄒᆞᄂᆞᆫ者라

格物學　此學은萬物의本體를窮究ᄒᆞ야其理致와功用을議論홈이니其條目이浩繁ᄒᆞᆫ지라略抄ᄒᆞ야其例를示ᄒᆞ건ᄃᆡ鐵類의剛緻柔脆ᄒᆞᆫ者의力은其理由를解釋ᄒᆞ고人物의發音과天地萬物의引力과聲光의速度와風雨雷露及霜霧의深妙ᄒᆞᆫ理窟을探賾ᄒᆞ며物體의方圓長短을因ᄒᆞ야其發用ᄒᆞᄂᆞᆫ力과散合ᄒᆞᄂᆞᆫ機를議及ᄒᆞ야尺寸의違跬가無ᄒᆞ고此外에何物을當ᄒᆞ든지格知ᄒᆞ기로準的을立ᄒᆞ니泰西諸國의富盛ᄒᆞᆫ根本이此學을從ᄒᆞ야成實ᄒᆞᆫ者라

化學　此學은萬物의本元을推究ᄒᆞ야離散變幻ᄒᆞᄂᆞᆫ妙理를學홈이니其道의玄妙홈과精細홈을數句의模糊ᄒᆞᆫ文字로吞棄ᄒᆞᄂᆞᆫ囫圇說話를作홈이不可ᄒᆞ나大紀를擧ᄒᆞ면天地間林蒸ᄒᆞᆫ物名을擧홈애數의多ᄒᆞᆫ者로以ᄒᆞ야萬에强止ᄒᆞᆫ則可히極夥ᄒᆞ다謂홀디로ᄃᆡ實狀은七十餘種의元素가多少異同의混合으로其現在ᄒᆞᄂᆞᆫ形體를湊成ᄒᆞ기에不過홈이오又此學을從ᄒᆞ야物을觀ᄒᆞ면人世의何物이든지消滅ᄒᆞᄂᆞᆫ者가無ᄒᆞ고變易ᄒᆞ야其形體를幻ᄒᆞᆯᄯᆞ름이니此理의明確ᄒᆞᆫ證據를立ᄒᆞ기爲ᄒᆞ야洋洋ᄒᆞᆫ彼水를指論ᄒᆞ건ᄃᆡ酸素와水素가混合ᄒᆞᆫ者라萬若水를分析ᄒᆞ야二種元素의本位에歸ᄒᆞᆫ

則水ᄂᆞᆫ一點도不存ᄒᆞ고形體업ᄂᆞᆫ元素되야各散ᄒᆞ며又此二種素를調合ᄒᆞ면水를復成ᄒᆞ야如前히流漾ᄒᆞᄂᆞ니水一物이獨然ᄒᆞᆯ뿐아니오假令木을燒ᄒᆞ면炭과灰를成ᄒᆞ며生物이腐敗ᄒᆞ야도其質이變ᄒᆞ고其輕淸ᄒᆞᆫ元素ᄂᆞᆫ散出홈이라然ᄒᆞᆫ故로化學이格物學과表裏되야其功效의廣大홈이涯涘를不測이니器械를造ᄒᆞᄂᆞᆫ者가此學에不通ᄒᆞ면其工을不成ᄒᆞ고礦物을鑿ᄒᆞᄂᆞᆫ者가此學에未達ᄒᆞ면其利가不博ᄒᆞ고染色ᄒᆞᄂᆞᆫ者農作ᄒᆞᄂᆞᆫ者釀酒ᄒᆞᄂᆞᆫ者及千事萬物에各其要重ᄒᆞᆫ生涯를營逐ᄒᆞᄂᆞᆫ者가此學의知識이無ᄒᆞ면其成就ᄒᆞ기에盡善ᄒᆞᆫ道를難必이오又人生의食料와藥材도此學의功을借ᄒᆞ야其均適을得中ᄒᆞᄂᆞ니世界의學을究홈이此에過ᄒᆞᆫ者가無ᄒᆞᆫ이라

九 哲學　此學은智慧를愛好ᄒᆞ야理致를通ᄒᆞ기爲홈인故로其根本의深遠홈과功用의廣博홈이界域을立ᄒᆞ야限定ᄒᆞ기不能ᄒᆞ니人의言行과倫紀며百千事爲의動止를論定ᄒᆞᆫ者라

十 礦物學　此學은各種金石의質과用을學홈이니國家의生財ᄒᆞᄂᆞᆫ大源이라山脈을考ᄒᆞ며石脈을審ᄒᆞ야何種의礦物이何方에蓄藏홈을知ᄒᆞ며礦物의諸種이混合ᄒᆞᆫ者ᄂᆞᆫ各質을分析ᄒᆞᄂᆞᆫ法이오此外에도礦物에關係ᄒᆞᆫ諸事라

十一 植物學　此學은各種草木을學ᄒᆞᄂᆞᆫ工夫니各其部族을分ᄒᆞ며門戶를定ᄒᆞ고又其次序를立ᄒᆞ야水中及寒地熱地에生成ᄒᆞᄂᆞᆫ者의性質과形像이며厚生ᄒᆞᄂᆞᆫ材料와利用ᄒᆞᄂᆞᆫ體質을昭然히區別ᄒᆞ야如何ᄒᆞᆫ草木이든지新見ᄒᆞᄂᆞᆫ者면其體性을窮究ᄒᆞ고窮究ᄒᆞ면解透ᄒᆞᄂᆞ니此學을植物이라謂ᄒᆞᄂᆞᆫ者ᄂᆞᆫ草木이生命은有ᄒᆞ나一處에植立ᄒᆞ야自動ᄒᆞᄂᆞᆫ權이無ᄒᆞᆫ緣故라

十二 動物學　此學은各種生物의能히自動ᄒᆞᄂᆞᆫ者를學ᄒᆞᄂᆞᆫ工夫니人으로브터飛禽走獸와蟲魚의細微ᄒᆞᆫ者에至ᄒᆞ야亦其部族門戶及次序를分屬ᄒᆞ니其條目이浩繁ᄒᆞ야羽蟲毛蟲鱗蟲介蟲의學士가各其一門을專主ᄒᆞ야其專主ᄒᆞᄂᆞᆫ部族에通透ᄒᆞ기를務ᄒᆞ고物의大小로其工課의勤怠를進退홈이無ᄒᆞ니此學이亦泰西人의大方家門戶를立ᄒᆞᄂᆞᆫ者라

十三 天文學　此學은日月의軌道와星辰의躔次를學ᄒᆞᄂᆞᆫ者니其理가玄妙ᄒᆞ고其工이深遠ᄒᆞ야算學에不熟ᄒᆞᆫ者ᄂᆞᆫ工夫ᄒᆞ기不能ᄒᆞ고又算學에習熟ᄒᆞ야도知識이超越ᄒᆞᆫ者아니면成就ᄒᆞ기無期ᄒᆞ니日食月食의期限으로브터游星의道와恒星의位와彗星의循環ᄒᆞᄂᆞᆫ軌程과四時及晝宵의成功ᄒᆞᄂᆞᆫ理에至ᄒᆞ야精細ᄒᆞᆫ議論이尺寸의差繆도不現ᄒᆞᆯᄲᅮᆫ더러日月星辰의互相間隔ᄒᆞᆫ遠近과比較ᄒᆞᆫ大小와推量ᄒᆞᆫ輕重에至ᄒᆞ야도細密히測度ᄒᆞ며精緊히酌定ᄒᆞ야如干學者의智慧로ᄂᆞᆫ能히企及ᄒᆞ기不得ᄒᆞ니大槪此學을修ᄒᆞ기에器械의費用이甚鉅ᄒᆞᆫ故로政府가觀象臺를建ᄒᆞ야學者의工程을助起ᄒᆞᄂᆞᆫ者라

十四 地理學　此學은地毬의現成ᄒᆞᆫ妙理를學ᄒᆞᄂᆞᆫ工夫니其條目이亦繁ᄒᆞᆫᄃᆡ風水의虛說로人家의吉凶을占ᄒᆞᄂᆞᆫ道ᄂᆞᆫ아니라地體의大홈과重홈을測定ᄒᆞ고其必圓ᄒᆞᆫ理由를立證ᄒᆞ며又太陽을附行ᄒᆞ야四序晝夜의迭代成功ᄒᆞᄂᆞᆫ道와太陰이附從ᄒᆞ야望朔의虧盈ᄒᆞᄂᆞᆫ理며遊星의關係와比量ᄒᆞᆫ大小遠近及輕重을議論ᄒᆞ고熱地와寒地의氣候며火山溫泉地震及潮汐의緣由와風雲雨露霜雪及雷電의起因이며海水의蓄泄ᄒᆞᄂᆞᆫ源委도精細히及ᄒᆞ고又土壤의間級과巖石의層度로地毬의變成ᄒᆞᆫ歷代를酌定ᄒᆞ며地中石에附化ᄒᆞᆫ草木禽獸及蟲魚의形像과石炭의種類를因ᄒᆞ야其變成ᄒᆞᆫ代數를論ᄒᆞ니此學이亦學者의一大門戶를立ᄒᆞᄂᆞᆫ者라

十五 人身學　此學은人種의合成ᄒᆞᆫ現像과原質을學ᄒᆞᄂᆞᆫ者니其大綱을記錄ᄒᆞ건ᄃᆡ氣血의循環ᄒᆞᄂᆞᆫ軌度와臟腑의排鋪ᄒᆞᆫ位次며筋骨의堅軟ᄒᆞᆫ緣由와耳目鼻口及手足의相

稱ᄒᆞᆫ職이며皮肉의肥瘦ᄒᆞᄂᆞᆫ原由에至ᄒᆞ고又飮食의消化ᄒᆞᄂᆞᆫ大機와滋養ᄒᆞᄂᆞᆫ大功이며疾病의緣起ᄒᆞᄂᆞᆫ根委와感情도微細히說及ᄒᆞ고人生의最重ᄒᆞᆫ腦髓에至ᄒᆞ야ᄂᆞᆫ其本質의如何홈과職分及關係의如何홈을講論ᄒᆞᄂᆞ니大槪腦髓라ᄒᆞᄂᆞᆫ者ᄂᆞᆫ頭腦의髓라骨中의軟柔ᄒᆞᆫ者니人의智愚聰鈍이此를由ᄒᆞ야有殊ᄒᆞ며又千思萬慮의大功德大營爲가流出ᄒᆞᄂᆞᆫ根源인故로腦髓가實狀은人身의主翁이니此學에蒙昧ᄒᆞ면人의人되ᄂᆞᆫ生理를不解홈인則醫士만修業ᄒᆞᄂᆞᆫ者아니오世人이皆學ᄒᆞᄂᆞᆫ緣由라

十六 博古學　此學은古代의遺物을考究ᄒᆞᄂᆞᆫ學이니其工이利世ᄒᆞᄂᆞᆫ道에關係가似無ᄒᆞ나然ᄒᆞ나隱然ᄒᆞᆫ中에其功效와施及홈이不少ᄒᆞᆫ者ᄂᆞᆫ此를因ᄒᆞ야後人이前人의文物과習俗와如何홈을知ᄒᆞ기에不止ᄒᆞ고今世의才技를補助ᄒᆞᄂᆞᆫ道가多ᄒᆞ며天下各邦와人種의根本을尋透ᄒᆞᄂᆞ니其工夫의第次를略擧ᄒᆞ건ᄃᆡ上古鴻濛ᄒᆞᆫ時代에行用ᄒᆞ든石造ᄒᆞᆫ斧劒槍鏃과世級의漸降홈을隨ᄒᆞ야錫造ᄒᆞᆫ兵器及他諸具와陶砂의器皿으로現代와鐵造ᄒᆞᆫ諸物에至ᄒᆞ야其相傳ᄒᆞᆫ緖를接ᄒᆞ며漸進ᄒᆞᆫ階를別ᄒᆞ야文明開化의步趨가有進無退ᄒᆞᄂᆞᆫ證據를立ᄒᆞᆯ시各物의品質을由ᄒᆞ야世代의遠近을考ᄒᆞ고各地와部落을定ᄒᆞ야人物이盛衰를溯ᄒᆞ니學問人의尊尙ᄒᆞᄂᆞᆫ一條라

言語學　此學은他邦言語를學習ᄒᆞᄂᆞᆫ事를謂홈이니天下各國의言語와文字가不一ᄒᆞ야人生의交際ᄒᆞᄂᆞᆫ大道에一條不便ᄒᆞᆫ欠典이라然ᄒᆞᆫ故로仕宦ᄒᆞᄂᆞᆫ者가此工이無ᄒᆞ면其職에或窘ᄒᆞ고商賈ᄒᆞᄂᆞᆫ者가此工이無ᄒᆞᆫ則其業을獲遂ᄒᆞ기甚難ᄒᆞ며學者의知識에도關係가不淺ᄒᆞ니四海가一家ᄀᆞᆺ치相通ᄒᆞᄂᆞᆫ世界에生ᄒᆞ야此學을不修ᄒᆞ면其情義를何道로相通ᄒᆞ며才技를何道로相勸ᄒᆞ며又他諸般事理를何道로以ᄒᆞ야其相達ᄒᆞᄂᆞᆫ方便을立ᄒᆞ리오然ᄒᆞᆫ듸此에不止ᄒᆞ고人生의學業에要重ᄒᆞᆫ關係가有ᄒᆞ니各國의言語를比較ᄒᆞ야其根本의異同을考究홈이라

兵學　此學은將帥되ᄂᆞᆫ法을學ᄒᆞᄂᆞᆫ工夫니綱領을分言ᄒᆞ면水軍과陸軍의二道로各條의工課를立ᄒᆞ야二者의差異홈이亦有ᄒᆞᆫ지라陸軍의學은軍士粗鍊ᄒᆞᄂᆞᆫ諸法과進退攻守ᄒᆞᄂᆞᆫ陣法과銃砲分合ᄒᆞᄂᆞᆫ工과騎馬用劒ᄒᆞᄂᆞᆫ手勢와化學의略干과算學의大綱과測量及圖畵法이며外國의言語와各國의山川에至ᄒᆞ고海軍의學인則航海ᄒᆞᄂᆞᆫ法에精細ᄒᆞᆫ條目을修ᄒᆞ고其他ᄂᆞᆫ陸軍의學과大同ᄒᆞ니大槩將帥되ᄂᆞᆫ者가工夫업시ᄂᆞᆫ其官爵을居ᄒᆞ기不能ᄒᆞ고政府도工夫업ᄂᆞᆫ者에게此職을任授ᄒᆞ지아니ᄒᆞᄂᆞᆫ故로政府가海陸軍의學校를設ᄒᆞ고將帥의材를敎成ᄒᆞ야國家의需用을供ᄒᆞᄂᆞ니泰西諸

國의强盛홈이此道를由ᄒᆞ야致ᄒᆞᆫ者라

器械學　此學은各種器械의制度와發用ᄒᆞᄂᆞᆫ規模를學ᄒᆞᄂᆞᆫ者니大槩近日의天下ᄂᆞᆫ器械의盛行ᄒᆞᄂᆞᆫ時代라器械가千萬種이라도其動ᄒᆞ기ᄂᆞᆫ瀛氣나電氣의力을不借ᄒᆞ면不能ᄒᆞ며又瀛電의力이能히器械를動ᄒᆞ야도炭水의補助가無ᄒᆞ면其功을不成ᄒᆞᄂᆞ니器械를造ᄒᆞ기ᄂᆞᆫ鐵을必用ᄒᆞᄂᆞᆫ故로上古에石世界가變ᄒᆞ야中古의錫世界되고又一變ᄒᆞ야吾人의現在ᄒᆞᆫ此時의鐵世界에至홈이라此學의條目이人生日用의關係가不少ᄒᆞ야宮室의築造와舟橋의制作과鐵路及礦山의工役이며城堡及砲臺의排建홈外他千事萬物이器械에相關ᄒᆞᆫ者ᄂᆞᆫ此學을修ᄒᆞᆫ者아니면其功을成ᄒᆞ기不能ᄒᆞᆫ故로此學에練達ᄒᆞᆫ人을必須홈이니國家의强弱과貧富가此學의盛衰를由ᄒᆞ야其等級이有홈이라

宗敎學　此學은泰西諸國에通行ᄒᆞᄂᆞᆫ耶蘇敎와天主學의工夫를謂홈이니此學을專修ᄒᆞᄂᆞᆫ者ᄂᆞᆫ禮拜堂敎正의位를希圖홈이라一言으로蔽ᄒᆞ건듸泰西에他學이無ᄒᆞ고宗敎學만有ᄒᆞ면今日의富盛ᄒᆞᆫ基業과文明ᄒᆞᆫ開化를致ᄒᆞ기ᄂᆞᆫ姑舍ᄒᆞ고大害를反貽ᄒᆞ야貧弱野鄙ᄒᆞᆫ境域에陷ᄒᆞ야救濟ᄒᆞᄂᆞᆫ方策이無ᄒᆞᆯ디니宗敎學만主張ᄒᆞᄂᆞᆫ邦國은

設使其宗敎가泰西의宗敎에比ᄒᆞ야百勝ᄒᆞ야도其國의貧弱不振ᄒᆞ기ᄂᆞᆫ自然ᄒᆞᆫ勢라是以로佛敎를崇尙ᄒᆞᄂᆞᆫ印度諸邦이英吉利의羈絆을不脫홈이라

以上의列記ᄒᆞᆫ各條學術外에無數ᄒᆞᆫ名目이枚擧ᄒᆞ기不遑ᄒᆞ니大槩世事ᄂᆞᆫ日異月新ᄒᆞ야其端이愈出ᄒᆞᆯᄉᆞ록愈多ᄒᆞᆫ則巧歷의才라도測定ᄒᆞ기不能ᄒᆞ며人은一箇血肉의身이라百千萬無窮ᄒᆞᆫ事爲를渺然ᄒᆞᆫ滄海一粟으로兼行ᄒᆞ기不可ᄒᆞᆫ故로各學中에一門을專修ᄒᆞ야半道의廢와一簣의虧를勿作ᄒᆞ고他學의大綱을兼修ᄒᆞ기ᄂᆞᆫ人生의切要ᄒᆞᆫ事理에缺乏홈이不可ᄒᆞᆫ者를爲ᄒᆞᆫᄯᆞ롬이로듸政治學을專主ᄒᆞᆫ者ᄂᆞᆫ他學의若干을領略ᄒᆞ야도政治學士의名號를有ᄒᆞ고法律學或器械學도他學의兼홈이或有ᄒᆞᆫ듸其專主ᄒᆞᆫ學의學士라稱ᄒᆞ야諸學이不然ᄒᆞᆫ者가無ᄒᆞ니且人世를顧ᄒᆞ건듸大衆의相與ᄒᆞᄂᆞᆫ道가其虧乏을互資ᄒᆞ고便利를相換ᄒᆞᆫ則諸學의學士ᄂᆞᆫ各其一能을修ᄒᆞ야世界事爲의現像을維持홈이라然ᄒᆞᆫ故로各條學術를幼少時에修究ᄒᆞ야長成後의功用을發ᄒᆞᄂᆞ니萬若其學이實狀잇ᄂᆞᆫ者아니오虛名ᄯᆞ롬이면其功을成ᄒᆞᆫ들用處가奚有ᄒᆞ리오學業은實用잇ᄂᆞᆫ道아니면工夫ᄒᆞᄂᆞᆫ性癖이不堅ᄒᆞ고工夫ᄒᆞᄂᆞᆫ性癖이不堅ᄒᆞ면能히其功을成ᄒᆞ기亦難ᄒᆞ니國家의最大ᄒᆞᆫ根本은實用에在ᄒᆞ고人民의最大ᄒᆞᆫ實

用은工夫ᄒᆞᄂᆞᆫ性癖에在홈이라

西遊見聞第十三編 終

西遊見聞第十四編

商賈의大道

商賈ᄂᆞᆫ亦國家의大本이라其關係의重大ᄒᆞᆷ이農作에不後ᄒᆞ야政府의富饒ᄒᆞᆷ과人民의善盡ᄒᆞᆷ이實狀은此道로不以ᄒᆞ면其成이不能ᄒᆞᄂᆞ니彼此의地方이其有無ᄅᆞᆯ相賚ᄒᆞ며貴賤을相易ᄒᆞ야人生의不足ᄒᆞᆫ者ᄅᆞᆯ補ᄒᆞ며有益ᄒᆞᆫ者ᄅᆞᆯ通ᄒᆞ야天下의安樂ᄒᆞᆫ生業이오善美ᄒᆞᆫ習尙이라然ᄒᆞᆫ故로古者에聖人이市廛의法을敎ᄒᆞ며貿易의道ᄅᆞᆯ立ᄒᆞᆷ이어ᄂᆞᆯ奈何로後世에至ᄒᆞ야ᄂᆞᆫ商賈ᄅᆞᆯ賤視ᄒᆞ야車ᄅᆞᆯ乘ᄒᆞᆷ과錦을衣ᄒᆞᆷ을禁ᄒᆞ고局量과才德의有ᄒᆞᆫ者라도宦路에進ᄒᆞ기ᄅᆞᆯ不許ᄒᆞ니此ᄂᆞᆫ仕宦ᄒᆞᄂᆞᆫ者의商賈待接ᄒᆞᆷ에過ᄒᆞᆷ이라大抵仕宦ᄒᆞᄂᆞᆫ其人인ᄃᆞᆯ其衣ᄒᆞᄂᆞᆫ바衣와食ᄒᆞᄂᆞᆫ바食이며其日用ᄒᆞᄂᆞᆫ바百千事物이皆何人의力을賴ᄒᆞ야其願을遂ᄒᆞ며求ᄅᆞᆯ應ᄒᆞᄂᆞᆫ가物品이各其所產ᄒᆞᄂᆞᆫ地方이有ᄒᆞᆫ則人의運轉ᄒᆞᄂᆞᆫ道ᄅᆞᆯ不賚ᄒᆞ고生物ᄀᆞᆺ치自飛ᄒᆞ거나自步ᄒᆞ야來ᄒᆞ기不能ᄒᆞᆷ은分明ᄒᆞ니釜中에飮食이自生ᄒᆞ기不能ᄒᆞ고笥中에衣服이自出ᄒᆞᆷ이亦無ᄒᆞᆷ은三尺의童子라도他人와言을不俟ᄒᆞ야自知ᄒᆞᄂᆞᆫ者라然ᄒᆞᆫ則商賈의事業이邦國에其關ᄒᆞᆷ

이不可ᄒᆞᆫ大道라謂ᄒᆞᆯ뿐外에人民의生涯求ᄒᆞᄂᆞᆫ方策으로議論ᄒᆞ야도亦一丈夫의經紀ᄒᆞᄂᆞᆫ生業으로富厚ᄒᆞᄂᆞᆫ良策이오邪道아니어ᄂᆞᆯ時代가降ᄒᆞᆯᄉᆞ록人心이澆薄ᄒᆞ야取利ᄒᆞ기ᄅᆞᆯ專主ᄒᆞ고人生의信義ᄅᆞᆯ不顧ᄒᆞᄂᆞᆫ者가間有ᄒᆞᆷ이亦不無ᄒᆞᆫ則此ᄂᆞᆫ一魚의全水ᄅᆞᆯ濁ᄒᆞᆷ이라士者가以호되人이取利ᄒᆞᄂᆞᆫ方道ᄅᆞᆯ從ᄒᆞ면天生ᄒᆞᆫ本心을不守ᄒᆞᆫ다ᄒᆞ야遂乃商賈의道ᄅᆞᆯ賤視ᄒᆞᄂᆞᆫ風俗이成ᄒᆞᆷ이니人이世에生ᄒᆞᆷ에辟穀ᄒᆞᄂᆞᆫ神仙아니오必然其生涯가無ᄒᆞᆷ이不可ᄒᆞᆫ則用處업시峻論을勿作ᄒᆞ고如何ᄒᆞᆫ事로取利ᄒᆞᄂᆞᆫ道ᄅᆞᆯ從ᄒᆞ든지其道理와行實에正大ᄒᆞᆷ과否ᄒᆞᆷ을議論ᄒᆞᆷ이可ᄒᆞ고其事의貴賤을間ᄒᆞᆷ은不可ᄒᆞ니人事에貴賤이有ᄒᆞᆷ아니오其取利ᄒᆞᄂᆞᆫ行實에貴賤이有ᄒᆞᆷ이니然ᄒᆞᆫ故로古聖人이曰ᄒᆞ샤대仁義ᄂᆞᆫ眞實로ᄡᅥ利ᄒᆞ게ᄒᆞᆷ이라ᄒᆞ심

竊想ᄒᆞ건ᄃᆡ上古時節에人民이各一方에處ᄒᆞ야老死에至ᄒᆞ도록不相往來ᄒᆞ고稼穡으로生業을作ᄒᆞᆯᄯᆡᄅᆞᆯ이러니風氣의漸開ᄒᆞᆷ을隨ᄒᆞ야人의知慧도漸長ᄒᆞᄂᆞᆫ지라貿易ᄒᆞᄂᆞᆫ道ᄅᆞᆯ設立ᄒᆞ야人生의便利ᄅᆞᆯ稱ᄒᆞᆷ이어ᄂᆞᆯ風俗이澆薄ᄒᆞᆫ地境에趨ᄒᆞ야百姓이取利ᄒᆞᄂᆞᆫ道에赴ᄒᆞᆷ이渴馬의泉에奔ᄒᆞ며飢人의食에赴ᄒᆞᆷ과同ᄒᆞ야其勢ᄅᆞᆯ遏止ᄒᆞ기有難ᄒᆞᆫ故로國政을執ᄒᆞᆫ者가人心과時勢ᄅᆞᆯ審量ᄒᆞ야商賈賤待ᄒᆞᄂᆞᆫ法으로一時의權道

ᄅᆞᆯ用ᄒᆞ야奔競ᄒᆞᄂᆞᆫ氣習을抑制ᄒᆞᆷ이니蓋其時ᄂᆞᆫ人의才操가不巧ᄒᆞ고器械의制度가不精ᄒᆞ야每人이各其身에絲ᄒᆞᄂᆞᆫ바와其腹에穀ᄒᆞᄂᆞᆫ바ᄅᆞᆯ自己의手로織ᄒᆞ며種ᄒᆞ야도不足ᄒᆞᆫ念慮가有ᄒᆞᆫ故로萬若物品을造作ᄒᆞᄂᆞᆫ者ᄂᆞᆫ少ᄒᆞ고貿易에從事ᄒᆞᄂᆞᆫ者가多ᄒᆞᆫ則失業ᄒᆞᄂᆞᆫ百姓이反有ᄒᆞᆯ가是懼ᄒᆞ야然ᄒᆞᆷ이어니와及後世에至ᄒᆞ야才操와智識이草昧ᄒᆞᆫ古人에比ᄒᆞᆯ者아닌則其收穫ᄒᆞᄂᆞᆫ百穀과造製ᄒᆞᄂᆞᆫ百物이往昔에比ᄒᆞ야幾倍로加多ᄒᆞ니凡人의生業이豐足ᄒᆞᆯᄉᆞ록要求ᄒᆞᄂᆞᆫ條件이多ᄒᆞ며要求ᄒᆞᄂᆞᆫ바가多ᄒᆞᆯᄉᆞ록不足ᄒᆞᆫ者가多ᄒᆞᆯ뿐더러人事가蕃殖ᄒᆞᆯᄉᆞ록區別ᄒᆞᄂᆞᆫ名目이夥ᄒᆞ고區別ᄒᆞᄂᆞᆫ바가夥ᄒᆞᆫ則兼行ᄒᆞᄂᆞᆫ者가難ᄒᆞᆫ지라農作으로爲業ᄒᆞᄂᆞᆫ者가工匠의事ᄅᆞᆯ兼ᄒᆞ기不能호되其農作ᄒᆞ기에要求ᄒᆞᄂᆞᆫ器械가有ᄒᆞ며工匠으로爲業ᄒᆞᄂᆞᆫ者가農夫의事ᄅᆞᆯ兼ᄒᆞ기不能호되其工匠되기에要求ᄒᆞᄂᆞᆫ穀食은其無ᄒᆞᆷ이不可ᄒᆞ니但是二者의事가然ᄒᆞᆷ이아니오人間의千萬事物에爲業ᄒᆞᄂᆞᆫ道ᄂᆞᆫ不然ᄒᆞᆫ者가無ᄒᆞ거ᄂᆞᆯ如何ᄒᆞᆫ物件이든지其造作ᄒᆞᄂᆞᆫ者가其物을負戴ᄒᆞ고世上에行ᄒᆞ야其物要求ᄒᆞᄂᆞᆫ者ᄅᆞᆯ求ᄒᆞ야換賣ᄒᆞ기로見ᄒᆞᆯ딘ᄃᆡ其煩遽ᄒᆞᆷ도不勝ᄒᆞ려니와製物者의事勢로議論ᄒᆞ야도其害가不少ᄒᆞ니何暇에製作ᄒᆞ며何暇에行販ᄒᆞ리오其行求ᄒᆞᄂᆞᆫ浮費도必多ᄒᆞᆯ디오販賣ᄒᆞᄂᆞᆫ時日도必

遲ᄒᆞᆯ디니其時日에其浮費로製造ᄒᆞ기에專主ᄒᆞ면其人이利ᄒᆞᆯ뿐더러國家의富饒ᄒᆞᆫ實狀이加ᄒᆞ리니大槩商賈ᄒᆞᄂᆞᆫ者가物品造作ᄒᆞᄂᆞᆫ者ᄂᆞᆫ아니나其功效가製造者에比ᄒᆞ야不輕ᄒᆞᆫ緣由ᄂᆞᆫ商賈가無ᄒᆞ면製造ᄒᆞᄂᆞᆫ物品이山ᄀᆞᆺ치畜積ᄒᆞ야도用處가無ᄒᆞᆷ이라然ᄒᆞᆫ故로貿易ᄒᆞᄂᆞᆫ人은其實이物品製造ᄒᆞᄂᆞᆫ者와物品要求ᄒᆞᄂᆞᆫ者의中間에處ᄒᆞ야媒妁의道ᄅᆞᆯ行ᄒᆞᆷ인則其勞苦ᄒᆞᄂᆞᆫ代에取利ᄒᆞᄂᆞᆫ事가當然ᄒᆞᆷ이니假使農作ᄒᆞᄂᆞᆫ者로終歲에勤苦ᄒᆞ야耕穫ᄒᆞᆫ穀食이足ᄒᆞ야露積充溢ᄒᆞᆫᄃᆞᆯ日用ᄒᆞᄂᆞᆫ各種物品이야豐足ᄒᆞᆫ道가有ᄒᆞᆫ가其勢가穀食을販賣ᄒᆞ야各物을購求ᄒᆞᆯ디니萬若貿穀商이無ᄒᆞ면其窘塞ᄒᆞᆷ이極臻ᄒᆞᆯ디라此理로推究ᄒᆞ면商賈ᄂᆞᆫ國家의大政이라古今의事勢가自然히有異ᄒᆞᆫ者가多ᄒᆞ니政府ᄂᆞᆫ人事ᄅᆞᆯ察ᄒᆞ며時勢ᄅᆞᆯ應ᄒᆞ야古人의抑制ᄒᆞ든道ᄅᆞᆯ反ᄒᆞ야今日의勸獎ᄒᆞᄂᆞᆫ政을行ᄒᆞᆷ이可ᄒᆞᆷ이라

政府의商賈保護ᄒᆞᄂᆞᆫ道ᄂᆞᆫ人民의財物與受ᄒᆞᄂᆞᆫ規模ᄅᆞᆯ信實케ᄒᆞᆷ과物品輪運ᄒᆞᄂᆞᆫ方道ᄅᆞᆯ便利케ᄒᆞᆷ에在ᄒᆞ니與受ᄒᆞᄂᆞᆫ規模ᄂᆞᆫ法律을嚴明히守ᄒᆞ기에在ᄒᆞ고輪運ᄒᆞᄂᆞᆫ方道ᄂᆞᆫ道路ᄅᆞᆯ修平ᄒᆞ기에不過ᄒᆞᆫ지라此二者에一定ᄒᆞᆫ規則이無ᄒᆞᆯ딘ᄃᆡ商賈의興旺ᄒᆞᆷ을雖日實望ᄒᆞᆫᄃᆞᆯ豈得ᄒᆞ리오利의在ᄒᆞᆫ處ᄂᆞᆫ人民의趨ᄒᆞᆷ이水火라도不避ᄒᆞ고人을先

ᄒᆞ야人을奪ᄒᆞ기로互爭ᄒᆞᄂᆞ니政府가眞實로其性을順ᄒᆞ야光明ᄒᆞᆫ道理와正直ᄒᆞᆫ制度로引導ᄒᆞ면雖蚩蠢ᄒᆞᆫ人民이라도敢히奸邪ᄒᆞᆫ行實을放恣ᄒᆞ기不能ᄒᆞᆯ디어ᄂᆞᆯ萬若政府가偏僻된規模로專利ᄒᆞᄂᆞᆫ者를許諾ᄒᆞ야衆人의害를不思ᄒᆞ고若干稅錢을貪取ᄒᆞᄂᆞᆫ時ᄂᆞᆫ國家의弊端이深長ᄒᆞᆯ디오人民의生路가壅塞ᄒᆞᆯ디라如何其可리오然ᄒᆞᆫ故로國家의政令은衆人의利를都買ᄒᆞᄂᆞᆫ者를決斷코勿許ᄒᆞᆷ이可ᄒᆞ니時勢가古今의異ᄒᆞᆷ이有ᄒᆞᆫ則事情의隨變ᄒᆞᆷ이人生의自然ᄒᆞᆫ理라

大抵天下의國이一에不止ᄒᆞ고人間의事ᄂᆞᆫ萬으로數ᄒᆞ기에過ᄒᆞ니風氣가漸開ᄒᆞᄂᆞᆫ域에抵ᄒᆞᆫ則人의才局이從ᄒᆞ야廣博ᄒᆞᄂᆞᆫ故로四海를一家로視ᄒᆞ야人生의便利를相營ᄒᆞᄂᆞ니商賈가實狀은開化의大助라人의才操를勸奬ᄒᆞ며物의工作을激勵ᄒᆞ야世界의學識과生民의福祿을增加ᄒᆞᄂᆞᆫ故로各國의通商ᄒᆞᄂᆞᆫ本意가人의大道를建ᄒᆞᆷ이오大義를結ᄒᆞᆷ이나管束ᄒᆞᄂᆞᆫ規制가無ᄒᆞ고謀利ᄒᆞᄂᆞᆫ慾心을任縱ᄒᆞᆫ則必然히意外의紛亂이起來ᄒᆞᆯ디라乃條欵을講定ᄒᆞ야相守ᄒᆞ기를約ᄒᆞ고稅則을磨鍊ᄒᆞ야互遵ᄒᆞ기를許ᄒᆞ되一國이其權을獨執ᄒᆞᆫ則公平ᄒᆞᆫ意를有失ᄒᆞ고且此國의民이彼國의命令만受ᄒᆞ기를不樂ᄒᆞᄂᆞᆫ故로必然兩國이協議ᄒᆞ야各其通商ᄒᆞᄂᆞᆫ法을酌定ᄒᆞᆷ이니未開ᄒᆞᆫ

國이其港을鎖ᄒᆞᆫ時ᄂᆞᆫ先開ᄒᆞᆫ國의政府가勸ᄒᆞ며說ᄒᆞ야通商ᄒᆞᄂᆞᆫ章條를訂結ᄒᆞᆷ은其土地와人民을欲ᄒᆞ야覬覦ᄒᆞᄂᆞᆫ心이有ᄒᆞᆷ아니라人生의美事를人과同行ᄒᆞ야我의有餘ᄒᆞᆫ者를擧ᄒᆞ야彼의不足ᄒᆞᆫ者를助ᄒᆞ며彼의有餘ᄒᆞᆫ者를取ᄒᆞ야我의不足ᄒᆞᆫ者를補ᄒᆞ고人의才力으로天生ᄒᆞᆫ福을享受ᄒᆞᆷ이니此ᄂᆞᆫ現世에不易ᄒᆞᆫ法이라謂ᄒᆞᆯ디언마ᄂᆞᆫ始開ᄒᆞᄂᆞᆫ國은人民의風氣가頑固ᄒᆞ야外國의物情에齟齬ᄒᆞ고又天生ᄒᆞᆫ物品은足ᄒᆞ되人作ᄒᆞᄂᆞᆫ才操가不精ᄒᆞ야他人의取用에不適ᄒᆞᆯᄲᅮᆫ더러商賈ᄒᆞᄂᆞᆫ道理도他國人과不同ᄒᆞ야受害ᄒᆞᄂᆞᆫ事가每多ᄒᆞ니此ᄂᆞᆫ無他라他邦의風俗을不知ᄒᆞᄂᆞᆫ故로其接待ᄒᆞᄂᆞᆫ際에信實ᄒᆞᆫ言約이少ᄒᆞ고且其相應ᄒᆞᄂᆞᆫ物種은其相求ᄒᆞᄂᆞᆫ情을違ᄒᆞ야兩間의情義와期約이不篤ᄒᆞ며不合ᄒᆞ야未洽ᄒᆞᆫ氣色을相包ᄒᆞ고已開ᄒᆞᆫ國의人民은商賈場에百戰ᄒᆞᆫ老卒이라機를應ᄒᆞ야利를射ᄒᆞ기에巧ᄒᆞ거ᄂᆞᆯ新開ᄒᆞᆫ國의人民은節制업ᄂᆞᆫ軍士와同ᄒᆞᆫ則其敵手되기ᄂᆞᆫ不能ᄒᆞ니必然累度의鍛鍊이有ᄒᆞᆫ後에其爭利ᄒᆞᄂᆞᆫ方策을始獲ᄒᆞᆷ이라

比喩ᄒᆞᄂᆞᆫ理致로實狀의景况을議ᄒᆞ건ᄃᆡ戰爭은亂時의商賈며商賈ᄂᆞᆫ平時의戰爭이니商賈ᄂᆞᆫ物貨로以ᄒᆞ고戰爭은兵器로以ᄒᆞ나勝負를決ᄒᆞ야利害를爭ᄒᆞ기ᄂᆞᆫ同一ᄒᆞᆫ

者라商賈의物貨가不精ᄒᆞ면軍士의兵器가鈍拙ᄒᆞᆷ과同ᄒᆞ니兵器의鈍拙ᄒᆞᆫ者가必敗ᄒᆞ야賠償銀을徵出ᄒᆞᆷ은形勢의不免ᄒᆞᆷ인則物貨의麤率ᄒᆞᆫ者ᄂᆞᆫ商賈의大權을失ᄒᆞ야國中의利柄을見奪ᄒᆞᆯ디라然ᄒᆞᆫ則賠償銀을徵出ᄒᆞᆷ과何等의差異가有ᄒᆞ리오愈甚ᄒᆞᆫ者가存ᄒᆞ니賠償의徵出ᄒᆞᆷ은一時의見敗ᄒᆞᆫ厄會라過去ᄒᆞᆫ則得已ᄒᆞ려니와商權은一失ᄒᆞ면恢復ᄒᆞᆯ期限이杳然ᄒᆞ야振作ᄒᆞ기極難ᄒᆞ니然ᄒᆞᆫ故로商賈ᄒᆞᄂᆞᆫ道를正大히ᄒᆞ야他人이是를犯ᄒᆞ기不敢ᄒᆞ고物貨의製作을精緊히ᄒᆞ야他人의制御를不受ᄒᆞᆷ이可ᄒᆞᆫ지라兵의詐를不厭ᄒᆞᆷ으로欺人ᄒᆞᄂᆞᆫ計策이兵家의常事라謂ᄒᆞ나商賈ᄒᆞᄂᆞᆫ者ᄂᆞᆫ決斷코勿行ᄒᆞᆷ이可ᄒᆞ니若我가他人을欺ᄒᆞᆯ딘ᄃᆡ他人도亦我를欺ᄒᆞ려니와我가不然ᄒᆞ면他人도亦不然ᄒᆞᆯ딘則此ᄂᆞᆫ古人의謂ᄒᆞᆫ바爾에出ᄒᆞᆫ者가爾에反ᄒᆞᆷ이어ᄂᆞᆯ變時의權變으로若干의小利를貪ᄒᆞ야長久ᄒᆞᆫ經綸을不顧ᄒᆞ면商賈의本義를崩壞ᄒᆞᆯᄯᆞᄅᆞᆷ에不止ᄒᆞ야邦國의榮譽를損汚ᄒᆞᄂᆞᆫ罪名을不免ᄒᆞᆯ디오又他商賈가正大ᄒᆞᆫ道로應ᄒᆞᆫ則其敗ᄒᆞᆷ은反掌의易ᄒᆞᆷ이라此後로ᄂᆞᆫ物貨去來ᄒᆞᄂᆞᆫ者頓絶ᄒᆞ리니商賈로其業을治ᄒᆞᄂᆞᆫ者의深量ᄒᆞᆯ者라

今此商賈의事業이坐談ᄒᆞ기ᄂᆞᆫ容易ᄒᆞ나實行ᄒᆞ기에至ᄒᆞ야ᄂᆞᆫ極難ᄒᆞ니政府의保護

가無ᄒᆞ면盜賊의憂虞와輸運의不便으로善行ᄒᆞ기亦難ᄒᆞ거니와政府의保護ᄂᆞᆫ極臻ᄒᆞᆫ樣으로視ᄒᆞ고商賈의事를論ᄒᆞ건ᄃᆡ自己國中何地에物貨를輸販ᄒᆞ든지其地人口의數와其人의其物을能用ᄒᆞᆯ者의數와其地에所產ᄒᆞᄂᆞᆫ物品이他地에移ᄒᆞ야可販ᄒᆞᆯ種類와又他商의其地貿易ᄒᆞᄂᆞᆫ者의數를洞知ᄒᆞᆫ然後에損失이無ᄒᆞᆯ디라此理를推ᄒᆞ야他國에往商ᄒᆞᄂᆞᆫ事를審ᄒᆞ야도亦然ᄒᆞ니才局이不足ᄒᆞᆫ者ᄂᆞᆫ千萬의財物을執ᄒᆞ야도畢竟은逢敗ᄒᆞᄂᆞᆫ者가如此ᄒᆞᆫ理致에不明ᄒᆞᆫ緣故라國中에人造物이稀少ᄒᆞᆫ者가外國과通商ᄒᆞᄂᆞᆫ時ᄂᆞᆫ其輸出ᄒᆞᄂᆞᆫ各種物品이天生物에不過ᄒᆞᄂᆞ니然ᄒᆞ면外國의物貨ᄂᆞᆫ人造ᄒᆞᆫ者만輸入ᄒᆞ야國中의貧困ᄒᆞᆫ形勢가極盡ᄒᆞᆯ디라又外國通商을務ᄒᆞᄂᆞᆫ者ᄂᆞᆫ海軍의備가不盛ᄒᆞ면不可ᄒᆞ니此ᄂᆞᆫ海賊의劫奪도防備ᄒᆞ고外國政府의違約ᄒᆞᄂᆞᆫ者도是非ᄒᆞ야本國人民의商權을保守ᄒᆞᆷ이라商賈의當然ᄒᆞᆫ職分과工夫와警戒가有ᄒᆞ니今에毫墨을暫弄ᄒᆞ야營商ᄒᆞᄂᆞᆫ要道를槩論ᄒᆞ노니

商賈의職分　大槩商業은生涯求ᄒᆞᄂᆞᆫ方道에一策이라人이世에生ᄒᆞᆷ애父母가有ᄒᆞᆫ則奉養ᄒᆞᆷ이人子의職이오妻子가有ᄒᆞᆫ則顧育ᄒᆞᆷ이家長의責이니此ᄂᆞᆫ如何ᄒᆞᆫ方道를從ᄒᆞ든지世人의同然ᄒᆞᆫ職責이어니와商賈에至ᄒᆞ야特別ᄒᆞᆫ職分이有ᄒᆞᆫ故로擧ᄒᆞ야

商賈의職分이라謂홈이라其職分을大綱議論ᄒᆞ건ᄃᆡ人生의便利ᄒᆞᆫ方道를經營홈과國家의富饒홀機會를圖謀홈에大關係와大責望이有ᄒᆞ니民間의物貨를相通홈은人의勞苦를代行홈이오國中의物價를平均홈은政府의事務를傍助홈이오本國과外國의物을交易홈은兩國의和睦ᄒᆞᆫ交際를協輔홈이라然ᄒᆞᆫ故로物貨가不通ᄒᆞ든지物價가不均ᄒᆞ든지物品의交易이不行ᄒᆞ든지此ᄂᆞᆫ皆商賈의其職分을不盡ᄒᆞᄂᆞᆫ緣由니萬若其職分을不盡홀딘ᄃᆡ엇디商賈라謂ᄒᆞ리오是를由ᄒᆞ야考察ᄒᆞᆫ則商賈가其職分을修ᄒᆞ기不能ᄒᆞᆫ時ᄂᆞᆫ國家와人民에게貽害ᄒᆞᄂᆞᆫ事가不少ᄒᆞ야能히安全케支撑ᄒᆞᄂᆞᆫ權이無홀디라商賈되ᄂᆞᆫ者가其職分의重大홈으로自任ᄒᆞ야人民의便利ᄒᆞᆫ方道가不足ᄒᆞ거든自己의職分이不修홈인가是愧ᄒᆞ며國家의富盛ᄒᆞᆫ景像이不現ᄒᆞ거든自己의職分이不行홈인가是憂ᄒᆞ야深思와遠慮로實效의有ᄒᆞ기를期必ᄒᆞ고萬若外國의商賈가自己의國이어셔盛ᄒᆞ거든本國의商權을見失홀가是懼ᄒᆞ며利柄을見奪홀가是畏ᄒᆞ야商賈의業을自己의一人私事로勿視ᄒᆞ고全國의公本된關係로思量홈이可ᄒᆞ니信이無ᄒᆞ면此職分을守ᄒᆞ기不能ᄒᆞ며義가無ᄒᆞ면此職分을行ᄒᆞ기不能ᄒᆞ며智가無ᄒᆞ면此職分을定ᄒᆞ기不能ᄒᆞᆫ지라此三者의行實이具備ᄒᆞᆫ然後에商賈의職分을盡

홈이라始謂홀디니商賈되ᄂᆞᆫ者의明心홀者가此에莫過홈

商賈의工夫 商賈되ᄂᆞᆫ者ᄂᆞᆫ特別ᄒᆞᆫ工夫가有ᄒᆞ니大槪文學을崇尙ᄒᆞ며言行을飭勵ᄒᆞ야事長ᄒᆞᄂᆞᆫ道에恭敬ᄒᆞᄂᆞᆫ性理를守홈과事君ᄒᆞᄂᆞᆫ道에忠誠ᄒᆞᄂᆞᆫ分義를修ᄒᆞ야國家의良善ᄒᆞᆫ百姓되기ᄂᆞᆫ每人의泛同ᄒᆞᆫ者라他論을不俟ᄒᆞ야明ᄒᆞ거니와物貨去來와財物與受에條理잇게治簿ᄒᆞᄂᆞᆫ法과約束을定ᄒᆞ며資本을合ᄒᆞ야確實ᄒᆞ게會社ᄒᆞᄂᆞᆫ事와本國과他國의貨幣를互較ᄒᆞ야時勢의輕重을磨鍊ᄒᆞᄂᆞᆫ理致와各國의物産을本國의物産과比較ᄒᆞ야物價의高低를分別ᄒᆞᄂᆞᆫ手段과本國의物貨를他國에輸出홈이며他國의物貨를本國에輸入홈에各國海關의各物抽稅ᄒᆞᄂᆞᆫ法과他人의船에裝載ᄒᆞᄂᆞᆫ約束과何港에至ᄒᆞ든지御物ᄒᆞᄂᆞᆫ規則을仔細히透解ᄒᆞᆫ然後에商賈의職分을始行홀디며生業을方成홀디니工夫가無ᄒᆞ고成就ᄒᆞᄂᆞᆫ功을奏ᄒᆞ기를可히希冀홀가萬若商賈ᄒᆞᄂᆞᆫ者가工夫업시他國商賈의工夫ᄒᆞᆫ者를對ᄒᆞ면此ᄂᆞᆫ目不識丁ᄒᆞᄂᆞᆫ村夫가有識ᄒᆞᆫ學士를對坐ᄒᆞ야文章을論難홈과同ᄒᆞᆫ지라欲不屈ᄒᆞᆫ들知識이淺短ᄒᆞ거니如何ᄒᆞ며欲不困ᄒᆞᆫ들才局이狹小ᄒᆞ거니如何ᄒᆞ리오然ᄒᆞᆫ故로商賈爲業ᄒᆞᄂᆞᆫ者가私慾을不恣ᄒᆞ고國家에關係됨을是諒ᄒᆞ야必先其當然ᄒᆞᆫ工夫를修홈이可ᄒᆞᆫ者라

商賈의警戒 凡商賈의警戒홀條件을擧ᄒᆞ건ᄃᆡ會社의規則을固守ᄒᆞ고又文簿를精修ᄒᆞ며物貨去來에約束을勿違ᄒᆞ고物品買賣에品質을勿欺ᄒᆞ며平時에物價를小事로因ᄒᆞ야無端히翔騰ᄒᆞᄂᆞᆫ行實을勿作ᄒᆞ고本國과外國의海關稅를逃免코져ᄒᆞ야輸入과輸出ᄒᆞᄂᆞᆫ物品을欺蔽ᄒᆞ지勿홈이可ᄒᆞ니大槪會社의規則을不守ᄒᆞᆫ則扶支ᄒᆞ기不能ᄒᆞ고文簿ᄒᆞᄂᆞᆫ法이不精ᄒᆞᆫ則他人의疑를致ᄒᆞ고去來ᄒᆞᄂᆞᆫ約束을違ᄒᆞᆫ則財物取貸ᄒᆞᄂᆞᆫ道가塞ᄒᆞ고物品의品質을欺ᄒᆞᆫ則生涯ᄒᆞᄂᆞᆫ前程이壞ᄒᆞ고本國海關의稅를逃免ᄒᆞᆫ則此ᄂᆞᆫ政府의法을犯홈이니百姓되ᄂᆞᆫ道理를失홈일ᄲᅮᆫ더러不成ᄒᆞ면物貨ᄂᆞᆫ物貨되로見奪ᄒᆞ고辱이其身에及홀디오外國의海關稅를逃免ᄒᆞᆫ則此ᄂᆞᆫ他國의法을犯홈이니商賈의體貌를損傷ᄒᆞᄂᆞᆫ外에萬若不成ᄒᆞ면亦物貨ᄂᆞᆫ物貨되도見奪ᄒᆞ고辱이其國에歸홀디라然ᄒᆞᆫ故로商賈되ᄂᆞᆫ者가廉恥의節槪로其身名을愛惜ᄒᆞ고忠篤ᄒᆞᆫ義氣로其國家를敬重ᄒᆞᆫ然後에可ᄒᆞ니大抵利의所存은人의心이注歸ᄒᆞ야其謬를不悟ᄒᆞ고其惡을不顧ᄒᆞ야水의流濕홈과火의就燥홈ᄀᆞᆺᄐᆞᆫ지라廉恥와義氣로是를節制홈이無ᄒᆞ면禁止ᄒᆞᄂᆞᆫ道理가不立ᄒᆞ리니小心警戒ᄒᆞ야平生勿失홀者가商賈의道에此에셔大ᄒᆞᆫ者가無홀矣

國中의商賈가能히當然ᄒᆞᆫ道理로其業을行ᄒᆞ야人民을便利케ᄒᆞ고國家를富饒케ᄒᆞ면其功이守邦ᄒᆞᄂᆞᆫ將帥에比肩ᄒᆞ고其德이治民ᄒᆞᄂᆞᆫ宰相에同齒ᄒᆞ야正大ᄒᆞᆫ地位와光明ᄒᆞᆫ事業으로男兒의經綸이오丈夫의生涯니今에泰西各國商務의規制를視ᄒᆞ건ᄃᆡ政府로부터其職分을顧護ᄒᆞ며學校를建ᄒᆞ야其工夫를勸勉ᄒᆞ며法律을立ᄒᆞ야其警戒를調制ᄒᆞᄂᆞᆫ故로一定ᄒᆞᆫ風俗을成ᄒᆞ야敢犯ᄒᆞᄂᆞᆫ者가無ᄒᆞ고轉輸ᄒᆞ기ᄂᆞᆫ陸地에火輪車와水路에火輪船이有ᄒᆞ고通信ᄒᆞ기ᄂᆞᆫ緊急ᄒᆞᆫ則電機線이오汗漫ᄒᆞᆫ時ᄂᆞᆫ郵征局이라然ᄒᆞᆫ故로苟且ᄒᆞᆫ制度와艱辛ᄒᆞᆫ景像을免ᄒᆞ야有難ᄒᆞᆫ氣色과不便ᄒᆞᆫ事端이少無홈이어니我邦商賈의景況을顧ᄒᆞ건ᄃᆡ可히慨歎홀者가此며矜惜홀者가此라職分을知ᄒᆞ며工夫가有ᄒᆞ기ᄂᆞᆫ姑舍ᄒᆞ고警戒ᄒᆞᄂᆞᆫ條目에도專昧ᄒᆞᆫ者가多ᄒᆞ니我ᄂᆞᆫ敢히國人이皆然ᄒᆞ다謂홈은아니로ᄃᆡ如干聞見ᄒᆞᆫ者로言ᄒᆞ건ᄃᆡ紅蔘과白米의潛商은國禁이藏嚴ᄒᆞ거ᄂᆞᆯ猶且行ᄒᆞᄂᆞᆫ者의夥多홈은人의共知ᄒᆞᄂᆞᆫ者인則勿論ᄒᆞ고近年에淸心丸販賣ᄒᆞ든一事가足히人의歎息을起홀者가有ᄒᆞ니大槪中國人이我國의淸心丸을愛好ᄒᆞᄂᆞᆫ故로其初에ᄂᆞᆫ每箇에一兩價를給ᄒᆞ고購求호ᄃᆡ猶且不及홀가懼ᄒᆞ거ᄂᆞᆯ一人이其友의淸心丸販賣ᄒᆞᄂᆞᆫ事를知ᄒᆞ고淸心丸을假作ᄒᆞ야每箇에八錢價를自請ᄒᆞ

더니又其次一人이每箇五錢價를受ᄒᆞ야前二人의販賣를沮戱ᄒᆞ고其利를欲專ᄒᆞ나中國人의疑惑心을喚起ᄒᆞ야每箇에三錢도不給ᄒᆞ니如此ᄒᆞᆫ時ᄂᆞᆫ設使假品이라도害를反受ᄒᆞᆫ則自然히其害ᄂᆞᆫ我國에歸ᄒᆞᆯ뿐더러惡名을自取ᄒᆞᆷ이며又北道人의生麻販賣ᄒᆞᄂᆞᆫ傳言을聞ᄒᆞ기에憤을不勝ᄒᆞᆯ者가有ᄒᆞ니日本人의生麻貿求ᄒᆞᄂᆞᆫ時를當ᄒᆞ야我國人이各其生麻를輸載ᄒᆞ고其都會處에至ᄒᆞᆫ則日本人이猾計로即時是를不賣ᄒᆞ고曰ᄒᆞᄃᆡ此處ᄂᆞᆫ輸運ᄒᆞ기에不便ᄒᆞ니水越邊某處에移ᄒᆞᆫ後에購買ᄒᆞᆫ다ᄒᆞᆫ되我國人이先을爭ᄒᆞ야其地에至ᄒᆞᆫ則日本人이始曰ᄒᆞᄃᆡ此生麻의品이不好ᄒᆞ니不買ᄒᆞᆫ다ᄒᆞ야其價를減半ᄒᆞᆫ然後에彼의任意로衡錘를重히ᄒᆞ야購買ᄒᆞᄃᆡ我國人은敢히一言도抗ᄒᆞ지못ᄒᆞ고日本人의唇吻을仰ᄒᆞᆯᄯᆞ름이라ᄒᆞ니其害의深ᄒᆞᆷ과辱의大ᄒᆞᆷ이一筆로形容ᄒᆞ기不能ᄒᆞ나此ᄂᆞᆫ皆我國人의自取라他人을尤ᄒᆞᆷ이迂論이어니와如此ᄒᆞᆫ事端이一二에不止ᄒᆞᆫ則其故를細推ᄒᆞ건ᄃᆡ實狀은商賈가知識이無ᄒᆞ면不免ᄒᆞᄂᆞᆫ條件이니有識ᄒᆞᆫ道理를經營ᄒᆞᆷ이可ᄒᆞ고外國通商ᄒᆞᄂᆞᆫ時를當ᄒᆞ야ᄂᆞᆫ商賈의業도國人의協力ᄒᆞᄂᆞᆫ道가最好ᄒᆞ니是故로負商의各散ᄒᆞᄂᆞᆫ營業이大商의極害며協力ᄒᆞᄂᆞᆫ道ᄂᆞᆫ即會社의法이라

今에天下各國에商賈最盛ᄒᆞᆫ諸國의一年輸入과輸出ᄒᆞᆫ物品을四五年前의考出ᄒᆞᆫ者로其價를我錢으로記錄ᄒᆞ건ᄃᆡ

英吉利
輸入 三百二十一億五千五百五十三萬二百兩
輸出 一百七十六億六千七百五十三萬六千兩

墺地利
輸入 二十八億九千五百五十萬兩
輸出 三十四億六千四百二十萬兩

佛蘭西
輸入 二百五億六千九百九十六萬八千兩
輸出 一百五十億四千四百三十萬兩

日耳曼
輸入 一百六十四億五千四百三十八萬二千五百兩
輸出 一百六十六億七千五百四十八萬七千三百兩

伊太利
輸入 五十三億五千一百七十三萬四千八百兩
輸出 四十七億六千四百七十三萬二千三百兩

荷蘭
輸入 七十一億五千二百七十七萬四千三百兩
輸出 五十億一千二百三十萬三千四百兩

俄羅斯
輸入 一百二十九億五千七百五十二萬三千二百兩
輸出 一百二十八億七千九百九十五萬八千六百兩

西班牙
輸入 三十三億一千七百七十四萬一千九百兩
輸出 三十四億六千三百八十八萬一千兩

合衆國
輸入 一百四十八億一千二十八萬二千一百八十兩

輸出 一百三十四億五千三百九十五萬三千八百六十兩

墨西哥
輸入 六億兩
輸出 八億四千二百萬兩

哥倫比
輸入 三億二千六十五萬兩
輸出 一億一千二百五十萬兩

智利
輸入 九億七千八百三十萬兩
輸出 十五億六千二百九十萬兩

今又天下各國中에商賈最盛ᄒᆞᆫ諸國의商船數를記錄ᄒᆞ건ᄃᆡ

英吉利 二萬二千五百隻
日耳曼 三千隻
佛蘭西 二千九百隻

伊太利　三千二百隻
俄羅斯　二千三百隻
諾威　四千二百隻
合衆國　二千隻에過ᄒᆞ나其詳細記錄을見失홈

十二 此錄으로考ᄒᆞ건ᄃᆡ英吉利의商賈가天下에最盛ᄒᆞ니一年의輸入과輸出ᄒᆞᄂᆞᆫ物品이各國中에最多ᄒᆞ고且其商船의數ᄂᆞᆫ天下各國商船의都總數에比ᄒᆞ야倍에幾至ᄒᆞ니然ᄒᆞᆫ故로英吉利人이自矜ᄒᆞ야曰호ᄃᆡ天下의商權을總轄ᄒᆞ야海上天子라ᄒᆞ니各國이其衡을抗ᄒᆞ기不能ᄒᆞ야一步地를退讓홈이라

開化의等級

一 大槪開化라ᄒᆞᄂᆞᆫ者ᄂᆞᆫ人間의千事萬物이至善極美ᄒᆞᆫ境域에抵홈을謂홈이니然ᄒᆞᆫ故로開化ᄒᆞᄂᆞᆫ境域은限定ᄒᆞ기不能ᄒᆞᆫ者라人民才力의分數로其等級의高低가有ᄒᆞ나然ᄒᆞ나人民의習尙과邦國의規模를隨ᄒᆞ야其差異홈도亦生ᄒᆞᄂᆞ니此ᄂᆞᆫ開化ᄒᆞᄂᆞᆫ軌程의不一ᄒᆞᆫ緣由어니와大頭腦ᄂᆞᆫ人의爲不爲에在ᄒᆞᆯᄯᆞ름이라五倫의行實을純篤히

ᄒᆞ야人이道理를知ᄒᆞᆫ則此ᄂᆞᆫ行實의開化며人이學術을窮究ᄒᆞ야萬物의理致를格ᄒᆞᆫ則此ᄂᆞᆫ學術의開化며國家의政治를正大히ᄒᆞ야百姓이泰平ᄒᆞᆫ樂이有ᄒᆞᆫ者ᄂᆞᆫ政治의開化며法律을公平히ᄒᆞ야百姓이寃抑ᄒᆞᆫ事가無ᄒᆞᆫ者ᄂᆞᆫ法律의開化며器械의制度를便利히ᄒᆞ야人의用을利ᄒᆞ게ᄒᆞᆫ者ᄂᆞᆫ器械의開化며物品의制造를精緊히ᄒᆞ야人의生을厚히ᄒᆞ고荒麤ᄒᆞᆫ事가無ᄒᆞᆫ者ᄂᆞᆫ物品의開化니此屢條의開化를合ᄒᆞᆫ然後에開化의具備ᄒᆞᆫ者라始謂ᄒᆞᆯ디라天下古今의何國을顧考ᄒᆞ든지開化의極臻ᄒᆞᆫ境에至ᄒᆞᆫ者ᄂᆞᆫ無ᄒᆞ나然ᄒᆞ나大綱其層級을區別ᄒᆞ건ᄃᆡ三等에不過ᄒᆞ니曰開化ᄒᆞᄂᆞᆫ者며曰半開化ᄒᆞᆫ者며曰未開化ᄒᆞᆫ者라

二 開化ᄒᆞᄂᆞᆫ者ᄂᆞᆫ千事와萬物을窮究ᄒᆞ며經營ᄒᆞ야日新ᄒᆞ고又日新ᄒᆞ기를期約ᄒᆞᄂᆞ니如此홈으로其進取ᄒᆞᄂᆞᆫ氣像이雄壯ᄒᆞ야些少의怠惰홈이無ᄒᆞ고又人을待ᄒᆞᄂᆞᆫ道에至ᄒᆞ야ᄂᆞᆫ言語를恭遜히ᄒᆞ며形止를端正히ᄒᆞ야能ᄒᆞᆫ者를是傚ᄒᆞ며不能ᄒᆞᆫ者를是矜ᄒᆞ고敢히慢侮ᄒᆞᄂᆞᆫ氣色을示ᄒᆞ지못ᄒᆞ며敢히鄙悖ᄒᆞᆫ容貌를設ᄒᆞ지못ᄒᆞ야地位의貴賤과形勢의强弱으로人品의區別을不行ᄒᆞ고國人이其心을合一ᄒᆞ야屢條의開化를共勉ᄒᆞᄂᆞᆫ者며

三 半開化ᄒᆞᆫ者ᄂᆞᆫ事物의窮究도不行ᄒᆞ며經營도不有ᄒᆞ야苟且ᄒᆞᆫ計圖와姑息ᄒᆞᄂᆞᆫ意思로小成ᄒᆞᆫ域에安ᄒᆞ고長久ᄒᆞᆫ策이無호ᄃᆡ猶且自足ᄒᆞᄂᆞᆫ心性이有ᄒᆞ야人을接待ᄒᆞ기ᄂᆞᆫ能ᄒᆞᆫ者를許與홈이少ᄒᆞ고不能ᄒᆞᆫ者를凌侮ᄒᆞ야恒常倨傲ᄒᆞᆫ氣色을帶ᄒᆞ고妄意自重ᄒᆞ야貴賤의地位와强弱의形勢로人品의區別을已甚히行ᄒᆞᄂᆞᆫ故로國人이各其一身의榮華와慾心을經綸ᄒᆞ고屢條의開化에心을不專ᄒᆞᄂᆞᆫ者며

四 未開化ᄒᆞᆫ者ᄂᆞᆫ即野蠻의種落이니千事와萬物에規模와制度가無有ᄒᆞᆯᄲᅮᆫ더러當初에經營도不爲ᄒᆞ고能ᄒᆞᆫ者가如何ᄒᆞᆫ지不能ᄒᆞᆫ者가如何ᄒᆞᆫ지分別도不能ᄒᆞ야居處와飮食에도一定ᄒᆞᆫ規度가不存ᄒᆞ며且人을待ᄒᆞ기에至ᄒᆞ야ᄂᆞᆫ紀綱과禮制가無ᄒᆞᆫ故로天下에最可矜ᄒᆞᆫ者라

五 若是ᄒᆞ게等級을分ᄒᆞ야論ᄒᆞ나然ᄒᆞ나勉勵ᄒᆞ기를不已ᄒᆞ면半開化ᄒᆞᆫ者와未開化ᄒᆞᆫ者라도開化ᄒᆞᄂᆞᆫ者의闕域에至ᄒᆞᄂᆞ니俚言에云호ᄃᆡ始作이半이라勉勵ᄒᆞ면不成ᄒᆞᄂᆞᆫ者가何有ᄒᆞ리오大槪半開化ᄒᆞᆫ者의國에도開化ᄒᆞᄂᆞᆫ者가有ᄒᆞ며未開化ᄒᆞᆫ者의國에도開化ᄒᆞᄂᆞᆫ者가有ᄒᆞ니然ᄒᆞᆫ故로開化ᄒᆞᄂᆞᆫ者의國에도半開化ᄒᆞᆫ者도有ᄒᆞ며未開化ᄒᆞᆫ者도有ᄒᆞᆫ지라國人이一齊히開化ᄒᆞ기ᄂᆞᆫ極難ᄒᆞᆫ事니人生의道理를守ᄒᆞ며事物

의理致를窮究ᄒᆞ면是ᄂᆞᆫ蠻夷의國에在ᄒᆞ야도開化ᄒᆞᄂᆞᆫ者며人生의道理를不修ᄒᆞ고事物의理致를不究ᄒᆞ면開化ᄒᆞᆫ國에在ᄒᆞ야도未開化ᄒᆞᆫ者라如此히言ᄒᆞ기ᄂᆞᆫ各其一人의身을擧論홈이어니와一國의景況을議論ᄒᆞ기에至ᄒᆞᆫ則其人民의開化ᄒᆞᄂᆞᆫ者가多ᄒᆞ면開化ᄒᆞᄂᆞᆫ國이며半開化ᄒᆞᆫ者가多ᄒᆞ면半開化ᄒᆞᆫ國이며未開化ᄒᆞᆫ者가多ᄒᆞ면未開化ᄒᆞᆫ國이니半開化ᄒᆞᆫ者를勸ᄒᆞ야是를行ᄒᆞ게홈과未開化ᄒᆞᆫ者를誨ᄒᆞ야是를覺ᄒᆞ게홈은開化ᄒᆞᄂᆞᆫ者의責望과職分이라竊想ᄒᆞ건ᄃᆡ行實의開化ᄂᆞᆫ天下萬國을通ᄒᆞ야其同一ᄒᆞᆫ規模가千萬年의長久홈을閱歷ᄒᆞ야도不變ᄒᆞᄂᆞᆫ者어니와政治以下의諸開化ᄂᆞᆫ時代를隨ᄒᆞ야變改ᄒᆞ기도ᄒᆞ며地方을從ᄒᆞ야殊異ᄒᆞ기도ᄒᆞ리니然ᄒᆞᆫ故로古에合ᄒᆞ든者가今에ᄂᆞᆫ不合ᄒᆞᄂᆞᆫ者가有ᄒᆞ며彼에善ᄒᆞᆫ者가此에ᄂᆞᆫ不善ᄒᆞᆫ者도有ᄒᆞᆫ則古今의形勢를斟酌ᄒᆞ며彼此의事情을比較ᄒᆞ야其長을取ᄒᆞ고其短을捨홈이開化ᄒᆞᄂᆞᆫ者의大道라

六 開化ᄒᆞᄂᆞᆫ事를主張ᄒᆞ야務行ᄒᆞᄂᆞᆫ者ᄂᆞᆫ開化의主人이오開化ᄒᆞᄂᆞᆫ者를歆羨ᄒᆞ야學ᄒᆞ기를喜ᄒᆞ고取ᄒᆞ기를樂ᄒᆞᄂᆞᆫ者ᄂᆞᆫ開化의賓客이며開化ᄒᆞᄂᆞᆫ者를恐懼ᄒᆞ고疾惡호ᄃᆡ不得已ᄒᆞ야從ᄒᆞᄂᆞᆫ者ᄂᆞᆫ開化의奴隸니主人의地位를居ᄒᆞ기不得ᄒᆞᆯ딘ᄃᆡ寧賓客의座

ᄅᆞᆯ取ᄒᆞᆯ디언뎡奴隷의列에ᄂᆞᆫ立ᄒᆞᆷ도不可ᄒᆞ나賓의名이有ᄒᆞ면猶且主人의禮遇나有ᄒᆞ고又進取ᄒᆞᄂᆞᆫ性氣가奮發ᄒᆞ기에至ᄒᆞᆫ則主人의一座ᄅᆞᆯ占居ᄒᆞ야客의名位ᄅᆞᆯ脫棄ᄒᆞ고或且舊日主人으로賓을作ᄒᆞ기도期必ᄒᆞ려니와萬若奴隷되ᄂᆞᆫ時ᄂᆞᆫ恒常他人의指揮ᄅᆞᆯ隨ᄒᆞ야羞恥되ᄂᆞᆫ事端이不少ᄒᆞᆯᄲᅮᆫ더러些少라도先手ᄒᆞᄂᆞᆫ境이有ᄒᆞ면其土地와人民도保全ᄒᆞ기不能ᄒᆞ야開化ᄒᆞᄂᆞᆫ者의附庸되기容易ᄒᆞ니可히謹愼ᄒᆞᆯ者가此에莫過ᄒᆞᆫ지라大槩人의氣癖으로議論ᄒᆞ면開化ᄒᆞᄂᆞᆫ事에賓의座ᄅᆞᆯ處ᄒᆞᆷ도恥愧의極ᄒᆞᆫ者나然ᄒᆞ나時勢와處地ᄂᆞᆫ人力으로如何ᄒᆞ기不能ᄒᆞᆫ者니設令出衆ᄒᆞᆫ智慧와非凡ᄒᆞᆫ勇斷이有ᄒᆞ야도超脫ᄒᆞ기不能ᄒᆞ고但順行ᄒᆞᆯᄯᆞᄅᆞᆷ이라故로外國의新開化ᄅᆞᆯ初見ᄒᆞᄂᆞᆫ者가其始에ᄂᆞᆫ嫌懼ᄒᆞ며疾惡ᄒᆞ야不取ᄒᆞ기不可ᄒᆞᆫ者가有ᄒᆞᆫ則已ᄒᆞ기不得ᄒᆞ야取用ᄒᆞᄂᆞᆫ形貌가開化의奴隷ᄅᆞᆯ不免ᄒᆞ다가及其聞見이廣博ᄒᆞ며知覺이高明ᄒᆞᆫ時ᄅᆞᆯ當ᄒᆞ면始乃開化賓客이되ᄂᆞ니此ᄅᆞᆯ因ᄒᆞ야勉行ᄒᆞ기不已ᄒᆞ면主人의堂戶에入居ᄒᆞ기도成就ᄒᆞᆯ디라今夫天下各國의開化ᄒᆞ든始初ᄅᆞᆯ詳考ᄒᆞ건ᄃᆡ智慧로以ᄒᆞᆫ者ᄂᆞᆫ規模가穩全ᄒᆞ고弊端이不存ᄒᆞᆯᄲᅮᆫ아니라恒常主人의形勢ᄅᆞᆯ保有ᄒᆞ고勇斷으로以ᄒᆞᆫ者ᄂᆞᆫ完全ᄒᆞᆫ規度가少ᄒᆞ고無數ᄒᆞᆫ弊端이生ᄒᆞᆫ故로差失ᄒᆞᄂᆞᆫ事가多ᄒᆞ나久後에至ᄒᆞ야ᄂᆞᆫ主

人의席이나賓客의位ᄅᆞᆯ占有ᄒᆞᆫ者가多ᄒᆞ며威力으로以ᄒᆞᆫ者ᄂᆞᆫ百姓의知識이缺乏ᄒᆞᆷ을因ᄒᆞ야全혀聽地로行ᄒᆞᄂᆞᆫ事가多ᄒᆞᆫ故로其規模의如何ᄒᆞᆷ은姑舍ᄒᆞ고弊端은猶且勇斷ᄒᆞᆫ者에比ᄒᆞ야略少ᄒᆞ나其政府의危殆ᄒᆞᆷ인則國中에大敵이有ᄒᆞᆷ과恒同ᄒᆞ야最難ᄒᆞᆫ者로ᄃᆡ萬若政府되ᄂᆞᆫ者가不如此ᄒᆞ면百姓이開化의奴隷되야他人의指揮ᄅᆞᆯ受ᄒᆞ기不免ᄒᆞᆯ디라然ᄒᆞᆫ故로政府가不得已ᄒᆞ야保國ᄒᆞᄂᆞᆫ計ᄅᆞᆯ用ᄒᆞᆷ이로ᄃᆡ一心으로人民을愛護ᄒᆞ야進取ᄒᆞᄂᆞᆫ氣像이雄壯ᄒᆞᆷ으로此도亦賓客의地位ᄅᆞᆯ不失ᄒᆞ고歲月의長久ᄒᆞᆷ을閱歷ᄒᆞ야人民의知識이博高ᄒᆞ기에至ᄒᆞᆫ則主人의名號도圖謀ᄒᆞᄂᆞᆫ者가有ᄒᆞ거니와萬一政府와人民이一同ᄒᆞ게無識ᄒᆞ야智慧로以ᄒᆞᆷ도無ᄒᆞ고勇斷으로以ᄒᆞᆷ도無ᄒᆞ고威力으로以ᄒᆞᆷ도無ᄒᆞ야更張ᄒᆞᄂᆞᆫ規模ᄅᆞᆯ不行ᄒᆞ며振起ᄒᆞᄂᆞᆫ氣力이不足ᄒᆞ야愛好ᄒᆞᄃᆡ不效ᄒᆞ며歆羨ᄒᆞᄃᆡ不學ᄒᆞ고恐惱ᄒᆞᄃᆡ不悟ᄒᆞ면他人의奴隷되야開化ᄒᆞᄂᆞᆫ指揮ᄅᆞᆯ服從ᄒᆞᆯᄯᆞᄅᆞᆷ이니國人이心을同ᄒᆞ야戒愼ᄒᆞᆯ者가此에在ᄒᆞᆷ이라

且夫開化ᄂᆞᆫ實狀과虛名의分別이有ᄒᆞ니實狀開化라ᄒᆞᄂᆞᆫ者ᄂᆞᆫ事物의理致와根本을窮究ᄒᆞ며考諒ᄒᆞ야其國의處地와時勢에合當케ᄒᆞᄂᆞᆫ者며虛名開化라ᄒᆞᄂᆞᆫ者ᄂᆞᆫ事物上에知識이不足ᄒᆞᄃᆡ他人의景況을見ᄒᆞ고歆羨ᄒᆞ야然ᄒᆞ든지恐懼ᄒᆞ야然ᄒᆞ든지前

後ᄅᆞᆯ推量ᄒᆞᄂᆞᆫ智識이無ᄒᆞ고施行ᄒᆞ기로主張ᄒᆞ야財ᄅᆞᆯ費ᄒᆞ기不少ᄒᆞᄃᆡ實用은其分數ᄅᆞᆯ抵ᄒᆞ기不及ᄒᆞᆷ이니外國을始通ᄒᆞᄂᆞᆫ者가一次ᄂᆞᆫ虛名의開化ᄅᆞᆯ經歷ᄒᆞ나歲月의久遠ᄒᆞᆷ으로無限ᄒᆞᆫ練歷이有ᄒᆞᆫ後에至ᄒᆞᆫ則實狀開化에始赴ᄒᆞᆷ이라然ᄒᆞᆫ故로他人의長技ᄅᆞᆯ取ᄒᆞᄂᆞᆫ者가決斷코外國의器械ᄅᆞᆯ購買ᄒᆞ거나工匠을雇用ᄒᆞ지勿ᄒᆞ고必先自己國人民으로其才ᄅᆞᆯ學ᄒᆞ야其人으로ᄡᅥ其事ᄅᆞᆯ行ᄒᆞᆷ이可ᄒᆞ니盖人의才操ᄂᆞᆫ窮盡ᄒᆞᆷ이無ᄒᆞ거니와財物은有限ᄒᆞᆫ者라萬若自己國人이其才ᄅᆞᆯ修ᄒᆞᆯ딘ᄃᆡ當場에利ᄒᆞᆯᄲᅮᆫ아니라國中에傳播ᄒᆞ야其效驗이後世에遺ᄒᆞ기에至ᄒᆞ려니와外國의器械ᄅᆞᆯ購買ᄒᆞ면其器械가傷ᄒᆞᄂᆞᆫ時ᄂᆞᆫ其器械가更無ᄒᆞᆯ디오工匠을雇用ᄒᆞ면其工匠이去ᄒᆞᄂᆞᆫ時ᄂᆞᆫ其工匠이更無ᄒᆞᆯ디라如何ᄒᆞᆫ器械와如何ᄒᆞᆫ工匠으로其事ᄅᆞᆯ更行ᄒᆞ리오其勢가其器械ᄅᆞᆯ更購ᄒᆞ고其工匠을更雇ᄒᆞᄂᆞ니眞實로如是ᄒᆞᆯ딘ᄃᆡ我의虛費ᄒᆞᄂᆞᆫ者ᄂᆞᆫ財物이라若玆히虛費ᄒᆞᄂᆞᆫ財物이何處ᄅᆞᆯ從ᄒᆞ야得來ᄒᆞ리오畢竟은百姓에게其害가歸ᄒᆞᆯᄯᆞᄅᆞᆷ

嗟呼라開化ᄒᆞᄂᆞᆫ事가他人의長技ᄅᆞᆯ取ᄒᆞᆯᄲᅮᆫ아니오自己의善美ᄒᆞᆫ者ᄅᆞᆯ保守ᄒᆞ기에도在ᄒᆞ니大槩他人의長技ᄅᆞᆯ取ᄒᆞᄂᆞᆫ意向도自己의善美ᄒᆞᆫ者ᄅᆞᆯ補ᄒᆞ기爲ᄒᆞᆷ인故로他人의才操ᄅᆞᆯ取ᄒᆞ야도實狀잇게用ᄒᆞᄂᆞᆫ時ᄂᆞᆫ則自己의才操라時勢ᄅᆞᆯ量ᄒᆞ며處地ᄅᆞᆯ審ᄒᆞ

야輕重과利害ᄅᆞᆯ判斷ᄒᆞᆫ然後에前後ᄅᆞᆯ分辨ᄒᆞ야次序로施行ᄒᆞᆷ이可ᄒᆞ거ᄂᆞᆯ過ᄒᆞᆫ者ᄂᆞᆫ毫末의分別도無ᄒᆞ고外國이면盡善ᄒᆞ다ᄒᆞ야自己의國에ᄂᆞᆫ如何ᄒᆞᆫ事物이든지不美ᄒᆞ다ᄒᆞ며已甚ᄒᆞ기에至ᄒᆞ야ᄂᆞᆫ外國의景況을稱道ᄒᆞ야自己의國을慢侮ᄒᆞᄂᆞᆫ弊俗도有ᄒᆞ니此ᄅᆞᆯ開化黨이라謂ᄒᆞ나此豈開化黨이리오其實은開化의罪人이며不及ᄒᆞᆫ者ᄂᆞᆫ頑固ᄒᆞᆫ性稟으로事物의分界가無ᄒᆞ고外國人이면夷狄이라ᄒᆞ고外國物이면無用件이라ᄒᆞ고外國文字ᄂᆞᆫ天主學이라ᄒᆞ야敢히就近ᄒᆞ지못ᄒᆞ며自己의身이天下의第一인듯自處ᄒᆞ나甚ᄒᆞ기에至ᄒᆞ야ᄂᆞᆫ避居ᄒᆞᄂᆞᆫ者도有ᄒᆞ니此ᄅᆞᆯ守舊黨이라謂ᄒᆞ나此豈守舊黨이리오其實은開化의讎敵이니聖人의言이有ᄒᆞᄃᆡ過ᄒᆞᆷ과不及ᄒᆞᆷ이同ᄒᆞ다ᄒᆞ나然ᄒᆞ나開化ᄒᆞᄂᆞᆫ道에至ᄒᆞ야ᄂᆞᆫ過ᄒᆞᆫ者의弊害가不及ᄒᆞᆫ者에셔甚ᄒᆞ니其故ᄂᆞᆫ無他라過ᄒᆞᆫ者ᄂᆞᆫ其國을危케ᄒᆞᆷ이速ᄒᆞ고不及ᄒᆞᆫ者ᄂᆞᆫ其國을危케ᄒᆞᆷ이遲ᄒᆞᆷ이라然ᄒᆞᆫ故로必然히得中ᄒᆞᆫ者가有ᄒᆞ야過ᄒᆞᆫ者ᄅᆞᆯ調制ᄒᆞ며不及ᄒᆞᆫ者ᄅᆞᆯ勸勉ᄒᆞ야他의長技ᄅᆞᆯ取ᄒᆞ고自己의美事ᄅᆞᆯ守ᄒᆞ야處地와時勢ᄅᆞᆯ應ᄒᆞᆫ然後에民國을保全ᄒᆞ야開化의大功을奏ᄒᆞ리니若其口中에外國卷烟을含ᄒᆞ고胸前에外國時標ᄅᆞᆯ佩ᄒᆞ며其身이拚凳이나交椅에踞坐ᄒᆞ야外國의風俗을閒話ᄒᆞ야其言語ᄅᆞᆯ略解ᄒᆞᄂᆞᆫ者가豈曰開化人이리오

此ᄂᆞᆫ開化의罪人도아니오開化의讎敵도아니라開化의虛風에吹ᄒᆞ야心中에主見업시一箇開化의病身이라

世級이降ᄒᆞᆯᄉᆞ록人의開化ᄒᆞᄂᆞᆫ道ᄂᆞᆫ前進ᄒᆞᄂᆞ니言者가或曰ᄒᆞᄃᆡ後人이前人을不及ᄒᆞᆫ다ᄒᆞ나然ᄒᆞ나此ᄂᆞᆫ未達ᄒᆞᆫ談論이라人事가無窮ᄒᆞᆫ故로時代ᄅᆞᆯ隨ᄒᆞ야變幻ᄒᆞᆷ이有ᄒᆞ거니와後人이應變ᄒᆞᄂᆞᆫ道理ᄅᆞᆯ不行ᄒᆞ고舊規模ᄅᆞᆯ株守ᄒᆞ야事爲上에施ᄒᆞ다가不合ᄒᆞᄂᆞᆫ者가有ᄒᆞ면輒曰今人이何敢古人과同ᄒᆞ리오ᄒᆞ나此言이豈然ᄒᆞ리오萬若人의氣質과局量이代마다減衰ᄒᆞᆫ딘ᄃᆡ秪今을從ᄒᆞ야幾千年을經ᄒᆞ면應當人의事爲가絶ᄒᆞᆯ디오又幾千年을再過ᄒᆞ면人의道理도無ᄒᆞ리니此ᄂᆞᆫ理의不然ᄒᆞᆷ이的實ᄒᆞᆫ지라人의知識은閱歷이多ᄒᆞᆯᄉᆞ록新奇ᄒᆞᆫ者와深妙ᄒᆞᆫ者가疊出ᄒᆞᄂᆞ니今에此ᄅᆞᆯ證ᄒᆞ건ᄃᆡ古人은陸地往來에代步ᄒᆞᄂᆞᆫ物이馬아니면車라千里長路ᄅᆞᆯ旬望의旅行으로艱辛히得達ᄒᆞ더니今人은火輪車의神速ᄒᆞᆷ으로半日의工을不費ᄒᆞ고水路에ᄂᆞᆫ一片木船으로萬頃의滄波에出沒ᄒᆞ야風濤의險惡ᄒᆞᆫ時ᄂᆞᆫ危殆ᄒᆞᆷ도極臻ᄒᆞ더니今人은火輪船의堅固ᄒᆞᆷ으로萬里의風浪을平地에셔便히來往ᄒᆞ고古人은百里間에一封書消息을傳ᄒᆞ기에來往間二三日을虛費ᄒᆞ더니今人은電機線의深妙ᄒᆞᆷ으로萬千里의殊域이라도

瞬息間에往復ᄒᆞ야咫尺에對話ᄒᆞᆷ과無異ᄒᆞ고古人은各種物品의製造ᄒᆞᄂᆞᆫ法이人力을費ᄒᆞᆫᄯᆞᄅᆞᆷ이라其辛苦ᄒᆞᆫ景狀이可矜ᄒᆞ더니今人은火輪器械의便利ᄒᆞᆷ으로一日의製作ᄒᆞᄂᆞᆫ者가幾萬人의工夫ᄅᆞᆯ對敵ᄒᆞᆫ則此等事ᄂᆞᆫ吾輩의聞見ᄒᆞᆫ바로古人의不能ᄒᆞᆫ바며近世에至ᄒᆞ야其功效ᄅᆞᆯ始顯ᄒᆞᆫ者라

抑此新奇ᄒᆞ고深妙ᄒᆞᆫ理致ᄂᆞᆫ舊世界에不存ᄒᆞ고今日에始有ᄒᆞᆫ者아니오天地間의其自然ᄒᆞᆫ根本은古今의差異가無ᄒᆞᄃᆡ古人은窮格ᄒᆞ기不盡ᄒᆞ고今人은窮究ᄒᆞ야攄到ᄒᆞᆫ者니此ᄅᆞᆯ由ᄒᆞ야觀ᄒᆞ면今人의才識이古人에比ᄒᆞ야越加ᄒᆞᆫ듯ᄒᆞ나然ᄒᆞ나實狀은古人의草創ᄒᆞᆫ者ᄅᆞᆯ潤色ᄒᆞᆫᄯᆞᄅᆞᆷ이라火輪船이雖曰神妙ᄒᆞ나古人의作舟ᄒᆞᆫ制度ᄅᆞᆯ違ᄒᆞ기ᄂᆞᆫ不能ᄒᆞ고火輪車가雖曰奇異ᄒᆞ나古人의造車ᄒᆞᆫ規模ᄅᆞᆯ不由ᄒᆞ면不成ᄒᆞᆯ디오此外에도如何ᄒᆞᆫ事物이든지皆然ᄒᆞ야古人의成法을離脫ᄒᆞ고今人의新規ᄅᆞᆯ刱出ᄒᆞ기ᄂᆞᆫ不能ᄒᆞ니我邦에도高麗磁器ᄂᆞᆫ天下의有名ᄒᆞᆫ者며李忠武의龜船은鐵甲兵船이라天下의最先刱出ᄒᆞᆫ者며校書館의鐵鑄字도天下의最先創行ᄒᆞᆫ者라我邦人이萬若窮究ᄒᆞ고又窮究ᄒᆞ야便利ᄒᆞᆫ道理ᄅᆞᆯ經營ᄒᆞ얏드면千萬事物이今日에至ᄒᆞ야天下萬國의名譽가我邦에歸ᄒᆞ얏슬디어ᄂᆞᆯ後輩가前人의舊規ᄅᆞᆯ潤色디아니ᄒᆞᆷ이로다

西遊見聞第十四編 終

西遊見聞第十五編

婚禮의始末

一 泰西各國의風俗에男子의年紀가二十歲以上에至ᄒᆞᆫ則其父母가成人이라始許ᄒᆞ야凡百事爲가正直ᄒᆞᆫ時ᄂᆞᆫ自主ᄒᆞᄂᆞᆫ權을附與ᄒᆞᄂᆞ니然ᄒᆞᆫ지라其衣服飮食及日用事物의雜費ᄂᆞᆫ皆自己의營求로擔當ᄒᆞ며女子ᄂᆞᆫ年紀의定限이無ᄒᆞ고其有家ᄒᆞᄂᆞᆫ時前은其父母에게依托ᄒᆞ야身을終ᄒᆞ도록求婚ᄒᆞᄂᆞᆫ者가無ᄒᆞ면處子의身世로歲月을經過ᄒᆞᄃᆡ如何ᄒᆞᆫ事爲든지自己의才能되로男子와無異ᄒᆞ야假令學術이豐裕ᄒᆞ면學校의敎師나性質이穎敏ᄒᆞ면官司와商賈의書記의職을行ᄒᆞᄂᆞᆫ者가多ᄒᆞᆫ지라凡男子가長成ᄒᆞᆫ後ᄂᆞᆫ其一身의生活도自己父母에게仰賴ᄒᆞ기不能ᄒᆞ거든況妻子의累리오如是ᄒᆞᆫ故로自己의知識과財產이足히一家의生計를排定ᄒᆞᆯ然後에敢히有室ᄒᆞᆯ意思를始起ᄒᆞ며又女子도自己의一生身世ᄂᆞᆫ一次結約ᄒᆞᄂᆞᆫ儀에在ᄒᆞᆫ故로極히審愼ᄒᆞ고求婚者가雖有ᄒᆞ야도輕率히許身ᄒᆞᄂᆞᆫ約을不行ᄒᆞ야二十歲以前의嫁娶ᄒᆞᄂᆞᆫ者가稀少ᄒᆞᆷ이라

二 媒妁ᄒᆞᄂᆞᆫ道를議論ᄒᆞ면我邦의禮節과懸殊ᄒᆞ야譏刺ᄒᆞᆯ端緖가多ᄒᆞ나然ᄒᆞ나他邦의風俗이니此ᄂᆞᆫ其然ᄒᆞᆫ되로任寘ᄒᆞ고且其國의男子와女子의知識과交道와權利가彼此의區別이無ᄒᆞ며人生의百年苦樂은家室의相逢에在ᄒᆞ다謂ᄒᆞ야嫁娶ᄒᆞᄂᆞᆫ當者가相合ᄒᆞᆫ然後에和應ᄒᆞᄂᆞᆫ意로審究ᄒᆞ면如何ᄒᆞᆯ디我ᄂᆞᆫ其實景을記寫ᄒᆞᆯ ᄯᆞ름이니大槩媒妁의道가不一ᄒᆞᆫ지라何道를從ᄒᆞ든지男子가先行ᄒᆞᆷ으로禮節을作ᄒᆞ고其許否ᄂᆞᆫ女子에게在ᄒᆞ니今에其屢條의媒妁ᄒᆞᄂᆞᆫ道를錄ᄒᆞ건ᄃᆡ

三 第一 男子가其心에戀愛ᄒᆞᄂᆞᆫ女子가有ᄒᆞ면其女子의父母에게書字로ᄡᅧ求婚ᄒᆞ든지言詞로ᄡᅧ議婚ᄒᆞ든지當場事勢의便ᄒᆞᆷ을從ᄒᆞ며其女子의父母ᄂᆞᆫ必先其女子에게論及ᄒᆞ야其可否를決斷ᄒᆞᆫ然後에回答ᄒᆞᄂᆞᆫ事

四 第二 男子가或其戀愛ᄒᆞᄂᆞᆫ女子의父母에게求婚ᄒᆞᄂᆞᆫ議를不行ᄒᆞ고直其女子에게合當ᄒᆞᆫ機會를乘ᄒᆞ야書字或言詞로婚說을通ᄒᆞᆫ則女子가其父母에게告ᄒᆞ야可否를許量호ᄃᆡ決斷ᄒᆞᄂᆞᆫ權은自己에在ᄒᆞᆫ事

五 第三 男子가其戀愛ᄒᆞᄂᆞᆫ女子가有호ᄃᆡ本來一面의相知도無ᄒᆞ면其女子의親友되ᄂᆞᆫ女子를尋訪ᄒᆞ야書詞로自己의懷를其女子에게通ᄒᆞ기請ᄒᆞ고不然ᄒᆞ면紹介書를

六 求ᄒᆞ야其女子에게躬往ᄒᆞ야議ᄒᆞᄂᆞ니女子의道ᄂᆞᆫ第二條와同ᄒᆞᆫ事

第四 男子가其心에特別히戀愛ᄒᆞᄂᆞᆫ女子가無ᄒᆞ며且擇取코져호ᄃᆡ事勢의拘碍로離出ᄒᆞ기不能ᄒᆞᆫ時ᄂᆞᆫ新聞紙에登告ᄒᆞ야曰호ᄃᆡ某地에居住ᄒᆞᄂᆞᆫ男子某ᄂᆞᆫ年紀가長成ᄒᆞ며財產도豐饒ᄒᆞ야端正ᄒᆞᆫ行實과美麗ᄒᆞᆫ姿容이有ᄒᆞᆫ婦人이有ᄒᆞ면百年의佳約을結ᄒᆞ기願ᄒᆞ노니何氏女子든지諸條가曾吾人의求ᄒᆞᄂᆞᆫ問題에合ᄒᆞ고且自己의眞心으로許應ᄒᆞᄂᆞᆫ意向이存ᄒᆞ거든其年紀와畵面을書函과同封ᄒᆞ야某地郵征局에送致ᄒᆞ라ᄒᆞᄂᆞ니何氏女子든지若此書를欲和ᄒᆞᄂᆞᆫ時ᄂᆞᆫ必先其男子書中諸條의眞否를探知ᄒᆞ야果然脗合ᄒᆞᆫ然後에其男子의求ᄒᆞᄂᆞᆫ諸條를應ᄒᆞᄂᆞ니此地에ᄂᆞᆫ其可否를決斷ᄒᆞᄂᆞᆫ權이男子에게在ᄒᆞᆫ事

七 第五 男子가何地에如何ᄒᆞᆫ女子를瞪過ᄒᆞ든지其心에戀愛ᄒᆞ야偕老ᄒᆞᄂᆞᆫ佳緣을願結호ᄃᆡ其姓名이何氏인지其友朋이何人인지不知ᄒᆞᄂᆞᆫ時ᄂᆞᆫ新聞紙에一書를登載ᄒᆞ야其姓名年紀及居住를尋問ᄒᆞᄂᆞ니其書ᄂᆞᆫ曰호ᄃᆡ某日某時某地에如何ᄒᆞᆫ男子或女子와同車或同步ᄒᆞᆫ女子의何色衣를被ᄒᆞᆫ者ᄂᆞᆫ其姓名과年紀와居住를某地郵征局에送寘ᄒᆞ기를敢問ᄒᆞ노라ᄒᆞᄂᆞ니其應否ᄂᆞᆫ自然히女子에게在ᄒᆞ나然ᄒᆞ나女子의極篤

히謹愼ᄒᆞᆫ緣由가有ᄒᆞᆫ故로詳知ᄒᆞ기前에ᄂᆞᆫ不行ᄒᆞᄂᆞᆫ事

八 凡女子의行實이不端ᄒᆞ든지學識이不足ᄒᆞ든지容貌가醜惡ᄒᆞ든지此三者에一이라도有ᄒᆞ면求婚ᄒᆞᄂᆞᆫ者가無ᄒᆞᆫ故로女子의持身과修學이極愼ᄒᆞ고且男子ᄂᆞᆫ此三條中에一條尤難ᄒᆞᆫ事가有ᄒᆞ니其財物이一家排鋪ᄒᆞᆯ方道에不敷ᄒᆞ면敢히議婚ᄒᆞᆯ意思도不起ᄒᆞᄂᆞᆫ故로長成ᄒᆞᆫ男子ᄂᆞᆫ遊怠ᄒᆞᆫ者가無ᄒᆞᆷ이니大槩如彼ᄒᆞ게男子와女子가其年紀의充盛ᄒᆞ기를俟ᄒᆞ야自己의嫁娶ᄒᆞᄂᆞᆫ事를其父母에게告ᄒᆞ고自斷ᄒᆞᄂᆞᆫ權이有ᄒᆞᆫ故로富貴人의子女라도病身이具體者와合巹ᄒᆞ거나天癡가聰慧者와結約ᄒᆞᄂᆞᆫ事ᄂᆞᆫ行ᄒᆞ기不能ᄒᆞ야靑鸞이木雞를伴ᄒᆞᄂᆞᆫ怨恨은無ᄒᆞᆷ이라

九 巹禮ᄒᆞᄂᆞᆫ事ᄂᆞᆫ男女의情誼가相孚ᄒᆞ야佳約을議成ᄒᆞᆫ後에其行禮ᄒᆞᄂᆞᆫ時日과處所ᄂᆞᆫ女子의便近ᄒᆞᆷ으로定ᄒᆞ고擇日과周堂의拘忌ᄒᆞᄂᆞᆫ風俗은無ᄒᆞ며男子ᄂᆞᆫ行禮ᄒᆞᆯ地方法官에게許婚ᄒᆞᄂᆞᆫ法文을求ᄒᆞᄂᆞ니其法文의大綱에曰호ᄃᆡ

男子某氏와女子某氏의婚姻ᄒᆞᄂᆞᆫ吉事에適當ᄒᆞᆫ禮節로其慶幸ᄒᆞᆫ時日을妥過ᄒᆞ게許施ᄒᆞ노니巹禮를行ᄒᆞᆫ後三日內에此法文을法官에게還納ᄒᆞᆷ이可ᄒᆞᆫ지라若不然ᄒᆞ면罰金을徵ᄒᆞᆷ이可ᄒᆞᆷ

十 法官은其法文을許給ᄒᆞ기前에必先其男子와女子의父母의許諾을請ᄒᆞᄂᆞ니此ᄂᆞᆫ無他라男子와女子의年紀가婚姻ᄒᆞᄂᆞᆫ年紀에不及ᄒᆞ거나或非禮의事가有ᄒᆞᆯ가念慮ᄒᆞ야然ᄒᆞᆷ이라

十一 男子와女子가法官의許諾ᄒᆞᄂᆞᆫ法文을獲ᄒᆞᆫ後에醮禮를行ᄒᆞᄂᆞ니其處所ᄂᆞᆫ不一ᄒᆞ야或法官의衙門에就ᄒᆞ야法官前에行禮ᄒᆞᄂᆞᆫ者도有ᄒᆞ며或地方官舍에進ᄒᆞ야地方官前에行禮ᄒᆞᄂᆞᆫ者도有ᄒᆞ며或禮拜堂에向ᄒᆞ야敎正前에行禮ᄒᆞᄂᆞᆫ者도有ᄒᆞ고又或貴者ᄂᆞᆫ其費를省約ᄒᆞ기爲ᄒᆞ야掌禮者의私宅에往ᄒᆞ야行ᄒᆞᄂᆞ니大槪何官을從ᄒᆞ야何處에往ᄒᆞ든지其行禮ᄒᆞᄂᆞᆫ席에看據ᄒᆞᄂᆞᆫ證人이必有ᄒᆞᆷ은當場에其行禮ᄒᆞᄂᆞᆫ男子와女子의互敬ᄒᆞᄂᆞᆫ道理와相愛ᄒᆞᄂᆞᆫ情義도證據ᄒᆞ려니와後日의他慮가或有ᄒᆞᆯ가是備ᄒᆞᆷ이라

十二 新郞新婦가吉日을當ᄒᆞ야行禮ᄒᆞᄂᆞᆫ席에進ᄒᆞᆫ則法官地方官或敎正中其醮禮를掌ᄒᆞᄂᆞᆫ者가新郞ᄃᆞ려先問ᄒᆞ야曰ᄒᆞᄃᆡ

貴公이將次此婦人으로貴公의醮禮ᄒᆞᆫ正妻삼아何時에至ᄒᆞ든지貴公과夫人의兩位生世ᄒᆞᆫ間에二心을勿作ᄒᆞ고貴公의身世를此婦人에依托ᄒᆞ야疾病에此婦人을

平安히保護ᄒᆞ며康寧에此婦人을恭遜히待接ᄒᆞ고又此婦人을愛ᄒᆞ며此婦人을育ᄒᆞ야婚禮의正法으로天定ᄒᆞᆫ緣分을結ᄒᆞ야百年偕老ᄒᆞ기를願ᄒᆞᄂᆞᆫ가

十三 其次에新婦ᄃᆞ려問ᄒᆞ야曰ᄒᆞᄃᆡ

夫人이將次此男子로夫人의醮禮ᄒᆞᆫ丈夫삼아何時에至ᄒᆞ든지夫人과丈夫의兩位生世ᄒᆞᆫ間에二心을勿作ᄒᆞ고夫人의身世를此男子에依托ᄒᆞ야疾病에此男子을平安히保全ᄒᆞ며康寧에此男子를恭敬히待接ᄒᆞ고又此男子를愛ᄒᆞ야婚禮의正法으로天定ᄒᆞᆫ緣分을結ᄒᆞ야百年偕老ᄒᆞ기를願ᄒᆞᄂᆞᆫ가

十四 新郞과新婦가俱應曰諾다誠實ᄒᆞᆫ信義로然ᄒᆞ다ᄒᆞ거든掌禮者가始乃執手ᄒᆞᄂᆞᆫ禮를行ᄒᆞ라命ᄒᆞᆫ則新郞과新婦가手를執ᄒᆞ고掌禮者를向ᄒᆞ야立ᄒᆞᄂᆞ니掌禮者가因ᄒᆞ야曰ᄒᆞᄃᆡ

此執手ᄒᆞᄂᆞᆫ禮를由ᄒᆞ야兩位新人이各其身上에夫婦의倫綱과贅緣을定ᄒᆞ고又此證人의前에正大히約ᄒᆞ며嚴肅히誓ᄒᆞ야以相愛ᄒᆞ며以相敬ᄒᆞ고又悅樂케ᄒᆞ며安全케ᄒᆞ야如是ᄒᆞᆫ道理로何時에至ᄒᆞ든지兩位新人의生世ᄒᆞᆫ間을過ᄒᆞᆫ다ᄒᆞ니然ᄒᆞᆫ故로我邦의法에憑據ᄒᆞ야我ᄂᆞᆫ兩位新人의夫婦되ᄂᆞᆫ吉事를公言ᄒᆞ노라

十五 言畢에掌禮者가婚姻ᄒᆞᆫ明文을給ᄒᆞᄂᆞ니此ᄂᆞᆫ我俗의婚書紙와同ᄒᆞᆫ者라其形式을記ᄒᆞ건ᄃᆡ

婚姻ᄒᆞᆫ明文

某地某里

此明文은某地의男子某氏와某地의女子某氏가某地에掌禮者某氏와證人某氏를由ᄒᆞ야婚禮의正法으로執手ᄒᆞᄂᆞᆫ禮를行ᄒᆞᆫ者라

某年某月某日

掌禮者某氏

證人某氏

十六 大槪此明文을寫ᄒᆞᄂᆞᆫ紙面은法律衙門에貯蓄ᄒᆞᆫ者라然ᄒᆞᆫ故로醮禮ᄒᆞᄂᆞᆫ許諾을求ᄒᆞᄂᆞᆫ者가其法文을受ᄒᆞᄂᆞᆫ時에此紙를請ᄒᆞ야掌禮者에게傳ᄒᆞ야明文을寫ᄒᆞ고其許婚ᄒᆞᆫ法文은掌禮者가收ᄒᆞ야法律衙門에還納ᄒᆞ더라

婚姻ᄒᆞᄂᆞᆫ大紀에五條의審考가有ᄒᆞ니其中에一條라도未洽ᄒᆞᆫ者가有ᄒᆞ면不許ᄒᆞᄂᆞᆫ故로許諾ᄒᆞ기前에詳考ᄒᆞᆷ이니

第一 男子와女子가婚姻ᄒᆞ기를相樂ᄒᆞᄂᆞᆫ事

第二 男子와女子가眞實ᄒᆞᆫ誠意의互有ᄒᆞᆫ事

第三 男子와女子가許婚ᄒᆞᄂᆞᆫ年紀에及ᄒᆞᆫ事

第四 男子와女子가已往에他人과成婚ᄒᆞᆷ이無ᄒᆞᆫ事와若有ᄒᆞ면破婚ᄒᆞᄂᆞᆫ事

第五 男子와女子가親近ᄒᆞᆫ血屬아닌事

十七 醮禮ᄒᆞᄂᆞᆫ節次ᄂᆞᆫ不一ᄒᆞᆫ지라其條를逐ᄒᆞ야記載ᄒᆞ기有難ᄒᆞ나其盛行ᄒᆞᄂᆞᆫ風俗을畧抄ᄒᆞ건ᄃᆡ請賓ᄒᆞᄂᆞᆫ票紙가有ᄒᆞ야行禮ᄒᆞᆯ男子와女子가各其親戚과朋友에게一張을送ᄒᆞ야來會ᄒᆞ기를請ᄒᆞᆫ則其行禮ᄒᆞᆯ處所에先至ᄒᆞ며新人의家族은其處所에亦先至ᄒᆞ야賓客을接待ᄒᆞ고行禮ᄒᆞᆯ時가近ᄒᆞᆫ則一曲音樂으로衆賓에게其時를報ᄒᆞᄂᆞ니其音韻이宛然히遠處를從ᄒᆞ야風便에吹到ᄒᆞᄂᆞᆫ듯其節操가依然히空中을從ᄒᆞ야雲片을披落ᄒᆞᄂᆞᆫ듯悠揚ᄒᆞᆫ意思와和暢ᄒᆞᆫ風味가眞實로人의氣를嚴肅히ᄒᆞ고心을端正케ᄒᆞ야自然히座賓의整齊ᄒᆞᆫ威儀를提醒ᄒᆞᄂᆞᆫ지라新郞의禮服은燕尾衣니其色이玄ᄒᆞ며新婦의禮服은長尾裳과幅巾이니其色이白을尙ᄒᆞ고泰西의吉禮ᄂᆞᆫ白色을尙홈新婦가前ᄒᆞ며新郞이後ᄒᆞ야徐緩ᄒᆞᆫ步로從容히入ᄒᆞᆫ則其先導者ᄂᆞᆫ掌禮人이오後隨者ᄂᆞᆫ親戚의處

女라後隨者가手中에白花枝ᄅᆞᆯ執ᄒᆞ야掌禮人의初言이畢ᄒᆞ고兩新人이執手ᄒᆞᄂᆞᆫ禮ᄅᆞᆯ行ᄒᆞᄂᆞᆫ際에新婦에게傳ᄒᆞᆫ則新婦가左手에受取ᄒᆞ고掌禮人의再言을闋ᄒᆞ야疊禮가畢ᄒᆞᆫ後에兩新人은車ᄅᆞᆯ同ᄒᆞ야新家(男女의本家아니오生涯排鋪ᄒᆞᄂᆞᆫ新家라)에向ᄒᆞ고衆賓은各散ᄒᆞ더라

十八

大槪婚禮에入用ᄒᆞᄂᆞᆫ財費ᄂᆞᆫ皆男子의擔當이니富饒ᄒᆞᆫ者ᄂᆞᆫ新醼을排ᄒᆞ며賓客을速ᄒᆞ야慶喜ᄅᆞᆯ飾ᄒᆞᄂᆞᆫ故로其費用이必多ᄒᆞ거니와貧者ᄂᆞᆫ不然ᄒᆞ고萬若聽地로行ᄒᆞᄂᆞᆫ者가有ᄒᆞ면他人의譏笑ᄅᆞᆯ反招ᄒᆞᄂᆞᆫ故로風俗의自然히不行ᄒᆞᆷ이오又扶助ᄒᆞᄂᆞᆫ事인則親戚과朋友가各其事勢ᄅᆞᆯ隨ᄒᆞ야情을表ᄒᆞᄂᆞᆫ者어니와雜費의不用ᄒᆞ기不能ᄒᆞᆫ者가有ᄒᆞ니第一은疊禮許諾ᄒᆞᄂᆞᆫ法文의稅라銀二元이오第二ᄂᆞᆫ掌禮人의幣라此ᄂᆞᆫ法의酌定이無ᄒᆞ고行禮者의家勢로行ᄒᆞ되恒常銀五元이오第三은新聞紙에男子某氏와女子某氏가某月某日某地에成婚ᄒᆞᆫ一句ᄅᆞᆯ登告ᄒᆞᄂᆞᆫ事니銀一元이라

十九

如此히執手禮ᄅᆞᆯ行ᄒᆞᆫ後에夫婦和順ᄒᆞᆫ情義로百年의偕老ᄒᆞᄂᆞᆫ樂을共享ᄒᆞᆫ則已어니와萬若男女間에二三ᄒᆞᄂᆞᆫ德이有ᄒᆞ야不相適ᄒᆞᄂᆞᆫ恨이起ᄒᆞ면亦法官에게訴告ᄒᆞ야其婚을離ᄒᆞ기請ᄒᆞᄂᆞ니法官이査實ᄒᆞ야女子가無咎ᄒᆞ면不許ᄒᆞ고然ᄒᆞ되男子가同

居ᄒᆞ기ᄅᆞᆯ不願ᄒᆞᆫ則其女子의一生衣食及世間雜費ᄅᆞᆯ皆男子에게辦備ᄒᆞᄂᆞᆫ令을下ᄒᆞ야每年에排給ᄒᆞ게ᄒᆞ다가女子가再嫁ᄒᆞ면止ᄒᆞ고又男女間에不幸ᄒᆞ야早夭ᄒᆞᄂᆞᆫ者가有ᄒᆞ면再醮ᄒᆞ기ᄅᆞᆯ許ᄒᆞ야前日의嫁娶ᄅᆞᆯ不拘ᄒᆞ되男子의卜妾ᄒᆞᄂᆞᆫ事도女子의二夫ᄅᆞᆯ有ᄒᆞᆷ과同ᄒᆞ야國法의嚴禁이오風俗의恠變으로指目ᄒᆞ야敢히行ᄒᆞᄂᆞᆫ者가無ᄒᆞ더라

二十

其回婚禮의名稱을記ᄒᆞ건ᄃᆡ異常ᄒᆞᆫ者가多ᄒᆞ니

初朞　絮回婚
再朞　紙回婚
三朞　革回婚
五朞　木回婚
七朞　毡回婚
十朞　鉛回婚
十二朞　錦回婚
十五朞　水晶回婚

二十朞　砂器回婚
二十五朞　銀回婚
三十朞　珠回婚
四十朞　寶玉回婚
五十朞　黃金回婚
六十朞　金剛石回婚

二十一

却夫回婚의名稱이如彼ᄒᆞᆯᄲᅮᆫ아니라每其回婚ᄒᆞᄂᆞᆫ歲마다其日을當ᄒᆞ야其親戚과朋友가其回婚의指名ᄒᆞᆫᄃᆡ로其物品을相贈ᄒᆞᄂᆞ니假令初朞回婚이면絮製ᄒᆞᆫ物品이오再朞回婚이면紙造ᄒᆞᆫ物品이며其以下도皆其名稱을隨ᄒᆞ야然ᄒᆞᆷ이라

葬事ᄋᆡ禮節

一

大槪死者ᄅᆞᆯ葬埋ᄒᆞᆷ은生者의行ᄒᆞᄂᆞᆫ事라然ᄒᆞᆫ故로其禮節이生者에게在ᄒᆞᆷ이오死者에게ᄂᆞᆫ不關ᄒᆞ니死者의葬事ᄅᆞᆯ因ᄒᆞ야生者의吉凶과禍福을求ᄒᆞ고避ᄒᆞᄂᆞᆫ事ᄂᆞᆫ世人의蠱惑ᄒᆞᆫ心으로虛荒ᄒᆞᆫ風俗에濡染ᄒᆞ야愚迷히不覺ᄒᆞᆷ이어ᄂᆞᆯ或篤信ᄒᆞᄂᆞᆫ者도有ᄒᆞ

야其所謂合當ᄒᆞᆫ山地ᄅᆞᆯ不得ᄒᆞ면死者의身體ᄂᆞᆫ不顧ᄒᆞ고生者의慾心으로他人의山에偸葬ᄒᆞ야辱이其父母에歸ᄒᆞ되是ᄅᆞᆯ不恥ᄒᆞ며訟을官家에煩ᄒᆞ되是ᄅᆞᆯ不惕ᄒᆞ야見ᄒᆞᄂᆞᆫ者도尋常ᄒᆞ고聞ᄒᆞᄂᆞᆫ者도等閑ᄒᆞ야人子의當然ᄒᆞᆫ道理라ᄒᆞᄂᆞ니此ᄂᆞᆫ習俗이라奈何ᄒᆞ리오有識ᄒᆞᆫ者ᄂᆞᆫ或曰ᄒᆞᄃᆡ不如此ᄒᆞ면不學ᄒᆞᆫ人民은其父母의死體로溝壑에彛棄ᄒᆞ야太古의貿貰ᄒᆞᆫ風이反起ᄒᆞᆯ가是懼ᄒᆞ야禍福과吉凶의說노隱然히其心을誘ᄒᆞ야葬禮ᄅᆞᆯ從ᄒᆞ게ᄒᆞᆷ이라ᄒᆞ나此ᄂᆞᆫ遁辭니萬若人民의風俗이歸厚코져ᄒᆞᆯ딘ᄃᆡ禮로敎ᄒᆞ며法을設ᄒᆞ야正路에趍向ᄒᆞ게ᄒᆞᆷ이當然ᄒᆞᆫ지라如何로欺誘ᄒᆞᄂᆞᆫ道ᄅᆞᆯ行ᄒᆞ야人民의俗을導ᄒᆞᆷ이可ᄒᆞ리오夫葬禮의形式이天下各國의風俗을隨ᄒᆞ야殊異ᄒᆞᆫ者가多ᄒᆞ니日本人의葬俗은死人의身을木桶中에圍坐ᄒᆞ야埋ᄒᆞ며阿美利加의赤人은其俗이死者의身을樹末에棚懸(我國俗의뎌마이ᄂᆞᆫ規模과同ᄒᆞᆷ)ᄒᆞ기도ᄒᆞ며蒲團에捲ᄒᆞ야地中에瘞ᄒᆞ기도ᄒᆞ고又各地의蠻夷ᄂᆞᆫ死人의肉骨을作屑ᄒᆞ야水中에投ᄒᆞ야魚腹에葬ᄒᆞ더니泰西人의禁止ᄒᆞᆷ과敎誨ᄒᆞᆷ으로現今은其俗의一變ᄒᆞᆫ者가多ᄒᆞᆫ지라今에泰西人의葬埋ᄒᆞᄂᆞᆫ風俗을記ᄒᆞ건ᄃᆡ

二

其山地擇ᄒᆞᄂᆞᆫ法이風水의虛誕ᄒᆞᆫ理致ᄅᆞᆯ不信ᄒᆞ고何地方이든지其政府가山林이나

城都의燥剛ᄒᆞᆫ地面을定ᄒᆞ야葬地를作ᄒᆞ야何人이든지勿拘ᄒᆞ고其內에入葬ᄒᆞ되或聚骨ᄒᆞ기爲ᄒᆞ야二三間空地를鐵柵이나木柵으로周圍ᄒᆞ기도ᄒᆞ며地窟을作ᄒᆞ고其周圍를石築ᄒᆞ야其口를封ᄒᆞ기도ᄒᆞ니此ᄂᆞᆫ比喩로我國의實標와同ᄒᆞᆫ者로되必然官家에納稅ᄒᆞ야其許免을得ᄒᆞᆷ이나他人의地를威力으로聽奪ᄒᆞᆷ은아니라且其政府ᄂᆞᆫ其衆人의山地를守護ᄒᆞ기爲ᄒᆞ야規模를定ᄒᆞ며制度를立ᄒᆞ고其近處에居住ᄒᆞᄂᆞᆫ人民으로都墓直을差定ᄒᆞ고牛馬와犬羊의奔入ᄒᆞᆯ念慮를爲ᄒᆞ야其周廻를鐵柵으로環防ᄒᆞ고人의出入ᄒᆞᄂᆞᆫ口ᄂᆞᆫ門이有ᄒᆞ며墓間에廣濶ᄒᆞᆫ道ᄂᆞᆫ兩車가幷馳ᄒᆞ기에足ᄒᆞ고其左右의奇花와異草를多栽ᄒᆞ야開花ᄒᆞᄂᆞᆫ時節이면芳香이人의衣를襲ᄒᆞ며又四時의長青ᄒᆞᄂᆞᆫ樹木을兩行으로分種ᄒᆞ야層條의墓門道가井然ᄒᆞ니其淸雅ᄒᆞᆫ景槪와美麗ᄒᆞᆫ氣像이北邙山이아니라繁華地界를開ᄒᆞᆷ이오碑碣의排立ᄒᆞᆫ第次ᄂᆞᆫ軍士의行伍ᄀᆞᆺ치隊列이分明ᄒᆞ야一定ᄒᆞᆫ規則으로參差ᄒᆞᆫ貌樣이不現ᄒᆞ고國中에有名ᄒᆞᆫ學士와功臣의塚墓ᄂᆞᆫ其碑의製造가摧折ᄒᆞᆫ棟梁을形像ᄒᆞ야其高가他碑中에聳出ᄒᆞ니死後라도儼然히國人을導率ᄒᆞᄂᆞᆫ氣槩가是存ᄒᆞᆫ듯ᄒᆞᆫ者라其碑碣에用ᄒᆞᄂᆞᆫ石材ᄂᆞᆫ白石이每多ᄒᆞ되或靑石도琉璃ᄀᆞᆺ치鍊磨ᄒᆞ야玲瓏ᄒᆞᆫ光澤이人의形貌를照ᄒᆞ고碑文은死

三

者의姓名及生卒年月과數句의詩니貴賤의層等으로石物의分別이無ᄒᆞ고其築建ᄒᆞᄂᆞᆫ地面인則墳墓가平土에至ᄒᆞ면其上에豎立ᄒᆞᆷ이라

以上의記載ᄒᆞᆷ은其山地의規模어니와其初終凡百의禮를論ᄒᆞ건ᄃᆡ病者가別世ᄒᆞᆫ則門首에一片黑錦을掛ᄒᆞ야其凶을表ᄒᆞ고直其死者의姓名과年紀를官家에報ᄒᆞ고又親戚朋友에게通訃ᄒᆞ기ᄂᆞᆫ新聞紙에登載ᄒᆞ야世人이皆知ᄒᆞ며招魂ᄒᆞᄂᆞᆫ法과發喪ᄒᆞᄂᆞᆫ禮도無ᄒᆞ기ᄂᆞᆫ姑舍ᄒᆞ고雖其子女라도掩泣ᄒᆞᄂᆞᆫ聲을呑ᄒᆞᆷ은至情의哀戚으로自然ᄒᆞᆫ道나哭聲을大放ᄒᆞᆷ은法의禁ᄒᆞᆷ이오斂ᄒᆞᄂᆞᆫ法인則小大斂의節次가無ᄒᆞ고黑色衣服一襲에幎目及握手의法을不行ᄒᆞ며棺은我邦의制樣과同ᄒᆞ되鑞釘의代에鐵樞로凡塗의開闔을像ᄒᆞ고棺上銘旌도不書ᄒᆞ며成服ᄒᆞᄂᆞᆫ禮度ᄂᆞᆫ三日이나五日의限이無ᄒᆞ고生者의掛孝ᄒᆞᄂᆞᆫ法이女子ᄂᆞᆫ黑縮紗數尺의長을其冠頂에懸ᄒᆞ야幅巾ᄀᆞᆺ치背後에垂ᄒᆞ고男子ᄂᆞᆫ黑錦數寸의廣을其冠의帽子에環纏ᄒᆞᆯᄯᆞ름이오衣服及隨身諸具에華飾은皆去ᄒᆞ고名啣紙와往復書簡의餙은其邊緣을黑色으로圍繞ᄒᆞᄂᆞ니此ᄂᆞᆫ男女가同然이라大槪泰西의風俗이凶禮에ᄂᆞᆫ黑色을尙ᄒᆞᆷ이오其掛孝ᄒᆞᄂᆞᆫ期限이三年朞年及大小功緦의酌定이無ᄒᆞ고掛孝者의意向을隨ᄒᆞ야其時日의長短을行ᄒᆞᄃᆡ라

四

發靷ᄒᆞᄂᆞᆫ諸具ᄂᆞᆫ雲亞翣과銘旌功布의種類가無ᄒᆞ고又其行이晝로以ᄒᆞᄂᆞᆫ故로燈火의取明을不要ᄒᆞ며喪轝의制度ᄂᆞᆫ長車에黑錦으로飾ᄒᆞ고左右에遊旒를垂ᄒᆞ며仰帳은或有或無ᄒᆞ고其行ᄒᆞᆷ에人이不擔ᄒᆞ고馬에駕ᄒᆞ야二馬四馬或六馬로十馬以上에至ᄒᆞ니會葬ᄒᆞᄂᆞᆫ朋舊와掛孝ᄒᆞᄂᆞᆫ親戚이各其馬或車를乘ᄒᆞ고轝後에從行ᄒᆞ며國中에有名ᄒᆞᆫ者의喪轝ᄂᆞᆫ政府의令으로軍士가其喪을護ᄒᆞ야行ᄒᆞᆷ도有ᄒᆞᄃᆡ라發靷法을略言ᄒᆞᆫ則耶蘇敎를信服ᄒᆞ든者ᄂᆞᆫ其棺을禮拜堂에運致ᄒᆞ야大廳中에其座를定ᄒᆞ고白色花或雜色花로小圈을作ᄒᆞ야其棺上에寘ᄒᆞᆫ後에敎正一人이禮服을具ᄒᆞ고其前에端立ᄒᆞ야死者의行狀을誦ᄒᆞᄂᆞ니死者의朋友ᄂᆞᆫ會葬人아니라도來參ᄒᆞᄂᆞᆫ者가多ᄒᆞ며此禮가畢ᄒᆞᆫ則發靷이始行ᄒᆞ야葬地에向ᄒᆞ되耶蘇敎를不服ᄒᆞᄂᆞᆫ者ᄂᆞᆫ禮拜堂에不往ᄒᆞ고自己家內로從ᄒᆞ야直行ᄒᆞ며其治山ᄒᆞᄂᆞᆫ規模ᄂᆞᆫ坐向과水法의道며擇日과取土ᄒᆞᄂᆞᆫ事가無ᄒᆞ고三日五日或九日葬이니壙中에ᄂᆞᆫ石灰를用ᄒᆞᄂᆞᆫ者도有ᄒᆞ고不用ᄒᆞᄂᆞᆫ者도有ᄒᆞ며完葬ᄒᆞᆫ後면死者의送終ᄒᆞᆫ禮가此에畢ᄒᆞ야虞祭祔祭及小大祥忌祭의禮文이無ᄒᆞ고又吉地를更擇ᄒᆞ야緬遷ᄒᆞᄂᆞᆫ法도無ᄒᆞᄃᆡ라

一 二

朋友相交ᄒᆞᄂᆞᆫ道理

朋友ᄂᆞᆫ同類를謂ᄒᆞᆷ이라然ᄒᆞᆫ故로如何ᄒᆞᆫ人이든지人이면朋友니今에泰西朋友의其相交ᄒᆞᄂᆞᆫ道를條擧ᄒᆞ건ᄃᆡ足히稱讚ᄒᆞᆯ者가多ᄒᆞᆯ쑨더러取法ᄒᆞᆯ者도或有ᄒᆞᆫ則泰西人은人人이皆然ᄒᆞᆷ아니오必其間에不然ᄒᆞᆫ者도多有ᄒᆞᆯ디라敎育이均一ᄒᆞᆫ故로友朋間追逐에至ᄒᆞ야下賤人이라도其道에全昧ᄒᆞᆫ者ᄂᆞᆫ稀少ᄒᆞᆷ이라

泰西에風俗에失信ᄒᆞᄂᆞᆫ事가交友ᄒᆞᄂᆞᆫ道에最不取ᄒᆞᄂᆞᆫ者라然ᄒᆞᆫ故로其相與ᄒᆞᄂᆞᆫ際에大小事를勿論ᄒᆞ고失信ᄒᆞᄂᆞᆫ條件이有ᄒᆞ면當場에無顔ᄒᆞ기ᄂᆞᆫ姑舍ᄒᆞ고親舊가漸疎ᄒᆞᄂᆞ니其俗의守信ᄒᆞᄂᆞᆫ大綱을記ᄒᆞ건ᄃᆡ親知間尋常ᄒᆞᆫ追逐이라도時間으로酌定ᄒᆞᆫ則是를違ᄒᆞ기不敢ᄒᆞ고萬若酌定ᄒᆞᆫ時間에其約을踐ᄒᆞ기不能ᄒᆞ면必先其故를通ᄒᆞ야虛佇ᄒᆞᄂᆞᆫ望이無ᄒᆞ게ᄒᆞ며商賈의物貨去來ᄒᆞ기도日子로期約ᄒᆞ야一日의差違를不敢ᄒᆞ고萬若拘碍ᄒᆞᄂᆞᆫ事故가生ᄒᆞ야其期를抵ᄒᆞ기不及ᄒᆞᆫ則雖萬里의遠地라도電寄로先通ᄒᆞ야狼狽ᄒᆞᄂᆞᆫ害를免ᄒᆞ게ᄒᆞ며工匠이他人의囑造ᄒᆞᄂᆞᆫ物品을擔任ᄒᆞᆫ則其酌定ᄒᆞᆫ日限을違越ᄒᆞ기不敢ᄒᆞ되自己의事由로不能ᄒᆞᆫ던ᄃᆡ他工에게轉托ᄒᆞ야其限을及ᄒᆞ며官員이政府事務를行ᄒᆞ기에至ᄒᆞ야도亦一定ᄒᆞᆫ時刻이有ᄒᆞ야人民으로

ᄒᆞ야晷時日을遷延ᄒᆞᄂᆞᆫ弊가無ᄒᆞ니法官의罪人判決과縣官의賦稅收納이며郵征局의書簡遞送과各官府의令狀頒施가亦皆期限을從ᄒᆞ야言行이不差ᄒᆞ고火輪船車의出入도失時ᄒᆞᄂᆞᆫ遼誤가無ᄒᆞ니然ᄒᆞ기泰西의最大辱과極深羞가虛言人이라見稱ᄒᆞᄂᆞᆫ事라

其嬉諧ᄒᆞᄂᆞᆫ形像인則同輩의聚集ᄒᆞᆫ時에杯酒ᄅᆞᆯ鬪ᄒᆞ며烟草ᄅᆞᆯ吸ᄒᆞ야肩을拍ᄒᆞᄂᆞᆫ際와膝을促ᄒᆞᄂᆞᆫ間에雅淡ᄒᆞᆫ比喩와戱謔ᄒᆞᄂᆞᆫ才談으로風流가爛漫ᄒᆞ고樂趣가歡洽ᄒᆞᆫᄃᆡ鄙雜ᄒᆞᆫ意思와慢淫ᄒᆞᆫ辭色은一切無ᄒᆞ니一次라도常辱의俚言ᄅᆞᆯ其口에道出ᄒᆞᆫ則自己의行實에有關ᄒᆞ기ᄂᆞᆫ姑舍ᄒᆞ고他人의手目을不免ᄒᆞ야有識ᄒᆞᆫ者의交遊가頓絶ᄒᆞᄂᆞᆫ지라故로國中의風俗이自然히習慣을成ᄒᆞᆷ이오又知書聞의從容ᄒᆞᆫ說話ᄂᆞᆫ各國ᄒᆞᄂᆞᆫ經綸과國人의敎育과生涯의營求와工夫ᄒᆞᄂᆞᆫ條目과外國의事情과古今의歷史며此外에도窮民救恤ᄒᆞᄂᆞᆫ方道와怪惡ᄒᆞᆫ風俗의改革ᄒᆞᄂᆞᆫ評議에至ᄒᆞ야勸勵ᄒᆞᄂᆞᆫ道ᄅᆞᆯ互加ᄒᆞ며琢磨ᄒᆞᄂᆞᆫ功을相勉ᄒᆞ더라

其相遇ᄒᆞᄂᆞᆫ時의禮節은近ᄒᆞᆫ則手ᄅᆞᆯ執ᄒᆞ야寒暄을互敘ᄒᆞᄂᆞ니形貌가和順ᄒᆞᆫᄃᆡ拜揖ᄒᆞᄂᆞᆫ節次가無有ᄒᆞ며語言이恭謹ᄒᆞᆫᄃᆡ尊待와賤待의區別을不立ᄒᆞ고遠ᄒᆞᆫ則冠을擧

ᄒᆞ야敬을示ᄒᆞᆯᄯᆞᄅᆞᆷ이니大槪侍生이尊長을見ᄒᆞ던지男子가女子ᄅᆞᆯ逢ᄒᆞ든지遠近을不計ᄒᆞ고其禮ᄅᆞᆯ先行ᄒᆞ기로爲敬ᄒᆞᄃᆡ惟摻手ᄒᆞᄂᆞᆫ禮ᄂᆞᆫ彼의出手ᄒᆞ기ᄅᆞᆯ俟ᄒᆞ야應ᄒᆞᆯᄯᆞᄅᆞᆷ이오又他人의室中에入ᄒᆞᄂᆞᆫ時ᄂᆞᆫ男子ᄂᆞᆫ其冠을免ᄒᆞᄃᆡ女子ᄂᆞᆫ不免ᄒᆞ더라

飮食의節次도每樣女子에게先ᄒᆞ고男子에게後ᄒᆞᄃᆡ其羹茶의種類에啜吸ᄒᆞᄂᆞᆫ響과肉魚의種類에嚼呑ᄒᆞᄂᆞᆫ聲은不出ᄒᆞ고果物의核은手로口ᄅᆞᆯ掩ᄒᆞ야吐下ᄒᆞ며膾의骨骾은手에不着ᄒᆞ고又地에不投ᄒᆞ야衆人의會食ᄒᆞᄂᆞᆫ席이라도從容ᄒᆞᆫ儀表와安詳ᄒᆞᆫ擧動이大賓을見ᄒᆞᆷ과同ᄒᆞ니大槪如此ᄒᆞᆫ行習은幼時로브터敎誨ᄒᆞᄂᆞᆫ道ᄅᆞᆯ因ᄒᆞ야成慣ᄒᆞᆷ이오又醉顔으로ᄂᆞᆫ雖親朋이라도對ᄒᆞ기不敢ᄒᆞᆫ故로酒의飮ᄒᆞᆷ이不多ᄒᆞ고醱醉ᄒᆞᆫ者ᄂᆞᆫ出門ᄒᆞ기도不能ᄒᆞ며兄弟의前이라도咳唾欠伸의懶惰ᄒᆞᆫ容止ᄂᆞᆫ不行ᄒᆞ더라

友朋間에互相救濟ᄒᆞᄂᆞᆫ義氣ᄂᆞᆫ同輩侍生尊丈의親疎遠近을毋論ᄒᆞ고其人의修身이端正ᄒᆞ며持心이確實ᄒᆞᆫᄃᆡ貧艱ᄒᆞᆫ緣由로其經營ᄒᆞᄂᆞᆫ意圖ᄅᆞᆯ未就ᄒᆞ면富饒ᄒᆞᆫ者가其困乏ᄒᆞᆷ을不拘ᄒᆞ고商業營求ᄒᆞ기願ᄒᆞᄂᆞᆫ者에게資本을辨貸ᄒᆞ기와學業從修ᄒᆞ기願ᄒᆞᄂᆞᆫ者에게學費ᄅᆞᆯ助給ᄒᆞ기며婚葬의不及ᄒᆞᄂᆞᆫ者에게相當ᄒᆞᆫ扶助와死友의妻子가家產의蕩敗ᄒᆞᆷ으로窘艱ᄒᆞᆫ境에入ᄒᆞᆫ則生涯의方道ᄅᆞᆯ周旋ᄒᆞᄂᆞᆫ等事며此外에도財物

에吝愛ᄒᆞᄂᆞᆫ心性을別로不現ᄒᆞᄃᆡ萬若兄弟子姪의間이라도其爲人이浮浪放蕩ᄒᆞ면衣食의費ᄂᆞᆫ或時賙給ᄒᆞ나財物은分錢도不與ᄒᆞ고他人의或借財ᄒᆞᄂᆞᆫ者가有ᄒᆞ면反怒ᄒᆞᄂᆞ니其本意ᄅᆞᆯ推想ᄒᆞ건ᄃᆡ國中에一人이라도着實ᄒᆞᆫ者의遊食ᄒᆞᄂᆞᆫ弊가有ᄒᆞ면其一人의害되기에不止ᄒᆞ고其影響이全國에及ᄒᆞᄂᆞᆫ故로其人의能히從事ᄒᆞᄂᆞᆫ實業이有ᄒᆞᆫ則國中에一人의利가加ᄒᆞ야百日이면百人의事며千日이면千人의事어니와一室의人이라도遊食ᄒᆞᄂᆞᆫ者에게財ᄅᆞᆯ給ᄒᆞᆷ은其人을愛ᄒᆞᆷ이아니오疾惡ᄒᆞᆷ과反同ᄒᆞ니大則國家의法을犯ᄒᆞ고小則家族의患을遺ᄒᆞ야人世의一禍胎ᄅᆞᆯ釀成ᄒᆞᄂᆞᆫ지라然ᄒᆞᆫ故로富貴人의子姪이라도自己生業을營求ᄒᆞᄂᆞᆫ道에從事ᄒᆞ고浮蕩ᄒᆞᆫ者ᄂᆞᆫ其身을終ᄒᆞ도록其手中에耗消ᄒᆞᄂᆞᆫ財가無ᄒᆞᆷ이라

又死時의遺願으로財貨와物品을相贈ᄒᆞᄂᆞᆫ事가有ᄒᆞ니大槪富者나學者가其生時에經求ᄒᆞᆫ物及財ᄅᆞᆯ其死時에自己의意向ᄃᆡ로親戚朋友間에分與ᄒᆞᄂᆞ니然ᄒᆞᆫ故로病者가其回春의杳然ᄒᆞᆷ을自量ᄒᆞᆫ則辭世ᄒᆞ기前에律師ᄅᆞᆯ請ᄒᆞ야其遺願ᄒᆞᄂᆞᆫ句話ᄅᆞᆯ記錄ᄒᆞ야後日의證人을作ᄒᆞ고子女의產業을爲ᄒᆞ야留貯ᄒᆞᄂᆞᆫ風俗이無ᄒᆞᆫ故로子女도亦其分與ᄒᆞᄂᆞᆫ中에參ᄒᆞ고父兄의倉積을藉ᄒᆞ기不能ᄒᆞᆷ이라

他人의樂을樂ᄒᆞ고憂ᄅᆞᆯ憂ᄒᆞᄂᆞᆫ事ᄂᆞᆫ俠性人의義氣어니와友朋의辱과憤을亦自己의當ᄒᆞᆫ者와ᄀᆞᆺ치羞怒ᄒᆞᄂᆞ니人이新經綸으로學術이나器機에大功效ᄅᆞᆯ起ᄒᆞᆫ者가有ᄒᆞ면其喜悅ᄒᆞᆷ이自己의有ᄒᆞᆫᄃᆞᆺ시ᄒᆞ며何事業이든지見敗ᄒᆞᄂᆞᆫ事ᄂᆞᆫ其愁慮ᄒᆞᆷ이亦自己의當ᄒᆞᆫᄃᆞᆺ시ᄒᆞ고萬若寃抑ᄒᆞᆫ端由와不公ᄒᆞᆫ事緖로他人의汙辱을被ᄒᆞ면其忿痛ᄒᆞᆫ心을不堪ᄒᆞ야賤者가貴者에게受ᄒᆞᆷ이든지富者가貧者에게加ᄒᆞᆷ이든지其貧賤을不關ᄒᆞ고證人이되거나公談人이되야法官의公權으로昭雪ᄒᆞᄂᆞᆫ事ᄅᆞᆯ行ᄒᆞᆫ다云ᄒᆞ더라

女子待接ᄒᆞᄂᆞᆫ禮貌

大槪人이天地間에生ᄒᆞ야旣然히男女의差殊가有ᄒᆞᆫ則其間에分別ᄒᆞᄂᆞᆫ禮儀ᄅᆞᆯ不立ᄒᆞᆷ이不可ᄒᆞᆫ지라然ᄒᆞᆫ故로宮室에居ᄒᆞᆷ애內外의辨異ᄅᆞᆯ設ᄒᆞ며道路에行ᄒᆞ면左右의次序ᄅᆞᆯ定ᄒᆞᆷ이니其規模의嚴肅ᄒᆞᆷ과制度의縝密ᄒᆞᆷ이極臻ᄒᆞᆫ境에至ᄒᆞᆷ이나然ᄒᆞ나世界에國이一二에不止ᄒᆞᆫ則其風俗의不同ᄒᆞᆷ이亦理致의自然ᄒᆞᆷ이라夫男女의有異ᄒᆞᆷ은各國의論評이同ᄒᆞ나其相與ᄒᆞᄂᆞᆫ禮貌ᄂᆞᆫ俗尙의不一ᄒᆞᆷ을隨ᄒᆞ야亦其差二ᄒᆞᆫ儀度가生ᄒᆞᆫ則我의風習이他人에比ᄒᆞ야有勝ᄒᆞ다謂ᄒᆞᆷ도公心人의平舒ᄒᆞᆫ持論이아니오

他人의風氣가我에比ᄒᆞ야反善ᄒᆞ다云홈도狂癖人의妄悖ᄒᆞᆫ說話니夫其禮貌ᄂᆞᆫ風俗의習慣에任歸ᄒᆞ더니와彼我의異홈이有ᄒᆞᆫ則其差異의如何홈을論ᄒᆞᆯᄯᆞ름이라

泰西人의女子待接ᄒᆞᄂᆞᆫ禮貌를見ᄒᆞ건ᄃᆡ我邦의規模와極殊히有異ᄒᆞᆫ지라聞者의意向에ᄂᆞᆫ如何ᄒᆞ든지我ᄂᆞᆫ我의見ᄒᆞᆫᄃᆡ로寫ᄒᆞᆯᄯᆞ름이오好惡의批評은不下ᄒᆞ노니泰西人이日ᄒᆞᄃᆡ女子ᄂᆞᆫ人世의根源이오家室의棟梁이라萬若其氣質이柔弱ᄒᆞ며學識이短少ᄒᆞ면此二者의職分을抵當ᄒᆞ기有難ᄒᆞ다ᄒᆞ야內外의禮法을不立ᄒᆞ고又其幼時에敎誨ᄒᆞᄂᆞᆫ道도備具ᄒᆞ니內外法의無ᄒᆞᆫ緣由ᄂᆞᆫ人이若一處에久居ᄒᆞ야外氣를換受홈이無ᄒᆞ면疾病이易生ᄒᆞ고疾病이有ᄒᆞ면其生產ᄒᆞᄂᆞᆫ子女의氣血도不實ᄒᆞ야夭短折ᄒᆞᄂᆞᆫ者가多ᄒᆞ며設使夭ᄒᆞᄂᆞᆫ境을免ᄒᆞ야도平生의病으로其身을終ᄒᆞᄂᆞᆫ者가多ᄒᆞ니然홈으로女子가汗漫히出入ᄒᆞᄂᆞᆫ事ᄂᆞᆫ不行ᄒᆞ야도一室內에平生을拘囚ᄒᆞᆫ歲月로不過홈이라今에此理를證據ᄒᆞ기爲ᄒᆞ야論柄을恣ᄒᆞ건ᄃᆡ我邦의富貴人의子女가賤流와農人의子女에比ᄒᆞ면其氣質이越數히脆柔ᄒᆞ며又當初에生產이無ᄒᆞᆫ者도多ᄒᆞ니此ᄂᆞᆫ累世의相傳ᄒᆞᄂᆞᆫ弱質로致然홈니라又其敎訓ᄒᆞᄂᆞᆫ緣故를考ᄒᆞᆫ則幼穉의敎育은爲母者가主張이니萬若知識이無ᄒᆞ면其敎育ᄒᆞᄂᆞᆫ道를不解ᄒᆞ야兒의性을拂ᄒᆞ고

兒의生을傷ᄒᆞ기容易ᄒᆞᆫ故로衣服의制와酒食의議ᄂᆞᆫ女子의敎訓에特其小者라人間事物의理를通ᄒᆞ고音樂算數의妙를臻케ᄒᆞ니童稚學校에ᄂᆞᆫ女子敎師가男子에셔勝ᄒᆞ다ᄒᆞ야女子를多用홈이오又治家ᄒᆞᄂᆞᆫ道와待賓ᄒᆞᄂᆞᆫ禮에도不學ᄒᆞᆫ女子ᄂᆞᆫ生疎ᄒᆞᆫ弊와未鍊ᄒᆞᆫ事가多ᄒᆞᆯᄲᅮᆫ外에萬若國家의不幸ᄒᆞᆫ時를當ᄒᆞ면男子ᄂᆞᆫ戰地에赴ᄒᆞᄂᆞᆫ者가多ᄒᆞ니其一切事務ᄂᆞᆫ女子가代執ᄒᆞᆯ딘則不敎ᄒᆞ고能ᄒᆞᆯ가故로女子를敎홈이要緊홈이며平時라도女子가學識이有ᄒᆞ면力役의勞를不須ᄒᆞ야도能就ᄒᆞᄂᆞᆫ事가多홈은男子의行ᄒᆞᄂᆞᆫ者를女子도亦能ᄒᆞ야其功이男子에게不讓ᄒᆞᄂᆞᆫ지라此理로推想ᄒᆞ건ᄃᆡ不敎ᄒᆞᆫ女子ᄂᆞᆫ人의行ᄒᆞᄂᆞᆫ事를行ᄒᆞ기不能ᄒᆞ니泰西의有名ᄒᆞᆫ學者가云ᄒᆞᄃᆡ人이人의事를行ᄒᆞᆫ然後에人이오且人이敎誨를被受ᄒᆞᆫ然後에其事를能行ᄒᆞᄂᆞ니女子를不敎ᄒᆞ면人의事를行ᄒᆞ기豈能ᄒᆞ리오女子가男子와有異ᄒᆞ다ᄒᆞ나亦人이라然故로女子를不敎ᄒᆞᄂᆞᆫ國은其人民의口가千萬에至ᄒᆞ야도實狀은五百萬의數에不過ᄒᆞᆫ다ᄒᆞ니其言이如何ᄒᆞᆫ지引證ᄒᆞᆯᄯᆞ름

泰西의往古史記를閱覽ᄒᆞ건ᄃᆡ女子의學識이不足ᄒᆞ야家居ᄒᆞᄂᆞᆫ際에男子의接待ᄒᆞᄂᆞᆫ道가犬馬에差勝ᄒᆞ고內外ᄒᆞᄂᆞᆫ法도滋甚ᄒᆞ더니長久ᄒᆞᆫ世代를閱ᄒᆞ야風俗이漸移

ᄒᆞᆫ境에至ᄒᆞᆫ지라女子敎訓ᄒᆞᄂᆞᆫ法을始建ᄒᆞ고學識이男子와等比ᄒᆞᄂᆞᆫ域에達ᄒᆞ야內外ᄒᆞᄂᆞᆫ法을始廢ᄒᆞ니女子의內外法을不立ᄒᆞ기ᄂᆞᆫ女子의學識이無ᄒᆞ면不可ᄒᆞᆫ者라

泰西女子의內外法업ᄂᆞᆫ景像을記ᄒᆞ건ᄃᆡ何等宴會에든지女子不參ᄒᆞᄂᆞᆫ座席이無ᄒᆞ며又女子의到ᄒᆞᄂᆞᆫ處ᄂᆞᆫ男子ᄂᆞᆫ起身ᄒᆞ야禮를叙ᄒᆞ고座를讓ᄒᆞ야上賓의位를歸ᄒᆞ고飮食이有ᄒᆞ면所欲食을問ᄒᆞ야勸ᄒᆞ고敢히先食ᄒᆞ기不能ᄒᆞ며烟草ᄂᆞᆫ女子의所惡라謂ᄒᆞ야其前에吸ᄒᆞ기不敢ᄒᆞ니其恭謹ᄒᆞᆫ禮節이太過ᄒᆞᆫ지라或外飾이라謂ᄒᆞᄂᆞᆫ者가有ᄒᆞ나習俗의慣例로猝改ᄒᆞ기不能ᄒᆞᆯᄲᅮᆫ더러女子도依例히男子에게如此ᄒᆞᆫ接待를受ᄒᆞ기로其習이成ᄒᆞ야萬若男子가如此ᄒᆞᆫ禮貌로接待ᄒᆞᄂᆞᆫ道를不行ᄒᆞ면麤率ᄒᆞ다是非ᄒᆞᄂᆞ니或이云ᄒᆞᄃᆡ男女의內外ᄒᆞᄂᆞᆫ法이無ᄒᆞᆫ故로如此ᄒᆞᆫ禮節을設ᄒᆞ야其慢褻ᄒᆞᆫ意萌을過絶홈이라ᄒᆞ더라

泰西에ᄂᆞᆫ貴ᄒᆞ기帝王에至ᄒᆞ고富ᄒᆞ기公侯에擬ᄒᆞ야도別室을卜ᄒᆞᄂᆞᆫ俗이無ᄒᆞ고一夫一婦ᄂᆞᆫ天子로庶人에至ᄒᆞ야通行ᄒᆞᄂᆞᆫ禮라然ᄒᆞᆫ故로仕宦ᄒᆞᄂᆞᆫ者가他國에出使ᄒᆞᄂᆞᆫ時라도其夫人과同行ᄒᆞ고商賈ᄒᆞᄂᆞᆫ者가萬里의他鄕에赴ᄒᆞᆫ則亦其妻眷을携行ᄒᆞ며江山과樓臺의景槩를玩賞ᄒᆞᄂᆞᆫ遊客이라도內外가其行李를伴ᄒᆞ니是를由ᄒᆞ야春

閨의怨과秋砧의恨이無ᄒᆞᆫ則情懷에洽ᄒᆞᄃᆡ行止에累인듯ᄒᆞ나然ᄒᆞ나世間의樂事를任ᄒᆞ야人生의和氣를損傷홈이無ᄒᆞ다云ᄒᆞ더라

男子의女子接待ᄒᆞᄂᆞᆫ道理가如彼히極臻ᄒᆞᆫ故로女子가亦男子接待ᄒᆞ기에禮貌를極臻히行ᄒᆞ며又女子가其心에男子를不及ᄒᆞᄂᆞᆫ評論을憤怒ᄒᆞ야男子의行ᄒᆞᄂᆞᆫ事ᄂᆞᆫ亦其力을極ᄒᆞ야行ᄒᆞ기를是試ᄒᆞᄂᆞ니或醫學을修ᄒᆞ야醫士의業을執ᄒᆞ며或法律을學ᄒᆞ야律師의名을擅ᄒᆞ며或官府商局及他事務諸社의書記되ᄂᆞᆫ者도有ᄒᆞ고又或戰地에赴ᄒᆞ야銃劍을執ᄒᆞ고衝擊ᄒᆞᄂᆞᆫ場은不蹈ᄒᆞ야도病傷ᄒᆞᆫ軍士의救療를自請ᄒᆞᄂᆞᆫ者도間有ᄒᆞ니此ᄂᆞᆫ猶且可ᄒᆞ거니와年前合衆國大統領新選ᄒᆞᄂᆞᆫ時에國中의女子가以爲ᄒᆞᄃᆡ如何로男子ᄂᆞᆫ大統領의位를居ᄒᆞ고女子ᄂᆞᆫ不居ᄒᆞ리오ᄒᆞ야衆女子가大會ᄒᆞ야法官魔久尤의夫人을指名ᄒᆞ야大統領의位에居ᄒᆞ기合當ᄒᆞᆫ人物이라ᄒᆞ니其事의不成ᄒᆞ기ᄂᆞᆫ姑舍ᄒᆞ고男子ᄂᆞᆫ傳談ᄒᆞ야天下의一奇事를作ᄒᆞ더라

西遊見聞第十五編 終

西遊見聞第十六編

衣服飮食及宮室의制度

今夫天下人의生活ᄒᆞᄂᆞᆫ景况을考察ᄒᆞ건ᄃᆡ其意思의經營과制度의酌定ᄒᆞᄂᆞᆫ者가其地方과物産을隨ᄒᆞ야黑道와赤道와黃道의懸殊홈이有ᄒᆞᆫᄃᆡ惟黃道의人民은風氣가豁開ᄒᆞ고赤黑二道의人民은風氣가稍開ᄒᆞᆫ者도有ᄒᆞ며未開ᄒᆞᆫ者도多ᄒᆞ나大槩其理의其然ᄒᆞᆫ緣由ᄂᆞᆫ黑道인則四時의沍寒이嚴冬이라草木이不蕃ᄒᆞ고鳥獸도稀少ᄒᆞ야居住ᄒᆞᄂᆞᆫ人民이其生活ᄒᆞᄂᆞᆫ日用에不暇ᄒᆞ야他事를經營ᄒᆞ기에不及ᄒᆞ니如此홈으로衣服은鳥獸의皮羽와或外國의輸入ᄒᆞᄂᆞᆫ物品이오飮食은農作이不能ᄒᆞᆫ故로其營求ᄒᆞᄂᆞᆫ方策이漁獵에不過ᄒᆞ며宮室의居處ᄂᆞᆫ土屋과石窟의種類라其艱辛ᄒᆞᆫ景像과勞苦ᄒᆞᄂᆞᆫ事狀이日을逐ᄒᆞ야如此ᄒᆞ고歲가終ᄒᆞ도록亦然ᄒᆞ야人生의安樂ᄒᆞᆫ意趣에參與ᄒᆞ기不能홈은事理의自然홈이오又赤道의熯熱은四時의長夏라百物의豐茂홈이人力을不俟ᄒᆞᄂᆞᆫ故로其飮食은營求ᄒᆞ기에勞苦홈이無ᄒᆞ야도富足ᄒᆞᆫ樂이有ᄒᆞ나寒事를不知ᄒᆞᄂᆞᆫ故로衣服과宮室의制度에ᄂᆞᆫ其意를留홈이無ᄒᆞ야或一片綿布로其

下體를掩ᄒᆞ고或此도無ᄒᆞᆫ者가多ᄒᆞ며其中에奢侈ᄒᆞᄂᆞᆫ者ᄂᆞᆫ單衣一襲이오居處도露處ᄒᆞᄂᆞᆫ境에ᄂᆞᆫ不至ᄒᆞᆫᄃᆡ草幕과布帳의種類가多ᄒᆞ고或樹木의枝葉으로假家의貌樣도成ᄒᆞ며土木의工役으로家室의居住를求ᄒᆞᄂᆞᆫ者도有ᄒᆞ니生涯에苟且ᄒᆞᆫ景狀이無ᄒᆞᆫ故로其心志가怠惰ᄒᆞ며又水土도人에게不適ᄒᆞᆫ지라亦人生의適中ᄒᆞᆫ樂을求ᄒᆞ기有難ᄒᆞᆫᄃᆡ惟黃道의地方인則四節의氣候가均適ᄒᆞ며萬物의種類가具備ᄒᆞ야人生의居活에最合ᄒᆞ나人의力量과才操아니면艱窘ᄒᆞᆫ境遇를不免ᄒᆞᄂᆞᆫ故로經綸을起ᄒᆞ며理術을究ᄒᆞ야便利ᄒᆞᆫ道를建ᄒᆞ며裕衍ᄒᆞᆫ樂을求ᄒᆞ니此地의人民은世界의風氣豁開ᄒᆞᆫ處에居活ᄒᆞᆫᄃᆡ又其才力과經綸의層數를隨ᄒᆞ야事爲의差等이有ᄒᆞᆫ배라今此黃道에占據ᄒᆞᆫ邦國은我邦中國及日本과歐洲의諸國과北美洲의合衆國과南美洲의數三國이니亞細亞洲의諸邦은此論을不俟ᄒᆞ야耳目의所及과史籍의所記로自然히習熟ᄒᆞᆫ者어니와歐美諸邦의此三條景况을記ᄒᆞ건ᄃᆡ

衣冠은其制度의變改홈이亦煩數ᄒᆞᆫ者니大槩一千年前後의羅馬國의時代를考ᄒᆞ면其衣冠이甚히不便ᄒᆞ야袖의長은膝에過ᄒᆞᆫᄃᆡ其邊緣은不緝ᄒᆞ고腰에至ᄒᆞ야綿摺ᄒᆞ며前幅은長이足에過ᄒᆞ고頭戴ᄒᆞᄂᆞᆫ物은羊毛絲로織成ᄒᆞ야幅巾制樣을謂홈의種類라皆

白色을尙ᄒᆞ야煩遽홈이極甚ᄒᆞᆫ故로若干其制를改ᄒᆞ나猝地에善變ᄒᆞ기不能ᄒᆞ고體服의種類ᄂᆞᆫ猶且舊制를用ᄒᆞ다가後世에至ᄒᆞ야戰爭과工役에有碍홈으로其制를遂大變ᄒᆞ니其初에上衣ᄂᆞᆫ不短ᄒᆞᆫᄃᆡ下袴ᄂᆞᆫ膝에至ᄒᆞ고襪의長홈이膝上에過ᄒᆞ며頭에ᄂᆞᆫ白毛를編ᄒᆞ야覆ᄒᆞ고其上에冠을加ᄒᆞ며履綦의諸具ᄂᆞᆫ好奢ᄒᆞᄂᆞᆫ者면金銀으로飾ᄒᆞ니此ᄂᆞᆫ其衣冠의一變이나然이나亦且時世를隨ᄒᆞ야廣狹이不一ᄒᆞ야各其意에稱ᄒᆞᆫᄃᆡ로作ᄒᆞ고一定ᄒᆞᆫ規模가無ᄒᆞ다가百年前에至ᄒᆞ야今日의制를行ᄒᆞ고泰西諸國이一時에取用ᄒᆞ니現今에도十五歲以前男子의衣服은舊規를遵ᄒᆞᄂᆞᆫ者라泰西의名高ᄒᆞᆫ學士의言을嘗聞ᄒᆞ니曰ᄒᆞᆫᄃᆡ人의衣冠은其赤身을掩護ᄒᆞᆯᄯᆞᄅᆞᆷ이라飛鳥를觀ᄒᆞ건ᄃᆡ其毛羽가全體를覆ᄒᆞ기에不過ᄒᆞ고翼의廣홈과尾의長홈이有ᄒᆞ다云ᄒᆞ야도此ᄂᆞᆫ翺翔ᄒᆞᄂᆞᆫ方便을助홈이니其無홈은不可ᄒᆞᆫ者며且走獸로論ᄒᆞ야도其毛가亦其體를掩ᄒᆞ기에止ᄒᆞ며其尾ᄂᆞᆫ身을擁護ᄒᆞ기에要緊ᄒᆞᆫ者라夫人이世에生홈애飛鳥ᄀᆞᆺ치羽와走獸ᄀᆞᆺ치毛를備홈이無ᄒᆞᆫ故로衣冠의制度를酌定홈이니人이飛鳥아닌則翼을不要ᄒᆞᄂᆞᆫ者며走獸아닌則尾를不願ᄒᆞᄂᆞᆫ배라然홈으로廣袖長幅與大冠은天地의自然ᄒᆞᆫ便利아니오人의意見으로舊俗에習熟홈이라人이禽獸와有異ᄒᆞᆫ者인故로衣冠

은或圓或方ᄒᆞ고胸은圖鈕로分合ᄒᆞᄂᆞᆫ者라
九 袴ᄂᆞᆫ其長이足項으로命門에至ᄒᆞᄂᆞ니其前은圖鈕로合ᄒᆞ고其後ᄂᆞᆫ鈞繩으로大小ᄅᆞᆯ
操縱ᄒᆞ며下에ᄂᆞᆫ單袵이無ᄒᆞ고上으로ᄂᆞᆫ腰帶가亦無ᄒᆞ야鈞繩으로袴에連ᄒᆞ고背掛
下로肩에荷ᄒᆞᄂᆞᆫ者라
十 襪은綿絲或羊毛로織成ᄒᆞᆫ者라
十一 冠은冬夏의用이各有ᄒᆞ니毛로作ᄒᆞᆫ者ᄂᆞᆫ禦寒ᄒᆞᄂᆞᆫ意ᄅᆞᆯ取ᄒᆞᆷ이오麥藁로作ᄒᆞᆫ者ᄂᆞᆫ退
熱ᄒᆞᄂᆞᆫ性을用ᄒᆞᆷ이라其形이略同ᄒᆞ나或全異ᄒᆞᆫ者도亦有ᄒᆞᄃᆡ楕圓ᄒᆞᆫ貌樣으로頭顱
ᄅᆞᆯ覆ᄒᆞ기ᄂᆞᆫ同一ᄒᆞᆷ이라
十二 鞋ᄂᆞᆫ蒿鞋繩鞋及木屐의種類가無ᄒᆞ고各獸의皮로造ᄒᆞᄃᆡ人의足形을像ᄒᆞ야後가高
ᄒᆞ고前이低ᄒᆞ니房室에入ᄒᆞᄂᆞᆫ時도不脫ᄒᆞᄂᆞᆫ者라
十三 周衣ᄂᆞᆫ冬夏의用이各異ᄒᆞᄃᆡ夏ᄂᆞᆫ薄ᄒᆞ야雨時에着ᄒᆞ고冬則厚ᄒᆞ야外出ᄒᆞᄂᆞᆫ時에被
ᄒᆞᄂᆞ니室中에居ᄒᆞ야ᄂᆞᆫ不着ᄒᆞᄂᆞᆫ者라
十四 以上의記載ᄒᆞᆷ은泰西男子의衣冠이니其制가廣袖와長幅이無ᄒᆞ며頭戴ᄒᆞᄂᆞᆫ者도頭
顱ᄅᆞᆯ形像ᄒᆞᆯᄯᆞᄅᆞᆷ이오若干邊圍ᄅᆞᆯ作ᄒᆞ기ᄂᆞᆫ見ᄒᆞ기에風味의沒ᄒᆞᆷ이無ᄒᆞ기爲ᄒᆞᆷ이라

十五 飮食은人의氣血을滋補ᄒᆞᄂᆞᆫ者니若其烹飪ᄒᆞᄂᆞᆫ方道가荒踈ᄒᆞ야消化ᄒᆞ기에有難ᄒᆞ
면人의害ᄅᆞᆯ反貽ᄒᆞ야滯積으로平生의痼病되며又或人의性命이此ᄅᆞᆯ因ᄒᆞ야天壽의
限을不屆ᄒᆞᄂᆞᆫ憂가有ᄒᆞᆫ지라然ᄒᆞᆫ故로必先食料의物品을理化의法으로試驗ᄒᆞ야其
性質을究格ᄒᆞᆫ然後에其利ᄅᆞᆯ世人과同受ᄒᆞᆷ이可ᄒᆞ니泰西人이滯病의罕少ᄒᆞᆫ緣由ᄂᆞᆫ
實狀이食物의害가無ᄒᆞᆷ이오又人의飮ᄒᆞᄂᆞᆫ水도穢氣ᄅᆞᆯ含蓄ᄒᆞᆫ則飮者의病源을成ᄒᆞ
ᄂᆞᆫ故로淸淨ᄒᆞᆫ者아니면不用ᄒᆞ고些少의汙濁ᄒᆞᆫ疑慮가有ᄒᆞ야도必漉ᄒᆞ며牛肉도太
熟ᄒᆞ면人에게不利ᄒᆞ다ᄒᆞ야半熟ᄒᆞ고又毒이有ᄒᆞ다ᄒᆞ야必醬糟와同食ᄒᆞ야其毒을
制ᄒᆞᄂᆞᆫ者라
十六 其飮食의器具ᄅᆞᆯ記ᄒᆞ건ᄃᆡ
匙　刀　叉子　把子　巾　楪　鍾子　琉璃鍾　食物의　盛器　藥鹽臺
漱器
十七 匙ᄂᆞᆫ麥粥과茶茄非及他濕膩物을食ᄒᆞ기에用ᄒᆞᄂᆞᆫ者가各有ᄒᆞ니鍍銀ᄒᆞᆫ者라
十八 刀ᄂᆞᆫ果와魚肉을食ᄒᆞ기에用ᄒᆞᄂᆞ니肉類에ᄂᆞᆫ鋼鐵이오果에ᄂᆞᆫ銀이라食物이換ᄒᆞᄂᆞᆫ
ᄃᆡ로刀도亦換ᄒᆞᄂᆞᆫ者라

十九 叉子ᄂᆞᆫ其柄이象牙或角或木이니其身은鋼鐵에鍍銀ᄒᆞ고其末이四枝라所食ᄒᆞᄂᆞᆫ物
을刺ᄒᆞ야口에入ᄒᆞᄂᆞᆫ者라
二十 把子ᄂᆞᆫ胡桃種類의有皮ᄒᆞᆫ乾果ᄅᆞᆯ破ᄒᆞᄂᆞᆫ者라
二十一 巾은襟前에繞ᄒᆞ야或口或手ᄅᆞᆯ拭ᄒᆞᄂᆞᆫ者라
二十二 楪은大中小各種砂器니每一食에每一介換用ᄒᆞᄂᆞᆫ者라
二十三 鍾子ᄂᆞᆫ茶茄非等物을飮ᄒᆞᄂᆞᆫ者라
二十四 琉璃鍾子ᄂᆞᆫ酒或水ᄅᆞᆯ飮ᄒᆞᄂᆞᆫ者라
二十五 食物의盛器ᄂᆞᆫ各種飮食을盛來ᄒᆞᄂᆞᆫ者니其形이或方或圓ᄒᆞ야或砂器도有ᄒᆞ며或銀
器도有ᄒᆞᆫ者라
藥鹽臺ᄂᆞᆫ各色藥鹽의器ᄅᆞᆯ排安ᄒᆞᄂᆞᆫ者라
二十六 漱器ᄂᆞᆫ食畢後에進ᄒᆞᄂᆞᆫ者라
二十七 以上은大綱其食飮의器具ᄅᆞᆯ擧論ᄒᆞᆷ이니今에其飮食을記錄ᄒᆞ건ᄃᆡ名目의數가浩繁
ᄒᆞ고烹飪ᄒᆞᄂᆞᆫ法은未審ᄒᆞᆫ者라大槩麵包와牛乳及牛乳油와牛羊魚鳥의各種이며生
二十八 果乾果及蔬菜의各種과造果茶及茄非의諸物이니泰西人의食物이麵包乳油魚肉으

로主張ᄒᆞ고茶及珈琲ᄂᆞᆫ我邦의熱冷水ᄀᆞᆺ치飮ᄒᆞ고各種의生乾造果物도一日三時에食이畢ᄒᆞᆫ後에啖ᄒᆞ며其中에生果ᄂᆞᆫ人의養生에有益ᄒᆞ나其食홈도亦且好時가有ᄒᆞ야泰西醫人이云호ᄃᆡ生果가人에게朝ᄂᆞᆫ金이오午ᄂᆞᆫ銀이오夕後ᄂᆞᆫ鉛이라ᄒᆞᄂᆞᆫ者라大抵其宴會ᄒᆞᄂᆞᆫ景像은不一ᄒᆞ니枚擧ᄒᆞ기有難ᄒᆞ거니와其家族의朝夕會食ᄒᆞᄂᆞᆫ儀貌ᄂᆞᆫ大床에椅子로環ᄒᆞ고父子兄弟夫婦가列坐ᄒᆞ야爛漫ᄒᆞᆫ言話로啖飮ᄒᆞ니其安徐ᄒᆞᆫ辭色이室中의和氣를帶ᄒᆞ야食卓上에藹然히覆遍ᄒᆞ더라

二十九 宮室은人의居處를爲홈이니其本意ᄂᆞᆫ寒暑를避ᄒᆞ고風雨를庇ᄒᆞ기에不出ᄒᆞ나然ᄒᆞ나泰西人의建築ᄒᆞᆫ制度를見ᄒᆞ건ᄃᆡ便利ᄒᆞ기도極臻ᄒᆞ거니와其堅固홈과華麗홈도足히意想에趨軼ᄒᆞᆫ者가多ᄒᆞ니今에其宮殿의宏壯ᄒᆞᆫ規模와樓閣의燦爛ᄒᆞᆫ景像은勿論ᄒᆞ고其私民의居住ᄒᆞᄂᆞᆫ尋常ᄒᆞᆫ屋子를暫言ᄒᆞ야도文石煉化石의種類로築造ᄒᆞ며又或板木으로搆造ᄒᆞᆫ者ᄂᆞᆫ必油彩를加ᄒᆞ야朽敗ᄒᆞᄂᆞᆫ憂를防ᄒᆞ고墻壁에ᄂᆞᆫ泥土를不用ᄒᆞ고其內面은彩紙로塗精ᄒᆞ거나白灰로塗抹ᄒᆞ며天井의盤子ᄂᆞᆫ專혀白灰로塗ᄒᆞ고或花草와魚鳥의奇形異狀을凸印ᄒᆞ며窓은琉璃의玲瓏ᄒᆞᆫ者며戶ᄂᆞᆫ板木의堅固ᄒᆞᆫ者로以ᄒᆞ고室中에排鋪ᄒᆞᆫ景像은貧富를隨ᄒᆞ야自然히異同이有ᄒᆞ니帷帳은錦繡或

綿氈을用ᄒᆞ며椅凳은染色ᄒᆞᆫ各種皮革과錦或綿及氈의等物로飾ᄒᆞ기도ᄒᆞ고或木或藤으로造ᄒᆞ기도ᄒᆞ며床卓에蒙覆ᄒᆞᄂᆞᆫ袱도亦錦或綿及氈의各種이며其上에排寘ᄒᆞᆫ物은書冊에花甁을兼ᄒᆞ고房室은石突을不作ᄒᆞ고厚板을全用호ᄃᆡ各色의花氈毹나堅緻ᄒᆞᆫ紋木으로被ᄒᆞ며明火ᄒᆞᄂᆞᆫ諸具ᄂᆞᆫ琉璃燈에石油或蠟燭을燃ᄒᆞ거나炭氣或電氣를燒ᄒᆞ며冬天에取煖ᄒᆞᄂᆞᆫ法인則鐵爐或壁烘에石炭或長斫을爇ᄒᆞᄂᆞ니壁烘은室隅에火口를磚甓으로築造ᄒᆞ야其前面은畵磁로華飾을加ᄒᆞ고下口ᄂᆞᆫ鐵柵으로回圍ᄒᆞᆫ者라如此히炭或木을燒爇홈에其煤焰을外泄ᄒᆞ기爲ᄒᆞ야烟筒으로引通ᄒᆞ며夏節에取冷ᄒᆞᄂᆞᆫ制ᄂᆞᆫ通氣管을室底에排寘ᄒᆞ야外氣를通ᄒᆞ고又影窓의下層마다琉璃의代에細鐵網으로附ᄒᆞ야我邦의籠箔ᄀᆞᆺ치用ᄒᆞ니是以로凉氣ᄂᆞᆫ通行호ᄃᆡ蚊蠅의種類ᄂᆞᆫ不入ᄒᆞ며雜種의裝寘ᄒᆞᄂᆞᆫ物은或畵圖도有ᄒᆞ며或外國의珍奇品도有호ᄃᆡ柱聯과懸板의類ᄂᆞᆫ無홈이라

三十 其家屋의排鋪ᄒᆞᆫ制度를論ᄒᆞ건ᄃᆡ

土陷 饌房 洗室 食堂 浴室 厠室 客室 書室 寢室 庫 壁藏

三十一 土陷은屋舍築造ᄒᆞᆯ基址를定ᄒᆞᆫ後에其屋舍의間數ᄃᆡ로其底를一丈或一丈有餘ᄒᆞ게

掘ᄒᆞ고其周圍를石築ᄒᆞ야其石上에屋子를建ᄒᆞ야其土陷은柴炭貯寘ᄒᆞᄂᆞᆫ處所를作ᄒᆞᄂᆞᆫ者라

三十二 饌房은飮食烹飪ᄒᆞᄂᆞᆫ處며洗室은衣服洗濯ᄒᆞᄂᆞᆫ所며食堂은家族의會食ᄒᆞᄂᆞᆫ處며浴室은沐浴ᄒᆞᄂᆞᆫ處所니其沐浴ᄒᆞᄂᆞᆫ水ᄂᆞᆫ饌房의沸ᄒᆞᄂᆞᆫ者라鐵筒으로引ᄒᆞ야浴室에入호ᄃᆡ筒의機括이有ᄒᆞ야其上下를操縱ᄒᆞ고寒水도亦然ᄒᆞ며厠室은大小便의處所니浴室近處에在ᄒᆞ야大小便은如厠ᄒᆞᄂᆞᆫ時마다機水로滌下ᄒᆞᄂᆞᆫ故로極臻히淸楚ᄒᆞ야汙穢ᄒᆞᆫ臭氣가絶無ᄒᆞᆫ者며客室은朋友接待와親戚會話ᄒᆞᄂᆞᆫ處所며書室은學習과著述ᄒᆞᄂᆞᆫ處所며寢室은寢臥ᄒᆞᄂᆞᆫ處所니其寢具를豎記ᄒᆞ건ᄃᆡ四時에平牀이며其牀은龍鬚鐵로藉鋪ᄒᆞ고其上에蓐褥와毛褥를藉ᄒᆞ고又其褥上에毛氈과褥衣며又其上에兩單被間에毛氈을合ᄒᆞ야衾을作ᄒᆞ고枕은鳥羽로囊中에入ᄒᆞᆫ後에其口를緊縫ᄒᆞ고枕衣ᄂᆞᆫ洋木으로作ᄒᆞᄂᆞ니大槩褥衣單被及枕衣ᄂᆞᆫ每三日或七日에洗濯ᄒᆞᄂᆞᆫ者며庫ᄂᆞᆫ車輛及他諸具를藏寘ᄒᆞᄂᆞᆫ處所며壁藏인則食堂에在ᄒᆞᆫ者ᄂᆞᆫ器皿收藏ᄒᆞᄂᆞᆫ處所며饌房에在ᄒᆞᆫ者ᄂᆞᆫ食料貯蓄ᄒᆞᄂᆞᆫ處所며寢室에在ᄒᆞᆫ者ᄂᆞᆫ衣服收貯ᄒᆞᄂᆞᆫ處所라

三十三 如此히記出ᄒᆞᆫ者ᄂᆞᆫ其大綱을指擧홈이오泰西의宮室制度가必皆若玆ᄒᆞ다謂홈은아

니나畢竟은若干差異가有ᄒᆞ야도其實은以上屢條에添加ᄒᆞᆫ者니逐一ᄒᆞ야記謄ᄒᆞ기ᄂᆞᆫ不能ᄒᆞᆫ者라大槩泰西의齊一ᄒᆞᆫ規模ᄂᆞᆫ其屋舍에單層의制作이無홈이니然ᄒᆞᆫ故로二層에十間이면二十間이오三層이면三十間이라省費ᄒᆞᄂᆞᆫ道에合當홀ᄲᅮᆫ더러大都會에至ᄒᆞᆫ則髮直ᄒᆞᆫ大道兩邊에千門萬戶朱欄翠壁의櫛比ᄒᆞᆫ景像이며或鄕里人家의稀少ᄒᆞᆫ處라도林間과雲際에隱暎ᄒᆞᆫ檐桷이其雄偉ᄒᆞᆫ氣象과閑雅ᄒᆞᆫ韻趣를畵出ᄒᆞᆫ듯ᄒᆞ며又泰西人은花草癖이多ᄒᆞᆫ故로其庭除를翠莎로覆ᄒᆞ고奇花와異草로環種ᄒᆞ며其間의小逕은細礫을鋪ᄒᆞ거나步板을布ᄒᆞ거나又或油灰로塗ᄒᆞ고家宅의周圍ᄂᆞᆫ鐵柵으로環ᄒᆞ기도ᄒᆞ며或彩甓오로牆垣을築ᄒᆞ기도호ᄃᆡ大都會ᄂᆞᆫ牆이連ᄒᆞ고屋이接ᄒᆞᆫ故로不然ᄒᆞ니富饒ᄒᆞᆫ者ᄂᆞᆫ夏舍와冬舍를寘ᄒᆞ야冬舍ᄂᆞᆫ都會地에在ᄒᆞ니過冬ᄒᆞᄂᆞᆫ屋子며夏舍ᄂᆞᆫ海邊或山林의幽僻間靜ᄒᆞᆫ地에排鋪ᄒᆞ야避暑ᄒᆞᄂᆞᆫ處所를作ᄒᆞᄂᆞᆫ者라

農作及牧畜의景況

一 夫農作은人의生活ᄒᆞᄂᆞᆫ大本이라是以로六大洲의五種人이其稟質의智愚와巧鈍을勿論ᄒᆞ고其土地의肥瘠과氣候의寒暄을因ᄒᆞ야各其適宜ᄒᆞᆫ方便으로播穫ᄒᆞᄂᆞᆫ法을

立ᄒᆞ며牧畜도其關係가甚大ᄒᆞ니任致의重遠으로人의勞를代ᄒᆞ며肥甘의滋補로人의生을養ᄒᆞᄂᆞᆫ者라世界萬國을通ᄒᆞ야此道를不務ᄒᆞᄂᆞᆫ處가無호되勤怠巧拙의等級을隨ᄒᆞ야農牧의景況이亦其方의難易와其器의便否와所收의多少가懸殊ᄒᆞ니夫其力을勞ᄒᆞᄂᆞᆫ者ᄂᆞᆫ元來學問을不修ᄒᆞᆫ故로其知識이服勤ᄒᆞᄂᆞᆫ習慣에止ᄒᆞ고推本ᄒᆞᄂᆞᆫ工夫가不能ᄒᆞ거니와惟士者ᄂᆞᆫ人의耕ᄒᆞᆫ者를食ᄒᆞ며人의織ᄒᆞᆫ바를衣호되其心을勞ᄒᆞᄂᆞᆫ者라學問을務ᄒᆞ야知識에洽博ᄒᆞᆫ故로物에其理를窮ᄒᆞ며理에其性을盡ᄒᆞ야便易ᄒᆞᆫ器를創造ᄒᆞ며神異ᄒᆞᆫ方을究出ᄒᆞ야其用을利ᄒᆞ게ᄒᆞ고其生을厚ᄒᆞ게ᄒᆞᄂᆞ니是를由ᄒᆞ야觀ᄒᆞᆫ則耒耜를執ᄒᆞ야畎畝에勞苦ᄒᆞᄂᆞᆫ者ᄂᆞᆫ農夫로되其道理를指定ᄒᆞ기ᄂᆞᆫ士에在ᄒᆞ고蓑笠을荷ᄒᆞ야水草를占逐ᄒᆞᄂᆞᆫ者ᄂᆞᆫ牧人이나其方術을點授ᄒᆞ기ᄂᆞᆫ亦士에在ᄒᆞ야日新ᄒᆞᄂᆞᆫ工用으로盡美ᄒᆞᆫ境에透ᄒᆞ기를務ᄒᆞ니勞心者의勤苦ᄂᆞᆫ農牧의本이오勞力者의勤苦ᄂᆞᆫ其末이라士가安坐ᄒᆞ야其身의綵홈과其腹에穀홈이實其勤苦ᄒᆞᆫ功德의酬報를受홈이어니와若士의名이有ᄒᆞᆫ者가實用의本은不究ᄒᆞ고他人의織耕ᄒᆞᆫ바를坐費홀ᄯᆞ름이면是를謂호되民의蠹라其國의農牧ᄒᆞᄂᆞᆫ道가草昧ᄒᆞᆫ風習을不脫ᄒᆞ야貧困ᄒᆞᆫ圖域에墊沒ᄒᆞ리니然ᄒᆞᆫ故로國家의最先ᄒᆞᆫ急務가農牧에在ᄒᆞ고又

其改良ᄒᆞᄂᆞᆫ道와進善ᄒᆞᄂᆞᆫ方은爲士者의推究ᄒᆞᆫ理術에在홈이라

二

今夫泰西人의農作ᄒᆞᄂᆞᆫ景況을論ᄒᆞ진되大農은其田을耕홈과其種을播홈과其穀을刈홈과又其穀을打홈에皆器械의力을資ᄒᆞ니其器械ᄂᆞᆫ或蒸氣를用ᄒᆞᄂᆞᆫ者도有ᄒᆞ고或馬力을取ᄒᆞᄂᆞᆫ者도有ᄒᆞ야便易ᄒᆞᆫ道가極臻ᄒᆞᆫ지라十里의大野를蒸氣의機關으로半午에耕破ᄒᆞ고又播種ᄒᆞ기도神速ᄒᆞᆫ機括이有ᄒᆞ야前面에作畝ᄒᆞᄂᆞᆫ器具가其工을成ᄒᆞᆫ則其次에衆椎가平行으로齊下ᄒᆞ야畝面에落種홀凹處를作ᄒᆞ고又其次에大櫃中에滿盛ᄒᆞᆫ種子가其凹處에當ᄒᆞᄂᆞᆫ되로小穴을從ᄒᆞ야數箇식播ᄒᆞ고最後에大板이橫曳ᄒᆞ야種子를掩埋ᄒᆞᄂᆞ니此ᄂᆞᆫ一座의器機로機括와循序ᄒᆞᄂᆞᆫ游動을因ᄒᆞ야鱗次의功을奏홈이며又收穫ᄒᆞᄂᆞᆫ器具ᄂᆞᆫ下機가穀을刈ᄒᆞᆫ則上機ᄂᆞᆫ是를束ᄒᆞ야一邊으로紛紛히落下ᄒᆞ고打穀ᄒᆞᄂᆞᆫ器具ᄂᆞᆫ其制度가不一ᄒᆞ야摸寫ᄒᆞ기極難ᄒᆞ니蓋人은此諸機關을活用ᄒᆞ야其功을坐收홀ᄯᆞ름이오勞苦ᄒᆞᄂᆞᆫ景像이不甚ᄒᆞ고小農에至ᄒᆞ야ᄂᆞᆫ耕種穫이皆人力을藉ᄒᆞ야亦其便利ᄒᆞᆫ道ᄂᆞᆫ具備ᄒᆞ니

三

其主種ᄒᆞᄂᆞᆫ穀은大小麥燕麥薯蕷玉蜀黍蠶豆青豆木綿糖草稻及粟의種類로되木綿及糖草ᄂᆞᆫ熱地의多種ᄒᆞᄂᆞᆫ者며其菜ᄂᆞᆫ椰菜ᄇᆡᄎᆡ種類紅甜蔔胡蘿蔔순무種類葱南瓜冬瓜胡瓜

生菜상치種類龍鬚菜天門冬의稱芽香菁薑草苺ᄇᆡ암딸기種類西瓜甜瓜의種類며其果ᄂᆞᆫ葡萄林檎桃李梨柰萬壽果木瓜種類橘栗橄欖石榴無花果의種類니凡此ᄂᆞᆫ其槩를擧홀ᄯᆞ름이라其栽種ᄒᆞᄂᆞᆫ法과肥料의混用ᄒᆞᄂᆞᆫ度며蟲災救除ᄒᆞᄂᆞᆫ方은皆學術人의窮格ᄒᆞᆫ理를取用ᄒᆞ야其品質의良美홈과分量의夥多홈이尋常ᄒᆞᆫ播種에越過ᄒᆞ니是以로北阿美利加洲合衆國의一歲農作이全國人民의九年糧에至홈이라

四

山林의樹木을種養ᄒᆞᄂᆞᆫ法도亦農作의一道니人의宮室을作홈과器用을造홈에皆材木을須ᄒᆞ야成ᄒᆞᄂᆞᆫ者라然ᄒᆞᆫ故로人民이或其所伐ᄒᆞᄂᆞᆫ道에一定ᄒᆞᆫ規模가無홀가是를慮ᄒᆞ야政府가乃山林의法을定ᄒᆞ야國中에布ᄒᆞ고穉ᄒᆞᆫ木은斬伐ᄒᆞ기不許ᄒᆞ며又或大木이라도伐ᄒᆞᄂᆞᆫ時ᄂᆞᆫ其傍에必一小木을移種ᄒᆞ기로規制를建ᄒᆞᆫ者도有ᄒᆞ야山岳의童濯ᄒᆞᆫ景像이不現ᄒᆞᄂᆞ니或人이云호되人의國을觀홈에其山을先觀ᄒᆞ야樹木의蕃密홈이無ᄒᆞᆫ則其國의貧乏홈은他論을不俟ᄒᆞ야自知ᄒᆞᄂᆞᆫ者라ᄒᆞ니其言이誠然홈이오且牧畜物의飼喂ᄒᆞᄂᆞᆫ芻草도好種을擇ᄒᆞ야播栽ᄒᆞ고庭園의花卉도其種栽ᄒᆞᄂᆞᆫ方을推究ᄒᆞ야皆極美ᄒᆞᆫ境에達홈이라

五

又其牧畜ᄒᆞᄂᆞᆫ景況을記ᄒᆞ진되其牧畜ᄒᆞᄂᆞᆫ物을槩擧ᄒᆞᆫ則牛羊馬猪雞鴨火雞及鵝의

種類라牛羊及馬ᄂᆞᆫ各其牧場이有ᄒᆞ니牧場은木柵으로環繞ᄒᆞ기도有ᄒᆞ며或木柱를立ᄒᆞ고鐵線으로旋廻ᄒᆞ기도ᄒᆞ야各人의地面을分刷ᄒᆞ고又畜物의外逸을備호되馬ᄂᆞᆫ其首를不絡ᄒᆞ고牛ᄂᆞᆫ其鼻를不穿ᄒᆞ며又羊은其肉이人의食에供ᄒᆞ고其毛ᄂᆞᆫ春秋에剪出ᄒᆞ야是를紡織ᄒᆞᆫ則人의衣를是作ᄒᆞᄂᆞ니牧羊場에ᄂᆞᆫ草末의剛利ᄒᆞᆫ者가有ᄒᆞ면其毛를傷ᄒᆞᄂᆞᆫ故로軟草를擇ᄒᆞ야其場所를作홈이오其廐舍의排鋪ᄂᆞᆫ每一間에各一匹을寘ᄒᆞ고其前에飮筒과飼器를寘호되其飼料ᄂᆞᆫ燕麥及乾草니廐上樓를從ᄒᆞ야送下ᄒᆞᆫ則各廐飼器에散入ᄒᆞᄂᆞᆫ機括이有ᄒᆞ고又水도諸筒의流入ᄒᆞᄂᆞᆫ法이人의意를隨ᄒᆞ야其止其行을操縱ᄒᆞ니此ᄂᆞᆫ馬牛의廐舍어니와羊은一廐內에群處ᄒᆞ며猪ᄂᆞᆫ亦圈中에寘ᄒᆞ야外出ᄒᆞ기不許ᄒᆞ며雞ᄂᆞᆫ其畜場을鐵網으로回包ᄒᆞ야外走ᄒᆞᄂᆞᆫ者를防ᄒᆞ며鵝鴨에至ᄒᆞ야ᄂᆞᆫ特設ᄒᆞᆫ場所가無ᄒᆞ나亦常處ᄂᆞᆫ存홈이라蓋牧畜ᄒᆞᄂᆞᆫ法도皆學術人의推究ᄒᆞᆫ理를因ᄒᆞ야其蕃殖을致ᄒᆞ니喂養을時로以ᄒᆞ고寒煖을性에適ᄒᆞ며各畜의取種ᄒᆞᄂᆞᆫ法은各其牝牡의好者를擇用ᄒᆞ고諸畜中에若有病ᄒᆞᆫ者가有ᄒᆞ면即地에銃殺或撲斃ᄒᆞ고是를埋棄ᄒᆞ야其傳染ᄒᆞᄂᆞᆫ患을豫防홈이라

遊樂ᄒᆞᄂᆞᆫ景像

大抵人이勤勵ᄒᆞᆷ으로當然ᄒᆞᆫ道理라謂ᄒᆞ고閑逸ᄒᆞᆷ으로不可ᄒᆞᆫ習慣이라云ᄒᆞ나然ᄒᆞ나勤勵ᄒᆞᆷ과閑逸ᄒᆞᆷ도其道가各有ᄒᆞ니人이雖勤ᄒᆞ야도養生ᄒᆞᄂᆞᆫ規則에專혀茫昧ᄒᆞ고營求ᄒᆞᄂᆞᆫ事理에晝夜奔走ᄒᆞᄂᆞᆫ熱心이酒色이나雜技에沈惑ᄒᆞᆫ者와無異ᄒᆞᆫ則精神이耗損ᄒᆞ며血氣가衰敗ᄒᆞ야身上에有害ᄒᆞᆫ事가反多ᄒᆞᆫ지라然ᄒᆞᆫ故로人生의精力이各其適當ᄒᆞᆫ分度가存ᄒᆞ니其勞苦ᄒᆞᄂᆞᆫ分度가其適當ᄒᆞᆫ限域에不過ᄒᆞᆫ然後에疾病의厄이無ᄒᆞᆯ디며經營ᄒᆞᄂᆞᆫ事도其安樂을享受ᄒᆞᆯ디라每日의時間을酌定ᄒᆞ야事爲上에勉勵ᄒᆞᄂᆞᆫ時ᄂᆞᆫ極臻히勉勵ᄒᆞᄃᆡ休息ᄒᆞᄂᆞᆫ暇ᄂᆞᆫ休息ᄒᆞᆷ이可ᄒᆞ거니와萬若閑逸ᄒᆞᆷ이人生에게利ᄒᆞ다ᄒᆞ야一生을閑逸ᄒᆞ기로務ᄒᆞ면此ᄂᆞᆫ肢體ᄅᆞᆯ倦怠히ᄒᆞ며心神을懈惰히ᄒᆞ야世間의一個病身되기ᄅᆞᆯ不免ᄒᆞᆯ디라今에泰西人의閑逸ᄒᆞᆫ遊樂을見ᄒᆞ건ᄃᆡ或山林의興趣ᄅᆞᆯ乘ᄒᆞ며月風의韻致ᄅᆞᆯ因ᄒᆞ야其樂을獨行ᄒᆞᄂᆞᆫ者도有ᄒᆞ고親戚의情話와朋友의尋訪으로其樂을各從ᄒᆞᄂᆞᆫ者도有ᄒᆞ며屋舍ᄅᆞᆯ排鋪ᄒᆞ고閑逸ᄒᆞᆫ人衆의求景ᄒᆞᄂᆞᆫ遊戲ᄅᆞᆯ行ᄒᆞᄂᆞᆫ者도有ᄒᆞ니大槪閑逸ᄒᆞ다謂ᄒᆞᆷ은其人의平生이閑逸ᄒᆞ기로主張ᄒᆞᆷ아니라其日의事爲ᄅᆞᆯ勤行ᄒᆞ고其休息ᄒᆞᄂᆞᆫ暇ᄅᆞᆯ追ᄒᆞ야閑逸ᄒᆞᆫ樂을從ᄒᆞᆷ이니其遊樂

ᄒᆞᄂᆞᆫ景像을略記ᄒᆞ노라

二 茶會 此會ᄂᆞᆫ其行ᄒᆞᆷ이恒常夜로以ᄒᆞᄂᆞᆫ者니人이朝晝에各其營求ᄒᆞᄂᆞᆫ事爲에精神을勞苦ᄒᆞ다가夕後ᄅᆞᆯ當ᄒᆞ야月色이明朗ᄒᆞ든지雪景이精潔ᄒᆞ든지淸幽ᄒᆞᆫ興況이友朋의懷抱ᄅᆞᆯ喚起ᄒᆞᆫ則互相尋訪ᄒᆞ며招接ᄒᆞ야雅淡ᄒᆞᆫ議論과諧謔ᄒᆞᄂᆞᆫ才談으로爲樂ᄒᆞᄂᆞᆫ者도有ᄒᆞ며搏博의種類로勝負ᄅᆞᆯ迭角ᄒᆞ고綴字며釋謎(我國의수수것기의種類)의種類로問答을相和ᄒᆞ야樂意ᄅᆞᆯ互得ᄒᆞᄂᆞᆫ者도有ᄒᆞ고又不然ᄒᆞ면我邦의一器會ᄀᆞᆺ치一人이各其一人의所食ᄒᆞᄂᆞᆫ物을飮食의何種이든지無論ᄒᆞ고携抱ᄒᆞ야高閣이나名亭에約會ᄒᆞ야活人圖(人이古史의事蹟을形像ᄒᆞ야畵圖의貌樣을作ᄒᆞᆷ)와其他遊戲로樂事ᄅᆞᆯ取ᄒᆞ고童穉ᄂᆞᆫ小籃의各色奇花ᄅᆞᆯ携帶ᄒᆞ야各人에게賣ᄒᆞᄂᆞ니此外에도如此ᄒᆞᆫ集會가多有ᄒᆞᄃᆡ大略相同ᄒᆞᆫ者라

三 舞會 此會ᄂᆞᆫ少年의男女가行ᄒᆞᄂᆞᆫ者니我國의風俗으로見ᄒᆞ면或男女의分別이無ᄒᆞ다責望ᄒᆞᆯ者도有ᄒᆞ며鄭衛의俗尙이有ᄒᆞ다譏弄ᄒᆞᆯ者도有ᄒᆞ나然ᄒᆞ나他人의風習이如何ᄒᆞ든지其事實의景況을記ᄒᆞᆯᄯᆞ름이오其他ᄂᆞᆫ勿問ᄒᆞᆷ이可ᄒᆞ니男子ᄂᆞᆫ燕尾服이오女子ᄂᆞᆫ長尾裳으로各其裝束을精潔히ᄒᆞ며燦爛히ᄒᆞ고寒節이면樓閣이오煖時면亭棚에或夜或晝에其約定ᄒᆞᆫ時限으로集會ᄒᆞ야舞ᄒᆞ기ᄅᆞᆯ始ᄒᆞᆯ식音樂으로其進退ᄅᆞᆯ節操ᄒᆞ야二人二人이袂ᄅᆞᆯ聯ᄒᆞ고並進ᄒᆞ며四人四人이手ᄅᆞᆯ摻ᄒᆞ고回立ᄒᆞ면서八人이隊ᄅᆞᆯ作ᄒᆞ야分ᄒᆞ다가合ᄒᆞ고合ᄒᆞ다가分ᄒᆞ야雲朶의叢集이如非면烏翼의張開가却是라樂聲이雄壯ᄒᆞᆫ則急足의奔騰ᄒᆞᄂᆞᆫ形狀이敗軍의退陣이오樂聲이軟滑ᄒᆞᆫ則輕步의端正ᄒᆞᆫ貌樣이美人의學步니觀者도足히其奇異ᄒᆞᆷ을壯觀이라稱ᄒᆞᆯ디라大槪泰西風俗에本來男舞와女舞의作業ᄒᆞᄂᆞᆫ者가無ᄒᆞ고富貴人의子女라도亦皆舞ᄅᆞᆯ學ᄒᆞᄂᆞᆫ故로花朝와月夕의好時節이면數三人의小會라도興趣ᄅᆞᆯ不勝ᄒᆞ야行ᄒᆞᄂᆞᆫ者도有ᄒᆞ고私習으로行ᄒᆞᄂᆞᆫ者도亦有ᄒᆞᆷ이라

四 歌會 此會ᄂᆞᆫ泰西에最盛行ᄒᆞᄂᆞᆫ者니大槪泰西人의性質이音樂을嗜愛ᄒᆞᄂᆞᆫ故로男女와老少ᄅᆞᆯ無論ᄒᆞ고歌ᄅᆞᆯ學ᄒᆞ기에從事ᄒᆞ야若不能ᄒᆞᆫ則是ᄅᆞᆯ羞ᄒᆞ야知舊追逐과親戚會話ᄒᆞᄂᆞᆫ際라도必然歌曲과音樂으로其樂意ᄅᆞᆯ表ᄒᆞᄂᆞᆫ지라其歌會의大者ᄅᆞᆯ略記ᄒᆞ건ᄃᆡ夏一節은盛暑의緣由로行ᄒᆞᄂᆞᆫ者가無ᄒᆞ거니와春秋冬의三節인則良夜ᄅᆞᆯ擇ᄒᆞ야少年의男子와女子며老人이라도韻趣잇ᄂᆞᆫ者ᄂᆞᆫ各其酌定ᄒᆞᆫ時限으로約會ᄒᆞᆫ處所에都會ᄒᆞ야其堂內層椅에後坐人이前坐人이어서次序로略高히坐定ᄒᆞᆫ後에樂工

이樂을鳴ᄒᆞᆫ則名唱의男子或女子一人이前立ᄒᆞ야我邦의先聲ᄀᆞᆺ치一曲을唱ᄒᆞᄂᆞ니其調韻이淸雅ᄒᆞ며和暢ᄒᆞ야去雲이遏ᄒᆞᄂᆞᆫ듯嫋娜ᄒᆞ야不盡ᄒᆞᆫ餘音이樑塵을飛揚ᄒᆞᄂᆞᆫ듯其曲이終ᄒᆞᆫ則衆人이一時에起立ᄒᆞ야衆口에一聲으로高低와長短이一毫의差異도不生ᄒᆞ며或雄壯ᄒᆞ야人의氣ᄅᆞᆯ激昻ᄒᆞ며或哀怨ᄒᆞ야人의懷ᄅᆞᆯ喚起ᄒᆞᄂᆞ니唱歌ᄒᆞᄂᆞᆫ諸人이各其手中에曲操標ᄅᆞᆯ執ᄒᆞ야一時에飛揚ᄒᆞᄂᆞᆫ貌樣은空中에紛飛ᄒᆞᄂᆞᆫ雪片이아닐딘ᄃᆡ落花의飛蝶이彷彿ᄒᆞᆫ지라歌聲인則男子ᄂᆞᆫ雄壯ᄒᆞ기로主ᄒᆞ고女子ᄂᆞᆫ淸和ᄒᆞ기로主ᄒᆡ其所入ᄒᆞᄂᆞᆫ雜費ᄂᆞᆫ求景ᄒᆞᄂᆞᆫ者에게標紙ᄅᆞᆯ賣ᄒᆞ야償ᄒᆞᄂᆞᆫ者라

五 野會 此會ᄂᆞᆫ夏節에行ᄒᆞᄂᆞᆫ者니此會ᄅᆞᆯ主設ᄒᆞᄂᆞᆫ者가其處所와日子ᄅᆞᆯ酌定ᄒᆞ고參會ᄒᆞᄂᆞᆫ標紙ᄅᆞᆯ作ᄒᆞ야其近處各地方에流播ᄒᆞ고參會ᄒᆞ기願ᄒᆞᄂᆞᆫ者가有ᄒᆞ면賣ᄒᆞᄂᆞ니此標紙一張을携帶ᄒᆞ면此會에往參ᄒᆞᄂᆞᆫ路에馬車ᄅᆞᆯ乘ᄒᆞ든지火輪船車에登ᄒᆞ든지其貰價ᄅᆞᆯ不出ᄒᆞ고參會人은各其一人의所食ᄒᆞᄂᆞᆫ一種物을携持ᄒᆞ야及其約會ᄒᆞᆫ借地에至ᄒᆞᆫ則帳設處에任寘ᄒᆞ고三三五五로朋을挈ᄒᆞ고隊ᄅᆞᆯ作ᄒᆞ야絶勝ᄒᆞᆫ景致에淸興을乘ᄒᆞ고雅韻을成ᄒᆞ야四處로各散ᄒᆞᄂᆞ니林泉의飄然ᄒᆞᆫ遐想으로道士의氣象을帶ᄒᆞᄂᆞᆫ者도有ᄒᆞ며江山의悠然ᄒᆞᆫ深思로文人의興趣ᄅᆞᆯ挑ᄒᆞᄂᆞᆫ者도有ᄒᆞ고詩酒의

迭宕ᄒᆞᆫ氣味로綠陰芳草戱弄ᄒᆞ고淸淡白石玩賞ᄒᆞ야游客의韻致로擅ᄒᆞᄂᆞᆫ者와丹靑의濃淡ᄒᆞᆫ意匠으로高山流水俯仰ᄒᆞ고奇花異草蒐聚ᄒᆞ야畵工의經營을供ᄒᆞᄂᆞᆫ者도有ᄒᆞ거니와其中에도學者ᄂᆞᆫ物을過홈에理致를窮究ᄒᆞ고形質을議論ᄒᆞ야實用ᄒᆞᄂᆞᆫ工夫에意를留ᄒᆞᄂᆞ니如此홈으로衆人이各其樂을樂홈이라午餐이過ᄒᆞᆫ後에參會ᄒᆞᆫ諸學者가次序로其深工과妙理를演說ᄒᆞ야衆人의聞見을助ᄒᆞ며夕陽이山에在ᄒᆞ야歸期를催ᄒᆞᆫ則亦各其標紙로散歸ᄒᆞᄂᆞ니大槩此標를携ᄒᆞ고火輪船車에登ᄒᆞᆫ則其貰價가半減ᄒᆞᆫ者ᄂᆞᆫ船車의主人도衆人의騷暢을爲ᄒᆞ야其價를折半홈이니其都聚ᄒᆞᆫ貰價ᄂᆞᆫ此會主設ᄒᆞᆫ者가標價를收合ᄒᆞ야償渡ᄒᆞᄂᆞᆫ者라

雪夜遊　此遊ᄂᆞᆫ可히韻致의最深ᄒᆞᆫ者라謂ᄒᆞᆯ디로ᄃᆡ其行ᄒᆞᄂᆞᆫ者가學士와書生에不止ᄒᆞ고街市의役使와人家의雇傭이라도行ᄒᆞᄂᆞᆫ者가多ᄒᆞ니大槩冬의夜를當ᄒᆞ야天氣가蕭瑟ᄒᆞ고風勢ᄂᆞᆫ栗烈ᄒᆞ나飛雪이新晴ᄒᆞᆫ後에浩然히一望ᄒᆞᆫ則萬山에玉樹며千林에瓊花오無邊ᄒᆞᆫ大野ᄂᆞᆫ萬頃의銀海라男子면男子오女子면女子며或男女가混同ᄒᆞ기도ᄒᆞ야大車에家馬를是駕ᄒᆞ고定處업시馳走ᄒᆞ야江山의淸趣를玩賞ᄒᆞ다가友朋을隨ᄒᆞ야步行ᄒᆞ기도ᄒᆞ고酒家를訪ᄒᆞ야飮酬ᄒᆞ기도ᄒᆞᆯ싀歌者ᄂᆞᆫ歌ᄒᆞ고吹簫者ᄂᆞᆫ

吹簫ᄒᆞ야寂寞ᄒᆞᆫ寒天에淸雅ᄒᆞᆫ曲調가雪夜를戱弄ᄒᆞ야凍雲을披ᄒᆞᄂᆞᆫ듯冷林을振ᄒᆞᄂᆞᆫ듯精神이自然히灑落ᄒᆞ며氣象이亦且快活ᄒᆞ야一點의鄙吝想이不起ᄒᆞ니西山의斜掛月이雞聲을催喚ᄒᆞᆫ則不盡ᄒᆞᆫ曉興을乘ᄒᆞ야茶樓에向ᄒᆞ더라

一器會　此會ᄂᆞᆫ冬一節外에ᄂᆞᆫ何時든지勿論ᄒᆞ고日氣가和暢ᄒᆞ며風景이淸佳ᄒᆞ야人의興致를挑出ᄒᆞᆫ則里閈의同志가其閑逸ᄒᆞᆫ暇日을迨ᄒᆞ야騷暢ᄒᆞᄂᆞᆫ意思로各人이一器食物을携ᄒᆞ고海邊이나林間에幽僻ᄒᆞᆫ地를尋ᄒᆞ야碧苔로席ᄒᆞ고綠陰으로幕ᄒᆞ야坐者臥者起者嘯者歌者吹簫者讀書者가各其樂을樂ᄒᆞ야傍人을不關ᄒᆞ다가興盡ᄒᆞᆫ則其家에各歸홈이라

幼穉會　此會ᄂᆞᆫ其條가最多ᄒᆞ니盡記ᄒᆞ기極難ᄒᆞ나大綱으로擧論ᄒᆞ건ᄃᆡ歌會舞會도有ᄒᆞ고貧人의子女에게衣服給與ᄒᆞᄂᆞᆫ會도有홈이라大槩衣服給與ᄒᆞᄂᆞᆫ會ᄂᆞᆫ諸富家의婦人이貧家의子女를爲ᄒᆞ야新件衣服을多製ᄒᆞ고貧富童穉를一齊招集ᄒᆞ야貧者의子女에게衣服을給與호ᄃᆡ貧者의心懷를傷ᄒᆞᆯ가是慮ᄒᆞ야富人의子女도混集홈이오歌會舞會ᄂᆞᆫ童穉의私習ᄒᆞ기를爲홈이며又每年春秋에地方官이貧者의子女를爲ᄒᆞ야淸明ᄒᆞᆫ天氣를擇ᄒᆞ야童穉의大會를行ᄒᆞᄂᆞ니此亦貧富의子女를不分ᄒᆞ고同

等으로待遇ᄒᆞ야雄壯ᄒᆞᆫ火戱와淸雅ᄒᆞᆫ音樂으로始ᄒᆞ고遊讌으로終ᄒᆞ더라

諸小會　大槩泰西에集會ᄒᆞᄂᆞᆫ名目이一二에不止ᄒᆞᆫ故로毛擧ᄒᆞ기不能ᄒᆞᆫ者라集會ᄒᆞᄂᆞᆫ屋子를別築ᄒᆞ고閑暇時에書를閱ᄒᆞ기爲ᄒᆞ야來會ᄒᆞᄂᆞᆫ者도有ᄒᆞ며書를評ᄒᆞ기爲ᄒᆞ야來會ᄒᆞᄂᆞᆫ者도有ᄒᆞ며學問을論難ᄒᆞ기爲ᄒᆞ야來會ᄒᆞᄂᆞᆫ者도有ᄒᆞ며遠朋을接對ᄒᆞ기爲ᄒᆞ야來會ᄒᆞᄂᆞᆫ者도有ᄒᆞ며音樂과歌舞의暢懷ᄒᆞ기爲ᄒᆞ야來會ᄒᆞᄂᆞᆫ者도有ᄒᆞ며情談ᄒᆞ기爲ᄒᆞ야來會ᄒᆞᄂᆞᆫ者도有ᄒᆞ며遊戱ᄒᆞ기爲ᄒᆞ야來會ᄒᆞᄂᆞᆫ者도有ᄒᆞ고各種才藝의一技라두能ᄒᆞᆫ者가其理致를談論ᄒᆞ기爲ᄒᆞ야來會ᄒᆞᄂᆞᆫ者도有홈이라

馬戱　蓋馬戱ᄂᆞᆫ恒有ᄒᆞᆫ者아니오其馬主의至ᄒᆞᄂᆞᆫ地方마다其時에有ᄒᆞᆫ者니其才技ᄂᆞᆫ馬의天生ᄒᆞᆫ稟賦아니오亦人의敎訓으로成就ᄒᆞᆫ者라今에其戱弄ᄒᆞᄂᆞᆫ才技의大綱을記ᄒᆞ건ᄃᆡ學堂設施ᄒᆞᄂᆞᆫ貌樣은老馬가先生되야椅子에踞坐ᄒᆞ고其前面에一座床을寘ᄒᆞ며床上에一卷書를寘ᄒᆞᆫ後에儼然ᄒᆞᆫ氣像으로先生의威儀를擅ᄒᆞ야身을搖ᄒᆞ고頷을遊ᄒᆞ거든衆馬가各其口에一卷冊子를含ᄒᆞ고次例로先生馬前에至ᄒᆞ야一座冊床을各其前에立ᄒᆞ고交椅에坐ᄒᆞ야恭遜히弟子의職을執ᄒᆞ야受學ᄒᆞᄂᆞᆫ形像을擬倣ᄒᆞᆫ則先生馬가敎授ᄒᆞᄂᆞᆫ體도ᄒᆞ며呵責ᄒᆞᄂᆞᆫ體도ᄒᆞ다가一頃을過ᄒᆞᆫ後에先生馬가

身을起ᄒᆞᆫ則弟子馬가隨起ᄒᆞ며又軍士組練ᄒᆞᄂᆞᆫ形狀은馬主가將帥되야鞭策으로指揮ᄒᆞᆯ식衆馬에各其一定ᄒᆞᆫ名號가有ᄒᆞ야唱出ᄒᆞᄂᆞᆫᄃᆡ로進ᄒᆞ야受點ᄒᆞᆫ後에行伍를遵依ᄒᆞ야陣列을排成ᄒᆞ거든馬主가始乃鞭을擧ᄒᆞ야號令ᄒᆞᆫ則號令ᄃᆡ로坐作進退及分合ᄒᆞᄂᆞᆫ法을行ᄒᆞ고方陣으로折行ᄒᆞ기도ᄒᆞ며圓陣으로回旋ᄒᆞ기도ᄒᆞ야形容各色으로一毫의錯戾가不現ᄒᆞ고組練을畢ᄒᆞᆫ後에大敵과戰爭ᄒᆞᄂᆞᆫ形貌를行ᄒᆞ야奔騰히進ᄒᆞ며徐緩히退ᄒᆞ다가發砲ᄒᆞᄂᆞᆫ才技도有ᄒᆞ고又他遊戱ᄒᆞᄂᆞᆫ條件인則覽者醫者及才人의形樣을摸ᄒᆞᄂᆞᆫ者와求景人에게羅拜ᄒᆞᄂᆞᆫ者와舞者角力者假睡者와假睡者에게故跌ᄒᆞᄂᆞᆫ者며獨木橋에兩馬가相遇ᄒᆞ야其路를互爭ᄒᆞ다가一馬가不勝ᄒᆞᄂᆞᆫ듯시橋底에倒懸ᄒᆞ야他馬의過ᄒᆞᄂᆞᆫ時에突起推落ᄒᆞᄂᆞᆫ者와兩馬가板을跳ᄒᆞ다가一馬의跳高ᄒᆞᆫ時에他馬가下立ᄒᆞ야相歎ᄒᆞᄂᆞᆫ者의種類며又此外에各色才技가多ᄒᆞ나毫釐으로摸出ᄒᆞ기實難ᄒᆞ고且狗戱도此와同ᄒᆞᆫ者가有홈이라

演戱　此戱ᄂᆞᆫ泰西에만有홈ᄲᅮᆫ아니라中國과日本에도有ᄒᆞᆫ者니今에泰西人의此戱를爲ᄒᆞ야其屋舍築造ᄒᆞᆫ制度와座臺排鋪ᄒᆞᆫ形樣을記ᄒᆞ건ᄃᆡ琉璃窓에金碧으로輝煌히彩色ᄒᆞ고電氣燈과炭氣燈으로漆夜라도白晝ᄀᆞᆺ치光明ᄒᆞ며鐵椅의錦座ᄂᆞᆫ後者

가前者에셔次序로漸高ᄒᆞ고堂內四面에彩欄으로周圍ᄒᆞ야亦座椅를排寘ᄒᆞᆫ後에堂內一面에游戲ᄒᆞᄂᆞᆫ座臺를排鋪ᄒᆞ니其宏濶ᄒᆞᆷ과便利ᄒᆞᆷ이極臻ᄒᆞᆫ지라其游戲ᄒᆞᄂᆞᆫ條目은古今歷史의有名ᄒᆞᆫ事蹟으로足히人心을激起ᄒᆞᄂᆞᆫ者와感動ᄒᆞᄂᆞᆫ者며喜悅ᄒᆞᄂᆞᆫ者와歡樂ᄒᆞᄂᆞᆫ者를分ᄒᆞ야悲慘戲悅樂戲의二條區別을定ᄒᆞ고或汚穢ᄒᆞᆫ風俗을譏弄ᄒᆞ야世人을諷ᄒᆞ기도ᄒᆞᄂᆞ니其戲臺의排鋪ᄒᆞᆫ物色인則戲條를逐ᄒᆞ야各其意味와景狀을表ᄒᆞ며城市와山林이며江湖의畵圖가宛然히活動ᄒᆞ야十分眞境을逼ᄒᆞ고戲人의扮裝ᄒᆞᆫ衣服인則燦爛ᄒᆞ기도極臻ᄒᆞ거니와各樣假面탈은其逼眞ᄒᆞᆫ形色이毫末의疑慮도不起ᄒᆞ고游戲ᄒᆞᄂᆞᆫ名條ᄂᆞᆫ千態萬狀이라大綱指出ᄒᆞ건ᄃᆡ戰爭宴享商賈爭訟報恩報讎及男女會晤君臣結義等事니一條로一戲를作ᄒᆞ고一戲를屢場에分ᄒᆞ야初場의戲가終ᄒᆞᆫ則戲臺의帳을垂ᄒᆞ고又次場의戲座를排寘ᄒᆞ야其物色이其戲와相適ᄒᆞᄂᆞ니如此ᄒᆞ게連ᄒᆞ야終場에至ᄒᆞ도록然ᄒᆞᆫ지라樂工이戲臺前面에坐ᄒᆞ야垂帳ᄒᆞᄂᆞᆫ時마다音樂을迭奏ᄒᆞ고悲慘戲의終ᄒᆞᆫ後ᄂᆞᆫ歡樂戲一場을游ᄒᆞ야求景人의悲悵心을解ᄒᆞ더라

野戲　此戲ᄂᆞᆫ我國의山頭戲(山頭都監)와同ᄒᆞᆫ者니駭怪ᄒᆞᆫ擧動과淫悖ᄒᆞᆫ言詞ᄂᆞᆫ皆世人의

譏嘲ᄒᆞᄂᆞᆫ者며政府의禁止ᄒᆞᄂᆞᆫ배인故로行ᄒᆞ기不敢ᄒᆞᆷ이라又此戲도馬戲ᄀᆞᆺ치恒有ᄒᆞᆫ者아니오戲主의至ᄒᆞᄂᆞᆫ時에有ᄒᆞ며其戲의用ᄒᆞᄂᆞᆫ器具와人員及禽獸가不少ᄒᆞᆫ故로其輪運과往來에便利ᄒᆞ기를爲ᄒᆞ야戲主가瀛車를刱造ᄒᆞ야鐵路會社에出貰ᄒᆞ고其行時마다器械力을借ᄒᆞᄂᆞ니其游戲ᄒᆞᄂᆞᆫ處所와景像을略記ᄒᆞ건ᄃᆡ千餘間適日을雲際에接ᄒᆞᆫ듯시撐起ᄒᆞ고其內邊의周廻를隨ᄒᆞ야步板으로層臺를造ᄒᆞ야求景人의坐處를作ᄒᆞ며其中央인則游戲ᄒᆞᄂᆞᆫ場所를定ᄒᆞᄂᆞ니其器具의宏壯ᄒᆞᆷ이足히稱道ᄒᆞᆯ者며戲人은音樂으로引導ᄒᆞ야衣裝도爛燦ᄒᆞ거니와才技도非常ᄒᆞ니騎馬ᄒᆞᄂᆞᆫ女子ᄂᆞᆫ一足으로馬上에立ᄒᆞ야飛電ᄀᆞᆺ치馳走ᄒᆞ기와兩足으로雙馬背에各立ᄒᆞ야流矢ᄀᆞᆺ치並驅ᄒᆞ기며或坐或跳ᄒᆞ되落馬ᄒᆞᄂᆞᆫ失措가無ᄒᆞ고又一條의奇ᄒᆞᆫ者ᄂᆞᆫ馳馬ᄒᆞᄂᆞᆫ際에紙圈을跳出ᄒᆞ야走馬背上에更立ᄒᆞᆷ이오又伶人의才戲ᄂᆞᆫ一跳ᄒᆞᄂᆞᆫ力으로六七間遠處에至ᄒᆞ면셔空中에四五次飜轉ᄒᆞ기도ᄒᆞ며十餘丈高處에二三間식間隔ᄒᆞ야鞦韆을繫ᄒᆞ고彼此의鞦韆을跳換ᄒᆞ기도ᄒᆞ며鐵索을十餘丈高處에直垂ᄒᆞ게繫ᄒᆞ고一手에雨傘이오又一手에水器를持ᄒᆞ고緩步ᄒᆞ야上ᄒᆞ다가極上頭에至ᄒᆞᆫ則一足은擧ᄒᆞ고又一足은鐵索에附ᄒᆞ야直下ᄒᆞ기도ᄒᆞ며鐵箍十餘箇를鞦韆ᄀᆞᆺ치高懸ᄒᆞ고箍內

에倒懸ᄒᆞ기도ᄒᆞ고平坐ᄒᆞ기도ᄒᆞ며橫臥ᄒᆞ기도ᄒᆞ고跳換ᄒᆞ기도ᄒᆞ며三數間高處에鐵索을繫ᄒᆞ고橫木으로中心을作ᄒᆞ야回旋ᄒᆞᄂᆞᆫ形影이車輪ᄀᆞᆺ치ᄒᆞ다가回旋ᄒᆞ기를終ᄒᆞᆫ後에彼此의鐵索을相換ᄒᆞ야輪轉ᄒᆞ기도ᄒᆞ니此外에其才戲가無窮ᄒᆞ나文字로ᄂᆞᆫ盡言ᄒᆞ기不能ᄒᆞᆫ지라又其禽獸의種類를見ᄒᆞ건ᄃᆡ伏者走者飛者에不具ᄒᆞᆫ者가無ᄒᆞ니虎豹熊獅의猛猂ᄒᆞᆫ者와猿猱猩狐의奸猾ᄒᆞᆫ者며鸚鵡의伶慧ᄒᆞᆫ者와孔雀의華美ᄒᆞᆫ者며蛇虺의凶獰ᄒᆞᆫ者니其名像을盡記ᄒᆞ기不可ᄒᆞ되皆鐵圈內에寘ᄒᆞ야走逸ᄒᆞᆷ을防ᄒᆞ고惟象은其性質의聰悟ᄒᆞᆷ과才操의敏捷ᄒᆞᆷ으로戲馬ᄀᆞᆺ치敎馴ᄒᆞ야不能ᄒᆞᆫ才戲가無ᄒᆞ니亦馬戲와同ᄒᆞ고人種의乖常ᄒᆞᆫ者ᄂᆞᆫ女子의有鬚ᄒᆞᆫ者와頭髮이身長에踰ᄒᆞᆫ者와男子의腹皮가其全面을覆ᄒᆞᄂᆞᆫ者와無手ᄒᆞ야足으로寫字ᄒᆞᄂᆞᆫ者와幼兒의全身生毛ᄒᆞᆫ者와矮子의大面者니此ᄂᆞᆫ皆人의觀覽을供ᄒᆞᆷ이나然이나此戲ᄂᆞᆫ私行ᄒᆞ기不能ᄒᆞ고地方官家의許準을得ᄒᆞᆫ然後에始行ᄒᆞ며又求景標ᄂᆞᆫ演戲ᄀᆞᆺ치來者에게賣ᄒᆞ고每日納官ᄒᆞᄂᆞᆫ稅銀이一百元에至ᄒᆞ더라

西遊見聞第十六編 終

西遊見聞第十七編

貧院

一 貧院은貧困無告ᄒᆞᆫ者를恤養ᄒᆞᄂᆞᆫ處所니條目으로區別ᄒᆞ건ᄃᆡ

二 第一 老人院이니鰥寡의窮老가依托ᄒᆞᆯ處가無ᄒᆞ면衣服居處를備具ᄒᆞ야其身을終토록救恤ᄒᆞᄂᆞᆫ處所라

三 第二 幼見院이니童穉의身體가不具ᄒᆞ거나筋骨이虛弱ᄒᆞ야營生ᄒᆞᄂᆞᆫ方道가無有ᄒᆞᆫ者를救恤ᄒᆞᄂᆞᆫ處所니學術과才藝를敎誨ᄒᆞ고年紀가長成ᄒᆞ야足히其契活을自供ᄒᆞ기에至ᄒᆞᆫ則院에出ᄒᆞ며雖健壯ᄒᆞᆫ者라도蹇艱ᄒᆞ기極臻ᄒᆞᆫ時間은此院에暫入ᄒᆞ야其窘急ᄒᆞᆷ을免ᄒᆞ고生涯의方略을求ᄒᆞ야出ᄒᆞᄂᆞᆫ者도有ᄒᆞ며又或貧人이幼穉ᄒᆞᆫ子女가有ᄒᆞᄃᆡ營生ᄒᆞᄂᆞᆫ道에ᄎᆡ拘ᄒᆞ야朝晝間撫養에無暇ᄒᆞᆫ則每日服役ᄒᆞᄂᆞᆫ時間은此院에托ᄒᆞ고夕後에携歸ᄒᆞᄂᆞᆫ者도亦有ᄒᆞᆷ이라

四 第三 孤見院이니幼穉의男女가父母와親戚의撫養ᄒᆞᆯ者가無ᄒᆞ며世傳ᄒᆞᄂᆞᆫ祖業도不存ᄒᆞ야貧乏無依ᄒᆞᆫ者를救恤ᄒᆞᄂᆞᆫ處所니其敎誨ᄒᆞᄂᆞᆫ條目과出院ᄒᆞᄂᆞᆫ年紀ᄂᆞᆫ幼

見院의規模와同一ᄒᆞᆫ者라

五 第四 棄見院이니其意ᄂᆞᆫ院名과同ᄒᆞ야棄見를救恤ᄒᆞᄂᆞᆫ處所라貧人의不學ᄒᆞᆫ者가其子女를撫養ᄒᆞ기有難ᄒᆞᆫ時ᄂᆞᆫ捨棄ᄒᆞᄂᆞᆫ者가或有ᄒᆞᆯ가是慮ᄒᆞᆷ이어니와行實업ᄂᆞᆫ男女가密通ᄒᆞ야生産ᄒᆞᆫ幼穉ᄂᆞᆫ必然히棄擲ᄒᆞᆯᄃᆡ니大槩男女의密通과幼穉의棄捨ᄂᆞᆫ泰西各邦에도嚴禁ᄒᆞᄂᆞᆫ法이나然이나其棄擲ᄒᆞᄂᆞᆫ時ᄂᆞᆫ必然秘密히行ᄒᆞᆯᄃᆡ라然則其棄見ᄂᆞᆫ無罪ᄒᆞᆫ生命이니엇디可哀ᄒᆞᆫ者아니리오마ᄂᆞᆫ逐一發現ᄒᆞ기不能ᄒᆞᆫ則乃此院을設ᄒᆞ야棄見를收養ᄒᆞᆷ이라其院의排鋪ᄒᆞᆫ法이門外에鈴을懸ᄒᆞ야見棄ᄒᆞᄂᆞᆫ者가其前에棄見를寘ᄒᆞ고鈴을鳴ᄒᆞᆫ則院中人이出ᄒᆞ야其見를拾歸ᄒᆞ고棄者를不問ᄒᆞ며院內에ᄂᆞᆫ衣服을精히ᄒᆞ고乳母를定ᄒᆞ야養育ᄒᆞᄂᆞᆫ道를極臻히ᄒᆞᄃᆡ萬若棄見ᄒᆞᄂᆞᆫ者를或見ᄒᆞ야도敢히公言ᄒᆞ기를不許ᄒᆞᄂᆞ니其敎誨ᄒᆞᄂᆞᆫ制度ᄂᆞᆫ幼見院과亦同ᄒᆞᆫ者라天下各國中에俄羅斯가此院의規則을明白키ᄒᆞ며養育ᄒᆞᄂᆞᆫ法을敦厚케ᄒᆞ고其用費ᄂᆞᆫ全혀政府가擔當ᄒᆞ니其故ᄂᆞᆫ土地가曠濶ᄒᆞ고人民이稀少ᄒᆞ야然ᄒᆞᆷ이라

六 夫貧院은政府의公建ᄒᆞᆫ者도有ᄒᆞ며人民의會社로私立ᄒᆞᆫ者도有ᄒᆞ니英吉利京城倫

敦에貧院이大小合ᄒᆞ야四十餘所라最大ᄒᆞᆫ者ᄂᆞᆫ五六百人을容ᄒᆞᄃᆡ政府에屬ᄒᆞᆫ者ᄂᆞᆫ僅四五處에不過ᄒᆞ고其餘ᄂᆞᆫ皆私民의設寘ᄒᆞᆷ이니政府의貧院用費ᄂᆞᆫ都下人民의定式ᄒᆞᆫ家稅外에貧院費라名ᄒᆞ야加收ᄒᆞ며私民의貧院用費ᄂᆞᆫ私立ᄒᆞᆫ病院의規則과同ᄒᆞ야富饒ᄒᆞᆫ者數三人이會社를結ᄒᆞ야貧院設始ᄒᆞ기를經營ᄒᆞ고其好意를新聞紙에登載ᄒᆞ야世間에布告ᄒᆞ야有意人의扶助를請ᄒᆞᆫ則善心잇ᄂᆞᆫ富者도其社中에托名ᄒᆞ야每年若干의錢財를出ᄒᆞ기로約ᄒᆞ고萬若如此히收合ᄒᆞᆫ財物이不足ᄒᆞ면尙且富貴人을說誘ᄒᆞ야捐財ᄒᆞᄂᆞᆫ仁心을請ᄒᆞ야貧院을建ᄒᆞᆫ後에幹事人을刱定ᄒᆞ야院內의凡百事務를總察ᄒᆞ고每年其用費ᄂᆞᆫ社中이擔着ᄒᆞᄂᆞ니大槩院內의救恤을受ᄒᆞᄂᆞᆫ者도遊怠ᄒᆞᆫ閑人으로歲月을消遣ᄒᆞ기不許ᄒᆞ야病老와幼穉外에ᄂᆞᆫ各其才能ᄃᆡ로相當ᄒᆞᆫ業을攻ᄒᆞ게ᄒᆞᄃᆡ無能ᄒᆞᆫ者ᄂᆞᆫ男子면繩를索ᄒᆞ며籠을作ᄒᆞ고女子ᄂᆞᆫ他人의衣服을洗濯ᄒᆞᆷ과縫裁ᄒᆞᆷ으로其職을供ᄒᆞ야院中用費의百分一이라도助ᄒᆞ고又貧院設始ᄒᆞᆫ社中이每年에一次大會를設ᄒᆞᆯ새設會前二三日에新聞紙로其處所와日子를世人에게告ᄒᆞ야參會ᄒᆞ기를請ᄒᆞᆫ則富貴人과仁善人의此事를喜ᄒᆞᄂᆞᆫ者ᄂᆞᆫ一齊히其會席에參ᄒᆞ야杯盤을同樂ᄒᆞ고其罷歸ᄒᆞᄂᆞᆫ時에各其意向과事力을隨ᄒᆞ야多少의義金을指ᄒᆞ

ᄒᆞᄂᆞ니此亦院費에充補ᄒᆞᄂᆞᆫ者라

病院

一 病院은病人治療ᄒᆞ기爲ᄒᆞ야設立ᄒᆞᆫ者로ᄃᆡ特別히貧人의醫藥을不獲ᄒᆞᄂᆞᆫ者를爲ᄒᆞ야建寘ᄒᆞᆫ善意라政府의公費로設ᄒᆞᆫ者도有ᄒᆞ며人民會社의私力으로開ᄒᆞᆫ者도有ᄒᆞ니英吉利와合衆國에私立病院이最多ᄒᆞᆷ政府의此費ᄂᆞᆫ自然히民稅中劃下ᄒᆞᄂᆞᆫ者어니와人民의此費ᄂᆞᆫ世間에仁善ᄒᆞᆫ君子가會社를結ᄒᆞ고王公貴人과富商大賈를勸誘ᄒᆞ야其扶助ᄒᆞᄂᆞᆫ財額으로此事를行ᄒᆞ고又此院이旣成ᄒᆞᆫ後도補助ᄒᆞᄂᆞᆫ金額을賚ᄒᆞ야續保ᄒᆞᄂᆞ니大槩病院의治療를受ᄒᆞᄂᆞᆫ者가極貧ᄒᆞᆫ則其費를不出ᄒᆞ나若干財産이라도持有ᄒᆞᆫ者ᄂᆞᆫ其家勢의有無를隨ᄒᆞ야醫藥의費用을出ᄒᆞᄂᆞᆫ지라泰西各國大都會에ᄂᆞᆫ病院의不設ᄒᆞᆫ處가無ᄒᆞ야其規模의施措가大同小異ᄒᆞ나佛蘭西病院의法이善美ᄒᆞ다云ᄒᆞ기略抄ᄒᆞ노라

二 佛蘭西京城巴里에病院이大小合ᄒᆞ야十餘所니一院에配寘ᄒᆞᄂᆞᆫ醫士의數ᄂᆞᆫ病院의大小를隨ᄒᆞ야八人或十五人이오最多ᄒᆞᆫ者ᄂᆞᆫ三十人에至ᄒᆞ고看病人은男女를分ᄒᆞ

三

야病男은男子가顧護ᄒᆞ며病女ᄂᆞᆫ女子가審候ᄒᆞ야病人五十人에看病人十人을附ᄒᆞ며又看病人은自願ᄒᆞᄂᆞᆫ者도有ᄒᆞ니如何ᄒᆞᆫ女子든지老少를無論ᄒᆞ고不幸ᄒᆞᆫ運彩로寡婦되야烈節을自守ᄒᆞ거나又或他事로其國俗의謂ᄒᆞᄂᆞᆫ바神明에誓ᄒᆞ야若干年間에病者救助ᄒᆞ기로自約ᄒᆞ고其年期內에男女의交를絶ᄒᆞ야淸淨自修ᄒᆞ기를我邦의尼ᄀᆞᆺᄐᆞᆫ者가病院에入ᄒᆞᆷ이라此輩人은本來自己의願으로看病ᄒᆞᄂᆞᆫ職을自擔ᄒᆞᆫ故로俸金을不受ᄒᆞ고惟衣食의費를取給ᄒᆞ며又留院ᄒᆞᄂᆞᆫ時日도定限이無ᄒᆞ야今日에入院ᄒᆞᆫ者라도意에不適ᄒᆞ면明日에出院ᄒᆞᄂᆞᆫ者도有ᄒᆞᆷ이라

諸病院이各部內에散在ᄒᆞ나然ᄒᆞ나宮闕近處에一官府를置ᄒᆞ야諸院의規則과事務를總察ᄒᆞᄂᆞ니是故로都下의人民이有病ᄒᆞ야此院에欲入ᄒᆞᄂᆞᆫ者ᄂᆞᆫ必先官府에至ᄒᆞ야其許施를獲ᄒᆞᆫ後에入院ᄒᆞ기를始得ᄒᆞ며且其病院의用費를論ᄒᆞ건ᄃᆡ其實은政府의出ᄒᆞᄂᆞᆫ者가無ᄒᆞ고其初設ᄒᆞᄂᆞᆫ時에都下人民에게令을下ᄒᆞ야每戶에其貧富를應ᄒᆞ야出斂ᄒᆞ며又其後에病院의修理와病人의治療ᄒᆞᄂᆞᆫ藥材와衣服이며看病人及他許多諸費ᄂᆞᆫ此下의記載ᄒᆞᆫ法으로錢財를收聚ᄒᆞ야行ᄒᆞᄂᆞᆫ者라

第一 都下人民이各其意를從ᄒᆞ야病院의扶助金을納ᄒᆞᄂᆞᆫ事

第二 都下의戲屋及他遊樂ᄒᆞᄂᆞᆫ排鋪로獲利ᄒᆞᄂᆞᆫ者ᄂᆞᆫ其所獲ᄒᆞᆫ十分의四를病院에呈納ᄒᆞᄂᆞᆫ事

第三 病人이貧困ᄒᆞ기不甚ᄒᆞ나延醫服藥ᄒᆞᄂᆞᆫ凡節에有窘ᄒᆞ야入院ᄒᆞᆫ者ᄂᆞᆫ每日一二(후랑크)(一후랑크가我邦의一兩分數라) 或四五(후랑크)를病院에進納ᄒᆞᄂᆞᆫ事

第四 政府가典當處所를排鋪ᄒᆞ고人民의物品을典執ᄒᆞᄃᆡ其法이一年으로期限은定ᄒᆞ고利息을一年에每兩六分이니萬若物品主人이期限이過ᄒᆞ도록典當을不推ᄒᆞᆫ則政府가其物品을民間에販賣ᄒᆞ야假令其初에百兩으로典執ᄒᆞᆷ者를一百四十兩에販賣ᄒᆞᆫ則一百四十兩中에本錢百兩과利息六兩을除ᄒᆞᆫ後에其餘三十四兩은病院의費用에歸ᄒᆞᄂᆞᆫ事

四

以上은人民의病院을擔支ᄒᆞᄂᆞᆫ規模니海陸軍病院의諸費ᄂᆞᆫ政府의全擔ᄒᆞᄂᆞᆫ者라

一

痴兒院

痴兒院은痴兒를敎訓ᄒᆞᄂᆞᆫ學校니其條目이亦他尋常ᄒᆞᆫ學校와同ᄒᆞ나然ᄒᆞ나痴兒라謂ᄒᆞᄂᆞᆫ者ᄂᆞᆫ其天稟ᄒᆞᆫ解悟性이不足ᄒᆞᆫ지라然ᄒᆞᆫ故로其敎誨ᄒᆞᄂᆞᆫ制度ᄂᆞᆫ他處와不同

ᄒᆞ니其學習ᄒᆞᄂᆞᆫ書冊은特別히大字로印出ᄒᆞᄃᆡ言語를訓誨ᄒᆞᄂᆞᆫ法은但文字로其意思를覺ᄒᆞ게ᄒᆞᆷ이實難ᄒᆞᆫ故로畵圖를用ᄒᆞ야其事를形像ᄒᆞ야假令犬이라云ᄒᆞᄂᆞᆫ字를敎ᄒᆞᄂᆞᆫ時ᄂᆞᆫ犬을畵ᄒᆞ고文字로其傍에註ᄒᆞ며物品購買ᄒᆞᄂᆞᆫ事를誨ᄒᆞᆫ則亦必畵圖로人의買物ᄒᆞᄂᆞᆫ貌樣을寫ᄒᆞ고文字로其意를釋ᄒᆞᄂᆞ니如此히詳細ᄒᆞ고도其本意를不悟ᄒᆞᆯ가是慮ᄒᆞ야一句語一節事를累度熟讀ᄒᆞ야漸次로讀書ᄒᆞᄂᆞᆫ法을學ᄒᆞ기에至ᄒᆞ고數學을敎ᄒᆞ기도其器械가累種이니今에其一例를擧ᄒᆞ건ᄃᆡ敎師가小丸數箇를持ᄒᆞ고手中에二箇를擧ᄒᆞ야曰호ᄃᆡ此小丸이幾箇인가問ᄒᆞᄂᆞᆫ時에一兒도對答ᄒᆞᄂᆞᆫ者가無ᄒᆞ면敎師가二箇라誨ᄒᆞ고若知者가有ᄒᆞ거든又二箇를加ᄒᆞ야問호ᄃᆡ二箇에二箇를加ᄒᆞ면幾箇되ᄂᆞᆫ가四箇라答ᄒᆞᄂᆞᆫ者가有ᄒᆞ거든又三箇를更加ᄒᆞ야曰호ᄃᆡ四箇에三箇를加ᄒᆞ니幾箇에至ᄒᆞᄂᆞᆫ가應ᄒᆞ야曰七箇라ᄒᆞᄂᆞᆫ者가有ᄒᆞ거든敎師가更問호ᄃᆡ四箇와三箇를合ᄒᆞ야七箇니今此七箇中에一箇를減ᄒᆞ면幾箇가餘存ᄒᆞᄂᆞᆫ가六箇라謂ᄒᆞᆫ則又曰此六箇를二人이均分ᄒᆞ면一人의所受가幾箇되ᄂᆞᆫ가ᄒᆞ야如此ᄒᆞᆫ道로其計算ᄒᆞᄂᆞᆫ知覺을養成ᄒᆞ며又遊戲ᄒᆞᄂᆞᆫ諸具도尋常ᄒᆞᆫ者가自無ᄒᆞ야一二條에不止ᄒᆞᄃᆡ其中簡易ᄒᆞᆫ者ᄂᆞᆫ厚紙에草木禽獸及舟車或宮室의形像을畵ᄒᆞ고割出ᄒᆞ기를或

方或圓ᄒᆞ며或長或短ᄒᆞ며或縱或橫ᄒᆞ야其割出ᄒᆞᆫ諸片을各其本孔에合ᄒᆞ게ᄒᆞᄃᆡ能ᄒᆞᆫ者ᄂᆞᆫ賞與ᄒᆞ고不能ᄒᆞᆫ者라도決斷코呵責을不行ᄒᆞ며又此外에도舞法과歌調를誨ᄒᆞ야其心志와氣度를活潑히ᄒᆞ고升木ᄒᆞ기와鞦韆ᄒᆞ기를敎ᄒᆞ야其身體와筋骨을健壯히ᄒᆞ며近時ᄂᆞᆫ軍人의組練도訓ᄒᆞ야上下의節制와順序를知ᄒᆞ게ᄒᆞᆷ이라云ᄒᆞ더라

一

狂人院

狂人院은狂人을治療ᄒᆞᄂᆞᆫ處所니其屋舍의築造ᄒᆞᆫ制度가華麗ᄒᆞᆷ과精潔ᄒᆞᆷ은具備ᄒᆞ야閑逸ᄒᆞᆫ韻趣의雅澹ᄒᆞᆫ風致가人의心志를悅樂ᄒᆞ기로爲主ᄒᆞ며日用의諸具도器皿으로브터室內의排寘에至ᄒᆞ야不然ᄒᆞᆫ者가無ᄒᆞᆯ뿐더러院의四周에園을作ᄒᆞ고奇花와異草를栽種ᄒᆞ며小籠에彩禽을飼ᄒᆞ고淺池에金魚를養ᄒᆞ야諸般事物이諸他院에比ᄒᆞ야有表히殊異ᄒᆞ니病者ᄂᆞᆫ每一人에一室을定ᄒᆞ고其症勢의差輕ᄒᆞᆫ者ᄂᆞᆫ晝間에庭園에徘徊ᄒᆞ기를許ᄒᆞ야其意의樂ᄒᆞᄂᆞᆫᄃᆡ로花草를玩賞ᄒᆞᄂᆞᆫ者와禽魚를弄戲ᄒᆞᄂᆞᆫ者도有ᄒᆞ고歌者舞者嘯者畵者와音樂을調ᄒᆞᄂᆞᆫ者도亦有ᄒᆞᄃᆡ其心을不拂ᄒᆞ기로治敎ᄒᆞᄂᆞᆫ眞法을作ᄒᆞ니又醫士의用藥ᄒᆞᄂᆞᆫ道ᄂᆞᆫ極愼ᄒᆞ야速效를不求ᄒᆞ고拖長ᄒᆞ야

도全治ᄒᆞ기를俟ᄒᆞ야更發ᄒᆞᆯ念慮가無ᄒᆞᆫ然後에出院ᄒᆞ기를始許ᄒᆞᄃᆡ狂病의所使로死罪를犯ᄒᆞᆫ者ᄂᆞᆫ雖平癒ᄒᆞᆫ後라도院內에其身을終ᄒᆞᄂᆞ니年前에英吉利國의女王이出幸ᄒᆞᄂᆞᆫ時에忽然一人이蹕路를犯ᄒᆞ야小銃을發射ᄒᆞ니天幸으로女王의玉體ᄂᆞᆫ不傷ᄒᆞᆫ지라有司가其人을逮捕ᄒᆞ야詰問ᄒᆞᆫ則都下의狂民이나其犯罪ᄂᆞᆫ不道ᄒᆞᆫ大逆이나女王이其本心에不出ᄒᆞᆷ을容恕ᄒᆞ고其不幸ᄒᆞᆫ病을惻隱히矜念ᄒᆞ야王室의費로狂人院에送ᄒᆞ야治療ᄒᆞ니天下가其寬厚仁慈ᄒᆞᆫ德을稱ᄒᆞ더라

泰西醫士의言에曰ᄒᆞᄃᆡ凡人의狂癡ᄒᆞᄂᆞᆫ者ᄂᆞᆫ其知覺과才識이本來超越ᄒᆞᆫ지라然ᄒᆞᆫ故로愚騃ᄒᆞᆫ人은狂病의發ᄒᆞᄂᆞᆫ者가無ᄒᆞ니其救療ᄒᆞᄂᆞᆫ法이其意를順히ᄒᆞ며藥을時로用ᄒᆞ야其性情을閑養ᄒᆞ면全癒ᄒᆞ기를可期ᄒᆞᄂᆞᆫ지라合衆國狂人院의規則을考據ᄒᆞ건ᄃᆡ富饒ᄒᆞᆫ者ᄂᆞᆫ其治療ᄒᆞᄂᆞᆫ諸費를出ᄒᆞ고貧者ᄂᆞᆫ不出ᄒᆞᄂᆞ니三十年前에院內의凡百事物이不具ᄒᆞᆫ故로治療ᄒᆞᄂᆞᆫ效驗이極少ᄒᆞ다가其後에凡百이具備ᄒᆞᆫ時를當ᄒᆞ야ᄂᆞᆫ其救治ᄒᆞᄂᆞᆫ效驗이不少ᄒᆞᆫ지라三十年前後의治療ᄒᆞᆫ實效를比較ᄒᆞ면其前에ᄂᆞᆫ一百人에能히全癒ᄒᆞᄂᆞᆫ者가五六人에不過ᄒᆞ더니近日에ᄂᆞᆫ一百人에平治ᄒᆞᄂᆞᆫ者가三十人以上에至ᄒᆞᆫ다謂ᄒᆞ더라

盲人院

盲人院은盲人을敎誨ᄒᆞᄂᆞᆫ學校니其條目이大綱啞人院과同ᄒᆞ나其學習ᄒᆞᄂᆞᆫ書冊은物形과文字를凸印ᄒᆞ고地圖ᄂᆞᆫ針으로紙孔을穿ᄒᆞ야水陸의形像을畵ᄒᆞ고算學도其器機를別造ᄒᆞ야加減乘除의四紀로天文과地理의測量ᄒᆞᄂᆞᆫ道에至ᄒᆞ야不能ᄒᆞᆫ者가無ᄒᆞ며音樂과歌舞도平人과無差ᄒᆞ고此外에도雕琢ᄒᆞᄂᆞᆫ巧工과摑織ᄒᆞᄂᆞᆫ細事를皆能ᄒᆞ야其造出ᄒᆞᆫ物品을市上에販賣ᄒᆞ고其利剩은此院의費用을供ᄒᆞᄂᆞ니英吉利의盲人院制度ᄂᆞᆫ長幼를無論ᄒᆞ고其敎授ᄒᆞᄂᆞᆫ期限을六個年으로定ᄒᆞ야此年限前에學業이大抵其功을成ᄒᆞᄃᆡ貧困ᄒᆞ야可歸ᄒᆞᆯ處가無有ᄒᆞᆫ者ᄂᆞᆫ尙且院內에留ᄒᆞ야其衣食ᄒᆞᄂᆞᆫ諸費ᄂᆞᆫ自己의營求ᄒᆞᄂᆞᆫ財利로準備ᄒᆞ니其活計ᄂᆞᆫ經文을誦ᄒᆞ거나卜筮를司ᄒᆞᆷ아니라卽物品製造ᄒᆞᄂᆞᆫ事며又其敎授間의雜費ᄂᆞᆫ皆政府의擔任ᄒᆞᄂᆞᆫ者로ᄃᆡ富人의子女ᄂᆞᆫ必其費를出ᄒᆞ고惟貧者ᄂᆞᆫ不然ᄒᆞᆷ이라余가他邦에遊歷ᄒᆞᆫ時에盲人院에往觀ᄒᆞ더니其敎師가盲人의製作ᄒᆞᆫ物品을示ᄒᆞ고工夫ᄒᆞᄂᆞᆫ次序를談ᄒᆞ거ᄂᆞᆯ詳細히考覽ᄒᆞᆫ則其手段의精巧ᄒᆞᆷ과制度의善美ᄒᆞᆷ이雙眸朗然ᄒᆞᆫ者의才技에不讓ᄒᆞᆯᄲᅮᆫ더러學

習ᄒᆞᄂᆞᆫ精神은反勝ᄒᆞ다謂ᄒᆞᄂᆞᆫ지라歸時를及ᄒᆞ야我의姓名을說ᄒᆞᆫᄃᆡ亂草로寫出ᄒᆞᄂᆞᆫ手勢가飛騰ᄒᆞ고我國의名을話ᄒᆞ니地圖를按ᄒᆞ야曰ᄒᆞᄃᆡ亞洲東方의遠國이라ᄒᆞ더라

啞人院

啞人院은啞人을敎訓ᄒᆞᄂᆞᆫ處所니其條目이語學算術天文地理學等에在ᄒᆞ야尋常ᄒᆞᆫ學校와無異ᄒᆞ나其敎誨의始初ᄒᆞᄂᆞᆫ法은手指로泰西文의二十六字를形像ᄒᆞ야言語를不費ᄒᆞ고文字만見ᄒᆞ면悟解ᄒᆞ게ᄒᆞ며又他人의發言ᄒᆞᄂᆞᆫ時에其唇舌齒喉의運動을學ᄒᆞ고此運動ᄒᆞᄂᆞᆫ妙機를學ᄒᆞ야聲音을發ᄒᆞᄂᆞᆫ境에至ᄒᆞᆫ則他人의言語를耳聽ᄒᆞ기ᄂᆞᆫ不能ᄒᆞᄃᆡ其唇舌及齒喉의動機를見ᄒᆞ고其語意를自解ᄒᆞ야他人과能히酬酌ᄒᆞᄂᆞ니夫啞人이言語를不能ᄒᆞᄂᆞᆫ緣由ᄂᆞᆫ發音ᄒᆞᄂᆞᆫ機의不具ᄒᆞᆷ아니오但其耳鼓의鬱塞ᄒᆞᆷ으로聽戶가不開ᄒᆞ야他人의音聲을不聞ᄒᆞᄂᆞᆫ故로自己의音聲도不調ᄒᆞᆷ이니其證據를欲明ᄒᆞᆫ則歡樂ᄒᆞᆫ時의笑音과悲哀ᄒᆞᆫ節의泣聲이天然ᄒᆞᆫ性을從出ᄒᆞᄂᆞᆫ者ᄂᆞᆫ能言ᄒᆞᄂᆞᆫ人과同ᄒᆞᆷ이라然ᄒᆞᆫ故로啞人은其耳가必聾ᄒᆞᄂᆞ니敎誨ᄒᆞ기를長久히ᄒᆞ야發音

ᄒᆞᄂᆞᆫ形容에慣熱ᄒᆞ면不解ᄒᆞᄂᆞᆫ者가無ᄒᆞ야如何ᄒᆞᆫ學問이든지能히學習ᄒᆞ며又書籍을考覽ᄒᆞ기에至ᄒᆞ야ᄂᆞᆫ玉篇과韻叢의等書로敎師를代ᄒᆞ야不通ᄒᆞᄂᆞᆫ者가無ᄒᆞ고遊戲ᄒᆞᄂᆞᆫ器具도畵圖로形像ᄒᆞ며文字로記號ᄒᆞ야敎誨를不俟ᄒᆞ야能解ᄒᆞᄂᆞᆫ지라吾人이外國에出遊ᄒᆞ든時에一處啞人院에至ᄒᆞ야其敎師에게啞人의能言ᄒᆞᄂᆞᆫ擧動을請見ᄒᆞᆫᄃᆡ啞者一人을招來ᄒᆞ거ᄂᆞᆯ起揖ᄒᆞ고寒暄을敍ᄒᆞ니其人이亦丁寧히對答ᄒᆞᄂᆞᆫ지라更起ᄒᆞ야曰ᄒᆞᄃᆡ我ᄂᆞᆫ朝鮮人이로라ᄒᆞᆫᄃᆡ啞人이壁板에書ᄒᆞ야曰ᄒᆞᄃᆡ朝鮮人은誠我邦의貴客이라ᄒᆞ더라

敎導院

敎導院은行實의不正ᄒᆞᆫ人民을訓誨ᄒᆞᄂᆞᆫ處所니不孝不悌로브터虛浪荒雜ᄒᆞᆫ破落戶에至ᄒᆞ야其行實이風化에有關ᄒᆞᆫ者ᄂᆞᆫ皆此院內에拘寘ᄒᆞ고善行을敎ᄒᆞ며苦役을使ᄒᆞ야其心을覺ᄒᆞ게ᄒᆞ고其過를悔ᄒᆞ게ᄒᆞ야其期限이盡ᄒᆞᆫ然後에放歸ᄒᆞ기를始許ᄒᆞᄂᆞ니大槪如此ᄒᆞᆫ事를行ᄒᆞ기ᄂᆞᆫ私民와權力으로以ᄒᆞᆷ아니오必然히法官의令으로其罪戾의輕重을參酌ᄒᆞ야其期의長短을磨鍊ᄒᆞᄂᆞᆫ故로怨望ᄒᆞ기不敢ᄒᆞ고惟其命을順

受ᄒᆞᆯᄯᆡ를이니泰西의風俗이犯法ᄒᆞᄂᆞᆫ人을甚히汙穢ᄒᆞᄂᆞᆫ故로一次라도犯法ᄒᆞᄂᆞᆫ者ᄂᆞᆫ朋友의追逐이頓絶ᄒᆞ야世間에一個有名ᄒᆞᆫ鄙人으로指目을受ᄒᆞᄂᆞᆫ지라然ᄒᆞ기其家의子弟ᄂᆞᆫ其躬을操ᄒᆞ야學問을勉勵ᄒᆞ고其行을飭ᄒᆞ야法律을愼畏ᄒᆞ니酒或雜技로敗家ᄒᆞᄂᆞᆫ者ᄂᆞᆫ皆不學ᄒᆞᆫ賤役人輩에在ᄒᆞᆫ故로此院에入ᄒᆞᄂᆞᆫ者ᄂᆞᆫ恒常下等人의子姪이多홈이라

博覽會

一 天下各國의技藝와工作이日로加ᄒᆞ며月로闢ᄒᆞ야各種物品의新出ᄒᆞᄂᆞᆫ者가勝數ᄒᆞ기不可ᄒᆞ니昔年의稀有ᄒᆞᆫ珍器로貴重ᄒᆞ든者가近時에至ᄒᆞ야陳腐에屬ᄒᆞ고昨日의利器로見稱ᄒᆞ든者가今日의常物이라此를由ᄒᆞ야泰西諸邦의大都會에ᄂᆞᆫ每數年間에產物의大會를設ᄒᆞ고世界上에布告ᄒᆞ야各國의天造及人作의名產과便利ᄒᆞᆫ器機와古物及珍品를蒐集ᄒᆞ야萬邦人의觀覽을供ᄒᆞᄂᆞ니此를謂ᄒᆞ되博覽會라ᄒᆞᄂᆞᆫ者라其物名을大綱記錄ᄒᆞ건ᄃᆡ諸種火輪電氣及炭氣의器械와刀劒銃砲時票馬具農具龍吐水砲臺軍艦宮室의見本과衣服冠履文房諸具及粧奩諸用과古今의樂器名畵名筆

床椅及飮食의器皿等物이니一言으로蔽ᄒᆞ야人世의需用ᄒᆞᄂᆞᆫ千萬種物品의不具ᄒᆞᆫ者가無홈이라如此히各種物을 大廈內에排列ᄒᆞ야五六朔의間에衆人의展觀을許ᄒᆞᆫ시其器品의功用은各其主人이有ᄒᆞ야辨解ᄒᆞ며觀覽ᄒᆞᄂᆞᆫ者가欲購ᄒᆞᄂᆞᆫ時에此會塲의披示ᄒᆞᄂᆞᆫ物品은買得ᄒᆞ기不可ᄒᆞ나其產造ᄒᆞᄂᆞᆫ本地를從ᄒᆞ야定價로買取ᄒᆞ기ᄂᆞᆫ不難ᄒᆞ고又此會의終ᄒᆞᄂᆞᆫ時에其物品을都賣ᄒᆞᄂᆞᆫ者가多有ᄒᆞᆫ故로豫約ᄒᆞ기도ᄒᆞᄂᆞ니夫博覽會의本意ᄂᆞᆫ天下人이相敎互學ᄒᆞᄂᆞᆫ趣旨로他人의長技를取ᄒᆞ야自己의利를作ᄒᆞᆫ則萬國의智力及學識의交易을行홈이며又此會의設施ᄒᆞᄂᆞᆫ節은天下各邦의來遊ᄒᆞᄂᆞᆫ者가如雲ᄒᆞᆫ故로其地方의繁盛홈을助成ᄒᆞᆯᄲᅮᆫ아니라人間의交道를敦厚케ᄒᆞᄂᆞᆫ功도不少ᄒᆞ고又各國의古今物品을考ᄒᆞᆫ則其國의沿革及風俗과人物의智愚도可히推察ᄒᆞᄂᆞᆫ故로愚者ᄂᆞᆫ自勵ᄒᆞ고智者ᄂᆞᆫ自戒ᄒᆞ야世界의文明과人心의開化를興作ᄒᆞ기에亦一大經綸이라

博物館及博物園

一 博物館은天下各國의古今物産을大小와貴賤을無論ᄒᆞ고一齊收聚ᄒᆞ야人의聞見과

二 知識을廣博기ᄒᆞ기爲ᄒᆞ야設施ᄒᆞᆫ者니

三 金石의博物館은世界上金石의種類를蒐集ᄒᆞ야各其名目을區別ᄒᆞ야貯蓄ᄒᆞᆫ處所며禽獸와蟲魚의博物館은世界上禽獸蟲魚의種類를聚集ᄒᆞ야亦其名目을分ᄒᆞ야披示ᄒᆞᄂᆞᆫ處所니禽獸ᄂᆞᆫ其皮를毛의附ᄒᆞᆫᄃᆡ로剝乾ᄒᆞ야其本形을保全ᄒᆞ고蟲魚ᄂᆞᆫ藥을塗ᄒᆞ야其朽敗홈을防ᄒᆞ고亦其本形을保全ᄒᆞ야懸乾ᄒᆞᆫ故로雖死者라도生物의容像이依然ᄒᆞ고又蟲魚의至小ᄒᆞᆫ者ᄂᆞᆫ燒酒에浸寘ᄒᆞᄂᆞᆫ法도有홈이라

四 醫士의博物館은專혀醫士의工夫를爲ᄒᆞ야設立ᄒᆞᆫ處所니人의全體骨과胎의一朔으로브터彌朔ᄒᆞᆫ者와異常ᄒᆞᆫ病에死ᄒᆞᆫ者가有ᄒᆞ면其受病ᄒᆞᆫ部를留儲ᄒᆞ야後日의證驗을作ᄒᆞ고又外治ᄒᆞᄂᆞᆫ器具를收聚ᄒᆞ야人의考覽을供ᄒᆞᄂᆞᆫ者로ᄃᆡ此ᄂᆞᆫ恒常病院內에設寘ᄒᆞᄂᆞᆫ者라

五 博物園은天下各國의生物을蒐集ᄒᆞᄂᆞᆫ處所니其意思ᄂᆞᆫ亦博物館의設施와同ᄒᆞᆫ者라

六 動物園은世界上禽獸蟲魚의活動ᄒᆞᄂᆞᆫ者를蒐聚ᄒᆞ되各其本性을順히ᄒᆞ야水居ᄒᆞ든者ᄂᆞᆫ渾池에寘ᄒᆞ고穴處ᄒᆞ든者ᄂᆞᆫ土窟에寘ᄒᆞ며巢居ᄒᆞ든者ᄂᆞᆫ林木間에放ᄒᆞ고惟熊虎獅犀의悍獰ᄒᆞᆫ種類ᄂᆞᆫ鐵圈內에拘寘ᄒᆞ야出入을不許ᄒᆞᄂᆞ니諸他生物도鐵綱內에

寘ᄒᆞ되但其逸走홈을防備ᄒᆞᆯᄯᆡ름이라

七 植物園은世界上花卉草木의水陸各種을會聚ᄒᆞ야各其性을順히ᄒᆞᄂᆞ니熱地에生成ᄒᆞ든草木이寒地에至ᄒᆞ야不盛ᄒᆞᄂᆞᆫ故로赤道를從ᄒᆞ야移來ᄒᆞᆫ者ᄂᆞᆫ琉璃屋子를建ᄒᆞ야鐵筒에蒸氣通ᄒᆞ야冬節을過ᄒᆞᄂᆞᆫ者라

八 夫如此히博物館과博物園에各物을蒐貯ᄒᆞ기ᄂᆞᆫ一人의力으로經營ᄒᆞ기不能ᄒᆞᆫ者며又一朝一夕에其功을告成ᄒᆞ기難ᄒᆞ고其入費도極夥ᄒᆞ니然ᄒᆞᆫ故로政府와人民이其心力을同ᄒᆞ야收合ᄒᆞᆫ財로購致ᄒᆞ기도ᄒᆞ며或國人이外國에出遊ᄒᆞᆫ者가其地의物産을携歸ᄒᆞ야呈納ᄒᆞ기도ᄒᆞ야歲月의長久홈을閱ᄒᆞ야衆人의合力ᄒᆞᆫ事로就ᄒᆞ니若是ᄒᆞ게財費를不惜ᄒᆞ며積苦를不憚ᄒᆞ고政府及人民의勉行ᄒᆞᄂᆞᆫ者ᄂᆞᆫ但其奇異ᄒᆞᆫ物種을收聚홈아니라人의聞見도廣博기ᄒᆞ려니와學者의工夫를大助ᄒᆞ야其究格ᄒᆞᆫ理致로國에利ᄒᆞ고民에便ᄒᆞᆫ道를獲遂ᄒᆞᄂᆞᆫ緣故라泰西各國의大都會에ᄂᆞᆫ如此ᄒᆞᆫ處所가皆有ᄒᆞ니各物의名號ᄂᆞᆫ附標ᄒᆞ야人의考覽을供ᄒᆞᄂᆞᆫ者라

書籍庫

書籍庫ᄂᆞᆫ政府의設施ᄒᆞᆫ者도有ᄒᆞ고政府와人民이合力ᄒᆞ야建寘ᄒᆞᆫ者도有ᄒᆞᆫ지라經書와史記와各學의書籍과古今의名書及小說과各國의新聞紙의種類에至ᄒᆞ야不備ᄒᆞᆫ者가無ᄒᆞ니外國의書冊이新出板ᄒᆞᆫ者ᄂᆞᆫ購致ᄒᆞ고本國의書冊은出板ᄒᆞᄂᆞᆫ者가各地書籍庫에各一帙을送致ᄒᆞᄂᆞᆫ故로書冊의卷數가歲를逐ᄒᆞ야增加ᄒᆞᄂᆞᆫ緣由라如此히書籍을貯蓄ᄒᆞ기ᄂᆞᆫ世上에無識ᄒᆞᆫ人民이欲無ᄒᆞᄂᆞᆫ方策의一大主意니然ᄒᆞᆷ으로泰西諸國에ᄂᆞᆫ大都會마다書籍庫의無ᄒᆞᆫ處가無ᄒᆞᆷ이오如何ᄒᆞᆫ人이든지書籍을閱覽코져ᄒᆞᄂᆞᆫ者ᄂᆞᆫ書籍庫에進ᄒᆞ야任意로何書든지披考ᄒᆞ기許ᄒᆞ되携持ᄒᆞ고他處에往ᄒᆞᄂᆞᆫ者ᄂᆞᆫ不許ᄒᆞ며惟讀書ᄒᆞᄂᆞᆫ學徒가書冊이缺乏ᄒᆞ야工夫ᄒᆞ기不能ᄒᆞᄂᆞᆫ時ᄂᆞᆫ貰로給貸ᄒᆞ나然ᄒᆞ나若其冊子를毁傷ᄒᆞᆫ則其本價를徵出ᄒᆞᄂᆞ니各國書籍庫에最有名ᄒᆞᆫ者ᄂᆞᆫ英吉利國京城倫敦에在ᄒᆞᆫ者와俄羅斯國京城彼得堡에在ᄒᆞᆫ者와佛蘭西國京城巴里에在ᄒᆞᆫ者라其中에도巴里의書籍庫가尤大ᄒᆞᆫ者니其貯蓄ᄒᆞᆫ卷數가二百萬卷에逾ᄒᆞᄂᆞᆫ故로佛蘭西人이其宏大ᄒᆞᆫ規模를恒常矜誇ᄒᆞᆷ이라

演說會

演說은敷言ᄒᆞᄂᆞᆫ意思라其條目이極多ᄒᆞ니天地日月星辰風雲雨露霜雪雹霰雷電江海山岳으로브터草木禽獸金石의妙理及變化며人事에ᄂᆞᆫ農作工匠商賈醫藥音樂文學政治理術飮食衣服宮室器械物產으로브터五倫의行實과古今의風俗과外國의凡百事務에至ᄒᆞ고此外에도其浩繁ᄒᆞᆷ이勝數ᄒᆞ기不可ᄒᆞ니其理致를條分ᄒᆞ며緣由를綱擧ᄒᆞ야世人의聞見을廣博ᄒᆞᄂᆞᆫ道라此屢條의學識이一人의所能아니오必其條를逐ᄒᆞ야各其能ᄒᆞᆫ者가有ᄒᆞᆫ則其奧旨와妙悟를說出ᄒᆞᆷ이라且演說ᄒᆞᄂᆞᆫ者로議論ᄒᆞ야도其蘊抱ᄒᆞᆫ知識과學問을世人에게公布ᄒᆞᆯᄲᅮᆫ를아니라幣金이有ᄒᆞ나學者의名望을隨ᄒᆞ야一次演說에其幣가我錢으로二百兩或三百兩에至ᄒᆞᄂᆞᆫ者도有ᄒᆞ고一千兩二千兩으로一萬兩以上四萬兩에至ᄒᆞᄂᆞᆫ者도有ᄒᆞᆫ故로演說을聽ᄒᆞᄂᆞᆫ者가出歛ᄒᆞᄂᆞ니其收錢ᄒᆞᄂᆞᆫ法이演說許聽票를賣ᄒᆞ야無票ᄒᆞᆫ者ᄂᆞᆫ其會에參ᄒᆞ기不能ᄒᆞ고惟持票者라야許進ᄒᆞ니其票의價인則一張에我錢八兩九兩으로三十兩或四十兩에至ᄒᆞᄂᆞᆫ지라貧者ᄂᆞᆫ如此ᄒᆞᆫ眞會에參與ᄒᆞ기不能ᄒᆞᆫ事를矜惜ᄒᆞ야善心잇ᄂᆞᆫ富人이自己의財를費ᄒᆞ야演說ᄒᆞᄂᆞᆫ幣金을當ᄒᆞ고許聽票ᄂᆞᆫ無價ᄒᆞᆫ者도有ᄒᆞ며或寬厚ᄒᆞᆫ學者가幣金을不求ᄒᆞ고演說ᄒᆞᄂᆞᆫ時도有ᄒᆞ며洞里가合ᄒᆞ야演說會를設ᄒᆞ고其幣金을傳ᄒᆞᄂᆞᆫ者도

有ᄒᆞ니今에其演說ᄒᆞᄂᆞᆫ規樣을暫記ᄒᆞ건ᄃᆡ學者가其演說ᄒᆞᄂᆞᆫ바議論을紙에寫ᄒᆞ야床上에寘ᄒᆞ고其床後에禮服으로立ᄒᆞ야高聲으로朗讀ᄒᆞᆫ則聽者ᄂᆞᆫ次序로一齊히椅子에坐ᄒᆞ야其心에合ᄒᆞᄂᆞᆫ句節이有ᄒᆞ면掌을拍ᄒᆞ야奇를叫ᄒᆞᄂᆞ니萬若國家의有事ᄒᆞᆫ時를當ᄒᆞ야도學者의演說人이衆을對ᄒᆞ야憂ᄒᆞᆯ者ᄂᆞᆫ憂ᄒᆞ고樂ᄒᆞᆯ者ᄂᆞᆫ樂ᄒᆞᄂᆞᆫ故로外國의侵侮가至ᄒᆞ든지戰伐이使ᄒᆞ든지亦此輩人의議論으로人民의氣性을激揚ᄒᆞ야莫過ᄒᆞᄂᆞᆫ勇을起ᄒᆞ기도ᄒᆞ며本國의政令이不便ᄒᆞᆫ者가有ᄒᆞᆫ時ᄂᆞᆫ亦演說의權으로政府를勸ᄒᆞ야變更ᄒᆞ게ᄒᆞ나然ᄒᆞ나此ᄂᆞᆫ誹謗ᄒᆞᄂᆞᆫ俗에近ᄒᆞ고不善ᄒᆞᆫ習例를成ᄒᆞᆫ다ᄒᆞ야政府를議論ᄒᆞᄂᆞᆫ一條ᄂᆞᆫ禁止ᄒᆞᄂᆞᆫ國도有ᄒᆞ니泰西人이云호ᄃᆡ演說은亦開化의一大機라ᄒᆞ더라

新聞紙

新聞紙ᄂᆞᆫ衆人이會社를結ᄒᆞ야其局을立ᄒᆞ고世間의自新ᄒᆞᄂᆞᆫ事情을探知ᄒᆞ야其記出ᄒᆞᄂᆞᆫ文章을登板ᄒᆞ야天下에公布ᄒᆞᄂᆞᆫ者니朝廷의政事와官家의命令과官員의進退로브터道路의風說과商賈의盛衰와農作의豐凶과物價의高低와各處學校의修學

ᄒᆞᄂᆞᆫ景像과各地學者의窮究ᄒᆞᄂᆞᆫ術業과民間의苦樂과生死며外國의傳聞에至ᄒᆞ야實景眞態奇事異言의足히世人의聞見을博ᄒᆞᆯ者를文人이文을述ᄒᆞ고名畵가畵를作ᄒᆞ야不詳ᄒᆞᆫ者가無ᄒᆞ고又他事故에至ᄒᆞ야ᄂᆞᆫ集會ᄒᆞᄂᆞᆫ消息과開市ᄒᆞᄂᆞᆫ名號와火輪船車의出入과家伙什物의賣買며遺失物을拾取ᄒᆞ야其本主를探索ᄒᆞ기와店舍를排鋪ᄒᆞ고旅客을招延ᄒᆞ기도皆新聞局에付托ᄒᆞ야其細瑣ᄒᆞᆫ緣由를記報ᄒᆞᄂᆞ니然ᄒᆞᆫ故로窮巷에居ᄒᆞ야朋輩의交遊이極罕ᄒᆞᆫ者와萬里他鄕에作客ᄒᆞ야故國의消息이漠然ᄒᆞᆫ者라도新聞紙를一臨ᄒᆞᆫ則人間의景況이目中에宛然ᄒᆞ야其事物을親接ᄒᆞᆷ과同ᄒᆞᆫ지라泰西人이新聞紙考覽ᄒᆞᄂᆞᆫ事로人世의一快樂이라稱ᄒᆞ니達人의消受ᄒᆞ기를爲ᄒᆞ야古今의書籍이不少ᄒᆞ나然ᄒᆞ나世界의物情을洞知ᄒᆞ며自己의聞見을博ᄒᆞ야處世ᄒᆞᄂᆞᆫ道를鍊磨ᄒᆞ기ᄂᆞᆫ新聞紙의功이亦多ᄒᆞᆯ듯

大槪新聞紙ᄂᆞᆫ每日登板ᄒᆞᄂᆞᆫ者도有ᄒᆞ며每七日登板ᄒᆞᄂᆞᆫ者도有ᄒᆞ고每朔或四季에登板ᄒᆞᄂᆞᆫ者도有ᄒᆞ야泰西諸國과亞細亞洲各地라도泰西人의都會ᄒᆞᆫ處所ᄂᆞᆫ必然히登板ᄒᆞᄂᆞᆫ者가有ᄒᆞᆷ이라今其新聞紙의創始ᄒᆞᆫ根源을推究ᄒᆞ건ᄃᆡ我邦의朝報ᄀᆞᆺ티仕宦ᄒᆞᄂᆞᆫ者에게書寫ᄒᆞ야輪回ᄒᆞ더니其後에人民이라도富饒ᄒᆞᆫ者ᄂᆞᆫ其稅를出ᄒᆞ고獲

覩ᄒᆞ며三百年前에至ᄒᆞ야英吉利와伊太利의兩國에登板ᄒᆞᄂᆞᆫ新聞紙가始有ᄒᆞ나然ᄒᆞ나其記載ᄒᆞᄂᆞᆫ條件이商務의景況과物價의高下에止ᄒᆞ고朝廷의政令은善惡을記登ᄒᆞ기不諱ᄒᆞ며學術에至ᄒᆞ야도寂然히論ᄒᆞᄂᆞᆫ者가無ᄒᆞ고或政府의特許로登板ᄒᆞᆫ新聞紙ᄅᆞᆯ都買로販賣ᄒᆞ기도ᄒᆞ며又或我邦의博文局ᄀᆞᆺ치政府가官司ᄅᆞᆯ設ᄒᆞ고登板ᄒᆞ기도ᄒᆞ다가二百年前에至ᄒᆞ야新聞紙登板ᄒᆞᄂᆞᆫ風俗이盛行ᄒᆞ야朝廷의政令을議論ᄒᆞᄂᆞᆫ者도有ᄒᆞ며民間의惡俗을譏弄ᄒᆞᄂᆞᆫ者도有ᄒᆞ며農商의事務ᄅᆞᆯ布告ᄒᆞᄂᆞᆫ者도有ᄒᆞ며軍士의才技와學者의工夫ᄅᆞᆯ辨難ᄒᆞᄂᆞᆫ者도有ᄒᆞ며法律과器械며幼兒와女子의新聞紙도有ᄒᆞ고外國事情에도其政治習俗人民風土及他千萬事物을明白기翻謄ᄒᆞ야世間物의洪纖을悉包ᄒᆞ고天下事의遐邇ᄅᆞᆯ俱括ᄒᆞᄂᆞ니其繁盛ᄒᆞᆷ도極臻ᄒᆞ고浩大ᄒᆞᆷ도無比라近世泰西諸國中에英吉利國政府와合衆國紐約府의新聞紙가最大ᄒᆞᆫ者니現今에ᄂᆞᆫ記載ᄒᆞᄂᆞᆫ事件이太溢ᄒᆞ야有時原幅外에別幅을疊加ᄒᆞ나創始ᄒᆞ든時에ᄂᆞᆫ登板ᄒᆞᄂᆞᆫ事實이極罕ᄒᆞ야紙一面에도未滿ᄒᆞᆫ者라

抑夫新聞紙登板ᄒᆞ기에其要求ᄒᆞᄂᆞᆫ諸具가有ᄒᆞ니往昔에ᄂᆞᆫ人이寫ᄒᆞ다가鍊鑄字의法을據得ᄒᆞᆫ後로器械ᄅᆞᆯ始用ᄒᆞ되猶且人力을多費ᄒᆞ더니今日에至ᄒᆞ야ᄂᆞᆫ大會社ᄂᆞᆫ

火輪器械로以ᄒᆞ야一時間에三萬餘葉을印出ᄒᆞᆫ則其神速ᄒᆞᆷ과宏壯ᄒᆞᆷ은足히人의耳目을駭ᄒᆞᆯ디라其諸具가如此ᄒᆞᆫ則其浮費도亦不少ᄒᆞ니何人이自己의財ᄅᆞᆯ出ᄒᆞ야新聞紙登板ᄒᆞ기에徒費ᄒᆞ리오新聞紙ᄅᆞᆯ購見ᄒᆞᄂᆞᆫ者가有ᄒᆞᆫ然後에可히販賣ᄒᆞᆯ디니此ᄅᆞᆯ由ᄒᆞ야觀ᄒᆞ면新聞紙가商路의一事라今其販賣ᄒᆞᄂᆞᆫ法을暫記ᄒᆞ건뒤本國과外國의人을勿拘ᄒᆞ고新聞紙ᄅᆞᆯ願見ᄒᆞᄂᆞᆫ者가其居住와姓名을會社에送致ᄒᆞ고一年의都合ᄒᆞᆫ價ᄅᆞᆯ先細音도ᄒᆞ며或追後細音도ᄒᆞ고又或逐朔ᄒᆞ기도ᄒᆞᄂᆞ니各處에其分送ᄒᆞᄂᆞᆫ法이購見ᄒᆞᄂᆞᆫ諸人의姓名과居住ᄅᆞᆯ書頭에印ᄒᆞ야郵征局에送ᄒᆞᆫ則郵征局이近地에ᄂᆞᆫ人으로傳ᄒᆞ고遠地면火輪船車의便으로以ᄒᆞ며又或本局이街童에게分授ᄒᆞ야道路過人에게散賣ᄒᆞ기도ᄒᆞ고新聞紙販賣ᄒᆞᄂᆞᆫ外에도各項事物의報告ᄒᆞᄂᆞᆫ類ᄅᆞᆯ各其記言의行數로其價ᄅᆞᆯ收ᄒᆞ야大會社의一年收入ᄒᆞᄂᆞᆫ財額이多者ᄂᆞᆫ二三千萬兩에至ᄒᆞᄂᆞᆫ지라其傳布ᄒᆞᆷ의迅速ᄒᆞᆷ이人의意表에出ᄒᆞᆫ則今一例ᄅᆞᆯ證ᄒᆞ건뒤年前에英吉利政府가國家大事ᄅᆞᆯ議論ᄒᆞ야卯時末에終ᄒᆞ거ᄂᆞᆯ業已新聞紙에板出ᄒᆞ야同日申時에京城三百里外地에喧藉ᄒᆞ니可히驚異ᄒᆞᆫ者라

又此屢條의浩繁ᄒᆞᆫ事項이內外國과遠近地에散出ᄒᆞᄂᆞᆫ者ᄂᆞᆫ新聞局의幹事人이安坐

ᄒᆞ야見聞ᄒᆞ기豈得ᄒᆞ리오然ᄒᆞᆫ故로各處에探報人을廣布ᄒᆞ야緊急ᄒᆞᆫ事情은電報로通ᄒᆞ고遲緩ᄒᆞᆫ條件은書信으로遞ᄒᆞ야登板ᄒᆞᄂᆞᆫ時日에及ᄒᆞᄂᆞ니諸新聞局이亦其記載ᄒᆞᄂᆞᆫ事의迅速ᄒᆞ기ᄅᆞᆯ爭ᄒᆞᆷ이오購見ᄒᆞᄂᆞᆫ者도事實의傳播ᄒᆞᆷ을速知ᄒᆞᆷ으로爲快ᄒᆞᆷ이니政府도其政令의傳布ᄒᆞᆷ을爲ᄒᆞ야政堂의議事ᄒᆞᄂᆞᆫ時와法司의判罪ᄒᆞᄂᆞᆫ日에新聞探報者의參席ᄒᆞ기ᄅᆞᆯ許ᄒᆞᄂᆞᆫ者라大槪此探報ᄒᆞᄂᆞᆫ諸人은新聞局의月俸을受ᄒᆞ야其事ᄅᆞᆯ行ᄒᆞ고又畫工과文人의手ᄅᆞᆯ借ᄒᆞ야新聞局이其登板ᄒᆞᄂᆞᆫ各條에其理ᄅᆞᆯ論ᄒᆞ며其像을現ᄒᆞᄂᆞᆫ故로亦其幣金을給ᄒᆞᄂᆞ니此로由ᄒᆞ야新聞局의雜費도不少ᄒᆞᆷ이라

凡新聞紙에登載ᄒᆞᄂᆞᆫ議論이國을隨ᄒᆞ야差殊ᄒᆞᆷ이有ᄒᆞ고人을隨ᄒᆞ야亦分異ᄒᆞᆷ이生ᄒᆞᄂᆞᆫ故로偏僻된言詞와虛荒ᄒᆞᆫ事蹟이不無ᄒᆞ나然ᄒᆞ나政府의許施ᄅᆞᆯ奉ᄒᆞ야其議評의公平ᄒᆞᆷ과眞實ᄒᆞᆷ으로主張ᄒᆞᄂᆞ니國家의政事와法令에不便ᄒᆞᆫ者가有ᄒᆞ면是ᄅᆞᆯ論ᄒᆞ야政府의審考ᄒᆞ기ᄅᆞᆯ請ᄒᆞ며人民의好ᄒᆞᄂᆞᆫ者와願ᄒᆞᄂᆞᆫ者가有ᄒᆞ면政府의行施ᄒᆞ기ᄅᆞᆯ冀ᄒᆞᄂᆞᆫ故로政府의命令과政事도此ᄅᆞᆯ因ᄒᆞ야謹愼ᄒᆞ며人民의行實과世界의習俗을議論ᄒᆞ야可讚ᄒᆞᆯ者ᄂᆞᆫ讚ᄒᆞ고可譏ᄒᆞᆯ者ᄂᆞᆫ譏ᄒᆞᄂᆞᆫ故로人이亦其行實을端正히ᄒᆞ며風俗이自然히厲ᄒᆞ야是ᄅᆞᆯ顧忌ᄒᆞ고又如何ᄒᆞᆫ事物에든지其制度의便否와規模의

善惡에論駁을不行ᄒᆞᄂᆞᆫ者가無ᄒᆞᆫ故로生涯와事業을營求ᄒᆞᄂᆞᆫ者가亦皆其躬을飭ᄒᆞ야極愼ᄒᆞᄂᆞ니此ᄅᆞᆯ由ᄒᆞ야觀ᄒᆞ면新聞局이國家ᄅᆞᆯ爲ᄒᆞ야諫官의職責을行ᄒᆞ고人世ᄅᆞᆯ向ᄒᆞ야史筆의褒貶을執ᄒᆞᆫ者라謂ᄒᆞ야도虛言이아니어니와萬若新聞局이私嫌이나私怨을因ᄒᆞ야妄侫되히國家의政令을論難ᄒᆞ고人身의言行을譏刺ᄒᆞ야實狀이無ᄒᆞᆫ則政府의罰을不免ᄒᆞᄂᆞᆫ故로新聞局도亦小心ᄒᆞᄂᆞᆫ者라

新聞紙에又一條大機가有ᄒᆞ니如何ᄒᆞᆫ人이든지好議論이有ᄒᆞ면記寫ᄒᆞ야其局中에送致ᄒᆞᆫ則新聞局도亦不辭ᄒᆞ고必然板에登ᄒᆞ야世間에傳播ᄒᆞᄂᆞᆫ지라故로國을尊ᄒᆞ기와君을愛ᄒᆞ기에曲盡ᄒᆞᆫ議論으로世人의忠義ᄅᆞᆯ鼓勵ᄒᆞ기易ᄒᆞ고又自己의國이他國에不及ᄒᆞᄂᆞᆫ事가有ᄒᆞᆫ則新聞紙의論評으로國人의公憤心을激起ᄒᆞᄂᆞᆫ故로新聞紙ᄅᆞᆯ見ᄒᆞᄂᆞᆫ者마다好道理ᄅᆞᆯ經營ᄒᆞ야究出ᄒᆞ기ᄅᆞᆯ期必ᄒᆞ며又新聞紙ᄅᆞᆯ因ᄒᆞ야其講確ᄒᆞᄂᆞᆫ理論을國中人에게相通ᄒᆞᄂᆞ니國人의心을協一ᄒᆞᄂᆞᆫ機關은新聞紙에歷過ᄒᆞᄂᆞᆫ者가亦無ᄒᆞᆫ故로或이曰ᄒᆞ되新聞紙ᄂᆞᆫ開化의大助라ᄒᆞ더라

西遊見聞第十七編 終

西遊見聞第十八編

蒸氣機關

蒸氣ᄂᆞᆫ湯氣니亦曰汽라鍋釜의水ᄅᆞᆯ沸湯ᄒᆞᆫ則其蓋ᄅᆞᆯ吹上ᄒᆞᄂᆞ니此ᄂᆞᆫ蒸氣의力이라今夫一合의水ᄅᆞᆯ沸騰ᄒᆞᆷ에漸次로其火力을增ᄒᆞ야其水ᄅᆞᆯ蒸發ᄒᆞ야盡ᄒᆞ기에至ᄒᆞ면十七斗의蒸氣ᄅᆞᆯ成ᄒᆞ니即一千七百倍의分量이라蒸氣機關은如此膨脹ᄒᆞᆫ蒸氣ᄅᆞᆯ密器中에封ᄒᆞ고其發力을藉ᄒᆞ야機關을動ᄒᆞᄂᆞᆫ者니大約其器械의制度ᄅᆞᆯ記ᄒᆞ젼ᄃᆡ貯水ᄒᆞᄂᆞᆫ器ᄂᆞᆫ釜라謂ᄒᆞᄂᆞ니片鐵(其厚ᄂᆞᆫ釜의大小ᄅᆞᆯ隨ᄒᆞ야有異ᄒᆞᆷ)을廣頭釘으로連ᄒᆞ야其像이我邦의陶甕과髣髴ᄒᆞ며又其兩頭ᄂᆞᆫ鑿孔ᄒᆞᆫ片鐵(孔의數ᄂᆞᆫ亦釜의大小ᄅᆞᆯ因ᄒᆞ야其多少ᄅᆞᆯ定ᄒᆞᆷ이라)로緊封ᄒᆞ고其孔에ᄂᆞᆫ鐵筒을密合ᄒᆞ야此頭로彼頭에至ᄒᆞ나此筒은釜中水ᄅᆞᆯ沸ᄒᆞ기爲ᄒᆞ야熱氣ᄅᆞᆯ通ᄒᆞᄂᆞᆫ者라釜一邊에運水ᄒᆞᄂᆞᆫ鐵筒이有ᄒᆞ야其流入ᄒᆞᆷ이不絶ᄒᆞ고又一邊에鐵管이有ᄒᆞ야沸騰ᄒᆞᄂᆞᆫ蒸氣ᄅᆞᆯ傳ᄒᆞᄂᆞ니其沸水ᄒᆞᄂᆞᆫ法인則釜의一邊에爇炭ᄒᆞᄂᆞᆫ火所ᄅᆞᆯ作ᄒᆞ야其熱氣가釜中水에沈ᄒᆞᆫ鐵筒을經出ᄒᆞᄂᆞᆫ故로釜中의水가其鐵筒의熱ᄒᆞᆷ을因ᄒᆞ야沸騰ᄒᆞᄂᆞᆫ極度에至ᄒᆞ니蒸氣傳ᄒᆞᄂᆞᆫ鐵管이蒸氣收聚ᄒᆞᄂᆞᆫ櫃와接ᄒᆞ고蒸氣ᄂᆞᆫ此櫃

ᄅᆞᆯ從ᄒᆞ야蒸氣發用ᄒᆞᄂᆞᆫ筒에進ᄒᆞ야器機의動力을起ᄒᆞᄂᆞᆫ元因을供ᄒᆞᆷ이라

今此蒸氣收聚ᄒᆞᄂᆞᆫ櫃와發用ᄒᆞᄂᆞᆫ筒의關係ᄒᆞᄂᆞᆫ體格과分排ᄒᆞᄂᆞᆫ功力을模糊ᄒᆞᆫ議論으로暫飜ᄒᆞᆯ딘ᄃᆡ夫櫃와筒은並皆鐵造ᄒᆞᆫ者라二條短鐵管으로上下兩處에接連ᄒᆞ고又櫃及筒이相接ᄒᆞᄂᆞᆫ二管의間에一條管이別有ᄒᆞ야其口ᄅᆞᆯ不防ᄒᆞ고筒口에ᄂᆞᆫ內合ᄒᆞᆫ圓蓋가有ᄒᆞ며蓋의正中에鐵ᄅᆞᆯ附ᄒᆞ야器械運動ᄒᆞᄂᆞᆫ鐵棒에接ᄒᆞ니櫃裏에ᄂᆞᆫ蒸氣出納ᄒᆞᄂᆞᆫ機括을排鋪ᄒᆞ고筒中에ᄂᆞᆫ器械行止ᄒᆞᄂᆞᆫ機括을排寘ᄒᆞᆫ지라筒과櫃의接連ᄒᆞᆫ二管의名은曰蒸氣出納ᄒᆞᄂᆞᆫ上管이며曰蒸氣出納ᄒᆞᄂᆞᆫ下管이니蒸氣가上管을從ᄒᆞ야入ᄒᆞᄂᆞᆫ時ᄂᆞᆫ其力이筒蓋ᄅᆞᆯ壓下ᄒᆞ야蓋下에貯留ᄒᆞᆫ蒸氣가下管을由ᄒᆞ며口虛ᄒᆞᆫ管으로出ᄒᆞ고又蒸氣가下管을從ᄒᆞ야入ᄒᆞᄂᆞᆫ時ᄂᆞᆫ其力이筒蓋ᄅᆞᆯ推上ᄒᆞ야蓋上에貯留ᄒᆞᆫ蒸氣가上管을由ᄒᆞ야亦口虛ᄒᆞᆫ管으로出ᄒᆞ니大槩其出入의如此ᄒᆞ기ᄂᆞᆫ櫃中에排鋪ᄒᆞᆫ機括의妙理ᄅᆞᆯ因ᄒᆞᆷ이라筒蓋의升降ᄒᆞᄂᆞᆫ力으로鐵棒의進退ᄅᆞᆯ操縱ᄒᆞ야機關의運轉ᄒᆞᄂᆞᆫ根元을作ᄒᆞᄂᆞ니鐵棒의運動을一起ᄒᆞᆫ則百般器械의作用이此ᄅᆞᆯ從ᄒᆞ야其上下左右進退圓轉이人의意ᄅᆞᆯ隨ᄒᆞᄂᆞᆫ者라

蒸氣機關의力은蒸氣發用ᄒᆞᄂᆞᆫ筒의大小로其强弱을定ᄒᆞ니其强弱은馬力에擬ᄒᆞ야

計算ᄒᆞᄂᆞᆫ故로此ᄂᆞᆫ蒸氣의馬力이라謂ᄒᆞ며一馬力은一分時間에三萬三千斤의重을一尺의高에擧ᄒᆞᄂᆞᆫ者ᄅᆞᆯ指ᄒᆞᆷ이라

往古泰西에百物의製造와百工의施爲가皆人力을需ᄒᆞ야我邦의今日景狀과其異가無ᄒᆞ더니一百六十餘年前에日耳曼人禮遜發이蒸氣로人力을代用ᄒᆞᄂᆞᆫ妙論을始起ᄒᆞ고百七年으로九十九年의前에至ᄒᆞ야英吉利人瓦姤가蒸氣機關을大成ᄒᆞᆫ지라伊後로英吉利와合衆國의碩人鴻儒가輩出ᄒᆞ야其工力을探究ᄒᆞ며裝寘ᄅᆞᆯ改正ᄒᆞ야其用法을廣大히ᄒᆞ니河渠의疏瀹과田地의耕作과鑛山의開鑿과銅鐵의鍛鍊과貨幣의製鑄와材木의斷伐及鉅削과毛綿錦綾의紡績及織造와紙牋의製染과書籍의印刷과砂糖의造ᄒᆞᆷ과麥粉의磨ᄒᆞᆷ이며船車의運行及他百千事物의毛擧ᄒᆞ기不遑ᄒᆞᆫ者에至ᄒᆞ야蒸氣의不關ᄒᆞᄂᆞᆫ者가無ᄒᆞ니役夫ᄂᆞᆫ惟其器械의運轉에注意ᄒᆞᆯᄯᆞᄅᆞᆷ이오過度ᄒᆞᆫ勞苦ᄂᆞᆫ無ᄒᆞ야一人의力으로數百千人의功을成ᄒᆞᆯᄲᅮᆫ더러冗費가減少ᄒᆞ고其製作은精美ᄒᆞ기極臻ᄒᆞᆫ지라大槩蒸氣機關이世에一出ᄒᆞᆫ後로브터天下의工作ᄒᆞᄂᆞᆫ法과貿易ᄒᆞᄂᆞᆫ俗이亦變ᄒᆞ니是故로今日天下ᄅᆞᆯ名ᄒᆞ야曰蒸氣世界라ᄒᆞᆷ이라

瓦姤의略傳

瓦姤ᄂᆞᆫ英吉利國人이라其父가造船ᄒᆞᄂᆞᆫ業을從ᄒᆞ야家產이甚饒ᄒᆞ더니晚年에及ᄒᆞ야家業이漸衰ᄒᆞᆫ則貧困이滋甚ᄒᆞ야其子ᄅᆞᆯ敎ᄒᆞ기不能ᄒᆞ고且瓦姤의天稟도病이多ᄒᆞ야幼時로브터嬉戲ᄅᆞᆯ不好ᄒᆞ고一室內에恒處ᄒᆞ야書ᄅᆞᆯ讀ᄒᆞ며算術及器械의學을研究ᄒᆞ야年十四에已意로電氣의小器械ᄅᆞᆯ製ᄒᆞ고又一日에家居ᄒᆞ야茶ᄅᆞᆯ煎ᄒᆞᆯ식茶鑵의蓋ᄅᆞᆯ或擧或覆ᄒᆞ고鑵口湯氣發出ᄒᆞᄂᆞᆫ處에鐵匙ᄅᆞᆯ附ᄒᆞ야湯氣의溜寒ᄒᆞᆷ이水ᄅᆞᆯ漸成ᄒᆞᆫ則其點滴ᄒᆞᄂᆞᆫ水ᄅᆞᆯ坐數ᄒᆞᄂᆞᆫ지라其叔母가大叱ᄒᆞ야懶惰無益ᄒᆞᆫ戲라謂ᄒᆞ니爾後에瓦姤가本草學과化學과鑛山學을勉勵ᄒᆞ며且窮理學에至ᄒᆞ야ᄂᆞᆫ其奧義ᄅᆞᆯ達ᄒᆞ고年十八에測量器製造ᄒᆞᄂᆞᆫ術을欲學ᄒᆞ야屈羅秀古府에往遊ᄒᆞ야諸學者와懸親ᄒᆞᆫ交ᄅᆞᆯ結ᄒᆞ고一年後에倫敦府에遊ᄒᆞ다가病에罹ᄒᆞ야其鄕에歸ᄒᆞ고其後에屈羅秀古府에復至ᄒᆞ야學校附屬器械司에職을任ᄒᆞ고一製造所ᄅᆞᆯ設ᄒᆞ야器械ᄅᆞᆯ造ᄒᆞ니學校의諸生이亦樂交ᄒᆞ야學術의疑處ᄅᆞᆯ來叩ᄒᆞᆷ에瓦姤의解晤가甚明ᄒᆞ야人의意表에出ᄒᆞᄂᆞᆫ지라是以로學中이語호ᄃᆡ瓦姤가精巧ᄒᆞᆫ器械司不되기에不止ᄒᆞ고窮理學에大先生이라ᄒᆞ야其聲名이日高ᄒᆞ니學校諸生中에魯

彬遜이瓦妬와該契를托ᄒᆞᆫ則資益ᄒᆞᄂᆞᆫ功이亦多ᄒᆞ야瓦妬의學識이愈進ᄒᆞᆫ지라西曆一千七百五十五年(一百二十九年前)에至ᄒᆞ야瓦妬가蒸氣의運動ᄒᆞᄂᆞᆫ力을起ᄒᆞ기에其工을該究ᄒᆞ야魯彬遜과議論ᄒᆞ고一見本을造出ᄒᆞ나其成就가意에不愜ᄒᆞᆫ故로遂廢ᄒᆞ고一千七百六十一年에其工을益硏ᄒᆞ야水砲의形으로一小筒을造ᄒᆞ야其筒을倒ᄒᆞ고其棒에分銅을附ᄒᆞ니筒內의排鋪ᄂᆞᆫ一小鐵蓋를含容ᄒᆞ야鐵蓋下에蒸氣가入ᄒᆞᆫ則分銅을推上ᄒᆞ고蒸氣가漏散ᄒᆞᆷ애分銅이落下ᄒᆞ야如此히一端의工을試ᄒᆞ나然ᄒᆞ나實用에施ᄒᆞ기ᄂᆞᆫ不足ᄒᆞᆫ지라一千七百六十三年에至ᄒᆞ야瓦妬의年이二十七이니學校의器械司를辭ᄒᆞ고妻를娶ᄒᆞ야家居ᄒᆞᆯᄉᆡ工職弟子哥大涅을雇ᄒᆞ야其人과晝夜로心을苦ᄒᆞ며思를焦ᄒᆞ야又一蒸氣筒을造ᄒᆞ야其制를稍改ᄒᆞ되二難이生ᄒᆞ니其一을敎ᄒᆞᆫ則又其一이不合ᄒᆞ야如何ᄒᆞ기不能ᄒᆞ니蒸氣를筒에滿充ᄒᆞ야鐵蓋를一方에推進ᄒᆞᆷ애又其蒸氣를冷ᄒᆞ게ᄒᆞ고膨脹ᄒᆞᆫ者를直時에收縮ᄒᆞᆷ이無ᄒᆞ기不可ᄒᆞᆫ則此其一難이오筒內에蒸氣를收縮ᄒᆞ고鐵蓋를本位에返ᄒᆞ고筒을溫ᄒᆞ게ᄒᆞ야再來ᄒᆞᄂᆞᆫ蒸氣를保ᄒᆞ야鐵蓋를再度推進ᄒᆞᆷ애其溫氣의損失이自有ᄒᆞᆫ則此其二難이라若是ᄒᆞᆫ緣由를因ᄒᆞ야最初筒內에蒸氣를入ᄒᆞᆷ애其筒을溫ᄒᆞ기爲

ᄒᆞ야多少의熱을失ᄒᆞ고又其筒을冷ᄒᆞ게ᄒᆞ고鐵蓋를本位에返ᄒᆞ기爲ᄒᆞ야多少의時를費ᄒᆞ니熱氣와時間의費失이甚多ᄒᆞᆷ으로瓦妬가謂ᄒᆞ되筒의溫度를常保ᄒᆞ고蒸氣의收縮ᄒᆞᄂᆞᆫ術을得ᄒᆞᆫ則機關의力을大增ᄒᆞ리라ᄒᆞ야精苦ᄒᆞᆫ工을運ᄒᆞ야數月을閱ᄒᆞ되其術을不透ᄒᆞ고又乃木製ᄒᆞᆫ筒과一種의釜를用ᄒᆞ야屢試ᄒᆞᆯᄉᆡ百難이層生ᄒᆞ야도其志氣기益堅ᄒᆞ야一說을立ᄒᆞ되熱湯의發出ᄒᆞᄂᆞᆫ蒸氣의分量은水面의廣狹과水體의多寡를不拘ᄒᆞ고惟熱度의强弱을由ᄒᆞ야蒸氣分量의多少가有ᄒᆞ며且一角寸의水가蒸氣를化ᄒᆞᆫ則一角尺의分量에至ᄒᆞᆫ다ᄒᆞ야其悟解ᄒᆞᄂᆞᆫ工力이漸進ᄒᆞᄂᆞᆫ故로一千七百六十四年에蒸氣의筒과蒸氣收縮ᄒᆞᄂᆞᆫ器의位寘를始分ᄒᆞ야萬端의疑가冰釋ᄒᆞ고又一千七百六十八年에其友人婁福의助를獲ᄒᆞ야直徑十八寸의錫筒을造ᄒᆞ야其法을試ᄒᆞᆷ애蒸氣의功用을大發ᄒᆞᆫ則其明年에政府에請ᄒᆞ야專賣權을獲ᄒᆞ니婁福이此度에其力을用ᄒᆞᆷ이多ᄒᆞᆫ故로器械의獲致ᄒᆞᄂᆞᆫ利가有ᄒᆞ면其三分의二를給與ᄒᆞ기로約定ᄒᆞ나然ᄒᆞ나爾後에婁福은金鑛의事로奔忙ᄒᆞ고瓦妬ᄂᆞᆫ河渠疏濬ᄒᆞᄂᆞᆫ工役을掌ᄒᆞ야蒸氣機關을成就ᄒᆞ기에其暇가無ᄒᆞ더니一千七百七十三年에婁福이其友人의勸을因ᄒᆞ야舊日의引受ᄒᆞᆫ關係를勃敎에게讓ᄒᆞᆫ

則瓦妬가亦不辭ᄒᆞ고勃敎과同謀ᄒᆞ야其翌年에蒸氣機關의大業을成ᄒᆞ고二人이乃一蒸氣機關의會社를結ᄒᆞ니勃敎及瓦妬의會社라稱ᄒᆞ야今日에尙存ᄒᆞᆫ者라當初一千七百六十九年의獲受ᄒᆞᆫ專賣權이是에至ᄒᆞ야其期限이終ᄒᆞᆫ故로政府에復請ᄒᆞ야二十五年間의專賣權을得ᄒᆞ니是後로從ᄒᆞ야其機關의製造가愈多ᄒᆞᆯᄉᆞ록未精ᄒᆞᆫ者를改正ᄒᆞ야其工이益精ᄒᆞ기에至ᄒᆞ니蓋瓦妬의先에도蒸氣機關을窮究ᄒᆞᆫ者가雖多ᄒᆞ나此工을大成ᄒᆞ야實用에施ᄒᆞᆫ者ᄂᆞᆫ瓦妬라天地間의一種自然ᄒᆞᆫ剛力을發出ᄒᆞ야人世千萬事物의窮苦艱困ᄒᆞᆫ根源을拔去ᄒᆞ고便要富達ᄒᆞᆫ景況을助成ᄒᆞ야利用厚生ᄒᆞᄂᆞᆫ道로天下의人이其福을共享ᄒᆞ고且其惠澤이無窮ᄒᆞᆫ來世에流被ᄒᆞᆷ이니是로以ᄒᆞ야瓦妬의名은不朽에傳ᄒᆞ야婦人孺子라도尊敬을不加ᄒᆞᄂᆞᆫ者가無ᄒᆞᆷ이라一千七百九十四年에瓦妬及勃敎이其子를社中에進ᄒᆞ고六年後에至ᄒᆞᆫ則專賣權의期限이畢ᄒᆞᆫ지라乃其業을其子에게傳ᄒᆞ고田園에歸ᄒᆞ야或學士를交遊ᄒᆞ며或野翁을追隨ᄒᆞ야風月의趣와山林의樂으로其餘年을終ᄒᆞ니라

蒸氣車

一 蒸氣車ᄂᆞᆫ蒸氣機關의力을藉ᄒᆞ야行動ᄒᆞᄂᆞᆫ車니亦曰火輪車라前車一輛에蒸氣의器械를裝寘ᄒᆞ야機關車라名ᄒᆞ고機關車一輛으로他車二三十輛乃至四五十輛을引ᄒᆞ니其車의製作이重大堅牢ᄒᆞ야每車가各其四個의鐵輪으로走ᄒᆞᄂᆞᆫ故로尋常ᄒᆞᆫ道에驅馳ᄒᆞ기不能ᄒᆞᆫ지라此를爲ᄒᆞ야道를修築ᄒᆞ고二條의鐵線을布ᄒᆞ야其名을鐵路라謂ᄒᆞ니今其制度를略擧ᄒᆞ건ᄃᆡ

二 鐵路의架設ᄒᆞᄂᆞᆫ物材ᄂᆞᆫ鐵線과長木이니鐵線의廣은二寸이며其厚ᄂᆞᆫ四寸에不過ᄒᆞ고長木은椽木의腹背를削平ᄒᆞ야其長이三尺有餘라道路를堅固히修築ᄒᆞᆫ後에長木을六七寸間間히橫寘ᄒᆞ고其上에鐵線의兩條를左右로架布ᄒᆞ야萬千里의長이라도必皆如此ᄒᆞ니蓋鐵路ᄂᆞᆫ屈曲ᄒᆞ면不可ᄒᆞ고又峻阪의升降이不易ᄒᆞ며川溪의渡涉이不能ᄒᆞ니是故로其道의修造ᄒᆞᆷ이必直ᄒᆞ야邱陵의小ᄒᆞᆫ者ᄂᆞᆫ剷平ᄒᆞ고山岳의大ᄒᆞᆫ者ᄂᆞᆫ其底를鑿ᄒᆞ야百里에至ᄒᆞᆫ者도有ᄒᆞ고海濱의沮洳ᄒᆞᆫ地ᄂᆞᆫ堤堰을起ᄒᆞ야其上에往來ᄒᆞᄂᆞᆫ道를作ᄒᆞ며江河를遇ᄒᆞᆫ則鐵橋或木橋를架ᄒᆞ되其流가太廣ᄒᆞ야橋梁의架設이極難ᄒᆞᆫ處ᄂᆞᆫ火輪船面에鐵路를排鋪ᄒᆞ야蒸氣車가至ᄒᆞᆫ則運渡ᄒᆞᄂᆞ니夫鐵路의築造ᄒᆞᄂᆞᆫ費ᄂᆞᆫ地形의險夷를隨ᄒᆞ야不同ᄒᆞ나大約平均數로我邦一里에三千元에至ᄒᆞ

는者라

三

今其車의制造ᄒᆞᆫ形式을暫記ᄒᆞ건ᄃᆡ堅緻ᄒᆞᆫ木으로精巧히作ᄒᆞ야其廣이四五尺에可至ᄒᆞ고其高는七尺以上에及ᄒᆞ며其長은二十尺에過ᄒᆞ니微黃或綠色의油漆을塗ᄒᆞ야雨雪의浸濕을防ᄒᆞ고左右의窓牖는琉璃로緊合ᄒᆞ며錦或氈의帷帳을垂ᄒᆞ고兩行鐵椅는或皮或氈으로華麗히飾ᄒᆞ고車板에釘着ᄒᆞ야一椅에二人이可히並坐ᄒᆞ니一車에二十人以上으로三四十餘人을可容ᄒᆞᆯ디라四個鐵輪을鐵棒으로連ᄒᆞ고龍鬚鐵로全車를裝載ᄒᆞ며諸車의相連ᄒᆞ는法은鐵鉤로以ᄒᆞ고人의升降ᄒᆞ는處는車兩頭에在ᄒᆞ며兩傍은板木의壁에出入ᄒᆞ는口를不作ᄒᆞ고又遠行ᄒᆞ는車는晝夜를不捨ᄒᆞ는故로車中에寢具를排鋪호ᄃᆡ晝에는捲ᄒᆞ야車壁에掛ᄒᆞ고夜에는垂ᄒᆞ야平牀의制度로上下二層을成ᄒᆞ며又飮食車가有ᄒᆞ야一日의三時를供ᄒᆞ고洗室과圊所의位寘도井然히條理가有ᄒᆞ야便利홈이極臻ᄒᆞ니大槪鐵路와車輪의相合ᄒᆞ는制度가一定ᄒᆞᆫ規模로萬里의外에至ᄒᆞ야도尺寸을不違홈이오且乘車ᄒᆞ는者는車票를携ᄒᆞᆫ然後에可ᄒᆞᆫ지라然ᄒᆞᆫ故로其票를先買ᄒᆞᄂᆞ니其行走의迅速홈이火輪船에過ᄒᆞ야急行ᄒᆞ는者는一時間三百餘里에至홈이라

四

車의停發ᄒᆞ는期限도一定ᄒᆞᆫ時間이亦有ᄒᆞ니諸車의來往이同條의鐵路를從ᄒᆞ는故로相觸ᄒᆞ는危害를避ᄒᆞ기爲홈이라然ᄒᆞᆫ故로其來往ᄒᆞ는規則을定ᄒᆞ야假令某地의車는某時에發ᄒᆞ고又某地의車는某時에發ᄒᆞ야某時中路某地에相遇ᄒᆞᆯ디라乃其地에各條의鐵路를架設ᄒᆞ야先至者가其傍他條의路에暫停ᄒᆞ고後來者의過去ᄒᆞᆫ後에發ᄒᆞ야常規를作ᄒᆞᄂᆞ니又或來往의各條路가有ᄒᆞ야도兩車의相過ᄒᆞ는時는其行을緩ᄒᆞ야意外의災厄을防홈이라

五

夫鐵路는平直ᄒᆞ기를求ᄒᆞ는故로他人의田地와山林을不關ᄒᆞ고其道를修築ᄒᆞ나然ᄒᆞ나鐵路會社가其本主와相議ᄒᆞ야行호ᄃᆡ其折價ᄒᆞ는法은公平人의中立ᄒᆞᆫ議定을準ᄒᆞ고萬若土地의本主가不肯ᄒᆞᆫ則會社가法衙에爭訟ᄒᆞ야法官의公決을從ᄒᆞᄂᆞ니鐵路는輪運ᄒᆞ는便利를助ᄒᆞ야公衆의大益을成ᄒᆞ며邦國의富盛을增ᄒᆞ는故로法官도必然會社의請求를許ᄒᆞ는지라此를由ᄒᆞ야土地의本主가其私有를不賣홈이不可ᄒᆞ거니와會社의如彼特異ᄒᆞᆫ權利를保有ᄒᆞᆫ分數만쿰人民도會社를對立ᄒᆞ야特別ᄒᆞᆫ權利를執守ᄒᆞ니鄕里의人戶稀少ᄒᆞᆫ地方에其利가不博홈으로停滯ᄒᆞ는時를惜ᄒᆞ야其隣比에停車所를不設ᄒᆞᆫ則其鄕里에住居ᄒᆞ는人民이亦其要切ᄒᆞᆫ事實을法衙에訴

ᄒᆞ야停車所設寘ᄒᆞ는令을會社에下홈이라

六

大都市人戶稠密ᄒᆞᆫ中에至ᄒᆞ야는鐵路의架設이不可ᄒᆞᆫ지라然ᄒᆞᆫ故로英吉利國京城圇整府에는地中의隧道를鑿ᄒᆞ야鐵路의鋪寘가四通五達ᄒᆞ는勢를成ᄒᆞ고合衆國通商港口紐約府에는大道中에三四丈의鐵柱를立ᄒᆞ고其上에鐵路를架ᄒᆞ야宏大ᄒᆞᆫ工業을奏ᄒᆞ니此는曾世界의有名ᄒᆞᆫ者라

七

大槩蒸氣車의開始도蒸氣船과同時로ᄃᆡ實地의行用은差後ᄒᆞᆫ者니西曆一千七百八十四年(百年前)에學者畇德氏가蒸氣車의形式을作ᄒᆞ나輕小ᄒᆞᆫ玩具를供ᄒᆞᆯᄯᆞ름이오爾後二十年間에用心ᄒᆞ는者가寂寞ᄒᆞ며一千八百二年(八十二年前)에蒸氣機關이大成호ᄃᆡ此工의實施홈을無聞ᄒᆞ더니一千八百十二年에至ᄒᆞ야英吉利人壽大渾이蒸氣車를始造ᄒᆞ야石炭의運輪에用ᄒᆞ야此로蒸氣車의始初라謂ᄒᆞ나鐵路는姑且未有ᄒᆞ고一千八百二十五年에同人의工으로數十里의鐵路를始架ᄒᆞᆫ則世界上第一着의鐵路蒸氣車가是라蒸氣車의制度가此에至ᄒᆞ야可히大備ᄒᆞ다謂ᄒᆞᆯ디니其神異ᄒᆞᆫ規模와迅便ᄒᆞᆫ方道가足히世人의耳目을驚駭ᄒᆞ며心慮를鼓勵ᄒᆞᆯ디로ᄃᆡ議者의嫌猜가不一ᄒᆞ야或호ᄃᆡ其行時의轟般ᄒᆞᆫ聲이雷와同ᄒᆞ야牛馬를驚散ᄒᆞ며又其炭烟이羊毛를染汚

ᄒᆞ야牧畜에有妨ᄒᆞᆫ故로不可ᄒᆞ다謂ᄒᆞ야抗駁ᄒᆞ는論柄이滋長ᄒᆞ더니畢竟에歐美의諸國의其法을採用ᄒᆞ야各國의縱橫ᄒᆞᆫ鐵路가月加歲增ᄒᆞ야旅客을載ᄒᆞ고物貨를運ᄒᆞ야東西에走ᄒᆞ고南北에馳ᄒᆞ니亦一陸路의艮舟라各地物産의有無를交易ᄒᆞ야物價를平均ᄒᆞ고都鄙의往來를簡便히ᄒᆞ야人情을相通ᄒᆞ는故로世間의交道와商業이一新ᄒᆞᆫ境에抵홈이라

蒸氣船

一

蒸氣船은蒸氣機關의力을藉ᄒᆞ야行動ᄒᆞ는船이니亦曰火輪船이라其製造ᄒᆞ는物材는木及鐵을需ᄒᆞ고行動ᄒᆞ는物力은水及火를資ᄒᆞᄂᆞ니西曆一千七百八十年(九十四年前)의時頃으로브터各人의究格ᄒᆞ는工力이雖多ᄒᆞ나克成ᄒᆞ는功을告ᄒᆞ는者가無ᄒᆞ더니一千八百七年에北阿美利加洲合衆國紐約府人條敦이累年의辛苦ᄒᆞᆫ意匠으로深妙ᄒᆞᆫ理를運ᄒᆞ야一百二十馬力의蒸氣船을始成ᄒᆞ야賀春江에試泛ᄒᆞᆯ식時人이猶且不信ᄒᆞ야倏敦의事를狂客이라指目ᄒᆞ고及其試泛ᄒᆞ는期를及ᄒᆞ야江上에會觀ᄒᆞ는者는議論이紛紜ᄒᆞ다가船의行動홈을見ᄒᆞ고는倏敦을呼ᄒᆞ야妖術人이라謂ᄒᆞ는者

도有ᄒᆞ며前去ᄒᆞᄂᆞᆫ船이水中으로牽曳ᄒᆞᄂᆞᆫ索을連ᄒᆞᆷ이라謂ᄒᆞᄂᆞᆫ者도亦有ᄒᆞ니此ᄂᆞᆫ蒸氣船의始初라爾後로其用法이世에漸行ᄒᆞ나其初ᄂᆞᆫ江河及內海의渡涉과運輸에用ᄒᆞ고漸次로其法을改正ᄒᆞ야軍艦商舶及郵便船의制ᄅᆞᆯ立ᄒᆞ야萬里의大洋을往來ᄒᆞ야暴風激浪의險艱을平地ᄀᆞᆺ치視ᄒᆞ니攻守及防禦의形勢ᄅᆞᆯ强壯히ᄒᆞ며貿易及轉輸의方道ᄅᆞᆯ便利히ᄒᆞ야航海人의勇氣가昔時에比ᄒᆞ야百倍로加ᄒᆞᆷ이라

蒸氣船의機關도其大約은陸地의工作에着用ᄒᆞᄂᆞᆫ者와其異가無ᄒᆞ니船의正中에其器械ᄅᆞᆯ裝寘ᄒᆞ고船의兩側에ᄂᆞᆫ鐵輪을附ᄒᆞ야其輪의轉回ᄒᆞᄂᆞᆫ力으로船이進行ᄒᆞ야此ᄅᆞᆯ兩輪蒸氣船이라謂ᄒᆞ나兩輪船이風浪의洶湧ᄒᆞᆫ時ᄅᆞᆯ當ᄒᆞ면船의傾仄ᄒᆞᄂᆞᆫ際에一邊의輪이水ᄅᆞᆯ離ᄒᆞᆫ則船行에有妨ᄒᆞᆫ故로又新工을究出ᄒᆞ야機關으로船舳에達ᄒᆞ야大鐵棒을通ᄒᆞ고棒端에橫斜ᄒᆞᆫ四角大蔟蔾鑞을附ᄒᆞ야水中에沈ᄒᆞ고蔟蔾鑞의回轉으로兩輪을代用ᄒᆞ니盖此蔟蔾ᄂᆞᆫ螺旋의方法에基ᄒᆞ야造出ᄒᆞᆫ者인故로螺旋裝成의蒸氣船이라謂ᄒᆞ야大海에航行ᄒᆞ기ᄂᆞᆫ螺旋裝成ᄒᆞᆫ者가兩輪의排寘에셔便易ᄒᆞᆷ으로以ᄒᆞ야近日은兩輪船의製造가少ᄒᆞᆷ이라

其進行의遲速은機關의大小ᄅᆞᆯ由ᄒᆞ니大凡一晝夜에七八百里로一千二三百里에乃

至ᄒᆞᄂᆞᆫ지라物貨ᄅᆞᆯ黏積ᄒᆞ고旅客을搭載ᄒᆞ야各港에往來ᄒᆞ기ᄂᆞᆫ蒸氣ᄅᆞᆯ用ᄒᆞ야風濤의順逆을不較ᄒᆞ고其發着이日限을必遵ᄒᆞ며又其船體의大小ᄂᆞᆫ噸數의多少도酌定ᄒᆞ니一噸이二千斤이라然ᄒᆞᆫ故로假量五千噸의船이一千萬斤을容受ᄒᆞᆫ則足히三萬斛米ᄅᆞᆯ運輸ᄒᆞᆯ디니各船이各其噸數의定限이有ᄒᆞ야人物의裝搭ᄒᆞᄂᆞᆫ重이合ᄒᆞ야其定限에不踰ᄒᆞᆷ으로常法을作ᄒᆞᆷ이라

其船中에積物ᄒᆞᄂᆞᆫ處所의堅固ᄒᆞᆷ이極臻ᄒᆞ야波濤가板面에湧上ᄒᆞ야도浸濕ᄒᆞᄂᆞᆫ患이無ᄒᆞ고且旅客의房室은臥具浴具及日用諸物의不備ᄒᆞᆫ者가無ᄒᆞ며食室浴室及烟室의位寘가亦皆次序가有ᄒᆞ고食物의需도山珍과海錯을具備ᄒᆞ야船客의求ᄒᆞᆷ을應ᄒᆞ야咄嗟에立辦ᄒᆞ며消受ᄒᆞᄂᆞᆫ戲具도各種의形色을畢蒐ᄒᆞ고書畵及音樂의種類ᄅᆞᆯ貯寘ᄒᆞ야覊客의觀覽을供ᄒᆞ고醫士及藥物의準備도亦具ᄒᆞ야不意의疾苦ᄅᆞᆯ防ᄒᆞ니杳茫ᄒᆞᆫ萬頃滄波에一片의小帆을縱ᄒᆞ나其便利ᄒᆞᆫ排鋪ᄂᆞᆫ城市大都會에居ᄒᆞᆷ과其異가無ᄒᆞᆷ이오且夫滄海ᄂᆞᆫ天下萬國의共有ᄒᆞᆫ大物이라特一ᄒᆞᆫ主人이無ᄒᆞᆫᄃᆡ船舶은何邦에係ᄒᆞᆫ者든지其國의土地와同視ᄒᆞᄂᆞᆫ故로亦他邦의制馭ᄅᆞᆯ不受ᄒᆞ고兩船이相遇ᄒᆞᄂᆞᆫ時ᄂᆞᆫ旗ᄅᆞᆯ揚ᄒᆞ야禮敬ᄒᆞᄂᆞᆫ意ᄅᆞᆯ互示ᄒᆞᆷ이라

行船ᄒᆞᄂᆞᆫ格軍及火夫의數ᄂᆞᆫ亦船의大小ᄅᆞᆯ從ᄒᆞ야其異同이有ᄒᆞ야三四十人以上으로八九十人或百餘人에至ᄒᆞᆫᄃᆡ船長은必三人或五人이有ᄒᆞ야各其等數ᄅᆞᆯ立ᄒᆞ며機關士도亦然ᄒᆞ니船中의一切大事가皆船長의擔責이오蒸氣器機에有關ᄒᆞᆫ諸務ᄂᆞᆫ機關士의掌理며其餘格軍及火夫ᄂᆞᆫ各其主任ᄒᆞᄂᆞᆫ職掌이有ᄒᆞ야船長及機關士의指揮ᄅᆞᆯ聽從ᄒᆞᄂᆞᆫ者라

電信機

電信은電氣ᄅᆞᆯ鐵線에通ᄒᆞ야遠方에書信을傳ᄒᆞᄂᆞᆫ者니其玄妙ᄒᆞᆫ理致와神奇ᄒᆞᆫ便利ᄂᆞᆫ麤率ᄒᆞᆫ識見과模糊ᄒᆞᆫ議論으로辨明ᄒᆞ기甚難ᄒᆞ니其性質의如何ᄂᆞᆫ勿論ᄒᆞ고其作用의大略을記ᄒᆞ건ᄃᆡ硫酸水와炭素와亞鉛(白鉛及他鐵도皆用ᄒᆞᆫᄃᆡ亞鉛이最好ᄒᆞᆫ者인故로多用ᄒᆞᆷ)의三物이合ᄒᆞ면能히電氣ᄅᆞᆯ生ᄒᆞᄂᆞᆫ故로此三物을玻瓈器(玻瓈ᄂᆞᆫ電氣ᄅᆞᆯ不感ᄒᆞᄂᆞᆫ故로此에用ᄒᆞᆷ)中에入ᄒᆞ야電氣의本源을作ᄒᆞ고其生出ᄒᆞᄂᆞᆫ電氣ᄅᆞᆯ銅線에通ᄒᆞ야傳信機와連ᄒᆞ니電氣의傳信機ᄅᆞᆯ彼此兩地에俱設ᄒᆞ고其間은銅或鐵의線으로相接ᄒᆞ야其線이亦傳信機의連ᄒᆞᆫᄃᆡ電氣의線과ᄂᆞᆫ略離ᄒᆞ고機面의鐵籤을壓ᄒᆞᆫ則兩線이相連ᄒᆞ야電氣ᄅᆞᆯ流通ᄒᆞ며不壓ᄒᆞᆫ則

離斷ᄒᆞᄂᆞ니如此히此地傳信機의電氣가流通ᄒᆞᄂᆞᆫ時ᄂᆞᆫ彼地傳信機의紙筆諸具ᄅᆞᆯ動ᄒᆞ며離斷ᄒᆞᄂᆞᆫ時ᄂᆞᆫ其諸具ᄅᆞᆯ亦不動ᄒᆞᄂᆞᆫ지라一通一斷의妙理가人의指端에在ᄒᆞ야其遲速이意ᄅᆞᆯ隨ᄒᆞᄂᆞᆫ故로其通斷의遲速으로機頭의筆을動ᄒᆞ야其紙面에文字의票號ᄅᆞᆯ記ᄒᆞ니此ᄅᆞᆯ由ᄒᆞ야書信을相傳ᄒᆞᆫ則其神速ᄒᆞᆷ이千萬里의隔遠ᄒᆞᆫ地方이라도一瞬의暇에達ᄒᆞᆷ이라各地에鐵線接通ᄒᆞᄂᆞᆫ規ᄂᆞᆫ道傍에每三四十間을離隔ᄒᆞ야十餘尺或八九尺의木柱ᄅᆞᆯ立ᄒᆞ고其上에線을架排ᄒᆞ며水底에沈架ᄒᆞᄂᆞᆫ法은線의外面을緊覆ᄒᆞ야水ᄅᆞᆯ防ᄒᆞᄂᆞ니現今泰西諸邦의電線이海陸에縱橫ᄒᆞ야大蜘蛛가空中에網을張ᄒᆞᆷ과同ᄒᆞᆫ지라新異ᄒᆞᆫ說話ᄅᆞᆯ互報ᄒᆞ며緊要ᄒᆞᆫ消息을相通ᄒᆞ야公私의便易ᄒᆞᆫ事ᄅᆞᆯ枚擧ᄒᆞ기不能ᄒᆞᆫ故로泰西人의誇大ᄒᆞᄂᆞᆫ言이電信機가人世에一出ᄒᆞᆫ後로브터八荒이門庭이라ᄒᆞ나實狀인則過論아니라

泰西에急報ᄒᆞᄂᆞᆫ法이往古에ᄂᆞᆫ惟暗號의表示로以ᄒᆞ더니三百餘年前時代에至ᄒᆞ야望遠鏡으로高處에登ᄒᆞ야其事狀의次序ᄅᆞᆯ相傳ᄒᆞ야遠方에報告ᄒᆞᄂᆞᆫ法을行ᄒᆞ니二百年前時代에至ᄒᆞ야其法이益精且巧ᄒᆞᆫ故로諸國이共行ᄒᆞᆫᄃᆡ迅便ᄒᆞᆫ方道ᄂᆞᆫ猶且寂寞ᄒᆞᆫ지라西曆一千七百七十四年(一百十年前)에佛蘭西國人謝施가電力의器機ᄅᆞᆯ始製ᄒᆞ

고爾後電氣學이漸開ᄒᆞ야其機具도亦改正ᄒᆞ나實用에施ᄒᆞ기ᄂᆞᆫ不知ᄒᆞ더니一千八百三十一年(五十三年前)에至ᄒᆞ야北阿美利加洲合衆國磨沙朱細周州人毛菸蘇가五年의辛勤ᄒᆞᆫ試驗을由ᄒᆞ야其理를發明ᄒᆞ야實地에欲試ᄒᆞᄃᆡ其家가貧ᄒᆞ야資本이乏ᄒᆞᆫ지라乃其政府에利用ᄒᆞᄂᆞᆫ緣由를告ᄒᆞ야三萬元銀錢의許給을獲ᄒᆞᆫ則一千八百四十四年(四十年前)에合衆國京城華盛敦과發太毛府의間에數十里의電線을架ᄒᆞ야兩府의信息을相通ᄒᆞ니此ᄂᆞᆫ世界中陸地電線의第一着이오一千八百五十一年에英吉利와佛蘭西의兩國이相界ᄒᆞᆫ海水를通ᄒᆞ야電線을沈架ᄒᆞ니此ᄂᆞᆫ世界中海底電線의第一着이니今日에至ᄒᆞ야全世界에連絡ᄒᆞᆫ千枝萬條의海陸電線이皆此二者의餘風이라

又電線은軍用에有要ᄒᆞᆫ者니現今各邦에武事를尙ᄒᆞᄂᆞᆫ者ᄂᆞᆫ必其陸軍에電線의機具를皆備ᄒᆞᆷ이라往時普佛戰의景狀을嘗聞ᄒᆞ건ᄃᆡ(普ᄂᆞᆫ普魯士니日耳曼聯邦의最大ᄒᆞᆫ者며佛은佛蘭西라)普人의勝捷이電線의功을多由ᄒᆞᆷ이니普魯士大將沒塔ᄂᆞᆫ天下의有名ᄒᆞᆫ智勇의兼備ᄒᆞᆫ名將이라戰地에不赴ᄒᆞ고自己의私第에坐ᄒᆞ야諸道에出兵ᄒᆞᄂᆞᆫ將帥에게令ᄒᆞ야各一條의電線을其私第에連ᄒᆞ야一動一靜을報ᄒᆞᆫ則沒塔ᄂᆞᆫ電報를憑ᄒᆞ야帷幄의籌를運ᄒᆞᆯᄯᆞ름이라茶를引ᄒᆞ고酒를呼ᄒᆞ야花朝月夕의友朋談笑ᄒᆞᄂᆞᆫ際에一指의動息이千萬

의兵馬를東馳西驅ᄒᆞ며左指右揮ᄒᆞ야千里의勝을決ᄒᆞ니此ᄂᆞᆫ今古의戰爭에未曾見未曾聞ᄒᆞᆫ一奇事라天下가皆其深謀秘計를服ᄒᆞ더라

遠語機

遠語機ᄂᆞᆫ電氣의流通ᄒᆞᄂᆞᆫ力을藉ᄒᆞ야遠方에言語를相通ᄒᆞᄂᆞᆫ鐵線을謂ᄒᆞᆷ이니今夫聲音의理를先論ᄒᆞ건ᄃᆡ聲音의聲音되ᄂᆞᆫ緣由ᄂᆞᆫ本其聲音에其聲音이有ᄒᆞᆷ아니오聲音이何物을從ᄒᆞ야出ᄒᆞ든지其聲音이前進ᄒᆞᄂᆞᆫ際에其穿過ᄒᆞᄂᆞᆫ空氣를搖蕩ᄒᆞ야其搖蕩ᄒᆞᄂᆞᆫ理由로聲音이出ᄒᆞᆷ이니然ᄒᆞᆫ故로聲音의高低와淸濁이皆其作者의意를隨ᄒᆞᆷ이라假令人의聲音으로論ᄒᆞ야도高者를淸ᄒᆞ다謂ᄒᆞ며低者를濁ᄒᆞ다謂ᄒᆞ니高者ᄂᆞᆫ大聲을指ᄒᆞᆷ아니라喝의淸楚ᄒᆞᆫ種類니其淸楚ᄒᆞᆫ緣由ᄂᆞᆫ空氣搖蕩ᄒᆞᄂᆞᆫ度의速ᄒᆞᆷ을因ᄒᆞ야生ᄒᆞ고聲의高ᄒᆞᆫ者일ᄉᆞ록空氣搖蕩ᄒᆞᄂᆞᆫ度가速ᄒᆞ며搖蕩ᄒᆞᄂᆞᆫ度가速ᄒᆞᆯᄉᆞ록其淸楚ᄒᆞᆷ이加ᄒᆞ니此를推觀ᄒᆞ면低者ᄂᆞᆫ細聲을謂ᄒᆞᆷ아니라打介의上聲ᄀᆞᆺ치重濁ᄒᆞᆫ種類니聲의低ᄒᆞᆫ者ᄂᆞᆫ空氣搖蕩ᄒᆞᄂᆞᆫ度가遲ᄒᆞ고搖蕩ᄒᆞᄂᆞᆫ度가遲ᄒᆞᆫᄃᆡ로聲音의重濁이其適度를成ᄒᆞᆷ이라

今夫聲音을電氣로通ᄒᆞᆷ에又其電氣를通ᄒᆞᄂᆞᆫ者ᄂᆞᆫ鐵線이나然ᄒᆞ나其妙機ᄂᆞᆫ器機의排鋪가不有ᄒᆞ면不成ᄒᆞᄂᆞ니電氣가炭精을遇ᄒᆞᆫ則不通ᄒᆞᄂᆞᆫ故로此에炭精을亦用ᄒᆞ야聲音의句節을操縱ᄒᆞᆷ이라然ᄒᆞᆫ故로聲音을通傳ᄒᆞᄂᆞᆫ者ᄂᆞᆫ電氣及鐵線이오其句節을操縱ᄒᆞᄂᆞᆫ者ᄂᆞᆫ炭精이니其傳語ᄒᆞᄂᆞᆫ器具의形式을略記ᄒᆞ건ᄃᆡ外面으로見ᄒᆞ면一小几라其中에細鐵線을龍鬚鐵ᄀᆞᆺ치屈曲ᄒᆞ야通語ᄒᆞᄂᆞᆫ本線에接ᄒᆞ고一片炭精(廣은二三寸에不過ᄒᆞ고長은四五寸이며厚ᄂᆞᆫ二三分이라)을屈曲ᄒᆞᆫ鐵線의上에覆ᄒᆞᄃᆡ其間이略離ᄒᆞ니盖其傳語ᄒᆞᄂᆞᆫ鐵線은几外에出ᄒᆞ야其端에筒을附ᄒᆞ야名曰傳語筒이오又一條의鐵線을傳語ᄒᆞᄂᆞᆫ鐵線과連ᄒᆞ야几外에出ᄒᆞ고其端에筒을附ᄒᆞ니名曰傳語筒이며又一個招人ᄒᆞᄂᆞᆫ鐘을几傍에附ᄒᆞ야其撞鈴이傳語ᄒᆞᄂᆞᆫ鐵線에相連ᄒᆞ니此ᄂᆞᆫ送語ᄒᆞ기前에電氣로其鐘을先撞ᄒᆞ야人을招ᄒᆞ기爲ᄒᆞᆷ이라傳語筒을向ᄒᆞ야聲音을發ᄒᆞᆫ則搖蕩前進ᄒᆞᄂᆞᆫ空氣가炭精을推壓ᄒᆞ고炭精은屈曲ᄒᆞᆫ鐵線을推壓ᄒᆞ야炭精과屈曲線의離接ᄒᆞᄂᆞᆫ度의疾徐가聲音의高低長短을隨ᄒᆞᄂᆞᆫ지라此를因ᄒᆞ야此地人聲音의長短과高低가皆彼地人의耳中에分明ᄒᆞ니如此ᄒᆞᆫ器具를壁間에掛ᄒᆞ고傳語ᄒᆞᄂᆞᆫ本線과接ᄒᆞᆷ이라

大都市에傳語線의都會廳이有ᄒᆞ니各戶의千百傳語線이皆此廳에至ᄒᆞ야中斷ᄒᆞᆫ지

라各條의傳語線을各其一定ᄒᆞᆫ數號로記ᄒᆞ고其端을一大櫃中에會ᄒᆞ야每線이各一寸許間離ᄒᆞ야電氣의流通을絶ᄒᆞ니然ᄒᆞᆫ故로何人이든지其友人과接話ᄒᆞ기를願ᄒᆞᆫ則亦傳語線으로都會廳에通ᄒᆞ야自己에傳語線을某地의某人과接ᄒᆞ기를請ᄒᆞᄂᆞ니都會廳의幹事人은其二線의數號를按ᄒᆞ야一箇鐵線으로其間에揷ᄒᆞ야二線의電氣를相接ᄒᆞᆷᄯᆞ름이라此ᄂᆞᆫ其櫃中千百線이貿然ᄒᆞ니盖都會廳에一年出貰ᄒᆞᄂᆞᆫ錢은其事務의繁簡을隨ᄒᆞ야四十元以上一百元以下의差異ᄒᆞᆷ이有ᄒᆞ다謂ᄒᆞ더라

商賈의會社

泰西에大商業을經營ᄒᆞᆷ에其物財가一商人의事力으로不及ᄒᆞᄂᆞᆫ者인則五人十人或二十人以上이其議를合ᄒᆞ야規則을建ᄒᆞ고其事를行ᄒᆞᄂᆞ니此를商賈의會社라謂ᄒᆞᄂᆞᆫ者라如此히會社를立ᄒᆞᆫ則其磨鍊ᄒᆞᆫ規則과商賈의條目과資本의要求ᄒᆞᄂᆞᆫ分數와每年의會計ᄒᆞᄂᆞᆫ酌定을一齊히登板ᄒᆞ야世上에廣告ᄒᆞ고會社의票紙를販賣ᄒᆞ야其資本을集成ᄒᆞᄂᆞ니

其法은譬ᄒᆞ건ᄃᆡ假令百萬兩資本을要求ᄒᆞᄂᆞᆫ時ᄂᆞᆫ百萬張票紙를作ᄒᆞ야一張의價를

一兩에定ᄒᆞ고內外國人을不拘ᄒᆞ고願買者가有ᄒᆞ면賣ᄒᆞᄂᆞ니此票紙ᄅᆞᆯ買賣ᄒᆞᆫ者에게會社가每年의三分或四分利息을出호ᄃᆡ其商務가繁殖ᄒᆞ야利益이多ᄒᆞᆫ時ᄂᆞᆫ約定ᄒᆞᆫ利息外에加給ᄒᆞ기ᄅᆞᆯ約ᄒᆞ며若會社가其資本을速集ᄒᆞ기要求ᄒᆞᆫ則一兩票紙ᄅᆞᆯ準額의內로賣ᄒᆞᄂᆞ니大槪會社의票紙ᄅᆞᆯ購買ᄒᆞᄂᆞᆫ者가每年利息을受ᄒᆞᄂᆞᆫ外에其本錢을推去ᄒᆞ기ᄂᆞᆫ不能ᄒᆞ나然ᄒᆞ나其票紙ᄅᆞᆯ他人에게轉賣ᄒᆞ기ᄂᆞᆫ許諾ᄒᆞᄂᆞᆫ者라其票紙賣買ᄒᆞᄂᆞᆫ法인則若其會社의商利가興旺ᄒᆞ야每年酌定ᄒᆞᆫ利息外에別給ᄒᆞᄂᆞᆫ者가有ᄒᆞ면其票紙의價도自然히騰ᄒᆞ야雖其初에ᄂᆞᆫ百張에百兩을準給ᄒᆞᆫ者라도其後ᄂᆞᆫ買賣ᄒᆞᄂᆞᆫ時價가昻ᄒᆞ야一百三四十兩에及홈이라夫商社가各其經營ᄒᆞᄂᆞᆫ事로名目이差殊호ᄃᆡ其中에도滊車의鐵路와電機의架設과通船ᄒᆞᄂᆞᆫ河渠의疏瀹ᄒᆞᄂᆞᆫ工役의種類ᄂᆞᆫ皆國家의土地에有關ᄒᆞᆫ故로政府와許準을經ᄒᆞᆫ後에其會社ᄅᆞᆯ始立ᄒᆞ고票紙ᄅᆞᆯ製賣ᄒᆞᄂᆞ니政府의許準으로設始ᄒᆞᆫ會社ᄂᆞᆫ商賈의任意로分散ᄒᆞ기不能홈은無他라其分散ᄒᆞᄂᆞᆫ時ᄅᆞᆯ當ᄒᆞ면其賣買ᄒᆞᆫ票價의還償이皆政府의擔當이라然ᄒᆞᆫ故로政府가其商社의願을許施ᄒᆞ기前에必先其商社의要求ᄒᆞᄂᆞᆫ資本을可히敵當홀利源을看諒ᄒᆞ야行ᄒᆞᄂᆞᆫ者라

三 又一法은商賈의會社에資本이有호ᄃᆡ大商業을經紀ᄒᆞ기에不足ᄒᆞᆫ則其不足ᄒᆞᆫ分數ᄂᆞᆫ會社의票紙ᄅᆞᆯ賣ᄒᆞ야充補ᄒᆞᄂᆞ니其票紙買賣ᄒᆞᆫ者에게會社가每年利息과其商利의繁盛ᄒᆞᆫ時에加給ᄒᆞᄂᆞᆫ事ᄂᆞᆫ上條의記載ᄒᆞᆫ法과同ᄒᆞ나然ᄒᆞ나票紙의本錢인則會社가其商業의經始ᄒᆞᆫ歲로브터分排ᄒᆞ야償還ᄒᆞᄂᆞ니假令票紙一千張을賣ᄒᆞ면每年五十張의價ᄅᆞᆯ償還ᄒᆞ야二十年에至ᄒᆞᆫ則其本錢의償還이畢ᄒᆞᄂᆞᆫ故로會社의資本이皆其都中契員의專有ᄒᆞᆫ者라今에其償還ᄒᆞᄂᆞᆫ規模ᄅᆞᆯ記ᄒᆞ건ᄃᆡ票紙마다各其一定ᄒᆞᆫ號數ᄅᆞᆯ載ᄒᆞ고每年掣籤ᄒᆞᄂᆞᆫ法을用ᄒᆞ야其次에當ᄒᆞ면其本錢을償還ᄒᆞᄂᆞ니其後로브터ᄂᆞᆫ其會社와關係가更無호ᄃᆡ當籤ᄒᆞ기前에票主가他人에게轉賣ᄒᆞ기ᄅᆞᆯ許ᄒᆞ며又其轉賣ᄒᆞᆫ者ᄂᆞᆫ其轉買ᄒᆞᆫ當年에其籤을當ᄒᆞᆫ則票紙本錢外에加給ᄒᆞᆫ者가有ᄒᆞ면其加給ᄒᆞᆫ分數ᄂᆞᆫ受害ᄒᆞᄂᆞᆫ者라

四 以上에記載ᄒᆞᆫ二法은泰西各國商社의通行ᄒᆞᄂᆞᆫ規則이라商船을造ᄒᆞ야外國의物貨ᄅᆞᆯ交易ᄒᆞ며郵船을賃ᄒᆞ야各國의信奇ᄅᆞᆯ通涉ᄒᆞ고換錢ᄒᆞᄂᆞᆫ都家ᄅᆞᆯ排舖ᄒᆞ며主人ᄒᆞᄂᆞᆫ旅閣을設立ᄒᆞ야各處의物貨ᄅᆞᆯ去來ᄒᆞ고滊車의鐵路와電機의鐵線을起工ᄒᆞ며炭氣燈과電氣燈의燃火ᄒᆞᄂᆞᆫ器具ᄅᆞᆯ開役ᄒᆞ고各種器械의製作과各色物品의作成을經

營ᄒᆞ야人生의便利ᄒᆞᆫ方道ᄅᆞᆯ補홈과國家의富實ᄒᆞᆫ景狀을增홈이皆會社의力이니古人이云호ᄃᆡ錢이多ᄒᆞ면買ᄅᆞᆯ善ᄒᆞᆫ다홈이眞實로通暢ᄒᆞᆫ格言이라夫物이合ᄒᆞᆫ則大ᄒᆞ기ᄂᆞᆫ塵土의小홈을積ᄒᆞ야山岳의崇高홈이오分ᄒᆞ면小ᄒᆞ기ᄂᆞᆫ千人의千牛ᄅᆞᆯ食홈과同ᄒᆞ거ᄂᆞᆯ奈何로我邦의商人은如此ᄒᆞᆫ理ᄅᆞᆯ不覺ᄒᆞ야會社의大事業을不營ᄒᆞ고全國의商權이他人의手中에歸호ᄃᆡ振起ᄒᆞᄂᆞᆫ經綸이不行ᄒᆞ니竊歎홀者가此라商賈의羞恥와政府의廑憂가不少홀듯

城市의排鋪

一 夫城市ᄂᆞᆫ人衆의都會處ᄅᆞᆯ謂홈이라一定ᄒᆞᆫ規模로操制홈이無ᄒᆞ면紛亂이必生ᄒᆞ고百般의便利로裁度홈이無ᄒᆞ면窘跲이亦多ᄒᆞ나然ᄒᆞ나全國의大都會ᄂᆞᆫ一二處에不止ᄒᆞ고又其習俗의異同과事勢의便否ᄂᆞᆫ地方을隨ᄒᆞ야不齊ᄒᆞᆫ景狀이自存ᄒᆞᆫ則中央大政府가是ᄅᆞᆯ干涉ᄒᆞ야人心과風俗을不拘ᄒᆞ고一條의定則으로各地에均施ᄒᆞᄂᆞᆫ法을立ᄒᆞ면此ᄂᆞᆫ疎濶ᄒᆞ기極臻ᄒᆞ고道理에不合ᄒᆞ야行ᄒᆞ기不得ᄒᆞᄂᆞᆫ者며又各地의人情物態ᄅᆞᆯ觀察ᄒᆞ며遊照ᄒᆞ야各其適合ᄒᆞᆫ規則을欲行ᄒᆞ면千緖萬端의日變月異ᄒᆞᄂᆞᆫ

景況과前思後量의毫細綜挈ᄒᆞᄂᆞᆫ條例ᄂᆞᆫ時ᄅᆞᆯ因ᄒᆞ야宜ᄅᆞᆯ制ᄒᆞ며物을隨ᄒᆞ야機ᄅᆞᆯ應ᄒᆞᄂᆞᆫ者니事狀의紛擾ᄒᆞ기ᄂᆞᆫ姑舍ᄒᆞ고過度ᄒᆞᄂᆞᆫ形便으로晝夜에思慮ᄅᆞᆯ竭ᄒᆞ며籌謨ᄅᆞᆯ運ᄒᆞ야도其成이難必ᄒᆞᄂᆞᆫ者라是以로大政府ᄂᆞᆫ但其總轄ᄒᆞᄂᆞᆫ權을執ᄒᆞ야全國의普同ᄒᆞᆫ大紀ᄅᆞᆯ立ᄒᆞ며公受ᄒᆞᄂᆞᆫ利源을議ᄒᆞ고城市의諸規ᄂᆞᆫ各地人民에게任ᄒᆞ야其自便ᄒᆞᆫ道ᄅᆞᆯ行호ᄃᆡ或世俗에乖戾ᄒᆞᆫ事端과國法에背棄ᄒᆞᄂᆞᆫ制度ᄅᆞᆯ行ᄒᆞᆫ則是ᄅᆞᆯ料正ᄒᆞ기ᄂᆞᆫ亦大政府의職分이니泰西諸國의城市排鋪ᄒᆞᆫ規模ᄅᆞᆯ記ᄒᆞ건ᄃᆡ

二 家室의築造에一定ᄒᆞᆫ法規가有ᄒᆞ야道路ᄅᆞᆯ犯ᄒᆞ기不許ᄒᆞ고且人戶稠密ᄒᆞᆫ處에木造ᄒᆞᄂᆞᆫ者ᄅᆞᆯ禁ᄒᆞ야有火ᄒᆞᆫ時의延燒ᄒᆞᄂᆞᆫ患을免ᄒᆞ며票號ᄅᆞᆯ定ᄒᆞ야次序의紊亂홈이無ᄒᆞ고家主의姓名을門面에揭ᄒᆞ야尋訪의差誤가亦無ᄒᆞ며道路의修築도條理가非然ᄒᆞ야人道와馬道의分別이有ᄒᆞ니人道ᄂᆞᆫ步者의來往ᄒᆞᄂᆞᆫ道라馬道兩傍에人家門前을占據ᄒᆞ야油炭或甓으로鋪塗ᄒᆞ고馬道ᄂᆞᆫ車馬의來往ᄒᆞᄂᆞᆫ路라人道中間에在ᄒᆞ야片石或片木으로整齊히密鋪ᄒᆞ야崎嶇ᄒᆞᆫ形狀이不現ᄒᆞ니片石은其大小가我邦의築墻ᄒᆞᄂᆞᆫ石子와同ᄒᆞ야其前面이平ᄒᆞ고片木은木枕의形制와彷彿ᄒᆞᆫ者라人道와馬道의間에樹木을種ᄒᆞ야連抱의大에至ᄒᆞ며又炭氣或電氣의燈具ᄅᆞᆯ設ᄒᆞ야千門萬戶의

不夜城을粧點ᄒᆞ고間間히公園을寘ᄒᆞ야長青ᄒᆞᄂᆞᆫ樹木과芳香ᄒᆞᆫ花卉를栽培ᄒᆞ야依然히長春苑의光景을飾ᄒᆞ니朝夕의灑掃를行ᄒᆞ야一芥의汙穢ᄂᆞᆫ道上에不存ᄒᆞᆫ故로其清潔ᄒᆞᆷ도極臻ᄒᆞᆫ지라髮直ᄒᆞᆫ大路에縶欄朱壁이左右에櫛比ᄒᆞ야錦繡帳의照耀ᄒᆞᆷ과琉璃牕의玲瓏ᄒᆞᆷ이樹陰間에隱映ᄒᆞ니鏡中의一幅大畵圖를平鋪ᄒᆞᆷ과同ᄒᆞ더라

廛市店舍郵征局電信局의排寘ᄂᆞᆫ城市의中央을據ᄒᆞ고又銀行屋消火局巡察廳의諸所도要衝을占ᄒᆞ며律師醫人及工匠의都會屋子도亦然ᄒᆞ니此ᄂᆞᆫ皆公衆의便利를爲ᄒᆞᆷ이오其餘靜僻ᄒᆞᆫ地ᄂᆞᆫ皆閭閻의閑散ᄒᆞᆫ居處라城市의通行ᄒᆞᄂᆞᆫ法은其地方의官吏와長老가會議ᄒᆞ야酌定ᄒᆞᄂᆞ니新制의設施ᄒᆞᆷ과舊規의變改ᄒᆞᆷ이皆其掌握에存ᄒᆞ야大政府의規度를不戾ᄒᆞᄂᆞᆫ時ᄂᆞᆫ敢히是를妨害ᄒᆞᄂᆞᆫ者가無ᄒᆞᆫ딕物議를採ᄒᆞ며時機를遵ᄒᆞ야都會의普同ᄒᆞᆫ利益을經營ᄒᆞᆷ이오一人의私를濟ᄒᆞ기爲ᄒᆞ야陰秘ᄒᆞᆫ計圖를行ᄒᆞ기ᄂᆞᆫ不許ᄒᆞᆷ이라

西遊見聞第十八編 終

西遊見聞第十九編

各國大都會의景像

今에各處都會地의景像을欲記ᄒᆞᆷ애三數十片紙에其人物의富盛ᄒᆞᆷ과山川의秀麗ᄒᆞᆷ을模寫ᄒᆞᆫ則洪纖을悉包ᄒᆞ기極難ᄒᆞ야脫漏ᄒᆞᄂᆞᆫ事實이自多ᄒᆞᆫ中에足跡이及ᄒᆞ야目擊ᄒᆞᆫ者ᄂᆞᆫ猶或可ᄒᆞ거니와他人의遊歷ᄒᆞᆫ記書를考閱ᄒᆞ야其餘論을掇拾ᄒᆞ고模糊ᄒᆞᆫ文字를粧撰ᄒᆞ니或其實에差爽ᄒᆞᆫ者가必有ᄒᆞᆯ디며又或其眞을全失ᄒᆞᆫ者도不無ᄒᆞᆯ디라然ᄒᆞᆫ故로譬辭로喩ᄒᆞ건딕拙手의畵工이流峙의絕勝ᄒᆞᆫ眞景을臨ᄒᆞ야三昧의神會ᄒᆞᄂᆞᆫ意匠이無ᄒᆞ고依樣ᄒᆞᆫ葫蘆로畵ᄒᆞ야具眼者의譏嘲를未免ᄒᆞᆯ디로딕勝地의圖라謂ᄒᆞᄂᆞᆫ名稱은猶存ᄒᆞᆫ則臥遊者의一觀을供ᄒᆞ야咫尺에萬里를論ᄒᆞ기ᄂᆞᆫ其助가不無ᄒᆞᆷ이라

合衆國의諸大都會

華盛敦와싱톤

此府ᄂᆞᆫ合衆國京城이라其國의創業ᄒᆞᆫ大統領華盛敦氏의姓을取ᄒᆞ야其京城을名ᄒᆞ야不忌ᄒᆞᄂᆞᆫ義를寓ᄒᆞᆷ이니其地가布土幕河와西支河의二水合流ᄒᆞᄂᆞᆫ要衝에在ᄒᆞ야烟水의渺瀰ᄒᆞᆷ은鏡面을平鋪ᄒᆞᆫ듯峯巒의清秀ᄒᆞᆷ은畵幅을粧點ᄒᆞᆫ듯景槩가絕勝ᄒᆞᆫ中에官衙와民家의築造와排鋪가華麗를互誇ᄒᆞ고規模를必遵ᄒᆞ야琉璃와金碧이玲瓏照輝ᄒᆞ며間間히公園을寘ᄒᆞ야奇花異草를種栽ᄒᆞ며四通ᄒᆞᆫ街路ᄂᆞᆫ油灰으로鋪乾ᄒᆞ고兩傍에樹木이平行ᄒᆞᆫ列을成ᄒᆞ야大路의廣이一百六十尺에至ᄒᆞᄂᆞᆫ者도有ᄒᆞ니車馬가絡繹ᄒᆞ고貨物이委積ᄒᆞ야其繁華ᄒᆞᆫ景況이誠一大邦의首府로딕居民은十五萬에不過ᄒᆞ야其安靜ᄒᆞᆫ風俗은太平ᄒᆞᆫ氣像을著現ᄒᆞ고明媚ᄒᆞᆫ山川은逸樂ᄒᆞᆫ意思를模出ᄒᆞ니遊客의出入은四時에不絕ᄒᆞ고商賈의來往은稀少ᄒᆞᆫ故로物價의高騰이合衆國에第一이오亦世界上에第一이라謂ᄒᆞ고布土幕河에二座木橋를架設ᄒᆞ야右橋ᄂᆞᆫ火輪車의來往ᄒᆞᄂᆞᆫ鐵路를布寘ᄒᆞ며左橋ᄂᆞᆫ車馬와行人의通涉을爲ᄒᆞ니其長이大約我六里에過ᄒᆞᄂᆞᆫ者라

國會議事堂은政令과法律을議定ᄒᆞᄂᆞᆫ官府니其築造ᄒᆞᆫ制度의宏壯ᄒᆞᆷ과形像의華麗ᄒᆞᆷ이觀者의眼을駭ᄒᆞ고物材ᄂᆞᆫ其柱其壁에白石을全用ᄒᆞ야皓然히雲表에聳出ᄒᆞᆫ者

三

라其基ᄂᆞᆫ華盛敦氏가卜ᄒᆞ고其工役은長久ᄒᆞᆫ歲月을經ᄒᆞ야完美ᄒᆞᆫ境에抵ᄒᆞ니其堂基의廣이七百五十一尺이오長은三百二十尺이라中堂의圓塔은其高가一百四十尺이니其上에銅像의神人을坐ᄒᆞ야名曰自由天神이오左右의翼廊이環繞ᄒᆞ야亦皆白石으로築造ᄒᆞ니其費ᄂᆞᆫ我錢으로打計ᄒᆞ건ᄃᆡ二億四千一百萬兩이라西로正面을作ᄒᆞ고其右ᄂᆞᆫ議事上院이오其左ᄂᆞᆫ議事下院이며中央은大統領의論事室과大審院上等法官府라의 을設ᄒᆞ고又書庫ᄅᆞᆯ寘ᄒᆞ야古今政法의記錄을藏貯ᄒᆞ며又一邊에各官府官人의問事廳과議事堂議員의接賓所ᄅᆞᆯ排鋪ᄒᆞ니各廳事의堂壁에合衆國昔時人民의艱難ᄒᆞᆫ景況과獨立ᄒᆞᄂᆞᆫ戰狀이며農民의勤苦ᄒᆞᄂᆞᆫ風俗은畫ᄒᆞ야深遠ᄒᆞᆫ意ᄅᆞᆯ寄ᄒᆞᆷ이라

大統領의館舍ᄂᆞᆫ大統領의就任ᄒᆞᆫ後로解職ᄒᆞ기前에居處ᄒᆞᄂᆞᆫ宅舍니華盛敦氏의生時에築造ᄒᆞ야其物材ᄂᆞᆫ白石을純用ᄒᆞ고廣은一百七十尺이며長은八十六尺이오其高ᄂᆞᆫ三層이라戶部兵部國務部間에介ᄒᆞ고館의東北隅ᄅᆞᆯ回ᄒᆞ야東南兩面에鐵柵의門을建ᄒᆞ고其西에廣苑을排置ᄒᆞ야花卉와樹木을培栽ᄒᆞ며小池ᄅᆞᆯ鑿ᄒᆞ고坐椅ᄅᆞᆯ設ᄒᆞ니幽閒ᄒᆞᆫ韻意와淸爽ᄒᆞᆫ氣味가具存ᄒᆞ야朝晝間에遊人의出入을不禁ᄒᆞᄂᆞᆫ者ᄂᆞᆫ眞

四 五 六

實로山川의樂을百姓으로與共ᄒᆞᄂᆞᆫ意니並合衆國의法律이寬裕ᄒᆞ며人心이淳厚ᄒᆞ야雖大統領의館舍라도警衛ᄒᆞᄂᆞᆫ人士ᄅᆞᆯ不寘ᄒᆞᆷ이라

酌遜氏의銅像은銅馬上에整寘ᄒᆞ야大統領館前石築ᄒᆞᆫ臺에立ᄒᆞᆫ者니雄偉ᄒᆞᆫ儀表와活潑ᄒᆞᆫ氣像이生者와彷彿ᄒᆞ야人의敬을起ᄒᆞᄂᆞᆫ듯肅然ᄒᆞᆫ風이自存ᄒᆞᆫ디라氏ᄂᆞᆫ勳業이著明ᄒᆞ야合衆國의有名ᄒᆞᆫ志士니國人이氏ᄅᆞᆯ尊崇ᄒᆞ야其像을都城에立ᄒᆞ야其非常ᄒᆞᆫ功을表ᄒᆞ고不忘ᄒᆞᄂᆞᆫ意ᄅᆞᆯ示ᄒᆞ야全國의義氣ᄅᆞᆯ鼓ᄒᆞ고俗習을勵ᄒᆞᄂᆞ니並歐美諸國의風이愛國有爲ᄒᆞᆫ名士ᄅᆞᆯ尊敬ᄒᆞ야其人의功德을表揚ᄒᆞ기로此擧가多有ᄒᆞᆷ이라

近年前에華盛敦氏의紀功碑ᄅᆞᆯ築ᄒᆞ야大統領의館舍와對立ᄒᆞ니合衆國三十八州가其石材及財費ᄅᆞᆯ排出ᄒᆞ야屢歲의工役으로其功이始畢ᄒᆞ야皎然ᄒᆞᆫ白石이雲表에接ᄒᆞᆫ則其高가五百尺에過ᄒᆞᆫ디라其碑가太高ᄒᆞᆫ故로霹靂의擊打ᄅᆞᆯ一受ᄒᆞ나其力이不猛ᄒᆞ야粉碎ᄒᆞ기에不至ᄒᆞ니霹靂이有罪者ᄅᆞᆯ懲治ᄒᆞᄂᆞᆫ天罰이라謂ᄒᆞᆯ디면華盛敦氏가其生前死後에何大罪가有ᄒᆞ관ᄃᆡ其碑에天罰이行ᄒᆞ얏ᄂᆞᆫ고

褒巧院은白石의宏大ᄒᆞᆫ築造라郵征局과對峙ᄒᆞᆫ者니國中人民이著述工技及百般의

一

新發造ᄒᆞᆫ物이有ᄒᆞᆫ時에議事院에其事由ᄅᆞᆯ稟ᄒᆞ야專賣權을請ᄒᆞ고其見本을此院에呈ᄒᆞ야衆人에게披示ᄒᆞᄂᆞ니其工藝의深淺을依ᄒᆞ야褒典의等差가有ᄒᆞ고又或褒章을給附ᄒᆞ야其發造ᄒᆞᆫ才巧ᄅᆞᆯ證明ᄒᆞ며專賣權을許施ᄒᆞᆷ이라院內의排鋪ᄅᆞᆯ數部에分ᄒᆞ야位寘가井然히次序ᄅᆞᆯ依ᄒᆞ니滊輪船車及電氣의器機와學科ᄂᆞᆫ一二의遺漏도無ᄒᆞ고且日用百種의美術及巧藝ᄅᆞᆯ畢羅ᄒᆞ며童翫香奩의諸具에至ᄒᆞ야新工의發造ᄒᆞᆫ物類ᄂᆞᆫ不具ᄒᆞᆫ者가無ᄒᆞᆫ故로離婁의明과巧歷의智라도擧數ᄒᆞ기亦難ᄒᆞᆷ이라

紐約 뉴욕

此府ᄂᆞᆫ合衆國의最大ᄒᆞᆫ都會라滿巴丹島의角을占ᄒᆞ야東으로河峽을隔ᄒᆞ야富祿吉仁州와相對ᄒᆞ고西으로浩道遜河ᄅᆞᆯ界ᄒᆞ야褚絅州와相望ᄒᆞ니其長이十八里에降ᄒᆞ고廣이三里에至ᄒᆞ야居人이一百二十餘萬이오旅客의出入이每日七八十萬에不下ᄒᆞᄂᆞᆫ故로二百萬人의留住ᄒᆞᄂᆞᆫ地方이라大西洋을通航ᄒᆞ야東으로歐洲의商賈ᄅᆞᆯ來ᄒᆞ고南으로波羅馬ᄅᆞᆯ通航ᄒᆞ야南美諸國의貿易을開ᄒᆞ며內地에ᄂᆞᆫ滊車의鐵路가縱橫四通ᄒᆞᄂᆞᆫ勢ᄅᆞᆯ成ᄒᆞ고賀春江과浩道遜河의二水ᄅᆞᆯ因ᄒᆞ야水陸運輸의便利가極臻ᄒᆞ니物貨의交易이繁昌ᄒᆞ야一歲의出入이大約我錢으로一百四十億兩이라英吉利

二 三

의倫敦에一頭地ᄅᆞᆯ讓ᄒᆞ고ᄂᆞᆫ浩大ᄒᆞᆫ世界上에其匹敵이更無ᄒᆞᆫ故로此府ᄂᆞᆫ即天下의第二大都會라

家屋의築造ᄂᆞᆫ英京倫敦과佛京巴里에不及ᄒᆞ나街衢市店의淸潔ᄒᆞᆷ과官署寺院의宏麗ᄒᆞᆷ이合衆國에冠ᄒᆞᄂᆞᆫ者라紅甓과白石의崔嵬ᄒᆞᆫ簷角이天半에起ᄒᆞ야去雲流霞가其上에棲止ᄒᆞᄂᆞᆫ듯千門萬戶의豪富ᄒᆞᆫ景況이誠一雄都의氣象이니今其一商人의會館을記ᄒᆞ건ᄃᆡ其長이一百二十間이오其廣은一百二十五間이며其高ᄂᆞᆫ一百三十尺이라三千六百萬兩의巨額을消靡ᄒᆞ야其功을成ᄒᆞ고又紐約의府廳은其建築ᄒᆞᆫ費가一億의大財에至ᄒᆞ니此ᄅᆞᆯ推ᄒᆞ면其他의宏壯ᄒᆞᆫ規模ᄅᆞᆯ足히觀得ᄒᆞᆯ디오且一旅店의歲納ᄒᆞᄂᆞᆫ官稅가七百二十萬兩에及ᄒᆞ니餘他事物의熾盛ᄒᆞᆷ도此ᄅᆞᆯ從ᄒᆞ야可知ᄒᆞᆯ듯全市中의道路ᄂᆞᆫ片石으로覆ᄒᆞ야其修築ᄒᆞᄂᆞᆫ制度와灑掃ᄒᆞᄂᆞᆫ規模가堅固ᄒᆞᆷ과淸潔ᄒᆞᆷ을務ᄒᆞ고其中央에馬車의鐵路ᄅᆞᆯ鋪ᄒᆞ야行人의便利ᄅᆞᆯ增ᄒᆞ며二三丈의鐵柱ᄅᆞᆯ兩行으로立ᄒᆞ고其上에滊車의鐵路ᄅᆞᆯ架設ᄒᆞ야人의來往과物의運輸ᄅᆞᆯ行ᄒᆞ니此ᄂᆞᆫ天下의壯觀이라謂ᄒᆞᆷ이可ᄒᆞᆫᄃᆡ或者의言은曰鐵路가人家의窓牖와齊ᄒᆞ야走輪의雷般ᄒᆞᆫ聲響이耳朶에聒ᄒᆞ며且睡者의妨害ᄅᆞᆯ貽ᄒᆞ야不美ᄒᆞ다ᄒᆞ나然ᄒᆞ나此車에一臨ᄒᆞ

떤恍然히風을御ᄒᆞ고行ᄒᆞ야雲을凌ᄒᆞᄂᆞᆫ氣가自生ᄒᆞ터라

府內의公園은其數가亦多ᄒᆞᆫᄃᆡ最大ᄒᆞᆫ者ᄂᆞᆫ中央公園이라其廣이南北은七里에過ᄒᆞ고東西ᄂᆞᆫ二里에至ᄒᆞ니此園이府中에要衝을占ᄒᆞ야片土가寸金의貴라云ᄒᆞᄂᆞᆫ地面이나然ᄒᆞ나人民의公醵金으로購取ᄒᆞ야公衆의樂을供ᄒᆞᆷ이라其始에名工五十人을選雇ᄒᆞ야各其匠思ᄅᆞᆯ運ᄒᆞ고伎倆을互競ᄒᆞ니元來此地ᄂᆞᆫ平遠ᄒᆞᆫ故로人爲ᄒᆞᆫ工力을藉ᄒᆞ야岡巒과溪谷의天然ᄒᆞᆫ形勢ᄅᆞᆯ成ᄒᆞ고蒼松과垂柳ᄅᆞᆯ山間左右의陵陂에種栽ᄒᆞ야幽僻ᄒᆞᆫ風致와淸雅ᄒᆞᆫ韻趣가人의心目을悅樂ᄒᆞ야如彼紛鬧ᄒᆞᆫ城市中에隱然히山林의氣味가有ᄒᆞ며峰이回ᄒᆞ고路가轉ᄒᆞᄂᆞᆫ處에浩然ᄒᆞᆫ遐眺ᄅᆞᆯ憑ᄒᆞᆫ則一頃의淸湖가平鋪ᄒᆞᆫ鏡面을忽開ᄒᆞ야滄波細烟의裊娜ᄒᆞᆫ際에一點의小島가半月의彎形으로斜廻ᄒᆞᆫ지라山上亭에登臨ᄒᆞᆷ애佳木은檻에拂ᄒᆞ고淸嵐은衣ᄅᆞᆯ襲ᄒᆞ야人으로江湖의想을自發ᄒᆞ며且無數ᄒᆞᆫ池塘이林間에散在ᄒᆞ야或彩舟ᄅᆞᆯ泛ᄒᆞ며或小橋ᄅᆞᆯ架ᄒᆞ야遊人의閒戲奇覽을助ᄒᆞ며大池의中央에丈餘의噴水管을立ᄒᆞ고其傍에石造ᄒᆞᆫ小亭을寘ᄒᆞ야酒鑪茶棚의排鋪로遊客의歇息을待ᄒᆞ며且石屋과鐵柵의中에各種禽獸及蟲의猛狠奇恠珍異ᄒᆞᆫ者ᄅᆞᆯ飼畜ᄒᆞ야士女의縱觀을許ᄒᆞᄂᆞᆫ지라此處ᄅᆞᆯ從ᄒᆞ야偶然ᄒᆞᆫ一步로

未盡ᄒᆞᆫ興을乘ᄒᆞ고山을隨ᄒᆞ야逶迤히北行ᄒᆞᆫ則谷溪가愈深ᄒᆞ고風景이轉幽ᄒᆞ다가及其山頂에至ᄒᆞ야四望ᄒᆞᄂᆞᆫ眼力을窮ᄒᆞ면萬井의人烟이一指의下에齊ᄒᆞ니其園內의勝狀을枚擧ᄒᆞ기不能ᄒᆞᆫ中에人作의奇巧ᄒᆞᆷ은觀者의歎美ᄅᆞᆯ自起ᄒᆞᄂᆞᆫ者라

自由의巨像은紐約港口一小島의奇觀이니自由ᄂᆞᆫ人의權利ᄅᆞᆯ謂ᄒᆞᆷ이오巨像은巨人의像이라其高가一百五十一尺에過ᄒᆞ고一爪의長이三尺이오其餘가有ᄒᆞ니右脚의內에空洞ᄒᆞᆫ小堂을排成ᄒᆞ야十二人을可容ᄒᆞᄂᆞᆫ지라五十尺邱岡上築臺에建ᄒᆞ야右手에電氣燈을捧ᄒᆞ야其光이六十里의海面을達ᄒᆞ니今此巨像의來歷을甄記ᄒᆞ건ᄃᆡ昔者合衆國이英吉利ᄅᆞᆯ抗戰ᄒᆞ야其獨立을謀ᄒᆞ든時에佛蘭西가一臂力을助ᄒᆞ야萬世의不朽ᄒᆞᆫ大功을建ᄒᆞ고且合衆國人民의勝捷이實天下의自由ᄅᆞᆯ保存ᄒᆞᆷ이라佛蘭西의有志ᄒᆞᆫ士民이其議ᄅᆞᆯ協ᄒᆞ야百年前으로브터此像의鑄造ᄒᆞᄂᆞᆫ役을起ᄒᆞ야近年에其工이始畢ᄒᆞᆫ故로合衆國에贈遺ᄒᆞ야其慶賀ᄒᆞᄂᆞᆫ情을示ᄒᆞ고友和ᄒᆞᆫ義ᄅᆞᆯ表ᄒᆞᆷ이라云ᄒᆞ더라

外民接受館은外國人民의歸依ᄒᆞᄂᆞᆫ者ᄅᆞᆯ延受ᄒᆞᄂᆞᆫ處所니海邊船泊ᄒᆞᄂᆞᆫ近地에雄偉華麗ᄒᆞᆫ一屋子라大槪合衆國의土地가廣濶ᄒᆞ고人民이稀少ᄒᆞ며政法이寬平ᄒᆞ고習

이淳厚ᄒᆞᆫ故로歐洲諸國人民의徙居ᄒᆞᄂᆞᆫ者가每歲三十萬以上으로四十萬에過ᄒᆞ니然ᄒᆞᆫ故로近間十年의人口增殖ᄒᆞᆫ記表ᄅᆞᆯ察ᄒᆞ건ᄃᆡ歸依人及本土生을合ᄒᆞ야一千一百五十九萬四千四百九十五人에至ᄒᆞᆷ이라

食需物의販購場은我邦의場市와同ᄒᆞᆫ者로ᄃᆡ巨大堅美ᄒᆞᆫ屋中에行ᄒᆞ야雨雪의憂ᄅᆞᆯ免ᄒᆞ고且其販購ᄒᆞᄂᆞᆫ物品은百穀과六畜及諸種의果라販者가場外他處의庫舍에積寘ᄒᆞ고但其見本을此場內에持入ᄒᆞ야衆人에게披示ᄒᆞ며願購者가有ᄒᆞ면其人과其積寘ᄒᆞᆫ本處에同往ᄒᆞ야賣買ᄅᆞᆯ互行ᄒᆞᄂᆞ니盖其屋子ᄂᆞᆫ鐵石으로搆造ᄒᆞᆫ者라巨商과大富가屋을立ᄒᆞ고每日에其稅ᄅᆞᆯ收ᄒᆞᆫ다謂ᄒᆞ더라

大鐵橋ᄂᆞᆫ紐約과富祿吉仁의二州의間에東江을橫截ᄒᆞ야架臥ᄒᆞᆫ者니其長이六里에抵ᄒᆞ고其高ᄂᆞᆫ一百四十尺이라大石을築ᄒᆞ야二百餘尺의柱ᄅᆞᆯ立ᄒᆞ고其腰에鋼鐵索으로懸ᄒᆞ야此橋ᄅᆞᆯ成ᄒᆞ니其宏壯ᄒᆞᆷ이天下의第一이라稱ᄒᆞᄂᆞᆫ者라人道馬道及滊車路ᄅᆞᆯ分ᄒᆞ야柱의虹腰下로通ᄒᆞ고又其橋下에ᄂᆞᆫ軍艦商船의絶大ᄒᆞᆫ者라도出入이無礙ᄒᆞ니平地ᄅᆞᆯ從ᄒᆞ야橋上의來往ᄒᆞᄂᆞᆫ人衆을望ᄒᆞ면雲霞ᄅᆞᆯ披行ᄒᆞᄂᆞᆫ듯橋上을從ᄒᆞ야下視ᄒᆞ면萬頃의滄波ᄂᆞᆫ足下에浩蕩ᄒᆞ고塡路ᄒᆞᆫ蹄輪과撲地ᄒᆞᆫ閭閻은城市全面을

呈ᄒᆞ더라

必那達彼亞 필나델피야

此府ᄂᆞᆫ合衆國의第二都會라居人이一百萬以上에至ᄒᆞ고地面이六方里에過ᄒᆞ니其衢街의廣濶ᄒᆞᆷ과家屋의淸麗ᄒᆞᆷ이紐約府와甲乙을爭ᄒᆞ며地形이二大河의交會ᄒᆞᄂᆞᆫ要衝을當ᄒᆞ야輸運ᄒᆞᄂᆞᆫ便利가極臻ᄒᆞᆫ故로物品의製造와商賈의貿易이繁盛ᄒᆞ야內外人士의來往寄寓ᄒᆞᄂᆞᆫ者가南陌의朝에雲과是如ᄒᆞ고北堂의夜에月과相似ᄒᆞ야綺羅鍾鼎이豪富ᄒᆞᆫ氣像을競ᄒᆞ며蹄輪帆檣이紛還ᄒᆞᆫ景況을呈ᄒᆞ고大路의兩行綠樹ᄂᆞᆫ淸奇ᄒᆞᆫ風致ᄅᆞᆯ助ᄒᆞ니盖物品의製作場은其數의夥ᄒᆞᆷ으로此府가合衆國에冠ᄒᆞ야羊毛及木綿의紡績場이一百四十有餘所며履鞋의製造場의七百餘所며馬車의工作場이五十餘所며琉璃의製造場이七所며分析器機(化學의用ᄒᆞᆷ)의場所가六百五十에不下ᄒᆞ고其他小小ᄒᆞᆫ製作은條擧ᄒᆞ기不遑ᄒᆞ나盖其綿毛紡織의產出이最盛ᄒᆞ야太半은英吉利와佛蘭西에輸出ᄒᆞ고又或再度로合衆國에輸入ᄒᆞᄂᆞᆫ지라今에其由ᄅᆞᆯ尋ᄒᆞ건ᄃᆡ英佛二國이其綿毛의紡織으로世界中에有名ᄒᆞᆫ故로合衆國人의購買가是ᄅᆞᆯ多求ᄒᆞᄂᆞᆫ지라是ᄅᆞᆯ由ᄒᆞ야射利ᄒᆞᄂᆞᆫ巧商이此府의紡織ᄒᆞᄂᆞᆫ者ᄅᆞᆯ一度二國에輸出ᄒᆞ야其印

標ᄅᆞᆯ帶賣ᄒᆞ고輸出及輸入의稅ᄅᆞᆯ加ᄒᆞ야其價ᄂᆞᆫ倍高ᄒᆞ니合衆國人은自己國의物品을高價에買ᄒᆞ야他邦의舶來品으로認定ᄒᆞ더라

獨立大會堂은此府聚衢의道에嵬峩宏壯ᄒᆞᆫ一巨館이니其構造ᄒᆞᆫ形式이古朴ᄒᆞᆫ意思와淸楚ᄒᆞᆫ規模ᄅᆞᆯ具備ᄒᆞᆫ者라盖北阿美利加洲가百年以前에英吉利의屬地니其人民이英吉利의苛戾壓制ᄒᆞᄂᆞᆫ虐政을不堪ᄒᆞ야塗炭의苦況으로愁歎ᄒᆞᄂᆞᆫ怨聲이四起ᄒᆞ거ᄂᆞᆯ阿美利加의忠義志士가蜂起ᄒᆞ야此府에來集ᄒᆞ고大會ᄅᆞᆯ此堂에開ᄒᆞ야合衆國의制度ᄅᆞᆯ創建ᄒᆞ고英吉利拒絶ᄒᆞᄂᆞᆫ檄文을起草ᄒᆞ야華盛敦氏로大都督을拜ᄒᆞ고大兵을擧ᄒᆞ야累歲의血戰으로獨立ᄒᆞᄂᆞᆫ光榮을獲致ᄒᆞ야今日의富强ᄒᆞᆫ基業을遺ᄒᆞ니是以로此堂은合衆國의有名ᄒᆞᆫ處所라其崇檐淡彩가肅然ᄒᆞᆫ義氣ᄅᆞᆯ含包ᄒᆞᆫ듯人으로ᄒᆞ여곰敬禮ᄒᆞᄂᆞᆫ心을起ᄒᆞ고奮發ᄒᆞᄂᆞᆫ氣ᄅᆞᆯ生ᄒᆞ며及其堂內에入ᄒᆞ야舊日志士의會議時器用諸物을玩賞ᄒᆞ면其不盡ᄒᆞᆫ忠義가宛然히其器에濡染ᄒᆞᆫ듯人으로ᄒᆞ여곰激昂ᄒᆞᄂᆞᆫ性氣ᄅᆞᆯ不勝ᄒᆞ야自然히感勵ᄒᆞᄂᆞᆫ精神이湧出ᄒᆞ니何人이此堂에入ᄒᆞ야稱賞ᄒᆞᄂᆞᆫ心이無ᄒᆞ리오他邦의慢侮ᄅᆞᆯ受ᄒᆞᄂᆞᆫ者ᄂᆞᆫ他人에比ᄒᆞ야其心이有加ᄒᆞᆯ듯

造幣局은合衆國에最大ᄒᆞᆫ者니其屋舍의華麗홈과器機의巨大홈은摸寫ᄒᆞ기도姑止

ᄒᆞ고金銀의積貯홈이倉에盈ᄒᆞ며庫에溢ᄒᆞ다謂ᄒᆞ야도虛言아니라其人民의富盛홈은此ᄅᆞᆯ推ᄒᆞ야可觀ᄒᆞᆯ디며稅關商社銀行屋의諸所도富潤ᄒᆞᆫ氣像을著ᄒᆞ고公園은六이有ᄒᆞᆫᄃᆡ其中에當野滿公園이河邊에在ᄒᆞ야山水의幽邃ᄒᆞᆫ景色이遊人으로ᄒᆞ여곰別有天地非人間의句ᄅᆞᆯ自誦ᄒᆞ니謫仙의北詩ᄂᆞᆫ正히此園을爲ᄒᆞ야準備홈이로다

池家皐 지카고

此府ᄂᆞᆫ合衆國의第五都會라稱ᄒᆞᄂᆞᆫ者니居人은四十萬에至ᄒᆞᄂᆞᆫ지라東北으로美時干湖ᄅᆞᆯ濱ᄒᆞ야水路의轉輸가便易ᄒᆞ며內地의鐵路가四通ᄒᆞ야陸地의搬運이順適ᄒᆞᆫ故로北方의産物이輻湊ᄒᆞ야內外商人의貿易이壯盛ᄒᆞ고且貯蓄의富ᄂᆞᆫ紐約府와頡頏홈이라

十餘年前에大火가起ᄒᆞ야此府中繁華ᄒᆞᆫ市街二萬餘戶ᄅᆞᆯ延燒ᄒᆞ야二晝夜ᄅᆞᆯ經過ᄒᆞᆫ後에其炎이始熄ᄒᆞ니燒失ᄒᆞᆫ財産이我錢으로計ᄒᆞ야一百億의巨額에至ᄒᆞᆫ지라數十萬生靈의生活이一朝에窘迫ᄒᆞᆫ景像을當ᄒᆞ야飢寒의憂ᄅᆞᆯ未免ᄒᆞ더니合衆國諸都會의人民이其不幸ᄒᆞᆫ災厄을是恤ᄒᆞ야貧富貴賤이各其勢ᄅᆞᆯ隨ᄒᆞ야扶助ᄒᆞᄂᆞᆫ義擧ᄅᆞᆯ行ᄒᆞᆯᄉᆡ陸地로ᄂᆞᆫ火輪車로以ᄒᆞ며水路로ᄂᆞᆫ火輪船으로以ᄒᆞ야一二日間에衣食의需가

豐足ᄒᆞ며假家의排鋪로雨雪의寒濕을禦ᄒᆞ니其運輸의神速홈도極臻ᄒᆞ거니와救急ᄒᆞᄂᆞᆫ義氣와同憂ᄒᆞᄂᆞᆫ風俗이人의心을感發ᄒᆞ며又其後市街와屋舍의構造鋪寘ᄂᆞᆫ宏濶홈과壯麗홈이前日에比ᄒᆞ야倍加ᄒᆞ다ᄒᆞ니此國人工의勤實홈과物材의衍裕홈은亦人의歎羨을招ᄒᆞᄂᆞᆫ者라

此府의水가不淸ᄒᆞ야人의飮料에供用ᄒᆞᄂᆞᆫ者ᄂᆞᆫ井池ᄅᆞᆯ不鑿ᄒᆞ고美時干湖의水ᄅᆞᆯ引用ᄒᆞᆯᄉᆡ人家近處의水ᄂᆞᆫ汙穢物의混雜이有ᄒᆞ다ᄒᆞ야十里의隧道로湖心水ᄅᆞᆯ取ᄒᆞᆫᄃᆡ湖邊에大屋子ᄅᆞᆯ築ᄒᆞ고屋內에大池ᄅᆞᆯ鑿ᄒᆞ야其水ᄅᆞᆯ渟滀ᄒᆞ니其地가低下ᄒᆞ야人家樓上의用을供ᄒᆞ기不能ᄒᆞᆫ지라乃一座大器械ᄅᆞᆯ設ᄒᆞ야十餘丈의高에引上ᄒᆞᆫ後에地中의水筒으로千門萬戶에通홈이라

道路의修築은其廣濶홈과淸楚홈이他都會에不讓ᄒᆞ며湖邊閑僻ᄒᆞᆫ地에一條의馳馬路ᄅᆞᆯ治ᄒᆞ야都人士의行樂ᄒᆞᄂᆞᆫ塲所ᄅᆞᆯ作ᄒᆞ니木石을不鋪ᄒᆞ고沙礫으로築密ᄒᆞ야遊塵이不揚ᄒᆞ며左右에樹木을種栽ᄒᆞ야隱暎ᄒᆞᆫ綠陰中紫騮白馬가奔騰ᄒᆞᆫ疾足을互競ᄒᆞ고其傍에公園을粧點ᄒᆞ야休憩ᄒᆞᄂᆞᆫ處所ᄅᆞᆯ排鋪ᄒᆞ며又湖濱에無數ᄒᆞᆫ小舟ᄅᆞᆯ泛ᄒᆞ고每朝에城市中小兒ᄅᆞᆯ載ᄒᆞ야水上의空氣ᄅᆞᆯ呼吸ᄒᆞ니盖人衆의雜居ᄒᆞᄂᆞᆫ地에空氣

가不淸ᄒᆞ고又不淸ᄒᆞᆫ空氣ᄂᆞᆫ童穉의氣血에不利ᄒᆞᆫ故로此擧가有홈이라然ᄒᆞᆫ故로病見ᄂᆞᆫ亦別船에載ᄒᆞ야他兒와混坐ᄒᆞ기不許ᄒᆞᄂᆞ니其費ᄂᆞᆫ皆政府의支出ᄒᆞᄂᆞᆫ者라

寶樹整 보스톤

此府ᄂᆞᆫ約紐府의東北方에在ᄒᆞ야其地形이大西洋中에突出ᄒᆞᆫ海角의島嶼라居人이三十五萬에過ᄒᆞ니內外貿易의盛大홈이紐約에亞ᄒᆞ야商船의出入이晝夜에不絶ᄒᆞ며鐵路와滊車가四通ᄒᆞ야貨物의運轉ᄒᆞᄂᆞᆫ方便이極備ᄒᆞ고又製造ᄒᆞᄂᆞᆫ才巧와理術의學問이合衆國에甲ᄒᆞ야綿布의紡織과船艦의治造에其甲을爭ᄒᆞᄂᆞᆫ者가無ᄒᆞ니全府ᄅᆞᆯ三部에區劃ᄒᆞ야其一은曰本部며其二及其三은曰東部南部라百餘年前此邦의獨立ᄒᆞ든時에此府人民이其議ᄅᆞᆯ始倡ᄒᆞ야全國의風氣ᄅᆞᆯ鼓動ᄒᆞ야英吉利의覊勒을脫棄ᄒᆞᆫ故로舊時忠義志士의戰爭ᄒᆞᆫ遺墟가依然ᄒᆞ야三尺의土城은故址가宛在ᄒᆞ고十圍의大木은其蒼然ᄒᆞᆫ枝葉이昔日의風雨ᄅᆞᆯ猶帶ᄒᆞᆫ듯遊子와行人이古蹟을訪ᄒᆞ며遺事ᄅᆞᆯ感ᄒᆞ야往往其地ᄅᆞᆯ指ᄒᆞ야相語홈이라

合衆國의敎育ᄒᆞᄂᆞᆫ規模가甚盛ᄒᆞ나然ᄒᆞ나此府人民이學問을務修ᄒᆞ야碩儒巨擘의輩出홈이其蹤을相接ᄒᆞᄂᆞᆫ故로合衆國人이此地로其國의文物主人이라稱ᄒᆞᄂᆞ니此

府의小兒라도其言行과知識이尋常에逈出ᄒᆞ야遠地에出遊홈애行路人이라도其儀表及言語를觀聽ᄒᆞᆫ則必曰賓樹整의子女라ᄒᆞ야其父母의姓名을問ᄒᆞᆫ다謂ᄒᆞ더라

府下의華美ᄒᆞᆫ衢街ᄂᆞᆫ菲昆街니其部에占居ᄒᆞᆫ公園이亦最美ᄒᆞᆫ者라其地勢ᄂᆞᆫ岡巒이起伏ᄒᆞ야天然ᄒᆞᆫ風致가自現ᄒᆞ고且楡樹가繁茂ᄒᆞ야鬱然ᄒᆞᆫ蒼翠가夏秋의美景을成ᄒᆞ며池塘과噴水의排鋪가亦壯ᄒᆞ야雙雙ᄒᆞᆫ金魚ᄂᆞᆫ清波에遊躍ᄒᆞ고猗猗ᄒᆞᆫ荇藻ᄂᆞᆫ晩風에偃仰ᄒᆞ니畵橋와彩舟의隱暎ᄒᆞᆫ光景이人世의仙界를粧出ᄒᆞ야其園의周圍ᄂᆞᆫ鐵柵으로環繞ᄒᆞᆫ지라岡頭에臨ᄒᆞ야遐眺를憑ᄒᆞᆫ則寮壽河의長流가其前을抱回ᄒᆞ고隣近村落의點點ᄒᆞᆫ烟樹ᄂᆞᆫ四處에散在ᄒᆞ야閒曠ᄒᆞᆫ野趣를著ᄒᆞ며城市의傑構巨築은其奢豪櫛比ᄒᆞᆫ景像이豁然히雄府의容觀을呈露ᄒᆞ고園西에本草園을寘ᄒᆞ야其花卉의芳香이人의鼻를觸ᄒᆞ더라

太平樂會堂은十有餘年前此府의大會를開ᄒᆞ든巨館이니此時에合衆國南北戰의四年風雨가始霽ᄒᆞ고又歐洲의普法大戰도其鋒이息ᄒᆞ야全世界에一塵이不動ᄒᆞ니四方의太平ᄒᆞᆫ秋라此地人民이公議를起ᄒᆞ야太平會를開홀ᄉᆡ府廳이一百二十萬兩의大財를先出ᄒᆞ야人民의樂事를勸ᄒᆞᄂᆞᆫ지라富饒ᄒᆞᆫ者가其財를爭捐ᄒᆞ야宏大ᄒᆞᆫ館宇

를建ᄒᆞ고萬國의歌人樂師를請ᄒᆞ야西曆一千八百七十二年(十二年前)五月十有三日에太平樂의大會를開ᄒᆞ니樂工이一千五百人이오會歌者가一萬五千人에至ᄒᆞᆫ지라其會의盛홈이古今에罕覯ᄒᆞᆫ者며且上等歌女의給料ᄂᆞᆫ每七日三十萬兩에至ᄒᆞᆫ다云ᄒᆞ더라

精美手術院은人의手造ᄒᆞᆫ物品을貯寘ᄒᆞᆫ處所니天下各國古今人作物의精巧華美ᄒᆞᆫ者와大小長短ᄒᆞᆫ者를俱收並蓄ᄒᆞ야人의聞見도擴開ᄒᆞ고且彼此의手段을比較ᄒᆞ야未盡ᄒᆞᆫ者를相補ᄒᆞ며奇妙ᄒᆞᆫ者를益勉ᄒᆞ야精美ᄒᆞᆫ中에又精美ᄒᆞᆫ工을求홈이라其物品의大槩를記ᄒᆞ건ᄃᆡ器皿衣服冠履及宮室舟車의小本과戈劒盾甲銃砲의種類며工匠의器械와童穉의戲具와山川草木鳥獸蟲魚의畵圖及刺繡며又各種의些少奇怪ᄒᆞᆫ者가多ᄒᆞ야名狀ᄒᆞ기不能홈이라

桑港 산프란세스코

此港은萬尼布尼亞州의咽喉니合衆國西方의要地라本州ᄂᆞᆫ元來墨西哥國의管轄에屬ᄒᆞ더니四十餘年前此地人民이叛旗를擧ᄒᆞ야其本邦을逆홈애境內가是를由ᄒᆞ야不穩ᄒᆞ거ᄂᆞᆯ越數年에合衆國이巨金으로其地를購取ᄒᆞ야自己版圖에載ᄒᆞᆫ지라爾後

로從ᄒᆞ야其人口의增殖이極盛ᄒᆞ니其初에居民의數가一百五十人에不過ᄒᆞ다가五年을經ᄒᆞ야五萬七千餘人에至ᄒᆞ고又五年의星霜을閱ᄒᆞ야十萬人以上에及ᄒᆞ며又西曆一千八百八十三年(一年前)의籍으로考ᄒᆞᆫ則二十萬人에近ᄒᆞ나今其源因을尋ᄒᆞ건ᄃᆡ此地의氣候가温和ᄒᆞ며壤土가肥沃ᄒᆞ야物産이饒足ᄒᆞ고農作이衍裕ᄒᆞ거니와諸由에金을多産ᄒᆞ야天下에其敵이更無ᄒᆞᆫ故로外國의人民이此를爲ᄒᆞ야移居ᄒᆞᄂᆞᆫ者가雲集홈이니此港의一年輸出ᄒᆞᄂᆞᆫ金이六千萬元에至ᄒᆞ야萬國의金價에其低昻을操縱ᄒᆞᆫ다云ᄒᆞ더라

此港의地形이半島의角을占ᄒᆞ야大海를面ᄒᆞ고高山을背ᄒᆞ야巉然히峙ᄒᆞᆫ蒼壁과洋然히流ᄒᆞᄂᆞᆫ烟波의間에金碧樓臺와朱翠欄檻이櫛比ᄒᆞᆫ景狀으로豪富를互誇ᄒᆞ며侈麗를相爭ᄒᆞ니誠一名勝ᄒᆞᆫ地며雄大ᄒᆞᆫ府라二大河의流를因ᄒᆞ야內地千餘里의運輸가便易ᄒᆞ고南으로波羅馬를通ᄒᆞ며東으로亞細亞에航ᄒᆞ야外邦의貿易이蕃盛ᄒᆞᆫ故로此地가百貨의吐納ᄒᆞᄂᆞᆫ港口라

巖亭은巖上에建造ᄒᆞᆫ亭子를謂홈이니其地가都會西方三里에在ᄒᆞ야大東洋을臨ᄒᆞᆫ지라激波怒濤가階前에出入ᄒᆞ야或其湧이山과同ᄒᆞ고又其噴이雪을欺ᄒᆞ야遊人의

壯觀을供ᄒᆞ고遐眺를憑ᄒᆞᆫ則杳茫ᄒᆞᆫ萬頃滄波가天際를接ᄒᆞ야端倪의窮極이無ᄒᆞ며眼下의金門風景은活畵를橫鋪ᄒᆞᆫ듯無數ᄒᆞᆫ海狗ᄂᆞᆫ風潮에浮沉ᄒᆞ야礁頭에聚散ᄒᆞ더라

佑杜蘭公園은都會南方의名所라動物及植物의園을區別ᄒᆞ고且博物館及藏書室은皆宏大ᄒᆞᆫ排鋪로卓偉ᄒᆞᆫ美觀이오小邱의頂에花卉를列種ᄒᆞ고其間에一座의舞臺를搆建ᄒᆞ야遊客의興을挑ᄒᆞ니蓋此園의設施ᄂᆞᆫ理學을勸進ᄒᆞᄂᆞᆫ主意라每一人의縱觀을許홈에我錢의五兩假量을收ᄒᆞ야大學校의費冗을補ᄒᆞᆫ다謂ᄒᆞ더라

合衆國의客店은精潔홈과宏壯홈으로天下에其名을專ᄒᆞᄂᆞ니此地의入禮秀客店은萬國의第一이라謂ᄒᆞᄂᆞᆫ者라九層의宏傑ᄒᆞᆫ白石營造로其廣濶홈이三千人을可容ᄒᆞ고棟樑의需用ᄒᆞᆫ鐵은鐵路의二百里物材에届ᄒᆞ니下層의外面은市店을作ᄒᆞ야酒菓烟草及藥類와衣冠諸品及零細物種을販鬻ᄒᆞ야旅客의需要를供給ᄒᆞ며各層에來往ᄒᆞ기ᄂᆞᆫ機關의力을借ᄒᆞ야上下ᄒᆞᄂᆞ니然ᄒᆞᆫ故로是役을司ᄒᆞᆫ者가有ᄒᆞ야衆人의升降ᄒᆞᄂᆞᆫ勞를代ᄒᆞ고且其廣濶ᄒᆞᆫ庭除ᄂᆞᆫ琉璃屋으로覆ᄒᆞ야雨雪의蔽庇를作ᄒᆞ며每夕에樂工數十人이一塲의音調를奏ᄒᆞ야遠客의羈懷를慰ᄒᆞᄂᆞᆫ지라其房屋의排鋪를論ᄒᆞ

젼ᄃᆡ白灰盤子에淡彩壁이오或彩紙로塗ᄒᆞ고琉璃窓에錦繡帳을垂ᄒᆞ며花氈毺上에錦椅或皮椅로高足床을繞ᄒᆞ고又床面에文房諸具를整寘ᄒᆞ며炭氣管을或盤子에垂ᄒᆞ고或壁面에附ᄒᆞ야明火ᄒᆞᄂᆞᆫ備를作ᄒᆞ며龍鬚鐵䆘牀에衾枕의精楚ᄒᆞᆷ아亦人의意에適ᄒᆞ고又每室에浴室厠室挾室의位寘가具存ᄒᆞ며衣冠을御掛ᄒᆞ기애函櫥의設이有ᄒᆞ고梳洗ᄒᆞ기에盥盤巾櫛及鏡의供備가有ᄒᆞ고店傭을招ᄒᆞ기에電線及室號의指應이有ᄒᆞ야巨細事에其便利ᄒᆞᆫ方이極臻ᄒᆞ니上等屋에居ᄒᆞᆫ者ᄂᆞᆫ一日에錢七元이오下等은二元或三元이라蓋泰西富盛ᄒᆞᆫ諸國都會地의店舍ᄂᆞᆫ其規模가略同ᄒᆞ니今此ᄂᆞᆫ一을擧ᄒᆞ야其他를示ᄒᆞᆷ이라

此地에中國人의移住ᄒᆞᆫ者가極多ᄒᆞ니其生活ᄒᆞᄂᆞᆫ道ᄂᆞᆫ製造所及鑛山의役夫며人家의雇傭이오又合衆國에歸依ᄒᆞ야永住ᄒᆞᄂᆞᆫ者도有ᄒᆞᆫ지라一隅地를占ᄒᆞ야邨落을自成ᄒᆞ고屋舍의搆造와市街의排寘及物貨의販購가依然히中國風이有ᄒᆞ니蓋此地에徙居ᄒᆞᄂᆞᆫ者ᄂᆞᆫ皆中國의不學無文ᄒᆞᆫ下賤이라鴉片烟을酷嗜ᄒᆞ고又其居處ᄒᆞᄂᆞᆫ規模ᄂᆞᆫ本土人의精潔ᄒᆞᆫ風俗에不適ᄒᆞᆫ故로萬國人都會ᄒᆞᄂᆞᆫ大地에混居ᄒᆞᄂᆞᆫ權利를失ᄒᆞ야中國人의居留地를刱定ᄒᆞᆷ이니他都會에從前ᄒᆞᄂᆞᆫ大賈ᄂᆞᆫ必然如此ᄒᆞᆫ羞辱이不及

ᄒᆞᆯ디로ᄃᆡ合衆國은淸國人의移居ᄒᆞᄂᆞᆫ事를不許ᄒᆞᆫ다謂ᄒᆞ더라

英吉利의諸大都會

圇墪론돈

此府ᄂᆞᆫ英吉利의京城이니英吉利ᄂᆞᆫ即大不列顚國이라其本土ᄂᆞᆫ眇少ᄒᆞᆫ一島國이로ᄃᆡ其屬地가六大洲에散在ᄒᆞ야四海에虎視ᄒᆞᄂᆞᆫ雄風을恣ᄒᆞ고其人民의富贍이萬國에甲ᄒᆞᄂᆞ니今에圇墪의景像을記ᄒᆞ건ᄃᆡ亦一大邦의王城이라居人이三百二十五萬에過ᄒᆞ고又內外商民及遊客의旅寓ᄒᆞᄂᆞᆫ者가數百萬에不下ᄒᆞ며人家ᄂᆞᆫ五十有二萬八千八百九十餘戶니其峻麗ᄒᆞᆷ과廣大ᄒᆞᆷ이天下의第一이라其南北이十五里에近ᄒᆞ고東西가二十里에除ᄒᆞ니探秀河가大都의中央을通流ᄒᆞ야府의三分二ᄂᆞᆫ河北에在ᄒᆞ고三分一은河南에在ᄒᆞᆫ지라又府의內外를分ᄒᆞ야我京의城內城外와同ᄒᆞ니府內ᄂᆞᆫ東南西三部를作ᄒᆞ고府外ᄂᆞᆫ十五坊을寘ᄒᆞ야街衢諸路의長을總計ᄒᆞᆫ則二千里에及ᄒᆞᆫᄃᆡ皆磚形의木片으로密鋪ᄒᆞ고車馬가絡繹ᄒᆞ야轂의擊ᄒᆞᆷ과袵의連ᄒᆞᆷ이晝夜不絶ᄒᆞᄂᆞᆫ故로滊車의鐵路ᄂᆞᆫ或屋脊에鐵橋를架ᄒᆞ고掛設ᄒᆞᆫ者도有ᄒᆞ며或地底에隧道

를鑿ᄒᆞ고鋪寘ᄒᆞᆫ者도有ᄒᆞ야空中과地下에馳走ᄒᆞᄂᆞᆫ輪響과大路上蹄轍의雜遝ᄒᆞᆫ喧闐가轟般相和ᄒᆞ야四處의雷聲이忽起忽絶ᄒᆞ니此國의人民이世界의富를網羅ᄒᆞ야如此히繁華盛壯ᄒᆞᆫ萬國中古今最大都會를建ᄒᆞᆷ이나然ᄒᆞ나都下貧民이亦多ᄒᆞ야街路上에襤褸鶉結ᄒᆞᆫ者가比比히其跡을現ᄒᆞ야奢豪ᄒᆞᆫ富人과相混ᄒᆞ니北美合衆國都會人民은衣冠이濟楚ᄒᆞ야雖貧窶ᄒᆞᆫ者라도如彼ᄒᆞᆫ景況이無ᄒᆞᆫ지라故로人이謂호ᄃᆡ天下에富ᄒᆞ기圇墪ᄀᆞᆺᄐᆞᆫ者가無ᄒᆞ고貧ᄒᆞ기圇墪ᄀᆞᆺᄐᆞᆫ者가亦無라ᄒᆞ더라

王宮은西部에在ᄒᆞ니西曆一千八百二十年(六十四年前)第四世喬智王時代에其工을始ᄒᆞ야五十餘年의星霜을經ᄒᆞ고今主女王의世에至ᄒᆞ야其役이畢ᄒᆞ니營造의宏傑과制度의華美가佛蘭西의杜老琍宮애ᄂᆞᆫ不及ᄒᆞ나其殿宇의偉麗ᄒᆞᆷ이亦人世의罕覩ᄒᆞᆫ者라其柱及壁은皆白石으로雕刻ᄒᆞᆫ精工을極ᄒᆞ고器玩의陳列은綺羅錦繡의美를盡ᄒᆞ며又遠方의珍寶와古今의名畵를貯ᄒᆞ다謂ᄒᆞ더라

國會議事院은漢譯으로巴力門이라謂ᄒᆞᄂᆞᆫ者니西美尼秀多橋의北岸에在ᄒᆞ야花岡石으로全體를建築ᄒᆞ고其前後에方錐의高塔이參差並立ᄒᆞ야高者ᄂᆞᆫ六十五間이라周壁의雕鏤가極巧ᄒᆞ며內飾ᄒᆞᆫ景像도明熒ᄒᆞ니上院下院及太審院與他附屬ᄒᆞᆫ廳舍

가此中에備存ᄒᆞ야其營造ᄒᆞᆫ財費가黃金一千二百五萬斤(英吉利斤)이라今夫英吉利政體ᄂᆞᆫ君民共治ᄒᆞᄂᆞᆫ制度니其政令이人民의權利를保護ᄒᆞ야寬大ᄒᆞ기로主ᄒᆞ고壓制ᄒᆞᄂᆞᆫ風俗이不現ᄒᆞᆫ則其國會의組成ᄒᆞᆫ體制를略記ᄒᆞ건ᄃᆡ上院은又一名이曰爵房이라其出席ᄒᆞᄂᆞᆫ議員이皇族貴族及高等敎正等四百有餘人이니其數ᄂᆞᆫ時를隨ᄒᆞ야或增或減호ᄃᆡ供職ᄒᆞᄂᆞᆫ年限은其身을終토록專任ᄒᆞᄂᆞᆫ例가多ᄒᆞ고下院은又一名이曰民房이라其議員은衆人의公薦으로代議士라稱ᄒᆞᄂᆞ니財産과名望이兼備ᄒᆞ며賢明才智ᄒᆞᆫ人으로國民되ᄂᆞᆫ義務를洞知ᄒᆞᆫ然後에可ᄒᆞᆫ者라其任期ᄂᆞᆫ六年이니其數가六百有餘人으로增減이亦時를隨ᄒᆞᄂᆞᆫ지라二院이立法ᄒᆞᄂᆞᆫ權을共有호ᄃᆡ上院은司法ᄒᆞᄂᆞᆫ權을特存ᄒᆞ고下院은租稅起草ᄒᆞᄂᆞᆫ特權을是執ᄒᆞ니本國의歲出ᄒᆞᄂᆞᆫ經費를推檢ᄒᆞ야其歲入ᄒᆞᄂᆞᆫ賦額을斷定ᄒᆞᄂᆞᆫ者라

探秀河ᄂᆞᆫ圇墪貿易市場의水路니十三大橋를架ᄒᆞ야圇墪橋가其下流에在ᄒᆞᆫ者라諸國의大船巨舶이皆此에至ᄒᆞ야其錨를投ᄒᆞᄂᆞ니橋의長이九百三十尺이오廣이五十三尺이라全體의造作에石을純用ᄒᆞ야其建築의精巧ᄒᆞᆷ과堅牢ᄒᆞᆷ이他橋의不及ᄒᆞᄂᆞᆫ者니其財費가一千餘萬元의大金에至ᄒᆞ고且河口ᄂᆞᆫ軍艦商舶의晝宵出入ᄒᆞᄂᆞᆫ要路

며橋梁을架ᄒᆞᆫ則船行의妨礙가不少ᄒᆞᆫ故로乃河底를掘ᄒᆞ야洞穴을作ᄒᆞ고石築ᄒᆞᆫ隧道를通ᄒᆞ야南北岸의行人이水下로往來ᄒᆞ니其高가二丈餘며其廣이一丈二尺이라洞內에晝夜를不論ᄒᆞ고炭氣燈을燒ᄒᆞ야日月의光을代ᄒᆞ고兩傍에小肆를列ᄒᆞ야諸般零瑣ᄒᆞᆫ物品의販賣가市肆와無異ᄒᆞ니洞中通行ᄒᆞᄂᆞᆫ人衆은頭上에汪洋ᄒᆞᆫ大河가流ᄒᆞ야許多ᄒᆞᆫ船舶의駛過홈을不分홈이라

堅緻敦博覽會館은鐵石으로築造ᄒᆞᆫ巨大屋子라館內를數區에分ᄒᆞ야藝術과細工의部를成ᄒᆞ고左右에回廊이有ᄒᆞ야其陳列ᄒᆞᆫ者ᄂᆞᆫ各國의陶器金銀器珠玉器服飾書籍文房具及理化學科의諸物과精美ᄒᆞᆫ繪畵를合ᄒᆞ야其幾千百萬을不知ᄒᆞ며又此館의附屬ᄒᆞᆫ書庫가有ᄒᆞ야三萬五千藝術書及畵圖本과一萬餘雕刻物과六萬餘搨影品을貯藏ᄒᆞ고又他室을縱觀홈에鐵造機械及石造器의各種을排陳ᄒᆞ야殫記ᄒᆞ기不能ᄒᆞ며其傍에本館屬學校를建ᄒᆞ야技術才巧及製造ᄒᆞᄂᆞᆫ方法을敎授ᄒᆞ니夫此會ᄂᆞᆫ天生物及人作物을不別ᄒᆞ며內國品與外國品을不辨ᄒᆞ고古今物品의奇異精巧ᄒᆞᆫ者를蒐集ᄒᆞ야人世公衆의觀覽을供ᄒᆞ야知識을開擴ᄒᆞ며藝業을勸進ᄒᆞᄂᆞᆫ主旨로建設ᄒᆞᆫ者라三十餘年前華爾土公園에博覽會를開ᄒᆞ야英吉利國의製造物品은機械力을全用

ᄒᆞ야天然優美ᄒᆞᆫ風韻意致가頓無ᄒᆞᆫ지라他邦의美術에較ᄒᆞ야三舍를躩退ᄒᆞᆫ則其傳聞이世間에流播ᄒᆞ야英吉利工業의聲價가地에墜ᄒᆞ야舊日의面目을全失ᄒᆞ니君臣上下가是를憂ᄒᆞ며戒ᄒᆞ야此館을建ᄒᆞ고衆民을奬勵ᄒᆞ야技術工業의進善ᄒᆞᄂᆞᆫ道에謀를協ᄒᆞ며力을合ᄒᆞ야數年에不出홈에諸般工技가諸國을壓倒ᄒᆞ야輸出ᄒᆞᄂᆞᆫ人造物이天下에其敵이更無ᄒᆞ니此ᄂᆞᆫ其人民의愛國ᄒᆞᄂᆞᆫ精誠이深篤ᄒᆞ며格物ᄒᆞᄂᆞᆫ學識이高明ᄒᆞ야致然ᄒᆞᆫ緣由라謂ᄒᆞ나博覽會의裨益이亦大ᄒᆞᆫ者라

水晶宮은圖整府南十餘里許地沙伊天咸에在ᄒᆞ니乃一名高ᄒᆞᆫ博物館이라其長을擧ᄒᆞᆫ則二百七十有餘間이오其高ᄂᆞᆫ三十有餘間이며左右의兩端에十四間有餘ᄒᆞᆫ塔屋을建ᄒᆞ니此館의柱樑이皆鐵을用ᄒᆞ야其結搆의堅牢홈이極臻ᄒᆞ고全體를琉璃로覆ᄒᆞ야其蘊蓄를明ᄒᆞᆫ形容은宛然ᄒᆞᆫ一大塊水晶이天半에湧現홈이라是以로其名을得홈이니館前廣濶ᄒᆞᆫ庭園에佳木과芳卉를栽種ᄒᆞ야一望ᄒᆞᄂᆞᆫ際에四季의景色이備ᄒᆞ고苑中에極大ᄒᆞᆫ噴水를作ᄒᆞ야其高가五十丈에飛騰ᄒᆞ고小池를鑿ᄒᆞ야江湖의風趣를像ᄒᆞ며館內ᄂᆞᆫ數部에分ᄒᆞ야宇內에森羅ᄒᆞᆫ萬象을具收畢集ᄒᆞ니今其一班을記ᄒᆞ건ᄃᆡ一室에入ᄒᆞᆫ則六大洲中有名ᄒᆞᆫ各邦을形容ᄒᆞ야其人民禽獸山川草木과家室堂

屋宮殿及衣服器具를摸造ᄒᆞ야萬殊千異ᄒᆞᆫ狀態를寫出ᄒᆞ고又一室에至ᄒᆞᆫ則古物을陳列ᄒᆞ야舊代希臘의城郭과西班牙의宮殿과埃及의圖畵與器具와阿丹及秀巴陀의貨幣軍器軍艦砲臺의形像을摸寫ᄒᆞ고又一邊에前世界巨獸恠鮮惡蟲을擬像ᄒᆞ야或眼을瞋ᄒᆞ고蹶起ᄒᆞᄂᆞᆫ듯或口를張ᄒᆞ고猛怒ᄒᆞᄂᆞᆫ듯或其身을轉ᄒᆞ야側臥ᄒᆞ고或其介甲을戴ᄒᆞ야潛伏ᄒᆞ며或蟲蟄ᄒᆞᆫ者或蜿蜒ᄒᆞᆫ者도有ᄒᆞ야其形이愈覩愈奇ᄒᆞ니此館에一入홈에忽然히亞細亞洲를從ᄒᆞ야歐羅巴洲에至ᄒᆞ며又阿弗利加洲를歷ᄒᆞ야南北阿美利加及大洋洲에遊ᄒᆞ야咫尺의地에萬千里의旅行을作ᄒᆞ고又俄頃間에鱗介炭爬의前世界가變ᄒᆞ야現今人世界에入ᄒᆞ니千萬年의改幻ᄒᆞᆫ景況이眼下에現存ᄒᆞᆫ지라其觀이可히壯ᄒᆞ다謂ᄒᆞ며一隅에酒茶及百物의市肆를排鋪ᄒᆞ야依然히大都中에步入홈과同ᄒᆞ더라

此府의諸禮拜堂中에特出ᄒᆞᆫ者ᄂᆞᆫ一曰聖八秀禮拜堂이니東部에在ᄒᆞ야其建築ᄒᆞᆫ制度와結搆ᄒᆞᆫ規模가伊太利國羅馬府의聖彼得禮拜堂을摸像ᄒᆞᆫ者라其圓塔의高가六十有一間이오又四尺이며圓徑은二十四間이로ᄃᆡ中央에一柱의撑支도無ᄒᆞ고內面에五色의繪畵로粧ᄒᆞ며又內外에雕刻ᄒᆞᆫ石像及銅像을羅立ᄒᆞ야觀瞻이雄偉巨壯ᄒᆞ

니其上에一臨홈에大都의太半을俯瞰ᄒᆞ며二曰卯阡禮拜堂이니西部에在ᄒᆞ야當國王室의世世體魄을此地에安ᄒᆞ며又新王의即位와宗室의結婚ᄒᆞᄂᆞᆫ儀節도此堂에行ᄒᆞᄂᆞ니其殿宇의宏麗ᄒᆞᆫ摸寫ᄂᆞᆫ不贅ᄒᆞ노라

公園은其數를殫記ᄒᆞ기不遑ᄒᆞ니略擧ᄒᆞ건ᄃᆡ宜點秀公園은王宮의前에在ᄒᆞ야池塘과林邱의風致가絕佳ᄒᆞ고其近邊에各官衙가連接ᄒᆞ며又王宮後에華爾土公園이有ᄒᆞ야都人士의美麗ᄒᆞᆫ遊步場을作ᄒᆞ고又其北華老支花園을排鋪ᄒᆞ며頼傳土公園은諸園中最大ᄒᆞᆫ者니其內에動物園이有ᄒᆞ야象獅駱駝熊虎豺狼狐兎獐鹿猿猱獼猫等類의毛蟲과金鷄孔雀鸞鷰鸂鶒鷹隼鷗鴞烏鵲鶬鷺鳧鴨雉鶴鳳鳥彩禽等類의羽蟲과爬蟲의種類도蛇虺諸族이具備ᄒᆞ니蓋此諸物中에欲名ᄒᆞ야도其名을難名ᄒᆞ고欲形ᄒᆞ야도其形을難形ᄒᆞᄂᆞᆫ者가多ᄒᆞ야林居穴處의本性을順히ᄒᆞᄃᆡ鐵網或鐵柵으로其界域을分ᄒᆞ고又植物園의排鋪가有ᄒᆞ야天下各邦寒帶溫帶熱帶水陸各種草類木類穀類藥類를培栽ᄒᆞ야其本地의水土氣候와適合ᄒᆞ게ᄒᆞ니其費가亦不貲ᄒᆞ다謂ᄒᆞ더라

海軍陸軍度支諸府ᄂᆞᆫ探秀河岸에在ᄒᆞ야美麗ᄒᆞᆫ大厦며又東部의美觀은府廳電信郵

征諸局이오府內의囚獄은其堅牢巨大ᄒᆞᆫ構造가極備ᄒᆞ며稅關은圖整橋北岸에在ᄒᆞ야白石築造ᄒᆞᆫ巨館이니宇內萬邦의輸入及輸出ᄒᆞᄂᆞᆫ物品을檢ᄒᆞ야其稅를課ᄒᆞᄃᆡ各國主義와異ᄒᆞ야自由貿易의道를行ᄒᆞ고銀行商社의富홈은世界內財權을總執ᄒᆞ야內外政府及人民의需要를供ᄒᆞ며不列顚博物館은陳列品의宏多홈으로其名이全歐洲에轟振ᄒᆞ고又南部의街에至ᄒᆞᆫ則製造場의數가指를屈ᄒᆞ기不勝ᄒᆞ야烟筒의相望ᄒᆞᄂᆞᆫ者가若林ᄒᆞ니黑烟이天에漲ᄒᆞ고其他家屋店肆의壯大ᄒᆞᆫ規模가亦他部에不讓ᄒᆞᄂᆞᆫ지라此府中有名ᄒᆞᆫ諸所를統計ᄒᆞ건ᄃᆡ禮拜堂이九百有餘며公立學校가二百有餘며私立學校가一千五百이며病院이一百五十이오其附屬ᄒᆞᆫ醫藥學校가極多ᄒᆞ고貧院이四百有餘며公廨가五百餘며牢獄이十有五며演戲屋이二十二며商人及工匠의會所가十萬有餘며新聞局이一千二百八十有三이니此皆宏麗ᄒᆞᆫ結構라凡諸繁盛ᄒᆞᆫ景像은記臚ᄒᆞ기를是止ᄒᆞ노라

立於八랍어플

此府ᄂᆞᆫ英吉利國의第二都會니蘭桂沙州南方馬細河口南岸의一要港이라圖整을隔ᄒᆞ기六百餘里니瀛車로通ᄒᆞ며居人은五十萬以上에出ᄒᆞ야家屋의精美ᄒᆞᆫ構造와道

路의淸楚ᄒᆞᆫ修築이圖整과甲乙ᄒᆞ며愛爾蘭과合衆國에通航ᄒᆞᄂᆞᆫ要地되야其貿易의繁盛이極臻ᄒᆞ니蓋此港의景況은合衆國의富隆을隨ᄒᆞ야亦其興旺ᄒᆞᆫ境에漸赴홈이라百餘年前此地의居民이僅八萬餘口에不過ᄒᆞ더니西曆一千七百八十五年(九十九年前)에英吉利와合衆國의和約이成ᄒᆞ야爾後로阿美利加洲及他各地의輸入ᄒᆞᄂᆞᆫ綿花穀物及他種의價格이歲計ᄒᆞᆫ則一百億以上에至ᄒᆞ고輸出ᄒᆞᄂᆞᆫ總額은六十億에及ᄒᆞ니船舶의出入이每歲四萬艘에不下ᄒᆞ야馬細河口에碇泊ᄒᆞᆫ軍艦及商船의風檣烟筒이其簇立홈은織ᄒᆞᆫ듯森列홈은林이라浩然히其涯際를不見ᄒᆞᄂᆞᆫ故로此港의船泊處가世界中에最大ᄒᆞ니其長이十八里에過ᄒᆞ고周圍ᄂᆞᆫ石築ᄒᆞ야其像이城下의濠池와同ᄒᆞ며其口에巨大ᄒᆞᆫ水門을設ᄒᆞ고宏偉ᄒᆞᆫ一美橋를架ᄒᆞ야船舶의出入ᄒᆞᄂᆞᆫ時에二人의力으로此大橋를開閉ᄒᆞ고又其內一邊에三面及底를白石으로密築ᄒᆞ야卵形의圓을成ᄒᆞ며一面은水門으로固閉ᄒᆞ야兩岸機關의作用으로其中의水를或灌滿ᄒᆞ며或吸乾ᄒᆞ야三萬石餘의大船을製造ᄒᆞ기에便利ᄒᆞᆫ場所를寘홈이라

船泊ᄒᆞᄂᆞᆫ近岸에碑碣와倉庫가其廣濶홈과堅固홈을具備ᄒᆞ니今其倉庫의規模를記ᄒᆞ건ᄃᆡ長이二百數十間이오高ᄂᆞᆫ三層或四層이니物貨의藏蓄ᄒᆞᄂᆞᆫ處를類別ᄒᆞ야曰

綿花庫曰錦緞庫曰砂糖庫及他各種의庫라三四層의高處ᄂᆞᆫ機關의設이有ᄒᆞ야貨物의升降을便利히行ᄒᆞ고下層은小車로運ᄒᆞ며又沈濕ᄒᆞᄂᆞᆫ氣를防ᄒᆞ야腐敗ᄒᆞᄂᆞᆫ憂가無ᄒᆞ니每年積寘ᄒᆞᄂᆞᆫ貨物의價가一百八十億의巨額에抵ᄒᆞ며庫前에一座浮橋를設ᄒᆞ야乘船及御物ᄒᆞᄂᆞᆫ便利를供ᄒᆞ니潮汐의出入을隨ᄒᆞ야橋面의高低가船板과均平ᄒᆞᄂᆞᆫ故로小船의需用을不俟홈이라

其南岸의造船場은亦世界中의名高ᄒᆞᆫ處라長七十間至八十有餘間及馬力一千五百至二千以上의大船을此所에多造ᄒᆞᄂᆞ니場內에絶大ᄒᆞᆫ機械를具ᄒᆞ야船을懸上懸下ᄒᆞ며且其縱橫ᄒᆞᄂᆞᆫ位寘를變換ᄒᆞ기에人의意를隨ᄒᆞ야艱窘ᄒᆞᆫ工役이絶無홈이라

滿棣秀太만톄스터

此府ᄂᆞᆫ亦蘭桂沙州의都會라立於八의東方百里許에在ᄒᆞ야瀛車의便利로陸地의來往을相通ᄒᆞᄂᆞ니五十九年前에英國人壽太溫이累歲의勤苦ᄒᆞᆫ工으로鐵路의神妙ᄒᆞᆫ方便을想出ᄒᆞ고百方으로其力을盡ᄒᆞ야會社의資金을合成ᄒᆞ니有志者ᄂᆞᆫ其事가竟成이라五十三年前에此二府間의鐵路를架設ᄒᆞ야今日에至ᄒᆞ도록些少의損傷이不現ᄒᆞ고且其風聲이天下의大衆을鼓起ᄒᆞ야萬國의美利公益을供ᄒᆞ니是를由ᄒᆞ야此

地의鐵路ᄂᆞᆫ即世界上鐵路의嚆矢라

此地의人口가百年前에ᄂᆞᆫ九萬에不滿ᄒᆞ더니爾來木綿의紡績이甚盛ᄒᆞ고且合衆國의貿易을因ᄒᆞ야物貨의豐熾홈으로人民의增殖이歲加ᄒᆞ야現今五十萬以上에至ᄒᆞᆫ則英吉利의第三都會라道路家屋及公私築造가其華美홈과宏濶홈은圖整에不讓ᄒᆞ고木綿紡績所의多홈은二百三十三에至ᄒᆞ니其器械의巨大홈과制作의神異홈이人의意表에逈出ᄒᆞᄂᆞᆫ지라我邦中國及日本에輸入ᄒᆞᄂᆞᆫ綿織物은此府를從來ᄒᆞᄂᆞᆫ者가實多홈이라

府中의獄舍ᄂᆞᆫ廣濶ᄒᆞ고堅牢ᄒᆞ며精潔ᄒᆞ기도極臻ᄒᆞᆫ者니其建築ᄒᆞᆫ費額이八百七十五萬元이라周圍ᄂᆞᆫ煉化石甓으로墻을築ᄒᆞ야二丈의高에至ᄒᆞ고正面에大門을設ᄒᆞ야官吏外ᄂᆞᆫ出入을不許ᄒᆞ며小門을別建ᄒᆞ야他人의通行을聽ᄒᆞ니其門의小홈은一人의身을僅容ᄒᆞᄂᆞᆫ지라此門에一入ᄒᆞᆫ則前面에儼然ᄒᆞᆫ廳舍가有ᄒᆞ야獄中의事務를掌ᄒᆞ고又囚室은男女二部에區別ᄒᆞ니其室이總計一千有餘며一室의大홈이我邦의一間을可敵ᄒᆞᄃᆡ每一室에一人을寘ᄒᆞ야混居ᄒᆞ기不許ᄒᆞ고寢床水壺及便器의位寘가整齊ᄒᆞᆫ中에淸楚ᄒᆞᆫ形像이自現ᄒᆞ며電炭의氣燈으로各室의夜光을起ᄒᆞ야其明晃

ᄒᆞᆷ이自晝와同ᄒᆞ니囚徒ᄂᆞᆫ各其所能ᄒᆞᆫ才技를隨ᄒᆞ야宛然히百工의肆를設ᄒᆞ고獄舍中에宏美ᄒᆞᆫ書室을別寘ᄒᆞ야閒逸ᄒᆞᄂᆞᆫ暇에古人의善書를翫讀ᄒᆞ야其過를自悟ᄒᆞ고其非를自悔ᄒᆞᄂᆞᆫ端을啓ᄒᆞ고且每日服勤ᄒᆞᆫ賃金은其半을留貯ᄒᆞ야期滿出獄ᄒᆞᄂᆞᆫ時에給ᄒᆞ야改新ᄒᆞᄂᆞᆫ生業을助ᄒᆞᄂᆞ니拘囚ᄒᆞᆫ諸人의食物은麵包牛酪及羹에不過ᄒᆞᆷ이라

屈羅秀古 ᄭᅮᆯ나스고

此府ᄂᆞᆫ蘇格蘭島의西南에處ᄒᆞ야屈羅尼道河의上流에繁華ᄒᆞᆫ一大都會라滿棣秀太府와隔ᄒᆞᆷ이千里에幾至ᄒᆞ야瀛車의來往이晝夜不絶ᄒᆞ니夫歐洲大陸山水의秀麗ᄒᆞᆷ은瑞西와伊太利와英吉利의三邦을稱ᄒᆞ야其絶勝ᄒᆞᆫ景槩를天下에誇張ᄒᆞᄂᆞᆫ者라今에瀛車를乘ᄒᆞ고屈羅秀古에向ᄒᆞᆯᄉᆡ山川이其地에漸近ᄒᆞᆷᄉᆞ록明媚ᄒᆞᆫ形像이愈加ᄒᆞ야其右를遐眺ᄒᆞᆫ則群山의蒼翠ᄂᆞᆫ屛障의活畵를靑天에橫鋪ᄒᆞᆫ듯其左를指顧ᄒᆞᆷ애黛眉螺髻가接天ᄒᆞᆫ碧波와明滅ᄒᆞ야雲障에緲緲ᄒᆞ니車路ᄂᆞᆫ百折ᄒᆞᆫ坂과千回ᄒᆞᆫ谷으로或林中을穿ᄒᆞ며或海邊을遵ᄒᆞ야烟濤雲樹의奇異美妙ᄒᆞᆫ淑景秀氣가倏變ᄒᆞ고倏化ᄒᆞ야其狀이千이오其態가萬이라酬接ᄒᆞ기不暇ᄒᆞᆫ則支離ᄒᆞᆫ毫釐으로摸寫ᄒᆞ기도不

西遊見聞 第十九編 屈羅秀古 五百十九

能ᄒᆞᆷ이니各邦의遊人이四時에坌集ᄒᆞᆫ다謂ᄒᆞ더라

居人은四十八萬에踰ᄒᆞ고商業이甚盛ᄒᆞ니其地가乃南北美洲及亞細亞洲諸國의物貨를貿易ᄒᆞᄂᆞᆫ要衝이라市街의熱鬧ᄒᆞᆷ과店肆의繁盛ᄒᆞᆷ이立芬八과滿棣秀太에甲乙ᄒᆞ고家室道路의景況은圖整에有遜ᄒᆞᆫ듯ᄒᆞ나雄府의氣像이亦自存ᄒᆞ며鍊鐵塲及造船局과綿布紡織所及他製造所가極夥ᄒᆞ야參差ᄒᆞᆫ烟筒이天中에森立ᄒᆞ야一卓偉奇絶ᄒᆞᆫ壯觀이라可謂ᄒᆞᆯ디며又河岸의邊에宇內諸邦의商舶軍艦이雲集ᄒᆞ야各樣의旗章이風을隨ᄒᆞ야水面을覆ᄒᆞᆫ듯黑烟이河口에漲ᄒᆞ고瀛笛이四山에響ᄒᆞ며府의中央에廣大ᄒᆞᆫ公園을寘ᄒᆞ야衆人의遊步塲을作ᄒᆞ니百卉가芳을鬪ᄒᆞ고萬花가豔을爭ᄒᆞ야人을招ᄒᆞᄂᆞᆫ듯客을喚ᄒᆞᄂᆞᆫ듯其風景이閒雅ᄒᆞ고樂意가欵洽ᄒᆞ더라

伊丹堡 이덴벅

此府ᄂᆞᆫ亦一繁華ᄒᆞᆫ都會니屈羅秀古의東方一百六十里許에在ᄒᆞ야其地가北洋을臨ᄒᆞ고人家ᄂᆞᆫ邱陵을跨ᄒᆞ야瀛車의路ᄂᆞᆫ山谷間을穿過ᄒᆞ야到着ᄒᆞᄂᆞᆫ者라舊時蘇格蘭王國의獨立ᄒᆞ든時에其京城이러니現今英蘇의合倂ᄒᆞᆫ後로브터今王女主의離宮을作ᄒᆞᆫ지라人口ᄂᆞᆫ十八萬에至ᄒᆞ고商樓富屋이門楣를相對ᄒᆞ야市街의華麗ᄒᆞᆫ氣像이

西遊見聞 第十九編 屈羅秀古 五百二十

自露ᄒᆞ며古郭高塔이山水에掩映ᄒᆞ야雲烟의明媚ᄒᆞᆫ景色이可愛ᄒᆞ고且都會近傍의磊砢ᄒᆞᆫ巘巒上에堅牢無比ᄒᆞᆫ城을築ᄒᆞ야周圍峭厲ᄒᆞᆫ壁에藤葛의蔓이纏綿ᄒᆞᆫ中에一線의路로城中을通ᄒᆞ니其中에一入ᄒᆞᆷ에危樓傑閣이往往林麓間에隱見ᄒᆞ고國王의宮殿은寬宏幽深ᄒᆞ야古色이蒼然ᄒᆞ니即五百餘年前建築ᄒᆞᆫ者라其制度가不麗ᄒᆞᄃᆡ雅ᄒᆞ고不侈ᄒᆞᄃᆡ美ᄒᆞ야文楣藻栱이精巧ᄒᆞᆫ中에濃淡ᄒᆞᆫ韻意를帶ᄒᆞ고柱壁椽題ᄂᆞᆫ亦皆雕刻ᄒᆞᆫ妙工을表示ᄒᆞ니蘇格蘭舊時女王瑪麗의寢殿이宮中에在ᄒᆞ야其服玩房具가依然히遺存ᄒᆞ더라

峩樓翅山이其近에在ᄒᆞ니高ᄂᆞᆫ八百尺이라樹木이不茂ᄒᆞ고間間히細草의叢生ᄒᆞᆫᄯᆞᄅᆞᆷ이로ᄃᆡ舊代의奇勝ᄒᆞᆫ遺蹟으로相傳ᄒᆞ야龍盤虎踞ᄒᆞᄂᆞᆫ形勢로數回의蟠屈이有ᄒᆞ며及其極巔에攀ᄒᆞ야望眼을窮ᄒᆞᆷ에遠則北洋의大水가淼漫ᄒᆞ야天際에接ᄒᆞ고近則府中의城壁學校病院故官府廳博物館裁判所禮拜堂及無數ᄒᆞᆫ製作塲이地에撰ᄒᆞ더라

多佛仁 ᄯᅡ블닌

此府ᄂᆞᆫ阿爾蘭島의最大ᄒᆞᆫ都會니屈羅秀古와海路二百二十三英里를隔ᄒᆞ야居人이

西遊見聞 第十九編 多佛仁 五百二十一

二十有四萬五千七百餘에至ᄒᆞᄂᆞᆫ지라大河가東流ᄒᆞ야全府의中央을經ᄒᆞ고其下流가善美ᄒᆞᆫ港口를自成ᄒᆞ야內外商人의船舶이灣內에蝟集ᄒᆞᄂᆞᆫ故로運輸ᄒᆞᄂᆞᆫ方便이自足ᄒᆞ고貿易ᄒᆞᄂᆞᆫ景況이亦盛ᄒᆞ며河上에九橋를架ᄒᆞ야其觀이頗佳ᄒᆞ고府中의一條大路ᄂᆞᆫ其長이六里오其廣이二十間에及ᄒᆞ며其中央에卓然至大ᄒᆞᆫ標柱를建ᄒᆞ고繁華ᄒᆞᆫ公館도數所가有ᄒᆞ니大槩歐美諸邦의都會地에居住ᄒᆞᄂᆞᆫ者ᄂᆞᆫ富人及中等家產의人이恒多ᄒᆞᄃᆡ此府에ᄂᆞᆫ不然ᄒᆞ야居民中卑賤貧窶無產ᄒᆞᆫ輩流가頗多ᄒᆞ야都市의美麗ᄒᆞᆫ面目을點汚ᄒᆞᆷ이라

稅關은河의北岸을沿ᄒᆞ야宏麗ᄒᆞᆫ巨館이며又大路의要衝에郵征局의大厦가特立ᄒᆞ야前面의長이百尺에至ᄒᆞ고其門楣를對ᄒᆞ야烈遜將軍의紀功碑를竪ᄒᆞ고碑上에同氏의銅像을立ᄒᆞ야其炳蔚ᄒᆞᆫ勳功을後世에頌ᄒᆞ니其高가五丈에過ᄒᆞ고且其近에奇妙ᄒᆞᆫ圓形館과分晩院의建築이相隣ᄒᆞ며四個所의裁判衙司ᄂᆞᆫ雄偉ᄒᆞᆫ結構로儼然히官府의風儀를是擅ᄒᆞᄂᆞᆫ듯河의南岸要地ᄂᆞᆫ大學校가占據ᄒᆞ니昔時女王의勸學ᄒᆞᄂᆞᆫ深意로煉化石의宏傑ᄒᆞᆫ築造라館內를數部에區分ᄒᆞ야學員의數가多ᄒᆞ고且考試室博物塲禮拜所養氣室及藏書庫와諸他敎育의必要ᄒᆞᆫ處所器具ᄂᆞᆫ全備ᄒᆞᆷ이라

西遊見聞 第十九編 多佛仁 五百二十二

三 多佛仁城은岡上에在ᄒᆞ야廣濶堅固ᄒᆞᆫ建築이니城中을二部에分ᄒᆞ야其一은陸軍의鎭臺며又其一은太守의衙府라衙中에舊日太守의半身像을畫ᄒᆞ고堂壁에愛爾蘭島往古歷史의實事를圖畫ᄒᆞ니라

四 禮拜堂은其結搆의華美홈이他都會에有遜ᄒᆞ나然ᄒᆞ나年代의久遠을閱ᄒᆞ야其名이甚高ᄒᆞᆫ者라堂의周圍에本府中貧困ᄒᆞᆫ小民이多居ᄒᆞ야家壁의破壞홈과街路의汙穢홈이極臻ᄒᆞ고且堂前門路에無產ᄒᆞᆫ貧民이會集ᄒᆞ야其狀이可矜호ᄃᆡ其近邊의公園은地勢가平坦淸潔ᄒᆞ고老樹灌木이鬱然蒼翠ᄒᆞ야動物園及遊憩塲을覆ᄒᆞ더라

五 且本府의貿易은國內用의物品이多ᄒᆞᆫ故로製造ᄒᆞᄂᆞᆫ物에輸出品이不盛ᄒᆞ고輸入ᄒᆞᄂᆞᆫ種類ᄂᆞᆫ極夥ᄒᆞ니材木烟草香料가最高ᄒᆞᆫ額을占ᄒᆞᄂᆞᆫ者라

西遊見聞第十九編 終

西遊見聞第二十編

佛蘭西의諸大都會

巴里 파리

一 此府ᄂᆞᆫ佛蘭西의京城이라居人이一百八十萬에至ᄒᆞ니其地가細茵河西岸에跨ᄒᆞ야三十三鐵橋石橋를架ᄒᆞ고府內ᄂᆞᆫ三部에分ᄒᆞ야其周圍가七十里에近ᄒᆞ야樓臺市廛이碁布櫛比ᄒᆞ고池塘園林의星羅絲織ᄒᆞ니道路의淸楚홈과家屋의壯麗홈으로天下에甲ᄒᆞ야壯ᄒᆞ기圖整ᄀᆞᄐᆞᆫ者와富ᄒᆞ기紐約ᄀᆞᄐᆞᆫ者라도三舍를讓退ᄒᆞᄂᆞᆫ지라今其由를尋繹ᄒᆞ건ᄃᆡ彼圖紐의府ᄂᆞᆫ地底及空中에車道를架設ᄒᆞ며且製作塲의混雜홈으로雷霆이晝夜에轟振ᄒᆞᄂᆞᆫ듯人의耳를聒ᄒᆞ고石炭烟은日月을蔽暗ᄒᆞᄂᆞᆫ듯雨露도亦此를因ᄒᆞ야變黑ᄒᆞᄂᆞᆫ듯其景像이壯ᄒᆞ다謂ᄒᆞ기ᄂᆞᆫ可ᄒᆞ나或不潔ᄒᆞᆫ處所ᄂᆞᆫ往往其有홈이不無호ᄃᆡ巴里에至ᄒᆞ야ᄂᆞᆫ不至ᄒᆞ야工作塲이雖多ᄒᆞ나一隅에處ᄒᆞ고微術店舍가一精美ᄒᆞᆫ廣苑中에粧實홈과同ᄒᆞ야市中各處에遊息ᄒᆞᄂᆞᆫ勝地를設ᄒᆞ고芳卉異樹를種栽ᄒᆞ며街路行人은都雅ᄒᆞᆫ風彩가有ᄒᆞ니盖百年前此府의景況은區域이狹小ᄒᆞ야

家屋의築造ᄂᆞᆫ卑矮ᄒᆞ고道路의制度ᄂᆞᆫ屈曲ᄒᆞ야四方의觀瞻을聳ᄒᆞ기不足ᄒᆞ며大邦의威儀를表ᄒᆞ기不愜ᄒᆞ거ᄂᆞᆯ第一世拿破崙皇帝가萬敵의威勇을誇ᄒᆞ야東으로征ᄒᆞ며西으로伐ᄒᆞ야歐洲의諸邦을呑併ᄒᆞ고其財貨를收ᄒᆞ야本國에歸ᄒᆞᆫ則其京都의規模가天下를壓倒ᄒᆞᄂᆞᆫ英雄의眼孔에不滿ᄒᆞᆫ지라乃全府中短樓大厦의舊時建築을一倂破毁ᄒᆞ고朽老頹宮으로北郭에至ᄒᆞ야十餘里의長廣을改修ᄒᆞᆯᄉᆡ凱旋門으로中心을作ᄒᆞ고四方에十二大街를排鋪ᄒᆞ야宮室道路의規模가雄偉華麗淸爽ᄒᆞᆫ風韻氣味를兼有ᄒᆞ야全世界의無雙ᄒᆞᆫ京都를作ᄒᆞ니大路의兩傍에排列ᄒᆞᆫ樹木은繁陰을交ᄒᆞ고都人士女의來往ᄒᆞᄂᆞᆫ車馬ᄂᆞᆫ晝夜에絡繹ᄒᆞ며市肆의物貨ᄂᆞᆫ雲委山積ᄒᆞ야繁殖ᄒᆞᆫ景像을露現ᄒᆞᄂᆞᆫ지라盖巴里ᄂᆞᆫ古昔羅馬國大將時慈의攻取ᄒᆞᆫ地方이니伊時此地에城郭을實ᄒᆞ고其後에次第로增築ᄒᆞ야居然히一大都를成ᄒᆞ고拿破崙의功力으로壯大ᄒᆞᆫ城市에至홈이라泰西諸邦의事物이皆此府의制度를効則ᄒᆞᄂᆞᆫ故로飮食이라도新出ᄒᆞᆫ者ᄂᆞᆫ必曰巴里의時體라ᄒᆞ며衣服이라도新樣의製造ᄂᆞᆫ亦曰巴里의時體라ᄒᆞ고各種品物의玩戲逸樂을供具ᄒᆞᄂᆞᆫ者라도皆巴里의時體를尙ᄒᆞᄂᆞ니然ᄒᆞ기佛蘭西人의誇大ᄒᆞᄂᆞᆫ言이曰호ᄃᆡ巴里ᄂᆞᆫ天下萬國京城中의京城이라ᄒᆞ야其好新ᄒᆞᄂᆞᆫ心性

과自滿ᄒᆞᄂᆞᆫ意氣가甚ᄒᆞᆷ이라

二 上林苑은其名이八禮老逸(팔네노알)이라謂ᄒᆞᄂᆞ니其華美ᄒᆞᆫ景像과壯麗ᄒᆞᆫ排鋪ᄂᆞᆫ筆墨으로形容ᄒᆞ기不能ᄒᆞᆫ지라姑舍ᄒᆞ거니와其下에市廛이有ᄒᆞ야珍玩奇器及風流奢靡ᄒᆞᆫ諸品을販賣ᄒᆞ며且城內의舖街ᄂᆞᆫ其制가差狹ᄒᆞ나琉璃屋子로其全街를覆ᄒᆞ야日月의光은透照ᄒᆞᄃᆡ風雨ᄂᆞᆫ庇ᄒᆞᄂᆞᆫ故로人衆의熙穰과物貨의販購에其便利ᄒᆞᆷ이極臻ᄒᆞ다謂ᄒᆞ더라

三 凱還門은八面廣街의輻湊ᄒᆞᆫ極處에在ᄒᆞ야白石의築造ᄒᆞᆫ巨門으로雲表에聳出ᄒᆞᆫ者ㅣ니其高가佛尺四十(英尺一百三十尺有餘)이오前面의廣이佛尺二十이며側面은佛尺十이라門의中央에十字의大路로通ᄒᆞ고白石으로其地面을全覆ᄒᆞ며西壁의外面은神人을描鏤ᄒᆞ고又其戰勝ᄒᆞᆫ圖像은雕刻ᄒᆞᆫ工이精密ᄒᆞ야天下의至巧ᄒᆞᆫ者라도其眼을駭ᄒᆞᆫ다ᄒᆞᄂᆞ니盖此門의營造ᄂᆞᆫ拿破崙第一世의經始ᄒᆞᆷ으로四十餘年의星霜을閱ᄒᆞ야其工을竣ᄒᆞᆫ者라

四 杜老琍宮은凱還門에正面ᄒᆞ야壯麗ᄒᆞᆫ巨宮이니廣大ᄒᆞᆫ地毬上各國帝王의宮殿에甲乙을爭ᄒᆞᄂᆞᆫ者가更無ᄒᆞᆷ이라翬檐藻梲文楣彩壁雕檻綺櫳의營造結搆와刻鏤圖繪ᄂᆞᆫ

文으로勝書ᄒᆞ기不能ᄒᆞ고言으로勝說ᄒᆞ기不得ᄒᆞ니依俙ᄒᆞᆫ摸寫와模糊ᄒᆞᆫ談評은其華美ᄒᆞᆫ制度와雄宏ᄒᆞᆫ規模를反縮ᄒᆞᆯ디라今에姑止ᄒᆞ노니夫此宮은佛蘭西古昔女皇의創建ᄒᆞᆫ者니其後第四世顯利王의時代에至ᄒᆞ야增築ᄒᆞ고第十四世路易이루王의世에此宮으로皇居를作ᄒᆞ야廢帝及第三世拿破崙이皆此宮에御ᄒᆞ고其後面에蕓富宮이亦一美麗ᄒᆞᆫ宮闕이니第十四世路易王이經始ᄒᆞ고第一世拿破崙帝가修改ᄒᆞ야杜老琍宮과接ᄒᆞᆫ지라宮中에拿破崙帝의遺物과古代의名畵及諸器를蓄ᄒᆞ야衆人의縱觀을許ᄒᆞ니其殿宇가峻巍ᄒᆞ고及其內部에入ᄒᆞᆫ則滿眼ᄒᆞᆫ金華가爛然ᄒᆞ더라

五 昆高道公園은杜老琍宮前에廣濶ᄒᆞᆫ地面을占有ᄒᆞ니巴里諸遊園中에第一이라苑中磐石의面에絶大ᄒᆞᆫ噴水가湧上ᄒᆞ며且埃及國을從ᄒᆞ야移來ᄒᆞᆫ大塔을建ᄒᆞ니其高ᄂᆞᆫ二十六佛尺이라元來此塔은紫紋石의一塊로斲成ᄒᆞ야埃及古代의有名ᄒᆞᆫ者로ᄃᆡ數千年間風雨의刼運과陵谷의變遷으로地底에埋ᄒᆞ야其形跡이世間에頓絶ᄒᆞ거ᄂᆞᆯ第一世拿破崙帝가埃及을征伐ᄒᆞ든時에械機로掘出ᄒᆞ야凱還ᄒᆞᄂᆞᆫ兵庫에載ᄒᆞ야此園에立ᄒᆞᆷ이니園內의地面에白沙로鋪ᄒᆞ야其明淨ᄒᆞᆷ이雪色을欺ᄒᆞ고蒼翠ᄒᆞᆫ樹木이陰翳ᄒᆞ야三庚의蒸炎이라도淸凉ᄒᆞᆷ이深秋를疑ᄒᆞ며危樓傑閣이花卉草樹의際에隱暎

ᄒᆞ야夜間에炭電의氣燈을點ᄒᆞ니明朗ᄒᆞᆷ이白晝를不讓ᄒᆞ더라

六 彼道索文公園은第三世拿破崙帝가巴里府의生產工業을盛히ᄒᆞ고其利剩을取ᄒᆞ야二十萬元有餘의大財로工作小民의驩暢을爲ᄒᆞ야築造ᄒᆞᆫ處所ㅣ니緣樹와蒼草가岡阜를掩翳ᄒᆞ며側岸峭壁은奇石의嶄然ᄒᆞᆫ狀態를呈ᄒᆞ고岡을繞ᄒᆞ야池가環流ᄒᆞ니數丈의瀑布가其中에瀉ᄒᆞᄂᆞᆫ지라池上에阜가有ᄒᆞ고阜上에遊亭을搆ᄒᆞ며鐵索橋를懸架ᄒᆞ야人의來往을通ᄒᆞᄂᆞ니其上에一臨ᄒᆞᆷ에巴里府를俯瞰ᄒᆞ야繁華盛壯ᄒᆞᆫ氣像이目下에披露ᄒᆞ며且四顧ᄒᆞᄂᆞᆫ眺望이快濶ᄒᆞ야山水의奇韻雅趣가人의心懷를怡悅ᄒᆞ니亦養生ᄒᆞᄂᆞᆫ道의大助라諸他公園이極多ᄒᆞ나記載ᄒᆞ기是略ᄒᆞ노라

七 婁參福宮은西巴里의故宮이니現今은元老會議院이라各室에貴重ᄒᆞᆫ什器及畵圖를藏ᄒᆞ고且其構造ᄒᆞᆫ制度ᄂᆞᆫ華侈ᄒᆞᆷ이亦他所에肩齒ᄒᆞ며林苑池塘의排鋪가絶佳ᄒᆞᆫ風韻을粧出ᄒᆞ더라

八 農工의博物院은政府의公建ᄒᆞᆫ者니全體石造ᄒᆞᆫ美館이라工藝及農業의諸器械를收集ᄒᆞ야精粗細大에一二의遺脫이無ᄒᆞ니今其秤衡의貯蓄ᄒᆞᆫ室中에ᄂᆞᆫ各種의形樣을收聚ᄒᆞ야精ᄒᆞ기ᄂᆞᆫ泰西各邦의主用ᄒᆞᄂᆞᆫ類에一錙一銖를千分萬析ᄒᆞᄂᆞᆫ者며粗ᄒᆞ기

ᄂᆞᆫ東洋諸國의作用ᄒᆞᄂᆞᆫ者라其利害와得失을比較ᄒᆞ야評議를加ᄒᆞ고又製鍊ᄒᆞᆫ諸器具ᄂᆞᆫ眞個의見本을造寘ᄒᆞ며農具陳列ᄒᆞᆫ室中에至ᄒᆞ야ᄂᆞᆫ鋤犂鍬耜及各種鑛器의利機鈍具를俱收並蓄ᄒᆞ고水車水碓風車風磨의精小見本과土質의圖及百穀與諸種草木의種子를悉備ᄒᆞ며又蠶은數十倍形을摸造ᄒᆞ야其腸內의機管을圖ᄒᆞ고且其蛾化ᄒᆞᄂᆞᆫ樣子를造出ᄒᆞ며諸他各種의繭을陳列ᄒᆞ고其上層에紡績器械를披示ᄒᆞ며又陶砂及琉璃의製造ᄒᆞᄂᆞᆫ機具도皆此中에貯寘ᄒᆞ니琉璃로細絲를作ᄒᆞ야錦綺에雜織ᄒᆞᆫ者도有ᄒᆞᆫ則其工藝의奇妙ᄒᆞᆷ이此에至ᄒᆞ야極臻ᄒᆞ다可謂ᄒᆞᆯ디라每朔一定ᄒᆞᆫ日子로各科學의專門博士가此院에來ᄒᆞ야諸般工藝及農業의講義를演說ᄒᆞ야市民의會聽을許ᄒᆞ니如是ᄒᆞᆫ故로佛人은開明進善ᄒᆞᄂᆞᆫ智術을耳에聞ᄒᆞ고目으로見ᄒᆞ야各其腦髓에浸潤ᄒᆞᆫ則工業의精巧ᄒᆞᆷ이日就月進ᄒᆞ야自然히極美ᄒᆞᆫ閫域에抵ᄒᆞᆷ이니大槪英吉利의圖整과合衆國의紐約과佛蘭西의巴里가世界上三大貿易場이로ᄃᆡ其趨向은各異ᄒᆞ야圖整은各地의天生物을輸入ᄒᆞ야製作改正ᄒᆞᆫ工을加ᄒᆞ야輸出ᄒᆞᄂᆞᆫ主意를執ᄒᆞ고紐約은天生及人作의物을輸入ᄒᆞᄂᆞᆫ者와輸出ᄒᆞᄂᆞᆫ者가相半ᄒᆞ며巴里에至ᄒᆞ야ᄂᆞᆫ巧工美藝의熾盛ᄒᆞᆫ場所로天下萬國流行物의時體主人이라

大小學校ᄂᆞᆫ西巴里에多在ᄒᆞ니仁里善地라謂홈이或可ᄒᆞ다ᄒᆞ나酒樓와茶店이極夥ᄒᆞ야書生輩가花朝月夕의暇時ᄅᆞᆯ迨ᄒᆞᆫ則袂ᄅᆞᆯ聯ᄒᆞ고街路에徘徊ᄒᆞ야酒樓에向ᄒᆞ야一時의快ᄅᆞᆯ買ᄒᆞᄂᆞᆫ者도有ᄒᆞ고婆家ᄅᆞᆯ訪ᄒᆞ야片刻의樂을求ᄒᆞᄂᆞᆫ者도有ᄒᆞ니此邊은巴里中狹斜의巷曲이라一二街坊에淫姝ᄒᆞᆫ窩窟이成ᄒᆞ야每午後에不正ᄒᆞᆫ美女子가靚粧艶飾으로路上에彷徨ᄒᆞ야放蕩人冶遊子ᄅᆞᆯ招誘ᄒᆞ야陰秘ᄒᆞᆫ私室에歸ᄒᆞ기로恒習을作ᄒᆞ고花月의債ᄅᆞᆯ討ᄒᆞ기ᄂᆞᆫ能事로視ᄒᆞ니盖歐洲中에佛蘭西가淫風이最盛ᄒᆞᆫ故로識者의羞愧ᄒᆞᄂᆞᆫ處라

大審院은佛蘭西裁判衙司의首니細茵河島上에建築ᄒᆞᆫ者라四百餘年前羅馬天主教宗의全盛ᄒᆞ든時에其國의富强을表揚ᄒᆞ야此院을建ᄒᆞ다謂ᄒᆞᄂᆞ니其搆造의壯麗가古今의美ᄅᆞᆯ極ᄒᆞ야滿室雕繪ᄂᆞᆫ其光華가目을眩ᄒᆞ며柱壁의藻鏤ᄂᆞᆫ其精巧홈을稱道홈애言詞로ᄂᆞᆫ不足ᄒᆞᆯ디오堂壁에古代의施用ᄒᆞ든慘刑酷罰의形像을畵ᄒᆞ니歷殺斬殺燒殺格殺裂殺絞殺의種種箇箇不忍見ᄒᆞᄂᆞᆫ貌樣이라此ᄂᆞᆫ後來掌刑人의警戒ᄅᆞᆯ作홈이라謂ᄒᆞ더라

獄舍ᄂᆞᆫ巴里府中의至大ᄒᆞᆫ三層建築이니其宏濶홈과淸潔홈이備具ᄒᆞ고中央에新舊

敎의演敎壇을排建ᄒᆞ야每週에敎正이至ᄒᆞ야感化ᄒᆞᄂᆞᆫ善言을講ᄒᆞ며且書庫及書室을寘ᄒᆞ야囚徒의暇時閱覽을許ᄒᆞ고獄中工役의分課ᄒᆞᄂᆞᆫ法은亦他邦과同ᄒᆞ더라

老脫羅南禮拜堂은巴里府中第一等의巨刹이니細茵河西濱에在ᄒᆞ야前面에尖高ᄒᆞᆫ雙塔이天半에聳出ᄒᆞ고外壁의雕刻에精工과雅致ᄅᆞᆯ兼存ᄒᆞ고其內景의輪奐홈은滿眼ᄒᆞᆫ藻繪가上下에輝映ᄒᆞ되畵像偶塑ᄂᆞᆫ敎中戒條에犯ᄒᆞ다ᄒᆞ야不設ᄒᆞᄂᆞ니盖新敎ᄅᆞᆯ奉ᄒᆞᄂᆞᆫ者ᄂᆞᆫ禮拜堂의華美홈을不求ᄒᆞ고舊敎ᄅᆞᆯ尊ᄒᆞᄂᆞᆫ者ᄂᆞᆫ是와反ᄒᆞ야壯麗ᄒᆞ기ᄅᆞᆯ是務ᄒᆞᄂᆞ나佛蘭西에舊敎ᄅᆞᆯ服從ᄒᆞᄂᆞᆫ人民이多ᄒᆞ고英吉利合衆國의諸邦은新敎에歸依ᄒᆞᄂᆞᆫ者가多ᄒᆞᆫ故로佛蘭西의禮拜堂이其壯麗美華ᄒᆞᆫ制度로他邦에冠ᄒᆞᆫ다謂홈이라第一世拿破崙帝의墳墓가此堂內에在ᄒᆞ야其結搆封築의雄麗홈이亦壯ᄒᆞ나歐洲大陸을撼動ᄒᆞ든威勇이一片土에掩覆ᄒᆞ야其後世子孫은遂絶ᄒᆞ니라

諸他商社銀行屋廣戲場及官廨各所가極夥ᄒᆞ나逐一寫記ᄒᆞ기甚難ᄒᆞ니以上의登載ᄒᆞᆫ景況을考ᄒᆞ야其繁華無比ᄒᆞᆫ形像을推知홀듯

排沙游

此府ᄂᆞᆫ巴里西南十餘里許에在ᄒᆞ야人口ᄂᆞᆫ四萬四千에過ᄒᆞ니市街家屋의淨美雄宏

ᄒᆞᆫ排鋪가巴里와髣髴ᄒᆞ며且舊時國王의宮殿이有ᄒᆞ니第十四世路易王의築造ᄒᆞᆫ者라結搆ᄒᆞᆫ制度가頗壯麗ᄒᆞ야內部의光彩가烱然ᄒᆞ고畵廊의壁에古昔의名繪ᄅᆞᆯ掛ᄒᆞ며柱楣栱壁의雕刻은精工이極ᄒᆞ니殿宇의周圍ᄂᆞᆫ花園으로環ᄒᆞ고且池塘이繞流ᄒᆞ야樹木의繁陰이鬱蓊ᄒᆞ며噴水의奇觀은瀛機로其動靜을操制ᄒᆞ니數年前에此宮으로寶貨貯寘ᄒᆞᄂᆞᆫ處所ᄅᆞᆯ作ᄒᆞ야佛蘭西歷史의記事名畵及他寶器ᄅᆞᆯ多藏ᄒᆞ니라

馬塞里

此府ᄂᆞᆫ佛蘭西의南方布魯漢秀州에在ᄒᆞ야地形이地中海ᄅᆞᆯ臨ᄒᆞᆫ故로本國의要重ᄒᆞᆫ貿易場이오居人은三十萬有餘라府內ᄅᆞᆯ新舊二部에分ᄒᆞ야舊部의街ᄂᆞᆫ差高ᄒᆞᆫ地에在ᄒᆞ니全府의三分一을占ᄒᆞ고新部의衢路ᄂᆞᆫ宏濶髮直ᄒᆞ야家屋의築造가五六層或七八層에至ᄒᆞ니其崔嵬美麗홈이雲表에湧現ᄒᆞ며商賈의店肆ᄂᆞᆫ琉璃障子內에百貨ᄅᆞᆯ陳列ᄒᆞᆫ지라盖此港이歐洲의第一等埠頭니出入ᄒᆞᄂᆞᆫ人士及船舶의數ᄂᆞᆫ指ᄅᆞᆯ屈ᄒᆞ기不勝ᄒᆞ야埠碼街衢에內外商人이群을成ᄒᆞ야服飾容貌言語俗習의差異홈이各其本土의風을帶ᄒᆞ며埠頭ᄂᆞᆫ海灣의東岸을從ᄒᆞ야北岸에至ᄒᆞ니船廠數所ᄅᆞᆯ寘ᄒᆞ야船舶을製造修改ᄒᆞ고市街ᄂᆞᆫ海ᄅᆞᆯ沿ᄒᆞ야其岸邊에無數ᄒᆞᆫ小船이林立ᄒᆞ며稍大ᄒᆞᆫ船舶

은北岸에近ᄒᆞ야浮橋로通홈애潮汐의出入增減을隨ᄒᆞ야其高低가相稱ᄒᆞᄂᆞᆫ故로浮橋의前面에廨舍ᄅᆞᆯ建ᄒᆞ야各種의物貨ᄅᆞᆯ出入輸送ᄒᆞ고燈臺ᄅᆞᆯ設ᄒᆞ야危礁ᄅᆞᆯ表ᄒᆞ며海邊岡陵의上과海中島嶼各處에砲臺ᄅᆞᆯ築ᄒᆞ야嚴重ᄒᆞᆫ警備ᄅᆞᆯ行ᄒᆞ더라

此地ᄂᆞᆫ上古希臘國의殖民ᄒᆞ든地方이라爾後로漸繁ᄒᆞ야今日의盛壯ᄒᆞᆫ境에達홈이니居人이文學을務ᄒᆞ야學校의建設이多ᄒᆞ고又博物館博古館及書樓病院貧院의諸所도不備ᄒᆞᆫ者가無ᄒᆞ며耶蘇舊敎ᄅᆞᆯ尊尙ᄒᆞ야華麗ᄒᆞᆫ禮拜堂二十五所가市街中에散在ᄒᆞ니地勢ᄂᆞᆫ海濱의一帶로對岸ᄒᆞᆫ阿弗利加洲沙漠의餘勢ᄅᆞᆯ因ᄒᆞ야山野土壤이皆赤홈이라盖佛蘭西의大都會에遊園의設寘가多ᄒᆞ되此府에ᄂᆞᆫ禮八畝土公園의一所ᄯᆞ름이니其長이三里에過ᄒᆞ고其中에磬折ᄒᆞᆫ廣路ᄅᆞᆯ開ᄒᆞ야四列로樹木을種栽ᄒᆞ되車馬의驅馳에不礙ᄒᆞ고蒼然ᄒᆞᆫ枝榦이空中에相交ᄒᆞ야翠幕을張ᄒᆞᆫ듯一望無際ᄒᆞᆫ直線의長道ᄂᆞᆫ遊塵이不揚ᄒᆞ고及其極處에至ᄒᆞᆫ則廣大ᄒᆞᆫ苑囿가豁然ᄒᆞ야豊草奇花가芳豔을互詩ᄒᆞ며小岡이其左에在ᄒᆞ야其上에五層石造ᄒᆞᆫ宮殿이儼立ᄒᆞ니此ᄂᆞᆫ舊時國王의離宮이라今日에至ᄒᆞ야博物館을作ᄒᆞ고衆人의縱覽을許ᄒᆞ더라

此港에輸入ᄒᆞᄂᆞᆫ物品은甘薯茄非穀物麻綿羊毛絹絲材木獸肉皂莢檳榔藍靑及畜具

香料의諸種이最多ᄒᆞ니阿弗利加洲를從ᄒᆞ야佛蘭西內地諸處에輸入ᄒᆞᄂᆞᆫ者ᄂᆞᆫ必皆此港을經ᄒᆞ며且溫帶及熱帶諸國의物產이亦此港에輻湊ᄒᆞ야佛人의製造化治ᄒᆞᆫ工力으로他邦에輸出ᄒᆞᄂᆞ니其物種은絹帛이第一이오白糖綿布毛布麻布石鹼葡萄酒及諸種燒酒와香水及油ᄂᆞᆫ其次를占ᄒᆞ고又東洋各邦에來往ᄒᆞᄂᆞᆫ郵便船은此港을從ᄒᆞ야每二週에一發홈이라

里昻

一 此府ᄂᆞᆫ馬塞里의北方六百三十里許에在ᄒᆞ야鐵路로相通ᄒᆞᄂᆞ니其地가老溫河와沙溫河의二水會流ᄒᆞᄂᆞᆫ要衝을臨ᄒᆞ고居人은三十三萬有餘라道路宮室及諸他公私營作이他都會에不讓ᄒᆞ고絹布製造의盛大홈으로歐洲에冠絕ᄒᆞ니織工의雇賃은上等은銀一元이오中等은銀六十錢이라盖佛蘭西國中綾羅錦繡美麗奢豪의風流諸品과各種新製ᄒᆞᄂᆞᆫ樣式이此地를從ᄒᆞ야多出ᄒᆞ니府下居民이皆殷富ᄒᆞ다謂ᄒᆞ더라

日耳曼의諸大都會

伯林 벌린

一 此府ᄂᆞᆫ日耳曼의京城이니居人은八十三萬有餘라其地가秀布禮河의上流에據ᄒᆞ야長廣이七十五方里에至ᄒᆞ고全府를五部에分ᄒᆞ야周圍ᄂᆞᆫ甃壁으로廻繞ᄒᆞᆫ則其長이合ᄒᆞ야三十餘里며十六關門을建ᄒᆞ야人의出入을通ᄒᆞ니宮室의宏麗ᄒᆞᆫ制度와道路의淸爽ᄒᆞᆫ規模ᄂᆞᆫ大邦의首府라稱ᄒᆞ기不愧ᄒᆞ고人民의和平ᄒᆞᆫ氣像과山川의淸高ᄒᆞᆫ景槩ᄂᆞᆫ樂國의大都라謂ᄒᆞ기是合ᄒᆞ며廨衙의嚴肅ᄒᆞᆫ威儀와商賈의豐稔ᄒᆞᆫ景況은富强ᄒᆞᆫ政府의現象을畵出ᄒᆞ니此府가歐洲의第四等都會라

二 皇宮은河岸에濱ᄒᆞ야景色이絕佳ᄒᆞᆫ處에在ᄒᆞ니其輝煌ᄒᆞᆫ紋彩와宏美ᄒᆞᆫ結構ᄂᆞᆫ人의才力으로能히如此ᄒᆞᆫ境에至ᄒᆞᆫ가觀者의心目을駭ᄒᆞ고禁苑의花卉와行閣의圖畵ᄂᆞᆫ人民의縱觀을許ᄒᆞ니其幽雅眩耀홈이恍然히仙界에步入홈과同ᄒᆞ며宮門前에歐洲의有名ᄒᆞᆫ厚禮ᄏᆞ益先王의騎馬銅像을立ᄒᆞ니魁傑ᄒᆞᆫ威風과猛烈ᄒᆞᆫ氣像이儼然히如生ᄒᆞ더라

三 衢街ᄂᆞᆫ整潔ᄒᆞ야線直幅廣ᄒᆞᆫ四條로人衆과車馬의來往ᄒᆞᄂᆞᆫ道를區別ᄒᆞ고雙行의綠樹를種ᄒᆞ며地面은煉化石或花鋼石으로密甃ᄒᆞ야纖塵의飛揚이無ᄒᆞ며家屋의建築은石築ᄒᆞᆫ者가稀ᄒᆞ고內國의製造ᄒᆞᄂᆞᆫ磚瓦를多用ᄒᆞ니第一及第三의兩部ᄂᆞᆫ河渠를

鑿ᄒᆞ야運輸ᄒᆞᄂᆞᆫ便利를增ᄒᆞ고河流의本支에四十餘橋梁을架設ᄒᆞ야其觀이亦壯ᄒᆞᆫ지라盖此邦人이男女無論ᄒᆞ고麥酒를嗜好ᄒᆞ야其飮量이他國人에超越ᄒᆞ니是以로每日午後에泥醉ᄒᆞᆫ人衆이路上에酩酊ᄒᆞ야高吟朗謠ᄒᆞ고甚者ᄂᆞᆫ道傍에洩溺ᄒᆞ야駭怪ᄒᆞᆫ習이多ᄒᆞ며且淫風이盛行ᄒᆞ야春畵를公販ᄒᆞᄂᆞᆫ店肆도有ᄒᆞ니政府가是를憂ᄒᆞ야矯捄ᄒᆞᄂᆞᆫ良法을講究ᄒᆞᆫ다謂ᄒᆞ더라

四 大學校ᄂᆞᆫ其名이全世界에轟振ᄒᆞ야學術의精明홈으로古今에冠ᄒᆞᆫ다謂ᄒᆞᄂᆞᆫ者니學徒가二千人有餘며敎室이二十有五所에至ᄒᆞ고敎師ᄂᆞᆫ六十五人이라其學科ᄂᆞᆫ文學法學理學化學醫學數學天文學有機及無機心神學古物學歷史學博物學經濟學政治學修身學及其他諸學의不備ᄒᆞᆫ者가無ᄒᆞ니碩學諸博士가各其專門ᄒᆞᆫ所長으로敎授ᄒᆞᄂᆞᆫ責을分擔ᄒᆞ야諸科의理術이精微蘊奧高尙홈으로萬國에卓絕ᄒᆞᆫ지라日耳曼學者가其言을揚ᄒᆞᄃᆡ我邦의文明ᄒᆞᆫ學業으로歐洲諸國의上에駕軼ᄒᆞ기를期ᄒᆞᆫ다ᄒᆞ니其言이誠不誣홈이라又此大學校에巨大ᄒᆞᆫ藏書庫를實ᄒᆞ며動植鑛의博物館을建ᄒᆞ야其蒐集홈이最富ᄒᆞ니盖日耳曼이人民의敎育에其力을用홈이甚大ᄒᆞ야陸軍大學校醫學校女學校及物產建築의諸學校가具ᄒᆞ야其制度가完備ᄒᆞᆫ故로年前에陸軍十

萬人을操閱ᄒᆞᆯᄉᆡ其學問才識을試考ᄒᆞᆫ則姓名을不記ᄒᆞᄂᆞᆫ者가三人에不過ᄒᆞ다謂ᄒᆞ더라

五 此府의工作이極盛ᄒᆞ고且精ᄒᆞ니鐵器木具韋革及絹帛毛布麻布의類와金銀鑛飾器具等物의製造ᄂᆞᆫ雖巴里의精巧홈으로도不及ᄒᆞᄂᆞᆫ處가有ᄒᆞ고且市街中에電車의用이行ᄒᆞ니其制ᄂᆞᆫ鐵路上에來往ᄒᆞᄂᆞᆫ車輛이器械의力을不借ᄒᆞ고又馬에駕ᄒᆞᄂᆞᆫ事도無ᄒᆞ고其行止를電氣로操縱ᄒᆞᄂᆞᆫ者라

咸福 함벅

一 此府ᄂᆞᆫ伯林西北四百九十里許에在ᄒᆞ야鐵路로通ᄒᆞ니居人은二十四萬有餘라日耳曼列邦中第二等都會로ᄃᆡ其地가乙富河를濱ᄒᆞ야貿易의繁盛홈으로其港口ᄂᆞᆫ日耳曼의第一等要地니往昔佛蘭西皇帝第一世拿破崙이英吉利를窘迫ᄒᆞ기爲ᄒᆞ야此港을封塞ᄒᆞᆫ者ᄂᆞᆫ其地가歐洲의有事ᄒᆞᆫ時를當ᄒᆞᆫ則大陸의要衝되ᄂᆞᆫ緣故라

二 府內에一大池가有ᄒᆞ야三面은市街를接ᄒᆞ고一面은滊車의鐵路를傍ᄒᆞ니池上에畵航彩船을泛ᄒᆞ야人의閒戲를供ᄒᆞ며且其傍에花卉의勝苑을實ᄒᆞ고禮拜堂의建築은蘇格蘭의規模를取ᄒᆞ며河橋ᄂᆞᆫ篁紋形의鐵材로編成ᄒᆞ야其恠奇홈이他邦에其類가

更無ᄒᆞ니凡諸觀瞻이皆壯麗ᄒᆞ다可謂ᄒᆞᆯ디나然ᄒᆞ나府의西北隅에宏大ᄒᆞᆫ妓樓가櫛比ᄒᆞ야賣淫ᄒᆞᄂᆞᆫ醜事를公行ᄒᆞ니盖歐洲各地에冶容ᄒᆞᄂᆞᆫ婦女가芍藥의贈과桑葚의耽으로褻狎ᄒᆞᆫ情慾을恣行ᄒᆞᄂᆞᆫ者가間有ᄒᆞᄃᆡ青樓를開設ᄒᆞ기ᄂᆞᆫ不敢ᄒᆞ고豔粧盛飾으로街路上에彷徨ᄒᆞ야遊客을招引ᄒᆞ야其私室에携歸ᄒᆞᄂᆞ니然ᄒᆞᆫ故로娼樓妓肆의公行ᄒᆞᄂᆞᆫ排鋪ᄂᆞᆫ歐洲中獨此府에在ᄒᆞᆷ이라

乙富河의下流에各國의商船이輻湊碇泊ᄒᆞᄂᆞᆫ處니去船의布帆은其多ᄒᆞᆷ이空을蔽ᄒᆞᆫ듯來舟의烟筒은林과同ᄒᆞ야浩渺ᄒᆞᆫ烟波間에眺望ᄒᆞᄂᆞᆫ眼界가倏朗ᄒᆞᄃᆡ河流가太緩ᄒᆞ고兩岸의石築이亦無ᄒᆞ야水色은四時渾濁ᄒᆞᆫ中에淤泥汙穢가有時船底에附着ᄒᆞ기에至ᄒᆞ니此ᄂᆞᆫ人工의不修와水勢의濺湧을因ᄒᆞᆷ이라河岸에棧橋를設ᄒᆞ야乘船ᄒᆞᄂᆞᆫ便利를作ᄒᆞ고岸上에一條路를治ᄒᆞ야宏濶清淨ᄒᆞᆷ이人의意에愜ᄒᆞ며路傍一小岡에舊日城址가有ᄒᆞ니現今은公衆의遊園을作ᄒᆞᆫ者라

汨論(골논)

此府ᄂᆞᆫ日耳曼의第三等都會라其地가羅仁河를濱ᄒᆞ야居人은十三萬有餘에至ᄒᆞ니鐵管橋의巨觀과禮拜堂도六百餘年前에其役을始ᄒᆞ야歲를連ᄒᆞ야其力을盡ᄒᆞᄃᆡ現今猶且落成ᄒᆞᄂᆞᆫ功을未奏ᄒᆞ다謂ᄒᆞ니其結構의宏偉ᄒᆞᆷ은此

畧推ᄒᆞ야可知ᄒᆞᆯ듯의傑構ᄂᆞᆫ河岸을隔ᄒᆞ야相望ᄒᆞᆷ애壯麗ᄒᆞᆫ氣像을露出ᄒᆞᄂᆞᆫ듯ᄒᆞ나及其市街에入ᄒᆞᆫ則坊巷이蜿曲狹小ᄒᆞ고圮屋廢宇가間間히散在ᄒᆞ야不潔ᄒᆞᆫ處가多ᄒᆞ니盖其不潔ᄒᆞ다謂ᄒᆞᆷ이道路溝渠에汙穢物의堆積充溢ᄒᆞᆷ아니오諸他都會의清楚ᄒᆞᆫ者와比ᄒᆞ야有遜ᄒᆞᆷ이라府內의製造ᄒᆞᄂᆞᆫ香水ᄂᆞᆫ其名이天下에傳播ᄒᆞ야每年數萬瓶의輸出이有ᄒᆞ더라

厚蘭布土(프랑포어트)

此府ᄂᆞᆫ汨論의東南에處ᄒᆞ야鐵路三百餘里로通ᄒᆞ니其地가磨仁河에據ᄒᆞ고人口ᄂᆞᆫ九萬有餘라元來此府가獨立ᄒᆞᆫ都會로共和政治의制를建ᄒᆞ야日耳曼聯邦의盟에連合ᄒᆞ고且聯盟ᄒᆞᆫ政府가此地에在ᄒᆞ더니二十年前에廢ᄒᆞ야普魯士의州縣을作ᄒᆞᆫ지라市街의清潔ᄒᆞᆷ과家屋의華美ᄒᆞᆷ은誠一雄都의氣象이有ᄒᆞ고且王宮政廳鎭臺及戲屋公園의設施排鋪가具備ᄒᆞ니地勢가日耳曼의中心을占居ᄒᆞᆫ故로貿易의要衝을作ᄒᆞ야商賈의事務가興旺ᄒᆞ고又猶太人의富有ᄒᆞᆫ者가多住ᄒᆞ며歐洲의第一等富人魯賈秀가亦此府에居ᄒᆞ니盖魯氏ᄂᆞᆫ其始에微小ᄒᆞᆫ商店으로其業을起ᄒᆞ야現今其支店이各國大都에布在ᄒᆞ다謂ᄒᆞ더라

岷仁見(뮌힌겐)

此府ᄂᆞᆫ厚蘭布土東南四百二十里許에在ᄒᆞ야鐵路로相通ᄒᆞᄂᆞ니人口ᄂᆞᆫ十七萬有餘라其地가邱原의上에據ᄒᆞ야東南은埃乙布山과連ᄒᆞᆫ故로冬春二節은山風이栗冽ᄒᆞ야其寒이太甚ᄒᆞ고夏時의炎熱이亦苦ᄒᆞ니此邊에樹木이稀少ᄒᆞ야人의養生ᄒᆞᄂᆞᆫ心氣에不愜ᄒᆞ며府의中央市街에舊制의家屋이多ᄒᆞ고且道路ᄂᆞᆫ狹隘ᄒᆞᄃᆡ其周圍ᄂᆞᆫ新築ᄒᆞᆫ樓臺가相接ᄒᆞ야華麗ᄒᆞᆫ氣象이稍著ᄒᆞ고王宮及戲屋은純白ᄒᆞᆫ石材로宏麗ᄒᆞᆫ制度를競誇ᄒᆞ며又戲場門前에兵卒의屯藥를寘ᄒᆞ고博物舘은名畵古筆의蓄藏所와巨大ᄒᆞᆫ書庫를區分ᄒᆞ며又各國의製造物品과百物學科의器械를蒐聚ᄒᆞ야不備ᄒᆞᆫ者가無ᄒᆞ고大學校ᄂᆞᆫ其規制의全美ᄒᆞᆷ으로日耳曼國內에屈指ᄒᆞᄂᆞᆫ者니此府의製造ᄒᆞᄂᆞᆫ望遠鏡과其他精微ᄒᆞᆫ器械가世間에其名이轟振ᄒᆞᄂᆞᆫ者며且舞會ᄂᆞᆫ歐洲諸邦의盛行ᄒᆞᄂᆞᆫ風俗이로ᄃᆡ此府에ᄂᆞᆫ古昔의習慣으로相傳ᄒᆞ야一種奇異ᄒᆞᆫ舞會가亦有ᄒᆞ더라

大銅像은府南高原에寘ᄒᆞᆫ者니五十餘年前에其鑄造ᄒᆞᄂᆞᆫ役을始ᄒᆞ야十年의長久ᄒᆞᆷ을閱歷ᄒᆞᆫ後에其工이遂ᄒᆞᆫ지라高ᄂᆞᆫ五十八尺이오廣은八尺有餘의女人像이니左手에草繩을奉ᄒᆞ야頭上에高擧ᄒᆞ며右手에大劍을持ᄒᆞ고大獅子에倚ᄒᆞ야三十尺高臺

上에立ᄒᆞᆫ則其重이八十噸이라其內部ᄂᆞᆫ空洞ᄒᆞ야螺旋階를作ᄒᆞ니燭이無ᄒᆞ면登陟ᄒᆞ기不可ᄒᆞᆫ故로臺上에守人을寘ᄒᆞ야來觀ᄒᆞᄂᆞᆫ諸客에게個個一枝火를借與ᄒᆞ며其咽喉의大ᄒᆞᆷ은人의行이其首를俯ᄒᆞ기不要ᄒᆞ니一百三十級을行ᄒᆞ야其面部에達ᄒᆞᆫ則兩顴이左右에突出ᄒᆞ야坐榻을成ᄒᆞᆷ애其廣이六人을可容이라眼口의孔을從ᄒᆞ야天日의光明을通ᄒᆞ니此孔을因ᄒᆞ야俯瞰ᄒᆞᆫ則全府의勝景이皆眼下에森列ᄒᆞ더라

布朱淡(포쓰담)

此府ᄂᆞᆫ岷仁見北方에在ᄒᆞ야鐵路九百里許라居民이三千七百餘人에不過ᄒᆞ니一微小ᄒᆞᆫ都會로ᄃᆡ昔普魯士國王日耳曼聯邦의皇帝의先祖某氏가舊日此地의侯라城郭의設築이其堅固ᄒᆞᆷ을極ᄒᆞ고宮室의營作이其華美ᄒᆞᆷ을盡ᄒᆞ니爾後에其都를伯林에遷ᄒᆞ나然ᄒᆞ나龍興ᄒᆞᆫ舊地를不忘ᄒᆞ야此府에離宮을作ᄒᆞᆷ이오且普魯士國의地形은平原廣野가多ᄒᆞᆫ故로伯林近傍의諸地에山水의秀麗ᄒᆞᆫ景狀이絕少ᄒᆞᄃᆡ惟此邊에岡阜가起伏ᄒᆞ며湖沼가環繞ᄒᆞ야幽雅明媚ᄒᆞᆫ風致가自發ᄒᆞ니是를由ᄒᆞ야王公貴人과富商逸士의來遊ᄒᆞᄂᆞᆫ者가陸續ᄒᆞᆷ이라

貝珠宮은其寧이二百有餘며庭園中에四百餘石像이羅立ᄒᆞ고絕大ᄒᆞᆫ噴水가跳飛ᄒᆞ

니其堂의正面柱壁에貝로飾ᄒᆞ고珠로嵌ᄒᆞ야夜間에燈燭을點明ᄒᆞᆫ則光輝가相射ᄒᆞ야燦然炫爛ᄒᆞᆷ이可히美觀이라謂ᄒᆞᆯ너라

山秀支宮은其結構의壯麗ᄒᆞᆷ이閑雅ᄒᆞᆫ趣味ᄅᆞᆯ兼ᄒᆞ니亦一離宮이라五十餘年前에第四世越利嚴王이此宮을重修ᄒᆞᄂᆞᆫ時에民家의風車가宮西에立ᄒᆞ야林苑의景色을掩蔽ᄒᆞᆷ으로王이車主에게嚴命을下ᄒᆞ야風車ᄅᆞᆯ毁破ᄒᆞ라ᄒᆞᆫᄃᆡ車主가泰然히答호ᄃᆡ普魯士國京城에ᄂᆞᆫ一人의法律士도無ᄒᆞᆫ가ᄒᆞ고敢히王命을不遵ᄒᆞ거ᄂᆞᆯ王이此事ᄅᆞᆯ擧ᄒᆞ야政府에諮ᄒᆞ니政府의論이亦謂호ᄃᆡ國王의權이雖重ᄒᆞ나人民의家產을妄毁ᄒᆞᆷ이不可ᄒᆞ다ᄒᆞ야王에게諫ᄒᆞᆫ則其風車ᄅᆞᆯ毁破ᄒᆞ기不能ᄒᆞ야依然히今日에至ᄒᆞ도록遺存ᄒᆞ야其子孫에게相傳ᄒᆞ더라

磨佛宮은湖水ᄅᆞᆯ臨ᄒᆞ야其景槩가絶勝ᄒᆞ니正面에石階가層層ᄒᆞ고小園이回繞ᄒᆞ며其東에藏書館이亦華美ᄒᆞ더라

荷蘭의諸大都會

赫久 헤의ㅅ

此府ᄂᆞᆫ荷蘭의京城이니居民은九萬餘라家屋의築造에丹壁을多用호ᄃᆡ雄宏華美ᄒᆞᆫ制度가具備ᄒᆞ고英佛諸邦의規模와異ᄒᆞ야廣濶ᄒᆞᆫ牕戶ᄂᆞᆫ明朗淸快ᄒᆞ기ᄅᆞᆯ務ᄒᆞ며衢街의打開ᄒᆞᆫ法도亦他邦과不同ᄒᆞ야其廣이二車의幷馳ᄒᆞ기ᄅᆞᆯ僅容ᄒᆞ고街頭處處에園囿ᄅᆞᆯ開ᄒᆞ야石像銅像이環立ᄒᆞ며樹木의種栽도行列을成ᄒᆞ야路傍에連抱大木이鬱葱ᄒᆞ며溝渠의水ᄂᆞᆫ淸淨ᄒᆞ야一點汙穢가無ᄒᆞ니盖荷蘭人은其性이淸潔ᄒᆞᆷ을甚喜ᄒᆞ야道路의灑掃와家屋의修造에心을用ᄒᆞᆷ이多ᄒᆞ고且溝渠에도塵芥의混流ᄒᆞᆷ이絶無ᄒᆞ며樹木의廢枝枯葉을剪出ᄒᆞ야其淸新ᄒᆞᆫ氣象이他邦의都會에서特異ᄒᆞᆫ故로天下人이呼ᄒᆞ야荷蘭의潔癖이라謂ᄒᆞᆷ이라

王宮은規模가偏小ᄒᆞ야建築의宏偉ᄒᆞᆷ은英佛諸國에有遜ᄒᆞ나華美淸新ᄒᆞᆫ制度ᄂᆞᆫ亦一副異規가存ᄒᆞ야卓然히超絶ᄒᆞ니內景의粧飾은潔麗ᄒᆞᆷ을主ᄒᆞ야雕刻ᄒᆞᆫ工技ᄅᆞᆯ不施ᄒᆞ고淡墨의圖畵로人物을繪ᄒᆞ야陰陽의暎射가十分의眞境을逼ᄒᆞ고宮傍에林苑이有ᄒᆞ야老樹喬木이深鬱幽邃ᄒᆞ야ㅋㅋᄒᆞᄂᆞᆫ風籟가爽氣ᄅᆞᆯ送ᄒᆞ니都人의遊步塲을作ᄒᆞ야夏日은士女가群集ᄒᆞᄂᆞᆫ故로軍樂을賓ᄒᆞ야其樂을助ᄒᆞᆷ이라

來丁 레든

此府ᄂᆞᆫ赫久의北方三十里許에在ᄒᆞ야荷蘭의第五都會니居人은三萬八千有餘라道路의修造ᄒᆞᆫ形像은不廣호ᄃᆡ磚瓦의密甃ᄒᆞᆷ이精緊ᄒᆞ며家屋의建築ᄒᆞᆫ制度ᄂᆞᆫ不侈호ᄃᆡ木石의治造ᄒᆞᆫ規模가端潔ᄒᆞ고溝渠ᄂᆞᆫ雖狹ᄒᆞ나流水의淨爽ᄒᆞᆷ이人의容貌ᄅᆞᆯ鑑ᄒᆞ기可ᄒᆞ며樹木이極繁ᄒᆞ야風籟의淸爽ᄒᆞᆷ이人의心氣ᄅᆞᆯ養ᄒᆞ기足ᄒᆞ니車馬의喧閙가少ᄒᆞ고貿易이不盛ᄒᆞ며山川의景槩ᄂᆞᆫ秀麗ᄒᆞ고人物의風儀ᄂᆞᆫ閑雅ᄒᆞ니國中의講文ᄒᆞᄂᆞᆫ鄕이라

此府大學校及其附屬博物舘博古舘이有ᄒᆞ야巍峩ᄒᆞᆫ氣象으로儼然히大都中에立ᄒᆞ니每年諸學科修業ᄒᆞᆫ優等學士가輩出ᄒᆞᄂᆞᆫ故로歐洲의名高ᄒᆞᆫ者라盖此學校의創建ᄒᆞᆫ事由ᄂᆞᆫ泰西人의傳誦ᄒᆞᄂᆞᆫ美談이니今에暫抄ᄒᆞ건ᄃᆡ二百餘年前은耶蘇新舊敎宗의紛爭ᄒᆞᄂᆞᆫ時代라是時ᄅᆞᆯ當ᄒᆞ야西班牙國이强盛ᄒᆞ고且舊敎ᄅᆞᆯ尊奉ᄒᆞᄂᆞᆫ故로荷蘭人民의新敎ᄅᆞᆯ嫉惡ᄒᆞ야西班牙王이乃大兵을發ᄒᆞ야荷蘭을伐ᄒᆞᆯ식檄을傳ᄒᆞ야戰을挑ᄒᆞ고使者ᄅᆞᆯ送ᄒᆞ야諭호ᄃᆡ荷蘭이西班牙의舊敎ᄅᆞᆯ不奉ᄒᆞ면殲滅ᄒᆞᄂᆞᆫ禍ᄅᆞᆯ不免ᄒᆞ리라호ᄃᆡ來丁府의居民은是ᄅᆞᆯ不怖ᄒᆞ고心力을協和ᄒᆞ야防禦ᄒᆞᄂᆞᆫ策을行ᄒᆞ니其軍勢의微小ᄒᆞᆷ이西班牙의大軍을抗敵ᄒᆞ기不能ᄒᆞᆯ듯ᄒᆞ나然ᄒᆞ나衆人이其死ᄅᆞᆯ不惜ᄒᆞ

고義勇의血戰으로莫强ᄒᆞᆫ敵을擊破ᄒᆞ야非常ᄒᆞᆫ大功을奏ᄒᆞ니政府가人民의偉勳을賞ᄒᆞ기當ᄒᆞ야其所欲을問호ᄃᆡ皆曰學校ᄅᆞᆯ建ᄒᆞ야來世ᄅᆞᆯ惠ᄒᆞᆷ이願이라ᄒᆞ거ᄂᆞᆯ政府가民望을從ᄒᆞ야此學校ᄅᆞᆯ築造ᄒᆞ니라

巖秀據淡 아스터담

此府ᄂᆞᆫ來丁의北方九十里許에在ᄒᆞ야鐵路로相通ᄒᆞ니人口ᄂᆞᆫ二十七萬有餘라地勢가大海ᄅᆞᆯ濱ᄒᆞ야歐洲貿易의要港이오且其物豐ᄒᆞᆫ景像이荷蘭의最大ᄒᆞᆫ都會니此國에營作ᄒᆞᄂᆞᆫ石材가不產ᄒᆞ나然ᄒᆞ나石造ᄒᆞᆫ家屋이多ᄒᆞ고且街路도石으로鋪ᄒᆞ야英佛諸邦의繁華ᄒᆞᆫ市塲에不讓ᄒᆞ며河水가府中을通流縱橫ᄒᆞᆫ故로三百有餘의木橋ᄅᆞᆯ架ᄒᆞ야開閭ᄒᆞᄂᆞᆫ方便으로船舶을通ᄒᆞ니此ᄂᆞᆫ荷蘭諸都會의橋制라

王宮은府의中央에占居ᄒᆞ야長이四十間有餘며廣이十有七間이니白石의皜然ᄒᆞᆫ傑構라其內景은金碧의炫爛ᄒᆞᆷ은不施ᄒᆞ나聰明室潔ᄒᆞ야淸麗ᄒᆞᆫ極度에達ᄒᆞ니或淡彩로圖繪ᄒᆞᆫ室도有ᄒᆞ고或文絹으로裝治ᄒᆞᆫ室도有ᄒᆞ며或白石으로純造ᄒᆞᆫ室은十有餘間의大ᄒᆞᆷ에至ᄒᆞ고會食堂은廣敞ᄒᆞ야其穹宇의高ᄒᆞᆷ이百尺以上애及ᄒᆞ며其頂애炭氣燈의大叢枝ᄂᆞᆫ金連鎖로下垂ᄒᆞ더라

水晶館은府中의美麗ᄒᆞᆫ建築이니都人士의遊衍場이라中心에穹然ᄒᆞᆫ巨塔이突起ᄒᆞ고全館은鐵幹의結搆에琉璃로覆ᄒᆞ야淨瑩玲瓏ᄒᆞᆷ이天半에湧ᄒᆞ니其下面은板木으로裝寘ᄒᆞ고正中에樂壇을設ᄒᆞ야有時妙曲雅調를迭奏ᄒᆞ며又一室에古今名畵를羅列ᄒᆞ야遊人의觀覽을許ᄒᆞ고館의兩傍에酒茶茄菲의小店이亦有ᄒᆞ더라

金鋼石의磨礱所ᄂᆞᆫ世界에有名ᄒᆞᆫ者니近時歐洲各邦이金鋼石을寶重ᄒᆞ나然ᄒᆞ나磨琢ᄒᆞᄂᆞᆫ工을加ᄒᆞ야純粹ᄒᆞᆫ寶를作ᄒᆞ기ᄂᆞᆫ他處人이不能ᄒᆞᄂᆞᆫ故로皆此都에至ᄒᆞ야治鍊ᄒᆞᄂᆞ니盖金鋼石은明瑩無色ᄒᆞᆫ者가恒多ᄒᆞ나黃色綠色或青色을帶ᄒᆞᆫ者도間有ᄒᆞᆷ이라大者ᄂᆞᆫ得ᄒᆞ기頗難ᄒᆞᆫᄃᆡ徑一寸以上에至ᄒᆞᄂᆞᆫ者ᄂᆞᆫ必然帝王의冠飾에用ᄒᆞᄂᆞᆫ故로萬國이其寶를同寶ᄒᆞᆷ이니且金鋼石을琢磨ᄒᆞ기ᄂᆞᆫ金鋼石의細屑을必須ᄒᆞ야成ᄒᆞᄂᆞᆫ故로其工이甚難ᄒᆞᆷ이라英吉利國王의寶玉은高가一尺이오廣이一寸二分이니其價가一千五百萬元이라謂ᄒᆞ더라

綠據淡 롯터담

此府ᄂᆞᆫ荷蘭의第二都會니人口ᄂᆞᆫ十二萬有餘라港口의貿易이熾盛ᄒᆞ야商船의出入이不絕ᄒᆞᄂᆞᆫ故로爾來三十年間에物豊人盛ᄒᆞ야舊都巖秀攄淡府와犄角ᄒᆞᄂᆞᆫ勢를成

西遊見聞 第二十編 綠據淡 五百四十七

ᄒᆞᆷ이니街衢가清潔ᄒᆞ며溝渠가淨明ᄒᆞ야家屋의制度가華美ᄒᆞᆫᄃᆡ傑構巨築은稀ᄒᆞ고人은步行ᄒᆞᄂᆞᆫ者가多ᄒᆞ고車馬의馳驟가少ᄒᆞ며橋ᄂᆞᆫ皆開闔ᄒᆞᄂᆞᆫ規를從ᄒᆞ야船의去來를便히ᄒᆞ며風車의設이往往都中에在ᄒᆞ야引水ᄒᆞᄂᆞᆫ方道를成ᄒᆞ고府西에公園을寘ᄒᆞ야士女의遊步場을作ᄒᆞ며其他造船工作等所도多ᄒᆞ더라

葡萄牙의諸大都會

利秀繁 리스본

此府ᄂᆞᆫ葡萄牙의京城이니人口ᄂᆞᆫ二十八萬有餘라大河가其前에流ᄒᆞ야大西洋에朝宗ᄒᆞᄂᆞᆫ故로府ᄂᆞᆫ其北岸高地에占居ᄒᆞ야市街의接連ᄒᆞᆷ이半月의形을像ᄒᆞᆫ則海濱의風景이絕佳ᄒᆞ고道路家屋의宏濶ᄒᆞᆷ과華麗ᄒᆞᆷ은小圓整이라謂ᄒᆞᄂᆞ니此府가三百年以前은歐洲의最大ᄒᆞᆫ都會로各邦의京都가一頭地를讓遜ᄒᆞ더니國勢의衰微ᄒᆞᆷ을隨ᄒᆞ야其繁華ᄒᆞᆷ이亦往昔에不及ᄒᆞᆫᄃᆡ貿易ᄒᆞᄂᆞᆫ景況은猶盛ᄒᆞ야商船의出入이相接ᄒᆞ며物產은葡萄酒가最多ᄒᆞ야一歲의輸出이四萬箱에不下ᄒᆞ고工作ᄒᆞᄂᆞᆫ諸種은絹布陶器紙物軍器火藥石鹼及金玉粧具의等物이라

西遊見聞 第二十編 利秀繁 五百四十八

一百二十餘年前에此府에劇烈ᄒᆞᆫ大地震이有ᄒᆞ야府內人家의太半이破壞ᄒᆞ고累萬人의生命이壓死ᄒᆞᄂᆞᆫ禍를被ᄒᆞ니近世에至ᄒᆞ야舊日의景狀을漸復ᄒᆞᆫ지라人民敎育ᄒᆞ기爲ᄒᆞ야學校의制度가盛壯ᄒᆞ며病人治療ᄒᆞ기爲ᄒᆞ야病院의建築이精潔ᄒᆞ고公衆의遊樂을爲ᄒᆞ야公園의排鋪와戲屋의結構가美麗ᄒᆞᆷ과便利ᄒᆞᆷ을具備ᄒᆞ고營寨衙廨의規模도各其的當ᄒᆞᆫ分度에合ᄒᆞ야其國이雖小ᄒᆞ나大邦의風이有ᄒᆞ다謂ᄒᆞ더라

蔡浦 오퍼토

此府ᄂᆞᆫ利秀繁北方六百里許에在ᄒᆞ야人口ᄂᆞᆫ九萬有餘니國中의第二都會라其地가大河를臨ᄒᆞ야運輸ᄒᆞᄂᆞᆫ道가便易ᄒᆞ고貿易ᄒᆞᄂᆞᆫ景況이盛大ᄒᆞ니絹布及酒ᄂᆞᆫ此府의名產으로外邦에輸出ᄒᆞᄂᆞᆫ額이甚多ᄒᆞᆷ이라

西班牙의諸大都會

馬斗頵 맛드릿드

此府ᄂᆞᆫ西班牙의京城이니人口ᄂᆞᆫ四十七萬六千七百有餘라大河의上流에據ᄒᆞ야運輸의方便이甚利ᄒᆞ고市街의廣狹이不一ᄒᆞ며大厦宏館矮屋短檐이相混ᄒᆞ야美麗ᄒᆞᆫ

西遊見聞 第二十編 蔡浦 葡 馬斗頵 西 五百四十九

氣像이不現ᄒᆞᆫᄃᆡ路傍에樹木을種栽ᄒᆞ고且公園을寘ᄒᆞ야花卉의芳香이不絕ᄒᆞ며噴水의觀도亦壯ᄒᆞ니府의外郭에橢圓ᄒᆞᆫ高堡를築ᄒᆞ고十五關門을建ᄒᆞ야人馬의來往을通ᄒᆞ니其長이二十餘里라此邊의土地가甚瘠ᄒᆞ야樹木이不繁ᄒᆞ고農作이不遂ᄒᆞᆫᄃᆡ惟葡萄ᄂᆞᆫ善熟ᄒᆞᆫ다謂ᄒᆞ더라

王宮은白石으로築造ᄒᆞ야四面四百七十尺이오其高ᄂᆞᆫ百尺餘라歐洲에有名ᄒᆞᆫ宮殿이니其內에藏書庫集畵館及武庫를寘ᄒᆞ며且諸他學校寺院官衙의華美ᄒᆞᆫ結構가不少ᄒᆞ니枚擧ᄒᆞ기不遑ᄒᆞᆫ者라

此府의物產은金銀器陶器及紋綾紙屬麥酒與珠玉雜具奇玩奢靡ᄒᆞᆫ物品이라

每日菜果의賣買場이有ᄒᆞ야府民의需要를供給ᄒᆞᄂᆞ니我國青坡梨峴의每朝市法과同ᄒᆞᆫ者라泰西各邦에通行ᄒᆞᄂᆞᆫ場市가大小二種이有ᄒᆞ야大市ᄂᆞᆫ內外遠近物品을鬻販ᄒᆞᄂᆞᆫ所며小市ᄂᆞᆫ其近地의產出ᄒᆞᄂᆞᆫ物種을售賣ᄒᆞᄂᆞᆫ處라

哥多瓦

此府ᄂᆞᆫ馬斗頵西南에在ᄒᆞ야鐵路四百里許니現今은荒蕪ᄒᆞ야雄都의景狀이無ᄒᆞ나往昔回敎의盛時에繁華ᄒᆞᆫ京城이라

西遊見聞 第二十編 馬斗頵 哥多瓦 五百五十

加拉拿太

此府ᄂᆞᆫ哥多瓦東南三百五十里許에在ᄒᆞ니舊日回敎法王의都府로繁華盛壯ᄒᆞ든地方이나近世에漸衰ᄒᆞᆫ지라回敎法王의建築ᄒᆞᆫ宮殿이遺存ᄒᆞ니房室은金碧으로鏤飾ᄒᆞ고紋石으로雕刻ᄒᆞ야內外各部의結構가古色蒼然ᄒᆞᆫ中에壯麗ᄒᆞᆫ氣象이有ᄒᆞ더라

細勒

此府ᄂᆞᆫ西班牙南方의一大府니文那山과禮保茶山의間에處ᄒᆞ야哥多瓦府로從ᄒᆞ야水路二百里許에人口十有五萬二千의都會라舊日回敎法王의宮殿과耶蘇敎의禮拜堂은巨大美麗ᄒᆞᆫ景象을互誇ᄒᆞ고且卷烟草의製作場은政府의管轄이니工人數千을役ᄒᆞ야其利가甚博ᄒᆞ다謂ᄒᆞ더라

鬪牛戱ᄂᆞᆫ西班牙國에盛行ᄒᆞ고他邦에不有ᄒᆞᆫ者니即一蠻野怪殘ᄒᆞᆫ風俗의遺存홈이라大都會에至ᄒᆞᄂᆞᆫ處마다鬪牛場이皆有ᄒᆞᄃᆡ此府의場所가其宏濶홈으로國內에其甲을爭ᄒᆞᄂᆞᆫ者가稀有홈이니戱場을環ᄒᆞ야回廊을建ᄒᆞᄃᆡ可히數萬人을容ᄒᆞ고男女老少貴賤貧富가狂奔亂集ᄒᆞ야其戱를快覩홈으로爲樂ᄒᆞ니夏秋數月間에多行ᄒᆞᄂᆞᆫ者라其技를艇ᄒᆞᄂᆞᆫ者ᄂᆞᆫ古代의衣服을裝束ᄒᆞ고手에長鎗을執ᄒᆞ야或騎或步ᄒᆞ고强

猛ᄒᆞᆫ牛를格鬪홈ᄉᆡ衝突變幻ᄒᆞᄂᆞᆫ手段을用ᄒᆞ야牛를殺ᄒᆞ기로能事를作ᄒᆞᆫ則牛ᄂᆞᆫ傷害을受홈애憤飛劇怒ᄒᆞ야跳奔咆哮ᄒᆞᄂᆞᆫ際에其角이或馬腹을貫ᄒᆞ며或人命을殞ᄒᆞᄂᆞᆫ故로人牛의血이相濺ᄒᆞ야其形狀이見ᄒᆞ기不忍ᄒᆞ고其危險이思ᄒᆞ기亦怖ᄒᆞᄃᆡ人이勇力을盡ᄒᆞ야窮困ᄒᆞᆫ大牛를擊斃ᄒᆞᄂᆞᆫ時ᄂᆞᆫ滿場看客이手를拍ᄒᆞ고采를喝ᄒᆞ야或一日格殺ᄒᆞᄂᆞᆫ牛가十餘頭에至ᄒᆞᆫ다謂ᄒᆞ더라

哥杜朱 카듸즈

此府ᄂᆞᆫ細勒府鐵路二百三十里許에據ᄒᆞ야人口ᄂᆞᆫ七萬五千에過ᄒᆞ니其地가大西洋을面ᄒᆞ야半島의角을占ᄒᆞᆫ者라三千餘年前에曇尼時亞人이此地에來居ᄒᆞ야草萊를闢ᄒᆞᆫ故로歐洲中最古ᄒᆞᆫ都會며且西班牙가往昔에其屬地를阿美利加洲에多寘ᄒᆞᆫ時ᄂᆞᆫ數萬의商舶이紛集ᄒᆞ더니現今은衰微ᄒᆞ야舊日의景況을頓失ᄒᆞ나此國中亦一繁華ᄒᆞᆫ要港이라

沙羅高槎

此府ᄂᆞᆫ馬彐頓東北鐵路五百里許에在ᄒᆞ야古來繁盛ᄒᆞᆫ都會니人口ᄂᆞᆫ八萬二千有餘라家屋道路의規模가國中諸他都會에不讓ᄒᆞ고且街中의斜塔은世界의一奇觀이라

稱ᄒᆞᄂᆞᆫ者라

巴泄老那

此府ᄂᆞᆫ沙羅高槎正東五百里許地에在ᄒᆞ야人口ᄂᆞᆫ二十五萬有餘라國中의第二都會니其地가地中海를濱ᄒᆞ야氣候가溫和ᄒᆞ며土壤이肥沃ᄒᆞᆫ故로物產이亦盛ᄒᆞ니葡萄酒燒酒橄欖油及他諸種果物과綿毛織造物의輸出이夥多ᄒᆞ야各邦의商船이蝟集ᄒᆞ며又此港과佛蘭西馬細逸府의間에每日定期郵船을相航ᄒᆞ야百貨의運輸交通이便易ᄒᆞ니是를由ᄒᆞ야其貿易ᄒᆞᄂᆞᆫ景況이日進홈이라

白耳義의諸大都會

富羅泄 브라셀

此府ᄂᆞᆫ白耳義의京城이니人口ᄂᆞᆫ十有七萬一千三百餘라府內를新舊二部에分ᄒᆞ고人家ᄂᆞᆫ邱陵을跨ᄒᆞ야街衢道路의寬宏淸楚홈과樓臺寺院의遒美華侈홈이誠一王都의氣像이오往往히閑地를寘ᄒᆞ야銅標及銅像을立ᄒᆞ며又一街ᄂᆞᆫ琉璃屋子로全覆ᄒᆞ야行人이風雨寒暑의苦를不知ᄒᆞ니金銀器錦繡絹布及他百貨의市店이樓를連ᄒᆞ며

軒을騈ᄒᆞ야其景狀이宛然히蜂房水蝎의矗矗ᄒᆞᆫ千萬落이라歐洲人이此府를名ᄒᆞ야小巴里라謂ᄒᆞᄂᆞ니街衢店肆의華美홈과人民의富豪ᄒᆞᆫ氣象이巴里와略同ᄒᆞᆫ緣故라王宮은府의新部南에在ᄒᆞ야煉化石의築造ᄒᆞᆫ三層屋子니白鉛堊灰로其外面을塗抹ᄒᆞ야皓然壯麗ᄒᆞᆫ白石의建築과髣髴ᄒᆞᆫ者라御苑의樹木이陰森繁茂ᄒᆞ고數條路가回繞ᄒᆞ며中央에至大ᄒᆞᆫ噴水가池上에飛跳ᄒᆞ니其周圍ᄂᆞᆫ鐵柵으로環ᄒᆞ야柵外及樹間에白石의雕刻ᄒᆞᆫ人像을羅立ᄒᆞᆫ지라盖此苑에四時의景이備ᄒᆞ니春花夏葉秋月冬雪의勝이皆宜ᄒᆞᆫ故로文人雅士靚粧炫服의紛集連步ᄒᆞᄂᆞᆫ樂地니苑西의地形이差低ᄒᆞ야全府中千門萬戶의櫛比ᄒᆞᆫ景像을下視ᄒᆞ며又一隅에草木圖을設ᄒᆞ야琉璃의巨窖를築造ᄒᆞᄃᆡ岡陵坡谷을連亘ᄒᆞ야其內에百艶千芳이春色을相鬪ᄒᆞ며集畵院을寘ᄒᆞ야古今의名繪를蒐聚ᄒᆞ니白耳義國의畵ᄂᆞᆫ元來其名을歐洲에馳ᄒᆞ야妙手의出홈이不絶ᄒᆞᆫ라謂ᄒᆞ더라

府西三十有餘里에臥陀蘆村이有ᄒᆞ니西曆一千八百十五年(七十一年前)六月十有八日에英吉利大將越仍敦이當時英傑ᄒᆞᆫ佛蘭西皇帝第一世拿破崙을大破ᄒᆞᆫ戰場이라原野가平坦ᄒᆞ야漫坡小阜가或起或伏ᄒᆞ고林藪川澤이紆回散合ᄒᆞ야數百의農家가墻籬

를相接ᄒᆞ니英佛白三軍이此地에雌雄을決ᄒᆞ야戰亡ᄒᆞᆫ人士가山野에遍ᄒᆞᆫ故로衆兵를聚ᄒᆞ야野中에瘞ᄒᆞ고一大塚을作ᄒᆞ야其址를表ᄒᆞᆯᄉᆡ二百二十五級을築ᄒᆞ야其頂에達ᄒᆞ고四萬六千斤銅獅子의像을鑄ᄒᆞ야一丈八尺餘石臺上에坐ᄒᆞ되前足으로大砲丸을踏ᄒᆞ고巴里를睥睨ᄒᆞ야其形容이雄獰ᄒᆞ니佛蘭西人이此를甚憎ᄒᆞᄂᆞᆫ지라爾後白耳義國이荷蘭과戰爭ᄒᆞᄂᆞᆫ時에援兵을發ᄒᆞ야奏捷ᄒᆞᆫ後에佛蘭西人이火藥을埋ᄒᆞ야此獅子를欲毁ᄒᆞ다가白耳義人民의防護로其事가不成ᄒᆞ니是以로佛蘭西人은此地에來遊ᄒᆞᄂᆞᆫ者가無ᄒᆞ다云ᄒᆞ더라

安道岬

此府ᄂᆞᆫ富羅澧東北方鐵路七十里許니其地가大河의口를臨ᄒᆞ야本國物產의吐納ᄒᆞᄂᆞᆫ要衝이오人口ᄂᆞᆫ十二萬六千六百餘에至ᄒᆞ야白耳義의第二都會라往古佛蘭西版圖에屬ᄒᆞᆫ時에第一世拿破崙이歐洲의中央貿易港口를作ᄒᆞ야其時建築ᄒᆞᆫ船廠及砲臺가猶且遺存ᄒᆞ고且府中의絕大ᄒᆞᆫ禮拜堂이有ᄒᆞ야其塔의高ᄂᆞᆫ七十四間에至ᄒᆞ니歐洲의第三等高塔이며諸術의學校及畵學校가甚盛ᄒᆞ고府의周圍ᄂᆞᆫ堅固ᄒᆞᆫ城堡로往往히四繞ᄒᆞ니皆近年의築造ᄒᆞᆫ者라

西遊見聞第二十編 終